MENSCHEN
DER URZEIT

**DIE FRÜHGESCHICHTE DER MENSCHHEIT
VON DEN ANFÄNGEN BIS ZUR BRONZEZEIT**

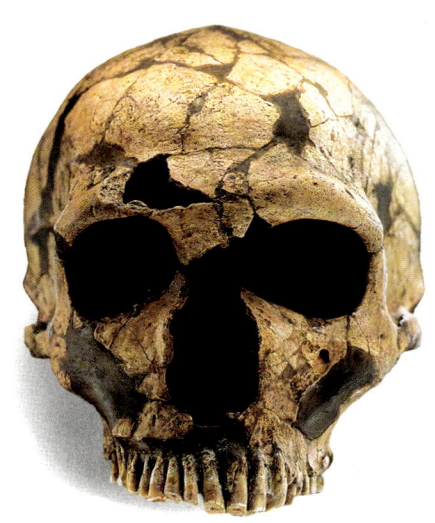

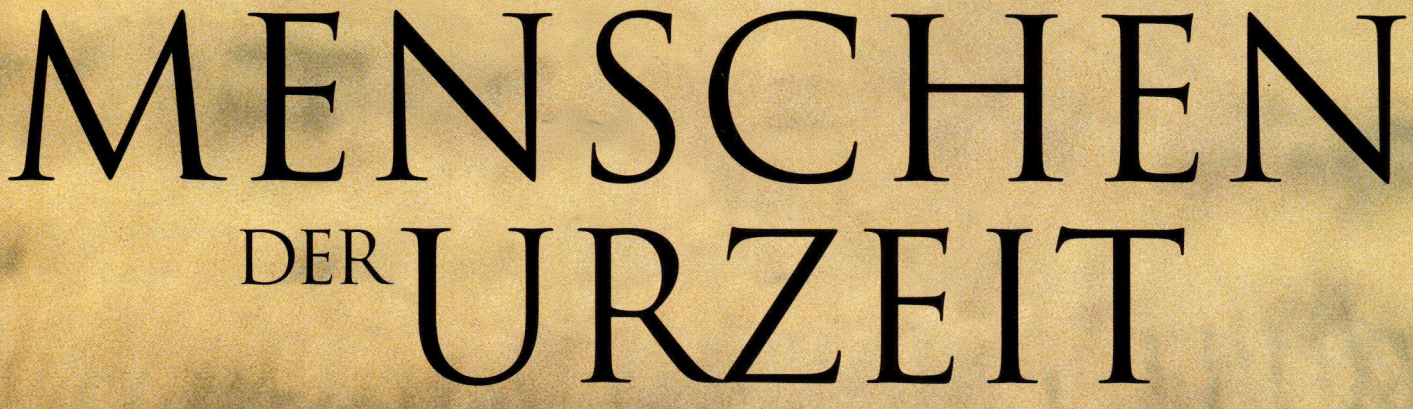

MENSCHEN
DER URZEIT

DIE FRÜHGESCHICHTE DER MENSCHHEIT
VON DEN ANFÄNGEN BIS ZUR BRONZEZEIT
HERAUSGEGEBEN VON GÖRAN BURENHULT

KARL ■ MÜLLER

Copyright © Weldon Owen Pty Limited and Bra Böcker AB
Titel der Originalausgabe: People of the Past. The Epic Story of Human Origins and Development
Übersetzung © JAHR TOP SPECIAL VERLAG GmbH & Co. KG, Hamburg
© Karl Müller, ein Imprint der Karl Müller Verlag GmbH, Köln 2004
www.karl-mueller-verlag.de

Reproduktion: Colourscan Co Pty Ltd
Druck und Bindung: Kyodo Printing Co Pty Ltd
Gedruckt in Singapur

ISBN 3-8336-0119-1

Seite 1
Neandertalerschädel aus La Ferrassie, Frankreich.
DAVID L. BRILL, 1985

Seite 2–3
Ein Buschmann auf der Suche nach Springhasen in der Kalahari-Wüste
PETER JOHNSON/NHPA

▷ Diese etwa 11.000 Jahre alten Waffen aus Knochen wurden in Montana, USA, gefunden.

Leitender Herausgeber

DR. GÖRAN BURENHULT
Professor für Archäologie
Universität Stockholm, Schweden

Beratende Herausgeber

DR. PETER ROWLEY-CONWY
Abteilung für Archäologie,
University of Durham,
Großbritannien

DR. WULF SCHIEFENHÖVEL
Professor am
Forschungsinstitut für
Humanethologie,
Max-Planck-Gesellschaft,
Andechs, Deutschland

DR. DAVID HURST THOMAS
Kurator der anthropologischen
Abteilung des American Museum
of Natural History,
New York, USA

DR. J. PETER WHITE
Institut für Archäologie, klassische
Geschichte und Alterumsforschung,
University of Sydney, Australien

Autoren

DR. EMMANUEL ANATI
Professor für Paläoethnologie,
Universität Lecce, Italien

C. ANDREASEN
Abteilung für Kultur- und
Gemeinschaftsforschung,
Universität Grönland, Grönland

DR. SVANTE BJÖRCK
Professor für Geologie des Quartärs,
Universität Lund, Schweden

DR. ANTHONY BONANNO
Professor für Archäologie,
Universität Malta, Malta

RICHARD BRADLEY
Professor für Archäologie,
Reading University, Großbritannien

DR. NOEL D. BROADBENT
Direktor des »Arctic Social Science
Program Office of Polar Programs«,
National Science Foundation, USA

DR. ANGELA E. CLOSE
Abteilung für Anthropologie,
Southern Methodist University, USA

DR. JEAN CLOTTES
Conservateur Général du Patrimoine,
Kultusministerium Frankreich

DR. RICHARD COSGROVE
Abteilung für Archäologie,
La Trobe University,
Melbourne, Australien

KATE DA COSTA
Institut für Archäologie, klassische
Geschichte und Altertumsforschung,
University of Sydney, Australien

DR. JEAN COURTIN
Forschungsdirektor des
»Centre National de la Recherche
Scientifique«, Frankreich

DR. IAIN DAVIDSON
Abteilung für Archäologie
und Paläoanthropologie,
University of New England,
Armidale, Australien

DR. IRENÄUS EIBL-EIBESFELDT
Leiter des Forschungsinstituts
für Humanethologie,
Max-Planck-Gesellschaft,
Andechs, Deutschland

DR. TIMOTHY FLANNERY
Leiter der Abteilung für Säugetiere,
Australian Museum,
Sydney, Australien

DR. ROLAND FLETCHER
Institut für Archäologie, klassische
Geschichte und Altertumsforschung,
University of Sydney, Australien

DR. GEORGE C. FRISON
Professor für Anthropologie,
University of Wyoming, USA

DR. MARIJA GIMBUTAS
Professorin für die Archäologie Europas
University of California, USA

DR. IAN C. GLOVER
Abteilung für prähistorische
Archäologie, University College
London, Großbritannien

DR. PAUL GORECKI
Abteilung für Anthropologie und
Archäologie, James Cook University
of North Queensland, Australien

DR. CHRISTOPHER GOSDEN
Abteilung für Archäologie,
La Trobe University,
Melbourne, Australien

DR. TANCRED GOUDER
Direktor des »Museum for the
Republic of Malta«, Malta

DR. DONALD K. GRAYSON
Professor für Anthropologie,
University of Washington, USA

DR. ROGER C. GREEN
Professor für Vorgeschichte,
Abteilung für Anthropologie,
University of Auckland, Neuseeland

DR. COLIN GROVES
Abteilung für Archäologie
und Anthropologie,
Australian National University,
Canberra, Australien

DR. J.P. HART HANSEN
Direktor der Abteilung für Pathologie,
Universität Kopenhagen, Dänemark

DR. ANTHONY HARDING
Professor für Archäologie,
University of Durham,
Großbritannien

DR. TSUI-MEI HUANG
National Institute of the Arts, Taiwan

MARK J. HUDSON
Abteilung für Archäologie
und Anthropologie,
Australian National University,
Canberra, Australien

DR. RICHARD G. KLEIN
Professor für Anthropologie,
University of Chicago, USA

DR. MICHELLE LAMPL
Abteilung für Anthropologie,
University of Pennsylvania, USA

DR. WALTER LEUTENEGGER
Professor für Anthropologie,
University of Wisconsin,
Madison, USA

CHAO-MEI LIEN
Abteilung für Anthropologie,
National Taiwan University, Taiwan

DR. RONNIE LILJEGREN
Leiter des Instituts
für Faunengeschichte,
Abteilung für Geologie des Quartärs,
Universität Lund, Schweden

DR. ANREAS LIPPERT
Abteilung für
prähistorische Archäologie,
Universität Wien, Österreich

DR. TOM LOY
Abteilung für Vorgeschichte,
Australian National University,
Canberra, Australien

DR. MATS P. MALMER
Professor Emeritus für
prähistorische Archäologie,
Universität Stockholm, Schweden

DR. CAROLINE MALONE
Dozentin für Archäologie,
University of Bristol, Großbritannien

DR. MOREAU MAXWELL
Professor Emeritus für Anthropologie,
Michigan State University, USA

DR. WILLIAM NOBLE
Professor für Psychologie,
University of New England,
Armidale, Australien

DR. SUE O'CONNOR
Abteilung für Archäologie,
University of Western Australia,
Australien

DR. LENNART PALMQVIST
Leiter der Abteilung für klassische
Archäologie und Frühgeschichte,
Universität Stockholm, Schweden

DR. RICHARD G. ROBERTS
Forschungsinstitut für Pazifikstudien,
Australian National University,
Canberra, Australien

DR. GARY O. ROLLEFSON
Peabody Museum,
Harvard University, USA

DR. ROMUALD SCHILD
Direktor des Instituts für
Archaeologie und Ethnologie,
Akademie der Wissenschaften,
Warschau, Polen

DR. OLGA SOFFER
Professorin für Anthropologie,
University of Illinois at
Champaign-Urbana, USA

DR. SIMON STODDART
Dozent für Archäologie
University of Bristol, Großbritannien

DR. PAUL TACON
Australian Museum,
Sydney, Australien

DR. ROBIN TORRENCE
Australian Museum,
Sydney, Australien

DR. DAVID TRUMP
Professor für Archäologie,
University of Cambridge,
Großbritannien

DR. FRED WENDORF
Professor für Vorgeschichte,
Southern Methodist University, USA

◁ Diese aus Stein gefertigte Venus-Figurine
wurde in Laussel, Frankreich, gefunden. Sie
stammt aus dem oberen Paläolithikum.

JEAN VERTUT/MUSEE D'AQUITAINE, BORDEAUX

INHALT

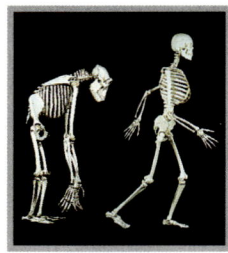

UNTERES PALÄOLITHIKUM · MITTLERES PALÄOLITHIKUM · OBERES PALÄOLITHIKUM

WAS IST DIE MENSCHHEIT?
vor fünf Millionen bis 10 000 Jahren

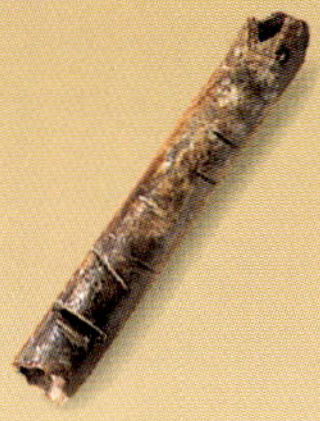

Kunstwerke und Musikinstrumente

Soziale Interaktion mit den Verstorbenen

Beherrschung des Feuers

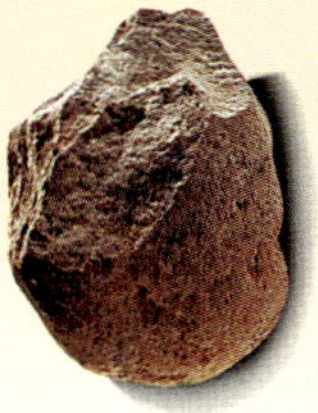

Erste Steinwerkzeuge

DIE URSPRÜNGE DES MENSCHEN
vor 20 Millionen bis 100 000 Jahren

Auftauchen von *Homo sapiens* (Afrika)

Homo heidelbergensis in Afrika, Europa und Westasien

Homo erectus in Ost- und Südostasien: Pekingmensch und Javamensch

Auftauchen der Erectinen (Ostafrika)

Auftauchen der Gattung *Homo* (Ostafrika)

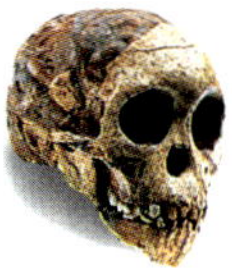

Auftauchen menschenähnlicher Geschöpfe, der Australopithecinen, in Süd- und Ostafrika

DEM HOMO SAPIENS ENTGEGEN
vor 2,5 Mill. bis 35 000 Jahren

Aussterben der Neandertaler

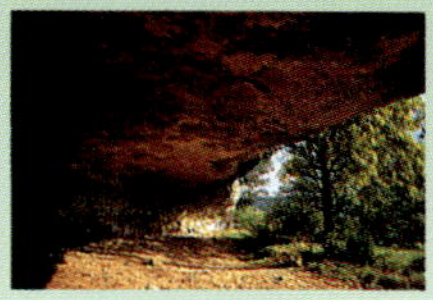

Moustérien-Technologie in Europa

Auftauchen der Neandertaler: Levalloisien-Technologie

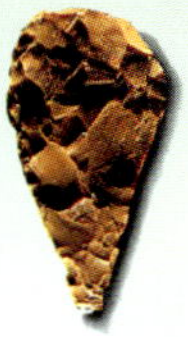

Acheuléen-Technologie (Faustkeile) in Afrika, Europa und Südwestasien. Spalter-Werkzeuge in Ost- und Südostafrika

Auftauchen der Erectinen

Auftreten von *Homo* in Afrika. Die ersten Werkzeugmacher: Kiesel-Werkzeuge der sogenannten Oldowan-Industrie

DER MODERNE MENSCH IN AFRIKA UND EUROPA
vor 200 000 bis 10 000 Jahren

Ende der oberpaläolithischen Technologie

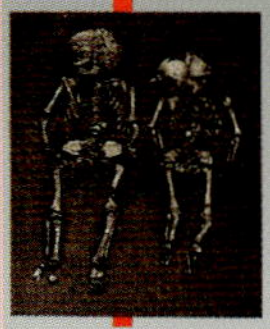

Regelmäßige Bestattungen

Oberpaläolithische Technologie in Europa

Der moderne Mensch erreicht Europa

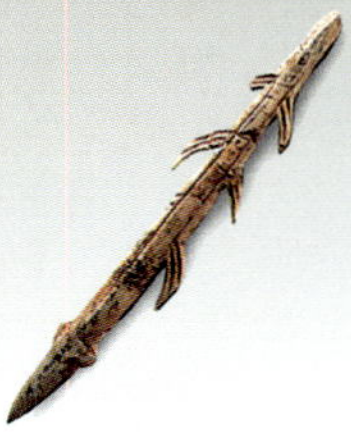

Der moderne Mensch verläßt Afrika zum ersten Mal

Das Auftauchen des modernen Menschen (*Homo sapiens*, Afrika)

DIE ANFÄNGE DER KUNST
vor 35 000 bis 10 000 Jahren

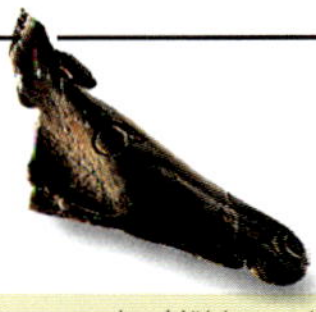

Niedergang der Höhlenmalerei in Europa

Mehrfarbige Bilder

Früheste Höhlenmalerei, einfarbige Bilder

Venus-Figurinen

Aufkommen der frühesten Kunstformen: Vulva-Darstellungen

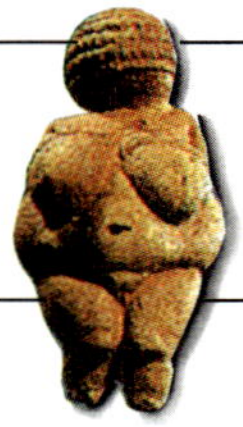

Auftauchen der ältesten arktischen Kultur, des Denbigh-Feuersteinkomplexes

Erste Menschen in der Arktis

Vor Jahren 0

Die Besiedlung Nordeuropas

Die Überquerung Beringias: Menschen erreichen Amerika

Früheste Kunstwerke in Australien

Indizien für die Einführung neuer Tierarten

Früheste Kulturkomplexe in Nordamerika: Die Jäger von Clovis, Folsom und Goshen.

10 000

Ausbreitung über Sibirien: Anpassung an die Arktis

Älteste identifizierte australische Skelette am Lake Mungo

Früheste Obsidian-Funde

20 000

Der gesamte Kontinent Groß-Australiens wird von Menschen besiedelt

Älteste Fundstellen im pazifischen Raum: Neuirland

30 000

40 000

Die Ankunft des Menschen in Australien: Erste Seereisen

Die Ankunft der ersten Australier

Die Ankunft des modernen Menschen in Ostasien

50 000

100 000

WIE DER MODERNE MENSCH DIE ERDE BESIEDELTE

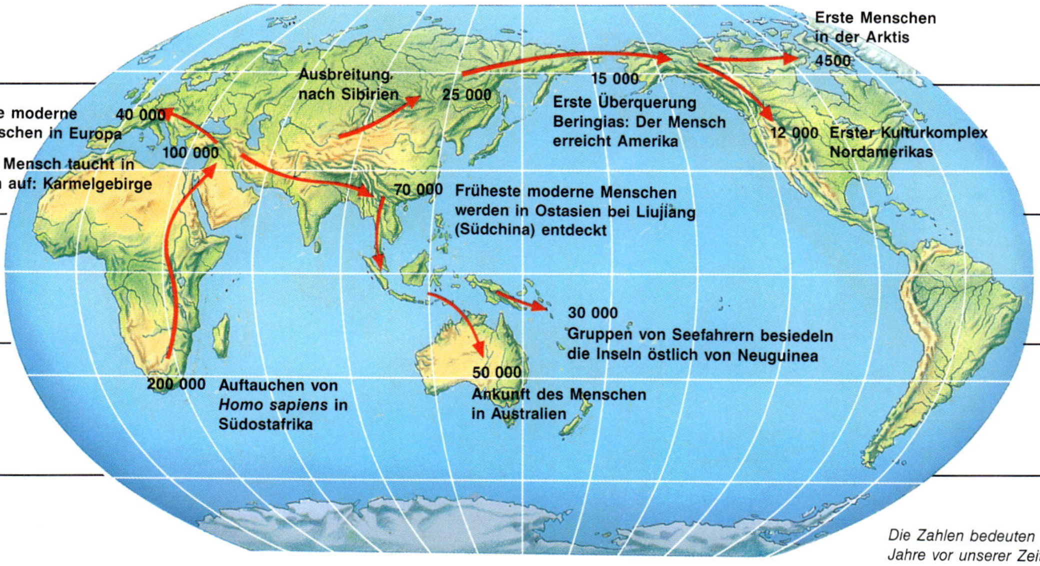

Erste Menschen in der Arktis 4500

Ausbreitung nach Sibirien   25 000

15 000 Erste Überquerung Beringias: Der Mensch erreicht Amerika

12 000 Erster Kulturkomplex Nordamerikas

200 000

Erste moderne Menschen in Europa   40 000

Der moderne Mensch taucht in Südwestasien auf: Karmelgebirge   100 000

70 000 Früheste moderne Menschen werden in Ostasien bei Liujiäng (Südchina) entdeckt

500 000

30 000 Gruppen von Seefahrern besiedeln die Inseln östlich von Neuguinea

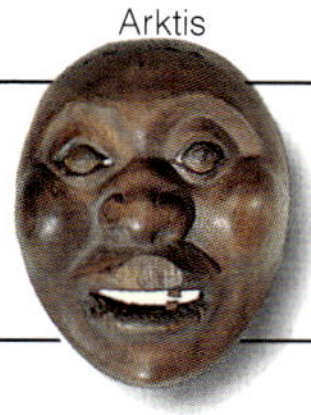

1 Million

200 000 Auftauchen von *Homo sapiens* in Südostafrika

50 000 Ankunft des Menschen in Australien

2 Millionen

Die Zahlen bedeuten Jahre vor unserer Zeit

3 Millionen

4 Millionen

13

DER GROSSE ÜBERGANG
10 000 bis 4000 v. Chr.

- Ubald-Phase in Mesopotamien

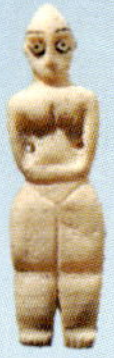

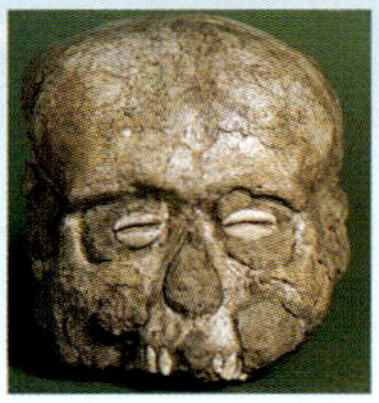

- Früheste Hinweise auf Landwirtschaft in Südwestasien
- Natuf-Kultur
- Spezialisiertes Sammeln und Jagen in Südwestasien

JÄGER, SAMMLER UND BAUERN IN AFRIKA
10 000 v. Chr. bis 200 n. Chr.

- Ackerbau und Viehzucht in Südafrika

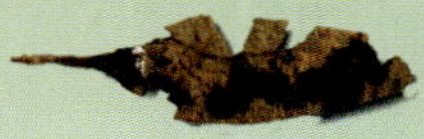

- Einführung der Eisenerzgewinnung in Nordafrika

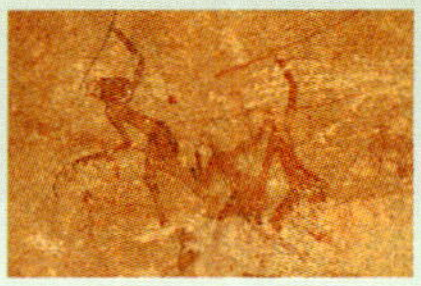

- Ackerbau und Viehzucht in Nordafrika
- Erste Keramik: Frühes Khartoum

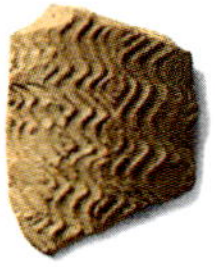

- Iberomaurusische Völker am nordwestlichen Rand Afrikas

STEINZEITLICHE JÄGER, SAMMLER UND BAUERN IN EUROPA
10 000 bis 3000 v. Chr.

- Ackerbau erreicht Nordeuropa

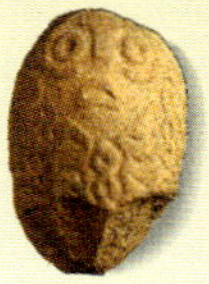

- Auftauchen des Ackerbaus in Südosteuropa

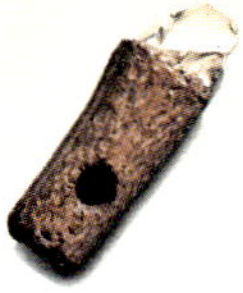

- Mesolithische Jäger und Sammler

DIE MEGALITHBAUERN WESTEUROPAS
4800 bis 2800 v. Chr.

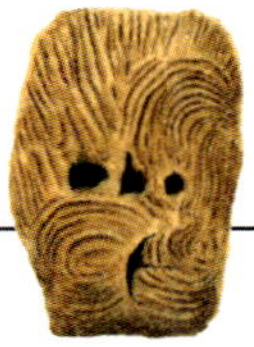

- Rückgang der Megalith-Tradition
- Höhepunkt der Megalith-Tradition: Carnac, Newgrange und Stonehenge I
- Früheste Megalithgräber: Irland und Bretagne

HÄUPTLINGSTÜMER DER BRONZEZEIT UND DAS ENDE DER STEINZEIT IN EUROPA
4500 bis 750 v. Chr.

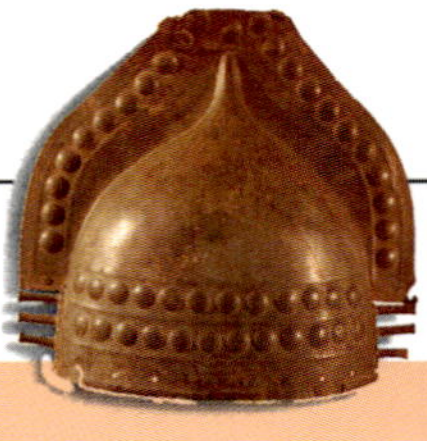

- Urnenfeld-Periode
- Einzelgräber, Hügelbauer
- Streitaxt-Kulturen
- Verwendung von Kupfer

1500

● Mumien von Qilakitsoq

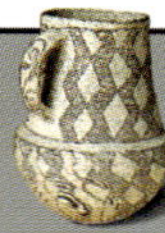

● Höhepunkt der Chaco-Kultur

1000

● Erste Kontakte mit der Außenwelt?

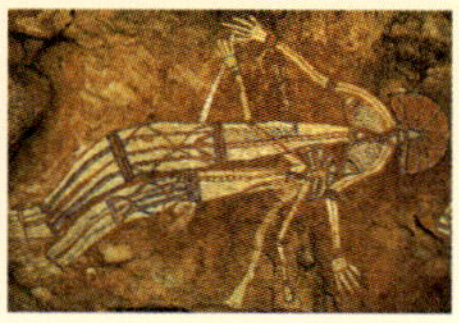

● Arktische Thule-Kultur

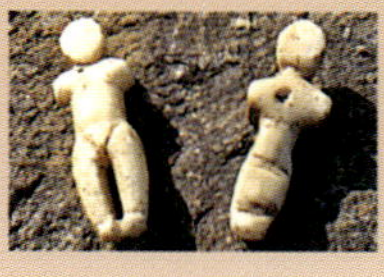

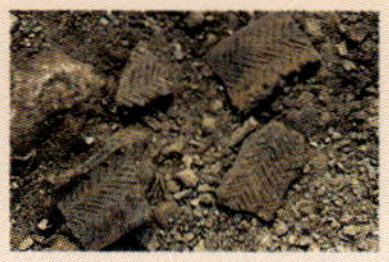

● Kulturen der Mogollon, der Hohokam und Anasazi

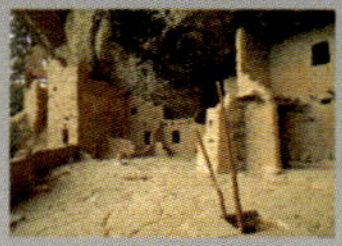

500

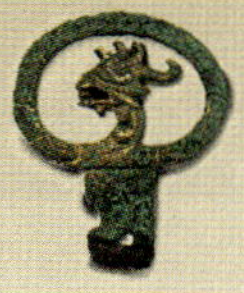

● Reisanbau erreicht Korea und Japan

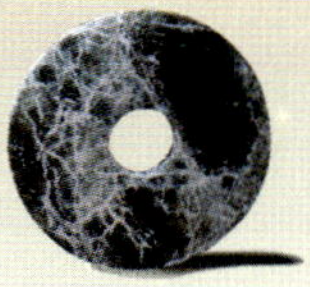

0

● Hopewell-Kultur: Erste Bauern im östlichen Nordamerika

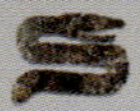

● Steinbrüche für Axtköpfe im Wahgi-Tal

● Auftauchen von Röntgenmalereien

1000 v. Chr.

● Festsetzen der Landwirtschaft im Südwesten Nordamerikas: Entwässerte Felder in Mexiko

● Früheste Lapita-Keramik

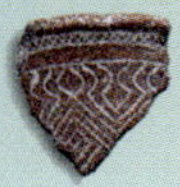

● Reisanbau erreicht Südostasien von China aus

● Entwicklung von Klingen mit einem Rücken

2000 v. Chr.

● Yangshao-Periode im nördlichen China

● Erste Keramik

● Bandkeramik-Kultur

● Auftauchen differenziert geformter Speerspitzen und Beilen mit geschliffenen Steinköpfen

3000 v. Chr.

● Ankunft des Ackerbaus auf dem indischen Subkontinent

● Früheste Maisreste

● Das Meeresniveau erreicht seinen heutigen Stand: zahlreiche Muschel-Abfallhaufen

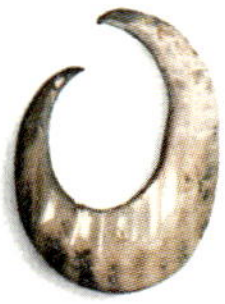

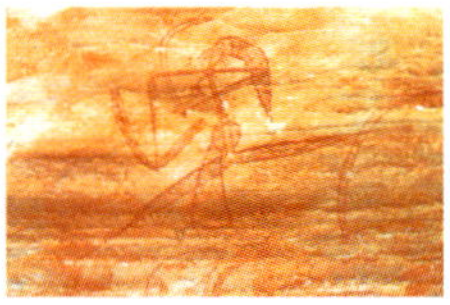

4000 v. Chr.

● Älteste Gräber in Skandinavien

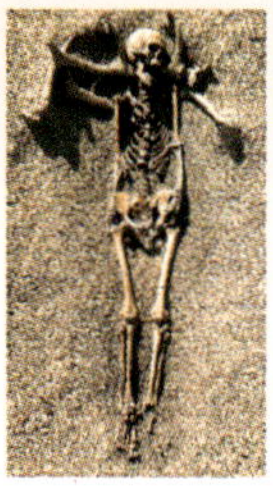

5000 v. Chr.

● Früher Hirse- und Reisanbau in China

6000 v. Chr.

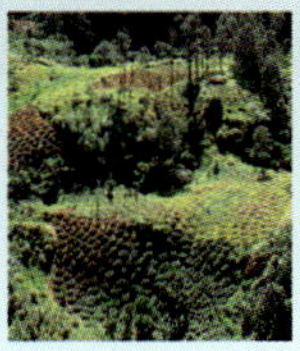

● Gärten und Entwässerungssysteme bei Kuk

7000 v. Chr.

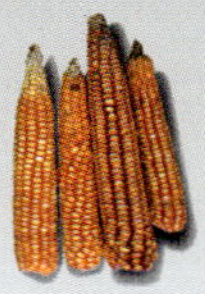

● Erste domestizierte Pflanzen in den Anden

8000 v. Chr.

● Komsa- und Fosna-Jäger in Skandinavien

● Jomon-Fischer und -Töpfer in Japan

10 000 v. Chr.

WAS IST DIE MENSCHHEIT?

Vor fünf Millionen bis 10 000 Jahren

Die Entwicklungsgeschichte des menschlichen Verhaltens

ROLAND FLETCHER

Menschliches Verhalten entwickelte sich im Laufe der letzten drei bis vier Millionen Jahre. Mit dem aufrechten Gang, dem typischen Lagerverhalten und Werkzeuggebrauch der höheren Primaten erlangten die folgenden Hominiden-generationen die Fähigkeit, Feuer zu kontrollieren, soziale Beziehungen zu ihren Toten zu pflegen und ihre Welt künstlerisch darzustellen. Dies sind alles Merkmale, die unsere Art so einmalig machen — umso mehr, da sie sogar in den fossilen Belegen erkennbar sind und damit Rückschlüsse auf unser eigenes Verhalten zulassen (vgl. das Kapitel *Die Menschheitsgeschichte im Überblick*).

Allerdings verfügen wir auch über weniger greifbare Merkmale, so etwa unser charakteristisches Sexualverhalten, eine bemerkenswerte Ausdauer, die Fähigkeit zur Sprache, unsere weitreichenden Moralvorstellungen, die die Bereitschaft einschließen, andere Menschen zu töten und schließlich die ungewöhnliche Fähigkeit, für die Hilflosen und die Alten zu sorgen. Zu welchem Zeitpunkt sich diese Eigenschaften entwickelt haben, ist allerdings schwer zu sagen.

◁ Die frühen Hominiden waren selten und auf den ostafrikanischen Savannen mit ihren zahlreichen Pflanzenfressern, wie Zebras und Büffeln, kaum jemals zu sehen. Einen Rest dieser riesigen Herden findet man noch immer im Ngorongoro-Krater (Tanzania).

△ Ein Spalter aus der Olduvai-Schlucht, 1,5 bis zwei Millionen Jahre alt.

▷ Das Skelett des Menschen ist dem anderer Primaten sehr ähnlich. Der wesentliche Unterschied besteht darin, daß der Mensch (rechts) den Oberkörper beim Gehen gewöhnlich aufrecht über dem Becken trägt. Im Gegensatz dazu läuft zwar auch der Gorilla (links) manchmal aufrecht, doch kann er diese Körperhaltung nur über kurze Zeit beibehalten.

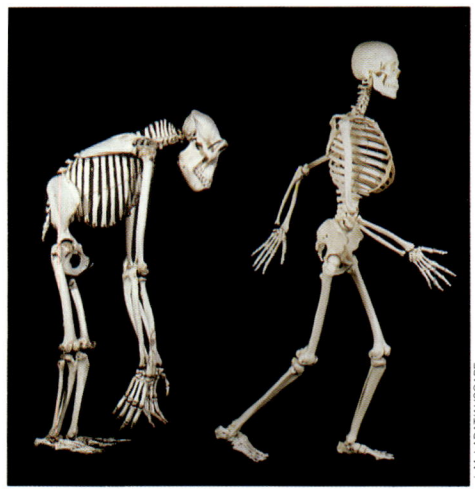

J. M. LABAT/AUSCAPE

Was macht Primaten, beziehungsweise die Menschen, so einzigartig? Etwa die Fähigkeit, weitgehend zu jeder Zeit sexuell aktiv zu werden, unabhängig davon, ob gerade die Empfängnis möglich ist? Oder etwa die fragwürdige Neigung, auch Mitmenschen umzubringen? Wohl kaum, denn zum Beispiel auch Löwen töten ihre Artgenossen. Was uns allerdings einzigartig macht, ist das Fehlen verhaltensgesteuerter Kontrollinstanzen, die derartige Vorfälle normalerweise verhindern (siehe *Aggression aus der Entfernung*, S. 23). Auch unsere gegenseitige Fürsorge ist kein einmaliger Fall, denn auch unter den Tieren übt dieses keineswegs ungewöhnliche Verhalten einen unmittelbaren Einfluß auf ihre Evolutionsgeschichte aus. Es hilft nämlich engverwandten Individuen mit ähnlicher genetischer Ausstattung zu überleben. Natürlich ist die gegenseitige Fürsorge beim Menschen mit moralischen Werten verbunden, doch dürfte dieser Wesenszug erst sehr spät entstanden sein. Um moralische Werte weiterzugeben, benötigen wir die Sprache, doch nichts weist darauf hin, daß unsere gegenwärtige Form der Sprache wesentlich älter als 50 000 Jahre ist. Schon lange zuvor waren wir richtige Menschen. Und unser Menschsein entstand nicht in einmaliger Weise durch unsere neuesten Verhaltensweisen, sondern ist in unserer entfernten Vergangenheit begründet.

schon hat der Mensch einfache Werkzeuge hergestellt (und er tut es auch heute noch), doch mit der Zeit war er in der Lage, die immer komplizierter werdenden Handlungsfolgen auszuführen, die zur Schaffung der zunehmend feineren Steinwerkzeuge erforderlich sind. Ein anderes Beispiel: Vor ungefähr einer Million Jahren brachten wir gerade einen einfachen Windschutz zustande, und am Ende der letzten Eiszeit, vor etwa 15 000 Jahren, konnten wir bereits aus Hunderten von ineinander verkeilten Mammutknochen komplizierte Hütten bauen. Im Laufe der letzten 500 000 Jahre waren unsere Handlungsfolgen immerhin komplex genug geworden, um Feuer zu entfachen und zu unterhalten. Und indem wir uns an Handlungen erinnerten, begannen wir in den letzten 100 000 Jahren, unsere Verstorbenen mit deren Bewegungs- und Ausdrucksweisen im Geiste zu verbinden. Das machte aus den früher bedeutungslosen Leichen Verwandte, an die man sich erinnerte. Im Laufe der letzten 50 000 Jahre schließlich lernten wir, die uns umgebende Welt und unsere Vorstellungen in der Kunst auszudrücken. Trotzdem müssen wir versuchen uns vorzustellen, wieviel Zeit all dies gebraucht hat. Unsere Entwicklungsgeschichte begann außerordentlich langsam, und die meisten Veränderungen, die wir für spezifisch menschlich halten, sind, paläontologisch gesehen, ganz jung.

Aufrecht stehen und Mensch sein

Als wir anfingen, uns zum Laufen auf die Beine zu erheben (mit anderen Worten biped wurden), kam es zu folgenschweren physischen Veränderungen. Unsere neue Haltung verlagerte die Position der Geschlechtsorgane und machte die Vorderfläche des Körpers auffällig sichtbar. Dadurch mußte auch die sexuelle Signalgebung verändert werden. Bei Primaten, die auf dem Boden leben, äußert sich der Beginn des Östrus durch auffällige Veränderungen der äußeren Genitalien. Als die Menschen sich jedoch auf zwei Beine erhoben, waren die weiblichen Genitalien zwischen den Beinen verborgen, und es folgte vermutlich eine ganze Reihe verschiedener Anpassungen Der Östrus verschwand, es entwickelte sich eine unverwechselbare weibliche Körperform, und die weiblichen Individuen konnten zu jeder Zeit sexuell aktiv werden. Da der Mensch schon sehr früh in seiner

DAVID L. BRILL ©1985

△ Die frühesten Anhäufungen von Steinwerkzeugen (sie sind zwischen 2,6 und 1,5 Millionen Jahre alt) bestanden aus zahlreichen, unterschiedlich geformten Abschlagsteinen und einigen größeren Stücken. Obwohl es sich bei letzteren wahrscheinlich nur um die Reste des bearbeiteten Rohsteins handelt, werden sie gemeinhin als »Spalter« bezeichnet. Bei der Produktion von Steinwerkzeugen fallen viele Trümmer an.

Einer menschlichen Kultur entgegen

Im Laufe der letzten zwei bis drei Millionen Jahre nahm das kulturelle Verhalten des Menschen an Vielschichtigkeit zu. Mit unserer Fähigkeit, auch unter längerem Zeitaufwand Gegenstände herzustellen (vgl. das Kapitel *Die Menschheitsgeschichte im Überblick*) entwickelten wir auch eine größere Bandbreite typisch menschlicher Verhaltensweisen. Eine Zeit, in der wir mehr und mehr lernten, Informationen zu behalten und bei Bedarf aus dem Gedächtnis abzurufen. Und irgendwann erlaubte uns diese Fähigkeit, ganz bewußt festzustellen, wer wir eigentlich sind.

Um Werkzeuge herzustellen, muß man sich an Handlungsfolgen erinnern können. Seit langem

Entwicklungsgeschichte biped wurde, dürfte sich auch unsere besondere menschliche Sexualität in einem sehr frühen Stadium entwickelt haben.

Widerstandsfähige Werkzeuge

Zwar war der aufrechte Gang keine Voraussetzung für die Herstellung und Anwendung von Werkzeugen, doch sorgte er für freie Hände, so daß sich Gegenstände sehr viel leichter tragen und bearbeiten ließen. Primaten sind sehr geschickt, zudem auch verspielt und neugierig. Die Herstellung und der Einsatz von Werkzeugen bei frühen Hominiden überrascht an sich nicht, da auch unsere nächsten Verwandten unter den Tierprimaten über diese Fähigkeit verfügen. Was die Hominiden von diesen unterscheidet, ist, daß sie begannen, widerstandsfähige Materialien zu bearbeiten. Ein derartiges Verhalten ist wohl am ehesten von einem Lebewesen zu erwarten, das in einer wenig bewaldeten Landschaft lebt und sein Lager auf offenem Grund neben Bächen und Seen aufschlägt. Die Nahrungssuche im seichten Wasser oder die Beseitigung abgestorbener Äste und kleiner Felsen für ihren Lagerplatz dürfte daran Schuld gewesen sein, daß die Hominiden mit diesen haltbaren Materialien ständig umgingen. Diese Fähigkeit ist wirklich etwas Besonderes. Zunächst gebrauchten die Hominiden Steine, die auf natürliche Weise zerbrochen waren, und später begannen sie, Steine zu zerschlagen, um scharfe Bruchstücke zu erhalten. Dabei blieb es nicht aus, daß auf ihren Lagerplätzen Stein- und Nahrungsreste liegenblieben. Irgendwann entwickelten sie die Fähigkeit, immer wieder ähnlich geformte Werkzeuge herzustellen. Die frühesten dieser Art fand man in der Nähe des ostafrikanischen Turkanasees. Man darf jedoch nicht davon ausgehen, daß uns die Steinwerkzeuge unmittelbar zu einem Anpassungsvorteil verholfen hätten. Eine Million Jahre lang waren die Arten der Hominiden um nichts erfolgreicher als die der Affen oder Menschenaffen.

Durch diesen Umgang mit widerstandsfähigem Material kam es zu einer grundlegenden Veränderung unseres Verhaltens. Unser soziales Leben wurde durch mehrere neue Faktoren bereichert. So ließen sich zum Beispiel beanspruchte Gebiete, etwa verlassene Lagerplätze, mit Hilfe unbelebter Objekte kontrollieren. Diese Objekte zeigten nicht nur, wo die Hominidengruppen überall gewesen waren, sondern warnten auch Neuhinzukommende vor möglichen Grenzverletzungen. Es entwickelte sich so eine unbelebte, dauerhaft kulturelle Geographie, die die Wege bezeichnete, auf denen sich die Menschen über die Landschaft verbreitet hatten, selbst wenn die Individuen längst verschwunden waren. Auch wenn diese Signalgebung zunächst eher zufällig erfolgte, dürften die Hominiden sie unter dem Druck der Selektion nach und nach absichtlich eingesetzt haben. An dieser Stelle unterscheidet sich unser Verhalten auch von dem höherer Primaten, die territoriale Grenzen überwiegend in der aktiven Konfrontation zwischen einzelnen Tieren deutlich machen.

▷ Bei Laetoli (Tanzania) fand Mary Leakey die in der vulkanischen Asche erhaltenen Fußabdrücke eines Erwachsenen und eines Kindes. Dies ist das früheste Indiz für eine bipede Fortbewegung. Vor etwa 3,5 Millionen Jahren wanderten beide durch den Ascheregen eines nahegelegenen Vulkans nach Norden. Dabei trat das Kind in den Fußstapfen des Erwachsenen. Es kamen noch kleine Hirsche vorüber, und ein kurzer heftiger Regen ergoß sich über die Landschaft, ehe die Fußspuren durch weitere Ausbrüche zugedeckt wurden.

DIE OLDUVAI-SCHLUCHT: EIN FENSTER IN DIE VERGANGENHEIT

ROLAND FLETCHER

△ Dieser Faustkeil der Acheuléen-Tradition wurde vor etwa 400 000 Jahren von *Homo erectus* hergestellt. Jedes Werkzeug erforderte mindestens zwei Produktionsschritte und erforderte einen Handlungsablauf aus etwa 50 Schritten. Derartige Werkzeuge sind sorgfältiger hergestellt als die des früheren Oldowan-Typs.
MARY JELLIFFE/ANCIENT ART & ARCHITECTURE COLLECTION

▽ Ein Blick über die Olduvai-Schlucht und die Serengeti-Ebene auf den Ngorongoro-Krater.

D ie Olduvai-Schlucht durchschneidet die Serengeti-Ebene Tanzanias unweit des Ngorongoro-Kraters. Lange ehe die Entwicklung der Schlucht begonnen hatte, befand sich hier ein See, der sich in periodischen Abständen ausweitete und zusammenschrumpfte. An den Ufern sowie an den kleinen Zuflüssen des Sees lebten Hominiden. Als der See über seine Ufer trat, wurden diese Stellen zusammen mit den vielen Skelettresten, die man heute dort findet, unter Schlamm begraben.

Von Zeit zu Zeit wurde die Region von großen Massen vulkanischer Asche bedeckt. Diese sind für Archäologen insofern besonders wertvoll, als sie innerhalb einer Fundstelle eine natürliche Schichtenfolge schaffen, die datiert werden kann. Die Schichtenfolge der Schlucht ist nahezu 90 Meter tief. Ganz unten, in Bett I, wurden die Schichten auf 1,8 bis 1,6 Millionen Jahre datiert. Dagegen stammen die oberen Schichten in Bett IV aus der Zeit vor 200 000 bis 100 000 Jahren. Aufgrund ihrer Tiefe bietet die Schlucht eine außerordentlich günstige Möglichkeit, die menschliche Entwicklungsgeschichte zu erforschen.

△ Ein Blick in die Schlucht.

◁ Oldowan-Werkzeuge wurden in Bett I entdeckt und dürften mit *Homo habilis* in Verbindung stehen. Neben kleineren Abschlagstücken gehören dazu auch die großen Kerne oder Spalter.

MARY JELLIFFE/ANCIENT ART & ARCHITECTURE COLLECTION

▷ Louis und Mary Leakey begannen ihre Arbeit bei Olduvai in den dreißiger Jahren. Schon bald fanden sie Steinwerkzeuge, die aus Basalt und anderen Arten vulkanischen Gesteins gefertigt waren, sowie Ansammlungen tierischer Knochen. Nach dreißigjähriger Arbeit entdeckten sie die hominiden Fossilien, die sie und Olduvai berühmt gemacht haben.

Hier sieht man Mary Leakey, die in minutiöser Kleinarbeit einen Hominidenfund birgt. Als im Jahre 1959 *Australopithecus boisei* entdeckt wurde, erforderte die Freilegung allein des Gesichts und der Zähne 19 Tage.

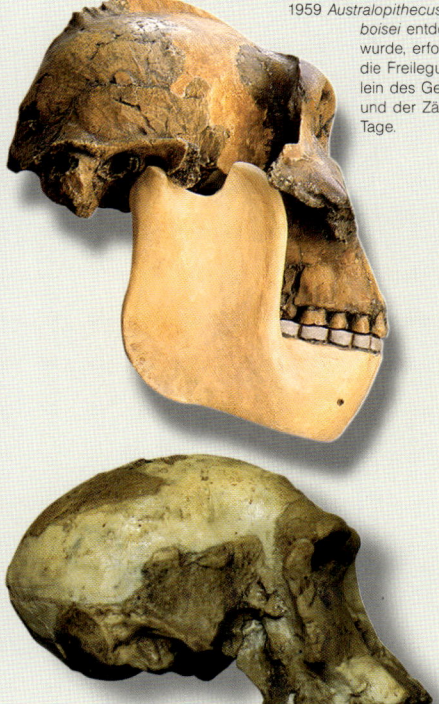

▷ An der Forschungsarbeit der Leakeys war die ganze Familie beteiligt, insbesondere Richard, einer ihrer Söhne, der hier bei der Vermessung hominider Fossilien zu sehen ist. Später wurde Richard Leakey der Direktor des Nationalmuseums von Kenia.

◁ Der 1959 entdeckte *Australopithecus boisei* (oben) und *Homo habilis*, der 1961 gefunden wurde. Beide stammen aus Bett I.

OBEN: R.I.M. CAMPBELL/BRUCE COLEMAN LTD

UNTEN: MARY JELLIFFE/ANCIENT ART & ARCHITECTURE COLLECTION

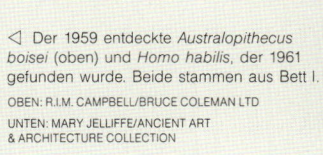

VON TÖNEN ZUR SPRACHE: EINE ENTDECKUNGSREISE

WILLIAM NOBLE UND IAIN DAVIDSON

Die Sprache ist ein System von Symbolen, die entweder aus sichtbaren Mustern (etwa Schrift- oder Zeichensprache) oder hörbaren Tönen bestehen (etwa Sprache) und deren Bedeutung nicht auf sich selbst, sondern auf andere Dinge verweist. Natürlich laufen nicht alle sichtbaren Muster oder hörbaren Töne auf eine Sprache hinaus. Wer immer diese Zeichen von sich gibt und empfängt, muß wissen, wofür sie stehen, und daher müssen diese Zeichen sowohl konsistent als auch leicht erkennbar sein. So können zum Beispiel alle Menschen das deutsche Wort *Katze* , sofern sie es verstehen und erkennen, auf das Haustier beziehen. Während jedoch eine Sprache konsistent gebraucht werden muß, ist sie in anderer Hinsicht unbestimmt: Das geschriebene oder gesprochene Wort *Katze* zeigt überhaupt keine Ähnlichkeit mit dem Tier, auf das es sich bezieht.

△ Diese Mammutfigur aus Vogelherd (Südwestdeutschland) ist ungefähr 32 000 Jahre alt.
STAATLICHE MUSEEN ZU BERLIN/PREUSSISCHER KULTURBESITZ, MUSEUM FÜR VOR- UND FRÜHGESCHICHTE

◁ Diese kleine, etwa 32 000 Jahre alte Figur mit dem Körper eines Menschen und dem Kopf einer Katze stammt aus Hohensteinstadel (Südwestdeutschland). Auch an anderen Fundstätten der Umgebung wurden Statuetten mit vergleichbaren parallelen Marken gefunden, wie sie diese hier an den Schultern aufweist.
K.H. AUGUSTIN/ULMER MUSEUM

Von der Signalgebung zum Zeichen

Obwohl Tiere durchaus auf sichtbare und hörbare Zeichen reagieren, kann man nicht behaupten, daß sie Sprache gebrauchen. Ostafrikanische Meerkatzen reagieren zum Beispiel auf das Auftauchen verschiedener Räuber, wie Schlangen, Leoparden und Adlern, mit unterschiedlichen Geräuschen. Andere Affen der Umgebung antworten sofort und in entsprechender Weise, sobald sie diese Rufe hören. Nach einem »Adlerruf« blicken sie nach oben. Beim »Leopardenruf« blicken sie um sich und beim »Schlangenruf« nach unten. Allerdings scheinen diese Tiere überhaupt nicht zu begreifen, daß ihre Rufe und Körperhaltungen die betreffenden Räuber bezeichnen. Sie stoßen diese Signale nur in Gegenwart natürlicher Feinde aus. Um aus diesen Rufen sprachliche Begriffe zu machen, müßten die Affen sie auch dann anwenden und darauf antworten, wenn die Räuber nicht da sind.

Wir glauben, daß die Sprache entstand, als unseren Vorfahren klar wurde, daß ihre Rufe oder Signale ein Hilfsmittel waren, um auf Merkmale ihrer Umgebung hinzuweisen. Nur als dies geschehen war, ließen sich diese Rufe anwenden, verändern und vermehren, um auf immer mehr derartige Merkmale Bezug zu nehmen. Auf diese Weise entdeckten die frühen Menschen die symbolhaften Möglichkeiten von Gesten zur Kommunikation. Natürlich wurde das Verhalten immer komplizierter. Sie konnten sich zu ihrem gegenwärtigen Verhalten äußern, andere Verhaltensweisen aufnehmen, Vergangenes wieder deutlich machen und zukünftige Dinge planen. Dadurch waren sie imstande, ihre Umwelt — einschließlich ihrer sozialen Umgebung - zunehmend unter Kontrolle zu bringen.

Angeblich wuchs im Laufe der menschlichen Entwicklungsgeschichte auch die Fähigkeit, Arme und Hände visuell zu steuern, wodurch auch der einhändige, gezielte Wurf verbessert wurde. Dadurch wären die Hominiden natürlich imstande gewesen, auf Dinge ihrer Umgebung — etwa Beutetiere oder Feinde — zu zeigen und damit deutlich zu machen. Dies könnte wiederum zur Verfolgung wandernder Beute geführt haben, wobei die typischen Merkmale des verfolgten Tieres ebenfalls über Bewegungen der Arme und der Hände übermittelt wurden oder indem der Gang oder der Umriß des Tieres imitiert wurde. Mit Hilfe dieser geräuschlosen Vorgänge hätten andere Gruppenmitglieder die nötige Information erhalten, ohne die Beute auf ihre Anwesenheit aufmerksam zu machen.

Von Zeichen zu Symbolen

Der nächste Schritt zur Entwicklung eines sprachähnlichen Verhaltens könnte dann erfolgt sein, als unsere Vorfahren, während sie derartige Zeichen machten, dabei Spuren im Schlamm oder Sand hinterließen. Diese Spuren waren in der äußeren Welt als Objekte sichtbar. Die sichtbare Geste konnte dann als eine unabhängige Einheit mit eigenem Informationsgehalt angesehen werden. Sobald dies geschehen war, war der Weg geebnet, um sowohl sichtbare als auch hörbare Zeichen als Symbole zu betrachten und auszuwerten. In Europa finden sich Hinweise auf derartige Symbole erst vor etwa 36 000 bis 32 000 Jahren. Es handelt sich dabei um dreidimensionale Figuren, die zweifelsfrei unter allgemeinen Konventionen der Darstellung und des Bezuges angefertigt wurden.

Die frühesten Hinweise auf den Gebrauch von Sprache finden wir in der Ankunft von Menschen in Australien, die nachweislich mindestens 50 000 Jahre zurückliegt. Diese Menschen mußten das offene Meer überqueren und zu diesem Zweck seetüchtige Boote besessen haben, und derartige Unternehmen ohne den Einsatz von Sprache zu planen und auszuführen, dürfte eindeutig unmöglich gewesen sein.

RICHARD WRANGHAM/ANTHROPHOTO

△ Ein Python nähert sich einer Gruppe von Meerkatzen. Hat eines der Tiere die Schlange bemerkt und einen entsprechenden Ruf ausgestoßen, sind die anderen Affen alarmiert. Der Ruf bezeichnet ganz speziell diese Gefahrenquelle.

Aggression aus der Entfernung

Die Steinwerkzeuge gehören in jeder dieser Gruppen auch zu einem Teil des Imponierverhaltens. Manchmal geht es bei Primaten in dieser Hinsicht recht aggressiv zu. So gibt es bei Schimpansen und Gorillas unter den Männchen und unter den Weibchen eine Rangordnung. Manchmal wird ein dominantes Männchen, das stärkste seiner Gruppe, von einem anderen Männchen zu einem Kampf um ein geschlechtsreifes Weibchen herausgefordert. Dabei bauen sich die Tiere zumeist von Angesicht zu Angesicht gegenüber auf, fletschen ihre Zähne und werden dabei auch recht laut, doch nur selten kommt es zu ernsthaften Verletzungen. Sobald sich einer der Kontrahenten für besiegt erklärt, ist die Auseinandersetzung beendet. Schimpansen werfen auch mit Stöcken, wenn sie kämpfen, überreizt oder unsicher sind. Da die Kontrahenten in der Regel sehr nahe beieinander stehen, sind Zeichen der Unterwerfung im Gesichtsausdruck und an der Körperhaltung nicht zu übersehen.

Wesentlich dramatischer wird es, sobald Steine und andere harte Objekte zum Schlagen oder zum Werfen eingesetzt werden. So waren diejenigen Hominiden, die eine bestimmte Entfernung zum Gegner einhielten und richtig zielten, deutlich im Vorteil. Dadurch wiederum verloren Mimik und Körpersprache an Bedeutung. Die wirkungsvollste Verteidigung bestand darin, den nächsten Schritt eines Gegners vorherzusagen und diesem zuvorzukommen. Individuen, die dazu imstande waren, blieben mit hoher Wahrscheinlichkeit unverletzt und konnten so Nachkommen mit denselben Fähigkeiten hervorbringen. Das Aufkommen harter Werkzeuge mag erklären, warum die menschliche Aggression nicht an offensichtliches Imponiergehabe gebunden ist und warum Unterwerfungsgesten nicht unbedingt die Gewalt unter Menschen beeinflussen.

Der beharrliche Mensch

Die Fähigkeit, sich an Handlungsfolgen zu erinnern und sie sogar berechenbar zu machen, führte zu der typisch menschlichen Eigenschaft der Beharrlichkeit. Ganz eindeutig war ein Mensch umso stärker im Vorteil, je mehr Informationen er als Grundlage für seine Handlungsweisen (zum Beispiel Werkzeugherstellung, sozialer Wettbewerb oder Nahrungssuche) im Gedächtnis abrufen konnte. So ist es möglich, daß

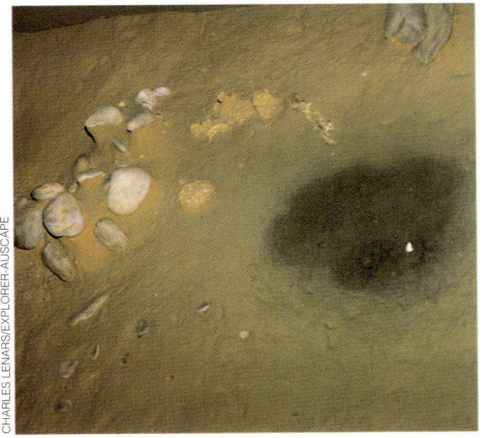

wir schon vor ein bis zwei Millionen Jahren auf die Jagd gingen, auf jeden Fall aber waren wir opportunistische Aassucher. Wenigstens vor 100 000 bis 50 000 Jahren haben wir mit Erfolg Großwild gejagt, vielleicht sogar in einer koordinierten Weise. Der moderne Mensch läßt sich auch dann von der Jagd nicht abbringen, wenn sich das Wild viele Stunden außer Sicht befindet. Je mehr Informationen wir in unserem Gehirn gespeichert haben, desto größer kann unsere Ausdauer werden.

Die Macht des Feuers

Der Mensch ist das einzige Lebewesen, das das Feuer als anziehend empfindet und dieses kontrollieren kann. Allerdings darf man nicht annehmen, daß das Feuer den Tieren der Savanne nicht vertraut sei oder daß sie ihm immer aus dem Wege gingen. Steppenbrände kommen häufig vor und dehnen sich weit aus. Dabei gehen zahlreiche Insekten und kleine Tiere zugrunde. Hinter der Feuerfront suchen sich die Aasfresser ihre Beute, und vermutlich kamen die frühen Hominiden in ähnlicher Weise zu ihrer Nahrung, indem sie in der Asche herumsuchten und verkohlte Äste beiseite räumten. Es ist auch durchaus vorstellbar, daß sie einen glimmenden Stock als Werkzeug bei

△ Wenn Schimpansen Angst haben oder aggressiv werden, laufen sie manchmal auf zwei Beinen und tragen dabei einen Stock, um damit einen Eindringling oder ein Raubtier zu bedrohen. Beim Angriff oder bei Rangstreitigkeiten, die aus nächster Nähe ausgefochten werden, ziehen die Tiere laut schreiend lebhafte Grimassen.

◁ Bei Terra Amata (Frankreich) fand man an Lagerplätzen im Sand, unweit eines ehemaligen Küstenverlaufs des Mittelmeers, Spuren von Feuer und Küchenabfällen, die auf ein Alter zwischen 300 000 und 200 000 Jahren datiert wurden. Einige der Feuerstellen liegen in seichten Gruben, während andere auf zusammengelegten Flußkieseln angelegt waren.

△ Im Gombe-Reservat (Tanzania) beobachteten Jane Goodall und Hugo van Lawick eine Schimpansenmutter, die ihr totes Baby etwa einen Tag lang mit sich umhertrug. Nach einiger Zeit begann sie, die Leiche nachlässig zu behandeln. Irgendwann legte sie ihr totes Kind ab, ging zum Trinken und sammelte es danach nicht wieder auf.

HUGO VAN LAWICK/NACHDRUCK MIT ERLAUBNIS DER AUTOREN VON *THE CHIMPANZEES OF GOMBE* BY JANE GOODALL, CAMBRIDGE, MASSACHUSETTS: THE BELKNAP PRESS OF HARVARD UNIVERSITY PRESS, COPYRIGHT © 1963 BY THE PRESIDENT AND FELLOWS OF HARVARD COLLEGE.

▷ Es ist noch immer heftig umstritten, ob die Neandertaler ihre Toten begruben – und wenn, dann aus welchem Grund. Ein 60 000 Jahre alter Neandertaler, der kürzlich in der Kebara Cave (Israel) entdeckt wurde, fachte die Diskussion weiter an. Zum Teil liegt die Ursache für die Auseinandersetzungen darin, daß neuerdings behauptet wird, der moderne Mensch stamme aus Afrika. Damit käme der Neandertaler als unser direkter Vorfahr nicht mehr in Frage. Wir dürfen aber nicht einfach bestimmte Verhaltensweisen der Vergangenheit übernehmen. Leichen von Neandertalern wurden in ganz unterschiedlichen Zusammenhängen und Positionen gefunden, und wir können nicht davon ausgehen, daß sich dieses Verhalten auf eine uns vertraute Weise erklären ließe.

sich trugen. Aber wirklich Feuer zu unterhalten und zu erzeugen, setzt eine Abfolge ziemlich komplizierter Handlungen voraus. In der Nähe des unterirdischen Escale-Sees in Frankreich wurden neben den Abfällen eines Lagers möglicherweise Überreste von Feuerstellen entdeckt, die bis zu 700 000 Jahre alt sein könnten. Die meisten Hinweise auf Feuerstellen stammen jedoch aus den letzten 300 000 Jahren.

Die Beherrschung des Feuers hatte verschiedene Folgen: Die Nahrung konnte gekocht werden, und hölzerne Werkzeuge ließen sich formen und härten. Durch kontrolliertes Abbrennen von Grasflächen konnten Tiere auf ihre Jäger zugetrieben werden. Zufällige, wiederholt auftretende Waldbrände vergrößerten das Gebiet offener Weideflächen, was wiederum größere Populationen von Pflanzenfressern, etwa Hirsche, anlockte. Zudem signalisiert Feuer die Gegenwart von Menschen. Als Kapitän James Cook zum ersten Mal die australische Ostküste erreichte, wußte er nur aufgrund der zahlreichen Rauchwolken, die aus Lagerfeuern emporstiegen, daß das Gebiet bewohnt war. Besonders in der Nacht kann ein Feuer verraten, wo Menschen leben. Mit dem Einsatz des Feuers erzeugten Menschen unabsichtlich zusätzliche, über erhebliche Entfernungen sichtbare Signale, die ihre Standorte in der Landschaft verrieten. So waren Begegnungen nicht mehr ausschließlich dem Zufall überlassen, und die soziale Welt wurde vielschichtiger. Schon die Steinwerkzeuge hatten den Menschen neue Verständigungsmittel zur Verfügung gestellt.

Erinnerungen an die Vergangenheit

Die nächste große Veränderung im menschlichen Verhalten bestand in der Fähigkeit, sich angesichts einer Leiche daran zu erinnern, daß diese einmal ein Mensch war. Bis noch vor 100 000 Jahren gibt es keinerlei Hinweise dafür, daß die Hominiden in ihren Verstorbenen irgendetwas anderes gesehen hätten als ganz normale Kadaver. Ihre Knochen fand man verstreut und zerbrochen zwischen den Abfällen ihrer Lagerplätze. Dies entspricht der Art, in der auch andere Primaten ihre Toten unbeachtet lassen. Zwar trägt eine Schimpansenmutter ihr totes Kind noch einen oder zwei Tage mit sich herum, doch nimmt ihr Interesse daran spürbar ab. Während sie zunächst den Leichnam an sich kuschelt, trägt sie ihn später an einem Bein oder schleift ihn hinter sich her, bis sie ihn schließlich irgendwo liegenläßt. Die Leiche sendet keine Signale mehr aus, die auf eine Identität mit einem Schimpansen hindeuten, und der Mutter fehlt die Vorstellungskraft, sich an die Handlungsfolgen zu erinnern, die mit ihrem Jungen verbunden waren.

Vor etwa 100 000 Jahren begannen die Neandertaler, sich mit ihren Toten zu beschäftigen und gingen mit ihnen auf die eine oder andere Weise um. Wir sollten uns aber davor hüten, zu unterstellen, daß sie dachten wie wir. Die Neandertaler sind aber deshalb so interessant, weil sie von ihren Toten Vorstellungen gehabt haben müssen, die sich unserer Erfahrung entziehen. Wie nun, wenn das Erinnerungsvermögen unter den Neandertalern ebenso variierte wie die Intelligenz beim modernen Menschen? Die bei Krapina im Balkan gefundenen Neandertaler-Leichen waren sorgfältig abgefleischt und verbrannt worden; in der Höhle von Hortus (Pyrenäen) dagegen wurden sie nur auf den Müll geworfen. Und in der Höhle von La Chapelle-aux-Saints (Südfrankreich) war ein alter Mann in einer tiefen Grube beigesetzt worden.

Von dem Moment an, in dem die Hominiden ihre

◁ Das Drohverhalten eines männlichen Schimpansen: Wesentliche Merkmale dieses ausdrucksvollen Verhaltens sind das aufgestellte Haar, das die Silhouette vergrößert, die entblößten Zähne und der drohende Blick. Der starre Blick und das Entblößen der Zähne gehören auch zu den grundlegenden Ausdrucksformen menschlichen Zorns. Das Aufstellen der Nackenhaare erfahren wir noch in Spuren durch den »Schauer«, den die noch vorhandenen Muskeln zum Aufrichten der Haare beim Zusammenziehen verursachen – wir sagen dann, unser Haar stehe zu Berge.

Die grundsätzlichen Ausdrucksformen der Bedrohung, etwa in Gestalt von Gesichtsausdrücken und Gesten, sind unter Menschen überall zu finden, und ähnliche Verhaltensweisen gibt es auch unter Schimpansen und anderen nichtmenschlichen Primaten. Zudem entwickelte der Mensch weitere Verhaltensmuster, die unter anderem dazu dienen, Aggressionen zu dämpfen. So ruft das Weinen zum Beispiel grundsätzlich eine mitfühlende Reaktion hervor. Es ist bezeichnend, daß neugeborene Babys auf Bandaufnahmen weinender Personen ihrerseits durch mitfühlendes Weinen reagieren, wogegen Aufnahmen sonstiger menschlicher Äußerungen dies nicht bewirken. Eine andere wirkungsvolle Vorgehensweise besteht darin, den sozialen Kontakt mit dem Aggressor abzuschneiden (siehe dazu die Foto-Sequenz).

AGGRESSION UND KRIEG: GEHÖREN SIE ZUM MENSCHSEIN?

IRENÄUS EIBL-EIBESFELDT

Zu Aggressionen kommt es immer dann, wenn eine Person oder eine Gruppe von Menschen andere durch physische Gewalt oder Einschüchterung erfolgreich beherrscht. Sie ist unter Tieren weit verbreitet und erwächst aus dem Wettbewerb um begrenzte Ressourcen, wie Nahrung, Geschlechtspartner und Territorien. Sie kann aber auch der Verteidigung dienen, etwa wenn Mütter ihre Jungen schützen. Innerhalb der Arten ist das Aggressionsverhalten häufig ritualisiert, so daß die Kontrahenten das Risiko einer physischen Verletzung reduzieren. Der Unterlegene kann den Kampf dadurch beenden, daß er eine Unterwerfungshaltung einnimmt, die die Aggression des Siegers ausschaltet.

Von der Aggression unter Individuen muß man die Aggression zwischen Gruppen trennen. Die Art von Gruppenstreitigkeiten, die man als Vorstufe der Kriege ansehen kann, kommt nur unter nichtmenschlichen und menschlichen Primaten sowie einigen Nagetieren vor, etwa der Wanderratte. Auch der Mensch zeigt eine individuelle Aggression — etwa bei Auseinandersetzungen über den sozialen Status, über Gebietsansprüche oder einen Partner — und eine in Gruppen gelebte Aggressionsform.

Äußere und innere Auslöser

Im Gegensatz zur Ansicht mancher romantisch denkender Anthropologen sind Menschen durchaus nicht zwangsläufig friedfertig, wenn sie in einem warmen Familienumfeld mit Zuneigung und Körperkontakt aufgewachsen sind. Auch müssen sie nicht immer aggressive Charaktere entwickeln, wenn ihnen dies in der Jugend fehlte. In unseren zeitgenössischen Krieger-Kulturen werden die Kinder von beiden Eltern mit großer Zuneigung und Liebe behandelt, und dennoch wachsen sie zu grimmigen Kriegern heran. Dies liegt daran, daß sich Kinder, die in Zuneigung aufwachsen, mit ihren Eltern und ihrer Gruppe identifizieren und bereit sind, deren Wertvorstellungen zu übernehmen, seien sie nun kriegerisch oder pazifistisch. Bis zum Ende der sechziger Jahre glaubte man, Jäger und Sammler seien friedvolle Menschen ohne Gebietsansprüche, die zudem in offenen Gesellschaften leben. Allerdings haben Untersuchungen diese Ansicht als einen Mythos entlarvt. Kämpfende Krieger waren von der Steinzeit bis heute immer schon ein Motiv der Felsmalereien, wie die zeitgenössischen Malereien südafrikanischer Buschmänner zeigen.

Das Aggressionsverhalten ist keine einfache Reaktion auf äußere Reize, sondern kann aus zahlreichen inneren Faktoren entstehen, zum Beispiel durch männliche Hormone. Ein Erfolg bei richtigen oder symbolischen Auseinandersetzungen (etwa im Sport oder bei Prüfungen) setzt bei Männern vermehrt Testosteron frei. Jedoch wird diese Hormonzunahme keineswegs automatisch abgeschaltet, sobald das Ziel erreicht ist, wie man aus zielgerichteten Handlungen wie Essen und Sex ersehen kann. Dies kann erklären, warum der Trieb nach Macht bei einigen Männern außer Kontrolle gerät.

▷ Kämpfende Buschmänner: Diese südafrikanische Felsmalerei wurde 1930 von D.F. Bleek kopiert.

Negative und positive Aggression

Wie bei den Tieren dient auch die Aggression beim Menschen verschiedenen Zielen. Sie kann zu einem destruktiven Verhalten führen und enorme Schwierigkeiten mit sich bringen, doch hat sie manchmal auch einen positiven Aspekt. Wir überwinden zum Beispiel physische und geistige Probleme — also beliebige zielgerichtete Aktionen, denen ein Hindernis im Wege steht - indem wir sie aggressiv angehen. Dies muß einmal betont werden, weil die Aggression häufig als eine ausschließlich negative Kraft angesehen wird. Es kamen sogar einmal Empfehlungen auf, Kinder völlig aggressionsfrei zu erziehen. Dadurch würde diesen Kindern großer Schaden zugefügt, denn sie werden praktisch wehrlos. Unter anderem ist die Aggression unentbehrlich, wenn sich Menschen gegen Ungerechtigkeit und Diktatur auflehnen müssen.

Der Krieg als organisierte Aggression

Der Krieg ist natürlich eine organisierte Form menschlicher Aggression. Trotz seiner biologischen Vorstufen, die man etwa im Verhalten von Schimpansen findet, muß er als ein Produkt kultureller Evolution gelten. Es finden nämlich strategisch geplante, aufeinander abgestimmte Aktionen statt, es kommen Waffen zum Einsatz, die aus der Entfernung töten (und dabei die Wahrscheinlichkeit eines persönlichen Zusammentreffens möglichst gering halten), und schließlich besteht das Ziel darin, einen gemeinsamen Feind zu vernichten. Abgesehen vom aggressiven Moment setzt ein Krieg eine Loyalitätsgefühle zur eigenen Gruppe voraus. Diese werden häufig von der Propaganda geschürt, wobei dem Feind menschliche Eigenschaften abgesprochen werden. Auf diese Weise wird der Konflikt auf eine moralische Ebene angehoben, wo das Töten einen tugendhaften, ja sogar ausgesprochen heroischen Charakter erhält.

Um die Gruppenaggression unter Menschen zu verstehen, muß man sich zunächst klarmachen, daß jeder Mensch gegenüber seinen Mitmenschen ganz ambivalente Gefühle hegt. Er reagiert entweder freundlich (besonders gegenüber Bekannten), aber auch mit Furcht. Einerseits fürchtet er, beherrscht zu werden, versucht aber selber, eine überlegene Stellung einzunehmen, wenn er irgendwo Schwäche spürt.

Der Krieg an sich ist gewiß nicht in unserer genetischen Veranlagung verankert. Allerdings war er schon immer eine sehr wirkungsvolle Methode, sich begrenzte Ressourcen anzueignen und sie zu verteidigen. In dem Maße, in dem immer verheerendere Waffen entwickelt wurden, wurde auch der Krieg immer risikoreicher, obwohl gewisse Konventionen und Rituale entstanden, um dieses Risiko zu mindern.

▷ Eine der Möglichkeiten, Aggressionen abzuwehren, besteht darin, den sozialen Kontakt abzubrechen. Ein Yanomami-Junge wird von einem anderen Jungen bedroht, der versucht, ihn beiseite zu schieben. Zunächst setzt der Angegriffene ein gewinnendes Lächeln auf, jedoch zeigt diese Taktik keine Wirkung. Nachdem er geschlagen wurde, wendet er seinen Blick ab (Kontaktvermeidung), senkt den Kopf und schmollt - ein sehr wirkungsvoller Weg, um Aggressionen eines anderen Individuums zu begegnen. Der Angreifer zieht sich zurück.

1

5

2

6

3

7

4

8

▷ *Gegenüber:* Einige der frühesten Kunstwerke in Europa – sie sind etwa 25 000 bis 30 000 Jahre alt – bestehen aus einfachen Gravierungen, die man an den Wänden französischer Höhlen fand. Die Gravierungen dieses Steines aus La Ferassie wurden als Vulvae interpretiert – grob konzipierte Dreiecksformen, deren schmalster Winkel von einer Linie zweigeteilt wird.

▷ Diese geglättete und mit Ocker gefärbte Elfenbeinscheibe aus Tata (Ungarn) ist ungefähr 50 000 Jahre alt. Man ist sich bei weitem noch nicht darüber, ob sie auf natürliche Weise entstand oder von Menschen gemacht wurde.
HUNGARIAN NATIONAL MUSEUM/ANDRAS DABASI

△ Diese Knochenscheibe aus dem Abri Blanchard (Frankreich) wurde von Alexander Marshack eingehend untersucht und auf das obere Paläolithikum datiert. Im oberen Bereich befinden sich gruppenweise angeordnete Aushöhlungen. Jede dieser Gruppen wurde zumeist mit demselben Werkzeug gemeißelt und repräsentiert vielleicht einen der frühesten Zählvorgänge.
JEAN VERTUT/MUSEE DES ANTIQUITES NATIONALES, ST. GERMAIN-EN-LAYE

Aus der Zeit vor 30 000 Jahren kennt man kleine geschnitzte Pferde und einfache Gravuren, die man allgemein als Bilder von Vulvae interpretiert. Im Laufe der folgenden 10 000 bis 15 000 Jahre verfeinerten sich künstlerische Technik und Inhalt. Unter den Höhlenbildern, die man in Lascaux (Südfrankreich) entdeckte, befinden sich sogar Abbildungen fiktiver Geschöpfe, deren Merkmale aus verschiedenen Tieren kombiniert wurden.

Wir können aber nicht nur versuchen zu verstehen, welche Bedeutung in den Bildern lag, sondern auch nach ihrem Zweck fragen. Die Kunst gestattet, detaillierte Botschaften über die Zeit zu retten. Wir müssen nicht mehr alles im Kopf behalten, sondern müssen nur wissen, in welchen unserer Aufzeichnungen wir danach zu suchen haben.

Die Rhythmik des Lebens

Die Kunst gewährte uns auch die Hilfsmittel zur Darstellung von Zeiträumen. In Bildern und Schnitzereien nahm sie die Form mehrerer Strichreihen an, und auch in den ersten bekannten Musikinstrumenten taucht sie auf. Es handelte sich um Röhrenknochen, in die mehrere Löcher gebohrt waren, um verschiedene Töne zu erzeugen. Sowohl die Zeichen als auch die Musikinstrumente greifen ein Kontinuum auf und unterteilen es. Dies ist das wesentliche logische Hilfsmittel, um die natürlichen Phänomene der Zeit und der Töne in eine menschliche Ordnung zu zwingen. Trotz ihrer Einfachheit repräsentiert jede einzelne dieser künstlerischen Äußerungen eine grundlegende Entwicklung menschlichen Denkens. Hatte der

Dies ist eine Flöte aus Vogelknochen. Das Stück aus der Grotte de Placard (Frankreich) ist etwa 10 000 bis 15 000 Jahre alt.
MUSEE DE L'HOMME, PARIS/M. DELAPLANCHE/COLLECTION MUSEE DES BEAUX ARTS D'ANGOULEME

Toten bestatteten, gaben sie erste Hinweise dafür, daß sie imstande waren, vergangene Vorfälle mit einem leblosen Körper zu verbinden. Dazu bedurfte es keiner großen Gedächtnisleistungen; die Erinnerung an eine Spanne von wenigen Wochen dürfte genügt haben. In der Regel begruben die Neandertaler ihre Leichen vollständig, vermutlich wenige Tage nach dem Tod. Man sollte daraus aber nicht schließen, daß diese frühen Begräbnisse mit einem Glauben an ein Leben nach dem Tode zu tun hätten. Dies erfordert nämlich sowohl ein hochentwickeltes Erinnerungsvermögen als auch die Fähigkeit, sich eine Zukunft über die eigene Lebenszeit hinaus vorzustellen.

Die Bedeutung der Kunst

War der Mensch imstande, in bewußter Weise Vergangenes mit einem Objekt zu verbinden, verfügte er bereits über die Grundlagen künstlerischen Wirkens. Durch die Assoziation eines Objekts mit Merkmalen aus dem Gedächtnis wird es möglich, sich die Charakteristika einer Person oder eines Tieres vorzustellen, ohne sie unmittelbar vor Augen zu haben. Anstatt einen Gegenstand zu sehen und sich an eben Vergangenes zu erinnern, konnten die Menschen jetzt verschiedene Abläufe aus der Vergangenheit vor ihrem geistigen Auge passieren lassen und diese als objektive Formen darstellen. Oder sie betrachteten ein Objekt und riefen es unmittelbar darauf im Gedächtnis wieder ab, um ein Bild zu produzieren.

Zunächst handelte es sich um vage, unsichere oder einfache Formen. Was nun als die früheste erkennbare Kunstform gelten soll, etwa einige Stücke polierten und mit Kratzern versehenen Elfenbeins aus Tata (Ungarn) oder einige Kratzer auf einem Knochen aus La Ferrassie (Südfrankreich), deren Alter bis zu 50 000 Jahre zurückreicht, ist allgemein umstritten.

Mensch einmal die Vorstellung von Periodizität, ließ sich die Zeit aufteilen, und veränderliche, wiederkehrende Phänomene, wie die Mondzyklen und das Fortpflanzungsverhalten der Herdentiere, wurden durchschaubar. Die Vorhersage war nicht mehr an unser Erinnerungsvermögen gebunden, sondern wir hatten greifbare Hilfsmittel.

Vor zwei bis drei Millionen Jahren haben uns unsere Vorfahren ein vielschichtiges Verhältnis zu harten, dauerhaften Artefakten anvertraut. Auf unzähligen Wegen führten diese Objekte zu sozialen Belastungen, schufen neue Signale und beeinflußten allmählich die Art und Weise, in der wir über Raum und Zeit mit anderen Menschen unserer Gesellschaften umgehen. Diese künstlichen Gegenstände trugen nicht nur dazu bei, unser Verhalten zu formen, indem sie in uns die Fähigkeit entwickelten, Dinge vorherzusagen und beharrlich zu bleiben, vielmehr noch: Sie verliehen unseren begrenzten Gehirnen die materiellen Hilfsmittel, um theoretisch unbegrenztes Wissen zu speichern.

DIE GESCHLECHTERROLLEN IN DER VORGESCHICHTE

MICHELLE LAMPL

Geschlechterrollen bezeichnen die vorgezeichneten Wege, auf denen Männer und Frauen miteinander im Alltagsleben umgehen. In allen menschlichen Gesellschaften finden wir definierte Männer- und Frauenrollen, die entweder aktiv bewußt oder passiv als Kinder durch Nachahmung und Erziehung übernommen werden. Noch immer diskutieren die Wissenschaftler, in welchem Ausmaß biologische und kulturelle Einflüsse auf die Geschlechterrollen wirken. Häufig wenden sie sich der Erforschung der Entwicklungsgeschichte zu, um Einblicke in die Ursprünge der modernen Geschlechterrollen zu gewinnen.

Alle Kenntnisse unserer vorgeschichtlichen Vorfahren haben wir aus den archäologischen Funden, die uns Einzelheiten darüber mitteilen, wie die Menschen wohnten, was sie aßen und wie ihr Leben auch in anderer Hinsicht aussah. Dabei geben uns die Fossilien Informationen über physische Merkmale, den Gesundheitszustand und die Lebensspanne. Leider gibt uns keiner dieser Belege eine Antwort auf die Frage, wie und warum sich die modernen Geschlechterrollen des Menschen entwickelt haben.

Rein biologisch unterscheiden sich Männer von Frauen durch ihre Fortpflanzungsbiologie. Frauen besitzen im Vergleich zur übrigen Körpermasse mehr Körperfett und breitere Hüften, um den Durchtritt der Kinder bei der Geburt zu erleichtern. Zudem besitzen sie Milchdrüsen, um die Kinder nach der Geburt zu nähren. Männer besitzen im allgemeinen — bezogen auf das Körpergewicht — mehr Muskelmasse. Gemeinsam mit den Unterschieden in der Körpergröße werden diese Abweichungen unter den Geschlechtern als Sexualdimorphismus bezeichnet.

Obwohl die Männer bei vielen Völkern gewöhnlich etwas größer sind als die Frauen, ist der moderne Mensch — im Gegensatz zu einigen unserer engsten Verwandten unter den Primaten — nicht ausgesprochen sexualdimorphistisch. Der Sexualdimorphismus ist ein bei menschlichen Fossilien ein häufig umstrittenes Merkmal, denn Primatenforscher haben festgestellt, daß nur wenige Primaten, die in sozialen Gruppen leben und deren Geschlechter einen ausgeprägten Dimorphismus zeigen, in monogamen Verbänden zusammenbleiben.

Die frühesten fossilen Belege direkter menschlicher Vorfahren gehören zu der Gattung Australopithecus, der vor zwei bis vier Millionen Jahren in Ost- und Südafrika zu Hause war. Einige Wissenschaftler konstatierten nun bei der Untersuchung der fossilen Knochen einen deutlichen (aber keineswegs unumstrittenen) Größenunterschied zwischen männlichen und weiblichen Individuen. Das Skelett eines erwachsenen Weibchens (das von seinen Entdeckern »Lucy« genannt wurde) wurde nach einer Rekonstruktion auf eine Höhe von 1,1 Meter geschätzt. Das Körpergewicht lag bei etwa 27 Kilogramm. Im Gegensatz dazu war ein rekonstruiertes Männchen etwa 1,6 Meter hoch und vielleicht 50 Kilogramm schwer.

Aufgrund dieser Indizien vermutet man, daß die von einem Paar ausgehende monogame Kernfamilie, wie sie bei vielen menschlichen Gesellschaften unserer Zeit üblich ist, zu Beginn unserer Entwicklungsgeschichte noch nicht existierte. Im Laufe der menschlichen Entwicklungsgeschichte zeigen jedoch die fossilen Belege einen schrittweisen Rückgang des Dimorphismus, so daß die Geschlechterunterschiede vor 100 000 Jahren, als die ersten modernen Menschen auf den Plan traten, denen heutiger Menschen entsprachen. Zwar verrät uns nichts davon Einzelheiten über die Geschlechterrollen, wenn aber unser Verständnis für die Zusammenhänge zwischen Knochenanatomie und Sozialstruktur richtig ist, geht daraus hervor, daß die Geschlechter in unserer frühesten Vorgeschichte noch ein anderes Verhältnis zueinander besaßen.

Auch die zweite Form der Indizien, die Archäologie, kann uns nicht viel weiterhelfen. Die ältesten Informationen, nämlich Steinwerkzeuge aus der Zeit vor 2,5 Millionen Jahren, verraten uns nichts über die Geschlechterrollen. Schmuckstücke findet man erst vor 30 000 Jahren in Europa:

YANN ARTHUS-BERTRAND/JACANA-AUSCAPE

◁ Im Gegensatz zu uns modernen Menschen weisen einige unserer engsten Verwandten unter den Primaten einen deutlichen Sexualdimorphismus auf. Das Gorillaweibchen (links) besitzt nur 60 Prozent der Körpergröße des Männchens. Der Sexualdimorphismus scheint dort am stärksten ausgeprägt zu sein, wo die Männchen um den Zugang zu den Weibchen kämpfen müssen, am geringsten dagegen bei den Arten, bei denen beide Geschlechter häufig eine lebenslange Verbindung eingehen.

Durchbohrte Schneckenschalen, die vermutlich als Armbänder und Körperschmuck getragen wurden, findet man in den Gräbern beider Geschlechter. Nicht lange danach entdeckt man, ebenfalls in Europa, einige bemerkenswerte Überreste der plastischen Kunst jener Zeit: eingeschnittene oder manchmal geschnitzte Frauenbilder, die auf Knochen und Elfenbein verewigt wurden, sowie Tonfiguren wie die wohlbekannte Venus von Willendorf. Zwar gibt es auf den berühmten Höhlenbildern oder auf Stein graviert auch Darstellungen von Männern, doch sind es zumeist Frauen, die mit übertriebenen anatomischen Merkmalen — akzentuierten Brüsten und Gesäßen — abgebildet werden. Die Bedeutung dieser Objekte ist unter den Gelehrten nicht ganz klar. Waren es einfach genaue Darstellungen von Frauen der Umgebung? Handelte es sich um Fruchtbarkeitssymbole? Oder steckte eine erotische Absicht dahinter? Als vor 10 000 Jahren die Landwirtschaft aufkam, lebten die Menschen bereits in organisierten Gruppen, die wir keineswegs als ungewöhnlich empfunden hätten.

In Ermangelung spezifischer Hinweise müssen die Fachleute nun darüber spekulieren, wie es zu den Geschlechterrollen in unserer Entwicklungsgeschichte kam. Bei diesen Mutmaßungen wurden nicht selten moderne Auffassungen, die unseren eigenen sozialen Tendenzen entsprachen, in die Vergangenheit übertragen. So waren viele Wissenschaftler bis vor kurzem der Ansicht, daß zur sozialen Entwicklungsgeschichte auch die Arbeitsteilung zwischen Mann und Frau gehörte.

Dabei gingen die Männer auf die Jagd und brachten die Beute zu den sogenannten Wohnplätzen, wo sie diese mit den Frauen teilten. Jene waren zurückgeblieben, um die Säuglinge und Kinder zu versorgen. Einer anderen, ähnlichen Ansicht zufolge hatten Männer und Frauen anfangs unterschiedliche Ernährungsgewohnheiten, so daß eine monogame Paarbindung nicht nur die Möglichkeit schuf, die Ressourcen zu teilen und die Überlebenschancen eines jeden Geschlechtes zu vergrößern, sondern nebenbei den Vorzug hatte, die Vaterschaft der Nachkommen zu garantieren.

Dieser Ansicht entsprechen die Ernährungsgewohnheiten zahlrei-

cher moderner Gesellschaften. Andererseits verwiesen Wissenschaftler aus jüngerer Zeit auf die Bedeutung, die den Frauen in den modernen, gleichberechtigten Gesellschaften heutiger Jäger und Sammler zukommt und erwogen diese Verhältnisse als ein Modell für unsere Vergangenheit.

Hier überlappen einander die Aktivitäts- und Einflußbereiche von Männern und Frauen, indem die Grundnahrungsmittel (Gemüse, Samen, Nüsse, Insekten und Kleintiere) von den Frauen beigebracht werden, während die Männer wesentlich weniger von dem heranschaffen, was für das tägliche

Überleben nötig ist. Andere zeitgenössische Vorstellungen lenken ihre Aufmerksamkeit nicht nur auf die Geschlechterrollen, sondern auch auf Aspekte sexueller und emotionaler Verhaltensweisen. Mit Blick auf nicht monogame Verhältnisse und unter Berücksichtigung der sexuellen Veranlagung von Mann und Frau glauben einige Forscher, daß mehrere Sexualpartner für beide Geschlechter, etwa in Form einer abgeschwächten Polygynie oder einer Reihe mehrerer Paarbindungen, den tatsächlichen Verhältnissen unserer Vergangenheit am ehesten entsprechen.

△ Weibliche Figuren tauchen im oberen Paläolithikum überall in Europa auf. Sowohl die Figurinen, die - mit kaum erkennbaren Köpfen und Beinen - die sexuelle Anatomie betonen, als auch der detaillierte, anmutige Kopf von Brassempouy, Frankreich, (unten links) spiegeln ein Frauenbild wider, das sich nur in den Augen der damaligen Zeit nachvollziehen läßt.

J.M. LABAT/AUSCAPE

Bestimmt kein Schimpanse

Der Vormensch stellte sich schon früh auf die Beine

Die Vorstellung, dass die Vorfahren des Menschen vor vier oder fünf Millionen Jahren stark den Schimpansen ähnelten und sich wie sie in den Bäumen von Ast zu Ast schwangen, dürfte jetzt hinfällig geworden sein. Eine gründliche Untersuchung der fossilen Überreste des Ardipithecus ramidus, der vor 4,4 Millionen Jahre im heutigen Äthiopien lebte, deutet darauf hin, dass sich die Vorfahren von Menschen und afrikanischen Großaffen nach deren Trennung vor ungefähr sechs Millionen Jahren schneller als bislang vermutet auseinanderentwickelt haben.

Auf erste Fossilien des zu den Vormenschen oder dessen allernächsten Verwandten gehörenden Ardipithecus ramidus waren Paläoanthropologen im Jahr 1992 bei Aramis in Äthiopien gestoßen. 1994 und 1995 bargen sie schließlich zahlreiche Knochen eines Skeletts, das von einem 1,2 Meter großen und etwa fünfzig Kilogramm schweren weiblichen Individuum stammte – Ardi.

Das von der Größe her einem Schimpansen ähnelnde Wesen, das in den Wäldern Ostafrikas lebte, erwies sich bei näherem Hinsehen als wesentlich primitiver als die späteren Vormenschen aus der Gattung der Australopithecinen. Viele Merkmale hatte es noch mit den Primaten des Miozäns gemein, das vor 5,3 Millionen Jahren endete. Aber die gründlichen Analysen, deren Ergebnisse jetzt von fast vier Dutzend Autoren unter Leitung von Tim White von der University of California in Berkeley in der Zeitschrift „Science" veröffentlicht worden sind, brachten Erstaunliches zutage: Der Ardipithecus ramidus hat sich am Boden schon eine Million Jahre vor Lucy, der bekanntesten unter den frühen Vormenschen, auf zwei Beinen und nicht wie Schimpansen auf den Fingergliedern bewegt. Die Bäume hat er auf allen Vieren bestiegen.

In Afrika hat man einige wenige Fossilien von „Vormenschen" gefunden, die früher gelebt haben. Sie sind aber nur bedingt aussagekräftig. Das macht die jetzt publizierten Ergebnisse doppelt bedeutsam.
GÜNTER PAUL

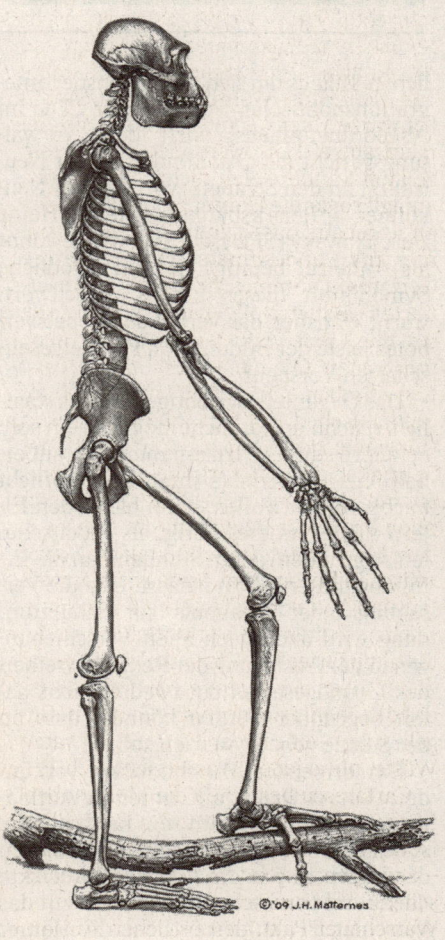

Kunst trifft Ardipithecus. Foto dpa

Reantat aber wird dabei unsichtbar, ihre Erfahrung ist unmöglich.

Aus diesem zwingenden Spiel ragen Goldsteins frühe Filme heraus. Das MMK zeigt sie auf nur einem Projektor, hinter-

All die armen

Cranko-Werke zwischen Nic

Wie kann ein so gut ausgestattetes, mit einem solchen Erbe – dem Vermächtnis John Crankos – betrautes Ensemble wie das Stuttgarter Ballett nur einen derart zwiespältigen Eindruck hinterlassen? Das fragt sich, wer den neuesten Abend im Schauspielhaus gesehen hat, ein Programm, das zu Tourneezwecken zusammengestellt wurde.

Schwerwiegend sind nicht nur die Fehler in der Programmzusammenstellung, genauso problematisch sind die Einstudierungsgewohnheiten, mit denen Crankos darstellungsempfindliche Stücke hier teilweise ruiniert werden. Den Auftakt bildete „Brouillards", Crankos abstraktes „Ballet blanc" von 1970 zu Klaviermusik von Claude Debussy. Man kann es gar nicht oft genug sehen, so ungewöhnlich sind die skulpturalen Zusammenballungen der Tänzerkörper in ihren weißen Trikots, so atmosphärisch die einzelnen Sequenzen.

Genau zu sehen ist Crankos großes Vermögen, einen Tanz rein aus Bewegungsideen so zu entwerfen, dass er den Tänzern erlaubt, mit jeder Geste, jedem Schritt sich eine Figur zu erfinden, ohne zu „schauspielern". Für diese ganz aus dem Tanz abgeleitete innere Dramatik haben zwei der in Stuttgart beschäftigten Tänzer geradezu einen sechsten Sinn: Alicia Amatriain und Jiri Jelinek. Beide verfügen nicht nur über die makellose Technik ihrer Kollegen, sondern scheinen auch intellektuell und emotional mit ihren Schritten etwas anfangen zu können. Ansonsten scheinen die Männer offenbar zu glauben, man müsse sich vor allem einen Krafthubermäßigen Oberkörper antrainieren. Viele sehen aus, als hätten sie ein paar Eiweißpowernahrungsdosen zu viel gefuttert. Dazu set-

lichen Milieus um sich. Kurt Wansner, integrationspolitischer Sprecher der CDU im Abgeordnetenhaus, wirft dem Verwaltungsgericht die „Aufkündigung der Neutralität an den Schulen" vor. Wie der Neuköllner Bezirksbürgermeister Heinz Buschkowsky (SPD), der sich wie gewohnt als Anheizer betätigt und eine „tödliche Symbolkraft dieses Urteils" beschwört, warnt Wansner, das Verbot des Gebetsverbotes leiste der Bildung von Parallelgesellschaften Vorschub.

Das Gegenteil ist richtig. Wenn es staatlichen Schulen gar nicht möglich sein soll, Schülern entgegenzukommen, die außerhalb des Unterrichts ihrer Gebetspflicht nachkommen wollen, dann bleibt den Eltern nichts anderes übrig, als Privatschulen zu gründen, deren Stundenplan die Erfüllung dieser Pflicht zulässt. Und die Versagung einer Erlaubnis zur Schulgründung wird auch nach allen Verschiebungen in der Auslegung der Religionsfreiheit des Grundgesetzes einstweilen nicht damit begründet werden können, dass an der Schule gebetet werden soll.

Bürgermeister Buschkowsky verkündet: „Dieses Urteil fällt hinter die Aufklärung zurück." Gemeint sein kann nur die Aufklärung Voltaires, das Ausradieren des Infamen. Für die Integrationseffekte dieser Art von Neutralitätspolitik gilt das Wort des Britenfürsten über die Römer aus dem „Agricola" des Tacitus: Wo sie eine Wüste schaffen, nennen sie das Frieden.   PATRICK BAHNERS

DIE URSPRÜNGE DES MENSCHEN

Vor 20 Millionen bis 100 000 Jahren

Unsere frühesten Vorfahren

COLIN GROVES

Im 18. Jahrhundert waren die Denker Europas von Menschenaffen fasziniert. Was für Tiere waren das überhaupt? Affen waren den Menschen dieser Zeit bereits ein geläufiger Anblick: Madame de Pompadour besaß einen zahmen Krallenaffen aus Brasilien, und zwei Jahrhunderte zuvor hatte Dürer schon ein Paar Mangaben aus Westafrika gemalt. Der nordafrikanische Berberaffe schließlich war schon den Römern bekannt. Richtige Menschenaffen — man nannte sie damals »Orang-Utans« — waren ganz anders: schwanzlose, aufrecht stehende Kreaturen von nahezu menschlicher Gestalt, aber mit Haaren bedeckt. Ihre Augen sprühten vor Intelligenz, und ihre Gesichter waren so ausdrucksvoll, daß sie offenbar keiner Sprache bedurften, um sich verständlich zu machen. Viele Leute überlegten allen Ernstes, ob diese Tiere mit ein wenig Übung nicht auch sprechen lernen könnten. Andere waren davon überzeugt, daß die Affen ihre eigene Sprache besäßen und daß es nur eine Frage der Zeit sei, bis sie imstande wären, in vornehmer Gesellschaft zu kommunizieren.

Es ist schon erstaunlich, wieviel Spekulation sich auf so wenig sorgfältiger Beobachtung gründete. Erst gegen Ende des 18. Jahrhunderts dämmerte es Naturforschern wie dem Deutschen Johann Friedrich Blumenbach und dem Franzosen Georges Cuvier, daß die jungen Affen, die immer wieder nach Europa gelangten (und in Ermangelung geeigneter Pflege bald starben) zwei verschiedenen Sorten angehörten. Die großen Roten — die echten Orang-Utans - und die kleinen Gibbons kamen von den hinterindischen Inseln, die großen Schwarzen dagegen, die man bald als Schimpansen bezeichnete, aus Afrika.

◁ Von allen großen Menschenaffen waren es die Orang-Utans, die der Wissenschaft zuerst näher bekannt wurden. Dieser südostasiatische Menschenaffe ist - nach dem Schimpansen und dem Gorilla - unser drittnächster Verwandter.

△ Dieser Schädel aus Sterkfontein galt bisher als *Australopithecus africanus*. In letzter Zeit kam jedoch die Ansicht auf, daß es sich in Wirklichkeit um ein sehr ursprüngliches Exemplar von *Paranthropus* handle.

DAVID L. BRILL, 1985

▷ Die Intelligenz, die aus den Augen dieses Schimpansen zu leuchten scheint, ist keine Einbildung. Die Schimpansen sind unsere nächsten lebenden Verwandten. Sie stellen in der Wildnis Werkzeuge her und wenden sie an, besitzen eine komplizierte Sozialstruktur und sogar ein gewisses Maß an Bewußtsein.

Als der dritte Menschenaffe, der Gorilla, im Jahre 1847 der Wissenschaft bekannt wurde, konnte man die Schimpansen und die Orang-Utans schon besser auseinanderhalten. Aber erst Charles Darwins geistige Bombe, *The Origin of Species*, rückte sie in das rechte Licht. Die Menschenaffen sind uns deshalb so ähnlich, weil sie mit uns verwandt sind.

Bereits 1863 hatte Thomas Huxley in einer Abhandlung mit dem Titel »Man's Place in Nature« den Schluß gezogen, daß die afrikanischen Affen (der Schimpanse und der Gorilla) uns näher verwandt sind als der Orang-Utan. In seiner 1872 publizierten *Descent of Man* (Die Abstammung des Menschen) argumentierte Darwin, daß wenn uns die afrikanischen Menschenaffen tatsächlich näher stünden als die asia-

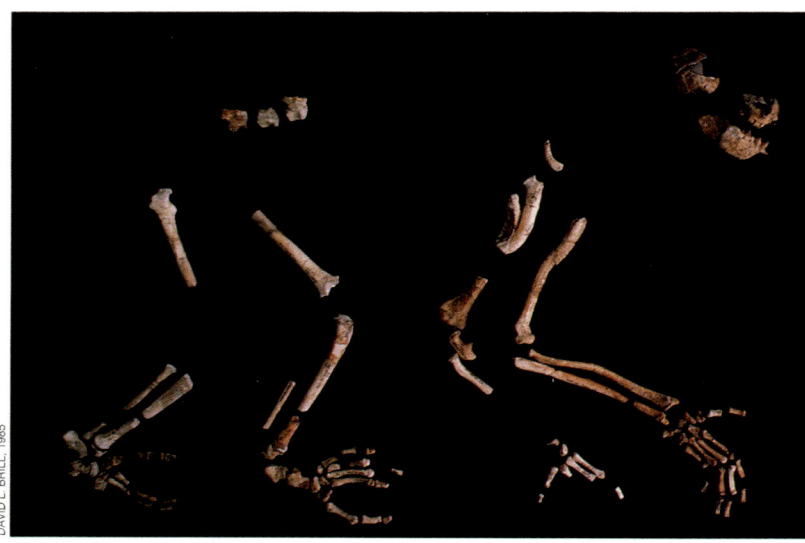

DAVID L. BRILL, 1985

△ Das nahezu vollständige Skelett eines *Proconsul nyanzae*, eines Hominiden, der vor 18 Millionen Jahren in Ostafrika lebte. Mittelgroße Menschenaffen wie dieser erlebten in den Regenwäldern jener Zeit eine Blüte – inmitten einer primitiven Primatenfauna, der gleichermaßen die Vorfahren der Affen und der Menschenaffen angehörten.

COLIN GROVES

△ Der Schädel eines *Afropithecus turkanensis*. Dieser Zeitgenosse von Proconsul stand dem Ursprung der Menschen und Menschenaffen vermutlich näher als dieser.

tischen, dann auch unsere eigenen Wurzeln wahrscheinlich in Afrika liegen. Obwohl eine Reihe von Fachleuten immer wieder Einwände brachte, ist man sich seit den vierziger Jahren dieses Jahrhunderts darüber einig, daß Huxley und Darwin recht hatten: Der Schimpanse und der Gorilla stehen uns tatsächlich näher als der Orang-Utan, und die Überreste unserer frühesten Vorfahren müssen wir nicht in Asien oder anderenorts, sondern in Afrika suchen.

Traditionell waren die Menschenaffen immer einer eigenen zoologischen Familie, den Pongidae, zugeordnet, während der Mensch in seiner eigenen Familie, den Hominidae, stand. Heute jedoch neigen immer mehr Spezialisten dazu, auch die großen Menschenaffen zu den Hominidae zu rechnen. Dabei steht der Orang-Utan in einer Unterfamilie und der Mensch mit den Schimpansen und Gorillas in der anderen.

Auf den Spuren unseres Familienstammbaums

Erst Anfang der sechziger Jahre standen Untersuchungsmethoden zur Verfügung, mit Hilfe derer sich biochemische Aspekte verschiedener Primatengruppen vergleichen ließen. Zunächst setzte man immunologische Verfahren ein, doch wurden diese bald durch die genauer arbeitende Proteinsequenzierung und schließlich von der Analyse der DNA selber ab-

gelöst. Das Ergebnis war jedoch immer gleich: Schimpansen, Gorillas und Menschen sind tatsächlich sehr eng miteinander verwandt, die Orang-Utans stehen uns schon etwas ferner, und die Tieraffen sind mit uns noch weniger verwandt. Zwar streitet man noch darüber, ob die Schimpansen den Menschen oder den Gorillas näher stehen (oder ob alle drei gleichermaßen nahe verwandt sind), doch besteht kein Zweifel mehr daran, daß alle drei eng zusammengehören.

Viele glauben nun, daß — insgesamt betrachtet — eventuelle Veränderungen der Proteinstruktur und der DNA lebender Organismen in ziemlich regelmäßigen Abständen über lange Zeiträume entstehen. Wenn man also weiß, in welchem Umfang sich zwei Arten in bezug auf eines ihrer Proteine oder auf Teile ihres Genoms unterscheiden (letzteres umfaßt das gesamte genetische Material jeder beliebigen Zelle, das die Erbeigenschaften bestimmt), kann man errechnen, über welche Zeiträume sie einen gemeinsamen Vorfahren besaßen. Dieses Konzept ist als die sogenannte »molekulare Uhr« bekannt, und obwohl sie nicht immer genau geht, setzt sie doch Grenzlinien — und verrät uns, daß sich unsere Entwicklungslinie vor etwa sieben bis fünf Millionen Jahren von der der Schimpansen getrennt haben muß.

Die frühen Menschenaffen

Die taxonomische Gruppe, die die Menschen und die Menschenaffen umfaßt, die Überfamilie der Hominoidea oder Hominoiden, entstand vor etwa 20 Millionen Jahren. Im frühen Miozän (vor 19 bis 18 Millionen Jahren) lebten in Ostafrika wenigstens zehn verschiedene, groß- und kleinwüchsige Arten von Menschenaffen. Am besten bekannt sind diejenigen der Gattung *Proconsul* (nach dem berühmten Zoo-Schimpansen »Consul«, der in den neunziger Jahren des letzten Jahrhunderts lebte). Man entdeckte ihn im Jahre 1933 und kennt ihn heute durch ein beinahe vollständiges Skelett (und verschiedene Teilskelette), sowie aus Dutzenden von Kiefern, Zähnen und Schädelfragmenten. Untersuchungen dieser Funde ergaben, daß *Proconsul* auf Bäumen lebte und sich auf allen Vieren fortbewegte. Zudem ernährte er sich von Früchten, besaß vermutlich keinen Schwanz, aber große Eckzähne. Eine Art war kleiner als ein heutiger Schimpanse, eine andere beinahe so groß wie ein Gorilla.

Viele Fachleute hielten *Proconsul* für geeignet, einen Kandidaten für den gemeinsamen Vorfahren der Hominidae abzugeben, jener Familie, die Menschen, Schimpansen, Gorillas und Orang-Utans umfaßt (nicht aber die Gibbons, deren Entwicklungslinie sich bereits getrennt hatte). Andere waren unsicher und verwiesen auf Merkmale der Zähne, des Kiefers und der Extremitätenknochen, die nicht dem entsprachen, was sie von solch einem gemeinsamen Vorfahren erwarteten. In der Mitte der achtziger Jahre entdeckte man einen weiteren fossilen Affen, einen Zeitgenossen von *Proconsul*. Dieses Exemplar mit dem Namen *Afropithecus* ist auch heute noch weniger bekannt als *Proconsul*, entspricht aber in seinem Aussehen weit mehr dem, wie wir uns den gemeinsamen Vorfahren vorstellen. Es handelte sich also um ein Fossil, das erfunden werden mußte, ehe es entdeckt wurde.

Aus dem mittleren Miozän (vor 14 Millionen Jahren) stammt *Kenyapithecus*, ein weiterer großer Menschenaffe. Wie sein mutmaßlicher Vorfahr, *Afropithe-*

▷ Trotz seines Auftretens ist der riesige Gorilla normalerweise ein sanftes, familienbezogenes und beinahe menschliches Wesen. Die Männchen wiegen durchschnittlich etwa 150, die Weibchen nur 70 Kilogramm. Heute wird das Überleben dieses bemerkenswerten Geschöpfes durch das Verschwinden der Wälder, die Jagd und den Druck in Frage gestellt, der von der ständig wachsenen Bevölkerung ausgeht.

D. PARER AND E. PARER-COOK/AUSCAPE

LÁSZLO KORDOS

△ Zwar ist *Dryopithecus* bereits seit der Mitte des 19. Jahrhunderts bekannt, doch förderte ein jüngst in Ungarn gefundener Schädel neue Erkenntnisse zutage. Kürzlich äußerte ein Spezialist die Ansicht, daß *Dryopithecus* dem gemeinsamen Vorfahren der großen Menschenaffen und der Menschen nahestehe.

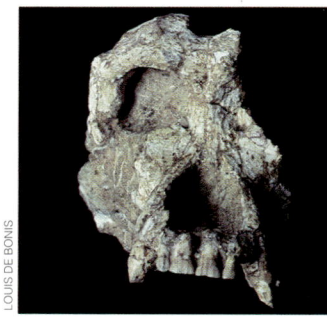

LOUIS DE BONIS

△ *Ouranopithecus macedoniensis* ist von vielen Schädel-, Kiefer- und Skelettfunden zahlreicher, zehn Millionen Jahre alter Fundstellen Griechenlands bekannt. Vermutlich ist er auf der gemeinsamen Ursprungslinie des Menschen, des Schimpansen und des Gorillas einzuordnen.

▷ Noch bis vor relativ kurzer Zeit wußte man über die Entwicklungsgeschichte der großen Menschenaffen praktisch gar nichts. Im Jahre 1980 entdeckte man jedoch in Pakistan dieses großartige Fossil eines Proto-Orang-Utan. Dieses als *Sivapithecus indicus* bekannte Exemplar ist etwa zehn Millionen Jahre alt.

DAVID L. BRILL, 1985

cus, besaß auch er große Eckzähne, doch war das Gesicht kürzer, und auch in anderer Hinsicht hatte er entwicklungsgeschichtliche »Fortschritte« zu den lebenden Hominidae aufzuweisen, deren letzter gemeinsamer Vorfahr er gewesen sein mag.

Die frühesten Fossilien anderer hominoider Arten, die bisher außerhalb Afrikas gefunden wurden, stammen etwa aus derselben Zeit: *Dryopithecus* in Europa und, ein wenig später, *Sivapithecus* in Süd- und Westasien, sowie *Lufengpithecus* in China. Aus guterhaltenen Fossilien aus den Siwaliks (Pakistan) und aus Si-

nap (Türkei), überwiegend Schädeln, geht hervor, daß *Sivapithecus* mit großer Sicherheit der Vorfahr des Orang-Utan ist. (Einige fragmentarische Überreste aus den Siwaliks waren einst menschlichen Vorfahren zugesprochen und mit dem Namen *Ramapithecus* gewürdigt worden, doch ist heute klar, daß sie zu einer kleinwüchsiger *Sivapithecus*-Art gehören.) Zudem wurden Fossilien späterer Vertreter der Orang-Linie in China und Indonesien gefunden.

Wohl ist es heute gelungen, die Vorfahren des Orang-Utan zurückzuverfolgen, doch läßt sich dies in bezug auf den Schimpansen und den Gorilla nicht behaupten. Wir wissen nichts über ihre Entwicklungsgeschichte, nachdem sich ihre Vorfahren von den unseren abgetrennt haben. Und auch über das Schicksal des gemeinsamen Bestandes zwischen dem Zeitpunkt der Abgliederung der Orang-Linie vor zwölf bis zehn Millionen Jahren und der Zeit, als vor sieben bis fünf Millionen Jahren die Entwicklungslinien von Gorilla, Schimpanse und Mensch auseinandergingen, ist nur wenig bekannt.

Für diese Zwischenphase kommen ernsthaft nur zwei Kandidaten in Frage: Eine neun Millionen Jahre alte Maxilla (Oberkiefer) aus den Samburu-Hügeln (Kenia) und eine Reihe von Fossilien aus der Regenschlucht in Nordgriechenland, die unter dem Namen *Ouranopithecus* auf ein Alter von etwa zehn Millionen Jahren datiert wurden. Teile des Gesichtsschädels von *Ouranopithecus*, die man kürzlich an einer anderen Stelle Griechenlands, bei Xirochori, fand, legen den dringenden Verdacht nahe, daß sie der Nicht-Orang-Entwicklungslinie angehören. Sollte das zutreffen, würde es bedeuten, daß diese Linie zuweilen auch außerhalb Afrikas auftrat.

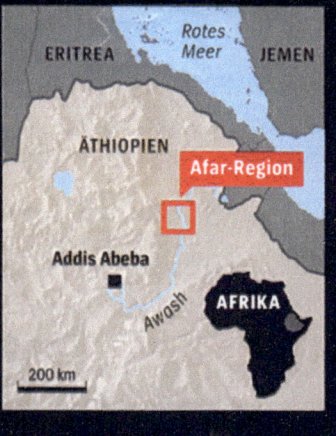

Fossilienkonservierung

Abendliches Sortieren der Fossilien im Zeltlager

nicht hätte ausmalen können"

Eher Mensch als Affe

Menschliche Merkmale des <u>Ardipithecus ramidus</u>

Afar = Boden + Wurzel

ECKZÄHNE

Die Eckzähne des Ardipithecus waren kleiner als bei Schimpansen oder Gorillas und nicht als „Waffen" geeignet.

BECKEN

Der breite obere Teil des Beckens ermöglichte den aufrechten Gang mit gerader Hüfte. Die geöffneten Schaufeln des Beckens dienten als Halterung für eine starke hintere Oberschenkelmuskulatur, die den Ardipithecus zum Laufen befähigte.

GLIEDMASSEN

Der Ardipithecus hatte nicht die angewinkelten Beine von Menschenaffen.

HÄNDE

Anders als Menschenaffen verfügte der Ardipithecus nicht über die langgezogenen Handflächen und vergleichsweise steifen Fingergelenke, die z. B. Schimpansen das Klettern und Hangeln ermöglichen, dafür aber das präzise Greifen erschweren.

FÜSSE

Der Ardipithecus besaß zwar wie die Menschenaffen einen komplett abspreizbaren großen Zeh, aber einen weniger beweglichen Fuß, was ihn zu einem schlechteren Kletterer machte.

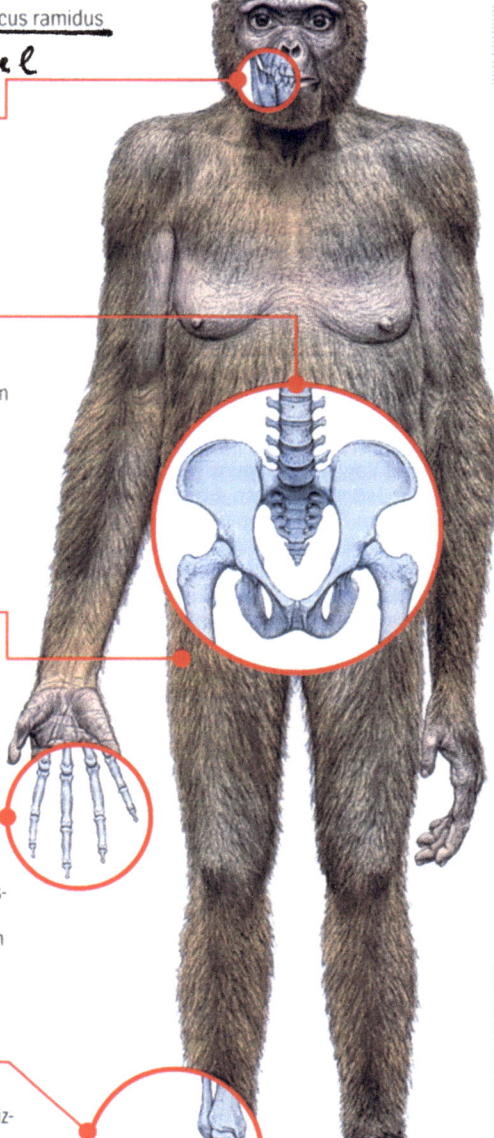

1974 geborgen, nur wenige Kilometer entfernt von der Stelle, an der nun auch Ardi aus dem Staub erschien. Lucy wurde seinerzeit als Weltsensation gefeiert, zeigte sie doch eindrücklich, dass der Mensch den aufrechten Gang schon sehr früh erwarb, sein mächtiges Gehirn indes erst später entwickelte.

Doch nun also gibt es Ardi, die volle 1,2 Millionen Jahre älter als Lucy ist. Und Ardi ist vor allem deshalb erstaunlich, weil sie eine „Zwischenform" repräsentiert, wie es die Paläontologen nennen: Sie lebte in beiden Welten, in den Baumkronen ebenso wie unten auf dem Boden.

Eine sonderbare Kreatur schaut den Betrachter da an auf der Darstellung, die der Künstler Jay Matternes in ständiger Abstimmung mit den Wissenschaftlern verfertigt hat: Ein äffischer Kopf sitzt auf einem stämmigen, erstaunlich menschenhaft wirkenden Körper, an dem jedoch viel zu lange Arme herunterbaumeln. Bizarr muss es ausgesehen haben, wie dieses Tier einst durch den Wald streifte. Der Berkeley-Professor White jedenfalls meinte: „Wenn jemand etwas finden will, das sich so wie diese Viecher bewegt, muss er sich schon an der Bar aus den ‚Star Wars'-Filmen umsehen."

White ist eine der treibenden Kräfte des wissenschaftlichen Ardi-Großprojekts. Sein Büro liegt im fünften Stock des wuchtigen Valley Life Sciences Building im kalifornischen Berkeley. Gleich hinter dem Haupteingang stößt der Besucher unweigerlich auf die Arbeit des Professors: Wie Trophäen sind in einer Vitrine Titelblätter internationaler Wissenschaftsmagazine ausgestellt, die sich allesamt mit seiner Forschung befassen.

Neben den Skeletten einiger Menschenaffen ruht – vor einem Grabstein mit der Aufschrift „R.I.P. Lucy, 3200000 Jahre" – das Skelett der Art Australopithecus afarensis. White war es, der 1978 zusammen mit zwei Kollegen die Erstbeschreibung des Hominiden-Weibchens verfasste – es war der Beginn seiner Karriere. Was folgte, war ein Ritt durch sechs Millionen Jahre Menschheitsgeschichte, der in der

Zu den Australopithecinen

Von einem Zeitpunkt an, der etwa vier Millionen Jahre zurückliegt, wird alles ganz anders, als ob plötzlich ein Vorhang gelüftet würde. An die Stelle frustrierend weniger Knochenreste tritt plötzlich eine Fülle von Knochenfunden. Die entscheidenen Fundorte sind Laetoli in Tanzania (hier sind die Fossilien zwischen 3,75 und 3,5 Millionen Jahre alt) und Hadar in Äthiopien (Alter der Funde: zwischen 3,3 und 2,9 Millionen Jahre). Auch in Südafrika fand man in Sterkfontein und Makapansgat Fossilien, die drei bis 2,5 Millionen Jahre alt sind.

Die an diesen Stellen entdeckten Fossilien gehören zu der Gattung *Australopithecus* (»Südaffe«). Wie die Menschenaffen besaßen auch diese Primaten nur eine geringe Gehirnkapazität und vorstehende Kiefer (ein Merkmal, das als Prognathie bezeichnet wird). Allerdings waren ihre Eckzähne wesentlich kürzer, und sie gingen bereits aufrecht. Das erste Exemplar, das Raymond Dart 1924 bei Taung (Kap-Provinz, Südafrika) entdeckte, war das Fossil eines Kindes. Robert Broom entdeckte die reiche Fundstelle von Sterkfontein, während Dart selber bei Makapansgat grub. Mary Leakey, Tim White, Don Johanson und andere waren an weiter nördlich gelegenen Ausgrabungen beteiligt.

Die frühesten dieser Fossilien stammen aus Laetoli. Sie erhielten den Namen *Australopithecus afarensis*. Sie bestehen aus den Kiefern und Zähnen von 24 Individuen, dem teilweise erhaltenen Skelett eines jungen

◁ Das berühmte Kind von Taung, das Raymond Dart 1924 entdeckt hatte, war das erste bekannte Exemplar von *Australopithecus*. Es spricht für Darts anatomische Kenntnisse, daß er nur aufgrund dieses sehr jungen Schädels und des Gehirnausgusses imstande war, diesen Fund stammesgeschichtlich zwischen Menschenaffen und dem Menschen anzusiedeln – was durch spätere Funde eindeutig bestätigt wurde.
DAVID L. BRILL, 1985

Exemplars und einigen fossilen Fußabdrücken (die als die Fußabdrücke von Laetoli bekannt sind). Die Eckzähne dieser Kiefer sind wesentlich kleiner als die von Menschenaffen, aber vergleichsweise größer und auch spitzer als die unseren. Zudem verlief ihr Zahnbogen weder parabolisch wie beim modernen Menschen noch rechtwinklig wie beim Menschenaffen. Zwar sind die Fußabdrücke nicht unumstritten, doch scheinen sie nach Ansicht der meisten Forscher von Geschöpfen zu stammen, die auf zwei Beinen liefen. Allerdings waren die Füße nicht gewölbt, und die

JOHN READER/SCIENCE PHOTO LIBRARY/THE PHOTO LIBRARY

△ Der 3,75 bis 3,5 Millionen Jahre alte Fußabdruck eines Australopithecinen aus Laetoli beweist, daß der aufrechte Gang (wenn auch nicht wie bei modernen Menschen) bereits entwickelt war.

DAVID L. BRILL, 1985

◁ Der rekonstruierte Schädel eines Mannes aus der »Ersten Familie« von Hadar wird in der Regel, wenn auch nicht ganz unumstritten, als *Australopithecus afarensis* eingeordnet. Allgemein akzeptiert wird dagegen seine Position vor oder nahe der menschlichen Entwicklungslinie. Zudem stimmen alle Fachleute darin überein, daß er ursprünglicher ist als *Australopithecus africanus*, *Paranthropus* oder irgendeine Art der Gattung *Homo*.

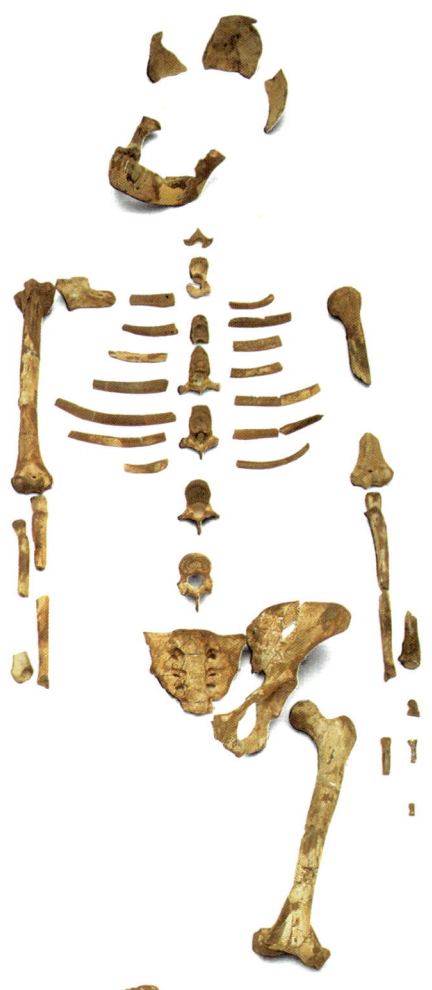

◁ Hier bei Hadar entdeckte ein gemeinsames Team amerikanischer und französischer Wissenschaftler in den siebziger Jahren die Überreste verschiedener Australopithecinen, darunter auch das Skelett der berühmten »Lucy« und die »Erste Familie«. Seitdem hat Berhane Asfaw, ein äthiopischer Anthropologe, hier weitere Entdeckungen gemacht.

◁ Lucy, das zu zwei Drittel vollständige Skelett von Hadar, ist 3,2 Millionen Jahre alt. Muß auch sie, wie die anderen Überreste von Hadar und Laetoli, der Art *Australopithecus afarensis* zugerechnet werden? In dieser Frage herrscht noch keine Einigkeit.

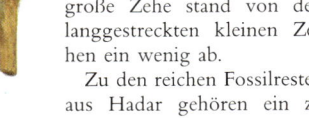

große Zehe stand von den langgestreckten kleinen Zehen ein wenig ab.

Zu den reichen Fossilresten aus Hadar gehören ein zu zwei Drittel vollständiges Skelett, das den Spitznamen »Lucy« erhielt, eine Gruppe von Fossilien, die aufgrund der Umstände ihrer Entdeckung höchstwahrscheinlich einen einzigen sozialen Verband (die »Erste Familie«) darstellt, sowie eine Fülle weiterer Exemplare. Lucy ist nur einen Meter hoch. Sie besitzt lange Arme, kurze Beine und eine trichterförmige (menschenaffenähnliche) Brust. Der Kiefer ist V-förmig, doch das Becken weist auf einen aufrechten (wenn auch nicht vollkommen menschlichen) Gang hin. Die Mitglieder der Ersten Familie sind allesamt größer als Lucy, und angeblich sprechen ihre Extremitätenknochen für eine menschenähnlichere Fortbewegung als noch bei Lucy. Handelt es sich um zwei unterschiedliche Arten? Eine wissenschaftliche Richtung vertritt diese Ansicht. Andere rechnen sämtliche Exemplare derselben Art, *Australopithecus afarensis*, zu, die man auch aus Laetoli kennt.

△ Zweifellos stand und ging »Lucy« aufrecht, doch waren ihre Beine nicht so lang wie die moderner Menschen.

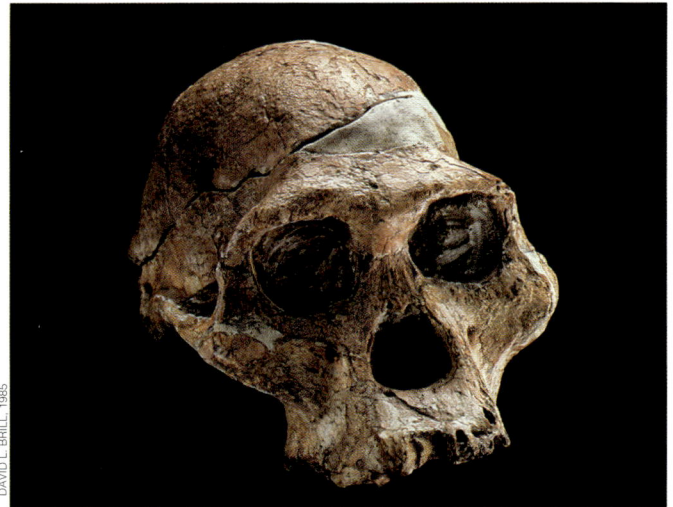

△ Der bisher vollständigste Schädelfund von *Australopithecus africanus*, der unter dem Namen »Mrs. Ples« bekannt wurde, gehört zu der reichen Ausbeute von Sterkfontein. Hier, im Hochveldt von Transvaal, werden immer wieder ähnliche Fossilien entdeckt. *Australopithecus* und die anderen Knochen von Tieren, die hier entdeckt wurden, waren möglicherweise die Opfer eines großen Raubtiers, vielleicht einer Säbelzahnkatze.

▷ Das teilweise erhaltene Skelett eines *Australopithecus africanus* aus Sterkfontein (Südafrika). Obwohl er eindeutig aufrecht ging, besaß Australopithecus keinen modernen, schreitenden Gang und war zudem daran gewöhnt, auf Bäume zu klettern.

JOHN READER/SCIENCE PHOTO LIBRARY/ THE PHOTO LIBRARY

Die südafrikanischen Fossilien gehören einer weiteren Art an, die als *Australopithecus africanus* bekannt ist. Diese Exemplare weisen ein breites, schwergebautes Gesicht auf mit vorstehenden Wangenknochen und einer vorstehenden Nasen- Mund-Übergangsregion. Bei sieben untersuchten Exemplaren betrug das Gehirnvolumen 450 Kubikzentimeter; die Spanne lag zwischen 420 und 500 Kubikzentimeter. Die Eckzähne waren kleiner als bei Lucy — etwa wie bei modernen Menschen, aber noch etwas stärker zugespitzt. Allerdings waren die Molaren (Backenzähne) außerordentlich groß, und das Gesicht war offenbar stark verstrebt, um der Belastung durch starkes Kauen gewachsen zu sein. Ihre Fortbewegungshaltung lag nicht einfach zwischen der von Menschenaffen und Menschen, sondern bildete etwas ‚ganz Besonderes‘. Sie gingen jedoch überwiegend aufrecht und auf zwei Beinen. Offenbar hielten sie sich häufig auf Bäumen auf, und am Boden bewegten sie sich mit kurzen Schritten. Dabei setzten sie die ganze Sohle auf und hoben ihre seitlich abstehenden großen Zehen vom Boden ab. Sie hatten noch nicht den schreitenden Gang der Menschen entwickelt. Die Beine waren kurz, das Becken nur schwach verstrebt (es mußte also nicht viel Gewicht aushalten). Die Schultern und Arme dagegen waren kräftig, wie zum Klettern, entwickelt. Das Foramen magnum, das Hinterhauptsloch, durch das das Rückenmark eindringt, befand sich weit vorn an der Schädelbasis. Also wurde der Kopf wahrscheinlich auf der Spitze der Wirbelsäule balanciert, wie man es bei aufrecht gehenden Geschöpfen erwartet und nicht weiter hinten, wie bei Menschenaffen.

Ob *Australopithecus africanus* ein direkter Vorfahr der menschlichen Entwicklungslinie ist oder nur eine Seitenlinie, ist seit der Entdeckung des ersten Exemplares bei Taung im Jahre 1924 Gegenstand lebhafter Auseinandersetzungen.

GESCHLECHTSDIMORPHISMUS AUS VERGLEICHENDER UND ENTWICKLUNGSGESCHICHTLICHER SICHT

WALTER LEUTENEGGER

Bei den meisten Säugetieren unterscheiden sich Männchen und Weibchen in der Körpergröße und manchmal auch in der Gestalt oder Färbung. Dieses Phänomen bezeichnet man als Sexualdimorphismus. Normalerweise sind die Männchen größer, doch ist manchmal auch das Gegenteil der Fall. Polygyne Arten neigen in der Mehrzahl zu einem stärkeren Geschlechtsdimorphismus als monogame Arten.

Die geschlechtliche Differenzierung führt beim Menschen zu einem mehr oder weniger deutlichen Sexualdimorphismus, der sich auf Merkmale des Körperbaus, der Physiologie und seines Verhaltens bezieht. Dieses Phänomen findet man keineswegs nur bei Menschen, sondern auch bei anderen Tieren und Pflanzen, die sich geschlechtlich fortpflanzen. Wertvolle Einblicke in die Grundlagen des Sexualdimorphismus lassen sich gewinnen, wenn man diesen aus vergleichender und entwicklungsgeschichtlicher Sicht analysiert.

Da sich weder das Verhalten noch die Physiologie anhand der Fossilfunde nachweisen lassen, soll sich die Aufmerksamkeit hier auf die anatomischen Unterschiede konzentrieren. Unter den nichtmenschlichen Primaten erstrecken sich Geschlechterunterschiede im Körperbau auf eine ganze Reihe von Merkmalen, etwa die Körpergröße, die Größe der Eckzähne und Schädelmerkmale. Zudem variieren sie unter den Arten ganz erheblich. Betrachtet man nur das Körpergewicht, so findet man Menschenaffen, bei denen die Männchen durchschnittlich doppelt so schwer sind wie die Weibchen (Gorillas, Orang-Utans), aber auch Arten, deren Geschlechter etwa gleich schwer sind (Gibbons, Siamangs).

Wie fügt sich nun der moderne Mensch in diese Variationsbreite ein? Zunächst einmal zeigt der moderne Mensch sowohl innerhalb einer Population als auch zwischen mehreren Populationen in der sexualdimorphistischen Ausprägung eine ganz erhebliche Bandbreite. Auf dem Artniveau gilt der moderne *Homo sapiens* — auf die meisten seiner physischen Merkmale bezogen - als schwach dimorphistisch. So sind zum Beispiel erwachsene männliche Individuen um etwa 15 bis 20 Prozent schwerer und fünf bis zwölf Prozent höher als durchschnittlich die Frauen. In ähnlicher Weise sind die Unterschiede in der Größe der Zähne, des Schädels und einzelner Skeletteile nur gering.

Die fossilen Belege der menschlichen Evolution decken beinahe die letzten vier Millionen Jahre ab. Es gibt offenbar wenigstens zwei Entwicklungslinien: *Australopithecus* und *Homo*. In den Australopithecinen, deren Abstammungsfolge von *Australopithecus afarensis* über *A. africanus* zu *Paranthropus robustus/boisei* verläuft, findet man die Anfänge der Anpassung an einen offenen Lebensraum: vegetarische Ernährung gepaart mit gewohnheitsmäßiger, terrestrischer Fortbewegung auf zwei Beinen. Die zweite Phase wird — über eine Folge von habilinen und erectinen Typen — von *Homo* vertreten: Jäger- und Sammlertum gepaart mit einer systematisch bezogenen Kultur.

Teile des Skeletts

Hinsichtlich ihres Sexualdimorphismus an Kiefer, Schädel oder anderen knöchernen Teilen unterscheiden sich die Australopithecinen und die frühen *Homo*-Formen vom modernen Menschen recht deutlich. So gleicht die Variabilität der Größe und Form des Unterkiefers von *Australopithecus afarensis* der Variabilität, die man von Gorillas kennt. Demnach war der Geschlechtsdimorphismus — bezogen auf diese Merkmale - offenbar hoch entwickelt. Ja, die Variabilität ist so groß, daß viele Fachleute einfach nicht glauben können, daß sie nur auf einem Geschlechtsdimorphismus beruhe. So wird häufig die Meinung vertreten, daß die »Art« in Wirklichkeit mehr als eine einzige Art umfasse. Aus dem Unterkiefermaterial anderer australopitheciner Arten leiten sich stark entwickelte Geschlechtsunterschiede ab, ähnlich den Verhältnissen bei *Australopithecus afarensis*.

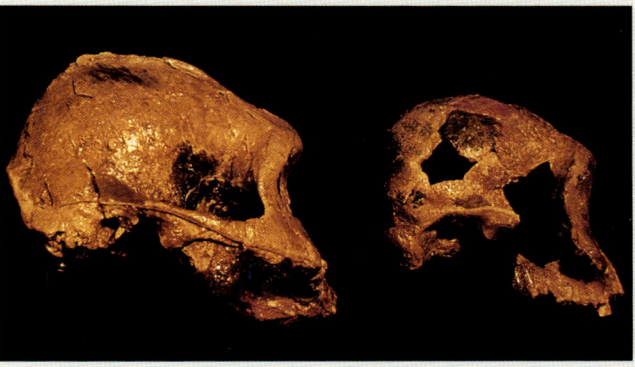

△ Ein männlicher (ER-406) und ein weiblicher (ER-732) Schädel von *Paranthropus boisei* im Vergleich. Man beachte die deutlichen Unterschiede in Größe und Form. Solch ein Ausmaß an Sexualdimorphismus entspricht dem von Gorillas und Orang-Utans und kam üblicherweise auch bei den frühen Hominiden vor.

Schließlich ist ein mäßiger bis geringer Unterkiefer-Dimorphismus auch für Habiline und Erectine typisch, und erst bei den archaischen Formen des *Homo sapiens* und der Neandertaler geht er spürbar zurück. In ähnlicher Weise sind die Geschlechterunterschiede in der Schädelgröße und -form bei Australopithecinen und frühen *Homo*-Exemplaren ganz beträchtlich.

Körpergewicht

Gemessen an den nichtmenschlichen Primaten ist der Körpergewichtsdimorphismus bei den frühesten Arten, *Australopithecus afarensis* und *A. africanus* offenbar sehr ausgeprägt gewesen, etwa wie bei Gorillas und Orang-Utans. Bei den Habilinen war dieser Dimorphismus nur mäßig entwickelt. Unabhängig davon, ob man nun *Australopithecus afarensis* oder *A. africanus* als deren unmittelbaren Vorfahren ansieht, gibt es Hinweise dafür, daß die Reduktion der Unterschiede im wesentlichen darauf zurückzuführen ist, daß das Gewicht der männlichen Individuen von 65 auf 50 Kilogramm abnahm, das der weiblichen aber im Prinzip bei 30 Kilogramm blieb. Bei *Homo erectus* blieb der Körpergewichtsdimorphismus auf einem mäßigen Stand, denn beide Geschlechter erhöhten ihr Gewicht um etwa denselben Umfang — 12 bis 14 Kilogramm. Der letzte Abschnitt der menschlichen Entwicklungsgeschichte, der zu *Homo sapiens* führte, brachte schließlich wiederum eine geringfügige Angleichung des Körpergewichts. Von besonderer Bedeutung ist dabei, daß diese Angleichung bei *Homo sapiens* offenbar ausschließlich auf einer Zunahme des weiblichen Körpergewichts beruht, das von 42 auf 55 Kilogramm wuchs, während das Gewicht der männlichen Individuen seit dem Stadium von *Homo erectus* bei etwa 65 Kilogramm blieb.

Es gibt verschiedene Hypothesen, um die Entwicklungsgeschichte des menschlichen Sexualdimorphismus zu erklären. Traditionell wird die Angleichung der Körpergröße unter den Geschlechtern dadurch begründet, daß der Konkurrenzkampf der männlichen Individuen um die weiblichen nachgelassen habe, die Polygenie also zurückgegangen sei. Obwohl diese Hypothese nicht zurückgewiesen werden kann, darf man eines nicht vergessen: Die Veränderungen des Körpergewichtsdimorphismus - und dies gilt insbesondere für den Übergang von den Erectinen zu *Homo sapiens* — beruht grundsätzlich auf einer Zunahme der weiblichen Körpergröße. Dieser Befund bestätigt Katherine Ralls Hypothese, daß »eine größere Mutter häufig eine bessere sei«. Mit anderen Worten: Größere Weibchen produzieren im allgemeinen mehr überlebende Nachkommen.

UNSERE FRÜHESTEN VORFAHREN

COLIN GROVES

Der früheste bekannte Primat lebte vor 60 Millionen Jahren in Afrika. Der sogenannte *Purgatorius* besaß eine lange, schmale Schnauze und vier Prämolaren — mehr als jeder lebende Primat. Zu den anderen gesicherten Primaten dieser Zeit gehören die Petrolemuridae aus China (Vertreter der Unterordnung Strepsirrhini, zu der auch die Lemuren und Loris gehören) sowie einige wenige, schwer einzuordnende Fossilien der Haplorrhini, jener Unterordnung also, zu der die modernen Tarsier, Affen, Menschenaffen und der Mensch gehören.

Die Adapiformes und die Omomyiformes, denen die meisten der frühen Strepsirrhinen und Haplorrhinen angehören, waren während des Eozäns besonders zahlreich, und man kennt von ihnen viele Schädel und Skelette.

Der früheste bekannte Platyrrhine (oder Neuweltaffe), *Branisella*, lebte vor 26 Millionen Jahren in Bolivien. Dagegen kennt man die Catarrhinen — die Gruppe, die die Altweltaffen, Menschenaffen und den Menschen umfaßt — aus Ägypten, wo sie vor 40 Millionen Jahren zu Hause waren, sowie die 50 bis 40 Millionen Jahre alten Fossilien aus Algerien.

Frühe Altweltaffen, Hylobatidae (ursprüngliche Gibbons) und Hominidae (Vorfahren und Verwandte der Menschen und der großen Menschenaffen) sind von verschiedenen ostafrikanischen Fundstellen bekannt und haben ein Alter von 20 bis 17 Millionen Jahren. *Kenyapithecus* aus Ostafrika und *Dryopithecus* aus Eurasien repräsentieren ein Stadium, ehe die modernen hominiden Entwicklungslinien begannen, sich von den anderen großen Menschenaffen zu trennen. Der aus Indien, Pakistan und der Türkei bekannte *Sivapithecus* ist mit einem Alter zwischen acht und zwölf Millionen Jahren der früheste Vertreter der Orang-Utan-Linie. Entsprechend dürfte *Ouranopithecus*, eine ähnlich alte Art aus Griechenland, auf der Entwicklungslinie von Mensch, Schimpanse und Gorilla anzusiedeln sein.

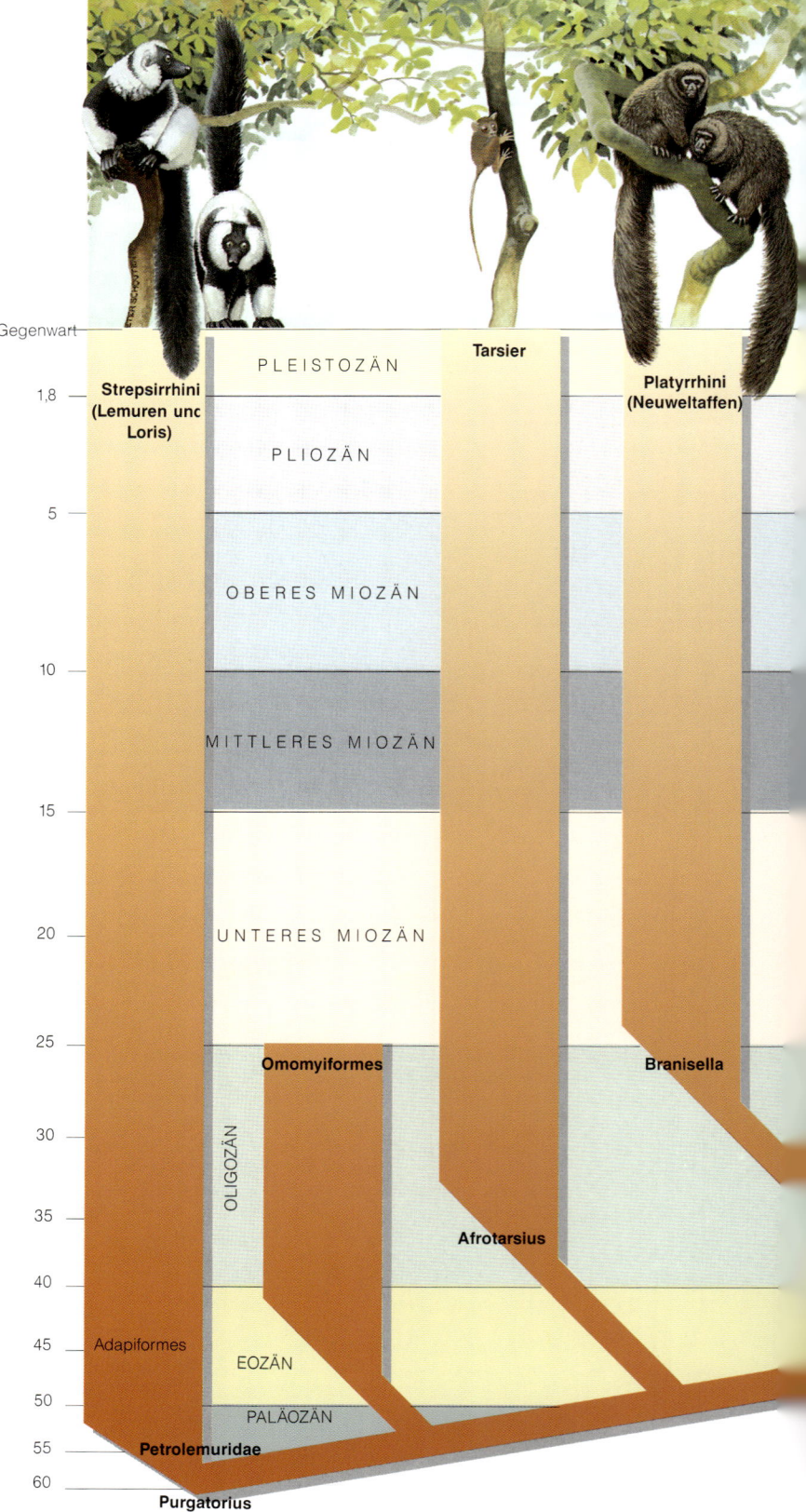

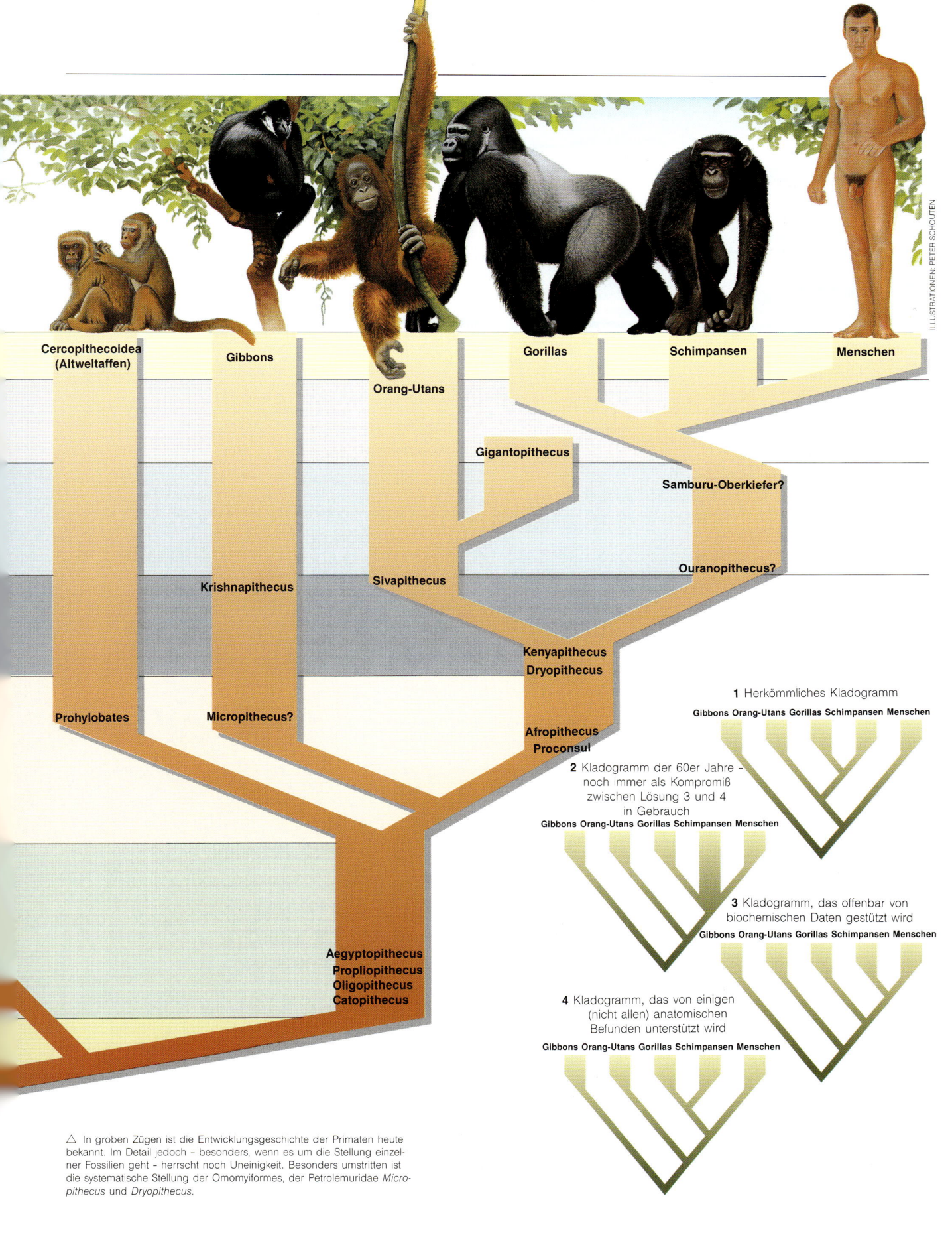

ILLUSTRATIONEN: PETER SCHOUTEN

Cercopithecoidea
(Altweltaffen)

Gibbons

Orang-Utans

Gorillas

Schimpansen

Menschen

Gigantopithecus

Samburu-Oberkiefer?

Ouranopithecus?

Krishnapithecus

Sivapithecus

Kenyapithecus
Dryopithecus

Prohylobates

Micropithecus?

Afropithecus
Proconsul

Aegyptopithecus
Propliopithecus
Oligopithecus
Catopithecus

1 Herkömmliches Kladogramm

Gibbons Orang-Utans Gorillas Schimpansen Menschen

2 Kladogramm der 60er Jahre –
noch immer als Kompromiß
zwischen Lösung 3 und 4
in Gebrauch

Gibbons Orang-Utans Gorillas Schimpansen Menschen

3 Kladogramm, das offenbar von
biochemischen Daten gestützt wird

Gibbons Orang-Utans Gorillas Schimpansen Menschen

4 Kladogramm, das von einigen
(nicht allen) anatomischen
Befunden unterstützt wird

Gibbons Orang-Utans Gorillas Schimpansen Menschen

△ In groben Zügen ist die Entwicklungsgeschichte der Primaten heute
bekannt. Im Detail jedoch – besonders, wenn es um die Stellung einzelner Fossilien geht – herrscht noch Uneinigkeit. Besonders umstritten ist
die systematische Stellung der Omomyiformes, der Petrolemuridae *Micropithecus* und *Dryopithecus*.

▷ Die im heutigen Tanzania gelegene Ol-duvai-Schlucht zerschneidet die Serengeti-Ebene. Im frühen Pleistozän befand sich hier ein See.

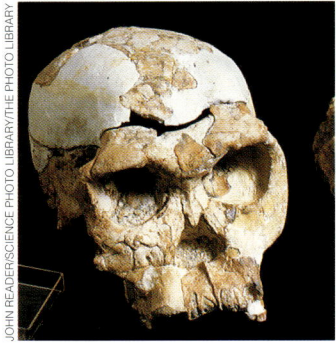

△ Dieser *Homo-habilis*-Schädel aus Oldu-vai trägt den Spitznamen »Twiggy«. Trotz seiner allgemeinen Ähnlichkeit mit Austra-lopithecus zeigen anatomische Einzelheiten, daß er dem modernen Menschen schon ei-nen Schritt näher ist.

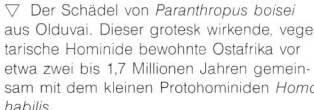

▽ Der Schädel von *Paranthropus boisei* aus Olduvai. Dieser grotesk wirkende, vege-tarische Hominide bewohnte Ostafrika vor etwa zwei bis 1,7 Millionen Jahren gemein-sam mit dem kleinen Protohominiden *Homo habilis*.

Vorfahren und Verwandte

Nachdem *Australopithecus africanus* aus den paläonto-logischen Funden vor 2,5 Millionen Jahren ver-schwunden ist, klafft eine Lücke in der Fossilienreihe, die sich über eine halbe Million Jahre erstreckt. Aus dieser Zeit kennt man nur wenige, recht uninforma-tive Fossilienstückchen aus den Ablagerungen von Omo Valley in Südäthiopien. Die nächsten wichtigen Fossilien, die wir kennen, sind zwei Millionen Jahre alt und stammen überwiegend aus zwei Senkungs-gräben: aus der Olduvai-Schlucht in Tanzania und aus Koobi Fora in Kenia. Mächtigen Ablagerungen, die sich im Laufe von wenigstens einer Million Jahre an-gehäuft haben, erbrachten zahlreiche Überreste von Schädeln, Kiefern, Zähnen und Skeletteilen. Auf-grund dieser Funde kann man sich ein Bild über die Veränderungen machen, die im Laufe dieses Zeit-raums eintraten. Ganz unerwartet wird man mit ei-nem wenig einheitlichen Bild konfrontiert. An beiden Fundstellen lebten zwei verschiedene Homininen-Ar-ten nebeneinander, wenigstens während der Zeit von vor zwei Millionen bis vor 1,5 Millionen Jahren. Und in den unteren Schichten von Koobi Fora gab es zu-dem noch eine dritte Art, die ebenfalls zur gleichen Zeit lebte.

Die beiden Olduvai-Arten sind recht unterschied-lich. Es handelt sich um eine kleine, leicht gebaute und eine größere mit enormen Prämolaren und Mo-laren. Die kleine Art besitzt einen höheren, rundli-cheren Hirnschädel mit einem durchschnittlichen Ge-hirnvolumen von 650 Kubikzentimeter. (Bei vier Exemplaren variiert es zwischen 590 und 700 Kubik-zentimeter.) Dazu kommen ein leicht gebautes Ge-sicht mit kleineren, schmaleren Backenzähnen, und es zeichnet sich schon eine vorstehende Nase ab. Bei der größeren Art ist der Hirnschädel kleiner. Er umfaßt (bei einer Variation von 500 bis 530 Kubikzentimeter bei fünf Exemplaren) im Durchschnitt 515 Kubikzen-timeter. Die Individuen weisen ein verkürztes, aber stark verstrebtes Gesicht auf. Neben winzigen Vor-derzähnen findet man gewaltige Backenzähne und eine enorm entwickelte Kaumuskulatur, die norma-lerweise an einem Knochenkamm (dem sogenannten Sagittalkamm) oben auf dem Schädel befestigt ist. Beide Arten gingen aufrecht, und ihr Foramen mag-num (Hinterhauptsloch) stand sogar weiter vor als bei *Australopithecus*, nämlich so weit wie bei modernen Menschen. Aber noch immer besaßen beide kurze Beine und lange Arme.

Ganz zweifellos handelt es sich bei der kleinen, leicht gebauten Gruppe um *Homo*. Diese Art ist in je-der Hinsicht »moderner« als *Australopithecus* und ist eher uns ähnlich. Bei dem allerersten Exemplar von *Homo* handelt es sich um kleine Schädelfragmente aus Chemeron, beim Baringo-See, die auf ein Alter von 2,5 Millionen Jahren datiert werden. Die Olduvai-Art ist als *Homo habilis* bekannt. Der große, robust ge-baute Typ galt bisher immer als ein später Überleben-der von *Australopithecus*. Heute jedoch ordnen ihn die meisten Fachleute ganz anders ein und nennen ihn *Pa-ranthropus* (oder manchmal auch liebevoll den »Nuß-knacker«). Die Art von Olduvai trägt den Namen *Pa-ranthropus boisei*.

Bei Koobi Fora liegen die Überreste von *Paranthropus boisei* sehr dicht, und daneben findet man nicht nur eine, sondern gleich zwei *Homo*-Arten. Eine davon ist klein und kurzsichtig. Das Hirnvolumen der beiden gefundenen Exemplare beträgt 510 und 582 Kubikzentimeter. Die andere, größere Art besitzt ein schnauzenähnliches Gesicht. Bei einem Exemplar liegt das Hirnvolumen bei 770 Kubikzentimeter und bei den beiden anderen sogar noch etwas höher.

Über ihren Verwandtschaftsgrad zueinander und zu *Homo habilis* gehen die Meinungen auseinander. Man hält die großen Exemplare grundsätzlich für eine ganz eigene Art und gab ihr den Namen *Homo rudolfensis*. Die kleinen Exemplare werden von einigen den *Homo habilis* zugerechnet, während andere sie wiederum für eine andere Art halten. In gewisser Hinsicht sind sie einander durchaus ähnlich, und sei es auch nur, weil sie beide außerordentlich primitive Vertreter der menschlichen Entwicklungslinie darstellen. Um taxonomischen Auseinandersetzungen zu vermeiden, können wir sie grob als »die Habilinen« zusammenfassen. Aber welcher der Habilinen als Vorfahr späterer Homo-Formen gelten kann, ist eine ganz andere Frage!

Überreste von *Homo habilis* entdeckte man weiter südlich in Afrika, bei Sterkfontein. Sie befanden sich in jüngeren Ablagerungen als die von *Australopithecus*. Nicht weit davon traten in den Fundstellen von Swartkrans und Kromdraai Überreste des Nußknackers zutage, allerdings einer anderen Art (*Paranthropus robustus*) als in Ostafrika. Einige Fachleute halten nur die Kromdraai-Funde für *Paranthropus robustus* und sehen in den Exemplaren von Swartkrans eine andere Art, *Paranthropus crassidens*.

Wo kamen diese neuen Arten, die Habilinen und die Nußknacker, eigentlich her? Bei den Habilinen weiß man es noch immer nicht. Nach Ansicht zahlreicher Anthropologen stammen sie unmittelbar von Geschöpfen wie der »Ersten Familie« von Hadar ab. Andere halten sie für Nachfahren von *Australopithecus africanus*. Die spärlichen Fragmente, die aus den dazwischenliegenden Zeitabschnitten erhalten sind, lassen einfach keine Entscheidung zu. Allerdings löst ein 2,5 Millionen Jahre alter, hervorragend erhaltener Schädel aus Westturkana (Kenia) das Problem der Nußknacker. In seinen allgemeinen Merkmalen ist er *Paranthropus boisei* sehr ähnlich. Er besitzt aber gleichzeitig ein langgezogenes, schnauzenförmiges Gesicht wie *Australopithecus*. Diese frühe, ursprüngliche Art erhielt nach dem berühmten Paläoanthropologen Alan Walker den Namen *Paranthropus walkeri*.

Es ist kaum zu bezweifeln, daß die Habilinen einfache Steinwerkzeuge herstellten. Die frühesten stammen aus Hadar und sind 2,6 Millionen Jahre alt. In solchen Schichten jedoch, die maximal zwei Millionen Jahre zurückreichen, findet man künstlich hergestellte Gegenstände zu Tausenden, und wo immer sich Spuren ihrer Hersteller finden, handelt es sich um Vertreter der Gattung *Homo* — die mit den Habilinen begann.

Der Weg zu Homo sapiens

Woher stammen nun unsere eigenen direkten Vorfahren? Viele Leute sehen in dem guterhaltenen Schädel aus Koobi Fora mit der Nummer ER-1813 ein entscheidendes Fossil. Dieser zu den Habilinen gehörende Schädel zeichnet sich durch einen sehr kleinen Hirnschädel aus — das Gehirnvolumen beträgt nur

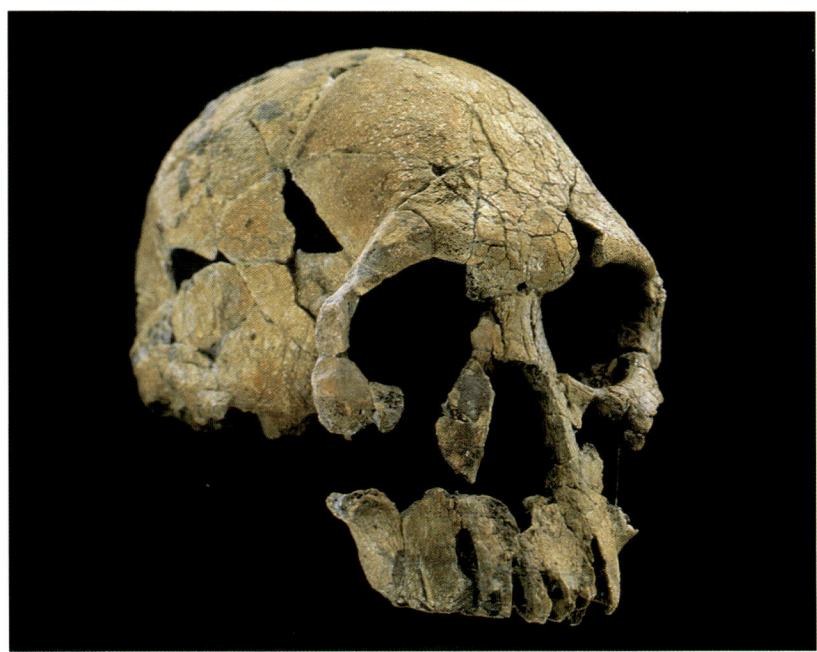

510 Kubikzentimeter. Allerdings fallen die Modellierung des Gesichtes und andere Schädelmerkmale genau so aus, wie man sie von einem unmittelbaren Vorfahren des Menschen erwartet. In dieser Hinsicht ist er zweifellos »moderner« als die übrigen Habilinen, *Homo habilis* und *Homo rudolfensis*, obwohl diese größere Hirnvolumina besitzen. Sollte das zutreffen, so haben unterschiedliche Arten unabhängig voneinander große Gehirne entwickelt. Die parallele Evolution ist unter Tieren und Pflanzen nichts Ungewöhnliches, aber gerade am Gehirn, jenem Merkmal, das uns wohl allen anderen Tieren überlegen macht, erwartet man sie kaum.

△ Schädel 1470 aus Koobi Fora (Nordkenia). Während dieses und andere Exemplare früher *Homo habilis* zugerechnet wurden, stellte sich in letzter Zeit heraus, daß sie einer anderen Art, *Homo rudolfensis*, angehören. Vermutlich waren in Afrika damals, vor etwa zwei Millionen Jahren, mehrere frühe *Homo*-Arten zu Hause.

△ Der Schwarze Schädel aus Westturkana ist mit einem Alter von 2,5 Millionen Jahren der früheste und ursprünglichste Vertreter von *Paranthropus*.

◁ *Paranthropus crassidens*, aus Swartkrans (Südafrika), war ein kleinerer, aber eng verwandter Zeitgenosse des ostafrikanischen *Paranthropus boisei*.

SEIT WANN GIBT ES SPRACHE?

IAIN DAVIDSON UND WILLIAM NOBLE

Es erscheint uns nahezu unmöglich, sich vorzustellen, wie man über die Welt »denken« würde, ohne eine gesprochene oder aus Zeichen bestehende Sprache zu besitzen. Da die Sprache zu den Dingen gehört, die das menschliche Verhalten von dem aller übrigen Säugetiere unterscheiden, muß sie sich im Laufe unserer Evolution entwickelt haben. Die Frage ist nur, wann.

Nach Ansicht einiger Wissenschaftler entstand die Sprache bereits in einem sehr frühen Stadium der Menschheitsentwicklung. Sie stützen diese Ansicht auf zwei Belege: das Hirnvolumen unserer Vorfahren und die Form der Steinwerkzeuge.

Gehirn und Sprache

Während der letzten zwei Millionen Jahre ist das Hominidengehirn größer geworden. Obwohl das Gehirn nicht fossilisiert, hinterläßt es an der Schädelinnenseite einige unscharfe Spuren seiner Windungen. Mit Hilfe eines Innenabgusses läßt sich die Form des Cortex in gewissem Rahmen untersuchen. Vermutlich war der Cortex der Australopithecinen dem der Schimpansen recht ähnlich, während der früheste Habilinen-Schädel (dieses Exemplar trägt die Sammlungsnummer KNM ER-1470 und ist mindestens 1,8 Millionen Jahre alt) bereits einige Merkmale aufweist, die man nur am menschlichen Gehirn findet, besonders in den Regionen, die angeblich mit der Sprache assoziiert sind. Allerdings versucht diese Theorie nicht zu erklären, wie oder warum sich die gesprochene Sprache von den Geräuschen der anderen Menschenaffen abzusetzen begann. Die Vermutung lautet einfach, daß die Sprache eine Folge des größer werdenden menschlichen Gehirns war.

Brauchten wir eine Sprache, um Werkzeuge herzustellen?

Eine zweite Theorie besagt, daß die Sprache für die frühen Hominiden unentbehrlich war, um ihre Vorgehensweisen soweit zu organisieren, daß sie Steinwerkzeuge machen konnten. Andere Fachleute verwiesen jedoch darauf, daß die frühesten bekannten Steinwerkzeuge aus der Oldowai-Periode nicht mehr Planung oder technische Fertigkeiten erforderten als die Werkzeuge, die von heutigen Schimpansen hergestellt werden.

Wiederum einer anderen Theorie zufolge weisen die symmetrischen und offenbar standardisierten Abmessungen der Faustkeile des Acheuléen, die zwischen 1,5 Millionen und 150 000 Jahren alt sind, darauf hin, daß die frühen Hominiden bereits eine geistige Vorstellung ihres erwünschten Endprodukts besaßen und dieses nur mit Hilfe von Sprache den anderen mitgeteilt haben können. Allerdings entsprachen die Abmessungen der afrikanischen Keile, die diese Theorie stützen sollten, etwa denen der Äxte, die man in Europa und in Asien entdeckte. Es ist daher unwahrscheinlich, daß sie Produkte eines absichtlichen Versuches sind, Objekte einer besonderen Form herzustellen. Selbst wenn die Hominiden wirklich geistige Vorstellungen einer idealen Axtform gehabt haben sollten, sind sie höchstwahrscheinlich — über so große Gebiete verteilt — ganz unterschiedlich. Vielleicht sind diese Ähnlichkeiten auf vergleichbare physische Grenzen der Hominiden zurückzuführen, die lediglich Objekte besonderer Größen und Formen bearbeiten konnten.

Menschliches Verhalten?

Das Aufsuchen wettergeschützter Stellen, der Gebrauch von Feuer und der Genuß von Fleisch — das sind die häufig zitierten Grundlagen, mit deren Hilfe es den frühen Hominiden gelungen sein soll, Afrika zu verlassen und neue Gebiete in den gemäßigten Breiten mit Erfolg zu besiedeln. In letzter Zeit sind viele der angeblich klaren Hinweise dafür in Frage gestellt worden. So befand sich zum Beispiel ein Steinkreis bei der Olduvai-Schlucht (im heutigen Tanzania), der auf ein Alter von 1,8 Millionen Jahre datiert worden war und angeblich die Reste einer menschlichen Unterkunft darstellte, in einem Gebiet, wo mit größter Wahrscheinlichkeit jeder Hominide, der sich dort niedergelassen hätte, von den Krokodilen gefressen worden wäre. In ähnlicher Weise beschränken sich die Beweise für eine Zweighütte, die vor 230 000 Jahren bei Terra Amata (Südfrankreich) gestanden haben soll, auf nicht weiter als vier Flecken im Sand. Und obwohl man an Fundstellen wie Chesowanja und Zhoukoudian, die 1,4 Millionen beziehungsweise 500 000 Jahre alt sind, Hinweise auf den Gebrauch von Feuer gefunden haben will, geht aus einer neueren Arbeit hervor, daß keiner der Hinweise wirklich verläßlich ist. Zudem ist es selbst dann noch fraglich, ob die Hominiden vor 230 000 Jahren bereits regelmäßig Feuer machen konnten. Vermutlich war Fleisch schon ein wichtiger Teil der menschlichen Ernährung, seitdem die Gattung *Homo* aufzutreten begonnen hatte, aber es ist nicht klar, wie früh die Hominiden an Fleisch herankamen. Bei frühen Fundstellen, wie Torralba und Ambrona in Spanien, wo man umfangreiche Lager von Tierknochen entdeckte, handelte es sich eher um Orte, an denen vorgefundene Tierkadaver verzehrt und nicht etwa erjagte Tiere zerlegt wurden. Insgesamt sprechen die Befunde dafür, daß Hominiden den Hüttenbau, den Gebrauch des Feuers oder eine systematische Jagd nicht früher als vor 125 000 Jahren betrieben haben.

Auch das angeblich »modern« wirkende Verhalten der Neandertaler wird übertrieben dargestellt. Der Höhlenbären-Kult entpuppte sich als ein Wunschdenken mancher Anthropologen, das lediglich von den wenigen erhaltenen Knochen der zahlreichen Bären genährt worden war, die während der Überwinterung in den Höhlen gestorben waren. Auch die romantische Geschichte der Blumenbegräbnisse der Neandertaler bei Shanidar (im heutigen Irak) läßt sich nicht mehr halten, da diese Hominiden sehr wahrscheinlich von herunterstürzenden Felsen getötet worden waren.

Daraus folgt, daß die Sprache offenbar nicht dazu herhalten muß, eine Reihe früher paläontologischer Begleitmerkmale zu erklären. Ganz unverzichtbar ist sie allerdings für die Erklärung von Ereignissen, die bis zu 60 000 Jahre zurückreichen: zum Beispiel die Besiedlung Australiens und später der Arktis sowie der amerikanischen Kontinente, für die Anfänge der Kunst, für die Tatsache, daß Riten und Versammlungen regionalisiert und lokalisiert wurden.

Anmerkung des Übersetzers: Die Beiträge zu den Kapiteln dieses Buches wurden von verschiedenen Autoren verfaßt. Dies erklärt die mitunter konträren wissenschaftlichen Standpunkte.

Sidi Zin · Torralba · Caversham Channel · Olduvai-Schlucht · Kalambo Falls · Swartkrans · Singi Talav · Berekhat Ram

keine Funde · ungefähre nördliche und östliche Ausdehnung der Acheuléen-Werkzeug-Tradition · keine Funde

△ Die Form der Faustkeile der Acheuléen-Tradition überall auf der Welt läßt eher auf ein artspezifisches Verhalten als auf individuelle Planung schließen.

DAVID L. BRILL, 1985

Der Neue aus Turkana

Vor etwa 16 Millionen Jahren tauchte eine neue Art in Ostafrika auf. Zunächst entdeckte man in Koobi Fora einen vollständigen Schädel (registriert unter der Nummer ER-3733). Seitdem wurden weitere, weniger komplette Schädel und andere Knochen gefunden. In der Mitte der achtziger Jahre fand man bei Nariokotome, auf der von Koobi Fora aus anderen Seite des Turkana-Sees, ein nahezu vollständiges Skelett (WT-15000). Durch diese Funde wissen wir über diese neue Art recht viel, die zur Zeit nur den einfachen Namen »der Neue aus Turkana« trägt. Bernard Wood schlug vor, diese Art *Homo ergaster* zu nennen, und das ist vermutlich richtig.

Die beiden meßbaren Exemplare besaßen ein Hirnvolumen von 848 und 908 Kubikzentimeter. Das ist zwar mehr als bei ER-1813, übertrifft aber keineswegs das Volumen anderer Fossilien, die *Homo habilis* ähnlich sind. Sie hatten vorstehende Überaugenwülste, ein kurzes Gesicht, einen ziemlich kantigen Schädel und zeigten bereits Ansätze zu einer vorstehenden Nase. Zudem waren ihre Beine viel länger, und ihr

gesamtes Skelett war viel moderner als das der Australopithecinen oder der Habilinen. Das Skelett mit der Sammlungsnummer WT- 15000 stammt von einem etwa zwölfjährigen Jungen. Wäre er erwachsen geworden, hätte er eine Höhe von 180 Zentimeter erreicht. Ganz eindeutig sind die Neuen von Turkana direkte Vorfahren des heutigen Menschen. Ebenso sicher ist es, daß sie selber von den Habilinen abstammen. Es gibt zum Beispiel ein habilines Exemplar (ER-1805), das einige Fachleute lieber den Neuen zuordnen würden.

Die Steinwerkzeuge, die diese Menschen herstellten, unterscheiden sich zunächst nicht sehr von denen, die von *Homo habilis* stammen. Machten sie Feuer, jagten sie Großwild und sprachen sie vielleicht? Wir wissen es nicht, denn die Funde sagen nichts Eindeutiges darüber aus. Mit Sicherheit traten sie an die Stelle der Habilinen. Auf irgendeine Weise gelang es ihnen eben viel besser — nun was eigentlich? Vielleicht menschlich oder »beinahe menschlich« zu sein.

△ Ein neuer Abschnitt in der menschlichen Entwicklungsgeschichte: *Homo ergaster*, der Neue von Turkana. Zwar übertraf das Gehirnvolumen das der Habilinen nur um weniges, doch war die Schädelform der von *Homo erectus* ähnlicher, und als solcher wurde der Schädel auch bis vor ganz kurzer Zeit noch klassifiziert.

FUNDSTÄTTEN UNSERER FOSSILEN
AHNEN
Frühe Vertreter der Menschen sind nur aus
Afrika bekannt. Vor etwa einer Million Jahren wanderte Homo aus Afrika aus und besiedelte die gesamte Alte Welt. Erst vor
50 000 Jahren kam er nach Australien, und
noch später erst erreichte er Amerika.

1 Laetoli, Olduvai, Ndutu, Natron,
Eyasi
2 Hadar, Bodo, Belohdelie, Maka
3 Koobi Fora, Omo, Nariokotome,
Lothagam, Tabarin, Baringo
4 Sterkfontein, Swartkrans, Kromdraai, Taung, Makapansgat
5 Sangiran, Trinil, Modjokerto,
Ngandong, Kedung Brusbus,
Sambungmacan, Wajak
6 Gongwangling, Jenjiawo
7 Zhoukoudian, Jinniushan
8 Hexian, Dali, Maba, Liujiang
9 Hathnora
10 Petralona
11 Mauer, Steinheim, Bilzingsleben,
Neandertal, Hahnöfersand, Eh-
ringsdorf
12 Montmaurin, Arago, La Ferrassie, Biache, Cro-Magnon, Fundstätten der Dordogne, St. Césaire
13 Swanscombe
14 Gibraltar, Atapuerca
15 Monte Circeo, Saccopastore
16 Jebel Irhoud, Casablanca, Ra-
bat, Salé
17 Tighenif
18 Yayo
19 Zuttiyeh, Tabun, Skhul, Qafzeh,
Amud
20 Shanidar
21 Teshik-Tash
22 Klasies, Saldanha
23 Kabwe

KARTOGRAPHIE: RAY SIM

▷ Es ist noch immer umstritten, welche
Fossilien des unteren und des mittleren
Pleistozän als *Homo erectus* einzuordnen
sind. Allerdings gehören die Fossilien von
Zhoukoudian mit Sicherheit dazu. Der sogenannte »Peking-Mensch« bewohnte Nordchina vor 450 000 bis 250 000 Jahren.

JOHN READER/SCIENCE PHOTO LIBRARY/THE PHOTO LIBRARY

Von Homo erectus ...

Die frühesten menschlichen Spuren außerhalb Afrikas erscheinen vor etwas mehr als einer Million Jahren. Die am besten bekannten Fossilien aus dieser Zeit
stammen von einer Art, die als *Homo erectus* bekannt
ist. Auf Java sind die frühesten Exemplare etwa eine
Million Jahre, die jüngsten nur 100 000 Jahre alt. In
China reicht ihr Alter von mindestens 800 000 bis zu
230 000 Jahren.

Ähnlich den Neuen von Turkana besaß auch *Homo
erectus* große Überaugenwülste, jedoch waren diese
anders geformt: Sie sind gerade und dick und verlieren sich zu den Seiten. Mit einer Spanne von 750 bis
1300 Kubikzentimeter ist ihr Hirnvolumen größer,
und sowohl die javanischen als auch die chinesischen
Funde lassen vermuten, daß es mit der Zeit zunahm.
Der niedrige, flache und kantige Hirnschädel zeigte
an der Mittellinie und im hinteren Bereich Ver-
dickungen. Allerdings unterscheiden sich die Fossilien aus Java und China in einigen Punkten: Die Java-
Schädel zeigen eine flache, zurückweichende Stirn,
während diese bei den chinesischen Schädeln gewölbt
ist. Daneben gibt es noch weitere geringfügige Unterschiede. Beide Gruppen werden grundsätzlich unterschiedlichen Unterarten zugerechnet: *Homo erectus
erectus* (Java) und *Homo erectus pekinensis* (China). Der
Stirnverlauf der Java-Fossilien ist primitiver, und die
ältesten der chinesischen Funde (sie stammen aus
Gongwangling) sind dem Java-Typ tatsächlich
ähnlich.

Die älteste aller Unterarten wurde aus 1,2 Millionen Jahre alten Olduvai-Schichten ausgegraben. Diese primitive Rasse, *Homo erectus olduvaiensis*, gilt unter einigen Fachleuten als der einzige Nachweis für *Homo erectus* in Afrika. Sollte das zutreffen, so hat er sich in Afrika entwickelt, ist dann ausgewandert und in seiner ursprünglichen Heimat ausgestorben. Andere halten die Neuen von Turkana für frühe Vertreter von Homo erectus, und wieder andere rechnen auch spätere afrikanische Fossilien noch zu derselben Art.

Aus demselben Zeitraum endeckte man Fossilien in Afrika und sogar in Europa. Die Funde von Tighenif (Algerien) dürften 900 000 Jahre alt sein. Die jüngste dieser »zeitgenössischen Formen«, deren Alter gesichert ist, stammt aus Bilzingsleben in Deutschland und ist 230 000 Jahre alt. Sowohl die afrikanischen als auch die europäischen Fossilien unterscheiden sich von den *Homo-erectus*-Funden aus Java und China in typischer Weise: Die Überaugenwülste sind stärker gebogen und verlieren sich auch zu den Seiten hin nicht. Der Hirnschädel ist weniger abgeflacht und kantig, und ihm fehlt die Verstärkung entlang der Mittellinie und im hinteren Bereich. Darüber hinaus findet man weitere Unterschiede, die zum Beispiel die Form des Kiefers und der Ohrregion betreffen.

Soll man diese Formen nun als *Homo erectus* oder als eine ganz andere Art einordnen? Die Verfechter der letztgenannten Möglichkeit gaben ihnen den Namen *Homo heidelbergensis*, nach dem ersten Fundstück, einem Unterkiefer, auf den man 1908 bei Heidelberg gestoßen war. Die Fachleute, die eine Einordnung als Unterart bevorzugen, nennen sie *Homo erectus heidelbergensis*. Dies mag zunächst nur als ein semantisches Problem erscheinen, doch ist es von großer Wichtigkeit. Sollte es sich nämlich um eine einzige Art handeln, könnten alle Exemplare irgendwie als Vorfahren des modernen Menschen gelten — eine Sichtweise, die als Hypothese von der regionalen Kontinuität (oder manchmal als »Candelaber«-Modell) bezeichnet wird. Hätten wir es jedoch mit zwei unterschiedlichen Arten zu tun, könnte nur eine davon unser Vor-

fahr sein, da sich verschiedene Arten definitionsgemäß höchstens unbedeutend miteinander fortpflanzen. Diese eine Art oder deren Nachkommen muß dann die andere verdrängt haben - dies entspricht der sogenannten Verdrängungshypothese (oder dem Arche-Noah-Modell).

... *zu* Homo sapiens

Die ältesten Vertreter unserer eigenen Art, *Homo sapiens*, sind von zwei Fundstätten in Israel bekannt. Die Fossilien aus Qafzeh wurden mit Hilfe der Therluminaszenz-Technik auf ein Alter von 91 000 Jahren datiert, und ein Verfahren, das als Elektronenspin- Resonanz-Analyse (ESR) bekannt ist, läßt sogar auf ein noch höheres Alter schließen. Die Funde von Skhul sind nach der ESR 80 000 Jahre alt. Allerdings dürften zwei südafrikanische Funde in Border Cave und Klasies River Mouth ähnlich alt sein. Wie moderne Menschen besitzen diese Exemplare einen hohen, rundlichen, verkürzten Hirnschädel, eine abgerundete Stirn und ein gerades Gesicht mit einem Kinn. Die Überaugenwülste sind kleiner als bei den primitiveren Arten und die Knochen der Gliedmaßen lang und gerade.

Selbst die älteren afrikanischen Fossilien scheinen darauf hinzudeuten, daß *Homo sapiens* von *Homo heidelbergensis* abstammt. Zwei Fundstücke aus der Kibish-Formation auf dem Omo-Fluß (Äthiopien) und eines aus Ngaloba (Tanzania) wurde mit der Uran-Thorium-Methode auf ein Alter von 130 000 Jahren datiert. Zwei weitere aus dem marokkanischen Jebel Irhoud sind etwa 120 000 Jahre alt, und es gibt noch einige andere. Sie alle stehen zwischen *Homo heidelbergensis* und dem modernen Menschen, doch besonders interessant sind die beiden Omo-Schädel. Der eine, von dem nur der Hirnschädel erhalten ist, erinnert an *Homo heidelbergensis*, jedoch ist der Hirnschädel höher, und die Überaugenwülste sind kleiner. Der andere, vollständiger erhaltene Schädel ist wesentlich moderner und erinnert an einen der Skhul-Schädel. Diese

△ In der Höhle von Skhul, am Fuße des Karmelgebirges (Israel), wurden in den dreißiger Jahren zehn Skelette gefunden. Heute weiß man, daß sie 80 000 Jahre alt sind - älter als viele Neandertaler- Fossilien aus derselben Gegend.

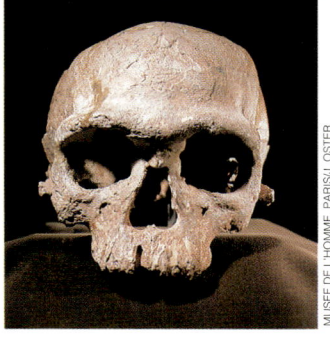

△ Jebel Irhoud I gehört zu einer Fossiliengruppe aus verschiedenen Teilen Afrikas, von denen einige 120 000 bis 130 000 Jahre alt sind. Sie belegt den Übergang zwischen einer ancestralen, primitiven Art, die häufig als *Homo heidelbergensis* bezeichnet wird, und ihrer Nachfolgerart, *Homo sapiens*.

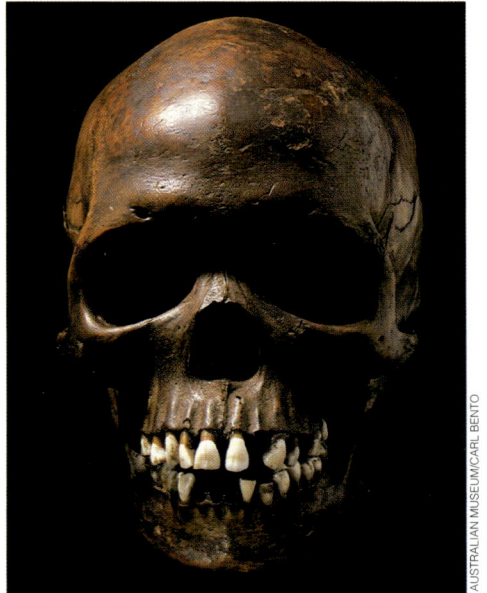

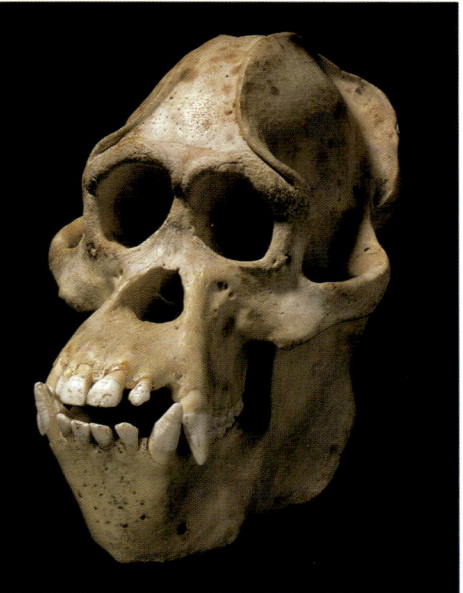

◁ Der Schädel des Orang-Utan (rechts) besitzt - anders als beim Schimpansen und Gorilla - hohe, engstehende Augenhöhlen ohne Überaugenwülste. Trotz dieser oberflächlichen Ähnlichkeit zeigen die fossilen Belege, daß unsere Vorfahren von Menschenaffen abstammen, die mit ihren großen, vorspringenden Überaugenwülsten ganz anders aussahen.

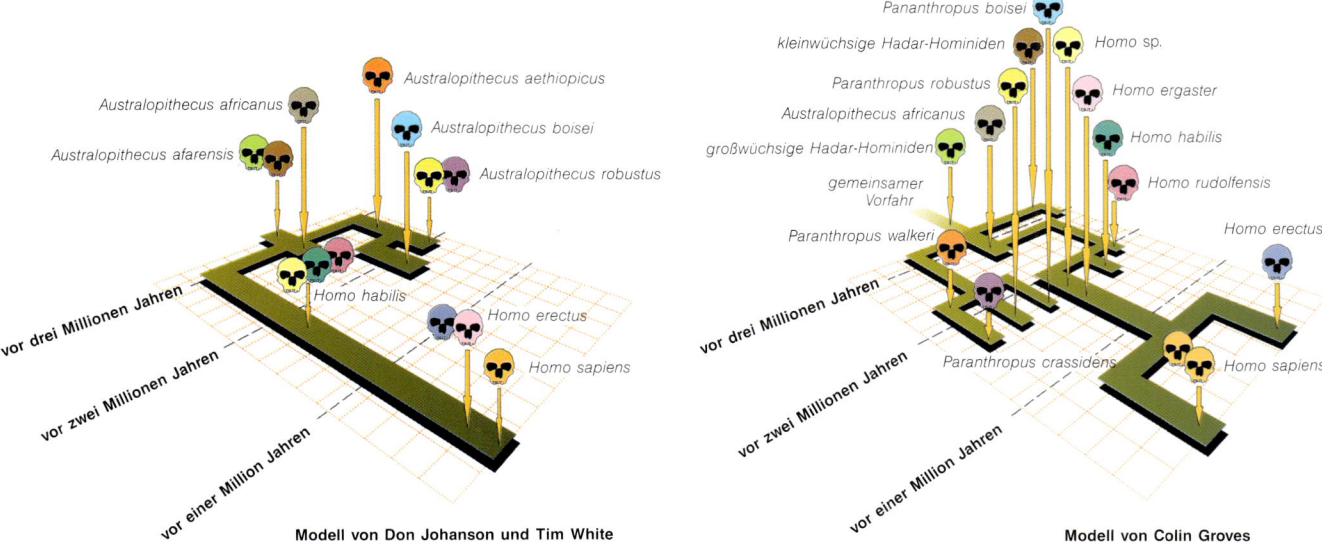

Australopithecus aethiopicus

Australopithecus africanus

Australopithecus boisei

Australopithecus afarensis

Australopithecus robustus

vor drei Millionen Jahren

vor zwei Millionen Jahren

vor einer Million Jahren

Homo habilis

Homo erectus

Homo sapiens

Modell von Don Johanson und Tim White

Pananthropus boisei

kleinwüchsige Hadar-Hominiden

Homo sp.

Paranthropus robustus

Homo ergaster

Australopithecus africanus

Homo habilis

großwüchsige Hadar-Hominiden

Homo rudolfensis

gemeinsamer Vorfahr

Homo erectus

Paranthropus walkeri

vor drei Millionen Jahren

vor zwei Millionen Jahren

Paranthropus crassidens

Homo sapiens

vor einer Million Jahren

Modell von Colin Groves

Laetoli-Fossilien und die größeren Fossilien von Hadar, repräsentiert durch die »Erste Familie«

Kleinere Fossilien von Hadar, repräsentiert durch »Lucy«

Der Schwarze Schädel von Lomekwi, Westturkana

Die »robusten Australopithecinen« von Swartkrans

Die »robusten Australopithecinen« von Kromdraai

Die »robusten Australopithecinen« Ostafrikas

Australopithecus africanus aus Sterkfontein, Makapansgat und Taung

Homo aus Turkana mit großem Hirnvolumen, repräsentiert durch ER-1470

Homo habilis aus Olduvai

Homo aus Turkana mit kleinem Hirnvolumen, repräsentiert durch ER-1813

Fossilien des »Neuen von Turkana«

Homo erectus aus Java und China

Fossilien des mittleren und oberen Pleistozän aus Afrika und Europa - Kabwe, Bodo, Arago, Petralona, Steinheim, Neandertal - und Menschen des modernen Typs

Übergangsstadien zeigten offenbar eine erhebliche Variabilität.

Sollte sich *Homo sapiens* vor 130 000 bis 120 000 Jahren in Afrika entwickelt haben, so begann er vermutlich, sich vor etwa 90 000 Jahren nach Eurasien auszubreiten, vielleicht sogar ein wenig früher. Vor 68 000 Jahren hatte unsere Art China erreicht. Vor 50 000 Jahren waren sie in Australien angelangt (und zwar über die offene See, denn Australien besaß zu

keiner Zeit eine Landbrücke zu Asien). Vor 36 000 Jahren waren sie schließlich nach Westeuropa gekommen, wo man sie als die Cro-Magnon-Menschen kennt. Die amerikanischen Kontinente erreichten sie offenbar erst vor 15 000 bis 12 000 Jahren; dieser Punkt ist jedoch heftig umstritten. Sollte nicht das Verdrängungs-Modell, sondern das Modell von der regionalen Kontinuität richtig sein, dann belegen diese Daten lediglich, wann sich moderne Menschen unabhängig voneinander in verschiedenen Gebieten entwickelt haben.

Wo immer *Homo sapiens* gefunden wurde, — in Afrika, Europa, Ost- oder Südostasien — waren jene frühesten den heutigen Bewohnern dieser Gegenden im allgemeinen ähnlich, aber mit einem Unterschied: Sie waren größer und »robuster«. Am Ende des Pleistozäns findet man bei allen Menschen eine geringfügige, aber rasch einsetzende Verkleinerung der Knochen und der Zähne. Das ist erstaunlich. Eine Erklärung dafür lautet, daß die Menschen, sobald sie Ackerbau betreiben, derartig große Zähne nicht mehr nötig hatten. Allerdings findet man diese Entwicklung auch dort, wo die Menschen Jäger und Sammler blieben, etwa in Australien. Vielleicht standen, als das Klima wärmer wurde, mehr saftige Nahrungsmittel zur Verfügung, so daß es einfach leichter wurde, mit kleineren Zähnen und einem geringeren Aufwand beim Kauen zu leben. Zwar sind die Veränderungen nur gering, doch wir kennen ihre Ursache nicht.

Was macht uns zu Menschen?

Die großen Menschenaffen sind mit uns nicht nur in anatomischer Hinsicht verwandt. Auch ihre Biochemie ist der unseren sehr ähnlich. Aus einer Untersuchung der siebziger Jahre ging hervor, daß Mensch und Schimpanse in nahezu 99 Prozent ihrer DNA (der Erbmasse) übereinstimmen — das ist erstaunlich. Da sie uns nun sowohl anatomisch als auch genetisch so ähnlich sind, könnte man da nicht auch psychische Ähnlichkeiten erwarten, besonders in bezug auf

---

HOMO SAPIENS SAPIENS?

Häufig wird für den modernen Menschen und für die Fossilien aus dem Oberen Pleistozän, die uns mehr oder weniger ähnlich sehen, der Begriff *Homo sapiens sapiens* verwendet. Was bedeutet er, und warum wird er von einigen unserer Autoren nicht gebraucht?

Eine biologische Art wird durch einen aus zwei Wörtern bestehenden Namen bestimmt. Wenn es Unterarten gibt (etwa geographische Gruppen, die sich voneinander geringfügig unterscheiden), hängt man diesem Namen einfach ein drittes Wort an. Unser Name *Homo sapiens sapiens* bedeutet also, daß wir alle zu einer Unterart gehören und daß es andere Unterarten von *Homo sapiens* gab, die heute ausgestorben sind (zum Beispiel *Homo sapiens neandertalensis*, die Neandertaler des Oberen Pleistozäns in Europa und Südwestasien).

Bilden wir nun alle eine Unterart? Es gibt doch Unterschiede in den verschiedenen Teilen der Welt: Wir teilen uns in »Rassen« auf, und diese entsprechen in gewisser Hinsicht den Unterarten. Allerdings ist unsere geographische Variation kaum zu durchschauen, und wir wissen nicht, wie viele Unterarten es gibt oder was sie darstellen würden. Zudem kann es sich bei unseren ausgestorbenen Verwandten, etwa den Neandertalern, tatsächlich um unterschiedliche *Arten* handeln, denn nichts spricht dafür, daß sie sich mit uns vermischt haben. Aus diesem Grund beschränken einige Fachleute die Art *Homo sapiens* ausschließlich auf uns und unsere Vorfahren bis zu, sagen wir, 120 000 Jahren vor unserer Zeit. Dadurch wollen sie vermeiden, einen Wissensstand vorzugeben, den wir gar nicht haben, wenn wir uns auf den mißverständlichen »*Homo sapiens sapiens*« berufen.

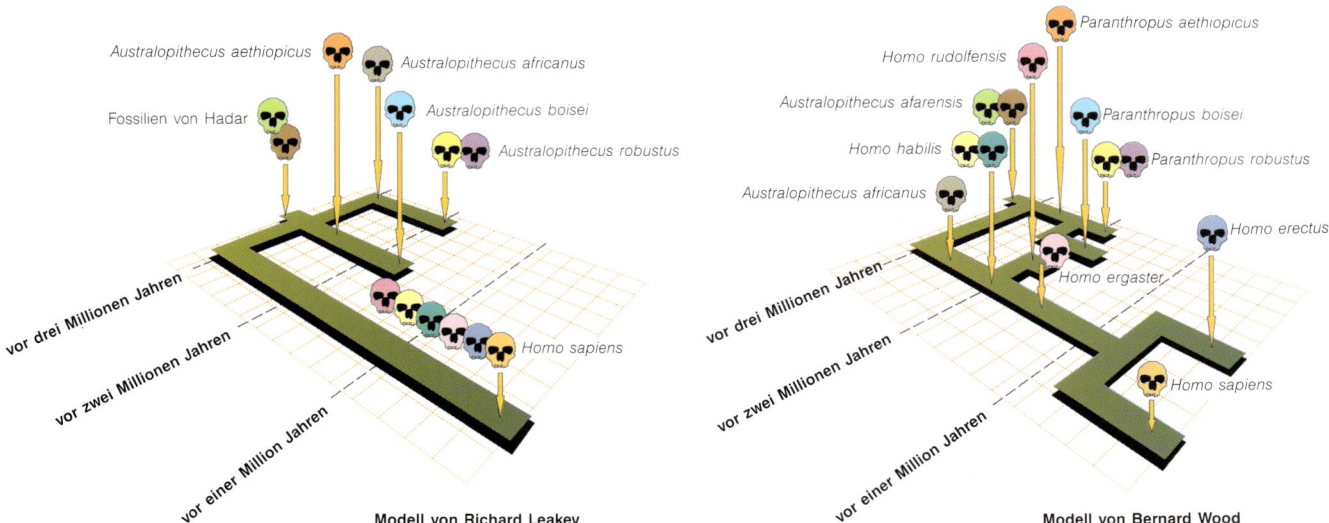

Australopithecus aethiopicus
Australopithecus africanus
Fossilien von Hadar
Australopithecus boisei
Australopithecus robustus

vor drei Millionen Jahren
vor zwei Millionen Jahren
vor einer Million Jahren

Homo sapiens

Modell von Richard Leakey

Paranthropus aethiopicus
Homo rudolfensis
Australopithecus afarensis
Paranthropus boisei
Homo habilis
Paranthropus robustus
Australopithecus africanus
Homo erectus
Homo ergaster

vor drei Millionen Jahren
vor zwei Millionen Jahren
vor einer Million Jahren

Homo sapiens

Modell von Bernard Wood

Dinge, die wir für ausschließlich menschlich ansehen, etwa Werkzeuggebrauch, Intelligenz, Bewußtsein und sogar Sprache? Sollte man diese Qualitäten nicht wenigstens in Ansätzen vorfinden können?

Seit 2,6 Millionen Jahren ist der Gebrauch von Steinwerkzeugen ein typisch menschliches (oder zunächst vormenschliches) Merkmal. Seit langem weiß man, daß die großen Menschenaffen in Zoos und im Labor mit mechanischen Hilfsmitteln außerordentlich erfindungsreich umgehen. Während des Ersten Weltkriegs hielt Wolfgang Koehler Schimpansen in seinem Labor auf den Kanarischen Inseln. Dabei fand er heraus, daß die Tiere nicht nur Stöcke gebrauchten, um an Nahrung zu kommen, die außerhalb ihrer Reichweite lag. Sie konnten sogar unterschiedlich große Stöcke zusammensetzen und Kisten übereinander stapeln, um an hoch aufgehängte Leckerbissen heranzukommen. Zwar sind Gorillas weniger geschickt, aber einige Orang-Utans entwickelten bei der Herstellung von Werkzeugen außergewöhnliche Fertigkeiten. So fertigte ein Orang-Männchen des Londoner Zoos eine hölzerne Nachbildung seines Käfigschlüssels an, um sich Ausgang zu verschaffen. Einem anderen Tier zeigte man in den sechziger Jahren, wie man Steine bearbeitet, worauf sich der Affe einen scharfkantigen Steinsplitter herstellte, mit dem er das Seil um seinen Futterkasten herum zerschnitt.

In den siebziger Jahren machte man die faszinierende Entdeckung, daß Schimpasen lernen, sich selbst im Spiegel zu erkennen. Im Gegensatz dazu reagieren Tieraffen (ebenso auch Hunde und sogar Elefanten) auf ihr Spiegelbild wie auf ein anderes Individuum, selbst wenn sie das allgemeine Prinzip eines Spiegels verstehen und ihn einsetzen, um versteckte Objekte zu finden. Sie können auch Käfiggenossen darin erkennen. Wie Schimpansen können auch Orang-Utans und Gorillas lernen, ihr eigenes Spiegelbild zu erkennen. Bedeutet dies nun, daß die großen Menschenaffen — wie wir und im Gegensatz zu anderen Tieren — eine Vorstellung ihrer selbst haben?

Die ersten Sprachexperimente wurden in den fünfziger Jahren durchgeführt. Man brachte einem im Hause aufgezogenen Schimpansen bei, »Mama«, »Papa«, »cup« (Tasse) und »up« (auf) zu sagen. Anschließend betrachteten die Psychologen Allen und Beatrice Gardiner einen Film, der während der mühevollen Experimente aufgenommen worden war. Sie stellten dabei fest, daß der Schimpanse offenbar seine Hände gebrauchte, um sich verständlich zu machen, und so entschlossen sie sich, den Sprachversuch noch einmal durchzuführen, nur diesmal nicht mit Wörtern, sondern mit Handzeichen. Dieser Versuch mit der Zeichensprache wurde mit dem jungen Schimpansenweibchen Washoe erfolgreich durchgeführt, und dies ermutigte andere Forscher, Ähnliches mit Orang-Utans und Gorillas durchzuführen und daneben andere linguistische Verfahren einzusetzen, etwa eine »Computersprache«.

Allerdings wurde von diesen frühen Arbeiten zuviel abgeleitet. Man behauptete sogar, die Affen würden eine elementare Syntax verwenden. Als Herbert Terrace 1979 eine Videoaufzeichnung derartiger Sprachsitzungen mit Menschenaffen analysierte, bemerkte er, daß die Handzeichen der Affen keineswegs spontan kamen, sondern als Reaktion unbeabsichtigter Reize ihrer Trainer. Zudem fand er, daß Äußerungen der Affen, die aus mehreren Wörtern bestanden, nicht wie Sätze zusammengesetzt waren, sondern daß die Tiere in erster Linie wichtige Wörter einfach wiederholten. Die meisten Zeichen der Affen dienten ihnen schließlich nur dazu, an Futter oder andere Dinge heranzukommen. Nur wenig sprach dafür, daß sie Wörter oder Zeichen als Symbole verstanden. Insgesamt führte dies dazu, daß die Sprachforscher sowohl ihre Methoden als auch ihre früheren Ergebnisse noch einmal überdachten.

Die seitdem bedeutendste Sprachforschung mit Menschenaffen wurde von Sue Savage-Rumbaugh und ihren Kollegen durchgeführt, die ihren Schimpansen eine Art »Computersprache« beibrachten. Mit

△ Warum herrscht unter den Fachleuten keine Einigkeit? Dafür gibt es viele Ursachen. Eine besteht darin, daß man unter den Fossilien nur schwer Arten auseinanderhalten kann. Eine weitere leitet sich daraus ab, daß die Bedeutung bestimmter anatomischer Merkmale unterschiedlich bewertet wird. Allerdings bleibt die grobe Linie der Entwicklungsgeschichte davon unberührt.

ILLUSTRATIONEN: COLIN BARDILL

E. SUE SAVAGE-RUMBAUGH

△ Kanzi, ein junger Bonobo (Zwergschimpanse), lernte nur durch Beobachtung, wie »Lexigramme« als Symbole zu deuten waren - eine sehr grobe Annäherung an die Sprache. Wenn er mit seinen Betreuern gelegentlich die Wälder bei Atlanta aufsucht, nehmen sie die Lexigramm-Tafel mit, und er zeigt ihnen daran, wohin er gehen und was er tun möchte.

Scheitelbeinbereich   Stirnbeinbereich   Sprachzentrum

▷ Vom Australopithecinen bis zum modernen Menschen nahm die Gehirngröße Schritt für Schritt zu. Schwieriger ist es dagegen, die Gehirnwindungen und -furchen der Hirnoberfläche aufzuspüren, da sie sich an der Schädelinnenseite nur unvollkommen abbilden, wovon man die Gehirnabgüsse gewinnt. So ist es zum Beispiel ganz unklar, ob irgendeiner unserer Vorfahren sprechen konnte.

ILLUSTRATIONEN: OLIVER RENNERT

Hinterkopfbereich

Kleinhirn

Schläfenbereich

△ **Homo sapiens**
Vor 130 000 Jahren bis zur Gegenwart. 1040 - 1595 Kubikzentimeter (bei 90 Prozent aller Menschen)
900 – 2000 Kubikzentimeter (extreme Werte)

▷ **Homo erectus erectus**
(frühe Form) Vor einer Million bis 700 000 Jahren. 815 – 1059 Kubikzentimeter

Homo erectus erectus (späte Form) Vor 100 000 Jahren. 1055 - 1300 Kubikzentimeter

▽ **Paranthropus robustus**
Vor 1,8 Millionen Jahren 500 - 530 Kubikzentimeter

△ **Homo habilis**
Vor zwei bis 1,6 Millionen Jahren. 590 - 700 Kubikzentimeter

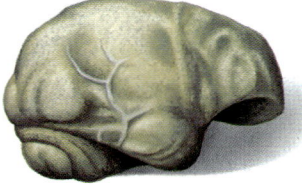

◁ **Australopithecus africanus**
Vor 3,3 bis 2,9 Millionen Jahren. 420 - 500 Kubikzentimeter

△ **Schimpanse**
305 - 485 Kubikzentimeter

Und unser großes Gehirn?

Wurde das Leben auf der Savanne so kompliziert, daß wir große Gehirne entwickeln mußten, um damit fertigzuwerden? Nötigte uns die Lebensweise der frühen Menschen eine größere Intelligenz ab? (Man denke dabei an die Zusammenarbeit bei der Großwildjagd, die Notwendigkeit, Löwen um ihre Beute zu betrügen oder abzuschätzen, an welchen Stellen die produktivsten Pflanzen wahrscheinlich reifen werden.)

Ehe wir über derartige Dinge spekulieren, müssen wir uns noch einmal vor Augen halten, daß die großen Menschenaffen bereits intelligenter sind als andere Primaten, einschließlich der Gibbons und der Tieraffen, und wir sollten uns fragen, warum dies so sein könnte. Schimpansen, Orang-Utans und einige Gorilla- Populationen leben von Früchten. Und weil sie alle sehr groß sind, haben sie Probleme, ihre Energiebilanz zu erhalten. Ganz sicher stellen sie Mutmaßungen an, sowohl über bestimmte Waldgebiete, deren Bäume in nächster Zukunft Früchte tragen werden als auch über die Motive der anderen Artgenossen.

Dann lautet die Frage vielleicht nicht, warum wir so intelligent sind, sondern was unsere Vorfahren besser gemacht haben als die Menschenaffen? Zudem ist mit Sicherheit eine Menge Glück im Spiel, denn verschiedene anatomische und psychische Merkmale scheinen unsere Vorfahren auf dem Wege zum Menschen besonders begünstigt zu haben. Zum Beispiel Neotenie: Der Kopf behält sein juveniles Erscheinungsbild und wächst dennoch weiter. Oder der aufrechte Gang: Die Hände sind frei, um mit Werkzeugen umzugehen. Das Gleichgewicht des Schädels: Der Kehlkopf wird zurückverlagert, als sei er nur für die artikulierte Sprache geschaffen. Betrachten wir die bewegliche Schulter: Der Arm ist bereits dem Werfen angepaßt. Oder schließlich Intelligenz und Geselligkeit: Soziale Traditionen entwickeln sich zur Kultur. Der Mensch kann sich unmöglich aus anderen Geschöpfen entwickelt haben als aus Verwandten der Menschenaffen.

Hilfe einer besonderen Technik gelang es ihnen, die Affen zu lehren, Objekte nicht einfach anzufordern, sondern zu benennen. Die Tiere lernten auch mit Hilfe von Symbolen, die von Computern erzeugt wurden, miteinander zu kommunizieren und auf diesem Wege auch kundzutun, was sie als nächstes zu tun beabsichtigen. Ganz zuletzt erlernte ein Zwergschimpanse spontan die »Computersprache« nur beim Zuschauen — ohne daß man ihm etwas beigebracht hätte.

Die gesamte Arbeit über die Geisteswelt und Intelligenz von Menschenaffen erinnert uns daran, daß wir — als Vertreter der menschlichen Spezies — ein Teil der Natur sind. Selbst unsere besonderen Fähigkeiten (die wir für absolut menschlich halten) unterscheiden sich von denen unserer nichtmenschlichen Verwandten nicht qualitativ, sondern nur quantitativ. Wenn wir über die Ursprünge verschiedener typisch menschlicher Verhaltensweisen spekulieren, sollten wir immer daran denken, daß unsere unmittelbaren Vorfahren keinesfalls Tiere waren, die ausschließlich instinktorientiert handelten und keine Spuren eines menschenähnlichen Intellekts aufwiesen.

ÄHNLICH UND DOCH VERSCHIEDEN: MENSCHENAFFEN UND WIR

WULF SCHIEFENHÖVEL

Die Mutter war vor ihrem Tode schon lange krank gewesen. Das Kind, unterdessen alt genug, um von seinen Verwandten versorgt zu werden, wurde immer niedergeschlagener. Ganz offensichtlich hatte es den Willen zum Leben verloren. Wenig später war es ebenfalls gestorben.

Dieser und ähnliche Fälle wurden von Jane Goodall in ihren bahnbrechenden Studien über Mutter-Kind-Beziehungen bei Schimpansen (*Pan troglodytes*) aufgezeichnet. Gemeinsam mit den Bonobos (*Pan paniscus*) sind diese Affen höchstwahrscheinlich unsere nächsten Verwandten. In den letzten Jahrzehnten hat die klinische Forschung bestätigt, daß traumatische Ereignisse, etwa der Verlust einer geliebten Person, unseren eigenen Tod auslösen können. Dies ist ein extremes Beispiel dafür, welche psychosomatischen Folgen aus Gefühlen wie einer tiefen Depression erwachsen können. Wenn nun Schimpansen auf derartige Ereignisse mit demselben Kummer reagieren und, wie wir Menschen, ihre Freude und den Willen zu leben verlieren, wo ziehen wir dann die Grenze zwischen diesen Geschöpfen und uns?

Die großen Menschenaffen überraschen in mancherlei Hinsicht. So paaren sich Bonobos zu verschiedenen Anlässen, die offenbar nicht der Fortpflanzung dienen, wie Frans de Waal gezeigt hat. Dieses Verhalten funktioniert etwa wie eine soziales Schmiermittel — etwa, um Trost zu spenden, zu besänftigen oder um Ziele zu erreichen. Die Gorillas (*Gorilla gorilla*), die größten Menschenaffen, zeigen in den Filmen, die Dian Fossey während ihrer gemeinsamen Zeit herstellte, manchmal ein erstaunlich menschliches Verhalten. In einem Fall sieht man ein kräftiges Männchen, das sie intensiv dabei beobachtet, wie sie in ihrem wissenschaftlichen Tagebuch Notizen macht. Darauf hält sie ihm den Stift hin. Er nimmt ihn langsam entgegen, betrachtet ihn, riecht daran und reicht ihr ihn leise wieder zurück. Er scheint das Prinzip des Besitzes zu respektieren und gibt ihr zurück, was er als ihr Eigentum ansieht.

Neurobiologen haben die Gehirne von Menschen und Schimpansen verglichen und zwischen beiden keine strukturellen Unterschiede entdeckt. Ganz offenbar gibt es im Gehirn eines Schimpansen keinen Nukleus (die Punkte, in denen neuroelektrische Impulse erzeugt werden), keine Übergänge zwischen den verschiedenen Hirnteilen und keine Hirnareale (Abschnitte, die für bestimmte Wahrnehmungen oder Handlungen verantwortlich sind), die man nicht auch in unserem eigenen Gehirn finden könnte. Warum also sprechen, zählen, rechnen und schreiben wir, warum reisen wir zum Mond und tragen Geschäftsanzüge? Natürlich sind nicht alle diese Dinge für unsere Art typisch. Weiterführendes Zählen, Rechnen und Schreiben und alle Errungenschaften unserer eindrucksvollen Technik sind, am Zeitablauf unserer Entwicklungsgeschichte gemessen, recht späte Ereignisse.

Über lange Zeit dachte man, der wirkliche Unterschied zwischen den »Tieren« und uns liege in der Tatsache, daß wir eine Kultur entwickelt haben, jene aber nicht. Heute sind wir jedenfalls der Ansicht, daß Tier- und Menschenaffen imstande sind, ihren Jungen Handlungen »beizubringen«, die diese wiederum an ihre Nachkommen weitergeben oder die von der gesamten Gruppe imitiert werden:

WULF SCHIEFENHÖVEL

△ Einige Exemplare einer Gruppe von *Macaca fuscata*, die halbwild in der Umgebung von Kyoto (Japan) lebt, entwickelten die Angewohnheit, mit kleinen Steinen zu spielen. Da sich dieses Verhalten über mehrere Generationen erhalten hat, betrachten es viele Wissenschaftler als eine Vorstufe der »Kultur«.

▽ Ein junger Schimpanse fängt Termiten mit einem besonders dazu hergerichteten Zweig - ein weiteres Beispiel für Verhaltensweisen, die von der Mutter an die Jungen weitergegeben werden.

PETER DAVEY/BRUCE COLEMAN LTD

Ein Tier übernimmt ein Verfahren oder eine Handlungsweise vom nächsten. Zum Beispiel beobachteten Michael Huffman und andere Primatologen eine Gruppe von Rotgesichtsmakaken (*Macaca fuscata*, sie gehören nicht zu den großen Menschenaffen). Dabei sahen sie, daß sich die Affen eine besondere Art angewöhnt hatten, mit Steinen zu spielen. Andere Rotgesichtsmakaken pflegten Süßkartoffeln sorgfältig in einem Bach zu waschen, ehe sie sie fraßen. Dies tun sie nun seit vielen Generationen. Zweifellos bilden diese Errungenschaften wenigstens Vorläufer der Kultur, bei denen Verhaltensformen durch Tradition weitergereicht werden.

Schimpansen, Bonobos und Gorillas leben in Gruppen mit einer Rangfolge. Dagegen scheint der Orang-Utan (*Pongo pygmaeus*) — abgesehen von der Paarungszeit — überwiegend solitär zu leben. In den Harems der Gorillas sind die Weibchen untereinander nicht verwandt und müssen daher von außerhalb in die Horde eingewandert sein. Das gleiche gilt offenbar auch für die Schimpansen: Die jungen Weibchen verlassen die Gruppe, um sich ihre Partner außerhalb zu suchen. In den meisten menschlichen Gesellschaften werden die jungen Frauen durch einen Brauch (der vermutlich genetische Ursachen hat) gezwungen, die Familie ihrer Eltern zu verlassen und mit dem Mann zusammenzuleben.

Natürlich können wir aufgrund derartiger einzelner Merkmale im Verhalten und sozialen Leben nicht folgern, daß der Mensch nach dem Vorbild einer besonderen Menschenaffenart geformt sei. Die Vorlieben, Charakteristika, das Verhalten und die soziale Struktur der Menschenaffen unterscheiden sich in so vieler Hinsicht untereinander und auch von uns. Allerdings ermöglicht die Erforschung der großen Menschenaffen und anderer nichtmenschlicher Primaten den Wissenschaftlern, vielleicht vorhandene entwicklungsgeschichtliche Verbindungen zwischen Variablen wie Lebensraum, Sozialstruktur, Verhalten, sowie kognitiven Fähigkeiten und kultureller Eignung zurückzuverfolgen.

DEM *HOMO SAPIENS* ENTGEGEN

Vor 2,5 Millionen bis 35 000 Jahren

Habilinen, Erectinen und Neandertaler

GÖRAN BURENHULT

Vor etwa 2,5 Millionen Jahren kam es zu einer Reihe bedeutender Ereignisse, die den Stammbaum des Menschen wesentlich beeinflußte. In Afrika lebten verschiedene *Australopithecus*- und *Paranthropus*-Arten, und vor kurzem wurde bei Chesowanja (Kenia) die Existenz eines sehr frühen *Homo*, der ebenfalls zu dieser Zeit lebte, bestätigt. Dieser frühe *Homo* erhielt den Namen *Homo habilis* (»fähiger Mensch«). Viele Experten sind der Ansicht, daß in diesem Stadium mehr als nur eine Art repräsentiert wird. Diese Ereignisse führten zu anatomischen Veränderungen, die überwiegend in den Zeitraum vor dem Auftreten der Erectinen fallen, also etwa in die Zeit vor 1,5 Millionen Jahren. Das Gehirn nahm an Größe zu, die Hüften und Hüftknochen paßten sich zunehmend der zweifüßigen Fortbewegungsweise an, und der Geschlechtsdimorphismus (im wesentlichen der geschlechterbedingte Größenunterschied) ging zurück. Die ältesten *Homo*-Fossilien besitzen ein Hirnvolumen von nur wenig über 500 Kubikzentimeter. Abgesehen davon waren die Unterschiede zwischen dieser neuen Gattung und *Australopithecus* nicht sehr gravierend. Sie alle erreichten etwa dieselbe Körpergröße von einem bis 1,3 Meter und ein durchschnittliches Gewicht von 40 Kilogramm; sie waren biped und bewegten sich daher ungehindert auf zwei Beinen. Der frühe *Homo* besaß einen geringfügig runderen Schädel und dürfte weniger affenartig gewirkt haben als die anderen Hominiden. Der stärkste anatomische Unterschied betraf das Gebiß. Besonders die Prämolaren und die Molaren waren nicht mehr so breit, und an den erhaltenen Zähnen zeigen Spuren der Abnutzung, daß alle Arten überwiegend Samen und Pflanzen zu sich nahmen. Zudem belegen anatomische Untersuchungen, daß der frühe *Homo* sich häufig auf Bäumen aufgehalten haben muß und daher weniger »menschlich« war, als man angenommen hatte.

◁ Die Erectinen waren die ersten Menschen, die ihre afrikanische Heimat verließen. Vor 700 000 Jahren hatten sie einen großen Teil der Alten Welt besiedelt und waren im Osten bis nach China und Südostasien vorgedrungen. In den vulkanischen Böden Ost- und Zentraljavas (Indonesien) wurden zahlreiche Fossilien von *Homo erectus* gefunden.

△ Ein Faustkeil – das typische Werkzeug des Acheuléen.

DAVID L. BRILL, © 1985

Es ist nicht einfach, den Gebrauch von Werkzeugen zu definieren. Zum Beispiel holen sich Kalifornische Seeottern Muscheln vom Grund. Um an ihre Nahrung heranzukommen, legen sie sich im Wasser auf den Rücken und schlagen die Muschel auf ihrer Brust gegen einen geeigneten Stein. Dieses zweifellos bemerkenswerte Verhalten bedeutet aber noch lange nicht, daß das Tier ein Steinwerkzeug hergestellt hätte oder gar zum Menschen geworden sei. Unsere nächsten Verwandten unter den Menschenaffen, die Schimpansen, setzen nicht nur Hilfsmittel wie Steine, Zweige oder Holzstücke ein. Darüber hinaus verbessern sie mit Hilfe der Zähne und der Hände häufig hölzerne oder faserige Gegenstände, um deren Wirkung zu verstärken. Obwohl hier eindeutig ein Herstellungsprozeß vorliegt, läßt sich nicht einmal diese Form von Werkzeugen mit denen der Habilinen auf eine Stufe stellen. Der größte Unterschied betrifft die geistigen Funktionen, den Vorgang der Entscheidungsfindung. Während der Schimpanse ein geeignetes Holzstück infolge einer spontanen, intelligenten Idee bearbeitet, zeichnete sich die menschliche Handlungsweise durch eine höhere Voraussicht aus. Vorsätzlich wurde ein Objekt von besonderem Aussehen zu einem besonderen Zweck bearbeitet. Schon ehe das Individuum begann, das Rohmaterial — also Steine geeigneter Sorten und Größen — zu sammeln, trug er in seinem Gehirn bereits ein Bild des Endproduktes und seiner möglichen Anwendungen. Zudem konnte er die Kenntnis des Herstellungsprozesses an andere Gruppenmitglieder und an nachfolgende Generationen weitergeben.

Homo habilis: *Der erste Werkzeugmacher*

Das erste Verfahren zur Herstellung von Werkzeugen — das, soweit wir heute wissen, ausschließlich an den frühen *Homo* gebunden ist - existierte vor 2,5 bis 1,5 Millionen Jahren. Es zeichnet sich dadurch aus, daß Flußkiesel das Rohmaterial bilden. Mit Hilfe eines weiteren, kleineren Steins wurden von beiden Seiten des Kerns Splitter abgeschlagen. Dieses beidseitige Abschlagen wird normalerweise als die Schlagsteintechnik bezeichnet und erhielt nach ihrem ersten Fundort, Olduvai, den Namen »Olduvai- Industrie«. Obwohl diese Vorgehensweise manchmal als einfach abgetan wird, offenbart sich in ihr eine profunde Kenntnis des Rohmaterials. Der Anwender wußte, wie er den Stein schlagen mußte, um einen geeigneten Splitter zu erhalten, und nicht zuletzt hatte er eine Vorstellung davon, wie das in einer festgelegten Schlagfolge entstandene Produkt aussehen sollte.

Über lange Zeit war man allgemein der Auffassung, daß der auf diese Weise zurechtgeformte Steinkern das Endprodukt - also das Werkzeug — darstelle. Die Splitter galten dagegen als Abfälle, die bei der Herstellung übrigblieben. Bei näherer Betrachtung zeigte sich jedoch, daß die Vielfalt der gefundenen Schlagwerkzeuge in erster Linie dem Ziel diente, Splitter auf möglichst berechenbare Weise abzuschlagen. Diese ließen sich dann als Klingen, Schaber oder andere Werkzeuge einsetzen, mit denen Fleisch und Holz geschnitten und Pflanzen gesammelt wurden. Viele der erhaltenen Schlagwerkzeuge dürften auch für grobe Arbeiten gebraucht´worden sein, etwa zum Zerschlagen von Tierknochen, um an das begehrte Knochenmark heranzukommen, oder zum Ausgraben eßbarer Wurzeln und Knollen.

Bei Schimpansen kommt es vor, daß sie anfangen, für Werkzeug geeignetes Material zu sammeln, noch ehe das zu bearbeitende Objekt in Sicht kommt. Im Gombe-Nationalpark zum Beispiel, wo die Schim-

▽ Vor mehr als zwei Millionen Jahren begann der frühe *Homo* aus Kieselsteinen, die er in Flußbetten sammelte, Werkzeuge herzustellen. Die Abschlagtechnik dieser frühen Werkzeugbauer wird nach Olduvai (Tanzania), wo solche Objekte zum ersten Mal entdeckt wurden, als Olduvai-Industrie bezeichnet.

ILLUSTRATIONEN JOHN RICHARDS

pansen Grashalme und dünne Zweige so bearbeiten, daß sie damit Termiten aus deren Hügeln »herausfischen« können, sammeln sie zunächst Grashalme und nehmen sie mit zu den Termitenhügeln. Erst an Ort und Stelle werden sie nach Bedarf zugerichtet. Wenn die Vermutung Richard Potts zutrifft, daß es sich bei den Kieselhaufen bei Olduvai um Steinlager handelt, die *Homo habilis* vorsorglich für seinen zukünftigen Gebrauch anlegte, können wir unseren zwei Millionen Jahre alten Vorfahren ein wesentlich weiter reichendes Planungsvermögen zuschreiben als den modernen Schimpansen. Aber wir dürfen nicht dem Fehler verfallen, anzunehmen, diese primitiven Vorfahren seien bereits menschlich gewesen. Thomas Wynn, der einige ihrer Flußkiesel-Werkzeuge analysierte, kam zu keinem anderen Schluß, als daß die Hominiden sie in einer spontanen Weise bearbeitet hätten. Sie schlugen einfach einen Splitter nach dem anderen herunter, bis ein brauchbares Werkzeug entstanden war.

Allerdings beweisen die Funde von Koobi Fora und Olduvai auch, daß Steinwerkzeuge über erhebliche Entfernungen transportiert wurden. Darin liegt ein Hinweis, daß die Habilinen ihre Werkzeuge in der Zukunft gebrauchen wollten und folglich in die Zukunft denken konnten. Die »Kultur« war geboren.

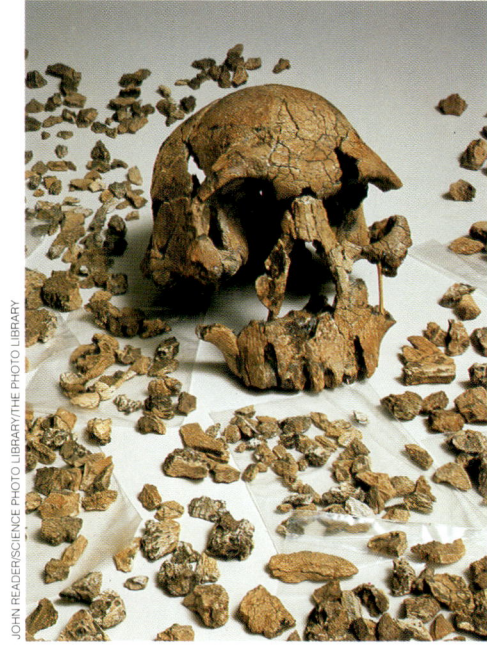

JOHN READER/SCIENCE PHOTO LIBRARY/THE PHOTO LIBRARY

Jederzeit, aber nicht mit jedem

Warum entwickelte sich dieser neue Zweig am Stammbaum des Menschen vor 2,5 Millionen Jahren? Heute stimmen die meisten Fachleute darin überein, daß sich die menschliche Entwicklungsgeschichte unter denselben Bedingungen des Selektionsdrucks entwickelte wie auch die Evolution anderer Tierarten. Und sehr häufig wird deutlich, daß diese Evolutionsvorgänge gleichzeitig eintraten. Nicht zuletzt spielten auch globale Klimaveränderungen und die darauf folgenden ökologischen Umstellungen bei diesen Prozessen eine entscheidende Rolle.

Vor etwa fünf Millionen Jahren begann die antarktische Eisdecke erheblich anzuwachsen. Dagegen begann die entsprechende arktische Eiszeit erst vor 2,5 Millionen Jahren. Während dieser beiden Eiszeiten ging die Durchschnittstemperatur auf der Erde spürbar zurück. In Afrika — und auch in anderen Gebieten der Welt — führte dies zu großen Veränderungen in der Flora und der Fauna. Die riesigen tropischen Regenwaldgebiete verschwanden und wurden von der Savanne ersetzt. Teile der Fauna starben aus oder paßten sich der neuen Umgebung an. Diese weiträumigen ökologischen Veränderungen lassen sich bei beiden Eiszeiten zurückverfolgen. Die erste Eiszeit führte zur Entwicklung der Australopithecinen — vielleicht sogar zur Abspaltung der menschlichen Entwicklungslinie insgesamt. Und es war ganz sicher kein Zufall, daß die letzte Eiszeit mit dem Auftauchen der Gattung *Homo* und dem Aufkommen des Werkzeuggebrauchs zusammenfiel.

Wie wir schon gesehen haben, lebte zu dieser Zeit eine ganze Reihe verschiedener frühmenschlicher Arten nebeneinander. Allerdings haben die Australopithecinen, soweit wir heute wissen, niemals Steinwerkzeuge hergestellt oder gebraucht. Während die Australopithecinen im Laufe der Zeit ausstarben, blieben die *Homo*-Gruppen übrig und entwickelten sich zum modernen Menschen. Aber worin bestand der biologische Unterschied zwischen nichtmenschlichen Hominiden und den frühen Menschen? Zwar läßt sich

diese Frage nicht eindeutig klären, doch liegt vermutlich ein grundlegender Unterschied darin, daß es bei den Frauen überhaupt keinen Östrus, also keine Paarungszeiten mehr gibt. Anders als viele andere Säuger sind sie, nahezu unabhängig vom Menstruationszyklus, ständig empfängnisbereit. Allerdings findet man auch bei Schimpansen, insbesondere bei Bonobos (Zwergschimpansen), eine äußerst geringe sexuelle Zyklik. Vielleicht hängt diese Entwicklung der menschlichen Sexualität damit zusammen, daß die Körperbehaarung immer weiter zurückging, was die Empfindsamkeit der Haut steigerte und die weiblichen Geschlechtssignale besser zur Geltung kommen ließ. So hat zum Beispiel das Wachstum der Brüste für die Milchproduktion oder für das Stillen überhaupt keine Bedeutung. Stattdessen zielt es auf eine visuelle, sexuelle Stimulation des Mannes hin. Vielleicht ist diese Entwicklung darin begründet, daß sich die Zusammensetzung der Nahrung änderte — es wurde mehr Fleisch gegessen — und damit auch die soziale Organisation.

An umfangreichen Untersuchungen von Pavianen und Schimpansen werden diese erheblichen Unterschiede zwischen verschiedenen Säugetierarten deutlich, und ihre Interpretationen lassen sich — mit der gebotenen Vorsicht — auf das Studium früher Hominiden übertragen. Bei den Pavianen besitzen die alten Männchen das absolute Verfügungsrecht über Nahrung und Geschlechtspartner, und sie verteidigen diese Position extrem aggressiv. Der Geschlechtsdimorphismus ist unter diesen Tieren stark ausgeprägt — zum Beispiel sind die Männchen doppelt so groß wie die Weibchen. Die dominanten Männchen und Weibchen beanspruchen den größten und den besten Teil der Nahrung für sich. Und abgesehen davon, daß eine Mutter mit ihrem Jungen manchmal die Nahrung teilt, findet niemals eine systematische Verteilung von Nahrung unter den verschiedenen Mitgliedern einer Horde statt.

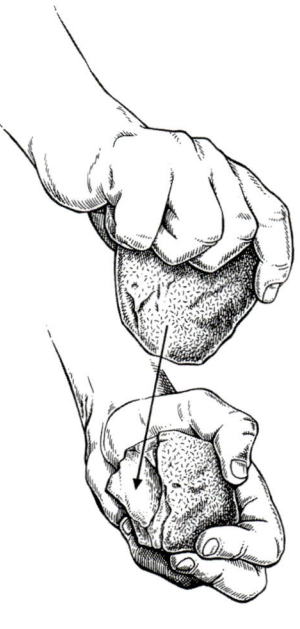

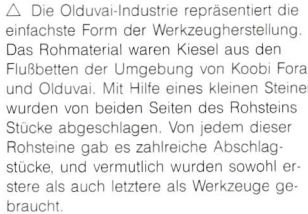

Bei den Schimpansen ist es umgekehrt. Hier gibt es keine Hierarchie, und alle Männchen haben zu den empfängnisbereiten Weibchen freien Zugang — jederzeit und mit jedem Individuum. Zwar gibt es keine richtigen Paarungszeiten, aber die Empfängnisbereitschaft der Weibchen variiert. Zudem ist bei den Schimpansen die Kontrolle über ihr Territorium weniger streng organisiert. Der Ethologe und Primatologe Pierre van den Berghe beschreibt das angenehme Leben der Schimpansen folgendermaßen: »Offenbar haben die Schimpansen mit Erfolg erreicht, wovon der radikale *Homo sapiens* nur träumen kann: friedvolle Gemeinschaften ohne Konkurrenzkampf, ohne Zwang und Besitzstreben. Es herrschen Gleichberechtigung und Promiskuität ohne Eifersucht, und Tyrannen gibt es nicht.«

Natürlich darf man das nicht zu wörtlich nehmen. Häufig werden fortpflanzungsfähige Weibchen von

△ Die Olduvai-Schlucht im Norden Tanzanias gehört zu den bedeutendsten archäologischen Fundstätten der Welt. Seine zahlreichen Fossilfunde von Australopithecinen, Habilinen und Erectinen, aber auch moderner Menschen haben unsere Erkenntnisse über unsere entfernte prähistorische Vergangenheit in ungeahntem Maße bereichert.

dominanten Männchen eben doch vereinnahmt, obwohl auch freie Verbände geschlossen werden. Die Männchen patrouillieren an den Grenzen ihres Territoriums, und es ist ein Fall bekannt, bei dem sich die Männchen — offenbar mit Erfolg — aufmachten, um eine kleine Gruppe in der Nachbarschaft auszulöschen. Vielleicht sehen wir dies alles zu romantisch: Die Schimpansen können uns ähnlicher sein als wir zugeben möchten.

Man kann also sagen, daß das Jagdverhalten, das Fehlen der Paarungszeit, die Verteilung der Nahrung innerhalb der Gruppe und die Familienstruktur Faktoren sind, die stark untereinander zusammenhängen und in der folgenden menschlichen Entwicklungsgeschichte vermutlich von wesentlicher Bedeutung waren. Immer mehr verstärkte sich die Neigung, in Paaren oder vielleicht kleinen polygamen Gruppen zusammenzuleben, die gleichzeitig eine Basis für eine deutlichere Arbeitsteilung unter den Geschlechtern boten. Dadurch dürften die Konflikte innerhalb der großen Gruppen abgenommen haben. »Jederzeit, aber nicht mit jedem« wurde zum typisch menschlichen Verhalten.

Jäger oder Aassammler?

Durch den Einsatz von Steinwerkzeugen konnten nun Nahrungsquellen erschlossen werden, die den Hominiden vorher nicht zugänglich waren. Bei der Verarbeitung von Fleisch, Innereien und Fellen waren scharfkantige Steinklingen sehr nützlich, besonders im Wettbewerb mit Räubern wie Hyänen und Löwen. Man konnte in kurzer Zeit große Fleischmengen von toten Tieren ablösen, was mit bloßen Händen, Zähnen und hölzernen Gegenständen unmöglich gewesen wäre. Allerdings ist über Einzelheiten der Ernährungsgewohnheiten des frühen *Homo* noch immer kaum etwas bekannt. (Siehe Kasten *Gewaltiger Jäger oder unbedeutender Aassammler?*)

Die archäologischen Funde können uns immer nur ein sehr zufälliges und selektives Bild der prähistorischen Wirklichkeit vermitteln. Kaum jemals sind Nahrungsreste erhalten, und wenn doch, handelt es sich zumeist um Tierknochen. Also bleiben die immer gut erhaltenen Steinwerkzeuge die wichtigste Informationsquelle, wenn wir versuchen wollen, herauszufinden, wie die frühen Menschen sich ihre Nahrung verschafften und zubereiteten. Wenn man dann interpretiert, was an der betreffenden Fundstelle geschehen sein mag, werden die Steinwerkzeuge auf diese Weise überbewertet. Häufig nämlich findet man neben den verstreut liegenden Resten von Tierknochen zahlreiche Schlagwerkzeuge und Klingen, und diese Anhäufungen werden normalerweise so gedeutet, daß hier Lager standen, wo Tiere herangeschafft, zerlegt und gegessen wurden.

Das Problem besteht darin, daß wir nicht wissen, welchen Stellenwert das Fleisch in der Ernährung der Habilinen einnahm. Und falls sie häufig Fleisch aßen, wurden sie dessen dadurch habhaft, daß sie Raubtiere von ihrer Beute verjagten, oder gingen sie selber aktiv auf die Großwildjagd? Häufig wird der Gebrauch von Steinwerkzeugen mit der Großwildjagd und in der Folge rasch eintretenden Veränderungen der ökonomischen und sozialen Organisation assoziiert. Neue Untersuchungen haben aber gezeigt, daß der

frühe *Homo* wohl niemals Großwild gejagt und auch sonst nur in geringem Umfang von tierischer Beute gelebt haben dürfte. Dieser Ansicht stehen zahlreiche Steinwerkzeuge gegenüber, die man zusammen mit den Knochen großer Tiere, wie Flußpferden, Büffeln oder Gnus, fand und die ohne Zweifel über lange Entfernungen transportiert worden sind. Alle Hinweise sprechen dafür, daß es sich bei diesen Fundorten um Stellen handelt, wo Raubtiere durch Hominiden von ihrer Beute verjagt wurden und wo vielleicht auch vorgefundenes Aas zerlegt wurde. Zwar darf man diese Stellen keinesfalls als mehr oder weniger dauerhafte menschliche Siedlungen oder Niederlassungen ansehen, doch läßt es sich in einigen Fällen nicht ausschließen, daß die Hominiden Fleischstücke in Sicherheit brachten, um sie außerhalb der Reichweite wilder Tiere zu verzehren. Ohne Feuer und höher entwickelte Waffen, wie etwa Speere, Pfeil und Bogen, muß diese Art des Nahrungserwerbs sehr riskant gewesen sein, zumal die offene Savanne kaum Möglichkeiten bot, sich zu verstecken oder Zuflucht zu nehmen. Viele der untersuchten Tierknochen tragen sowohl Spuren von Steinwerkzeugen als auch von dem Gebiß räuberischer Tiere, was die bestehende Konkurrenzsituation deutlich belegt. Wenn Spuren von Tierzähnen gefunden werden, die diejenigen der Steinwerkzeuge überlagern, so kann dies natürlich bedeuten, daß Tiere Nahrungsreste der Habi-

linen gefressen haben. In vielen Fällen werden die Zahnspuren jedoch von den Werkzeugspuren überlagert, was mit Sicherheit darauf hinweist, daß es sich um Tiere handelt, die die Hominiden Raubtieren abgenommen haben.

Die Tatsache, daß an diesen Stellen die Knochen so vieler verschiedener Tierarten vorkamen, führte viele Fachleute zu der Ansicht, daß der frühe *Homo* sich wenigstens zum Teil seinen Lebensunterhalt mit der Jagd sicherte — und dieser Teil nahm im Laufe der Zeit bestimmt immer mehr zu — und daß man diese Vielfalt am besten dadurch erklärt, daß er sowohl gejagt als auch von Aas gelebt hat. Allerdings sind sich die meisten Experten darüber einig, daß pflanzliche Stoffe, darunter Knollen, Wurzeln und Früchte, den überwiegenden Teil ihrer Nahrung bildeten und daß tierische Produkte, wie Vogeleier, Insektenlarven, Echsen und Kleinwild, von wesentlich größerer Bedeutung waren als das Großwild. Dies gilt zum Beispiel für Schimpansen, und auch unter heutigen Sammlern und Jägern bilden diese Objekte einen wichtigen Teil der Nahrung. In keinem der Funde weist etwas darauf hin, daß es sich beim frühen *Homo* anders verhielt.

Der Zeitraum zwischen 2,5 und 1,5 Millionen Jahren vor unserer Zeit erwies sich in der Entwicklungsgeschichte des Menschen als ein ganz wesentlicher Abschnitt, in dem geistige, technologische und öko-

BEDEUTENDE FUNDSTÄTTEN
DER ERECTINEN
Man geht grundsätzlich davon aus, daß die Erectinen vor über 700 000 Jahren Afrika verließen und Südasien sowie einen großen Teil Europas besiedelten. Die Küstenverläufe und Eisdecken sind so dargestellt, wie sie zu den Höhepunkten einer der umfangreichen Eiszeiten ausgesehen haben können, die der letzten Eiszeit vorangingen. Die europäischen Fundorte sind in der Ausschnittskarte links eingezeichnet.

KARTOGRAPHIE: RAY SIM

GEWALTIGER JÄGER ODER UNBEDEUTENDER AASSAMMLER?

PETER ROWLEY-CONWY

Wie sah das Leben für unsere frühesten homoniden Verwandten eigentlich aus? Wie verbrachten sie den Tag? Schon seit 1924 sind die Archäologen bemüht, eine Antwort auf diese Fragen zu finden, seit dem Tag, an dem Raymond Dart den Schädel von Taung als den eines Hominiden identifizierte und ihm den Namen *Australopithecus africanus* gegeben hatte.

Die Australopithecinen Südafrikas

Die als die sogenannten Nußknacker bekannte Gruppe von Australopithecinen wurde in Südafrika eingehend untersucht. Hier wurden mehrere bedeutende Fundstellen ausgegraben, darunter die in Makapansgat. Neben Überresten von Hominiden fanden sich dort zahlreiche Knochen anderer großer Säuger, unter anderem von Büffeln und verschiedenen Arten von Antilopen und Carnivoren. Sollten wir daraus schließen, daß es sich bei diesen Knochen um Überreste von Tieren handelt, die von den Australopithecinen erlegt und gegessen worden waren? Darts Antwort war ein entschiedenes »Ja«, und zwar aus mehreren Gründen.

Zwar hatte man an diesen Stellen keine Steinwerkzeuge gefunden, doch war Dart der Ansicht, daß die Australopithecinen von Makapansgat stattdessen Werkzeuge aus Knochen, Zähnen und Hörnern benutzten. Dabei führte er an, daß Kerben und Bruchstellen auf den Tierknochen vermuten lassen, daß sie zum Hämmern oder zum Schlagen eingesetzt und einige Knochenstücke sollen wie Waffen zugespitzt worden sein. Dart behauptete Dart, daß diese Hominiden in ihrem Alltagsleben eine ganze Spanne von Knochenwerkzeugen gebrauchten und daß einige davon dazu bestimmt waren, Beutetiere zu jagen und zu töten, vielleicht auch andere Hominiden.

Neue Ergebnisse von C.K. Brain und anderen haben diese Vorstellung überwiegend ins Wanken gebracht. In seinem 1981 erschienenen Buch mit dem Titel *The Hunters or the Hunted?* (»Jäger oder Gejagte?«) führt Brain an, daß sämtliche von diesen Fundstellen

SHAH ANUP/AUSCAPE

◁ Leoparden ziehen ihre Beute häufig auf Bäume hinauf. Während sie ihre Opfer fressen, fallen ihre Knochen zu Boden, wo einige davon durch umherstreifende Hyänen angeknabbert werden. Bei Fundstellen wie Swartkrans handelte es sich um tiefe Spalten, in denen derartige Knochen - so auch die früher Hominiden - liegen und erhalten blieben.

stammenden Knochen, einschließlich derer von Hominiden, auf die Jagdaktivitäten großer Carnivoren, insbesondere von Leoparden, zurückgehen. Die Hominiden waren nur eine unter vielen Beutearten dieser Tiere. Wenn ein Leopard sich gesättigt hatte, kamen die Hyänen heran, um sich an den Überresten gütlich zu tun. Dies erklärt die Knochenfunde wesentlich besser als Darts Theorie. Knochen aus den Lagern heutiger Hyänen sind in ganz ähnlicher Weise gekerbt und zerbrochen wie diejenigen der südafrikanischen Fundstellen.

Tatsächlich gibt es keine Hinweise dafür, daß die südafrikanischen Australopithecinen jemals Knochen zu irgendeinem Zweck gebraucht hätten. Und da ihre eigenen Knochen angebissen und zerbrochen waren wie die der anderen Tiere, müssen sie dasselbe Schicksal erlitten haben — sie waren also keine Jäger, sondern Gejagte.

Diese Theorie wurde durch neuere geologische Arbeiten weiter gestützt, aus denen hervorgeht, daß es sich bei den Fundstellen nicht um Höhlen, sondern um senkrechte Felsspalten oder -risse handelt. Darin dürfte in der sonst trockenen Landschaft Wasser zurückgeblieben sein, wodurch es isolierten Baumgruppen möglich wurde, dort zu wachsen. Leoparden kann man heute dabei beobachten, daß sie ihre Beute auf Bäume schleppen, um sie dem Zugriff der Hyänen zu entziehen. Wenn der Leopard frißt, fallen

Teile des Kadavers auf den Boden. Die Hyänen greifen diese auf, und die Knochen, die nachher übrigbleiben, landen mit hoher Wahrscheinlichkeit in den natürlichen Bodenspalten ringsum. Dies ist die beste Erklärung für die südafrikanischen Fundstellen: Sie sind einfach natürliche Fossilienfallen. Niemand hat dort jemals gelebt, aber sie haben gezeigt, daß Leoparden dort vor zwei bis drei Millionen Jahren Beute machten.

Der frühe Homo in Ostafrika

Von dem Zeitpunkt an, wo *Homo habilis* in den archäologischen Funden Ostafrikas auftaucht, also vor zwei Millionen Jahren, werden zahlreiche Unterschiede deutlich. Noch immer stößt man auf Anhäufungen von Tierknochen, doch mit zwei wesentlichen Abweichungen. Zunächst werden sie in horizontalen Lagen verstreut aufgefunden, nicht in tiefen Spalten. Zweitens, werden sie gemeinsam mit Steinwerkzeugen ausgegraben. Sie sehen in der Tat den Lagerplätzen der Habilinen sehr ähnlich.

Aber stimmt das wirklich? An entscheidenden Fundstellen wie der Olduvai-Schlucht und Koobi Fora wurden Ansammlungen von Steinen und Knochen häufig an den Küstenverläufen längst vergangener Flüsse oder Seen entdeckt. Es ist daher denkbar, daß die verschiedenen Objekte von den Fluten aus zufällig zusammengespült wurden. Nur weil die Knochen und Steine heute an derselben Stelle liegen, muß dies nicht immer so gewesen sein. In einigen Fällen jedoch gelang es, einige Bruchstücke dieser Steine, die nicht weit voneinander entdeckt worden waren, wieder zu einem Ganzen zusammenzufügen. Also muß jemand an eben dieser Stelle ein Werkzeug angefertigt haben, denn wäre das Gebiet überflutet worden, wären die verschiedenen Teile voneinander getrennt wor-

△ Mit bloßem Auge sehen Schnittmarken auf prähistorischen Knochen (oben) den Kauspuren, wie sie von Raubtieren verursacht werden (unten), ähnlich. Gewöhnlich kann man beides erst unter dem Mikroskop auseinanderhalten.

den. Übrigens konnten auch einige Stücke der Tierknochen wieder zusammengesetzt werden.

Die Tierknochen bergen einen entscheidenden Schlüssel, um das Verhalten der Habilinen zu verstehen. Zahlreiche Beinknochen tragen Spuren eines Aufschlags. An diesen Stellen waren sie von Steinwerkzeugen getroffen worden, um sie aufzubrechen und an das Mark heranzukommen. Einige von ihnen tragen auch Schnittspuren; man hatte also mit Steinklingen das Fleisch von ihnen heruntergeschnitten. Die Schlußfolgerung ist eindeutig: Die Habilinen brachten Tierknochen an diese Orte, um mit Hilfe von Steinwerkzeugen an das Fleisch zu gelangen.

Man könnte jetzt versucht sein anzunehmen, daß es sich hier um reguläre Lager handelte, zu denen Jäger regelmäßig ihre Beute brachten, doch wäre auch dies voreilig. Zu dieser Ansicht kam der Archäologe Glynn Isaac vor einigen Jahren, und was sich daraus ergibt, ist überaus interessant. Sollten Tiere gejagt worden sein, so argumentiert Isaac, muß es eine Arbeitsteilung gegeben haben. Die Männer waren die Jäger, während die Frauen, denen die Last der Kinder

aufgebürdet war, in der Umgebung des Lagers nach pflanzlicher Nahrung und kleinen Tieren suchten. Diese Nahrung wurde dann unter den Geschlechtern verteilt, was eine relativ komplizierte Sozialstruktur voraussetzt.

Das Szenario ist als eine vereinfachte Version dessen zu erkennen, wie es bei modernen Jägern und Sammlern in deren Basislagern zugeht. Diese Theorie tut nichts weiter, als moderne Verhaltensformen auf Verhältnisse zu übertragen, wie sie vor zwei Millionen Jahren herrschten, und zwar auf der Basis von Arbeitsteilung, wie sie durch die Jagd erforderlich wird.

Wie gut ist sie nun fundiert? In letzter Zeit haben mehrere Archäologen, darunter Lewis Binford und Richard Potts, die Befunde noch einmal unter die Lupe genommen. Ganz fraglos ist der Ursprung moderner Verhaltensformen für das Verständnis unserer selbst von entscheidender Bedeutung. Und wir sollten ihn entdecken, anstatt von unseren vorgefaßten Vorstellungen auszugehen.

Zunächst konzentrierte sich das Interesse auf die vorgefundenen Tierknochen. Einige zeigen, wie schon erwähnt, Schnittspuren. Andere weisen deutliche Kaumarken von Raubtieren auf, und wo Schnitt- und Kauspuren auf demselben Knochen vorkommen, waren letztere in der Regel zuerst da. Dies zeigt, daß die Habilinen — wenigstens in einigen Fällen — diese Knochen erst dann in ihren Besitz bringen konnten, als die Raubtiere damit fertig waren.

Dies wirft auf viele Dinge ein neues Licht. Erstens ist bei der Aasverwertung keine Arbeitsteilung erforderlich. Eine Verteilung von Nahrung oder eine andere Form des Sozialverhaltens, die unseren modernen Verhältnissen nahekommt, muß nicht mehr vorausgesetzt werden. Zweitens läßt sich der frühe Gebrauch scharfer Steinwerkzeuge erklären. Die habilinen Aasverwerter mußten mit tierischen Aasfressern in Konkurrenz treten, etwa mit Hyänen, die biologisch für diese Aufgabe weit besser ausgerüstet sind und die bei Gelegenheit sicher nicht zögerten, auch die Hominiden zu töten und zu fressen. Damit bestand die wesentliche Aufgabe der Habilinen

darin, einen Kadaver so schnell wie möglich wieder zu verlassen.

Nach dieser Theorie waren die »Basislager« Zufluchtsorte, an denen die habilinen Aassucher ihre Mahlzeiten sicher einnehmen konnten. Zusätzliche Informationen über diese Fundstellen kommen aus der Paläontologie. Wie schon gesagt, lagen die Objekte häufig an den Ufern ehemaliger Flüsse oder Seen, wo früher Baumgruppen gestanden haben müssen. Dies klingt wie der perfekte Ort zum Leben — nicht aber für die frühen Habilinen und nicht im tropischen Afrika. Selbst heute lagern Jäger und Sammler nicht unter Bäumen, die sich an Gewässern befinden, weil in der Nacht dort Löwen vorbeigehen, um Tiere zu erbeuten, die dort zum Trinken hinkommen.

Das ist ein wesentlicher Aspekt, denn er zeigt, daß die Habilinen dort, wo sie ihre Spuren hinterließen, nicht übernachtet haben. Wir wissen nicht, wo sie schliefen. Wenn sie sich wie andere Primaten verhielten, taten sie dies vielleicht auf Kliffen oder Felsen in einiger Entfernung vom Wasser. Die sogenannten »Basislager« dienten dazu jedenfalls nicht, sondern wurden nur am Tage aufgesucht, um etwas von der Beute zu essen, die den großen Carnivoren entwendet worden waren. Offenbar haben die Habilinen nicht von Lagern aus operiert wie etwa moderne Menschen.

Alle Hinweise sprechen dafür, daß diese Hominiden von ihren Schlafplätzen über die offene Savanne zu verlassenen Kills oder Quellen pflanzlicher Nahrung wanderten, hin und wieder Steinlager aufsuchten, um Werkzeuge herzustellen oder einen schattigen Ort am Ufer eines Gewässers, um vor Einbruch der Nacht ihre Schlafplätze wieder aufzusuchen. Dies läßt sich kaum als ein typisch menschliches Verhalten bezeichnen. Wie Lewis Binford es formuliert, waren uns unsere frühesten Vorfahren wirklich nicht sehr ähnlich.

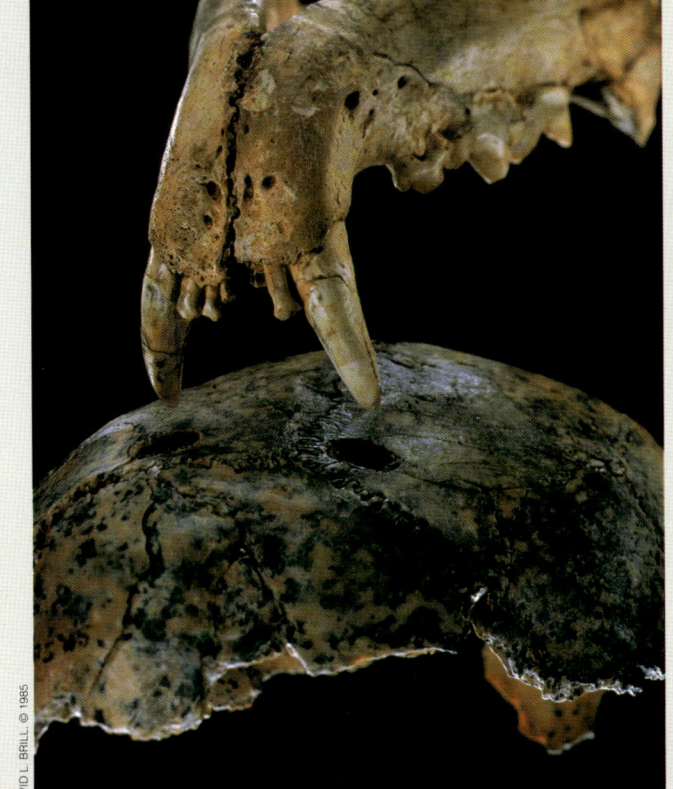

◁ Früher führte man die beiden Verletzungen am Schädel eines Australopithecinen-Kindes von Swartkrans auf eine spitze Keule zurück. Allerdings decken sich die Verletzungen exakt mit dem Abstand der Eckzähne eines Leoparden. Vermutlich war dieses Kind also ein Jagdopfer geworden.

RICHARD POTTS

RICHARD POTTS

DAVID L. BRILL, © 1985

▷ Der Große Senkungsgraben - die Wiege der Menschheit - ist der umfangreichste Senkungsgraben der Erdoberfläche. Er zieht sich vom Südwesten Asiens nach Süden über Ostafrika nach Mozambique. Der hier gezeigte Ausschnitt liegt in Kenia.

MICHAEL DENIS HUOT/JACANA-AUSCAPE

nomische, aber auch soziale Merkmale geformt wurden. Der ökologische Konkurrenzdruck verstärkte beim frühen *Homo* Ansätze menschlicher Charakteristika und führte zugleich zum Aussterben anderer protohominider Arten. Damals mag die Zahl der im zentralen Ostafrika lebenden Hominiden ebenso hoch gewesen sein wie die Zahl der heute dort lebenden Paviane — mit anderen Worten, eine sehr große Zahl von Individuen in gegenseitiger Konkurrenz. Die ständig zunehmende Gehirngröße führte bei Kindern zu erheblich kleineren Gehirnen als bei Erwachsenen, was den Geburtsvorgang erleichterte. Dies brachte wiederum eine erhebliche Verlängerung des Zeitabschnitts mit sich, während dessen ein Kind auf seine Mutter angewiesen ist. Und hier spielten schließlich wichtige Veränderungen in der sozialen Organisation und der Arbeitsteilung zwischen den Geschlechtern eine Rolle.

Die Habilinen lebten vermutlich in kleinen Gruppen oder Verbänden, etwa wie die Jäger und Sammler heutiger Tage, doch entsprach ihre soziale Organisation eher der von Schimpansen. Erst vor 1,6 Millionen Jahren entwickelte sich mit dem Erscheinen von *Homo erectus* eine menschenähnlichere Sozialstruktur.

Der Homo-erectus-*Abschnitt:* »Ein aufrecht gehender Affenmensch«

Als die Erectinen auftraten, bereicherten sie die menschliche Entwicklungsgeschichte um neue Merkmale, Fähigkeiten und Triebkräfte, die unseren Vorfahren ermöglichten, erstmals Afrika zu verlassen. Dies erforderte eine ganz andere Form ökologischer Anpassung. Das kalte und schwierige Klima, das weiter nördlich herrschte, setzte voraus, daß die Menschen Feuer einsetzten und eine passende Bekleidung trugen, um sich über den Winter warm halten zu können. Die Wanderung von *Homo erectus* in nördlichere Regionen beweist, daß die Menschen nun imstande waren, sich wesentlich unwirtlicheren ökologischen Bedingungen auszusetzen. In diesen Gebieten variierte nämlich das Nahrungsangebot — je nach Jahreszeit — ganz erheblich, und die Jagd wurde immer wichtiger, besonders im Winter. Viele der genießbaren Pflanzen trockneten im Herbst aus, und man mußte daher dazu übergehen, haltbare Nahrung wie Nüsse, Knollen und Wurzeln zu sammeln.

Physisch gesehen waren die Erectinen dem modernen Menschen ähnlicher als den Habilinen. Der größte Unterschied bestand vielleicht in der Form von Kopf und Gesicht, die beide noch auffällig primitive Merkmale trugen — etwa eine flache Stirn, sehr schwere Überaugenbögen und ein fliehendes Kinn. Die Nackenmuskeln waren besonders kräftig entwickelt. Das Hirnvolumen nahm mit der Zeit von 775 auf 1300 Kubikzentimeter zu. Das entspricht durchschnittlich etwa 70 Prozent des entsprechenden Wertes beim modernen Menschen. *Homo erectus* ging vollständig aufrecht. Mit seinem muskulösen, untersetzten Körper und einer Körperhöhe zwischen 1,5 und 1,8 Meter muß er einen sehr kräftigen Eindruck gemacht haben.

Heute stimmen die meisten Fachleute in der Ansicht überein, daß sich die Erectinen langsam aus den Habilinen entwickelten, und zwar in Ostafrika, von wo aus sie sich über die Alte Welt ausbreiteten. Die ältesten Fossilien fand mit in Ostturkana in Kenia. Diese 1,6 Millionen Jahre alten Formen werden manchmal als »Die Neuen von Turkana« bezeichnet.

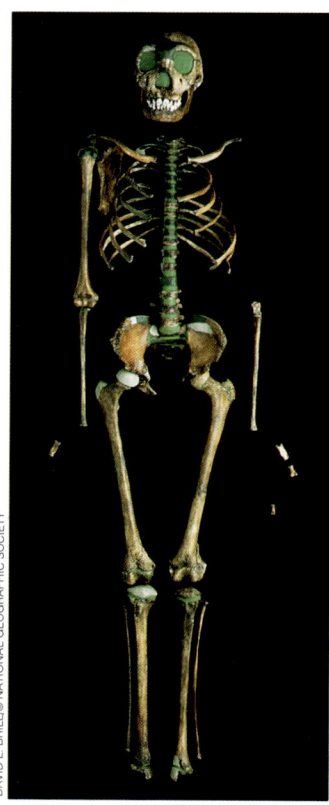

DAVID L. BRILL/© NATIONAL GEOGRAPHIC SOCIETY

△ Ein guterhaltenes, 1,6 Millionen Jahre altes Erectinen-Skelett. Diese Überreste eines vermutlich zwölfjährigen Jungen wurden im Jahre 1984 am Lake Turkana (Kenia) entdeckt. Das Skelett ist beinahe 1,70 Meter lang, so daß man für die erwachsenen Erectinen eine Größe von 1,80 Meter zugrundelegt.

Eine Million Jahre später besetzten *Homo erectus* und seine Schwesterart, *Homo heidelbergensis*, das gesamte Eurasien, von der Atlantikküste im Westen bis nach China und Java im Osten.

Dazu waren aber keine umfangreichen Völkerwanderungen nötig. Auf ihrer Suche nach Nahrung legten Jäger und Sammler nämlich gewaltige Strecken zurück, und aufgrund der immer weiter wachsenden Bevölkerung mußten sich immer wieder Gruppen ansplittern, die dann neue Gebiete besetzten. Legt man eine Wanderung von 20 Kilometer pro Generation zugrunde, ließ sich eine Entfernung von 14 000 Kilometer, das ist etwa die Distanz zwischen Nairobi und Peking, in 20 000 Jahren bewältigen. Aber selbst bei viel kürzeren Wanderungen pro Generation reichte diese natürliche, aufeinanderfolgende Ausbreitung für die Erectinen aus, um diese gewaltigen Gebiete in nur wenigen Jahrhunderttausenden zu besetzen. Als sie die kälteren, dunkleren Regionen Europas und Asiens besiedelten, wurde die Hautfarbe heller, damit die Sonne in die Haut eindringen und zur Produktion von Vitamin D beitragen konnte. Auch die schützende Fettschicht und die Schweißdrüsen paßten sich der neuen klimatischen Situation an. Die große Frage ist nur, was diese Menschen eigentlich zwang, den immer reichgedeckten afrikanischen Tisch zu verlassen.

Wie wir schon gesehen haben, entwickelte sich *Homo* selber — und später auch die Erectinen — auf den Savannen des tropischen Afrika. Die großen klimatischen Fluktuationen, die im Zeitraum zwischen fünf und einer Million Jahre vor unserer Zeit herrschten, nahmen vor etwa 900 000 Jahren noch zu, und das Weltklima wurde von Eiszeiten beeinflußt, die sich mit wärmeren Zwischeneiszeiten ablösten. Also

730 000 Jahren gelebt haben. Allerdings fand man kürzlich bei Dmanisi, südwestlich von Tblisi, in der früheren Sowjetrepublik Georgien, einen Unterkiefer, der als Beweis dafür dienen soll, daß Menschen bereits vor 1,8 Millionen Jahren aus Afrika ausgewandert waren.

◁ Dieser *Homo-erectus*-Schädel, den man bei Sangiran in Zentral-Java (Indonesien) ausgrub, ist vermutlich etwa 800 000 Jahre alt.

▽ Die berühmte Höhle von Zhoukoudian, vor den Toren Pekings (China), wurde erstmals zu Beginn der zwanziger Jahre von Davidson Black freigelegt. Bisher wurden hier – abgesehen von über 100 000 Steinwerkzeugen, wie Schabern und Schlagwerkzeugen – die Überreste von 40 Homoerectus-Individuen geborgen. Damit gehört sie zu den bedeutendsten Erectinen-Fundstätten überhaupt. Ihre Schichten wurden auf ein Alter zwischen 460 000 und 230 000 Jahren datiert.

fand man auch in Afrika abwechselnd Savannen und Regenwälder. Um mit diesen Launen der Natur leben zu können, mußten sich die Menschen auf verschiedene Weise anpassen, entweder indem sie fortzogen oder indem sie neue Klimazonen besetzten. Im letzteren Fall mußten sie unter anderem fähig sein, zwischen pflanzlicher und tierischer Ernährung zu wechseln.

Natürlich spielte die Sahara bei diesen Vorgängen eine wichtige Rolle. In Zeiträumen mit höheren Niederschlagsmengen drangen Populationen aus dem Süden in die jungfräulichen Böden des Nordens vor, und in trockeneren Zeiten mußten sie wieder gehen. In einigen Fällen mag der Rückweg nach Süden abgeschnitten gewesen sein, so daß sie sich nordwärts in Richtung auf die Mittelmeerküste und das südwestliche Asien ausbreiten mußten. Wie sich gut nachweisen läßt, nahm in Europa vor etwa 700 000 Jahren die Zahl der großen Landtiere stark zu. Damals drangen Elefanten, Huftiere, Flußpferde und eine Reihe von Raubtieren, wie Löwen und Leoparden, von Afrika her ein. Vielleicht sind die Ursachen für diese Wanderungen mit denen identisch, die dazu geführt haben, daß zu derselben Zeit Menschen außerhalb von Afrika auftauchten.

Zusammenfassend kann man sagen, daß die Erectinen – von denen *Homo erectus* die am besten bekannte Art darstellt – zuerst in Afrika auftauchten, und eine Reihe von Funden vom Turkana-See, von Chesowanja und Olduvai haben ein Alter zwischen 1,6 und einer Million Jahre. Die asiatischen Funde sind dagegen alle jünger. Mit 700 000 Jahren gehört Ban Mae Tha in Thailand zu den ältesten Fundstellen Südostasiens, während die *erectus*-Funde aus dem chinesischen Zhoukoudian nur zwischen 460 000 und 2300 00 Jahre alt sind. Andere chinesische Funde aus Lantian, Jenjiawo und Gongwangling haben sich wiederum als etwas älter erwiesen als die untersten Schichten von Zhoukoudian. Sie besitzen ein Alter von 600 000 Jahren. Für die Java-Menschen existieren Daten der Kalium-Argon-Methode zwischen 900 000 und 600 000 Jahren, die auch durch die Kernspaltungsdatierung gestützt werden, die auf etwas mehr als eine Million Jahre zurückgehen.

Offenbar betraten die Gruppen der Erectinen Europa etwa gleichzeitig mit Asien. Das älteste Datum für Südostasien stammt aus Ubeidiya und liegt bei 700 000 Jahren, obgleich es dort keine diagnostizierbaren menschlichen Überreste gibt. Der älteste Fund Westeuropas wurde in Italien, bei Isernia La Pineta, südöstlich von Rom, gemacht. Die dort gefundenen Steinwerkzeuge zeigen, daß Menschen dort vor

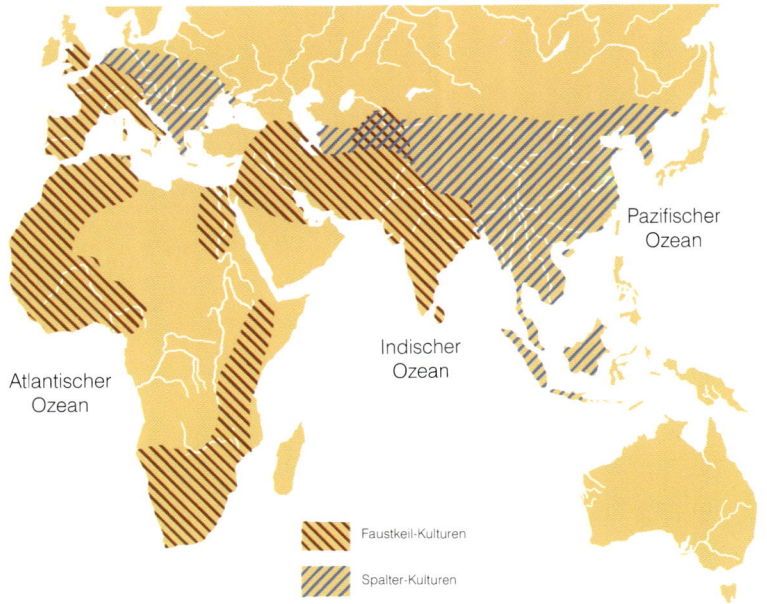

Faustkeil-Kulturen

Spalter-Kulturen

KARTOGRAPHIE: RAY SIM

DIE TECHNIKEN DER ERECTINEN
Zur Zeit der Erectinen kann man in der Alten Welt zwei technologisch abweichende Gebiete unterscheiden. Die Technologie der afrikanischen, der westeuropäischen und der südwestasiatischen Populationen wurde vom Faustkeil charakterisiert und wird allgemein als die Tradition des Acheuléen bezeichnet. In Ost- und Südostasien, aber auch in Osteuropa, dominierten dagegen die Spalter (sogenannte Chopping Tools).

Dieser großartige Faustkeil, das typische Werkzeug des Acheuléen, wurde an der Stelle gefunden, die dieser Zeit ihren Namen gab - bei St. Acheul in Nordfrankreich.
GÖRAN BURENHULT

Acheuléen: Das Zeitalter der Faustkeile

Im Zeitalter der Erectinen wurden beidseitig bearbeitete Faustkeile in vielen Teilen der Alten Welt zum vorherrschenden Werkzeugtyp. Diese Werkzeugtradition wird — nach dem Ort ihres ersten Belegs, St. Acheul (Frankreich) — als Acheuléen bezeichnet. Der tropfsteinförmige Faustkeil wurde vermutlich für viele verschiedene Aufgaben eingesetzt, etwa zum Schneiden, Graben und Schaben, und häufig handelte es sich um feine, aber sehr wirkungsvolle Werkzeuge.

Wynn, der die Flußkieselwerkzeuge von Olduwai analysierte, zeigte deutlich, daß die Hersteller der Faustkeile, ehe sie an die Herstellung gingen, ein klares geistiges Bild vom fertigen Objekt gehabt haben müssen, auf das hin sie zuarbeiteten. Vermutlich wurden diese Faustkeile niemals mit einem Griff versehen, sondern mit der Hand benutzt, und nach Ansicht einiger Experten wurden sie bei der Jagd sogar als eine Art Geschoß oder Diskus eingesetzt. Es ist allerdings höchst fraglich, inwieweit die Großwildjagd zu jener Zeit eine Rolle spielte.

Während der langen erectinen Ära zerfiel die Alte Welt allmählich in zwei technologisch unterschiedliche Regionen. Die Ursachen für diese Aufteilung sind noch unklar. Die Werkzeugszene der einen Region, die Afrika, Europa und Teile des westlichen und südlichen Asiens umfaßte, wurde vom Faustkeil bestimmt, während dieser im Osten und Südosten Asiens vollkommen fehlte und durch Produkte örtlicher Schlagwerkzeuge ersetzt war. Es ist interessant, daß das ost- und südostasiatische Gebiet die Domäne von *Homo erectus* selber war, während der Westen, wie zahlreiche Spezialisten annehmen, von der Art *Homo heidelbergensis* besetzt war.

Die Acheuléen-Technologie

Die Acheuléen-Technologie hielt sich außerordentlich lange. In Afrika begann diese Ära vor 1,5 Millionen Jahren und endete zwischen 200 000 und 150 000 Jahren vor unserer Zeit. Erst dann kam die kompliziertere Steinwerkzeugtechnik der sogenannten Mittleren Steinzeit auf. Sie zeichnete sich durch Schaber und Spitzen aus Steinsplittern aus. In Europa überlebte die Tradition der Faustkeile noch viel länger, bis vor etwa 100 000 Jahren modernere Menschen auftauchten.

Das Aufkommen der Faustkeile hatte die meisten Fachleute zu der Ansicht verleitet, daß bei den Erectinen die Großwildjagd eine entscheidende Rolle bei der Ernährung gespielt habe. Mehrere Fundstellen sollen dafür Belege bergen. Bei Olorgesailie, südwestlich von Nairobi (Kenia), legten Glynn und Barbara Isaac eine Fundstelle mit mehreren Kills frei. Es fanden sich dort nicht nur die Überreste großer Säuger, etwa von Flußpferden, sondern vor allem die Reste von 63 Riesenpavianen, einer heute ausgestorbenen Art, die man zusammen mit mehr als 10 000 wunderschönen Faustkeilen entdeckt hatte. Das Areal war nur zwölf mal 20 Meter groß. Die Archäologen kamen zu dem Schluß, daß an dieser Stelle die Paviane — vermutlich in der Nacht — zusammengetrieben und dann totgeschlagen wurden, als sie zu fliehen versuchten. Andere sind eher davon überzeugt, daß sich die Objekte dieser Fundstelle im Laufe eines längeren Zeitraums angesammelt haben, währenddessen Riesenpaviane bevorzugte Jagdobjekte waren.

Der amerikanische Anthropologe Lewis Binford meldete jedoch nicht nur bei Olorgesailie Zweifel an, sondern stellte die ganze Vorstellung in Frage, daß die Erectinen Großwild gejagt hätten. Seiner Ansicht nach läßt es sich gegenwärtig nicht entscheiden, ob an solchen Fundstellen geschlachtet wurde, oder ob sich das angehäufte Fundmaterial auf andere Weise erklären läßt. Es könnte sich bei den Ablagerungen tierischer Überreste sehr gut um Überbleibsel von Kills handeln, die Hominiden großen Raubtieren abgenommen haben. Nach Binford gilt dies auch für andere klassische Fundstellen, die als »Beweise« für die Großwildjagd im mittleren Pleistozän Europas und Asiens herhalten mußten — Torralba in Spanien und Zhoukoudian in China.

Noch ein weiterer bedeutender europäischer Fundort aus diesem Zeitraum ist heftig umstritten: Terra Amata in Nizza an der französischen Riviera. Hier entdeckte man die Reste zehn großer, oval geformter Hütten. Sie waren zwischen acht und zehn Meter lang, besaßen zentralgelegene Herdstellen, und entlang der Pfostenlöcher und Wände befanden sich in Längsrichtung angeordnete Steine. Der Ausgrabungsleiter Henry de Lumley hielt den 300 000 Jahre alten Fund für eine saisonal genutzte Niederlassung, in der die Bewohner vom Fischen und Sammeln lebten, in erster Linie von Miesmuscheln, Austern und Napfschnecken. Auch an Terra Amata scheiden sich vielfach die Geister, doch lassen sich die belegten Überreste der Pfostenlöcher und Steinwerkzeuge nicht leicht wegdiskutieren. Wenn auch die Originalschicht beeinträchtigt sein worden mag, etwa von Erdrutschen und Frost, bleibt dennoch sehr wahrscheinlich, daß diese Stelle in irgendeiner Weise von menschlichen Gruppen genutzt wurde. Die Pollenanalyse zeigte, daß die Siedlung in diesem Fall besonders während des späten Frühjahrs genutzt wurde.

WAS VERRATEN UNS DIE FUNDE VON ZHOUKOUDIAN?

PETER ROWLEY-CONWY

PETER ROWLEY-CONWY

Stellen Sie sich eine riesige Höhle vor. Eine Höhle, die über Jahrhunderte oder Jahrtausende existiert, und stellen Sie sich nur einige der Dinge vor, die dort während dieser gewaltigen Zeitspanne geschehen sein können. Von Zeit zu Zeit wird die Höhle von Hyänen bewohnt. Sie schleppen ihre Beute herein, nagen die Knochen ab, ziehen ihre Jungen auf, hinterlassen ihren Kot, sterben. Zu anderen Zeiten leben hier Wölfe. Manchmal überwintern riesige Höhlenbären in der Höhle, und von einigen bleiben die Knochen darin zurück. In geeigneten Spalten finden Eulen ihre Ruheplätze, die ihre Gewölle mit den unverdaulichen Fell- und Knochenresten ihrer Beutetiere auf den Boden würgen. Ununterbrochen werden Sand, Staub und Schlamm vom Wind hineingeblasen und vom Regen hineingespült, die nach und nach zu mächtigen Schichten heranwachsen.

Immer wieder brechen Felsstücke aus dem Dach heraus und zermalmen alles, was darunter lag. Die Trümmer bleiben auf dem Höhlenboden liegen, bis auch sie von den anwachsenden Ablagerungen zugedeckt sind. Manchmal versperrt so ein herabfallendes Deckenstück einen bestehenden Zugang oder schafft einen neuen, so daß die Höhle anschließend anders aussieht. In der Nähe der Eingänge wachsen Pflanzen. Ihre Samen werden vom Wind hineingeblasen oder von den Nagetieren hineingebracht, die in den Felsspalten der Umgebung leben. Hin und wieder gehen diese Nager in der Höhle zugrunde oder werden zur Beute von Eulen oder Wölfen. Und während der ganzen Zeit werden die Ablagerungen und Objekte in der Höhle von den immerwährenden Prozessen der Natur bearbeitet, die erodieren, zerbrechen, weiterschleifen, wieder ablagern, verändern und zerstören. Und schließlich kommen manchmal Menschen in die Höhle — nun, warum?

Dies ist das archäologische Problem derartiger Höhlen, nämlich all die angehäuften Einzelereignisse zu entwirren und dabei herauszufinden, was die Menschen dort taten. Lassen Sie uns noch ein paar weitere Probleme einbauen.

Die Ausgrabung der Höhle erfolgt nicht im Zuge eines einzigen, zusammenhängenden Projekts, sondern in einer Serie von Ausgrabungen, die im Laufe mehrerer Jahre unter der Leitung mehrerer Personen stehen. Und einige dieser Ausgrabungen entsprechen nicht modernen archäologischen Standards, nicht etwa aufgrund von Unzulänglichkeiten der verschiedenen Ausgrabungsleiter, sondern einfach weil der wissenschaftliche Stand damals weniger fortgeschritten war als heute.

All dies beschreibt die Lage einer der bekanntesten archäologischen Fundorte Asiens: Zhoukoudian, wo die umfangreichsten Fossilfunde einer lokalen Gruppe von *Homo erectus* auftauchten, die als »Pekingmensch« bekannt sind. Hier wurden mehr Knochen dieser Menschen entdeckt als irgendwo sonst in Asien.

Es ist allerdings extrem schwierig herauszuarbeiten, wie der Pekingmensch lebte. Wir können sicherlich nicht davon ausgehen, daß alle Objekte von Menschen hereingebracht wurden, nur weil dort Steinwerkzeuge gefunden wurden. Stattdessen fangen sich in Höhlen alle möglichen Materialien, und hier kommt es zu den unterschiedlichsten Vorkommnissen. Viele frühe Forscher - unter ihnen besonders der große chinesische Archäologe Pei Wenzhong — wußten dies auch, während andere Gerüchte über das Leben des Pekingmenschen verbreiteten, die weit über die vorliegenden Indizien hinausgingen.

Die Kannibalen-Theorie

Allen *Homo-erectus*-Schädeln von Zhoukoudian fehlen die Gesichter und die Unterseiten. Dadurch kam es unter einigen Fachleuten zu Gerüchten über Kannibalismus, wobei diesen Schädeln das Gehirn entnommen worden sein soll, um es zu verspeisen. Zudem wurden wesentlich mehr Schädel als andere menschliche Knochen gefunden, was zur Vorstellung führte, daß Leichen außerhalb der Höhle rituell zerstückelt und nur die Köpfe hineingebracht wurden — daß mit anderen Worten eine Art religiöser Zeremonie dort stattfand.

Allerdings lassen sich diese Funde wesentlich weniger dramatisch erklären. Die fehlenden Schädelteile sind nämlich die dünnsten, die auf natürliche Weise am schnellsten zugrunde gehen. Man darf also nicht zuviel daraus schließen. Zudem wissen wir, daß Hyänen häufig den Schädel ihrer Beute zu ihrem Unterschlupf tragen, um diesen dort an seinen schwächsten Stellen aufzubrechen. So kann es gut angehen, daß bei Zhoukoudian menschliche Gehirne verspeist wurden — aber dann von Hyänen. Vermutlich wurden auch die meisten anderen Tierknochen von diesen Tieren hineingetragen. Viele

von ihnen sind unverletzt (während Menschen sie aufgebrochen hätten, um an das Mark heranzukommen).

Hinweise auf Feuergebrauch

Schwarze Schichten, mehrere Meter tief und viele Meter lang, wurden von einigen als Hinweis dafür interpretiert, daß die Menschen dort Feuer unterhielten. Aber auch dies ist unwahrscheinlich. Diese Gebiete sind dafür bei weitem zu umfangreich. Inmitten dieser Schichten entdeckte man viele winzige Gruppen von Nagetierknochen. Also hatten Eulen oberhalb davon ihre Unterschlüpfe und ihre Gewölle dort ausgewürgt. Es könnte sich bei den schwarzen Ablagerungen ohne weiteres um die Ausscheidungen von Eulen handeln, die sich über Jahrtausende angesammelt und vielleicht sogar einmal spontan entzündet hatten. Obwohl keine regulären Feuerstellen gefunden wurden, benutzten die Menschen das Feuer wahrscheinlich dennoch. Bei einigen Tieren sind die oberen Zähne und Schädel verbrannt — und dies muß durch Menschen geschehen sein, vielleicht um die Gehirne zu kochen. Es ist zu bezweifeln, daß die Menschen Tiere jagten. Unter den Steinwerkzeugen wurden weder Speer- noch Pfeilspitzen entdeckt, und bei den Tierköpfen kann es sich ebenso gut um Objekte handeln, die den Kills von Carnivoren entwendet wurden.

Was also können uns die Funde von Zhoukoudian verraten? Sie sagen uns, daß Menschen die Höhle betraten, dort einige Knochen und Werkzeuge hinterließen und Feuer gebrauchten — aber das ist auch alles. Die Menschen nutzten die Höhle wesentlich seltener als etwa die Hyänen, und die komplizierten Zusammenhänge sollten uns vor voreiligen Schlüssen gegenüber vorsichtig machen. Damit soll die Bedeutung dieser Fundstelle nicht herabgesetzt werden. Als eine Quelle hominider Fossilien bleibt sie eminent wichtig.

△ Dieser Schädel aus Arago, im Osten der Pyrenäen, repräsentiert nach Ansicht vieler Fachleute ein Übergangsstadium zwischen Erectinen und Neandertalern.

FUNDSTÄTTEN DER NEANDERTALER
Die wichtigsten Fundstätten der Neandertaler in Europa und Südwestasien. Die Neandertaler entwickelten sich während einer Warmzeit und überlebten in Europa noch weit bis in die letzte Eiszeit, ungefähr bis vor 33 000 Jahren. Der Küstenverlauf und die Eisdecke sind so dargestellt, wie sie am Höhepunkt der letzten Eiszeit aussahen.

Homo sapiens *in den Startlöchern*

Der Zeitraum zwischen 300 000 und 40 000 Jahren vor unserer Zeit war eine wichtige Übergangszeit zwischen den erectinen und sapienten Menschenstadien und zeichnete sich durch eine Reihe physischer und technologischer Veränderungen aus. Das Hirnvolumen nahm von 1100 auf etwa 1400 Kubikzentimeter zu, und zugleich wurde die Konstitution des Gesichtes und des Körpers der moderner Menschen immer ähnlicher. Die Werkzeugtechnik verfeinerte sich, und im Zeitalter der Neandertaler tauchten die ersten Zeichen für ein rituelles Leben und einen religiösen Glauben auf. Zusätzlich zu der Faustkeil-Tradition der Acheuléen-Tradition trat eine typische Steinspan-Technologie, das Clactonien, benannt nach dem Ort ihrer ersten Entdeckung, Clacton-on-Sea, östlich von London.

Aus dieser bedeutenden Übergangszeit sind nur wenige menschliche Fossilien erhalten. Allerdings wurden in Europa einige Überreste entdeckt, die offenbar den Ursprung neandertaloider Merkmale belegen. Die junge erwachsene Frau von Swanscombe (England) lebte vor etwa 225 000 Jahren und besaß ein Hirnvolumen von 1325 Kubikzentimeter. Eine andere, bei Steinheim (Deutschland) gefundene Frau ist geringfügig älter. Die bedeutendsten bisher entdeckten Funde dieses Zeitraums stammen jedoch aus Arago in den französischen Pyrenäen und sind mindestens 200 000 Jahre alt. Zweifellos waren dies Vorfahren der klassischen europäischen Neandertaler, die vor etwa 130 000 Jahren zum ersten Mal auftauchten. Vergleichbare Fossilien wurden zum Beispiel bei Bilzingsleben (im Osten Deutschlands) und bei Petra-

lona (nahe Thessaloniki, Griechenland) entdeckt. Erstere besitzen ein Alter von 225 000 Jahren.

Die Funde von Swanscombe, Steinheim und Arago beweisen, daß Menschen mit einer nahezu modernen Hirnkapazität vor 300 000 bis 200 000 Jahren in Europa und vermutlich auch in weiten Bereichen Asiens zu Hause waren. In Süd- und Ostasien wurde *Homo erectus* etwa gleichzeitig von Populationen desselben Typs verdrängt: Die Überreste von Dali und Jinniushan (China) und Hathnora (Indien) sind denen von Steinheim oder Petralona ganz ähnlich. Aber in Südostasien hielt sich *Homo erectus* noch bis vor 100 000 Jahren. Ihre europäischen/westasiatischen Nachkommen waren die rätselhaften Neandertaler.

Das Rätsel der Neandertaler

Seitdem das erste Fossil im Jahre 1856 bei Neandertal (in der Nähe von Düsseldorf) entdeckt worden war, hörte die Diskussion über die Verwandtschaft zwischen Neandertalern und modernen Menschen nicht mehr auf. Neue Neandertaler-Funde führten dazu, daß die Ansichten über die Rolle, die diese Hominiden in der Entwicklungsgeschichte von *Homo sapiens* spielten, immer wieder von neuem überdacht wurde. Gerade vor kurzem haben mehrere afrikanische Funde seit langem eingefahrene und weithin anerkannte Ansichten wieder zunichte gemacht. Wiederum stehen die Neandertaler im Rampenlicht.

Lange Zeit stand es außer Frage, daß besonders das physische Erscheinungsbild der europäischen Neandertaler von dem anatomisch moderner Menschen stark abwich. Ihr Gehirn war im Durchschnitt tatsächlich größer als unseres. Ihr Gesicht war erheblich

größer; sie besaßen kräftige Überaugenbögen und eine außerordentlich robuste Nase. Ihr massiver Unterkiefer trug ein fliehendes Kinn. Selbst die Zähne waren bedeutend größer und nicht wie unsere in einer Parabol-Form, sondern in einer U-Form angeordnet. Der Kopf wurde von kurzen, sehr kräftigen Halsmuskeln getragen. Zwar erreichten die Neandertaler nur eine Höhe von etwa 1,6 Meter, doch waren sie extrem muskulös. (Vergleiche den Kasten *Die Neandertaler.*)

Trotz der physischen Unterschiede galt der moderne Mensch lange Zeit als ein direkter Nachkomme der Neandertaler. Erst durch die Arbeiten des französischen Paläontologen Marcellin Boule zu Beginn dieses Jahrhunderts verbreitete sich die Ansicht, daß dies aufgrund der großen physischen Unterschiede nicht möglich sei. Die Neandertaler entwickelten sich vor 200 000 bis 100 000 Jahren und werden in der Regel mit der sogenannten Moustérien-Kultur assoziiert, die ihren Namen nach einem französischen Fundort bei Le Moustier in der Dordogne trägt. Da der anatomisch moderne Mensch vor etwa 40 000 Jahren in Europa auftauchte, blieb einfach keine Zeit für einen Übergang von *Homo neandertalensis* zu *Homo sapiens sapiens*. Boule vermutete stattdessen, daß die Neandertaler während der letzten Eiszeit ausstarben und von den neuen Einwanderern ersetzt wurden. Heute wissen wir, daß sich die letzten Neandertaler noch bis vor 35 000 Jahren hielten, so daß sie eine kurze Zeit nebeneinander lebten.

Dann führte eine Serie neuer Entdeckungen dazu, daß die Verwandtschaftsbeziehungen zwischen Neandertalern und *Homo sapiens sapiens* in aufschlußreicher Weise neu interpretiert wurden. Auf dem Berg Karmel bei Haifa (Israel) und an der Mittelmeerküste liegen mehrere seit langem bekannte Höhlen, die bedeutende menschliche Fossilfunde bergen — zum Beispiel Mugharet es-Skhul, Mugharet et-Tabun, Kebara und Jebel Qafzeh. In Qafzeh wurde eine primitive Form des modernen Menschen gefunden, die in dem Gebiet schon vor 92 000 Jahren lebte. Dagegen enthielt die Höhle von Tabun die Reste einer etwa 120 000 Jahre alten Neandertaler-Form, und bei Kebara lebten die Neandertaler gar nur vor 60 000 Jahren — mit anderen Worten lebten sie noch zu der Zeit der modernen Menschen von Qafzeh. In Skhul entdeckte man Überreste, die ungefähr 80 000 Jahre alt waren. Alle diese Menschen lassen sich der Moustérian-Tradition des mittleren Paläolithikums zuordnen, selbst diejenigen mit modernen Merkmalen.

Wenn Neandertaler und Menschen des modernen Typs im Mittleren Osten 60 000 Jahre lang nebeneinander lebten und wenn sich ihr Vorkommen in Europa um etwa 5000 Jahre überschnitt, kann einer nicht vom anderen abstammen. Höchstwahrscheinlich entwickelten sich beide aus *Homo heidelbergensis*: die Neandertaler der gemäßigten Zonen Europas und/oder des Mittleren Ostens aus Vorfahren wie Petralona oder Arago; *Homo sapiens* in Afrika aus Vorfahren wie Kabwe oder Bodo. Tatsächlich kennt man heute eine ganze Serie von Übergangsfunden zwischen *Homo heidelbergensis* und *Homo sapiens*, die ein Alter von (ungefähr) 120 000 bis 130 000 Jahre haben: Omo, Ngaloba, Jebel Irhoud und Eliye Springs. Die frühesten Vertreter unserer Art tauchten vor etwa 100 000 Jahren in Afrika auf und lebten noch viele Jahrtausende lang mit den Neandertalern zusammen, bis etwas eintrat — möglicherweise die zufällige Er-

findung der Steinwerkzeugtechnologie des Oberen Paläolithikums — was ihnen einen Vorteil verschaffte, so daß sie sich weiter ausbreiten und die weniger glücklichen Neandertaler verdrängen konnten.

Das Nachdenken über die Neandertaler durchlief mehrere Stufen. In den sechziger Jahren des letzten Jahrhunderts galten sie als unsere Vorfahren. Zwar stellte Boule die Unterschiede zwischen ihnen und uns etwas übertrieben dar, doch muß man ihm zugute halten, daß das von ihm untersuchte Skelett, der »Alte von La Chapelle-aux-Saints«, durch Arthritis entstellt war. William Straus und A. J. E. Cave machten 1952 darauf aufmerksam, und die Neandertaler erhielten aufs Neue einen Platz in unserem Familienstammbaum, wenn auch nur als Vorfahren der modernen Kaukasoiden (Europäer, Bewohner des Mittleren Ostens und Inder). Heute besitzen wir dank neuer Datierungsmethoden, wie Thermolumineszenz und Elektronenspin-Resonanz, neue Einblicke, und wir sehen sie nicht als Vorfahren, sondern eher als unsere Vettern, obwohl sie uns in vielen Merkmalen ähnlich sind. (Vergleiche den Kasten *Datierung der Vergangenheit.*) Wieder einmal rankt sich die Diskussion unmittelbar um die ursprüngliche Heimat des Menschen — um Afrika.

◁ Der Schädel eines der elf Individuen aus Skhul, einer Höhle des Karmelgebirges bei Haifa (Israel). Früher hielt man sie für Neandertaler, während man sie heute den modernen Menschen zurechnet.
DAVID L. BRILL, © 1985/PEABODY MUSEUM HARVARD UNIVERSITY

△ Dieser Neandertaler-Schädel aus der Amud-Höhle am Galiläischen Meer (Israel) besitzt ein Hirnvolumen von 1800 Kubikzentimeter.

△ Der Schädel eines der Individuen, die man in der Höhle von Qafzeh (Israel) entdeckt hatte. Wie die Exemplare von Skhul gelten auch diese Menschen als archaische Formen von *Homo sapiens.*

DIE NEANDERTALER

COLIN GROVES

Wenn es einen ausgestorbenen Menschentyp gibt, von dem jeder schon einmal gehört hat, dann ist dies der Neandertaler. Über Jahrzehntausende durchstreiften Gruppen dieser Menschen die Tundren und Wälder des westlichen Eurasien. In Europa kennt man 60 000 Jahre alte Exemplare, wie die von Saccopastore (Italien) oder auch junge, wie die von St. Césaire (Frankreich), die nur 35 000 Jahre alt sind. Das mit 120 000 Jahren älteste Exemplar Südwestasiens stammt aus der Tabun-Höhle in Israel. Der jüngste, etwa 45 000 Jahre alte Fund stammt aus Shanidar im Irak. Die Neandertaler werden manchmal lediglich als eine zufällig ausgestorbene Rasse von *Homo sapiens* angesehen, manchmal auch als eine eigene menschliche Art, *Homo neandertalensis*. In Südwestasien überlappte ihr Verbreitungsgebiet über -zig Jahrtausende mit dem moderner Menschen, während sie in Europa nur wenige tausend Jahre nebeneinander lebten. Wir wissen nicht, was diese beiden Völker voneinander dachten, ob sie normale Beziehungen unterhielten oder im Krieg standen, oder ob sie sich sogar hin und wieder vermischten. Jedenfalls sind die Neandertaler nicht mehr unter uns. Ihr Verschwinden bleibt ein Geheimnis, jedoch entspricht es der allgemeinen Ansicht, daß unsere eigene Art irgendeinen Vorteil errang, worauf die konkurrenzunfähigen Neandertaler ausstarben.

ILLUSTRATIONEN JOHN RICHARDS

HATTEN DIE NEANDERTALER EINE RELIGION?

PETER ROWLEY-CONWY

Es entspricht einem verbreiteten archäologischen Scherz, daß jeder Fund, der sich auf eine praktische Weise nicht erklären läßt, als »rituell« bezeichnet wird — und in diesem Scherz steckt mehr als nur ein Körnchen Wahrheit.

Der Höhlenbären-Kult

Diese Theorie erlangte vor einigen Jahren durch Jean Auels Roman *The Clan of the Cave Bear* eine gewisse Verbreitung, doch hat sie heute, wenn überhaupt, nur noch wenige Anhänger. Sie gründete auf der Tatsache, daß man zahlreiche Höhlen gefunden hatte, in denen sich Gegenstände der Neandertaler neben Tausenden von Bärenknochen befanden. Alles, was diese Funde beweisen, ist, daß diese frühen Menschen zuweilen eine Höhle aufsuchten, in denen die riesigen Bären überwinterten und manchmal starben. Sie beweist dagegen nicht, daß die Neandertaler irgendeinen dieser Bären getötet hätten, geschweige denn, daß irgendein Ritual damit verbunden gewesen wäre.

Man kennt auch Berichte von Funden aus der Schweizer Drachenloch-Höhle, bei denen mehrere Bärenschädel, zwischen Steintafeln angeordnet, entdeckt worden waren — wie man behauptete, ein klarer Beweis für ein rituelles Verhalten. Allerdings wurden davon zu verschiedenen Zeiten zwei einander widersprechende Zeichnungen publiziert, es gibt keine Fotos davon, und es stellte sich kürzlich heraus, daß am Tage der Entdeckung nicht einmal der Fachmann zugegen war. Alles war lediglich aufgrund der Beschreibungen von Laienarbeitern rekonstruiert worden, die die Grabung ausgeführt hatten. Steinplatten fallen häufiger von Höhlendächern herunter und liegen dann am Boden in ungewöhnlichen Winkeln zueinander, warum nicht auch dort, wo die Knochen toter Höhlenbären lagen? Das Urteil: Eine zufällige Anordnung, durch Wunschdenken hochgespielt.

Kannibalismus

Selbst wenn die Neandertaler einander wirklich gegessen haben sollten, weist dies zunächst nur auf Hunger oder Gier hin. In einer Höhle bei Monte Circeo (Italien)

fand man einen Neandertalerschädel, der angeblich in einem Steinkreis lag. Aber auch hier wurde vor der Entfernung des Schädels nichts fotografiert. Später fertigte die Person, die den Schädel gefunden (und entfernt) hatte anstelle eines regelmäßiges Kreises eher einen rohen Steinhaufen, und nichts spricht dafür, daß die Steine absichtlich so angeordnet waren. Am Schädel befinden sich keine Spuren eines Schneidewerkzeugs, doch scheint er von einem Raubtier angebissen worden zu sein. Hyänen bringen häufig Tierschädel in ihren Unterschlupf. Dies erklärt zwar nüchterner, aber wahrscheinlicher, wie der Schädel dorthin gelangte. Urteil: Eine Hyäne hielt auf einem Steinschlag ihr Mahl.

Begräbnisse der Neandertaler

Diese Behauptungen lassen sich weniger leicht abtun. Sicherlich gibt es darunter auch zweifelhafte Äußerungen, so auch das häufig zitierte Begräbnis eines Jungen, der bei Tekish-Tash (Usbekistan) in einem Kreis aus Steinbockhörnern beigesetzt worden sein soll. In Wirklichkeit handelt es sich bei dem Fund um wenige Knochen eines zwölfjährigen Neandertalerjungen, die man in der Nähe einiger Steinbockhörner entdeckt hatte. Nichts spricht dafür, daß diese Hörner jemals in einem Kreis angeordnet waren. Urteil: Nur ein weiteres Hyänen-Mahl.

Auch an dem bekannten »Blumenbegräbnis« von Shanidar (Irak) bestehen erhebliche Zweifel. Hier fehlt nicht nur die Begräbnisgrube. Die Todesursache war ein großer, herunterstürzender Felsüberhang, der den Neandertaler unter sich begrub. Nur eine Ansammlung von Blütenpollen läßt eine rituelle Aktivität vermuten: die Anhäufung von Blumen über der Leiche. Angesichts der verschlungenen Wege, die die Ablagerungen in Höhlen zurücklegen, kann der Pollen auf die unterschiedlichste Weise dorthin gelangt sein — vielleicht sogar während der Ausgrabungen. Unser Urteil: Ein unglücklicher Neandertaler, der sich zur falschen Zeit an der falschen Stelle aufhielt.

Wenigstens zwei Fälle scheinen jedoch einer näheren Betrachtung standzuhalten. Bei La Chapelle-aux-Saints (Frankreich) wurde ein Skelett in einer steilwandigen

Grube gefunden. Der Fund wurde 1908 publiziert. Diese Grube erscheint zu regelmäßig, als daß es sich um eine natürliche Senke gehandelt haben könnte, in die der Neandertaler einfach hineinkroch, um zu sterben. Es wurde schon behauptet, das Loch sei durch Flutwasser entstanden, doch wirken die Begrenzungen so gerade geschnitten wie die einer normalen Grabgrube. Die deutlichste Grube aus dieser Zeit befindet sich in Kebara (Israel). Diese Grube, in der das Skelett eines Neandertalers gefunden wurde, muß absichtlich ausgehoben worden sein. Urteil: Diese beiden Neandertaler wurden tatsächlich begraben, doch ist damit bewiesen, daß die Neandertaler eine Religion hatten oder an ein Leben nach dem Tode glaubten? Es ist nicht ausgeschlossen, daß man sich hier nur der Leichen entledigen wollte.

△ In der Höhle von Kebara (Israel) fand man eindeutige Indizien für ein Neandertaler-Grab. Die deutlich erkennbare Grube muß absichtlich - eigens um die Leiche aufzunehmen - ausgehoben worden sein. Dagegen lassen die meisten anderen Neandertaler-Funde keine Absicht einer Bestattung erkennen.

◁ Vermutlich wurde das Loch in diesem Neandertaler-Schädel von Monte Circeo durch eine Hyäne verursacht, die den Schädel aufbrach, um das Gehirn zu fressen.
CHRIS STRINGER/MUSEO NAZIONALE PREHISTORICO EO ETNOGRAFICO "L. PIGORINI", ROME

Das Moustérien: Zeitalter der Neandertaler

Die Neandertaler waren die ersten Menschen, die sich wirklich dem kalten Klima des Nordens anpaßten. Ingesamt gesehen erfolgte ihre Entwicklung während einer Warmzeit, der letzten Zwischeneiszeit. Allerdings tauchte die klassische Werkzeugtechnik der Neandertaler — das Moustérien (nach dem legendären Felsunterstand bei Le Moustier in der Dordogne) — in Europa erst während der letzten Eiszeit, also vor 70 000 Jahren, auf. Nur im Mittleren Osten waren Moustérien-ähnliche Techniken schon seit 120 000 Jahren im Gebrauch. Sie wurden zu einem ökonomisch flexiblen eiszeitlichen Volk, das alle Voraussetzungen erfüllte, um in der unwirtlichen Arktis zu überleben.

Wie schon ihre Vorfahren streiften auch die Neandertaler durch umfangreiche Territorien und richteten zu verschiedenen Jahreszeiten vorübergehende Lager ein. Vermutlich spielte die Großwildjagd (besonders die auf Hirsch und Ren) eine zunehmende Rolle bei ihrem Nahrungserwerb. Vor allem aber zwang das kalte Klima diese Menschen, ihre Ernährungsweise dem Kreislauf der Jahreszeiten anzupassen, und die immer reichhaltigeren Ansammlungen verschiedener Steinwerkzeuge mit unterschiedlichen Funktionen können als eine Folge davon interpretiert werden. Zu gewissen Jahreszeiten war es unerläßlich, Nahrungsmittel zu horten. Höhlenöffnungen und überhängende Felsen, sogenannte *Abri*, wurden normalerweise als Wohnstätten benutzt, und obwohl man auch zahlreiche Lager kennt, die sich unter freiem Himmel befanden, ist es angebracht, den Begriff »Höhlenmenschen« auf die Neandertaler anzuwenden.

Vor etwa 130 000 Jahren machte die Werkzeugtechnik gewaltige Fortschritte. Zum ersten Mal wurden Steinkerne vorgeformt, um den vorgesehenen Splittern ein bestimmtes Aussehen und eine bestimmte Größe zu geben. Dieser Herstellungsprozeß wird — nach einem Fundort außerhalb von Paris — als Levalloisien-Technologie bezeichnet. So konnte das Rohmaterial leichter und besser genutzt werden, und von demselben Kern ließen sich mehr Splitter schlagen als zuvor. Nach ihrem Aussehen heißen die so vorbereiteten Kerne »Schildkrötenkerne«.

Mit Hilfe dieser neuen Technik wurde es möglich, eine Reihe neuer Werkzeugtypen für den verschiedenartigsten Gebrauch zu entwickeln — insbesondere unterschiedliche Arten von Schabern und Spitzen. Während des Moustérien wurde diese Technik noch weiter verfeinert, und die neuen Werkzeuge erhielten wirkungsvolle, widerstandsfähige Ränder. Durch Feinbearbeitung wurden die Objekte noch geschärft, so daß ein gezähnter Rand entstand.

Die Moustérien-Technologie wies eine Reihe regionaler Unterschiede auf, bei denen die Werkzeugzusammensetzung in weitem Rahmen variierte. Einige Fachleute hielten dies für Hinweise auf verschiedene europäische »Neandertaler-Kulturen«, die nebeneinander existierten. Andere vermuten, daß die Unterschiede dieser Werkzeuge in ihrer Funktion zu suchen oder daß sie nur die Folgen eines schrittweise eintretenden, zeitabhängigen Wandels seien. Wie dem auch sei, die neue Werkzeugtechnik der Neandertaler war vielfältiger und besser ihren Funktionen angepaßt als jemals zuvor. Die Moustérien-Technik war die Folge der Fähigkeit der Neandertaler, den Anforderungen ihrer Umwelt zu begegnen.

Wie wir schon gesehen haben, kam es innerhalb der Population der Neandertaler zu einer großen anatomischen Variabilität. Die Überreste klassischer Neandertaler sind auf das westliche Europa beschränkt, und bei den Exemplaren aus Südwestasien sind die Merkmale weniger extrem ausgeprägt. Man vermutet, daß diese physische Vielfalt auf klimatische Anpassungen zurückzuführen ist, zumal die europäischen Neandertaler als einzige in einer regelrechten Eiszeitumgebung lebten. Ganz anders sahen Neandertaler-ähnliche Menschen in Afrika und Südostasien aus. Und an Orten wie Kabwe (ehemals Broken Hill) in Zambia (der sogenannte »Rhodesien-Mensch«), Hopefield (Saldanha) bei Kapstadt (Südafrika) und Ngandong am javanischen Solo-River wurden einige der Fossilien entdeckt, die man für afro-asiatische Parallelen zu den europäischen Neandertalern hielt. Die Funde von Kabwe und Saldanha, so weiß man heute, gehören zu *Homo heidelbergensis*, während es sich bei den Fossilien von Ngandong um späte (nur 100 000 Jahre alte) Überlebende von *Homo erectus* handelt.

Die bemerkenswerten Begleitumstände der Funde von Ngandong oder Solo führten zu der Vermutung, hier könnte Kannibalismus vorgelegen haben. Alle elf Schädelfunde bestanden lediglich aus den Hirnschädeln, der Rest des Kopfes und Gesichtes fehlte. Da das gesamte Material in einem begrenzten Umkreis ge-

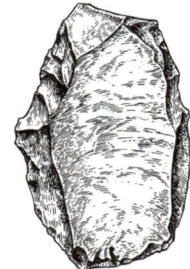

△ Wie ein Werkzeug des Levalloisian entsteht: Ein geeigneter Stein wird an den Rändern und der oberen Oberfläche zugeschlagen. Darauf erzeugt man an einem Ende des Rohsteins eine senkrechte Schlagfläche. Schließlich wird ein großes Stück (rechts), das Endprodukt, vom Rohstein (links) abgehauen.
ILLUSTRATIONEN: KEN RINKEL

▽ Der klassische Felsüberhang bei Le Moustier am Vézère-Fluß in der Dordogne (Frankreich). Dieser Wohnort der Neandertaler verlieh dem Moustérien seinen Namen. Im Jahre 1908 legte man hier das Skelett eines Neandertaler-Jungen frei.

GÖRAN BURENHULT

◁ Einige Beispiele von Schabern und Spitzen aus dem Moustérien. Die Werkzeugtradition des Moustérien ist eng mit den Neandertalern verbunden und ist an Neandertaler-Fundstätten in Europa, Westasien und Nordafrika nachweisbar. Verwandte Technologien kennt man aus Afrika sowie aus Süd- und Ostasien.
ILLUSTRATIONEN: KEN RINKEL

▽ Lange Zeit ging man davon aus, daß das Quartär von drei oder vier unterschiedlichen Eiszeiten beherrscht wurde. In den letzten Jahrzehnten stellte sich jedoch heraus, daß die klimatischen Fluktuationen im Laufe der Zeit ein wesentlich komplizierteres Bild bieten. Die linke Diagrammseite zeigt globale Klimaveränderungen, wie sie aus Tiefseebohrkernen des äquatorialen Pazifik rekonstruiert wurden. Indem man das Verhältnis der Sauerstoff-Isotope in verschiedenen Tiefen solcher Sedimentkerne bestimmt, kann man die Veränderungen der globalen Temperaturen nachvollziehen. Die herkömmliche Terminologie der verschiedenen Eiszeiten und Zwischeneiszeiten ist auf der rechten Seite angegeben.

funden wurde, interpretierte man es als die Überreste eines rituellen Mahles aus Menschenfleisch. Auch die Knochen von 20 Individuen, die man bei Krapina (Kroatien) entdeckte, — es handelte sich um Männer, Frauen und Kinder, deren Schädel und Knochen zerschmettert und gespalten waren — wurden als Hinweis dafür gewertet, daß Neandertaler dem Kannibalismus gefrönt hätten. Andere Fachleute stellten dies wiederum in Frage. Sollte es sich so verhalten haben, gibt es dann noch weitere Hinweise, die die Vorstellung stützen, daß die Neandertaler die ersten Menschen mit ausgeprägten Ritualen und religiösem Glauben gewesen seien (siehe auch Seite 70)? Es scheint, daß die ersten Begräbnisse in diese Richtung weisen.

Ursprünge von Begräbnissen und religiösem Glauben?

Der Tod ist für uns alle unausweichlich. Es ist daher bei allen Menschen üblich, die sterblichen Überreste auf die eine oder andere Weise loszuwerden, sei es nun in prähistorischer oder in heutiger Zeit. Mit dem Aufkommen der ersten Begräbnisse wird deutlich, daß der Mensch bereits ein weiter fortgeschrittenes Vermögen zur Abstraktion und zur mündlichen Kommunikation erreicht hat. Ob in einem Begräbnis nun die Ahnung von einem Totenreich zum Ausdruck kam oder nur das Bedauern über den Verlust eines Familienmitglieds, zeigt die Begräbniszeremonie etwas von rituellen Vorstellungen und langfristigem Denken, das vorher unmöglich gewesen war. Begräbnisbräuche, etwa das Besprengen des Toten mit rotem Ocker oder das Mitgeben von Grabbeigaben, zeugen von einer Welt magischen Denkens, das noch hinter die endgültigste aller Grenzen reicht — die des Todes.

Lange Zeit war man allgemein unter Fachleuten davon überzeugt, daß die Neandertaler ihre Toten bestatteten, und in Europa und Südwestasien sind mehrere entsprechende Fundstellen bekannt, die meisten davon in Höhlen. In einer Grube bei Le Moustier, in der Dordogne, wurde ein männlicher Jugendlicher entdeckt. Sein Kopf ruhte auf einer Ansammlung von Feuersteinsplittern, und ein Arm war, wie zum Ausruhen, unter den Kopf gelegt. Ähnliche Funde wurden in verschiedenen anderen Neandertaler-Siedlungen in Frankreich gemacht, zum Beispiel bei La Ferrassie und La Chapelle-aux-Saints.

Bei La Ferrassie förderte man ein kleines Gräberfeld zutage, in dem zwei erwachsene Individuen und vier Kinder in dicht beieinander liegenden Gruben beerdigt waren. Viele der französischen Gräber waren mit rotem Ocker besprengt, und in der Nähe sämtlicher Gräber oder unmittelbar darin wurden große Mengen von Tierknochen gefunden.

An den Westhängen des Himalaya wurde ein bemerkenswertes Neandertalergrab freigelegt. Bei Teshik-Tash in Usbekistan war ein kleines Kind mit den Hörnern sechs wilder Ziegen begraben worden, die um das Grab herum in einem Ring angeordnet waren. Spuren am fast vollständig erhaltenen Skelett zeigten, daß man das Fleisch des Kindes vor der Bestattung entfernt hatte, möglicherweise aus rituellen Gründen. Weitere auffällige Gräber wurden bei Shanidar im irakischen Zagros-Gebirge entdeckt, wo, nach Aussagen der Ausgräber, ein 30jähriger Mann in einem Blumenbett gelegen haben soll. Durch Pollenanalyse ließen sich unter anderem Schafgarbe, Schachtelhalm, Distel, Kornblume, Traubenhyazinthe und Stockrose nachweisen.

In letzter Zeit haben aber viele Experten die Gräber der Neandertaler und deren Beweiskraft in Frage gestellt. Ausgrabungen steinzeitlicher Fundstätten sind immer schwierige Unternehmungen, und die Stratigraphie ist stets schwierig zu deuten. Später am Fundort eintretende Vorkommnisse oder herabfallender Schmutz machen es häufig unmöglich festzustellen, was wirklich damals stattfand, als die Leiche begraben wurde.

Nach Ansicht einiger Fachleute gibt es überhaupt keine Hinweise dafür, daß Neandertaler ihre Toten begraben hätten, und daß der vorgefundene Zustand der Gräber nur eine Folge von Zufällen und späteren Störungen gewesen sei. Dagegen läßt sich anführen,

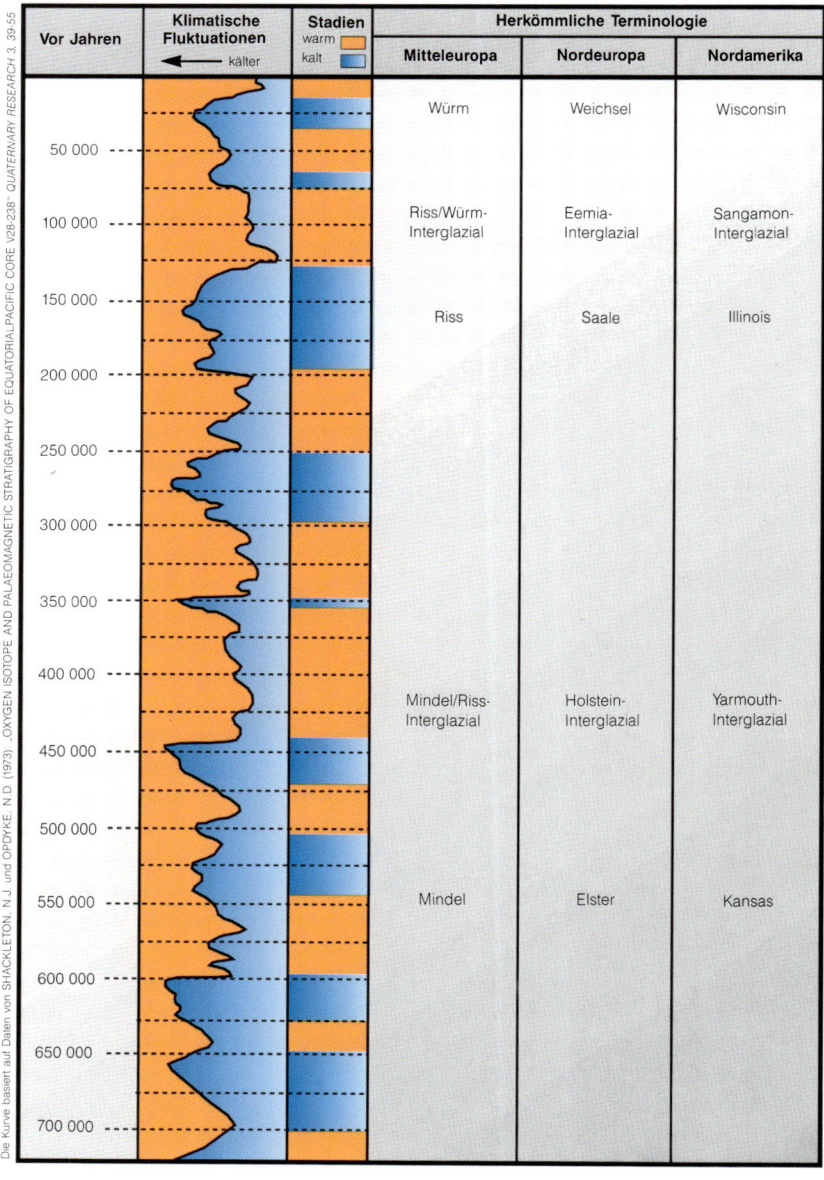

Die Kurve basiert auf Daten von SHACKLETON, N.J. und OPDYKE, N.D. (1973) „OXYGEN ISOTOPE AND PALAEOMAGNETIC STRATIGRAPHY OF EQUATORIAL PACIFIC CORE V28-238" QUATERNARY RESEARCH 3, 39-55.

Vor Jahren	Klimatische Fluktuationen ◄ kälter	Stadien warm / kalt	Herkömmliche Terminologie		
			Mitteleuropa	Nordeuropa	Nordamerika
50 000			Würm	Weichsel	Wisconsin
100 000			Riss/Würm-Interglazial	Eemia-Interglazial	Sangamon-Interglazial
150 000			Riss	Saale	Illinois
200 000					
250 000					
300 000					
350 000					
400 000			Mindel/Riss-Interglazial	Holstein-Interglazial	Yarmouth-Interglazial
450 000					
500 000					
550 000			Mindel	Elster	Kansas
600 000					
650 000					
700 000					

daß es ebenso keinerlei Hinweise darauf gibt, daß die Neandertaler keine Begräbnisse vornahmen.

In allen wissenschaftlichen Auseinandersetzungen bleibt es unerläßlich, neue Hypothesen anzubringen und sogleich in Frage zu stellen, um auf diese Weise eine immer kritischere Betrachtung des betreffenden Materials zu erzwingen. Und sofern archäologische Fragen betroffen sind, muß auch das Umfeld geprüft werden, in dem die Funde gemacht wurden. Aus naheliegenden Gründen rechneten frühere Archäologen viele der entdeckten Neandertaler-Skelette unkritisch als Begräbnisse, so daß in diesen Fällen eine zweite Untersuchung folgen muß. Ebenso wichtig bleibt jedoch festzuhalten, daß wir die meisten dieser Fälle zur Zeit nicht einfach nur als Zufallsprodukte abtun können. Vielleicht ist das Neandertaler-Grab, das erst kürzlich in der Kebara-Höhle an den Hängen des Karmel-Berges (Israel) freigelegt wurde, imstande, den seit Jahren währenden Streit beizulegen. Es scheint, daß der Bau der betreffenden Grabstätte, der sich von allen bisher entdeckten Neandertaler-Gräbern unterscheidet, deutlich auf ein absichtliches Begräbnis hinweist.

Auch im Zusammenhang mit den Funden zweier

△ Ansammlungen von Pollen, die man neben dem Skelett dieses 30jährigen Neandertalers in der Höhle von Shanidar (Nordirak) fand, verleiteten einige Fachleute zu der Ansicht, daß er auf einem Blumenbett begraben worden sei. In letzter Zeit haben andere jedoch ihre Zweifel daran angemeldet, daß er überhaupt absichtlich begraben worden sei.

◁ Die gewaltige Höhle von Shanidar in Kurdistan (im äußersten Norden des Irak) barg Neandertaler-Funde, die auf ein Alter zwischen 60 000 und 44 000 Jahre datiert wurden. Neun Individuen wurden hier freigelegt, darunter das heftig umstrittene Grab des oben gezeigten 30jährigen Mannes. Daneben fand man auch Tierknochen, etwa von Wildziegen und Wildschweinen.

anderer klassischer europäischer Fundstellen kamen Zweifel am rituellen Leben der Neandertaler auf. Es handelt sich um Regourdou in der Dordogne und um Monte Circeo, das südlich von Rom liegt. Bei Regourdou fand man eine rechteckige Grube, die die Schädel von wenigstens 20 Höhlenbären enthielt und mit einer großen Steinplatte zugedeckt war. In unmittelbarer Nähe befanden sich das komplette Skelett eines Bären und das unvollständige eines Neandertalers. Dieser Fund gilt als ein möglicher Beleg für den Bärenkult der Neandertaler, eine Kultform, die noch bis vor kurzem von vielen arktischen Völkern praktiziert wurde. Allerdings sind die genauen Um-

stände dieses Fundes noch ungeklärt, und heute fühlen sich viele Fachleute bei dieser Interpretation nicht wohl.

Soweit es das archäologische Material betrifft, ist es extrem schwierig, daraus auf Ahnungen vom Übernatürlichen oder auf das Vorhandensein magischer oder religiöser Vorstellungen der Neandertaler zu schließen. Es ist aber in keinem Fall übertrieben zu behaupten, daß alle diese Funde dafür sprechen, daß die Neandertaler ein kompliziertes ideologisches und soziales System entwickelt hatten, das sich später auch für den modernen Menschen als typisch erweisen sollte.

DIE DATIERUNG DER VERGANGENHEIT

COLIN GROVES

Fossilien, die älter sind als einige Jahrzehntausende enthalten kein Material mehr, das sich direkt datieren ließe. Es werden also nicht die Fossilien selber datiert, sondern die Ablagerungen, in denen sie sich befinden. Die Datierungsmethoden lassen sich grob in absolute und relative Methoden unterteilen.

Absolute Methoden
DIE URAN-BLEI-DATIERUNG

Uran ist ein radioaktives Material. Bei seiner Zersetzung verwandelt sich also sein Atomkern in regelmäßigen Abständen, wobei es in andere Elemente übergeht und eine Reihe durchläuft (die sogenannte U-Reihe), die im Element Blei endet. Die beiden Haupterscheinungsformen (Isotope) des Urans, U235 und U238, zerfallen mit unterschiedlicher Geschwindigkeit und in unterschiedlichen Zwischenstadien in zwei verschiedene Blei-Isotope. Da wir diese Zerfallsraten kennen (unter normalen Bedingungen, wie sie auf der Erde herrschen, sind sie immer gleich), können wir zurückrechnen, zu welchem Zeitpunkt der Zerfall begann und damit das Alter der Ablagerungen mit dem Uran bestimmen — einschließlich aller enthaltenen Fossilien. Mit der Tatsache, daß die beiden Isotope unterschiedliche Zerfallszeiten haben, läßt sich das errechnete Alter intern noch einmal überprüfen, um sicherzugehen, daß nichts verlorenging oder hinzukam, seit die Ablagerung dort existierte. Mit der Uran-Datierung lassen sich Ablagerungen bestimmen, die so alt sind wie die Erde selber — rund 4,5 Milliarden Jahre.

DIE KALIUM-ARGON-DATIERUNG

Viele Mineralien der Erdkruste enthalten das Element Kalium (K). Ein winziger Anteil davon liegt in seinem Radio-Isotop Kalium-40 (K40) vor. Wie das Uran, zersetzt sich auch dieses innerhalb bekannter Zeiträume und wird zum Gas Argon (Ar).

Wenn ein Vulkan ausbricht, speit er geschmolzene Lava aus, in der kaliumhaltige Mineralien vorkommen, und das aus der Zersetzung

DAVID L. BRILL/© NATIONAL GEOGRAPHIC SOCIETY

◁ Die Kalium-Argon-Datierung ist noch immer die wichtigste Methode zur Altersbestimmung von Gesteinen, in denen hominide Fossilien gefunden werden. Hier analysiert ein Geophysiker eine Gesteinsprobe mit dem Ziel, den Anteil des radioaktiven Kaliums zu berechnen, der zu Argon zerfallen ist. Damit kann er den Zeitraum bestimmen, der seit dem Vulkanausbruch verstrichen ist, der dieses Gestein einst hervorbrachte.

von K40 entstandene Argon gelangt in die Atmosphäre. Beim Abkühlen der Lava bilden sich Kristalle, in denen sich das Argon, das anschließend gebildet wird, fängt. Mißt man nun die relativen Anteile des in den Kristallen vorhandenen K40 und des Argons, läßt sich errechnen, zu welcher Zeit die Lava sich abkühlte - also wann der Vulkan ausbrach. Mit dieser Methode lassen sich Lavaflüsse leicht datieren.

Schon nach kurzer Zeit beginnen vulkanische Lava- und Ascheablagerungen zu erodieren. Sie werden vom Fließwasser fortgeschwemmt und anderenorts als Sedimente abgelagert, wo sie sich mit Sedimenten anderer Herkunft vermischen. Ablagerungen aus rezenter vulkanischer Herkunft werden als Tuffstein bezeichnet. In einem tektonisch aktiven Gebiet wie dem ostafrikanischen Senkungsgraben sind die Sedimente schichtweise mit Tuffen durchsetzt, so daß man in der gesamten Formation eine Reihe von Datenintervallen erheben kann. Wie die Datierungsmethode der Uran-Reihe, läßt sich auch die Kalium-Argon-Methode sowohl für extrem alte als auch für überraschend junge Ablagerungen einsetzen.

DIE RADIOCARBON-DATIERUNG

Dies ist eine der wenigen Methoden, die auf die Fossilien selber angewandt werden. Allerdings läßt sie sich nur auf die letzten 50 000 Jahre anwenden (mit Hilfe von Spezialtechniken auch auf 70 000 Jahre). Pflanzen nehmen Kohlenstoff aus der Atmosphäre auf, und dieser Kohlenstoff enthält einen winzigen Anteil des Radio-Isotops C14 (letzteres entsteht durch kosmische Strahlung in der Atmosphäre). Nach ihrem Tode nimmt die Pflanze keinen Kohlenstoff

mehr auf, und so geht aus den Überresten immer mehr C14 verloren. (Es zersetzt sich zu Stickstoff.) Wir können die Menge des verbleibenden C14 berechnen und damit auch den Zeitraum, der seit dem Tode der Pflanze verstrichen ist. Allerdings liegt die Zerfallsrate so hoch, daß der gesamte Anteil des C14 nach wenigen Jahrzehntausenden verschwunden ist.

Tiere nehmen mit den Pflanzen auch deren Kohlenstoff auf, und daher lassen sich auch deren Überreste in dieser Weise behandeln. Heute wissen wir, daß der Anteil des C14 in der Atmosphäre fluktuiert — vermutlich entsprechend der kosmischen Strahlungsaktivität. Daher müssen Radiokarbon-Daten gegen einen bekannten Standard, etwa die Jahresringe von Bäumen, geeicht werden.

DIE THERMOLU-MINESZENZ-DATIERUNG

Wenn bestimmte Sedimenttypen dem Sonnenlicht ausgesetzt oder auf andere Weise erwärmt werden, bleichen sie aus, und es werden Elektronen aus der Umgebung eingefangen. Werden die Sedimente dann verschüttet, gelangen die gefangenen Elektronen nach und nach ins Freie zurück. Wir können das Licht messen, das von diesen Restelektronen ausgesandt wird. Und wenn wir uns so über die ursprüngliche Lichtdosis klar geworden sind, können wir den Zeitraum berechnen, der verging, seitdem die Sedimente zum ersten Mal verschüttet wurden. Mit der Thermolumineszenz-Datierung (TL) lassen sich dieselben Zeiträume abdecken wie mit der C14-Methode, also sind beide Verfahren geeignet, einander zu überprüfen. Diese Methode wird heute zunehmend dafür eingesetzt, Ablagerungen zu bestimmen, die in der früher undatierbaren Zeitspanne zwischen 50 000 und 100 000 Jahren liegen.

Die Elektronenspin-Resonanz-Datierung, eine erst vor kurzem entwickelte Methode, mißt die eingefangenen Elektronen direkt. Sie läßt sich daher zur Datierung biologischen Materials, etwa des Zahnschmelzes, einsetzen.

DIE DATIERUNG NACH KERNSPALTUNGS-SPUREN

Außer dem radioaktiven Zerfall kommt es beim U235 manchmal auch zu einer spontanen Kernspaltung, und die dabei freiwerdenden subatomaren Partikel hinterlassen Spuren in den Mineralien. Mit Hilfe von Flußsäure lassen sich diese Spuren herausätzen und zählen. Da wir die Rate kennen, mit der diese Spaltungsvorgänge eintreten, können wir die Zeit berechnen, die vergangen ist, seitdem sich das Mineral abkühlte und ablagerte. In vulkanischem Glas findet man ausgezeichnete Spaltungsspuren, so daß man mit dieser Methode Kalium-Argon-Datierungen hervorragend und zweifelsfrei kontrollieren kann.

Relative Methoden
DATIERUNG DER FAUNA

Da immer wieder neue Datierungsmethoden entwickelt werden, bleiben nur wenige Fundstellen, die nicht mit Hilfe dieser absoluten Methoden datiert werden können. Soweit es die Entwicklungsgeschichte des Menschen betrifft, bleiben unter den bedeutenden Fundorten, die noch immer nicht datierbar sind, lediglich die des südafrikanischen Hochveldt übrig: Taung, Sterkfontein, Makapansgat, Swartkrans und Kromdraai. Hier setzt man das Verfahren der Faunendatierung ein.

Langlebige Arten — zum Beispiel gewisse Schweine, Affen und Antilopen — haben sich in verschiedenen Stadien entwickelt. An einigen Stellen, etwa bei Koobi Fora und Olduvai im ostafrikanischen Senkungsgraben, kann man ihre Überreste mit Hilfe der Kalium-Argon und der oben beschriebenen Fission Track-Methoden datieren. Von diesen Arten sind also bei den Messungen bestimmte Kurvenverläufe und Datenkonzentrationen zu erwarten, die man kennt. Anschließend vergleicht man die Tierfossilien der Fundorte, wie Sterkfontein, mit denen derselben Art von den bereits datierten ostafrikanischen Fundstellen, um ihren Entwicklungsstand zu bestimmen.

PALÄOMAGNETISMUS

Ein weiteres Verfahren beruht auf der Tatsache, daß sich das Magnetfeld der Erde im Laufe der geologischen Vergangenheit mehrfach umgepolt hat. Zur Zeit ist es auf den magnetischen Nordpol ausgerichtet, jedoch lag das Zentrum vor 700 000 Jahren in der Nähe des heutigen Südpols. Einige hunderttausend Jahre zuvor war es wiederum nördlich orientiert und so weiter. Häufig bleiben Reste der magnetischen Ausrichtung in Ablagerungen zurück. Daher kann man für einige Fundstellen eine paläomagnetische Säule anfertigen, die den Wechsel zwischen dem »normalen« (nordwärts) und dem »umgekehrten« (südwärts) ausgerichteten Magnetfeld aufzeigt. Dieses läßt sich mit der Standardsäule vergleichen (die auf Hunderten von Meßergebnissen bekannter Datierung von der ganzen Welt beruht). Auch andere Hinweise, etwa das Vorhandensein von Schlüsselfossilien oder irgendwelcher absoluten Streudaten, die in der Folge irgendwo erfaßt wurden, können dazu beitragen, die magnetischen Umkehrungen an dem Standard auszurichten.

CHEMISCHE METHODEN

Auch chemische Methoden werden manchmal eingesetzt. In vielen Gebieten wechselt die chemische Zusammensetzung der Fossilien. So enthält ein Fossil zum Beispiel um so mehr Fluor, je älter es ist. Dieses Verfahren läßt sich nur in sehr begrenzten Regionen anwenden, wo die Zusammensetzung des Bodens nicht zu stark variiert. Eine andere Methode basiert auf der Tatsache, daß die Aminosäuren, die Bausteine der Proteine, bei einem lebenden Organismus das polarisierte Licht nach links drehen. Nach seinem Tode ändert sich die Polarisierung langsam, bis der Anteil links- und rechtsdrehender Aminosäuren gleich ist. Allerdings variiert die Rate, mit der dies geschieht, mit der Temperatur und besonders mit der Feuchtigkeit. Also kann man diese als Aminosäure-Razemisierung bekannte Methode nur unter ganz eingeschränkten Bedingungen einsetzen.

▷ Über den geologischen Zeitraum hat sich das Magnetfeld der Erde mehrfach umgekehrt. Lange Zeit war der vorherrschende Magnetismus normal, also so wie heute, und während kürzerer Perioden genau gegensätzlich. Die nebenstehende Grafik zeigt die magnetischen Verhältnisse über die letzten fünf Millionen Jahre.

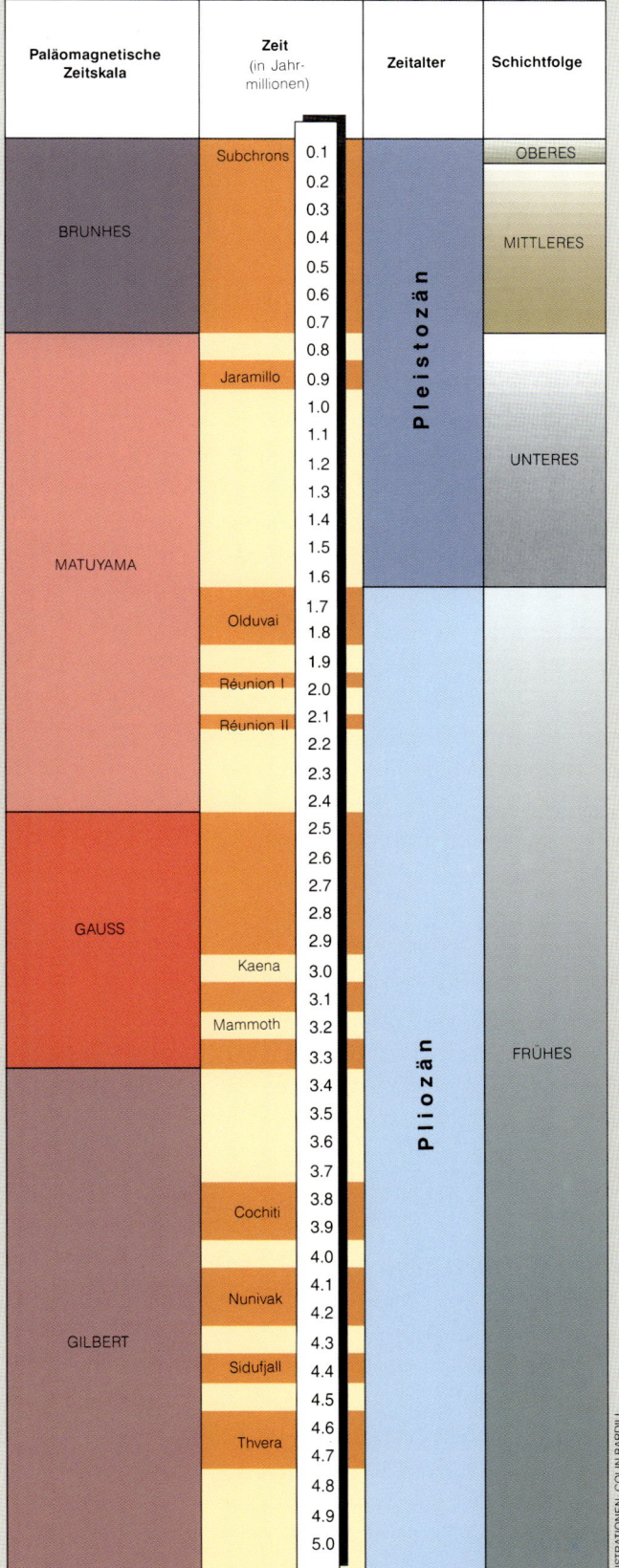

Paläomagnetische Zeitskala	Zeit (in Jahrmillionen)		Zeitalter	Schichtfolge
BRUNHES	Subchrons	0.1		OBERES
		0.2		
		0.3		
		0.4		MITTLERES
		0.5		
		0.6		
		0.7	**Pleistozän**	
MATUYAMA		0.8		
	Jaramillo	0.9		
		1.0		
		1.1		
		1.2		UNTERES
		1.3		
		1.4		
		1.5		
		1.6		
	Olduvai	1.7		
		1.8		
		1.9		
	Réunion I	2.0		
	Réunion II	2.1		
		2.2		
		2.3		
		2.4		
GAUSS		2.5		
		2.6		
		2.7		
		2.8		
		2.9		
	Kaena	3.0		
		3.1		
	Mammoth	3.2		
		3.3		
GILBERT		3.4	**Pliozän**	FRÜHES
		3.5		
		3.6		
		3.7		
	Cochiti	3.8		
		3.9		
		4.0		
	Nunivak	4.1		
		4.2		
		4.3		
	Sidufjall	4.4		
		4.5		
	Thvera	4.6		
		4.7		
		4.8		
		4.9		
		5.0		

76

DER MODERNE MENSCH IN AFRIKA UND EUROPA

Vor 200 000 bis 10 000 Jahren

Außerhalb Afrikas: Die Anpassung an die Kälte

Wie immer wir die Verwandtschaft zwischen modernen Menschen und Neandertalern bewerten, Tatsache ist, daß *Homo sapiens* vor etwa 40 000 Jahren nach Europa einwanderte und dabei neue technische und geistige Fähigkeiten mitbrachte. Zwischen der Werkzeugtechnologie der europäischen Neandertaler während des mittleren Paläolithikums (der sogenannten Moustérien-Tradition) und der des oberen Paläolithikums (der Aurignac-Tradition) bestehen jedoch bedeutende Unterschiede. Sie lassen sich unmittelbar auf die Ankunft des modernen Menschen in Europa zurückführen.

Eine der grundlegenden Veränderungen bestand in dem Übergang von Abschlagwerkzeugen zu Klingen. Die Schaber der Neandertaler sind Seitenschaber, deren eine Seite an einem Rand überarbeitet ist, während es sich bei den Klingenschabern, die während des oberen Paläolithikums in Europa auftauchten, um Endschaber handelt. Zusätzlich tauchten zahlreiche weitere Werkzeugtypen auf, darunter verschiedene Varianten von Meißeln und Spitzen.

◁ Die an der Grenze zwischen Südafrika und Swasiland gelegene Border Cave gehört zu einigen südafrikanischen Fundstätten, die die Entstehung unserer Art in neuem Licht erscheinen ließen. Die ältesten Schichten, die auf eine Besiedlung zurückgehen, sind etwa 200 000 Jahre alt.

△ Eine Speerspitze mit gespaltener Basis aus der Aurignac-Tradition aus Gorge d'Enfer in der Dordogne (Frankreich).

J. M. LABAT/AUSCAPE

Atlantischer
Ozean

Ternifine
Taforalt   Afalou
Dar es Soltane   Mechta el Arbi
Ain Maarouf   Sidi Mansour
Jebel Irhoud   Columnata

Izriten   Haua Fteah

Dakhla Oasis   Nazlet Khatir
Kharga Oasis

Tinterhert   Kubbaniya
Adrar Bous   Jebel Sahaba
Wadi Halfa
Mahariat   Bir Sahara
Chami
Hassi el Abiod

A F R I K A

Mai Lumba   Mindif
Mayo Louti   Singa
Nok
Dire Dawa

Omo I
Magosi

Indischer
Ozean

Gwisho

Bambata Cave
Pomongwe Cave
Windhoek
Bushman
Pietersburg   Rockshelter
Border Cave
Equus Cave
Florisbad

Die Kelders Cave   Klasies River Mouth Cave
Nelson Bay Cave

FUNDSTELLEN DES MODERNEN
MENSCHEN IN AFRIKA
Die fossilen Überreste und
Werkzeuge moderner Menschen,
die in Afrika an diesen Orten gefunden wurden, datieren aus der Zeit
vor 120 000 Jahren bis zum Ende
der letzten Eiszeit. Während diejenigen Werkzeuge, die aus dem Gebiet nördlich der Sahara stammen,
den europäischen ähnlich sind, sind
diejenigen aus dem Bereich südlich
der Sahara als die Industrien der
Mittleren Steinzeit bekannt.

KARTOGRAPHIE: RAY SIM

▷ Die Höhle an der Mündung des Klasies
River an der südlichsten Spitze Afrikas erwies sich für das Verständnis der Entwicklungsgeschichte von *Homo sapiens* als
außerordentlich wichtig. Die hier gefundenen fossilen Reste moderner Menschen
wurden auf ein Alter zwischen 115 000 und
80 000 Jahren datiert. Fossile Muscheln,
Napfschnecken und Robben, die ebenfalls
ausgegraben wurden, zeigen, welche Bedeutung die Nahrung aus dem Meer für
die frühen modernen Menschen dieser Gegend besaß.

H.J. DEACON

△ Ein Meeresblick an der Mündung des
Klasies River. Offenbar kam ein erheblicher
Teil der Nahrung für die damaligen Bewoh-
ner dieser Gegend aus dem Meer.

W ährend die Neandertaler ihre Werkzeuge nur
ausnahmsweise aus Geweihen, Knochen oder
Elfenbein fertigten, spielten diese neuen Rohstoffe in
der Werkzeugtradition dieser Zeit eine neue und bedeutende Rolle. Es entstanden wertvolle, gut polierte
Gegenstände für den täglichen Gebrauch, aber auch
wunderschön verzierte Kunstwerke und Schmuckstücke. Und bald nach der Einführung dieser neuen
Werkzeugtypen entwickelten sich regionale Unterschiede hinsichtlich ihrer Verwendung und ihrer Verzierung ganz im Gegensatz zu der konservativen, ho-
mogenen Technologie der Neandertaler.

Die deutlichsten Unterschiede zwischen modernen
Menschen und Neandertalern liegen jedoch viel tiefer
als nur in der Art, in der sie ihre Werkzeuge herstellten und gebrauchten. Der amerikanische Anthropologe Richard Klein faßt sie folgendermaßen zusammen: »Anfangs unterschied sich ihr Verhaltensspek-
trum von dem der Neandertaler nur wenig. Aber irgendwann entwickelten sie – vielleicht aufgrund einer neurologischen Veränderung, die sich fossil
nicht nachweisen läßt - eine Fähigkeit zur Kultur, die
ihnen über die Neandertaler und alle anderen nicht-
modernen Menschen einen deutlichen Anpassungsvorteil verliehen.« Mit anderen Worten entwickelten

sie neue, flexiblere Formen der sozialen Organisation.
Sie bauten neue Siedlungstypen, entwickelten ein reiches rituelles und zeremonielles Leben und begannen
sich über das Medium der Kunst auszudrücken. Richard Klein fügt hinzu: »In der Folge verbreiteten sie
sich über die ganze Welt und verdrängten dabei physisch die nicht modernen Typen, als deren letzte Vertreter möglicherweise die Neandertaler Westeuropas
unterlagen.« Die Tatsache, daß diese Menschen ziemlich gleichzeitig und rasch alle Neandertaler Europas
ersetzten, zeigt nach Ansicht von Klein, daß wir es mit
einer rasch zunehmenden Bevölkerung zu tun haben, was sich nur dadurch erklären läßt, daß der moderne Mensch von außerhalb nach Europa einwanderte.

Diese Theorie wird durch neue Funde in Südafrika
eindeutig gestützt. Fünf bemerkenswerten Fundstellen — Klasies River Mouth Cave, Border Cave, Equus
Cave, Florisbad und Die Kelders Cave — verdanken
wir Erkenntnisse, die für das Verständnis der Herkunft des modernen Menschen unverzichtbar sind.
Richard Klein hält Klasies River Mouth Höhle, die
etwa 160 Kilometer östlich von Kapstadt liegt, für
den bedeutendsten dieser Fundorte. Hier wurden
zahlreiche fossilisierte, auffallend modern wirkende
Menschenknochen gefunden, von denen einige zwischen 115 000 und 80 000 Jahre alt sind. Diese relativ
modernen Menschen lebten also in Afrika zu derselben Zeit, in der die Neandertaler in Europa ihre Blütezeit hatten. Obwohl die Unterschiede in der Werkzeugtechnologie zwischen dem mittleren und oberen
Paläolithikum in Afrika nicht geringer waren als in
Europa, sahen die Menschen, die Südafrika im mittleren Paläolithikum bewohnten, dem modernen Menschen sehr viel ähnlicher als die europäischen Neandertaler.

Die südafrikanischen Funde weisen darauf hin, daß
sich der moderne Mensch in Afrika über einen sehr
langen Zeitraum entwickelt hat, vielleicht über mehr
als 200 000 Jahre. Zu den älteren, ursprünglicheren
Stadien dieser Entwicklungsreihe gehört zum Beispiel der Fund des »Rhodesien-Menschen« (*Homo heidelbergensis*) aus Kabwe (ehemals Broken Hill) in Zambia. Dagegen repräsentieren die oben erwähnten südafrikanischen Fossilien ein fortschrittlicheres Stadium
der menschlichen Evolution. Wenn aber die Wiege
von *Homo sapiens* in Afrika zu finden ist, wer war sein
Vorfahr? *Homo erectus*? Viele Experten halten das für
unwahrscheinlich und glauben stattdessen, daß in
Afrika noch eine weitere, bisher nicht klassifizierte
menschliche Art gelebt hat. Andere sehen diesen Vorfahren in dem 1,5 Millionen Jahre alten »Neuen von
Turkana«, *Homo ergaster*.

Die Entwicklung schritt vermutlich langsam und
stetig voran. Die afrikanische Savanne dürfte den
Menschen ideale Lebensbedingungen geboten haben,
und in den Tropen gab es ein reiches, hochwertiges
Nahrungsangebot. Dies dürfte die Menschen dazu
bewegt haben, in größeren Gruppen zusammenzuleben und mit der Nahrung etwas wählerischer umzugehen.

Wie Richard Klein meint, wanderten diese modernen Menschen erst ganz spät aus Afrika aus, um anschließend andere, ursprünglichere Menschentypen
in der ganzen sogenannten Alten Welt zu verdrängen.
Der Anthropologe William Howells nannte dies die
»Arche-Noah-Hypothese«, da sie besagt, daß sich
Homo sapiens sapiens in einem einzigen Gebiet inner-

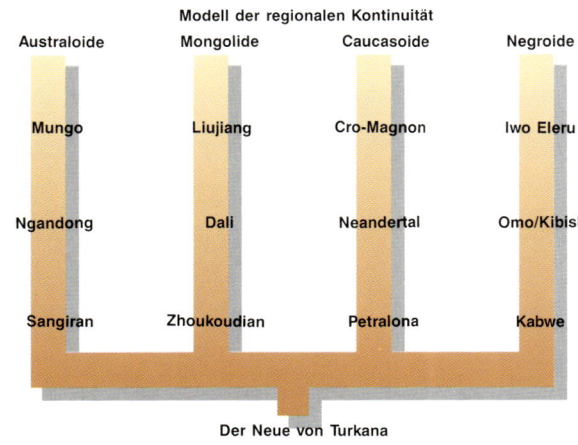

Modell der regionalen Kontinuität

Australoide · Mongolide · Caucasoide · Negroide

Mungo · Liujiang · Cro-Magnon · Iwo Eleru

Ngandong · Dali · Neandertal · Omo/Kibish

Sangiran · Zhoukoudian · Petralona · Kabwe

Der Neue von Turkana

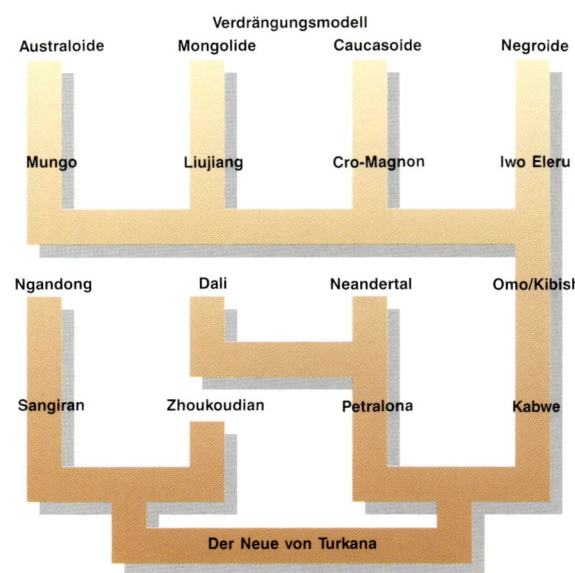

Verdrängungsmodell

Australoide · Mongolide · Caucasoide · Negroide

Mungo · Liujiang · Cro-Magnon · Iwo Eleru

Ngandong · Dali · Neandertal · Omo/Kibish

Sangiran · Zhoukoudian · Petralona · Kabwe

Der Neue von Turkana

△ Es existieren heute zwei wesentliche Theorien, die den Ursprung unserer eigenen Art erklären: Das Modell der regionalen Kontinuität (das Kandelaber-Modell) und die Verdrängungstheorie (das Arche-Noah-Modell). Letzteres wird durch Funde vom Klasies River und anderen südafrikanischen Fundorten sowie von neueren DNA-Untersuchungen unterstützt.

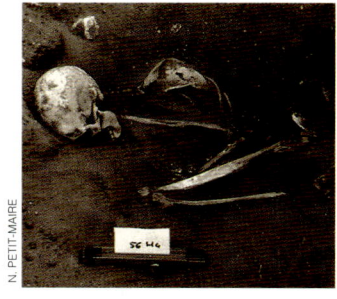

△ Dieses Grab wurde bei Hassi el Abiod in Mali entdeckt. An dieser und einigen weiteren Fundstellen Nordafrikas barg man Überreste Cro-Magnon-ähnlicher Menschen. Vielleicht entstanden hier die ersten modernen Europäer.

halb Afrikas entwickelt hat. Die gegenläufige, traditionellere Sichtweise der Menschheitsentwicklung wird als »Kandelaber-Modell« bezeichnet. (Diese Ansichten sind zugleich als die Verdrängungstheorie und die Theorie von der regionalen Kontinuität bekannt.)

In jüngster Zeit erhielt diese Theorie Unterstützung von der modernen genetischen Forschung, die imstande war, auszusagen, wie lange die verschiedenen menschlichen Rassen schon getrennt und wie sie untereinander verwandt sind. Durch Analyse der mitochondrialen DNA (mt DNA; Mitochondrien sind die für die Atmung zuständigen Zellorganelle. Da sie ihre eigene Erbsubstanz besitzen, handelt es sich vermutlich um Mikroorganismen, die sich vor langer Zeit symbiotisch mit tierischen vereinigten) schlossen Allan Wilson, Mark Stoneking von der Berkeley-Universität (Kalifornien) und Rebecca Cann von der Universität von Hawaii, daß alle heute lebenden Menschen von einer gemeinsamen Urmutter abstammen, die vor etwa 200 000 Jahren in Südafrika lebte. Dies ist die sogenannte »Eva-Theorie«. Es wurde errechnet, daß die Nachkommen der weiblichen Linie aller übrigen Mütter im Verlauf von 50 000 Generationen ausgestorben sind, so daß nur noch ein einziger Satz mütterlicher Nachkommen übrig blieb. Diese Ergebnisse decken sich mit den archäologischen Funden, die man an Stellen wie Klasies River Mouth Cave findet. Diese DNA-Technik zeigt auch, daß sich die modernen Menschen bei ihrem Siegeszug über den Globus nur selten einmal mit existierenden, aber ursprünglicheren Menschen vermischten, etwa mit den Neandertalern.

Die »Eva-Theorie« blieb natürlich keineswegs unwidersprochen, doch deuten wirklich die meisten Hinweise darauf, daß sich der moderne Mensch aus Afrika rasch über den Rest der Welt verbreitete. Wenn Afrika nun die Urheimat des modernen Menschen ist, wie gelangten sie dann nach Europa und nach Asien und warum? Funde aus dem Berg Karmel im heutigen Israel sprechen dafür, daß diese Wanderung etwa vor 100 000 Jahren erfolgte. Das einzige Hindernis früherer Zeiten ist die Sahara-Wüste gewesen; jedoch verwandelten in dieser Zeit zunehmende Niederschläge die Wüste in ein Gebiet von grünen Ebenen mit Seen und Bächen. Das reiche Angebot an Wild und eßbaren Pflanzen machte eine Wanderung nach Norden nicht nur möglich, sondern zu einem sehr attraktiven Unternehmen. Der Südwesten Asiens war der erste natürliche Haltepunkt, was auch die Funde vom Berg Karmel erklärt. Während der ersten Eiszeit jedoch wurde dieses levantinische Gebiet wesentlich trockener. Die Nahrung wurde knapp, und dies dürfte die Menschen, die sich dort niedergelassen hatten, weiter nach Norden getrieben haben, hinein in die reicheren Tundren- und Steppenregionen Europas. Zu derselben Zeit breiteten sich die modernen Menschen auch über Asien aus.

Während des mittleren und des oberen Paläolithikums entwickelten sich in Nordafrika und in dem südlich an die Sahara grenzenden Gebiet zwei Werkzeugtraditionen, die sich in wichtigen Merkmalen deutlich unterscheiden. Diejenige der nordafrikanischen Region hatte natürlich vieles mit der Werkzeugtradition Europas und Südwestasiens gemeinsam und entwickelte sich auch etwa zu derselben Zeit. So zeigten zum Beispiel Ausgrabungen in der Haua Fteah Cave bei Cyrenaica (Nord-Libyen) daß hier die Werkzeugtechnik ihren Ursprung hat, die für das obere Paläolithikum charakteristisch ist. Sie begann, wie in Europa, vor etwa 40 000 Jahren. Diese nordafrikanische Kultur ist als die »Aterische Kultur« bekannt (benannt nach dem tunesischen Fundort Bir el Ater). Die Aterische Kultur reichte von Libyen im Osten bis zur Atlantikküste im Westen und im Süden bis zum Becken des Tschad-Sees. An einer Reihe bedeutender Fundstellen, darunter Mechta el Arbi (Algerien) und Dar es Soltan (Marokko) fand man Knochen von Menschen, die dem Cro-Magnon-Typ ähnlich waren.

Aus paläobotanischen Arbeiten, die man im algerischen Tihodaine und anderen Orten vornahm, wird deutlich, daß die nordafrikanische Region zu dieser

◁ Einst waren Seen, Bäche und fruchtbare Ebenen für das Gebiet typisch, das heute die Sahara bedeckt, und es war für die Menschen ein ideales Wohngebiet. Weniger bekannt ist, daß die Sahara noch immer große Mengen unterirdischen Wassers birgt, das manchmal in Form sogenannter Guelmas die Oberfläche erreicht, wie hier bei Tinterhert in Tassili n'Ajjer (Süd-Algerien).

▽ Diese gewaltige Gravur zeigt den nordafrikanischen Auerochsen (*Bubalus antiquus*): Dieses etwa fünf Meter lange Werk befindet sich bei Tinterhert, am Fuße des Jebel Efehi in Tassili n'Ajjer und ist mit gravierten Linien, Spiralen und Kreisen gefüllt. Es gehört zu der sogenannten »Bubalus-Periode« und repräsentiert mit einem Alter von vielleicht 12 000 Jahren die früheste Kunst aus der Sahara.

Zeit wie eine Steppe war, in der hin und wieder Wälder an Seen wuchsen. In diesem Gebiet wimmelte es von Tieren wie Elefanten, Büffeln, Nashörnern und Antilopen. Die aterischen Menschen waren die ersten, die ihre Spitzen mit einem Heftzapfen versahen, also einer besonders behandelten Stelle an der Basis, an der sich ein Griff befestigen ließ. Diese Speer-ähnlichen Waffen bildeten eine wichtige technische Neuheit, denn man konnte damit Tiere aus der Entfernung erlegen.

Aus natürlichen Gründen fielen die Veränderungen des Klimas und der Umgebung am Ende der letzten Eiszeit in Nordafrika bei weitem weniger dramatisch aus als in Europa. Vor etwa 20 000 Jahren wurde die aterische Tradition von einer Reihe sogenannter epipaläolithischer Kulturen abgelöst (was lediglich bedeutet, daß sie mit den paläolithischen Kulturen verwandt waren und etwa zur gleicher Zeit existierten). Aufgrund von ausgegrabenen Mikrolithen (dies sind sehr kleine Spitzen, Kanten und Grate aus Feuerstein) vermutet man, daß diese Menschen Pfeil und Bogen erfunden haben. Zwar war dies ihre einzige erwähnenswerte Erfindung, doch gehörte sie zu den bedeutenderen. Zu den wichtigsten dieser Gruppen zählten die Quadan-Menschen Oberägyptens, die etwa vor 13 000 bis 11 000 Jahren lebten. Sie ernährten sich von der Jagd und vom Fischfang und sammelten Samen wilder Gräser und anderer Pflanzen. Zudem gehörten sie zu den wenigen Völkern des oberen Paläolithikums, die Mahlsteine benutzten.

In dem Gebiet Afrikas südlich der Sahara waren vor 200 000 bis 40 000 Jahren im wesentlichen die gleichen Werkzeuge im Gebrauch, und dies betraf auch die gleichen Zeitabschnitte wie in Europa. Mit anderen Worten ist das mittlere Paläolithikum — in Afrika die mittlere Steinzeit — in beiden Teilen der

Welt recht ähnlich. Das obere Paläolithikum oder die späte Steinzeit setzt sich deutlich von dem vorangehenden Zeitabschnitt ab, jedoch kennt man nur wenige Funde aus dem Zeitraum zwischen 40 000 und 20 000 Jahren vor unserer Zeit. Wesentlich häufiger sind dagegen jüngere Funde mit einem Alter von 20 000 Jahren oder weniger. Sie belegen, daß die Menschen jetzt häufiger Großwild jagten, insbesondere Büffel und Wildschweine, und daß die Aassuche wesentlich an Bedeutung verlor. Auch der Fischfang, den es im mittleren Paläolithikum noch nicht gab, war wichtig geworden. Das Auftauchen von Mikrolithen weist darauf hin, daß Pfeil und Bogen im Gebrauch waren, und durch andere Mikrolithen, die auf Sicheln aus Knochen, Geweihen oder Holz aufreihen ließen, wissen wir, daß auch das Sammeln von Pflanzen jetzt einen anderen Stellenwert hatte.

DIE VEREISUNGEN IM LAUFE DER ZEITEN

BJÖRN E. BERGLUND UND SVANTE BJÖRCK

Längere oder kürzere Perioden der Vereisung sind ein natürlicher Teil unserer Erdgeschichte. Die jüngste Eiszeit, das sogenannte Pleistozän, begann vor etwa 2,5 Millionen Jahren. Während des Pleistozäns kam es übergangsweise zu kalten Eiszeiten, den sogenannten Glazialen, die von Warmzeiten, den Interglazialen, unterbrochen wurden. Die treibende Kraft hinter diesen rhythmischen Vereisungen bestand offenbar in den drei Bestrahlungszyklen der Sonne, die von der Neigung der Erde und ihrer Bahn um die Sonne bestimmt werden.

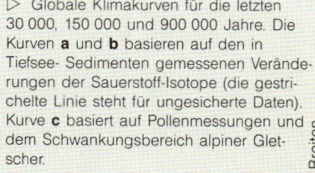

△ Diese Landschaft im Osten Grönlands zeigt eine arktische Umgebung mit Inlandeis im Hintergrund. So ähnlich können wir uns die Situation vorstellen, die in den mittleren und hohen Breiten der Welt vor 18 000 Jahren herrschte.

Paläotemperaturen und Eisvolumina der Vorzeit, die aus Sauerstoff-Isotopen-Messungen in Tiefseekernen errechnet wurden, zeigen, daß die ersten 1,8 Millionen Jahre des Pleistozäns von Glazial-Interglazialzyklen beherrscht wurden, die eine Länge von 41 000 Jahren hatten. Während der letzten 700 000 Jahre lag der entscheidende Zyklus bei etwa 100 000 Jahren, einschließlich der 10 000 bis 15 000 Jahre dauernden Interglaziale. Die letzte Eiszeit begann vor etwa 115 000 Jahren und endete ungefähr vor 10 000 Jahren, als die gegenwärtig andauernde Zwischeneiszeit ihren Anfang nahm. In diesem Zeitraum hat sich *Homo sapiens*, der moderne Mensch, entwickelt. Er war gezwungen, sich relativ raschen klimatischen Veränderungen anzupassen, die unter anderem auf die geologischen Merkmale dieses Planeten einen gewaltigen Einfluß ausübten.

Vor 40 000 Jahren herrschte gerade ein milderer Abschnitt der letzten Eiszeit. Allerdings hatte Europa seit dem letzten Interglazial bereits drei Kältewellen

hinter sich, und die Welt sah ganz anders aus als heute. Der Meeresspiegel lag rund 50 Meter niedriger, die gebirgigen Teile Amerikas und Eurasiens waren vereist und von ausgedehnten Kältesteppen umgeben. Die Vegetations- und Klimazonen lagen viel weiter südlich als heute. Und die große Kälte sollte erst noch kommen!

Die große Kälte

Vor 25 000 Jahren begannen die Eiskappen soviel Schnee anzusammeln, daß große Teile Nordwesteuropas, Nordamerikas und der Hochgebirgsgebiete wie der Anden, der Alpen und Teilen Zentralasiens allmählich unter gewaltigen Eisdecken verschwanden. Diese kontinentalen Eisdecken erreichten ihre größte Ausdehnung vor 20 000 Jahren, als das Meer 120 Meter tiefer lag als heute und Teile der heutigen kontinentalen Schelfgebiete trockenes Land waren. In vielen Gebieten, wo sich heute Meeresarme befinden, hatten sich damals ausgedehnte Landbrücken gebildet, zum Beispiel im Ärmelkanal, der Beringstraße und einigen der Meerengen zwischen Südostasien und Australien.

Der größte Teil Europas, der nicht unmittelbar von Eis bedeckt war, bildete praktisch eine öde, dem Wind und der Kälte preisgegebene Landschaft, in der nur Tundren- oder Steppenpflanzen wuchsen. Die Durchschnittstemperatur lag um etwa acht Grad Celsius niedriger als heute. Bäume und holzige Pflanzen waren auf die Halbinseln des Mittelmeerraumes und einige geschützte Gebirgsregionen beschränkt. Aller-

▷ Globale Klimakurven für die letzten 30 000, 150 000 und 900 000 Jahre. Die Kurven **a** und **b** basieren auf den in Tiefsee-Sedimenten gemessenen Veränderungen der Sauerstoff-Isotope (die gestrichelte Linie steht für ungesicherte Daten). Kurve **c** basiert auf Pollenmessungen und dem Schwankungsbereich alpiner Gletscher.

AUS WEBB, T. III 1990: "THE SPECTRUM OF TEMPORAL CLIMATIC VARIABILITY: CURRENT ESTIMATES AND THE NEED FOR GLOBAL AND REGIONAL TIME SERIES". IN BRADLEY, R.S. (ED.): *GLOBAL CHANGES OF THE PAST.* UCAR/OIES, BOULDER, COLORADO, 61–81.

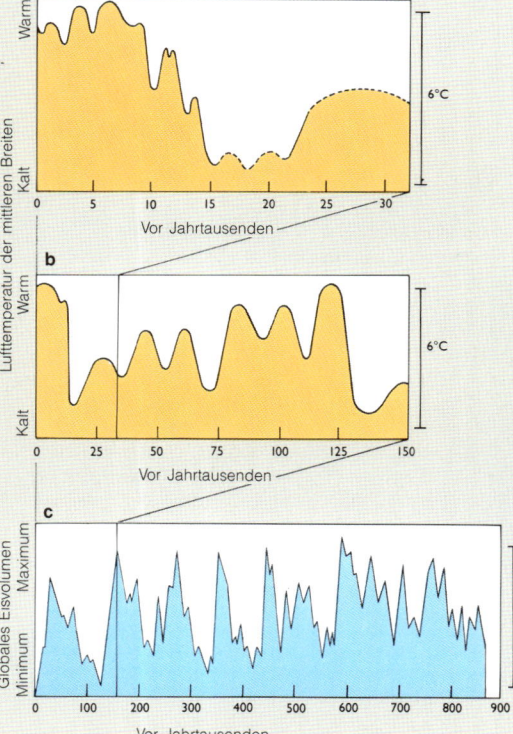

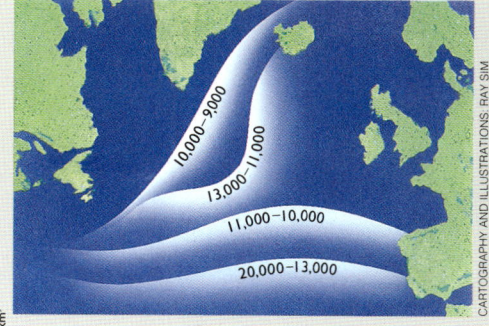

△ Lageveränderungen der ozeanischen Polarfront vor 20 000 bis 9000 Jahren.

AUS RUDDIMAN, W.F. UND MCINTYRE, A. 1981: "THE NORTH ATLANTIC OCEAN DURING THE LAST DEGLACIATION". *PALAEOGRAPHY* 35, 145–214.

Die Vegetation vor 18 000 Jahren

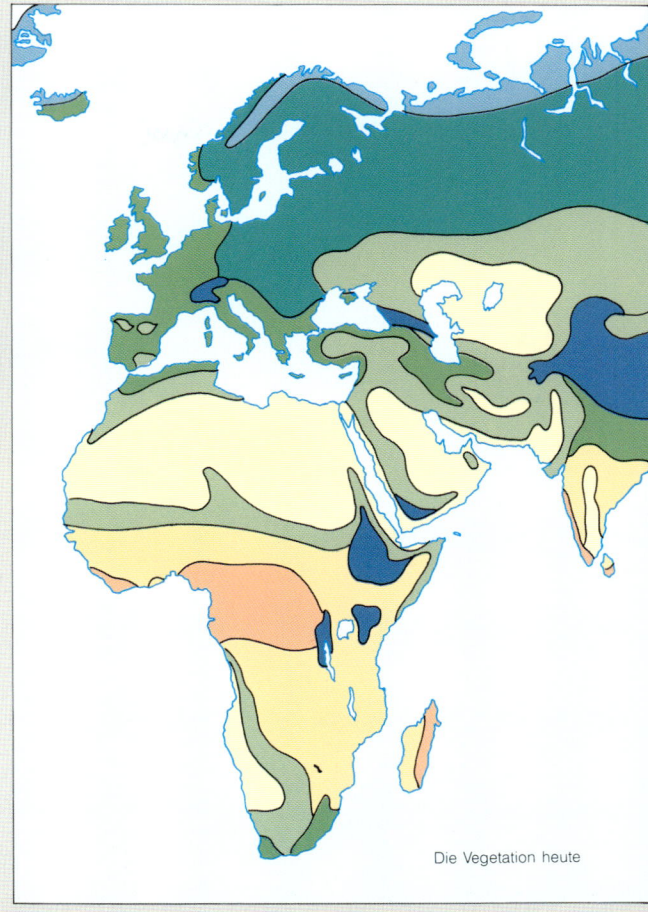

Die Vegetation heute

△ Vegetations- und Klimazonen in Europa und Afrika vor 18 000 Jahren (links) und heute (rechts).

NACH LILJEQUIST, G.H. 1970: *KLIMATOLOGI* (GENERALSTABENS LITOGRAFISKA ANSTALT, STOCKHOLM), UND MCINTYRE ET AL. 1976, IN *GEOLOGICAL SOCIETY OF AMERICA MEMOIR* 145 (BOULDER, COLORADO).

- 🟧 Feucht-tropisch: Regenwälder
- 🟨 Tropisch feucht-trocken: Savannen
- ⬜ Trocken: Wüsten
- 🟩 Halbtrocken und trocken-kontinental: Steppen
- 🟩 Feucht und warm: Immergrüne Wälder und Laubwälder
- 🟩 Feucht und kalt: Nadelwälder
- 🟦 Gebirge
- 🟦 Polar: Tundra
- ⬜ Polar: Eis des Binnenlandes

dings war die Tundrenzone auf dem nordamerikanischen Kontinent wesentlich schmaler als in Europa, und von den niedrigen Wasserständen der Seen und von fossilen Sanddünen wissen wir, daß die Gebiete niedriger und mittlerer Breiten wesentlich trockener waren als heute. Ohne den indischen Monsun war Südostasien grundsätzlich trockener. In den tropischen Regionen führten die insgesamt niedrigeren Temperaturen dazu, daß die Baumgrenze der Gebirge zwischen ein- und zweitausend Meter niedriger lag als heute.

Es beginnt zu tauen

Vor etwa 15 000 Jahren begannen die Temperaturen auf der ganzen Erde zu steigen. Durch das schmelzende Eis dehnten sich die Ozeane aus und überfluteten ehemalige Landbrücken. In den einstigen Tundren wuchsen nun Wälder — in Nordamerika übrigens früher als in Europa — und in den hochproduktiven Grasebenen und halboffenen Waldgebieten, die sich bald entwickelten, lebte eine Fülle von Tieren. In den niedrigen Breiten, etwa in Nordafrika, wurde das Klima feuchter.

Hier verwandelten sich ehemalige Wüsten in Savannen und baumbestandene Ebenen. Sie boten nicht nur den verschiedensten Pflanzen und Tieren eine Heimat, sondern erwiesen sich auch für die Menschen als sehr günstig.

Eine Mini-Eiszeit

Vor ungefähr 11 000 Jahren erreichte die Sonneneinstrahlung in den Gebieten der gemäßigten Breiten einen Höhepunkt, und eine neue Zwischeneiszeit bahnte sich an. Allerdings wurden Europa und Teile Nordamerikas plötzlich von einem eiszeitlichen Klima ergriffen. Während der etwa 500 Jahre dieses Vorgangs wanderte die nordatlantische Polarfront von Island zur Bucht von Biskaya. Die Sommertemperaturen fielen um fünf bis zehn Grad Celsius, und die Eismassen, die gerade begonnen hatten zu schmelzen, nahmen wieder zu. Die Tundra und der Permafrostboden dehnten sich noch einmal aus, und zahlreiche Tiere und Pflanzen mußten nach Süden ausweichen.

Dieser ziemlich rätselhafte Zeitabschnitt endete vor 10 000 Jahren beinahe ebenso plötzlich wie er begonnen hatte. Sein Ende markiert die Grenze zwischen dem Pleistozän und dem Holozän. Mit dem Beginn dieser neuen Zwischeneiszeit breitete sich die Vegetation abermals nach Norden aus. In den hohen Breiten verwandelte sich die eiszeitliche und periglaziale Tundra in waldbestandene Gebiete, wie sie in den gemäßigten Breiten typisch sind. In den niedrigen Breiten dagegen wurden aus der trockenen Wüstensteppe feuchte, tropische Wälder. Es war eine Zeit voller dramatischer Umweltveränderungen, denen sich die Menschen anpassen mußten.

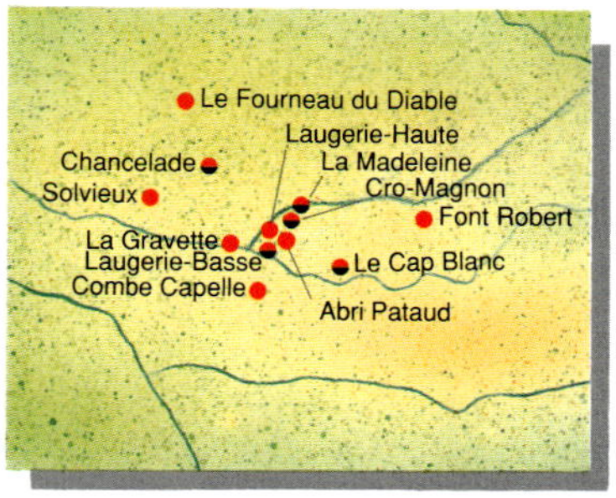

KARTOGRAPHIE: RAY SIM

- Siedlungen
- Gräber

Map labels:
Sungir
Robin Hood's Cave
Pin Hole
Paviland
Gough's Cave
Kent's Cavern
Halling
Fonds-de-Forêt
Pushkari
Mezin
Kostenki
Hengistbury Head
Spy
Engis
Obercassel
Gönnersdorf
Lommersum
Mezhirich
Entzheim
Pincevent
Klause
Vogelherd
Brno
Kulna
Predmosti
Dolní Vestonice
Pavlov
Molodova
Arcy-sur-Cure
Brillenhöhle
Petersfels
Willendorf
Châtelperron
St Germain
s. Ausschnitt
Solutré
Camargo
El Castillo
Duruthy
Le Rond du Barry
Les Hoteaux
Bruniquel
Le Figuier
Arene Candide
Grimaldi
Paglicci
Escoural
Parpalló
Barranc Blanc
Romanelli
San Teodoro

Inset map labels:
Le Fourneau du Diable
Laugerie-Haute
Chancelade
La Madeleine
Solvieux
Cro-Magnon
Font Robert
La Gravette
Laugerie-Basse
Le Cap Blanc
Combe Capelle
Abri Pataud

GRÄBER UND SIEDLUNGEN IM OBEREN
PALÄOLITHIKUM EUROPAS
Die wichtigsten Siedlungen und Gräber im
europäischen oberen Paläolithikum. Der
Ausschnitt zeigt die französische Dordogne.
Dargestellt sind der Küstenverlauf und die
Ausdehnung der Eisdecke, wie sie vor
18 000 Jahren, am Höhepunkt der letzten
Eiszeit vorlagen.

Europa – das rückständige Land

Diese neuen Theorien über die Ursprünge des modernen Menschen haben uns gelehrt, Europa im Zusammenhang mit dessen Entwicklungsgeschichte in ganz anderem Licht zu sehen. Galt dieser Kontinent einstmals als ein Zentrum der physischen und kulturellen Entwicklung, müssen wir es heute als eine rückständige, bedeutende, stagnierende Region ohne weitere Bedeutung ansehen.

Die klassischen menschlichen Fossilfunde aus dem Interglazial vor 300 000 bis 200 000 Jahren, die bei Swanscombe in England und Steinheim in Deutschland gemacht wurden, sind inzwischen durch weitere Funde ergänzt worden. Dazu gehören der griechische Schädel von Petralona, der auf 400 000 bis 300 000 Jahre datiert wird und der Arago-Schädel aus den französischen Pyrenäen, der etwa 200 000 Jahre alt ist. Sie alle sind heute — gemeinsam mit ihren afrikanischen Zeitgenossen — als *Homo heidelbergensis* klassifiziert. Zwar hatte man die früheren Funde für Vorfahren des modernen Menschen gehalten und daher »prä-sapiens« genannt, doch weisen die neueren Funde darauf hin, daß sie mit höherer Wahrscheinlichkeit die Vorfahren der europäischen Neandertaler sind. Gerade diese »Prä-sapiens«-Funde bildeten das Gerüst für das »Kandelaber-Modell« der menschlichen Evolution.

Homo sapiens sapiens trat vor etwa 40 000 Jahren während der letzten Eiszeit in Europa auf, und zwar in Gestalt der Cro-Magnon-Menschen, die ihren Namen einem Fundort bei Les Eyzies in der Dordogne (Frankreich) verdanken. Sie fanden ein erheblich unwirtlicheres Klima vor als in ihrer nordafrikanischen Heimat, aber sie paßten sich nach und nach an. Allmählich hellte sich ihre Hautfarbe auf, um die Absorption der schwachen nördlichen Sonneneinstrahlung zu erleichtern, die für die Produktion des Vitamin D erforderlich ist. Das arktische Klima stellte an das Überleben dieser Menschen ganz andere Anforderungen.

Zu dieser Zeit hatte Europa noch ein ganz anderes Gesicht. Die gesamte skandinavische Halbinsel sowie große Gebiete Norddeutschlands, Englands und Irlands war von einer ein Kilometer mächtigen Eisschicht bedeckt. Aus diesem Grund lag der Meeresspiegel viel niedriger als heute. Südlich der Eisgrenze breiteten sich weite Tundraebenen aus, auf denen eine reiche Faunenvielfalt zu finden war, unter anderem Rentiere, Pferde, Auerochsen, Wisente, Hirsche, Mammute und Nashörner. Löwen, Leoparden und Wölfe machten den Menschen das Wild streitig. England und Irland gehörten zur kontinentalen Landmasse, und große Bereiche der Bucht von Biskaya und der Nordsee lagen trocken. In Südfrankreich und auf der iberischen Halbinsel war das Klima bereits freundlicher. Hier erreichten die Temperaturen im Sommer 15 Grad Celsius, und das Nahrungsangebot

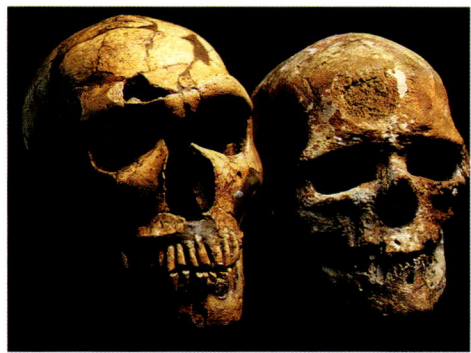

war reicher und vielfältiger, denn neben zahlreichen Pflanzen gab es hier auch Fische und andere Meerestiere.

Die Überreste Neandertaler-ähnlicher Individuen, die man bei Hahnöfersand bei Hamburg und St. Césaire (Frankreich) ausgegraben hat, zeigen, daß überlebende Neandertaler Seite an Seite mit den neuen Einwanderern lebten. Diese Fossilien wurden auf ein Alter von 36 000 beziehungsweise 31 000 Jahren datiert und liegen damit später als das Auftauchen von *Homo sapiens sapiens* in Europa. Vielleicht haben sich die Neandertaler und die modernen Menschen an einigen Stellen vermischt, so daß sich die ursprüngliche Bevölkerung in gewissem Rahmen anglich. Im Prinzip aber nahmen die Eindringlinge das Ruder in die Hand. Aus zeitlichen Gründen war eine Evolution vom Neandertaler zu *Homo sapiens sapiens* nicht möglich; die physischen Unterschiede waren zu groß. Wie Richard Klein es formulierte, waren »die Menschen des oberen Paläolithikums, verglichen mit ihren Vorfahren, bemerkenswert innovativ und erfindungsfreudig. Dies zeichnet sie mehr aus als alles andere.«

Werkzeuge und Traditionen

Das obere Paläolithikum war eine Zeit intensiver Entwicklung und Neuentdeckungen. Die Cro-Magnon-Menschen fertigten zahlreiche neue Werkzeuge an, die für eine breite Spanne recht spezieller Anwendungen geeignet waren. Anders als die Neandertaler besaßen die Cro-Magnon-Menschen eine deutliche Vorstellung davon, wie das »ideale Werkzeug« aussehen sollte. Es tauchten die verschiedensten Schaber, Meißel, Speerspitzen und Messer auf. Sie alle waren mit Hilfe der neuen Klingen-Technologie aus Feuerstein gemacht. Die Ausführungen variierten je nach Funktion, der betreffenden Region, dem Zeitabschnitt und vermutlich auch nach den sozialen Umständen des Besitzers.

Erstmals wurden Knochen, Geweihe und Elfenbein in weitem Umfang eingesetzt, um Gegenstände des täglichen Gebrauchs, aber auch zeremonielle Gegenstände und Statussymbole herzustellen. Letztere waren häufig mit elegant geschnitzten Mustern verziert oder wie Tiere geformt. Es wurden zahlreiche spezielle Formen von Meißeln gefunden, was zeigt, daß diese Menschen mit diesen plastischen, organischen Rohmaterialien gern umgingen. Durch einen tiefen Einschnitt an je-

der Seite eines Tierknochens spalteten sie ihn in zwei Hälften und hatten damit das Rohmaterial für wundervoll gearbeitete Knochenwerkzeuge, wie Harpunen, Fischspeere, Spitzen und Schmuckstücke. Man hat sogar Nadeln entdeckt, was vermuten läßt, daß die Cro-Magnon-Menschen die ersten waren, die Kleidung und Zelte aus Tierhäuten zusammennähten. Hirschgeweihe wurden zu wirkungsvollen Speerschleudern verarbeitet, der fortschrittlichen Waffe dieser Zeit.

Als das Paläolithikum zum ersten Mal untersucht wurde, ordnete man alle diese neuen Werkzeuge chronologisch und geographisch in einer Folge archäologischer Zeiträume an. Diese Unterteilungen nutzen wir noch heute, um verschiedene Stadien des oberen Paläolithikums zu unterscheiden. Da der größte Teil dieser Forschung in Frankreich durchgeführt wurde, sind die Zeitabschnitte nach bedeutenden französischen Fundorten benannt. Allerdings weiß man über ihre Beziehungen zueinander kaum etwas. Einige existierten nebeneinander, und es ist wohl richtig anzunehmen, daß die unterschiedlichen Stilrichtungen auf verschiedene regionale Traditionen ebenso stark zurückzuführen sind wie auf eine zeitgebundene Entwicklung.

Die Anfänge der Technologie im oberen Paläolithikum Europas hängen mit zwei kulturellen Abschnitten zusammen, dem Aurignacien und dem Châtelperronien, benannt nach den französischen Fundstätten Aurignac und Châtelperron. Beide existierten in verschiedenen Gegenden vor 35 000 bis 30 000 Jahren. Die Tradition des Aurignacien spielte in weiten Teilen West- und Südeuropas die

◁ Der Schädel eines Neandertalers von La Ferrassie in der Dordogne, Frankreich (links) im Vergleich zu dem eines anatomisch modernen Menschen, der bei Cro-Magnon in derselben Gegend gefunden wurde. Neandertaler-Schädel zeichnen sich durch eine fliehende Stirn, einen langen, niedrigen Hirnschädel und schwere Überaugenwülste aus.
JOHN READER/SCIENCE PHOTO LIBRARY/THE PHOTO LIBRARY

◁ Knochenharpunen mit Widerhaken gehörten zu den typischen Werkzeugen des Magdalénien am Ende des oberen Paläolithikum. Mehrere unterschiedliche Typen lassen vermuten, daß sie jeweils ganz besonderen Zwecken dienten.
DAVID L. BRILL, © 1985

△ Diese wunderschöne Speerspitze aus Feuerstein in der Gestalt eines Lorbeerblattes stammt aus der Höhle von Placard bei Vilhonneur (Charente, Frankreich). Sie ist typisch für die sogenannte Solutréen-Phase.
J. M. LABAT/AUSCAPE

TIERE DER EUROPÄISCHEN EISZEIT

RONNIE LILJEGREN

Während der letzten Eiszeit bildete Mitteleuropa — von der Atlantikküste bis zum Ural — den Teil einer umfangreichen Steppentundra, die allgemein als die Kältesteppe bekannt ist. Sie erstreckte sich über ganz Asien bis zum Pazifik und hing zeitweilig über die Bering-Landbrücke sogar mit den Steppen Nordamerikas zusammen. Zwar veränderten sich die Grenzen dieser Steppen immer wieder mit dem Klima, aber das Zentrum blieb während der gesamten letzten Vereisung gleich. Auf der

Steppe herrschte ein kaltes, trockenes Klima, häufig mit starken Winden, und im Sommer erreichten die Temperaturen Werte bis zu 15 Grad Celsius.

Dank der unterschiedlichen Bodentypen und des variierenden Einflusses von Wind, Sonne und Wasser entwickelte sich eine Reihe örtlich begrenzter Landschaftstypen, die jeweils von zahlreichen Tieren bevölkert waren. Gräser, Riedgräser, Wermutgewächse und andere resistente Arten überzogen das Land in unregelmäßigen Abständen. Am Ende der

Das Kältesteppenmammut (*Mammuthus primigenius*), einst vielleicht das häufigste Tier der Steppe, konnte eine Schulterhöhe von drei Meter erreichen, war aber zumeist etwas kleiner. Am Ende der letzten Eiszeit verschwand es aus Europa, überlebte jedoch möglicherweise in Asien weitere tausend Jahre.

Der Höhlenbär (*Ursus spelaeus*) war zu Anfang der letzten Eiszeit noch recht häufig, verschwand aber, als diese sich ihrem Ende näherte. Er besaß etwa die Größe des heutigen Kodiak-Bären, lebte aber ausschließlich vegetarisch. In europäischen Höhlen wurden die Überreste Tausender dieser Bären gefunden.

Das Wildpferd (*Equus ferus*) war mit einer Schulterhöhe zwischen 115 und 145 Zentimeter recht klein. Dieser Steppenbewohner, der insbesondere am Ende der letzten Eiszeit häufig war, wurde vom Menschen heftig bejagt. Dennoch überlebte er in Osteuropa und Asien beinahe bis in unsere Zeit.

Der Wolf (*Canis lupus*) hat mit Erfolg überlebt und wird noch immer in einigen wilderen Teilen Europas, sowie in Asien und Nordamerika angetroffen.

Der Höhlenlöwe (*Panthera leo spelaea*) war etwa um ein Drittel größer als der Afrikanische Löwe, mit dem er vermutlich eng verwandt war. Man weiß allerdings nichts über sein Verwandtschaftsverhältnis zu den Löwen, die später in Asien und auf dem Balkan zu Hause waren. Am Ende der letzten Eiszeit ist er aus Europa verschwunden.

Der Vielfraß (*Gulo gulo*) war erheblich größer als die heute lebenden Exemplare. Er bewohnte die Steppe nur in geringer Dichte. Heute lebt er im Norden Europas, Asiens und Nordamerikas.

Das Moor-Schneehuhn (*Lagopus lagopus*) ist aus pleistozänen Ablagerungen bekannt und existiert immer noch. Obwohl fossile Vogelknochen nur selten erhalten sind, wurden zahlreiche Arten identifiziert.

Wildpferd
Wolf
Höhlenlöwe
Kältesteppenmammut
Vielfraß
Höhlenbär
Moor-Schneehuhn

PETER SCHOUTEN '92

Eiszeit, vor etwa 10 000 Jahren, wurde das Klima rasch wärmer, und die Waldbestände nahmen zu. Einige Tiere paßten sich den veränderten Bedingungen an oder wanderten in andere Gebiete aus, viele aber starben aus. Etliche Arten waren bereits früher, während der späteren Stadien der Eiszeit, verschwunden. Und anderenorts, besonders auf den amerikanischen Kontinenten, waren derartige Fälle aussterbender Arten noch drastischer.

Es gibt keine konkreten Hinweise dafür, daß es schon in den Eiszeiten davor zu vergleichbaren Aussterbewellen kam, und dieses Phänomen wird durch keine Theorie zufriedenstellend erklärt.

Jedenfalls kann der Mensch allein am Aussterben so vieler Arten nicht Schuld sein. Ebenso unwahrscheinlich ist, daß so viele Arten unfähig gewesen sein sollen, sich den neuen Umweltbedingungen anzupassen, wenn man voraussetzt, daß sie vergleichbare Veränderungen in der Folge früherer Eiszeiten bereits überlebt haben.

Die Ursachen für das Aussterben dieser Arten bleiben rätselhaft. Wir können nur vermuten, daß es durch eine bisher unbekannte Kombination von Faktoren verursacht wurde, unter denen Klimaveränderungen und menschliche Aktivitäten eine Rolle spielen.

Steppenbison

Rentier

Saiga-Antilope

Moschusochse

Wollnashorn

Höhlenhyäne

Irischer Riesenhirsch

Ziesel

ILLUSTRATIONEN: PETER SCHOUTEN

Das einst häufige **Steppenbison** (*Bison priscus*) starb am Ende der letzten Eiszeit aus. Dieses mächtige Tier war etwa drei Meter lang und besaß eine Schulterhöhe von über zwei Meter. Seine Verwandtschaft zum modernen Wisent ist ungeklärt.

Das Rentier (*Rangifer tarandus*) gehörte zu den häufigsten Bewohnern der Steppe, insbesondere während der Spätphase der letzten Eiszeit. Heute lebt es noch in Nordeuropa und in Asien.

Der Moschusochse (*Ovibos moscatus*) war ein weiterer typischer Steppenbewohner. Am Ende der letzten Eiszeit ist er aus Europa verschwunden und lebt heute nur noch in Kanada und auf Grönland.

Das Wollnashorn (*Coelodonta antiquitatis*) verschwand vor etwa 12 000 Jahren. Es trug auf der Nase zwei sehr lange Hörner.

Die Höhlenhyäne (*Crocuta crocuta spelaea*) gehörte vermutlich derselben Art an wie die heutige Tüpfelhyäne aus Afrika, war jedoch erheblich größer. Sie verschwand aus Europa am Ende der letzten Eiszeit.

Der Irische Riesenhirsch (*Megaloceros giganteus*) besaß beinahe die Größe eines Alaska-Elches. Sein riesiges Geweih diente vermutlich anderen Männchen gegenüber als Zeichen der Überlegenheit und wirkte auf die Weibchen anziehend. Er verschwand am Ende der letzten Eiszeit.

Der Ziesel (*Citellus citellus*), eine Art Erdhörnchen, bevorzugte in der Steppe Gebiete mit Lößboden. Heute lebt er im Osten Mitteleuropas.

Die Saiga-Antilope (*Saiga tartarica*) war eine weitere typische Bewohnerin der Steppe. Heute kommt sie im Süden Rußlands und den asiatischen Steppen vor.

87

BOHUSLAV KLIMA

beherrschende Rolle. Es war die Kultur der Cro-Magnon-Menschen, und die meisten menschlichen Fossilfunde, einschließlich der Gräber, stammen aus dieser Zeit. Auch die Châtelperronien-Tradition, die lokal stärker begrenzt war, steht mit dem modernen Menschen in Verbindung, sieht man von einem Neandertaler-Schädel ab, der aus der frühen Châtelperronien-Zeit bei St. Césaire stammt. Wie bereits erwähnt, zeigt dies, daß die Neandertaler mit den Cro-Magnon-Menschen eine Zeitlang nebeneinander lebten. Und es zeigt auch, daß sie, wenigstens in einem gewissen Rahmen, deren Technologie übernahmen.

Vor ungefähr 27 000 Jahren tauchte die Gravettien-Tradition auf (sie trägt ihren Namen nach dem Fundort von La Gravette), der sich die Solutréen-Tradition (nach dem Fundort von Solutré) anschloß. Typisch für das Gravettien ist vor allem das Aufkommen künstlerischer Ausdrucksformen, insbesondere in Gestalt kleiner, stilisierter weiblicher Figuren, die als Venus-Figurinen bekannt sind. Als diese Menschen in Europa eintrafen, hatten die Vertreter der Aurignacien-Kultur bereits die Fähigkeit entwickelt, sich symbolhaft durch das Medium der Kunst auszudrücken. Überall herrschte der Sexualsymbolismus; es wurden häufig Vulvae dargestellt. Allerdings belegen die eleganten Venus-Figurinen mit ihren übertrieben dargestellten schwellenden Brüsten und Hüften ganz eindeutig, daß sich die rituellen und zeremoniellen Einrichtungen über gewaltige Entfernungen allmählich festigten. Ganz ähnliche Figuren tauchen südlich der Eisgrenze überall entlang eines Gebietes auf, das sich zusammenhängend von der Atlantikküste im Westen bis nach Sibirien im Osten erstreckt. Zum ersten Mal können wir verfolgen, daß die Menschen ein Bedürfnis hatten, über riesige Entfernungen mit anderen Menschen in Kontakt zu treten. Über ganz Europa wurden exotische Rohmaterialien transportiert und ausgetauscht, in erster Linie Muschelschalen vom Atlantischen Ozean und vom Mittelmeer, aber auch Bernstein. Alles weist darauf hin, daß wiederholte Begegnungen mit anderen Gruppen in dem sozialen System dieser Menschen zunehmend wichtiger wurden.

In diesem Zusammenhang ist eine Reihe bedeutender Fundorte von besonderem Interesse. Bei Dolní

△ Bei Dolní Věstonice in Moravia (Tschechische Republik) wurden gut erhaltene Gräber freigelegt. Zwei der Schädel waren mit Elfenbeinperlen und den Zähnen des Wolfes und des Polarfuchses geschmückt. Neben dem linken Skelett liegt roter Ocker auf dem Boden.

▷ Dolní Věstonice gehört zu den bekanntesten und bedeutendsten Fundorten des oberen Paläolithikums. Während der Ausgrabungen fand man die Überreste mehrerer Hütten, die etwa 28 000 Jahre alt sind. In einer davon befand sich ein Ofen, in dem Tonfiguren gebrannt worden waren.

BOHUSLAV KLIMA

△ Rekonstruktion einer Unterkunft aus Mammutknochen, die bei Pushkari in der Ukraine entdeckt worden war. Sie maß 12 mal 4,5 Meter und bestand aus drei kreisrunden, aneinandergereihten Hütten.

ILLUSTRATION: STEVE TREVASKIS

Věstonice (in der ehemaligen Tschechoslowakei) grub man einige umfangreiche Freiluftsiedlungen aus, die auf ein Alter von etwa 27 000 Jahren datiert wurden. Die Menschen dieser Gegend lebten in versenkten Häusern, deren Boden um etwa einen Meter abgesenkt war, um die Versiegelung des Daches zum Boden gegen die Winterstürme zu erleichtern. Die Wände bestanden aus hölzernen Pfählen, die mit Tierhäuten bespannt waren. Da ständig Feuer unterhalten werden mußten und das Holz knapp war, verbrannten die Leute stattdessen Mammutknochen. Nach Schätzungen wurden diese Siedlungen von mindestens 100 bis 125 Menschen bewohnt.

Eine ähnliche Reihe von Siedlungen und Sammellagern aus einer Zeit vor etwa 25 000 Jahren wurde bei Kostenki in der Ukraine an den Ufern des Don freigelegt. Da kein Holz zur Verfügung stand, wurden die Häuser ausschließlich aus Mammutknochen errichtet — ein fürwahr spektakulärer Anblick. Zwar sind die Grundrisse schwer zu deuten, doch scheint es sich um 12 Meter lange Langhäuser gehandelt zu haben.

Die bedeutendste Region im oberen Paläolithikum war jedoch Südfrankreich. Obwohl auch in dieser Region Spuren von Freiluft-Siedlungen gefunden wurden, lebten die meisten Menschen unter dem Schutz natürlicher Felsüberhänge oder *Abri,* die so typisch für dieses Kalksteingebiet sind.

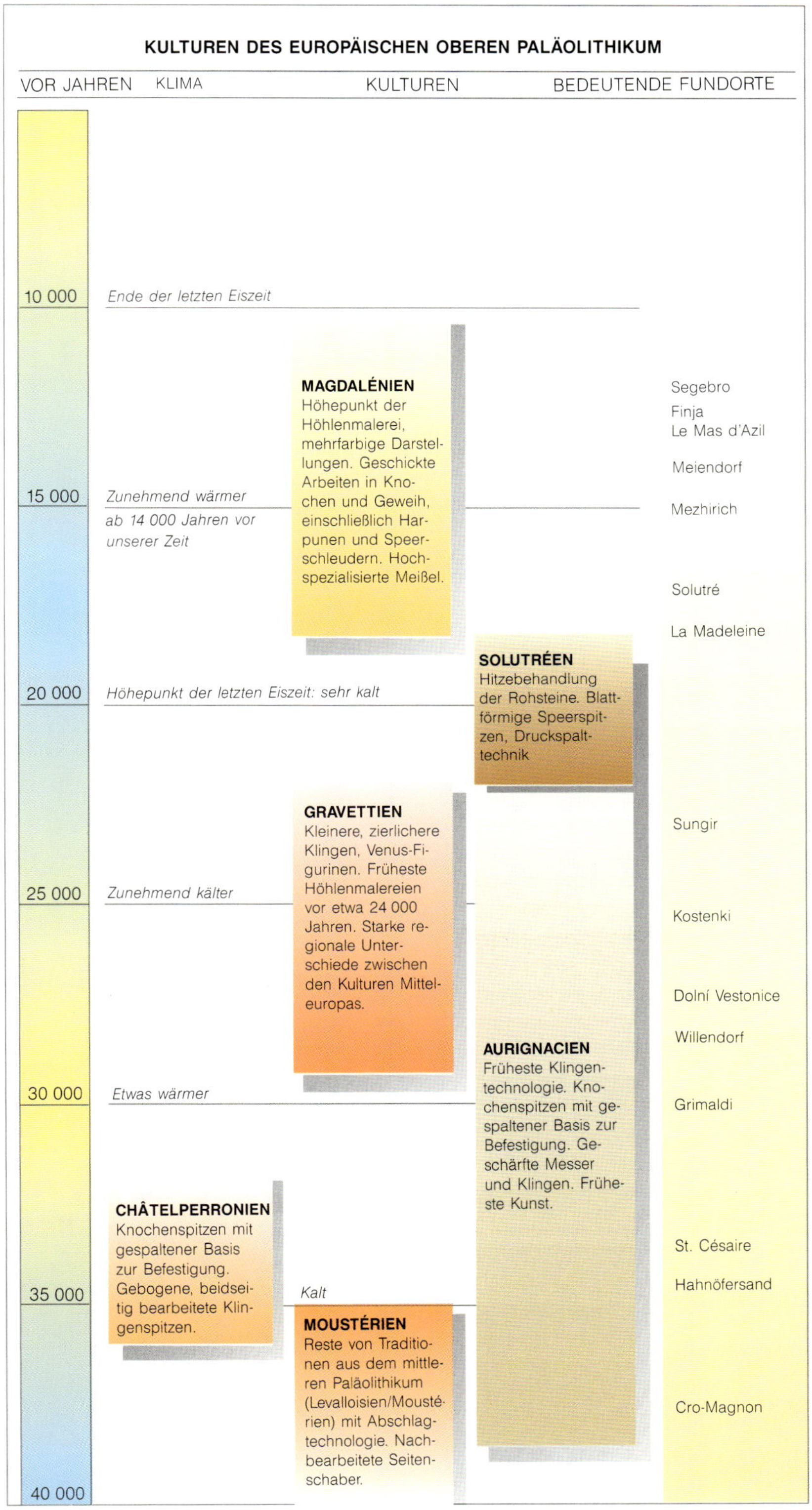

IRA BLOCK, 1989

KULTUREN DES EUROPÄISCHEN OBEREN PALÄOLITHIKUM

VOR JAHREN	KLIMA	KULTUREN	BEDEUTENDE FUNDORTE
10 000	Ende der letzten Eiszeit		
		MAGDALÉNIEN Höhepunkt der Höhlenmalerei, mehrfarbige Darstellungen. Geschickte Arbeiten in Knochen und Geweih, einschließlich Harpunen und Speerschleudern. Hochspezialisierte Meißel.	Segebro Finja Le Mas d'Azil Meiendorf Mezhirich
15 000	Zunehmend wärmer ab 14 000 Jahren vor unserer Zeit		
			Solutré La Madeleine
20 000	Höhepunkt der letzten Eiszeit: sehr kalt	**SOLUTRÉEN** Hitzebehandlung der Rohsteine. Blattförmige Speerspitzen, Druckspalttechnik	
		GRAVETTIEN Kleinere, zierlichere Klingen, Venus-Figurinen. Früheste Höhlenmalereien vor etwa 24 000 Jahren. Starke regionale Unterschiede zwischen den Kulturen Mitteleuropas.	Sungir
25 000	Zunehmend kälter		Kostenki
			Dolní Vestonice
		AURIGNACIEN Früheste Klingentechnologie. Knochenspitzen mit gespaltener Basis zur Befestigung. Geschärfte Messer und Klingen. Früheste Kunst.	Willendorf
30 000	Etwas wärmer		Grimaldi
	CHÂTELPERRONIEN Knochenspitzen mit gespaltener Basis zur Befestigung. Gebogene, beidseitig bearbeitete Klingenspitzen.		St. Césaire
35 000	Kalt		Hahnöfersand
		MOUSTÉRIEN Reste von Traditionen aus dem mittleren Paläolithikum (Levalloisien/Moustérien) mit Abschlagtechnologie. Nachbearbeitete Seitenschaber.	Cro-Magnon
40 000			

◁ Freilegung von Mammutknochen bei Kostenki in der Nähe von Voronesch (Rußland). In diesem Gebiet wurden etwa 20 Fundstellen aus dem oberen Paläolithikum entdeckt, und man konnte mehrere Hütten und zahlreiche Kunstgegenstände bergen. Kostenki enthielt mehr Venus-Figurinen als irgendein anderer Fundort in Europa.

△ Unter diesen Klippen in Solutré bei Lyon (Frankreich) wurden riesige Mengen von Pferdeknochen gefunden. Demnach waren an dieser Stelle während des oberen Paläolithikum immer wieder diese Tiere gejagt worden.

Jäger des Nordens: Das Magdalenien

Vor ungefähr 18 000 Jahren wurde die Solutréen-Tradition von einer Welle technologischer, intellektueller und kultureller Entwicklungen fortgespült, die die Tradition des Magdalenien kennzeichnet. Diese verdankt ihren Namen der berühmten *Abri*-Siedlung von La Madeleine, die nahe Les Eyzies in der Dordogne an den Ufern des Vézère-Flusses liegt. Das Magdalenien sollte erst vor 10 000 Jahren zu Ende gehen, und hier zeigten sich die intensivsten Veränderungen des gesamten oberen Paläolithikums.

Die Menschen, die diesen neuen Abschnitt einleiteten, hatten sich in vollkommener Weise ihrer eiszeitlichen Umgebung angepaßt. Im Verlauf von 8000 Jahren erreichte sowohl die handwerkliche Geschicklichkeit (in Gestalt von Gegenständen, die aus Knochen, Geweihen und Feuerstein hergestellt wurden) als auch die Kunst (in Form tragbarer Kunstgegenstände und der Höhlenmalerei) einen Höhepunkt. Mehr als 80 Prozent aller bekannten Höhlenmalereien entstand in dem Zeitraum vor 15 000 bis 12 000 Jahren, während des späten Magdalenien.

In dieser Zeit gewannen Versammlungsplätze an Bedeutung. Vier Siedlungen der Dordogne, darunter auch La Madeleine, erbrachten 80 Prozent aller bekannten beweglichen Kunstgegenstände des Magdalenien dieser Region. Und viele der großen Höhlen mit ihren Malereien und Schnitzereien, wie zum Beispiel Lascaux, Pech-Merle und Niaux in Frankreich und Altamira in Spanien, wurden vermutlich als gemeinschaftliche Zeremonienplätze genutzt.

Die gewaltige Höhle von Le Mas d'Azil in den Pyrenäen ist derjenige Fundort, der uns am meisten über die soziale Organisation verrät, die am Ende der letzten Eiszeit herrschte. Sie diente zu gewissen Jahreszeiten benachbarten Menschengruppen, die von sehr weit her zusammenkamen, als Treffpunkt. Die mächtigen Schichten im Inneren der Höhle, so tief wie ein zwanzigstöckiges Haus, förderten zu Tausenden Beispiele beweglicher Kunst- und Schmuckgegenstände zutage, einschließlich einiger wunderschön geschnitzter Speerschleudern. Noch über das Ende des Paläolithikums hinaus war die Höhle ein bedeutender Ort, an dem man wohnte, sich versammelte oder Zeremonien abhielt. Darum erhielt die Übergangszeit zwischen dem Ende des Paläolithikums und dem Aufkommen der Jäger und Sammler in dem nacheiszeitlichen Mesolithikum den Namen Azilien.

Die ersten Hirten?

Die Menschen des Magdalenien waren in erster Linie Großwildjäger. Sie jagten zumeist geweihtragende Tiere, insbesondere Rentiere, die zum bei weitem wichtigsten Jagdwild wurden — 99 Prozent aller Tierknochen, die an vielen Stellen dieses Zeitabschnitts gefunden wurden, stammen von dieser Art. Auf der Suche nach Weidegründen wandern Rentiere zu bestimmten Jahreszeiten über sehr weite Strecken, manchmal über Tausende von Kilometer. Und Jäger, die ganzjährig von diesem Wild leben, müssen den wandernden Herden natürlich folgen.

Der britische Archäologe Paul Bahn vermutet, daß die Menschen im oberen Paläolithikum Südfrankreichs und der Pyrenäen wahrscheinlich kaum anders lebten als die heutigen Rentierjäger und -hirten Sibiriens. Diese Menschen leben saisonal nomadisch, und neben der Jagd halten sie sich domestizierte Tiere, um

◁ Ein Blick aus der Luft auf den Vézère-Fluß bei La Madeleine in der Dordogne (Frankreich). Dieses Gebiet war ein bedeutender Sammelplatz für die Gruppen der nomadischen Großwildjäger, die die Umgebung während der letzten Eiszeit durchstreiften.

△ Die Halfter-ähnlichen Gravierungen auf diesem aus Knochen geschnitzten Pferdekopf, der bei St. Michel d'Arudy, Basses-Pyrénées (Frankreich), entdeckt worden war, werden von einigen Fachleuten als Beweise dafür gehalten, daß das Pferd im oberen Paläolithikum schon domestiziert war.

MUSEE DES ANTIQUITES NATIONALES,
ST.-GERMAIN-EN-LAYE/R.M.N.

△ Bei den Wildpferden des eiszeitlichen Europa handelte es sich um Przewalski-Pferde, einer Art, die noch bis vor kurzer Zeit die mittelasiatischen Steppen durchstreifte. Das Pferd war damals eine bedeutende Nahrungsquelle und dürfte bis zu einem gewissen Grad auch schon domestiziert worden sein.

GERARD LACZ/N-HPA

sich mit Milch und Lasttieren zu versorgen. Wie Paul Bahn vermutet, zogen die Rentiere bei ihren jahreszeitlichen Wanderungen aus der Dordogne in verschiedene Richtungen: zur Atlantikküste an der Bucht von Biskaya, zu den Pyrenäen und vielleicht auch zu den Alpen. Die Untersuchung des Knochenmaterials der *Abri*-Siedlung von Abri Pataud in Les Eyzies zeigte, daß die Siedlung nur während des Spätherbstes, des Winters und des frühen Frühjahrs bewohnt war. In nahezu jeder Inlandssiedlung wurden größere Haufen von Herz- und Miesmuschelschalen entdeckt. Es ist also anzunehmen, daß die Menschen den Herden auf ihrem Weg zur Atlantikküste gefolgt sind.

Aufgrund dieser Befunde vertritt Bahn die Ansicht, daß die Jäger des Madgalenien einen Teil der Rentierherden gezähmt haben. Lange Zeit fragte man sich, ob sie nicht vielleicht auch ein anderes wichtiges Herdentier domestiziert hätten — das Pferd.

Am Ende des 19. Jahrhunderts äußerte der französische Forscher Edouard Piette die Ansicht, daß die Großwildjäger des oberen Paläolithikums einige Tiere, insbesondere Rentiere und Pferde, unter ihre Kontrolle gebracht oder sogar domestiziert haben. Um seine These zu belegen, verwies er auf Schnitzereien und Bilder, auf denen Tiere dargestellt waren, die offenbar ein Halfter oder irgendeine Form von Geschirr trugen — zum Beispiel ein Rentierbulle am *Abri* von Laugerie-Basse und ein Pferd in der Höhle von La Pasiega. Das erstaunlichste Beispiel war jedoch 1893 in der Höhle von St. Michel d'Arudy gefunden worden: ein geschnitzter Pferdekopf, der etwas trug, das nichts anderes sein konnte als ein Halfter aus geflochtenem Seil. Die Theorien Piettes wurden stark kritisiert, insbesondere von dem legendären und sehr einflußreichen Abbé Breuil, und als er 1906 gestorben war, wurde die Angelegenheit mehr oder weniger vergessen.

60 Jahre nach dem Tode Piettes fanden zwei französische Forscher bei La Marche im Südwesten Frankreichs einen geschnitzten Pferdekopf, der ein Halfter trug. Wie Paul Bahn meint, wurde das Halfter erst nach Fertigstellung des Kopfes angebracht. Dies dürfte belegen, daß Pferde damals zum Reiten oder als Lasttiere gebraucht wurden. Nach der Aussage von Forschern, die Pferdezähne aus der Zeit vor 30 000 Jahren untersuchten, zeigten viele davon deutliche Spuren des sogenannten Krippensetzens — also Abnutzungsspuren, die entstehen, wenn ein Pferd sich angewöhnt hat, in seine Box zu beißen — ein Verhalten, das unter wilden Pferden angeblich nicht vorkommt. Allerdings wurde dies in letzter Zeit von anderen Wissenschaftlern stark bezweifelt. Sie sehen darin eher natürliche Abnutzungsspuren.

Trotz allem weist einiges darauf hin, daß die Großwildjäger des oberen Paläolithikums tatsächlich eine gewisse Kontrolle über Pferde- und Rentierherden ausübten, vielleicht auch über Bergziegen. Wie verträgt sich dies nun mit den großen Treibjagden und Massentötungen, die für diese Zeit so typisch gewesen sein sollen? Diese Jagdmethoden erforderten das Zusammenwirken sehr vieler Jäger, denen nicht anderes übrigblieb, als die Herden über einen Abhang oder in eine enge Schlucht zu jagen, wo sich die Tiere leicht überwältigen ließen. Allerdings ist es nicht gerade einfach, eine galoppierende Pferdeherde zu Fuß zu treiben. Vielleicht waren diese Jäger des oberen Paläolithikums tatsächlich die ersten Reiter.

Eine dieser Fundstellen, die häufig als Paradebeispiel für diese großangelegte Jagdstrategie angeführt wird, ist ein Steilhang bei Solutré im Rhône-Tal. Am Fuße der Klippen förderten Ausgrabungen die Überreste Zehntausender von Pferden zutage, die auf ein Alter von 17 000 Jahren datiert wurden, also in das frühe Magdalenien fallen. In letzter Zeit stellte man fest, daß sich dieser Ort zwar nicht besonders für Treibjagden eignete, umso mehr aber für die Umzingelung. Wahrscheinlich diente der Hang eher als eine Barriere, um die Tiere einzuengen und dann aufzuteilen und zu töten. Junge Tiere wurden vermutlich für den künftigen Gebrauch geschont, wodurch eine fortlaufende Nahrungsversorgung dieser Menschen sichergestellt war.

Unabhängig davon, zu welchen Ergebnissen die zukünftige Forschung bei der Frage kommen wird, in welchem Maße sich die Menschen der Eiszeit Tiere nutzbar machten, variierten jedoch die Lebensbedingungen und das Nahrungsangebot in Eurasien ganz erheblich. Während in den Tundren am Rande des Eises die Großwildjagd überlebenswichtig war, versorgte das mildere Klima Südwesteuropas die Menschen mit einer reichen, berechenbaren Vielfalt an Nahrungsmitteln. Wie bereits erwähnt, waren in den meisten Siedlungen dieses Gebietes Herz- und Miesmuschelschalen gefunden worden. Es wurde also Nahrung aus dem Meer gegessen, wenigstens während gewisser Monate. Die zahlreichen Abbildungen von Lachs, Seezunge und anderen Meerwasserfischen unter den Höhlenmalereien weisen offenbar darauf hin, daß die Fischerei beim Nahrungserwerb dieser Menschen eine wichtige Rolle spielte. In einigen Gebieten mag der Fisch sogar das Grundnahrungsmittel gewesen sein, was die Bevölkerung dazu brachte, ein seßhaftes Leben zu führen. In Westeuropa stand pflanzliche Nahrung beliebig zur Verfügung, weiter östlich offenbar nicht. Alle diese Faktoren förderten in entscheidender Weise das Bevölkerungswachstum,

BRYAN AND CHERRY ALEXANDER/NHPA

das wiederum neue Formen sozialer Organisation und zeremoniellen Lebens einleitete.

Die Entstehung der sozialen Ungleichheit

Besonders in Südfrankreich verursachte das üppige Nahrungsangebot während des Magdalenien einen bedeutenden Bevölkerungszuwachs. Man schätzt, daß in dieser Gegend vor 20 000 Jahren zwischen 2 000 und 3 000 Menschen lebten. Zehntausend Jahre später, am Ende der Eiszeit, muß sich diese Zahl verdreifacht haben. Während der letzten Abschnitte des Magdalenien wurden die *Abri*-Siedlungen wesentlich größer. In einigen davon, wie Laugerie-Haute, Laugerie-Basse und St. Christophe, am Vézère-Fluß nahe bei Les Eyzies, müssen zu bestimmten Jahreszeiten mehrere hundert Menschen gleichzeitig gewohnt haben. Und einige Gruppen, oder Teile davon, lebten in diesem Gebiet vermutlich während des ganzen Jahres.

Wie kann man sich die Gesellschaftsordnung dieser Menschen innerhalb und zwischen verschiedenen Gruppen vorstellen? In den traditionellen Gesellschaften der Gegenwart sind es zwei Hauptfaktoren, die die Größe einer Gruppe bestimmen: die Fähigkeit zu überleben und das Vermögen, in Frieden zu leben. Die Überlebenschance wird drastisch reduziert, wenn die Gruppe zu klein ist. Während ein einzelnes Individuum selten länger als ein Jahr überlebt, hält eine Gruppe von fünf Menschen unter Umständen bis zu einer Generation (etwa 30 Jahre) durch. Eine Gruppe von etwa 25 Leuten hat gute Aussichten, vielleicht 500 Jahre zu überleben — vorausgesetzt, daß sie regelmäßige Kontakte mit anderen Gruppen pflegt, nicht zuletzt für die Partnersuche.

Andererseits wächst das Risiko von Auseinandersetzungen innerhalb einer Gruppe mit der Zahl ihrer Mitglieder. Wiederum erweist sich die Zahl 25 als ein brauchbarer Durchschnittswert. Ethnographische Studien unter den Jägern und Sammlern unserer Tage haben gezeigt, daß die meisten von ihnen in Gruppen von 20 bis 70 Mitgliedern leben. Dies trifft auf die australischen Aborigines ebenso zu wie auf die Buschleute der Kalahari, die Andamanesen und die nordindischen Birhor. Der amerikanische Anthropologe Robert Carneiro beobachtete, wenn die südamerikanischen Yanomami-Indianer Gruppen von mehr als 100 Personen bilden, die Neigung zur Gewalt so groß wird, daß sich die Gruppe teilen muß.

Um überleben zu können, muß eine Anzahl von Gruppen oder Verbänden zu größeren Einheiten oder Stämmen organisiert sein, und hier gibt es immer eindeutige Grenzen. Um die schädlichen Folgen der Inzucht zu umgehen, muß die größere Gruppe wenigstens 475 Menschen umfassen. Tatsächlich findet man in den meisten bekannten Stämmen der Jäger und Sammler eine Stärke von etwa 500 Menschen, höchstens jedoch 800. Wahrscheinlich waren die Umstände im Magdalenien Südwesteuropas ganz ähnlich.

Indem wir das Nahrungsangebot heutiger Gebiete analysieren, die dieselben Klimabedingungen aufweisen wie die verschiedenen ökologischen Zonen der paläolithischen Eiszeit, können wir schätzen, wieviel jedes dieser Gebiete durch Jagd, Fischerei und Sammeln von Nahrung abwerfen konnte. Mit anderen Worten, wir schätzen ihre Ertragskapazität. Die kärgsten Regionen, etwa die Tundrenzone dicht am Rande des Eises, dürfte auf 200 Quadratkilometer nur eine einzige Person ernährt haben. In Südfrankreich und Spanien dagegen könnte sich ein Mensch bereits von 20 Quadratkilometer ernährt haben. Ein Stamm von 500 Personen hätte also im ersten Fall ein Gebiet von mehr als 100 000 Quadratkilometer benötigt, im letzten jedoch nur eines von 10 000 Quadratkilometer. Diese großen Schwankungen in der Besiedlungsdichte erklären die Unterschiede, die unter den paläolithischen Menschen in den sozialen und zeremoniellen Systemen herrschten und zeigen deutlich, wie notwendig es war, über große Gebiete umfangreiche

△ Nach den Mengen der Knochen zu urteilen, die bei den Siedlungen gefunden wurden, bildete das Rentier eine der Hauptnahrungsquellen für die eiszeitlichen Jäger, die den saisonalen Wanderungen der Herden folgten.

GORAN BURENHULT

△ Diese lebensgroße Rekonstruktion einer Hütte aus Mammutknochen ist im Thot-Museum (Montignac, Frankreich) in der Dordogne zu sehen. Das Original war bei Mezhirich in der Ukraine ausgegraben worden.

RADIOKARBON-METHODE: SCHLÜSSEL ZUR VERGANGENHEIT

GÖRAN BURENHULT

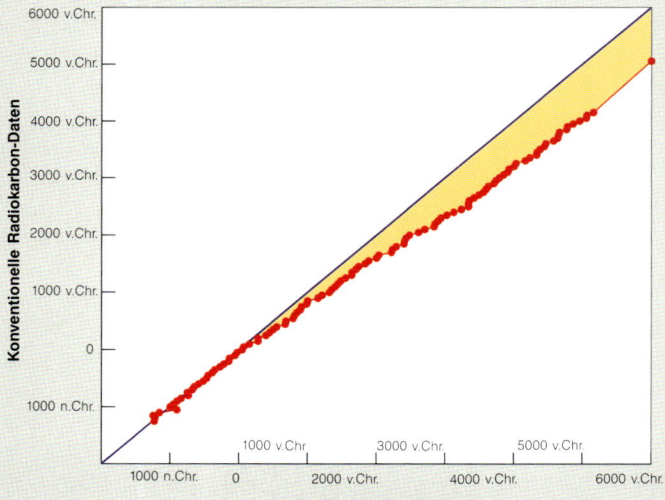

◁ Dieses Diagramm zeigt die Abweichung zwischen konventionellen Radiokarbon-Daten (bc/ad) und geeichten Kalenderjahren (BC/AD). Letztere basieren auf C14-Untersuchungen von Bäumen.

NACH HANS E. SUESS

Kein anderes Verfahren hat die Möglichkeiten einer absoluten Zeitbestimmung in der Archäologie in so revolutionärer Weise beeinflußt wie die Radiokarbon- oder Kohlenstoff-14-Methode, die Datierung radioaktiver Holzkohle. Diese Datierungstechnik wurde immer weiter verfeinert, bis es sogar möglich wurde, die gemessenen C14-Werte Kalenderjahren zuzuordnen, also historisch vergleichbaren Daten. Heute stehen wir sogar inmitten einer dritten Radiokarbon-Revolution — der Datierung durch die Beschleunigungs-Massenspektrometrie.

Im Jahre 1949 fand der amerikanische Physikochemiker Willard Libby heraus, daß sich organische Materialien dadurch datieren ließen, daß man ihren Gehalt an radioaktiver Holzkohle bestimmte. Alle lebenden Pflanzen absorbieren aus der Atmosphäre kleine Mengen radioaktiven C14. Wenn sie durch Photosynthese organische Substanzen aufbauen, verwenden sie dazu nämlich Kohlendioxid aus der Luft. Es gibt drei Hauptisotope des Kohlenstoffs: C12, C13 und C14. Im Gegensatz zu den ersten beiden Isotopen ist C14 instabil, also radioaktiv, und baut sich mit einer bekannten Rate ab. Zudem wird C14 ständig in der oberen Atmosphäre neu produziert. Der ständige Zerfall des C14 wird durch eine beständige Neuproduktion ausgeglichen. Mit anderen Worten ist dieses radioaktive Isotop ständig in einem bestimmten Verhältnis zu dem »normalen«, stabilen Isotop C12 vertreten, und dies gilt auch in bezug auf das Kohlendioxid der Luft. Durch das Verzehren von Pflanzen oder pflanzenfressender Tiere nehmen auch alle anderen Tiere — einschließlich des Menschen — diese Radioaktivität in sich auf und reichern sie im Körper an. Wenn ein Mensch gestorben ist oder ein Baum gefällt wurde, geht die Anhäufung der Radioaktivität zurück, und der meßbare Anteil löst sich mit einer bekannten Rate auf. Der Begriff »Halbwertzeit« bezeichnet den Zeitraum, den das radioaktive Material benötigt, um die Zahl seiner Atome zu halbieren. Für C14 beträgt die Halbwertzeit 5 568 Jahre. Mißt man also den noch er-

haltenen Rest des C14, kann man den Zeitraum bestimmen, der verstrichen ist, seitdem die Anhäufung der Radioaktivität zurückgeht. Die errechneten Werte werden in Radiokarbon-Jahren bp (= before present = vor dem Jahre 1950) ausgedrückt, die sich wiederum leicht in Radiokarbon-Jahre vor oder nach Christus umrechnen lassen. Eine Abweichung wird mit einem Plus- oder Minusfaktor angegeben. So verweist zum Beispiel der Wert 4600/100 Jahre auf eine mögliche Abweichung von plus oder minus 100 Jahren.

Da der Gehalt an Radioaktivität im Laufe der Jahre ständig abnimmt, hat die Radiokarbon-Methode ihre Grenzen und eignet sich nur für Materialien, die jünger sind als etwa 70 000 Jahre. Am effektivsten ist sie bei Funden, deren Alter zwischen 50 000 und 500 Jahren liegt. Radiokarbon-Datierungen lassen sich an den meisten organischen Materialien durchführen, etwa an Holz, Holzkohle, Harz, Haaren, Haut, Knochen oder Torf. Die Irrtumswahrscheinlichkeit variiert, je nach Material und Menge. Im allgemeinen liefern Harz, Holz und Holzkohle verläßlichere Daten als Knochen oder Torfe, da sie gegen sekundäre Einflüsse weniger empfindlich sind.

Bei der Einführung der Radiokarbon-Methode ging man davon aus, daß die Absorption atmosphärischer Radioaktivität über die Jahrtausende relativ gleichmäßig

erfolgt sei und daß ein Radiokarbon-Jahr, im ganzen gesehen, einem Kalenderjahr im historischen Sinne entspreche. Während der sechziger Jahre bewiesen jedoch die Wissenschaftler Hans E. Suess und H.L. de Vries unabhängig voneinander, daß dies nicht so war. Es gab nämlich Schwankungen, die auf Variationen des Erdmagnetfeldes, auf Änderungen der Sonnenaktivität und auf das Gleichgewicht zwischen der Atmosphäre und den Ozeanen zurückzuführen waren. In jüngster Zeit wird die C14-Kurve auch durch Auspuffgase, Kraftwerke und dergleichen, aber auch durch nukleare Tests beeinflußt. Durch eine Radiokarbon-Datierung der Jahresringe sehr alter Bäume aus dem Westen der Vereinigten Staaten — es handelt sich in erster Linie um den Riesen-Mammutbaum (*Sequoiadendron giganteum*) und Borstenkiefer (*Pinus longaeva*), die über 4000 Jahre alt werden können — konnte man die C14-Werte überprüfen und mit den Kalenderjahren auf ein Maß bringen. Diese sogenannte Kalibrierung reicht nur bis etwa 6000 vor Christus. Mit Hilfe der Dendrochronologie (der Untersuchung der Jahresringe an Bäumen) wurde es möglich, die Folge bis etwa 5 300 vor Christus auszudehnen, und heute können wir sehr genaue archäologische Daten in Kalenderjahren angeben. Mit anderen Worten entsprechen diese nun exakt den historisch be-

kannten Daten, etwa der Errichtung der Cheops-Pyramide im Alten Reich Ägyptens.

Um Verwirrung zu vermeiden und weil die kalibrierten Daten noch immer einer Korrektur bedürfen, haben sich die Fachleute darauf geeinigt, alle C14-Werte auch künftig in konventionellen Radiokarbon-Jahren anzugeben und extra darauf hinzuweisen, wenn Anpassungen an Kalenderjahre vorgenommen wurden.

Am stärksten machen sich die Abweichungen zwischen etwa 4000 und 3000 vor Christus bemerkbar. Daher beeinflußten die kalibrierten C14-Daten in hohem Maße etwa das Verständnis der bedeutenden und vielschichtigen kulturellen Situation im neolithischen Europa. Besonders wichtig war in dieser Hinsicht die Festlegung, zu welcher Zeit der Ackerbau auftauchte, und diese Zeitpunkt wurde um nahezu 1000 Jahre weiter zurückdatiert als man zunächst vermutet hatte.

Mit der Einführung der Beschleunigungs-Massenspektrometrie (AMS) machte die C14-Methode einen großen Sprung nach vorn. Dies betraf sowohl die Genauigkeit der Angaben als auch die Anwendbarkeit. Die Menge des für eine Datierung benötigten Materials wurde drastisch reduziert. Heute genügen für eine verläßliche Datierung bereits wenige Milligramm. In Zukunft wird dieses Verfahren für die Archäologen zu einem außerordentlich wichtigen Datierungsinstrument werden. Mehrere spektakuläre Datierungen wurden bereits im Zusammenhang mit der Frage durchgeführt, wann die Domestikation von Pflanzen erfolgte und wann die ersten Menschen in der Neuen Welt auftauchten. Zudem wurde auch das bekannte Grabtuch mit der AMS-Technik analysiert: Es kann unter keinen Umständen das authentische Grabtuch Jesu Christi sein, denn das Leinen wurde erst etwa um das Jahr 1300 hergestellt.

Netzwerke aufzubauen. In Südfrankreich, einem Gebiet, in dem sich damals so viel Aktivität konzentrierte, fanden an einigen bedeutenden Versammlungsplätzen regelmäßige gemeinschaftlichen Zeremonien statt — zum Beispiel im Zusammenhang mit der Partnerfindung.

Aus dem oberen Paläolithikum Europas und Asiens wurden 76 Skelette untersucht, und es kam dabei heraus, daß nur die Hälfte dieser Menschen ein Alter von 21 Jahren erreichte. Nur zwölf Prozent waren älter als 40 Jahre, und nicht eine einzige Frau war 30 Jahre alt geworden. Viele Skelette wiesen Anzeichen von Unterernährung, Rachitis und anderen Mangelerkrankungen auf. Bezeichnenderweise trugen viele auch Spuren physischer Verletzung. Zweifellos war das Leben während der Eiszeit ein gnadenloser Kampf ums Überleben. Und die Hinweise auf soziale Organisationen und ein zeremonielles Leben, die aus dieser Zeit überlebt haben, zeigen, welch starker Druck auf dieser Gesellschaft lastete, deren Mitglieder um die begrenzten Ressourcen gegeneinander antreten mußten.

Im letzten Abschnitt des oberen Paläolithikums wurden große Siedlungen zu Treffpunkten der Menschen aus der Umgebung. Hier tauschte man Güter und wohnte Ritualen bei. Zahlreiche Beispiele tragbarer Kunstgegenstände, die aus dieser Zeit stammen, dienten bei solchen Anlässen vielleicht als persönliche Statussymbole. Eines der bemerkenswertesten Beispiele wurde bei Mezhirich am Dnjepr, südöstlich von Kiew in der Ukraine, ausgegraben. Fünf Häuser wurden hier entdeckt, die aus etwa 70 Tonnen Mammutknochen gebaut worden waren.

Es gibt mehrere Hinweise darauf, daß gewisse Menschen einen höheren sozialen Rang einnahmen als andere und daß diese Leute — vermutlich als Schamanen — Rituale und Zeremonien leiteten. Eine Reihe wunderschön geschmückter Gräber bietet wohl den überzeugendsten Beleg für den sozialen Status eines Menschen dieser Zeit. Bei Sungir, unweit von Moskau, entdeckte man die Überreste zweier Erwachsener und zweier Kinder. Die Kleidung, in der der Mann und die Kinder begraben worden waren, war mit Tausenden von Perlen aus Elfenbein und Tierzähnen geschmückt. Zudem fand man in dem Grab mit Schnitzereien reich verzierte Waffen und andere Objekte, die auf einen hohen sozialen Rang hindeuten. Auch in der sogenannten »Grotte des Enfants« an der italienischen Riviera wurden Reste großartig geschmückter Kinder gefunden.

Weil diese Kinder nur zwischen sieben und 13 Jahre alt waren, können sie aus eigener Kraft noch keine hohe soziale Stellung in ihrer Gesellschaft erreicht haben. Daher wurden ihre umfangreichen Schmuckbeigaben als erste Beispiele für eine Erbfolge gedeutet. Vermutlich standen also einige Familien der paläolithischen Gesellschaft höher im Rang als andere.

Der amerikanische Schriftsteller John Pfeiffer faßt es so zusammen: »Diese Begräbnisse wurden mit großem Aufwand betrieben, und dies gilt auch für die umfangreichen Zeremonien, die dabei stattgefunden haben müssen. Derartige Ehrungen stehen nicht jedem zu, sondern nur besonderen Leuten. Also haben wir es hier mit den Anfängen formaler sozialer Unterschiede zu tun. Die Gräber kleiner Kinder lassen noch eine weitergehende Entwicklung vermuten. Ein Anführer, der sich seinen Rang durch Taten verdient, benötigt Zeit, um als Jäger oder Schamane anerkannt

zu werden. Er muß seine Fähigkeiten immer wieder beweisen, und wenn er dazu nicht mehr imstande ist, wird er von einem Fähigeren ersetzt. Dagegen sprechen die Gräber von Kindern, die mit hohen Ehren beigesetzt worden waren, dafür, daß sie ihren Status eben nicht selber verdient, sondern ererbt hatten. Sie waren nämlich noch nicht alt genug, um große Taten zu vollbringen.«

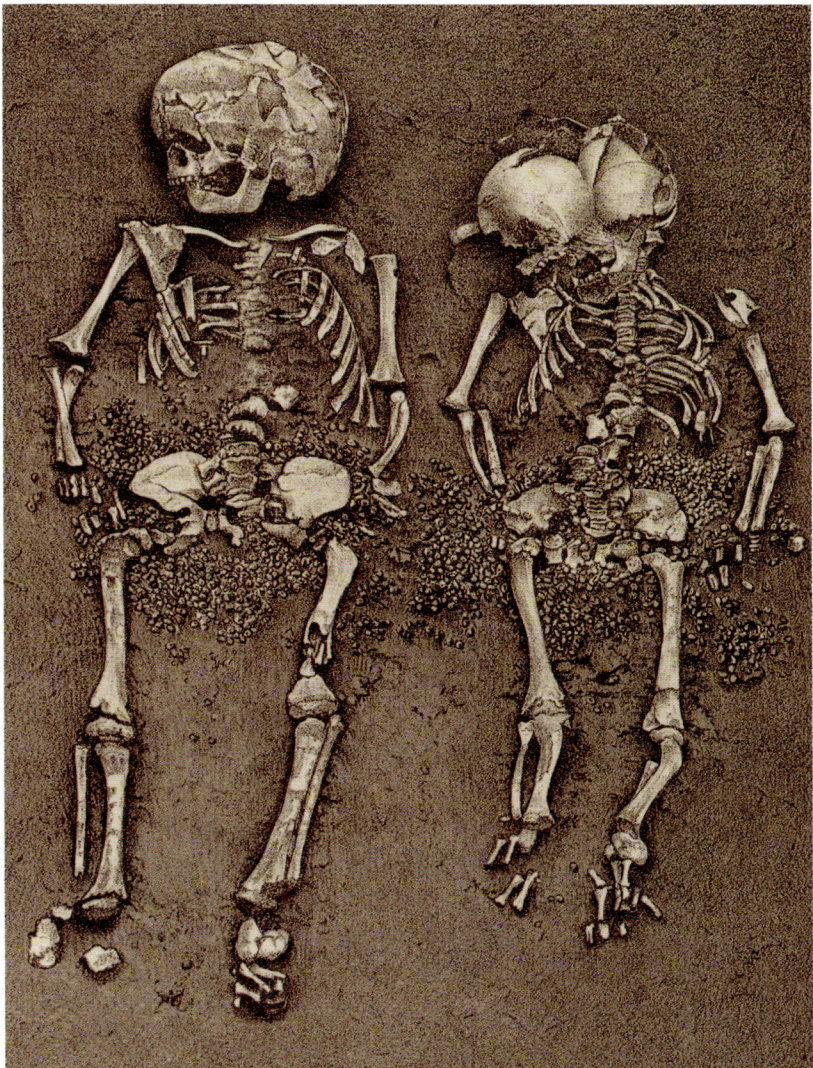

△ Ein reichgeschmücktes Kindergrab, das in der »Grotte des Enfants« – einer der Grimaldi-Höhlen – bei Balzi Rossi (Italien) freigelegt wurde. Der umfangreiche Schmuck in Gestalt zahlreicher durchbohrter Molluskenschalen bildet möglicherweise eines der frühesten Beispiele für erbliche soziale Statussymbole.

THE NATURAL HISTORY MUSEUM, LONDON

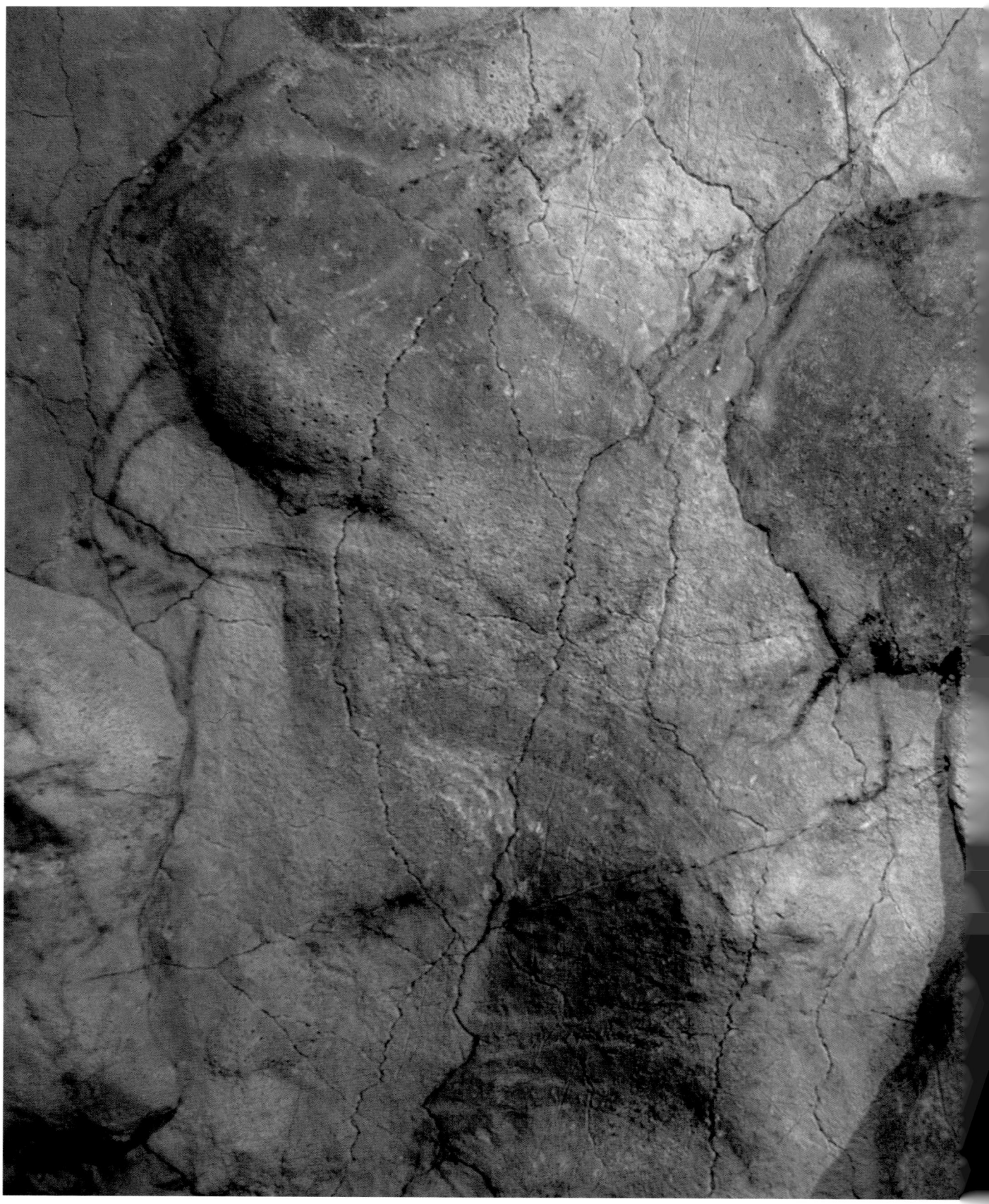

DIE ANFÄNGE DER KUNST

Vor 35 000 bis 10 000 Jahren

Die Malerei im eiszeitlichen Europa

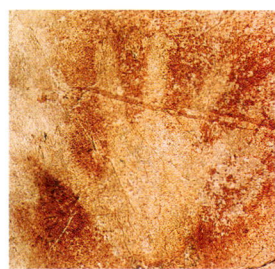

GÖRAN BURENHULT

Seit dem Tag des Jahres 1879, als die fünfjährige Tochter Don Marcelino de Sautuolas zufällig auf die Decke einer Höhle blickte und die gemalten Wisente der Altamira-Höhle (Nordspanien) entdeckte, war die großartige Kunst der paläolithischen Jäger eine Quelle der Faszination. Nichts sonst aus unserer vorgeschichtlichen Vergangenheit wurde an derart ungewöhnlichen Stellen entdeckt, tief verborgen in den dunklen, klammen und engen Kalksteinhöhlen.

Die Begegnung mit der Glaubenswelt der Menschen aus dem oberen Paläolithikum ist eine Erfahrung, begleitet von Ehrfurcht, Angst, Aufregung und Verwunderung. Häufig muß man dabei einen Kilometer weit oder mehr in die Tiefen eines Berges vordringen — teils gehend, teils auf den Knien und Ellenbogen kriechend, und manchmal muß man sogar unterirdische Seen und Flüsse durchschwimmen. Allein die Abgelegenheit ist ein Merkmal der Höhlenmalerei, wobei das Erfahren der Einsamkeit, der Dunkelheit und der unnatürlichen Zeitlosigkeit für die Menschen dieser Zeit selbst ein Erlebnis gewesen sein muß, wenn sie einen solchen Ort aussuchten. Und der Forscher unserer Tage wird von dem Gefühl überwältigt, daß in dieser unwirklichen Umgebung geheime Riten und geheimnisvolle Zeremonien stattgefunden haben müssen.

◁ Die gemalten Wisente in der Höhle von Altamira in Nordspanien bilden einige der kunstvollsten und bekanntesten Beispiele paläolithischer Kunst überhaupt. Diese Werke, die vor 12 000 Jahren entstanden, repräsentieren nicht nur den Höhepunkt, sondern auch das Ende einer viele tausend Jahre währenden künstlerischen Tradition in Europa.

△ Handschablonen - eine dramatische und zugleich persönliche Botschaft aus der Eiszeit.

△ Der berühmte Felsüberhang (oder *Abri*) von La Madeleine, der seinen Namen der Madeleine-Kultur verlieh, befindet sich an den Ufern des Vézère-Flusses in der Dordogne (Frankreich). Dieser Fundort barg einige der schönsten Stücke beweglicher Kunstobjekte und scheint zudem ein bedeutender zeremonieller Versammlungsplatz gewesen zu sein.

GÖRAN BURENHULT

▷ Diese großartig gearbeitete knöcherne Speerschleuder mit einem Pferdegesicht stammt aus Bruniquel bei Tam-et-Garonne (Frankreich). Die Speerschleuder (auch als Atlatl bekannt) ist auch bei vielen Jägern und Sammlern modernerer Zeiten im Gebrauch, etwa bei den nordamerikanischen Indianern und den australischen Aborigines. Die Technik ist so genial wie einfach. Die Speerschleuder trägt an einem Ende einen Haken, der in eine Höhlung am Ende des Speeres greift. Durch diese Verlängerung des Wurfarms wird sowohl die Durchschlagskraft als auch die Wurfgenauigkeit drastisch erhöht. Ein geübter Jäger kann so einen Hirsch aus über 30 Meter Entfernung zu Fall bringen oder ein Tier aus 15 Meter Entfernung direkt töten.

DAVID L. BRILL, © 1985/MUSÉE DES ANTIQUITES NATIONALES, ST. GERMAIN-EN-LAYE

Weil de Sautuola ein Hobby-Archäologe war, wollte zunächst niemand glauben, daß er einzigartige Kunstschätze aus paläolithischen Zeiten entdeckt hatte. Man hielt die elegant und lebhaft dargestellten Tiere für zu perfekt — zu naturalistisch und technisch zu fortschrittlich — als daß sie von Männern oder Frauen aus der Steinzeit stammen könnten. Stattdessen hielt man sie für einen Scherz aus jüngerer Zeit. Don Marcelino starb, noch ehe das sensationelle Alter der Malereien bestätigt war. Wesentlich später erst konnten neue Entdeckungen der Höhlenkunst aus oder gemeinsam mit datierbaren Schichten die wissenschaftliche Welt von ihrem Alter überzeugen. Diese neuen Funde bestanden überwiegend aus kleinen, dreidimensionalen Tieren, die in Geweihe und Knochen geschnitzt waren, — Beispiele der sogenannten tragbaren Kunst — und sie waren mit derselben bemerkenswerten Geschicklichkeit hergestellt, um erstaunlich lebensechte Abbilder zu schaffen.

Allein das Alter läßt einen schwindelig werden. Die frühesten Bilder sind älter als 30 000 Jahre. Soweit wir heute wissen, haben sich die Neandertaler niemals künstlerisch betätigt. Das Bild als ein Mittel des Ausdrucks gehört ausschließlich zum modernen Menschen, zu *Homo sapiens sapiens*, der vor etwa 35 000 Jahren in Europa, und zwar in Gestalt der Cro-Magnon-Menschen auftauchte. Zwar weist

nichts darauf hin, daß die Neandertaler weniger imstande gewesen wären, abstrakte Gedanken in Form von Bildern auszudrücken, doch aus unbekannten Gründen taten sie es nicht.

Was geschah zu Beginn des oberen Paläolithikums? Warum mußten sich die Menschen der Eiszeit plötzlich in Bildern ausdrücken? Und warum tasteten sie sich unter offensichtlicher Lebensgefahr durch die extrem schwierigen Passagen der tiefsten Höhlenbereiche? Warum findet man diese Höhlen beinahe ausschließlich in Südfrankreich und in Nordspanien? Stammen die Höhlenmalereien immer von einer einzigen Person, oder begaben sich ganze Gemeinschaften in diese stillen Zufluchtsorte, um ihre kultischen Zeremonien zu vollziehen? Wer schuf diese Bilder? Waren es Männer, Frauen oder vielleicht sogar Kinder?

Weil niemals Vorstufen der Bilder oder Schnitzereien gefunden wurden, vermutet man, daß diese Form der Kunst von einer begrenzten Gruppe ausgewählter Individuen geschaffen wurde — von einer Art Priesterschaft in Gestalt von Medizinmännern oder Schamanen. Vielleicht aber übten die Leute außerhalb der Höhlen an vergänglichen Materialien, zum Beispiel an Tierhäuten oder Holz.

Eine Zeit des Wandels

Um verstehen zu können, was zu den Anfängen der Kunst führte, müssen wir unseren Blick weit über die Kunst hinaus erheben. Das obere Paläolithikum war eine Zeit dramatischer Veränderungen. Schon das Auftauchen einer neuen menschlichen Art in Europa ist sensationell genug. Dazu kommt jedoch, daß diese Zuwanderer eine Reihe sozialer und technischer Neuerungen mitbrachten, die innerhalb kurzer Zeit die Lebensbedingungen radikal veränderten. Die Bevölkerung nahm beträchtlich zu, und die nomadischen Familiengruppen fingen an, sich in größeren Einheiten und auch für längere Zeit als früher zu versammeln. Aus den archäologischen Befunden geht hervor, daß man Güter über große Entfernungen austauschte. Es muß also ein stetig wachsendes Netz von Beziehungen unter den Gruppen existiert haben.

Die auffälligste Veränderung dieser Zeit bestand in der Entwicklung neuer und in ihrer Aufmachung komplizierterer Werkzeuge. Die Steinwerkzeuge der Neandertaler setzten sich nur aus wenigen ähnlichen Typen zusammen. Das Rohmaterial bestand aus bearbeiteten, schildkrötenförmigen Feuersteinstücken, von denen Splitter abgeschlagen wurden. Diese wurden dann zu Schabern und verschiedenen Spitzen weiterverarbeitet. (Dies ist als die sogenannte Levalloisien-Technologie bekannt.) Dagegen entwickelte *Homo sapiens* eine fortschrittlichere Klingen-Technik. Er war damit imstande, lange, dünne Werkzeuge herzustellen, etwa Klingen in der Form eines Lorbeerblatts. Es wurden zahlreiche neue Werkzeugtypen entwickelt, darunter Werkzeuge aus Feuerstein mit einer doppelten Funktion. Man kennt zum Beispiel bearbeitete Abschlagwerkzeuge, die auf der einen Seite wie ein Schaber geformt waren, während sie auf der anderen als Meißel dienten. Die große Vielfalt der Meißel aus dieser Zeit zeigen deutlich, daß mit ihnen verschiedene Aufgaben bewältigt werden mußten.

Die neuen Werkzeuge dienten überwiegend dem Zweck, Knochen und Geweihe bearbeiten zu können. Am Ende des Paläolithikums, während des Magdalénien, bestanden die meisten Gegenstände — sowohl die praktisch nutzbaren als auch diejenigen, die offenbar als Schmuck oder rituelle Objekte gebraucht wurden – aus diesen Materialien. Zehntausende dieser beweglichen Kunstgegenstände wurden in Europa entdeckt, die meisten davon in Südfrankreich. Man fand auch zahlreiche unterschiedliche Harpunen und Fischspeere aus dieser Zeit, von denen jeder eine besondere Funktion hatte. Man kann also annehmen, daß die Jagd auf Kleinwild und der Fischfang damals weiter entwickelt waren und für den Nahrungserwerb an Bedeutung zunahm. Zu weiteren Waffen dieser Zeit gehören Speerschleudern, die aus Geweihen gefertigt und häufig mit wunderschönen Schnitzereien versehen waren.

Allerdings sind Werkzeuge und Kunstgegenstände nicht der einzige Hinweis auf einen grundlegenden sozialen Wandel im oberen Paläolithikum. Neue Bedürfnisse und Traditionen spiegeln sich sogar noch deutlicher in einer Reihe spektakulärer Funde, die zeigen, daß die Menschen dieser Zeit auf der Basis vielschichtiger geistiger Vorstellungen und Rituale lebten.

Erstmals gibt es Hinweise auf regelmäßige Beisetzungen. Die Leichen wurden mit rotem Ocker bestreut, in aufwendiger Kleidung und reichem Schmuck beerdigt und erhielten Werkzeuge als Grabbeigaben. Bei Sungir, 200 Kilometer nordöstlich von Moskau, entdeckte man vier guterhaltene Gräber- einen Mann, eine Frau und zwei heranwachsende Kinder — im Alter von 25 000 bis 20 000 Jahren. Dem Mann hatte man Elfenbeinklingen ins Grab gelegt, er trug ein Stirnband und mehrere Halsketten mit etwa 3000 Perlen aus Mammut-Elfenbein. Im Verlauf seiner Begräbnisfeier war wohl der Kopf einer Frau auf das Grab gesetzt worden. In dem anderen Doppelgrab, in dem ein Mädchen und ein Junge Kopf an Kopf beigesetzt waren, wurden mehr als 10 000 Perlen gefunden, außerdem Ringe, Schmuckstücke, Zähne des Polarfuchses und 16 Waffen, darunter Speere, Speerschleudern und Dolche. Von mehreren anderen europäischen Fundstellen dieser Zeit, darunter Grimaldi (Italien) und La Madeleine (Frankreich), kennt man ähnliche Gräber.

Gemeinsam mit den unterschiedlichen Erscheinungsformen der Kunst, sowohl den tragbaren Kunstgegenständen als auch den Höhlenmalereien, zeigen diese Gräber eindeutig, daß die Menschen dieser Zeit das Bedürfnis hatten, mit Hilfe von Symbolen abstrakte Informationen weiterzugeben. In

◁ Ein Knochen mit geschnitztem Steinbock aus der Höhle von Isturitz, Basses-Pyrenées (Frankreich).

JEAN VERTUT/COLLECTION DE SAINT-PERIER

der gesamten Menschheitsgeschichte haben wir zum ersten Mal mit dem Drang zu tun, die Mitgliedschaft in einer Gruppe und den sozialen Rang zu demonstrieren — und die Kindergräber geben erste Hinweise darauf, daß dieser Status erblich gewesen sein könnte. Daher vermutet man, daß im oberen Paläolithikum die vollständig gleichberechtigte Gesellschaft zu Ende gegangen ist.

Durch das Anwachsen der Bevölkerung und durch die immer komplizierter werdende soziale Organisation hatten die Menschen ein eindeutig größeres Verlangen, innerhalb ihrer und auch mit außenstehenden Gruppen zu kommunizieren. Die Entwicklung von Bildern und Symbolen läßt sich direkt mit diesem gestiegenen Kommunikationsbedürfnis verbinden, und vermutlich erfuhr die Sprache zu jener Zeit eine vergleichbare Entwicklung.

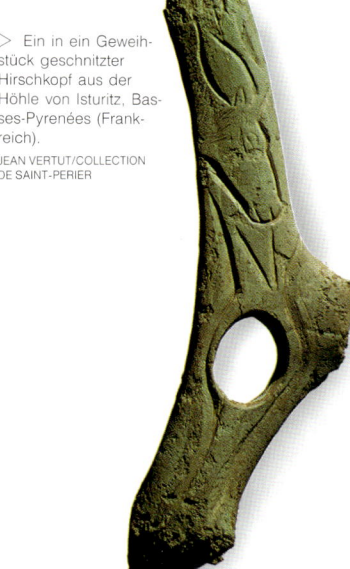

▷ Ein in ein Geweihstück geschnitzter Hirschkopf aus der Höhle von Isturitz, Basses-Pyrenées (Frankreich).

JEAN VERTUT/COLLECTION DE SAINT-PERIER

◁ Dieser in ein Knochenstück geschnitzte Wisent stammt ebenfalls aus den Magdalenien-Schichten der Höhle von Isturitz.

JEAN VERTUT/COLLECTION DE SAINT-PERIER

△ Geschnitzte Vulva aus La Ferrassie in
der Dordogne.
DAVID L. BRILL, © 1985/MUSEE NATIONAL
DE PREHISTOIRE, LES EYZIES DE TAYAC

▷ Kopf einer Venus-Figurine aus Brassempouy. Dieses handwerkliche Meisterstück,
eine der frühesten Darstellungen eines
menschlichen Gesichts, stammt aus der Periode des Gravettien, 29 000 bis 22 000
Jahre vor unserer Zeit. Das Netzmuster auf
dem Kopf wird als Haarnetz gedeutet.

Die künstlerische Revolution

Die Höhlenmalerei mit ihren lebensechten Tierbildern entstand in einem späteren Stadium des oberen Paläolithikums. Zu den ersten Ausdrucksformen europäischer Kunst gehören die Symbole weiblicher Sexualität. Schon vor 35 000 Jahren ritzten die Cro-Magnon-Menschen Bilder weiblicher Vulven auf Steine und andere Oberflächen. Einige Jahrtausende später, vor etwa 29 000 Jahren, tauchten die ersten beweglichen Kunstwerke in Form der berühmten Venusfigurinen auf, kleinen weiblichen Figuren mit einer typischen stilisierten Gestalt. Sie sollten die künstlerischen Aktivitäten beinahe 10 000 Jahre lang beherrschen.

Bei den meisten dieser Figuren sind die Brüste und das Gesäß übertrieben dargestellt, wogegen der Kopf und die Beine in eine weniger deutliche Form auslaufen. Man empfand sie offenbar als weniger wichtig. Da diese Figuren in weitem Umkreis gefunden wurden, verfügten diese Menschen wohl über weitverbreitete Kontakte, und die weitverstreuten Gesellschaften jener Zeit dürften gemeinschaftliche Rituale besessen haben. Ähnlich gestaltete Venusfigurinen wurden in großer Zahl von Südrußland im Osten bis zur Atlantikküste im Westen, also über eine Entfernung von mehr als 2000 Kilometer, nachgewiesen. Zu den wichtigsten Fundstellen gehören Dolní Vèstonice (in der ehemaligen Tschechoslowakei), Kostenki (Rußland), Willendorf (Österreich) sowie Brassempouy und Lespugue (Frankreich).

Es gibt zwei Ansätze, mit denen man erklären kann, warum die Cro-Magnon-Menschen die weiblichen Genitalien in ihrem künstlerischen und rituellen Leben so stark betonten und wie die eindeutigen Merkmale dieser Venusfigurinen zustandekamen. Zunächst wissen wir von den Skeletten dieser Zeit, daß die Cro-Magnon-Frauen im allgemeinen weniger robust waren als ihre Vorgängerinnen, die Neandertaler, und auch ihr Beckenausgang war wesentlich enger. Dadurch waren schwierige Geburten wohl besonders häufig, und folglich lag die Todesrate bei Müttern und Babys recht hoch. Zweitens ist es nicht unwahrscheinlich, daß durch die rasch wachsende Bevölkerung auch die Konflikte zunahmen. Und zu den Konflikten traditioneller Gesellschaften gehört normalerweise der Konkurrenzkampf um die Frauen. In jedem Fall dürfte die unverzichtbare Rolle der Frau, der die Erhaltung einer zunehmend unter Druck geratenden Gesellschaft zufiel, zu einem Kult geführt haben, in dem sie im Mittelpunkt stand.

An der Zahl der Fundstellen, die von verschiedenen Zeitabschnitten entdeckt wurden, können wir das Wachstum der Bevölkerung verfolgen. Zur Zeit kennen wir nur sechs Fundorte auf russischem Gebiet (der Region zwischen dem Schwarzen Meer und der Eisgrenze im Norden), die den Neandertalern zugeschrieben werden. Dagegen befinden sich auf demselben Gebiet über 500 Siedlungen der Cro-Magnon-Zeit. Wenn Menschen häufiger mit außenstehenden Gruppen Kontakt haben, wächst auch ihr Bedürfnis zu zeigen, wer sie sind und welchen gesellschaftlichen Rang sie einnehmen. In allen traditionellen Gesellschaften geschieht dies, indem die Menschen Schmuck und andere Gegenstände tragen, die auf ihren Rang hinweisen. Daneben gibt es verschiedene Möglichkeiten, den Körper direkt zu schmücken, etwa durch Tätowierung oder Körperbemalung. Es ist denkbar, daß die wunderschön geschnitzten Speerspitzen und -schleudern aus Elfenbein, aber auch viele andere tragbare Objekte aus Knochen und Geweihen dafür vorgesehen waren, hochrangige Individuen der Gesellschaft des oberen Paläolithikums auszuzeichnen. Bei anderen Gegenständen handelte es sich vielleicht um Schutzamulette.

Die Höhlenmalereien kamen erst vor 23 000 Jahren auf. Als es dann soweit war, konzentrierte sich diese Kunstform auf die franko-kantabrische Region Südfrankreichs und Nordspaniens.

▷ Elegant stilisierte, kopflose Frauenfiguren
aus Lalinde bei La Roche in der Dordogne.
Ihre Gesäße sind besonders akzentuiert.
Diese zehn bis fünfzehn Zentimeter großen
Figuren stammen aus dem Magdalenien.

JEAN VERTUT

Die Venus-Figurinen

GÖRAN BURENHULT

Die Venus-Figurinen, 30 000 Jahre alte Fruchtbarkeitssymbole, gehören zu den faszinierendsten und zugleich rätselhaftesten Kunstwerken des oberen Paläolithikums. Sie sind Zeugen eines Glaubens an magische Kräfte und hochentwickelte Rituale. Sie beweisen, daß ihre Schöpfer für die Zukunft planen konnten und daß sie sich über die Bedeutung der Fruchtbarkeit für ihr Überleben im klaren waren. Diese Arbeiten bieten einen ersten Einblick in die Glaubenswelt der Eiszeitjäger und bilden zugleich eine Vorstufe der späteren Praxis, über Abbilder einen Kontakt zwischen Menschen und dem Übernatürlichen herzustellen. Diese ersten künstlerischen Äußerungen des Menschen sind eines der deutlichsten Zeichen dafür, daß *Homo sapiens sapiens* über geistige Kapazitäten verfügte, die die seiner Vorfahren übertrafen — er konnte sich über Symbole verständigen. Diese abstrakte Welt der Symbole zeigt aber auch, daß der moderne Mensch ein Bedürfnis nach Religion und Ritus besaß.

▷ Diese Venus-Figur aus Mammut-Elfenbein stammt aus Des Rideaux bei Lespugue im Departement Haute Garonne (Frankreich) und ist etwa 23 000 Jahre alt. Nach Ansicht einiger Fachleute beweist diese Figur, daß die Steatopygie (Fettsteißigkeit) unter den Frauen der Eiszeit vorkam. Dagegen vertritt Marija Gimbutas die Meinung, daß die akzentuierten Gesäßbacken ein Bild für das Doppelei oder den schwangeren Bauch sind – ein Symbol gesteigerter Fruchtbarkeit.
MUSEE DE L'HOMME, PARIS/J. OSTER

DR LIDIO CIPRIANO, 1932/NATIONAL MUSEUM OF ETHNOGRAPHY, STOCKHOLM

◁ Von einigen Fachleuten wurde die Ansicht vertreten, daß die schwellenden Gesäßbacken einiger Venus-Figurinen beweisen, daß unter den eiszeitlichen Frauen also eine extreme Fettanhäufung an den Hüften, die in Notzeiten als Nahrungsreserve dient, verbreitet war. Noch immer kann man die Steatopygie unter den Frauen einiger traditioneller Gesellschaften finden, so zum Beispiel bei den Buschleuten der Kalahari, bei denen sie zudem einen hohen ästhetischen Stellenwert genießt.

Eigentlich sollte man erwarten, daß die ersten Symbole der Großwildjäger aus dem oberen Paläolithikum mit dem Bereich zu tun hatten, der für das Überleben in der Eiszeit am wichtigsten war, nämlich mit dem Jagdwild, in vielen europäischen Tundren die Hauptnahrungsquelle. Stattdessen konzentrierten sich die Abbilder auf Sexualität und Fruchtbarkeit, einen weiteren wichtigen Bereich des Überlebenskampfes und damit darauf, das Fortbestehen der Gruppe zu sichern.

Bei den ältesten bekannten Figuren handelt es sich um geschnitzte Abbilder weiblicher Vulvae. Sie stammen vermutlich aus der Aurignac-Tradition und sind etwa 30 000 Jahre alt. Man fand sie auf Felsen, zum Beispiel bei Abri Blanchard, Abri Castanet und bei La Ferrassie im Vézère-Tal in der Dordogne. Allerdings waren die berühmten Venus-Figurinen, die über sehr weite Entfernungen gefunden wurden, die typischsten Gegenstände dieser Glaubenswelt. Sie wurden aus den verschiedensten Materialien hergestellt, etwa aus Mammut-Elfenbein, Geweihen, Knochen, Steinen und Ton, und alle zeigen die gleiche standardisierte Form: übertrieben schwellende Brüste und Gesäße, und viele scheinen überdies noch schwanger zu sein. Die meisten von ihnen sind nackt und zeigen deutliche Genitalien. Von wenigen Ausnahmen abgesehen sind die Köpfe nur rudimentär dargestellt und bestehen zumeist nur aus kleinen Erhebungen. In ähnlicher Weise verjüngen sich die schwellenden Hüften

zu kaum ausgebildeten Füßen. Der Fruchtbarkeitssymbolismus ist offensichtlich — entscheidend waren Fortpflanzung, Fruchtbarkeit und Schwangerschaft.

Aber nicht alle diese kleinen Fruchtbarkeitsgöttinen - vielleicht waren es sogar Abbilder der Muttergottheit selber - waren als Schwangere dargestellt. Die amerikanische Archäologin Marija Gimbutas wies darauf hin, daß vielleicht nicht einmal die klassischen Venus-Figurinen von Willendorf (Österreich) und Lespugue (Frankreich) schwanger sind. Die Brüste und das Gesäß lenken in erster Linie die Aufmerksamkeit auf sich, und zudem halten sie die Hände über den Brüsten. Andere, wie diejenigen aus Kostenki (in der Ukraine) und das berühmte Kalkstein-Relief aus Laussel (Frankreich), tragen ihre Hände über den Bäuchen und sind daher wohl als schwanger zu interpretieren. Folglich sind bei diesen Figuren die Brüste und das Gesäß auch nicht besonders betont.

Die bemerkenswerte Venus-Tradition gehörte in erster Linie zur Periode des Gravettien (vor 29 000 bis 22 000 Jahren), einer Zeit, in der es kälter wurde und die Gletscher und Eisdecken zunahmen. Über eine Entfernung von über 2000 Kilometer, vom Atlantischen Ozean im Westen bis nach Sibirien im Osten, sahen die Figuren überall gleich aus. Demnach unterhielten die Großwildjäger des oberen Paläolithikums am Rande des eurasischen Eises Kontakte über weite Entfernungen und pflegten einen intensiven Erfahrungsaustausch.

◁ Diese gutbekannte Kalkstein-Venus wurde bei Willendorf in der Nähe von Krems (Österreich) in den Schichten des Gravettien entdeckt.
NATURAL HISTORY MUSEUM, VIENNA

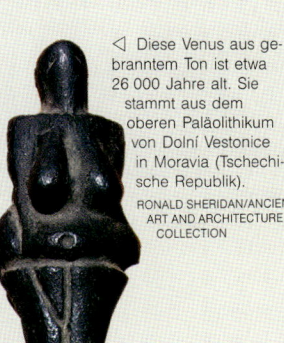

◁ Diese Venus aus gebranntem Ton ist etwa 26 000 Jahre alt. Sie stammt aus dem oberen Paläolithikum von Dolní Vestonice in Moravia (Tschechische Republik).
RONALD SHERIDAN/ANCIENT ART AND ARCHITECTURE COLLECTION

◁ Diese 22 000 Jahre alte Venus aus Serpentin-Marmor (Steatit) wurde bei Savignano im Norden Italiens entdeckt. Ihr Kopf wird als Phallussymbol gedeutet.
MUSEO NAZIONALE PREHISTORICO EO ETNOGRAFICO "L. PIGORINI", ROME

◁ Diese Venus, die beide Hände über ihre Genitalien hält, stammt aus dem bekannten oberpaläolithischen Grab von Grimaldi an der französisch-italienischen Grenze.
J. M. LABAT/AUSCAPE

Diese wunderschöne, aus bernsteinfarbenem Kalkstein gefertigte Venus aus Sireuil in der Dordogne (Frankreich) wurde auf ein Alter von 23 000 Jahren datiert.
MUSEE DES ANTIQUITES NATIONALES, ST. GERMAIN-EN-LAYE/R.M.N.

Ausschnitt aus dem Vézère-Tal

KARTOGRAPHIE RAY SIM

Das franko-kantabrische Kernland

Zur Zeit kennen wir mehr als 200 europäische Höhlen mit paläolithischen Malereien und Gravuren. Davon befinden sich nicht weniger als 180, das sind 85 Prozent, im äußersten Süden Frankreichs und in Nordspanien, in einem Gebiet, das normalerweise als das franko-kantabrische Kernland bezeichnet wird. Betrachten wir einmal, wie sich die Höhlenmalerei außerhalb dieses Gebietes ausgebreitet hat, verblüfft diese Konzentration sogar noch mehr. Auf dem Rest der Iberischen Halbinsel befinden sich weitere 20 Höhlen mit entsprechenden Bildern, während etwa zehn in Italien und nur eine einzige in Osteuropa entdeckt wurde - die Kapova-Höhle im Uralgebirge.

Die Tatsache, daß 90 Prozent aller Höhlenmalereien aus Frankreich und Spanien stammen, läßt sich nicht einfach dadurch erklären, daß es in anderen Gegenden an geeigneten Höhlen fehlte. Ganz ähnliche Gebiete und Höhlensysteme findet man nämlich an vielen anderen Stellen Europas, etwa in den Karpaten, den Alpen und im Ural. Auch können wir dieses Phänomen nicht darauf zurückführen, daß man nicht genügend gesucht habe oder daß die Entdeckungen rein zufällig erfolgten. Im Laufe dieses Jahrhunderts sind die Speläologen in die meisten bekannten Höhlensysteme dieser Gebiete eingedrungen und haben sie kartiert. In dem umfangreichen Gebiet südlich der Eisgrenze, auf der gesamten Strecke von Frankreich im Westen bis zum Ural im Osten entdeckte man eine lange Reihe von Fundstellen aus dem oberen Paläolithikum. Und nahezu alle bargen erhebliche Mengen

an beweglichen Kunstgegenständen. Dies macht die Konzentration der Höhlenmalereien noch erstaunlicher.

Nach Ansicht der Forscher muß man für diese Konzentration demographische, ökonomische und soziale Gründe verantwortlich machen. Auf den gewaltigen Flächen der Tundra herrschte eine ganz uneinheitliche Bevölkerungsdichte, was auf gleichermaßen große Klimaunterschiede und Möglichkeiten des Nahrungserwerbs zurückgeht. Offenbar führte das wärmere Klima an der Atlantikküste im Südwesten Europas zu einer ganz anderen Ökologie als die der Permafroststeppen weiter östlich. Die Menschen im Südwesten waren weniger auf ein Nomadenleben angewiesen, da es Fische und Pflanzen im Überfluß gab.

Dies alles läßt sich aus den archäologischen Funden ablesen, einer langen Folge von Siedlungen, die als bedeutende Treffpunkte und zeremonielle Zentren gedeutet werden können. Einige davon enthielten komplizierte Steinbauten, die vermutlich zum Teil rituellen Zwecken dienten. Bei Solvieux, in der Nähe von Bergerac im Dordogne-Tal, wurden nicht weniger als 16 Besiedlungszustände aus der Zeit vor 30 000 bis 14 000 Jahren ausgegraben. In der Dordogne bargen vier Fundstellen aus dem Magdalenien allein 1400 bewegliche Kunstwerke, die aus Knochen und Geweihen gefertigt waren — das sind 80 Prozent aller bisher bekannten Objekte dieser Art. Zweifellos bedeutet dies, daß die Menschen sich in gewissen Gegenden konzentrierten.

Nach Schätzungen lebten vor 20 000 Jahren im Gebiet des heutigen Frankreich etwa 2000 bis 3000 Menschen. Und die Bevölkerung des übrigen Europa, einschließlich Spaniens, kann nicht über 10 000 Menschen gelegen haben. Im Herzen des französischen Gebiets, bei Les Eyzies am Vézère-Fluß, lebten zur gleichen Zeit zwischen 400 und 600 Menschen dicht an dicht unter dem Schutz von vier oder fünf Felsüberhängen, die als *Abri* bekannt sind. Ähnliche Sammelplätze, die jedoch viel weiter auseinander liegen, sind von weiter östlich gelegenen Gebieten bekannt, zum Beispiel aus Dolní Věstonice (in der ehemaligen Tschechoslowakei) und aus Kostenki (Rußland).

Auch die Tatsache, daß zunehmend Massentötungen einzelner Tierarten vorkommen, läßt vermuten, daß die Bevölkerung während dieser Zeit erheblich zunahm. Es ist allerdings unter normalen Umständen schwierig zu entscheiden, ob derartige Knochenablagerungen auf eine einzige Jagd zurückgehen oder sich durch regelmäßige Jagdzüge im Laufe der Zeit nur angesammelt haben. An einigen osteuropäischen Fundstellen wurden die Reste von beinahe 1000 Mammuten freigelegt. Und bei Solutré, im Osten Frankreichs, entdeckte man einen Schlachtplatz mit den Knochen von vielleicht 100'000 Pferden. Entweder waren diese über die Klippen in den Tod getrieben oder in eine natürliche Falle, einen unterhalb gelegenen natürlichen Paß, gejagt worden, um sie zu töten.

Eine weitere, früher oft übersehene Nahrungsquelle, die Lachsfischerei, mag ebenfalls Menschen während des oberen Paläolithikums in das franko-kantabrische Kernland gelockt haben. Seit langem sind Bilder von Lachsen aus verschiedenen Höhlen bekannt, besonders aus den Pyrenäen. Soweit man die Temperaturspanne kennt, die vor 20000 bis 10000

Jahren in den Flüssen des franko-cantabrischen Kernlandes herrschte, boten diese dem Lachs ideale Lebensbedingungen. Noch im 19. Jahrhundert gehörten die Flüsse dieser Gegend zu den ertragreichsten Lachsgebieten Europas. Wahrscheinlich ließen sich die Menschen für längere Zeit an einer Stelle nieder, um die regelmäßigen jahreszeitlichen Wanderungen während der Laichzeit zu nutzen. Und da die Bestände der Pferde, Mammute, Wisente und Rentiere infolge der Massentötungen zurückgingen, nahm die Bedeutung des Fischfangs und des Sammelns von Nahrung noch zu. Zudem konnte man nicht nur das Fleisch der in Mengen geschlachteten Säuger, sondern auch den Fisch trocknen und aufbewahren.

Während die beweglichen Kunstwerke eindeutig den nomadischen Großwildjägern der umfangreichen Tundrengebiete zuzuschreiben sind, die sich südlich der Eisgrenze erstreckten, konzentriert sich die Höhlenmalerei in einem Gebiet, das den Menschen mehr Möglichkeiten des Nahrungserwerbs gab und sie deshalb zu einer seßhafteren Lebensweise ermutigte. Nur im Zusammenhang mit diesen weitreichenden sozialen Veränderungen können wir die Entwicklung des zeremoniellen Lebens verstehen, das sich in jenen bemerkenswerten Kunstwerken widerspiegelt, die im Dunkel der Höhlen geschaffen wurden.

▽ Das Flußtal des Vézère, ein Gebiet, das an Naturschönheiten und Zauber seinesgleichen sucht, birgt die höchste Konzentration paläolithischer Kunst überhaupt. Die reichhaltige Umgebung bot den Menschen während der letzten Eiszeit ideale Lebensbedingungen. Zudem war dieses Gebiet offenbar ein bedeutendes Zentrum sozialer und zeremonieller Veranstaltungen.

A. BORDES/EXPLORER-AUSCAPE

▷ Eines der wesentlichen Merkmale paläolithischer Kunstwerke bestand darin, daß die Künstler bereits existierende natürliche Felsvorsprünge oder -vertiefungen in ihre Bilder einbezogen. Die meisten Bestandteile dieses großartigen Pferdekopfes aus Commarque in der Dordogne, darunter das Auge, das Ohr und die Stirn, werden von den natürlichen Unregelmäßigkeiten der Felsoberfläche gebildet. Lediglich das Nasenloch und das Maul wurden von menschlicher Hand hinzugraviert.

JEAN VERTUT

▷ *Gegenüber:* Die paläolithische Kunst Europas entwickelte sich während eines Zeitraums von 25 000 Jahren. Die frühesten Werke bestanden überwiegend aus geritzten Vulva-Bildern. Die Höhlenbilder tauchten vor 24 000 Jahren auf, jedoch erreichte die Malerei ihre Blütezeit erst am Ende des oberen Paläolithikum, vor 20 000 bis 12 000 Jahren.

NACH ANDRE LEROI-GOURHAN'S DATINGS OF FRANCO-CANTABRIAN CAVE ART

▽ Darstellungen von Lachsen, wie diese von der Gorge d'Enfer in der Dordogne, lassen vermuten, daß die Jäger des Magdalenien einen großen Teil ihres Nahrungsbedarfs mit dem Fischfang deckten. Es ist dabei interessant, daß Abbildungen ausschließlich im Salzwasser lebender Arten, etwa verschiedener Plattfische, weit im Landesinneren der Dordogne und der Pyrenäen gefunden wurden. Vermutlich verbrachten diese Menschen einen Teil des Jahres am Meer.

Die Begegnung mit dem Übernatürlichen

Wie wir gesehen haben, entwickelte sich die Höhlenmalerei über einen sehr langen Zeitraum und steht in Zusammenhang mit den sozialen und demographischen, aber auch den ökonomischen und klimatischen Bedingungen jener Zeit. Der größte Teil der Höhlenbilder, also mehr als 80 Prozent, entstanden vor 17 000 bis 12 000 Jahren. Dabei vergessen wir leicht, daß wir selber — zeitlich gesehen — der Blütezeit der Künstler des Magdalenien näherstehen als jene ihren Vorfahren nahestanden, die vor über 30 000 Jahren ihre ersten Höhlenmalereien und Skulpturen schufen.

Der Zugang zu der künstlerischen Arbeit dieser Großwildjäger ist zugleich eine Begegnung mit dem Übernatürlichen. Eines der typischsten Merkmale dieser Bilder ist ihre beinahe unzugängliche Lage. Wenn überhaupt, erscheinen die Bilder nur selten an den Eingängen der Höhlen, wo die Menschen lebten. Stattdessen muß man auf Knien und Ellenbögen gehen und kriechen, ja manchmal sogar reißende unter-

JEAN VERTUT

irdische Flüsse und Seen durchschwimmen, um — manchmal unter Lebensgefahr — die innersten Bereiche jener Zufluchtsstätten zu erreichen. Man stelle sich nur den Gedanken vor, daß man den Weg nicht wieder zurückfindet oder in einem der nahezu unpassierbaren Gänge steckenbleibt. Nicht selten stößt ein Forscher, der nach Höhlenbildern sucht, auf eine Sackgasse, die zu eng ist, als daß er sich umdrehen könnte. Dann bleibt ihm nichts anderes übrig, als über Hunderte von Metern rückwärts zu kriechen. Die Gefahr und die Erregung müssen ein wesentlicher Teil des paläolithischen Rituals gewesen sein. Die Lampen jener Zeit, die mit Tierfett gespeist und mit Dochten aus trockenen Fasern versehen waren, brannten vielleicht fünf oder sechs Stunden lang. In zahlreichen Höhlen wurden Steinlampen gefunden. Einige davon waren elegant geformt, während andere lediglich aus einfachen Kalksteinplatten bestanden, in die Löcher für den Brennstoff gebohrt waren. Niemals jedoch wurde das Skelett eines Menschen gefunden, der es nicht mehr geschafft hatte, die Höhle lebend zu verlassen.

Tief im Inneren der am wenigsten zugänglichen Höhlen schufen diese paläolithischen Künstler ihre Kunstwerke. Aber selbst hier mieden sie die leicht einsehbaren Oberflächen. Stattdessen wählten sie häufig eine abgelegene Stelle in einem engen Gang, die von den günstigsten Positionen aus nicht sofort zu sehen waren.

Ganz eindeutig suchten diese Künstler mit ihren flackernden Lampen nach einem besonderen Blickwinkel für die Höhlenwände. Er sollte dem Bild aus der realen Welt, das sie vor ihrem geistigen Auge hatten, Leben einhauchen — etwa einem rennenden Pferd oder einem angreifenden Wisent. Aus den Unregelmäßigkeiten der Felsoberfläche suchten sie jene natürlichen Bildungen heraus, die sie in ihre Darstellungen integrieren konnten. Dies ist ein Erkennungsmerkmal vieler Höhlenbilder, einschließlich der großartigen Mammute von Rouffignac und der lebensecht wirkenden Löwin von Les Combarelles, deren Augen aus natürlichen Feuersteinkernen bestehen, die im Kalkstein eingebettet sind.

Es ist häufig schwierig, den Winkel zu bestimmen, den der Künstler für den Anblick eines bestimmten Bildes vorgesehen hatte, geschweige denn den Winkel, von dem aus er selber das Bild gesehen hatte. Häufig entsteht der Eindruck, daß der Künstler für den Betrachter ein Überraschungsmoment eingebaut hat, der sich erst niederducken muß, ehe das Bild für ihn zum Leben kommt. Wir können uns kaum vorstellen, wie diese Künstler es schafften, lebensgroße Bilder mit korrekten Proportionen darzustellen, ohne daß sie imstande waren, zurückzutreten und das Werk als Ganzes zu betrachten.

Die Kunst des Paläolithikums wurde manchmal als »Tierkunst« bezeichnet. Tatsächlich ist auf den meisten Bildern, Gravuren und Reliefs Jagdwild abgebildet, etwa Rentiere, Pferde, Mammute, Wisente, Wollnashörner, Hirsche, Steinböcke und Auerochsen (Wildrinder). Gelegentlich tauchen auch Höhlenlöwen, Bären, Fische und Vögel auf. Es gibt aber auch einige Bilder von Menschen, die häufig in Tierhäute gekleidet sind und Hufe, Hörner oder andere tierische Merkmale tragen. Vermutlich sind hier Schamanen bei ihren kultischen Handlungen abgebildet. Man kennt zahlreiche Bilder von Genitalien, überwiegend Vulvae, mit oder ohne einen weiblichen Körper. In ei-

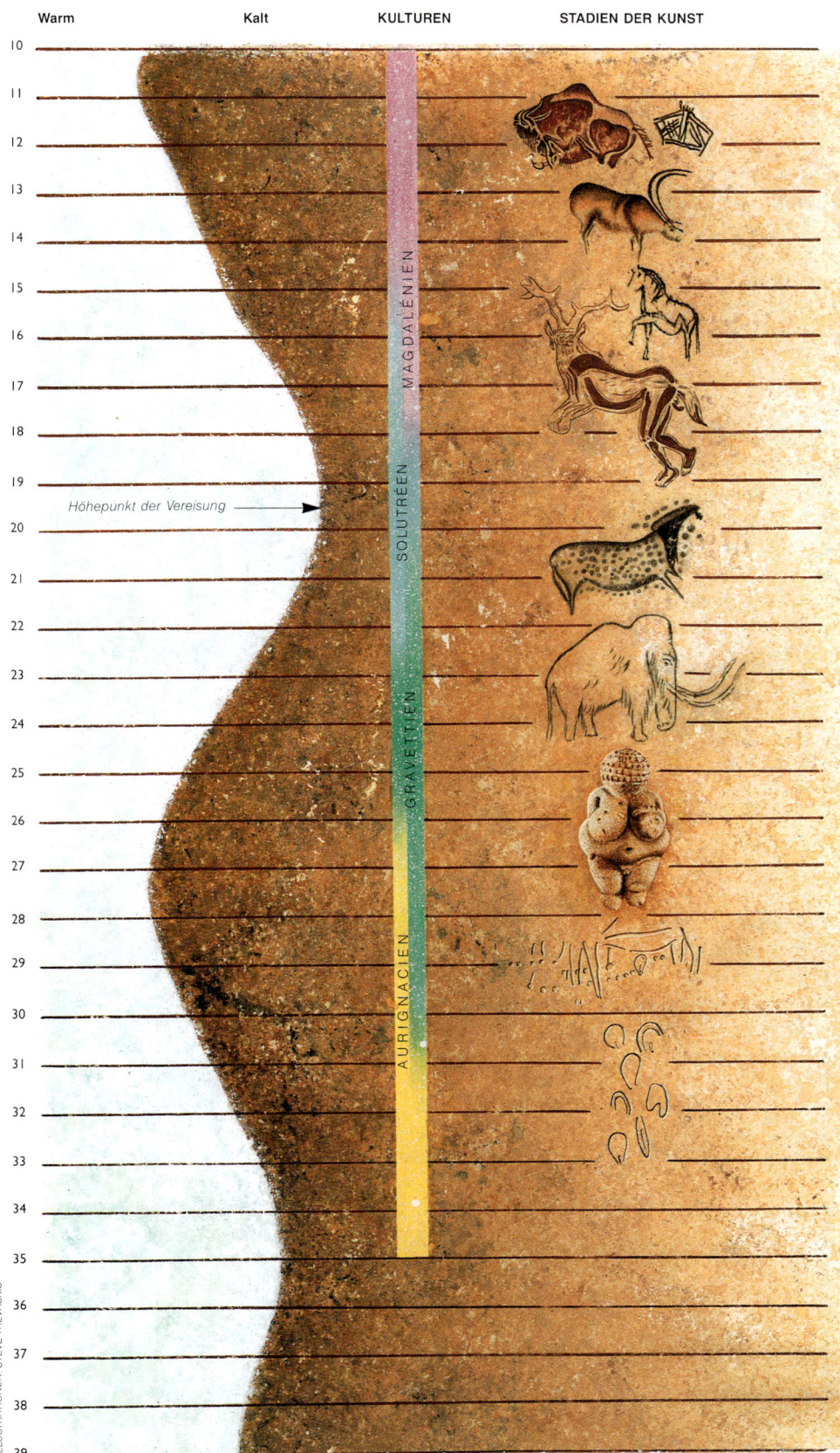

Warm	Kalt	KULTUREN	STADIEN DER KUNST	TYPISCHE FUNDSTÄTTEN

ALTAMIRA UND FONT-DE-GAUME
Sowohl die 12 000 Jahre alten Bisonbilder in der spanischen Höhle von Altamira als auch die hüttenähnlichen Zeichen aus Höhlen wie Font-de-Gaume markieren den Höhepunkt und das Ende der eiszeitlichen Kunst in Europa.

FONT-DE-GAUME
Vor etwa 13 000 Jahren erreichte die Höhlenkunst einen Höhepunkt. Beispiele dafür sind die naturalistischen Schnitzereien sowie die ein- und mehrfarbigen Bilder, die in Höhlen wie Font-de-Gaume, Niaux und Les Combarelles gefunden wurden.

LE PORTEL
Vor 15 000 Jahren tauchte ein reiferer Stil der Höhlenmalerei auf. Zu dieser Periode gehören die Bilder von Le Portel und einige von Lascaux.

LES TROIS FRERES
Die ersten mehrfarbigen Höhlenbilder tauchten vor etwa 18 000 Jahren auf. Zu diesen frühen Darstellungen gehört etwa der berühmte Zauberer von Les Trois Frères und die frühesten Tierbilder von Lascaux.

PECH-MERLE
Vor ungefähr 20 000 Jahren, am Höhepunkt der letzten Eiszeit, nahmen die künstlerischen Aktivitäten der eiszeitlichen Jäger deutlich zu. Die ersten Indizien für Zeremonien, die in diesen Höhlen – und insbesondere in Pech-Merle - abgehalten wurden, stammen aus dieser Zeit.

ROUFFIGNAC
Die älteste Höhlenkunst besteht aus Gravierungen und einfarbigen Bildern, die vor 24 000 bis 22 000 Jahren entstanden. Viele der Bilder zeigen Mammute und Wollnashörner. Am bekanntesten sind vielleicht die der aufregenden Höhle von Rouffignac.

WILLENDORF
Vor 28 000 und 24 000 Jahren tauchten die ersten beweglichen Kunstgegenstände in Gestalt geschnitzter Venus-Figurinen auf. Man findet sie über ein riesiges Gebiet verteilt, von Westeuropa bis nach Sibirien. Zu den berühmtesten gehören die Venusse von Willendorf, Lespugue, Brassempouy und Kostenki.

LA FERRASSIE
Während der frühen Phasen des Gravettien tauchten in Höhlen wie La Ferrassie und Arcy-sur-Cure schematische Zeichen und Bilder archaischer Tiere und Vulvae auf.

LA FERRASSIE
Die früheste Kunst besteht überwiegend aus Vulva-Zeichen. Sie entwickelte sich vor etwa 33 000 Jahren und ist an verschiedenen Stellen der Dordogne nachweisbar, zum Beispiel in La Ferrassie, Abri Cellier und Castanet.

Höhepunkt der Vereisung ⟶

MAGDALÉNIEN

SOLUTRÉEN

GRAVETTIEN

AURIGNACIEN

JAHRTAUSENDE VOR UNSERER ZEIT

ILLUSTRATIONEN: STEVE TREVASKIS

107

△ Der Hauptgang der berühmten Höhle
von Lascaux – häufig als Saal der Stiere
bezeichnet. Die Höhle mit ihren bemerkenswerten Malereien blieb über mehrere Jahrtausende dunkel und unbekannt, bis sie im
Jahre 1940 zufällig von vier Jugendlichen
entdeckt wurde.

JEROME CHATIN/GAMMA/PICTURE MEDIA

▷ Vulva-Darstellungen in der Höhle von El
Castillo in der Provinz von Santander (Nordspanien). Ihr genaues Alter ist zwar nicht
bekannt, doch entstanden sie vermutlich in
der Mitte des Magdalenien.

JEAN VERTUT

▷ Diese Gravierung einer menschlichen
Figur, die als Wisent verkleidet ist, stammt
aus Le Gabillou in der Dordogne. Sie stellt
vielleicht einen Schamanen während einer
kultischen Handlung dar. Andere Fachleute
halten diese aus menschlichen und tierischen Merkmalen zusammengesetzten Figuren für Darstellungen von übernatürlichen Wesen, etwa »Schutzgeister« der Tiere
und Wälder.

JEAN VERTUT

nigen Höhlen kommen zahlreiche schematische Symbole oder Zeichen vor, häufig in Gestalt standardi-
sierter, geometrischer Figuren. Dabei herrschen unterschiedliche Figurentypen in verschiedenen Regionen vor. So sind zum Beispiel schematische Symbole
in der südlichen Region viel häufiger — in den Pyrenäen und in den Höhlen Südspaniens, wie La Pileta
bei Malaga.

Zu den dramatischsten Höhlenbildern gehören die
Negativdarstellungen von Handschablonen. Sie entstanden, indem Farbe mit einem Blasrohr über einer
Hand versprüht wurde, die auf die Felsoberfläche gelegt worden war. Viele dieser Hände weisen verstüm-
melte Finger auf, was in verschiedenen Höhlen unterschiedlich gedeutet wurde. Es ist möglich, daß die paläolithischen Menschen ihre Finger absichtlich ampu-
tierten, denn diese Praxis ist auch von vielen
traditionellen Kulturen neuerer Zeit bekannt. Dieser
Vorgang dient magischen oder religiösen Zwecken

◁ Das Panorama eines der beiden Friese des Hauptganges von Lascaux. Viele halten diese für die schönsten bisher bekannten paläolithischen Bilder. Die kleine Herde galoppierender schwarzer Pferde ist eines der wenigen Beispiele einer Bildkomposition in der paläolithischen Kunst.

◁ Eine bemerkenswert realistische Darstellung des Przewalski-Pferdes in der Galerie Noir (der Schwarzen Galerie) der Höhle von Niaux (Südfrankreich). Heute ist das Bild teilweise von weißen Kalzit-Ablagerungen überdeckt.

▽ Ein Wisent aus der Gallerie Noir des Hauptganges von Niaux. Dieses riesige, mehr als 1000 Meter im Berg gelegene Heiligtum enthält überwiegend einfarbige Abbildungen von Pferden und Wisenten.

und wird zu Zeiten großer Schwierigkeiten durchgeführt, um die Geister zu versöhnen. Viele der verstümmelten Hände jedoch, darunter diejenigen in der »Höhle der einhundert verstümmelten Hände«, die sich bei Gargas in den Pyrenäen befindet, wurden so interpretiert, daß hier unbeabsichtigte Verletzungen, zum Beispiel Erfrierungen, dokumentiert wurden. Außerdem ist es denkbar, daß die Finger in einer Art Zeichensprache abgebogen wurden.

Die Spannbreite der Höhlenbilder variiert von einer Region zur anderen. Viele Höhlen besitzen einen unverwechselbaren Charakter, was bei jedem Versuch, die unterschiedlichen Bildergruppen zu interpretieren, berücksichtigt werden muß. In bestimmten Höhlen, etwa in Rouffignac, findet man überwiegend Abbildungen von Mammuten und Wollnashörnern. In anderen, zum Beispiel in Niaux und Lascaux, sind in den meisten Fällen Pferde, Auerochsen und Wisente dargestellt.

Die Farben der paläolithischen Künstler bestanden aus gemahlenem Gestein — zumeist Eisenoxid, das den roten Farbton gab, und Manganoxid für schwarz — mit Tierfett vermischt. In zahlreichen Höhlen fand man verschiedene Pinsel und Blasrohre. In vielen Fällen, so auch in Lascaux, wurden Löcher im Höhlenboden entdeckt. Sie stammten von den Gerüsten, mit deren Hilfe die Künstler geeignete Stellen hoch an der Wand oder am Höhlendach erreichten. Auch dies verweist stark auf einen systematisch vollzogenen Kult.

Zu den größten Streitfragen in der Interpretation der Höhlenmalerei gehört das Problem, ob die verschiedenen Bilder als Teile eines Ganzen zu sehen sind, oder ob ein jedes davon ein einzelnes, unabhängiges Ritual bildet. Erschwerend kommt hinzu, daß in vielen Fällen Bilder von neuen Malereien oder Gravuren überdeckt wurden. Diese überlagerten Bilder kann man auf verschiedene Weise deuten. Zunächst

JEAN VERTUT

△ Bilder des mysteriösen Wollnashorns sind selten und finden sich nur in den ganz frühen Phasen der paläolithischen Kunst. Dieses hier stammt aus der Höhle von Rouffignac in der Dordogne.

▽ Die aufsehenerregende Höhle von Rouffignac wird von ganz frühen einfarbigen Darstellungen des Mammuts und des Wollnashorns bestimmt. Bei den merkwürdigen Vorwölbungen der Felsoberfläche handelt es sich um natürliche Feuersteinkerne, die im Kalkstein eingebettet sind.

kann das neue Bild über das alte gesetzt worden sein, um dessen übernatürliche Kräfte zu nutzen, oder, was ebenso wahrscheinlich ist, um diese zu zerstören. Andererseits wäre denkbar, daß das frühere Bild unwichtig geworden war und sich nur zufällig am Ort einer späteren Zeremonie befand. Ähnliche Probleme tauchen auf, wenn man versucht, die vielen verwirrenden Zeichen und Symbole zu deuten, die zumeist auf oder neben den Tieren erscheinen.

Die Tiere sind in stark variierender Größe abgebildet, selbst auf demselben Felsabschnitt. Zudem sind sie untereinander in einem offensichtlichen Durcheinander angeordnet, ohne Perspektive oder einen Horizont. Sieht man von den berühmten galoppierenden schwarzen Pferden von Lascaux ab, die eine bemerkenswerte Ausnahme bilden, hat man den Eindruck, daß die paläolithische Kunst — im herkömmlichen künstlerischen Sinne - noch keine Vorstellung der Bildkomposition besitzt. Allerdings offenbarte die moderne Forschung, daß sich in den Höhlenbildern ein wesentlich tieferes Verständnis der Anwendung von Symbolen widerspiegelt, als man den Jägern des oberen Paläolithikums bisher zugetraut hatte.

Interpretationen und Neudeutungen

Wie es der archäologischen Forschung immer ergeht, haben sich die Deutungen der Höhlenbilder geändert, sobald neue Befunde aufgetaucht waren. Lange Zeit war man der Meinung, daß die paläolithische Kunst einem Bedürfnis der Großwildjäger entsprach, ihre Alltagsumgebung zu verschönern — Kunst um ihrer selbst willen. Niemand war geneigt, anzunehmen, daß das Leben eines »primitiven Wilden« auch religiöse oder zeremonielle Seiten hatte. Und man schenkte der Tatsache wenig Aufmerksamkeit, daß beinahe keines dieser Kunstwerke in Siedlungen gefunden worden war, sondern daß sich alle in abgelegenen Teilen von Höhlen befanden.

Erst zu Beginn des 20. Jahrhunderts, als durch ethnographische Studien bekannt wurde, wie ungewöhnlich kompliziert und vielfältig die Glaubensvorstellungen traditioneller Kulturen sind, wurde den Forschern klar, daß den Höhlenbildern vielleicht eine tiefere Bedeutung zukam. Besonders die australischen Aborigines erregten großes Interesse, denn ihre Felsmalereien erwiesen sich als der zeremonielle Ausdruck einer vielschichtigen Mythologie. Zum ersten

JEAN VERTUT

CENTRE NATIONAL DE PREHISTOIRE, PERIGUEUX, FRANCE

Mal wurde die Vorstellung des Totemismus diskutiert. Dieser Begriff bezieht sich auf eine Form sozialer Organisation, bei der die Menschen in Stämme oder Clans aufgeteilt sind. Ein jeder Stamm oder Clan ist an einem Totem zu erkennen, — einem Gegenstand aus der Natur, zumeist ein Tier — mit dem er in besonderer Weise in Beziehung zu stehen glaubt, in der Regel durch Blutsverwandtschaft.

Abbé Breuil war der führende Wissenschaftler, der in der Diskussion um die paläolithische Höhlenmalerei von 1930 bis 1950 das Meinungsbild prägte. Er befürwortete die Ansicht (die daraufhin zur gängigen Ansicht wurde), daß es sich bei der Höhlenmalerei um den Ausdruck eines mit geheimen Kräften ausgestatteten Jagdzaubers handelte: Zunächst wurde das Jagdwild abgebildet und anschließend in symbolischer Weise verletzt, indem man ein federähnliches Symbol darüber hielt. Dadurch wurden übernatürliche Kräfte ausgelöst, und eine erfolgreiche Jagd war gesichert. Diese Deutung ließ jedoch viele Fragen offen.

Zunächst, warum bildeten die Künstler jene Jagdwaffen häufig als federähnliche Zeichen ab, zumal die meisten dieser Zeichen außerhalb des dargestellten Jagdwildes angeordnet waren? Zweitens, warum tauchen die häufigsten Jagdwildarten in der Höhlenmalerei nur sehr selten auf? Dies gilt besonders für das Rentier, das, nach der enormen Zahl der Knochen zu urteilen, die man in allen Siedlungen dieser Gegend fand, während des Magdalenien eine der Hauptnahrungsquellen gewesen sein muß. Auch erklärt diese Theorie das in den Höhlenbildern dominierende Element des Sexualsymbolismus nur unbefriedigend. Selbst hinter den vielen Bildern offenbar trächtig dargestellter Tiere steckt die Vorstellung der Fruchtbarkeit — vielleicht galt dies sowohl für den Clan als auch für die Tierart.

Die moderne Forschung begann mit André Leroi-Gourhan, dessen bedeutende Arbeiten in den sechziger Jahren das Augenmerk auf die Position der verschiedenen Bilder und deren Beziehungen zueinander lenkte. Mit Hilfe umfassender statistischer Analysen

△ Dieses historische Foto belegt die erste Untersuchung der Höhle von Lascaux im Jahre 1940. Die dritte der stehend abgebildeten Personen ist der legendäre Höhlenforscher Abbé Breuil. Die beiden auf dem Boden sitzenden Jungen gehören zu denen, die die Höhle entdeckten.

PECH-MERLE: EIN 20 000 JAHRE ALTES HEILIGTUM

GÖRAN BURENHULT

Tief im Inneren der Höhlen der frankokantabrischen Region hinterließen die steinzeitlichen Jäger ein bemerkenswertes Zeugnis ihrer kultischen Zeremonien, ihres Zauberglaubens und ihrer vielschichtigen Sozialsysteme, auf die erstere zurückzuführen sind. Es gehört zu den faszinierendsten Gebieten der paläolithischen Forschung, herauszufinden, was damals passierte, als diese Bilder entstanden.

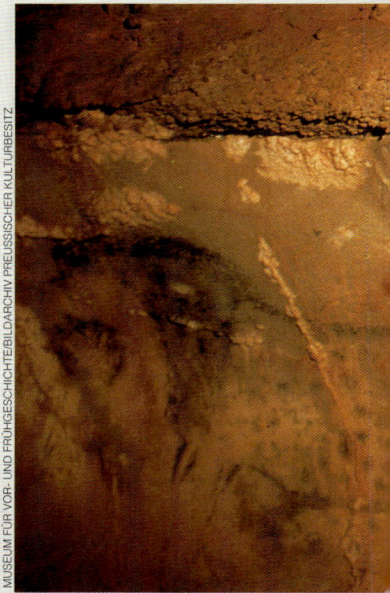

▽ Dank der vielen Stalagmiten und Stalaktiten gehört die riesige Höhle von Pech-Merle nahe Cahors in Lot (Frankreich) zu den schönsten mit Kunstwerken ausgestatteten Höhlen. Ihre berühmten gepunkteten Pferde, die auf einen herabgefallenen Fels gemalt waren, nehmen eine besondere Position ein. Einige Indizien sprechen dafür, daß in dieser unwirklichen Umgebung Zeremonien abgehalten wurden.

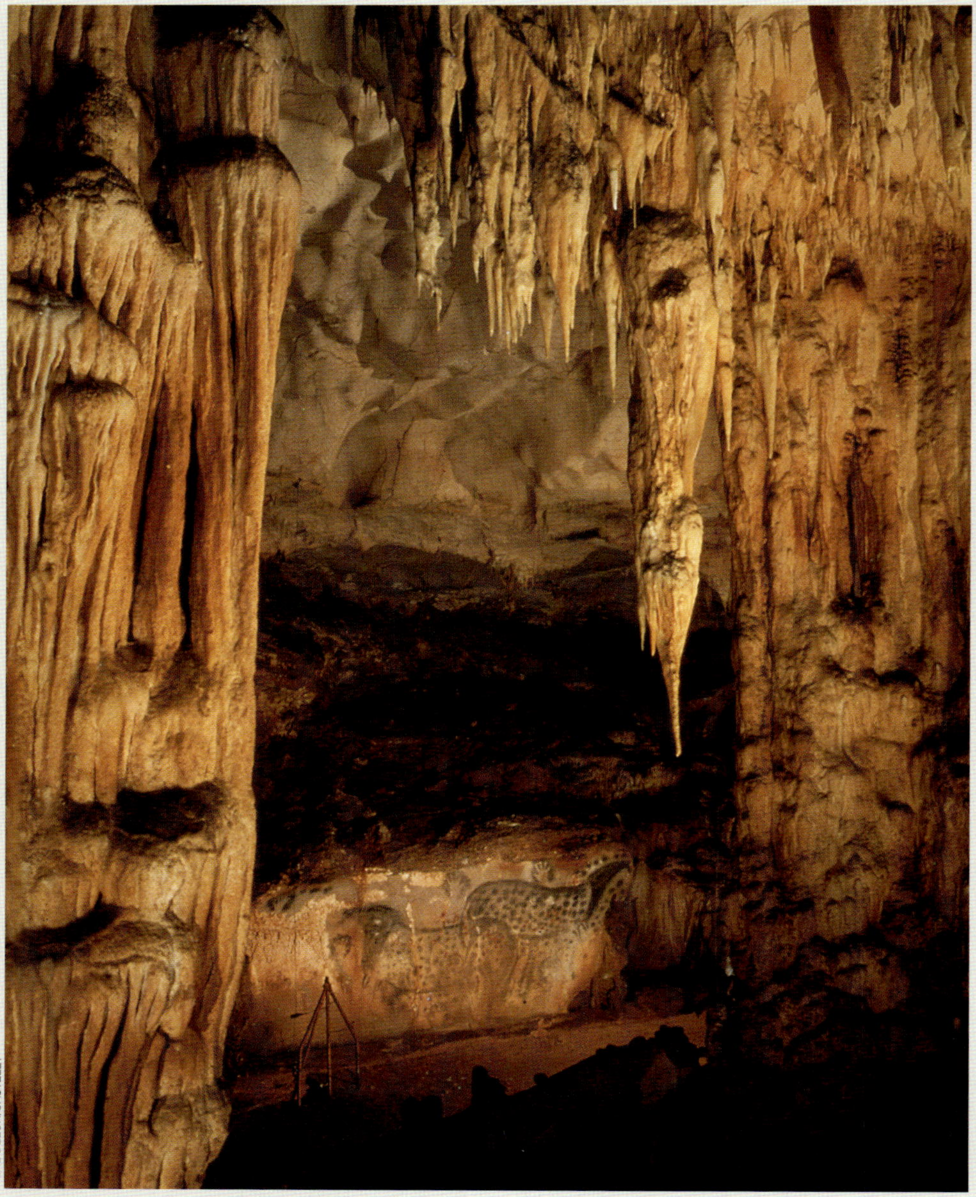

RENE DELON/CASTELET

MUSEUM FÜR VOR- UND FRÜHGESCHICHTE/BILDARCHIV PREUSSISCHER KULTURBESITZ

Unter den vielen dieser bekannten Höhlen gibt es einige, die teils wegen ihrer Größe aus der Menge herausragen, teils aber auch durch die Art und Weise, in der die Künstler die natürliche Beschaffenheit der Höhlenwände nutzten, um ihren Bildern eine bessere Wirlung zu verleihen. Dazu gehören so klassische Höhlen wie Lascaux, Font-de-Gaume und Rouffignac in der Dordogne, Niaux in den Pyrenäen und Pech-Merle bei Cahors in Lot im Südwesten Frankreichs. Mehrere dieser Höhlen legen die Vermutung nahe, daß in diesen großartigen unterirdischen Hallen immer wieder Zeremonien stattfanden — vielleicht Übergangsriten, und daß die Bilder nach und nach geschaffen wurden, niemals nur zu einer Gelegenheit. Mit Sicherheit spielten solche rituellen Sammelplätze eine wichtige Rolle bei den Begegnungen der Steinzeitmenschen mit dem Übernatürlichen.

Pech-Merle gehört zu den ältesten bekannten Höhlen mit paläolithischer Kunst. Im Gegensatz zu den meisten anderen Höhlen handelt es sich um eine Tropfsteinhöhle, und ihre Wälder aus Stalagmiten und Stalaktiten machen sie zu einer der schönsten unterirdischen Galerien überhaupt. Die atemberaubenden Bilder gepunkteter Pferde, die sie berühmt gemacht haben, befinden sich überwiegend in einer gewaltigen Halle. Sie wurden auf einen herabgefallenen Fels gemalt, auf dessen weiter,

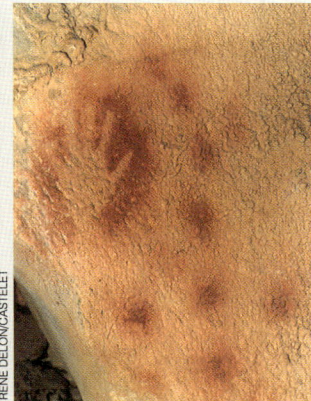

◁ Ich war hier! Die Handschablonen von Pech-Merle, persönliche Abdrücke derer, die an den Zeremonien teilnahmen, geben Zeugnis davon, daß hier einmal Initiationsfeiern stattfanden.

▽ Die Fußabdrücke, die in Pech-Merle und vielen anderen paläolithischen Höhlen zurückblieben, sind unser engster und unmittelbarster Kontakt zu den Menschen, die vor über 20 000 Jahren in den Tiefen der Höhlen ihre kultischen Zeremonien abhielten.

flacher Umgebung die Menschen vermutlich getanzt und ihre Zeremonien abgehalten haben.

Durch Untersuchung mit infrarotem Licht wissen wir heute, wie diese Bilder entstanden. Die roten und schwarzen Spritzer bestehen aus verschiedenen Farbmischungen und wurden bei verschiedenen Gelegenheiten auf die Pferde aufgetragen. Die erste Abbildung war ein roter Fisch, der etwas rechts von der Mitte des Felsens aufgetragen wurde. Anschließend wurden die Umrisse des ersten Pferdes gemalt. Zwar kann man sich seinen Kopf entlang der Umrisse des Felsverlaufes vorstellen, doch wurde er nur klein und in Ansätzen gemalt — wie der Hals in Schwarz. Die roten und schwarzen Spritzer wurden mit Hilfe eines Blasrohrs auf den Körper aufgetragen. Als die Umrisse des Körpers fertig waren, wurden noch weitere Punkte außerhalb des Tieres angebracht. Anschließend entstand das zweite Pferd ebenso. Zum Schluß hinterließen die Menschen Handabdrücke auf dem Stein, deren Botschaft offenbar lautete: Ich war hier.

△ Die beiden gesprenkelten Pferde, für die Pech-Merle berühmt ist, sind nur einfarbig und repräsentieren ein relativ frühes Stadium der paläolithischen Kunst. Die Analyse der Punkte vermittelte uns wichtige Informationen über den Kult, der den Bildern zugrunde lag – jeder Punkt bestand aus einer anderen Farbmischung. Vermutlich entstanden die Punkte also zu unterschiedlichen Gelegenheiten.

▷ Mehrere einfarbige Darstellungen des heute ausgestorbenen Kältesteppenmammuts wurden in abgelegenen Teilen der Höhle von Pech-Merle entdeckt. Sie gehören zu den frühesten Stadien der Höhlenmalerei und fügen sich in die geheimnisvolle Umgebung dieser bemerkenswerten unterirdischen Galerie gut ein.

▷ Der berühmte Zauberer von Les Trois Frères, Ariège (Südfrankreich). Dieses 75 Zentimeter große Bildnis ist zum Teil gemalt und zum Teil graviert und verbindet die Merkmale von Mensch, Pferd, Hirsch, Vogel und Bär. Vermutlich ist hier ein Schamane dargestellt. Die Zeichnung stammt von Abbé Breuil.

▽ Zwei bemerkenswert guterhaltene, aus Ton gefertigte Bison-Skulpturen aus Le Tuc d'Audoubert (Südfrankreich). In einer Nebenkammer fand man zahlreiche Fußabdrücke von Kindern, die im Kreis um eine Gruppe aus Ton gefertigter Phalli getanzt hatten.

JEAN VERTUT

CHARLES ALENARS/EXPLORER-AUSCAPE

deckte er Zusammenhänge auf, die man zuvor niemals für möglich gehalten hätte. Es zeigte sich, daß in allen paläolithischen Höhlen die Bilder in einer wechselseitigen Beziehung zueinander stehen. Dabei tauchen einige Arten immer gemeinsam auf, während andere niemals gemeinsam auf derselben Felswand zu finden sind. Mehr als die Hälfte aller Tierbilder zeigen Pferde und Wisente, zwei der Arten, die immer zusammen auftauchen. Auch die Anordnung der Bilder innerhalb einer Höhle sind bemerkenswert. So findet man etwa 90 Prozent aller Bison-, Auerochsen- und Pferdebilder in den zentralen Zufluchtsstätten oder Höhlenwänden, während alle anderen Tiere weniger auffällige Stellen besetzen.

Nach Ansicht von Leroi-Gourhan steht die paarweise Darstellung der Tiere für das Verhältnis des Männlichen zum Weiblichen. Bei dieser Deutung ist auch die Anordnung der Bilder bezüglich ihrer schematischen Darstellungen und des Geschlechts berücksichtigt. Seiner Meinung nach waren Pferde die männlichen Symbole, während Wisente, Auerochsen und Mammute weibliche Symbole repräsentierten. Interessanterweise kam eine andere Forscherin, Annette Laming, unabhängig davon zur gleichen Zeit zu demselben Ergebnis, nur drehte sie die Deutung um und sah das Weibliche in den Pferden.

Zwar wurden die Interpretationen Leroi-Gourhans in Einzelheiten stark kritisiert, doch besteht kein Zweifel daran, daß seine Arbeiten ganz neue Fragestellungen aufwarfen und unsere Auffassung der paläolithischen Kunst grundlegend veränderten. Heute ist man sich darüber einig, daß diese Kunstform zu einem geplanten, vielschichtigen rituellen Leben gehörte, das wiederum einen Bestandteil der paläolithischen Glaubenswelt bildete.

Überleben durch Zeremonien

Man muß ehrlicherweise zugeben, daß unsere neuen Erkenntnisse, nach denen soziale und ökonomische Hintergründe zum Aufkommen der paläolithischen Kunst führten, die individuellen Besonderheiten der verschiedenen Bildergruppen mit ihren Elementen des Sexualsymbolismus, des Fruchtbarkeitskultes, der Jagdmagie sowie des Schamanismus und des Totemismus nicht befriedigend erklären. Das ganze Bild ist für Einzelerklärungen bei weitem zu komplex, und zudem dürfte sich ein großer Teil der Rituale im Laufe der Jahrtausende, während derer die Höhlenmalerei praktiziert wurde, inhaltlich verändert haben. Allerdings zeigte die neuere Forschung, daß zahlreiche Höhlen als zeremonielle Versammlungsplätze dienten. Dies wird aus einer Reihe von Indizien deutlich.

Darstellungen von Menschen sind unter den Höhlenbildern verhältnismäßig selten, doch zeigen auffällig viele von ihnen zugleich menschliche und tierische Merkmale, häufig sogar die Merkmale mehrerer Tiere. Das bekannteste Beispiel ist der »Zauberer« von Les Trois Frères in den Pyrenäen. Es handelt sich um eine männliche Figur mit dem Geweih eines Hirsches. Seine Nase gleicht dem Schnabel eines Greifvogels, und seine Augen haben den starrenden Blick einer Eule. Zudem trägt die Figur einen Pferdeschweif, und ihre unnatürlich kurzen Arme enden in krallenbesetzten, bärenähnlichen Tatzen. Seine Genitalien befinden sich, ungewöhnlich angeordnet, unter dem Schwanz. Diese in merkwürdiger Weise gebeugte oder hockende Figur scheint gerade einen zeremoniellen Tanz auszuführen.

In der Religion der meisten arktischen und subarktischen Jäger und Sammler, einschließlich der heutigen Inuit (oder Eskimos) und der Rentierjäger Nordostalaskas, ist der Schamanismus das beherrschende Element. Schamanen sind Männer oder Frauen, die eine besondere Beziehung zu der Welt der Geister unterhalten. Man ruft sie bei Krankheit oder anderen Schwierigkeiten, damit sie im Namen der Gemeinschaft mit den Geistern verhandeln. Wenn zum Beispiel das Wild so knapp wird, daß das Überleben der Gemeinschaft bedroht ist, fällt der Schamane in Trance und sendet seine Seele aus, um herauszufinden, warum der Geist, der über die Tiere herrscht, sie zurückhält. Anschließend muß die Seele den Geist dazu bringen, mehr Tiere zu senden. Auch zur Heilung von Krankheiten werden die Schamanen gebraucht. (In vielen derartigen Kulturen führt man eine Krankheit darauf zurück, daß ein Tabu gebrochen wurde.) Vermutlich hatten die eiszeitlichen Großwildjäger ähnliche Vorstellungen, und ihre Schamanen — oder jedenfalls Menschen mit vergleichbaren Aufgaben — hielten entsprechende Zeremonien in den Höhlen ab. Wie könnten diese ausgesehen haben?

Lange Zeit drehten sich die Diskussionen über die Höhlenmalerei um den Inhalt und die Bedeutung der Bilder selbst. Dabei wurden einige wichtige Indizien übersehen, die dafür sprechen, daß zeremonielle Tänze und andere kultische Handlungen in den Höhlen stattfanden. Aus verständlichen Gründen blieben diese Indizien jedoch nur an wenigen Stellen erhalten, denn in ihrem Eifer, die Bilder und Gravuren einer neuentdeckten Höhle zu untersuchen, liefen die frühen Forscher auf dem feuchten und häufig weichen Höhlenboden herum und zerstörten dabei, ohne es zu wissen, unwiederbringliche Informationen, die über Zehntausende von Jahren unberührt geblieben waren: die Fußabdrücke der Menschen, die in ihren Heiligtümern diese Zeremonien abgehalten hatten. Die wenigen Fundstellen, an denen die Spuren noch erhalten sind, kennt man schon seit langem. Das klassische Beispiel ist die Höhle von Le Tuc d'Audobert, die wegen ihres guterhaltenen, aus Lehm geformten Wisents bekannt ist. Hier entdeckte man in einer angrenzenden Höhlenkammer die Fußabdrücke von sechs Menschen. Sie alle stammen von Kindern, und sechs Reihen von Fußabdrücken zeigen, daß ein jedes anders getanzt hat.

In den letzten Jahren hat man eine ganze Reihe von Höhlenkammern mit guterhaltenen Fußabdrücken aus dem Paläolithikum entdeckt. Am spektakulärsten ist ein zuvor unbekannter Abschnitt der großen Höhle von Niaux in den Pyrenäen. Mehr als 1000 Meter weiter bergeinwärts als das bekannte Heiligtum, das als die Galerie Noir bekannt ist und schwarzumrissene Zeichnungen von Pferden und Wisenten enthält, befinden sich über 500 Fußabdrücke, die größte Zahl, die jemals in einer Höhle gefunden wurde. Der Weg dorthin ist extrem schwierig, und zunächst müssen drei unterirdische Seen überwunden werden.

Wie sich herausstellte, stammen die Fußabdrücke von Kindern, die zwischen 13 und 15 Jahre alt waren. Doch wie in allen Höhlen, wo die Abdrücke noch erhalten sind, mischen sie sich mit den Fußspuren Erwachsener. Da man in vielen Höhlen auf Flöten und andere Reste mutmaßlicher Musikinstrumente stieß, wurde der zeremonielle Tanz vermutlich durch Musik begleitet.

Abbé Breuil, André Leroi-Gourhan und andere hatten bereits früher darauf hingewiesen, daß wenigstens einige Höhlenbilder mit verschiedenen Initiationsriten zu tun gehabt haben können, doch geriet diese Ansicht durch das Bestreben, die Bedeutung der Bilder selbst zu ergründen, ins Hintertreffen. In allen traditionellen Kulturen bilden Übergangsriten einen wesentlichen Teil des rituellen und zeremoniellen Lebens. Sie beziehen sich auf Geburt, Pubertät, Eheschließung und den Tod. Die Initiationsriten der Jungen — dabei werden Knaben unter der Anleitung

△ Tief im Innern der Höhle von Niaux entdeckte man über 500 Fußabdrücke 13- bis 15jähriger Kinder sowie mehrerer Erwachsener. Vermutlich fanden hier Zeremonien statt.

▽ Die zahlreichen Felsüberhänge (oder *Abri*) im Gebiet der Dordogne gewährten Schutz vor den Elementen und bildeten somit für die Menschen des Paläolithikum hervorragend geeignete Wohnplätze.

FERRERO-LABAT/AUSCAPE

△ Mehrfarbige Abbildungen einer Kuh und eines Pferdes in einem der Hauptfriese der berühmten Höhle von Lascaux in der Dordogne.

eines Meisters in die Geheimnisse der Erwachsenenwelt eingeführt — haben häufig mit Isolierung, mit Dunkelheit und der Erfahrung von Angst zu tun. Im Laufe dieser ausgedehnten Zeremonien kommt es häufig zu schmerzhaften Prüfungen der Männlichkeit, wie etwa der Tätowierung und manchmal der Beschneidung. Nicht selten werden solche Rituale von Tänzen begleitet. Unter zahlreichen traditionellen Völkern unserer Tage, einschließlich der australischen Aborigines und der südafrikanischen Buschleute, besitzen die Höhlenbilder einen direkten Bezug zu diesen Pubertätsriten. Beinahe immer dienen diese Riten auch dazu, Kenntnisse der mythologischen Welt zu vermitteln. Tiere spielen in der Mythologie der meisten traditionellen Völker — insbesondere derer mit totemistischen Gesellschaften — eine entscheidende Rolle, und häufig dienen sie zugleich als Symbole der Geschlechtlichkeit und der Fruchtbarkeit.

Wie auch bei vielen anderen archäologischen Funden, werden wir vielleicht niemals die genaue Bedeutung der Höhlenmalerei mit ihren vielen verschiedenen Bildern verstehen. Mythologische Symbole lassen sich nicht einfach wie ein Buch lesen. Dennoch ist unser Verständnis, welche Funktion sie in der paläolithischen Gesellschaft erfüllt haben kann, besser denn je. Die Bilder in den Höhlen sind einmalige soziale Dokumente, eine Art prähistorischer Enzyklopädie, deren verschiedene Einträge gemeinsam widerspiegeln, wie notwenig es in einer rasch wachsenden und wechselnden Gesllschaft war, sich mitzuteilen, sich mit der Gruppe zu identifizieren und zusammenzuhalten. Zeremonielle Versammlungsplätze unserer Zeit — seien sie nun unter freiem Himmel oder in Höhlen — lassen vermuten, daß einige Gesellschaften damals auch leichter zugängliche Formen des Rituals besaßen. Am bekanntesten ist vielleicht das zeremonielle Zentrum bei Mezhirich, südöstlich von Kiew in der Ukraine. Es wurde aus 70 Tonnen Mammutknochen gebaut, die von 200 Tieren stammten.

Die Kunst und das Ritual als Formen menschlicher Ausdrucksweise repräsentieren offenbar einen der entscheidenden Wege, auf dem die Menschen mit ihrer neuartigen, anspruchsvolleren und sozial komplizierteren Lebensweise fertig wurden. Die Glaubenswelt mit den dazugehörigen Zeremonien und Ritualen waren ein Hilfsmittel, um die Gesellschaft zusammenzuschließen, sie zu schützen und ihre Werte zu erhalten — letztlich eine Strategie zum Überleben.

◁ Die Höhle von Lascaux birgt einige der schönsten bisher bekannten Beispiele mehrfarbiger Bilder, und man findet Vergleichbares nur noch in Altamira. Diese Bilder repräsentieren den Höhepunkt der 20 000jährigen Tradition eiszeitlicher Kunst in Europa, einer Tradition, die vor etwa 12 000 Jahren unterging.

DIE COSQUER-HÖHLE: EINE ALTE VERSUNKENE GALERIE

JEAN CLOTTES UND JEAN COURTIN

Anfang September 1991 berichtete der professionelle Taucher Henri Cosquer dem französischen Kultusministerium, daß er in einer Höhle tief unter dem Meer vor Kap Morgiou bei Marseille prähistorische Bilder und Gravuren entdeckt habe. Etwa zur gleichen Zeit drangen drei Amateurtaucher, die vermutlich von der Entdeckung erfahren hatten, in die Höhle ein. Allerdings verirrten sie sich in ihren düsteren Galerien und ertranken, als die Atemluft verbraucht war.

△ Henri Cosquer, der Entdecker der Höhle, neben einem großen, schwarzgemalten Wisent. Der Kopf wurde in Dreiviertelansicht dargestellt, die Hörner dagegen frontal und der Körper im Profil.

▷ Der Eingang zur Cosquer-Höhle befindet sich an der Basis eines Kalksteinkliffs, 37 Meter unter dem Meeresspiegel bei Kap Morgiou zwischen Marseilles und Cassis (Südfrankreich).

◁ Vier schwarze Pferde waren über zahlreiche Fingerspuren aus einer früheren
Zeit gemalt worden. Anschließend wurden
ein Steinbock, dessen Hörner frontal und
dessen Körper im Profil dargestellt sind,
sowie zahlreiche andere Linien über den
Pferden eingraviert (Mitte des Fotos).

Das Kultusministerium reagierte
rasch. Mit Hilfe Henri Cosquers,
dessen Namen die Höhle erhielt,
organisierte sie vom 16. bis zum
25. September eine Reihe von
Tauchgängen. Zu den übrigen
Mitgliedern der Expedition gehörten Kampftaucher der französischen Marine und Jean Courtin.
Wir betrachteten die Höhle genau,
machten viele Fotos, sammelten
Proben für eine Analyse und nahmen eine vorläufige Vermessung
der Galerien vor. Später wurde der
Zugang mit Felsen und Gitterwerk
blockiert, um die Höhle mit ihrem
Inhalt zu sichern und Möchtegern-
Forscher abzuschrecken.

Verborgene Kammern
unter dem Meer

Der winzige Eingang zur Höhle
befindet sich 37 Meter unter der
Oberfläche des Mittelmeeres am
Boden eines Kliffs. Ein enger
Gang, der 160 Meter aufwärts
führt, öffnet sich in verschiedene
große Kammern. Nur deren obere
Hälfte befindet sich über dem
Meer, und hier wurden mehrere
Bilder und Gravuren an der Wand
gefunden.

Am Ende der letzten Eiszeit,
vermutlich vor etwa 10 500 Jahren, wurde der Höhleneingang
überflutet, als der Meeresspiegel
um 120 Meter anstieg. Der untere
Bereich der Hauptkammer muß
lange Zeit über dem Wasser gelegen haben, denn er enthält zahlreiche große Stalagmiten, die sich
sonst nicht hätten bilden können.
Die Cosquer-Höhle ist nur eine
von mehreren in diesem Gebiet —
einige davon sind schon seit langem bekannt. Möglicherweise haben hier Menschengruppen Zuflucht gefunden, die zu paläolithischen Zeiten am Meer lebten.

Die lange Galerie, die zur Kammer hinaufführt, weist überhaupt
keine Spuren künstlerischer Betä-
tigung auf. Wenn es an den Wän-

▷ Diese großen Stalagmiten im unteren
Teil des Hauptganges liegen heute völlig
unter Wasser. Da sich Kalzit unter solchen
Bedingungen nicht ablagern kann, muß
dieser Gang vor seiner Überflutung über
Jahrtausende im Trockenen gestanden
haben.

△ Eine der vielen Handschablonen, die an den Höhlenwänden entdeckt wurden. Diese und einige andere sind insofern ungewöhnlich, als sie auch einen Teil des Unterarms zeigen. Wie die Fingerspuren, sind auch diese Schablonen um Jahrtausende älter als die Malereien und Gravierungen von Tieren.

den jemals Bilder gegeben hat, wurden sie schon bald vom Meerwasser zerstört, das die Kalksteinwände stark korrodiert hat. Dasselbe gilt für die überfluteten Bereiche der Hauptkammer.

Der oberhalb des Wassers gelegene Bereich der Höhle dehnt sich zu einem 50 mal 60 Meter großen Saal aus. Der Boden ist mit Stalagmiten und riesigen, heruntergefallenen Felsen bedeckt. Zahlreiche Fragmente von Holzkohle liegen verstreut umher, und viele davon sind mit Kalzit bedeckt (dem Mineral, aus dem die Stalagmiten entstehen). Zwei kleine Feuerstellen von etwa 30 Zentimeter Durchmesser haben die Höhle vermutlich beleuchtet. Aber es wurden weder Knochen noch Feuersteine oder andere Gegenstände gefunden. Die Menschen, die hierher

kamen, blieben nicht sehr lange.

Eine einzigartige Galerie
Bislang wurde die Höhle noch nicht vollständig vermessen, und zweifellos blieben viele Bilder noch unentdeckt. Bis jetzt weiß man Folgendes: An den Wänden und an Teilen des Höhlendaches befinden sich Bilder von wenigstens 23 Tieren. Zwei davon sind nicht zu identifizieren (was bei Höhlenbildern nicht ungewöhnlich ist), die übrigen dagegen sind gut zu erkennen. Es handelt sich um zehn Pferde, fünf Wisente, einen Steinbock, einen Rothirsch und den Kopf eines Höhlenlöwen. Zudem gibt es drei Bilder des ausgestorbenen Riesenalks (*Alca impennis*). Dieser flugunfähige Verwandte des Tordalks wurde im 19. Jahrhundert ausgerottet. Es sind

die einzigen Bilder dieser Vögel, die man aus der paläolithischen Kunst kennt.

Unter den zahlreichen Gravuren befinden sich 21 Tiere: vier Pferde, zwei Wisente, sechs Steinböcke, fünf Gemsen, zwei Robben und zwei weitere Tiere, die nicht zu bestimmen sind. Über einigen von ihnen waren lange, speerförmige Linien mit einer gekielten Spitze eingraviert. Zusätzlich sind die Wände kreuz und quer mit Tausenden von Linien bedeckt, von denen viele durch menschliche Finger entstanden oder wenigstens nachgezogen wurden.

Außerdem befinden sich 26 negative Handschablonen auf den Wänden und auf Kalzit-Vorhängen (großen, dünnen Stalaktitenlagen), 19 schwarze und sieben rote. (Diese Schablonen entstanden, in-

▷ Dieser Hirsch wurde an die Decke eines sehr niedrigen Ganges gemalt, wo zwischen Decke und Boden nur 40 Zentimeter Platz waren. Der Künstler muß also auf dem Rücken gelegen haben. Auf derselben Decke wurden zudem ein Steinbock und zwei Pferde dargestellt. Leuchtend weiße Flecken aus Kalzit und einige Stalaktiten haben sich in diesem Abschnitt entwickelt und die Bilder teilweise überdeckt.

▷ Einer von drei schwarzen Riesenalken
– die einzigen Abbildungen dieser Vögel,
die man aus einer Höhle des oberen Paläolithikum kennt. Wie alle anderen Bilder
und Gravierungen dieser Höhle lassen sie
sich auf ein Alter zwischen 18 000 und
19 000 Jahren datieren. Die Darstellungen
von Meerestieren – Robben, Fischen und
möglicherweise Quallen oder Tintenfi-
schen, sowie der Alken – gehören zu den
einzigartigen Merkmalen der Cosquer-
Höhle.

dem eine Hand auf den Fels gelegt
wurde, deren Umrisse durch
Sprühfarbe aus einem Blasrohr abgebildet wurden.) Wie in der
Höhle von Gargas (in den Pyrenäen) sind die Finger der meisten
Hände unvollständig. Am wahrscheinlichsten läßt sich dies erklären, indem die Finger in einer Art
von Zeichensprache abgebogen
gehalten wurden.

Wie nicht anders zu erwarten
war, sind die Bilder stark verwit-
tert. Die Linien der Bilder sind an
den Seiten erodiert, und viele zudem teilweise mit Kalzit bedeckt,
das sich im Laufe der Jahrzehnte
langsam ablagert. Eine zufällige
Probe der Holzkohle vom Boden
wurde mit der Radiokarbon-Me-

thode auf eine Alter von ungefähr
18 500 Jahre datiert. Damit ist die
Cosquer-Höhle 15 Jahrhunderte
älter als Lascaux. Viele andere
Holzkohlen-Fragmente stammen
von zwei Kiefer-Arten, die in diesem Gebiet während der letzten
Eiszeit nachweislich wuchsen (*Pinus silvestris* und *Pinus nigra*), wodurch die Datierung noch bestätigt
wird.

Auch die Regeln, nach denen die
Künstler ihre Tiere darstellen — so
werden etwa Hörner und Geweihe
von vorn gezeigt, während der
Körper im Profil zu sehen ist; stets
fehlen die Hufe; die Tiere sind in
steifer Haltung mit kurzen, stock-
förmigen Beinen abgebildet —
decken sich vollkommen mit der

Radiokarbon-Datierung. Die Ma-
ler der Provence, die diese Höhle
erreicht hatten, arbeiteten nach
denselben künstlerischen Regeln
wie diejenigen, die die Höhle von
Ebbou im Ardèche-Tal, etwa 150
Kilometer weiter nordöstlich, aus-
malten.

Die Cosquer-Höhle ist die erste
der Provence, die Wandmalereien
birgt. Dieser bedeutende Fund hat
unsere Kenntnisse der paläolithischen Kunst wesentlich erweitert.
Die zahlreichen Bilder sind sehr
vielfältig, die Robben und Riesen-
alke sind einzigartig. Es ist nur
schade, daß das Meer, das die
Höhle über Jahrtausende bewahrte,
zugleich viel von ihrem Inhalt zerstört hat.

DIE VERBREITUNG ÜBER DIE ERDE

Vor 50 000 bis 10 000 Jahren

Neuen Kontinenten entgegen

GÖRAN BURENHULT

Wie wir wissen, tauchte der moderne Mensch — vor 200 000 und 150 000 Jahren — zunächst in Afrika auf, um sich von dort aus über den übrigen Kontinent, über Europa und Teile Asiens auszubreiten. Dabei bot Südwestasien diesen Einwanderern offenbar eine natürliche Passage.

Im westasiatischen Umkreis hat man menschliche Überreste gefunden, die auf etwa 100 000 Jahre datiert wurden, während Europa von *Homo sapiens sapiens* erst vor 40 000 Jahren besiedelt wurde. Diese modernen Menschen drangen langsam, aber stetig in unbekannte Territorien vor. Dabei hatten sie niemals absichtlich den Vorsatz gefaßt, loszuziehen. Statt dessen dehnten die verstreut lebenden Gruppen ihre Jagdgründe nur um wenige Kilometer pro Generation aus, doch dies genügte, um die Welt im Verlaufe einiger zehntausend Jahre zu besiedeln.

◁ Zwischen 50 000 und 10 000 Jahren vor unserer Zeit verbreitete sich der anatomisch moderne Mensch über die Welt. Indem sie ihrem Jagdwild folgten, besiedelten diese Menschen nach und nach die riesigen, vormals unbewohnten Tundren Sibiriens und Nordamerikas. Rentiere und (in Nordamerika) Karibus bildeten das bevorzugte Jagdwild dieser frühen Pioniere.

△ Eine Venus-Figur aus dem oberen Paläolithikum Südsibiriens.

MUSEE DE L'HOMME, PARIS/J. OSTER

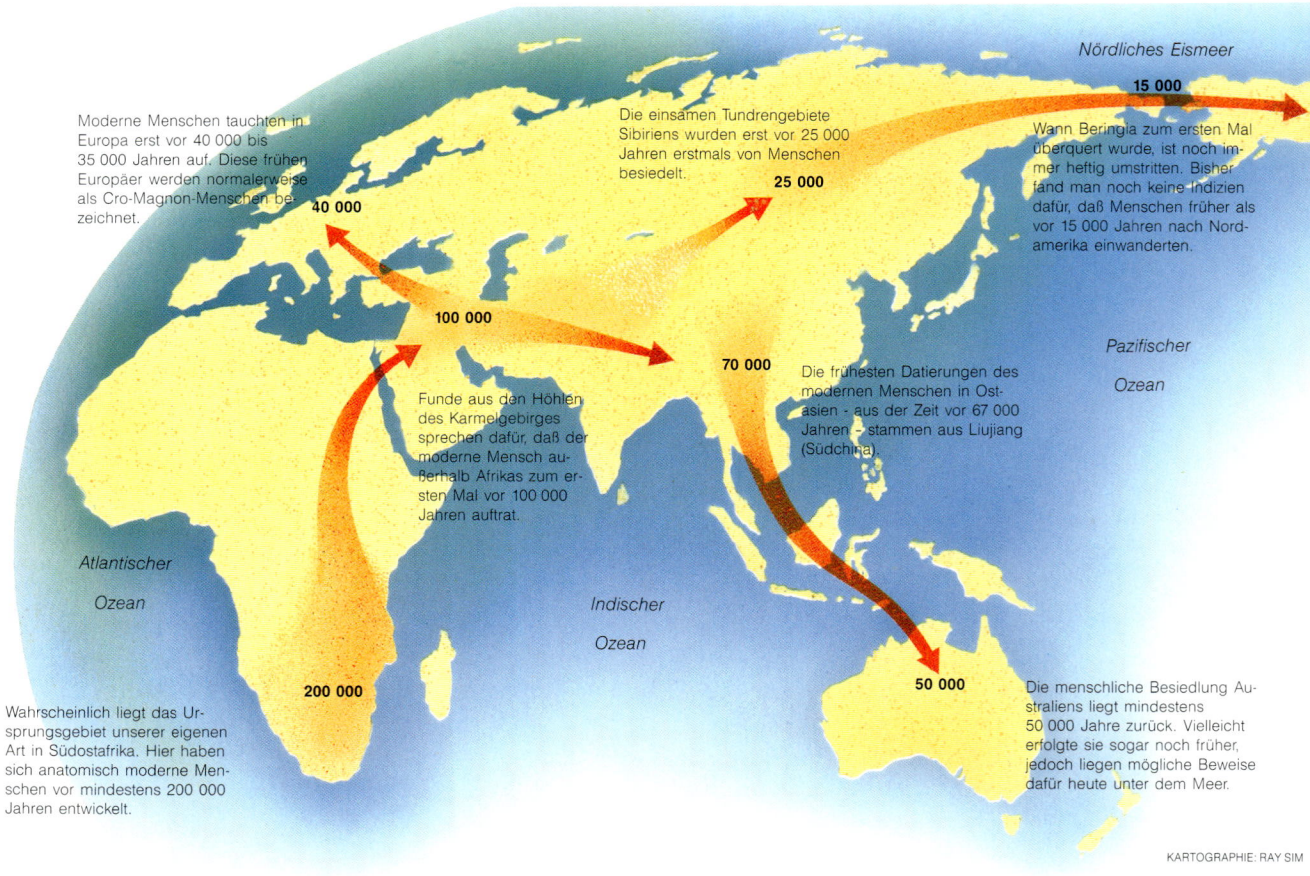

Nördliches Eismeer

15 000

Wann Beringia zum ersten Mal überquert wurde, ist noch immer heftig umstritten. Bisher fand man noch keine Indizien dafür, daß Menschen früher als vor 15 000 Jahren nach Nordamerika einwanderten.

Moderne Menschen tauchten in Europa erst vor 40 000 bis 35 000 Jahren auf. Diese frühen Europäer werden normalerweise als Cro-Magnon-Menschen bezeichnet.

40 000

Die einsamen Tundrengebiete Sibiriens wurden erst vor 25 000 Jahren erstmals von Menschen besiedelt.

25 000

Pazifischer

Ozean

100 000

70 000

Die frühesten Datierungen des modernen Menschen in Ostasien - aus der Zeit vor 67 000 Jahren - stammen aus Liujiang (Südchina).

Funde aus den Höhlen des Karmelgebirges sprechen dafür, daß der moderne Mensch außerhalb Afrikas zum ersten Mal vor 100 000 Jahren auftrat.

Atlantischer

Ozean

Indischer

Ozean

200 000

50 000

Die menschliche Besiedlung Australiens liegt mindestens 50 000 Jahre zurück. Vielleicht erfolgte sie sogar noch früher, jedoch liegen mögliche Beweise dafür heute unter dem Meer.

Wahrscheinlich liegt das Ursprungsgebiet unserer eigenen Art in Südostafrika. Hier haben sich anatomisch moderne Menschen vor mindestens 200 000 Jahren entwickelt.

KARTOGRAPHIE: RAY SIM

DIE AUSBREITUNG DES MODERNEN MENSCHEN
Vor etwa 100 000 Jahren begann der anatomisch moderne Mensch, sich außerhalb Afrikas auszubreiten. Die Pfeile geben ihre mutmaßlichen Verbreitungsrouten an, und daneben findet man annäherungsweise das Datum ihrer Ankunft.

Die Eigenschaften dieser modernen Menschen sollten die kulturelle Evolution der ganzen Welt beeinflussen. Sie waren bemerkenswert anpassungsfähig, konnten also Gegenden besiedeln, die früheren Hominiden noch unzugänglich gewesen waren. Zum ersten Mal ließen sich Menschen in den arktischen Regionen Eurasiens nieder und paßten sich dabei den schwierigsten Umweltbedingungen an, die es auf der Erde gibt. Zehn- bis fünfzehntausend Jahre, ehe die Cro-Magnon-Menschen nach Europa kamen, hatten ihre Vettern in Südostasien bereits mit irgendwelchen Booten 90 Kilometer offener See überquert und damit das heutige Australien und Neuguinea erreicht. Einige tausend Jahre später nutzten einige Gruppen die Tatsache, daß der Meeresspiegel während der letzten Eiszeit extrem gesunken war. So gingen oder paddelten sie über die Beringstraße und betraten den nordamerikanischen Kontinent. In nur wenigen zehntausend Jahren erschloß sich der moderne Mensch neue Welten — im Norden, im Nordosten und im Südosten.

Merkwürdige Verhältnisse in Asien
Während die kulturelle Entwicklung im Westen Asiens grundsätzlich mit der Europas vergleichbar ist, ging sie in Ostasien eigene Wege. Die Fossilien der Menschen, die vor 200 000 bis 100 000 Jahren lebte — also in dem Zeitraum, als sich die Neandertaler entwickelten — sehen ganz anders aus als die aus dem Westen. Wie der amerikanische Anthropologe

Richard Klein es formuliert, »war Westasien vor 50 000 bis 40 000 Jahren mehr oder weniger von Neandertalern besiedelt, die vielleicht aus Europa stammten, oder aber von sehr frühen modernen Menschen, die mutmaßlich aus Afrika kamen. Zu dieser Zeit lebte in Ostasien offenbar ein ganz anderer Menschentyp, der weder dem Neandertaler noch dem modernen Menschen zuzurechnen war.«

Besonders erschwert wird die Deutung dieses Zeitabschnitts dadurch, daß dort in letzter Zeit keine Ausgrabungen stattgefunden haben. Seit langem wissen wir, daß die Klingenwerkzeuge, die mit *Homo sapiens sapiens* in Europa auftauchten, nach Südostasien offensichtlich nicht gelangt sind oder sich dort entwickelt haben. Stattdessen überlebten dort die Abschlag- und Hauwerkzeuge von *Homo erectus* über mehr als 300 000 Jahre noch bis etwa 10 000 vor Christus. Entsprechend scheint es im östlichen Eurasien auch keine Hinweise für kulturelle Entwicklungen gegeben zu haben, die in Europa während des oberen Paläolithikums stattfanden. Damit sind im wesentlichen ein umfassenderer und verfeinerter Gebrauch von Geweihen und Knochen, das Aufkommen der Kunst und Hinweise auf ein reiches rituelles Leben gemeint, wozu auch komplizierte Begräbnispraktiken gehören.

Allerdings spricht eine Reihe bedeutender neuer Funde dafür, daß sich moderne Menschen, die bereits fortgeschrittene Stein- und Knochenwerkzeuge entwickelt hatten und über ein vielschichtiges rituelles und künstlerisches Leben verfügten, während der ganz frühen Phasen des oberen Paläolithikums in den südlichen, den östlichen und den südöstlichen Teilen Asiens niedergelassen hatten. Schon die bemerkenswerte Tatsache, daß *Homo sapiens sapiens* Australien und Neuguinea vor mindestens 50 000 Jahren besiedelt hat, verweist ganz sicher darauf. Aber das ist nicht der einzige Beweis. In Liujiang (China) wurden Fossilien moderner Menschen gefunden, die man auf ein Alter von 67 000 Jahren datierte. Bei Batadomba lena, einer Höhle im Südwesten Sri Lankas, förderten etwa 29 000 Jahre alte Ablagerungen die Überreste moderner Menschen zu Tage und mit ihnen kleine, technisch hochentwickelte Stein- (sogenannte geometrische Mikrolithen) und Knochenwerkzeuge. Offenbar gab es diese anspruchsvollen Steinwerkzeuge in Südostasien durchaus, nur waren sie nicht weit verbreitet und galten nicht als Standard, wie es weiter westlich der Fall war. Da sie neben traditionelleren Werkzeugen vorkamen, muß man wohl annehmen, daß sie sich lokal entwickelten. Die große, bisher nicht geklärte Frage lautet also, warum *Homo sapiens sapiens* seine neue Technologie in den Westen, aber nicht in den Osten mitbrachte.

Vor 35 000 bis 20 000 Jahren breiteten sich Großwildjäger des oberen Paläolithikums zum ersten Mal über den riesigen Tundren Nordostsibiriens aus, und bald darauf waren sie die ersten Menschen, die sich auf dem amerikanischen Kontinent niederließen. Die sibirischen Steinwerkzeuge sahen etwas anders aus als die zeitgenössischen Stücke in Europa. Sie bestanden aus anderen Rohmaterialien und waren gleichermaßen von den westlichen Klingenkulturen und den Abschlagwerkzeug-Kulturen des Südostens beeinflußt. Im Laufe der Zeit verbreitete sich diese sibirische Kulturtradition nach Süden und nach Osten bis in die Mongolei, nach China, Korea und Japan.

Während der letzten Eiszeit fiel im Nordosten Sibiriens so wenig Regen und Schnee, daß es niemals zur Bildung von Eisdecken und Gletschern wie in Europa kam. Die Jäger, die diese unermeßlichen, gefrorenen, baumlosen Weiten bewohnten, mußten bei der Verfolgung von Wild und auf der Nahrungssuche riesige Entfernungen zurücklegen. Da es nur wenige schützende Höhlen und Felsüberhänge gab, mußten sie sich Hütten bauen, um die strenge Kälte ertragen zu können. Zudem benötigten sie brauchbare Feuerstellen, an denen sie ihre Feuer praktisch pausenlos unterhalten konnten, und nicht zuletzt auch enganliegende Kleidung aus Fellen und Häuten. Dabei waren Geräte aus Geweihen und Knochen unverzichtbare Hilfsmittel. Bald war das Mammut ein begehrtes Jagdwild, denn es lieferte Nahrung, Häute und große Mengen an Knochen, die sich als Brennstoff und Baumaterial eigneten und zu Werkzeugen verarbeiten ließen.

Neuen Horizonten entgegen

Irgendwann vor 50 000 bis 40 000 Jahren gingen aus bestimmten Menschengruppen des heutigen Indonesien die ersten Seefahrer hervor. Mit Hilfe von Kanus oder Flößen paddelten sie über die Sunda-Straße bis zum heutigen Australien und Neuguinea. Da in Südostasien kein verläßlich datiertes Material vorliegt, ist es nach wie vor schwierig, das Auftauchen des modernen Menschen hier im Detail festzuschreiben. Das am besten dokumentierte Material stammt aus Australien. Zudem wissen wir, daß *Homo sapiens sapiens*

Nördliches Eismeer

Sungir
Afontova Gora
Dyukhtai
Mal'ta
Dolní Věstonice
Kostenki
Mezhirich
Zhoukoudian
Shugnou
Iwato

Pazifischer Ozean

Attirampakkam
Batadomba lena

Indischer Ozean

FUNDSTELLEN DES OBEREN PALÄOLITHIKUM ASIENS
Dargestellt sind die wesentlichen Fundstellen des oberen Paläolithikum auf dem asiatischen Kontinent mitsamt dem Küstenverlauf und der Eisdecke, wie sie am Höhepunkt der letzten Eiszeit vor 18 000 Jahren vorlagen. Die dabei freigelegten Landbrücken erleichterten die Ausbreitung nach Amerika und Japan sowie in Richtung Australien.

vor 30 000 Jahren den südlichsten Teil des Kontinents, Tasmanien, erreichte.

Im Zusammenhang mit den Steinwerkzeug-Kulturen Südostasiens aus dem oberen Paläolithikum waren lange Zeit zwei Fundstellen in Vietnam von besonderer Bedeutung: Son Vi und Hoa-Binh. Neuere Ausgrabungen und Radiokarbon-Datierungen haben bestätigt, daß die Son-Vi-Tradition die ältere ist. Vermutlich existierte sie vor 18 000 bis 11 000 Jahren. Dagegen erreichte die Hoa-Binh-Tradition, die vor etwa 14 000 Jahren auftauchte, eine wesentlich größere Verbreitung, denn sie dehnte sich nach Süden bis nach Sumatra und im Osten bis zu den Philippinen aus. In zahlreichen unterschiedlichen Varianten hielt sie sich noch bis in das Neolithikum hinein. So werden zum Beispiel Töpferprodukte aus der Spirit Cave in Thailand dieser Zeit zugerechnet, und in Vietnam fertigten die Anhänger dieser Tra-

▽ Ein Blick aus dem Inneren der Niah-Höhlen. Sie befinden sich im Kalksteinmassiv von Gunung Subis in Sarawak (Ostmalaysia). Hier haben nicht nur Menschen gewohnt, sondern man fand auch Gräber und unter anderem einen menschlichen Schädel, der etwa 40 000 Jahre alt ist.

HANS HÖFER/APA PHOTO AGENCY SIN

PETER BELLWOOD

△ Ausgrabungen am Felsüberhang von Hagop Bilo, einem der Fundorte von Baturong in Sabah (Ostmalaysia). Dieser Ort war vor 17 000 bis 12 000 Jahren bewohnt.

dition bereits um 8000 vor Christus Tonwaren an.

Zweifellos sind die Funde von Son Vi und Hoa-Binh viel zu jung, um irgendetwas über die ersten Australier aussagen zu können. Allerdings dürften neuere südostasiatische Fundstellen, die auf ein Alter von mindestens 25 000 Jahren datiert wurden, uns wesentlich mehr über die kulturelle Entwicklung verraten, die sich während des oberen Paläolithikums in diesem Teil der Welt abspielte. Ein besonders wichtiger Fundort ist Lang Rong Rien im Süden Thailands. In seinen ältesten Schichten wurden die Werkzeuge auf etwa 40 000 Jahre datiert. Zu den anderen bedeutenden Fundorten gehören Leang Burung unf Wallanae River im Süden Sulawesis (Indonesien), Tabon Cave auf der Insel Palawan und Cagayan Valley auf Luzon (beide Orte befinden sich auf den Philippinen), Tingkayu auf Sabah und schließlich Niah Cave in Sarawak (Ostmalaysia). (Vergleiche den Kasten *Werkzeuge und Kulturen im späten Paläolithikum Südostasiens*.)

Die nächstverwandten Fossilien, bei denen es sich möglicherweise um die Vorfahren der australischen Aborigines und der Papuas von Neuguinea handelt, sind die klassischen Schädel von Ngandong und Wajak (Java, Indonesien). Obwohl es nicht gelungen ist, sie genau zu datieren, sind sie mit nahezu absoluter Sicherheit älter als 60 000 Jahre. Aufgrund dieser Hinweise kann man davon ausgehen, daß noch weitere Fossilien des modernen Menschen in Südostasien gefunden werden, die erheblich älter sind als die bisher entdeckten.

BRUNO BARBEY/MAGNUM

Zu gewissen Zeiten fiel der Meeresspiegel während der letzten Eiszeit (also während des Pleistozäns, das vor 115 000 Jahren begann und vor 10 000 Jahren endete) um bis zu 120 Meter, da riesige Wassermassen durch die gewaltigen Landgletscher des Nordens vorhanden waren. Unter solchen Bedingungen lag das Gebiet, das das heutige Australien, Neuguinea und den Sahul-Schelf umfaßt, als eine einzige Landmasse frei, die als Sahul oder Groß-Australien bezeichnet wird. Es waren jedoch noch immer Wasserfahrzeuge nötig, um die engen Meeresstraßen zu überqueren, die den Sunda-Schelf (der aus Java, Sumatra und Südostasien besteht) von Sahul trennte. Und die Tatsache, daß sich die Inseln in Wallacea — der Inselregion zwischen dem asiatischen Festland und Sahul — nur zu Schiff erreichen ließen, läßt vermuten, daß die frühen Bewohner dieser Küsten bereits eine Art Seefahrt entwickelt hatten.

△ Der moderne Mensch erreichte die feuchten Dschungel Südostasiens vor mindestens 60 000 bis 50 000 Jahren. Allerdings werden fossile Überreste dieser frühen Siedler nur äußerst selten gefunden.

127

WERKZEUGE UND KULTUREN IM SPÄTEN PALÄOLITHIKUM SÜDOSTASIENS

IAN C. GLOVER

In den vierziger Jahren beschrieb der amerikanische Prähistoriker Hallam Movius die paläolithischen Kulturen Südostasiens als einen Teil des »Ostasiatischen Haustein-Werkzeugkomplexes«, einer Tradition, die von großen, relativ groben und unspezialisierten Feuersteinwerkzeugen beherrscht wurde. Nach allgemeiner Ansicht hielt sich diese Kultur während des mittleren und oberen Pleistozäns und lebte, mit geringfügigen Veränderungen, in Gestalt der Hoabhin-Kultur fort. Letztere wurde dann um 4000 vor Christus von neolithischen Kulturen verdrängt, die mongolide Völker bei ihrem Vordringen aus Südchina mitbrachten.

Nun haben neuere Ausgrabungen in verschiedenen Teilen Südostasiens gezeigt, daß die Variabilität, die Vielfalt und der Grad der Spezialisierung unter diesen Steinwerkzeugen des späten oberen Pleistozän bei weitem größer war als zunächst vermutet. Man kann davon ausgehen, daß diese Funde etliche Ansichten über kulturelle Anpassungen und Vorgänge in Südostasien, die vormals als gesichert galten, wieder umwerfen. Allerdings weiß man noch immer wenig über die Kulturen, die dieses Gebiet im späten oberen Pleistozän bewohnten.

IAN C. GLOVER

△ Ausgrabungen bei Leang Burung 2.

▽ Die Ebene von Tingkayu in Sabah war vor 28 000 bis 18 000 Jahren von einem See bedeckt, an dessen Ufern die damaligen Jäger zahlreiche beidseitig abgeschlagene Hornsteinspitzen zurückließen.

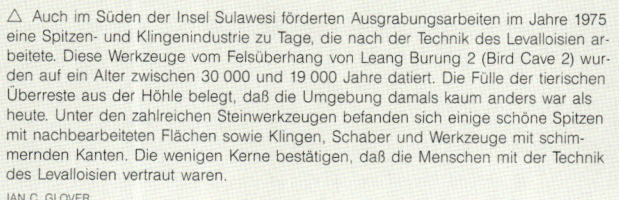

△ Auch im Süden der Insel Sulawesi förderten Ausgrabungsarbeiten im Jahre 1975 eine Spitzen- und Klingenindustrie zu Tage, die nach der Technik des Levalloisien arbeitete. Diese Werkzeuge vom Felsüberhang von Leang Burung 2 (Bird Cave 2) wurden auf ein Alter zwischen 30 000 und 19 000 Jahre datiert. Die Fülle der tierischen Überreste aus der Höhle belegt, daß die Umgebung damals kaum anders war als heute. Unter den zahlreichen Steinwerkzeugen befanden sich einige schöne Spitzen mit nachbearbeiteten Flächen sowie Klingen, Schaber und Werkzeuge mit schimmernden Kanten. Die wenigen Kerne bestätigen, daß die Menschen mit der Technik des Levalloisien vertraut waren.

IAN C. GLOVER

128

▷ Hagop Bilo, ein Felsüberhang im Kalksteinmassiv von Baturong in Sabah (im malaysischen Teil der Insel Borneo), war vor 17 000 bis 12 000 Jahren von Menschen bewohnt. Hier fand man eine typische südostasiatisch-insulanische, spätsteinzeitliche Abschlag- und Klingenindustrie. Neben Werkzeugen mit einem schimmernden Überzug von Kieselerde fand man auch die Überreste moderner Tiere, darunter Schweine, Hirsche, Affen, Ratten, Schlangen, Echsen, Schildkröten, Stachelschweine sowie einige Vögel und drei Arten von Süßwasserschnecken.

PETER BELLWOOD

▽ Die Höhle von Tabon auf der Philippineninsel Palawan ist seit langem dafür bekannt, daß sie während des späten Pleistozän über lange Zeit bewohnt war. Auch hier überwiegen die Abschlagwerkzeuge. Allerdings setzt das grobe Quarzit der Vielfalt spezialisierter Werkzeugtypen gewisse Grenzen, besonders im Vergleich zu anderen Fundstätten weiter südlich auf den südostasiatischen Inseln.

PETER BELLWOOD

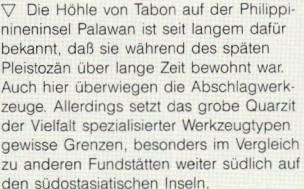

PETER BELLWOOD

PETER BELLWOOD

△ Die steinzeitliche Vorgeschichte Vietnams wurde gründlicher erforscht als die jedes anderen südostasiatischen Landes. Dennoch wurde vor kurzem in der Höhle von Nguom eine vormals völlig unbekannte, 23 000 Jahre alte Werzeugindustrie der Levalloisien-Technik entdeckt. Der Fundort befindet sich im Kalksteingebirge der nordvietnamesischen Provinz Bac Thai. Die Werkzeuge waren von einer darüberliegenden Schicht von Werkzeugen der Hoabinh-Kultur durch herabgefallene Steine und Brekzie getrennt.

IAN C. GLOVER

129

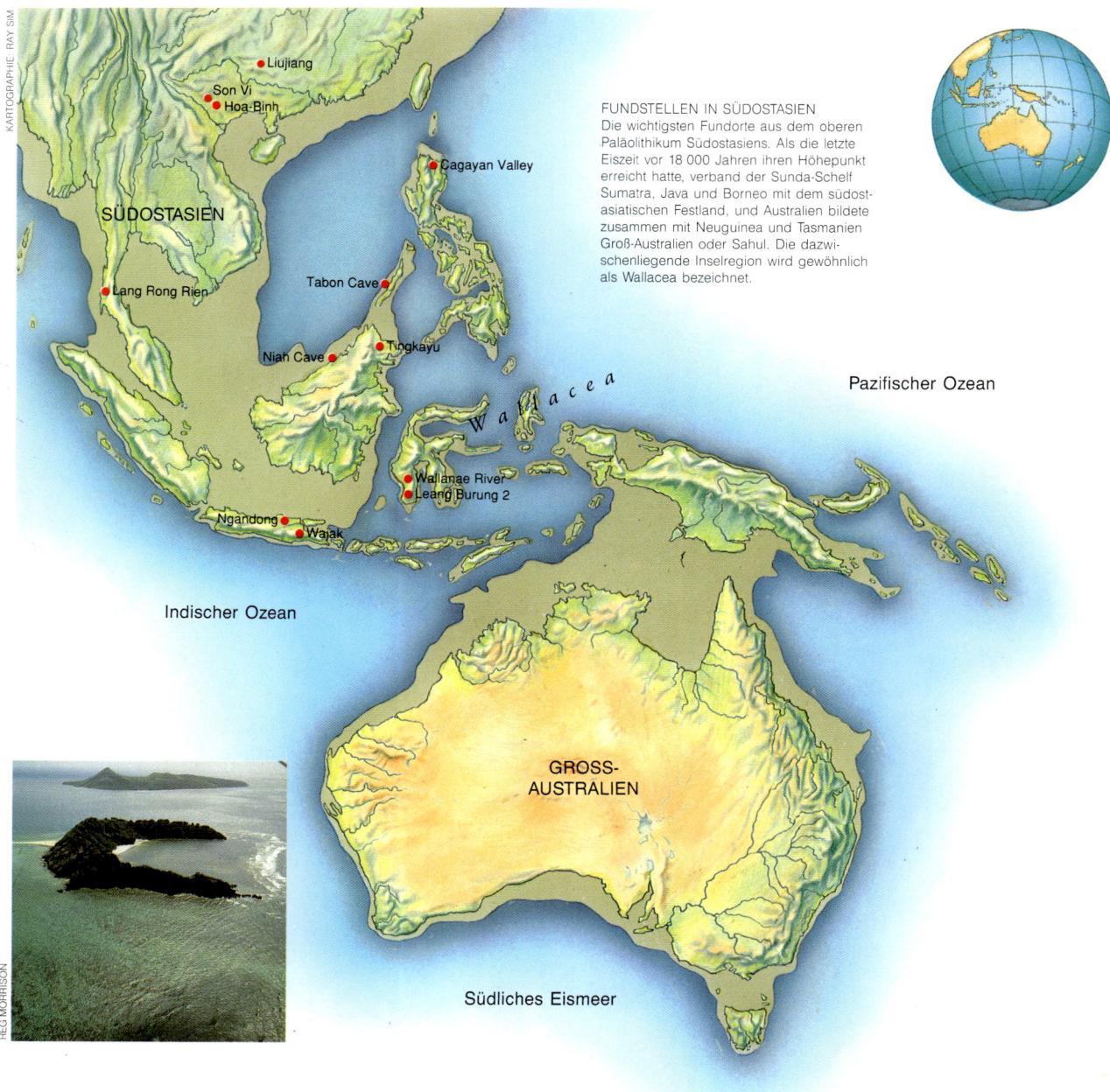

FUNDSTELLEN IN SÜDOSTASIEN
Die wichtigsten Fundorte aus dem oberen Paläolithikum Südostasiens. Als die letzte Eiszeit vor 18 000 Jahren ihren Höhepunkt erreicht hatte, verband der Sunda-Schelf Sumatra, Java und Borneo mit dem südostasiatischen Festland, und Australien bildete zusammen mit Neuguinea und Tasmanien Groß-Australien oder Sahul. Die dazwischenliegende Inselregion wird gewöhnlich als Wallacea bezeichnet.

Liujiang
Son Vi
Hoa-Binh
Cagayan Valley
SÜDOSTASIEN
Tabon Cave
Lang Rong Rien
Niah Cave
Tingkayu
Wallacea
Pazifischer Ozean
Wallanae River
Leang Burung 2
Ngandong
Wajak
Indischer Ozean
GROSS-AUSTRALIEN
Südliches Eismeer

KARTOGRAPHIE: RAY SIM

REG MORRISON

△ Die Mer-Inseln in der Torres-Straße – isolierte Reste des Landgebiets, das einst Australien mit Neuguinea verband. Vor 8000 Jahren wurde die Landbrücke überflutet, so daß die Bevölkerungen beider Länder getrennt waren.

▷ Die indonesischen Inseln Ost-Java, Madura, Bali und Lombok aus dem Weltraum gesehen. In diesen Gewässern hat der Mensch zum ersten Mal das Meer erobert und damit die Besiedlung des australischen Kontinents ermöglicht.

Vor ungefähr 53 000 Jahren und nochmals vor 35 000 Jahren senkte sich der Meeresspiegel ganz erheblich, so daß Sahul noch leichter zugänglich wurde. Wenn man vor 53 000 Jahren Sahul über Timor erreichen wollte, mußte man jedoch immer noch eine Seereise von über 90 Kilometer in Kauf nehmen. Wenn man dies bedenkt, dürfte Sahul ursprünglich eher zufällig besiedelt worden sein. Die ersten Bewohner waren vermutlich kleine Gruppen, die an unterschiedlichen Stellen gelandet waren. Da zwischen den Bewohnern Neuguineas und den australischen Aborigines bezeichnende physische Unterschiede bestehen, landeten wohl getrennte Gruppen in verschiedenen Teilen Sahuls und gründeten dort überlebensfähige Populationen. Da sich diese Völker über sehr

lange Zeiträume ganz unterschiedlichen Umweltbedingungen anpaßten, wurden diese physischen Unterschiede immer deutlicher.

Die meisten Siedlungen aus der ersten Besetzung Sahuls wird man niemals finden, da sie sich heute mindestens 100 Meter tief im Meer befinden. Die Tatsache, daß bisher keine frühen Funde gemacht wurden, weist wohl darauf hin, daß diese ersten Siedler überwiegend an der Küste lebten. Nach und nach verbreiteten sie sich über den Kontinent und erreichten schließlich vor 30 000 Jahren den äußersten Süden Australiens. Und vor 20 000 Jahren hatten sie sämtliche Landschaftstypen besetzt, einschließlich der zentralen Wüstengebiete.

▷ Diese Schnitzarbeit in Mammut-Elfen-bein, auf der fliegende Wasservögel zu se-hen sind, wurde bei Mal'ta, einem sibiri-schen Fundort des oberen Paläolithikum, in der Nähe des Baikalsees, gefunden. Einige dieser Vogelfiguren tragen weibliche Merk-male, und man vermutet, daß sie eine weib-liche Vogelgottheit darstellen.

SISSE BRIMBERG

Die Herausforderung der Arktis

Zwar waren in Europa die Neandertaler während der Sommermonate bereits in die weiten Tundrensteppen des Nordens vorgedrungen, doch siedelten sie dort nicht auf Dauer. In einer Gegend zu überleben, in der alljährlich neun Monate lang der Winter herrschte, erforderte ganz andere technische Voraussetzungen, und diese Technologie wurde erst von *Homo sapiens* entwickelt. Viele der Werkzeuge, die es ihnen ermög-lichten, sich der unwirtlichen Umgebung anzupassen, bestanden aus Geweihen oder Knochen. Die zahlrei-chen durchlöcherten Knochennadeln, die man ent-deckte, lassen vermuten, daß genähte Lederkleidung damals schon verbreitet war. Und ihre gut durch-dachten, aus Geweihen gefertigten und häufig reich-verzierten Speerschleudern erlaubten es ihnen, Tiere aus größerer Entfernung zu erlegen als zuvor — für die Jäger dieser offenen, baumlosen Landschaft eine lebenswichtige Voraussetzung.

Eine Reihe mehr oder weniger spektakulärer Sied-lungen, die sich von der ehemaligen Tschechoslowa-kei im Westen bis zu der an der Beringstraße gelege-nen sibirischen Halbinsel Chukchi im Osten er-streckt, beweist, daß die nördlichen Tundrensteppen vor 30 000 bis 15 000 Jahren bereits besiedelt waren. Die älteste dieser bisher freigelegten Siedlungen be-findet sich bei Dolní Vestonice in der ehemaligen Tschechoslowakei. Diese Ansammlung großer Häu-ser mit ihren zentral angeordneten Feuerstellen ist etwa 28 000 Jahre alt.

Am russischen Don, ungefähr 470 Kilometer süd-lich von Moskau, liegt die Siedlung Kostenki, der die Kostenki-Bershevo-Kultur ihren Namen verdankt. Die meisten Fundstellen dieser Tradition wurden auf ein Alter zwischen 27 000 und 13 000 Jahren datiert. Die Häuser von Kostenki sind als Grubenhäuser be-kannt, denn der Fußboden ist etwa einen Meter tief im Boden versenkt, um das Haus so windgeschützt wie nur möglich zu machen. Das rippenförmige Ge-stell des Daches bestand aus Mammut-Stoßzähnen, die dann mit Fellen bespannt wurden. Die Größe die-ser Häuser und die zahlreichen Feuerstellen darin sprechen dafür, daß sie zugleich von mehreren Fami-lien bewohnt wurden.

Offenbar handelte es sich bei diesen großartigen Siedlungen um Stellen, an denen sich große Men-schengruppen anläßlich von Zeremonien und anderer sozialer Aktivitäten versammelten. Am deutlichsten zeigt sich ihre rituelle Funktion in der bemerkenswer-testen dieser Siedlungen: Mezhirich, an den Ufern des Dnjepr, südöstlich von Kiew in der Ukraine. An die-ser 15 000 Jahre alten Siedlung legte man fünf Häuser

△ Aus den Resten einer oberpaläolithi-schen Siedlung bei Mal'ta (Sibirien) wurden mehr als 30 kleine Figuren aus Mammut-Elfenbein geborgen. Viele von ihnen zei-gen, wie diese hier, steif wirkende weibliche Figuren.

MUSEE DE L'HOMME, PARIS/J. OSTER

frei, die vollkommen aus in genialer Weise verschach-telten Mammutknochen und -stoßzähnen bestanden. Dabei bedeckte die Siedlung mehr als 10 000 Qua-dratmeter. Die Häuser waren sehr groß; ein jedes um-faßte eine Fläche von 80 Quadratmeter. Hier lebten vermutlich mindestens 50 Leute gleichzeitig. Bern-steine und Muscheln, die über Entfernungen von 160 bis 800 Kilometer dorthin gebracht worden sein müssen, legen die Vermutung nahe, daß Mezhirich ein Treffpunkt für Zeremonien und für den Waren-tausch war. (Vergleiche den Kasten *Hütten aus Mam-mutknochen*.)

Die berühmten, guterhaltenen Gräber von Sungir, außerhalb von Moskau, erlauben uns sogar noch ei-nen größeren Einblick in das rituelle Leben und die soziale Organisation der paläolithischen Großwildjä-ger. Hier waren sowohl die Kinder als auch die Er-wachsenen mit bemerkenswert reichen Grabbeigaben bestattet. Zudem waren sie in aufwendige Kleidung gehüllt und trugen Kopf- und Perlenschmuck aus Tausenden durchbohrter Tierzähne. Diese Gräber gelten als Hinweis für die Anfänge einer sozialen Schichtung unter den eiszeitlichen Gesellschaften der Jäger und Sammler. (Vergleiche den Kasten *Sungir: Ein steinzeitlicher Friedhof*.)

◁ Als die ersten Einwanderer Alaska erreichten, entdeckten sie ein Land mit atemberaubenden Ausblicken. Auf dem zuvor unbewohnten Kontinent lebte so viel Großwild, daß es für die ersten Amerikaner ein Land gewesen sein muß, in dem Milch und Honig flossen.

△ Sibirische Figurinen, wie einige derer, die am Baikalsee gefunden wurden, repräsentieren die östlichsten Beispiele der weitverbreiteten und ausdauernden Venus-Tradition. Ganz ähnliche Schnitzereien entstanden über eine Strecke von beinahe 8000 Kilometer bis zur Atlantikküste. Die Großwildjäger des eiszeitlichen Eurasien müssen also intensive Kontakte untereinander gepflegt haben.

SISSE BRIMBERG

Südöstlich von Samarkand, im Zentrum Asiens, liegt Shugnou, ein Fundort, der sich ebenfalls am Ufer eines Flusses befindet, und zugleich eine der am höchsten gelegenen paläolithischen Fundstellen darstellt. Aus den dortigen Knochenlagern geht hervor, daß Pferde, Auerochsen, Wildschafe und Ziegen die häufigsten Jagdwild-Arten bildeten. Die ältesten Schichten von Shugnou werden auf ein Alter von 20 000 Jahren datiert. Die Lage dieser Siedlung zeigt, daß die Menschen aufgrund der wachsenden Bevölkerung gezwungen waren, sich weiter nördlich und höher im Gebirge anzusiedeln, noch dazu in immer kälteren Regionen.

Während des oberen Paläolithikums waren Sibirien und der Nordosten Asiens von zwei völlig verschiedenen kulturellen Gruppen besiedelt. Die Mal'ta Afontova ist vermutlich die ältere von beiden und trägt ihren Namen nach zwei Fundstellen im Jenissei-Tal, unweit des Baikalsees. Vor etwa 22 000 Jahren hatten sich Menschen in dieser arktischen Umgebung niedergelassen. Sie wohnten in Langhäusern und jagten hier und auf den Ebenen weiter südlich Großwild, darunter auch das Mammut und das Pferd. Abgesehen von bearbeiteten Steinwerkzeugen, wie Speerspitzen, Schaber und Meißeln, fertigten sie auch Werkzeuge aus Knochen, Geweihen und Elfenbein an, ja sogar kleine Frauen- und Vogelfiguren. Ganz eindeutig unterhielt dieses Gruppe enge Verbindungen zu den zeitgenössischen Kulturen des Westens, besonders zu denen Osteuropas.

Die zweite Gruppe, die sich in der arktischen Region Nordostasiens niedergelassen hatte, waren die Dyukhtai, die überwiegend in der Nähe der Flüsse Lena und Aldan, östlich des Jenissei, lebten. Ihre Kultur wurde auf ein Alter zwischen 18 000 und 12 000 Jahren datiert, obwohl es unbestätigte Hinweise für eine noch frühere Siedlungsstufe gibt. Ihre Werkzeuge waren ganz anders als die der Mal'ta-Afontova-Tradition. Neben anderen Dingen fertigten sie aus kleinen Steinklingen, die als Mikroklingen bekannt sind, sehr wirkungsvolle Werkzeuge an. Wir wissen nicht, woher diese Praxis stammt. Allerdings wurden im Norden Chinas ähnliche Werkzeuge gefunden, die etwa 22 000 Jahre alt sind, und ebenso in Japan, obwohl man letztere nicht verläßlich datieren konnte.

Im Gegensatz zu den Mal'ta-Völkern waren die Dyukhtai eindeutig nach Osten orientiert, was eine besondere Bedeutung bekommt, wenn man den ersten Einwanderungszug über die Beringstraße nach

HÄUSER AUS MAMMUT-KNOCHEN

ROLAND FLETCHER

Als die Zeit extremer Kälte vor 20 000 bis 18 000 Jahren zu Ende gegangen war, begannen die Menschen, in die mittelrussische Ebene zurückzukehren. Im Winter und Frühjahr lebten sie in Häusern aus Mammutknochen. Eine solche Siedlung, die bei Mezhirich in der Ukraine entdeckt wurde, war vor etwa 15 000 bis 14 000 Jahren bewohnt. Sie befand sich, unweit des Zusammenlaufs zweier Flüsse, am höher gelegenen westlichen Ufer des Hauptflusses. Unterhalb der grasbedeckten Hügel wuchsen Kiefern, Birken und Erlen. Die Gemeinschaft jagte Mammute (wir wissen allerdings nicht, wie), Wisente, Pferde und Rentiere. Zudem fingen die Leute Vögel und einige Fischarten, Polarfüchse und -hasen. Wahrscheinlich lebten hier zwischen 30 und 60 Menschen. Jedes Haus besaß einen Herd, der mit Knochen geheizt wurde. Um die Häuser herum befanden sich Feuerstellen, Vorratsgruben für Fleisch und Knochen sowie Bereiche, in denen Werkzeuge aus Feuerstein und Knochen hergestellt wurden.

△ Dieses gravierte Stück Mammut-Elfenbein, das bei Mezhirich entdeckt wurde, stellt vielleicht ein Bild ihrer Hütten dar – dies ist möglicherweise die älteste bekannte Landkarte. Darstellungen von Landschaften sind in der Kunst des oberen Paläolithikum äußerst selten.

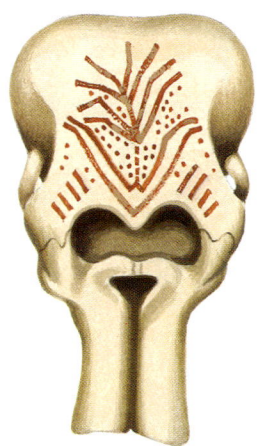

◁ In einer der Hütten entdeckte man einen sorgfältig mit rotem Ocker bemalten Mammutschädel. Ähnlich verzierte Mammutknochen wurden auch bei Mezin, 200 Kilometer weiter nördlich, gefunden. Zudem sind aus dem Gebiet um Kiew kleine Figuren aus Elfenbein und Perlen aus Bernstein bekannt.

▽ Mezhirich wurde von I. Pidoplichko, N.L. Kornietz und M.I. Geadin zwischen 1966 und 1983 in verschiedenen Stadien ausgegraben. Olga Soffer, auf deren Arbeit ein großer Teil dieser Beschreibung basiert, analysierte die tierischen Überreste.

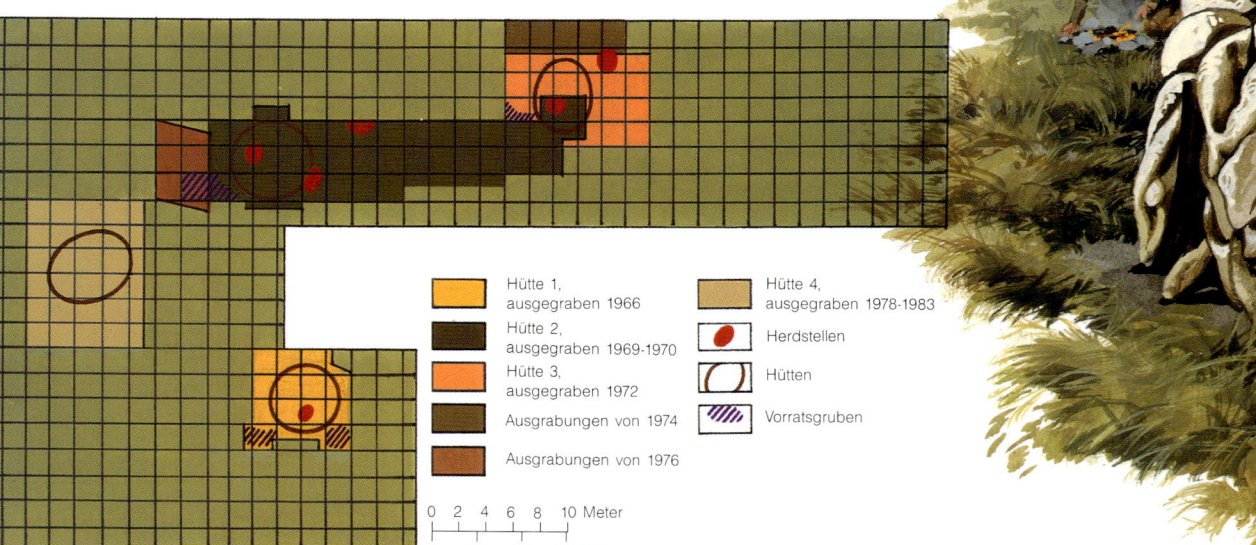

Hütte 1, ausgegraben 1966

Hütte 2, ausgegraben 1969–1970

Hütte 3, ausgegraben 1972

Ausgrabungen von 1974

Ausgrabungen von 1976

Hütte 4, ausgegraben 1978–1983

Herdstellen

Hütten

Vorratsgruben

0 2 4 6 8 10 Meter

0   10   20   30 Fuß

ILLUSTRATIONEN JOHN RICHARDS

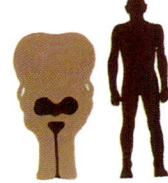

▷ Jede Hütte besaß eine solide Basis aus großen Mammutknochen und einen leichteren Oberbau. Die Knochen waren sorgfältig ineinandergesteckt, häufig sogar in symmetrischen Mustern. In jeder Hütte dominieren bestimmte Knochen. So bestand die Basis der einen aus Unterkiefern, die einer anderen überwiegend aus langen Röhrenknochen. In einige der großen Knochen waren Löcher geschnitten worden, vermutlich um einen Rahmen aus Holz zu tragen. Große Stoßzähne waren zu einem Dachbogen zusammengefügt. Der Rahmen wurde wahrscheinlich mit Häuten und Rasensoden bedeckt.

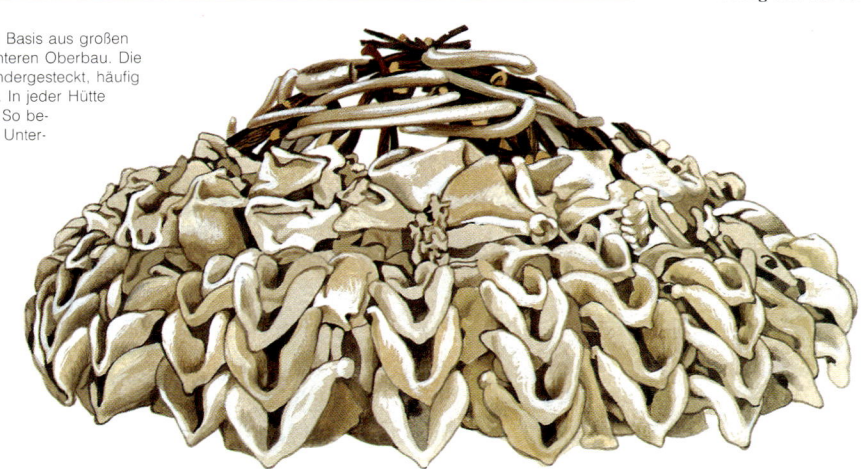

▽ Zehn Menschen hätten etwa 15 Tage benötigt, um die Siedlung zu errichten. Die etwa einen Meter tiefen Speichergruben können nur bei wärmerem Wetter angelegt worden sein, als der Boden nicht gefroren war. Also begann der Bau vermutlich im Herbst. Für jede Hütte wurden zwischen 150 und 650 Knochen verbraucht - insgesamt 97 Schädel, 109 Unterkiefer, 92 Stoßzähne sowie einige hundert andere große Knochen. Die größte Hütte bestand aus 20 Tonnen Knochen, darunter 46 Schädel, 95 Unterkiefer und 40 Stoßzähne. Ein einziger Schädel wiegt 100 Kilogramm, und ein Stoßzahn kann bis zu 200 Kilogramm schwer sein. Die meisten Teile des Mammuts wurden verbraucht, und in verschiedenen Hütten fand man Knochen desselben Individuums. Vermutlich stammten die Knochen aus einem natürlichen »Friedhof« der Umgebung.

Nördliches Eismeer

Bluefish Caves

Kurupka • Puturak • Akmak

Ul'khum

Dry Creek

Dyukhtai

Pazifischer Ozean

Amerika verfolgt. Mit der Zeit bewiesen die Dyukhtai ihre Fähigkeit, sich ganz anderen Klima- und Umweltbedingungen anzupassen als die, an die traditionelle Jäger der Tundra gewöhnt waren.

Eines der ältesten Beispiele dafür, wie sich ein Volk einer nacheiszeitlichen Umgebung anpaßte, bietet die japanische Jomon-Kultur. Sie entwickelte sich vor etwa 12 000 Jahren und gründete sich in erster Linie auf den Fischfang und auf andere Ressourcen des Meeres. Das reiche Nahrungsangebot an den Küsten erlaubte den Jomon-Menschen, seßhaft zu werden, was wiederum dazu führte, daß sie zu den ersten Völkern gehörten, die die Töpferei betrieben. Ihre 12 000 Jahre alten Töpfe dienten vermutlich dazu, Mollusken und Pflanzen zu kochen. In einigen Gebieten überlebte die Jomon-Kultur unverändert bis zum Beginn des ersten nachchristlichen Jahrhunderts.

Während der letzten Eiszeit gab es zwei Perioden, — einmal vor 50 000 bis 40 000 Jahren und wiederum vor 25 000 bis 14 000 Jahren — während derer die heutige Bering-Straße trocken lag. Dies gilt auch für große Bereiche des Polarmeeres im Norden und der Beringsee im Süden. Dieses Gebiet, das häufig als Beringia bezeichnet wird, verband Alaska mit der sibirischen Halbinsel Chukchi, so daß Menschen und Tiere ungehindert von einem Kontinent zum anderen überwechseln konnten. Während des ersten Zeitraumes sind wahrscheinlich keine Menschen nach Nord-

amerika eingewandert, und auch im Nordosten Asiens gibt es aus dieser Zeit keinerlei Hinweise auf eine menschliche Besiedlung. Auch vor dem nächsten Trockenfallen der Bering-Straße, vor 40 000 bis 25 000 Jahren, haben vermutlich keine Menschen das Polarmeer überquert, denn eine Bootsfahrt über diese Meeresstraße dürfte damals extrem schwierig gewesen sein. Das warme Klima und die Gewässer Südostasiens boten sich für die Seefahrt wesentlich besser an, wie schon aus der Tatsache hervorgeht, daß einige Menschen über die Sunda-Straße nach Australien und Neuguinea gelangten.

Am wahrscheinlichsten wurde die Bering-Straße vor 25 000 bis 14 000 Jahren überquert. Dies deckt sich — nach dem heutigen Stand der Forschung — mit der Ausbreitung des modernen Menschen in die arktischen Gebiete Europas, und auch die ältesten Siedlungen der Großwildjäger aus den Mal'ta- und Dyukhtai-Traditionen sprechen dafür, die auf ein Alter von 18 000 bis 15000 Jahren datiert wurden. Beiderseits der Bering-Straße weisen die frühesten Werkzeuge eine ähnliche mikrolithische Klingentechnik auf: diejenigen aus der sibirischen Dyukhtai-Tradition und jene, die man in Alaska fand, etwa in den Bluefish-Höhlen (etwa 13 000 vor Christus), bei Dry Creek (9000 vor Christus) und Akmak (etwa 8000 vor Christus). Obwohl man sich intensiv bemühte, noch ältere Spuren einer Besiedlung Alaskas zu entdecken, gibt es zur Zeit keine verläßlicher datierbaren Funde als die aus den Bluefish-Höhlen, die auf ein Alter von 15 000 Jahren zurückgehen. Auf der Halbinsel Chukchi wurden an verschiedenen Fundstellen des oberen Paläozän ähnlich alte Werkzeuge freigelegt. Dazu gehören die Stätten Kurupka, Puturak und Ul'khum. Hier hatten zweifellos die Vorfahren der ersten Amerikaner gelebt.

DIE EISZEITLICHE LANDBRÜCKE VON BERINGIA
Vor 25 000 bis 14 000 Jahren waren Ostsibirien und Alaska durch eine Landbrücke verbunden, die in der Regel als Beringia bezeichnet wird. Wann die ersten Menschen nach Nordamerika einwanderten, ist noch heftig umstritten. Außerdem sind der Küstenverlauf und die Eisdecke eingezeichnet, wie sie am Höhepunkt der letzten Eiszeit, vor 18 000 Jahren, vorlagen.

KARTOGRAPHIE: RAY SIM

◁ Nur etwa 80 Kilometer eiskalten Wassers trennen heute die sibirische Halbinsel Chukchi von Alaska. Während der letzten Eiszeit lag die Beringstraße trocken, so daß die Menschen trockenen Fußes von Asien in die Neue Welt einwandern konnten.

SUNGIR: EIN STEIN-ZEITLICHES GRAB

OLGA SOFFER

Die Fundstelle von Sungir birgt die reichhaltigsten Gräber aus dem oberen Paläolithikum, die man bis heute kennt. Sie befindet sich am Rande der Stadt Vladimir, 200 Kilometer ostnordöstlich von Moskau (Rußland). Im Jahre 1955 wurde der Ort bei Steinbrucharbeiten entdeckt und anschließend, zwischen 1956 und 1977, freigelegt.

Die archäologisch relevante Schicht war zwischen 15 und 90 Zentimeter stark. Sie befand sich auf einem 50 Meter hohen Hügel, der von den Ufern des Klyazma-Flusses und seines Zuflusses, des Sungir, gebildet wurde, und zwar drei Meter unter der heutigen Oberfläche über den Resten eines Briansk-Bodens, der sich in einer warmen Zwischeneiszeit vor 29 000 und 25 000 Jahren gebildet hatte. Radiokarbon-Messungen, die man an dort gefundener Holzkohle vornahm, ergaben ein Alter zwischen 25 500 und 22 000 Jahren. Allerdings dürfte die erste Zahl eher zutreffen.

Obwohl Sungir während eines wärmeren Abschnitts der letzten Eiszeit besiedelt wurde, lebten die Menschen immerhin in einer Tundra, in der die klimatischen Bedingungen noch immer ausreichten, um Permafrostboden (einen dauerhaft gefrorenen Boden) zu erzeugen. Nachdem die Siedlung wieder verlassen war, verschlechterte sich das Klima, und zweifellos hat die Fundschicht und die darin enthaltenen Objekte durch wiederholtes Gefrieren und Auftauen gelitten.

Sungir besaß eine Ausdehnung von 10 000 Quadratmeter, wovon etwa 4500 Quadratmeter ausgegraben wurden. In dem freigelegten Gebiet sind die kulturellen Objekte an fünf Stellen konzentriert. Darin fand man die Reste an der Oberfläche gebauter Häuser, zahlreiche Herdstellen und Gruben verschiedener Größen, Arbeitsbereiche, in denen Steine und Knochen bearbeitet wurden und schließlich die Reste von wenigstens sechs Gräbern, von denen drei unversehrt waren. Aufgrund der Tierreste (sie stammen von Rentieren, Pferden, Mammuten, Polarfüchsen, einigen Wölfen, Bären, Vielfraßen, Schneehasen und Wisenten) kann man vermuten, daß die Menschen sich nur vom Sommer bis zum Frühherbst in Sungir aufhielten. Ferner zeigt die Verteilung der Kulturgegenstände, daß dieser Ort über mehrere Jahre wiederholt aufgesucht wurde.

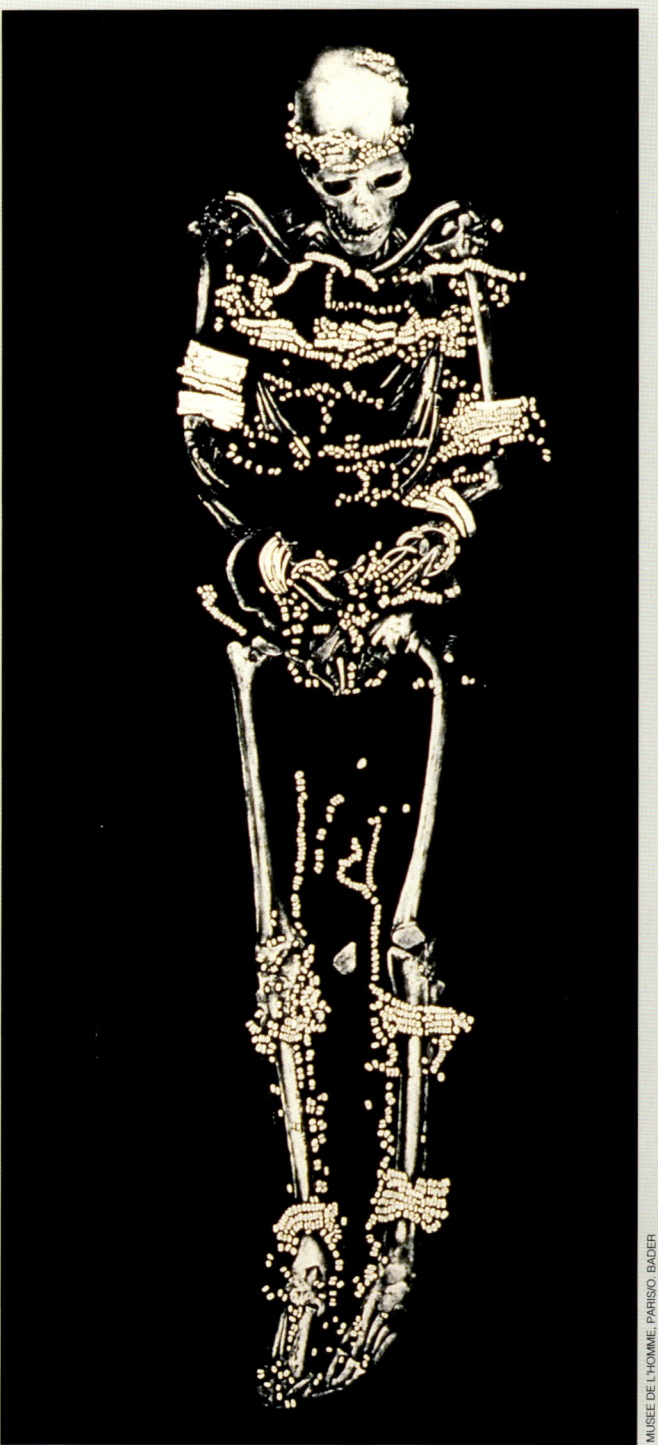

MUSÉE DE L'HOMME, PARIS/O. BADER

△ Mehr als 3000 Elfenbeinperlen waren auf die Kleidung des älteren Mannes genäht worden, den man in dem paläolithischen Grab von Sungir fand.

Werkzeuge und Schmuck

Die Sammlung der Steinwerkzeuge aus Sungir besteht aus über 50 000 Stücken, die aus den Steinen der Umgebung hergestellt wurden. Zu den Steinwerkzeugen (sie bilden 3,6 Prozent aller Fundstücke) gehören beidseitig bearbeitete dreieckige Spitzen, Stücke aus der Aurignac-Tradition und archaische Formen des Moustérien. Auch dies verweist auf die Zeit des frühen oberen Paläolithikums. Allerdings besteht unter den Fachleuten noch keine Einigkeit darüber, welcher Kultur dieser Fundort zuzuordnen sei. So rechnen einige alle Fundstücke dem Aurignacien mit den Blattspitzen zu, während andere in ihnen ein jüngeres Stadium der örtlichen Kostenki-Streletskaja-Kultur sehen.

In Sungir entdeckte man außerdem zahlreiche bearbeitete Knochen, Elfenbein und Geweihstücke, die zu verschiedenen Gegenständen verarbeitet waren. Es gab Reste von Halsschmuck aus Steinen, Knochen, Elfenbein, Muschelschalen und Belemmiten. Eckzähne von Polarfüchsen waren durchbohrt und zu Perlen, Spangen, Nadeln, Ohrgehängen und Ringen verarbeitet. Unter den geschnitzten Schmuckgegenständen fand man zwei Tierfiguren (Pferd oder eine Saiga-Antilope und ein Mammut) und perforierte Scheiben aus Elfenbein und Steinen.

Die menschlichen Überreste

Zwar wurden in Sungir bisher die Überreste von neun anatomisch modernen Menschen (*Homo sapiens sapiens*) gefunden, doch haben zwei unverletzte Gräber mit drei Leichen, die man im südwestlichen Bereich entdeckte, die Fundstelle weltberühmt gemacht. Es handelt sich um das Einzelgrab eines 45- bis 60jährigen Mannes (Grab 1) und um ein Doppelgrab, in dem ein 13jähriger Junge Kopf an Kopf mit einem neun- bis zehnjährigen Mädchen bestattet worden ist (Grab 2). Die Gräber, deren Abmessungen 2,05 mal 0,7 Meter beziehungsweise 3,05 mal 0,7 Meter betragen, liegen etwa drei Meter auseinander. Beide befanden sich innerhalb von Häusern und waren 65 bis 75 Zentimeter tief in den Permafrostboden eingegraben. Der Boden der Gräber war mit einer Schicht schwarzer Holzkohle, dann mit Kalkstein und mit rotem Ocker bedeckt. Die Leichen lagen

△ Das Doppelgrab eines heranwachsenden Jungen und eines Mädchens aus der oberpaläolithischen Fundstätte von Sungir. Es enthielt reiche Beigaben in Form von Speeren, Lanzen und Schmuck aus Elfenbein. Nahezu 6000 Perlen waren auf die Kleidung genäht worden, doch waren diese bereits entfernt worden, als diese Aufnahme entstand.

MUSEE DE L'HOMME, PARIS/ARLETTE LEROI-GOURHAN

auf dem Rücken ausgestreckt, ihre Arme über dem Becken gefaltet, und alle drei Gräber waren großzügig mit rotem Ocker bestreut. Die Lage Tausender von Perlen, die über ihrer Leder- und Fellkleidung ausgestreut waren, lassen vermuten, daß alle drei Hemden trugen, ferner lange Hosen mit angearbeiteter Fußbekleidung. Sie trugen Fellschuhe, die über das Knie hinaufreichten, und kurze Umhänge. Die männlichen Leichen trugen Hüte, das Mädchen eine Haube aus Fell.

Die Kleidung des Mannes war mit 3000 Elfenbeinperlen geschmückt. Sein Hut (oder Kappe) war mit durchbohrten Zähnen von Polarfüchsen besetzt. Stirn und Oberarme trugen schmückende Spangen aus Elfenbein. Knapp 5000 Perlen waren auf der Kleidung des Jungen verstreut worden. Dieser trug einen Gürtel aus mehr als 250 durchbohrten Eckzähnen des Polarfuchses sowie eine Armspange und Ohrgehänge aus Elfenbein. Unter seinen Körper hatte man das elfenbeinerne Bild eines Mammuts gelegt. Neben ihm lagen ein 2,4 Meter langer Speer, der über 20 Kilogramm wog, dazu Speere und Lanzen aus Elfenbein mit einem Gittermuster. Zu seiner Linken, am Rande des Grabes, lag ein menschlicher Oberschenkelknochen, deren gebrochene Epiphysen (Endstücke) mit rotem Ocker gefüllt waren.

Am aufwendigsten war jedoch das Grab des Mädchens. Es enthielt 5274 Perlen und Perlenfragmente, zahlreiche Elfenbeinlanzen, von denen eine 1,6 Meter lang war. Ferner fand man zwei durchlöcherte und verzierte Geweihstücke, die als Batons de commandement (manchmal auch Schaftstrecker genannt) sowie vier geschnitzte, runde Elfenbeinscheiben mit einem Gittermuster, von denen eine in einen elfenbeinernen Schaft gesteckt war.

Sowohl das Einzel- als auch das Doppelgrab waren von derselben Schicht aus in den darunter gelegenen Löß- und Lehmboden gegraben worden. Allerdings führen mikrostratigraphische Untersuchungen zu der Vermutung, daß die beiden Kinder früher beigesetzt worden waren als der Erwachsene, der vielleicht erst einige Jahre später bestattet wurde. Das Kindergrab war von dem eines weiteren Erwachsenen überlagert, dessen nahezu vollständig verweste Überreste, allerdings ohne den Kopf, im oberen Bereich des Grabes gefunden wurden. Dagegen war der obere Bereich des Grabes, in dem der erwachsene Mann lag, mit Ockerfarbe bedeckt. Und über dieser Schicht befand sich ein ansehnlicher Felsblock, auf dem der schlecht erhaltene Schädel einer erwachsenen Frau lag. Der kopflose Erwachsene muß einige Zeit nach den Kindern beigesetzt worden

sein, der Frauenschädel wurde jedoch anläßlich der Begräbnisfeier des erwachsenen Mannes auf dessen Grab gestellt.

Wie sah die Sozialstruktur aus?

Die Grabbeigaben und anderen Gegenstände gleichen einander stilistisch so sehr, daß man annehmen kann, daß der Mann und die Kinder derselben sozialen Schicht angehörten. Angesichts der Fülle dieser Beigaben und der Arbeit, die in ihre Herstellung investiert wurde, müssen diese Individuen in ihrer Gesellschaft einen besonderen Rang eingenommen haben. Da die Kinder aufgrund ihres geringen Alters durch eigene Fähigkeiten noch keinen hohen Rang erreicht haben können, gehen einige Fachleute davon aus, daß sie — dafür sprechen ihre verschwenderischen Grabbeigaben — mit hochrangigen Leuten verwandt waren und dadurch ihre bedeutende soziale Stellung geerbt hatten. Sollte das zutreffen, belegen die Gräber von Sungir, daß einige Gruppen des oberen Paläolithikums in komplizierten sozialen Gefügen lebten. Allerdings sind Botschaften aus dem Grab immer fragwürdig. Es ist durchaus möglich, daß die Pracht dieser Gräber lediglich den hohen Rang widerspiegelt, den diese Menschen im Tode erreichten, so daß die Beigaben mit dem Rang lebender Menschen nichts zu tun hätten.

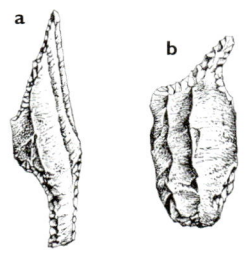

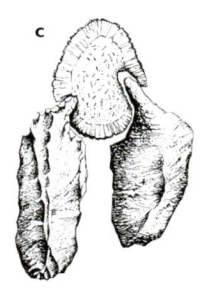

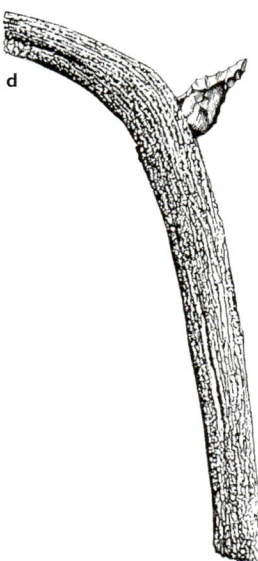

▷ Am Matanuska-Gletscher in Alaska kann man einen Eindruck davon bekommen, wie das Leben am Rande des eurasischen und nordamerikanischen Gletschers ausgesehen haben muß.

△ Typische Werkzeuge der Hamburg-Kultur. Abgebildet sind: eine grobe Spitze mit Heftzapfen (Kerbspitze, **a**) und ein hochspezialisierter Nagelbohrer, der sogenannte Zinken (**b**). Beide bestehen aus Feuerstein. Letzterer wurde benutzt, um Knochen zu spalten (**c**). Der Riemenschneider (**d**), ein sichelförmiges Werkzeug, mit dem vermutlich Leder bearbeitet wurde, besteht aus einer groben Feuersteinspitze, die in ein Stück Rentiergeweih eingesetzt war.

ILLUSTRATIONEN: RAY SIM

Die Besiedlung Nordeuropas

Am Ende der letzten Eiszeit, vor 15 000 und 8000 Jahren, änderte sich das Klima überall auf der Welt. Diese Veränderungen prägten die Lebensweise der Menschen ganz entscheidend und führten irgendwann zur Entstehung der Landwirtschaft. Als das Klima in Westeuropa rasch besser wurde und die Eisränder sich zurückzogen, wanderten die für die Großwildjäger des Magdalenien so wichtigen Rentier- und Pferdeherden nach Norden. Die Wälder, die sich nun ausbreiteten, ermöglichten eine ganz andere Form der Nahrungsversorgung. Einige Menschengruppen folgten den Tieren nach Norden, während andere sich den neuen Lebensbedingungen ihrer Umgebung anpaßten. Also stellten sie die Großwildjagd ein und fingen stattdessen Fische, suchten die Strände ab, jagten Kleinwild und sammelten — was zunehmend wichtiger werden sollte — Pflanzen. Den Großwildjägern boten die einsamen Tundren Skandinaviens noch für kurze Zeit eine Möglichkeit, ihre Jahrtausende alte Lebensweise fortzuführen.

Gegen Ende der Eiszeit tauchten Gruppen von Rentierjägern in Norddeutschland, den Niederlanden und in Belgien auf. Sie waren nicht nur der westlichen europäischen Tradition des Magdalenien verbunden, sondern auch den weiter östlich gelegenen Kulturkreisen.

Zu den ältesten gehört die sogenannte Hamburg-Kultur. Im Umkreis der Hansestadt wurden mehrere Fundstellen mit einem Alter zwischen 17 000 und 12 000 Jahren entdeckt. Dazu gehören Meiendorf, Stellmoor, Borneck und Poggenwisch. Bei den ältesten Fundorten, wie Meiendorf, handelt es sich offenbar um sommerliche Jagdgründe, während die jüngeren Anzeichen dafür bieten, daß sie auch im Winter bewohnt waren. Diese Menschen waren überwiegend Rentierjäger, die allerdings auch Wildpferden, Hasen, Füchsen und Wildgeflügel nachstellten. Einige Siedlungen befanden sich nahe am Rande des Eises, wo im rauhen Tundrenklima nur Birken und Weiden mit ihren Wurzeln im gefrorenen Boden Halt finden konnten.

Die Werkzeuge der Hamburg-Kultur sind ziemlich unverwechselbar. Dazu gehören grobe Speerspitzen mit einem Heftzapfen (sogenannte Kerbspitzen), Messer mit Griffen aus Rentiergeweih (sogenannte Riemenschneider), mit denen vermutlich Leder bearbeitet wurde, und schließlich gebogene Nagelbohrer (sogenannte Zinken), mit denen Knochen gespalten wurden. Aus der Zeit um 10 000 vor Christus wurden in Nordeuropa noch viele weitere Jagdlager gefunden — so zum Beispiel Usselo und Tjonger (in Belgien und den Niederlanden) und Wehlen und Rissen (Norddeutschland). Sie sind als »Federmesser-Kulturen« bekannt, nach einer federförmigen Speerspitze, die für sie alle typisch ist.

Nach und nach breiteten sich diese Großwildjäger über die riesigen Tundren Nordeuropas aus, wobei sie gezwungen waren, umfangreiche Gebiete zu besiedeln. Die Besiedlungsdichte war also gering, und große Gebiete im Westen, die heute von der Nordsee bedeckt sind, gehörten zum Territorium der Rentierjäger. Vor etwa 13 000 Jahren wanderten Rentierjäger der Feldmesser-Kulturen in die eisfreien Gebiete Südskandinaviens ein. Zwar entdeckte man Skelette und Geweihe von Rentieren in Dänemark und in Südschweden, doch geht aus dem Alter dieser Knochen hervor, daß die Menschen dort nur kurze Besu-

SPÄTEISZEITLICHE FUNDSTÄTTEN IN NORDEUROPA
Bedeutende Fundorte vom Ende der letzten Eiszeit Nordeuropas, vor etwa 13 000 Jahren. Damals war nur noch Skandinavien vom Eis bedeckt, und um 6000 vor Christus war die Eisdecke vollständig weggetaut.

KARTOGRAPHIE: RAY SIM

che abgestattet hatten, vielleicht nur für wenige Wochen. Mit hoher Wahrscheinlichkeit liegt darin auch die Ursache dafür, daß aus dieser Zeit so wenige Siedlungen bekannt sind: Bromme auf Seeland (Dänemark) sowie Segebro und der Finja-See in der Provinz Scania (Schweden). Sie alle wurden auf ein Alter von etwa 10 000 Jahren vor Christus datiert. Ähnliche Klingenwerkzeuge fand man bei Bromme und Segebro, darunter Schaber, Meißel, Bohrer, Messer und Spitzen mit Heftzapfen. Am Finja-See wurde auch ein Zinken nach Hamburger Vorbild ausgegraben. Obwohl an diesen Fundorten kein organisches Material erhalten war, ist anzunehmen, daß die Menschen außer Rentieren auch Elche, Wildgeflügel und in gewissem Umfang auch Fische aßen.

Da die weitaus meisten Bewohner West- und Nordeuropas Rentiere jagten, ist ein vergleichbares Werkzeugsortiment bis etwa 10 000 vor Christus in allen diesen Gebieten zu finden. Dann breiteten sich die Wälder infolge von Klimaveränderungen weiter nach Norden aus. Dadurch nahm sowohl das Groß- als auch das Kleinwild zu. Pflanzen gewannen als Nahrungsquelle an Bedeutung, und allmählich entwickelte man neue Werkzeugtypen, um den Lebensbedingungen vor Ort und dem veränderten Nahrungserwerb gerecht zu werden. Da die Ökosysteme bei weitem reichhaltiger geworden waren, konnten nun größere Menschengruppen auf kleineren Landflächen ihr Auskommen finden. Also nahm die Bevölkerung

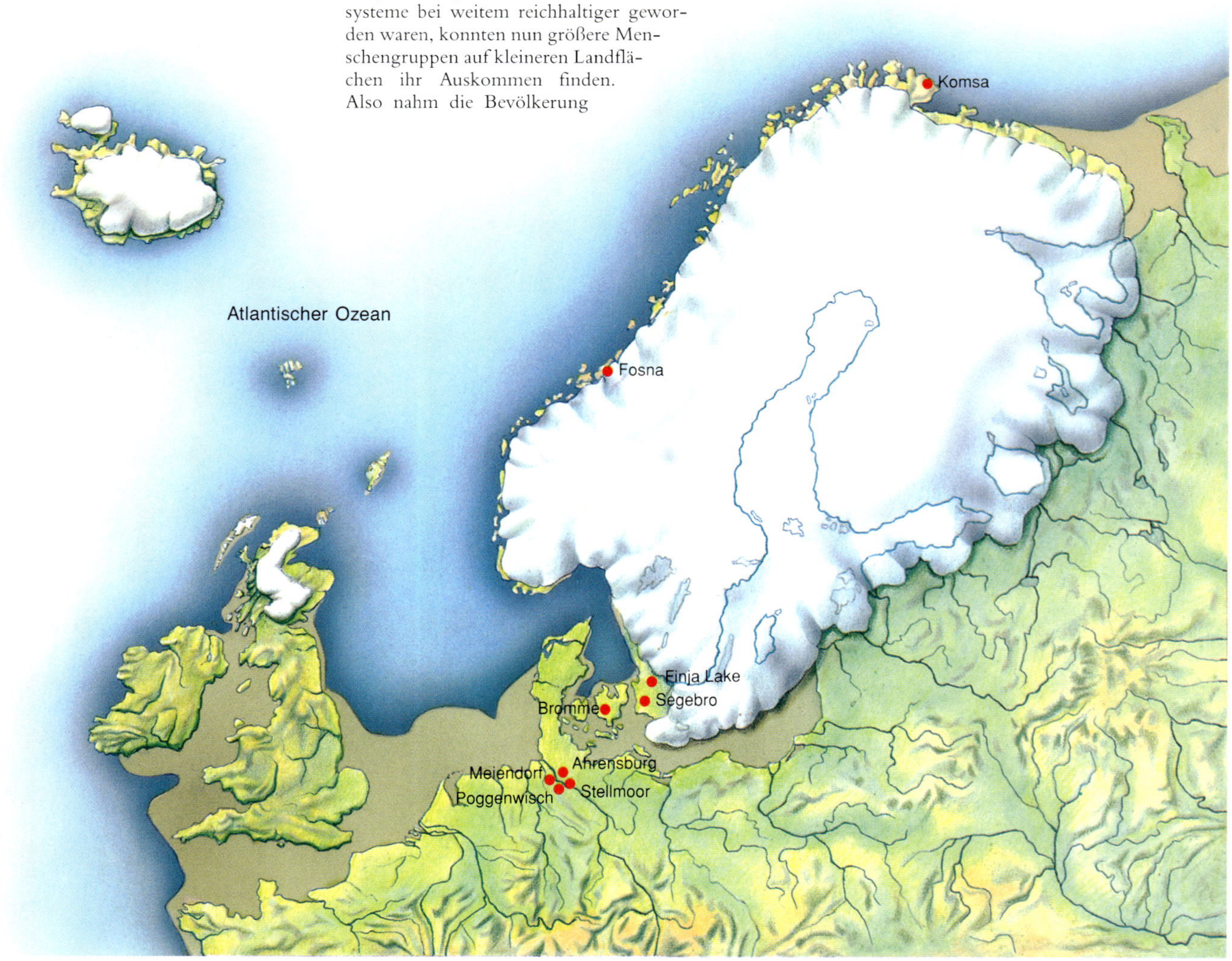

Atlantischer Ozean

Komsa

Fosna

Finja Lake
Segebro
Bromme

Ahrensburg
Meiendorf
Poggenwisch   Stellmoor

◁ Bereits vor 10 000 Jahren besiedelten kleine Gruppen aus dem Osten die öden, aber eisfreien Küsten der nördlichsten Regionen Europas. Im norwegischen Nordland schufen sie die sogenannte Komsa-Kultur.

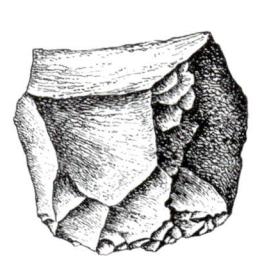
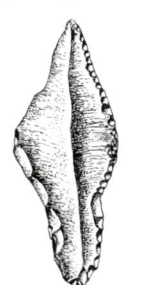
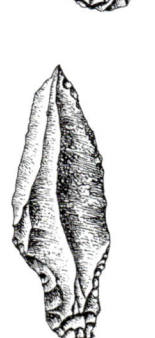

rasch zu, und innerhalb verschiedener Regionen neigte man dazu, saisonale Siedlungen anzulegen. Immer häufiger siedelte man an der Küste. Leider wissen wir darüber nur wenig, da die meisten Küstenverläufe der Eiszeit, wie etwa in der frühen nacheiszeitlichen Periode, dem sogenannten Holozän, schon lange von den ansteigenden Meeren überflutet sind.

Ein bedeutendes Beispiel dafür, wie sich eine Kultur den wechselnden Umweltbedingungen anpaßt, ist die sogenannte Ahrensburg-Kultur, die nach einer Kleinstadt im Norden Hamburgs benannt wurde. Diese Menschen, die vor 9000 bis 8300 Jahren vor Christus lebten, besaßen die meisten Werkzeuge, die für die paläolithische Welt typisch gewesen waren, jedoch keine der eindeutig mesolithischen — dies sind insbesondere Faustkeile und Mikrolithen (in der Tundrenlandschaft waren Faustkeile überflüssig). Dagegen belegt eine Reihe von Werkzeugen, wie der Übergang von einer Form des Nahrungserwerbs auf eine andere erfolgte. Als das Klima freundlicher wurde und der Fischfang, aber auch das Sammeln von Pflanzen an Bedeutung gewannen, neigten die Menschen dazu, für diese neuen Aufgaben kleinere Werk-

zeuge herzustellen — nicht gerade Mikrolithen, aber etwas, das man als Vorläufer der Mikrolithen-Technik bezeichnen könnte. Dazu gehörten etwa kleine, beidseitig zugeschlagene Spitzen mit Heftzapfen (sogenannte Stielspitzen), die belegen, daß im Norden bereits Pfeil und Bogen in Gebrauch waren. Damit steht die Ahrensburg-Kultur für das Ende der späten eiszeitlichen Tundrenwirtschaft in Nordeuropa.

Natürlich ging die Großwildjagd als eine Form der Lebensweise nicht einfach unter. Die Jäger, die in den Süden Skandinaviens vorgedrungen waren, wanderten vermutlich entlang der eisfreien Gebiete Westskandinaviens weiter nach Norden. Hier schufen sie verschiedene Lebensweisen von Jägern und Sammlern, die in Gestalt der Fosna-Kultur Jahrtausende unverändert überdauerte. Im hohen Norden gelang es verstreuten Gruppen von Rentierjägern aus den Tundrensteppen Osteuropas, die eisfreien Küsten der Kola-Halbinsel und Nordlands zu erreichen. Dort gründeten sie die sogenannte Komsa-Kultur, die bis etwa 2000 vor Christus überdauerte — ein ganzes Stück in das späte Neolithikum hinein.

Für den größten Teil Europas stand ein neues Zeitalter unmittelbar bevor. Die mesolithischen Völker bewiesen eine bemerkenswerte Fähigkeit, sich unterschiedlichsten Umweltbedingungen und Ökosystemen anzupassen. Und später sollte die Nahrungsversorgung dieser erfolgreichen Jäger und Sammler zunehmend durch die Viehzucht und den Ackerbau bestimmt werden.

△ Die Werkzeuge der ersten Skandinavier sind denen anderer späteiszeitlicher Rentierjäger Nordeuropas sehr ähnlich. Sie bestehen überwiegend aus Schabern, Meißeln und Spitzen. Die hier gezeigten Beispiele stammen aus Segebro in Südschweden.

ILLUSTRATIONEN: RAY SIM

◁ An der Küste von Sagelven, im norwegischen Nordland, entdeckte man gewaltige Felsgravuren, auf denen Rentiere abgebildet waren. Diese Arbeiten aus dem äußersten Norden Europas werden den Menschen der Komsa-Kultur zugeschrieben, die vor 10 000 Jahren dieses Gebiet erreichten.

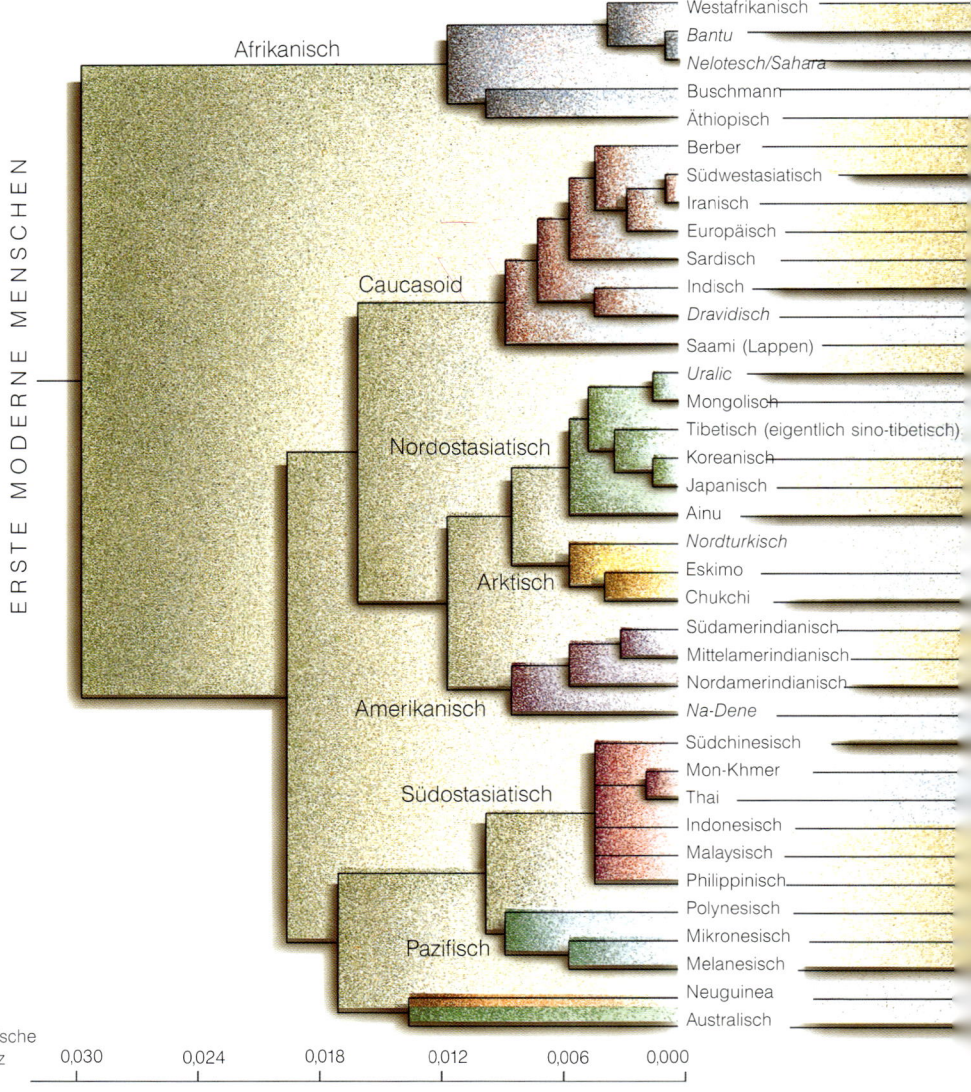

▷ Es gibt revolutionäre neue Indizien dafür, daß die Sprache mit unseren genetischen Ursprüngen verbunden sein könnte. Zwar ist der hier gezeigte »Familienstammbaum« noch umstritten, doch zeigt er die letzten Forschungsergebnisse auf diesem faszinierenden Gebiet.

Der Verwandtschaftsgrad ergibt sich daraus, wie weit man auf der Grafik nach links wandern muß, um eine Verbindungslinie zwischen zwei Populationen zu finden. Innerhalb der caucasoiden Gruppe sind also die Populationen des Iran und Südostasiens am nächsten verwandt. Dann folgen die Europäer, danach die Berber - und so weiter, bis schließlich auch die Saami als die am entferntesten verwandte Population in die caucasoide Gruppe eingeschlossen sind.

Höhere Einheiten sind noch weiter links zusammengefaßt: Die caucasoide, die nordostasiatische, die arktische und die amerikanische Gruppe bilden zum Beispiel solche Einheiten, die wiederum mit den Einheiten Südostasiens, des Pazifischen Raumes, Australiens und Neuguineas nur entfernt verwandt sind. Dies belegt, daß alle lebenden Menschen ihren Ursprung in Afrika haben. Hätte sich der moderne Mensch anderswo entwickelt, verbreitet und wäre später nach Afrika eingewandert, müßten die modernen Afrikaner gemeinsam mit ihren nichtafrikanischen Verwandten wiederum eine höhere Einheit bilden, doch die gibt es nicht.

Kursive Namen stehen für Populationen, die nicht ethnisch, sondern linguistisch definiert sind.

Die genetische Distanz berechnet sich auf der Basis der Durchschnittshäufigkeit von 120 Genen, die in den verschiedenen Populationen untersucht wurden.

GENE, SPRACHEN UND DIE ARCHÄOLOGIE

PETER ROWLEY-CONWY

In letzter Zeit gibt es bedeutende genetische Erkenntnisse, denen zufolge sich die Abstammung aller heute lebenden Menschen auf eine einzige hypothetische Frau (»Eva«) zurückführen läßt, die vor weniger als 250 000 Jahren in Afrika zu Hause war. Die Genetik hat uns einen »Familienstammbaum« beschert. Die verschiedenen menschlichen Völker zeichnen sich nicht einfach durch das Vorhandensein oder Fehlen besonderer Gene aus. Sie besitzen verschiedene *Häufigkeiten* unterschiedlicher Gene. Durch Analyse gewaltiger genetischer Datenmengen gelang es L.L. Cavalli-Sforza vor

kurzem, den obenabgebildeten Familienstammbaum aufzustellen. Die Völker, die er dabei untersuchte, sind in der Mitte aufgeführt. Die meisten von ihnen sind ethnisch definiert, einige wenige jedoch nur linguistisch; diese sind in kursiver Schrift dargestellt. Sofern Beziehungen zueinander bestehen, sind sie auf der linken Seite festgehalten und zudem gegen die genetische Distanz (oder den genetischen Unterschied) der verschiedenen Völker ins Verhältnis gesetzt (siehe Bildunterschrift). Die afrikanischen Völker sind mit allen anderen Gruppen entfernt verwandt.

SPRACHFAMILIE

SPRACHEN-GROSSFAMILIE

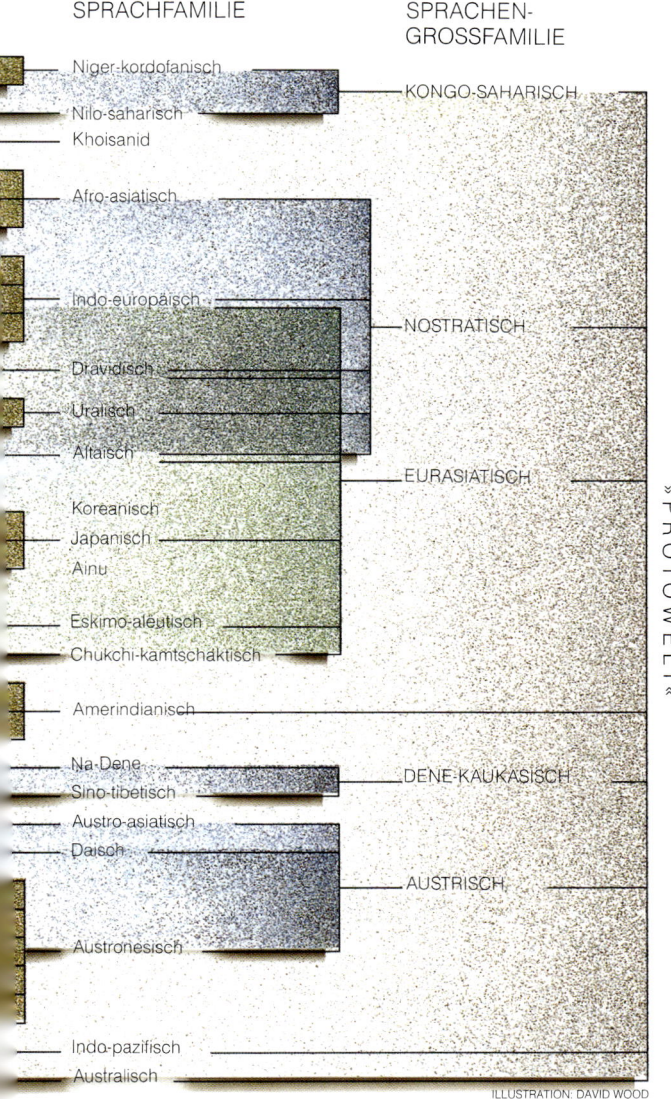

Niger-kordofanisch

Nilo-saharisch

Khoisanid

Afro-asiatisch

Indo-europäisch

Dravidisch

Uralisch

Altaisch

Koreanisch

Japanisch

Ainu

Eskimo-aleutisch

Chukchi-kamtschaktisch

Amerindianisch

Na-Dene

Sino-tibetisch

Austro-asiatisch

Daisch

Austronesisch

Indo-pazifisch

Australisch

KONGO-SAHARISCH

NOSTRATISCH

EURASIATISCH

DENE-KAUKASISCH

AUSTRISCH

»PROTOWELT«

ILLUSTRATION: DAVID WOOD

Das Problem der Sprachen wurde erst vor kurzem diskutiert, und man ist sich über ihre Rolle kaum einig. Die rechte Seite des Diagramms zeigt, wie die Sprachfamilien mit den genetischen Populationen zusammenpassen, die Cavalli-Sforza untersuchte. Ganz eindeutig besitzen relativ engverwandte genetische Populationen auch engverwandte Sprachen.

Auch die Frage, inwiefern eine Sprache auf einen ursprünglichen Zustand verweisen kann, wird zur Zeit erörtert. Zwar können Menschen ihre Genetik nicht verändern, was für ihre Sprache offenbar nicht gilt. So entsprechen zum Beispiel die schwarzen Amerikaner genetisch den Afrikanern, lingui-

stisch jedoch den Europäern. Auf dem Diagramm sind noch weitere Probleme dieser Art vermerkt. Die Äthiopier sind, genetisch gesehen, Afrikaner, obwohl sie eine afro-asiatische Sprache haben. Die Tibetaner besitzen eine sino-tibetische Sprache.

Ungeachtet dieser Probleme neigen heute einige Gelehrte zu der Ansicht, daß sich in den Sprachen Hinweise auf einen ursprünglichen Zustand und auf Völkerwanderungen finden, etwa wie damals, als sich die ersten Bauern ausbreiteten, um die Jäger und Sammler anderer Regionen zu verdrängen. Dies mag plausibel sein, ist aber schwer zu beweisen, da die verschiedenen Verbreitungswellen

der Landwirtschaft lange vor der Zeit erfolgten, als die Schrift erfunden war. In jüngster Zeit sind einige wenige Linguisten sogar noch weiter gegangen. Sie stellten die Behauptung auf, es gebe Sprachgruppen, die größer sind als diejenigen, die im Diagramm unter der Überschrift »Sprachfamilien« aufgeführt sind. Sollten, diese Gruppen wirklich gelten, wären die Konsequenzen ganz enorm. Vladislav Illich-Svitych postulierte eine »nostratische« Überfamilie, während Joseph Greenberg sich für die Anerkennung einer abweichenden, aber überlappenden »eurasiatischen« Überfamilie einsetzte. Dies würde bedeuten, daß zu irgendeiner Zeit, vielleicht vor 15 000 bis 10 000 Jahren, eine »proto-nostratische« oder »proto-eurasiatische« Sprache tatsächlich irgendwo gesprochen wurde. Als sich die Menschen ausbreiteten, zerfielen diese Ursprachen in verschiedene regionale Sprachen, die sich letzlich in heutige Sprachen aufsplitterten.

Man unterstellt gegenwärtig noch weitere solche Übergruppen, die ebenfalls im Diagramm zu finden sind. Es bleiben allerdings erhebliche Fragen offen. So verbindet die dene-kaukasische Makrofamilie nicht nur die Völker Amerikas und Südostasiens, sondern auch die Basken. Diese Menschen bewohnen den Grenzraum zwischen Frankreich und Spanien und besitzen eine Sprache, die nach allgemeiner Ansicht mit keiner anderen auf der Welt verwandt ist. Demnach dürfte diese Gruppierung eher unwahrscheinlich sein. Allerdings geht Merrit Ruhlen davon aus, daß selbst diese Makrofamilien untereinander verbunden sind. Es ist mit anderen Worten denkbar, daß sie allesamt von einer einzigen Sprache abstammen, für die der Name »Protowelt« geprägt würde. Man vermutet, daß diese Sprache in Afrika benutzt wurde.

Läßt sich das entfernte Echo eines liguistischen »Urknalls« noch vernehmen? Könnte es sein, daß unser aller Sprache, wie entfernt auch immer, die Sprache einer einzigen, ursprünglichen »Protowelt« widerspiegelt, die von den ersten modernen Menschen in Afrika gesprochen wurde? Die meisten Linguisten sind davon überzeugt, daß eine derartige Sprache existiert hat. Allerdings halten sie es für unmöglich, daß auch nur eine Spur davon bis heute überlebt hat.

Auch die Archäologie ist dabei, Indizien zu liefern, im wesentlichen auf zweierlei Weise. Zunächst einmal ist es unmöglich, eine Sprache auszugraben. Es ist jedoch denkbar, in den archäologischen Funden den Typ des symbolischen Gedankenganges herauszuspüren, der irgendwann zu der Entwicklung moderner, komplizierter Sprachen führte. Die Kunst und andere Belege symbolischen Denkens sind erst vor etwa 35 000 Jahren aufgetaucht. Und gleichzeitig nahmen die Werkzeugtypen eine stilisierte Form an. Zudem gibt es (durchaus umstrittene) Indizien aus Untersuchungen unterer Schädelpartien, denen zufolge die Neandertaler nicht imstande waren, all die komplizierten Töne zu erzeugen, derer wir fähig sind. Vor kurzem äußerten William Noble und Iain Davidson die Ansicht, daß die Sprache, wie wir sie kennen, höchstens etwa 50 000 Jahre alt sei - ein unvermutet kurzer Zeitraum. Sollte dies zutreffen, ist es durchaus denkbar, daß sich linguistische Spuren einer »Protowelt«-Sprache bis in die Gegenwart erhalten haben.

Zweitens ist die Archäologie imstande, fossile Belege für unsere Ursprünge zu liefern. Zur Zeit stützen neue Funde und neue Datierungsmethoden die Hypothese, daß der moderne Mensch aus Afrika stammt. Die ältesten datierten Funde des modernen Menschen wurden dort entdeckt und sind über 100 000 Jahre alt. Diese Menschen waren Zeitgenossen der europäischen Neandertaler. Aus Funden in Israel weiß man, daß moderne Menschen dort vor 90 000 bis 100 000 Jahren zu Hause waren. Die nächstjüngeren Daten des modernen Menschen liegen erst wieder bei 67 000 Jahren (es handelt sich um menschliche Überreste in Liujiang, China) und um den Zeitraum vor 50 000 Jahren, als Australasien besiedelt wurde. Europa wurde erst vor etwa 35 000 Jahren besiedelt, die amerikanischen Kontinente etwa gleichzeitig oder etwas später. Also spricht alles dafür, daß der Mensch tatsächlich aus Afrika stammt und sich von dort aus über den Rest der Welt ausbreitete.

Diese drei Indizienketten — genetisch, linguistisch und archäologisch — *können* daher durchaus zusammengeführt werden, um eine einzige, zusammenhängende Geschichte zu ergeben.

DIE BESIEDLUNG DES ALTEN AUSTRALIEN

Vor 50 000 bis 10 000 Jahren

Die erste Neue Welt

J. PETER WHITE

Jede Gesellschaft erklärt auf ihre eigene Weise, wie sie entstand. Die australischen Aborigines führen ihre eigenen Ursprünge und die ihres Landes auf die großen Geistervorfahren der Traumzeit zurück. Nach dem Glauben der Aborigines schufen diese Wesen die Welt und legten die Lebensformen fest, wie sie den Aborigines bekannt sind. Auch heute noch üben sie auf das Leben der Aborigines einen entscheidenen Einfluß aus. Im folgenden werden Teile zweier Schöpfungsberichte wiedergegeben, um einen Einblick in die Art und Weise zu vermitteln, wie die Aborigines Australiens Vergangenheit — und Gegenwart — sehen. Bei der »Traumzeit« handelt es sich nämlich um die Übersetzung eines Begriffes, der weder auf die Vergangenheit noch auf die Zukunft verweist, sondern auf eine ewige Gegenwart. Wir übertragen diese Geschichten in einen Zeitrahmen, aber für die meisten Aborigines ist die Schöpfung ein fortdauernder Vorgang.

Unsere eigene Anschauung der australischen Geschichte, diejenige unserer Industriegesellschaft, stammt aus der neueren wissenschaftlichen Forschung. Sie ist weniger personenbezogen als die Berichte der Aborigines, und die Chronologie, also die zeitliche Bestimmung von Ereignissen, wird stärker hervorgehoben.

Gemeinsam ist den Berichten der Wissenschaft und der Aborigines, daß sie versuchen, das Emporkommen einer neuen Welt zu erklären. Die Menschen, die Australien besiedelten, durchbrachen als erste die Grenzen des Meeres, die die Menschen zuvor in der Alten Welt zurückgehalten hatten. Australasien war für *Homo sapiens* die erste Neue Welt.

◁ An den Ufern des Lake Mungo haben Menschen vor 35 000 Jahren gelagert, gefischt und ihre Toten begraben. Als die Ostufer dieser Seen von Wind und Wasser aufgeschüttet wurden, gingen auch die Indizien für dieses vorgeschichtliche Leben in der Erde unter. Heute, da diese Sandküsten erodieren, treten die alten Reste wieder zutage.

△
THE NATURAL HISTORY MUSEUM, LONDON

Die Sonnenmutter und die Schöpfung

Einst war die Erde ganz dunkel und still, und nichts regte sich auf der kahlen Fläche. In einer tiefen Höhle unterhalb der Ebene von Nullarbor schlief eine wunderschöne Frau, die Sonne. Sanft weckte der große Vatergeist sie auf und befahl ihr, die Höhle zu verlassen und das Universum mit Leben zu erfüllen. Die Sonnenmutter öffnete ihre Augen, und als sich ihre Strahlen über dem Land ausbreiteten, verschwand die Dunkelheit. Sie holte Atem; die Atmosphäre veränderte sich, und die Luft zitterte leicht von einer kleinen Brise. Dann machte sich die Sonnenmutter auf eine lange Reise. Vom Osten nach Westen und vom Norden bis zum Süden durchquerte sie das öde Land, und wo immer ihre sanften Strahlen die Erde berührten, wuchsen Gräser, Büsche und Bäume, bis das Land mit Pflanzen bedeckt war. In jeder der tiefen Erdlöcher fand die Sonne lebende Tiere, die – wie sie selbst – seit unzähligen Zeiten geschlafen hatten. Sie erweckte die Insekten in allen ihren Formen zum Leben auf und befahl ihnen, sich über die Gräser und Bäume auszubreiten. Dann weckte sie die Schlangen, Echsen und vielen anderen Reptilien, und sie schlüpften aus ihrem tiefen Loch heraus. Hinter den Schlangen flossen mächtige Ströme, voll von allen möglichen Fischen und Wassertieren. Dann rief sie nach den Vierfüßern, den Beuteltieren und vielen anderen Geschöpfen, damit sie erwachten und sich auf der Erde niederließen. Dann ließ die Sonnenmutter alle Tiere wissen, daß von Zeit zu Zeit auf feuchte Tage trockene folgen werden und auf heiße kalte Tage. So schuf sie die Jahreszeiten. Eines Tages, als alle Insekten, vierfüßige Tiere und andere Kreaturen ihr zusahen, wanderte die Sonne im Himmel weit nach Westen, und als der Himmel rot aufleuchtete, war sie verschwunden, und aufs Neue verbreitete sich Dunkelheit über dem Land. Die Tiere bekamen Angst und kuschelten sich aneinander. Aber einige Zeit später begann der Himmel im Osten am Horizont zu glimmen, und die Sonne erhob sich wieder lächelnd in den Himmel. So unternahm die Sonnenmutter diese Reise jeden Tag und sorgte dafür, daß alle ihre Geschöpfe Zeit zum Ausruhen hatten.

Stamm der Karraru

Wie der Eyre-See entstand

Als eine alte Frau einmal auf der Jagd war, erblickte sie in der Ferne ein riesiges Känguruh. Da sprang ein Knabe, Wilkuda, aus ihrem Bauch, jagte das Känguruh nach Westen und wollte es mit dem Speer erlegen. Er jagte es, bis sein Speer das Ziel erreichte, und weil er das Tier für tot hielt, warf er es zum Kochen über sein Feuer und legte sich schlafen. Als er wieder erwachte, war das Känguruh fortgesprungen und ihm entkommen. Von Sonnenaufgang bis Sonnenuntergang verfolgte Wilkuda das Känguruh viele Tage lang, bis er schließlich genug hatte. Da kreuzte ein alter Mann mit seinem Hund seinen Weg, und mit Hilfe seines Hundes gelang es diesem, das Känguruh zu töten. Wilkuda sagte zu dem Mann, er könne das Fleisch seines Känguruhs haben, er benötige jedoch die Haut. Dann zog Wilkuda wieder nach Osten und warf die Haut östlich von Ann Creek auf den Boden, wo sie sich in einen großen See, den Eyre-See, verwandelte. Wilkuda ist heute noch als ein Fels am Ufer des Sees zu sehen.

Stamm der Arabana

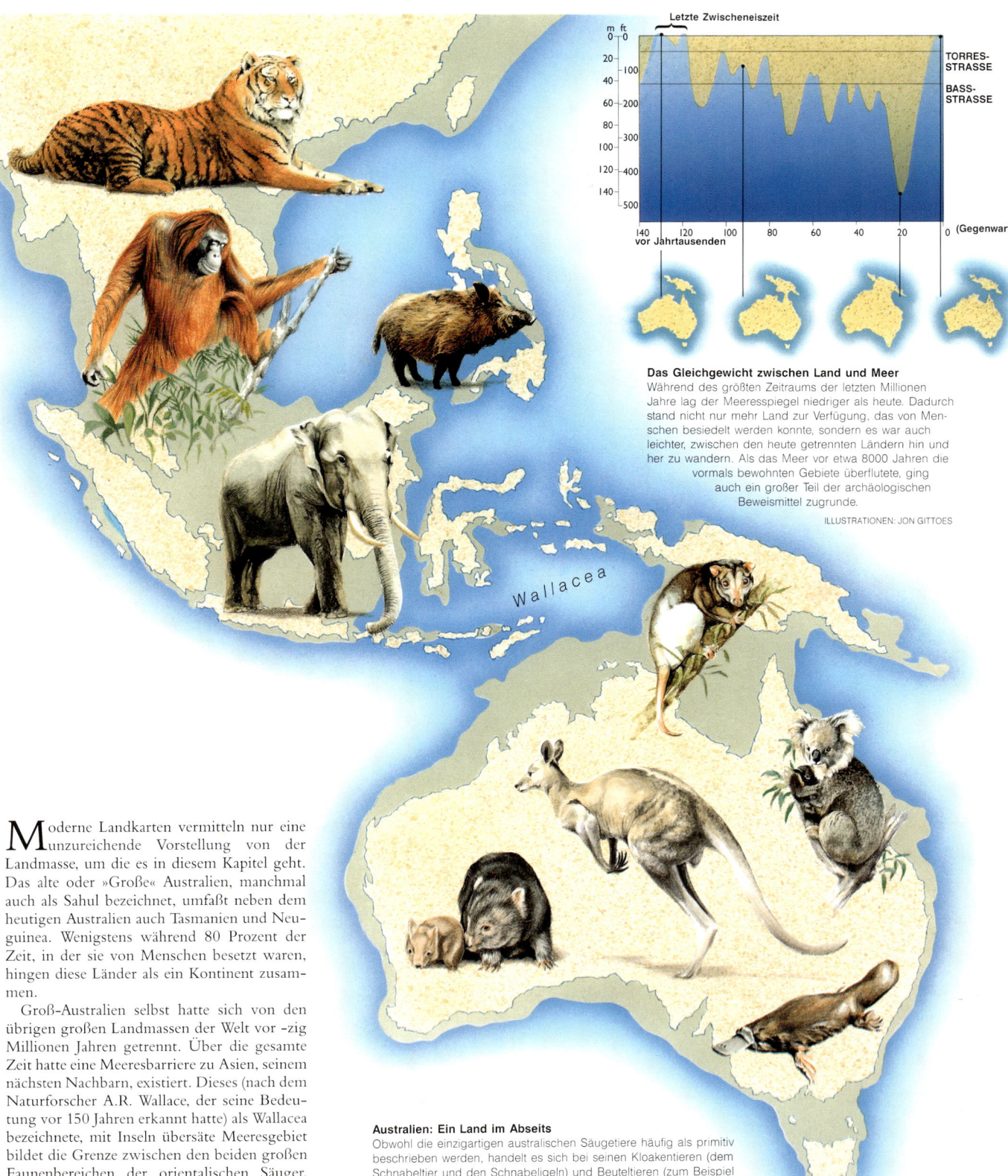

Letzte Zwischeneiszeit

TORRES-STRASSE

BASS-STRASSE

140   120   100   80   60   40   20   0   (Gegenwart)
vor Jahrtausenden

Wallacea

Das Gleichgewicht zwischen Land und Meer
Während des größten Zeitraums der letzten Millionen
Jahre lag der Meeresspiegel niedriger als heute. Dadurch
stand nicht nur mehr Land zur Verfügung, das von Menschen besiedelt werden konnte, sondern es war auch
leichter, zwischen den heute getrennten Ländern hin und
her zu wandern. Als das Meer vor etwa 8000 Jahren die
vormals bewohnten Gebiete überflutete, ging
auch ein großer Teil der archäologischen
Beweismittel zugrunde.

ILLUSTRATIONEN: JON GITTOES

Moderne Landkarten vermitteln nur eine
unzureichende Vorstellung von der
Landmasse, um die es in diesem Kapitel geht.
Das alte oder »Große« Australien, manchmal
auch als Sahul bezeichnet, umfaßt neben dem
heutigen Australien auch Tasmanien und Neuguinea. Wenigstens während 80 Prozent der
Zeit, in der sie von Menschen besetzt waren,
hingen diese Länder als ein Kontinent zusammen.

Groß-Australien selbst hatte sich von den
übrigen großen Landmassen der Welt vor -zig
Millionen Jahren getrennt. Über die gesamte
Zeit hatte eine Meeresbarriere zu Asien, seinem
nächsten Nachbarn, existiert. Dieses (nach dem
Naturforscher A.R. Wallace, der seine Bedeutung vor 150 Jahren erkannt hatte) als Wallacea
bezeichnete, mit Inseln übersäte Meeresgebiet
bildet die Grenze zwischen den beiden großen
Faunenbereichen der orientalischen Säuger,
Vögel und Insekten und ihrer australischen Gegenstücke. So leben auf der einen Seite Affen,
Elefanten, Tiger und Schweine, auf der anderen
dagegen Känguruhs, Koalas und Wombats.

Australien: Ein Land im Abseits
Obwohl die einzigartigen australischen Säugetiere häufig als primitiv
beschrieben werden, handelt es sich bei seinen Kloakentieren (dem
Schnabeltier und den Schnabeligeln) und Beuteltieren (zum Beispiel
den Känguruhs und Koalas) um hochspezialisierte Tiere, die sich in hohem Maße der ungewöhnlichen Vegetation und unberechenbaren Umgebung des Kontinents angepaßt haben. Sie haben über Jahrmillionen
eine andere Entwicklungsrichtung eingeschlagen als die Formen anderswo auf der Welt.

◁ Dieses Ausleger-Kanu wurde von Abel Tasman im Jahre 1643 vor Neuirland beobachtet. Wie aus den propellerähnlichen Schwimmern zwischen den Männern hervorgeht, wurde es für die Haifischjagd eingesetzt. Zwar dürfte dieses Boot relativ seetüchtig gewesen sein, doch erforderte es viel Mühe, damit zwischen den Inseln umherzupaddeln.

△ Ausleger-Kanus, die mit Paddeln angetrieben werden, trifft man heute im gesamten tropischen Bereich des Pazifik an. Sie sind stabil und seetüchtig. Im Jahre 1775 beobachtete John Forrest in der Nähe von Neuguinea Inselbewohner, die von solch einem Boot aus Schweine jagten.

▷ Ein Floß und Paddel aus Mangrovenholz, Hibiskusrinde und Ranken. Dieses Stück, mit dem die Kaiadilt von der Mornington-Insel Flüsse überquerten und es als Jagdplattformen zum Speeren von Fischen einsetzten, wurde 1987 gebaut. Derartige Boote wurden allerdings nicht für Reisen zwischen weitentfernten Inseln eingesetzt.

▽ Tasmanische Aborigines wurden 1802 dabei beobachtet, wie sie Kanu-Flöße aus drei Bündeln Rinde oder getrockneten Schilfes herstellten, die sie mit Grasfasern zusammenbanden. Aufgrund ihres hohen Auftriebs waren diese Boote in rauher See recht brauchbar. Allerdings saugten sie sich bei Reisen, die länger waren als zehn Kilometer, voll mit Wasser.

AUSTRALIAN NATIONAL MARITIME MUSEUM

AUSTRALIAN NATIONAL MARITIME MUSEUM

Groß-Australien sah ganz anders aus als das Australien von heute. Wo heute die »Roaring Forties« ununterbrochen über die Bass-Straße fegen, befand sich vor 10 000 Jahren eine breite, flache Ebene mit mehreren isolierten Hügeln. Zwischen Australien und Neuguinea erstreckte sich eine ähnliche Ebene, die allerdings tropischen Charakter hatte. Die letzte Spitze der Torres-Straße wurde erst vor 8000 Jahren vom Meer zugedeckt. Und bevor das Meer schließlich vor etwa 6000 Jahren seinen gegenwärtigen Pegelstand erreicht hatte, dehnten sich die Küsten noch weiter aus als heute, an einigen Stellen nur wenig, an anderen um mehrere hundert Kilometer, wie wir aufgrund der Umrisse vor der Küste abschätzen können. Daraus folgt, daß sich die heutigen Küstenverläufe nicht als Grenzen früherer Kulturen ansehen lassen. Natürlich sind einige Ressourcen, die noch im Pleistozän verfügbar waren, etwas später schon nicht mehr zugänglich, und nahezu alle Lebensspuren der Küstenbereiche, die älter sind als 6000 Jahre, wurden schon seit langem von der ansteigenden See zugedeckt.

Die ersten Siedler

Die Menschen, die sich in Groß-Australien niederließen, kamen unzweifelhaft aus Südostasien. Dies läßt sich durch mehrere Indizien belegen. Zunächst dürfen wir als sicher annehmen, daß *Homo sapiens* sich nicht in Groß-Australien entwickelt hat. Östlich von Java, Sumatra und Borneo kommen keine Primaten (Affen, Menschenaffen), ja nicht einmal noch entferntere Verwandte des Menschen vor. Die permanente Wasserbarriere von Wallacea hielt die frühen Menschen und andere rezente Säugetiere fern. Alle menschlichen Überreste, die jemals in Australien gefunden wurden, stammen von *Homo sapiens sapiens*, unserer eigenen modernen Art. Von älteren Formen wissen wir nichts. Daraus folgt, daß erst der moderne Mensch die kulturelle Fähigkeit entwickelte, die Wasserbarrieren mit Hilfe von Booten oder Flößen zu überwinden.

Zweitens bildet Südostasien die nächstgelegene Landmasse, aus der Menschen gekommen sein können. Vor 50 000 Jahren gab es noch keine hochentwickelten Segelschiffe, und es ist undenkbar, daß Menschen von Indien, China oder Afrika aus in Rindenkanus oder Bambusflößen gepaddelt sind und Australien lebend erreichten. Am wahrscheinlichsten ist, daß Auslegerkanus oder Einbäume mit Auslegern beteiligt waren. Dabei boten die Inselketten des heutigen Indonesien den Durchgang. Und in der Tat dürften die tropisch warmen, grundsätzlich ruhigen Gewässer dieser Gegend den Menschen einen weitgehend geschützten »Übungsplatz« geboten haben, auf dem die Menschen zum ersten Mal in ihrer Geschichte lernen konnten, das Meer und seine Ressourcen zu nutzen.

Und schließlich lebten Menschen in Südostasien mindestens seit einigen Millionen Jahren. So wurden Skelettreste früher Hominiden (*Homo erectus*) auf Java gefunden, aber auch die Reste modernerer Menschentypen, die allerdings noch als ursprünglich gelten müssen. Wir kennen die genauen Routen nicht, denen die Menschen auf dem Weg nach Groß-Australien folgten. Vermutlich zogen immer nur wenige von einer Insel zur nächsten, die sie als Land sehen konnten oder auf deren Existenz sie durch Buschfeuer, Wolken oder den Zug der Vögel schlossen. Man kann nahezu sicher sein, daß niemals eine großangelegte Massenwanderung stattgefunden hat. Andererseits wurden vermutlich verschiedene Teile Groß-Australiens (zum Beispiel Neuguinea und Australien) von unterschiedlichen Menschengruppen besiedelt. Heute sind die Bewohner Neuguineas und Australiens zueinander enger verwandt als zu jeweils irgendeinem anderen Volk auf der Welt. Allerdings handelt es sich noch immer um zwei Gruppen, die sich trotz ihrer Ähnlichkeiten und ihres daraus abgeleiteten gemeinsamen Ursprungs gut auseinanderhalten lassen. Obwohl es unwahrscheinlich ist, könnte jede dieser Gruppen aus jeweils einer einzigen Bootsbesatzung hervorgegangen sein, deren Nachkommen weitgehend im eigenen Lager heirateten und deren Genpool durch Nachzügler nur wenig beeinflußt wurde.

Man kann nicht genau sagen, wann die ersten Menschen Australien erreichten. Da die Menschen damals keine langen Seereisen unternehmen konnten, reisten sie vermutlich zu einer Zeit, als das Meer tiefer stand, die Inselgruppen noch umfangreicher und die Seewege kürzer waren. Derartige Bedingungen herrschten vor etwa 55 000 bis 50 000 Jahren. Leider gelangen verläßliche Radiokarbonmessungen bei diesem Alter an ihre Grenzen. Einerseits nämlich wurden zahlreiche menschliche Siedlungen überall in Groß-Australien auf ein Alter zwischen 28 000 und 37 000 Jahren datiert, während man andererseits einige wenige noch ältere Fundstellen kennt. Dies ist vermutlich so zu deuten, daß die Grenzen dieser Datierungsmethode erreicht sind. Andererseits könnte es bedeuten, daß die Bevölkerung damals groß genug geworden war, um archäologische Spuren zu hinterlassen. Es kommen auch andere radiometrische Datierungsmethoden zum Einsatz (die meisten davon messen die quantitativen Anteile bestimmter radioaktiver Isotope in den Objekten). Wenn wir uns den Behauptungen heutiger Wissenschaftler anschließen, kommen wir zu dem Ergebnis, daß Australien vor mindestens 50 000 Jahren besiedelt wurde. Zwei Fundstellen aus dem Norden des Kontinents wurden mit Hilfe der Thermolumineszenz-Technik als geringfügig jünger datiert.

Die ältesten Fundstellen

Bobongara ist eine Hügellandschaft, die sich an der Nordseite der zu Neuguinea gehörenden Halbinsel Huon aus dem Meer erhebt. Sie liegt, was für Neuguinea ganz untypisch ist, in einem Regenschattengebiet und ist mit Gras bedeckt, so daß die horizontalen Terrassen, die ihre Oberfläche bilden, deutlich zu sehen sind. Jede dieser Terrassen besteht aus einem alten Korallenriff. Irgendwann vor langer Zeit war der flache Gipfel eine Lagune. Und indem sich die zugrundeliegende Felsbasis allmählich nach oben erhob, wurden nach und nach auch die Terrassen aus dem Meer geschoben. Über die Hügellandschaft verstreut findet man Kerben, die von großen, schweren Gegenständen aus Stein verursacht wurden. Diese Objekte waren bis zu zwei Kilogramm schwer und bestanden aus großen Stücken, die man von großen Flußsteinen abgeschlagen hatte. Sie sehen wie Beilklingen aus und tragen jederseits der Mitte eine Kerbe, die offenbar für die Verbindung mit einem Griff vorgesehen war.

△ Kerben eingeschnürter Werkzeuge wurden in den angehobenen Riffen von Bobongara Hill gefunden. Diese sehr großen Stücke wurden von Felsblöcken geschlagen, die ins Wasser gerollt waren, und die seitlichen Kerben (»Einschnürungen«) waren eindeutig dafür vorgesehen, sie irgendwo zu befestigen. Diese Werkzeuge gelten allgemein als Äxte. Da sie jedoch nicht besonders scharf sind, wurden sie wahrscheinlich eher als Keile oder Grabwerkzeuge gebraucht.
J. PETER WHITE

▽ Die angehobenen Korallenriffe erstrecken sich wie eine Stufenreihe vom Meeresniveau bis zu einer Höhe von über 1000 Meter nach Bobongara Hill aus. Das jüngste Riff wurde vor 6000 Jahren aus dem Meer gehoben. Einst umschloß jedes Riff eine seichte Lagune, deren Wellen sich an der steilen Front brachen. Die hier gefundenen Gegenstände waren älter als 40 000 Jahre.

ROBERT RAYMOND

DIE THERMOLUMINESZENZ-DATIERUNG

RICHARD G. ROBERTS

Die Archäologen bedienen sich ganz verschiedener Datierungsmethoden, von denen jede für bestimmte Materialien geeignet ist. So läßt sich die Radiokarbon-Methode bei organischem Material einsetzen, etwa bei Holzkohle und Knochen. Anorganische Objekte dagegen, wie Quarz- und Feldspatkristalle, kann man durch das Thermolumineszenz-Verfahren (TL) datieren. Diese Kristalle kommen in den meisten Böden vor (Lehm, Schlick und Sand), ebenso auch im Feuerstein und in vulkanischer Asche. Die TL-Methode ist imstande, Objekte bis zu einem Alter von 200 000 Jahren (unter günstigen Bedingungen auch mehr) zu bestimmen, und in der Regel liegt die Verläßlichkeit der Angaben innerhalb zehn Prozent.

Das Verfahren beruht auf der Tatsache, daß innerhalb der Kristalle selber sowie im umliegenden Boden und Gestein ein geringes Maß an Radioaktivität existiert. Beim radioaktiven Zerfall werden regelmäßig kleine Strahlungsmengen (Alpha- und Beta-Teilchen sowie Gamma-Strahlen) freigesetzt, die wiederum innerhalb der Kristalle freie Elektronen produzieren. Diese Elektronen werden an defekten Stellen manchmal zurückgehalten, können jedoch wieder austreten, sobald man den Kristall auf 500 Grad Celsius erhitzt oder mehrere Stunden lang dem Sonnenlicht aussetzt. Das TL-Verfahren macht sich diese Tatsache zunutze.

Die Datierung von getöpferten Objekten

Ursprünglich wurde die TL eingesetzt, um Töpfe zu datieren, die in einem Brennofen oder über dem offenen Feuer gehärtet worden waren. Durch diesen Brennvorgang werden alle eingeschlossenen Elektronen freigesetzt, so daß die TL-»Uhr« des Topfes auf Null gesetzt wird. Sobald der Topf (oder Bruchstücke davon) im Boden vergraben ist, werden aufs neue Elektronen in den Kristallen eingeschlossen. Dieser Vorgang setzt sich fort, bis der Topf (oder das Fragment) wieder erhitzt wird. Erfolgt dies in einem verdunkelten Labor, werden die freigesetzten Elektronen als Licht sichtbar, dessen Quantität meßbar ist. Diese Methode wird weithin angewandt, um die Echtheit von Töpferei- und Keramikobjekten für Museen und Kunstauktionen zu belegen.

Die Datierung von Sedimenten

Die TL-Datierung eignet sich ebenso für die Bestimmung von Gegenständen aus Feuerstein, die einmal erhitzt waren, sowie von vergrabenen Sedimenten, die über einen gewissen Zeitraum in der Vergangenheit dem Sonnenlicht ausgesetzt waren. In diesem Fall beruht die Methode darauf, daß die TL-Uhr zurückgesetzt wurde, als der Boden zuletzt dem Sonnenlicht ausgesetzt war. Es ist schon etwas trickreicher, die TL-Methode auf diese Weise einzusetzen, denn das Sonnenlicht setzt nur selten alle Elektronen frei, so daß die Uhr nicht wirklich auf Null gesetzt wird. Allerdings muß man an diejenigen der eingeschlossenen Elektronen Zugeständnisse machen, die seit der letzten Exposition im Sediment verblieben sind. Dies geschieht, indem man die Zahl der zurückbehaltenen Elektronen in einem vergleichbaren Sediment mißt, das aus einem exponierten Gebiet stammt. Zur Zeit arbeitet man an einer ähnlichen Technik, die als »optische Datierung« bezeichnet wird und die das Problem der unvollständigen Zurücksetzung der Uhr durch die Sonnenstrahlung bewältigt.

Da die Elektronen in verschiedenen Objekten in unterschiedlichem Maße zurückgehalten werden, wird die Rate dieser Elektronen für jede Probe neu bestimmt. Dazu setzt man im Labor verschiedene Teilstücke eines jeden Objekts unterschiedlichen Strahlungsmengen aus und mißt anschließend die Lichtmenge, die jeweils bei Erhitzung freigesetzt wird. Um nun die Strahlungsmenge zu berechnen, die der Topf ansammelte, ehe er in die Erde gelangte (die sogenannte Paläodosis), vergleicht man die Lichtmenge unbehandelter Teile des Topfes mit der bestrahlter Teile.

Die Altersbestimmung

Um schließlich das Alter eines Topfes zu bestimmen, muß man nicht nur die Paläodosis kennen, sondern auch die Strahlungsmenge, der die Probe im Jahresdurchschnitt ausgesetzt war, seitdem sie sich im Boden befindet, mit anderen Worten: die Jahresdosis. Dabei entspricht das Alter des Objektes der Paläodosis geteilt durch die Jahresdosis. Bei Töpfereigegenständen ergibt sich letztere überwiegend aus dem radioaktiven Zerfall von Uran, Thorium und Kalium, die in dem Ton enthalten sind, aus dem der Topf besteht, aber auch im Boden ringsum. Beim Sediment weisen die Probe und der umliegende Boden meistens dieselbe mineralische Zusammensetzung auf und zeigen daher dieselbe Radioaktivität. Bei Töpfereiobjekten muß man sowohl die Radioaktivität des Bodens als auch des Topfes selber messen, um ein genaues Alter zu erhalten. Zudem muß der Wassergehalt der Probe berücksichtigt werden, den man zu der Zeit, während der sie sich im Boden befindet, ins Verhältnis setzt. Die Jahresdosis reduziert sich nämlich, sobald Wasser in Töpfen und im Boden vorhanden ist.

ZALEHO TASVILLO/MUSEUMS DEPARTMENT OF MALAYSIA

ILLUSTRATIONEN: RAY SIM

Ton zu einem Topf erhitzt/Stein für Herstellung eines Werkzeugs erhitzt.

Eine Probe des Topfes/Steins wird im Labor erhitzt.

In Bodenkristallen eingeschlossene Elektronen bauen sich auf.

Im Tongefäß/ hitzebehandelten Stein eingeschlossene Elektronen bauen sich auf.

Eingeschlossene Elektronen freigesetzt.

Eingeschlossene Elektronen werden freigesetzt und über die Menge des emittierten Lichtes gemessen.

»Uhr« des Gegenstands auf 0 zurückgesetzt.   »Uhr« der Probe auf 0 zurückgesetzt.

◁ Wenn ein Topf in einem Brennofen oder über dem Feuer erhitzt wird, setzt sich die sogenannte TL- (Thermolumineszenz)-Uhr zurück. Wird der Topf dann später im Labor abermals erhitzt, setzt man die Menge des emittierten Lichtes ins Verhältnis zu der Zahl der freigesetzten Elektronen und damit zu dem Zeitraum, der verstrich, seitdem der Topf zum letzten Mal erhitzt wurde.

Die meisten dieser Werkzeuge wurden an der Oberfläche entdeckt. Nur drei stammen aus einer Schicht verwitterter vulkanischer Asche, die die Oberfläche des Riffs IIIA und die Vorderseite des Riffs IV bedeckt. Riff IIIA wurde auf ein Alter zwischen 45 000 und 53 000 Jahren datiert. Riff IIIB, auf dem sich keine Asche befindet, ist etwa 40 000 Jahre alt. Die Asche, die die schmal zulaufenden Beilklingen umgab, war — mit der Thermolumineszenz-Methode bestimmt — älter als 40 000, aber jünger als 60 000 Jahre. Es ist daher wahrscheinlich, daß die Werkzeuge 45 000 Jahre oder ein wenig älter sind.

Zwei der drei Werkzeuge, die in der Asche einge-

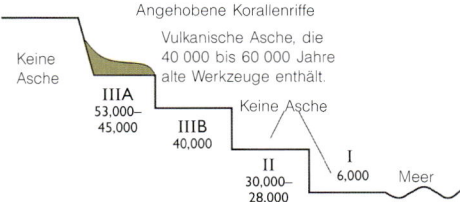

schlossen waren, verjüngten sich in der üblichen Weise. Eines davon besaß jedoch an beiden Flächen eine Kerbe, was besonders deutlich zeigt, daß hier ein Griff angebracht werden sollte. Nach Mutmaßungen einiger Wissenschaftler handelte es sich um Äxte, die dazu dienten, in den Wäldern, die nach stärkeren Niederschlägen dort wuchsen, kleine Lichtungen zu hauen. Auf diesen freien Plätzen sollten dann Bäume mit eßbaren Früchten oder mit einem Holz, das sich zum Bauen eignete, mehr Raum zum Gedeihen haben. Derartige Erklärungen sind jedoch schwer zu überprüfen.

Eine andere, circa 50 000 Jahre alte Stelle, an der sich Spuren menschlicher Besiedlung fanden, ist Malakunanja II, ein großer Felsüberhang nahe dem Steilhang von Arnhem Land. Sie besteht aus über vier Meter Sandablagerungen, deren obere 2,6 Meter Artefakte aus Stein bergen. Diese sind allerdings bei weitem nicht so unverwechselbar wie die zulaufenden Klingen, denn es handelt sich lediglich um Abschlagwerkzeuge mit scharfen Rändern. Sie sind jedoch besonders zahlreich: Allein im Bereich der untersten 20 Zentimeter konnte man aus einer Grube von einem Quadratmeter mehr als 100 davon bergen. Bezeichnenderweise findet man unterhalb von 2,6 Meter keine Gegenstände mehr. Demnach war dieser Ort vor dieser Zeit noch unbewohnt.

Einige Forscher behaupteten, daß Menschen schon viel früher als vor 50 000 Jahren Groß-Australien erreicht hätten. Allerdings wurde keine dieser Behauptungen auf breiter Ebene akzeptiert. Dafür gibt es zwei wesentliche Gründe. Zum einen läßt sich das Material, das zum Beweis einer so frühen Besiedlung herangezogen wird — zum Beispiel eine Zunahme der Holzkohle in einem Flußbett oder eine Anhäufung von Muschelschalen an einem Meeresstrand — nicht nachweislich auf menschliche Aktivitäten zurückführen. Zweitens könnte die Verbindung zwischen dem datierten Material und von Menschen gemachten Gegenständen auch auf späteren Ereignissen beruhen. Obwohl man geeignete Gebiete, etwa alte Seeufer, mit großem Aufwand absuchte, wurden niemals menschliche Überreste oder Gegenstände gefunden, die älter waren als 50 000 Jahre.

RICHARD G. ROBERTS

Tiefe der Probe unter der Erdoberfläche	TL-Datum
in Zentimeter	(wahrscheinlichste Zeitspanne)

	Tiefe	TL-Datum
GEGENSTÄNDE AUS STEIN VORHANDEN	149 – 155	12 000 – 18 000
	190 – 209	19 000 – 29 000
	230 – 236	36 000 – 54 000
	241 – 254	41 000 – 48 000
	254 – 259	48 000 – 74 000
KEINE STEINOBJEKTE	295 – 315	51 000 – 79 000
	339 – 362	65 000 – 97 000
	452 – 458	86 000 – 128 000

△ Der große Felsüberhang, der als Malakunanja II bekannt ist, befindet sich an der Basis einer aufsehenerregenden Sandstein-Aufwölbung im nordwestlichen Arnhem Land. Dieser Ort, von dem aus man eine flache Sandebene überblickt, war vor 50 000 Jahren bewohnt.

◁ Die TL-Daten von Malakunanja II. Die oberen (jüngeren) Schichten dieser Fundstelle wurden zusätzlich mit der Radiokarbon-Methode datiert. Der Zusammenhang zwischen beiden Verfahren – und natürlich die normale wissenschaftliche Zurückhaltung – lassen es geraten erscheinen, den jüngeren Angaben einer jeden TL-Datierung den Vorzug zu geben. (Demnach sind die Steinwerkzeuge dort mindestens 12 000 bis 48 000 Jahre alt.)

Die Besiedlung des Kontinents

Soweit man das Klima vergangener Zeiten kennt, dürften die Menschen, als sie den Norden des Kontinents erreichten, nur unwesentlich andere klimatische Bedingungen vorgefunden haben als in ihrer ehemaligen Heimat. Daher empfanden diese einstigen Bewohner der asiatischen Tropenküsten ihre neue Heimat wohl kaum als besonders fremdartig, sieht man von der Tierwelt einmal ab. Die meisten Fische und Krustentiere waren ganz ähnlich, was auch für die Pflanzen galt, insbesondere für die genießbaren. Es ist daher höchst wahrscheinlich, daß die Siedler alle tropischen Gebiete rasch besetzten: die Küsten und Tiefländer Neuguineas und Nordaustraliens, das dazwischen liegende Land und die großen Inseln Neubritanniens und Neuirlands, soweit sie sichtbar waren.

Weiter südlich sah es ganz anders aus: Das Australien der gemäßigten Breiten (siehe Karte) unterschied sich nicht nur in klimatischer Hinsicht. Hier waren auch ganz andere Pflanzen und Tiere zu Hause, über deren Verhalten, Verfügbarkeit und Nutzbarkeit die Menschen erst Erfahrungen sammeln mußten, ehe sie das Land dauerhaft besiedeln konnten. Vor 50 000 Jahren war das gemäßigte Australien, wie man sagt, ein »Land der Seen«. Sie entstanden durch zunehmende Niederschläge am Rande eines trockenen Kerngebiets, das damals wesentlich kleiner war als heute. Allerdings waren diese Seen nicht von Dauer. Nach und nach gingen die Niederschlagsmengen zurück, und der trockene Kern des Kontinents dehnte sich aus. Vor etwa 25 000 Jahren war Australien dann so trocken wie heute und vor 20 000 Jahren sogar noch wesentlich trockener, kälter und stürmischer.

Die Theorie, der zufolge der Kontinent wahrscheinlich in zwei Wellen besiedelt wurde, wird durch die Art der entdeckten Steinwerkzeuge gestützt: Es sind Klingen und Beilklingen, die sich in beachtlichem Umfang verjüngen und manchmal gestielt sind und deren Kanten durch Schleifen geschärft wurden. Das Verfahren, harten Stein zu schleifen, um Werkzeuge herzustellen und zu schärfen, ist verhältnismäßig neu. In Europa und anderen Bereichen der Alten Welt reicht diese Erfindung etwa 10 000 Jahre zurück (sie erfolgte also im Holozän) und taucht normalerweise in landwirtschaftlichen Gemeinschaften auf. Nun sprechen sogar weitverbreitete, umfassende Indizien dafür, daß diese Technik im Norden Groß-Australiens schon vor 25 000 Jahren bekannt war.

Derartig geschliffene Werkzeuge wie die modernen australischen Beilklingen wurden in Arnhem Land sowohl bei Nawamoyn als auch bei Malangangerr nachgewiesen und auf ein Alter von etwa 20 000 Jahren datiert. Zudem fand man vergleichbare Werkzeuge in Cape York und in den Kimberleys, und eines aus dem Hochland Neuguineas, das bei Nombe ausgegraben wurde, datierte man auf 26 000 Jahre. Noch älter sind die zulaufenden Klingen, die grundsätzlich nicht geschliffen, sondern zugehauen wurden. Es sind die wichtigsten Werkzeuge, die man bei Bobongara fand. Andere derartige Klingen, die entweder jünger waren oder von der Oberfläche stammten (und daher nicht zu datieren waren), wurden in ganz Neuguinea und in Cape York geborgen.

Es bleibt noch zu klären, wie diese beiden Arten von Werkzeugen zueinander stehen. Die meisten Forscher neigen zu der Ansicht, beide für Äxte, Beile oder etwas Ähnliches zu erklären. Warum aber im Pleistozän zwei Versionen eines Werkzeugs existier-

▽ Viele der klimatisch gemäßigten Landschaften Australiens liegen auf einem Sandsteinboden, der zumeist flach oder steil abschüssig verläuft. Angesichts der normalerweise dünnen, sauren Böden ist die Vegetation in hohem Maße spezialisiert. In Gebieten wie Grose Gorge, in den Blue Mountains von Neusüdwales, lebten die Menschen entlang der Flußtäler und nutzten die Grate für ihre Zeremonien sowie als Route zu anderen Gebieten.

PHILIP QUIRK/WILDLIGHT

ten, von denen eine alle Einsatzmöglichkeiten im Holozän beider Gebiete abgedeckt hätte, ist noch unklar. Der entscheidene Punkt ist, daß beide Werkzeuggruppen nur in den Tropen gefunden wurden und daß im klimatisch gemäßigten Bereich Australiens erst vor 5000 Jahren Spuren davon auftauchen (vielleicht mit Ausnahme einiger weniger Exemplare auf Kangaroo Island vor der südaustralischen Küste). Also unterschieden sich beide Gebiete kulturell offenbar schon im Pleistozän, und diese Unterschiede — dokumentiert durch die physische Trennung Neuguineas von Australien — blieben bis heute erhalten. Auch die Felsgravuren aus den tropischen und gemäßigten Gebieten Groß-Australiens (siehe unten) lassen auf eine ähnliche kulturelle Spaltung schließen.

Nachdem die Menschen einmal gelernt hatten, die gemäßigten Bereiche Australiens nutzbar zu machen — das war vermutlich vor mehr als 40 000 Jahren der Fall — breiteten sie sich offenbar recht schnell aus. Die frühen Datierungen von Tasmanien, dem Südwesten Australiens und der Regionen des Binnenlandes stammen alle aus der Zeit vor 35 000 bis 40 000 Jahren. Danach kam es zu jener umfangreichen Klimaveränderung, die außer einigen Küstenregionen den gesamten Kontinent in Mitleidenschaft zog und deren trockenkaltes Klima vor 18 000 Jahren seinen Höhepunkt erreichte. Damals waren jedoch große Bereiche des Hinterlandes kaum noch bewohnt.

Zu anderen Zeiten traten dagegen lokal begrenzte Umweltveränderungen auf. So wurde in Tasmanien vor etwa 12 000 Jahren plötzlich keine der bekannten Siedlungen des Südwestens mehr bewohnt. Das wärmere Klima verursachte eine Ausbreitung der Wälder, so daß einige Tiere und Pflanzen dort keine geeigne-

REG MORRISON

ten Lebensbedingungen mehr vorfanden und auch die Menschen abwanderten. So kam es, daß die Menschen allmählich andere Gebiete des Landes erreichten, auf denen grundsätzlich nicht so viele ihr Auskommen finden konnten. Als der Meeresspiegel wieder anstieg, kam es an einigen Küstenorten sicherlich zu örtlichen Veränderungen. Davon besitzen wir jedoch keinerlei Belege, ehe das Meer seinen heutigen Stand vor etwa 6000 Jahren erreichte.

△ Heute sind wenigstens zwei Drittel Australiens arid oder semi-arid, und während des Pleistozän war der trockene Anteil des Kontinents sogar noch größer. Ungeachtet ihrer äußeren Erscheinung beherbergen diese Landschaften eine Vielfalt von Pflanzen und Tieren. Da es jedoch selten und in ganz unregelmäßigen Abständen regnet, können nur wenige Menschen dort leben.

△ Dieser Mahlstein wurde 1989 aus den unteren Schichten von Malakunanja II geborgen. Mit einem Alter von 50 000 Jahren gehört er gegenwärtig zu den ältesten bekannten Mahlsteinen und diente vermutlich dazu, den Ocker zu mahlen, mit dem die Menschen sich selbst oder Höhlenwände bemalten.
D. MARKOVIC

Wir können die Zahl der Menschen, die zu einer bestimmten Zeit ein Land bewohnt haben können, nur unzureichend schätzen. Dafür sind die archäologischen Befunde zu spärlich. Wir können jedoch davon ausgehen, daß Australien von höchstens einer Million und Neuguinea von maximal 1,5 Millionen Menschen bewohnt wurde. Dies entspricht einer großzügigen Schätzung zu Beginn der europäischen Kolonisierung im Jahre 1788. Da aber der gesamte großaustralische Kontinent besiedelt war, kann andererseits die Zahl der Bewohner nicht unter 250 000 gelegen haben, anderenfalls hätten wir es mit anderen archäologischen Befunden zu tun. Stets müssen genügend Menschen dagewesen sein, um ein organisiertes Sozialsystem mit angemessenen Möglichkeiten der Partnersuche und anderen Verbindungen aufrechtzuhalten.

Natürlich war die Bevölkerung nicht gleichmäßig über das Land verteilt. Viele Menschen dürften an den Küsten gelebt haben, wie es ihre Vorfahren schon früher getan hatten. Allerdings wurden die Reste ihrer Siedlungen schon vor langer Zeit unter dem Meer begraben. Auch innerhalb Australiens ließen sie sich in der Nähe der Flüsse und Seen nieder. So fand man Spuren menschlicher Besiedlung, die 35 000 Jahre zurückreichen, entlang des Darling River, aber auch an den Ufern des Willandra und anderer Seen im Westen von Neusüdwales. Aus naheliegenden Gründen hielten sich die Bewohner Australiens immer schon dort auf, wo es Niederschläge und Wasser gab.

Weniger leicht läßt sich die Bevölkerungsverteilung auf dem Gebiet bestimmen, das heute Neuguinea heißt. Außer den Küsten wurde vermutlich auch das Hochland von Anfang an genutzt, obwohl nur wenige Gebiete von tropischen Krankheiten frei waren. Es ist unwahrscheinlich, daß das innere Tiefland in größerem Umfang bewohnt war, denn in diesem von starken Niederschlägen heimgesuchten Gebiet herrschten Malaria, Frambösie (eine chronische Infektionskrankheit) und andere Tropenkrankheiten.

Die Bewohner Australiens

Schon viele Anthropologen bemühten sich zu zeigen, daß sich nicht nur die australischen Aborigines von den Bewohnern Neuguineas genetisch unterscheiden, sondern sich zudem die modernen Aborigines aus verschiedenen Rassen entwickelten, die zu unterschiedlichen Zeiten den Kontinent erreicht hatten. Die frühen Anthropologen unterschieden die Bewohner des australischen Festlandes von denen Tasmaniens, oder sie unterteilten die Bevölkerung dieser beiden Inseln in drei Gruppen: Es handelt sich im Prinzip um die nördliche, die zentrale und südliche Region sowie die Region der Regenwälder (Queensland und Tasmanien). Die Befunde, auf Grund derer man zu dieser Ansicht kam, waren entweder im wahrsten Sinne des Wortes oberflächlich (sie gründeten sich auf oberflächliche Merkmale, wie Hautfarbe und Form der Haare), oder es waren einige wenige Schädelmessungen vorgenommen worden. Damals hielt man noch nicht für möglich, daß derartige Merkmale einem Selektionsdruck oder zufälliger Veränderung unterworfen sind. Statt dessen glaubte man, daß sich in ihnen die ursprünglichen Unterschiede zwischen Gruppen widerspiegeln, die über Zigtausende von Jahren erhalten geblieben waren. Heute wissen wir, daß diese Annahme falsch war.

D. ELFORD/WESTERN AUSTRALIAN MUSEUM

Im Gegensatz dazu bieten menschliche Skelette aus prähistorischer Zeit schon verläßlichere Informationen über alte Siedlungsformen. Einige der umfangreichsten und besterhaltenen überhaupt wurden in Australien entdeckt, insbesondere im Südosten. Diese Zeugnisse der Vergangenheit australischer Ureinwohner verraten uns eine ganze Menge über die Geschichte einzelner Völker, aber auch der gesamten Siedlungsgeschichte auf diesem Kontinent.

Im Laufe der letzten 20 Jahre kam es anläßlich der Untersuchung menschlicher Knochen immer wieder zu Auseinandersetzungen. Während einige Aborigines durchaus daran interessiert sind, was die Wissenschaft an Neuigkeiten über ihre Vergangenheit zutage fördert, sind andere der Meinung, man solle den Toten ihre Ruhe lassen. Bis vor kurzem dachte kaum ein Wissenschaftler — wie auch die meisten weißen Australier — daran, welche Beleidigung für die Aborigines darin liegt, deren Vorfahren auszugraben und die Knochen in Museen auszustellen. Allerdings setzt sich langsam die Einsicht durch, daß eine Zusammenarbeit in der Forschung möglich sein kann, sobald man einmal akzeptiert hat, daß den Aborigines selbst die Bearbeitung ihrer Vergangenheit überlassen bleibt.

Die ältesten bisher bekannten Skelette von Australiern stammen aus drei Gräbern, die an den Ufern des Lake Mungo, im Westen von Neusüdwales, entdeckt und auf ein Alter von mehr als 20 000 Jahren datiert

wurden. Viele weitere, die zwischen 15 000 und 10 000 Jahren alt sind, kennt man aus der Zeit, als Menschen, insbesondere entlang des Murray-River-Tals, ihre Toten im Sandufer bei Kow Swamp, Coobool Creek und anderen Orten begruben. Aus der Analyse dieser Skelette geht eindeutig hervor, daß sie alle dem modernen Menschen, *Homo sapiens sapiens*, angehören. Dann aber scheiden sich die Geister.

Einige biologische Anthropologen stellten die sehr dickwandigen Schädel, die großen Zähne und die schweren Überaugenwülste einiger Skelette anderen Knochenfunden gegenüber, die wesentlich dünnwandiger, leichter und graziler gebaut waren. So teilen sie die Skelette in zwei Gruppen ein. Die robustere Gruppe vergleichen sie alten Skelettfunden aus Indonesien, die feiner gebaute Gruppe dagegen mit alten chinesischen Skeletten. Es gab also, so folgern sie, zwei Einwanderungswellen nach Australien, die von verschiedenen Orten ausgingen und zu unterschiedlichen Zeiten erfolgten. Sie halten die robuste Gruppe für die ältere, konnten dies jedoch noch nicht beweisen.

Andere Wissenschaftler haben die Funde noch einmal untersucht und kommen zu dem Schluß, daß sich zwischen den »robusten« und »grazilen« Skeletten keine eindeutige Grenze ziehen läßt. Ihrer Meinung nach besteht auch kein nachweisbarer Altersunterschied zwischen ihnen. Statt dessen gehen sie davon aus, daß es sich bei den meisten größeren Skeletten um die von Männern und bei den kleineren um die von Frauen handelt. Die Tatsache, daß ausgerechnet die beiden ältesten Skelette relativ grazil sind, schreiben sie dem Zufall und der geringen Probenzahl zu. Demnach belegen die Skelette lediglich, daß einige pleistozäne Australier größer waren als die des Holozän und daß die Population insgesamt eine größere morphologische Variabilität aufwies als in späteren

◁ Dieser Halsschmuck aus den Gehäusen von Meeresschnecken wurde vor kurzem aus einem Felsüberhang im Nordwesten Australiens geborgen. Er ist über 30 000 Jahre alt – dies entspricht ungefähr der Zeit, als die Menschen überall auf der Welt begannen, sich zu schmücken.

▽ Vertiefungen dieser Art stammen aus tropischen Gebieten vor 20 000 Jahren. Sie sind vermutlich darauf zurückzuführen, daß man hier viele Jahre lang Nüsse knackte und Ocker zu einem Farbpulver zermahlte. Diese Grubenreihe aus dem Kakadu-Nationalpark in Arnhem Land ist besonders umfangreich.

REG MOHRISON

DIE KUNST DES FESTLANDS

PAUL TACON

△ Bumerang-Schablonen gehören zu den ältesten Schablonen von Arnhem Land im Northern Territory. Zwar werden Bumerangs in Arnhem Land seit 6000 Jahren nicht mehr als Waffen eingesetzt, doch findet man unter zahlreichen alten Malereien Darstellungen von Figuren, die mit Bumerangs kämpfen oder jagen.

△ Ein großer, mit Widerhaken versehener Speer ragte aus der Brust dieses Emus hervor, der im »dynamischen Malstil« des Pleistozän von Arnhem Land dargestellt ist. Bei den Strichen neben dem geöffneten Schnabel handelt es sich vielleicht um ein frühes visuelles Symbol für Töne. Auch dynamisch abgebildete Menschen wurden mit derartigen Strichen dargestellt, wenn sie jagten oder einander bekämpften.

Seit Zehntausenden von Jahren haben die australischen Aborigines ihre Felslandschaften mit Gravuren und Malereien verziert. Obwohl an diesen Kunstwerken die verschiedensten Datierungsmethoden erprobt wurden, sind sich die Archäologen über das Alter der frühesten Höhlenkunst noch nicht einig. Sie sind jedoch davon überzeugt, daß viele Formen wenigstens seit 15 000 Jahren existieren. Die gemalten Werke sind höchst interessant, denn sie sind vergänglich und zeigen Aspekte eines Lebens, von dem es keine weiteren Zeugnisse gibt.

△ Spuren von Macropoden (Känguruhs und Wallabies) und Vögeln (häufig vom Emu) kommen in den ältesten australischen Petroglyphen häufig vor. Diese Beispiele aus dem Kakadu-Nationalpark liegen unter einem dicken Überzug aus Kieselerde. Ein großer Teil der Forschungsaktivitäten bemüht sich gegenwärtig um eine Möglichkeit, diese Überzüge genauer zu datieren.

PAUL TACON

△ Männliche, dynamisch dargestellte Figuren tragen häufig große Speere und Bumerangs und werden häufig im Kampf oder bei der Jagd dargestellt. Hier wird eine Lebensweise gezeigt, die es in Arnhem Land seit mehr als 10 000 Jahren nicht mehr gibt.

PAUL TACON

△ Weibliche dynamische Figuren sind selten, doch werden auch sie mit ihren üblichen Gegenständen des täglichen Gebrauchs dargestellt. Manchmal kommen sie auf den Bildern mit Männern, Tieren oder Wesen mit Tierköpfen zusammen.

REG MORRISON

△ Sogenannte Bradshaw-Figuren, ähnlich denen des Northern Territory, wurden weit im Norden Westaustraliens in der Kimberley-Region gemalt. Auch sie sind mit Bumerangs, Speeren, Grasschurzen und kunstvollen Frisuren dargestellt. Zur Zeit konzentrieren sich die Untersuchungen auf die Frage, ob beide Stile gleich alt sind und einen gemeinsamen Ursprung haben.

Zeiten. Dies gilt jedoch für viele menschliche Populationen jener Zeit, das heißt nicht, daß mehr als eine ursprüngliche Siedlergruppe existiert haben muß.

In Neuguinea sind die Indizien spärlicher. Bisher tauchten nur wenige kleine Fragmente pleistozäner Skelette auf. Gegenwärtig geht man davon aus, daß sich die Ureinwohner aus demselben Umkreis zusammensetzen wie die ersten Australier. Heute sehen die Australier und die Bewohner Neuguineas ganz unterschiedlich aus. Das liegt unter anderem am Klima, an der geographischen Isolation, der Selektion und der genetischen Drift. Allerdings enden diese Unterschiede bereits knapp unter der Haut, denn genetisch stehen beide Gruppen einander recht nahe.

Höhlen und Überhänge

Relikte aus dem Pleistozän findet man überall in Groß-Australien. Ob man sie jemals entdeckt, hängt von zwei Fragen ab: zunächst, wo haben die Menschen damals gelebt, und zweitens, wo sind ihre Abfälle bis heute erhalten geblieben? Besonders gut für die Suche nach dergleichen Hinterlassenschaften eignen sich Höhlen und Felsüberhänge: Der Abfall, den die Menschen bei ihren wiederholten Besuchen hinterließen, ist vor dem Wetter geschützt, und aus den

Schichten, die sich im Laufe der Jahre ausbilden, können wir eine zeitliche Folge rekonstruieren. Ein solcher Fundort ist Malakunaja II (vergleiche Landkarte). In vielen Fällen blieben leider nur Steine und Holzkohle erhalten, da organisches Material häufig durch örtliche Umwelteinflüsse, etwa durch saures Grundwasser, zerstört werden. Eine bemerkenswerte Ausnahme davon bildet Tasmanien. (Siehe Kasten *Jäger am Rande des tasmanischen Eises.*)

Derartige Fundstellen unter Felsüberhängen und in Höhlen bergen häufig Belege dafür, wie sich die menschliche Besiedlung über lange Zeiträume veränderte. Bei Lawn Hill zum Beispiel, im nördlichen Queensland, wies Peter Hiscock nach, daß die ersten Menschen, die dort vor 20 000 Jahren wohnten, ihre Werkzeuge aus verschiedenen Steinsorten herstellten, von denen einige nur auf den Ebenen des Nordens, andere dagegen auf dem südlichen Plateau vorkommen. Als dann das kalte, trockene Klima vor etwa 18 000 Jahren auf seinen Höhepunkt zusteuerte, wurden jene Felsüberhänge am häufigsten bewohnt, die sich in der Nähe permanenter Gewässer befanden. Auch wurden die Steinwerkzeuge überwiegend aus dem Material der Umgebung gemacht. Vor ungefähr 13 500 Jahren verbesserte sich das Klima wiederum, und man bediente sich, wie zuvor, mehrerer Steinsorten. Hier wird deutlich, wie Umweltveränderungen langfristig das menschliche Verhalten beeinflußt haben — Veränderungen, die den damals lebenden Menschen vermutlich gar nicht bewußt waren.

Die meisten pleistozänen Fundstellen befinden sich jedoch außerhalb geschützter Orte. Die meisten Menschen lebten damals unter freiem Himmel und errichteten nur vorübergehende Unterkünfte. Daher besteht die Mehrzahl derartiger Fundstellen lediglich aus verstreuten Materialien, die bei den kurzen Aufenthalten zurückgeblieben waren.

Abfallhaufen am Fluß

Vor kurzem führten Jane Balme und Jeanette Hope im Westen von Neusüdwales Untersuchungen durch, die aufzeigten, wie Umweltveränderungen das menschliche Verhalten beeinflussen, aber auch, wie durch örtliche Umweltveränderungen die Natur archäologischer Funde bestimmt wird. Sie untersuchten eine 15 000 Quadratkilometer große Fläche des unteren Beckens vom Darling River. Diese außerordentlich flache Landschaft wird vom gegenwärtigen Fluß und einigen Totarmen (Läufe des Talyawalka, Tandou und Redbank) durchströmt, die zeigen, wo der Fluß vor 9000 bis 7000 Jahren verlief. Daneben gibt es zwei Gruppen von Seen, die durch übermäßige Wasserstände der heutigen und früheren Flüsse entstanden.

Balme und Hope entdeckten nun an den Ufern des Flusses und seiner Totarme, sowie an den Seen mehrere Abfallhaufen mit den Resten von Schalentieren des Süßwassers. Zumeist handelte es sich um kleine Ansammlungen von Molluskenschalen und Krebspanzern aus dem Süßwasser, die um eine kleine Feuerstelle herumlagen. Diese Abfallhaufen blieben nur dann erhalten, wenn sie rasch vom langsam wandernden Schlick des Flusses oder der Seen bedeckt wurden. Legte die Erosion des Windes das Material wieder frei, ging es jedoch bald zugrunde. Natürlich ist es unmöglich, nur aufgrund der noch erhaltenen Funde Aussagen darüber zu machen, nach welchen Gesichtspunkten prähistorische Menschen siedelten. Die meisten Fundstellen wurden nämlich schon vor langer Zeit Opfer der Elemente.

GROSS-AUSTRALIEN
Als sich vor 18 000 Jahren die Gletscher über die Nordhalbkugel ausbreiteten, banden sie soviel Meerwasser, daß der Meeresspiegel um 150 Meter sank. So entstand im Pleistozän die Landmasse Groß-Australiens. Zwar lebten die Menschen überall auf dem Kontinent, doch sind nur noch jene archäologischen Funde erhalten geblieben, die damals über dem heutigen Meeresniveau lagen. Im Pleistozän lag das gesamte Gebiet des heutigen Australien im klimatisch gemäßigten Raum, und ein großer Teil davon war recht kalt und trocken.

KARTOGRAPHIE: RAY SIM

REG MORRISON

◁ Schalentiere des Süßwassers, in der Regel die Muschel *Velesunio* sp., bewohnen zahlreiche Flüsse und Seen der gemäßigten Breiten Australiens und gehören seit langem zur Nahrung der Aborigines. Häufig findet man ihre fortgeworfenen Schalen an archäologischen Fundstätten, wie etwa hier am Lake Mungo. Diese Schalen geben nicht nur einen Einblick in die Umgebung und die Ernährungsgewohnheiten der Menschen jener Zeit, sondern lassen sich zudem mit der Radiokarbon-Methode datieren. Dadurch tragen sie dazu bei, das Alter der Fundorte zu bestimmen.

Wie aus der Landkarte hervorgeht, haben jedoch Kohlenstoff-Datierungen der Abfallhaufen dieses Gebietes ein eindeutiges Siedlungsmuster zutage gefördert. Dabei existieren pleistozäne Funde lediglich entlang der Totarme und in der Umgebung jener durch Hochwasser entstandenen Seen. Funde unterhalb eines Alters von 7000 Jahren trifft man dagegen nur entlang des heutigen Flusses und seiner Seen an, etwa am Lake Menindee. In der Zeit vor 9000 bis 6000 Jahren wurde Ratcatchers Lake und andere Seen eindeutig vom Hochwasser gefüllt, so daß für kurze Zeit Bedingungen entstanden, die sowohl der Siedlungsaktivität der Aborigines als auch der Erhaltung jener Abfallhaufen förderlich waren.

Ihren Untersuchungen an den Abfallhaufen dieser Gegend konnten Balme und Hope entnehmen, daß ein Teil des Gebietes seit nahezu 27 000 Jahren von Aborigines ununterbrochen bewohnt worden war. Nimmt man noch die Befunde anderer Abfallhaufen und Herdstellen vom Lachlan River hinzu, der etwa 100 Kilometer weiter südlich liegt, wird deutlich, daß diese Gegend seit 35 000 Jahren fortlaufend bewohnt war. Allerdings vermag kein einziger archäologischer Fundort ein vollständiges, verläßliches Bild darüber zu liefern, wie das Verhältnis zwischen den Menschen und ihrer Umwelt damals aussah.

Die Gräber von Lake Mungo

Es sind besonders aufregende und seltene Funde, die uns einen Einblick in das Alltagsleben alter Völker gewähren. Am bekanntesten davon sind die Gräber von Lake Mungo. Bei Mungo I handelt es sich um die Überreste einer durch Verbrennung beigesetzten Frau. Die Leiche war, auf ihrer linken Seite liegend, verbrannt worden. Dann hatte man die Knochen ein-

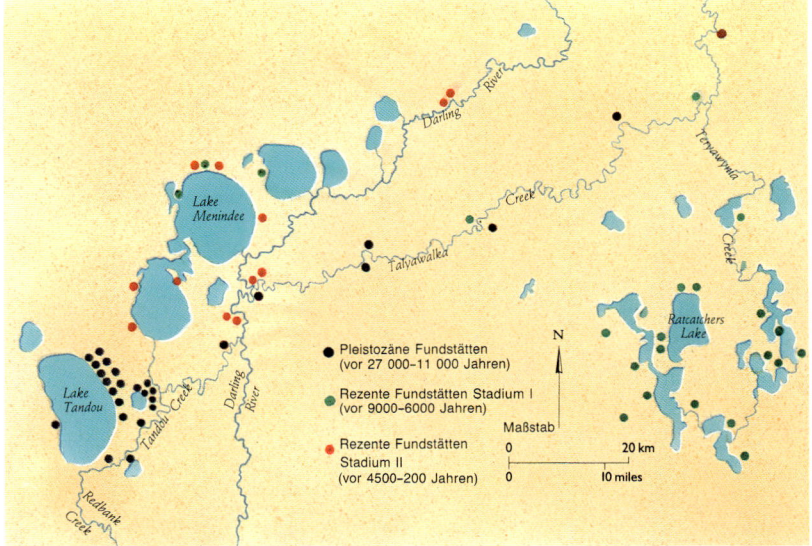

KARTOGRAPHIE: RAY SIM

• Pleistozäne Fundstätten
(vor 27 000–11 000 Jahren)

• Rezente Fundstätten Stadium I
(vor 9000–6000 Jahren)

• Rezente Fundstätten
Stadium II
(vor 4500–200 Jahren)

Maßstab

0 — 20 km

0 — 10 miles

gesammelt, in kleine Stücke zerbrochen und in eine Grube nahe oder vielleicht sogar unterhalb des Scheiterhaufens gelegt. Mungo III bezeichnet das Grab eines erwachsenen Mannes, der auf dem Rücken liegt. Ehe er begraben wurde, hatte man rosafarbenen Ockerstaub über seinem Oberkörper verstreut. Wir wissen nicht, ob die Unterschiede dieser Gräber zeit- oder geschlechterbedingt sind, auf ein Totem zurückgehen oder andere Ursachen haben. Allerdings zeigen diese komplizierten Begräbnispraktiken, daß die Australier des Pleistozäns, ebenso wie ihre Zeitgenossen

MODERNE UND FOSSILE SEEN
Die Seen im Westen von Neusüdwales sind heute überwiegend ausgetrocknet. In der Vergangenheit waren sie jedoch mehrfach mit Wasser gefüllt. Immer schon haben sich die Bewohner Australiens in der Nähe der Flüsse niedergelassen, denn Wasser war ein seltenes Gut.

RICHARD WRIGHT

△ Dieser 26 000 Jahre alte Knochen trägt die Zahnspuren des ausgestorbenen Raubtiers *Thylacoleo*, eines Verwandten der modernen Kletterbeutler.

RICHARD WRIGHT

△ Der Unterkiefer des ausgestorbenen Känguruhs *Sthenurus*, der in den stärker bewaldeten Teilen Ostaustraliens zu Hause war.

▽ Prähistorische Gravierungen an den Felswänden von Early Man Shelter, Cape York. Offenbar besaßen viele von ihnen eine symbolische Bedeutung.

ANDREE ROSENFELD

anderswo auf der Welt, ein wie auch immer geartetes Verhältnis zu einer spirituellen Welt besaßen. (Diese Überreste von Mungo wurden vor kurzem der örtlichen Gemeinde der Aborigines wieder übergeben.)

Der Mensch und seine Umwelt

Eines der größten Rätsel in der Archäologie des frühen Groß-Australien betrifft das Verhältnis, das der Mensch zu seiner Umwelt hatte. Wie man weiß, wurde vor nicht allzu langer Zeit ein großer Teil des gemäßigten und ariden Australien regelmäßig abgebrannt. Diese Methode wird von den Aborigines, die sie praktizieren, als »Aufräumen« bezeichnet. Es ist schwierig, die langfristigen Folgen dieses Umgangs mit dem Boden abzuschätzen, was auch für die gegenseitige Beeinflussung von Aborigines und den Tieren gilt, die damals das Land bewohnten. Eine Aufzählung der betroffenen Tierarten und eine Sichtweise ihrer Abhängigkeit finden Sie in dem Kapitel *Die verschwundenen Tiere Australiens.*

Mit Sicherheit haben Menschen anderenorts auf der Welt Tierarten überjagt und damit ausgerottet. Wo immer dies geschah, wurden an menschlichen Siedlungplätzen zahlreiche Knochen ausgestorbener Tierarten nachgewiesen. Für Groß-Australien gilt dies aber nicht. Bisher deuten die bekannten Indizien kaum auf einen bedeutenden Einfluß des Menschen auf die Tierwelt.

Bei Ausgrabungen am Lancefield Swamp, im Süden Australiens, wurde ein gewaltiges, 2000 Quadratmeter großes Knochenfeld freigelegt. Es ruhte auf grünem Lehm und war von einer 70 Zentimeter dicken Schicht von schwarzem Lehm versiegelt worden. Unterhalb des Knochenfeldes, das Tausende von Knochen aller Größen enthält, bildete sich durch Erosion ein kleiner Kanal in den grünen Lehm hinein. Dieser enthält sowohl Knochenfragmente als auch Holzkohle. Letztere wurde auf ein Alter von etwa 25 000 Jahren datiert, und das darüber liegende Knochenfeld muß wenigstens ein wenig jünger sein. Die meisten Knochen stammen von einer heute ausgestorbenen Känguruh-Art. Daneben finden sich je-

doch einige Stücke des Diprotodon sowie ausgestorbener Vögel. Da diese Knochen weder zerschnitten noch verbrannt wurden, ist ihre Anhäufung jedenfalls nicht darauf zurückzuführen, daß man sie gejagt, zerlegt oder gekocht hätte. Wahrscheinlicher ist, daß es sich um Reste der Beute von *Thylacoleo* handelt, denn einige der Knochen tragen Zahnspuren, die zu den scharfen Reißzähnen dieses Tieres passen. (*Thylacoleo* war ein großer, eng mit den Kletterbeutlern verwandter Fleischfresser. Er ernährte sich, wie ein Panther oder ein Leopard, von Fleisch und war nicht imstande, Knochen zu zermalmen, wie es die Hyäne oder ihr australisches Gegenstück, *Sarcophilus*, vermochte. Beide sind heute ausgestorben.)

Aus den Funden von Lancefield geht hervor, daß einige Tierarten, die heute ausgestorben sind, noch lange nach der Ankunft des Menschen überlebten. Auch bei Nombe, im Hochland Neuguineas, wird dies deutlich. Hier fand man Knochen des Diprototon sowie drei verschiedener Macropoden-Arten (Känguruh-Verwandte), die offensichtlich von Menschen getötet worden waren, zusammen mit Steinwerkzeugen und anderem Material meschlicher Herkunft. Die Fundschichten wurden auf 25 000 bis 15 000 Jahre datiert. Keines dieser Tiere ist besonders groß: Das Diprotodon besitzt etwa die Größe eines Schweins.

Sollte der Mensch für das Aussterben dieser Tiere verantwortlich gewesen sein, hat sich dieser Vorgang jedenfalls anders abgespielt als in anderen Teilen der Welt. Anderenorts sind viele Vogel- und Säugerarten nach der Ankunft des Menschen rasch verschwunden. Wie schon Beispiele unserer heutigen industrialisierten Welt deutlich machen (die Dronte, die Wandertaube sowie einige Wale, Robben und Bären), wurden umfangreiche Tierpopulationen in nur wenigen Jahrhunderten ausgelöscht. In Australien ist dies nicht der Fall. Sollten wir nicht später noch Beweise für eine Massenausrottung finden, müßte die Hauptursache für das Aussterben dieser Tierarten vielleicht in klimatischen Veränderungen zu suchen sein.

Ist das aber plausibel? Wie man weiß, ist es während der letzten zwei Millionen Jahre immer wieder zu Klimaveränderungen gekommen, und wir haben keinen Grund anzunehmen, daß die jüngsten Veränderungen in ihren Auswirkungen extremer oder weiterreichend gewesen wären als frühere. Macht man die Klimaveränderungen der letzten 50 000 Jahre für das Aussterben so vieler Tierarten verantwortlich, müßten sich Hinweise auf eine Katastrophe großen Ausmaßes finden lassen, etwa eine extreme Dürre mit anschließenden Sandstürmen — und selbst dann ist es höchst unwahrscheinlich, daß ein solches Ereignis das gesamte Gebiet Groß-Australiens betroffen hätte. Wahrscheinlicher ist, daß sowohl klimatische Umstände als auch menschliches Einwirken mit dem Verschwinden der Arten zu tun haben und sich jeder dieser Faktoren in unterschiedlichen Gegenden anderes auswirkte. Vermutlich war die Rolle des Menschen in den Tropen besonders groß, sowie die des Klimas in den ariden Gebieten, was aber örtlich variierte.

Die Kunst des frühen Australien

Dank neuester Entwicklungen auf dem Gebiet der Datierungsmethoden weiß man heute, daß während des Pleistozäns in weitem Umfang Felsoberflächen verziert wurden. In dieser Hinsicht ist Early Man Shelter in Cape York am besten belegt. Hier entdeckte Andrée Rosenfeld Gravuren an einer Felswand, die von 13 000 Jahre alten archäologischen

Ablagerungen eingedämmt war. Unter den Figuren befinden sich Spiralen, »Vogelfährten« und andere dreigezinkte Formen sowie meanderartige Linienverläufe - keine davon stellt irgendein Wesen direkt dar, und einige besitzen offenbar einen symbolischen Gehalt.

Ganz ähnliche Figuren fand man im gesamten nicht tropischen Australien auf Stein graviert. Die Verbreitung des sogenannten Panaramitee-Stils, der seinen Namen einem Fundort im Zentrum Australiens verdankt, gilt als Indiz für eine Art »kultureller Gemeinschaft« zwischen dem pleistozänen Australien und Tasmanien. Es ist natürlich interessant, daß diese Form der Gravur nicht nur auf Neuguinea oder in Arnhem Land gefunden wurde. Dieser Stil dürfte sich eher dazu eignen, den klimatisch gemäßigten Bereich Groß-Australiens zu bezeichnen.

Sobald man einige dieser Gravuren mit dem neuen Verfahren datiert, das den Anteil der Kationen mißt, wird ihr Alter vielfach in Frage gestellt. Diese Technik, bei der man Radiokarbon-Daten mit den jeweiligen Anteilen von Mineralien in Beziehung setzt, ist zwar noch nicht vollständig akzeptiert, scheint aber in verschiedenen Gebieten der Welt übereinstimmende Ergebnisse zu liefern. Entsprechenden Messungen zufolge besitzen die untersten Schichten des »Desert Varnish« (einer Ablagerung, die von Mikroorganismen erzeugt wird, die Mangan und Eisen oxidieren), die die Felsgravuren der südaustralischen Halbwüste von Olary bedecken, ein Alter zwischen 1500 und vielleicht 30 000 Jahren. Allerdings müssen die älteren Daten mit dieser Technik als weniger gesichert gelten. Sollten diese Angaben bestätigt werden, kann man annehmen, daß derartige Gravuren aus der Zeit stammen, als die ersten Menschen Australien erreichten. Dies gilt auch für eine Fülle weiterer Höhlenbilder, die nahezu alle für nur wenige tausend Jahre alt gelten. Noch immer weiß man über die Hintergründe dieser Gravuren und Malereien zu wenig, um eine solche Altersspanne mit Sicherheit ausschließen zu können. Allerdings wäre eine künstlerische Tradition, die 30 000 Jahre lang unverändert geblieben sein soll, schon erstaunlich. Andere auf der Radiokarbon-Methode basierenden Techniken lassen vermuten, daß die jüngeren Daten vermutlich eher zutreffen.

Es gibt noch weitere Beispiele pleistozäner Kunst. So hinterließen tief im Inneren der südaustralischen Koonalda-Höhle zahlreiche Hände mehrere Linien

◁ Gravierungen wie diese wurden in verschiedenen Gebieten Australiens entdeckt. Diese unter dem Namen »Panaramitee-Stil« bekannten Strukturen sehen wie die Fußabdrücke von Känguruhs und Emus aus und sind manchmal in einer Linie angeordnet. Obwohl sie normalerweise als Gravierungen bezeichnet werden, wurden sie in Wirklichkeit in die Felsoberfläche geschlagen. Wenn an einem Fundort zugleich auch Bilder vorkommen, liegen die Gravierungen immer darunter und sind daher wahrscheinlich älter.

△ Solche Kreise mit aufwendigem Strahlenmuster wurden manchmal zusammen mit Werken des Panaramitee-Stils entdeckt. Dieses Symbol wurde bisher noch nicht datiert.

◁ In der Region von Olary fand man eine Fülle von Motiven, die im Panaramitee-Stil in den Stein geschlagen waren. Vermutlich entstanden sie im Verlauf von Zeremonien und dienten dazu, traditionelle Kenntnisse und Gesetze zu überliefern. Mit der Zeit bildete sich über ihnen eine Schicht aus überwiegend organischem Material, die man datieren kann.

REG MORRISON

▷ Diese Felsmalerei in Arnhem Land zeigt den Beutelwolf, der zuletzt auf Tasmanien lebte und auf dem australischen Festland schon
vor 3000 Jahren ausstarb.

PAUL TACON

REG MORRISON

◁ Der rote und gelbe
Ocker, der in der Natur zumeist als oxidiertes Eisen
vorkommt, wurde abgebaut,
um mit den Farbstoffen den
Körper, aber auch Werk-
zeuge, Waffen und Fels-
wände, zu bemalen.

auf den weichen Höhlenwänden, als sie sie vor mindestens 15 000 Jahren besuchten. In tasmanischen Höhlen, die zuletzt vor 12 000 Jahren bewohnt waren, entdeckte man rote Handschablonen, und in der Nähe der Mungo-Gräber bezeugen Klumpen von Ocker, daß die Bemalung von Leichen oder Gegenständen schon sehr lange praktiziert wird. Es wurden sogar seriöse Versuche unternommen, die beweisen sollten, daß einige Bilder große, ausgestorbene Tiere zeigen. Dies wird jedoch heftig umstritten. Die einzigen brauchbaren Beispiele betreffen den tasmanischen »Wolf«, *Thylacinus*, der auf dem australischen Festland vor 3000 bis 4000 Jahren ausgestorben ist. Aus unserer Kenntnis der pleitozänen Kunst können wir festhalten, daß sie in der Vielfalt ihrer Motive, des Farbengebrauchs und der Ausarbeitung des Entwurfs viel eingeschränkter war als die Kunst unserer Zeit. Es bleibt aber noch zu klären, ob die Ursache darin liegt, daß die Kunst damals anderen Zwecken diente oder darin, daß nur wenig davon erhalten blieb. (Vergleiche den Kasten *Die Kunst des Landes*.)

Wieviel wissen wir nun?

Vor etwa 30 000 Jahren war der gesamte Kontinent Groß-Australiens von den Nachfahren tropischer Entdecker besiedelt worden, die von Asien aus die Meeresbarrieren überquerten. Sie entdeckten dann klimatische Zonen, die von denen ihrer Heimat bis zu den unteren gemäßigten reichten, vom Regenwald bis zum Wüstenrand, und ließen sich dort nieder. Vielleicht war sogar das Zentrum der Wüste, wenn auch spärlich, bewohnt. Diese Menschen waren die unmittelbaren Vorfahren der meisten heutigen Aborigines.

△ Malereien der Aborigines wurden in verschiedenen Höhlen Tasmaniens entdeckt. In den meisten Fällen handelt es sich um Handschablonen, die dadurch entstanden, daß man durch ein Blasrohr rote Farbe gegen eine Hand auf die Felswand blies. Das organische Material, – vielleicht Speichel oder Blut – das man mit der Farbe mischte, damit sie haften blieb, wurde auf etwa 10 000 Jahre datiert.

JOHN VOSS FÜR TASMANIAN DEPARTMENT OF PARKS, WILDLIFE AND HERITAGE

▽ Koonalda ist nur eines von zahlreichen Schlundlöchern, die auf der Ebene von Nullarbor liegen. Heute wird der Ort, wie die Spuren zeigen, von vielen Menschen besucht, aber nur wenige dürfen in diese alte Mine einsteigen.

△ In der Tiefe der Koonalda-Höhle bauten die Aborigines den Feuerstein ab, um Werkzeuge herzustellen. Die Holzkohleablagerungen der Feuer, mit denen sie sich Licht verschafften, wurden auf ein Alter zwischen 15 000 und 20 000 Jahren datiert. Die weichen Kalksteinwände in der Umgebung des Abbaugebietes sind mit Gravierungen bedeckt, die mit scharfen Steinen oder Stöcken und mit den Fingern erzeugt wurden.

REG MORRISON

JÄGER AM RANDE DES TASMANISCHEN EISES

RICHARD COSGROVE

Die Besiedlung Tasmaniens im späten Pleistozän bildet ein überraschendes und zugleich wichtiges Kapitel in der Geschichte, wie sich der anatomisch moderne Mensch über die Erde verbreitete. Archäologische Befunde, die man kürzlich aus Kalksteinhöhlen im Südwesten Tasmaniens erhielt, beweisen, daß Menschen vor 35 000 Jahren den riesigen Kontinent Groß-Australiens durchwandert hatten, vom tropischen Norden und den Inseln Melanesiens bis zum vereisten Süden. Sie bewiesen damit eine bemerkenswerte Fähigkeit, ganz unterschiedliche Lebensräume für sich zu nutzen.

△ Dieser kleine Gegenstand aus Darwin-Glas wurde aus der Höhle von Nunamira geborgen.
R. COSGROVE/SOUTHERN FORESTS ARCHAEOLOGICAL PROJECT

Während der letzten fünf Jahre nahm das Southern Forests Archaeological Project an der La-Trobe-Universität mehr als 100 Radiokarbon-Daten von Materialien auf, die man im Südwesten Tasmaniens an sieben weitverstreuten Höhlen und Freiluftsiedlungen freigelegt hatte (siehe Landkarte). Ihr Alter umfaßt einen Zeitraum von 35 000 bis 11 000 Jahren. Das älteste dieser Daten hat unsere Vorstellungen über die Menschen der Spätsteinzeit erheblich verändert. Wir wissen nun, daß Jäger und Sammler nicht nur von den Ressourcen leben konnten, die das Meer, Seen und Flüsse ihnen lieferten. Sie waren auch imstande, das subantarktische Binnenland und das Hochland zu erobern, Gebiete, die man zuvor für so unwirtlich gehalten hatte, daß ihre Besiedlung ausgeschlossen wurde. Die Funde sind insofern von besonderem Interesse, als sie die südlichste Grenze bezeichnen, an der Menschen zu jener Zeit auf der Erde lebten.

Eine alte Landbrücke

Noch bis vor kurzem dachte man, daß der Mensch erst vor ungefähr 23 000 Jahren nach Tasmanien gekommen sei, zu einer Zeit, als die Welt auf die sogenannte Große Kaltzeit zusteuerte. Damals war soviel Wasser gefroren, daß der Meeresspiegel um 60 Meter tiefer lag als heute. Vor etwa 20 000 Jahren fiel er dann um 120 Meter ab und legte dabei das Land frei, das sich heute unter der Bass-Straße befindet. Man weiß heute, daß die Menschen jedoch 12 000 Jahre früher, in einem milderen Abschnitt der letzten Eiszeit eintrafen, als das Meer seinen zweittiefsten Stand erreicht hatte. Die sinkenden

SPÄTPLEISTOZÄNE FUNDSTÄTTEN IM SÜDWESTEN TASMANIENS

Maßstab
0 10 20 30 40 50 km

Launceston
Mersey R.
Warragarra
(9750–3500)
Mackintosh 90/1
(17 000)
ZENTRALES HOCHLAND
Pieman R.
TASMANIEN
King River
Great Lake
Arthurs Lake
Queenstown
Lake St. Clair
King R.
Shannon R.
Ouse R.
Darwin Crater
Franklin River
ORS7
(2500–30 840)
Flying Fox
(c. 19 000)
Acheron Cave
(13 410–29 800)
Kutikina Cave
(14 840–19 770)
Warreen Cave
(18 630–34 780)
Florentine R.
Ballawinne Cave
Nunamira Cave
(11 630–30 420)
Gordon R.
Lake Gordon
Derwent River
Bone Cave
(13 700–29 000)
Hobart
Lake Pedder
Weld River
Judds Cavern
(10 780)

AUSTRALIEN

40°
145°

▲ Von eiszeitlichen Menschen bewohnte Höhlen (Jahre vor unserer Zeit)
● Freiluftfundstätten mit Gegenständen (die meisten von ihnen namenlos)
→ Verbreitung des Darwin-Glases aus dem Darwin-Krater

KARTOGRAPHIE: RAY SIM

Temperaturen erreichten ihren Tiefstpunkt in Tasmanien vor 18 000 Jahren, als die Jahresdurchschnittstemperatur zwischen zwei und vier Grad Celsius lag. Während dieser Kälteperiode entwickelten sich Gletscher über vielen der westlichen Täler, die von

Menschen bewohnt waren. Oberhalb einer Höhe von 250 Meter konnten keine Bäume mehr wachsen.

An ihrer Stelle breiteten sich stellenweise Gräser und Kräuter aus und zogen Tiere wie Wallabies und Emus an. Weil die westlichen Ge-

birge einen Regenschatten verursachten, gingen im trockeneren östlichen Teil der Inseln wesentlich weniger Regenfälle nieder. Destabilisierte Böden und kalte Nordwestwinde behinderten das Pflanzenwachstum. Die Sommer waren vermutlich kurz und kühl. Obwohl die Niederschläge vermutlich auf die Hälfte reduziert waren, hatte der Südwesten Tasmaniens wahrscheinlich nicht unter den fluktuierenden Trockenzeiten zu leiden, wie sie im Osten herrschten. Daher konnte man sich auf seine Ressourcen besser verlassen als auf die im Südosten der Insel.

Die subantarktischen Jäger und Sammler

Trotz ihrer ungeschützten Lage enthielten die meisten archäologisch relevanten Höhlen im Südwesten Tasmaniens ungewöhnlich viele menschliche Nahrungsreste. Allein aus der Nunamira-Höhle, die im Florentine Valley liegt, wurden aus weniger als einem Kubikmeter Ablagerungen mehr als 200 000 Knochenstücke geborgen, die zusammen etwa 30 Kilogramm wogen. 90 Prozent davon stammen vom Rotnackenwallaby. Anderenorts tauchten zahlreiche Eierschalen des Emu auf. Diese Orte waren vermutlich im Winter und zu Beginn des Frühjahrs bewohnt gewesen. Das ist insofern von Bedeutung als dieser Jahresabschnitt für die Jäger und Sammler, aber auch für ihre Beute, am schwiergsten zu überstehen ist, insbesondere in subantarktischen Gebieten.

Die Bewohner dieser Höhlen waren imstande, eine ganze Reihe von Tierarten für sich zu nutzen. Etliche gedrungene Knochenspitzen, die aus den Unterschenkelknochen von Wallabies hergestellt

△ Dieser kleine Schaber aus der Höhle von Nunamira ist 23 000 Jahre alt.
R. COSGROVE/SOUTHERN FORESTS ARCHAEOLOGICAL PROJECT

△ Knochen und Knochenwerkzeuge aus Bone Cave.
R. FRANK/SOUTHERN FORESTS ARCHAEOLOGICAL PROJECT

wurden, zeigen, daß diese Menschen vor mindestens 26 000 Jahren bereits Kleidung herstellten. Viele davon besitzen polierte Enden, dienten also wohl der Bearbeitung von Tierfellen, während andere eine feine, nadelförmige Gestalt besaßen. Wieder andere dienten vermutlich als Speerspitzen.

An allen diesen Stellen fand man eine ganze Reihe kleiner Schaber. Ihr Alter liegt zwischen 23 000 (Nunamira und Bone Caves) und 18 500 Jahren (Warreen Cave). Andere, die man außerhalb des südwestlichen Bereiches bei Cave Bay Cave im Nordwesten Tasmaniens entdeckte, sind ungefähr 19 000 Jahre alt. Sie wurden aus ganz verschiedenen Rohstoffen hergestellt, darunter feinkörnigem Hornstein, Kieselerde, Hornfels, Quarz und - besonders bedeutsam - aus Glas vom Darwin-Krater, das sich vor 700 000 Jahren durch den Einschlag eines Meteoriten bildete. Dieses Glasmaterial war an sämtlichen Fundstellen nachweisbar und wurde lange Zeit benutzt, etwa vor 27 000 bis 13 000 Jahren. Da man es noch hundert Kilometer von seiner Ursprungsstelle entfernt fand, müssen diese Jäger und Sammler — höchstwahrscheinlich zu bestimmten Jahreszeiten — weite Strecken zurückgelegt haben.

Vor kurzem wurden in einer Höhle Spuren künstlerischer Aktivität entdeckt, die uns neue Einblicke in das Leben dieser Steinzeitmenschen geben. Wahrscheinlich lagen die intellektuellen und spirituellen Fähigkeiten dieser Menschen weit jenseits dessen, was zum täglichen Überleben nötig war. In zwei dieser Höhlen (Ballawinne Cave und Judds Cavern) wurden jeweils 60 Meter unter der Erde mehr als 30 menschliche Handschablonen entdeckt.

Bezeichnenderweise waren die Menschen desselben Breitengrades (43 Grad Nord) auf der anderen Seite der Welt — in Frankreich, Spanien und Rußland — während derselben Eiszeit ebenfalls dabei, tief im Innern von Höhlen Kunstwerke zu schaffen. Und auch sie jagten — unter vergleichbaren eiszeitlichen Umweltbedingungen — Tiere wie Wisent, Rentier, Pferd und Steinbock. Dies läßt vermuten, daß der moderne Mensch dazu neigt, sich auf ganz ähnliche Weise seiner Umgebung anzupassen und lebensfeindliche Landschaften für sich nutzbar zu machen.

Was hat sie vertrieben?

Die gesamten archäologischen Nachweise bezeugen, daß diese eiszeitlichen Tasmanier eine Technik und ein Sozialgefüge entwickelt hatten, die ihnen ermöglichten, den Südwesten der Insel über 25 000 Jahre lang zu bewohnen. Ganz eindeutig waren sie Veränderungen der Umwelt nicht wehrlos ausgesetzt. Vor 12 000 Jahren jedoch waren sämtliche Höhlen verlassen. Den Grund dafür kennen wir nicht. Vielleicht breitete sich in diesem Gebiet durch die rasche Klimaveränderung am Ende des Pleistozäns ein unproduktiver, gemäßigter Regenwald aus, der das Jagdwild vertrieb — und mit ihm die Menschen, die mehr als tausend Generationen lang Jagd darauf gemacht hatten.

◁ Eine Auswahl von Spitzen aus Warreen Cave. Sie bestehen aus den Beinknochen von Wallabies.
B. DOUGLAS/SOUTHERN FORESTS ARCHAEOLOGICAL PROJECT

▽ Nunamira-Höhle im Florentine-Tal.

R. FRANK/SOUTHERN FORESTS ARCHAEOLOGICAL PROJECT

DIE VERSCHWUNDENEN TIERE AUSTRALIENS

TIMOTHY FLANNERY

Im Verlaufe der letzten 50 000 Jahre war die Geschichte der Tierwelt Australiens überwiegend eine Geschichte aussterbender Arten. Es stand bei weitem nicht genügend Zeit zur Verfügung, daß sich neue Arten großer Tiere, etwa Säuger und Vögel, hätten entwickeln können. Im Gegenteil, während dieser Zeit starb nahezu ein Drittel aller australischen Säugetierarten aus und mit ihnen beinahe sämtliche große Reptilien und zahlreiche flugunfähige Vögel. Die Ursachen dafür sind noch immer heftig umstritten.

_{ILLUSTRATIONEN AUS KADIMAKARA, EXTINCT VERTEBRATES OF AUSTRALIA, 1991, PRINCETON UNIVERSITY PRESS, VON P. V. RICH UND G. F. VAN TETS. ZEICHNUNGEN VON FRANK KNIGHT. © MUSEUM OF VICTORIA}

△ Mit der Körpergröße eines großen Nashorns waren die Diprotodonten die größten Landsäuger, die jemals in Australien lebten. Der hier gezeigte Rüssel beruht nur auf Mutmaßungen.

Das größte Problem bei der Bewertung dieser Ansichten ist, daß wir nicht wissen, wann diese Tierarten genau ausgestorben sind. Fossilen Funden zufolge, die von mehreren gutdatierten Höhlen und Seeufern stammen, waren alle heute ausgestorbenen Arten bereits vor 35 000 Jahren verschwunden. Einige andere Fundstellen legen jedoch den Verdacht nahe, daß Riesenbeuteltiere bis vor 25 000 oder gar bis vor 6000 Jahre noch überlebt hatten. Man weiß, daß das Klima Australiens während der letzten 40 000 Jahre erheblichen Veränderungen unterworfen war. Vor 25 000 bis 15 000 Jahren sank der Meeresspiegel um mehr als 100 Meter, und es wurde auf dem Kontinent extrem trocken. Mit Sicherheit ist der Zeitpunkt, zu dem die Arten ausstarben, von entscheidender Bedeutung. Sollte sich nachweisen lassen, daß ihr Verschwinden mit der Ankunft des Menschen vor 50 000 Jahren zusammenfällt, würde alles dafür sprechen, diesen zum Verursacher zu erklären. Waren die Riesenbeuteltiere aber vor 25 000 Jahren noch am Leben, läge die Ursache eher in der zunehmenden Trockenheit.

Die frühen Riesen Australiens

Damals, als die Tiere noch nicht ausgestorben waren, war Austra-

◁ Der Beutellöwe war das größte warmblütige Raubtier Australiens. Dieses Tier, das in seiner Größe eher einem Leoparden als einem Löwen entsprach, hatte sich aus pflanzenfressenden Vorfahren entwickelt.

lien ein ganz anderes Land. Buschfeuer waren vermutlich weniger häufig als heute, denn ungefähr 40 Arten großer, heute ausgestorbener Beuteltiere hielten die Vegetation kurz. Die Pflanzen des Regenwaldes waren in den trockeneren Bereichen Australiens weiter verbreitet. (Heute wird ihre Verbreitung nicht durch ungenügende Wasserversorgung, sondern durch Buschfeuer begrenzt, durch die sie zugrundegehen.)

Das größte Beuteltier war das Diprotodon. Es besaß, ähnlich anderen Riesenbeuteltieren Australiens, ungefähr ein Drittel des Gewichtes, das sein ökologisches Gegenstück in anderen Kontinenten aufwies. Sein Gewicht lag vermutlich zwischen 1000 und 2000 Kilogramm, während der afro-eurasische Elefant etwa 5000 Kilogramm wiegt. Die relativ geringe Körpergröße der australischen Riesenbeuteltiere ist auf die außerordentlich nährstoffarmen Böden und das unberechenbare Klima dieses Kontinents zurückzuführen, wodurch das Pflanzenwachstum behindert wird.

Den Zähnen der ausgestorbenen Arten nach zu urteilen, gab es zahlreiche Gras- und Blätterfresser, ähnlich den großen Säugetiergemeinschaften des heutigen Afrika. Ganz anders waren dagegen die Raubtiere. Zum Beispiel fehlte ein Gegenstück zum Löwen (das australische Beuteltier *Thylacoleo carnifex* war nur so groß wie ein Leopard), und auch der riesigen Zahl katzen- und hundeähnlicher Carnivoren, wie sie in Afrika vorkommen, hatte Australien nichts Vergleichbares entgegenzusetzen. Unter den größeren räuberischen Säugetieren gab es nur eine katzenähnliche Art (den Beutellöwen), eine hundeähnliche Art (den Beutelwolf, *Thylacinus cynocephalus*) und einen einzigen Aasfresser (den Tasmanischen Teufel, *Sarcophilus harrisii*). Alle anderen größeren australischen Raubtiere gehörten zu den Reptilien. Die entscheidenden, über den ganzen Kontinent verbreiteten Räuber waren die über sechs Meter langen Riesenschlangen der Gattung *Wonambi*. Die wärmeren Teile Australiens wurden dagegen von dem Riesenwaran *Magalania priscsa* beherrscht, der eine Länge von sieben Meter erreichte. Ein anderer bedeutender Räuber dieser Gebiete war das drei Meter lange Landkrokodil *Quinkana fortirostrum*.

Die meisten Arten kamen niemals in großen Zahlen vor. Große, warmblütige Tiere waren im Nachteil, weil ihre Beute wegen des kargen Bodens und launischen Klimas nur eingeschränkt zur Verfügung stand. Daher gelang es den wechselwarmen räuberischen Reptilien, die weniger Energie benötigten, die Herrschaft an sich zu reißen.

Der Einfluß des Menschen

Der Mensch hatte sich in seiner afro-eurasischen Heimat als ein mittelgroßer Vertreter einer zahlreichen Gemeinschaft räuberischer und omnivorer Säugetiere entwickelt. Vor 40 000 Jahren nutzte er schon ein ungewöhnlich breites Artenspektrum von Beutetieren, zu denen auch Säuger gehörten, die größer waren als er selber. Er war zu einem außerordentlich erfolgreichen, unspezialisierten Räuber geworden. Forschungsarbeiten haben gezeigt, daß Menschen oder andere Beutegreifer, die in Gebiete eindringen, in denen es zuvor keine ökologisch entsprechenden Arten gegeben hatte, stets einen fundamentalen Einfluß ausüben. So haben die Polynesier während der letzten 1000 Jahre auf Hawaii mehr als 70 Prozent aller Vogelarten ausgerottet. Im 19. Jahrhundert wurden auf der Insel Macquarie zahlreiche Robbenarten von Robbenfängern arg dezimiert. Und als im Jahre 1918 Ratten (*Rattus rattus*) auf Lord Howe Island eingeschleppt worden waren, starben bald darauf neun Vogelarten aus.

Die Tierwelt Australiens reagierte auf den Einfluß des Menschen besonders empfindlich. Die pflanzenfressenden Beuteltiere waren lediglich dazu geeignet, den großen, aber relativ unintelligenten räuberischen Reptilien auszuweichen. Obwohl es viele großwüchsige Tierarten gab, waren ihre Individuenzahlen vermutlich recht gering. Demnach ist der Mensch der erfolgreichste und größte warmblütige Beutegreifer, der jemals in Australien existiert hat.

Von den oberen Regenwäldern des Gebirges von Irian Jaya bis zur zentralen australischen Wüste starben die Tiere aus, und es leerte sich eine Landschaft nach der anderen. Schließlich war der Mensch selber das größte überlebende Säugetier. Die mittelgroßen Arten mit einem Gewicht zwischen 10 und 100 Ki-

logramm starben ebenfalls aus oder wurden im Laufe der Jahrtausende immer kleiner. Graue Riesenkänguruhs sind heute nur noch halb so schwer wie damals und Koalas, Tasmanische Teufel und die größeren Wallabies sind durchschnittlich um ein Drittel leichter als früher. Grundsätzlich reduzierten die Arten ihre Größe umso mehr, je größer sie anfangs gewesen waren. Ausnahmen bildeten nur der Mensch und vielleicht der Wombat (der vermutlich durch seine grabende Lebensweise geschützt war). Auch dies dürfte der

Jagdpraxis des Menschen zuzuschreiben sein. Wenn Jäger die größten Exemplare für sich beanspruchen, haben schnell heranreifende, kleinwüchsige Tiere eher eine Chance, die Geschlechtsreife zu erreichen. Anschließend bringen sie zunehmend kleinere Nachkommen hervor. Lediglich die kleinsten Säugetiere mit einem Gewicht unter zehn Kilogramm konnten sich größtenteils unverändert behaupten, sieht man davon ab, daß sich das Verbreitungsgebiet in einigen Fällen reduzierte. Erst mit der An-

kunft der Europäer, die am Ende des 18. Jahrhunderts Australien erreichten, änderte sich die Lage auch für sie. Im Verlauf des folgenden Jahrhunderts wurden nicht nur 21 mittelgroße Säugerarten ausgerottet, sondern auch eine große Art — der Beutelwolf, das letzte ursprünglich einheimische Raubtier.

▽ Der Beutelwolf, Australiens einziges hundeähnliches Raubtier, war auf dem australischen Festland bereits vor 3000 Jahren verschwunden. Auf Tasmanien überlebte er dagegen noch bis in die dreißiger Jahre unseres Jahrhunderts.

TASMANIAN MUSEUM AND ART GALLERY

DIE ERSTEN BEWOHNER DER PAZIFISCHEN INSELN

Vor 30 000 bis 10 000 Jahren

Pioniere der Meere

J. PETER WHITE

Östlich von Australien und Neuguinea liegen im Pazifischen Ozean mehrere Inseln, deren Größe allmählich zurückgeht. Am größten sind Neubritannien und das benachbarte Neuirland, die sich nahe bei Neuguinea befinden. Manus und die anderen Admiralitäts-Inseln im Norden, aber auch Bougainville und die übrigen Inseln der Salomonen, sind wesentlich kleiner und sind von den größeren Inseln aus nicht zu sehen. Bei einigen Inseln der Salomonen handelt es sich lediglich um die Hügel, die von einer größeren pleistozänen Landmasse stammen. Alle diese Inseln zusammen kann man als das westliche Ozeanien zusammenfassen, und dieses Kapitel widmet sich den Menschen, die dort gelebt haben. Sie erwarben Fähigkeiten und Techniken, die es ihnen schließlich ermöglichten, nahezu alle Inseln des Pazifik aufzusuchen und viele von ihnen zu besiedeln.

Bei der Besiedlung Westozeaniens mußten mehr als 100 Kilometer offener See überquert werden, wobei häufig kein Land mehr sichtbar war. Lange Zeit wurde nirgendwo sonst auf der Welt die Seefahrt in einem solchen Umfang betrieben. Vergleichbare Verhältnisse kamen anderswo erst in den letzten Jahrtausenden auf, als die Inseln Zypern und Kreta zum ersten Mal besucht wurden. Daß sich die Seefahrt im pazifischen Raum so viel früher entwickelte, liegt einerseits am warmen Klima und den hohen Wassertemperaturen, andererseits aber daran, daß sich östlich von Südostasien zahlreiche Inseln erstrecken, von denen aus die Nachbarinseln mit bloßem Auge zu erkennen sind. Also waren die Menschen, die Westozeanien betraten, an die Seefahrt bereits gewöhnt.

◁ Die Salomonen waren die ersten großen Inseln, die von Menschen erreicht wurden, nachdem sie ihr eigenes Land aus der Sicht verloren hatten. Als die ersten Menschen hier vor 30 000 Jahren eintrafen, bildeten viele der heutigen Inseln nur Berge im Inneren einer wesentlich größeren Insel.

△
RAY SIM

DIE ERSTEN PAZIFISCHEN FUNDSTÄTTEN
Sämtliche hier gezeigten Fundstätten Westozeaniens sind in den letzten zehn Jahren entdeckt worden. Ihr Alter, das dem Australiens und Neuguineas gleichkommt, überrascht insofern, als diese frühen Siedler lange Seereisen auf sich nehmen mußten , um diese Inseln zu erreichen. Selbst heute kennt man nur eine Handvoll dieser Siedlungen – genug zwar, um ihr hohes Alter zu belegen, aber immer noch zu wenig, um die Vergangenheit dieses Gebietes besser als nur in Ansätzen zu erfassen. Wahrscheinlich haben sich die meisten Siedlungen nicht erhalten, da sie unter freiem Himmel angelegt waren. Zudem wurden viele durch Holzabbau, Plantagen und Umsiedlungen in unserem Jahrhundert zerstört.

▷ Mit ihrer enormen Vielfalt an Pflanzenwuchs sind die Regenwälder die mannigfaltigsten Ökosysteme überhaupt. Sie sind jedoch zugleich höchstempfindlich, da die verfügbaren Nährstoffe nicht im Boden gespeichert werden, wie in den gemäßigten Breiten, sondern bei allen Tieren und Pflanzen ständig in Gebrauch sind. Ein großer Teil des Lebens im Regenwald spielt sich in den Baumkronen ab, und nur an den Flüssen, wo das Sonnenlicht den Boden erreicht, gibt es eine üppige Bodenvegetation.

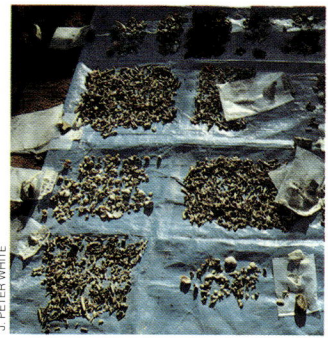

△ An der Höhle von Balof 2, die lange Zeit bewohnt war, werden die ausgegrabenen Tierknochen – jeder Haufen stammt aus einem eigenen Planquadrat und einer anderen Schicht – nach dem Waschen zum Trocknen ausgelegt. Sie alle sind Reste von Mahlzeiten, die Menschen vor Tausenden von Jahren eingenommen hatten.

Wir wissen nicht, mit welcher Art von Fahrzeugen derartige Reisen unternommen wurden, da kein einziges davon erhalten blieb. Zwar müssen sie zweifellos größer gewesen sein als einfache Flöße oder kleine Kanus, doch wissen wir nicht, ob sie nur durch Paddel oder auch mit Segeln angetrieben wurden. Während der letzten Jahrhunderte waren beide Antriebsarten im pazifischen Raum zu finden, allerdings bediente man sich der Kanus mit Paddeln eher auf kürzeren Reisen und vorzugsweise in geschützten Gewässern. Für längere Reisen kommen wahrscheinlich Segelboote in Frage oder wenigstens Boote, die von ihrer Größe her mehrere Erwachsene und Vorräte mitführen können. Vermutlich gab es schon damals die Ausleger-Kanus mit der Plattform zum Sitzen, das Allzweckfahrzeug heutiger pazifischer Inselbewohner. Zudem hatte eine ganze Bootsladung von Menschen eine bessere Chance, sich erfolgreich niederzulassen als irgendwelche vereinzelt gestrandete Pärchen.

Nach der Lage dieser Inseln und unseren Kenntnissen zu urteilen, die wir über die Klimaveränderungen haben, waren diese Inseln während des gesamten Pleistozän wahrscheinlich mit Regenwäldern bedeckt, wie es auch heute der Fall ist. Während der letzten zehn Jahre entdeckte man auf vier der Hauptinselgruppen Spuren einer Besiedlung, die im Pleistozän erfolgt sein muß. Zwei Fundstellen aus Neuirland und eine von den nördlichen Salomonen wurden mit der Radiokarbon-Methode auf etwa 30 000 Jahre datiert. (Zwar wurden auf Neubritannien bisher keine

so alten Objekte gefunden, doch kann man davon ausgehen, daß sie existieren, denn diese Insel liegt Neuguinea am nächsten.) Alle ganz alten Fundstellen befinden sich in den Felsüberhängen oder Kalksteinfelsen alter Riffe, die heute aus dem Meer herausragen. Wegen ihrer alkalischen Eigenschaften haben sich Knochen, Muschelschalen und andere organische Materialien gut erhalten und boten zugleich geschützte Räume, in denen sich organische Reste ansammeln konnten. Diese Höhlen trugen also erheblich dazu bei, Indizien für eine menschliche Besiedlung zu erhalten.

Die Nahrungsquellen: *Tiere und Pflanzen*

Als Seefahrer waren diese Menschen daran gewöhnt, ihre Nahrung aus dem Meer zu holen, insbesondere Schalentiere und Fische. Es überrascht daher, daß nichts in den alten Fundstellen darauf hinwies, daß man mit Hilfe von Schleppangeln oder anderer Methoden versuchte, die großen Fische der Hochsee zu fangen. Alle erhaltenen Fischknochen stammen nachweislich von riffbewohnenden Arten, die sich mit Reusen oder Speeren fangen lassen.

Am besten kennen wir die Tierwelt dieser Gegend aus Neuirland, wo an allen fünf bekannten pleistozänen Fundstellen Knochen der Tiere vorkamen, die man damals kochte und aß. Bei Balof 2 sammelte man aus fünf Kubikmeter Ablagerungen die Knochen von 250 bis 300 Kletterbeutlern aber auch die von Ratten, Fledermäusen, Echsen, Schlangen und, in späteren Schichten, die von Wallabies. Andere Stellen bargen

---

Map text:

ADMIRALITÄTS-INSELN
MANUS
Pamwak (>12 000)
Lou Island
Panakiwuk (15 000)
Balof (14 000)
Buang Marabak (Pleistozän)
NEUIRLAND
Metenkupkum (33 000) und Matembek (20 000)
Bismarck-See
Pazifischer Ozean
BUKA
Kilu (27 000)
BOUGAINVILLE
Talasea
NEUBRITANNIEN
Misisil (11 000)
SALOMONEN
● Archäologische Fundstätten mit den ältesten bekannten Daten (Jahre vor unserer Zeit)
▲ Obsidian-Quellen
Salomonen-See
NEUGUINEA
Fergusson Island
AUSTRALIEN
KARTOGRAPHIE: RAY SIM
J. PETER WHITE

△ *Pteropus temincki ennisae* ist eine neu-
entdeckte Fledermaus-Unterart. Man kennt
sie bisher nur aus dem Nordteil Neuirlands.
Ihre nächsten Verwandten leben auf Neubritannien und einigen kleinen Inseln der Umgebung. Sie ist eine von nur zwei Säugetieren Neuirlands (das andere ist eine Ratte),
die es geschafft haben, sich im Laufe ihrer
Entwicklungsgeschichte von anderen Säugern des Bismarck-Archipels zu unterscheiden.

ILLUSTRATIONEN: PETER SCHOUTEN/AUSTRALIAN MUSEUM

▷ Der Dunkle Filander (*Thylogale brunii*)
ist im östlichen Neuguinea weit verbreitet.
Er bewohnt dort den Wald und das obere
gebirgige Grasland, nicht jedoch die Savanne des Tieflandes. Vermutlich pflanzt er
sich ganzjährig fort und ist damit imstande,
sich relativ problemlos neuen Lebensräumen anzupassen.

und Kusus gehören), häufig zunächst herumgetragen,
um sie später zu essen und ihr dekoratives Fell zu nutzen. Außerdem hielt man sie als Haustiere. Da diese
Tiere so viel später nach der Ankunft des Menschen
eingeführt wurden, glaube ich, daß dies wohl eher
zufällig erfolgte. (Vergleiche den Kasten Das *Verschlep-
pen von Tieren*, wo ein anderer Standpunkt deutlich
wird.)

Weniger klar sind die Umstände auf Neubritannien, das eine Fläche von etwa 37 000 Quadratkilometer bedeckt, und auf den Admiralitäts-Inseln, denn
hier sind die Fundstellen spärlicher, es gibt weniger
tierische Überreste, und bis heute sind von dort keine
Überreste vorgeschichtlicher Menschen bekannt. Allerdings leben auf beiden Inseln nur sehr wenige Arten von Beuteltieren. Auf Neubritannien leben zwei
Arten von Kletterbeutlern, ein Wallaby und ein Nasenbeutler, auf den Admiralitäts-Inseln dagegen eine
Kletter- und eine Nasenbeutler-Art. Dies steht in
starkem Gegensatz zu den Verhältnissen der Hauptinsel Neuguineas. Auf ihren 820 000 Quadratkilometern leben 53 Arten größerer Beuteltiere, darunter
wenigstens neun Nasenbeutler, acht Kletterbeutler,
sowie 14 Wallabies und Känguruhs. Zwar lassen sich
diese Unterschiede in gewisser Hinsicht dadurch erklären, daß die Inseln kleiner sind als Neuguinea und
auch weniger vielfältige Ökosysteme besitzen. Wenn
Tiere jedoch auf natürliche Weise dorthin gelangen,
müssen sie dies im Laufe vieler Jahrtausende getan
haben. Man müßte dann größere entwicklungsgeschichtliche Unterschiede zwischen den Tieren verschiedener Inseln sehen und zudem mehr Arten auf
den großen als auf den kleinen Inseln erwarten. Da jedoch auf allen Inseln immer wieder dieselben wenigen Arten vorkommen, sind sie vermutlich erst vor
kurzem dorthin gelangt, und zwar durch Menschen
— sei es mit Absicht oder zufällig.

Knochen in vergleichbarer Menge.

Besonders interessant ist die vertikale Verteilung
dieser Knochen innerhalb der Ablagerungen, denn
daraus geht hervor, wann diese fortgeworfen wurden.
So weist keine einzige Fundstelle in den untersten
Schichten die Reste von Beuteltieren auf, weder im
natürlichen Boden noch in den Schichten, die von
Menschen hinterlassen wurden. Bei den tierischen
Überresten handelt es sich allein um die zweier
Rattenarten, zahlreicher Fledermaus- und einiger
Reptilienarten. Dann, vor 14 000 und 10 000 Jahren,
tauchen erstmals die Knochen von Kletterbeutlern
auf, und zwar in erheblicher Zahl. Später dann, ab
frühestens 7000 Jahren, findet man Knochen von
Wallabies. Da es höchst unwahrscheinlich ist, daß die
Menschen sie nicht gejagt hätten, wenn sie vorhanden gewesen wären, muß man davon ausgehen, daß diese
anderenorts so häufigen Tiere erst eingeführt wurden. Wir wissen zwar nicht, ob dies absichtlich oder
zufällig geschah, doch wurden derartige »wilde«
Tiere, insbesondere Kletterbeutler (eine Familie
baumbewohnender Beuteltiere, zu der die Kuskusse

DAS VERSCHLEPPEN VON TIEREN

TIMOTHY FLANNERY

△ Der Graue Kuskus (*Phalanger orientalis*), ein Bewohner der Tiefland-Regenwaldgebiete im Norden Melanesiens, verbirgt sich am Tage zwischen den Epiphyten der Baumwipfel und wird erst in der Dämmerung aktiv. Dann sind sein lautes Fauchen und die hundeähnlichen, kläffenden Rufe häufig im Regenwald zu hören.

JEAN-PAUL FERRERO/AUSCAPE

Der einzige Räuber unter den Wirbeltieren, der einige seiner Beutetier-Arten umsiedelt, um anderenorts neue Populationen zu gründen, ist der Mensch. Dieses Verhalten ist so ungewöhnlich, daß wir, um etwas Vergleichbares in der Tierwelt zu finden, schon die Ameisen betrachten müssen, die bekanntlich saftsaugende Insekten, etwa Aphiden (Blattläuse), umsiedeln. Wie Musik und Mathematik gehört dieses Verhalten zu den Dingen, die uns von anderen Wirbeltieren unterscheidet. Es ist deshalb so interessant, weil damit vermutlich der erste Schritt zur Domestikation von Tieren vollzogen wurde.

Es ist schwierig zu verfolgen, wie frühe Menschen Tiere umsiedelten, denn kaum jemals finden sich Hinweise in den fossilen Belegen. Wenn zum Beispiel solchen Menschen gelang, ein Hirschrudel von einem Tal in ein anderes zu treiben, in dem sie normalerweise nicht vorkamen, ließe sich das niemals nur aufgrund der Fossilien nachvollziehen. Ebensogut könnten die Hirsche von selbst dorthin gezogen sein. Daher finden wir die deutlichsten Beweise für eine solche Umsiedlungsaktivität auf Inseln, und zwar besonders in solchen Gebieten, wo sich einerseits die Tiere von einer Insel zur anderen deutlich unterscheiden und andererseits auch auf den Inseln andere Tiere leben als auf dem Festland. Kommt eine Tierart also auf einer Insel vor, wo sie eigentlich nicht hingehört, muß sie zweifellos dorthin gebracht worden sein.

Die frühesten Hinweise

Ideal für die Untersuchung verschleppter Tiere sind die Inseln Melanesiens, und es überrascht keineswegs, daß hier die frühesten Belege gefunden wurden. Auf Neuguinea, der größten Insel dieser Gegend, leben mehr als 200 einheimische Arten von Säugetieren. Dazu gehören zwei Arten von Monotremen (Kloakentieren), 63 Beuteltier-Arten, 59 Arten ratten- und mausähnlicher Nagetiere (von denen einige sehr groß werden) und 79 Fledermaus-Arten. Vor der Ankunft des Menschen gab es dort auch riesige Beuteltiere, die ein Gewicht bis zu 300 Kilogramm erreichten. Bei weitem weniger vielfältig ist die Lage auf nahegelegenen Inseln wie Halmahera, wo nur 27 einheimische Säugerarten leben (25 davon sind Fledermäuse), und Neuirland. Hier sind 29 Säugetierarten heimisch, wiederum bis auf zwei durchweg Fledermäuse.

Von der vorgeschichtlichen Vergangenheit Neuirlands wissen wir mehr als von irgendeiner anderen Insel Westozeaniens, und hier entdeckt man auch die frühesten Hinweise darauf, daß Tiere verschleppt wurden. Die Art, um die es hier geht, ist der Graue Kuskus (*Phalanger orientalis*), der vor 19 000 bis 10 000 Jahren nach Neuirland gebracht worden war.

Der anpassungsfähige Kuskus

Im Laufe der letzten 20 000 Jahre wurde der Kuskus wiederholt verschleppt und wurde dadurch zu einem der am weitesten verbreiteten Beuteltiere. Die Ursache dafür liegt in seiner Biologie. Es gibt Gründe anzunehmen, daß es sich bei den umgesiedelten Tieren um Jungtiere handelte, die bereits ein Fell besitzen und nicht mehr auf die Muttermilch angewiesen sind, jedoch für kurze Zeit von der Mutter auf dem Rücken umhergetragen werden. Tiere jüngerer Entwicklungsstadien kühlen nämlich leicht aus oder verhungern, während die älteren, weniger fügsamen Individuen beim Fang verletzt werden und häufig an einer entkräftenden Form des Schocks leiden, die manchmal tödlich endet.

Der Kuskus besitzt aber noch eine Eigenschaft, die unter den größeren Beuteltieren, die im Norden Neuguineas leben, nicht ihresgleichen hat: Er bringt nämlich in der Regel Zwillinge zur Welt. Es ist daher für ein einziges Weibchen, das seine Jungen auf dem Rücken trägt, nicht schwierig, eine neue Population zu gründen. Bei anderen Beuteltieren, die nur jeweils ein Junges haben, wäre dies weitaus weniger wahrscheinlich. Die meisten Säugetiere Neuguineas haben keine besonderen Fortpflanzungszeiten. Geht man also davon aus, daß die Jungen während eines der zwölf Monate auf dem Rücken getragen werden, die für eine Fortpflanzung in Frage kommen, liegen die Chancen dafür, derartige Jungtiere zu fangen, bei eins zu 24. (Im Durchschnitt ist die Hälfte dieser Jungen männlich.) Die Wahrscheinlichkeit, zwei Weibchen zu fangen, von denen eines ein männliches und das andere ein weibliches Jungtier trägt — und zudem noch rechtzeitig vor Beginn einer Handelsreise — wäre in der Tat verschwindend gering.

Falls die Kuskusse Neuirlands wirklich von einem Bruder und einer Schwester abstammen sollten, müßten deutliche Auswirkungen der Inzucht nachweisbar sein. Vorläufigen Untersuchungen zufolge ist dies wirklich der Fall, besonders unter den Tieren der Salomonen-Inseln (die höchstwahrscheinlich von Neuirland stammen).

Wenn eine Art erfolgreich umgesiedelt werden soll, müssen zwei wesentliche Voraussetzungen erfüllt sein. Zunächst müssen die Tiere von der Nahrung leben können, die ihnen während ihrer Gefangenschaft angeboten wird und zweitens müssen sie dort überleben können, wo man sie wieder aussetzt. Oft genug wird dieser Ort nicht sorgfältig gewählt. Natürlich haben anpassungsfähige Arten bessere Chancen als andere, die in bezug auf Ernährung und Lebensraum hochspezialisiert sind. Obwohl nicht viel über den Kuskus bekannt ist, weiß man, daß er in dieser Hinsicht nicht wählerisch ist.

Die Umsiedlung von Tieren ist in vielen Punkten der Haustierhaltung vergleichbar. In beiden Fällen sind nur wenige Arten geeignet, und Mensch und Tier müssen in engem Kontakt zueinander leben. Es ist schon bemerkenswert, daß die vorgeschichtlichen Menschen den letzten kleinen Schritt zur Domestikation des Kuskus nicht mehr vollzogen. Vielleicht pflanzt er sich nicht ohne weiteres in Gefangenschaft fort, oder es lagen andere biologische Gründe dafür vor, daß er nicht domestiziert wurde.

1 Einen Stein aussuchen
Einen Stein für Werkzeuge nimmt man entweder aus guten Steinlagern, oder, wie hier, vom Flußgeröll. Kiesel und andere Rohsteine werden zerschmettert, indem man sie zu Boden wirft, so daß man ihre frisch gebrochenen Oberflächen in Augenschein nehmen und ihre Qualität beurteilen kann.

HITZEBEHANDLUNG: EINE 50 000 JAHRE ALTE TECHNIK

J. PETER WHITE

2 Einen Ofen bauen
Da ein direkter Kontakt mit dem Feuer dazu führt, daß der Stein zerbricht und splittert, werden die Steine vier oder fünf Zentimeter tief im Boden vergraben und ein Feuer darüber angezündet. Moderne Forscher benutzen dazu eine sandgefüllte Schale in einem Ofen.

Während der letzten zwei Millionen Jahre haben Menschen Steine zugehauen, um Werkzeuge und andere Gegenstände herzustellen. Der dazu verwendete Stein war in der Regel spröde und feinkörnig und frei von großen Kristallen, nicht aber haltbar und sehr kristallin. Das liegt daran, daß spröde Steinsorten, wie Feuerstein, Hornstein und Obsidian, sauber brechen und eine scharfe Bruchkante liefern. Kristallhaltigere Steine, wie Quarzite und kieselerdehaltige Steine, sind schwieriger zu schlagen, weil die Kraft des Hammers um all die winzigen Kristalle herumwandern muß, so daß die Bruchkante weniger scharf wird.

Durch Hitzebehandlung brechen Steine leichter, weil dadurch das Wasser aus den Kristallzwischenräumen entfernt und die Zahl der inneren Mikrofrakturen erhöht wird. So kann die Schlagkraft das Kristallgitter durchwandern, statt den Umweg darum herum zu nehmen. Dies macht den Stein brüchiger und reduziert seine Zugfestigkeit um etwa die Hälfte. Daher erlaubt die Hitzebehandlung, wesentlich mehr Gesteinsarten präziser zu schlagen. Zudem entstehen dabei schärfere, wenn auch sprödere Kanten. Der Ablauf wird in den Bildern gezeigt. Steine, die mit Hitze behandelt wurden, besitzen nach dem Schlagen meist ein schimmerndes Aussehen, weil die gehauenen Oberflächen flacher sind. Sie können auch ihre Farbe verändern, entweder auf der Oberfläche oder über die ganze Tiefe, und die Oxidation der mikroskopischen Eisenanteile führt dazu, daß sie rot werden. Offenbar wurde die Hitzebehandlung während der letzten 50 000 Jahre erfunden. So fand man abgeschlagene Stücke von hitzebehandelten Steinen aus dem späten Pleistozän Sibiriens, Amerikas und Australiens.

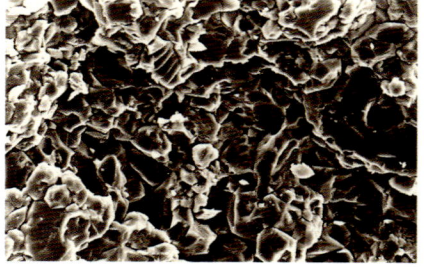

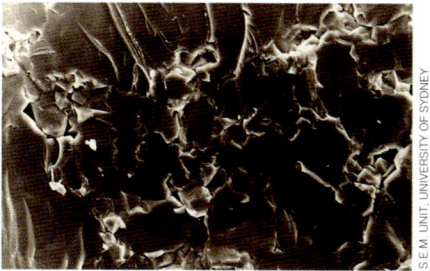

△ Rasterelektronen-mikroskopische Aufnahmen von der Abschlagfläche ein und desselben Steins vor (oben) und nach (unten) der Hitzebehandlung. Nach der Erhitzung kann die Wucht eines Schlages die meisten Steingranula durchwandern. Die Aufnahmen sind 2500fach vergrößert.

3 Langsam erhitzen, langsam abkühlen lassen
Das Feuer muß zwar klein sein, dafür aber ständig erhalten werden. So wird die Temperatur des Steins im Laufe mehrerer Stunden auf etwa 275 Grad Celsius erhöht und ungefähr acht Stunden lang beibehalten. Dann läßt man ihn allmählich abkühlen, um einen thermischen Schock zu vermeiden.

J. PETER WHITE

△ Ein Mann aus dem östlichen Hochland von Papua-Neuguinea schneidet mit Hilfe eines scharfen Abschlagsteins lange Widerhaken in einen Pfeil. Überall in Westozeanien wurden Abschlagwerkzeuge für derartige Aufgaben der Holzbearbeitung eingesetzt. Durch Hitzebehandlung wurden die Stücke zwar schärfer, aber auch spröder.

4 Das Abschlagen
Man kann Abschlagstücke gewinnen, indem man den zu bearbeitenden Stein auf einen Amboß setzt und ihn, wie hier zu sehen ist, dann mit einem anderen Stein schlägt. Man kann aber auch den Stein in der einen Hand halten und den Hammer in der anderen.

6 Der Rohstein wird eingewickelt
Kleine Rohsteine werden manchmal in Pflanzenfasern oder Zuckerrohr gewickelt, um zu verhindern, daß beim Zuschlagen die Finger verletzt werden. Zudem werden dadurch die Abschlagstücke zusammengehalten, und es wird leichter, besonders lange und dünne Exemplare herzustellen.

5 Der Rohstein wird gespalten
Durch das Spalten des Rohsteins entstehen scharfe Kanten. Entweder nutzt man diese Stücke, wie sie sind, oder schlägt weitere Stücke von ihnen ab.

7 Der Abschlagstein ist fertig
Abschlagstücke aller Größen kann man zum Schneiden und Schaben einsetzen. Ihre Kanten sind häufig ebenso scharf wie die eines Stahlmessers, aber nicht ebenso haltbar.

ILLUSTRATIONEN JOHN RICHARDS

VOM STEIN ZUM WERKZEUG: ANALYSE ORGANISCHER RESTE

TOM LOY

Probe für
DNA-Analyse

Probe für
Radiokarbon-
Datierung

Haare

mm 0 10

△ Ein Stückchen neben der Spitze sieht man auf diesem Werkzeug zahlreiche Haare. Es wurde bei Toad River Canyon im nördlichen Britisch-Kolumbien (Kanada) ausgegraben. Für Radiokarbon-Datierungen und DNA-Analysen wurden Blutreste von den bezeichneten Flächen entnommen.

TOM LOY

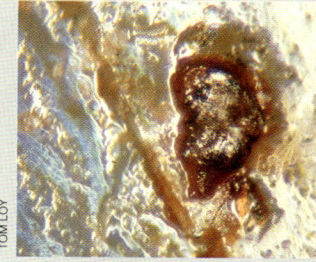

Blutreste

mm 0 10

△ Die dunkle Verfärbung, die von dem Blutrest herrührt, kann man an der linken Schnittkante sehen.

TOM LOY

Vor 100 000 Jahren nahm ein Handwerker, der bei Barda Balka an einem Fluß im nordwestlichen Irak lebte, einen kleinen Feuerstein auf, schuf daraus mit wenigen Schlägen ein Werkzeug, benutzte es und warf es fort. Zusammen mit Hunderten anderer Werkzeuge wurde es von einem Forschungsteam des orientalistischen Instituts Chicago ausgegraben und analysiert. Die Wissenschaftler fanden an dem Objekt nichts Ungewöhnliches und entschieden aufgrund von Form und Schlagmuster, daß es sich um einen Schaber oder ein Messer handelte. Vor einigen Jahren entdeckte man jedoch Blutspuren an seiner Oberfläche. Die anschließenden mikroskopischen und biochemischen Analysen der organischen Reste ermöglichten überraschend umfassende Aussagen darüber, wie das Werkzeug benutzt wurde.

An der Schneidkante des Werkzeugs von Barda Balka entdeckte man Spuren holzigen Gewebes mit den typischen Gruben in den Zellwänden. Also wurde es, vermutlich nur ein einziges Mal, dazu verwendet, um ein weiches Nadelholz zu hobeln. Dabei verletzte sich der Handwerker, ohne jedoch seine Arbeit zu unterbrechen. Eine Untersuchung der Moleküle des Serumalbumins, des Hämoglobins und Immunoglobin G von der Oberfläche zeigte, daß sie von menschlichem Blut stammten. Beim Trocknen waren Holzreste im Blutfilm erhalten geblieben. Obwohl man bei Barda Balka keine menschlichen Skelette gefunden hatte, kann man aufgrund der Altersbestimmung vermuten, daß der Benutzer dieses Werkzeug ein Neandertaler war.

Indizien im Laufe der Zeiten

Auf dergleichen Reste stößt man häufiger. Sie wurden schon an Objekten nachgewiesen, die unter freiem Himmel oder in Höhlen gefunden wurden, und zwar sowohl in arktischen Regionen als auch in Wüsten oder tropischen Dschungelsümpfen. Allerdings liegen die meisten Fundorte außerhalb dieser klimatisch extremen Gebiete. Nachdem man bereits zahlreiche biochemische Analysen solcher erhaltenen Rückstände vorgenommen hat, wird deutlich, daß Blutmoleküle durchaus Millionen von Jahren überleben können, während derer der Mensch bereits Werkzeuge benutzt und herstellt.

Allerdings verrät uns die Analyse nicht nur etwas über die Menschen jener Zeit. So wurden in weiter Entfernung von Barka Balka elf Hornstein-Messer an einem Ort entdeckt, der als der Toad River Canyon bekannt ist. Diese Funde vom Nordrand der Rocky Mountains in Westkanada landeten irgendwann im Royal British Columbia Museum (Victoria, Kanada). In den sauren, subarktischen Böden dieser Gegend bleiben keine Tierknochen erhalten. Allerdings zeigte sich durch die Untersuchung von Blutresten an den Werkzeugen, daß von den prähistorischen Jägern unter anderem Bergschafe und Karibus geschlachtet wurden. Was aber noch

wichtiger ist: Es wurden auch zahlreiche Blutreste und Haarstücke des nordamerikanischen Bison auf den Oberflächen der Werkzeuge nachgewiesen.

Sobald die Werkzeuge gesammelt waren, wurde die Fundstätte zerstört. Daher war es unmöglich, die Sammlung mit konventionellen Methoden zu datieren. Unterdessen erlaubten jedoch die Fortschritte bei der Radiokarbon-Datierung, auch winzige Mengen von Kohlenstoff zu analysieren. Auf diese Weise wurden 50 Mikrogramm (das ist ein fünfhunderttausendstel Gramm) gereinigter Blutproteine von einem solchen Werkzeug auf ein Alter von etwa 3000 Jahren datiert. Von dieser Werkzeugsammlung stammen die frühesten Proben tierischer DNA, die man jemals aus angetrocknetem Blut gewonnen hat. Mit Hilfe unserer heutigen Verfahren, die imstande sind, die DNA einer einzigen Zelle zu analysieren, ist der Weg nun geebnet, um verschiedene Tierarten bezüglich ihrer taxonomischen und entwicklungsgeschichtlichen Einordnung direkt zu bearbeiten.

Neue Einblicke in das Leben der Vergangenheit

Blut und Gewebe sind nicht die einzigen organischen Materialien, die erhalten geblieben sind. So belegen Stärkekörner und pflanzliches Gewebe, das auf 27 000 Jahre alten Werkzeugen aus der Kilu-Höhle (auf den nördlichen Salomonen, im Südwestpazifik) erhalten blieb, den frühesten Gebrauch von nahrhaften Pflanzenwurzeln. Die Stärkekörner stammten vom Taro (*Colocasia esculenta*), einem Grundnahrungsmittel, das in ganz Südostasien und im pazifischen Raum verbreitet ist. Obwohl pflanzliche Samen oder Gewebe an archäologischen Fundstellen nur selten vorkommen, wird es durch direkte Analyse pflanzlicher Reste von der Oberfläche von Steinwerkzeugen möglich sein, viele Lücken zu schließen, die unsere Kenntnis von der langen Geschichte des Sammelns und Kultivierens von Pflanzen noch aufweist. Diese Geschichte fand ihren Höhepunkt schließlich in der neolithischen Technik des Ackerbaus.

△ Diese niedrig vergrößerte mikroskopische Aufnahme zeigt die Haar- und Blutreste auf dem Werkzeug aus dem Toad River Canyon. Die Haare stammen vom Bison (*Bison bison*), was auch durch eine DNA-Analyse des Blutrestes bestätigt wurde.

△ Diese mikroskopische Aufnahme zeigt den Blutrest des Werkzeugs von Barda Balka in 600facher Vergrößerung. An den rötlich-braunen und braunen Stellen ist die Blutreste besonders dick, an den gelblichen Stellen wesentlich dünner. Der Feuerstein selbst ist hellgrau.

TOM LOY

DAVID MOORE/WILDLIGHT

Auf den 39 000 Quadratkilometer großen Salomonen-Inseln sieht es schon anders aus. Die untersten Schichten von Kilu (siehe Landkarte) bergen die Überreste von fünf Rattenarten, einigen Fledermäusen und zwei echsenähnlichen Reptilien. Alle Ratten sind außergewöhnlich, denn sie erreichen ein Körpergewicht bis zu zwei Kilogramm und wurden eindeutig nicht in letzter Zeit eingeschleppt. Zwei dieser Arten sind, nachdem der Mensch dort Fuß gefaßt hatte, wieder verschwunden, vermutlich weil sie ausgerottet wurden oder ihr Lebensraum sich veränderte. Überreste von Tieren, die dort nicht schon immer heimisch waren, tauchen frühestens vor 3000 Jahren auf. Eine Ausnahme bildet lediglich das Bruchstück eines Kletterbeutler-Unterkiefers, der in einer 10 000 Jahre alten Schicht gefunden wurde. Es handelt sich vermutlich um den Rest einer Handelsware aus Räucherfleisch oder eines eingeschleppten Tieres, dem die Flucht in die Wildnis nicht gelang.

Derartige Untersuchungen über das Verhältnis von Menschen und Tieren haben weitreichende Folgen. Sie zeigen nicht nur, daß Jäger und Sammler durchaus imstande sind, Tiere auszurotten, sondern in welchem Umfang sie ihre natürliche Umgebung zum eigenen Vorteil verändern können. Angesichts dieser archäologischen Indizien müssen Vorstellungen über die Biogeographie von Inseln nochmals überdacht wer-

den, die ein unmittelbares, einfaches Verhältnis zwischen der Zahl von Tierarten und der Größe einer Insel, ihrer ökologischen Diversität und ihrer Entfernung von einer kontinentalen Landmasse oder einer anderen möglichen Quelle voraussetzen, von der aus eine Besiedlung erfolgen kann. Die gegenwärtige »Wildfauna« der pazifischen Inseln ist zum großen Teil das Ergebnis menschlicher Einwirkung.

△ Eine klassische Pazifik-Insel mit dichter Vegetation, weißem Strand, einem ausgedehnten Riff und dem Meer – insgesamt eine Insel, die man wohl aufsucht, um Fische, Schalentiere und vielleicht Vögel zu fangen. Höchstwahrscheinlich verfügt sie aber über kein Süßwasser, und der Boden ist für Pflanzungen nicht gut genug.

MICHAEL McCOY

◁ Die Uromys-Riesenratte (*Uromys rex*) gehört zu den großen mosaikschwänzigen Ratten der Salomonen-Inseln. Die Schuppen ihres Schwanzes überlappen nicht, sondern stoßen, wie bei einem Mosaik, aneinander. Sie ist etwa 60 Zentimeter lang, wovon die Hälfte auf den Schwanz entfällt. Diese Baumbewohnerin kommt noch immer auf einigen Inseln vor, ist aber heute selten geworden.

△ *Canarium-indicum*-Bäume sind im Raume Neuguineas heimisch. Sie wurden auch auf andere pazifische Inseln gebracht, denn man schätzt sie einerseits wegen der vielen eßbaren Nüsse, die sie hervorbringen, und andererseits, weil man mit ihrer Rinde Brandwunden behandeln kann. Manchmal werden die Bäume, wie hier, in der Nähe der Dörfer angepflanzt. Häufiger jedoch stehen sie im Wald, wo sie von Dorfbewohnern gepflegt werden. Diese sind ihre Eigentümer und ernten auch deren Nüsse.

△ *Caranium*-Nüsse sind stark proteinhaltig. Man kann sie roh essen, aber man kann sie auch über dem Feuer trocknen und dann viele Monate lang aufbewahren.

Außer nützlichen Tieren wurden auch nützliche Pflanzen über das Meer transportiert. So wurden bei Pamwak auf der Insel Manus, die ungefähr 2100 Quadratkilometer groß ist, die Nüsse von *Canarium indicum* gefunden, die ursprünglich auf dem Festland von Neuguinea heimisch waren. Diese glänzend schwarzen Nüsse besitzen ungefähr die Größe eines Golfballs und wachsen auf großen, leicht zu züchtenden Bäumen. Ihre hochproteinhaltigen Kerne schmecken gut und lassen sich auch mühelos aufbewahren, besonders, wenn sie geräuchert wurden. *Canarium*-Nüsse wurden zudem auf den Salomonen bei Kilu in 10 000 Jahre alten Schichten entdeckt. Und Reste von Taro-Stärke wurden auf Steinwerkzeugen der ältesten Schichten nachgewiesen (vergleiche den Kasten *Vom Stein zum Werkzeug: Analyse organischer Reste*). Es ließ sich jedoch nicht bestimmen, ob es sich bei diesen Taro-Pflanzen einfach um Wildformen handelt, die vor dem Kochen geschabt wurden, oder ob man sie damals schon angebaut hatte.

Diese pflanzlichen Funde sprechen dafür, daß sich die Inselbewohner im Pleistozän schon um wildwachsende Pflanzen kümmerten. Zwar dürften diese Menschen keine eingezäunten Gärten besessen haben, doch existierte vermutlich eine Regelung, nach der einzelne Menschen Nahrungspflanzen besaßen, die wild im tropischen Dschungel wuchsen, sie pflegten und auch ernteten.

Vom Menschen hergestellte Gegenstände

In allen Höhlen und Felsüberhängen, die als Fundstellen bekannt sind, fanden sich mehrere Gegenstände. Dabei handelte es sich entweder um fortgeworfene Werkzeuge oder um Abfälle, die bei deren Herstellung entstanden. An derartigen Orten blieben Steine und Knochen erhalten, und an den Kanten, die zum Einsatz kamen, fand man zudem organische Reste, insbesondere von pflanzlichem Gewebe und von Blut.

Auf Neuirland bestehen die Steinwerkzeuge lediglich aus scharfkantigen Abschlagwerkzeugen und den Knollen, von denen sie geschlagen wurden. Beides wurde als Werkzeug benutzt. Viele dieser Gegenstände entstanden aus dem Gestein der Umgebung, darunter teilweise marmorierten Kalksteinen und grobkörnigen vulkanischen Gesteinen, die am Grunde von Bächen aufgesammelt wurden. In ihren unteren Schichten enthalten sämtliche Fundstellen Werkzeuge aus hartem, feinkörnigem Gestein, wie etwa Hornsteine, die in verschiedenen Farben vorkamen. Allerdings wirft die Herkunft dieser Steine Probleme auf. Im Falle von Balof ergab eine Untersuchung von 102 Stücken mit Hilfe des Neutronen-Aktivierungs-Verfahrens, daß sie in zwei Gruppen zerfallen. Bei einigen wenigen aus den untersten Schichten, die etwa 14 000 Jahre alt waren, handelt es sich um Kalzium-Aluminium-Silikate vulkanischen Ursprungs. Der Rest dagegen setzte sich aus Hornsteinen und quarzhaltigen Gesteinen zusammen, die im Meer vorkommen. Die Steine der vulkanischen Gruppe müssen mindestens 30 Kilometer von der Stelle entfernt entstanden sein, wo sie gefunden wurden, denn einerseits gibt es keine näherliegenden vulkanischen Quellen, und andererseits konnte keine genaue Quelle ermittelt werden. Sie können sogar von einer anderen Insel stammen. (Derartige Quellen haben häufig nur eine geringe Ausdehnung, und man findet sie eigentlich nur dann wieder, wenn sich Ein-

heimische daran erinnern können.) Hornsteine und quarzhaltige Steine wurden im Kalkstein der Umgebung nicht nachgewiesen, der sich natürlich unter Wasser oder in Form von Flußkieseln in den lokalen Bächen gebildet hatte. In diesem Fall liegt die Quelle vermutlich im Meer, vielleicht in Gestalt einer Kalksteinschicht, die während des Holozäns schon früh vom ansteigenden Meer überflutet wurde. Keines dieser feinkörnigen Gesteine wurde vor weniger als 8000 bis 10 000 Jahren benutzt.

Der andere wesentliche Gesteinstyp, aus dem Werkzeuge gemacht wurden, ist der Obsidian, eine Art vulkanischen Glases. Dieses Material kommt nur an drei kleinen Stellen Neuguineas und Westozeaniens vor: auf Fergusson Island, an verschiedenen Stellen in der Nähe von Talasea auf Neubritannien sowie auf einer kleinen Insel der Admiralitätsgruppe

(vergleiche Karte). Alle Obsidiane, deren Alter 3000 Jahre übersteigt, stammen aus einer Quelle, die als Mopir (unweit von Talasea) bekannt ist. Der älteste Obsidian stammt aus Matembek (etwa 400 Kilometer von Mopir entfernt). Da die Schichten, in denen er gefunden wurde, auf ein Alter von 19 000 Jahren datiert wurden, kann man annehmen, daß Menschen in einem weiten Umkreis dieses Material über Jahrtausende zu schätzen wußten.

Im Holozän (während der letzten 10 000 Jahre) wurde der Obsidian noch viel weiter in den pazifischen Raum hinausgetragen. Wir wissen zwar nicht, wogegen er eingetauscht wurde, doch kam eine ganze Reihe lokaler Güter dafür in Frage, unter anderem Federn, Lebensmittel und Holzschnitzereien. Man könnte zwar vermuten, daß dieses umfangreiche Verteilungsnetz von spezialisierten Händlern organisiert

wurde, doch war dies unter den frühen Jägern und Sammlern eher unwahrscheinlich. Man kann statt dessen davon ausgehen, daß der Handel von einer Gruppe zur nächsten ausgetragen wurde, wie es auch heute noch der Fall ist.

Das Auftauchen des Obsidians auf Neuirland stellte die Archäologen vor ein Rätsel. Er trat nämlich bei Matembek erstmals vor etwa 19 000 Jahren auf, bei Balof und Panakiwuk dagegen vor weniger als 10 000 Jahren. Da sich nun beide Fundstellen auf derselben Insel befinden, noch dazu nicht weit voneinander entfernt, kann man dieses Phänomen kaum auf fehlende Kontakte zwischen diesen Orten zurückführen. Es ist natürlich denkbar, daß die Datierung ungenau war, doch auch dies läßt sich dadurch widerlegen, daß jede der Fundstellen von zahlreichen Gegenständen Datierungen ergab, die in sich konsistent waren.

△ Die vulkanische Landschaft der Halbinsel Willaumez (Neubritannien). Zwar wurde Obsidian von einigen ihrer Vulkane weit über den westpazifischen Raum verbreitet, doch war es sehr riskant, in diesem vulkanisch aktiven Gebiet zu leben.

Vielleicht brauchte man für das Leben in Balof und Panakiwuk vor mehr als 10 000 Jahren einfach keinen Obsidian, aber diese Vermutung wird durch nichts gestützt. Stattdessen wurden sämtliche Höhlen offenbar in sehr ähnlicher Weise benutzt. Vielleicht existierte eine Art von Kulturbarriere, oder es war verboten, den Obsidian im Nordteil der Insel zu benutzen. Aber auch dafür gibt es keine Belege, und derartige Unterstellungen sind in jedem Fall schwer zu belegen.

Wie wurden die Steinwerkzeuge eingesetzt? Auch dies ist selten verläßlich zu beurteilen, da ihre äußere Form nicht immer unmißverständliche Hinweise gibt. Es gibt allerdings zwei Forschungsbereiche, die uns neue Einblicke in das Leben alter Völker ermöglicht haben. Dabei handelt es sich einerseits um die mikroskopische Analyse der Abnutzungsspuren, die an den Werkzeugen entstehen und die mit den Spuren verglichen werden, deren Herkunft man eindeutig kennt, sowie andererseits um die Analyse organischer

Reste. Bei Balof fand zum Beispiel Huw Barton heraus, daß alle Werkzeuge aus feinkörnigem Gestein, darunter auch der Obsidian, zum Bearbeiten holziger oder anderer Pflanzenteile dienten. Auch stärkehaltige Teile (vermutlich waren es Knollen, die zum Essen bestimmt waren) wurden so bearbeitet. Zudem entdeckte er einige Bruchstücke von Vogelfedern, aber nur wenig Blut. Also wurden nur sehr wenige der untersuchten Werkzeuge für Tiere benutzt. An diesem Fundort lagen die Knochen etlicher vollständiger Tiere herum. Davon waren einige verbrannt und abgekaut. Demnach wurden diese Tiere dort eindeutig auf einem Feuer gekocht und gegessen. Vielleicht wurden sie mit hölzernen Werkzeugen abgehäutet und zerlegt. Die auf der Manus-Insel gelegene Fundstelle bei Pamwak birgt Steinwerkzeuge, die aus dem Hornstein der Umgebung angefertigt und zudem erhitzt wurden, um das Zurechtschlagen zu erleichtern. (Vergleiche den Kasten *Hitzebehandlung: Eine 50 000 Jahre alte Technik.*)

▽ Ausbruch des Kavachi-Vulkans auf den Salomonen. Sobald der Ausbruch abklingt, wird der Lavahügel langsam von Pflanzen und Insekten besiedelt. Sofern beim letzten Ausstoß Asche herauskommt, die einen fruchtbaren Boden ergibt, wird die Besiedlung noch beschleunigt.

MICHAEL McCOY

RESTE DER ERSTEN SIEDLER VON NEUIRLAND

CHRISTOPHER GOSDEN

Der Fundort mit dem Namen Matenkupkum, an der Südostküste Neuirlands unweit von Papua-Neuguinea, ist eine trockene Kalksteinhöhle von 18 Meter Länge und zehn Meter Breite. Sie befindet sich unmittelbar oberhalb des heutigen Meeresniveaus auf einer emporgeschobenen Kalksteinterrasse. Ihr Eingang öffnet sich nach Südosten, wo man auf den Pazifischen Ozean blickt.

Die ersten Ausgrabungen erfolgten im Jahre 1985, ein Jahr, nachdem Archäologen sie entdeckt hatten. Das Grabungsteam bestand aus meiner Person, Pru Gaffey (einem weiteren Archäologen von der Australian National University) und fünf Leuten aus Hilalon, einem in der Nähe gelegenen Dorf, in dem auch wir gerade wohnten. Wir hatten uns zwei Ziele gesetzt: Wir wollten herausfinden, wann die Höhle zum ersten Mal bewohnt war, und wir wollten einen Einblick in das Leben jener Bewohner bekommen. Da wir es für möglich hielten, daß das Licht die Aktivitäten in der Höhle beeinflußt haben könnte, entschlossen wir uns, einen zehn mal einen Meter großen Graben vom Eingang der Höhle bis zu ihrer Mitte zu graben.

Unsere Entscheidung erwies sich als richtig. Wir entfernten jeweils nur eine einzige Erdschicht über die ganze Länge des Grabens und stießen in der Mitte auf eine Reihe von Herdstellen, die später auf ein Alter zwischen 14 000 und 12 000 Jahren datiert wurden. Sie waren aus Gruben gemacht, die zum Teil mit Kalksteinblöcken ausgelegt waren und 2000 Jahre lang immer wieder angelegt und benutzt wurden. Dabei lieferten die Herde und die danebenliegenden Haufen von Küchenabfällen ein bemerkenswert vollständiges Zeugnis der Menschen, die diese Höhle über etwa 80 Generationen benutzt hatten. Die Laboranalyse zeigte, daß ein großer Teil der ausgegrabenen Erde in Wirklichkeit Asche von den Herdstellen war. Hinter diesen entdeckten wir einen Haufen von Muschelschalen, der dem nahegelegenen Riff entstammte, sowie Knochen von Tieren aus dem Regenwald (zum Beispiel vom Kuskus (*Phalanger orientalis*), von Ratten, Fledermäusen,

△ Die Höhle von Matenkupkum wurde zum ersten Mal vor 33 000 Jahren von Menschen aufgesucht. Der Obsidian, der hier in 12 000 Jahre alten Schichten gefunden wurde, gelangte aus 350 Kilometer Entfernung übers Meer hierher.
CHRISTOPHER GOSDEN

Vögeln, Echsen und Schlangen, die alle potentielle Nahrungsquellen waren). Zudem lagen dort große abgehauene Steinstücke aus einem Fluß der Umgebung. Wir fanden auch mehrere Stücke von Obsidian, einem vulkanischen Glas, das scharfe Schnittkanten besitzt. Sie stammten von den Vulkanen der Insel Neubritannien, die etwa 350 Kilometer entfernt liegt.

Von der entfernten zur nahen Vergangenheit

Was wir vor der Höhle ausgruben, stammte aus einer ganz anderen Zeit. Während des Zweiten Weltkriegs hatten japanische Soldaten die Höhle besetzt, um die Sabotage einer Telefonverbindung zu verhindern, die entlang der Küste verlegt war. Um sich gegen Angriffe zu schützen, legten sie quer über den Eingang einen Graben an, und als sie fortzogen, füllten sie ihn mit Abfall. Dieser Graben hat die meisten prähistorischen Ablagerungen vor der Höhle zerstört, enthielt jedoch eine Reihe alltäglicher Gegenstände - Pfannen, Bierflaschen, Schuhe und so weiter — die uns einen interessanten Einblick in das Leben des Gemeinen Soldaten und die Umstände des Dschungelkrieges gewährten.

Unterhalb der Schichten, in denen die Herde gefunden wurden, fanden wir Hinweise darauf, daß diese Höhle schon vor 21 000 bis 18 000 Jahren bewohnt war. Hier

entdeckten wir feine Schichten aus Sand und Asche, die während der Ausgrabung nur schwer zu unterscheiden sind, die aber vermutlich auf vorübergehende Besetzungen der Höhle über einen längeren Zeitraum zurückzuführen sind. Da weder Obsidiane noch Kukus-Knochen gefunden wurden, hatten die Menschen jener Zeit vermutlich keine Kontakte nach außen. Die Basis der Ablagerungen bestand aus Sand von einem alten Strand, der schon existierte, ehe die Höhle auf ihre heutige Position gehoben worden war. Und hier fanden wir Indizien dafür, daß die Höhle vor 33 000 Jahren zum ersten Mal bewohnt worden war.

In diesen untersten Ablagerungen fanden wir keine Spuren von Herdstellen mehr, und die Küchenabfälle waren offenbar wahllos verstreut worden. Wenn nur wenige Menschen diese Höhle gelegentlich aufsuchten, bestand keine Notwendigkeit, sie aufzuräumen. Die Tatsache, daß der Abfall später, vor etwa 12 000 Jahren, ordentlich geschichtet wurde, belegt, daß zu jener Zeit mehr Menschen auf Neuirland lebten und die Höhle häufiger besuchten.

Obwohl die Höhle von Matenkupkum nur ein Punkt auf einer Karte ist, auf der die Menschen wahrscheinlich weit verstreut lebten, kann sie uns viel verraten, sowohl über die Erstbesiedlung einer großen pazifischen Insel als auch über die Veränderungen, die auf ihr im Laufe von 20 000 Jahren erfolgten.

mm 0 ___ 10

△ Diese Kalksteinblöcke mögen vor 12 000 Jahren als Basis für einen Herd gedient haben.
J. PETER WHITE

CHRISTOPHER GOSDEN

△ 20 000 Jahre lang benutzten die Menschen Steinwerkzeuge wie diese, die sie aus Flußsteinen der Umgebung herstellten.

◁ Schneckenschalen, die vor 33 000 Jahren gesammelt worden waren.

183

DER MODERNE MENSCH IN DER NEUEN WELT

Vor 12 000 bis 10 200 Jahren

*Die Mammutjäger von Clovis und
die Bisonjäger von Goshen und Folsom*

GEORGE C. FRISON

Mehr als ein halbes Jahrhundert lang wurden die Archäologen nicht müde, in den spätpleistozänen Ablagerungen nach den ersten Menschen zu suchen, die ihren Fuß auf nordamerikanischen Boden gesetzt hatten. Diese Bemühungen erwiesen sich als gleichermaßen frustrierend und lohnend. Obwohl viele Einzelheiten ans Licht kamen, bleibt noch immer ungeklärt, wer diese ersten Einwanderer waren, aus welchem Teil der Alten Welt ihre Vorfahren stammten, welchen Weg sie damals genommen hatten und unter welchen Umständen sie eingetroffen waren. (Vergleiche Kasten *Wer waren die ersten Amerikaner?*)

Der älteste kulturelle Komplex Nordamerikas, der von allen Archäologen akzeptiert ist, ist als Clovis bekannt. (Ein kultureller Komplex bezeichnet eine abgegrenzte Gruppe kultureller Gegenstände, die miteinander zu tun haben und, vermutlich über mehrere Generationen, von einer einzigen Bevölkerung benutzt wurden.) Er tauchte irgendwann vor 12 000 bis 11 000 Jahren auf, kurz bevor die großen Säugetiere (die Megafauna) des späten Pleistozäns ausstarb. Bald nach Clovis entstanden Folsom und Goshen, zwei weitere kulturelle Komplexe. Unser gesamtes Wissen über die frühen paläoindianischen Jäger Nordamerikas beruht auf diesen drei Kulturen.

◁ Eine Bisonherde (*Bison bison*) unserer Tage. Obwohl diese Tiere gewöhnlich gesellig leben, verändert sich die Größe der Herde ständig, da sich kleine Gruppen absplittern und andere hinzugesellen. Außerhalb der Fortpflanzungszeit leben die geschlechtsreifen Männchen einzeln oder bilden kleine, separate Gruppen. Die Steppenbisons des späten Pleistozän waren größer und bildeten die Nahrungsgrundlage der auf den Prärien lebenden Paläoindianer.

△ Eine Clovis-Spitze aus Colby im Norden Wyomings.
GEORGE C. FRISON

Als die letzte Eiszeit vor 18 000 Jahren auf ihrem Höhepunkt stand, bedeckten gewaltige Eisdecken beinahe ganz Kanada und dehnten sich noch südlich der Großen Seen in den Osten der Vereinigten Staaten aus. In den Gletschern der ganzen Welt war soviel Meerwasser gebunden, daß der Meeresspiegel sank und dabei einen Kontinentalschelf freilegte. Zu diesem Schelf gehörte Beringia, eine große, unvereiste Landmasse, die Nordostasien mit dem heutigen Alaska verband. Auf dem flachen, gutbewachsenen Beringia konnten nicht nur die Riesentiere des späten Pleistozän ihr Auskommen finden, sondern auch menschliche Jäger, die vom Westen aus in dieses Gebiet vordrangen.

Mit dem Schmelzen der Gletscher begannen die Meere wieder anzusteigen und begruben den ehemals freigelegten Kontinentalschelf unter sich. Vor 12 000 Jahren hatte sich der laurentische Eispanzer nach Osten und die Eisdecke der Kordilleren nach Westen zurückgezogen. Dabei entstand zwischen ihnen ein offener Korridor, der sich vom heutigen Yukon über Kanada bis nach Montana erstreckte. Von vielen Prähistorikern wird dieser sogenannte »eisfreie Korridor« als die Route angesehen, auf der die ersten Großwildjäger zu den Prärien Nordamerikas zogen. Andere meinen dagegen, sie seien von Alaska aus südwärts an der Nordwestküste entlang gekommen.

Eine neue Umgebung

Vor 12 000 bis 10 000 Jahren kam es zu bedeutenden Veränderungen des Klimas und der Umwelt. Als der Kulturkomplex von Clovis vor 12 000 bis 11 000 Jahren erstmals auftauchte, waren die Winter wärmer und die Sommer kälter als heute, die jahreszeitlichen Temperaturextreme also weniger ausgeprägt. Auch die Vegetation sah ganz anders aus: So waren die heutigen, mit kurzem Gras bestandenen Ebenen damals mit hohen Gräsern bewachsen. Die gewaltigen Säu-

ger des späten Pleistozäns, wie Mammute, Mastodonten, Pferde, Kamele und Riesenfaultiere, waren im Aussterben. Die riesigen Steppenbisons sollten noch 3000 Jahre überleben. Vielleicht noch eindrucksvoller waren die Raubtiere, zum Beispiel der amerikanische Höhlenbär — etwa doppelt so groß wie der heutige Grizzlybär — sowie der amerikanische Löwe und der amerikanische Gepard, die ebenfalls größer waren als ihre heutigen Verwandten in Afrika. Es gab aber auch zahlreiche kleine Tiere. Der Halsbandlemming zum Beispiel, ein winziges Tier, das nur in kalter Umgebung überleben kann, lebte am Rande der Gletscher. Er ist an den arktischen Gletschern auch heute noch zu finden.

Vor etwas weniger als 11 000 Jahren veränderte sich die Umwelt abermals. Die Jahreszeiten grenzten sich stärker gegeneinander ab. Es gab lange, warme und sonnige Zeiten, während die jährlichen Niederschläge und Schneefälle zurückgingen. Zu Beginn des Holozäns, vor ungefähr 10 000 Jahren, hatte diese Entwicklung ihren Höhepunkt erreicht, und die Klimaverhältnisse waren denen vergleichbar, die wir heute kennen.

Obwohl viele Archäologen davon überzeugt sind, daß schon vor der Clovis-Kultur Menschen in Nordamerika zu Hause waren, stimmen alle darin überein, daß die Waffen und Werkzeuge dieser Kultur die bisher ältesten sind, mit deren Hilfe die Menschen damals imstande gewesen sein könnten, die großen Tiere ihrer Zeit zu jagen. Man kann daraus wohl schließen, daß die Clovis-Jäger mit den altweltlichen Jägern des oberen Paläolithikums verwandt waren, die schon viele Jahrtausende zuvor Mammuten, Wisenten, Rentieren und anderen großen Säugern nachgestellt und sie gejagt hatten.

Die ältesten paläoindianischen Funde

Zu Beginn dieses Jahrhunderts war man allgemein der Ansicht, daß der Mensch — aus prähistorischer Sicht — erst vor kurzem nach Nordamerika gelangt sei. In den zwanziger Jahren dann hütete George McJunkin, ein schwarzer Cowboy, eine Rinderherde in der Nähe der Kleinstadt Folsom, die im Nordosten Neumexikos liegt. Dabei machte er eine historische Entdeckung: Am Ufer eines Arroyo (eines steilwandigen Kanals) ragten einige große Knochen aus der Erde heraus. Das Naturhistorische Museum von Colorado wurde von dem Fund unterrichtet, und im Jahre 1926 entdeckten die Paläontologen des Museums Waffen aus Stein, die später als die Pfeilspitzen von Folsom bekannt werden sollten. Zudem fanden sich Schlachtwerkzeuge zwischen den Knochen, die von einer ausgestorbenen Bison-Art stammten. Allerdings waren die Archäologen nicht davon überzeugt, daß die Werkzeuge und Waffen etwas mit den Knochen zu tun hatten. Daher bat man mehrere hervorragende Wissenschaftler dieser Zeit, sich an Ort und Stelle eine Pfeilspitze zwischen den Knochen anzuschauen. (Zu diesen Forschern gehörten unter anderen Barnum Braun, ein Paläontologe vom amerikanischen Naturhistorischen Museum, und Frank H.H. Roberts jr. vom Smithsonian Institution.) Erst nachdem sich die Ausgrabungen über drei Jahre hingezogen hatten, beugten sich alle Archäologen und Paläontologen den überwältigenden Indizien: Tatsächlich hatten Menschen Nordamerika in einem viel früheren Stadium der Vorgeschichte bewohnt als man es zunächst für möglich gehalten hatte, und sie hatten mit Er-

▷ Zwar war ein Mammut nicht größer als ein heutiger Asiatischer Elefant, doch waren seine massiven Stoßzähne ungleich größer. Als Grasfresser war es den offenen Ebenen angepaßt, während das laubfressende Mastodon in den bewaldeten Gebieten lebte.

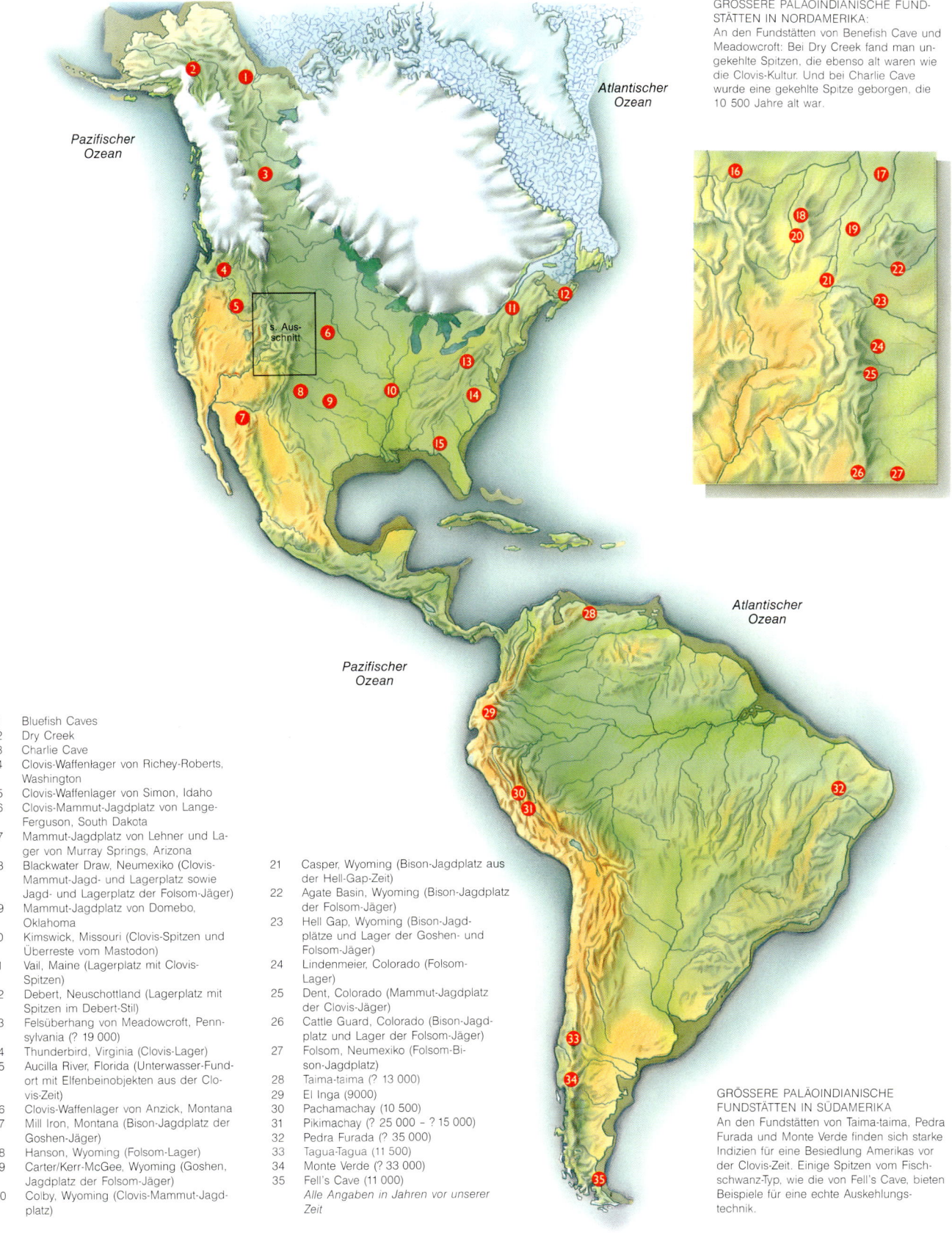

Pazifischer Ozean

Atlantischer Ozean

s. Ausschnitt

Pazifischer Ozean

Atlantischer Ozean

GRÖSSERE PALÄOINDIANISCHE FUND-
STÄTTEN IN NORDAMERIKA:
An den Fundstätten von Benefish Cave und
Meadowcroft: Bei Dry Creek fand man un-
gekehlte Spitzen, die ebenso alt waren wie
die Clovis-Kultur. Und bei Charlie Cave
wurde eine gekehlte Spitze geborgen, die
10 500 Jahre alt war.

1 Bluefish Caves
2 Dry Creek
3 Charlie Cave
4 Clovis-Waffenlager von Richey-Roberts,
Washington
5 Clovis-Waffenlager von Simon, Idaho
6 Clovis-Mammut-Jagdplatz von Lange-
Ferguson, South Dakota
7 Mammut-Jagdplatz von Lehner und Lager von Murray Springs, Arizona
8 Blackwater Draw, Neumexiko (Clovis-
Mammut-Jagd- und Lagerplatz sowie
Jagd- und Lagerplatz der Folsom-Jäger)
9 Mammut-Jagdplatz von Domebo,
Oklahoma
10 Kimswick, Missouri (Clovis-Spitzen und
Überreste vom Mastodon)
11 Vail, Maine (Lagerplatz mit Clovis-
Spitzen)
12 Debert, Neuschottland (Lagerplatz mit
Spitzen im Debert-Stil)
13 Felsüberhang von Meadowcroft, Pennsylvania (? 19 000)
14 Thunderbird, Virginia (Clovis-Lager)
15 Aucilla River, Florida (Unterwasser-Fund-
ort mit Elfenbeinobjekten aus der Clovis-Zeit)
16 Clovis-Waffenlager von Anzick, Montana
17 Mill Iron, Montana (Bison-Jagdplatz der
Goshen-Jäger)
18 Hanson, Wyoming (Folsom-Lager)
19 Carter/Kerr-McGee, Wyoming (Goshen,
Jagdplatz der Folsom-Jäger)
20 Colby, Wyoming (Clovis-Mammut-Jagdplatz)

21 Casper, Wyoming (Bison-Jagdplatz aus
der Hell-Gap-Zeit)
22 Agate Basin, Wyoming (Bison-Jagdplatz
der Folsom-Jäger)
23 Hell Gap, Wyoming (Bison-Jagd-
plätze und Lager der Goshen- und
Folsom-Jäger)
24 Lindenmeier, Colorado (Folsom-
Lager)
25 Dent, Colorado (Mammut-Jagdplatz
der Clovis-Jäger)
26 Cattle Guard, Colorado (Bison-Jagdplatz und Lager der Folsom-Jäger)
27 Folsom, Neumexiko (Folsom-Bi-
son-Jagdplatz)
28 Taima-taima (? 13 000)
29 El Inga (9000)
30 Pachamachay (10 500)
31 Pikimachay (? 25 000 – ? 15 000)
32 Pedra Furada (? 35 000)
33 Tagua-Tagua (11 500)
34 Monte Verde (? 33 000)
35 Fell's Cave (11 000)
*Alle Angaben in Jahren vor unserer
Zeit*

GRÖSSERE PALÄOINDIANISCHE
FUNDSTÄTTEN IN SÜDAMERIKA
An den Fundstätten von Taima-taima, Pedra
Furada und Monte Verde finden sich starke
Indizien für eine Besiedlung Amerikas vor
der Clovis-Zeit. Einige Spitzen vom Fisch-
schwanz-Typ, wie die von Fell's Cave, bieten
Beispiele für eine echte Auskehlungs-
technik.

▷ Ausgrabungen bei Dent in Colorado im Sommer 1933. Im Jahr davor waren in der Nähe, am South Platte River, große Knochen gefunden worden, die sich als die Überreste einiger Mammute erwiesen. Pfarrer Conrad Bilgery vom Regis College (Denver) leitete die Ausgrabungen, und am 5. November entdeckte man dicht neben den Knochen eine Clovis-Projektilspitze. Im Jahre 1933 setzte das Colorado Museum of Natural History die Ausgrabungen fort, wobei noch eine zweite Clovis-Spitze gefunden wurde.

△ Ein mit Bisonknochen gefüllter Gipsblock wird aus dem Arroyo bei Folsom im Nordosten Neumexikos abtransportiert.

folg Tiere gejagt, die heute lange ausgestorben sind.

Als 1932 der North Platte River im Norden Colorados über die Ufer trat, legte er die Überreste mehrerer Mammute frei. Bei den anschließenden Grabungsarbeiten entdeckte man unter den Mammutknochen zwei Pfeilspitzen, bei denen es sich, wie später bestätigt wurde, um die ausgekehlten Spitzen von Clovis handelte. Ihren Namen verdankt die Clovis-Kultur allerdings einer Ansammlung von Funden an einem Ort, der als Blackwater Draw, Fundort 1, bekannt ist und sich im Osten Neumexikos nahe der Stadt Clovis befindet. Da Clovis am Westrand des Llano Estacado liegt, wird der Komplex manchmal auch als Llano bezeichnet.

Blackwater Draw ist ein Entwässerungskanal, der in einer wesentlich früheren geologischen Zeit als ein Bach in Südostrichtung den Llano Estacado durchquerte. Zur Zeit der Clovis-Kultur war davon aufgrund klimatischer Veränderungen nur eine Reihe seichter, saisonaler Teiche übriggeblieben, in denen sich, wenn das Wasser ablief, Sedimente ansammelten. Diese Teiche waren natürliche Versammlungsplätze, an denen große Tiere wie Mammute und Bisons zusammenkamen. Entweder hatten die Jäger diese Tiere an den Wasserlöchern erlegt, oder sie waren ihren Opfern, die sie anderswo schon verletzt hatten, zum Wasser gefolgt, wo die Tiere sich eine Erleichterung ihrer Schmerzen versprachen. Die Werkzeuge und Waffen, die sich in stratigraphischer Folge in den ständig wachsenden Sedimenten ansammelten, bezeugen, daß die Paläoindianer um Blackwater

Draw viele tausend Jahre lang Tiere jagten und zerlegten. Es besteht kein Zweifel, daß die Clovis-Jäger vor 11 000 Jahren Mammute und Bisons erlegten. Unmittelbar über der Clovis-Schicht finden sich Hinweise auf die Folsom-Jäger, die ein wenig später Bisons, aber keine Mammute mehr töteten.

Die Entdeckungen von Blackwater sind der Tatsache zu verdanken, daß die archäologisch interessanten Sedimente unter Kies begraben lagen, was auf dem Llano Estacado ungewöhnlich ist. Als man den Kies für den Straßenbau abtrug, wurden Mammut- und Bisonknochen sowie menschliche Werkzeuge und Waffen freigelegt. Allerdings wurde die Fundstelle zu einer Kiesgrube erklärt, und die Archäologen mußten retten, was sie retten konnten (der Betreiber der Kiesgrube verdient insofern Anerkennung, als er mit ihnen zusammenarbeitete). Im Jahre 1956 unternahm man den Versuch, zwei Hektar des Gebietes für künftige Forschungen zu reservieren, aber ohne Erfolg. Auf diese Weise ging der vermutlich größte Teil der bedeutendsten paläoindianischen Fundstelle Nordamerikas der Nachwelt verloren. Nach der Entdeckung von Clovis und Folsom hielten die meisten Archäologen Clovis für die älteste Kultur, der Folsom nur wenig nachstand. Diese Ansicht änderte sich, als in den sechziger Jahren bei Hell Gap, im südöstlichen Wyoming, eine der ältesten und umfangreichsten paläoindianischen Fundstellen Nordamerikas freigelegt wurde. Da Hell Gap eine tiefreichende Schichtung aufweist, konnte eine verläßliche Chronologie der Paläoindianer der nördlichen Ebenen aufgestellt werden. Einige Gegenstände aus Steinsplittern, die bei Hell Gap unter einer Folsom-Schicht entdeckt wurden, ordnete man zunächst der Clovis-Kultur zu. Bei näherer Betrachtung zeigte sich aber bald, daß sie weder zu Clovis noch zu Folsom gehörten. Statt dessen ähnelten die Pfeilspitzen einem Typ, den man aus den südlichen Ebenen kannte, dem sogenannten Plainview-Typ. Da jedoch die Plainview-Kultur nach übereinstimmender Ansicht jünger war als Folsom, die Funde von Hell Gap aber ein deutlich höheres Alter besaßen als Folsom, wurden sie — nach dem Bezirk, in dem sie entdeckt worden waren, als Goshen-Kulturkomplex bezeichnet. Obwohl seitdem noch weitere Gegenstände der Goshen-Kultur bekannt wurden, bleibt das Verhältnis zwischen Goshen einerseits und Clovis und Folsom andererseits ungelöst.

Der Clovis-Kulturkomplex

Als die Menschen der Clovis-Kultur begannen, sich südlich der kontinentalen Eisdecken auszubreiten, drangen sie in ein Gebiet vor, dessen großwüchsige Tierwelt noch nie von menschlichen Jägern genutzt worden war. Sie entwickelten hervorragende Werkzeuge und Waffen und wurden zu erfolgreichen Jägern. Da kein nennenswerter Wettbewerb um die Nahrungsressourcen existierte, bestand praktisch keine Notwendigkeit, ihre Jagdreviere zu verteidigen. Sie lebten in kleinen Verbänden, und wenn das Nahrungsangebot zurückging, zogen sie einfach in ein neues Gebiet. Dies erklärt wahrscheinlich, warum sich die Clovis-Kultur so rasch und weit über die eisfreien Gebiete Nordamerikas ausbreitete und warum ganz ähnliche Werkzeuge und Waffen weit voneinander entfernt gefunden wurden. Im Gegensatz zu späteren paläoindianischen Gruppen waren die Clovis-Jäger noch nicht gezwungen, besondere Strategien des Nahrungserwerbs zu entwickeln, die sie in ihrer Bewegungsfreiheit eingeschränkt und außerdem genötigt hätten, ihre Waffen und Werkzeuge den Er-

fordernissen der jeweiligen Umgebung anzupassen.

Überall in Nordamerika, wo die Reste getöteter Mammute auftauchten, entdeckte man jene typischen ausgekehlten Pfeilspitzen und Variationen dieser Waffen, die Spuren der Clovis-Jäger. In den fünfziger Jahren verlagerte man die Suche nach Südarizona in das Gebiet des San Pedro Valley. Bei Naco, einem Fundort nahe der mexikanischen Grenze, wurden ein einzelner Mammut-Stoßzahn und acht Clovis-Pfeilspitzen geborgen. Weiter talabwärts fand man bei Lehner die Überreste mehrerer Mammute und 13 Clovis-Pfeilspitzen, von denen drei ziemlich klein und aus Quarzkristall gefertigt waren. In demselben Tal wurden bei Murray Springs jeweils ein erjagtes Mammut und ein Bison aus der Clovis-Zeit freigelegt. Die Reste befanden sich unmittelbar unter einer »Black Mat«, einer dunklen, mehrere Zentimeter dicken Schicht, die nach allgemeiner Ansicht aus organischem Material entsteht. Die Oberfläche der

△ Die Umgebung des tiefgeschichteten Fundorts von Hell Gap im Südosten Wyomings. Hier stieß man auf eine chronologisch verläßliche Folge mehrerer paläoindianischer Kulturkomplexe aus dem Westen Nordamerikas.

GEORGE C. FRISON

SAM ABELL/© NATIONAL GEOGRAPHIC SOCIETY

◁ Clovis-Projektilspitzen vom Jagdplatz von Murray Springs (Arizona), wo man Reste von Mammuten und Bisons gefunden hatte. Die Waffen der Clovis-Jäger waren gutgeformt, bewiesen eine überlegene Technik und bestanden aus dem bestmöglichen Rohmaterial.

WER WAREN DIE ERSTEN AMERIKANER?

DAVID HURST THOMAS

Das bedeutendste, wenn auch am wenigsten dramatische Ereignis in der Geschichte Amerikas trug sich zu, als der erste Mensch die Neue Welt betrat. Niemand weiß genau, wann oder wo dies geschah. Wir wissen nicht, welche Kleidung diese Paläoindianer trugen, wie sie aussahen, sprachen oder dachten. Wir wissen nicht einmal, wann sie ihre asiatische Heimat verließen oder welche Umweltbedingungen sie unterwegs vorfanden. Dennoch besteht kein Zweifel daran, daß die ersten Amerikaner am Ende des Pleistozäns aus Asien eingewandert sind. Sowohl ihre Biologie als auch ihre Sprache und archäologische Vergangenheit verweisen auf eine asiatische Heimat. Lediglich der Zeitablauf und die Umstände ihrer Ankunft bleiben im Dunkeln.

In diesem Kapitel äußerte George Frison die Ansicht, daß Clovis der älteste Kulturkomplex der Neuen Welt sei und sich vor 12 000 bis 11 000 Jahren etabliert habe. Diese relativ konservative Einschätzung bleibt gültig, da bisher trotz jahrzehntelanger organisierter Suche nirgendwo auf der westlichen Hemisphäre Indizien gefunden wurden, die auf eine noch frühere Besiedlung hingedeutet hätten.

Zudem wird diese Ansicht von Hinweisen gestützt, die außerhalb der Archäologie liegen. Joseph Greenberg, der vor kurzem die Sprachen der amerikanischen Indianer aufs neue analysierte, kam zu dem Schluß, daß drei Einwanderungswellen in die Neue Welt stattgefunden haben müssen, deren früheste vor etwa 12 000 Jahren erfolgte: Dies waren die Menschen der Clovis-Kultur. Wissenschaftler, die unabhängig voneinander die Morphologie menschlicher Zähne und erbliche Blutmerkmale untersucht hatten, waren zu derselben Erkenntnis gekommen.

Allerdings sind die Rekonstruktionen Greenbergs nicht unumstritten, und es gibt genügend kritische Stimmen, die die Relevanz zahnmorphologischer und genetischer Indizien in diesem prähistorischen Zusammenhang in Frage stellen. Dazu tauchen - ebenfalls nicht unwidersprochene — Indizien aus mehreren Fundstellen auf, die vermuten lassen, daß Menschen schon erheblich früher den Kontinent erreicht hatten. Viele Archäologen neigen zu der Ansicht, daß der Mensch bereits vor 40 000 Jahren in der Neuen Welt eingetroffen sein könnte.

△ Unter den Funden von Monte Verde waren auch Holzpflöcke, die man an einem am Boden liegenden Baumstamm befestigt hatte.

▷ Dieser Druckstichel aus Geweih, mit denen man die Blutrinnen auskehlte, stammt aus der Woodland-Schicht des Felsüberhangs von Meadowcroft.

MERCYHURST ARCHAEOLOGICAL INSTITUTE, ERIE, PENNSYLVANIA

TOM D. DILLEHAY

MERCYHURST ARCHAEOLOGICAL INSTITUTE, ERIE, PENNSYLVANIA

▷ Die Westseite des Felsüberhangs von Meadowcroft vor Beginn der Ausgrabungen im Jahre 1973. Diese bemerkenswert deutlich geschichtete Fundstelle im Südwesten Pennsylvanias wurde mit der Radiokarbon-Methode auf ein Alter von 19 000 Jahren datiert. Die ältesten Steinwerkzeuge stammen offenbar aus der Zeit vor 15 000 bis 14 000 Jahren.

Hinweise auf eine Besiedlung vor Clovis

Schon viele Fundstellen in ganz Nord- und Südamerika gaben Anlaß zu der quälenden Vorstellung, daß hier schon vor den Clovis-Jägern Menschen gelebt haben könnten. Keine von diesen lieferte jedoch unumstößliche Beweise, die von allen Archäologen akzeptiert worden wären. Einige der brauchbarsten Indizien stammen von den Ausgrabungen beim Felsüberhang von Meadowcroft, einem bemerkenswerten Fundort im Südwesten Pennsylvanias. Hier dokumentierten James Adovasio und seine Kollegen mehr als 40 Radiokarbon-Daten in nahezu perfekter stratigraphischer Reihenfolge. Die älteste kulturelle Datierung liegt geringfügig oberhalb von 19 000 Jahren, und die ältesten Steingegenstände stammen offenbar aus der Zeit zwischen 15 000 und 14 000 Jahren. Unter den frühen Spuren menschlicher Besiedlung, die in den verschiedenen Schichten vorkamen, fand man Feuergruben, Steinwerkzeuge und deren Abfallprodukte, den hölzernen Vorderschaft eines Pfeiles, ein geflochtenes Korbstück sowie zwei Bruchstücke menschlicher Knochen.

Obwohl zahlreiche Archäologen die Befunde von Meadowcraft für schlüssig halten, bleiben andere skeptisch. Die Steinwerkzeuge sind klein und selten, so daß sie uns nicht viel verraten. Zudem besitzen sie eine unangenehme Ähnlichkeit zu Gegenständen aus wesentlich späterer Zeit. Es überrascht auch, daß hier keine Überreste der riesigen Säuger gefunden wurden, die im Pleistozän mit Sicherheit existierten. Alle pflanzlichen Reste stammen eindeutig von Gruppen, die in den gemäßigten Klimazonen wachsen. Damals lag jedoch wenigstens zeitweise die Eisgrenze im Norden weniger als 75 Kilometer entfernt.

Eine weitere bedeutende Fundstelle, die älter sein könnte als Clovis, ist Monte Verde, eine Freiluftsiedlung im Süden Chiles. Hier legten Tom Dillehay und seine Kollegen vier verschiedene Zonen vergrabener Kulturreste frei. Man grub die Grundrisse und die umgestürzten Stützstangen von beinahe zwölf Hütten aus, und an den Stangen hingen Reste von Häuten. Außer zahlreichen pflanzlichen Resten wurden in den Ablagerungen auch viele zurechtgeformte Steinwerkzeuge entdeckt, darunter mehrere gekerbte *Bola*-Steine.

Dillehay behauptet nun, daß die oberen Schichten von Monte Verde »guterhaltene und eindeutig schlüssige Indizien« auf eine Besiedlung liefern, die vor 13 000 Jahren erfolgte. Noch widersprüchlicher sind die tieferen Schichten, deren Reste möglicherweise Spuren menschlicher Bearbeitung aufweisen und mit der Radiokarbon-Methode auf ein Alter von 33 000 Jahren datiert wurden.

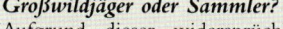

TOM D. DILLEHAY

△ Diese bei Monte Verde im Süden Chiles entdeckten Fundamente belegen, daß hier einst zwölf halbrechteckige Hütten standen. Hier fand man auch umgestürzte Stangen, an denen noch immer Hautreste (vielleicht vom Mastodon) hingen.

▷ Ein bearbeiteter knöcherner Awi aus der spätarchaischen Siedlungsschicht von Meadowcroft.
MERCYHURST ARCHAEOLOGICAL INSTITUTE, ERIE, PENNSYLVANIA

▽ Dieses Fragment einer Schale aus dem Panzer einer Schildkröte stammt aus der Woodland-Schicht von Meadowcroft.
MERCYHURST ARCHAEOLOGICAL INSTITUTE, ERIE, PENNSYLVANIA

△ Eine paläoindianische Projektilspitze (lanzenförmiger Miller-Typ) aus Meadowcroft.
MERCYHURST ARCHAEOLOGICAL INSTITUTE, ERIE, PENNSYLVANIA

TOM D. DILLEHAY

◁ Bruchstücke bearbeiteter Mastodon-Zähne und Rippen aus Monte Verde.

Großwildjäger oder Sammler?

Aufgrund dieser widersprüchlichen Funde kann man nicht nur annehmen, daß der Mensch die Neue Welt wesentlich früher als zuvor vermutet erreicht hatte, sondern auch, daß diese ersten Amerikaner keineswegs die strahlenden Großwildjäger waren, wie sie durch die hochentwickelte Clovis-Kultur und deren elegante Steinwerkzeuge belegt sind. Im Gegenteil legen die pflanzlichen und tierischen Reste von Monte Verde die Vermutung nahe, daß sie Jäger und Sammler waren, die sich in erster Linie von wildwachsenden Pflanzen und Schalentieren ernährten. Sie haben vielleicht auch Aas gegessen und langsame Säugetiere gejagt, doch war dies von untergeordneter Bedeutung.

Man muß festhalten, daß trotz der Funde von Meadowcroft, Monte Verde und anderen Stellen keine eindeutigen, unwiderlegbaren archäologischen Beweise dafür existieren, daß die Neue Welt noch vor der Clovis-Zeit von Menschen bewohnt war. Die Debatte dauert an, und bis handfestere Belege ans Licht kommen, kann man die Identität der ersten Amerikaner ebenso auf eine psychologische wie auf eine archäologische Grundlage stellen.

△ Dieser aus Mammutknochen gefertigte Gegenstand aus Murray Springs (Arizona), war ein Ausrichtungswerkzeug für den Schaft und wurde vermutlich benutzt, wie auf diesem Bild gezeigt wird. Der ebenfalls aus Mammutknochen bestehende Schaft stammt aus Anzick in Montana.

Clovis-Schicht war so gut erhalten, daß einige Eindrücke im Boden unzweifelhaft als Fußspuren von Mammuten gedeutet wurden. Hier wurde auch ein Gegenstand aus geschnitztem Mammutknochen zutage gefördert, mit dem vermutlich Pfeilschäfte begradigt wurden. Er war wenigstens einem Exemplar, das man aus Nordostasien kennt, außerordentlich ähnlich.

In den siebziger Jahren entdeckte man bei Colby im Norden Wyomings eine weitere Fundstelle, an der Mammute erlegt worden waren. In diesem Fall waren die Tiere in einen trockenen Arroyo (Flußbett) getrieben worden. Zwei recht große Haufen von Mammutknochen lassen zweifelsfrei darauf schließen, daß hier Menschen am Werk waren. Einer der Haufen bestand aus dem linken vorderen Viertel eines Mammuts, um das herum die Beinknochen und andere Knochen mehrerer anderer Mammute im Boden steckten und das mit dem Schädel eines jungen männlichen Tieres gekrönt war. An der linken Basis des Brustkorbs befand sich eine ausgekehlte Pfeilspitze. Weil Colby so weit nördlich liegt, vermutet man, daß dieser Knochenhaufen die Reste einer Vorratsgrube mit gefrorenem Fleisch repräsentiert, die niemals benutzt wurde. In der Nähe befindet sich ein weiterer, aber verstreuter Haufen von Mammutknochen, der ebenfalls die Reste mehrerer Tiere enthält. Vielleicht handelte es sich bei diesem zweiten Haufen um einen ähnlichen Fleischspeicher, der jedoch geöffnet und benutzt worden war. Diese Haufen sind den Speichern für Karibu-Fleisch ähnlich, die bei den moderneren Bewohnern der Arktis üblich waren. Dabei steckte man die Röhrenknochen um das abgeschälte Fleisch herum in den Boden. Der Schädel wurde oben auf den Haufen gesetzt, der anschließend mit Schneematsch überschüttet wurde, so daß das Fleisch gefror und vor Aassuchern und Fleischfressern geschützt war. Diese Vorratsgruben wurden im Winter nur kurzfristig angelegt, und das ungenutzte Fleisch verdarb, sobald der Frühling kam. Die Clovis-Jäger waren auf derartige Gefrierlager angewiesen, um für die langen, extrem kalten Winter der nördlichen Ebenen gerüstet zu sein. Fleisch, das man nicht brauchte, ließ man einfach verfaulen.

Es gibt daneben noch andere Fundstätten, etwa bei Domebo (Oklahoma) und Lange-Ferguson (im Westen Süddakotas), die nur ein oder zwei getötete Mammute bargen. Bei Kimswick in Missouri wurden neben einigen Clovis-Waffen Überreste von Mastodonten gefunden. Schließlich kennt man mehrere Orte, an denen zwar keine Mammutknochen, aber wo in typischer Weise ausgekehlte Clovis-Pfeilspitzen vorkamen. Dazu gehören Debert (im Zentrum Neuschottlands), Lamb (New York), Vail (Maine), Bull Brook (Massachusetts) sowie Thunderbird und Williamson (Virginia). Gemeinsam belegen sie, daß sich die Clovis-Jäger über den ganzen Nordosten der Vereinigten Staaten und den Südosten Kanadas ausgebreitet hatten.

Einige ausgekehlte Pfeilspitzen und zylindrisch geformte, aus Elfenbein geschnitzte Gegenstände, die man aus den Flüssen im Norden Floridas geborgen hatte, erwiesen sich als nahezu identisch mit einem Exemplar, das aus einer Clovis-Fundstätte im äußersten Osten Wyomings stammte. Wenigstens zwei Fundorte im Westen Kentuckys, an denen Steine geschlagen worden waren, besitzen eine Fläche von über 40 Hektar und befinden sich in der Nähe hochwertiger Hornstein-Quellen. Häufig werden Clovis-Pfeilspitzen in Ohio und Illinois beim Pflügen freigelegt, und weiter südlich, im unteren Mississippi-Tal, stößt man regelmäßig auf ausgekehlte Pfeilspitzen, wo der Boden aus der Clovis-Zeit offenliegt. Auch im Südwesten, in Kalifornien, und im Great Basin kommen sie vor. Allerdings gibt es nur wenige Fundstellen, deren Stratigraphie sich mit der Radiokarbon-Methode datieren läßt. Sie sind zudem überwiegend auf die Prärien und den Südwesten beschränkt, wo die Wahrscheinlichkeit besonders hoch ist, daß Erosion und Ablagerungen die archäologisch interessanten Objekte nicht aus der stratigraphischen Reihenfolge mit anderen paläoindianischen Kulturkomplexen herausgelöst haben.

In Texas entdeckte man bei Pavo Real (unweit von San Antonio) Gegenstände aus Stein, die noch unversehrt unterhalb jüngerer Kulturschichten lagen und von diesen durch eine beinahe einen Meter dicke Schicht getrennt waren, die keinerlei Kulturobjekte enthielt. Die Klingen und Klingenwerkzeuge sind denen aus den europäischen und asiatischen Fundstellen des oberen Paläolithikums sehr ähnlich. Ähnliches gilt auch für Material, das an der Oberfläche der ausgedehnten, bereits erwähnten Fundorte im westlichen Kentucky geborgen wurde. Und im Südwesten der Vereinigten Staaten kennt man mindestens zwei Lager von Clovis-Klingen. Insgesamt entsteht dadurch der Eindruck, daß die Clovis-Tradition enge Verbindungen zu der altweltlichen Tradition des oberen Paläolithikums aufweist.

Werkzeug- und Waffenlager der Clovis-Jäger

Im Jahr 1961 fuhr der Rancher William Simon auf der Big Camas Prärie in der Nähe von Fairfield (Idaho) mit seiner großen Planierraupe. Plötzlich streifte etwas die Schaufel seines Fahrzeugs. Als er anhielt und nachschaute, waren fünf ungewöhnlich schöne Clovis-Pfeilspitzen freigelegt, aber nicht beschädigt worden. Bei weiteren Nachforschungen tauchten noch weitere Steinwerkzeuge auf, von denen einige jedoch durch die Planierraupe beschädigt worden waren. Dieser Ort, der als das Simon-Clovis-Waffenlager bekannt wurde, war nur der erste von mehreren ähnlichen Funden.

1968 legten Arbeiter, die unweit der Kleinstadt Wilsall (Montana) einen Kipplaster bedienten, ein Lager frei, das mehr als 100 Objekte enthielt. Darunter befanden sich Clovis-Spitzen, beidseitig bearbeitete Schlag- und Schnittinstrumente, andere Werkzeuge, geschnitzte Knochen sowie einige Knochenreste zweier Jugendlicher. Zudem barg man mehrere zylindrische geschnitzte Gegenstände aus schweren Röhrenknochen, vermutlich vom Mammut. Wahrscheinlich handelte es sich um Vorderschäfte, die Clovis-Pfeilspitzen aufnehmen sollten. Einige davon besitzen ein einseitig geneigtes, kreuzschraffiertes Ende und eines das sich konusförmig verjüngt, während bei anderen Spitzen beide Enden nur einseitig schräg und kreuzschraffiert sind. Alles war dick mit rotem Ocker bedeckt. Dieser Fundort von Anzick ist als das einzige Grab der Clovis-Kultur bekannt.

Ein anderes Lager, das 1988 bei Entwässerungsarbeiten in einer Obstpflanzung bei Wenatchee am Columbia River freigelegt wurde, enthielt einige zylindrisch geformte Gegenstände aus Knochen, ähnlich denen von Anzick, dazu jedoch ungewöhnlich große Clovis-Pfeilspitzen, Schnittinstrumente und andere Werkzeuge. Ein weiteres Waffenlager, das man etwa zu gleicher Zeit im Nordosten Colorados entdeckt hatte, barg 13 Clovis-Spitzen, von denen die meisten aus Alibates-Dolomit hergestellt waren, einem unverwechselbaren Material, das nur im Texas Panhandle, nördlich von Amarillo, vorkommt. Die anderen bestanden aus einem Material der Umgebung, das als Flat-Top-Hornstein bekannt ist. Daneben fanden sich auch Spuren von Elfenbein.

Die Aufmerksamkeit, mit der man die Funde von Wenatchee bedachte, förderte auch ein Waffenlager mit 56 Clovis-Objekten ans Tageslicht, das viele Jahre zuvor entdeckt worden war und heute als das Waffenlager von Fenn bekannt ist. Wir werden niemals erfahren, wo es ursprünglich lag, da der Entdecker bereits vor vielen Jahren verstarb. Es dürfte aber in der Gegend gewesen sein, wo Utah, Idaho und Wyoming aneinandergrenzen. Dieses Lager enthielt vollständige und überarbeitete Clovis-Spitzen, Schnittinstrumente, ein einzelnes Klingenwerkzeug und eine Sichel. Drei Spitzen aus Quarzkristall bestanden aus ähnlichem Material wie einige beidseitig bearbeitete Schnittwerkzeuge aus dem Simon-Lager. Mehrere Gegenstände waren aus Obsidian hergestellt (einer Art vulkanischen Glases), dessen Herkunft bis in den Südosten Idahos zurückverfolgt wurde. Eine Pfeilspitze trägt Kratzspuren auf dem ausgekehlten Teil jederseits der Spitze, aus dem der Stein herausgehauen worden war, ganz ähnlich denen, die man von Clovis-Spitzen aus Obsidian kennt, die aus Kalifornien und Oregon stammen. Das sichelförmige Objekt entspricht in seiner Aufmachung den Sicheln, die man an der Oberfläche des Great Basin fand und die seit langem der Clovis-Zeit zugerechnet werden. Alle Gegenstände waren stark mit rotem Ocker bestreut, der an das Lager von Anzick erinnert. Leider werden wir jedoch niemals erfahren, ob auch menschliche Skelettreste oder Objekte aus Elfenbein oder Knochen vorhanden waren.

Viele der Schnittwerkzeuge und Pfeilspitzen bestehen aus einem Stein, der nur in einem schmalen Landstrich vorkommt, der sich vom Nordwesten Utahs über die südöstliche Ecke Wyomings und in den Westen Colorados hinzieht. Andere Gegenstände wurden aus einem extrem hochwertigen Hornstein hergestellt, der aus den Bighorn Mountains Nordwyomings stammt. Auch je ein Exemplar aus Simon und Anzick sowie zwei Stücke aus Fenn bestanden aus dem Material von Bighorn Mountain.

Aus diesen Waffen- und Werkzeuglagern kann man viele Informationen gewinnen. Da man nun mehrere davon kennt, gelten sie nicht mehr als Ausnahmen, sondern als ein integraler Bestandteil der Clovis-Kultur. Das Lager von Anzick gewährt uns zudem Einblicke in die Begräbnispraktiken der Clovis-Jäger. Sollte es üblich gewesen sein, die Toten zunächst über längere Zeit im Freien aufzubahren, ehe sie endgültig bestattet wurden, würde dies erklären, warum paläoindianische Gräber so selten sind. Der Gebrauch von rotem Ocker erinnert an rituelle Aktivitäten. Vermutlich weist diese Praxis Verbindungen zu den Gräbern auf, die von den Jägern und Sammlern des oberen Paläolothikums in der Alten Welt angelegt wurden.

Einige Steinwerkzeuge dieser Lager respräsentieren Meisterwerke der Clovis-Steinschläger und bestehen aus den besten Materialien, die damals zur Verfügung standen, während andere zerbrochen sind oder irgendwie lieblos überarbeitet wurden. Sollte es sich bei diesen Sammlungen wirklich um Grabbeigaben handeln, wäre der Begriff »Vorratslager« möglicherweise unangebracht, da die Gegenstände niemals für eine spätere Verwendung vorgesehen waren. In diesem Fall wären einige der am makellosesten gehauenen Steinwerkzeuge für die Zukunft verloren gewe-

▽ Überreste eines vermutlich unbenutzten Tiefkühl-Fleischspeichers aus Colby (Wyoming). Um das linke Vorderviertel eines Mammuts herum waren lange Mammut-Röhrenknochen in den Boden gesteckt worden, und obendrauf befand sich der Schädel eines fünfjährigen Bullen.

WIE GUT WAREN DIE WAFFEN DER CLOVIS-JÄGER?

GEORGE C. FRISON

Die archäologischen Funde lassen keinen Zweifel daran aufkommen, daß die Paläoindianer der nordamerikanischen Ebenen mehrere großwüchsige Tierarten, darunter auch das Mammut, mit großem Erfolg bejagt haben. Obwohl die Archäologen niemals imstande sein werden, die Jagdbedingungen dieser Zeit nachzuvollziehen, geschweige denn den Rat dieser paläolithischen Jäger einzuholen, können uns Versuche mit Afrikanischen Elefanten einen Eindruck von der Brauchbarkeit ihrer Waffen geben. Zugleich lassen diese Experimente aber auch erahnen, auf welche Verhaltensweisen der Tiere sich die Jäger einstellen mußten. Die Grenzen derartiger Versuche liegen einerseits in den Unterschieden zwischen Elefanten und Mammuten und andererseits in der Verschiedenheit der natürlichen Umwelt damals und heute.

Allerdings sind die Speerspitzen erhalten geblieben, mit denen die Clovis-Jäger Mammute erlegten, und wir können die Physiologie der Elefanten mit denen gefrorener Mammutkadaver vergleichen, die im Sibirien geborgen wurden. Wir wissen, daß die Haut von Mammuten und Afrikanischen Elefanten ähnlich dick ist. Die des Elefanten besitzt jedoch eine panzerartige Oberfläche, vielleicht, weil diese Tiere in einer dornenreichen Vegetation leben. Die Haut des Mammuts ist dagegen mit langen

△ Ein Geschoß, das mit Hilfe einer Speerschleuder aus beinahe 20 Meter Entfernung abgeschossen worden war, durchbohrte das Hinterende dieses jungen Afrikanischen Elefanten bis zum Ende des Vorderschaftes.

Haaren und einem kurzen, dicken Pelz bedeckt, die der Spitze eines gekonnt geschleuderten Speeres nur wenig Widerstand entgegensetzt.

In den Nationalparks Zimbabwes haben die Elefanten eine Populationsdichte erreicht, die die Tragfähigkeit ihres Ökosystems übersteigt. Daher richtete man das Verfahren des Kontrollabschusses ein. Das Naturschutzamt von Zimbabwe erteilte uns die Genehmigung, Experimente mit Clovis-Waffen durchzuführen, allerdings unter der Bedingung, daß nur tote oder sterbende Tiere beschossen werden 'durften.

Beim Kontrollabschuß afrikanischer Elefanten muß immer eine ganze Familie getötet werden — das älteste Weibchen, alle seine Nachkommen und die Nachkommen seiner Familie, nur die Männchen nicht, die die Pubertät bereits hinter sich haben. Da Elefanten eine matriarchalisch bestimmte Sozialstruktur besitzen, empfiehlt es sich nicht, willkürlich nur einige Tiere herauszuschießen. Tiere ohne eine Familie werden von anderen Familien nicht akzeptiert, und ohne eine Leitkuh verwandeln sie sich zu Außenseitern, die für die Besucher des Nationalparks zur Gefahr werden.

Ein international bekannter Hersteller prähistorischer Waffen, Dr. Bruce Bradley, stellte aus verschiedenen Rohsteinen Nachbildungen der Clovis-Speerspitzen her. Sie wurden auf kurze hölzerne Schäfte (Vorderschäfte) montiert, die entweder mit einem Stoß-, einem Wurfspeer oder einer Speerschleuder (einer Art Wurfstock) mit langem Schaft benutzt werden konnten. Der Stoß- oder Wurfspeer wird beim Zeitpunkt des Aufpralls entweder mit beiden Händen gehalten oder aus der Entfernung mit einem Arm geworfen. Die Speerschleuder hat die Aufgabe, den Wurfarm zu verlängern. Sie besitzt an einem Ende einen Haken, der in eine seichte Mulde am Ende des Langschaftes greift.

Am besten trifft man das Tier vermutlich in der Lungenhöhle, auf halbem Wege zwischen der Basis des Brustkorbs und des Rückens. Bei einem Elefanten

◁ Dies ist die Nachbildung einer Clovis-Projektilspitze, die bei den Versuchen mit Elefanten benutzt wurde. Die Spitze sitzt auf einem Vorderschaft, der wiederum am Ende des Hauptschaftes befestigt ist.

GEORGE C. FRISON

durchschnittlichen Alters ist die Haut hier acht bis zehn Millimeter stark. Zudem sind die Rippen rundlich, wodurch ein Geschoß, das eine Rippe getroffen hat, abgleitet und den Brustkorb durchbohrt. Weiter unten sind die Rippen breiter und flacher, so daß es schwierig ist, das Herz zu durchbohren, das beinahe am Boden des Brustkorbs liegt. Weiter oben wiederum wird die Haut dicker. Wenn der Speer in das Fleisch oben am Rücken eindringt, verursacht er eine schmerzhafte Wunde, der das Tier nur dann irgendwann erliegt, wenn er in den Brustkorb eingedrungen ist.

Es erfordert erhebliche Kraft, die Haut eines Elefanten mit einem Stoßspeer zu durchbohren. Dagegen ist ein aus der Distanz geworfener Speer zwar wirkungsvoll, erfordert jedoch für einen gezielten Wurf viel Übung. Am effektivsten erwies sich die Kombination aus Speerschleuder und einem Geschoß, dessen Schaft, Vorderschaft und Spitze zusammen 478 Gramm wogen und eine Gesamtlänge von 220 Zentimeter besaßen. Allerdings muß jeder Jäger solange experimentieren, bis er die Länge und das Gewicht herausgefunden hat, die seinen Kräften entsprechen.

Während der Kontrollabschüsse gelang es einer tödlich getroffenen

Elefantenkuh, noch einmal auf die Beine zu kommen, so daß wir mit der Speerschleuder einen Wurf auf einen stehenden Elefanten anbringen konnten. Aus einer Entfernung von 20 Meter steht der Körper eines Elefanten wesentlich höher über dem Boden als etwa der eines Bisons. Daher ging der erste Schaft knapp unter dem Bauch des Tieres hindurch. Obwohl der zweite Wurf die Lungenhöhle traf und das Tier tötete, war es schwierig, der Flugbahn des Speerschaftes eine der Höhe des Tieres angemessene Steigung zu verleihen.

Bei diesen Versuchen wurden rasch einige Dinge deutlich, die sich nicht einfach aus den archäologischen Befunden ergeben hätten. Zunächst müssen Jäger sehr viel Zeit dafür aufbringen, ihre Waffen herzustellen und in Ordnung zu halten. Wenn zum Beispiel der Schaft nicht gerade ist, wird die Kraft nicht richtig auf die Basis der Speerspitze übertragen. Zudem können von außen nicht sichtbare Risse in einem bearbeiteten Stein dazu führen, daß die Spitze im entscheidenden Moment bricht, so daß das Tier entkommt oder sogar den Jäger ernsthaft verletzt. Die Waffen werden zu einer unentbehrlichen Hilfe des Jägers, der sie, wenn er dadurch überleben will, ständig pflegen und ihren Gebrauch üben muß.

sen. Ein Teil des Rohmaterials, der in den Lagern gefunden wurde, stammt offenbar von weitentfernten Quellen und läßt vermuten, daß die weit verstreut lebenden Gruppen Handelsbeziehungen oder andere Kontakte zueinander pflegten.

Die Steinschläger der Clovis-Kultur waren Meister der Formung von Steinobjekten mit Hilfe von Hämmern aus Stein und Geweih. Solang nicht neue Entdeckungen das Gegenteil beweisen, haben die Clovis-Jäger als erste die Steinressourcen Nordamerikas für sich genutzt, und man kann davon ausgehen, daß alle für ihre Zwecke geeigneten Materialien an der Erdoberfläche ausreichend vorhanden waren. Ganz eindeutig haben die Steinhauer das zu bearbeitende Material mit hervorragenden Brucheigenschaften ausgesucht und zu Objekten von außergewöhnlicher Qualität verarbeitet, wie ihre Pfeil- und Speerspitzen belegen. Es gibt auch heute noch Menschen, die in der Lage sind, Steinwerkzeuge zu schlagen. Ihrem Urteil zufolge war es extrem aufwendig, gute Rohsteine in den Mengen zu sammeln, wie sie in den Lagern von Clovis gefunden wurden. An den Feuersteinquellen beim Knife River in Norddakota wurde nachgewiesen, daß Steine dort bereits vor 11 000 bis 10 000 Jahren abgebaut wurden. Demnach dürften das beste Material bereits am Ende der Clovis-Zeit erschöpft gewesen sein.

▷ Eine ausgekehlte Clovis-Spitze aus hochwertigem Hornstein. Sie stammt aus dem Anzick-Waffenlager in Südwestmontana.
GEORGE C. FRISON

Die Mammutjagd in der Clovis-Zeit

Von allen Arten der Großwildjagd faszinierte die Forscher alter Jagdstrategien die auf das Mammut am meisten. Unglücklicherweise sind viele Abbildungen der Mammutjagd — was übrigens auf fast alle Arten der prähistorischen Großwildjagd zutrifft — irreführend. Daher muß man diese Frage in einer pragmatischeren Weise angehen, die sowohl das Verhalten der Tiere als auch die Jagdfertigkeiten des Menschen berücksichtigt.

Von Untersuchungen gefrorener Mammut-Kadaver aus Sibirien wissen wir, daß die Haut über dem Brustkorb eines Mammuts bis zu zwölf Millimeter dick war. Um sie zu durchbohren, bedurfte es unzweifelhaft besonderer Waffen. Diejenigen der Clovis-Kultur waren nun — absichtlich oder zufällig — nicht nur ästhetisch ansprechend, sondern auch funktionell. Ihre Lanzenspitzen bilden gute Beispiele für eine gelungene äußere Form, die das Risiko, unter Belastung zu brechen, möglichst gering hielt. Die distal von der Basis ausgehenden Hohlkehlen ermöglichen, die Spitze mühelos in einen gekerbten Vorderschaft einzusetzen und an diesem festzubinden. Zudem waren die rauhen Kanten der Spitze ein Stück von der Basis entfernt glattgeschmirgelt worden, um zu verhindern, daß die Klingenränder bei heftigem Aufprall diese Bänder zum Schaft durchschnitten. Sollte die Spitze einmal abgesprungen sein, ließ sich die Lanze mit einfachen Werkzeugen schnell wieder reparieren. Die Spitze wurde entweder an einem Stoßspeer oder einem Atlatl (einer Speerschleuder) befestigt, der aus einem langen, schweren Kopf und einem Vorderschaft bestand. Da ein Riß im Stein die Spitze unbrauchbar machen und den Jäger in Gefahr bringen konnte, wurden wahrscheinlich alle Spitzen vor dem Einsatz sorgfältig getestet, insbesondere vor einer Jagd auf große Tiere.

Morphologisch sind Mammute den modernen Elefanten ähnlich, obwohl deren Haut nicht ganz so derb ist wie die freilebender Afrikanischer Elefanten. Versuche an Afrikanischen Elefanten haben die Effizienz der Clovis-Waffen bewiesen, und wir können davon ausgehen, daß diese Menschen fähige Jäger waren. (Vergleiche den Kasten *Wie gut waren die Waffen der Clovis-Jäger?*) Allerdings setzt die Familienstruktur Afrikanischer Elefanten mit einem starken Weibchen, das die Familie

△ Diese ausgekehlte Projektilspitze aus dem Fenn-Clovis-Waffenlager ist ein Beispiel für hochpräzise diagonale Hammer-Bearbeitung. Die Spitze besteht aus einem roten, durchschimmernden Hornstein aus Wyoming.
GEORGE C. FRISON

◁ Diese ausgekehlte Clovis-Spitze aus dem Simon-Waffenlager im südlich-zentralen Idaho, gehört zu den schönsten Beispielen der Steinverarbeitung der Clovis-Kultur. Der Fundort barg auch unvollständige Spitzen aus Quarzkristall.
GEORGE C. FRISON

▷ Paläoindianische Waffen: eine Speerschleuder (Atlatl), ein hölzerner Vorderschaft mit einer Projektilspitze aus Stein, die mit Sehnen festgebunden ist. Daneben befindet sich das Vorderende eines langen, mit Sehnen umwickelten Hauptschaftes. Das spitzzulaufende Ende des Vorderschaftes wird in ein Loch am Ende des sorgfältig gearbeiteten Hauptschaftes eingesetzt.

JOSEPH H. BAILEY/© 1979 NATIONAL GEOGRAPHIC SOCIETY

fen Felsbrocken. Hunde bellen, ein toter oder zermalmter Jäger wird aus der Szene fortgeschleift. Frauen und Kinder warten im Hintergrund, und die ganze Angelegenheit erweckt den Eindruck von Lärm und Verwirrung. Dies widerspricht ganz und gar den Regeln einer vernünftigen Jagd. Wenn ein gesundes Mammut so tief in eine Fallgrube einbrach, daß es sich nicht mehr befreien konnte, war auch die ganze Jagdgruppe nicht mehr imstande, es herauszuziehen. Das Tier zu zerlegen, wäre sogar noch schwieriger geworden, weshalb es naheliegt, daß es weitaus besser war, die Tiere zu ebener Erde zu töten. Den Clovis-Jägern standen jedenfalls sowohl die Waffen als auch die Erfahrung dafür zur Verfügung.

Der Kulturkomplex von Folsom

Die Jagdgruppen, die unter dem Kulturkomplex von Folsom bekannt sind, tauchten ungefähr vor 10 900 Jahren auf. Sie folgten zeitlich unmittelbar der Clovis-Kultur und hielten sich etwa 600 Jahre lang. Die Überreste von Folsom sind weniger weitverbreitet als die von Clovis. Sie sind auf die Prärien, den Südwesten, die Mitte und den Süden der Rocky Mountains sowie einige im Gebirge liegende Becken beschränkt, die teilweise oder vollkommen innerhalb der Rocky Mountains liegen. Anstatt Mammute zu jagen, stellten diese Menschen einer heute ausgestorbenen Bison-Art nach sowie zuweilen Gabelhornantilopen und Bergschafen. Zwar fanden sich an einigen Folsom-Fundstätten auch Kamelknochen — zumeist zu Werkzeugen verarbeitet — doch gibt es kaum Hinweise dafür, daß Kamele tatsächlich intensiv gejagt wurden.

Im Jahre 1934 entdeckten Hobby-Archäologen im Norden Colorados einige Projektilspitzen. Die Objekte dieses Fundorts, der heute als Lindenmeier bekannt ist, waren mit denen identisch, die man zuvor bei Folsom in Neumexiko ausgegraben hatte. Bis heute bleibt Lindenmeier der größte und umfassendste Fundort der Folsom-Kultur. Die große Zahl und die Vielfalt der Werkzeuge, Waffen und anderen hier gefundenen Gegenstände beweist, daß die Folsom-Gruppen in der Herstellung und im Gebrauch von Steinwerkzeugen sehr versiert waren. Zudem belegt eine kleine, aber bezeichnende Zahl von Werkzeugen und Schmuckgegenständen aus Knochen, daß sie Tierknochen ebenso geschickt bearbeiten konnten. Ihre Abschlagwerkzeuge aus sorgfältig ausgewähltem Material weist eine große Vielfalt geschickt bearbeiteter Kanten, Spitzen und Ecken auf, deren Qualität sich mit allen anderen paläoindianischen Kulturen der Neuen Welt messen kann oder sie gar übertrifft. Als man die Gebrauchsspuren an den Kanten mikroskopisch untersuchte, stellte sich heraus, daß sie wahrscheinlich zur Bearbeitung von Knochen, Holz und Häuten sowie weiterer Materialien eingesetzt wurden.

Die Projektilspitzen der Folsom-Kultur sind besonders gekonnt verarbeitet und bezeugen, daß diese Menschen die gleichen Kenntnisse von Bearbeitungsmethoden besaßen wie andere Völker. Die Auskehlung bildet eine Weiterentwicklung dessen, was man von den Clovis-Spitzen kennt. Dabei bleibt noch offen, ob das Auskehlen der Folsom-Spitzen als ästhetisches oder eher als funktionales Merkmal zu werten ist. Der Vorgang des Auskehlens erforderte einerseits einen hochwertigen Schlagstein und barg andererseits

△ Eine von vier ausgekehlten Clovis-Spitzen aus dem Mammut-Jagdplatz von Colby (Wyoming). Sie wurden zusammen mit den teilweise erhaltenen Resten von acht Mammuten gefunden, die über eine Strecke von 100 Meter am Boden eines Arroyo verstreut lagen.

GEORGE C. FRISON

schützt, der Möglichkeit, dieser Tiere habhaft zu werden, eindeutige Grenzen. Jeder Versuch, ein Mitglied dieser Familie zu töten, zieht sofortige Vergeltungsmaßnahmen der Leitkuh nach sich. Es ist durchaus wahrscheinlich, daß die Mammute eine ähnliche Familienstruktur besaßen, doch werden wir dies niemals genau wissen.

Die Indizien sind zu spärlich, um zu entscheiden, ob die Clovis-Jäger den Mammuten nur gelegentlich oder zu bestimmten Jahreszeiten in geplanten Aktionen nachstellten oder ob beides zutrifft. Die Überreste eines oder zweier Tiere, die an einer Wasserquelle entdeckt wurden, lassen auf nur gelegentliche Jagden schließen, während manche Fundstellen, wie Lehner und Colby, offenbar die Reste von Tieren bergen, die über einen längeren Zeitraum in einer systematischeren und vorhersagbaren Jagdstrategie gejagt worden waren. Die Mammute von Lehner wurden als eine einzige Familie gedeutet, die gemeinsam getötet worden war. Dadurch hätten die kleinen Jagdgruppen allerdings einen Überschuß an Fleisch erhalten, der weit jenseits dessen lag, was sie mit sich führen oder aufbewahren konnten, so daß diese Deutung eher unwahrscheinlich ist.

Mit List auf Mammutjagd

Auf den meisten modernen Abbildungen einer Mammut-Jagd sieht man ein Tier, das in einer Fallgrube festsitzt und von Jägern umringt ist. Einige von diesen tragen Speere und Wurfgeschosse, andere werden ein nicht unerhebliches Fehlerrisiko, so daß zwangsläufig ein großer Teil dieses begehrten Rohmaterials vergeudet wurde. Noch dazu war das Ergebnis mehr als zweifelhaft, sorgte das Auskehlen allenfalls dafür, daß die Spitze besser in der Beute steckenblieb, nicht aber für »tödlichere« Wunden.

Über den Auskehlungsprozeß wurde schon viel geschrieben, weil es so schwer ist, ihn nachzuvollziehen. Indessen ist es vielen zeitgenössischen Steinmetzen gelungen, mit Hilfe verschiedenster Methoden die Originale weitgehend zu rekonstruieren. Entscheidend dabei ist, daß man das Prinzip des Schlagens verstanden hat, daß man Steine entsprechender Qualität erkennen und sammeln kann und daß man schließlich fähig ist, die Stärke und Richtung des Drucks zu kontrollieren, der erforderlich ist, um den Steinkanal zu entfernen, der die Rinne bildet. Dazu eignen sich mehrere Hilfsmittel, die mehr oder weniger kompliziert gebaut sind.

So grub man aus einem Folsom-Lager bei Agate Basin zwei guterhaltene Schlagwerkzeuge aus, von denen eines aus Wapiti-Geweih und das andere aus dem Hinterbeinknochen eines Bisons gefertigt war. Sie befanden sich inmitten vieler ausgeschlagener Stein-

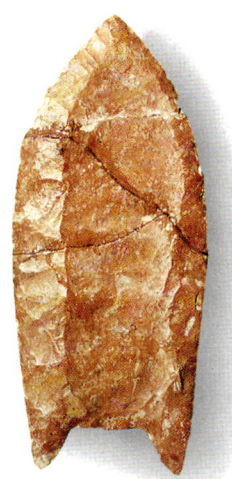

△ Ein hervorragendes Beispiel einer Folsom-Projektilspitze. Die Blutrinnen auf jeder Seite wurden jeweils in einem einzigen Stück entfernt.

GEORGE C. FRISON

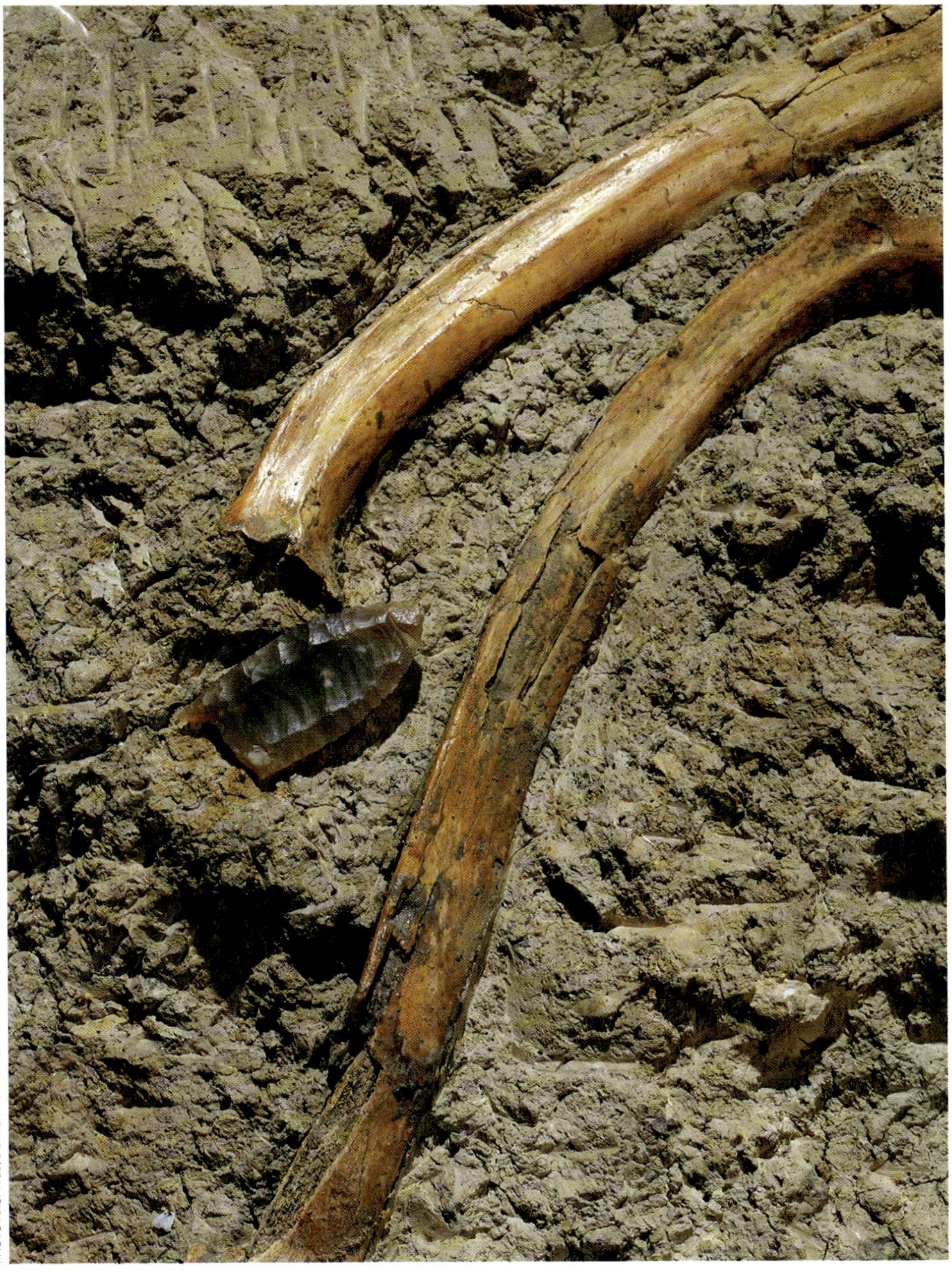

PHOTO ARCHIVES, DENVER MUSEUM OF NATURAL HISTORY

◁ Zwei Rippen einer ausgestorbenen Bison-Unterart und eine Folsom-Spitze liegen im Boden bei Folsom (im Nordosten Neumexikos) noch in ihrer ursprünglichen Position. Dies bestätigte die Verbindungen zwischen menschlicher Waffentechnik und ausgestorbenen Bisons in Nordamerika.

▷ Im Agate Basin im Osten Wyomings, hatten Folsom-Jäger Bisons erlegt. Man fand hier die teilweise erhaltenen Reste von mindestens acht Exemplaren sowie die von mindestens vier Gabelhornantilopen (*Antilocapra americana*). Vermutlich waren die Tiere in dem Flußbett erlegt worden, das neben dem Knochenbett lag, und die Paläoindianer hatten wahrscheinlich während der Wintermonate ihr Lager neben den Fleischvorräten aufgeschlagen.

▽ Die Topographie des Bison-Jagdplatzes von Agate Basin. Die Tiere wurden in den Arroyos gejagt (auf dem Foto von rechts nach links), bis sie in natürlichen und/oder künstlichen Barrieren nicht mehr weiterkamen.

kanäle und Projektilspitzen, die in verschiedenen Bruchstadien ihrer Entstehung verstreut umherlagen. Vermutlich wurden sie in Verbindung mit einem einfachen Hebel dazu benutzt, die Steinkanäle zu entfernen.

Indizien der Paläoökologie

Die Folsom-Schicht bei Lindenmeier zum Beispiel war unter mehreren Meter starken Sedimenten vergraben und an den Ufern eines erodierenden Arroyo zutage getreten. Damals gab es die Radiokarbon-Datierung noch nicht, und weil sich der Fundort an einem trockenen Zufluß des Cache La Poudre River befindet, der in den Rocky Mountains im Front Range von Colorado entspringt, startete man ein geologi-

sches Projekt mit dem Ziel, die Ablagerungen von Folsom im Vergleich mit den Flußterrassen zu datieren, die sich gewissen Ereignissen der Eiszeit zuordnen ließen. Der Erfolg dieser Bemühungen schuf ein allgemeines Interesse daran, archäologische Fundstätten in Zukunft nach verschiedenen wissenschaftlichen Methoden zu erforschen. Wie schon der Fundort von Lindenmeier, liegen zahlreiche bedeutende paläoindianische Siedlungen (besonders die auf den Ebenen und im Südwesten) innerhalb geschichteter geologischer Ablagerungen. Wenn wir die ökologischen Bedingungen des späten Pleistozän und des frühen Holozän möglichst genau rekonstruieren und zudem verstehen wollen, wie sich Menschen und Tiere in diese Umgebung einfügten, sind wir auf die Expertisen zahlreicher Fachleute aus unterschiedlichen Sachgebieten angewiesen, etwa auf Geologen, die auf Forschungen über das Quartär spezialisiert sind, auf Bodenkundler, Palynologen (Fachleute für fossile Pollenanalysen), sowie auf Paläobotaniker, Paläoklimatologen und andere. Derartige interdisziplinäre Untersuchungen werden immer weiter verfeinert, so daß Archäologen ihre kulturellen Funde immer besser vergleichen und letztlich interpretieren können.

Schlachtplätze und Knochenbetten

Knochenbetten, die sich in prähistorischen Zeiten beim Töten, Zerlegen und Verarbeiten von Bisons bildeten, sind von allen paläoindianischen Fundstellen am auffälligsten. Die Lage dieser Schlachtplätze wird weitgehend von der Topographie bestimmt. Arroyos sind überall auf den Prärien ein häufiger Anblick. Infolge geologischer Prozesse haben sie sich im Laufe der Zeit ständig verändert, und von Zeit zu Zeit bildete die Landschaft eine natürliche Bisonfalle. Manchmal ergänzten die prähistorischen Jäger einen

Zaun oder eine Linie von Treibern. Häufig sind noch Steinreihen erhalten, mit denen vermutlich die hölzernen Zäune verstärkt wurden.

Zwar haben die fortlaufenden geologischen Vorgänge die meisten archäologischen Indizien vernichtet, daß Arroyos für die Bisonjagd in großem Stil genutzt wurden, doch kommt es zuweilen vor, daß diese Prozesse im Gegenteil dazu beitragen, derartige Stellen zu erhalten. Unter normalen Umständen sind Arroyos einem Kreislauf von Erosion und Ablagerung unterworfen. So wird ein Knochenbett am Grunde eines Arroyo, der sich gerade auffüllt, vorübergehend von einer Sedimentschicht geschützt und bewahrt. Später dann wird das Knochenbett bei dessen Abbau normalerweise zerstört. In seltenen Fällen jedoch kann der Abbau eines Arroyo einen anderen Verlauf nehmen, so daß das Knochenbett oder Teile davon intakt bleiben.

Ein solches Knochenbett ist auf die Aktivitäten menschlicher Jäger zurückzuführen und bildet daher eine bedeutende Quelle kultureller Information. Die Untersuchung dieser Knochenbetten nennt man Taphonomie und befaßt sich mit dem Verbleib tierischer Überreste, nachdem die Tiere getötet und bevor die Knochen wieder freigelegt wurden. Archäologen nutzen viele Arten taphonomischer Daten. So kann man zum Beispiel normalerweise unterscheiden, welche Veränderungen an den Knochen von Menschen und welche von Raubtieren und Aasfressern verursacht wurden.

Ebenso kann man entscheiden, ob Knochenhaufen von Menschen zusammengesteckt und aufgehäuft oder ob sie lediglich vom Wasser zusammengespült wurden. Verschiedene Stadien der Verwitterung an einzelnen Knochen verraten, wie lange und unter welchen Umständen ein Knochenbett damals an der Erdoberfläche lag. Und an den Resten vieler Tiere läßt sich ablesen, ob die Knochen alle von einer einzigen Massenjagd stammen oder sich allmählich über einen längeren Zeitraum mit einzelnen Jagden angesammelt haben.

Paläontologen wiesen die Archäologen auf die Tatsache hin, daß die Zähne von Tieren, wie etwa des Bisons, in besonderen Altersstadien durchbrechen, so daß sich das Alter junger Tiere innerhalb weniger Wochen bestimmen läßt. Dazu kommt, daß die Zähne der Tiere nicht nur länger erhalten bleiben als andere Körperteile, sondern daß — insbesondere bei den Paläoindianern — die Unterkiefer in der Regel unversehrt fortgeworfen wurden, wenn man die Kadaver schlachtete und verarbeitete, da sie sich zum Verzehr kaum eigneten.

Wenn unter den Bisonknochen auch junge Tiere gefunden wurden, können wir einigermaßen genau den Zeitpunkt der Jagd bestimmen, indem wir das Alter eines Jungtieres zu seinem Geburtstermin addieren (man weiß nämlich, daß die Jungen innerhalb eines kurzen Zeitraums im Frühling zur Welt kommen). Wenn dagegen Bisons oder andere Tiere im Winter erlegt wurden, können wir dies ebenfalls feststellen, indem wir untersuchen, welche Zähne durchgebrochen sind und/oder ob Reste fötaler Entwicklungsstadien erhalten sind. Die Knochenbetten können uns aber auch etwas darüber verraten, wie die Tiere zerlegt wurden und welche Mengen an Fleisch die paläoindianischen Jäger benötigten. Insgesamt helfen uns diese Informationen, die Lebensweise der Paläoindianer zu rekonstruieren.

Die Bisonjagd in der Folsom-Zeit

Nach Lindenmeier wurden noch viele andere Fundorte der Folsom-Kultur überall in den Prärien und den Becken der Rocky Mountains entdeckt. Die meisten davon geben Zeugnisse von der Bisonjagd. So barg der Lipscomb Bison Quarry, im Nordosten von Texas, die Kadaver von mindestens 14 Exemplaren einer ausgestorbenen Bison-Art sowie mehrere ausgekehlte Projektilspitzen und Steinwerkzeuge der Folsom-Jäger. Bei Folsom selbst, im Nordosten Neumexikos, fanden sich die Reste von etwa 30 dieser ausgestorbenen Bisons, wobei man nicht weiß, ob sie alle einer einzigen Jagd zum Opfer fielen. Ein Bereich der Fundstelle von Lindenmeier, der als die »Bisongrube« bekannt ist, enthält die Knochen von wenigstens neun Bisons (vergleiche den Kasten *Die paläoindianischen Bisonjäger*).

Der Fundort von Hell Gap entspricht topographisch etwa dem von Lindenmeier. Hier gibt es eine permanente Wasserquelle, und das Gebiet öffnet sich in eine Ebene, die für die weidende Megafauna des späten Pleistozän und des frühen Holozän ideal gewesen sein dürfte. Aus den Knochen und sonstigen Überresten der Bisons geht hervor, daß die paläoindianischen Jäger nahezu 3000 Jahre lang kleine Bisongruppen erlegt haben. Dabei nutzten sie die natürliche Barriere eines Arroyo oder stellten dort (vielleicht auch zusätzlich) Baumstämme auf, die sie als Falle einsetzten.

Wenigstens tausend Jahre seit den Zeiten von Folsom fingen die Paläoindianer Bisons in den Arroyos, die in der Nähe von Agate Basin im östlichen Mittelwyoming, nördlich von Hell Gap, lagen. Von einer Winterjagd in der Folsom-Zeit blieben teilweise er-

haltene Reste von acht Bisons übrig. Offenbar lagerte die Jagdgruppe entlang der geschlachteten Tiere und nutzte das Fleisch, das vermutlich gefroren wurde, je nach Bedarf. Der Anordnung ihrer Aufenthaltsplätze, ihrer Gegenstände und anderer Dinge nach zu urteilen, lebten die Menschen damals in kleinen, zu ebener Erde gebauten Unterkünften, die denen der Tipis der Prärieindianer sehr ähnlich waren. Die Siedlung befindet sich auf einem Überschwemmungsgebiet, wo man im Winter gut leben konnte. Sobald es jedoch wärmer wurde und die Frühjahrsschmelze einsetzte,

△ Ein Blick auf das Flußbett von Wild Horse in der Nähe von Folsom, ehe die Ausgrabungen im Jahre 1926 begannen. Das Bison-Knochenbett wurde fast auf dem Boden des Arroyo freigelegt. Unmittelbar vor dem Knochenbett wird der Arroyo wesentlich enger, und die Steigung nimmt deutlich zu. Dies waren ideale Bedingungen für eine natürliche Falle.

DIE PALÄOINDIANISCHEN BISONJÄGER

GEORGE C. FRISON

Die paläoindianischen Bisonjäger der nordamerikanischen Ebenen waren mit ihrem Jagdrevier und dem Alltagsverhalten der Tiere vertraut. Zudem hatten sie die besten Waffen entwickelt, die auf der Welt damals bekannt waren. Die gemeinsame Jagd diente nicht nur der Nahrungsbeschaffung, sondern war zugleich ein bedeutendes, gesellschaftliches Ereignis. Die ganze Jagdgruppe — oder sogar mehrere von ihnen - versammelte sich an einem bestimmten Ort, aber nicht nur, um die Gemeinschaft mit Fleisch zu versorgen. Man ging hier auch anderen sozialen Verpflichtungen nach, die dazu beitrugen, den Zusammenhalt der Gruppe zu stärken und ihr Fortbestehen zu sichern.

Die gemeinschaftliche Bisonjagd war ein Ereignis, das immer die Möglichkeit von Fehlschlägen in sich trug. Daher wurde das Übernatürliche beschworen, um die Erfolgschancen zu steigern. Die dazu nötigen Rituale wurden von dem religiösen Anführer, dem Schamanen, durchgeführt. Er rief zum Beispiel die Tiere herbei und sorgte dafür, daß die Geister der getöteten Tiere angemessen behandelt wurden. Auf diese Weise wurde der künftige Jagderfolg mit Sicherheit nicht gefährdet, denn in Jagdgesellschaften wie dieser glaubte man allgemein, daß die Tiere sich den Menschen freiwillig zur Verfügung stellten, allerdings nur solange, wie ihnen durch etablierte Rituale der gebührende Respekt entgegengebracht wurde. Kam es dennoch wiederholt zu Fehlschlägen, machte man den Schamanen dafür verantwortlich.

Dieser schützte sich, indem er die Schuld einem Mitglied der Gruppe zusprach, das sich angeblich weigerte, die angemessenen Rituale zu vollziehen. Viele paläoindianische Fundstellen auf den Prärien zeugen davon, daß sie zwei- bis dreitausend Jahre lang immer wieder gebraucht wurden. Das hängt von ihrer Topographie ab, die entweder auf natürlicher Basis oder mit geringfügigen Ergänzungen Fallen für das Jagdwild bildete. Da die Zähne des Bisons in gewissen Altersstufen durchbrechen und die Kalbzeit auf einen kurzen Zeitraum im Frühjahr beschränkt ist, können wir aus den fossilen Indizien herleiten, daß die Paläoindianer viele Bisonjagden im Spätherbst und Winter durchführten. Wie sich an Fundorten auf den nördlichen Prärien zeigte, wurde überschüssiges Fleisch vorübergehend eingefroren:

GEORGE C. FRISON

△ Schädel und andere Knochen der Bisons, die bei Casper zerlegt wurden.

◁ Ein modernes Modell zu der parabolförmigen Düne, in der bei Casper (Wyoming) Bisons gefangen wurden.

GEORGE C. FRISON

▷ Der spektakuläre Fundort von Olsen-Chubbuck im Osten Colorados barg die Überreste von über 200 großen pleistozänen Bisons. Diese Tiere waren vor etwa 10 000 Jahren in einen tiefen, schmalen Arroyo getrieben und dort getötet worden. Steinerne Projektilspitzen unter den Knochen zeigen, daß einige Tiere von den Jägern erlegt wurden. Die Herde umfaßte Männchen und Weibchen jeden Alters. Viele unten liegende Tiere waren unter den anderen so tief begraben, daß sie nicht geborgen werden konnten. Dies ist insofern ungewöhnlich, als an allen anderen paläoindianischen Jagdplätzen nur wenige Tiere nicht genutzt wurden.

Knochen von Bisons, die vor 10 000 Jahren zerlegt worden waren, liegen im Graben einer parabolförmigen Sanddüne bei Casper (Wyoming). Als die Tiere erlegt wurden, war der Graben mehrere Meter tief und mindestens 150 Meter lang. Um fliehen zu können, mußten sich die Tiere, die in diese Falle getrieben worden waren, wieder umdrehen, wobei sie schutzlos den Geschossen der Jäger ausgesetzt waren.

▽ Diese Reste von Bison-Kadavern blieben in derselben Stellung erhalten, in der man sie nach dem Zerlegen in der Dünenfalle von Casper zurückgelassen hatte.

wurde dieses Gebiet überschwemmt und damit unbewohnbar.

Weiter nördlich, im Becken des Powder River im Nordosten Wyomings, standen — vermutlich vor einigen Millionen Jahren — mehrere über 30 Meter starke Kohlebetten in Flammen. Dieser Brand führte dazu, daß sich ein Landstück absenkte, das über einen Kilometer breit und mehrere Kilometer lang war. Im Laufe der Zeit sammelte sich Wasser an, und es entstand ein flacher See. Die hohen Gräser, die an den Ufern wuchsen, zogen die weidende Megafauna an, und als Schmelzwasser in den See gelangte, bildeten sich allmählich Arroyos. Einer davon, der heute die Bezeichnung Carter/Kerr-McGee trägt, wurde zu einer bedeutenden Bisonfalle, und dieser Fundort bildet mit seinen paläoindianischen kulturellen Gegenständen beinahe einen Doppelgänger von Hell Gap. Die Lage und die Form des Arroyo machten ihn zu einer idealen Falle für die großen Tiere dieser Zeit.

Zu den größeren Fundstätten der Folsom-Kultur gehört Hanson im Bighorn Basin im nördlichen Wyoming. Auch sie liegt am Kopf eines Arroyo, das sich in ein weites Gebiet öffnet, wo Bisons damals gegrast haben dürften. Damit war auch Hanson eine ideale Bisonfalle. Entweder gingen diese Tiere von sich aus am Arroyo entlang, bis sie die natürliche oder künstliche Falle erreicht hatten, oder sie wurden getrieben. Zahlreiche Bisonknochen, die man aus den Folsom-Schichten dieser Fundstelle barg, lassen vermuten, daß diese Tiere in der Nähe gejagt worden waren.

Die Sand Dunes National Monuments aus dem San Luis Valley im Süden Colorados entstanden, als der Sand, der sich über den Ostteil des Tales hinwegbewegte, an steilen Berghängen zum Stillstand kam. Am Rande der Dünen wurden mehrere Stellen nachgewiesen, an denen die Folsom-Jäger Bisons erlegt hatten. Eine davon, die den Namen Cattle Guard trägt, liegt sehr dicht an der Oberfläche, barg aber dennoch zahlreiche Gegenstände, die in ihrer Anordnung unversehrt erhalten waren. Zweifellos eignete sich dieses Gebiet für die Folsom-Jäger ganz hervorragend zur Bisonjagd, doch kennen wir die Jagdstrategie nicht genau. Im Zentrum Wyomings muß einmal vor 10 000 Jahren eine U-förmig gebogene Sanddüne als

Bisonfalle gedient haben. Vielleicht waren die Umstände in der Folsom-Zeit im San Luis Valley ähnlich.

Der Kulturkomplex von Goshen

Beinahe zwei Jahrzehnte nach der Erforschung von Hell Gap tauchte nichts in den paläoindianischen Fundstätten auf, das in irgendeiner Beziehung zum Goshen-Komplex gestanden hätte. Dies änderte sich, als man zu Beginn der achtziger Jahre im Südosten Montanas Mill Iron entdeckte. Die Projektilspitzen und Werkzeuge, die aus einem felsigen Steilhang in der Nähe des flachen Gipfels eines verwitterten Berges durch Erosion freigelegt worden waren, erinnerten in verblüffender Weise an diejenigen, die man aus der untersten Schicht von Hell Gap geborgen und mit dem Namen Goshen versehen hatte. Da sich bei Mill Iron lediglich Hinweise auf eine einzige paläoindianische Kultur fanden, bestand keine Möglichkeit, sie stratigraphisch mit den Schichten von Clovis und Folsom zu vergleichen. Allerdings geben Radiokarbon-Datierungen der Objekte an, daß sie etwa 11 000 Jahre alt sind. Obwohl hier zwei Bruchstücke von Mammutrippen geborgen wurden (einer davon diente als Werkzeug oder als Griff einer Waffe), spricht weiter nichts dafür, daß hier Mammute erlegt wurden. Zweifellos lagen hier noch Mammutknochen herum und wurden für eine gewisse Zeit genutzt, nachdem die Tiere ausgestorben waren.

Ein Lager mit Bisonknochen, das sich in der Nähe von Mill Iron befand, enthielt die teilweise erhaltenen Reste von mindestens 31 Tieren, die man in der Mitte oder am Ende des Winters erlegt hatte. Allerdings sorgte die extreme Erosion dieser Gegend für soviel Landverlust, daß man keine Schlüsse auf die Jagdstrategie jener Zeit ziehen kann. Zudem ist es unmöglich zu entscheiden, ob die Bisons alle bei einer einzigen Jagd ums Leben gekommen waren.

An der bereits erwähnten Fundstelle von Carter/Kerr-McGee, im zentralen Becken des Powder River im Norden Wyomings, wurde unterhalb einer

◁ Im San Luis Valley im Norden Colorados wurden zahlreiche Fundstätten der Folsom-Kultur entdeckt. An der Ostseite des Tals haben sich mächtige Sandschichten angehäuft, und am Rande der Dünen wurden Bisonkadaver gefunden, die den Folsom-Jägern zum Opfer gefallen waren. Der Boden des Tales liegt auf einer Höhe von etwa 2400 Meter, und die Bergspitzen im Hintergrund erheben sich bis in eine Höhe von 4250 Meter.

△ Eine Goshen-Projektilspitze aus dem Bison-Jagdplatz von Mill Iron im Südosten Montanas.
GEORGE C. FRISON

▽ Als man das schlecht erhaltene Bison-Knochenbett von Mill Iron freilegte, entdeckte man die teilweise erhaltenen Reste von mindestens 31 Tieren, die im Spätwinter oder zu Beginn des Frühjahrs erlegt worden waren. Vermutlich waren sie gleich in der Nähe getötet worden, doch wurden alle landschaftlichen Indizien für eine geeignete Falle durch Erosion zerstört.

Folsom-Schicht der winzige Rest einer Schicht entdeckt, die Projektilspitzen vom Goshen-Typ enthielt. Dies ist ein weiterer Fall, bei dem die stratigraphische Anordnung dafür spricht, daß Goshen älter ist als Folsom. Seiner Lage nach zu urteilen muß Carter/Kerr-McGee als eine Tierfalle genutzt worden sein. Allerdings wurden in der Goshen-Schicht nur ein Mittelfußknochen eines spätpleistozänen Kamels sowie verschiedene, nicht identifizierte Bruchstücke schwerer Röhrenknochen entdeckt. Wie schon bei Hell Gap rechnete man diese Schicht zunächst Clovis zu, und erst ein näherer Blick auf die Projektilspitzen zeigte, daß sie mit höherer Wahrscheinlichkeit zu Goshen gehörten.

Die Technologie der Projektilspitzen von Goshen ist der von Folsom sehr ähnlich, sieht man davon ab, daß die Spitzen von Goshen nicht ausgekehlt sind. Stattdessen gehen mehrere eingesenkte Stellen distal von der Basis aus, — vermutlich um die Basis dünner zu machen, damit die Spitze besser haften bleibt - doch läßt sich nichts nachweisen, das als Auskehlung gelten könnte. Die Werkzeuge sind sowohl denen von Clovis als auch denen von Folsom ähnlich. Zieht man alle diese Indizien — die Art der Werkzeuge und Projektilspitzen, die Stratigraphie und die Jagdstrategien — in Betracht, ist es wohl plausibel davon auszugehen, daß Goshen der direkte Vorläufer der Folsom-Kultur war.

Zur Zeit werden in einem kleinen Becken in den Rocky Mountains, unweit des Quellgebietes des Colorado River, das als Middle Park bekannt ist, archäologische Untersuchungen durchgeführt. Bisher förderten sie sowohl Folsom- als auch Goshen-Schichten zutage. An einem Jagdplatz mit mindestens 13 Bisons wurden Projektilspitzen der Goshen-Kultur gefunden. Er befand sich auf einer Anhöhe von 2620 Meter. In einem nicht weit entfernten Lager wurden Goshen- und Folsom-Gegenstände nebeneinander gefunden. Daraus geht eindeutig hervor, daß die Bisons im späten Pleistozän und im frühen Holozän

diese Höhenlagen aufsuchten. Da die Bison-Überreste dort gefunden wurden, wo ein größerer Wildpfad den Kamm eines steilen Hügels erreicht, ist zu vermuten, daß die Jäger diese Tiere den Pfad hinauftrieben und dann töteten, als sie sich nach dem steilen Anstieg drängten und auf die Gefahr, die ihnen von den übrigen Jägern auf dem Gipfel drohte, kaum achteten.

Obwohl Stätten wie diese immer wieder entdeckt werden, haben wir noch nicht genügend Informationen, um das Verhältnis zwischen den Kulturen von Clovis, Goshen und Folsom mit Sicherheit klären zu können. Soweit man bisher den Radiokarbon-Datierungen und den stratigraphischen Indizien entnehmen konnte, haben die Clovis-Jäger den nordamerikanischen Kontinent vor etwa 11 000 Jahren erreicht, und die Kulturen von Goshen und Folsom folgten nur wenig später.

Das große Sterben der Tiere

Was geschah nun mit den riesigen Tieren des späten Pleistozäns, die damals schon vom Aussterben bedroht waren, als die Clovis-Jäger das Land erreichten? Das ist eine faszinierende Frage. Solange nicht Indizien dafür auftauchen, daß bereits vor den Clovis-Jägern Menschen mit hochentwickelten Jagdtechniken in Nordamerika lebten, können wir den Untergang der Tiere nicht allein dem Menschen zuschreiben. Obwohl die Clovis-Kultur in Nordamerika weit verbreitet war, spricht nur sehr wenig dafür, daß diese Menschen die Tiere ausgerottet haben könnten - allerdings dürften sie ihnen in einigen Fällen, insbesondere im Falle der Mammute, den Gnadenstoß versetzt haben. Es ist auch unwahrscheinlich, daß Pferde oder Kamele in Nordamerika von Menschen gejagt wurden, während die Bisons auf den Prärien mindestens noch 3000 Jahre, nachdem die Clovis-Jäger verschwunden waren, die Hauptbeute der paläoindianischen Jäger bildeten. Für das umfassende Aussterben vieler Tierarten am Ende des Pleistozäns gibt es noch keine befriedigende Erklärung. Sicher ist, daß es auf mehrere zusammenwirkende Faktoren zurückzuführen sein dürfte. (Vergleiche den Kasten *Das Schicksal der frühen Tierwelt Nordamerikas.*)

Jenseits von Knochen und Steinen

Zwar sind an den Untersuchungen paläoindianischer Fundstellen viele verschiedene Fachgebiete beteiligt, doch müssen für eine endgültige Analyse alle Indizien im Rahmen des menschlichen Verhaltens gedeutet werden. Die archäologischen Funde zeigen, daß die Paläoindianer die Fähigkeit erworben hatten, verschiedene Arten von Werkzeugen und Waffen aus Stein herzustellen. Diese Waffen (und insbesondere die Projektilspitzen) änderten sich von Zeit zu Zeit, und aufgrund dieser Veränderungen sind die Archäologen imstande, unterschiedliche Kulturkomplexe zu unterscheiden. Die Werkzeuge sind für eine zeitliche

Einordnung weniger brauchbar, da sie nur geringere Veränderungen zeigen. Daher wurde die haltbare Projektilspitze zum »Leitfossil« der nordamerikanischen Archäologen. Gemeinsam mit der Stratigraphie und der Radiokarbon-Datierung gelang es uns auf diese Weise, eine Chronologie der verschiedenen paläoindianischen Gruppen zu erstellen, die Nordamerika bewohnten.

Zwar können wir uns nicht in die Vergangenheit zurückversetzen und die Paläoindianer unmittelbar beobachten, doch haben wir die Möglichkeit, mit Hilfe unserer Kentnisse moderner Jäger-und-Sammler-Gesellschaften, die sich in verschiedenen Teilen der Welt auf einem vergleichbaren kulturellen Niveau befinden, die Vergangenheit ein wenig zu erhellen. Zum Beispiel bieten die Gruppen der Inuit (oder Eskimos), die Rentiere und Meeressäuger jagen, und die historischen Befunde der Bisonjäger der nordamerikanischen Prärien gute Anhaltspunkte für Vergleiche, so daß wir die Paläoindianer nicht nur als archäologische Fundstätten, sondern als menschliche Gesellschaften betrachten können. Wir dürfen dabei jedoch nicht vergessen, daß derartige Gruppen nur ganz allgemeine Vergleiche zulassen.

Auf dieser Basis können wir sagen, daß sich die Gemeinschaften der Paläoindianer aus kleinen Gruppen nomadischer moderner Menschen (*Homo sapiens sapiens*) zusammensetzten, die mit den Problemen des alltäglichen Überlebens konfrontiert waren. Sie lebten in enger Harmonie mit einer lebensfeindlichen und unnachsichtigen Umwelt, wo ein einziger Fehler bei der täglichen Nahrungssuche Tod oder Verkrüppelung, ja sogar den Hungertod der Familie nach sich ziehen konnte. Diese Menschen mußten mit großen Raubtieren und Aasfressern direkt um die Nahrung konkurrieren und ihre gespeicherten Nahrungsüberschüsse gegen diese und andere Gefahren verteidigen. So konnten Nagetiere, die einen Nahrungsspeicher von unten her angruben, dasselbe Resultat herbeiführen wie ein Grizzlybär, der den Speicher von außen aufriß.

Das Rückgrat der paläoindianischen Wirtschaft war die Jagd, die von den Männern ausgeübt wurde. Die Frauen schnitten das Fleisch von den Kadavern und bereiteten es für den Verzehr vor. Außerdem sammelten sie genießbare Pflanzen. Obwohl die Tätigkeit weniger prestigeträchtig war als die Jagd, bildeten die Pflanzen einen wichtigen Teil der täglichen Nahrung. Die Paläoindianer lebten in kleinen Gruppen, deren einziges politisches Führungsamt der Mann übernahm, der das größte Charisma als Jäger und Versorger der Gruppe für sich beanspruchen konnte. Die Größe der Gruppen variierte zwischen 20 und 50 Individuen, die wiederum vier bis zehn Kernfamilien bildeten. Während der meisten Zeit des Jahres zerfiel die Gruppe in kleinere Einheiten einzelner oder mehrerer Familien, um die verfügbaren Nahrungsressourcen wirkungsvoller nutzen zu können. Zur gemeinsamen Jagd oder wenn der Glücksfall eintrat, daß überschüssige Nahrung zur Verfügung stand, versammelte sich die ganze oder gar mehrere Gruppen. Die weitverbreiteten Quellen der Steine, aus denen die Werkzeuge von Lindenmeier (im nördlichen Colorado) gefertigt worden waren, lassen die Vermutung zu, daß sich hier mehr als eine Gruppe versammelt hatte, um an der gemeinsamen Bisonjagd teilzunehmen.

Jede Gruppe beanspruchte ihr eigenes Revier, und

▽ Großohr-Maultierhirsche (*Odocoileus hemionus*) fressen das üppige Gras am Rande der Sanddünen im San Luis Valley. Die Bäume, die an der Basis der Sanddünen stehen, beweisen, daß die Lebensbedingungen früher, als das Wasser noch floß, für die Bisons ideal waren.

die Ressourcen eines Revieres wurden systematisch genutzt. Allerdings waren die Grenzen damals weniger deutlich als heutige Staats- oder Ländergrenzen. Zudem waren die Gruppen exogam, - heirateten also außerhalb der eigenen Gruppe — wodurch sie gezwungen waren, Territorialgrenzen zu überschreiten. In derartigen Jagdgesellschaften zog die Frau zum Haus des Ehemannes, denn es war von überlebenswichtiger Bedeutung, daß die genaue Kenntnis des Jagdreviers vom Vater auf den Sohn weitergegeben wurde.

Jagdgruppen wie diese hatten ein besonderes Verhältnis zur Tierwelt. Die meisten Jagdvorhaben wurden von Jagdmagie und von Ritualen beherrscht, insbesondere dort, wo die Wahrscheinlichkeit eines Fehlschlags hoch war, etwa bei einer gemeinsamen Bisonjagd. Diese Menschen glaubten, daß sich die Tiere freiwillig den Menschen zur Verfügung stellten und daß sie dafür ein wohlbemessenes Maß an Respekt für sich beanspruchten. So mußten die Geister der Tiere in jedem Stadium der Jagd angemessen behandelt werden. Geschah dies nicht, stellten sich die Tiere nicht länger zur Verfügung. Daher war der Schamane oder Medizinmann bei der gemeinsamen Jagd anwesend, um sicherzustellen, daß die richtigen Rituale vollzogen wurden. Ihm fiel auch die Rolle zu, Krankheiten zu heilen, die nach allgemeiner Ansicht keine natürlichen Ursachen hatten, sondern dadurch entstanden, daß irgendwelche Tabus gebrochen worden waren.

Diese paläoindianischen Jagdgesellschaften überlebten viele Jahrtausende, und eines der Geheimnisse ihres fortdauernden Erfolges war die Zusammenarbeit. Unabhängig davon, wer ein Tier getötet oder Nahrung gesammelt hatte, erhielten alle Gruppenmitglieder ihren Anteil, denn nicht jeder Jäger oder Sammler konnte bei jedem Versuch Erfolg haben. Wenn die Nahrung knapp wurde, war das Teilen sogar noch wichtiger. Es galt als verwerflich, Nahrung zu hamstern, und zudem war es in diesen Gesellschaften nahezu unmöglich, dies zu tun, ohne ertappt zu werden. Am meisten wurden jene bewundert, die am meisten heranschafften und verteilten. Die Aufbewahrung von Nahrung in Vorratslagern war etwas anderes als das Hamstern. Es galt als eine kurzfristige Maßnahme zur Vorsorge für Zeiten, in denen man draußen nicht nach Nahrung suchen konnte. Diese Art der Speicherung dürfte auch mehr in der Arktis verbreitet gewesen sein, während diese Notwendigkeit für Gruppen in wärmeren Gebieten nicht bestand.

Man kann sich nur schwer vorstellen, daß Menschen, so angepaßt sie gewesen sein mögen, den Winter der kälteren Regionen ohne passende Kleidung und Unterkunft überlebt hätten. Die archäologischen Befunde verraten uns über diesen Lebensbereich der Paläoindianer nur sehr wenig, und wenige Fundstellen lassen uns ahnen, wie die Winterquartiere aussehen. Vermutlich lebten sie in einfachen Unterkünften, ähnlich den Tipis der nordamerikanischen Prärie-Indianer. Letztere bestehen aus den Häuten großer Tiere, die über einen konischen Rahmen aus langen Stangen gespannt werden. Derartige Zelte sind im Winter tatsächlich bemerkenswert warm, wenn sie gut mit Schnee isoliert und von innen mit kleinen Feuern geheizt sind. Aber selbst so kann man sich kaum vorstellen, daß sie Temperaturen unter Null ohne eine angemessene Kleidung (insbesondere an

den Füßen) überlebt hätten. Wir wissen auch, daß sie über die Werkzeuge verfügten, um solche Kleidung herzustellen. So kennt man zum Beispiel aus der Folsom-Kultur mit einer Öse versehene Knochennadeln, die unseren Metallnadeln nicht unähnlich sind.

Wunschtraum der Archäologen

Es ist natürlich der Wunschtraum des Archäologen, völlig unberührte Fundstätten freizulegen, die neben den charakteristischen Projektilspitzen auch organisches Material bergen, die sich mit der Radiokarbon-Methode datieren lassen. Leider kommt dies selten vor. Wir sollten aber niemals vergessen, daß es bei der Archäologie der Paläoindianer um Menschen geht, die uns recht ähnlich waren. Sie kämpften unter den schwierigsten Umweltbedingungen ums Überleben, zogen ihre Kinder auf und erhielten die menschliche Bevölkerung von einer Generation zur nächsten. Das ist bei weitem mehr als das bloße Studium von Gegenständen aus Stein und Knochen.

△ Zwei Clovis-Spitzen vom Richey-Roberts-Waffenlager bei Wenatchee (Washington) am Columbia River. Dies war das erste Clovis-Waffenlager, das von professionellen Archäologen ausgegraben wurde. Ferner fand man dort Klingen, Klingenwerkzeuge, unvollendete Projektilspitzen sowie geschnitzte zylindrische Gegenstände aus Mammutknochen, ähnlich denen, die man von Anzick kennt.

DAS SCHICKSAL DER FRÜHEN TIERWELT NORDAMERIKAS

DONALD K. GRAYSON

Am Ende des Pleistozäns starben in Nordamerika 35 Säugetiergattungen aus - einige existierten auch anderswo auf der Erde nicht mehr (29 Gattungen), während andere nur aus Nordamerika verschwanden (sechs Gattungen). Besonders bedeutungsvoll unter den Verlusten waren die großen Pflanzenfresser, darunter Mastodonten, Mammute, Moschusochsen, Pferde, Kamele, Riesenfaultiere und Riesenbiber. Viele andere gehörten zu den Carnivoren, die sich vermutlich von den Pflanzenfressern ernährten, etwa die Säbelzahnkatze, der amerikanische Gepard, der amerikanische Löwe und der pleistozäne Wolf.

Aus den archäologischen und paläontologischen Befunden geht hervor, daß praktisch alle diese Säuger am Ende des Pleistozäns, vor 10 000 Jahren, ausgestorben waren. Völlig offen dagegen ist, wann das Aussterben begann - und was die Ursache dafür war.

◁ Das amerikanische Mastodon.

H.S. RICE/COURTESY DEPARTMENT OF LIBRARY SERVICES, AMERICAN MUSEUM OF NATURAL HISTORY

▽ Im Pleistozän waren Säbelzahntiger, die etwa Löwengröße hatten, weit verbreitet.

CHIP CLARK/NATIONAL MUSEUM OF NATURAL HISTORY, SMITHSONIAN INSTITUTION

Nahezu alle dieser ausgestorbenen Säugetiere scheinen den Höhepunkt der Vereisung überlebt zu haben, der vor etwa 22 000 bis 18 000 Jahren eintrat. Seit Mitte der sechziger Jahre geht man allgemein davon aus, daß praktisch alle diese Tiere vor ungefähr 12 000 bis 10 000 Jahren ausgestorben sind, doch wird dies durch eine neue, detaillierte Untersuchung der verfügbaren Radiokarbon-Daten nicht bestätigt. Nur von neun der 35 ausgestorbenen Arten (darunter Pferde, Kamele, Mammute und Mastodonten) läßt sich nachweisen, daß sie vor 12 000 Jahren noch existierten. Die verbleibenden 26 Arten könnten während dieser Zeit ausgestorben sein. Sicher ist das aber nicht, denn sie könnten schon Jahrtausende vor dem Ende des Pleistozäns verschwunden sein.

Solange wir nicht mehr über den zeitlichen Ablauf wissen, können wir nur Vermutungen darüber anstellen, welche Ursachen zum Aussterben der Tiere führten. Dazu gibt es zwei Theorien. Die am besten bekannte ist die des Paläontologen Paul S. Martin, nach dessen Ansicht die Tiere offenbar zu der Zeit verschwanden, als die Clovis-Jäger in Nordamerika auftraten. Diese paläoindianischen Jäger tauchten, wie er meint, vor etwa 11 500 Jahren südlich des Gletscherrandes auf, wo sie sich mit einer Fülle großwüchsiger Jagdtiere konfrontiert sahen. Weil diese Pflanzenfresser niemals zuvor mit menschlichen Jägern zu tun hatten, besaßen sie diesen gegenüber keinerlei Verteidigungsverhalten. Indem sie sich nun diese massive, ahnungslose und leicht zugängliche Nahrungsquelle zunutze machten, vermehrten sich die menschlichen Jäger und breiteten sich sehr rasch nach Süden aus. Dabei hinterließen sie eine Spur ausgelöschter Säugetier-Populationen — und schließlich ausgestorbene Gattungen. Mit dem Verschwinden ihrer Beute gingen auch die Räuber dahin, wie die Säbelzahnkatze, der amerikanische Gepard und der amerikanische Löwe.

Obwohl diese »Overkill-Hypothese« auf den ersten Blick einleuchtet, hat sie in den letzten Jahren viele Anhänger verloren. Zunächst einmal gibt es Belege dafür, daß die Paläoindianer einen bei weitem vielfältigeren Speisezettel hatten als diese Hypothese voraussetzt. Zudem wurden nur die Reste von Mammuten und Mastodonten in einem Umfeld gefunden, aus dem hervorgeht, daß sie menschlichen Jägern zum Opfer fielen.

Obwohl unsere Kenntnisse über die Lebensweise der Paläoindianer sehr beschränkt sind, ist es schon merkwürdig, daß offenbar Mammut und Mastodon die einzigen Säugetiere waren, deren Reste man mit menschlichen Projektilspitzen zusammen auffand. Auf dem Festland der Vereinigten Staaten sind die häufigsten Fossilien die von Pferden (gefolgt von Mammuten), aber man kennt keine Fundplätze, an denen Pferde gejagt worden waren. Dasselbe gilt für das Kamel (gefolgt vom Mastodon). Auch hier wurde bei den Resten niemals eine menschliche Todesursache nachgewiesen.

Während nun die Ausrottungs-Hypothese an Bedeutung verliert, werden in stärkerem Maße klimatische Ursachen für möglich gehalten. Entsprechende Konzepte wurden von den Paläontologen Russell W. Graham, R. Dale Guthrie und Ernest L. Lundelius vorgestellt. Ungeachtet ihrer Komplexität gehen alle Vorstellungen davon aus, daß es in dem Zeitraum, als die Tiere ausstarben, zu massiven Umweltveränderungen kam, wobei sich auch die jahreszeitlichen Temperaturen verlagerten und die Vegetation ganz anders aussah. Infolgedessen veränderte sich die Verbreitung der Kleinsäuger, und die größeren Säugetiere, die nicht so zahlreich waren, aber höhere Ansprüche an ihre Umgebung stellten, mußten untergehen. Zwar schließen die Verfechter der klimatischen Ursachen keineswegs die Möglichkeit aus, daß auch der Mensch in einigen Fällen seinen Beitrag geleistet haben könnte — etwa, indem er einigen Arten den Gnadenstoß gab — doch halten sie daran fest, daß der entscheidende Grund in den einschneidenden Umweltveränderungen zu suchen ist, die für das Ende des nordamerikanischen Pleistozäns typisch sind.

△ Mit einer Höhe von 5,5 Meter und einem geschätzten Körpergewicht von über drei Tonnen war das Harlan-Riesenfaultier das größte unter den vier Gattungen der Riesenfaultiere, die gegen Ende des Pleistozän in Nordamerika existierten.

PIONIERE DER ARKTIS

2500 vor Christus bis 1500 nach Christus

Das letzte bewohnbare Land

MOREAU MAXWELL

Die Arktis, das letzte bewohnbare Land, wurde relativ spät in der Menschheitsgeschichte vor etwa 2500 Jahren besiedelt. Um in dieser unwirtlichsten und lebensfeindlichsten aller Gegenden überleben zu können, mußten die Menschen letztlich fähig sein, Tiere als Nahrung zu jagen, für Kleidung und Brennstoff zu sorgen. Das war eine nahezu übermenschliche Aufgabe. So konnte es vorkommen, daß ein einzelner Jäger mit seinem zerbrechlichen Speer einem Eisbären gegenübertreten mußte, der doppelt so hoch war wie er selber und von dem er wußte, daß ein einziger Tatzenhieb ihn in zwei Stücke zerteilen konnte.

Trinkwasser, das wichtigste menschliche Nahrungsbedürfnis, war extrem schwierig zu bekommen. In der eisigen Arktis liegt das Süßwasser in steinhartem Eis vor und muß zunächst geschmolzen werden. In vielen Gebieten dieser Region ist Treibholz das einzige Holz zum Feuermachen. Weil es so selten vorkommt, eignet es sich nicht zum täglichen Brennstoff. Daher verbrannten die Bewohner der Arktis stattdessen das Fett von Meeressäugern.

◁ Gegen Frühling zerbricht das Packeis der östlichen Arktis in treibende Felder, zwischen denen offene Wasserrinnen bleiben. Wenn ein Jäger auf dem Eis von der Küste forttreibt, ist er verloren. Manchmal kollidieren zwei treibende Eisfelder und bilden grobe Eishügel. Diese Erhebungen ragen dann fünf Meter oder mehr über die flache Eisebene.

△ Diese Holzmaske, deren Augen aus Knochen geschnitzt wurden, stammt aus einem Grab der Old Bering Sea Kultur. Vermutlich bedeckte die Maske einst das Gesicht des Schädels.

Nordpol

● Independence Fiord

GRÖNLAND

● Baché Peninsula

● Port Refuge

Lancaster Sound

● Pond Inlet

● Cape Denbigh

ALASKA

● Naknek

● Ekuluk Fundstätten

● Kapuivik

● Igloolik

● Sarqaq Fundstätten

Baffin Bay

Davis Strait

● Great Bear Lake

Pazifik

● Great Slave Lake

KANADA

Hudson Strait

● Lake Harbour Fundstätten

● Arnapik

● Saglek

Atlantik

Hudson Bay

Labrador

Quebec

KARTOGRAPHIE: RAY SIM

△ FUNDSTÄTTEN ARKTISCHER TRADITION
Einige frühe prähistorische Stätten, die zwischen
2000 vor und 500 nach Christus bewohnt waren.

▽ FUNDSTÄTTEN DER THULE-KULTUR
Die größte Verbreitung der klassischen Thule-Kultur
von 1200 vor Christus bis zum Jahr 1500.

Thule-Kultur

GRÖNLAND

Baffin Bay

Devon Is.

Banks Is.

Bylot Is.

Davis Strait

Victoria Is.

Baffin Is.

C A N A D A

Southampton Is.

Mansel Is.

Hudson Bay

Labrador

KARTOGRAPHIE: RAY SIM

Robben lieferten nicht nur das Fett, das als Brennstoff diente, sondern waren auch die wichtigste Quelle für Nahrung und Kleidung. Die Jagd war schwierig und gefährlich, besonders im Winter. Zu dieser Jahreszeit jagte man die Robben nämlich am besten in jenem Streifen offenen Wassers, das sich zwischen dem Eis des Meeres und der weiten Eisfläche befindet, die an der Küste festgefroren ist. Hier mußte der Jäger nun geduldig darauf warten, daß der Kopf einer Robbe auftauchte, kleiner als ein Volleyball, ein unbeständig treibendes Ziel für seine Harpune. Während der langen Wartezeiten mußte er ständig auf ein tiefes Krachen achten, das von dem Eis ausging, auf dem er stand. Es signalisierte nämlich, daß es gerade von der Küste abbrach und ihn mit sich auf das Meer hinaustrug. Selbst heute kommt es noch vor, daß Jäger mit dem Eis hinaustreiben und niemals wiederkehren.

Eine einzige Harpune herzustellen bedeutete Tage harter Arbeit. Zunächst sammelte der Jäger einige seltene, kostbare Treibholzstücke, die er geschickt zu einem Schaft zusammenfügte. Anschließend verbrachte er viele Stunden damit, den Harpunenkopf aus hartem Elfenbein zu schnitzen und eine Spitze aus Feuerstein zu schlagen. Schließlich stand er vor der gefährlichen Aufgabe, Robben und andere Beutetiere zu finden und zu erlegen. Wenn ein Jäger erfolgreich mit einem kleinen Robbenkadaver zurückkam, reichte es kaum, um seine Familie eine Woche lang zu ernähren. Dann stand ihm die gleiche Aufgabe erneut bevor.

Was ist die Arktis?

Die Arktis ist die nördlichste Region der Erde und erstreckt sich direkt bis zum Nordpol. Ihre Grenzen lassen sich in Breitengraden oder mit der Entfernung vom Äquator angeben. Die Südgrenze der Arktis, der Polarkreis, umläuft die Erde bei ungefähr 66 Grad 30 Minuten Nord. Dabei durchkreuzt sie den hohen Norden Alaskas, Kanadas und Skandinaviens und verläuft quer durch Sibirien. An einem Tag des Jahres, um den 21. Juni, geht die Sonne hier nicht unter, und etwa am 21. Dezember geht sie auch nicht auf. An der nördlichen Landgrenze gibt es von Mitte Februar bis Mitte März kein Sonnenlicht, und bis Anfang Oktober gibt es täglich nur wenige Stunden Dunkelheit. Diese dramatische Fluktuation zwischen Tageslicht und Finsternis hat bedeutende Auswirkungen auf das biologische Wachstum und die Verhaltensweisen der Menschen.

Da es hier darum geht, festzustellen, wie sich frühe Menschen dem Leben in der Arktis angepaßt haben, ist es nützlich, dieses Gebiet unter dem Aspekt ihres niedrigen »Wärmehaushalts« zu betrachten. Das bedeutet aber nicht, daß die niedrigsten Temperaturen in der Arktis vorkommen: In vielen Bereichen des sibirischen und Yukon-Binnenlandes sinken die Wintertemperaturen manchmal auf Werte, die in der Arktis niemals erreicht werden. Es ist vielmehr die — übers Jahr gesehen - relativ geringe Wärmeenergie, die für die Arktis typisch ist und eine einzigartige Umwelt schafft. Manchmal definieren Wissenschaftler die Grenzen der Arktis anhand der Durchschnittstemperatur im Juli. Eine Isothermenlinie, die alle nördlichen Gebiete durchläuft, deren Durchschnittstemperaturen im Juli zehn Grad Celsius nicht überschreiten, bildet hier eine hilfreiche Grenze.

Noch zwei weitere Linien, die man theoretisch auf den Globus schreiben kann, werden manchmal zur Definition der Arktis benutzt: die Permafrost-Linie und die Baumgrenze. Sie entsprechen in etwa der Isothermenlinie. Die Permafrostlinie bezeichnet jene Gebiete, in denen der Boden — von einer dünnen aktiven Oberfläche abgesehen — permanent gefroren bleibt. Die äußerlich besser sichtbare Baumgrenze, nördlich derer keine Wälder mehr wachsen, hat mit der Permafrostregion insofern zu tun, als der gefrorene Boden nicht nur ein tiefes Eindringen der Baumwurzeln verhindert, sondern auch den Abfluß des Schmelzwassers nach unten nicht erlaubt. Die Baumgrenze markiert die Grenze zwischen der borealen Taiga (mit ihren Nadelwäldern, die sich über weite Gebiete der Subarktis erstrecken) im Süden und der baumlosen Tundra im Norden.

Die Anpassung an das Leben in der Arktis

Obwohl es zahlreiche Arten von Säugern und Vögeln gibt, die die Baumgrenze in beiden Richtungen durchqueren, haben sich einige Tiere in besonderem Maße dieser Umgebung angepaßt und gelten als rein arktische Arten. Unter diesen ist der Eisbär am bekanntesten. Manchmal verbringt er den Sommer unterhalb der Baumgrenze und wartet darauf, daß das Meer gefriert, so daß er wieder jagen gehen kann. (Siehe Kasten *Tiere der Arktis.*) Weitere arktische Tiere sind zum Beispiel der Polarwolf, der Polarfuchs und der Schneehase, die Robben und Walrosse, eine Meerforelle, die vom Meer aus in einen Fluß oder in die Küstengewässer vordringt, um zu laichen, das Karibu sowie verschiedene ziehende Enten und Gänse. Sie

△ Ein Eisbär, der aufgerichtet mehr als 3,5 Meter hoch sein kann, ist für einen Jäger, der nur einen Speer besitzt, eine furchterregende Bestie.

▷ Diese rasiermesserscharfen Mikroklingen aus Hornstein und Quarzkristall sind kaum zehn Millimeter lang. Sie wurden aus sorgfältig präparierten Steinen gedrückt. Bei diesen Gegenständen, die in der arktischen Kleinwerkzeug-Tradition häufig vorkommen, handelt es sich um Messer des täglichen Gebrauchs. Die scharfen Kanten eigneten sich besonders dafür, die Haut von Robben und Karibus für Kleidung zuzuschneiden.

alle waren Beute für die frühen Arktismenschen.

Die Menschen paßten sich den Lebensbedingungen der Arktis auf verschiedene Weise an. Sie entwickelten spezialisierte Techniken, — insbesondere unterschiedliche Typen von Harpunen — um Tiere an Land, auf dem Meer und auf dem Treibeis zu jagen. Außer der Nahrung lieferten die Tiere Häute und Federn für Kleidung und Fett als Brennstoff. Zudem lernten die Menschen, Unterkünfte zu bauen, die ihnen vor der extremen Kälte Schutz gewährten. Soweit die archäologischen Spuren dieser Aktivitäten erhalten blieben, können wir eindeutig zwischen Bewohnern der Arktis und — weiter südlich — den Völkern der borealen Taiga unterscheiden. Später wurden diese beiden Gruppen als Inuit (oder Eskimos) und Indianer bekannt.

Die ersten Paläoeskimos

Vermutlich haben die ersten Bewohner Nordamerikas bereits vor 20 000 Jahren die breite Landbrücke von Beringia, die Sibirien mit Alaska verband, überquert. Damals lag der Meeresspiegel wesentlich niedriger, und das freiliegende Gebiet bildete ein breite Ebene mit Tundren- und Artemisia-Vegetation. Indem sie den riesigen Tieren folgten, die damals den amerikanischen Kontinent durchstreiften (unter anderem Mammut, Mastodon und Bison), drangen diese frühen Jäger zunächst nach Süden vor, auf die nordamerikanischen Ebenen und dann weiter nach Südamerika. Diese Vorfahren der heutigen Indianer lebten in den unvereisten inneren Gebieten Alaskas noch bis etwa 6000 vor Christus.

Diese paläoarktische Tradition mit ihren unverwechselbaren Steinwerkzeugen (letztere werden von Fachleuten zu Einheiten wie Akmak, Anangula, Chindadn und Denali zusammengefaßt) dürften ihren Ursprung schon vor 30 000 Jahren tief in der sibirischen Region des Aldan-Flusses genommen haben. Diese frühen Völker fischten in den Flüssen und jagten Tiere an Land, insbesondere das Karibu, doch entwickelten sie keine Techniken zur Jagd auf dem Treibeis, wie es für die späteren Bewohner der Arktis typisch war.

Als Vorläufer der ersten Nordamerikaner, die sich dem Leben in der Arktis anpaßten, gilt allgemein der Denbigh-Feuerstein-Komplex. Er wurde nach Cape Denbigh (Alaska) benannt, wo die ältesten Feuersteinwerkzeuge der westlichen Paläoeskimo-Tradition entdeckt wurden und taucht in der archäologischen Folge mehrere tausend Jahre nach den Kulturen von Akmak und Anangula auf. Leider hat sich die Radiokarbon-Datierung in der Arktis als weniger zuverlässig erwiesen als anderswo, denn die verschiedenen verfügbaren organischen Materialien, wie Knochen, Geweihe und Stoßzähne aus Elfenbein, nehmen die Kohlenstoff-Isotope offenbar in unterschiedlichen Raten auf, die man bislang nicht nachvollziehen konnte. Dieser Methode zufolge kam die Denbigh-Kultur nicht wesentlich vor 2000 vor Christus auf. Ihre Ursprünge liegen noch im Dunkeln. Vielleicht entwickelte sie sich aus der Akmak-Kultur oder steht mit irgendeiner späteren Tradition aus Sibirien in Verbindung, die von Jägern über die Beringstraße importiert wurde.

Die arktische Tradition kleiner Werkzeuge

Alles, was von der Denbigh-Kultur in Alaska übrig-

blieb, ist eine eigenartige Ansammlung von Steinwerkzeugen, die man an mehreren Stellen nördlich und östlich entlang der Küste Alaskas entdeckte, und zwar von der Basis der Halbinsel Alaskas bis zur kanadischen Grenze. Zu diesen Werkzeugen gehören Meißel, die nur 2,5 Zentimeter lang sind und zum Schnitzen von Knochen, Geweihen und Elfenbein benutzt wurden. Ferner fand man sorgfältig zugeschlagene, zweispitzige Endklingen, die Pfeilköpfen aus Knochen und Geweihen aufgesetzt wurden, sowie Seitenklingen aus Feuerstein und Quarz. Letztere wurden in Pfeil- und Speerspitzen eingesetzt, um bei Landtieren, wie Karibus und Moschusochsen, den Blutverlust zu erhöhen und so rascher zu Boden zu zwingen. Dreieckige Endklingen dienten vermutlich dem Zweck, die Spitzen der Harpunenköpfe zu bilden, und winzige Klingen aus Feuerstein oder Quarzkristall, sogenannte Mikroklingen, deren Breite zehn Millimeter nicht überschritt, nutzte man zum Beispiel, um Tierhäute zu schneiden und Holzgriffe zu schnitzen. Die übrigen, weniger charakteristischen Werkzeuge umfaßten verschiedene Schaber zur Bearbeitung harter Materialien und Tierfelle, aus denen Kleidung entstehen sollte, sowie einige polierte Breitbeile.

Sieht man von letzteren ab, sind diese Werkzeuge und Waffenspitzen so klein, daß sie als die arktische Tradition kleiner Werkzeuge bekannt wurden. Sie läßt sich quer durch mehrere Kulturkomplexe entlang der arktischen Küste ostwärts bis nach Grönland nachweisen. Nur weil die Werkzeuge und Waffen dieser unterschiedlichen Komplexe einander so ähnlich sind, betrachtet man den Feuerstein-Komplex von Denbigh als die ursprüngliche Kultur der nordamerikanischen Arktis.

Die ältesten Denbigh-Fundstellen befinden sich landeinwärts an den Flüssen Kobuk und Brooks, an der Basis der Halbinsel von Alaska. An beiden Stätten fanden sich Hinweise auf Karibu-Jagd und auf Flußfischerei. Die Siedlungen setzten sich aus Einheiten von zwei bis drei flachen Grubenhäusern zusammen, die etwa 60 Zentimeter tief vergraben waren und von denen jedes über einen abschüssigen Eingang und eine zentrale Feuerstelle verfügte. Es scheint, daß die frühen Denbigh-Jäger nur während der kurzen Sommer an der Küste lebten. Spätere Fundstellen wurden dagegen ganzjährig genutzt; vermutlich hatten die Jäger zu der Zeit die Fähigkeit entwickelt, entlang der gefrorenen Küste Meeressäuger zu erlegen.

Ganz offenbar bildet die Denbigh-Kultur den einzig logischen Vorfahren der Tradition arktischer Kleinwerkzeuge, die sich von Alaska ostwärts nach Grönland ausbreitete. Es bleibt bei Denbigh jedoch ein Datierungsproblem, das noch nicht gelöst wurde. So geben Radiokarbon-Datierungen des ersten Fundplatzes auf Cape Denbigh und mehreren anderen Orten am Brooks River ein Alter der Kultur auf etwa 4000 Jahre an. Ähnlich verläßliche Daten kommen von den östlichsten Fundstellen der arktischen Kleinwerkzeug-Tradition, aus Grönland. Auch sie gehen auf etwa 2000 vor Christus oder einige Jahrhunderte früher zurück.

Es ist höchst unwahrscheinlich, daß die frühen Jagdgruppen die 4800 Kilometer vom Westen Alaskas bis nach Nordgrönland in weniger als einem Jahrhundert zurückgelegt hätten. Selbst vier oder fünf Jahrhunderte wären für eine solche Wanderung noch zu wenig Zeit. Zudem fehlt dafür eine einleuchtende

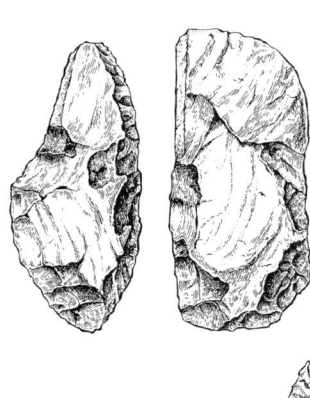
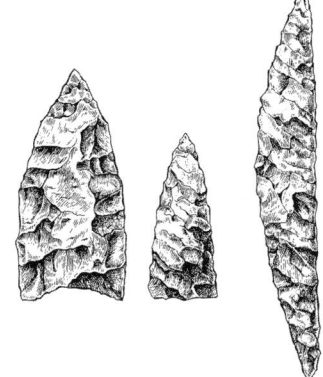

△ Steinwerkzeuge aus dem Denbigh-Feuerstein-Komplex. Die oberen beiden sind Meißel. Bei der unteren Reihe handelt es sich, von links nach rechts, um zwei Harpunen-Endklingen und um eine Seitenklinge, die in die Seite eines Pfeils gesteckt wurde.

ILLUSTRATIONEN: KEN RINKEL (NACH MOREAU MAXWELL)

◁ Einige kleine Karibu-Herden bleiben über den Winter in den arktischen Tälern. Die meisten jedoch verließen im Frühjahr die südlichen Wälder und wanderten in riesigen Herden nach Norden, um im Spätherbst nach Süden zurückzukehren.

△ Der Schwertwal war zu gefährlich, um häufiger von Kajaks aus gejagt zu werden. Allerdings belegen Knochenfunde schon aus der Sarqaq-Zeit, daß man diese Wale manchmal erlegte oder die Knochen angespülter Kadaver nutzte.

TIERE DER ARKTIS

M enschen, die in der Arktis leben, sind auf Tiere, die ihnen Nahrung und Kleidung liefern, in weit höherem Maße angewiesen als andere Sammler und Jäger. Heute lassen sich alle denkbaren Nahrungsmittel in einsame, abgelegene Siedlungen einfliegen, doch vor der Ankunft der europäischen Forscher setzten sich 90 Prozent der Nahrung aus Fleisch zusammen.

Viele Robbenarten — die Eismeer-Ringelrobbe, die Bartrobbe, die Sattelrobbe, die Kegelrobbe und die Klappmütze — bildeten die wesentlichen Nahrungsquellen, und ihre Speckschichten versorgten die Kochlampen mit Brennstoff. Die Häute der Karibus, die im Herbst erlegt wurden, besaßen hohle, luftgefüllte Haare, die die Winterkleidung gut isolierte, und ihr Fleisch war eine willkommene Abwechslung von der eintönigen Robbenkost. Bärenfleisch war im Frühjahr und Sommer mit Trichinen durchsetzt und sein Verzehr daher gefährlich.

△ Selbst heute noch versammeln sich Eisbären bei Churchill an der Hudson Bay in großer Zahl und warten darauf, daß das Treibeis gefriert, so daß sie wieder Robben jagen können. Hier erproben zwei junge Männchen, wer der Stärkere ist. Sie sind eher im Meer als auf dem Land zu Hause, verbringen den größten Teil des Jahres auf dem Treibeis und können große Entfernungen zwischen den Eisfeldern schwimmend zurücklegen.

△ Wenn im Frühjahr die Jagd auf dem Treibeis und auf dem offenen Wasser schwer wurde und die Karibus wenig auf den Rippen hatten, waren die ziehenden Enten und Gänse ein willkommener Anblick.

VARIN-VISAGE/JACANA-AUSCAPE

▽ Eine neugeborene Sattelrobbe liegt mit ihrem weißen Fell auf dem Treibeis vor Neufundland. Wenn der Frühling fortgeschritten ist, wandern die Robben an der Labradorküste nach Norden und folgen dem schmelzenden Packeis nach Grönland. Die Häute mit weißem Fell wurden besonders für Baby-Kleidung genutzt. Die großen Häute der erwachsenen Tiere eigneten sich für Parkas, Hosen und wasserdichte Stiefel, und mit der dicken Fettschicht unterhielt man die Feuerstellen.

DR ECKART POTT/BRUCE COLEMAN LTD

JEFF FOOTT/AUSCAPE

ERWIN AND PEGGY BAUER/BRUCE COLEMAN LTD

◁ Das Fleisch der Moschusochsen schmeckt wie gutes Rindfleisch. Die dicken, wolligen Felle dieser Tiere waren jedoch als Schlafmatten brauchbarer als für die Herstellung von Kleidung. Die Hörner ließen sich schnitzen, über Wasserdampf erweichen und zu Löffeln biegen.

△ Zwar wurde auch das Fleisch und der Blubber der Walrosse genutzt, doch schätzte man besonders die elfenbeinernen Stoßzähne, aus denen Waffen und Werkzeuge gefertigt wurden. Die 2,5 Zentimeter dicke Haut wurde gespalten und als Hülle für die Umiaks benutzt.

Motivation. Es ist möglich, daß die Indianer die Bewohner der Arktis unter Druck setzten, als sie zwischen 2500 und 1600 vor Christus, als es überall wärmer wurde, in den Norden, nach Alaska, vordrangen. Dazu kommt, daß vor 4000 Jahren die Hudson Bay und die Hudson-Straße im Osten frei von Gletschern waren. Ihre menschenleeren Küsten, an denen nur wenige Raubtiere lebten, dürften so reich an Jagdwild gewesen sein, daß sie die Menschen anlockten.

Am wahrscheinlichsten lassen sich diese einander offenbar widersprechenden Indizien dadurch erklären, daß einige Datierungen sowohl aus Denbigh als auch aus Grönland ungenau sind. Allerdings wurden außerordentlich wenige Fundstellen zwischen Alaska und Grönland entdeckt, so daß man wohl vermuten muß, daß diese frühen Völker den Weg nach Osten wirklich in weniger als 500 Jahren bewältigten.

Grönland, die früheste östliche Siedlung

Die frühesten Hinweise darauf, daß sich die arktische Kleinwerkzeug-Tradition nach Osten ausbreitete, stammt von einem Komplex mit dem Namen Independence I, benannt nach einem Fjord im Nordosten Grönlands. Nach Radiokarbon-Datierungen, die an örtlichen Überresten von Weiden vorgenommen wurden, wanderten die Menschen dieser Kultur zwischen 2500 und 1700 vor Christus in die unvergletscherte arktische Wüste von Peary Land. Anschließend verbreitete sich die Kultur nach Westen und nach Süden über Ellesmere Island nach Devon Island und südlich entlang der Ostküste Grönlands etwa bis nach Dove Bay aus.

Independence I war eine einzigartige Kultur der Hocharktis (nördlich von 75 Grad nördlicher Breite), die sich einer der lebensfeindlichsten Regionen der Arktis angepaßt hatte. Da die Fjorde nur für wenige Sommermonate eisfrei waren und die Jagd durch beinahe drei Monate totaler Finsternis erschwert wurde, waren Nahrungsreserven recht knapp. Im Gegensatz zu den meisten Bewohnern der Arktis gingen die Menschen von Independence I zumeist im Landesinneren auf die Jagd, nur während des kurzen Sommers nicht, wenn sie an den Küsten und den küstennahen Flüssen Eismeer-Ringelrobben und arktische Forellen erbeuten konnten. Ihr wichtigstes Jagdwild waren Moschusochsen, Hasen, Schneehühner und Gänse. Ihr Brennstoff beschränkte sich in dieser binnenländischen Eiswüste auf gelegentlich angeschwemmtes Treibholz, winzige Weidenstämme und die fettigen Knochen der Moschusochsen.

Ihre Steinwerkzeuge waren die der arktischen Kleinwerkzeug-Tradition: Meißel, Mikroklingen und eine Fülle von End- und Seitenschabern, mit denen sie Tierhäute und harte Materialien bearbeiteten. Unter ihren Waffen fand man zweispitzige Endklingen für Pfeilspitzen und Seitenklingen für Pfeile oder Lanzen. Zudem fand man größere, an beiden Seiten zugeschlagene Klingen, die sich verjüngten und am stumpfen Ende gekerbt waren. Vermutlich handelte es sich dabei um Lanzenspitzen oder Messer. Unter den wenigen Gebrauchsgegenständen von Peary Land, die nicht aus Stein waren, fand man Knochennadeln mit winzigen gebohrten Ösen. Demnach nähten diese Menschen ihre Kleidung aus Häuten zusammen.

Bei Port Refuge auf Devon Island barg ein Fundort der Independence-I-Kultur Harpunenköpfe aus Elfenbein und Geweihen, die sich deutlich von den mei-

◁ Im Juni ist das Treibeis auf dem Meer zu einigen treibenden Schollen zerbrochen, und man kann mit den Kajaks wieder in der Umgebung der Schollen jagen. Eisbären, deren natürliche Domäne das feste Eis ist, sind gezwungen, an Land zu bleiben, wo die winzigen Lemminge ihre einzige Nahrungsquelle sind. Zu dieser Zeit sind sie besonders gefährlich.

MARK NEWMAN/AUSCAPE

△ Das Schneehuhn, hier im Winterkleid, bleibt über den Winter in der Arktis. In diesen kargen Zeiten bildet es für die Menschen eine Überlebensgrundlage.

Y. LANCEAU/JACANA-AUSCAPE

△ Das Fleisch des Polarfuchses ist reich an Ammoniak und kaum genießbar. Sein Fell wurde zu Babykleidung verarbeitet, und man schmückte damit die Parkas.

△ Diese runde Öllampe aus Speckstein stammt aus einem Fundort der Sarqaq-Kultur. Ein kleines Stück Speckstein, das einen Docht aus Moos hielt, wurde in die Mitte gesetzt.

△ Ein typischer Harpunenkopf der Sarqaq, der nicht in der Beute verkeilt ist. Die spitze Basis faßte in einen runden Sockel, und in die geschlitzte Spitze wurde eine Steinklinge eingepaßt.

sten anderen Harpunenköpfen unterscheiden, die man aus der östlichen Arktis kennt. Ein Ende läuft nämlich spitz zu und paßt in einen hohlen Sockel. Die Lage der Löcher läßt nicht zu, daß der Kopf als Knebel zu gebrauchen ist, sich also nach außen öffnet, nachdem er die Beute durchbohrt hat. Statt dessen wird die Beute mit zwei seitlichen Widerhaken festgehalten. Dadurch eignen sie sich weniger für die Jagd auf Meeressäuger als die Harpunenköpfe, die aus späteren Kulturen, etwa aus der Prä-Dorset-Kultur Kanadas stammen. Letztere faßten in einen klingenähnlichen Vorderschaft und verknebelten sich unter der Haut, so daß die Beute damit sicher eingeholt werden konnte.

Die Sommerlager der Independence-I-Kultur sind häufig nur durch steinerne Feuerstellen markiert. Ihre Unterkünfte waren also kaum mehr als einfache Zelte. Am typischsten waren vielleicht ihre Winterunterkünfte. Wie man anhand der Steine noch sehen kann, mit Hilfe derer die Ecken der Zelte befestigt wurden, besaßen die Zelte eine elliptische Form und belegten eine Fläche von drei mal vier Meter. In der Mitte waren parallele, senkrechte Steinplatten aufgeschichtet, die sich in Speicherräume für Nahrungsmittel und eine zentrale Feuerstelle zum Heizen aufteilten, die mit den üblichen, spärlichen Materialien gespeist wurden. Damals verbrachten die Familien den dunklen Winter, in die Häute von Moschusochsen eingehüllt und im Schutze ihrer verräucherten, aus Tierfellen gefertigten Zelte, indem sie möglichst viel schliefen und ihren Bedarf an Nahrung und Wasser auf das Überlebensminimum beschränkten.

Die Sarqaq gehen nach Süden

Etwa um 1700 vor Christus wurde die Independence-I-Kultur im Nordosten Grönlands durch eine Zeit wachsender Kälte beendet. Zum Süden hin entdeckten die Archäologen entlang der relativ eisfreien Westküste von Upernavik nach Julianehaab alte Siedlungen, deren Gegenstände denen der arktischen Kleinwerkzeug-Tradition in gewisser Hinsicht ähnlich waren, sich aber in anderen Punkten deutlich von diesen unterschieden. Die Steinwerkzeuge und Waffen dieser Menschen, die als die Sarqaq bekannt sind

(auf Grönland heißen sie Saqqaq), ähneln sowohl denen von Denbigh als auch denen von Independence I. Es handelt sich um Meißel und Spaltwerkzeuge (letztere wurden aus Steinblättchen hergestellt), um Pfeil-, Lanzen- und Harpunenspitzen, Mikroklingen und Schaber zu bearbeiten. Sie sind allerdings kleiner und feiner geschlagen als die der Independence-I-Kultur. Anders als bei den Objekten von Independence I sind viele der Meißel und Endklingen poliert. Zudem kommen in den Siedlungen der Sarqaq kleine, runde Öllampen aus Speckstein häufig vor, die man vom Independence-I-Komplex nicht kennt.

Sowohl die Robben-Jagdlager als auch die im Landesinneren gelegenen Karibu-Lager der Sarqaq erwecken den Eindruck, dichter besiedelt gewesen zu sein als die Siedlungen von Independence I, vielleicht deshalb, weil das Nahrungsangebot besser oder die Jagdtechnik dieser Menschen höher entwickelt war. Dennoch war die Jagd im Sommer auf offenem Meer voller Gefahren. Die archäologischen Befunde der Sarqaq zeigen, daß bereits früh schmale, kajakähnliche Boote benutzt wurden. Eine Harpune von diesen prinzipbedingt instabilen Fahrzeugen aus zu werfen, war außerordentlich gefährlich und bedurfte einer bemerkenswerten Geschicklichkeit. Bis in die heutige Zeit war Ertrinken die häufigste Todesursache unter den Männern der Arktis. Eine weitere Bedrohung für den Jäger, der im stillen Wasser auf Robben lauert, ist eine Art von Schwindelgefühl, das normalerweise dann auftritt, wenn das Meer und der Himmel zu einem einzigen Licht verschmelzen und kein Horizont sichtbar ist. Unter derartigen Umständen meint der Kajakfahrer häufig zu Unrecht, daß das Boot umkippe und kentert dann tatsächlich.

Die ersten Siedlungen der Sarqaq, die man entdeckt hatte, wurden auf keinesfalls später als 1900 vor Christus datiert. Dies führte zu der Vorstellung, daß die Sarqaq Abkömmlinge einer Gemeinschaft von Independence I wären, die von der zunehmenden Kälte nach Süden vertrieben worden waren. Neuere Radiokarbon-Datierungen örtlicher Überreste von Weiden zeigen jedoch, daß diese mindestens auf das Jahr 2200 vor Christus zurückgehen. Dies läßt vermuten, daß während Menschen vom Independence-I-Komplex Grönland vom Norden her über Ellesmere Island und Smith Sound erreichten, andere Menschen, deren Objekte eher denen der kanadischen Prä-Dorset-Kultur ähnelten, vielleicht vom Süden her auf die Insel vorgedrungen sind. Dabei müssen sie die Baffin Bay überquert haben, die über viele Monate der Jahres offen oder nur von Treibeis bedeckt ist, oder sie kamen über die Eisfelder der Davis- Straße.

Die meisten Sarqaq-Fundstellen bargen nur wenige organische Reste. Eine bemerkenswerte Ausnahme bildet Qeqertasussuk bei Diso Bay, der ältesten bisher bekanntgewordenen Siedlung. Hier wurde eine überraschend umfangreiche Sammlung organischer Objekte gefunden. Neben einer Feuerstelle, die aus kleinen Steinen gebildet war, befanden sich ein geschnitzter Löffel aus Walknochen, die Seitenzacke eines Fischspeeres sowie Reste hölzerner Schüsseln. In der Nähe lagen das Schulterblatt eines Schwertwals, Bruckstücke eines hölzernen Bogens, einige Holzpfeile, Reste eines schmalen Bootes und die Knochen des ältesten Haushundes, der bislang aus der Arktis bekannt wurde. Man fand zudem über 60 000 Knochen von Vögeln und Säugern, die gegessen worden waren.

Die Prä-Dorset-Menschen von Nordkanada

Die dritte der frühesten Paläoeskimo-Kulturen der ostarktischen Region, die sogenannte Prä-Dorset-Kultur, war auf den Norden Kanadas beschränkt. Sie erstreckte sich von Ellesmere Island entlang der Küsten mehrerer dazwischenliegender Inseln bis zur Mitte von Labrador, sowie in Richtung Westen nach Banks und den Victoria Islands. Radiokarbon-Datierungen ergaben für diese Kultur ein Alter von wenigstens 1800 vor Christus, möglicherweise sogar 2000 vor Christus. In einem späteren Stadium, etwa um 1000 vor Christus, weitete sie sich — vielleicht aufgrund des zunehmend kälteren Klimas — nach Süden in die Keewatin Barren Grounds und bis an den Rand der borealen Taiga aus. Die Prä-Dorset-Steinwerkzeuge sind denen der arktischen Kleinwerkzeug-Tradition ähnlich. Sie umfassen verschiedene Meißel (von denen einige an der Spitze poliert sind), Bohrköpfe, zahlreiche Mikroklingen, mehrere Typen von End- und Seitenschabern, sowie Seitenklingen, die in Lanzenköpfe aus Geweihen eingefügt wurden.

Gegenstände aus organischem Material (Knochen, Geweih und Elfenbein) bleiben in den südlicher gelegenen Fundorten nur selten erhalten. Unter den kälteren, trockeneren Bedingungen, wie sie nördlich des Polarkreises herrschen, wurden dagegen Harpunenköpfe aus Geweih und Elfenbein, Geweihlanzen mit Seitenklingen, Teile von Jagdbögen aus Holz und Geweih, sowie knöcherne Pfeilköpfe, Fischspeere und Nadeln mit winzigen, runden, gebohrten Ösen. Außerdem waren da noch Knochen von Haushunden, die vermutlich zur Jagd eingesetzt wurden.

Nach den Nahrungsresten zu urteilen haben diese Prä-Dorset-Menschen alle Beutetiere ihrer Umge-

△ Diese steinerne Sarqaq-Messer steckt in einem Holzgriff, der mit Stücken von Barten-Walen umwickelt ist. Dieses Werkzeug stammt aus der Siedlung von Qeqertasussuk, die mit der Radiokarbon-Methode auf das Jahr 2200 bis 2300 vor Christus datiert wurde.
NATIONAL MUSEUM OF DENMARK, DEPARTMENT OF ETHNOGRAPHY

△ Ein Hornstein-Grabstichel der Prä-Dorset-Kultur. Die linke Seite weist eine meißelähnliche Kante auf, mit der Elfenbein und Karibugeweihe geschnitzt wurden.
MOREAU MAXWELL

◁ Etwa Mitte Juni ist der größte Teil der Schneedecke an Land getaut – ein Blick aus der Nähe der Küste auf Baffin Island.

NORMAN TOMALIN/BRUCE COLEMAN LTD

FRÜHE ARKTISCHE KULTUREN

MOREAU MAXWELL

Von den Anfängen bis heute waren geschnitzte Gegenstände aus Geweihen und Elfenbein typisch für die Kulturen der Arktis. Die Harpunenköpfe, Vorderschäfte, Nadelbüchsen und Kämme, die zunächst mit Meißeln aus Feuerstein, später jedoch aus meteoritischem Eisen geschnitzt wurden, besaßen regional jeweils typische Formen und Ausführungen. Die

Veränderungen einzelner Merkmale an den Harpunenköpfen geben uns die verläßlichste Hilfe an die Hand, sie zeitlich einander zuzuordnen. Während sich die Schnitzereien arktischer Völker auf die Verzierung von Waffen beschränkte, schnitzten die Dorset-Jäger dreidimensionale Menschen- und Tierfiguren.

BIRNIRK
Diese prähistorisch westliche Töpferkunst mit Verzierungen, die in den noch weichen Ton gedrückt wurden, drang nur selten zu den östlichen Fundstätten der Thule-Kultur vor.

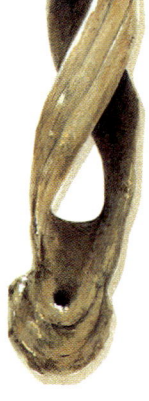

IPIUTAK
Einige Gesichter verstorbener Ipiutak waren von Masken aus Elfenbeinstücken bedeckt.

PUNUK
Diese Schnitzarbeit aus Elfenbein stellt vermutlich einen Grönlandwal dar, der als Glücksbringer auf die Kleidung der Walfänger genäht wurde.

OLD BERING SEA
Da den Old-Bering-Sea-Jägern reichlich Walrosse zur Verfügung standen, bestanden die meisten ihrer sorgfältig verarbeiteten Schnitzereien aus Elfenbein. Dieser Bär gehört zu den wenigen naturalistischen Darstellungen.

DENBIGH
Die Feuersteinwaffen von Denbigh waren präziser zugeschlagen als die meisten übrigen Klingen der arktischen Kleinwerkzeug-Tradition. Die sorgfältig angeordneten, parallelen Schläge können beinahe als künstlerisch gelten.

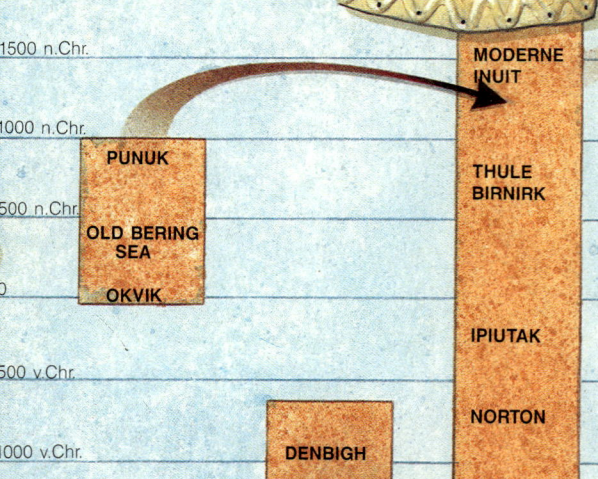

2000 n.Chr.

1500 n.Chr.

1000 n.Chr.

PUNUK

500 n.Chr.

OLD BERING SEA

0

OKVIK

500 v.Chr.

1000 v.Chr.

DENBIGH

1500 v.Chr.

2000 v.Chr.

MODERNE INUIT

THULE BIRNIRK

IPIUTAK

NORTON

WESTEN

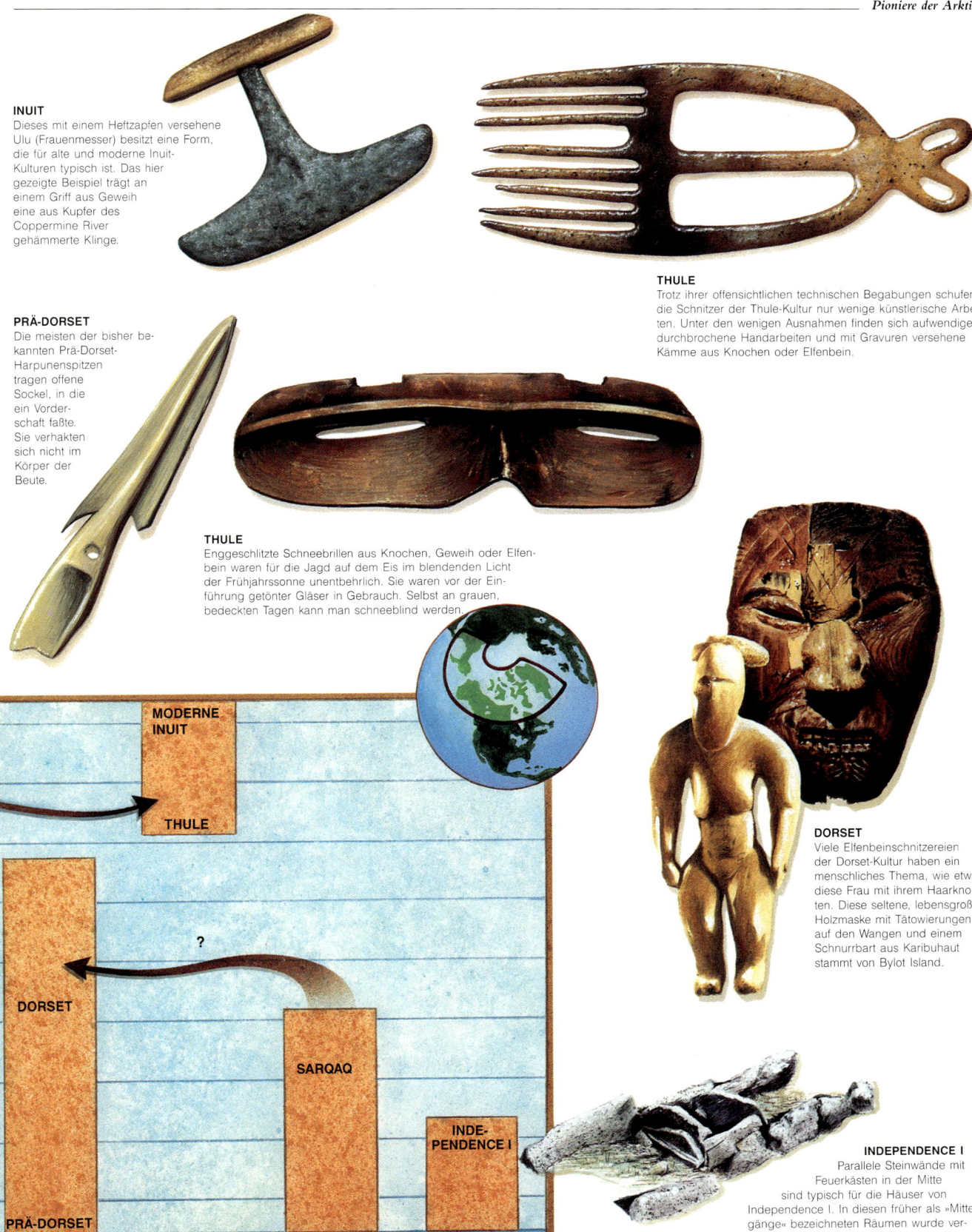

INUIT
Dieses mit einem Heftzapfen versehene Ulu (Frauenmesser) besitzt eine Form, die für alte und moderne Inuit-Kulturen typisch ist. Das hier gezeigte Beispiel trägt an einem Griff aus Geweih eine aus Kupfer des Coppermine River gehämmerte Klinge.

THULE
Trotz ihrer offensichtlichen technischen Begabungen schufen die Schnitzer der Thule-Kultur nur wenige künstlerische Arbeiten. Unter den wenigen Ausnahmen finden sich aufwendige durchbrochene Handarbeiten und mit Gravuren versehene Kämme aus Knochen oder Elfenbein.

PRÄ-DORSET
Die meisten der bisher bekannten Prä-Dorset-Harpunenspitzen tragen offene Sockel, in die ein Vorderschaft faßte. Sie verhakten sich nicht im Körper der Beute.

THULE
Enggeschlitzte Schneebrillen aus Knochen, Geweih oder Elfenbein waren für die Jagd auf dem Eis im blendenden Licht der Frühjahrssonne unentbehrlich. Sie waren vor der Einführung getönter Gläser in Gebrauch. Selbst an grauen, bedeckten Tagen kann man schneeblind werden.

DORSET
Viele Elfenbeinschnitzereien der Dorset-Kultur haben ein menschliches Thema, wie etwa diese Frau mit ihrem Haarknoten. Diese seltene, lebensgroße Holzmaske mit Tätowierungen auf den Wangen und einem Schnurrbart aus Karibuhaut stammt von Bylot Island.

INDEPENDENCE I
Parallele Steinwände mit Feuerkästen in der Mitte sind typisch für die Häuser von Independence I. In diesen früher als »Mittelgänge« bezeichneten Räumen wurde vermutlich das Essen aufbewahrt und zubereitet.

MODERNE INUIT

THULE

?

DORSET

SARQAQ

INDE-PENDENCE I

PRÄ-DORSET

O S T E N

ILLUSTRATIONEN: STEVE TREVASKIS

△ Ein typischer früher Dorset-Harpunenkopf mit einer Endklinge aus Hornstein. Er gehörte zu dem Typ, der sich in der Beute verkeilt. Ein im Inneren geschnitzter Sockel (nicht zu sehen) faßte über einen Vorderschaft aus Karibugeweih.
MOREAU MAXWELL

▷ Ein elfenbeinerner Fischspeer aus einem Dorset-Fundort im Norden von Baffin Island. Derartige Speere wurden für die Saiblinge gebraucht, die aus dem Meer flußaufwärts schwimmen, um im späten Frühjahr zu laichen.
MOREAU MAXWELL

▽ Diese typischen Harpunenköpfe aus Elfenbein und Geweih stammen aus der mittleren Dorset-Zeit. Der kleine, aus Elfenbein geschnitzte Jagdfetisch hing vermutlich einst an der Kleidung eines Jägers.
MOREAU MAXWELL

bung bejagt, vielleicht mit Ausnahme des Beluga- und des Narwals, die für ihre Jagdwaffen zu groß waren. Kaum noch sichtbare Spuren von Zeltringen, häufig um einen flachen Stein herum angeordnet, auf dem man Robbenfett zum Heizen verbrannte, sind grundsätzlich die einzigen Hinweise darauf, wie sie gewohnt haben. An der Küste von Labrador entdeckte man dagegen an einigen Stellen die Überreste von Häusern mit zentral gelegenen, parallel angeordneten Steinplatten, die an die Verhältnisse der Independence-I-Komplexe erinnern. Eine Datierung der Prä-Dorset-Fundorte mit Hilfe der Radiokarbon-Methode ist nicht einfach. Zwar ermittelte man aus den Überresten von Meeressäugern ein Datum von etwa 2000 vor Christus, was im wesentlichen dem Alter der Funde von Independence I und Sarqaq entspricht, doch erlauben diese keine präzisen Altersangaben. Das fossile Meerwasser, das sie offenbar aufgenommen haben, kann nämlich zu Datierungen führen, die einige Jahrhunderte zu hoch liegen. Andere Bestimmungen, die an Holz vorgenommen wurden, führen — was wahrscheinlicher ist — zu einem Datum von 1800 vor Christus.

Von der Sarqaq/Prä-Dorset- zur Dorset-Kultur

Der kulturelle Übergang von der Prä-Dorset- zur Dorset-Zeit (oder, auf Grönland, von der Sarqaq- zur Dorset-Kultur) stellt uns vor ein ähnlich verzwicktes Datierungsproblem. Während einige Fachleute in den Werkzeugtypen einen weichen Übergang von einer Kultur zur anderen sehen, der irgendwann von 900 bis 500 vor Christus erfolgte, halten andere die Dorset-Objekte für hinreichend andersartig, um für eine Kulturveränderung größeren Ausmaßes zu plädieren. Dazu kommen mehrere Fundstellen aus den südlichen Bereichen Labradors und Neufundlands, die das Problem noch komplizierter machen. Die hier gefundenen Steinwerkzeuge unterscheiden sich nämlich deutlich von der arktischen Kleinwerkzeug-Tradition obwohl sie noch immer dazugehören. Dieser sogenannte Groswater-Dorset-Komplex scheint von seiner Radiokarbon-Datierung her sowohl mit der späten Prä-Dorset- als auch mit der frühen Dorset-Kultur zeitlich zu überlappen.

Frühe Dorset-Siedlungen kennt man von Baffin Island und aus dem nördlichen Labrador seit dem Einsetzen des Permafrostes,

etwa 600 oder 700 vor Christus. Gleichzeitig tauchen hier Gegenstände auf, die sich bei der Jagd auf dem Treibeis einsetzen lassen. Dazu gehören etwa kleine Schlitten, Schneeschuhe aus Elfenbein, Schneemesser (mit deren Hilfe man Blöcke aus dem Schnee schneidet, um Iglus zu bauen), sowie schließlich sogenannte Eisstollen, die aus Geweihstücken bestehen, die man beim Gehen auf dem Treibeis unter die Stiefel band. Die Tatsache, daß diese Gegenstände aus Geweihen und Elfenbein, aber auch aus Knochen und Holz, an diesen Orten nachgewiesen wurden, verrät uns aber lediglich, daß diese organischen Materialien im Permafrostboden erhalten blieben, während sie vor Beginn des Permafrostes vergangen wären. Da der Permafrost sogar Haut und Federn erhält, wissen wir über Dorset wesentlich mehr als über die vorangegangenen Kulturen.

Die Dorset-Kultur (sie trägt ihren Namen nach Cape Dorset auf Baffin Island) bietet einen interessanten Gegensatz zur Prä-Dorset-Kultur. Zwar wohnten die Dorset-Jäger an denselben Küsten wie ihre Prä-Dorset-Vorfahren, doch findet man von der Dorset-Zeit an in der gesamten weiten Region nur noch einen Typ von Harpunenkopf. Wann immer ein neuer Typ aufkam, taucht er an allen Fundorten dieses Gebiets gleichzeitig auf, so daß wir verläßlich zwischen einer frühen, einer mittleren und einer späten Dorset-Phase unterscheiden können. Obwohl die Löcher für die Leinen in den Dorset-Harpunenköpfen häufig rund aussehen, wurden sie nicht, wie zu Prä-Dorset-Zeiten, gebohrt, sondern mit feinen Feuersteinspitzen hineingeschabt.

Dorset-Steinwerkzeuge sind mit ihren zahlreichen Mikroklingen und Schabern grundsätzlich typisch für die arktische Kleinwerkzeug-Tradition. In mehreren Gegenden jedoch zeichnet sich die frühe Dorset-Kultur durch das Auftauchen verschiedener Typen von Schiefermessern aus, die an den Seiten nahe der Basis gekerbt sind, so daß sie sich an hölzerne Griffe binden lassen. Dazu kommen meißelähnliche Werkzeuge aus poliertem Feuerstein, Chalcedon (einer Art durchsichtigen Quarzes) und Nephrit (einer Art von Jade), die die früheren Spaltwerkzeuge verdrängten. Aus unbekannten Ursachen sind Pfeil und Bogen, Bohrer und Jagdhunde, die in der Prä-Dorset-Kultur so verbreitet waren, während der Dorset-Zeit vollständig verschwunden.

Zu den Gegenständen aus organischem Material, die von den Dorset-Jägern benutzt wurden, gehören verschiedene Harpunenköpfe für die Jagd auf Robben und Walrosse, Lanzenköpfe aus Geweih, mit denen man Karibus und Eisbären nachstellte, sowie Griffe aus Knochen, Geweih, Holz und Elfenbein, die für Messer, meißelähnliche Werkzeuge und Mikroklingen vorgesehen waren.

Obwohl die Haut des Karibu für die Winterkleidung unverzichtbar war, blieb die Jagd auf dieses Tier schwierig und gefährlich. Diese wachsamen Tiere hören ausgezeichnet. Daher erfordert es eine ungewöhnliche Geschicklichkeit, sich über die baumlose Landschaft an sie heranzuschleichen und so nahe heranzukommen, daß es gelingt, eines davon nur mit einer geworfenen Lanze zu erlegen. Den Frauen im Lager fiel dann die langwierige und beschwerliche Aufgabe zu, die Häute vom Fett freizuscha-

ben und zu gerben, Schnittmuster mit rasiermesserscharfen Mikroklingen zu schneiden und das Material schließlich mit so dichten Stichen zusammenzunähen, daß die Säume wasserdicht blieben.

An den Küsten Labradors und Neufundlands bildeten die Dorset-Häuser klar umrissene Strukturen, häufig mit einem zentralen Durchgang von Steinplatten, wie man sie von den Häusern von Independence I und einigen Wohnstätten der Prä-Dorset-Kultur kennt. Nördlich der Hudson-Straße entdeckte man einige kleine, nur wenig in den Boden eingelassene Grubenhäuser, von denen einige ein Dachgerüst aus Treibholz besaßen. Bei den meisten Unterkünften handelte es sich jedoch um einfache Zelte aus Tierhäuten, auf die nur noch die Steine hinweisen, mit denen man die Häute am Boden hielt.

Dorset-Kunst

Der faszinierendste Aspekt der Dorset-Kultur ist ihre Kunst. Es wurden, insbesondere aus den späten Dorset-Fundstätten, Hunderte winziger Schnitzereien aus Elfenbein, Geweih und Holz geborgen. Darunter befanden sich naturalistische bis impressionistische und schematische Darstellungen der örtlichen Säugetiere und Vögel. Die häufigsten Motive waren Menschen und Bären. Sie wurden meistens mit Gravuren ihres Skelettes an der Oberfläche abgebildet — wie Röntgenbilder. Häufig sind in diesen Darstellungen Kehle und Bauch sowohl der Menschen als auch der Bären aufgeschlitzt und mit rotem Ocker gefüllt, was auf eine Form von Zauberei gegen Feinde schließen läßt. Hin und wieder findet man kleine menschliche Holzpuppen mit abnehmbaren Armen und Beinen. Die einzigen bisher bekannten lebensgroßen Schnitzereien sind eine vollständige und zwei fragmentarische Holzmasken aus Button Point auf Buyot Island erhalten.

Kulturelle Entwicklungen im Westen

Während sich in der östlichen Arktis der Übergang von Independence I über Sarqaq und Prä-Dorset nach Dorset ereignete, erfolgten ähnliche kulturelle Veränderungen auch in Alaska und den westlich gelegenen Inseln im Beringmeer. Bis etwa 700 vor Christus veränderte sich der Denbigh-Komplex in den meisten Gebieten seiner Verbreitung kaum, sieht man einmal davon ab, daß die Steinwerkzeuge aus der späten Denbigh-Zeit im allgemeinen weniger sorgfältig zugehauen sind als die der »klassischen« Denbigh-Periode. An der Küste siedelte man nur im Sommer, und den größten Teil der täglichen Nahrung holte man nach wie vor im Landesinneren.

Nördlich der Beringstraße, von Kotzebue bis zum Firth River, tauchte etwa um 1600 vor Christus eine neue Form, der sogenannte Choris-Komplex, auf. Die hier gefundenen Gegenstände aus Steinplättchen sind im Prinzip Weiterentwicklungen der Denbigh-Typen, sie sind allerdings größer. Man entdeckte hier neue Typen von Projektilspitzen, die für die Spitzen oder Seiten von Lanzen und Pfeilen aus Geweih vorgesehen waren, wogegen einige wenige andere Typen von Steinwerkzeugen auffälligerweise fehlen. Töpfereiprodukte mit linienförmigen Mustern und Lippenplöcke (Schmuckstücke, die man in einem Schlitz der Unterlippe trug) tauchen zum ersten Mal auf. Es scheint, daß Choris einen flexibleren Ansatz zum Leben im Landesinneren und an der Küste bildete und dabei mehrere regionale Varianten aufwies. So findet man Schiefermesser, mit denen der Blubber der Robben vom Fleisch getrennt wurde, häufig an Küstenfundorten, während die großen Feuersteinmesser zum Zerlegen der Karibus eher im Landesinneren vorkommen. Dort, wo sich Gemeinschaften an der Küste niedergelassen hatten, fand man große Häuser, deren Fläche 12,5 mal sieben Meter maß. In den La-

△ Weibliche Figuren, wie diese Gruppe aus Holz geschnitzter Thule-Figuren aus einem Fundort bei Angmagssalik (Ost-Grönland), sind typisch für Siedlungen der Thule-Kultur.

△ Diese oberflächlich geschnitzte menschliche Dorset-Figur stammt von der Knud-Halbinsel auf Ellesmere Island. Die offene Brust war mit rotem Ocker gefüllt.

△ Kompliziert geschnitzte Knochen- und Elfenbeinsegmente bedeckten die Gesichter der Schädel einiger Ipiutak-Leichen. Die Augen bestanden aus Elfenbeinscheiben, die Pupillen aus schwarzer Pechkohle.

A. ANIK UND J. BECKETT/COURTESY DEPARTMENT OF LIBRARY SERVICES, AMERICAN MUSEUM OF NATURAL HISTORY

▷ Dieser elfenbeinerne Ipiutak-Drehzapfen wurde in einen Sockel aus Holz- oder Geweih geschraubt. Die kunstvollen Elfenbeinschnitzereien der Ipiutak wurden vermutlich erst durch Werkzeuge möglich, die aus importiertem sibirischen Eisen bestanden.

RAINEY, 1940/COURTESY DEPARTMENT OF LIBRARY SERVICES, AMERICAN MUSEUM OF NATURAL HISTORY

Die Rentierjäger des Nordens

Als sich die Norton-Kultur in ihren letzten Stadien befand, etwa zu Beginn des christlichen Zeitalters, tauchte nördlich der Beringstraße eine ganz eigene, faszinierende Kultur auf. Es war die Ipiutak-Kultur, die man am besten von einem Fundort bei Point Hope kennt. Während gewisse Teile ihrer Steinwerkzeuge ihre Wurzeln in Norton haben, fehlen hier jedoch Töpfereiprodukte, geschmirgelte Schieferwerkzeuge, Öllampen und Häuser mit tunnelartigen Zugängen. Obwohl die Ipiutak-Fundstelle von Point Hope direkt an der Wanderroute der Bartenwale liegt, fanden sich erstaunlicherweise keine Hinweise auf Walfängerei. Zwar erlegten diese Menschen Robben und Walrosse, doch hatten sie sich offenbar nicht ernsthaft einem Leben an der Küste angepaßt. Dagegen beweisen zahlreiche Tierknochen und Waffen, die der Jagd auf Karibus dienten, daß diese Tiere die wichtigste Jagdbeute bildeten. Sollte die erhebliche Zahl von mehr als 600 kleinen, quadratischen Grubenhäusern bei Point Hope jemals gleichzeitig bewohnt worden sein, wäre dies die umfangreichste prähistorische Siedlung der Arktis.

Bisher wurden 138 Ipiutak-Gräber freigelegt, und sie bargen Indizien dafür, daß es in dieser Kultur Standesunterschiede gab und Schamanen eine große Macht besaßen. Den Toten wurden viele Waffen, Schnitzereien und Werkzeuge mit in die Gräber gegeben, und in einzelnen Gräbern fand man manchmal mehr als hundert Pfeile. Einige Schädel waren mit kunstvollen Knochenmasken bedeckt: Die Augen bestanden aus Elfenbein, die Pupillen aus Pechkohle. Nasenpfröpfe aus Elfenbein hatten die Form von Vogelköpfen, und ebenfalls aus Elfenbein gefertige Lippendeckel verdeutlichen die Versiegelung der Lippen. In anderen Gräbern fand man Sammlungen von Kettengliedern, Drehzapfen und brezelförmigen Objekten aus Elfenbein. Alle diese Gegenstände waren wohl nur für den Zweck gefertigt, die Geschicklichkeit beim Schnitzen unter Beweis zu stellen. Etliche Elfenbeinschnitzereien von Tieren und Menschen waren in einem sogenannten scytho-sibirischen Stil verewigt. Außerdem wurden eiserne Werkzeuge, die den Künstlern der Ipiutak ein bei weitem größeres Betätigungsfeld verliehen als Schnitzwerkzeuge aus Stein, zum ersten Mal hier in der Arktis entdeckt. Nach dem Jahre 800 unserer Zeitrechnung verließen die Iputiak-Jäger die Küste und zogen in kleinere Jagdlager, die sie im Hinterland in der Nähe der Seen aufschlugen.

Im Gegensatz dazu stellten zur gleichen Zeit die Bewohner von St. Lawrence und der Punuk Islands im Beringmeer den riesigen, zwischen dem Treibeis schwimmenden Meeressäugern — Walrossen und Bartenwalen — mit Erfolg nach. Zudem entstanden zu Beginn des christlichen Zeitalters auf St. Lawrence Island zwei unterschiedliche Stile in der Herstellung von Objekten, die als Old Bering Sea und als Okvik bekannt sind. Obwohl Gegenstände beider Stile bereits 1937 von Experten beschrieben wurden, streitet man noch immer darüber, ob sie als neue Kulturkomplexe oder nur als stilistische Varianten einer einzelnen Kultur gelten müssen.

Ihre Objekte, in erster Linie Harpunen, weisen reiche, komplizierte Gravuren auf. So waren Harpunenköpfe, Flügel für die Harpunenschäfte, Harpunensockel und mehrere andere Objekte, deren Gebrauch man nicht identifizieren konnte, mit geometrischen, gebogenen und kreisförmigen Mustern verziert, die

gern des Hinterlandes lebte man dagegen in Zelten.

Als Kulturkomplex verschwand Choris ungefähr um 700 vor Christus. Danach klaffte offenbar eine kulturelle Lücke, denn sowohl Choris im Norden als auch die späte Denbigh-Kultur im Süden waren von dem anschließenden Norton-Komplex um 200 Jahre getrennt.

Die Norton-Kultur, die sich von Alaska aus zum Firth River ausbreitete, existierte etwa zu der Zeit, in der sich im Osten der Übergang von der Prä-Dorset- zur Dorset-Kultur vollzog. Es wurden allerdings keine Kontakte zwischen den Völkern von Dorset und Norton nachgewiesen. Statt dessen waren in Norton zahlreiche Charakteristika aus dem Süden und dem Westen vereinigt. So fand man Öllampen und geprägte Töpfereiprodukte aus Sibirien (sie entstanden dadurch, daß man den feuchten Ton mit hölzernen Brettchen bearbeitete, in die man Schachbrett- oder Kurvenmuster geschnitzt hatte) sowie Steingefäße und geschmirgelte Schieferwerkzeuge aus anderen Kulturen südlich der Halbinsel Alaska. Verglichen mit den vorangegangenen Kulturen waren die Norton-Siedlungen größer und stabiler gebaut, und die Menschen nutzten das Meer viel intensiver. Die an der Küste gelegenen Grubenhäuser waren groß, etwa einen bis zwei Meter tief in die Erde versenkt und besaßen einen zentralen Herd sowie einen Tunneleingang, der zwischen zwei und 3,5 Meter lang war. Viele Steinwerkzeuge sind nur Weiterentwicklungen von Denbigh-Typen. Bohrer, die in der Dorset-Kultur nicht vorhanden waren, sind häufig.

vermutlich eine ideologische Bedeutung besaßen. Der Old-Bering-Sea-Stil ist stärker asiatisch orientiert als Okvik. Auf der sibirischen Halbinsel von Chukchi legte man Gräber frei, deren Gegenstände mit denen von St. Lawrence Island identisch waren. In einem späteren Kulturkomplex, der nach einem Fundort in der Beringstraße nach der Insel Punuk benannt wurde, wurden Meeressäuger sogar noch intensiver bejagt. Daher waren die Siedlungen größer und dichter bevölkert, einige sogar mit mehreren hundert Menschen.

Die Vorfahren der heutigen Inuit

Zwischen 500 und 800 nach Christus kam eine Kultur auf, die unter dem Namen Birnirk bekannt ist. Dieser Komplex, dessen genaueste Kenntnis von einem Grabungsort bei Point Barrow stammt, ist mit Sicherheit wenigstens einer der Vorläufer der modernen Inuit-(Eskimo-)Kultur, wenn wir den Ursprung auch nicht bis zur Denbigh-Kultur zurückverfolgen können. Offenbar repräsentiert Birnirk eine Kombination von Ipiutak-Traditionen und Jagdtechniken, die von den Menschen des Beringmeeres stammen. Sie war entlang der Küste von Alaska und im Westen bis zum Kolyma River verbreitet. Um das Jahr 1000 waren die Kulturen von Birnirk und Punuk verschmolzen und entwickelten sich zur Thule-Kultur, die vollständig dem Leben in der Arktis angepaßt war. Thule brachte dann die mit Häuten überzogenen Kajaks und Umiaks, die Hundeschlitten und die Jagd

auf dem Treibeis in die östliche Arktis, alle die Dinge, die wir heute mit den traditionellen Eskimos assoziieren. Zu den wichtigsten dieser Techniken gehörte die Jagd auf die Eismeer-Ringelrobbe durch die Atemlöcher, die sie in der Eisdecke des Meeres offenhalten. Diese Technik, die sich vermutlich um das Jahr 1200 entwickelte, erlaubte den Menschen, während der langen Wintermonate mehr Wild zu erbeuten. Der Jäger mußte an dem Loch lange und geduldig ausharren, bis das Flattern eines Büschels von Entendaunen, das er darüber aufgestellt hatte, ihm signalisierte, daß eine Robbe im Wasser unterhalb des Loches Atem holte. Daraufhin mußte er rasch seine Harpune schleudern.

Als die Walfänger der Thule-Kultur etwa um 1000 und 1200 nach Christus in die östliche Arktis einwanderten, verschwand die zeitlich vorangegangene Dorset-Kultur. Vermutlich wurde sie durch die Technologie der Thule-Jäger mit ihren wirkungsvolleren Jagdwaffen verdrängt. Einer anderen Ansicht zufolge war die Dorset-Bevölkerung bereits ein oder zwei Jahrhunderte vor dem Auftauchen der Thule-Kultur ausgestorben.

Obwohl noch immer vieles davon unklar ist, wie sich frühe Menschen dem Leben in der Arktis anpaßten, ist eine Schlußfolgerung ganz klar: Daß sie die Gefahren und Widrigkeiten dieser extrem lebensfeindlichen Umgebung überlebten, war zweifellos eine der bemerkenswertesten Leistungen der Menschheit.

▽ Ein elfenbeinerner Hutschmuck aus der Old-Bering-Sea-Periode. Die Augen waren Einlagen aus Pechkohle, und die Löcher an den Seiten nahmen Haare und Holzpflöcke auf. Solche Schmuckstücke zum Schutz der Augen wurden an hölzernen Mützenschirmen befestigt.

SMITHSONIAN INSTITUTION/ COURTESY MUSEUM OF ANTRHOPOLOGY AND ENTHNOGRAPHY, ST. PETERSBURG

▷ Bei diesen Gegenständen aus der Punuk-Kultur handelt es sich um einen rechteckigen Handgelenkschützer und ein nicht identifiziertes Objekt aus Elfenbein, das vermutlich einen Bezug zur Jagd mit Pfeil und Bogen nachweist. Ersterer schützte das Handgelenk des Jägers vor der zurückschnellenden Sehne des Bogens. Als es durch die Zunahme der Punuk-Bevölkerungen zu sozialen Spannungen kam, erlebten Pfeil und Bogen und andere Kriegswerkzeuge eine Blüte.

SMITHSONIAN INSTITUTION/COURTESY MUSEUM OF ANTHROPOLOGY AND ETHNOGRAPHY, ST. PETERSBURG

Ein rechteckige, fünf Meter breite und 45
Meter lange Mauer umfaßte ungefähr 18
Zelte, in denen jeweils einzelne Familien
schliefen und aßen. Jenseits einer engen
Öffnung boten eine Reihe von Herdstellen
jeder Familie eine Kochgelegenheit und
Plattformen zur Speicherung von Lebens-
mitteln.

EIN DORSET-LAGER

MOREAU MAXWELL

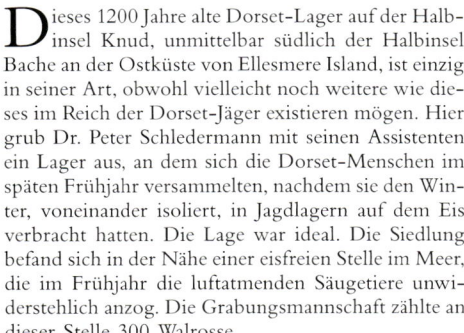

Dieses 1200 Jahre alte Dorset-Lager auf der Halbinsel Knud, unmittelbar südlich der Halbinsel Bache an der Ostküste von Ellesmere Island, ist einzig in seiner Art, obwohl vielleicht noch weitere wie dieses im Reich der Dorset-Jäger existieren mögen. Hier grub Dr. Peter Schledermann mit seinen Assistenten ein Lager aus, an dem sich die Dorset-Menschen im späten Frühjahr versammelten, nachdem sie den Winter, voneinander isoliert, in Jagdlagern auf dem Eis verbracht hatten. Die Lage war ideal. Die Siedlung befand sich in der Nähe einer eisfreien Stelle im Meer, die im Frühjahr die luftatmenden Säugetiere unwiderstehlich anzog. Die Grabungsmannschaft zählte an dieser Stelle 300 Walrosse.

Der Überschuß an jagdbaren Tieren, der zu dieser Jahreszeit herrschte, ermöglichte der ganzen Gruppe von etwa hundert Menschen, hier ihren sozialen und religiösen Verpflichtungen nachzugehen. Hier wählte man auch seinen künftigen Lebensgefährten, heiratete und vertiefte die verwandtschaftlichen Bindungen. Es scheint, daß viele der wunderschönen Elfenbein-Schnitzereien von Dorset eine magisch-religiöse Bedeutung besaßen. Und zu dieser Zeit wurden zweifellos religiöse Zeremonien vollzogen — vielleicht eine Feier für den bevorstehenden kurzen Sommer.

Hier errichteten die Leute aus hüfthohen Steinen eine rechteckige Umfriedung. Die Verteilung der geborgenen Gegenstände und Tierknochen spricht dafür, daß jede Familie innerhalb dieser fünf Meter breiten und 45 langen Mauer ihr eigenes Zelt aus Tierhäuten bewohnte, in denen sie schlief und aß. Gekocht wurde jenseits einer engen Lücke auf einer 32 Meter langen Reihe einzelner Herdstellen, neben denen sich jeweils eine Steinplattform befand, um Nahrung (etwa Robbenkadaver) unterzubringen. An der Küste bemühen sich mehrere Männer, ein Walroß an Land zu ziehen, das über eine Tonne gewogen haben mag.

Zu dieser Zeit erweiterte sich das Nahrungsangebot durch die Ankunft der Zugvögel — Enten und Gänse. Hin und wieder wurden vielleicht im hügeligen Hinterland Karibus erlegt, doch sind die Tiere im Frühjahr schlecht genährt, und ihre Häute sind für die Bekleidung praktisch wertlos. Vielleicht blieb die Gruppe, wenn genügend Nahrung vorhanden war, über den Sommer bis zu den gemeinsamen Karibu-Treibjagden zusammen, die im Herbst stattfanden. Dann waren die dicken Felle ideal, um Kleidung daraus zu machen. Es ist anzunehmen, daß die Dorset-Jäger (wie es auch die Menschen der Thule-Kultur und die noch moderneren Inuit taten) die Rentiere durch V-förmige Zäune trieben, an denen Felshaufen standen, die wie Menschen geformt waren. Hinter jedem Felshaufen konnte dann ein mit einer Lanze bewaffneter Mann vorbeilaufende Tiere töten.

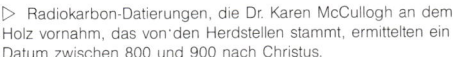

▷ Radiokarbon-Datierungen, die Dr. Karen McCullogh an dem Holz vornahm, das von den Herdstellen stammt, ermittelten ein Datum zwischen 800 und 900 nach Christus.

▽ Dr. Peter Schledermann legt mit seinen Assistenten das Gebiet innerhalb der Umfriedung frei. Den Gegenständen und Tierknochen nach zu urteilen, wurde diese Siedlung von den Menschen der späten Dorset-Kultur im späten Frühjahr und im Frühsommer bewohnt.

ILLUSTRATIONEN JOHN RICHARDS

MARTHA COOPER/NATIONAL GEOGRAPHIC SOCIETY

MARTHA COOPER/NATIONAL GEOGRAPHIC SOCIETY

DER GROSSE ÜBERGANG

10 000 vor Christus bis 4000 vor Christus

Die ersten Bauern der westlichen Welt

LENNART PALMQVIST

In der Zeit von 10 000 bis 4000 vor Christus kam es zu der wichtigsten, einzigen Innovation in der Geschichte der Menschheit vor der industriellen Revolution: Es war der scheinbar einfache Übergang, nach dem sich die Menschen nicht mehr durch Jagen und Sammeln, sondern durch Viehzucht und Ackerbau ernährten. Die Anfänge dieser bedeutungsvollen Veränderung lassen sich bis in das Neolithikum zurückverfolgen. Und es waren die Nahrung produzierenden Kulturen, die sich damals in Südwestasien entwickelten und später einmal die westlichen Zivilisationen begründeten.

Das hier als Südwestasien bezeichnete Gebiet umfaßt die heutige Türkei, den Iran, den Irak, Syrien, Libanon, Jordanien und Israel. Das Territorium entlang der Ostküste des Mittelmeeres wird manchmal das levantinische Gebiet genannt, und die Region, zu der heute Israel und der westliche Teil Jordaniens gehören, wird häufig als Palästina bezeichnet.

◁ Ein iranischer Bauer bestellt seinen Boden mit einem einfachen Holzpflug, wie er schon im fünften vorchristlichen Jahrtausend bekannt war.

△ Diese Maske aus hartem Kalkstein stammt aus dem siebenten Jahrtausend vor Christus. Sie wurde bei Kh Duma bei Hebron (Israel) gefunden und ist 22 Zentimeter lang.
ISRAEL MUSEUM, JERUSALEM

Schwarzes Meer

Kaspisches Meer

ANATOLIEN

Hacilar

Çatal Hüyük

TAURUS-GEBIRGE

Fruchtbarer Halbmond

Vansee

Çayönü

Zap

Tigris

Urmia See

Arpachiyah

ZAGROS

Halaf

Mureybet

Abu Hureyra

Hassuna

Umm Dabaghiyah

Jarmo

IRANISCHES HOCHLAND

Orontes

Khabur

Euphrat

Diyala

Mittelmeer

'Ain Mallaha
Mount Carmel

SYRISCHE WÜSTE

Sawwan

Ganj Dareh

Choga Mammi

GEBIRGE

Jericho

Jordan

Tigris

Ali Kosh

Totes Meer

Beidha

Eridu

Persischer Golf

Rotes Meer

SÜDWESTASIEN, etwa 9000 bis 3000 vor Christus
Die ersten Dorfsiedlungen wurden von den Jägern und Sammlern der Natuf-Kultur in der südlichen Levante, aber auch in Palästina und am mittleren Euphrat gegründet, wo man die frühesten Spuren des Getreideanbaus fand. Später tauchte die erste Keramik gleichzeitig an mehreren Orten des Zagros-Gebirges, Anatoliens und am mittleren Euphrat auf.

△ Werkzeuge aus der Siedlung von Zawi Chemi und Shanidar Cave im Zagros-Gebirge. Rechts sieht man einen knöchernen, gebogenen Sichelgriff und daneben ein ebenfalls aus Knochen gefertigtes Mähmesser mit einer Feuersteinklinge.

S
üdwestasien läßt sich grob in drei größere Vegetationszonen unterteilen. Die erste ist als die mediterrane Zone bekannt. Sie erstreckt sich wie ein schmales Band entlang der Ostküste des Mittelmeeres sowie der südlichen und westlichen Küsten der Türkei. Hier besteht die Vegetation überwiegend aus immergrünen Bäumen, Kräutern und Büschen — also aus Arten, die nicht geeignet sind, niedrige Temperaturen auszuhalten.

Die zweite ist die Zone der Wüste und der Steppenwüste. Sie setzt sich aus den Wüstengebieten von Syrien, Jordanien, des Irak und der angrenzenden Steppengebiete (einschließlich Mesopotamiens) zusammen, dem Gebiet der unteren Zuflüsse des Flußsystems von Euphrat und Tigris. Hier fällt nur selten Regen, die Pflanzendecke ist spärlich, und der Unterschied zwischen der Öde des Sommers und der Vegetation zu Beginn des Frühjahrs ist geradezu atemberaubend.

Die dritte Zone ist die des Hochlands, die zum Teil zwischen den ersten beiden liegt und sie teilweise auch umgibt. Dieser Bereich umfaßt das Libanongebirge der Levante, die Gebirge der östlichen Türkei und das Zagros-Gebirge, das sich über die Länge der iranischen Westgrenze bis in den Norden Iraks hinzieht. Im Westen dieses Gebirgsbogens liegt das im Durchschnitt 1370 Meter hohe anatolische Hochland. Die typische Vegetation dieser Hochlandzone setzt sich aus gemäßigten Wäldern mit Eichen, Zedern, Kiefern oder Tannen, Pistazien und Wacholder zusammen. Hier findet man genießbare Früchte, Nüsse

und Wildgetreide im Überfluß, und auch Schafe, Ziegen, Rinder und Schweine kommen in großen Zahlen vor.

Innerhalb dieser breiten Zonen kommt es zu erheblichen örtlichen Variationen der natürlichen Ressourcen. In den meisten Gebieten reichen die Niederschläge nicht aus, um mehrjährige Pflanzen am Leben zu erhalten. Dagegen fällt der Regen reichlicher im Hochland, das sich von der Levante bis zum Zagros-Gebirge erstreckt und das Rückgrat des sogenannten Fruchtbaren Halbmondes bildet: Es handelt sich um den breiten Landschaftsbogen, der sich vom Eingang des Persischen Golfes über den Nordrand der syrischen Wüste bis nach Palästina und zur Grenze Ägyptens hinzieht.

Die Nachbarschaft dieser Zonen zueinander und die örtliche Verfügbarkeit gewisser Ressourcen regten die Zuwanderung von Menschen und den Warenaustausch an, und wahrscheinlich etablierte sich die Landwirtschaft an verschiedenen Stellen mehr oder weniger gleichzeitig. Archäologische Funde sprechen dafür, daß der Ackerbau auf den Hügeln und Grasebenen, die die trockene syrische Steppe begrenzen, sowie auf den südlichen Schwemmebenen Mesopotamiens begann. Genau wie vor Jahrtausenden bergen diese Hänge noch immer die ursprünglichen Vorfahren der Getreidearten und Tiere, die zur Grundlage der örtlichen Landwirtschaft wurden — wilde Gerste, zwei Formen wilden Weizens, Nahrungspflanzen wie Leguminosen sowie Wildrinder, Schafe, Ziegen und Schweine.

Die Anfänge seßhaften Lebens

Das wärmere, feuchtere Klima, das sich in Südwestasien am Ende des Pleistozäns vor etwa 12 000 Jahren entwickelte, löste erhebliche Umweltveränderungen aus. Es gab offene Waldgebiete, deren Nüsse man ernten und deren Gräser man domestizieren konnte. Zudem ermöglichten die wärmeren Winter den Gemeinschaften, aus den Höhlen der Gebirge in Gegenden abzuwandern, in denen wilde Getreidesorten, etwa Gerste und Emmer, wuchsen und gesammelt werden konnten. Das Einbringen des Korns stimulierte die Menschen wiederum dazu, Werkzeuge wie Sichelklingen und Mahlsteine zu entwickeln sowie Speicher zu errichten — Entwicklungen, die den Weg für die Landwirtschaft ebeneten.

Der vermutlich wichtigste Einzelfaktor beim Übergang einer Gesellschaft von Jägern und Sammlern zur Nahrung produzierenden Wirtschaft war die Einführung der Seßhaftigkeit. Zunächst hatte man Pflanzen und Tiere lediglich als Beiwerk einer grundsätzlichen Überlebensstrategie domestiziert. Bald aber wurden sie so wichtig, daß die Landwirtschaft zu der nahezu universellen Lebensweise wurde.

Die frühesten neolithischen Siedlungen waren auf die Levante und die westlichen Ausläufer des Zagros-Gebirges beschränkt. In diesen Regionen und auf dem Hochland Anatoliens fiel immerhin soviel Niederschlag, daß wilder Weizen und wilde Gerste dort wachsen konnten. Schon um 9000 vor Christus aßen die Bewohner dieser Gebiete die verschiedensten Pflanzen, und mit der Zeit nahmen Getriedekörner, Hülsenfrüchte und Nüsse einen wachsenden Anteil ihrer Nahrung ein.

Wenn Paläoethnobotaniker und Archäologen herausfinden wollen, wo eine jede Pflanzenart erstmals domestiziert wurde, bestimmen sie zunächst die genetischen Vorfahren der frühen Kulturpflanzen, um dann die Verbreitung dieser wilden Arten zu kartieren. Die Verbreitung dieser Pflanzen, die sich den Klimaveränderungen über die Zeit angepaßt haben, sowie Erkenntnisse über pflanzliche Überreste aus archäologischen Fundstätten bieten die nötigen Informationen.

In ähnlicher Weise können Archäologen die Knochenreste solcher Fundstätten analysieren und dann entscheiden, ob die hier verzehrten Tiere in der Wildnis gejagt oder in Herden gehalten worden waren. Den archäologischen Befunden zufolge wurde jede der fünf Arten, die für die neolithische Tierzucht von Bedeutung waren (Schafe, Ziegen, Rinder, Schweine und Hunde) ursprünglich in einer jeweils verschiedenen Region domestiziert.

Am Ende des Neolithikums — nachdem das Getreide bereits domestiziert und kultiviert war und sich die Viehzucht etabliert hatte — hatten die Bewohner Südwestasiens landwirtschaftliche Methoden entwickelt, die der offenen Landschaft angepaßt waren. Darauf wiederum entstanden Stadtsiedlungen im Überschwemmungsgebiet von Euphrat und Tigris, im alten Mesopotamien.

ISRAEL MUSEUM, JERUSALEM/ERICH LESSING/MAGNUM

△ Ein großes tönernes Vorratsgefäß aus dem Jordantal. Es stammt aus dem vierten Jahrtausend vor Christus.

▽ Die Landschaft bei Diyarbakir in der südöstlichen Türkei, unweit des bemerkenswerten neolithischen Fundorts von Çayönü.

KLAUS BOSSEMEYER/BILDERBERG

▷ Dieser menschliche Schädel aus Jericho wurde auf das neunte vorchristliche Jahrtausend datiert. Das Gesicht wurde mit Lehm nachmodelliert, und an Stelle der Augen sind die Gehäuse von Kaurischnecken eingesetzt.

▷ *Gegenüber*: Der Lehmkopf einer kleinen, im Flachrelief geschnitzten und bemalten menschlichen Figur. Sie stammt aus dem siebenten Jahrtausend vor Christus und wurde in Jericho entdeckt.

▽ Dieser massive kreisförmige Steinturm ist neun Meter hoch und wurde gegen die Innenseite der Stadtmauer von Jericho errichtet. Er stammt aus dem präkeramischen Neolithikum des achten vorchristlichen Jahrtausends. Der Eingang befindet sich ganz unten.

Die Natuf-Kultur

Am besten ist die Übergangsphase, während derer die Menschen zwar seßhaft, aber noch immer von der Sammlung wildwachsender Getreidepflanzen abhängig waren, in Palästina dokumentiert. Eine der ältesten bisher bekannten Siedlungen wurde in Jordanien bei Tell es-Sultan, Jericho, unweit des Toten Meeres erbaut. Heute zeichnet sich die Fundstätte des alten Jericho durch einen großen Siedlungshügel aus — *Tell* ist das arabische Wort für einen Hügel, der sich aus den angesammelten Resten menschlicher Besiedlungsaktivität gebildet hat.

Jericho gehört zu einer Reihe von Fundstätten in der Levante und der südlichen Türkei, die mit der Natuf-Kultur verbunden sind, einer Kultur, die nach einem Höhlenfund im Wadi en-Natuf, in den Hügeln von Judäa (Israel), entdeckt worden war. Andere wohlbekannte Fundstätten sind El Wad im Bereich des Karmelgebirges und Ain Mallaha im Jordantal. Einige dieser Orte sind bis zu 12 500 Jahre alt.

Die Natuf-Kultur zeichnet sich durch kleine Dörfer mit kreisförmigen, aus Steinen errichteten Hütten und einer relativ umfangreichen Bevölkerung aus. Unter den dort gefundenen Gegenständen befanden sich Mörser und Mahlsteine, mit denen offenbar Getreide und Samen verarbeitet wurden, sowie vielzählige Sichelklingen aus Feuerstein, die entlang ihrer Schneidekante häufig noch den sogenannten Sichelglanz zeigen. Man kann daraus schließen, daß mit ih-

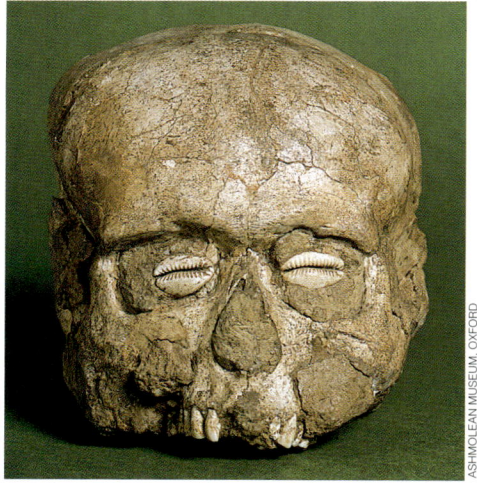

ASHMOLEAN MUSEUM, OXFORD

nen wilde Getreidepflanzen geerntet wurden. An den Natuf-Fundstellen wurden weder domestizierte Pflanzen noch Tiere nachgewiesen, obgleich die Knochen zahlreichen Jagdwildes entdeckt wurden und wilder Emmer-Weizen einst in diesem Gebiet heimisch war. Die größten Fundstätten und Friedhöfe der Natuf-Kultur bergen bedeutende Hinweise darauf, daß die Gesellschaft dieser Menschen hierarchisch aufgebaut war und daß verschiedene Waren, etwa Muschelschalen, Obsidian und Steinschalen, zwischen den Gemeinschaften weithin ausgetauscht wurden.

Die neben einem dauerhaften Brunnen gelegene alte Fundstätte von Jericho weist heute einen Siedlungshügel auf. Jericho begann um 9000 vor Christus als ein Lager der Jäger und Sammler der Natuf. Die Archäologin Kathleen M. Kenyon legte die Stätte in den fünfziger Jahren mit bemerkenswerten Resultaten abermals frei. Im Jahre 8000 vor Christus war die Siedlung von einer massiven Steinwand umgeben. Auf dem Muttergestein unterhalb der angehäuften Trümmer neolithischer Siedlungen und späterer Zivilisationen fand man Gegenstände der Natuf-Kultur und zudem eine Steinstruktur, die auf die Zeit um 7800 vor Christus zurückreichte. Dieser Bau besaß Sockel für massive Stangen — vermutlich Totempfähle — was dafür spricht, daß es sich um ein Heiligtum oder einen Schrein handelte. Wahrscheinlich hatten sich die Natuf-Jäger daran gewöhnt, den Brunnen aufzusuchen, und nachdem sie dessen Bedeutung erkannt hatten, gründeten sie daneben einen heiligen Ort.

Das von der Quelle bewässerte schlammige Land bot in der sonst trockenen Umgebung hervorragende Bedingungen für den Getreideanbau, und um 7500 vor Christus hatte Jericho schon eine Größe von 1,6 Hektar erreicht. Die Bewohner des frühen Jericho lebten in Hütten aus Schlammziegeln, die sich dicht an dicht in der Steinwand drängten, jedoch stellten sie keine Lehmgefäße her. Ihre kreisförmigen Hütten hatten Böden aus gestampftem Lehm und die Wände neigten sich nach innen, trugen also vermutlich einst ein Kuppeldach. Vielleicht waren die Dächer auch mit verputzten Zweigen bedeckt, da in den Wänden zahlreiche Spuren von Flechtwerk und grobem Putz nachgewiesen wurden. Dieser Ort war eine Oase und

JANE TAYLOR/SONJA HALLIDAY PHOTOGRAPHS

DIE NATUF-PERIODE: ANFÄNGE SESSHAFTEN LEBENS

KATE DA COSTA

Die Natuf-Kultur, eine von mehreren Kulturen im östlichen Mittelmeerraum, die gegen Ende des Paläolithikums auftauchten, stammt aus der Zeit zwischen 12 500 und 10 300 vor Christus. Dies war ungefähr das Ende der letzten Eiszeit, eine Zeit, in der das Klima in dieser Region wärmer und feuchter wurde. Vom Süden der Türkei bis zum Sinai wurden Beweise für diese Kultur gefunden, obwohl der überwiegende Anteil aus der südlichen Levante stammt — dem heutigen Israel und Jordanien.

Die Natuf-Kultur ist seit der Zeit bekannt, als Dorothy Garrod sie im Jahre 1932 definierte und anregte, sie nach dem Wadi en-Natuf in Israel zu benennen. (Ein Wadi ist der Lauf eines Gewässers, der nur in Regenzeiten Wasser führt.) Die Kultur ist insofern von besonderem Interesse, als Menschen vermutlich während dieser Zeit anfingen, sich in Dörfern niederzulassen. Obwohl man weiß, daß einige Gruppen schon vor der Entwicklung der Landwirtschaft eine seßhafte Lebensweise angenommen hatten und das ganze Jahr hindurch dieselbe Siedlung bewohnten, ist bisher noch unklar, ob dies im frühen Neolithikum oder während der Natuf-Periode geschah.

Bei einigen Natuf-Fundstätten handelt es sich offenbar um vorübergehende Lagerplätze. Sie wurden von Menschen benutzt, die saisonal verfügbare Tiere erlegten — beziehungsweise Pflanzen sammelten oder auf besonderen Reisen nach anderen Ressourcen suchten, zum Beispiel Basalt zur Herstellung von Mahlsteinen. Die größeren Fundorte — sie sind über 1000 Quadratmeter groß und ihre Ablagerungen bis zu drei Meter stark — waren keineswegs immer ganzjährig bewohnte Siedlungen. Vielmehr repräsentieren viele von ihnen lediglich die angehäuften Trümmer von Gemeinschaften, die über mehrere Jahre lang an einem und denselben Ort für mehrere Monate bewohnten. Mit großer Sicherheit führten verschiedene Gruppen damals ein ganz unterschiedliches Leben (so gab es beispielsweise semisedentäre oder nomadische Gruppen), je nach örtlicher Umgebung, den verfügbaren Ressourcen und der Vorliebe einer jeden Gruppe. Sicherlich wurden die meisten Natuf-Siedlungen intensiver genutzt als Fundstätten früherer Zeiten, und die Natuf-Kultur war aufwendiger und vielfältiger als jede andere zuvor.

Runde Häuser

Die wenigen vollständigen Natuf-Häuser, die bisher ausgegraben wurden, sind kreisförmig oder elliptisch und besitzen einen Durchmesser von bis zu zehn Meter. An verschiedenen Fundstätten wurden einige Häuser offenbar bis zu drei Mal auf denselben Mauern aufgebaut. Die Unterkünfte der Natuf bestanden aus Steinzirkeln, die nur eine Schicht hoch waren, und ein Teil davon war als Eingang zwischen Pfosten ausgespart. Die Wände müssen aus vergänglichem Material bestanden haben, vielleicht aus einer Kombination von Reetmatten und Schlamm. Innere Pfostenlöcher beweisen, daß die Häuser überdacht waren. Die meisten Häuser verfügten über eine gewisse Inneneinrichtung, hauptsächlich Feuerstellen, die von Steinen umgeben waren, sowie ein erhöhtes rechteckiges Areal aus Steinen oder festgestampfter Erde, auf dem vermutlich die Nahrung zubereitet wurde. Flache, grob mit Schlamm ausgekleidete Gruben und mit Steinen ausgekleidete Becken wurden in vielen Fällen als Getreidespeicher oder Silos gedeutet. Allerdings war in keinem Fall Getreide enthalten, und in vielen Fällen wurden diese Gruben als Gräber benutzt.

Obwohl wir keine Vorstellung von der damaligen Kleidung haben, wissen wir, daß wenigstens nach dem Tode ein Körperschmuck für angemessen befunden wurde. Halsketten, Kopfspangen und Gürtel aus Molluskenschalen oder den Zehenknochen von Gazellen wurden bei zahlreichen Skeletten nachgewiesen. Es kamen auch andere Tierknochen vor, jedoch seltener, und einige Skelette waren mit farbigem Ocker überschüttet. Die Bestattungen weisen kein einheitliches Muster auf: Einige dürften Einzel-, andere Massengräber darstellen. In einem bemerkenswerten Grab fand man die Skelette eines Kindes und eines Welpen. Innerhalb der Grenzen

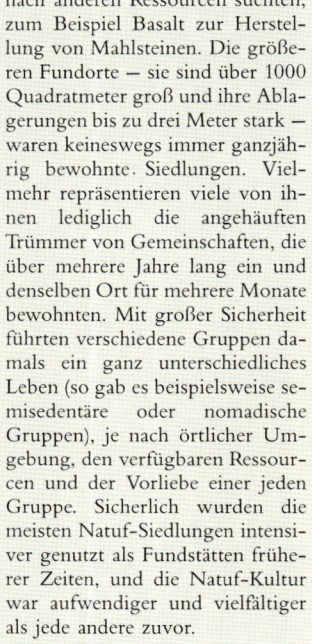

BEDEUTENDE FUNDSTÄTTEN DER NATUF-KULTUR IN DER LEVANTE
Shakbah liegt im Wadi en-Natuf, das der Kultur ihren Namen gab.

▽ Die Wände der Häuser der Natuf-Kultur bestanden aus unbehauenen Steinen, Schilf und Schlamm. Hier wird das Fundament eines kreisförmigen Hauses bei Ausgrabungen am Wadi Hammeh freigelegt.

▷ Diese knöchernen Sichelgriffe und gebogenen Klingen wurden zusammen mit einer Handvoll glatter Achatperlen auf dem Boden eines Hauses im Wadi Hammeh in genau derselben Position entdeckt, in der sie vor über 10 000 Jahren liegengelassen worden waren.

PELLA EXCAVATION PROJECT/J. CARTER/J. HALFHIDE

zahlreicher Fundstellen befanden sich Gräber von Erwachsenen und Kindern, häufig sogar innerhalb der Häuser. Wir haben keine Möglichkeit festzustellen, ob die Häuser aufgegeben wurden, nachdem man Tote darin beigesetzt hatte.

Die Werkzeuge der Natuf-Kultur

Die typischen Steinwerkzeuge der Natuf-Menschen waren große und kleine Klingen, wobei Mikrolithen-Werkzeuge am weitesten verbreitet waren. Einige Mikrolithen waren auf hölzernen oder knöchernen Griffen befestigt, und vermutlich wurden einige bei der Jagd eingesetzt, obgleich bisher noch keine speziellen Jagdwaffen entdeckt wurden. Die bemerkenswertesten zusammengesetzten Werkzeuge sind die Sicheln, die auf den Fußböden gefunden wurden. In einigen Fällen steckten die winzigen Klingen noch immer in den Rillen der Griffe. Der Glanz auf den Schnittkanten beweist, daß mit ihnen Pflanzen gepflückt wurden, doch weiß man nicht, ob es sich dabei um Getreide, Gemüse oder Schilf handelte. Ganz fraglos wurden Gegenstände in großem Stil hergestellt: So fand man an einer typischen großen Natuf-Fund-stätte mehr steinerne Mahl- und Schleifwerkzeuge (etwa Mörser, Stößel, Handmühlen, Schaftbegradiger und flache Schalen) als an allen Fundorten der unmittelbar vorangegangenen Perioden zusammen. Im Gegensatz zu früheren Zeitabschnitten wurden die meisten Steinwerkzeuge innerhalb der Häuser oder anderer Gebäude gefunden. Obwohl man früher allgemein der Ansicht war, daß mit den Mörsern und Stößeln pflanzliche Nahrung verarbeitet wurde, sind auf den Stößeln bisher ausnahmslos Reste von Ocker nachgewiesen worden.

An einigen Mörsern sind Linienmuster entlang des äußeren Randes eingeritzt. Diese Praxis, Gebrauchsgegenstände zu verzieren, steht ganz im Gegensatz zu früheren Zeiten. Obwohl man künstlerische Aktivitäten schon aus recht früher Zeit kennt, kamen bewegliche Kunstgegenstände und die Dekoration von Werkzeugen wie Mörsern und Sichelgriffen in der Natuf-Periode wesentlich häufiger vor. Es wurden zudem skulpturierte Objekte gefunden, die eindeutig nicht zu den Werkzeugen gehörten. Vermutlich besitzen jedoch Gegenstände die größte Aussagekraft, bei denen es sich offenbar um Souvenirs handelt — im Fluß geglättete Achatkiesel, Fossilien, auffällig geformte oder hübsch gefärbte Steine, die in den Natuf-Häusern entdeckt wurden. Es sind Andenken von der Art, wie auch wir sie sammeln würden, wenn wir durch die Landschaft wandern.

Nahrungsquellen

Obwohl diesen frühen Menschen eine vielfältige Nahrung zur Verfügung stand, lebten sie vermutlich überwiegend von Pflanzen. Die zahlreichen Funde von Sicheln, Mörsern und Handmühlen lassen vermuten, daß sich entweder die von ihnen verzehrten Pflanzenarten oder die Art der Nahrungszubereitung gegenüber früheren Zeiten geändert hatte. Ihre bevorzugte Beute bestand aus größeren Tieren wie Gazellen, Rindern, Schweinen, Hirschen und Vertretern der Pferdefamilie, jedoch stellten sie auch Zugvögeln und Hasen nach und fingen Tiere aus dem Wasser, etwa Schildkröten, Fische und Krustentiere.

▷ Ein schönes Beispiel dekorativen Kunsthandwerks der Natuf-Kultur: In diesem knöchernen Sichelgriff aus der Höhle von Kebara wurde der Kopf eines Hirsches oder einer Gazelle eingeschnitzt.
ISRAEL ANTIQUITIES AUTHORITY

◁ Diese Mörser und Stößel waren aus Basaltgestein herausgeschliffen worden, lange bevor das Metall in Gebrauch kam.
PELLA EXCAVATION PROJECT/R. WORKMAN

ISRAEL ANTIQUITIES AUTHORITY

△ Dieses aus Kalkstein geschnitzte Tier wurde in einer Natuf-Wohnhöhle bei Umm es-Zuitina in der judäischen Wüste gefunden.

JOEL DAY/THE PHOTO LIBRARY, SYDNEY

△ Ein reifendes Weizenfeld. Der Anbau des Weizens geht in Südwestasien bis in das achte Jahrtausend vor Christus zurück. Der Emmer oder Zweikorn-Weizen gehört zu den ältesten domestizierten Sorten des Weizens. Vermutlich war dies auch die wichtigste Art, die in vor- und frühgeschichtlicher Zeit kultiviert wurde.

zudem an der strategisch wichtigen Handelsroute zwischen dem Roten Meer und Anatolien gelegen, so daß sein früher Reichtum vermutlich auf umfangreiche Handelsaktivitäten zurückging.

Ackerbau im Nordosten Syriens

Zum nächsten Schritt in der Entwicklung der Landwirtschaft in Südwestasien kam es, als die Menschen nicht mehr wildwachsendes Getreide sammelten, sondern die Samen dieser Pflanzen außerhalb ihrer natürlichen Lebensräume aussäten. Zwei kürzlich entdeckte Fundstätten im Norden Syriens — Mureybet und Tell Abu Hureyra an den Ufern des Euphrat, unweit des heutigen Aleppo — bargen Material, das den Anfängen des Ackerbaus zwischen 7600 und 6000 vor Christus zugerechnet wird. Von besonderem Interesse ist Mureybet, denn dies ist der früheste Siedlungsfund, an dem Überreste einer domestizierten Pflanze entdeckt wurden, und zwar des Einkorn. Da die Wildform dieser Weizenart an ganz anderer Stelle wächst, nämlich im Vorgebirge der Taurus- und Zagrosberge, muß sie hier kultiviert worden sein.

Abu Hureyra befindet sich außerhalb des Gebietes, in dem heute wilde Getreidesorten vorkommen. Allerdings war das Klima hier zwischen 9500 und 8000 vor Christus, als der Ort erstmals besiedelt war, etwas wärmer und feuchter, und das Dorf lag in einem baumbestandenen Steppengebiet, wo Tiere und wilde Getreidearten im Überfluß vorkamen.

Ursprünglich legten die Bewohner von Hureyra hier eine halbpermanente Siedlung an und brachten wilde Getreidearten als Teil ihres Lebensunterhaltes ein. Zudem stand ihnen in Form der persischen Gazellen, die in jedem Frühjahr aus dem Süden eintrafen, eine berechenbare Fleischquelle zur Verfügung. Um 7600 vor Christus erwuchs an der Stelle des früheren Dorfes eine neue Siedlung, die sich über beinahe zwölf Hektar erstreckte. Zunächst lebten die Bewohner überwiegend von der Gazellenjagd, aber um 6500 vor Christus wandten sie sich stattdessen der Haltung von Schafen und Ziegen zu und bauten Hül-

senfrüchte, Einkorn und anderes Getreide an. Ihre rechteckigen, einstöckigen, mehrere Räume umfassenden Schlammziegelhäuser waren durch enge Gassen und Gänge untereinander verbunden und besaßen schwarze, polierte Gipsfußböden, die manchmal mit roten Mustern dekoriert waren. Vermutlich wurde jedes Haus von einer einzigen Familie bewohnt.

Die Umstellung auf die Landwirtschaft

Warum nun gaben die Jäger und Sammler Südwestasiens eine Lebensweise auf, die ihnen Zehntausende von Jahren Vorteile gebracht hatte? Was brachte sie dazu, ihre Ernährung auf domestizierte Tiere und Pflanzen zu gründen? Mit dem Auftauchen des seßhaften Bauernlebens, das diese Entwicklungen ermöglichte, müssen umfangreiche kulturelle Veränderungen ausgelöst worden sein.

Der hervorragende australische Archäologe V. Gordon Childe sah in der Hinwendung zur Landwirtschaft und einer gesicherten Nahrungsversorgung eine analoge Entwicklung zu den Umstellungen, die die industrielle Revolution begleiteten. In seiner beipielhaften Synthese der Vorgeschichte von 1936, *Man Makes Himself*, bezeichnete er dieses Phänomen entsprechend als die neolithische Revolution. Einige Jahre später erklärte er das Phänomen mit der sogenannten Oasen-Theorie. Sie basiert auf der Klimaveränderung, die am Ende der letzten Eiszeit eintrat. Er legte dar, daß die zunehmende Trockenheit in Südwestasien Menschen und Tiere zwang, sich an den wenigen, dahinschwindenden Oasen zu konzentrieren, wo das enge Zusammenleben zur Domestizierung der Pflanzen und Tiere führte.

Dieser Erklärung setzte Robert Braidwood vom Oriental Institute of Chicago eine andere, die sogenannte Hügelflanken-Theorie, entgegen. Dieser Theorie zufolge blieben die Menschen ihrer Umwelt verbunden, entwickelten also, je weiter ihre Kultur fortschritt, immer wirkungsvollere Hilfsmittel, um sich Pflanzen und Tiere nutzbar zu machen. Um diese Theorie zu testen, rief Braidwood bei Jarmo, am Fuße des Zagros-Gebirges, eine Reihe von Ausgrabungen ins Leben. Indem er sich auf die Schwelle der kulturellen Veränderung konzentrierte, hoffte er, Spuren der Anfänge dieser frühen landwirtschaftlichen Revolution zu finden.

Frühe Bauerndörfer im Zagros-Gebirge

Die frühesten Hinweise auf eine Besiedlung des Zagros-Gebirges sind weniger spektakulär als die aus dem Norden Syriens. Allerdings gab es semipermanente Lager im nördlichen Irak, wie diejenigen von Karim Shahir, Zawi Chemi und Shanidar Cave, aus der Zeit um 10 000 bis 9000 vor Christus. In den oberen Grabungsschichten von Zawi Chemi und Shanidar Cave bilden Hausschafe etwa 80 Prozent aller verzehrten Tierreste, wodurch dieser Ort das früheste bekannte Beispiel einer kontrollierten Nahrungsproduktion in Südwestasien bildet. Sicherlich sind aber in den nächsten Jahren noch aufregende Entdeckungen zu erwarten.

Die erste Bauerngesellschaft mit einem Dorf als Lebenszentrum, die überhaupt entdeckt wurde, und vielleicht auch am besten bekannt ist, ist Jarmo aus dem Tal von Chemchemal östlich von Kirkut im Nordosten Iraks. Die Siedlung stammt aus dem siebten Jahrtausend vor Christus. Genauer ist der Zeitraum kaum zu bestimmen, denn die Radiokarbon-Datierung ist an dieser Stelle recht unzuverlässig. Braidwood ist davon überzeugt, daß Jarmo etwa in der Mitte des siebten vorchristlichen Jahrtausends eine 300jährige Blütezeit erlebte.

Jarmo liegt 800 Meter hoch, umfaßt eine Fläche von vier Hektar, und seine archäologischen Ablagerungen sind sieben Meter tief. In deren oberem Drittel findet man erstmals Töpfereiprodukte in nennenswerten Mengen. Die Wirtschaft basierte auf einem dörflichen Ackerbau sowie dem Jagen und Sammeln. Man kultivierte zweizeilige Gerste, Weizen (Einkorn und Emmer) sowie mehrere großsamige, einjährige Leguminosen und züchtete Schafe und Ziegen. Auch der erste gesicherte Hinweis auf domestizierte Schweine wurde in diesen oberen Schichten gefunden. Dies ist insofern besonders interessant, als Schweine, ähnlich den Hunden, etwa dasselbe Nahrungsspektrum haben wie der Mensch und nicht der nomadischen Herdenhaltung angepaßt sind.

Offenbar standen an diesem Ort gleichzeitig niemals mehr als 25 Häuser, und die Bevölkerung umfaßte etwa 150 Menschen. Die rechteckigen Häuser, die sich jeweils aus mehreren kleinen Räumen und einem Hof zusammensetzten, bestanden aus geformtem Schlamm. Die Lehmwände wurden häufig auf einer Steinbasis errichtet, und die Fußböden aus Lehm wurden über einem Schilfbett angelegt. Man fand auch Vorratsbehälter und kuppelförmige Lehmöfen, in denen möglicherweise das Getreide getrocknet wurde. Auch abgeschlagene Steinwerkzeuge wurden in großen Mengen entdeckt. Ein großer Teil davon bestand aus Obsidian und Feuerstein. Zudem fand man zahlreiche geschliffene Steinobjekte, darunter Armreifen aus Marmor und eine Fülle attraktiver Steinschalen.

Zu den bemerkenswertesten Funden von Jarmo gehört eine erstaunliche Menge hellgebrannter Lehmfigurinen, die sowohl Menschen als auch Tiere darstellen, aber auch eine Vielfalt anderer Lehmobjekte, wie etwa Stempel. Die gelbbraun bis orange gefärbte Ke-

WERNER BRAUN

△ Iranische Bauern worfeln, das heißt reinigen das Getreide mit hölzernen Forken – eine Technik zur Trennung der Spreu, die schon seit dem Altertum bekannt ist.

JENNIFER FRY/BRUCE COLEMAN LTD

◁ Das Zagros-Gebirge zwischen Hamadan und Bisitun. In den Bergregionen Südwestasiens wurden zahlreiche menschliche Siedlungen vom Anfang des Neolithikums entdeckt, vermutlich ein Zeichen dafür, daß die Umgebung damals eine Fülle verschiedenartiger Nahrungsmittel zur Verfügung stellte.

▷ Diese Terracotta-»Göttin«, die aus den oberen Schichten von Munhata im Jordantal ausgegraben wurde, stammt aus dem sechsten Jahrtausend vor Christus. Mehrere Merkmale dieser Figur sind auch bei verschiedenen Figurinen nachweisbar, die in der gesamten Levante aus dem frühen siebenten vorchristlichen Jahrtausend geborgen wurden: das übertrieben dargestellte Gesäß, der verlängerte Hinterkopf und die Betonung der Augen. Das furchterregende Erscheinungsbild ist typisch für die Figurinen von Munhata.

▽ Dieser Teil eines prähistorischen Dorfes, das bei Jarmo im heutigen Irak freigelegt wurde, zeigt die Wände zweier aneinandergrenzender Häuser. In jeder Grabungsschicht bestanden die Wände aus gepreßtem Schlamm, der in Schichten gepackt war. Auf mehreren Fußböden konnte man Spuren von Schilfmatten nachweisen.

ramik ist größtenteils flach und nur mit der Hand geformt, allerdings häufig glasiert.

Häufig schätzen Archäologen Keramikfunde als ein hilfreiches Mittel, Fundorte in Bezug zueinander zu datieren, besonders dann, wenn sie einander recht ähnlich sind. In prähistorischer Zeit wurden derartige Töpfe oft ausführlich dekoriert, und die Dekorationsstile waren nicht sehr langlebig. Und obwohl Töpfe leicht zerbrechen, sind ihre Scherben praktisch unzerstörbar.

Braidwood und sein Team von Naturwissenschaftlern glaubten, daß das Klima in dem Zeitraum, in dem Pflanzen und Tiere domestiziert wurden, im wesentlichen stabil war, was die Oasen-Theorie von Childe widerlegen würde. Während seiner Arbeit bei Jarmo und an anderen Fundstätten im Zagros-Gebirge kam Braidwood zu dem Schluß, daß der Ackerbau in Südwestasien als eine »logische Folge« der kulturellen Spezialisierung und Verfeinerung entstanden sei. Die Jäger und Sammler »blieben« während des Holozäns einfach »zu Hause« und wurden mit ihren pflanzlichen und tierischen Nachbarn außerordentlich vertraut. Als ihre Kultur dann weiter voranschritt, entwickelten die Menschen wirkungsvollere Hilfsmittel, um ihre Umwelt zu nutzen. Also war der Ackerbau ein natürliches Glied in der langen Kette der Evolution.

Während Braidwoods Arbeit mehrere bemerkenswerte Beiträge zur Lösung des Problems brachte, wann, wo und warum Jäger und Sammler seßhaft wurden, haben nachfolgende Informationen, die sich im Laufe ähnlicher Untersuchungen in Südwestasien ansammelten, unser Bild vom Neolithikum gleichermaßen kompliziert und bereichert.

Ali Kosh

Der Hügel von Ali Kosh auf der Ebene von Deh Luran in Khudschistan birgt die frühesten Belege für eine Bauerngesellschaft des Tieflandes außerhalb von Palästina und Nordsyrien. Die entscheidende Feldfrucht der frühesten Periode von Ali Kosh war der Emmer, der in diesem Gebiet nicht wild vorkommt. Auch wildwachsende zweizeilige Gerste war vorhanden und wurde vermutlich auch angebaut. Zudem hüteten die frühesten Menschen hier auch Ziegen und Schafe und ergänzten ihre Nahrung durch Jagd, Fischfang und das Sammeln wildwachsender Nahrung. Zwar existieren aus dieser Besiedlungszeit keine brauchbaren Radiokarbon-Datierungen, doch dürfte die anschließende Phase von Ali Kosh aus der Zeit zwischen 7200 und 6400 vor Christus stammen. Damit liegt sie etwa zeitgleich mit den frühen Fundstätten von Jarmo und Palästina.

In der zweiten Phase von Ali Kosh mehren sich die Hinweise dafür, daß auch Wintergetreide angebaut wurde. Hier ernteten die Bewohner ihr Getreide mit Feuerstein-Sicheln, die mit Hilfe von Asphalt in Holzgriffe eingesetzt waren. Die Körner wurden vermutlich in die einfachen geflochtenen Körben gesammelt, die ebenfalls dort gefunden wurden. Weizen, Gerste und Samen wilder Kräuter wurden auf sattel- oder muldenförmigen Steintafeln mit Hilfe einfacher scheibenförmiger Handsteine oder narbiger Kalksteine gemahlen. Die Verwendung eines steinernen Mörsers war eine bemerkenswerte Innovation.

Zu dieser Zeit lebten vermutlich etwa 100 Menschen in Ali Kosh. Auch die Kontakte nach außen scheinen in dieser Phase zugenommen zu haben, denn man fand Obsidian aus Anatolien, Muschelschalen, die wahrscheinlich aus dem Arabischen Golf stammten, sowie Kupfer, der wohl aus dem Iran herangeschafft worden war. In der anschließenden Phase zwischen 6000 und 5500 vor Christus, tauchen Tontöpfe und verschiedene Gegenstände auf, die ihrem Typ nach denen entsprechen, die später im sechsten vorchristlichen Jahrtausend in Mesopotamien, insbesondere bei Tell es-Sawwan, gefunden wurden.

ABU HUREYRA: DIE ERSTEN BAUERN DER WELT

PETER ROWLEY-CONWY

TELL ABU HUREYRA EXCAVATION

Abu Hureyra liegt am Euphrat in Syrien, 120 Kilometer östlich von Aleppo. Es handelt sich um einen riesigen »Tell«-Hügel, der aus den übereinandergeschichteten Resten von Schlammziegelhäusern besteht, die mit Haushaltsabfällen vermischt sind. Der größte Teil der Siedlung stammt aus der Anfangszeit des Ackerbaus um 9000 bis 7000 vor Christus. Ganz unten jedoch befindet sich eine wesentlich kleinere Siedlung, die aus der letzten Vor-Ackerbau-Zeit, vielleicht um 11 000 bis 9500 vor Christus, stammt.

Die Ausgrabung von Abu Hureyra ist eine Erfolgsgeschichte im Angesicht widriger Umstände. Schon die Entdeckung der Siedlung im Jahre 1971 löste Verwirrung aus: Sie war mit einer Fläche von 12 Hektar nicht nur riesig, sondern stand kurz davor, durch den Bau eines Dammes überflutet zu werden. Nur ein winziger Teil konnte während der zwei zur Verfügung stehenden Grabungssaisons freigelegt werden. Der Grabungsleiter, Andrew Moore, entschied sich, die modernen, aber zeitaufwendigen Methoden der Datensicherung anzuwenden, und seine Entscheidung wurde durch die spektakulären Ergebnisse vollauf gerechtfertigt. Die zweite Grabungssaison fiel mit dem Oktoberkrieg von 1973 zusammen, doch trotz aller Schwierigkeiten grub Moore sieben Gräben an verschiedenen Stellen der Siedlung aus.

Gazellenjäger

Tierknochen wurden im Überfluß gefunden. Die Jäger und Sammler der ersten Siedlung jagten überwiegend Gazellen, aber auch einige Wildrinder, Schafe und Onager (eine Art Wildesel). Anhand ihrer Zähne läßt sich das Alter junger Gazellen sehr genau bestimmen, was bei Abu Hureyra zu einer merkwürdigen Altersverteilung führte: Es waren zahlreiche Kiefer neugeborener sowie etwa einjähriger Tiere vorhanden, doch waren keine dazwischenliegenden Altersstufen nachweisbar. Da Gazellen im Mai zur Welt kommen, spricht dies für eine sehr kurze Jagdsaison, die auf diesen Monat beschränkt war. Vielleicht wurden ganze Herden in eine Falle getrie-

ben und dann getötet, und der größte Teil des überschüssigen Fleisches wurde durch Einsalzen oder Trocknen für den Rest des Jahres konserviert.

Warum war die Jagdsaison so kurz? Vielleicht lagerten die Jäger bei Abu Hareyra nur im Mai, doch sprechen andere Ergebnisse dagegen. Mit Hilfe moderner Flotationsverfahren wurden pflanzliche Reste in Massen geborgen, und es zeigte sich, daß nicht weniger als 157 Pflanzenarten verzehrt wurden – das sind mehr, als von irgendeiner modernen Jäger-und-Sammler-Gruppe gegessen wurden und bei weitem mehr, als in irgendeiner anderen archäologischen Fundstätte entdeckt wurden. Ganz fraglos wurde Abu Hureyra für längere Zeit als nur während der Gazellenjagdsaison bewohnt. Die Tiere müssen also auf Wanderschaft gewesen sein und erreichten dieses Gebiet nur im Mai.

Frühe pflanzliche Nahrung

Kam nun den Pflanzensamen oder dem Gazellenfleisch die größere Bedeutung für die Ernährung zu? Die Antwort liefert eine weitere moderne analytische Methode. Bei Abu Hureyra wurden zahlreiche menschliche Gräber entdeckt, und die Skelette zeigen häufig eigenartige pathologische Merkmale. Der Zustand der Zehen-, Knöchel- und Kniegelenke läßt vermuten, daß die Menschen viele Stunden am Tag kniend mit untergebogenen

Zehen zubrachten. Die starke Entwicklung der Schultern und der Oberarme spricht für eine Arbeit mit den Armmuskeln, und die Pathologien der unteren Rückenpartie zeigen, daß der Körperstamm ständig vor und zurück bewegt wurde. Die einzige Tätigkeit, auf die alle diese Merkmale gleichzeitig zutreffen, ist die Mehlherstellung mit Mahlsteinen. Dies muß in sehr großem Umfang erfolgt sein, so daß die pflanzliche Nahrung das Fleisch wohl überwog.

Nach 9500 vor Christus war die Siedlung einige Jahrhunderte lang nicht bewohnt. Dann, nach 9000 vor Christus, setzt sich die Geschichte mit einer großen Bauernstadt fort, und man findet aus dieser Zeit recht unterschiedliche pflanzliche Reste. Zwar kommen wesentlich weniger Arten vor, doch umfassen diese nun auch Kulturpflanzen: Gerste, Roggen, Linsen, Kichererbsen, zwei Weizensorten und verschiedene andere Pflanzen. Die Pathologien der menschlichen Knochen zeigen weiterhin, daß die Bewohner viel Zeit damit zubrachten, Samen zu Mehl zu verarbeiten, doch stammten die Samen nun von Kultur-

◁ Bei Abu Hureyra lag das frühe Bauerndorf oberhalb einer Siedlung der letzten Jäger und Sammler. Hier wurde ein rechteckiges Bauernhaus durchschnitten, um die kreisförmigen Häuser der Jäger und Sammler freizulegen.

pflanzen.

Obwohl Getreide unter diesen Bauern das Grundnahrungsmittel bildete, deckten sie ihren Fleischbedarf weiterhin überwiegend durch die Jagd wilder Tiere. Noch immer stammen zwei Drittel aller gefundenen Knochen von Gazellen, und wiederum wurden sie ausschließlich im Mai getötet. Von 7500 vor Christus an jedoch geht die Zahl der Gazellenknochen plötzlich zurück, und an ihre Stelle treten Schafe und Ziegen. Weibliche Ziegen wurden, bis sie erwachsen waren, für die Zucht gehalten, während die meisten Böcke schon im Alter von zwei Jahren geschlachtet wurden. Dies kann nicht auf die Jagd zurückgeführt werden, so daß diese Tiere domestiziert gewesen sein müssen. Natürlich wurden nicht alle Arten zur gleichen Zeit domestiziert, und im ganzen südwestasiatischen Bereich gingen die Pflanzen den Tieren in dieser Hinsicht voran.

Die Ergebnisse von Abu Hureyra zeigen, was moderne wissenschaftliche Methoden leisten können. Nur ein sehr kleiner Teil der Fundstätte konnte freigelegt werden, ehe sie 1974 überflutet wurde, jedoch wurden die Methoden getestet und erprobt und können nun an anderen Stellen eingesetzt werden, um unsere Kenntnisse über die bedeutendste ökonomische Veränderung zu erweitern, die auf der Erde jemals stattgefunden hat – das Aufkommen der Landwirtschaft.

▽ Mahlsteine wie dieser waren für die Zubereitung pflanzlicher Nahrung unverzichtbar. Die Bauern von Abu Hureya verarbeiteten damit ihre Kulturpflanzen wie Weizen und Gerste, während die früheren Jäger und Sammler sie dazu einsetzten, die Samen wildwachsender Pflanzen zu zermahlen.
THE BRITISH MUSEUM

△ Die Gebäude von Çayönü mit ihrem waffelförmigen Grundriß weisen mehrere parallele Grundmauern auf, die sich über die Länge eines jeden Hauses erstrecken. Diese Bauweise, bei der Gänge einen Luftstrom unter dem Fußboden ermöglichen, dürfte ein Hilfsmittel gewesen sein, um die Häuser während der feuchten Wintermonate trocken zu halten.

▷ Ein Blick auf Çayönü aus dem Jahre 1972. Das hügelige Gelände, das den Fundort umgibt, ist heute wieder dicht bebaut. Als hier jedoch um 7000 vor Christus Menschen wohnten, war alles von Wald bedeckt. Die Berge im Hintergrund gehören zum Taurus-Gebirge.

Frühe neolithische Fundstätten in Anatolien

Schon seit Beginn des Holozäns um 8000 vor Christus bot Anatolien eine vielfältige Umgebung, die sich für die menschliche Besiedlung besonders eignete. Die Siedlung von Çayönü bei Diyarbakir im Südosten der Türkei liegt am Hochufer eines Tigriszuflusses, und die Flußterrasse erstreckt sich nur über wenige Kilometer, ehe sie die Ausläufer des Taurus-Gebirges erreicht.

Der Ort war von etwa 7250 bis 6700 vor Christus von Menschen bewohnt, die zum Beispiel Weizen, Erbsen und Linsen anbauten. Besonders interessant ist, daß die Tierknochen, die man in den unterschiedlichen Schichten dieser Siedlung fand, eine deutliche Verlagerung von der Jagd zur Haustierhaltung belegten.

Seit 1964 hat ein Doppelteam von der Universität von Istanbul und dem Oriental Institute of Chicago umfangreiche Flächen dieser Fundstätte untersucht. Çayönü bedeckt eine Fläche von etwa 100 mal 200 Meter. Seine faszinierenden architektonischen Reste bestehen überwiegend aus Residenzgebäuden. Allerdings sind wenigstens drei von monumentaler Größe, so daß man annehmen kann, daß sie eine kommunale Funktion hatten und daß es eine Art von Häuptlingstum gab. Die Wohnhäuser umfassen merkwürdige, nach sogenanntem Waffelmuster errichtete Gebäude und regelmäßig angelegte Bauwerke mit zellenförmigem Grundriß. Die übrigen Gebäude besitzen Fußböden, die mit Fliesen gepflastert sind. Der Unterschied zwischen Çayönü und anderen frühen Fundstätten mit vollkommen domestizierten Getreidesorten besteht in den erheblichen Abmessungen seiner Gebäude und dem relativ hohen Niveau seiner Konstruktion.

Nahezu sämtliche freigelegte Schichten lassen sich einer Kulturphase zuordnen, die als das präkeramische Neolithikum bezeichnet wird. Diese Menschen hatten noch nicht gelernt, mit der Töpferei umzugehen, produzierten jedoch Werkzeuge aus Feuerstein, Obsidian oder geschliffenem Stein, etwa Schmuck aus poliertem Stein und Lehmfigurinen. Am meisten überraschte jedoch, daß sie das Kupfer kannten und vermutlich aus einer nahegelegenen Quelle bei Ergani-Maden bezogen. Das Metall wurde durch Erhitzen in Form gebracht und dann zu Nägeln, Haken, Reibahlen (ein Werkzeug zur Herstellung von Löchern) und Perlen gehämmert. Dies ist das bislang älteste Beispiel für einen vorsätzlichen Gebrauch von Metall.

△ Eine Rekonstruktion der Nord- und Ostwände des sogenannten Second Vulture Shrine bei Çatal Hüyük. Die Geier besitzen menschliche Beine und repräsentieren vermutlich verkleidete Priester. Zwischen ihnen liegt eine kopflose Leiche. In anderen Schreinen findet man Szenen mit eher vogelähnlichen Geiern, die an Leichen fressen – vermutlich ein Hinweis auf die Praxis, Verstorbene unter freiem Himmel den Vögeln preiszugeben, um das Fleisch entfernen zu lassen.

▷ Ein Blick auf die Ausgrabungen bei Çatal Hüyük mit mehreren Häusern. Bei dem Bauwerk in der Mitte lassen ungewöhnliche Lehmdekorationen oder Malereien darauf schließen, daß es sich vermutlich um einen Schrein handelt.

JAMES MELLAART

Çatal Hüyük

Im Jahre 1958 entdeckte James Mellaart bei Çatal Hüyük eine weitere anatolische Siedlung, die an einem kleinen Fluß 48 Kilometer südöstlich des heutigen Konya lag. Çatal Hüyük bedeckt eine Fläche von 13 Hektar und ist damit dreimal so groß wie das präkeramische Jericho. Um 6000 vor Christus stand hier eine blühende Stadt, deren aus Mauersteinen erbaute Häuser wie Honigwaben dicht beieinander standen. Das ungewöhnlichste Merkmal dieser Häuser war ihr hochstandardisierter Grundriß, der jedem Haus 25 Quadratmeter Grundfläche zusprach. Die Bewohner müssen ihre Häuser mittels einer Holzleiter betreten haben, mit der sie vom Hof auf das flache Dach gelangten und von dort einen Schacht und schließlich einen niedrigen Eingang erreichten. In den Wohnzimmern waren Bänke und Plattformen sowie Herdstellen und Öfen fest eingebaut, allesamt aus Erde und Gips hergestellt.

Die ungewöhnliche Standardisierung der schätzungsweise 1000 Häuser, die vermutlich 5000 bis 6000 Bewohner aufnahmen, sprechen für eine genaue Planung und ein hohes Maß an Zusammenhalt und Zusammenarbeit innerhalb der Gemeinschaft. Von besonderem Interesse sind einige Gruppen von Räumen, die jeweils einen Vorratsraum aufwiesen, der offenbar als Schrein benutzt wurde. Umfangreiche Wandgemälde und der übrige Inhalt dieser Räume sprechen in hohem Maße dafür, daß hier rituelle Aktivitäten vollzogen wurden.

△ Diese Szene einer Rothirschjagd wurde auf der Wand einer Vorkammer eines Jagdschreins gefunden, der in der dritten Schicht von Çatal Hüyük entdeckt wurde. Das Bild wurde auf 5800 vor Christus datiert.

◁ Diese gebrannte Lehmfigur einer thronenden Frau aus Çatal Hüyük repräsentiert möglicherweise eine gebärende Göttin. Zu beiden Seiten wird sie von katzenähnlichen Tieren – vermutlich Leoparden – gestützt. Die Statue wurde in einem Getreidebehälter gefunden.
C. M. DIXON

241

△ Eine Szene der Schreinwände in der Grabungsschicht VII. Sie zeigt die Häuser von Çatal Hüyük und im Hintergrund den Ausbruch des Vulkans von Hasan Dag.

KULTE BEI ÇATAL HÜYÜK

LENNART PALMQVIST

0   100   200 Meter
0 200 400 600 feet

An den Ufern des Carsamba-Flusses im Zentrum Anatoliens liegt das neolithische Dorf Çatal Hüyük.

Die hier durchgeführten Ausgrabungen haben unser Wissen der religiösen Welt und der Kunst neolithischer Menschen vollständig revolutioniert. Fruchtbarkeit und Wachstum waren für die Bauern von Çatal Hüyük von eminenter Bedeutung, und sie entwickelten daher eine Vorstellung von der »Mutter Erde« und den Kult einer »Muttergöttin«. Bisher wurden in neun Grabungsebenen 40 Schreine freigelegt. In vielen dieser Gebäude steht die aus Ton modellierte Fruchtbarkeitsgöttin in engem Zusammenhang mit einem bemerkenswerten Stierkult. So findet man tönerne Stierköpfe neben der Göttin oder zwischen ihren aufgerichteten Beinen, und manchmal stößt man auf eine Kombination eines Stierhorns mit einer modellierten menschlichen Brust. In einem der Schreine bringt eine Göttin einen gewaltigen Stierkopf zur Welt, und ihr gegenüber befinden sich die Köpfe dreier weiterer Stiere. Offenbar bilden diese Kulte ein Bindeglied zwischen dem oberen Paläolithikum und der Bronzezeit.

△ Die Ausgrabungsstätte von Çatal Hüyük, von der bis jetzt ein Dreißigstel (rote Markierung) freigelegt wurde.

◁ Diese an Bänken befestigten Stierhörner wurden in einem der zahlreichen Gebäude der Grabungsschicht VI entdeckt. Die Häuser wurden als Schreine gedeutet.
ILLUSTRATIONEN: OLIVER RENNERT

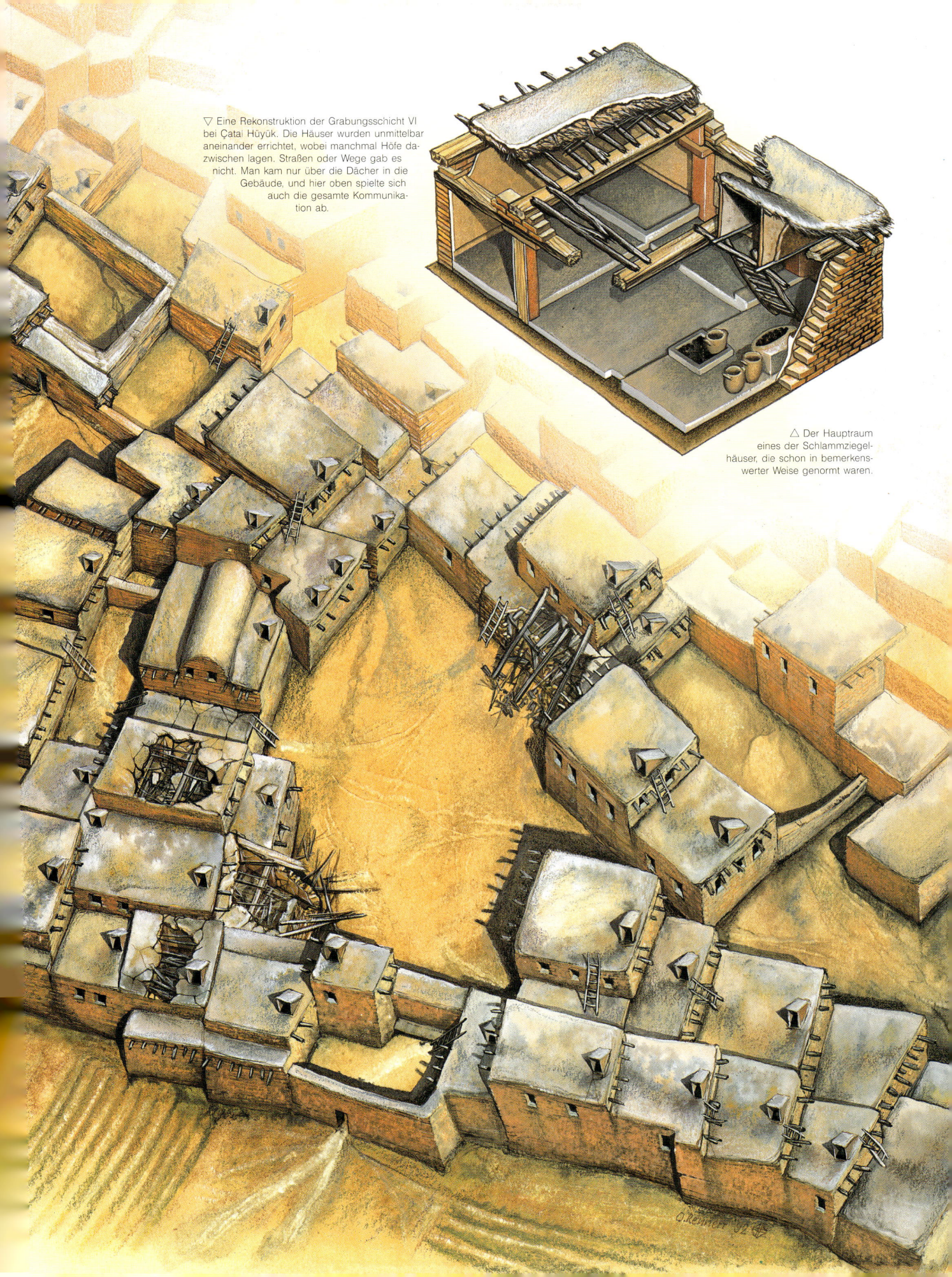

▽ Eine Rekonstruktion der Grabungsschicht VI bei Çatal Hüyük. Die Häuser wurden unmittelbar aneinander errichtet, wobei manchmal Höfe dazwischen lagen. Straßen oder Wege gab es nicht. Man kam nur über die Dächer in die Gebäude, und hier oben spielte sich auch die gesamte Kommunikation ab.

△ Der Hauptraum eines der Schlammziegelhäuser, die schon in bemerkenswerter Weise genormt waren.

▷ Dieser weibliche Schädel wurde aus einem der Schreine von Çatal Hüyük geborgen. Er war mit einer Kruste von Zinnober (Quecksilbersulfid) überzogen. Es handelt sich um ein Beispiel der sogenannten Ockerbegräbnisse.

ARLETTE MELLAART

Die Bilder auf den sorgfältig verputzten Wänden stellen Jagdszenen und gebärende Frauen dar oder bestehen aus zahlreichen geometrischen Mustern. Die Schreine enthalten zudem Menschengruppen und Tierfiguren, die aus Stein geschlagen oder in Lehm modelliert wurden. Man fand Gruppen oder Reihen aus Rinderhornzapfen, die in Bänken oder in stilisierten Bullenköpfen eingesetzt waren. Die Riten, die man in diesen Schreinen vollzog, hatten zweifellos mit der Fruchtbarkeit zu tun und bildeten offenbar eine Verbindung zum oberen Paläolithikum einerseits und zur Bronzezeit (etwa dem frühminoischen Kreta) andererseits.

Der Wohlstand Çatal Hüyüks gründete sich auf Landwirtschaft und Handel. In den ältesten Grabungsschichten fand man Hinweise auf Rinderzucht — das erste unzweifelhafte Indiz für domestizierte

▽ Ein Tal mitten im Zagros-Gebirge unweit der heutigen Stadt Isfahan (Iran). Die inneren Hänge des Zagros-Gebirges sind mit Handelszentren übersät, die schon im Neolithikum zu einem weitverbreiteten Handelsnetz gehörten. Dieses Netz säumte die zentrale Wüste nach Osten und Westen über das Zagros-Gebirge und erstreckte sich hinunter bis in die mesopotamische Ebene.

THE MACQUITY COLLECTION

Rinder, das man aus Westasien kennt. Und aus dem nahegelegenen Vulkan von Hasan Dag gewannen die Bewohner den Obsidian für den Handel.

Die archäologischen Indizien aus Çatal Hüyük sind in vielerlei Hinsicht faszinierend. So scheint es in den neolithischen Dörfern Südwestasiens weder Friedhöfe noch aufwendige Gräber gegeben zu haben, wie sie etwa zu der Zeit in Westeuropa existierten. Im frühen Jericho zum Beispiel begrub man die Toten unter dem Fußboden des Hauses, und ihre Köpfe wurden getrennt beigesetzt. Bei Çatal Hüyük wurden die Leichen unter Schlafplattformen vergraben. In drei Schreinen sind auf den Wandmalereien Geier zusammen mit kopflosen menschlichen Figuren abgebildet, die häufig auf ihrer linken Seite zusammengerollt liegen. Mellaart deutete diese Szenen als einen Ausschnitt der Begräbniszeremonie, und zahlreiche Indizien stützen dieses Ansicht. So lagen zum Beispiel viele der unter den Fußböden begrabenen Leichen auf ihrer linken Seite. Und auf den Böden fand man menschliche Schädel, vom Körper getrennt. Das Fleisch wurde vor dem Begräbnis von den Leichen entfernt — möglicherweise durch Geier.

Unverzierte Tongefäße waren allgemein im Gebrauch, und auch guterhaltene Holz- und Flechtarbeiten und gewobene Stoffragmente haben überlebt. Die hölzernen Gefäße zeigen eine Formenvielfalt, eine meisterhafte Technik und einen verfeinerten Geschmack, der im Neolithikum dieser Gegend nicht seinesgleichen hatte.

Unter den speziellen Objekten von Çatal sind die aus Stein geschlagenen Gegenstände, zum Beispiel mehrere zeremonielle Waffen sowie geschliffene und polierte Obsidian-Spiegel die bei weitem elegantesten in Südwestasien. Auch hochwertige Wolltextilien wurden in verschiedenen Webarten hergestellt.

Ganz sicherlich war die Herstellung spezieller und sogar luxuriöser Gegenstände aus bestimmten Materialien ein bedeutendes Merkmal der Wirtschaft von Çatal. Da viele unverzichtbare Rohstoffe von anderswo herangebracht werden mußten, ruhte der Wohlstand der Gemeinschaft weitgehend auf einer kommerziellen Basis. Und der ungewöhnliche Umfang Çatals selbst spricht stark dafür, daß seine Bewohner eine gewisse Kontrolle über ihre Umgebung ausübten.

Dieser Ort wurde offenbar vom Ende des siebten vorchristlichen Jahrtausends an bewohnt, bis er im letzten Teil des sechsten vorchristlichen Jahrtausends aus unbekannten Gründen verlassen wurde.

Das spätneolithische Mesopotamien

Die Ursachen, warum eine hochentwickelte, wenn auch isolierte Siedlung wie Çatal Hüyük keine weitere soziale und ökonomische Entwicklung erfuhr, bleiben rätselhaft. In Mesopotamien wurden frühe Bauerndörfer in einer Gegend gegründet, die in wirtschaftlicher Hinsicht bei weitem weniger lebensfähig war als Anatolien. Und doch entstand ausgerechnet hier in dieser Trockenzone, der praktisch alle natürlichen Ressourcen fehlten, die erste städtische Zivilisation. Vom sechsten vorchristlichen Jahrtausend an sollte Mesopotamien das Zentrum des sozialen, technologischen und politischen Fortschritts sein, das zu der ersten wirklich städtischen Gesellschaft der Welt führen sollte.

Über ganz Südwestasien war die Entwicklung bis etwa 6000 vor Christus mehr oder weniger gleichmäßig vorangeschritten, und die Methoden, mit denen Nahrung produziert und gespeichert wurde, waren gut entwickelt. Da die dringende Notwendigkeit entfiel, die Nahrung durch die Jagd, den Fischfang oder durch Sammelaktivität zu erlangen, nahm auch der Zwang langsam ab, an Stellen zu siedeln, die wilde Nahrungsressourcen boten. Zum ersten Mal war es möglich, Siedlungen außerhalb der vormals bevorzugten Gebiete zu gründen.

Während dieser Zeit ermöglichte die wachsende Erfahrung im Ackerbau, die Ernteerträge pro Landfläche zu steigern, und mit Hilfe der Bewässerung konnten die Menschen zwei oder drei Ernten im Jahr einbringen. Man brauchte nun weniger Land, um die Bewohner einer Siedlung zu ernähren, was bedeutete, daß die Siedlungen näher beieinander liegen durften. Dies war wichtig, denn die geographische Nachbarschaft von Siedlungen war eine Grundvoraussetzung für die Schaffung von stadtähnlichen Strukturen und die Arbeitsteilung innerhalb der Gemeinschaften. Die feinbemalte Keramik der nach Tell Halaf benannten Halaf-Periode im Norden Syriens ist ein Beispiel für eine Handwerksarbeit, die von Spezialisten erstellt wurde — ein deutliches Indiz für Arbeitsteilung.

Das meiste, was wir von Südwestasien aus der Zeit zwischen 6000 und 3500 vor Christus wissen, basiert auf den Keramikstilen. Dagegen weiß man von anderen Technologien, die sich damals entwickelten und die das Siedlungsmuster verändert haben können oder über neue Formen wirtschaftlicher Organisation nur wenig.

Als erster Abschnitt der spätneolithischen Kultur Mesopotamiens (6000 bis 5500 vor Christus) gilt allgemein die Hassuna-Phase. Sie wurde nach Tell Hassuna benannt, das westlich des mittleren Tigris etwa 30 Kilometer südlich des heutigen Mosul liegt. Obwohl das Land wellenförmig verläuft und unmerklich mit dem Hochland verschmilzt, liegt es im Vergleich mit der Hügelregion, wo sich das nahegelegene Jarmo befindet, noch relativ niedrig. Andere Fundstätten der Hassuna-Kultur sind auf einen bestimmten, landschaftlich ähnlichen Bereich im nördlichen Irak beschränkt.

In Inhalt und Stil bildeten die frühen Objekte der Hassuna - Steinwerkzeuge und einfache Keramik — ganz eindeutig eine Fortsetzung dessen, was bei Jarmo produziert worden war, da die Jarmo-Kultur bergabwärts vorgedrungen war. Obwohl die Konstruktionsmethoden zur Zeit der Hassuna-Kultur sich verbesserten, blieben die Häuser relativ einfach. Die Siedlungen waren im Grunde nur Bauerndörfer.

Die nächste Phase der spätneolithischen Kultur Mesopomatiens (etwa von 5600 bis 5000 vor Christus) wird häufig nach der islamischen Stadt Samarra, unterhalb derer ein besonders ansprechender und sorgfältig bemalter Keramikstil erstmals entdeckt wurde, als die Samarra-Kultur bezeichnet. Eine ähnliche Keramik wurde in den Schichten III bis VIII von Hassuna entdeckt, und lange Zeit hielt man sie für eine importierte Luxusware. Allerdings bestätigten Ausgrabungen, die kürzlich bei Tell es-Sawwan und Choga Mami vorgenommen wurden, daß Samarra als eine eigenständige Kultur gelten muß und daß ihre Bewohner im sechsten Jahrtausend vor Christus nördlich von Bagdad an den Rändern der Schwemmebene lebten.

Die vielleicht bedeutendste Einzelentdeckung dieser Ausgrabungen betrifft die Samarra-Wirtschaft. Im Gegensatz zu den Hassuna-Fundstätten befinden sich diejenigen der Samarra-Kultur weit im Süden des Bereichs, in dem heute ein vom Regen bewässerter

◁ Vorratsgefäße wie dieses, das mit einem – im allgemeinen teilweise im Relief gearbeiteten – Frauengesicht dekoriert ist, wurden an den Samarra-Fundstätten Mesopotamiens, aber auch in Anatolien und Südosteuropa entdeckt. Dieses Beispiel stammt von etwa 5000 vor Christus. Die applizierten Augen, die bogenförmige Frisur und die drei Schönheitsflecken auf den Wangen findet man ebenso auf ähnlichen Keramikgefäßen des Mandali-Gebiets sowie auf gebrannten Lehmfiguren von Choga Mami.

△ Diese männliche Lehmfigur stammt aus der Samarra-Fundstätte von Tell es-Sawwan und wurde auf das sechste vorchristliche Jahrtausend datiert. In späteren Grabungsschichten dieses Ortes wurden unterschiedliche, aufrechte Alabasterfiguren in großer Zahl gefunden.

◁ Eine Alabaster-Statuette aus einem Grab von der Samarra-Fundstätte von Tell es-Sawwan. Sie stammt aus dem sechsten Jahrtausend vor Christus. Die Augen wurden durch Einlagen aus Erdpech besonders betont.

△ Eine Samarra-Schale aus Hassuna mit einem zur Mitte zulaufenden Muster stilisierter Steinböcke. Eine derartige Keramik wurde erstmals in Gräbern aus dem sechsten Jahrtausend vor Christus entdeckt, die sich unterhalb von Samarra befanden, der Hauptstadt der Abbasiden.
IRAQ MUSEUM BAGDAD/HIRMER FOTOARCHIV

▷ Ein mehrfarbiger Halaf-Teller aus einer Töpferwerkstatt, die bei Arpachiyah, einem Fundort aus dem frühen fünften vorchristlichen Jahrtausend, freigelegt wurde. Der Teller hat einen Durchmesser von 32 Zentimeter.
IRAQ MUSEUM, BAGDAD

Ackerbau möglich ist. Die paläobotanischen Indizien aus Sawwan und Choga Mami sprechen dafür, daß beide Gebiete im sechsten vorchristlichen Jahrtausend künstlich bewässert wurden. Vielleicht basierte der Ackerbau bei Sawwan sogar auf einer jahreszeitlichen Überflutung. Sowohl bei Sawwan als auch bei Choga Mami wurden Emmer- und Weizen, sowie sechszeilige und zweizeilige Gerste identifiziert, sowie erhebliche Mengen von Leinsamen. Verglichen mit denen früherer Perioden sind die Dörfer beider Fundstätten groß. Sie umfassen eine Fläche bis zu fünf Hektar. Man entdeckte Siegelstempel, was vermuten läßt, daß

privates Eigentum anerkannt wurde, und der weitverbreitete Gebrauch von Keramikmarken verweist auf einen stärker entwickelten Professionalismus unter den Handwerkern der Samarra-Kultur. Ein überschüssiger Wohlstand war für nichtproduktive Zwecke verfügbar geworden.

Besonders deutlich wird dies bei Tell es-Sawwan. Hier entdeckte man unterhalb mehrerer besonders großer Gebäude zahlreiche Gräber, die in vielen Fällen die Überreste von Kindern bargen. Zudem enthielten sie eine ungewöhnliche Sammlung Hunderter geschliffener Steinobjekte — insbesondere weibliche Statuetten und eine Fülle elegant geformter Alabasterschalen. Sawwan dürfte also als Siedlung eine besondere Bedeutung besessen haben.

Die Entdeckung eines ganz eigenen Keramikstils bei Tel Halaf an der syrisch-türkischen Grenze, etwa auf halbem Wege zwischen Eurphrat und Tigris, gab der dritten Phase der mesopotamischen Vorgeschichte (5500 bis 4300 vor Christus) ihren Namen. Wie die Hassuna-Kultur war auch die Halaf-Kultur im wesentlichen im nördlichen Irak konzentriert, allerdings erheblich weiter verbreitet. Zudem wurden die Halaf-Siedlungen auch im Norden Syriens gefunden und auch etwas weiter flußabwärts an Euphrat und Tigris als die Fundstätten der Hassuna-Kultur.

Noch immer waren die Siedlungen der Halaf-Kultur kaum mehr als Dörfer, doch hatte sich die Bautechnik verbessert, und zwischen den Häusern waren Kopfsteinwege angelegt. Obwohl die meisten Wände aus geschichtetem Schlamm errichtet waren, findet man an einigen Stätten Indizien für Schlammziegel — die frühesten aus dem mesopotamischen Raum. Ebenfalls zum ersten Mal findet man in dieser Gegend Gebäude oder Kammern, die sich von den Wohnräumen oder anderen Nutzgebäuden unterscheiden. Es handelt sich um gewölbte, kreisförmige Räume von bienenkorbartiger Gestalt, die einen Durchmesser zwischen fünf und zehn Meter aufwiesen und aus geschichtetem Schlamm erbaut waren. In einigen Fällen waren rechteckige Vorkammern angefügt, doch dürften diese Gebäude, wenn überhaupt, nur selten bewohnt gewesen sein. Wahrscheinlich repräsentieren sie den ersten Schritt zur Tempelarchitektur.

Die Keramik der Halaf-Kultur ist die vollkommenste, die das prähistorische Mesopotamien hervorgebracht hat. (Die geschichtliche Zeitrechnung beginnt mit den ersten schriftlich überlieferten Quellen um 3200 vor Christus.) Die Gefäße waren aus sehr feinem Ton mit der Hand hergestellt, besaßen dünne Wände und waren mit kunstfertigen Mustern geometrischer Figuren sowie gelegentlich auch Darstellungen von Säugetieren, Vögeln und Blumen dekoriert. Erstmals in der Halaf-Periode tauchen flache Siegelstempel aus Speckstein oder anderem Gestein auf, denen einfache geometrische Muster eingraviert waren. An verschiedenen Gütern waren Tonklumpen befestigt, die durch einen entsprechenden Stempelabdruck über den Eigentümer Auskunft geben konnten.

Noch immer ist die Datierung der Fundstätten dieser Kultur umstritten. Allerdings siedeln einige bedeutende Fachleute das Ende der Halaf-Kultur weit im fünften vorchristlichen Jahrtausend an, etwa bis 4300 vor Christus. Von ungefähr 6000 bis 4500 vor Christus wurden die mittleren Bereiche der Täler von Euphrat und Tigris im nördlichen Mesopotamien durch Bauernvölker besiedelt, die vermutlich aus ei-

nem oder mehreren Gebieten des zentralen Zagros-Gebirges im Osten, Norden und Westen eingewandert waren. Die Ackerbautechniken dieser Menschen waren nicht besonders hoch entwickelt und erlaubten nur eine mäßige Zunahme der Zahl, Größe und Qualität der Siedlungen jener Zeit. Dennoch stieß man hier auf einige besonders bemerkenswerte Entwicklungen: So wurde gelegentlich hier gewonnenes Kupfer verarbeitet, wenn auch nicht zum ersten Mal in Südwestasien. Die Töpferei hatte in ästhetischer und technischer Hinsicht starke Fortschritte gemacht, und als Hilfsmittel des Ackerbaues kam der Pflug in Gebrauch.

Frühe Siedlungen in Sumer

Erst aus relativ später Zeit stammen die archäologischen Hinweise auf eine Besiedlung der trockenen südlichen Ebenen Mesopotamiens. Im allgemeinen gilt die 'Ubaid-Kultur, die von 5000 bis 3750 vor Christus existierte, als die früheste Manifestation eines seßhaften Ackerbaues in den südlichen Schwemmebenen. Zwar war die früheste Phase, die als 'Ubaid 1 oder Eridu bekannt ist, geographisch sehr begrenzt, doch wanderten diese Siedler aus dem Süden auf der Suche nach Neuland bald den Euphrat und Tigris hinauf. Zu dieser Zeit wurde Mesopotamien zum Zentrum des zivilisierten Südwestasien, und hier entstanden die Grundlagen für die sumerische Kultur.

Bei Eridu, geringfügig westlich des heutigen Euphrat-Laufes, entdeckte man in sehr alten Grabungsschichten eine Reihe kleiner, quadratischer Räume mit eingebauten Altären sowie eine unverwechselbare, einfarbig bemalte Form der Keramik. Im Süden repräsentieren diese Gebäude die Anfänge der mesopotamischen Tempelbau-Tradition.

Über die frühe 'Ubaid-Wirtschaft weiß man nur sehr wenig. Mit großer Sicherheit waren die 'Ubaid-Völker jedoch Bauern, die ihre Felder bewässerten

und sich die destruktiven Springfluten des Euphrat nutzbar machten, um ihre Ernteerträge zu verbessern. Natürlich findet man Hinweise dafür, daß die Siedlungen größer wurden. So dürfte Eridu in den späteren 'Ubaid-Perioden eine Fläche von zehn Hektar bedeckt und vielleicht 4000 Einwohner besessen haben. Bei einer Bevölkerung dieser Größe war eine zentrale Steuerung im Grunde schon unumgänglich, doch sind die Indizien für eine gesellschaftliche Schichtung, etwa Unterschiede unter den Grabbeigaben oder den Häusern, außerordentlich spärlich.

In dieser Zeit kam es zu mehreren technologischen Neuerungen: Man konnte Kupfer gießen, verwendete zum Häuserbau gebrannte Ziegel und transportierte Güter mit einfachen Segelbooten über den Fluß. Die hochwertig dekorierte Keramik der Halaf- und Samarra-Kulturen hatten die Voraussetzungen für eine technisch verbesserte, aber auf Massenkonsum ausgelegte Produktion geschaffen, deren Objekte häufig lieblos verziert waren. Einige Gefäße wurden auf der Tournette, einer Vorstufe der schnell rotierenden Töpferscheibe, hergestellt. Die Motive der Siegelstempel zeigten nun nicht mehr, wie in der Halaf-Periode, nur einfache geometrische Figuren, sondern Menschen und Tiere.

Obwohl die Landwirtschaft im südlichen Mesopotamien extrem produktiv gewesen sein muß, dürfte sich der Wohlstand zu jener Zeit zunehmend auf den Handel gegründet haben. Und es hat den Anschein, daß sich die Leitung des organisierten Handels und der Tributforderungen immer stärker in den Tempeln konzentrierte. Niemals zuvor war eine einzelne Kultur in der Lage gewesen, seinen Einfluß über ein so großes Gebiet auszuweiten. Dieser Einfluß reichte so weit, daß die blühende 'Ubaid-Kultur auf den Ebenen Mesopotamiens die Grundlage für die spätere kulturelle Explosion schuf, eine Entwicklung, die zu den späteren historischen — und ersten schriftlich überlieferten — Zivilisationen führte.

△ Nachdem der Euphrat die türkischen Gebirge verlassen hat, fließt er beinahe genau in südlicher Richtung. Weiter flußabwärts schneidet er sich, nachdem er durch Kulturland geflossen ist, durch eine zu beiden Seiten trockene Ebene. In gewissen Zwischenräumen sind an seinem Lauf Siedlungen mit Obstgärten und Feldfrüchten entstanden, die auf dem von dem Fluß hinterlassenen Schwemmland gedeihen. Dies ist die alte Insel Ana, vom Nordufer des Flusses aus gesehen.

△ Jenseits der hügeligen Flanken des Fruchtbaren Halbmondes – der Vorgebirge des eigentlichen Zagros-Gebirges – ist der Ackerbau nur eingeschränkt möglich. Daher wird dieses Gebiet zunehmend von Schaf- und Ziegenherden genutzt. Wie in dieser Szene des Weizendreschens zu sehen ist, wird die Landwirtschaft noch immer mit traditionellen Methoden betrieben.

'AIN GHAZAL: DIE GRÖSSTE BEKANNTE NEOLITHISCHE SIEDLUNG

GARY O. ROLLEFSON

Im Laufe seiner 2000jährigen Geschichte erlebte 'Ain Ghazal in Jordanien einen bemerkenswerten Zeitraum menschlicher Kulturentwicklung. Die Siedlung war um 7250 vor Christus als ein kleines permanentes Dorf gegründet worden. Ihre Bewohner verbanden Ackerbau, Jagd und Viehzucht in einem Maße, das ihnen eine reiche, stabile Nahrungsversorgung garantierte und ein Bevölkerungswachstum über jedes bisher bekannte Maß hinaus erlaubte. 750 Jahre lang nahm 'Ain Ghazal stetig zu. In den Jahrhunderten unmittelbar vor und um 6500 vor Christus kam es dann plötzlich zu einer Bevölkerungsexplosion — vielleicht gab das Land in der Umgebung nichts mehr her, so daß die Menschen gezwungen waren, ihre verstreuten Siedlungen aufzugeben. Um 6000 vor Christus bedeckte das Dorf eine Fläche von über 12 Hektar und beherbergte 2000 Einwohner.

Der Zeitraum zwischen 7250 und 6000 vor Christus ist die »klassische« Phase neolithischer Entwicklung — den Archäologen als das präkeramische Neolithikum B (PPNB) bekannt. Sie erstreckte sich von der östlichen Türkei nach Süden bis zum Rand der südlichen Wüsten Palästinas und Jordaniens. Während der vorangehenden Periode (des präkeramischen Neolithikums A (PPNA), 8500 bis 7600 vor Christus) hatten einige Gemeinschaften in der Levante begonnen, Ackerbau zu betreiben, doch wurden offenbar noch keine Tiere domestiziert.

Die Menschen des PPNB produzierten lange Feuersteinklingen von außergewöhnlicher Qualität und nutzten sie als Pfeilköpfe, Sicheln und für viele andere Zwecke. Sie errichteten geräumige, stämmige Häuser, deren haltbare Gipsböden von einer hochentwickelten Technologie zeugen. Zu ihren Feldfrüchten gehörten Getreidesorten und Hülsenfrüchte, und um 6000 vor Christus hatten sie Schafe, Ziegen, Rinder und Schweine domestiziert. Am eindrucksvollsten unter ihren Errungenschaften sind vielleicht die reichen Ausdrucksformen ihres religiösen Glaubens, die uns in ihren rituellen Objekten und Grabbeigaben erhalten blieben.

Spielzeug, Kult und Amulette

In 'Ain Ghazal fand man zahlreiche winzige Lehmfigurinen, die den Bewohnern vermutlich zu mehreren Zwecken dienten. Ein eigenartig sitzender Hund war zum Beispiel einfach nur ein Kinderspielzeug, denn weder in 'Ain Ghazal noch anderswo in Südwestasien wurde etwas Vergleichbares gefunden. Die Mehrzahl der Tierfiguren stellt Rinder dar, die erst am Ende der PPNB-Zeit domestiziert wurden. Vielleicht hatten diese Figuren etwas mit einem »Rinderkult« zu tun.

Menschliche Figurinen sind weniger zahlreich und dienten in den meisten Fällen vermutlich als persönliche Amulette. Mit nur einer

CURT BLAIR

△ Bei einigen Individuen, vermutlich Familienmitgliedern, wurden die Gesichtszüge mit Lehm rekonstruiert. Als im Laufe der Zeit der Lehm brüchig wurde, begrub man die »Portraits« und ersetzte sie durch diejenigen von Menschen, die erst später gestorben waren.
HSAHKO WADA

Ausnahme waren alle »enthauptet« aufgefunden worden, entweder als Köpfe oder als Körper ohne Kopf. Einige Figurinen besitzen einen stark erweiterten Unterleib und hängende Brüste. Hier handelt es sich vermutlich um Fruchtbarkeitsgeister, die die Gesundheit der Frauen während der Schwangerschaft garantieren sollten.

Begräbnisbräuche

Die Toten wurden in der Regel unter dem Fußboden der Häuser begraben. Zunächst wartete man, bis das Fleisch und die Bänder verwest waren. Dann öffnete man das Grab erneut und holte den Schädel heraus. Offenbar wurden viele Schädel einfach anderorts wieder vergraben, einige auch unter demselben Fußboden. Dagegen wurden andere einer besonderen Be-

◁ Die meisten Kinder und Erwachsenen wurden unter den Lehmböden der Häuser begraben. Nach einiger Zeit öffnete man die Böden wieder, um die Schädel herauszuholen, und anschließend wurde ein neuer Fußboden gebaut.

handlung unterzogen: Mit Hilfe von Gips wurden die Gesichtsmerkmale rekonstruiert, und es entstanden, wie die Archäolgin Kathleen Kenyon sie nennt, »Portraits« der Toten. Derartige Menschen gehörten möglicherweise zur Familie oder zur Ahnenreihe.

Im Gegensatz dazu wurden Kinder unterhalb eines Alters von 15 Monaten mit erheblich geringerem Aufwand begraben. Obgleich man die Reste einiger sehr junger Kinder unter Türschwellen fand, was vielleicht dafür spricht, daß sie als »Fundamentablagerungen« oder in zeremoniellem Zusammenhang, etwa in einer Grube mit vergipsten Schädeln, begraben wurden, warf man die meisten vermutlich einfach auf den Abfallhaufen. Auch ein Drittel aller erwachsenen Leichen wurde in den Abfällen entdeckt. Da die Leichen nicht enthauptet waren, genossen sie offenbar nicht den Respekt, der den meisten anderen Mitgliedern der Gesellschaft zuteil wurde.

Die Verehrung der Ahnen

Die menschlichen und tierischen Figurinen bilden eine Verbindung mit der Geisterwelt auf individuellem Niveau, und die menschlichen Begräbnisse belegen diese Verbindung auf der Familienebene. Die gemeinschaftlichen religiösen Ausdrucksformen waren weniger versteckt. Bisher wurden mehr als 30 Gipsstatuen und -büsten aus

△ Diese mit beispielhafter Geschicklichkeit hergestellten Projektilspitzen beweisen, wie wichtig die Jagd für die Bewohner von 'Ain Ghazal war. Die Hälfte ihres Fleischbedarfs deckten sie während der PPNB-Zeit durch wilde Tiere. Später ging dieser Anteil auf weniger als zehn Prozent zurück. Große Spitzen wie diese waren für das PPNB charakteristisch.

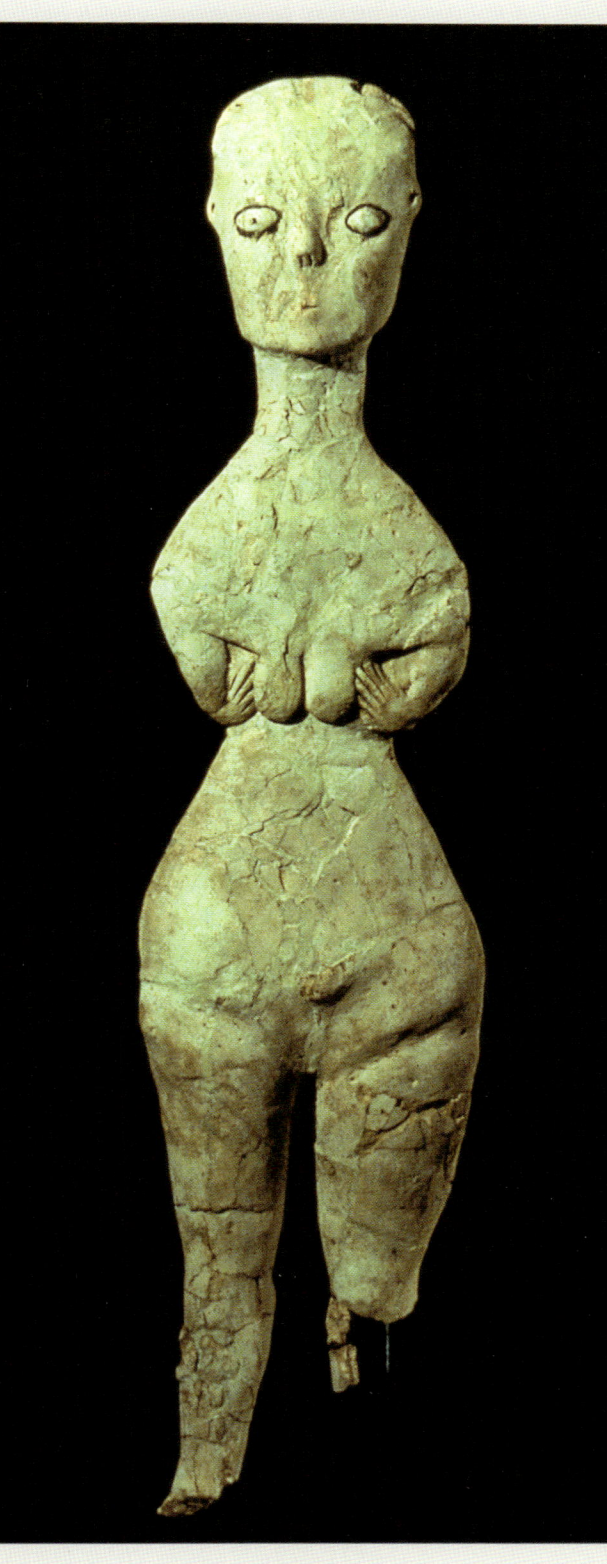

△ Statuen und Büsten aus Schilfbündeln, die man mit Lehm bedeckt und anschließend mit roter Farbe und Erdpech dekoriert hatte, bildeten Brennpunkte gemeinschaftlicher Aktivitäten. Sie wurden vermutlich (wenigstens gelegentlich) in einem besonderen Gebäude zur Schau gestellt. Diese Statuette war möglicherweise die »Muttergöttin« eines Dorfes.

△ Eine von zwei Lehmfigurinen, die unter dem Lehmboden eines Hauses ausgegraben wurden. Sie stellen Wildrinder dar, die mit Hilfe kleiner Feuersteinklingen rituell »getötet« wurden. Dieser isolierte Fund stellt möglicherweise eine Form der Magie dar, die bei der Jagd Glück bringen sollte. CURT BLAIR

riesigen »Begräbnisgruben« geborgen. Bei den etwa 45 Zentimeter hohen Büsten handelt es sich fraglos um eine Weiterverarbeitung der rekonstruierten Köpfe, und viele repräsentieren mythische Vorfahren von Familiengruppen. Die größeren, etwa 90 Zentimeter hohen Statuen stellen sowohl Männer als auch Frauen dar.

Mehr als 1000 Jahre intensiver Ackerbau- und Weidebewirtschaftung haben von den Böden und der Vegetation um 'Ain Ghazal und anderen Siedlungen der südlichen Levante ihren Tribut gefordert. Um 6000 vor Christus waren die meisten Dörfer verlassen. Nur einige wenige, darunter 'Ain Ghazal, das am Rande der Steppe gelegen war, wo man Ziegen noch halten konnte, haben unter eingeschränkten Bedingungen überlebt.

Zwischen 6000 und 5500 vor Christus (in der sogenannten PPNC-Periode) wuchs 'Ain Ghazal noch weiter, und seine Fläche dehnte sich auf 14 Hektar aus. Allerdings dürfte die Bevölkerung angesichts der weniger dicht stehenden Häuser zu dieser Zeit zurückgegangen sein. Vielleicht verbrachten einige Einwohner hier nur wenige Monate im Jahr und hüteten während der übrigen Zeit ihre Ziegenherden auf den Steppen.

Um 5500 vor Christus stellten die Einwohner dann Töpfe zum Speichern und Kochen her, und es erfolgte der Übergang in das sogenannte keramische Neolithikum. Allerdings konnte diese technische Innovation den Schaden, den das umliegende Ackerland genommen hatte, nicht aufwiegen. Nach wenigen Jahrhunderten war 'Ain Ghazal beinahe vollständig verlassen. Nur gelegentlich schlugen hier noch nomadische Viehhirten ihr Lager auf, um die Quelle zu besuchen, die im Herzen der einst blühenden Siedlung lag.

JÄGER, SAMMLER UND BAUERN IN AFRIKA

10 000 vor Christus bis 200 nach Christus

Die Umbildung eines Kontinents

RICHARD G. KLEIN

Vor 12 000 Jahren waren die Unterschiede zwischen den Kulturen und Wirtschaftssystemen Afrikas und Eurasiens noch gering. Beide Kontinente behielten ihre Lebensweise, die sie vor Tausenden, Zehntausenden von Jahren oder gar noch früher begonnen hatten, weitgehend bei. Überall bediente man sich noch steinzeitlicher Technologien, und die Menschen waren für ihre Ernährung auf das Jagen und Sammeln wilder Ressourcen angewiesen. Wirklich außergewöhnlich wurde dieser prähistorische Zeitabschnitt jedoch dadurch, daß grundlegende, globale Klimaveränderungen stattfanden. Das kühlere und grundsätzlich trockenere Klima der letzten Eiszeit wurde wärmer und feuchter, und es begann die gegenwärtige Zwischeneiszeit, das sogenannte Holozän.

Beinahe überall führten die veränderten Klimabedingungen zu einer radikalen Umverteilung von Pflanzen und Tieren, der sich die Menschen anpassen mußten. Sie taten dies auch auf verschiedene Weise. Zu den bedeutendsten Unternehmungen gehörten die ersten ernsthaften Versuche, Pflanzen und Tiere zu domestizieren. Zunächst überwog die Bedeutung des Jagens und Sammelns, doch wurden in den meisten Gesellschaften, die einmal damit begonnen hatten, Ackerbau und Viehzucht zur entscheidenden Form des Lebensunterhalts. An einigen Stellen führten die wachsenden Bevölkerungszahlen und wirtschaftlichen Überschüsse, die durch Ackerbau und Viehzucht möglich geworden waren, zu der Entwicklung städtischer Zentren mit den bekannten Begleiterscheinungen der »Zivilisation«: handwerkliche Spezialisierung, soziale Schichtung und umfangreiche Handelsnetze.

◁ Eine Rinderherde vor einem Bauerndorf in Niger (Westafrika). Am Ende der letzten Eiszeit begannen viele Jäger und Sammler des Kontinents, Ackerbau und Viehzucht zu betreiben.

△ Dieser mit Widerhaken versehene Harpunenkopf wurde aus einer Fischersiedlung bei Lowasera geborgen. Das aus dem fünften Jahrtausend vor Christus stammende Dorf befand sich am alten Uferverlauf des Turkana-Sees in Nordkenia.
DAVID PHILLIPSON

△ Diese Mikrolithen-Werkzeuge wurden von den Iberomaurusier (die manchmal auch als Oranier bezeichnet werden) hergestellt, die Nordwestafrika vor 16 000 bis 10 000 Jahren bewohnten.

▽ Eine galoppierende Herde von Kaffern-büffeln (*Syncerus caffer*) im Krüger-Natio-nalpark (Transvaal, Südafrika).

Möglicherweise war der Beitrag Afrikas zur Domestikation von Pflanzen und Tieren sowie der Entwicklung der Zivilisation geringer als der anderer Regionen, insbesondere derer im Umfeld Südwestasiens. Dennoch spielte dieser Kontinent bei weitem keine nur periphere Rolle. Wahrscheinlich wurden Rinder in den nordafrikanischen Wüsten ebenso früh wie anderenorts domestiziert. Zudem sind viele bedeutende Feldfrüchte — darunter Yams, Sorghum, Erdnüsse, Binsen und Korakan — ursprünglich in Afrika heimisch und müssen also zuerst hier kultiviert worden sein. Auf einer breiteren Basis wurde Afrika dann in den Jahrtausenden, die der Eiszeit folgten, wie die meisten übrigen Gebiete der Welt nach und nach von einem Kontinent der Jäger und Sammler in ein Land verwandelt, in dem überwiegend Hirten und Mischfarmer lebten. Einige von ihnen errichteten Zivilisationen von bleibendem Ruf.

Unter diesen Kulturen ist diejenige, die sich vor 5100 Jahren in Ägypten entlang des Niltals ausbreitete, bei weitem am bekanntesten, aber auch die eingeborenen Zivilisationen, die wesentlich später in den Savannen und Wäldern Westafrikas sowie in den Waldgebieten des südlichen Zentralafrika auftauchen, sind außergewöhnlich. Dieses Kapitel faßt zusammen, was man von den Jägern und Sammlern dieser Regionen weiß und verfolgt zudem, wie sie allmählich von Hirten und Bauern verdrängt wurden.

Dieser Prozeß begann im Nordosten zwischen 7000 und 5000 vor Christus und gipfelte im äußersten Süden des Kontinents zwischen dem Beginn des ersten nachchristlichen Jahrhunderts und dem Jahr 200. An einigen Stellen trat dieser Ablösungsvorgang sogar noch später ein, vielleicht erst nach dem Kontakt mit den Europäern.

Afrika um 10 000 vor Christus

In streng archäologischer Hinsicht unterschied sich das Afrika um 10 000 vor Christus nur wenig von dem, wie es etliche Jahrtausende zuvor ausgesehen hatte. Noch immer lebten die Menschen überall davon, daß sie Großsäuger jagten, wilde Pflanzen, Landschildkröten und andere Bodentiere sammelten, sowie, wo immer möglich, Fische fingen und die Strände nach Nahrung absuchten. Sie kannten weder die Töpferei noch Gegenstände aus Metall. Ihre auffälligsten Steinobjekte waren winzige Mikrolithen, die man an einem Ende häufig abgestumpft hatte, damit sie sich leichter an hölzernen oder knöchernen Griffen und Schäften befestigen ließen. Diese kleinen Steinwerkzeuge sehen von einer Region zur anderen ganz verschieden aus.

Sie spiegeln damit das Vorhandensein zahlreicher lokaler Kulturen oder ethnischer Gruppen wider, die über jeweils eigene Methode der Nahrungsversorgung, der Werkzeugherstellung und ihren eigenen Stil verfügen. An Stellen mit erhaltenen Knochenfunden findet man in Begleitung der Steinwerkzeuge gewöhnlich Spitzen, Pfrieme und andere feingearbeitete Gegenstände aus Knochen sowie Perlen und Anhänger aus Schneckenschalen oder Knochen. Die Objekte aus Knochen und Molluskenschalen sind den früheren Stücken grundsätzlich ähnlich. Ihre spezifische Form variiert von Ort zu Ort, entsprechend den regionalen kulturellen Unterschieden.

Unter den Menschen, die Afrika damals bewohnten, ist kein Volk bekannter oder typischer als das der Iberomaurusier (manchmal auch als Oranier bezeichnet), die die nordwestafrikanische Küstenebene sowie das Hinterland zwischen dem Nordwesten Marokkos und Nordost-Tunesien bewohnten. Sie tauchten in diesem Gebiet vor 16 000 Jahren oder etwas früher auf, nachdem Nordwestafrika wegen extremer Trockenheit lange Zeit kaum bewohnt war. Der Pollen und die tierischen Überreste, die man an Iberomaurusier-Fundstätten entdeckte, aber auch die Iberomaurusier selbst zeigen, daß diese Gebiete langsam feuchter wurden. Ironischerweise wird ihre erfolgreiche Anpassung an diese Bedingungen am auffälligsten an der fortgesetzten Benutzung zahlreicher Gräber deutlich, von denen einige mehr als 100 Skelette bergen.

Wie die meisten zeitgenössischen Bewohner Afrikas (und anderer Gebiete) produzierten die Iberomaurusier ganz verschiedenartige Stein- und Knochengegenstände. Unter ihren Steinwerkzeugen befanden

PETER JOHNSON/NHPA

◁ Die Buschmänner der südafrikanischen Kalahariwüste gehören zu den wenigen Völkern von Jägern und Sammlern, die es heute noch auf dem Kontinent gibt. Hier sammelt eine Gruppe von Buschmännern wilde Beeren.

△ Eine Buschmannfrau der in der Kalahari wohnenden Ikung leert Mongongo-Nüsse, die sie gesammelt hat, aus ihrer Schürze.

sich viele kleine, verlängerte Klingen mehrerer Größen, darunter auch zugespitzte Exemplare, die als Spitzen von Pfeilen oder anderer Projektile Verwendung fanden. Mit größeren, retouchierten Stücken wurden vermutlich Häute geschabt. Man fand Mahlsteine, mit denen Grassamen bearbeitet wurden, und durchbohrte Steinkugeln ähnlich denen, die von Afrikanern in historischer Zeit als Gewichte an zugespitzte Grabstöcke gebunden worden waren. Unter ihren Knochenwerkzeugen entdeckte man sorgfältig geformte Stücke, die als Locher, Projektilspitzen, Lederpolierer und auch als Messer dienten. Unter den persönlichen Schmuckstücken fand man Molluskenschalen und kleine Steine mit sorgfältig gebohrten Löchern.

Häufig bergen die Fundstätten der Iberomaurusier die Knochen von Mähnenschafen, Kuhantilopen, Wildrindern, Gazellen, Zebras und anderer Großsäuger, die man damals jagte, sowie die Gehäuse von auf dem Land und im Wasser lebenden Gastropoden (Schnecken), die ebenfalls verzehrt wurden. Obwohl außer Holzkohle und Pollen keine pflanzlichen Reste gefunden wurden, sprechen die Mahlsteine und die mutmaßlichen Gewichte für Grabstöcke dafür, daß diese Menschen wahrscheinlich auch Wildpflanzen aßen, wie es die meisten Jäger und Sammler unter vergleichbaren Umständen auch in historischer Zeit taten.

Nach etwa 8000 vor Christus folgten den Iberomaurusier lokal verschiedenartige »Kulturen«, deren mit Abstand bekannteste die Kapsische Kultur ist. Offenbar wiesen die Kapsier physische Unterschiede zu den Iberomaurusiern auf. Man kann also annehmen, daß die Kapsier — höchstwahrscheinlich aus dem Osten - in das Gebiet einwanderten und dabei ihre Kultur mitbrachten. Ihre Steinobjekte sind allgemein größer als die der Iberomaurusier, und mit einem Rücken versehene Klingen sind besonders häufig. Wenigstens einige Kapsier stellten große Mengen

geometrischer Mikrolithen her — kleine Steinstücke, die zu Dreiecken, Sicheln, Trapezoiden und anderen regelmäßigen Formen verarbeitet waren. Sie produzierten eine bemerkenswerte Fülle knöcherner Objekte und sind für ihre Kunstwerke bekannt, die neben Steinfigurinen und gravierten Eierschalen auch die geläufigeren Anhänger aus Knochen oder Molluskenschalen und Perlen umfaßten. Wie aus der großen Zahl der Schneckengehäuse hervorgeht, die an ihren Fundstätten ausgegraben wurden, bildeten Landschnecken einen größeren Teil ihrer Ernährung. Wie schon die Iberomaurusier, jagten auch sie Mähnenschafe und andere Großsäuger und aßen zudem wilde Pflanzen. Außer Mahlsteinen und Gewichten für Grabstöcke bargen die kapsischen Fundstellen Mikrolithen, die auf Knochen- oder Holzgriffen montiert und zum Schneiden wilder Gräser verwendet wurden, wie aus einem deutlichen »Sichelglanz« hervorgeht, der auf der Oberfläche der Steine noch immer sichtbar ist.

Um 5000 vor Christus erweiterte sich das Sortiment kapsischer Gegenstände um Töpfe und geschliffene Steinwerkzeuge. Etwa zur gleichen Zeit begannen die Kapsier, Schafe und Ziegen zu halten, wobei sie weiterhin wilde Tiere jagten. Weder Schafe noch Ziegen waren ursprünglich in Afrika heimisch, so daß ihr Auftauchen zu dieser Zeit als eindeutiger Hinweis auf Herdenhaltung anzusehen ist.

Möglicherweise wurden zu dieser Zeit auch domestizierte Getreidesorten eingeführt, doch selbst wenn diese erst später eingetroffen sein sollten, bildet die Zeit um 5000 vor Christus einen entscheidenden Wendepunkt in der Vorgeschichte Nordwestafrikas. Von dieser Zeit an wurde die Lebensweise des Jägers und Sammlers als wichtigste Form des Lebensunterhalts allmählich vom Ackerbau und der Viehzucht ersetzt, und zur Zeit der Römer war diese Region wegen ihrer Kornspeicher besser bekannt als wegen ihrer Tierwelt.

△ Auf diesem mit einem Rücken versehenen Mikrolithen aus dem Felsüberhang von Makwe (Ost-Zambia, unweit der Grenze zu Mozambique) verraten Spuren pflanzlichen Harzes, wie derartige Werkzeuge mit einem Griff versehen wurden.

△ Eine Topfscherbe des frühen Khartoum mit der typischen wellenförmigen Dekoration. Reste wie diese bilden die ältesten Keramikfunde Afrikas und fallen etwa in die gleiche Zeit wie die früheste Keramik des benachbarten Südwestasiens.
ASHMOLEAN MUSEUM, OXFORD

▷ Ein Kalahari-Buschmann gräbt mit seinem Stock einen Springhasen (*Pedetes capensis*) aus seinem Gang. Es sind recht große, nachtaktive Nagetiere, die das offene sandige Land in Ost- und Südafrika bewohnen.

△ Durchbohrte Steine, wie diese hier aus Kalemba in Ost-Zambia, werden an Fundstätten südafrikanischer Jäger und Sammler häufig gefunden. Aus Felsmalereien zu schließen dienten die größeren Steine als Gewichte für Grabstöcke.
DAVID PHILLIPSON

▷ Projektilspitzen mit Widerhaken aus den frühen holozänen Ablagerungen von Lowasera an der Ostküste des Turkana-Sees (Kenia). Die Menschen lebten hier überwiegend vom Fischfang. Die Keramik von Lowasera ist mit Wellenlinien dekoriert und ähnelt in dieser Hinsicht den Funden des frühen Khartoum.

Die frühesten afrikanischen Viehzüchter und Ackerbauern

Unabhängig davon, was man aufgrund historischer und umweltbedingter Überlegungen vermuten könnte, wurden die ältesten landwirtschaftlichen Fundstellen Afrikas nicht im Niltal oder einer ähnlich üppigen Landschaft, sondern in der Sahara freigelegt. Die Erklärung liegt zum Teil darin, daß die Sahara nicht immer so trocken war wie heute: Zwischen 10 000 und 4500 vor Christus — an einigen Stellen auch noch wesentlich später — war sie viel feuchter. Obwohl die Gebiete nie richtig naß wurden, blieben sie feucht genug, daß sich jahreszeitliche Grasbestände und ephemere Seen und Teiche halten konnten. Irgendwann zwischen 10 000 und 8000 vor Christus wurde die Sahara weiträumig, wenn auch spärlich, von Gruppen besiedelt, die sowohl hinsichtlich ihrer hergestellten Gegenstände als auch in bezug auf ihre Lebensweise als Jäger und Sammler ihren Zeitgenossen, den Iberomaurusiern, ähnlich waren.

PETER JOHNSON/NHPA

Von besonderer Anziehungskraft scheint die südliche Sahara gewesen zu sein. Sie wurde um 7000 vor Christus von Gruppen besiedelt, die Antilopen und andere große Säugetiere jagten, Wildgräser und andere Pflanzen sammelten sowie, was am bemerkenswertesten war, in den weitverstreuten Seen und Bächen Fische fingen. In den von diesen Gruppen bewohnten Siedlungen fand man alle möglichen Gegenstände, etwa große, aus Splittern gefertigte »Schaber« oder »Adzes«, schwarze Mikrolithen, obere und untere Mahlsteine sowie durchschlagene oder durchbohrte Gewichte für Grabstöcke. Ferner fand man gefurchte Steine, vermutlich Senkgewichte für Netze, mit Widerhaken versehene knöcherne Spitzen, bei denen es sich mit Sicherheit um Harpunenköpfe handelt, und, was vielleicht am meisten überrascht, Tontöpfe mit einer deutlich durchgezogenen oder gepunkteten Wellenlinie.

Im ganzen vergleichbare Objekte aus Stein, Knochen und Ton wurden auch an anderen ähnlich alten Fundstellen Ostafrikas entdeckt. Auch in diesem Gebiet lag die Niederschlagsaktivität damals viel höher als heute. Die Töpferwaren, die man nach einem Fundort bei Khartoum am sudanesischen Nil, wo sie in großen Mengen nachgewiesen wurden, »Early Khartoum« (Frühes Khartoum) genannt hat, sind die ältesten ihrer Art in Afrika und möglicherweise nicht jünger als irgendwelche Töpferwaren im benachbarten Südwestasien. Dies könnte sogar bedeuten, daß die Keramik-Technologie unabhängig von der in der Sahara oder in Ostafrika entstand.

In Südwestasien wurde die Töpferei anscheinend von Bauern erfunden und praktiziert, die ein seßhaftes, dorfbezogenes Leben führten. Aber selbst in den reichsten Fundorten dieser Kultur — einschließlich Early Khartoum selbst — fand man keine Hinweise auf kultivierte Pflanzen oder Viehhaltung. Bis vor kurzem noch bestand die Ansicht, daß das Auftauchen (oder die Entwicklung) der Töpferei in Afrika überhaupt nichts mit der Nahrungsproduktion zu tun habe. Heute deuten Entdeckungen, die man in der westlichen Wüste Ägyptens machte, in eine andere Richtung.

DAVID PHILLIPSON

Die Bewohner der westlichen Wüste, die um 7000 vor Christus Töpfe vom Stil des Early Khartoum anfertigten, lebten in einer lebensfeindlicheren Umwelt als die meisten Early-Khartoum-Menschen im Süden und im Westen, und sie ergänzten die Erträge der Jagd, des Sammelns und des Fischfangs mit der Rinderhaltung. (Siehe Kasten *Die Nutzung von Pflanzen in der Sahara* auf S. 49.) Um 6000 vor Christus kultivierten diese Menschen bereits Gerste, und in ihren Herden befanden sich vielleicht schon Schafe oder Ziegen. Schafe oder Ziegen (sie lassen sich nicht immer an ihren Knochen unterscheiden) stammen ursprünglich sicherlich aus Südwestasien, wo man ihre wilden Vorfahren zwischen 9000 und 6000 vor Christus domestiziert hatte.

Die Rinder dagegen dürften durchaus in Nordafrika domestiziert worden sein, zumal Wildrinder in prähistorischen Zeiten im Norden weit verbreitet waren und die frühesten feststehenden Hinweise auf domestizierte Rinder anderenorts (in Westasien und Südosteuropa) nur von etwa 6000 vor Christus datieren. Auch die Gerste könnte in Nordafrika domestiziert worden sein, doch wahrscheinlicher stammt sie aus Südwestasien, wo sie um 7300 vor Christus kultiviert wurde.

Offenbar war die Haltung von Rindern, Schafen und Ziegen sowie vielleicht auch die Kultivierung von Getreide um 5000 vor Christus bereits weit über die Sahara verbreitet, und vermutlich hätte sich diese Verbreitung in der Region noch über längere Zeit fortgesetzt, wenn das Klima nicht wieder trockener geworden wäre. Dies veranlaßte jedoch die Hirten, sich im Umfeld der relativ gut bewässerten Gebirgsmassive zu konzentrieren, die über die Sahara verstreut sind, und wahrscheinlich wurden einige von ihnen sogar gezwungen, sich aus der Sahara immer weiter nach Süden in die Savannen zurückzuziehen. Möglicherweise erklären das Austrocknen der Sahara oder vergleichbare Klimaveränderungen auch das recht plötzliche Erscheinen von Bauerndörfern im Niltal zwischen 5000 und 4500 vor Christus. Damals scheint die gemischte Bauernwirtschaft, die auf Weizen, Gerste, Flachs, Schafen, Ziegen, Rindern und Schweinen basierte, die reine Jagd- und Sammelwirtschaft plötzlich abgelöst zu haben. Zudem ermöglichte der Pflanzenanbau und die Tierhaltung auf den reichen Überschwemmungsflächen des Nil die Entwicklung einer weitaus größeren Bevölkerung.

Anfangs waren die Bauerndörfer klein und recht einfach strukturiert. Mit Zunahme der Bevölkerung wuchsen jedoch einige Dörfer zu kleineren Städten heran, von denen wiederum einige zu Hauptstädten der Königreiche wurden, die erbittert um die Kontrolle des Niltals konkurrierten. Um 3150 vor Christus gelang es den Herrschern eines dieser Königreiche, das gesamte Tal nördlich von Assuan zu vereinen — und die dynastische Zivilisation Ägyptens war geboren.

△ Hohe Oleanderbäume wachsen entlang der Ufer des teilweise mit Wasser gefüllten Wadi Iherir in Tassili n'Ajjer (Südostalgerien). Nach etwa 5000 vor Christus zwang das zunehmend trockene Klima die Hirtenvölker der Sahara, sich in diesem relativ gut bewässerten Bergmassiv zu sammeln.

GÖRAN BURENHULT

F. JACKSON/ROBERT HARDING PICTURE LIBRARY

△ Eine Herde von Baggara-Ziegen bei Mu-
sawwarat es-Sofra. Die arabisch sprechenden Baggara sind nomadische Rinderzüch-
ter, die im Sudan die Trockensavannen zwischen dem Nil und der Grenze zum Tschad
bewohnen. Die Ziegen und Schafe werden
wegen ihres Fleisches gehalten.

Das Afrika südlich der Sahara

Obwohl die Herdenhaltung — manchmal in Verbindung mit Ackerbau — vor 5000 vor Christus in der
Sahara und anderen Gebieten Nordafrikas florierte,
scheint sich weder die Tierhaltung noch der Ackerbau
mit nennenswerter Geschwindigkeit nach Süden ausgebreitet zu haben. In Westafrika kann man aus der
Existenz von Töpferwaren und geschliffener Steinäxte
oder Hacken aus der Zeit zwischen 5000 und 4000
vor Christus schließen, daß es hier Viehzüchter oder
Ackerbauern gab. Allerdings ist das Halten von
Haustieren bisher nur seit der Zeit nach 2500 vor
Christus gut belegt, Zuchtpflanzen gar nur seit 1200
vor Christus. Die Viehhaltung etablierte sich in Ostafrika offensichtlich um 4000 vor Christus, als die
Bewohner des mittleren Sudan anfingen, Rinder,
Schafe und Ziegen zu halten. Dabei betrieben sie die
Jagd auf Säugetiere und den Fischfang weiterhin in
großem Stil.

Die frühen Viehzüchter des Sudan verfügten über
die Fähigkeit zu töpfern, über mit einem Rücken versehene Mikrolithen, über knöcherne Harpunenspitzen mit Widerhaken und andere Objekte, die ohne
weiteres von lokalen Prototypen des Early Khartoum
abstammen könnten. Zudem besaßen sie geschliffene
Steinäxte, Amulette aus fremdländischem Gestein
und eine Art von Töpferei, die Einflüsse aus dem fer-
nen Norden oder Nordwesten verrät. Diese Viehzüchter lebten zum großen Teil von Sorghum und
Hirse, die vermutlich nicht kultiviert waren, sondern
wild gesammelt wurden. Weiter im Osten und im Süden, also im heutigen Äthiopien, Kenia und Nordtan-
sania, scheint sich die Viehzucht — und zwar wiederum ohne domestizierte Pflanzen - nicht vor 2500
vor Christus durchgesetzt zu haben. Und noch weiter
südlich fallen die frühesten Hinweise auf Tierhaltung
oder Ackerbau gar erst in das erste nachchristliche
Jahrhundert.

Von allen Hirtenvölkern, die südlich der Sahara
lebten, sind die sogenannten neolithischen Hirtenvölker, die um 2500 vor Christus oder vielleicht auch etwas früher im Hochland Südkenias und Nordtansanias
auftauchten, am besten erforscht. Zwar findet
man an den meisten Fundstätten dieser neolithischen
Hirtenkultur die Knochen von Rindern, Schafen
und/oder Ziegen, doch fallen diese manchmal gegen
die Zahl der Knochen von Kuhantilopen, Zebras, Gazellen und anderer Wildarten kaum ins Gewicht. Dies
gilt besonders für die früheren Fundstätten der neolithischen Hirten, die vor 1000 vor Chrisus datiert
wurden. Vermutlich spielte also die Viehzucht neben
dem Jagen und Sammeln zunächst eine untergeordnete Rolle und wurde erst später zur wichtigsten
Form des Lebensunterhaltes.

Wenn es auch keine eindeutigen Belege dafür gibt,
daß irgendein neolithisches Hirtenvolk jemals Pflanzen kultiviert hätte, kann man davon ausgehen, daß
sie, wie es bei den sammelnden Hirtenvölkern der Fall
ist, die in historischer Zeit überall südlich der Sahara
lebten, häufig auch Wildpflanzen aßen. Einige spätere

▽ Diese geschliffenen Steinäxte stammen
von dem neolithischen Fundort Esh Shaheinab am Ostufer des Nil (etwa 50 Kilometer
nördlich von Khartoum, Sudan). Sie wurden
auf 4000 vor Christus datiert.
DAVID PHILLIPSON

Fundstellen neolithischer Hirten weisen noch Spuren vergleichsweise umfangreicher Anlagen auf. Dies könnte bedeuten, daß sich diese Menschen hier niedergelassen hatten oder — was noch wahrscheinlicher ist — daß ihre Wanderungen sehr regelmäßig verliefen und sie in jedem Jahr immer wieder dieselben Plätze aufsuchten. An einigen späteren Fundorten überwiegen die Knochen von Tieren, die in fortpflanzungsfähigem Alter standen. Diese Herden dürften also in erster Linie Milch- und Blutprodukte geliefert haben, wie sie auch in historischer Zeit von zahlreichen afrikanischen Hirtenvölkern verzehrt wurden. Letztere haben nur selten unreife Tiere geschlachtet, da die Erträge aus der Milch und dem Blut der ausgewachsenen Exemplare den Selbstbedarf der Tiere an Milch und Weideflächen überwiegen.

Unter den von neolithischen Völkern angefertigten Gegenständen fand man geschickt geformte Bruchstücke und Klingen aus Obsidian, eine bemerkenswerte Vielfalt an Keramik sowie sorgfältig geschliffene Steinschalen und -platten, die insbesondere in Gräbern gefunden wurden. Gerade diese Steinschalen waren so auffällig und unverwechselbar, daß die Kultur dieser Hirten zunächst als die Steinschalen-Kultur bezeichnet wurde. Etwa im Jahre 700, oder vielleicht ein wenig früher, wurden die neolithischen Hirtenvölker von Hirten verdrängt oder absorbiert, die mit Eisen umgehen konnten. Diese Menschen waren vermutlich die Vorfahren der Massai und anderer ostafrikanischer Hirtenvölker, die aus historischer Zeit bekannt sind.

Atlantischer Ozean

TASSILI N'AJJER
● Iherir

● Nabta Playa
Bir Terfawi ● ● Wadi Halfa
Esh Shaheinab ●
● Frühes Khartoum

● Melka Kunture

● Lowasera
● Stable's Drift
● Kisese

Indischer Ozean

● Kalambo-Fälle

● Kalemba

Bambata ● ● Makwe

Cave of Hearths ● ● Bushman Rock
Border Cave ●
Apollo II ●
Boomplaas ● Wilton
Die Kelders Cave ●
Nelson Bay Cave ● Klasies River Mouth

EINIGE BEDEUTENDE SPÄTPLEISTOZÄNE UND HOLOZÄNE FUNDSTÄTTEN
Eingezeichnet sind die im Text erwähnten Fundstellen sowie einige andere wichtige Stätten aus diesem Zeitraum.
KARTOGRAPHIE: RAY SIM

DAVID PHILLIPSON

△ Eine Scherbe der Bambata-Keramik aus dem südwestlichen Zimbabwe, etwa 200 vor Christus. Möglicherweise haben Töpfe dieser Art mit den frühesten Hinweisen auf Tierhaltung in Südafrika einen Zusammenhang.
DAVID PHILLIPSON

◁ Ein Beispiel der Nderit-Keramik von Stable's Drift (Südkenia). Die Nderit-Keramik ist möglicherweise die älteste, die von neolithischen Hirtenvölkern Ostafrikas hergestellt wurde. Die Gefäße sind nicht nur außen, sondern auch innen eingekerbt.

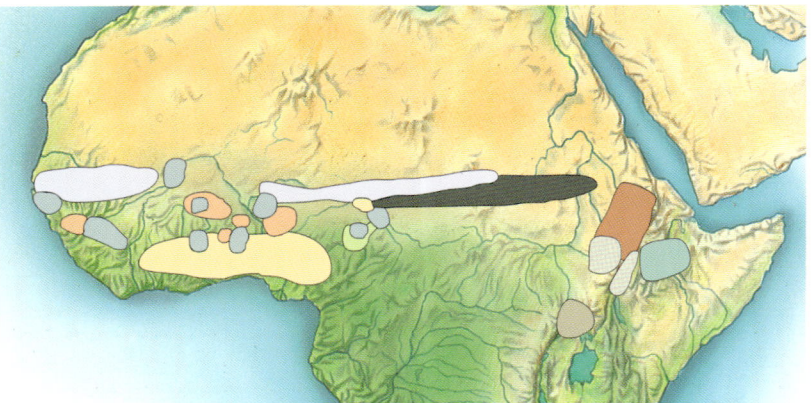

ILLUSTRATION: RAY SIM, NACH D. W. PHILLIPSON (1985): AFRICAN ARCHAEOLOGY, CAMBRIDGE UNIVERSITY PRESS, CAMBRIDGE, SEITE 114

WAHRSCHEINLICHE DOMESTIKATIONS-GEBIETE EINHEIMISCHER AFRIKANISCHER FELDFRÜCHTE
Die meisten Feldfrüchte wurden unweit der Gebiete angebaut, in denen sie zuerst domestiziert worden waren. Dagegen wurden Sorghum und Hirse in weiten Bereichen des Kontinents zu Grundnahrungsmitteln.

- ☐ Yams
- ☐ Afrikanischer Reis
- ☐ Sorghum
- ☐ Bulrush-Hirse
- ☐ Liebesgras
- ☐ Korakan
- ☐ Fonio
- ☐ Erdnüsse
- ☐ Ensete und Noog
- ☐ Bulrush-Hirse, Liebesgras, Ensete und Noog

▷ Diese Eisenklinge aus Muteshti (Zambia) war kurz nach der Zeitenwende in Gebrauch, als die Verarbeitung von Eisen in weiten Gebieten des südlichen Zentralafrika üblich wurde.
DAVID PHILLIPSON

Noch immer wird darüber spekuliert, warum die Viehzucht in Afrika so spät und vergleichsweise langsam nach Süden vordrang. Dafür dürften natürliche und kulturelle Faktoren verantwortlich sein. Obwohl die alten Ägypter und vielleicht auch andere Völker versuchten, Gazellen, Spießböcke und andere afrikanische Huftiere zu domestizieren, erlangte nur der Esel eine ökonomische Bedeutung. Er wurde in den trockeneren Teilen Nordostafrikas oder in dessen Umgebung, wo sein wilder Vorfahr zu Hause war, überwiegend als Zugtier eingesetzt. Darüber hinaus konzentrierte sich die Viehzucht in Afrika, wie auch in den meisten anderen Gebieten der Welt, auf Rinder, Schafe und Ziegen, die südlich der Sahara ursprünglich nicht heimisch sind und wahrscheinlich zunächst der tropischen Umgebung Afrikas nur unzureichend angepaßt waren.

Vielleicht war erst eine Pause erforderlich, während der neue Rassen entwickelt wurden, ehe die Haltung von Rindern, Schafen und Ziegen mit den eingesessenen Traditionen der Jäger und Sammler im äquatorialen Ost- und Westafrika erfolgreich konkurrieren konnte. Unter dem vergleichsweise feuchten Klima, das vor 5000 vor Christus herrschte, dürfte diese Konkurrenz extrem schwierig gewesen sein, da das Verbreitungsgebiet der Tsetse-Fliege, die bis in unser Jahrhundert afrikanische Herden verwüstet hat, noch viel weiter in den Norden und Westen reichte.

Noch langsamer als die Viehzucht scheint der Ackerbau nach Süden vorgedrungen zu sein. Dies liegt vermutlich zum Teil darin begründet, daß zunächst einheimische Pflanzenarten domestiziert werden mußten. Die wichtigsten Sorten der frühen nordafrikanischen Bauern — Gerste und Weizen — ließen sich im tropischen Afrika nicht anbauen, sieht man von einigen relativ isolierten Hochlandgebieten einmal ab. Die afrikanischen Bauern lösten dieses Problem, indem sie eine Fülle von Pflanzen domestizierten, die südlich der Sahara beheimatet sind. Unter diesen dürften das Sorghum und verschiedene Formen der Hirse für den Subkontinent insgesamt am wichtigsten sein. Es ist schwer, den Vorgang der Domestika-

N. COHEN/COMSTOCK

tion von Pflanzen zu dokumentieren, einerseits, weil identifizierbare pflanzliche Reste an archäologischen Fundstätten nur selten einmal erhalten sind, andererseits, weil die frühesten domestizierten Formen der Hirse, des Sorghum und anderer Arten in jedem Fall ihren wildwachsenden Vorfahren sehr ähnlich waren, und zum Teil schließlich auch deswegen, weil bisher nur wenige relevante Fundstätten freigelegt wurden.

Während die älteste Form der Hirse auf 1200 vor Christus datiert wurde, stammt das früheste bekannte Sorghum aus dem Beginn des ersten nachchristlichen Jahrhunderts. Es ist denkbar, daß diese Getreidearten, zusammen mit anderen wichtigen Feldfrüchten, wie afrikanischem Reis, Yams und der Erdnuß, schon lange vorher kultiviert wurden. Unabhängig davon, wann diese Domestikation afrikanischer Pflanzen nun erfolgte, beschränkt sich ihr Anbau bis 500 oder 300

△ Ein traditioneller Behälter zur Speicherung von Yams aus dem östlichen Nigeria. Obwohl der Yams im präkolonialen Afrika zu den wichtigsten Feldfrüchten gehörte, wurde seine Domestikation in prähistorischer Zeit noch nicht dokumentiert.

◁ Ein Holzspaten und eine Mistgabel, mit der Hirse in Äthiopien angebaut und verarbeitet wird. In weiten Bereichen Afrikas südlich der Sahara entwickelte sich die Hirse nach der Zeitenwende zu einem Grundnahrungsmittel der Bauernvölker.

△ Vor etwa 6000 vor Christus wurde die Gerste, zusammen mit dem Weizen, aus Südwestasien nach Nordostafrika eingeführt. Sie verbreitete sich entlang der Mittelmeerküste und entlang des Niltals bis zum Sudan und nach Äthiopien. Allerdings wurde sie in den Tropen nicht angebaut, weil sich das dortige Klima dafür nicht eignete.

vor Christus jedenfalls auf die nordwestlichen und nordöstlichen Gebiete südlich der Sahara. Zu dieser Zeit eigneten sich einige Westafrikaner, die von der Rinder- und Schafzucht lebten, sowie domestizierte Hirse, Sorghum und möglicherweise auch andere Pflanzen anbauten, die Technik der Eisenverarbeitung an. Vermutlich hatten sie Kontakte mit Nordafrika, wo diese Technik um 800 vor Christus bereits eingeführt worden war. Mit Eisenwerkzeugen ausgerüstet, konnten sie Bäume fällen und den Boden bearbeiten. Eiserne Waffen ermöglichten ihnen, feindliche Stämme zu überwinden und damit ihre Lebensweise der gemischten Landwirtschaft auch an Orte zu bringen, die sich zuvor als ungeeignet erwiesen oder mit Erfolg Widerstand geleistet hatten.

Nach Einführung eiserner Werkzeuge breiteten sich Ackerbau und Viehzucht rasch über die Savannen aus, die den zentralafrikanischen Regenwald umgaben. Sie erreichten die Region der großen afrikanischen Seen zu Beginn des ersten nachchristlichen Jahrhunderts und die äußerste Südspitze Afrikas höchstens zwei oder drei Jahrhunderte später.

Offenbar verdrängte diese Form der Landwirtschaft nahezu überall die Wirtschaftsformen oder Gesellschaften, die auf der einfachen Herdenhaltung oder dem Jagen und Sammeln basierten, oder sie ging in diesen auf. Nur dort, wo es die klimatischen Bedingungen überhaupt nicht zuließen, kam diese Ausbreitung zum Stillstand, so zum Beispiel tief im tropischen Regenwald Zentralafrikas sowie an der südwestlichen Ecke des Kontinents, wo der Regen nur ungenügend oder auch nur im Winter niederkam, der falschen Jahreszeit für die einheimischen afrikanischen Feldfrüchte.

DIE NUTZUNG VON PFLANZEN IN DER SAHARA

FRED WENDORF, ANGELA E. CLOSE UND ROMUALD SCHILD

△ Aus den Ascheablagerungen der Topflöcher, die in den Boden eines 8000 Jahre alten Hauses bei Nabta Playa (Ägypten) gegraben waren, wurden verkohlte Pflanzenreste geborgen.

◁ Ein 5500 Jahre alter Mahlstein in der steinzeitlichen Siedlung von Iheren am Iherir-Plateau in Tassili n'Ajjer erinnert an die grüne Vergangenheit der Sahara. Da sich in der Wüste kein Humus bildet, liegen Überbleibsel aus der Steinzeit häufig offen an der Oberfläche.

V or 70 000 bis 11 000 Jahren fiel in der östlichen Sahara kein Regen. Irgendwann vor 12 000 und 11 000 Jahren jedoch verlagerte sich das Monsunsystem nach Norden, worauf die saisonalen Regenfälle wieder einsetzten. Abgesehen von kurzen Trockenzeiten, die höchstens ein bis zwei Jahrhunderte andauerten, regnete es weiterhin, bis etwa um 3400 vor Christus die heutige Trockenperiode begann. Nach Schätzungen fielen damals in dieser Gegend zwischen 50 und 200 Millimeter Niederschlag im Jahr, so daß die östliche Sahara selbst während der »feuchten« Zeiträume noch eine Wüste blieb.

Zwischen 8000 und 3000 vor Christus war die östliche Sahara von Menschen bewohnt, deren früheste Fundstellen vermutlich nur kurzzeitig aufgeschlagene Lager von Rinderhirten waren, die höchstwahrscheinlich — aus dem Niltal kommend — nach Westen zogen, um die Grasflächen zu nutzen, die in der Sahara nach dem Sommerregen aufblühten. Nach der Zeit um 6200 vor Christus wurden organisierte Dörfer mit reihenweise angeordneten Häusern und Vorratsgruben gegründet, und an mehreren Fundstellen entdeckte man tiefe, begehbare Brunnen. Noch immer wurden Rinder gehalten, obwohl das meiste Fleisch

von der Jagd auf Gazellen und Hasen stammte. Zudem wurde in erheblichem Umfang pflanzliche Nahrung gesammelt.

Der Fundort von Nabta Playa

Zwar wurden pflanzliche Nahrungsreste aus verschiedenen Fundstellen aus der Zeit zwischen 7000 und 5400 vor Christus geborgen, doch stammen die umfangreichsten Sammlungen aus Häusern und Gruben eines Fundorts, der — teilweise unter Schlick und Lehm begraben — bei Nabta Playa, einem der größten Erosionsbecken der Sahara, etwa 100 Kilometer westlich von Abu Simbel, entdeckt wurde. Mit dem Einsetzen der Niederschläge bildeten sich in diesem Becken temporäre Seen, sogenannte Playas.

Bei Nabta Playa fand man auf den Böden der Häuser Spuren von Herdstellen, und es waren auch kleine halbkugelige Einsenkungen oder Topflöcher in den Boden gegraben. Allein die Hälfte eines einzigen Hauses wies 74 solcher

Topflöcher auf. Um die Ränder einiger dieser Löcher herum hatten sich braune Aschesedimente aufgehäuft, und dieses Sediment war reich an pflanzlichen Resten. Vielleicht hatte man Nahrungsbehälter in die Topflöcher gestellt und heiße Asche (das braune Sediment) um sie aufgehäuft, um die Nahrung zu kochen. Manchmal war der Inhalt übergekocht oder in die Asche gefallen, irgendwann verkohlt und auf diese Weise erhalten geblieben.

Es wurden die verschiedensten Pflanzen identifiziert, am häufigsten *Zizyphus*-Kerne, Gras- und Hülsenfruchtsamen sowie einige Partikel, bei denen es sich vermutlich um Samen der Senf- und Kapern-Familien handelt. (*Zizyphus*-Früchte wachsen auf kleinen Bäumen- oder Büschen und werden auch heute noch in Ägypten und anderenorts in Nordafrika gegessen.) Ganz fraglos war die örtliche Vegetation vielfältig und in einigen Jahreszeiten sogar üppig. Seggen und einige feuchtigkeitsliebende Gräser wuchsen um den See

herum. Dort jedoch, wo das Oberflächen- oder Grundwasser nicht ganzjährig zur Verfügung stand, war die Pflanzendecke weniger dick. Hier wuchsen Zizyphus- Bäume sowie mehrjährige Gräser, und nach dem Sommerregen entwickelten sich einjährige Gräser.

Alle diese Pflanzen gehören zur natürlichen Sahel-Flora. Die hier gefundenen Sorghum- und Hirse-Pflanzen sind, morphologisch gesehen, zwar noch Wildformen, doch wurden beide vermutlich erstmals in der afrikanischen Sahelzone domestiziert. Chemische Vergleiche zwischen wilden und domestizierten Sorghum-Pflanzen deuten sogar darauf hin, daß das Nabta-Sorghum kultiviert gewesen sein könnte.

Eine Fülle verschiedener Pflanzen

Wie sich herausstellte, waren bestimmte Pflanzenarten immer in bestimmten Topflöchern zu finden. So enthielten einige Löcher überwiegend Leguminosen (manchmal eine Form, in anderen Fällen mehrere), einige enthielten Gräser (darunter Sorghum- und Hirsesorten), einige Cruciferen, Kürbisse, Seggen oder Arten des Gurkenkrauts. In anderen fand man *Zizyphus*-Früchte und andere Mischungen mit unterschiedlichen Anteilen. Insgesamt sammelten die Bewohner von Nabta mindestens 44 verschiedene Pflanzenarten.

Die Tatsache, daß bestimmte Pflanzenreste in einzelnen Topflöchern vorkamen, spricht zusammen mit der großen Zahl der Topflöcher dafür, daß jedes dieser Löcher vermutlich nur einmal, oder in einigen Fällen auch mehrmals, benutzt wurde. Vielleicht stammen die Nahrungsreste nur von kurzen, auf wenige Wochen oder gar Tage beschränkten Aufenthalten. Diese Entdeckungen zeigten im einzelnen, wie neolithische Pflanzensammler die Umwelt des Holozän in der ägyptischen Sahara für sich nutzten und welche Auswahl sie aus dem Nahrungsangebot trafen.

◁ Ein Graben, der durch den frühneolithischen Fundort von Nabta Playa angelegt wurde, legte mehrere Hausböden und Vorratsgruben frei.

△ Die Öffnung der Höhle von Kelders am Indischen Ozean, etwa 120 Kilometer süd-östlich von Kapstadt. Die spätsteinzeitlichen Ablagerungen dieser Höhle beweisen, daß Keramik und Schafzucht die Südspitze Afrikas zwischen dem ersten und dem vierten Jahrhundert erreicht hatten. Allerdings gingen die Hirtenvölker dem Jagen und Sammeln immer noch nach und stellten auch im wesentlichen dieselben Stein- und Knochenwerkzeuge her wie ihre jagenden und sammelnden Vorfahren.

△ Das südwestafrikanische Hirtenvolk der Khoikhoi stellte Töpfe wie diesen her, bei dem innere Ansätze als Griffe dienten. Die Geschichte dieser Menschen läßt sich wenigstens bis ins Jahr 400 zurückverfolgen, als sich Schaf- und Rinderhirten mit ihrer typischen Khoikhoi-Keramik weit über die westlichen und südlichen Küsten der süd-afrikanischen Kap-Provinz ausbreiteten.

▷ Ein weiblicher Buschbock (*Tragelaphus scriptus*) im Hwange-Nationalpark (Zimbabwe). Am Ende der letzten Eiszeit tauchen die Knochen dieser und anderer waldbewohnender Arten in den Höhlen auf. Man kann daraus auf eine Veränderung der Vegetation und des den Menschen verfügbaren Nahrungsangebots schließen.

Südafrika:
Die letzten Jäger und Sammler

Die Bewohner Südafrikas behielten ihre ausschließlich jagende und sammelnde Lebensweise wesentlich länger bei als alle anderen Afrikaner. Während sich die Viehhaltung oder die gemischte Landwirtschaft in Nordafrika schon um 5000 vor Christus und in Ostafrika (vermutlich auch in Westafrika) um 2500 vor Christus etabliert hatte, geschah dies in Südafrika erst im Zeitraum der ersten beiden nachchristlichen Jahrhunderte. Zu dieser Zeit nämlich breiteten sich die eisenzeitlichen Bauern rasch über das feuchtere östliche Drittel Südafrikas aus und verdrängten oder absorbierten dabei die steinzeitlichen Jäger und Sammler. Etwa gleichzeitig drangen steinzeitliche Viehhalter mit ihren Schaf- und Rinderherden über die westlichen und südlichen Küstenregionen vor, wo die sommerlichen Niederschläge den Anbau einheimischer, eisenzeitlicher Feldfrüchte wie Sorghum und Hirse unmöglich machten.

Diese Hirtenvölker kannten zwar die Töpferei, jedoch weder Eisen noch andere Metalle. Noch immer bestritten sie einen großen Teil ihres Lebensunterhalts aus dem Jagen und Sammeln, und sowohl in physischer als auch in kultureller Hinsicht (wie sich aus ihren Werkzeugen schließen läßt) waren sie ihren jagenden und sammelnden Vorfahren ähnlicher als ihren eisenzeitlichen Zeitgenossen. Während sie sich vermutlich infolge der eisenzeitlichen Diaspora ausbreiteten, dürften sie viele ehemalige Jäger und Sammler eher absorbiert als verdrängt haben. In einigen Fällen haben die Jäger und Sammler die Herdenhaltung ihrer ursprünglichen Lebensweise wohl nur aufgepfropft.

So sah es in Südafrika aus, als das Land nach der bahnbrechenden Reise des Bartholomeu Diaz von 1487 bis 1488, die er um das Kap der Guten Hoffnung unternahm, mit den Europäern in Kontakt kam. Nachfolgende europäische Reisende fanden steinzeitliche Hirtenvölker vor, die sie im Süden und im Westen »Hottentotten« oder Khoikhoi nannten. Im Osten lebten eisenzeitliche Ackerbauern und Vieh-

züchter, die sich der Bantu-Sprache bedienten, und in den entlegenen Bergen und den sehr trockenen Gebieten des Landesinneren hatten noch Gruppen von Jägern und Sammlern überlebt, die als »Buschleute« oder San bezeichnet wurden. Und die Europäer gingen davon aus, daß die Verhältnisse immer so gewesen seien.

Die südafrikanische Steinzeit ist nicht nur deswegen einzigartig, weil sie sich so lange hielt, sondern auch, weil wir archäologische Funde im Lichte historischer Aufzeichnungen deuten können, die bis ans Ende des 15. Jahrhunderts zurückreichen. Die Beobachtungen der frühen Europäer erwiesen sich als nützlich, um die Funktionen zahlreicher Gegenstände herzuleiten, die man über ganz Afrika verteilt in prähistorischen Fundstätten entdeckt hatte. Zudem berichteten sie von Praktiken, etwa dem Sammeln bestimmter Pflanzen und Insekten, die in prähistorischer Zeit vermutlich von Bedeutung waren, aber nur unter großen Schwierigkeiten, wenn überhaupt, aus den archäologischen Funden zu rekonstruieren gewesen waren. Schließlich führte eine lange Tradition archäologischer Forschung in Südafrika, die in den sechziger Jahren des vergangenen Jahrhunderts begann, zusammen mit einer Fülle reichhaltiger Fundstätten zu einer ungewöhnlich detaillierten Bestandsaufnahme ineinander verwobener kultureller und umweltbezogener Veränderungen, die um 10 000 vor Christus eintraten und noch heute zu spüren sind.

Nirgendwo beeinflußten die Klima- und Umweltveränderungen, die am Ende der letzten Eiszeit eintraten, die menschliche Bevölkerung stärker als in Südafrika, wo umfangreiche Küstenflächen vom ansteigenden Meer überschwemmt wurden, und weite Gebiete ehemaligen Graslandes verwandelten sich in Busch- und Waldland. Als Folge der Küstenverlagerung waren die Wohnhöhlen nun nicht mehr, wie früher, 80 Kilometer vom Meer entfernt, sondern man konnte das Meer nun zu Fuß erreichen. Entsprechend dieser Veränderung im Nahrungsangebot bargen diese Höhlenfunde neben den Knochen von Antilopen, Landschildkröten und anderen an Land lebenden Jagdwildes auch reiche Überreste von Krustentieren, Fischen, Robben und Seevögeln. Und aufgrund der Veränderung der Vegetation wurden Bewohner der Graseben, wie Weißschwanzgnu, Bleßbock, Kuhantilope, Springbock, Warzenschwein und Zebra, von busch- oder waldbewohnenden Arten wie Buschbock, Waldschwein und dem Ducker, einer kleinen Antilope, verdrängt.

Das Ausmaß und die relative Geschwindigkeit, mit

der sich die Vegetation veränderte, erklärt vielleicht zum Teil, warum einige Graslandbewohner — darunter ein gewaltiger, langhörniger Büffel (*Pelorovis antiquus*), ein riesiger Verwandter des Weißschwanzgnus und der Kuhantilope, *Megalotragus priscus*, sowie eine vergleichsweise große Zebra-Art (*Equus capensis*) — zu dieser Zeit aus Südafrika offenbar verschwanden. Als einzige Erklärung reicht diese jedoch nicht aus, denn dieselben Arten hatten bereits ähnliche Veränderungen beim Übergang von der vorletzten Vereisung zur letzten Zwischeneiszeit vor 130 000 Jahren überlebt. Vermutlich findet man die Erklärung in der Art der Jäger und Sammler, die dort um 10 000 vor Christus lebten. Es handelte sich um die sogenannten spätsteinzeitlichen Menschen, die die mittelsteinzeitlichen

△ Diese Bruchstücke von Straußenei-Schalen sind zwischen 14 000 und 12 000 Jahren alt. Sie weisen eingeritzte Muster auf und stammen aus der südafrikanischen spätsteinzeitlichen Robberg-Kultur. Das größte Stück ist etwas über einen Zentimeter breit.
JANETTE DEACON

Völker vor 40 000 bis 50 000 Jahren verdrängten. Und die mittelsteinzeitlichen Menschen hatten Südafrika vor 130 000 Jahren besetzt. Anders als ihre spätsteinzeitlichen Nachfolger scheinen sie zur Herstellung ihrer Werkzeuge weder Knochen noch Elfenbein oder Molluskenschalen verwendet zu haben. Zudem sind Kunstobjekte oder persönlicher Schmuck von diesen Kulturen nicht bekannt. Sie stellten einige Gegenstände aus Stein her, darunter jedoch keine Mikrolithen, die die spätsteinzeitlichen Völker so berühmt machten. Am bedeutendsten ist vielleicht, daß sie keine Knochen- oder Steingegenstände herstellten, die mit dem Gebrauch von Pfeil und Bogen in

Verbindung zu bringen wären, wie man sie etwa an den mindestens 12 000 Jahre alten spätsteinzeitlichen Fundstätten antraf.

Mit Hilfe von Pfeil und Bogen war es den spätsteinzeitlichen Menschen möglich, gefährliches Jagdwild, wie Büffel und Wildschweine, wesentlich häufiger zu erlegen als es ihren Vorfahren aus der mittleren Steinzeit gelungen war. Und dank anderer technischer Fortschritte, etwa aus Knochen gefertigte Angelhaken (zweispitziger Knochensplitter von der Größe eines Zahnstochers, die mit einem Köder versehen an eine Leine gebunden wurden) und Netzsenkern waren sie auch die ersten Menschen, die in größerem Umfang Fische und Geflügel jagen konnten. Daher war die Bevölkerung in der Spätsteinzeit viel größer und dichter als die ihrer Vorgänger, was auch dadurch deutlich wird, daß die spätsteinzeitlichen Fundstätten pro Zeiteinheit häufiger auftreten und die Durchschnittsgröße der darin enthaltenen Landschildkröten und Krustentiere abnimmt. Die wesentlich größeren Exemplare dieser Arten aus den mittelsteinzeitlichen Fundorten belegen, daß diese Menschen sie bei weitem weniger intensiv genutzt haben müssen, vielleicht einfach, weil ihre Bevölkerungszahl damals geringer war. Angesichts all dieser verfügbaren Informationen ist es wahrscheinlich, daß die spätsteinzeitlichen Menschen ihren Beitrag zur Ausrottung außergewöhnlicher Großwildarten einfach

◁ Ein poliertes, etwa 15 Zentimeter langes Knochenwerkzeug aus der Albany-Kultur der südlichen Kap-Provinz (Südafrika). Es stammt aus der Zeit um 8000 vor Christus.

▽ Diese knöchernen Köder wurden um 8000 vor Christus von den Menschen der Albany-Kultur hergestellt, vermutlich zum Fischen. Sie bestehen aus polierten und beidseitig zugespitzten Knochensplittern von zwei bis drei Zentimeter Länge.

JANETTE DEACON

JANETTE DEACON

◁ Auch diese beiden hohlen Knochenröhren mit ihrer spiralförmigen Furchung und die beiden flachen Gegenstücke wurden von den Albany-Menschen produziert. Sie stammen aus der Zeit zwischen 9000 und 7000 vor Christus. Das größere Gegenstück ist etwa 2,5 Zentimeter lang.

▷ Diese etwa 5000 Jahre alten Ornamente aus Molluskenschalen stammen aus der Wilton-Kultur, die vor 7000 bis 6000 Jahren die Albany-Kultur weiträumig verdrängte.
JANETTE DEACON

▽ Steinklingen wie dieses etwa einen Zentimeter lange Exemplar waren an ihrer gebogenen Seite abgestumpft (mit einem Rücken versehen), an der geraden Kante jedoch scharf. Sie wurden in geringer Zahl vor 18 000 bis 12 000 von den Robberg-Menschen, von den Menschen der Wilton-Kultur vor 5000 bis 2000 Jahren dagegen zahlreicher hergestellt. Als Pfeilköpfe und Schneidewerkzeuge wurden sie mit einem Heft versehen.
JANETTE DEACON

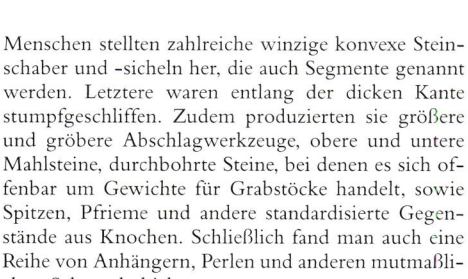

▽ Diese »Knöpfe« aus der Schale von Straußeneiern sind etwa einen Zentimeter breit. Sie stammen aus der Wilton-Kultur um die Zeit des ersten Jahrhunderts.

dadurch leisteten, daß sie die Großwildjagd zu einer Zeit fortsetzten, als der Nachschub an Wild durch Umweltveränderungen dezimiert wurde.

Die spätsteinzeitlichen Menschen, die um 10 000 vor Christus einen großen Teil Südafrikas besetzten, sind als die Robberg-Menschen bekannt (nach einem Fundort an der mittleren Südküste des Indischen Ozeans, von dem ihre Objekte und Nahrungsreste besonders gut beschrieben sind). Zu dieser Zeit, oder kurz danach, wurde die Robberg-Kultur durch die Albany-Kultur ersetzt, die auch als die Oakhurst- oder Smithfield-A-Kultur bezeichnet wird. Im Gegensatz zu ihren Robberg-Vorläufern stellten sie offenbar, wenn überhaupt, nur wenige Mikrolith-Werkzeuge her. Dagegen produzierten sie eine ungewöhnliche Vielfalt gut verarbeiteter Knochenwerkzeuge, die vermutlich besser zum Jagen und Sammeln in der buschbestandenen Umgebung taugten, die sich nach der Eiszeit entwickelte.

Zwischen 7000 und 6000 vor Christus wurde die Albany-Kultur weitgehend von der bekanntesten aller spätsteinzeitlichen Kulturen Südafrikas ersetzt — der Wilton-Kultur, die ihren Namen einem Fundort in der östlichen Kap-Provinz verdankt. Die Wilton-

Menschen stellten zahlreiche winzige konvexe Steinschaber und -sicheln her, die auch Segmente genannt werden. Letztere waren entlang der dicken Kante stumpfgeschliffen. Zudem produzierten sie größere und gröbere Abschlagwerkzeuge, obere und untere Mahlsteine, durchbohrte Steine, bei denen es sich offenbar um Gewichte für Grabstöcke handelt, sowie Spitzen, Pfrieme und andere standardisierte Gegenstände aus Knochen. Schließlich fand man auch eine Reihe von Anhängern, Perlen und anderen mutmaßlichen Schmuckobjekten.

Die erhaltenen Nahrungsreste bestehen überwiegend aus den Knochen kleiner Antilopen, Schliefer, Landschildkröten und anderen bodenbewohnenden Jagdwildes. Überall jedoch, wo die Konservierung organischer Reste begünstigt wurde, fand man auch zahlreiche pflanzliche Reste. Die auffälligsten Pflanzenarten gehören zur Iris-Familie, die die Menschen dieser Region zur Zeit der ersten europäischen Kontakte angeblich intensiv nutzten. Betrachtet man dies zusammen mit Indizien historischer Beschreibungen, erinnern uns die pflanzlichen Reste der Wilton-Fundstellen nachdrücklich daran, daß die Archäologen manchmal die Bedeutung der Jagd gegenüber der des Sammelns überbewerteten, und dies nur, weil Tierknochen häufiger erhalten bleiben als tierische Gewebe. Im Prinzip kann man davon ausgehen, daß Pflanzen einen bedeutenden, vielleicht sogar den Hauptanteil der Ernährung aller prähistorischen Jäger und Sammler Afrikas ausmachten. Dies gilt auch für die Menschen der Robberg-Kultur, deren Fundstätten besonders viele Großwildknochen bergen.

Die Wilton-Menschen bewohnten Südafrika vom

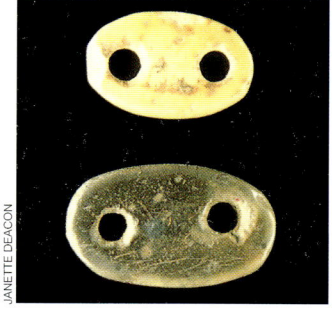

Kleine Steinschaber, mit denen man Tierfelle bearbeitete, wurden mit Hilfe von Harz an knöchernen oder hölzernen Griffen befestigt. Man findet sie häufig an Wilton-Fundstätten, die aus der Zeit zwischen 5000 vor Christus und dem ersten nachchristlichen Jahrhundert stammen.

JANETTE DEACON

ANTHONY BANNISTER/NHPA

Beginn des ersten Jahrhunderts bis etwa zum Jahr 200, also zu einer Zeit, als die eisenzeitlichen Ackerbauern und Viehzüchter sich das östliche Drittel dieser Region untertan machten und als die steinzeitlichen Hirten sich über ihre westlichen und südlichen Küsten ausbreiteten. Diese gemischte eisenzeitliche Landwirtschaft zerstörte beinahe die jagende und sammelnde Lebensweise der Wilton-Kultur, während die Haltung von Rindern und Schafen diese Lebensweise eher ergänzte als ersetzte.

Die Tierhaltung konnte sich deswegen durchsetzen, weil davon mehr Menschen leben konnten als allein vom Jagen und Sammeln. Dennoch setzten die südafrikanischen Hirten ihre jagende und sammelnde Lebensweise in großem Umfang fort, und an ihren Fundstätten überwiegen die Knochen einheimischer Tierarten. Zum Teil planten diese Menschen ihre Wanderungen so, daß sie die zu bestimmten Jahreszeiten verfügbaren Tiere und Pflanzen nutzen konnten. Ihre blühende Kultur fiel auch den frühen europäischen Besuchern auf, und 1652 gründete die Niederländische Ostindien Company die erste europäische Dauerniederlassung in Südafrika im heutigen Kapstadt, in erster Linie um europäische Güter gegen einheimische Schafe und Rinder zu tauschen.

Unglücklicherweise verwandelte sich diese Niederlassung von einem Handelsstützpunkt bald in eine Zwischenlandestation für europäische Siedler, die Getreidearten wie Weizen und Gerste mitbrachten,

die dort angebaut werden konnten, wo zuvor nur die Viehhaltung möglich gewesen war. Zudem führten die Europäer Feuerwaffen und epidemische Krankheiten mit sich, die rasch die einheimische Bevölkerung dezimierten. Die eingesessene Hirtenkultur ging zurück und war um 1750 beinahe verschwunden. Zwar gelang es einzelnen Hirten zu überleben, doch nur als Angestellte der Europäer, und die eingeborenen Hirtensprachen gingen größtenteils verloren. Um 1850 hatte das Vordringen der Europäer in das Landesinnere Südafrikas die letzten der steinzeitlichen Jäger und Sammler in ähnlicher Weise ausgelöscht oder verdrängt. In der Kalahari-Wüste und anderen abgelegenen Gebieten behielten die Bewohner ihre jagende und sammelnde Lebensweise noch bei, doch machten sie sich für ihren Lebensunterhalt zunehmend von den eingeführten eisenzeitlichen oder europäischen Technologien abhängig. Sie zeigten auch eine bemerkenswerte Bereitschaft, Feldfrüchte anzubauen oder Tiere zu halten, wenn die Umstände es zuließen. Höchstwahrscheinlich haben die Menschen dieser Region während der Jahrhunderte über verschiedene Zeiträume die Nahrungsproduktion mit dem Jagen und Sammeln verbunden. Heute kann man kaum noch davon ausgehen, daß irgendein aus jüngerer Zeit bekanntes südafrikanisches Volk als größtenteils unverändert überlebende Gesellschaft von Jägern und Sammlern anzusehen sei, die den Subkontinent bis vor 2000 Jahren beherrschten.

△ Diese Ikung-Buschleute schneiden Tsama-Melonen auf, eine wildwachsende Kürbisart, die für viele Jäger und Sammler der Kalahari-Wüste ein Grundnahrungsmittel bildet.

F. JACKSON/ROBERT HARDING PICTURE LIBRARY

△ Menschen vom Stamm der Peuhl aus der nigerianischen Falingé-Region hüten ihre Langhornrinder. Unter den Menschen der afrikanischen Eisenzeit bildeten Rinder ein bedeutendes Statussymbol. Vielleicht galt dies auch für viele ihrer prähistorischen Vorfahren aus der Steinzeit.

Die Kunst der afrikanischen Steinzeit

Keine Zusammenfassung der steinzeitlichen Vorgeschichte Afrikas seit der Zeit um 10 000 vor Christus wäre vollständig, ohne die Kunst dieser Menschen zu berücksichtigen. Ganz eindeutig betätigten sich diese Menschen schon lange vorher als Künstler - sie produzierten sowohl bewegliche als auch unbewegliche Werke. Bemalte Felstafeln aus Schichten, die auf ein Alter zwischen 27 500 und 19 500 Jahren datiert und bei der Apollo-II-Höhle in Namibia gefunden wurden, dürften die ältesten Malereien sein, die man von irgendeinem Ort der Welt kennt. An mehreren späteren Höhlenfundstätten Afrikas, die allesamt jünger als 12 000 Jahre sind, barg man bemalte oder mit Gravuren versehene Steine, die im Boden vergraben waren. Allerdings ist die in ganz Afrika häufigste und am weitesten verbreitete Kunstform die der Malereien und Gravuren auf freiliegenden Felsoberflächen. Grundsätzlich lassen sich diese Kunstwerke auf den Felsen nicht verläßlich datieren, doch allein die Tatsache, daß sie die unwirtlichen Klimabedingungen überstanden, sprechen dafür, daß sie höchstens ein paar tausend Jahre alt sind. Einige jedoch — es handelt sich höchstwahrscheinlich um Darstellungen von Elefanten, Giraffen und anderer südlich der Sahara lebender Arten - können jedoch viel älter sein.

Während der künstlerische Stil oder die Motive einiger Bilder vermuten lassen, daß es sich bei den Künstlern um eisenzeitliche Menschen handelte, scheinen viele Bilder auch von steinzeitlichen Jägern und Sammlern zu stammen. Es ist wohl anzunehmen, daß Bilder, auf denen Hirten und Rinder dargestellt sind, überwiegend von Viehzüchtern gemalt wurden, während viele Abbildungen wilder Tierarten wohl nur von Jägern und Sammlern erstellt wurden. Bilder mit Hirtenmotiven sind in Nordafrika sehr viel häufiger als in Südafrika, wo die Viehhaltung wesentlich später aufkam. In einigen abgelegenen Gebirgsregionen Südafrikas gibt es Bilder mit domestizierten Pferden, Wagen und sogar einer Galeone aus dem 17. Jahrhundert. Zwar entsprechen diese Darstellungen in stilistischer Hinsicht denen eingeborener Menschen und Tiere, doch verweist das Motiv auf ein Entstehungsdatum zwischen dem 17. und der Mitte des 19. Jahrhunderts. Diese Künstler müssen zu den letzten steinzeitlichen Bewohnern Afrikas gehört haben, die dieses uralte Handwerk noch ausübten.

Was motivierte nun diese Menschen, solche Kunstwerke auf Felsen zu verewigen? Diese Frage ist unter den Archäologen und Kulturhistorikern stark umstritten, und noch ist keine Einigung in Sicht. Zu verschiedenen Zeiten und Orten mag diese Kunst dazu gedient haben, die Erfolge bei der Jagd oder der Viehzucht zu steigern, Übergangsriten zu feiern (zum Beispiel Geburten, Todesfälle oder den Eintritt ins Erwachsenenalter) oder die territorialen Grenzen bestimmter Gruppen zu markieren. Ein großer Teil dieser Werke, besonders in Südafrika, dürfte von Medizinmännern oder Schamanen geschaffen worden sein, die versuchten, die Erfahrungen ihrer Trancezustände wiederzugeben. Angesichts dessen, was wir über solche Gemeinschaften aus historischer Zeit wissen, kann man als einzige sichere Schlußfolgerung annehmen, daß nur ein geringer Teil dieser Kunst um seiner selbst willen geschaffen wurde. Mit großer Sicherheit waren die meisten Kunstwerke von sozialen, ökonomischen oder religiösen Belangen motiviert, die zudem von einer Kultur zur anderen variierten.

△ Felsgravuren mit Tiermotiven bei Twyfelfontein (Namibia).
MARY JELLIFFE/ANCIENT ART & ARCHITECTURE COLLECTION

◁ Die steinzeitlichen Jäger und Hirten, die die Sahara zwischen 8000 und 3000 vor Christus bewohnten, bemalten oder gravierten häufig exponierte Felsoberflächen. Dieser auf einem Sandstein bei Tassili n'Ajjer (im heutigen Libyen) dargestellte Bogenschütze ist ein hervorragendes Beispiel dafür.

▽ Hier sind Tierherden auf einer Felswand bei Tassili n'Ajjer in der zentralen Sahara abgebildet.
JAMES WELLARD/SONIA HALLIDAY PHOTOGRAPHS

FELSMALEREI IN DER ZENTRALEN SAHARA

GÖRAN BURENHULT

△ Die steinzeitliche *Abri*-Siedlung und Höhlenbildfundstätte von Iheren. Die merkwürdigen Felsbildungen des isolierten Iherir-Plateaus im Gebirgsmassiv von Tassili n'Ajjer (Südostalgerien) bergen einige der exquisitesten Kunstschätze der Sahara.

D ie heiße Luft flimmert zwischen den schwarzen Felsen, aber alles ist friedlich und still — erbarmungslos still. Vom wolkenlosen Himmel scheinen die gleißenden Sonnenstrahlen über ein Meer von Sand und Gebirgsformationen, und die Schatten werden kurz und schwarz wie die Nacht. Nicht ein einziger Keimling ist zu sehen, kein Windhauch kühlt die trockene Landschaft. Man kann sich kaum vorstellen, daß hier jemals Organismen leben konnten und am allerwenigsten Menschen. Dennoch wimmelt es zwischen den Felsen von Leben. Kriecht man zum Beispiel in den Schatten unter einen vorstehenden Felsen und wartet, bis sich die Augen an die Dunkelheit gewöhnt haben, betritt man eine zauberhafte Welt mit Tausenden lebendiger Bilder von Menschen und Tieren. Diese Fundgrube von Jahrtausende alten Bildern liegt im Herzen der Sahara, zehn Tagesreisen von der Mittelmeerküste entfernt. Man durchquert dabei mit einem vierradgetriebenen Fahrzeug die leblosen Weiten der Wüste, in der einst Bäche flossen und eine üppige Vegetation herrschte.

Flüsse und Seen

Es gibt vielerlei auffällige Indizien für diese ganz unterschiedlichen Klimabedingungen. Unzählige Wadis (trockene Flußläufe) ziehen sich von den Gebirgsregionen in die Ebenen hinunter, die einst mit Seen übersät waren und an deren Ufern zahlreiche Tier- und Pflanzenarten lebten. In den meisten Tälern setzte sich die Vegetation aus Zedern, Zypressen, Eichen und Walnußbäumen zusammen. Zudem gab es Tamarisken und Akazien — Arten, die auch heute noch in den Gebirgsregionen der zentralen Sahara wachsen, besonders in Tassili n'Ajjer.

Zwischen 9000 und 3000 vor Christus war die Sahara sowohl für Bauern als auch für Jäger und Sammler ein sehr günstiger Lebensraum, und man findet in dieser Region kaum einen Ort, der nicht die Spuren ihrer Aktivitäten trägt. Überall stößt man auf Tontöpfe und Steinwerkzeuge, Mahlsteine, Herdstellen, Gräber und Felsmalereien, und da in der Wüste kein Humus entsteht, liegen diese Überbleibsel aus der Steinzeit häufig an der Oberfläche.

Die frühesten Kunstwerke stammen vermutlich aus dem letzten Abschnitt des oberen Paläolithikums vor 9000 Jahren, als die Großwildjäger in den meisten Gebirgsregionen der Sahara monumentale Felsgravuren anlegten. In ihren Darstellungen erkennt man zahlreiche Pflanzen und Tiere, die aus dieser Gegend längst verschwunden sind: Antilopen, Büffel, Giraffen, Elefanten, Löwen und Flußpferde. Dieser Zeitabschnitt wurde früher als die »Bubalus-Periode« bezeichnet, nach dem heute ausgestorbenen Riesenbüffel (*Bubalus antiquus*), der auf diesen Gravuren dargestellt ist.

Etwa um 8000 vor Christus begannen — wiederum sehr großflächige — Malereien auf den Felsen aufzutauchen. Bei den Vertretern dieser Kunstrichtung handelt es sich überwiegend um negroide Jäger und Sammler. Allerdings zeigen die häufig gefundenen Mahlsteine, daß sie ihre Ernährung zunehmend auf das Sammeln wilder Pflanzen gründeten. In dieser Zeit entstand auch die erste Töpferei in den zentralen Gebieten der heutigen Wüste.

Eine Fülle von Einzelheiten

Vermutlich trat um 6000 vor Christus eine Dürre ein, die zu einer Nahrungsverknappung und damit vielleicht dazu führte, einheimi-

▽ Auf dem Fries von Iheren (Iherir-Plateau) findet man eine Reihe lebhafter Szenen, von denen die Darstellung einer Löwenjagd wohl die spektakulärste ist. Mit erhobenem Speer nähern sich drei Männer mit einer kunstvollen Frisur (oder mit Perücken) einem Löwen, der ein Schaf angegriffen hat.

GORAN BURENHULT

sche Tiere zu domestizieren. Die dunkelhäutigen afrikanischen Hirten dieser Region waren Nachkommen der früheren Jäger und Sammler. Ihre Rinder trugen kurze Hörner, doch wurden später von hellhäutigen Einwanderern aus dem Osten, Menschen, die heute im Sudan und in Äthiopien leben, Langhornrinder eingeführt. Zur gleichen Zeit drangen Schaf- und Ziegenhirten von den Mittelmeerküsten aus nach Süden vor.

Die Felsmalerei dieser Hirten, die zwischen 6000 und 2000 vor Christus entstand, bildet den Höhepunkt dieser Kunstform in der Sahara. Die Felsen sind mit bemerkenswert lebendigen Szenen bedeckt, in denen zahlreiche Menschen und Tiere in leuchtenden Farben abgebildet sind. Die Menschen sind stets in Bewegung dargestellt und zudem häufig in Gruppen: Sie jagen, kämpfen, tan-

zen oder reiten auf Rindern. Die Bilder sind nicht nur sehr elegant, sondern auch voller Einzelheiten: Man erkennt zum Beispiel Masken, Perücken, Kostüme, Körperschmuck und Tätowierungen.

Um 2000 vor Christus wurde das Klima der Sahara zunehmend trockener, so daß die Rinderhirten nach und nach auswandern mußten. Heute findet man diese Hirtenkulturen vor allem an den Südrändern der Sahara, etwa im Sudan, im Tschad, im Niger, Mali und Burkina Fasso. In dem dazwischenliegenden Zeitraum kam es jedoch zu zwei deutlich erkennbaren Phasen der Felsmalerei.

Zwischen 1500 und 100 vor Christus nutzte man Pferde für Transporte durch die Sahara, und entlang dieser Routen fand man Bilder aus jener Zeit, die unter anderem Reiter zu Pferde und zweirädrige Karren darstellen.

Die letzte Periode der Felsmalerei begann etwa um 100 vor Christus. Sie zeichnet sich durch eine frühe Tuareg-Schrift und Darstellungen von Kamelen aus und zeigt die Wüste, wie sie heute aussieht. Durch Überweidung, zunächst durch Rinder und später durch Ziegen und Schafe, wurde die natürliche Ausbreitung der Wüste beschleunigt. Von dem ehemals blühenden Leben zeugen allein noch die Mahlsteine, die inmitten der Stille und flimmernden Hitze frei an der Oberfläche liegen, und die Bildergalerien mit ihrer Fülle lebensechter Bilder.

△ Diese Giraffengruppe wurde auf einer Felswand im zentralen Teil der Siedlung von Tin Abaniora (Iherir-Plateau, Tassili n'Ajjer) verewigt.

▷ Diese elegante Darstellung einer tanzenden männlichen Figur mit umfangreicher Körperbemalung befindet sich bei Tadjelamin. Zwei weitere Bilder, von denen eines eine in einem weiten Kleid dargestellte Frau zeigt, dürften ebenfalls zu dieser Tanzszene gehören.

GORAN BURENHULT

STEINZEITLICHE JÄGER, SAMMLER UND BAUERN IN EUROPA

10 000 bis 3000 vor Christus

Vom Sammler zum Bauern

PETER ROWLEY-CONWY

Die letzte Eiszeit erreichte ihren Höhepunkt vor ungefähr 180 00 Jahren. Damals waren der größte Teil Britanniens, Skandinaviens, die Alpen, die Pyrenäen und viele kleinere Gebirgszüge Europas von Eis bedeckt. Abgesehen vom Mittelmeerraum war ein großer Teil des übrigen Europa zur baumlosen Tundra geworden. Der häufigste Großsäuger dieser Landschaft war das Rentier, aber auch Hirsche, Auerochsen, Wisente und Pferde kamen in kleineren Zahlen vor. Die Menschen dieser Zeit waren überwiegend auf den Südwesten Frankreichs, die italienische und die iberische Halbinsel sowie auf die Bereiche Mittel- und Osteuropas, fernab der Gletscher, konzentriert.

Etwas später, vor ungefähr 15 000 Jahren, wurde es langsam wärmer, es folgte eine Warmzeit nach der anderen, und vor 13 000 Jahren setzte wieder eine sehr kalte Periode ein. Die letzte Eiszeit endete vor 11 500 Jahren, als die Temperaturen rasch etwa auf das heutige Niveau anstiegen.

◁ Skara Brae ist ein frühes Bauerndorf auf den Orkneyinseln in Nordschottland. Kurz vor 2500 vor Christus wurde es von einer Sanddüne zugedeckt, die den größten Teil der Siedlung unversehrt bewahrte.

△ Dieser Knochenkamm wurde in den spätmesolithischen Muschelabfallschichten von Meilgård (Dänemark) gefunden. Zwar werden Archäologen niemals imstande sein, Dinge wie etwa Frisuren zu rekonstruieren, doch sprechen Funde wie dieser dafür, daß die Jäger und Sammler vor Jahrtausenden in ähnlicher Weise daran interessiert waren, gut auszusehen, wie moderne Menschen.
THE NATIONAL MUSEUM OF DENMARK

△ Diese Steinstatue, die in Lepenski Vir (Serbien) angefertigt wurde, gehört zu den frühesten Stücken monumentaler Kunst, die aus Europa bekannt sind.
MARIJA GIMBUTAS

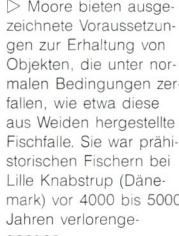

▷ Moore bieten ausgezeichnete Voraussetzungen zur Erhaltung von Objekten, die unter normalen Bedingungen zerfallen, wie etwa diese aus Weiden hergestellte Fischfalle. Sie war prähistorischen Fischern bei Lille Knabstrup (Dänemark) vor 4000 bis 5000 Jahren verlorengegangen.

THE NATIONAL MUSEUM OF DENMARK

Die empfindlichsten Temperaturindikatoren, die wir besitzen, sind die Insekten. Unterschiedliche Arten können verschiedene Temperaturen tolerieren, und nach einem Klimawechsel können Insekten sehr schnell neu bewohnbares Land aufsuchen. Daher lassen sich aufgrund ihrer erhaltenen Überreste Rückschlüsse auf klimatische Bedingungen der Vergangenheit ziehen. So zeigen zum Beispiel Reste von Insekten, die man in Südengland fand und die auf ein Alter von 11 500 Jahren datiert wurden, daß die durchschnittlichen Juli-Temperaturen in nur wenig mehr als einem Jahrhundert von neun auf 17 Grad Celsius anstiegen. Auch später noch gab es Klimaveränderungen, aber keine war mit dieser vergleichbar.

Es dürfte kaum überraschen, daß diese weltweite Erwärmung umfassende ökologische Veränderungen mit sich brachte. Die Bäume breiteten sich nach Norden in die Tundra aus — einige wesentlich schneller als andere, wie aus der Untersuchung erhaltener Pollenkörner hervorgeht. (Bäume entlassen riesige Mengen von Pollenkörnern. In wassergefüllten Gebieten bleiben sie erhalten, und unter dem Mikroskop kann man feststellen, von welcher Pflanzenfamilie oder -art sie stammen. Während sich die Schichten aufbauen, ermöglichen die wechselnden Pollenanteile Rückschlüsse auf die Vegetationsgeschichte der Umgebung.) In den ersten nacheiszeitlichen Wäldern Mittel- und Nordeuropas dominierte die Birke, eine schnell siedelnde Art, die aus dem Bereich nördlich der Alpen stammte. Es folgte die Kiefer, dann der Haselnußstrauch und schließlich die wichtigen Waldbäume, - Eiche, Esche, Linde und Ulme — die sich aus ihren Gletscherrefugien Italiens und Spaniens allmählich nach Norden ausbreiteten. Gleichzeitig wanderten auch die Landsäugetiere nordwärts. So gelangten etwa die Rentiere bis nach Skandinavien, wo sie auch heute noch leben. Die Bestände der Rothirsche und Auerochsen nahmen zu, und auch andere echte Waldbewohner gesellten sich hinzu, wie Elche, Rehe und Wildschweine.

Zugleich setzte auch eine andere bedeutende Veränderung ein. Als die Temperaturen während der letzten Eiszeit ihren Tiefststand erreicht hatten, war soviel Wasser in den Gletschern gebunden, daß der Meeresspiegel um mehr als 100 Meter niedriger lag als heute. Irland und Britannien standen noch mit dem europäischen Kontinent in Verbindung, und ein großer Teil der Gebiete, die heute von der Nordsee, der Bucht von Biskaya, der Adria sowie den Meeren in anderen Teilen der Welt bedeckt sind, waren damals trockenes Land. Als nun die Gletscher schmolzen, stieg das Meeresniveau rasch an. Dieser Vorgang zog sich über die erste nacheiszeitliche Periode hin, so daß zahlreiche tiefliegende Gebiete überflutet wurden. So wurde etwa Britannien um 7500 vor Christus von Europa getrennt.

Dies also war die sich rasch ändernde Umwelt, der sich die Bewohner Europas anpassen mußten. Der Zeitraum zwischen dem Ende der Eiszeit und dem Auftauchen der ersten Bauern in Europa wird normalerweise als Mesolithikum bezeichnet. Damals drangen Menschengruppen nach Norden in zuvor unbesiedelte Gebiete vor und lernten, mit den ganz anderen Lebensbedingungen unter anderem Klima, anderer Vegetation und anderern Ressourcen fertigzuwerden.

Neue Indizienquellen

Zwar werden Archäologen nur selten zugeben, genügend Indizien zu haben, doch besitzt das Mesolithikum hinsichtlich der Zahl der erhaltenen Hinweise in der Tat einige Vorzüge gegenüber vorangehenden Perioden. Wie ihre Vorfahren waren die mesolithischen Menschen Jäger und Sammler, die in Höhlen und Lagern unter freiem Himmel wohnten. Dank des wärmeren mesolithischen Klimas stehen uns jedoch zwei neue archäologische Indizienquellen zur Verfügung: Moorfunde und Abfallschichten mit Muschelschalen. Beide haben unser Verständnis für diesen Zeitabschnitt wesentlich erweitert.

In Mooren bleiben Gegenstände besonders gut erhalten. Seit dem Ende der Eiszeit füllten sich viele Seen allmählich mit Torf an, einem Bodentyp, der aus teilweise zersetzten Pflanzen besteht. Die frühen Siedler, die an den Ufern lebten, warfen ihre Abfälle häufig ins Wasser, und als sich die Torfschichten bildeten und die Abfälle überwucherten, blieben alle Objekte in der feuchten, anoxischen Umgebung erhalten.

Ohne Sauerstoff können die Mikroben, die unter normalen Umständen organische Substanzen befallen und zersetzen, nicht überleben. Daher enthalten die Torfe ehemaliger Seen manchmal eine erstaunliche Fülle organischer Gegenstände, die sich unter anderen Umständen längst zersetzt hätten, zum Beispiel Knochen, Werkzeuge aus Holz, Stricke aller Art und pflanzliche Reste. Vermutlich benahmen sich die mesolithischen Menschen an jedem Ort gleich, aber dank der konservierenden Eigenschaften des Torfes wissen wir von den Bewohnern jener ehemaligen Seeufer-Siedlungen mehr als von den Bewohnern anderer Gebiete, wo häufig nur Feuersteinwerkzeuge erhalten blieben.

Abfallschichten mit Muschelschalen können uns viel über frühe Siedlungen der Meeresküsten verraten. Sie lassen zudem Schlüsse darüber zu, wie die Menschen jener Zeit marine Ressourcen nutzten, etwa Fische, Krustentiere, Säuger und Vögel. (Vergleiche den Kasten *Muschel-Abfälle: Die Müllhalden der Geschichte.*) Die frühesten aus Europa bekannten Küstensiedlungen datieren aus dem späten Mesolithikum vor etwa 5000 vor Christus. Damals hatte das Meer beinahe schon seinen heutigen Stand erreicht. Alle Indizien auf Küstensiedlungen aus früherer Zeit wurden natürlich schon vor langer Zeit überschwemmt.

Lange stritten die Archäologen darüber, in welchem Umfang die Küsten während des frühen Mesolithikums bewohnt waren. Noch bis zur Mitte dieses Jahrhunderts glaubten viele Forscher nicht, daß Menschen die Küstenbereiche vor dem späten Mesolithikums in nennenswertem Umfang besiedelt hätten. Damals waren Mischwälder, überwiegend mit Beständen aus Eiche und Linde, weit verbreitet, und man glaubte, daß es dort nur wenig Jagdwild und genießbare Pflanzen gab, so daß die Menschen gezwungen waren, ersatzweise verstärkt die Ressourcen der Küste zu nutzen.

In letzter Zeit geben neue Indizien Grund zu der Annahme, daß Menschen schon immer die Ressourcen der Küsten genutzt haben und daß auch Wild und eßbare Pflanzen in den spätmesolithischen Wäldern reichlich vorhanden waren. Zunächst einmal werden noch immer spätmesolithische Fundstätten im Hinterland entdeckt, und einige davon bergen die Knochen von Jagdwild wie Rothirsch und Wildschwein. Zweitens wurden an frühen mesolithischen Fundstätten in der Nähe des heutigen Küstenverlaufs Muschelschalen entdeckt — zum Beispiel in Nordspanien, wo das steil abfallende Terrain beweist, daß diese Stellen während der letzten Eiszeit und der ersten Nacheiszeit nur wenige Kilometer landeinwärts lagen. Zwar traten die Muschelschalen nicht in Massen auf, aber immerhin reichten die Funde aus, um zu belegen, daß marine Ressourcen damals genutzt wurden. Dies birgt die faszinierende Möglichkeit, daß die frühmesolitischen Küsten, die heute viele Meter unter dem Meer liegen, noch immer Abfallschichten mit Muscheln bergen. Vielleicht wird es eines Tages möglich sein, sie zu orten und zu untersuchen.

Das Leben im Mesolithikum

Die Jäger und Sammler unserer Zeit haben verschiedene Lebensweisen. So leben etwa die nomadischen Buschleute der Kalahari in kleinen Gruppen und ziehen, je nachdem wo es gerade Nahrung gibt, von einem Lager zum anderen. Solche Menschen kennen ihre Umgebung genau. Stets bewahren sie den Überblick über ihre Ressourcen, und ihre Wanderungen planen sie mit großem Geschick, so daß sie über das ganze Jahr Nahrung finden. Andere Gruppen, wie die Tsimshian und die Tlingit, die an der Küste Britisch Kolumbiens wohnen, leben ganzjährig in einem Basislager, von dem aus sie Jagd- und Fischergruppen in geeigneten Jahreszeiten in Randlager entsenden. Diese stärker seßhafte Lebensweise ist natürlich nur dort möglich, wo in der unmittelbaren Umgebung verschiedene Nahrungsquellen zur Verfügung stehen, und selbst diese Gruppen müssen normalerweise Nahrung speichern, um schlechte Zeiten zu überstehen. Andere Gruppen heutiger Jäger und Sammler tun beides: Sie lassen sich in guten Jahreszeiten vorübergehend nieder und wandern in schlechten. Dies ist wohl die häufigste Form.

Man weiß immerhin vom europäischen Mesolithikum genug, um sich ein ähnliches Bild vorzustellen. Viele der bisher bekannten Fundstellen sind klein. Es

△ Bernstein diente den Jägern und Sammlern als Schmuck, so auch dieser Anhänger aus Holme (Dänemark).
THE NATIONAL MUSEUM OF DENMARK

SØREN H. ANDERSEN/UNIVERSITY OF AARHUS, DENMARK

handelt sich vermutlich um vorübergehend bewohnte Lager, und einige von ihnen sind so gut erhalten, daß sie über die Lebensweise ihrer Bewohner einiges verraten. Besonders wertvoll sind in dieser Hinsicht Funde von Tierknochen, denn sie verraten nicht nur, was die Menschen damals aßen, sondern in vielen Fällen auch, in welcher Jahreszeit die Beute erlegt wurde.

Eine solche Indizienquelle sind die Knochen wandernder Tiere. Dazu gehören etwa zahlreiche Vögel Europas. Der Singschwan (*Cygnus cygnus*) nistet zum Beispiel in Finnland, verbringt jedoch den Winter in der Umgebung der westlichen Ostsee und der Nord-

△ Bei Ringkloster in Dänemark lebten die spätmesolithischen Menschen nahe eines Seeufers. Nur wenig ist von ihrer ursprünglichen Siedlung übriggeblieben, doch blieb der Abfall, den sie in den See geworfen hatten, gut erhalten. Die Menschen jagten überwiegend Rothirsche und Wildschweine und fingen Edelmarder in Fallen, um deren Pelze zu verarbeiten. Die Knochen aller drei Arten werden häufig gefunden, daneben auch Gegenstände aus Holz und andere Objekte.

MUSCHEL-ABFÄLLE: DIE MÜLLHALDEN DER GESCHICHTE

PETER ROWLEY-CONWY

Eine Muschelabfallschicht ist genau das, was das Wort impliziert: ein Hügel, der in erster Linie aus den fortgeworfenen Schalen genießbarer Krustentiere und anderen Resten besteht. Diese über Jahre angehäuften Abfallhaufen markieren prähistorische menschliche Wohnorte.

Für die Menschen, die sie verursachten, waren die Muschelhaufen nichts Besonderes — Abfälle wurden an jedem bewohnten Lager deponiert, und wenn Krustentiere gegessen wurden, gehörten sie eben zum Abfall dazu. Es gibt daher keine grundlegende Unterscheidung zwischen Fundstellen mit Muschelabfallschichten und anderen. Die Menge der in den Schichten nachgewiesenen Schalen hängt einfach davon ab, wieviele Krustentiere gegessen wurden.

Diese Masse ist einer besonderen Eigenschaft der Krustentiere zuzuschreiben: Was fortgeworfen wird, nimmt mehr Platz weg, als das, was man ißt. Ein Rothirsch liefert etwa ebensoviele Kilojoules (oder Kalorien) wie 50 000 Austern, jedoch nehmen seine zerlegten und zerbrochenen Überreste, selbst wenn sie vollständig erhalten bleiben, nur einen Bruchteil des Raumes ein, den die Austernschalen benötigen würden. Daher können die Haufen an Lagerstätten, wo Muscheln einen wichtigen Teil der Nahrung bildeten, sehr umfangreich sein. Einige, die man in Europa fand, besitzen eine Ausdehnung von 100 mal 40 Meter und sind zwischen zwei und drei Meter tief. Es überrascht daher kaum, daß dies die größten bisher bekannten mesolithischen Fundstätten sind. Dennoch bildeten Krustentiere wahrscheinlich einen kleineren Anteil der menschlichen Nahrung als die riesige Masse der Schalen vermuten läßt.

Für Archäologen bilden die Muschelschichten eine wahre Schatztruhe voller Informationen. Zunächst sind sie relativ leicht zu finden, sowohl aufgrund ihrer Masse und zum anderen deshalb, weil sie in berechenbarer Weise entlang des prähistorischen Küstenverlaufs vorkommen, von den sie einst gesammelt wurden. Zweitens bildet das Kalzium der Schalen eine nichtsaure Umgebung für alle

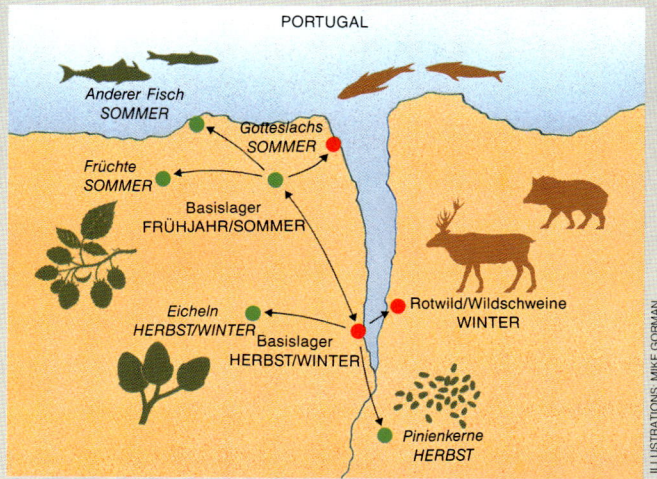

△ Verallgemeinertes Siedlungsmuster im spätmesolithischen Dänemark und Portugal aufgrund kombinierter Indizien mehrerer unabhängiger Gebiete. Man sieht, welche Nahrung in jedem Gebiet vorherrschte und zu welcher Jahreszeit die Siedlungen bewohnt waren. Normale Schrift verweist auf Siedlungen mit Belegen, während *kursive Schrift* auf Siedlungen verweist, die möglicherweise existierten, für die es aber keine Beweise gibt.

● Siedlungen mit Muschel-Abfallschichten　　● Siedlungen ohne Muschel-Abfallschichten

übrigen Objekte, die in dem Haufen landeten. Daher bleiben organische Gegenstände wie etwa Knochen auch dann erhalten, wenn dies unter anderen Umständen nicht der Fall gewesen wäre. Sogar Kochherde und Gräber können innerhalb der Haufen erhalten bleiben, wenn sie auf dem Haufen erbaut wurden, als dieser größer wurde. In gewisser Hinsicht bietet ein Muschelhaufen aufgrund seines Volumens und seiner konservierenden Eigenschaften einen dreidimensionalen Einblick in ei-

nen Fundort, der unter anderen Umständen nur aus einer fünf bis zehn Zentimeter starken Holzkohleschicht und einigen Feuersteinen bestanden hätte.

Muschelschichten können uns vieles über die Menschen verraten, die sie einst angehäuft haben. Die Siedlungen, an denen sie gefunden werden, dienten unterschiedlichen Zwecken. Zwei der am besten erforschten Abfallgruppen Europas stammen aus dem Spätmesolithikum Dänemarks (der Ertebølle-Kultur) und aus Portugal.

In Dänemark sprechen Untersuchungen der jahreszeitlichen Nutzung dafür, daß einige der Siedlungen mehr oder weniger ganzjährig bewohnt waren. Erwartungsgemäß sind dies zumeist die Orte mit den größten Muschelhaufen. Zudem befinden sie sich häufig an geschützten Orten an Buchten oder Ästuaren. Offenbar handelte es sich um Basislager, die wenigstens von einigen Menschen das ganze Jahr über bewohnt blieben. Auch viele kleinere Muschelschichten wurden entdeckt. Anders als die größeren waren sie während bestimmter Jahreszeiten bewohnt und wiesen in der Regel Anzeichen besonderer Aktivitäten auf, etwa der Jagd auf Delphine und Tümmler.

Fügt man die Indizien verschiedener Fundstätten zusammen, schält sich ein allgemeines Bild heraus. Während des Winters drangen Jagdgruppen ins Landesinnere vor, um das Fleisch von Hirschen und Wildschweinen zu erbeuten oder Tiere wie den Edelmarder wegen ihrer Felle zu fangen. Andere Gruppen blieben an der Küste zurück und stellten den wandernden Meeressäugern und Vögeln nach, während sie sich von den Muscheln ernährten. Im Sommer dürften Fische ein Hauptnahrungsmittel gebildet haben. Da das zentrale Basislager ganzjährig bewohnt war, kann man vermuten, daß die Nahrung von den Speziallagern dorthin gebracht wurde, doch sind solche Aussagen schwer zu beweisen.

In Portugal ist die Forschungsarbeit weniger fortgeschritten als in Dänemark. Aber auch hier erhalten wir unter Berücksichtigung aller Indizien ein anderes Bild. So verbrachten Gruppen den Winter in Basislagern an den landeinwärts gelegenen Grenzbereichen großer Ästuare, jagten Hirsche und Wildschweine und ergänzten ihre Nahrung mit Muscheln. Im Frühjahr und im Sommer zogen die Menschen dagegen in Lager, die der offenen Küste näher lagen. Neben Großsäugern jagten sie auch Kaninchen und richteten sogar Fischfanglager ein. Häufig wurde der Gottteslachs (*Argyrosomus regius*) gefangen, ein großer Meeresfisch, der während des Sommers an die Küsten schwimmt.

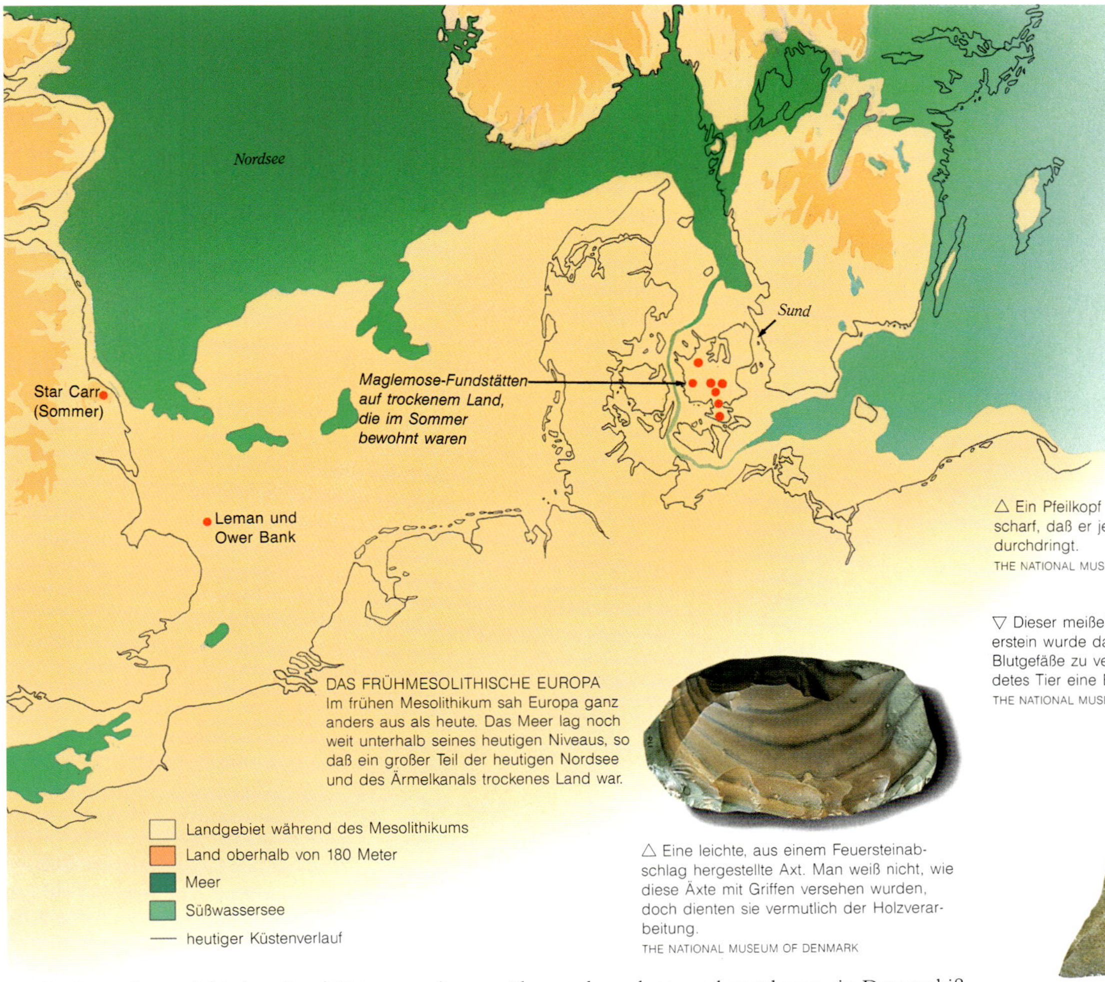

CARTOGRAPHY: RAY SIM

Nordsee

Sund

Star Carr
(Sommer)

Maglemose-Fundstätten
auf trockenem Land,
die im Sommer
bewohnt waren

Leman und
Ower Bank

DAS FRÜHMESOLITHISCHE EUROPA
Im frühen Mesolithikum sah Europa ganz
anders aus als heute. Das Meer lag noch
weit unterhalb seines heutigen Niveaus, so
daß ein großer Teil der heutigen Nordsee
und des Ärmelkanals trockenes Land war.

☐ Landgebiet während des Mesolithikums
☐ Land oberhalb von 180 Meter
☐ Meer
☐ Süßwassersee
— heutiger Küstenverlauf

△ Eine leichte, aus einem Feuersteinab-
schlag hergestellte Axt. Man weiß nicht, wie
diese Äxte mit Griffen versehen wurden,
doch dienten sie vermutlich der Holzverar-
beitung.
THE NATIONAL MUSEUM OF DENMARK

△ Ein Pfeilkopf aus Feuerstein. Er ist so
scharf, daß er jede tierische Beute tief
durchdringt.
THE NATIONAL MUSEUM OF DENMARK

▽ Dieser meißelförmige Pfeilkopf aus Feuerstein wurde dafür entwickelt, Gewebe und
Blutgefäße zu verletzen, so daß ein verwun-
detes Tier eine Blutspur hinterlassen mußte.
THE NATIONAL MUSEUM OF DENMARK

△ Mit schweren Feuersteinäxten wie dieser
stellten Jäger und Sammler vermutlich Kanus und andere große Holzobjekte her.
THE NATIONAL MUSEUM OF DENMARK

see. In den spätmesolithischen Fundstätten von Ag-
gersund und Sølager (Dänemark) belegen die zahlreichen Knochen dieser Schwäne, daß hier Menschen im
Winter gewohnt haben müssen. Auch Fische können
ähnliche Aufschlüsse geben: So findet man beispielsweise in den spätmesolithischen Muschelschichten
von Arapouco (Portugal) viele Knochen von Fischen,
die nur während des Sommers in die Nähe der Küsten
kommen und demnach zu dieser Zeit gegessen worden sein müssen. Und schließlich können die Knochen wandernder Meeressäuger wie Robben und
Tümmler sowie der vielen Landsäugetiere, die
manchmal das nacheiszeitliche Europa durchwander-
ten, eine ähnliche Geschichte erzählen.

Im größten Teil Europas wanderten die Landsäuger
jedoch nicht über längere Strecken, und allein das
Vorkommen ihrer Knochenreste kann nichts darüber
aussagen, wann sie erlegt wurden. In derartigen Fällen sind die Archäologen auf speziellere Techniken
angewiesen. Werden zum Beispiel unter den Überresten die Unterkiefer junger Tiere gefunden, läßt sich
recht genau aus dem Stand ihrer Zahnentwicklung
schätzen, wie alt sie bei ihrem Tod waren. Der heutige
Rothirsch etwa verliert seine Milchzähne, wenn er 24
bis 26 Monate alt ist, und ebenso dürfte es bei den
Hirschen des Mesolithikums gewesen sein. Wenn ein
Hirsch, wie es bei den heutigen Vertretern der Fall ist,
im Juni zur Welt kam, wäre ein Tier, das seine Milch-

zähne verloren hatte und stattdessen ein Dauergebiß
entwickelte, etwa im Juni, Juli oder August erlegt
worden, als es 24 bis 26 Monate alt war.

Werden in einer Region mehrere Fundstellen entdeckt, kann man beginnen, sich ein Bild von dem allgemeinen Siedlungsmuster zu machen. Der klassische
britische Moor-Fundort von Star Carr an der englischen Ostküste barg Unterkiefer junger Rothirsche,
Rehe und Elche, was zeigte, daß sich hier einmal ein
frühmesolithisches Sommerlager befand. Jenseits der
Nordsee kennt man in Dänemark zahlreiche Moor-
Fundstellen, die Indizien auf die sogenannte Maglemose-Kultur geben. (Der dänische Name dieses Ortes, Maglemose, bedeutet »großes Moor«.) Auch diese
Orte stammen aus dem frühen Mesolithikum, allerdings aus einer etwas späteren Zeit als Star Carr, und
einige enthielten genügend Unterkieferknochen, um
zu beweisen, daß auch sie im Sommer bewohnt
waren.

Wo also verbrachten diese Menschen den Winter?
Trotz zahlreicher weiterer Funde bargen diese Stätten
nicht genügend Tierknochen, um eindeutige Schlüsse
zuzulassen. Zwar könnte es sich bei einigen um Win-
terniederlassungen handeln, doch ist eine weitere Erklärung möglich. Damals lag der Meeresspiegel noch
weit unterhalb seines heutigen Niveaus: Die heutige
Ostsee war noch ein Süßwasser-See, von dem aus sich
Flüsse über Tieflandgebiete in die Nordsee ergossen,

△ Bei Lepinski Vir an der serbischen Donau legten Archäologen die Reste zahlreicher trapezförmiger Häuser frei. Die oben gezeigte Rekonstruktion dürfte der damaligen Bauweise sehr nahe kommen. Die nebenstehende Karte zeigt die Dorfanlage. Vermutlich wurden die Bewohner durch den Fischreichtum des Flusses zum Siedeln angeregt.

die heute überflutet sind. Sollten Menschen in der Nähe dieser Flüsse überwintert haben, befänden sich ihre Lager heute unter Wasser. Dies würde also erklären, warum keine Winterlager bekannt sind. Auch andere, bei weitem noch nicht schlüssige Indizien weisen in diese Richtung.

Im Øresund (der Meerenge zwischen Dänemark und Schweden) entdeckten Taucher in Tiefen zwischen fünf und 23 Meter Feuerstein-Objekte vom Maglemose-Typ. Noch bemerkenswerter ist der Fund

▷ Überreste eines Hüttenbodens am frühmesolithischen Moorfund von Ulkestrup in Dänemark. Die Außenkanten des Bodens wurden von großen, zersplitterten Planken gebildet, das Innere durch eine Schicht kleiner Zweige. Dünne Stangen bildeten die Wände und das Dach. Zwar sind nur wenige Stangen erhalten geblieben, doch waren sie früher vermutlich zahlreicher und wesentlich länger und stützten vielleicht eine einzelne Firststange. Von dem einstigen Deckmaterial ist nichts übriggeblieben. Wahrscheinlich wurden die Dächer jedoch mit Schilf und Binsen gedeckt.

einer aus Geweih gefertigten Spitze, vermutlich eines Speerkopfes, der sich zufällig in einer Tiefe von 39 Meter in einem Schleppnetz auf der Leman und Ower Bank vor East Anglia verfing. Er weist eine gewisse Ähnlichkeit mit den Funden von Star Carr auf und stammt auch aus derselben Zeit. Wir wissen natürlich nicht, ob diese Unterwasserfunde aus Winterlagern stammen, doch könnte es so sein. Sicher ist nur, wie wenig wir über das Leben an den frühmesolithischen Küsten wissen, zumal ein so großer Teil der Maglemose-Ufer heute verloren ist.

Vergleichen wir das, was wir von der frühmesolithischen Maglemose-Kultur wissen, mit der spätmesolithischen, dänischen Ertebølle-Kultur (sie verdankt ihren Namen einer größeren Muschelschicht und dehnt sich bis in den Süden Schwedens aus), treten erhebliche Unterschiede zutage. Wie schon erwähnt, weisen sämtliche Indizien aus der Maglemose-Zeit auf saisonale Lager hin. Etwa im späten Mesolithikum veränderte sich das Siedlungsmuster dieser Küstenbereiche, und der Grund dafür ist leicht einzusehen. Damals hatte das Meer beinahe seinen heutigen Stand erreicht, so daß die marinen Ressourcen, wie Fische, Schalentiere, Robben und Seevögel, zahlreicher wurden und den Menschen die Möglichkeit eröffneten, sich hier ganzjährig niederzulassen. Angesichts des bequemen Nahrungsangebots bestand für sie keine Notwendigkeit mehr, ihre Lager zu verlegen. Und weil sich das Meeresniveau seitdem nur wenig verändert hat, blieben die Muschelschichten — anders als viele andere Indizien der Maglemose-Zeit — erhalten.

Mesolithische Hütten

Obwohl man inzwischen zahlreiche mesolithische Fundstätten kennt, werden Spuren ihrer Häuser nur selten gefunden. Wahrscheinlich waren viele davon nur leicht und für den vorübergehenden Gebrauch gebaut und nur während eines einzigen Lageraufenthalts bewohnt, so daß nach Jahrtausenden nicht viel davon übrigblieb. Manchmal gibt es noch Spuren von Pfostenlöchern, anhand derer sich der Grundplan rekonstruieren läßt. Es ist aber nicht immer leicht, Pfostenlöcher von anderen Strukturen zu unterscheiden. Wird eine solche Struktur während aufeinanderfolgender Aufenthalte verändert oder wiederhergestellt, ist das Ergebnis unter Umständen schwierig zu deuten. Noch weniger weiß man über die Seitenwände und Dächer derartiger Häuser. Jede Rekonstruktion kann also höchstens eine ungefähre Schätzung sein.

Immer wenn an einem Fundort die Reste mehr als eines Hauses gefunden werden, erhebt sich zunächst die Frage, ob sie alle gleichzeitig bewohnt waren. Wenn zum Beispiel drei Hütten nebeneinander vorkommen, könnte dies bedeuten, daß hier drei Familien zu gleicher Zeit gelebt haben. Andererseits könnte jede Familie alle paar Jahre ein neues Haus gebaut haben, nur nicht an genau derselben Stelle. Die verfügbaren Datierungsverfahren, etwa die Radiokarbon-Methode, arbeitet nicht präzise genug, um darüber zu entscheiden. Wenn aber Feuerstein-Werkzeuge und mit ihnen Werkstoffabfälle gefunden werden, die von der Verarbeitung des Feuersteins herrühren, bieten sie manchmal einen entscheidenden Hinweis. Wenn sich nämlich die in einer Hütte entdeckten Einzelstücke zu einem einzigen Steinrohling zusammenfügen lassen, war dieser hier mit Sicherheit bearbeitet worden. Wenn andererseits die Fundstücke zweier verschiedener Häuser zusammenpassen, müssen beide Hütten zu gleicher Zeit in Gebrauch gewesen sein.

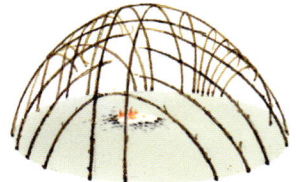

△ Der Winkel der Pfostenlöcher bei Mount Sandel zeigt, daß die Pfosten einwärts geneigt waren. Es wurden also vermutlich lange, dünne Stangen zu einer kuppelförmigen Struktur gebogen – jedoch sind auch andere Deutungen denkbar.
ILLUSTRATION: RAY SIM

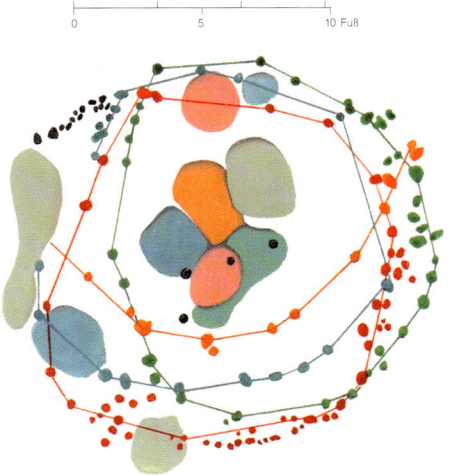

◁ Bei Mount Sandel wurden Hütten manchmal mehrfach wieder aufgebaut, wie die einander überlappenden Kreise der Pfostenlöcher beweisen. Im Zentrum liegen mehrere Herdstellen, von denen jeweils eine zu einer Bauphase gehört.
ILLUSTRATION: RAY SIM

▽ Mount Sandel an dem Fluß Bann (Nordirland) war eine frühmesolithische Siedlung. Hier wurden Lachse gefangen (und vermutlich auch geräuchert), Wildschweine gejagt und Haselnüsse gesammelt. Vielleicht waren die Hütten mit Tierhäuten bedeckt, doch blieben davon keine Spuren erhalten.
ILLUSTRATION: RAY SIM

NATIONAL MUSEUM OF DENMARK

△ Knöcherne Angelhaken aus frühmesolithischen Fundstellen Dänemarks sind mit großem Geschick hergestellt. An Siedlungen an Seeufern sind die Knochen von Hechten und anderen Fischen sehr häufig, was dafür spricht, daß Fische ein wichtiges Nahrungsmittel für die Bewohner bildeten.

▷ Hin und wieder findet man Pfeilköpfe, die noch immer an Teilen des Pfeilschaftes befestigt sind. Manchmal wurden zwei Mikrolithen eingesetzt, einer als Spitze, der andere als Widerhaken. Pfeile mit meißelförmigem Ende sind aus dem späten Mesolithikum Dänemarks bekannt. Dagegen wurden Pfeile mit bolzenförmigem Kopf, die aus einem einzigen Holzstück geschnitzt waren, dazu benutzt, Jagdwild zu betäuben oder kleine Tiere zu töten, so daß ihr Fell durch den Aufprall nicht beschädigt wurde.

Mesolithische Waffen und Werkzeuge

Die Menschen des Mesolithikums kannten eine große Vielfalt von Werkzeugen und anderer Gegenstände. Das typische Steinwerkzeug dieser Periode ist jedoch der Mikrolith — was einfach soviel wie »kleiner Stein« bedeutet. Mikrolithen kommen häufig und in vielen Typen vor. Sie wurden offensichtlich in Massen hergestellt und in zusammengesetzte Werkzeuge eingebaut, darunter auch in Waffen. Wie man vermutet, wurden sie auf Pfeilen und Speeren als Spitzen und Widerhaken angebracht. Manchmal traf man sie an den Jagdwaffen noch an Ort und Stelle an, doch dürften sie auch einer Reihe weiterer Zwecke gedient haben. So fand man sie etwa in Südwestasien als Klingensegmente einer Sichel. Aus dem europäischen Mesolithikum sind derartige Werkzeuge jedoch nicht bekannt.

Der großen Zahl von Tierknochen nach zu urteilen, die an gut erhaltenen Fundstätten vorkommen, müssen diese Waffen sehr wirkungsvoll gewesen sein. Offenbar waren die mesolithischen Menschen durchaus in der Lage, so gefährliche Tiere wie Wildschweine und Auerochsen zu erlegen. Einige wenige Jagdbögen aus dieser Zeit blieben in Mooren erhalten, darunter auch die eindrucksvollen Exemplare von Tybrind Vig, einer spätmesolithischen Fundstelle in Dänemark, die aus Ulmenholz gefertigt und 160 Zentimeter lang waren. Auch die ersten Hinweise auf domestizierte Hunde stammen aus dieser Zeit. Mit so mächtigen Waffen und mit Hunden ausgerüstet, um verwundete Tiere aufzuspüren, waren diese Männer sicherlich sehr erfolgreiche Jäger.

Zu den anderen Feuerstein-Werkzeugen dieser Zeit gehören Schaber und Meißel zur Bearbeitung von Holz, Knochen und Tierfellen, ferner größere Klingen, die als Messer gebraucht wurden, aber auch schwerere Gegenstände wie Äxte und Querbeile. Auch Knochen und Geweihe wurden in vielfältiger Weise zu Werkzeugen verarbeitet. Das lange, harte und gerade gewachsene Kanonenbein der unteren Extremitäten von Rothirsch und Elch wurde häufig genutzt, manchmal etwa als Basis für Mikrolithen, um Speerköpfe oder Dolche herzustellen. Obwohl auch Holz vermutlich häufig verarbeitet wurde, blieben hölzerne Gegenstände nur in Mooren erhalten. Diese bargen manchmal recht große Fundstücke,

zum Beispiel Jagdbögen. Zudem zeigen Funde von zum Teil wunderschön verzierten Paddeln oder gar von Kanus, daß auch der Wassertransport und die Ressourcen des Wassers im Mesolithikum von Bedeutung waren. Und aus dem Moor von Sarnate in Lettland gab uns der Fund eines Schlittens einen seltenen Einblick in eine weitere frühe Transportmethode.

Auch ein wenig kostbare Seilerware ist erhalten geblieben. So barg das unweit von Berlin gelegene Moor von Friesack zahlreiche Reste von Netzen und auch die eines Floßes aus Birkenrinde. Vermutlich stammen diese Reste also nicht von einem Streichnetz mit einem Griff, sondern von einem sehr viel größeren Gebilde. Dies gilt jedenfalls sicher für einen Fund aus dem Moor von Antrea in Karelien, wo eine Ansammlung von Netzfragmenten, Bojen und Senkgewichten auf ein Netz schließen lassen, das senkrecht im Wasser hing und etwa 30 Meter lang war. Die Netze beider Fundorte waren aus Bast (der inneren Rinde bestimmter Bäume) hergestellt. Also müssen auch das Flechten und die Herstellung von Körben verbreitet gewesen sein, doch gibt es kaum entsprechende Funde. Auch Reusen aus geflochtenen Zweigen wurden gelegentlich entdeckt. Sie waren vermutlich während des Gebrauchs in Bächen und Seen verlorengegangen und blieben erhalten, weil sich Sedimente um sie herum aufbauten.

Die Jagd auf Landsäugetiere hinterläßt zahlreiche archäologische Spuren, etwa in Gestalt von Tierknochen und Waffen sowie anderer Objekte. Dagegen bleiben vom Fischfang und ähnlichen Aktivitäten wesentlich weniger Spuren zurück, obwohl gelegentliche Funde größerer Ausrüstungsgegenstände wie

Boote und Netze vermuten lassen, daß ihnen in einigen Gebieten eine mindestens gleichwertige Bedeutung zukam.

Die dritte Hauptnahrungsquelle macht sich in archäologischer Hinsicht sogar noch weniger bemerkbar: Kaum ein Hinweis auf pflanzliche Nahrung hat sich bis in unsere Zeit erhalten, obwohl die frühen Menschen zahlreiche Sorten von Früchten, Nüssen, Wurzeln und Knollen gegessen haben müssen, und zwar in bedeutenden Mengen. Gemüse bleibt nur dann erhalten, wenn es verkohlt wurde oder unter Sauerstoffabschluß permanent mit Wasser vollgesogen war. Zudem läßt sich nur selten zweifelsfrei nachweisen, daß Werkzeuge und andere Gegenstände zur Ernte oder zur Verarbeitung von Pflanzen benutzt wurden, wenn auch Untersuchungen der Abnutzungsspuren und organischer Reste an den Kanten der Werkzeuge diese Lücke langsam zu schließen be-

△ Pfeilschäfte wurden so zurechtgeschnitzt, daß ein Mikrolith als Pfeilkopf eingesetzt werden konnte. Letzterer wurde mit Harz an Ort und Stelle gehalten oder einfach festgebunden.

▷ Feuersteinäxte wurden manchmal an der Basis eines Geweihs befestigt, das dann am Griff der Axt angebracht wurde. Dadurch wurde verhindert, daß der hölzerne Griff während des Gebrauchs splitterte.
THE NATIONAL MUSEUM OF DENMARK

△ Ein reichverziertes Werkzeug aus Elchgeweih mit einer Schaftbohrung. Wozu derartige Gegenstände dienten, wissen wir nicht.
THE NATIONAL MUSEUM OF DENMARK

▷ Mikrolithen wie dieser waren Bestandteile zahlreicher Werkzeuge für die verschiedensten Funktionen.
THE NATIONAL MUSEUM OF DENMARK

▷ Dieser wundervoll verzierte Dolch oder Speerkopf enthält mehrere Mikrolithen, die am Rand eines Hirschknochens in Rinnen eingesetzt wurden.
THE NATIONAL MUSEUM OF DENMARK

ginnen. Eine der wenigen Ausnahmen bildet die lettische Fundstelle von Sarnate. Hier fand man zahlreiche Reste der Wassernuß sowie der hölzernen Schläger, mit deren Hilfe die Schalen geknackt wurden. Mahlsteine, wie sie später von den Bauern zum Mahlen des Getreides eingesetzt wurden, kennt man aus dem Mesolithikum Nord- und Zentraleuropas nicht, wohl aber aus den Abfallschichten Portugals, wo sie zwischen den Muschelschalen lagen. Dies sind die einzigen mesolithischen Fundstellen Europas, an denen Mahlsteine nachgewiesen wurden. Wir wissen zwar nicht genau, welchem Zweck sie dienten, doch ist Portugal reich an eßbaren Eicheln, Piniennüssen und wilden Grassamen, die allesamt hätten zermahlen werden können. In den meisten dieser Abfallschichten Portugals beschränken sich die Indizien für den mesolithischen Speisezettel jedoch auf einige verkohlte Haselnußschalen.

NATIONAL MUSEUM OF DENMARK

△ Die spätmesolithischen Bewohner Dänemarks stellten zwei Formen von Gefäßen her. Der flache Teller wurde als Lampe genutzt, in dem Öl vom Fett der Meeressäuger verbrannt wurde.

DIE DOMESTIZIERUNG VON TIEREN

RONNIE LILJEGREN

Die Domestizierung von Tieren gehört zu den entscheidensten Errungenschaften des Menschen. Zusammen mit der Kultivierung des Getreides bildet sie einen wesentlichen Anteil an der menschlichen Bevölkerungszunahme während der letzten 10 000 Jahre. Es überrascht daher nicht, daß sich die archäologische Forschung mit der Domestizierung von Tieren beschäftigt.

Zähmung und Domestizierung sind zwei ganz unterschiedliche Vorgänge. Von den meisten Tierarten lassen sich einzelne Exemplare zähmen. Jäger und Sammler, die keine domestizierten Tiere besitzen, zähmen manchmal Individuen, die ihnen zufällig über den Weg laufen — zumeist neugeborene oder sehr junge Tiere, die ihnen auf der Jagd in die Hände fallen. Sie tun dies aus verschiedenen Gründen: etwa aus reiner Neugier, weil sie sich ein Streicheltier wünschen oder um es einige Wochen oder Monate lang zu mästen, ehe es geschlachtet wird.

Im Gegensatz dazu betrifft die Domestizierung nicht nur ein Tier, sondern eine ganze Gruppe, die von Menschen beaufsichtigt und selektiv gezüchtet wird. Dabei werden wilde Tiere kaum oder gar nicht eingekreuzt. Man kennt nur zwei Kerngebiete, in denen Herdentiere domestiziert wurden: Südwestasien (Schafe, Ziegen, Rinder und Schweine) und die Anden (Lamas und Alpakas). Auch andere Herdentiere, wie etwa Pferde, Kamele und diverse ostasiatische Rinderformen, wurden in besonderen Gebieten domestiziert, jedoch erst, nachdem in der Umgebung der Ackerbau eingeführt war.

Die Identifizierung domestizierter Tiere

Obwohl ein gezähmtes Tier mit archäologischen Methoden nur schwer als solches zu erkennen ist, lassen sich separate Haustierpopulationen leichter abgrenzen, weil sie genetische Veränderungen aufweisen, die manchmal äußerlich sichtbare Folgen haben. Zudem läßt sich das Alter geschlachteter Tiere am Zustand ihrer Zähne und Knochen ablesen. Wenn also tierische Überreste gefunden werden, deren Lebenszeit dem typischen

Cheviot

Vierhörniges Jacob-Schaf

Merino-Schaf

Mufflon

Lincoln-Schaf

Syrisches Fettschwanzschaf

ILLUSTRATION: PETER SCHOUTEN

◁ Die Domestizierung von Tieren ist ein fortlaufender Prozeß. Er erfolgt über viele Generationen, wobei verschiedene Rassen entwickelt werden, die unterschiedlichen Umweltbedingungen angepaßt sind. Mit ihren 400 Zuchtrassen sind die Schafe dafür ein gutes Beispiel. Wildschafe, wie das Mufflon, besitzen eine langhaarig äußere Felldecke und ein welliges Unterfell, und beide Geschlechter tragen Hörner. Die heutigen Schafe, etwa das Lincoln-Schaf, tragen häufig gestutzte Hörner, oder sie kommen nur bei den Böcken vor, wie beim Merino-Schaf. Bei Jacob-Schafen sind Tiere mit vier oder gar sechs Hörnern nicht selten – ein vermutlich durch Inzucht entstandener genetischer Defekt, der wegen seiner dekorativen Wirkung erhalten wurde. Syrische Fettschwanzschafe sind einer heißen, trockenen Umgebung angepaßt und nutzen ihr Fett als Energiereserve. Auch die Wolle unterscheidet sich erheblich von einer Rasse zur anderen. Beim Lincoln-Schaf ist sie lang, grob und glänzend, beim Merino dicht mit sehr feinen Fasern, beim Cheviot schließlich relativ grob und nur schwach glänzend.

Schlachtalter von Haustieren entspricht, handelt es sich wahrscheinlich um domestizierte Tiere.

Das erste Haustier war der Hund. Ein Grab in der Nähe von Ain Mallaha (Israel), dessen Alter auf knapp 10 000 vor Christus datiert wurde, enthielt neben der Leiche einer alten Frau das Skelett eines drei bis fünf Monate alten Welpen. In diesem Fall weiß man nicht, ob es sich um einen gezähmten Wolf oder um einen gezüchteten Haushund handelt, doch sind Haushunde schon aus der Zeit zwischen 8000 und 7000 vor Christus von Fundorten bekannt, die so weit auseinanderliegen wie Seamer Carr in England und Danger Cave in Utah.

In Südwestasien weisen genetische Veränderungen darauf hin, daß Schafe und Ziegen noch vor 7000 vor Christus domestiziert wurden. Unter den Ziegen zum Beispiel nahmen die ursprünglich

krummsäbelförmigen Hörner eine geschraubte Form an, ein Merkmal, das gewöhnlich dem Einfluß der Domestizierung zugeschrieben wird. An einigen Fundstellen wurde ein Schlachtverhalten nachgewiesen, das mit domestizierten Tieren in Verbindung gestanden haben muß. Während nämlich die meisten weiblichen Ziegen sehr alt wurden, waren die meisten Böcke bereits im Alter von zwei Jahren geschlachtet worden. Demnach ließen die Hirten die Weibchen für die Zucht am Leben, töteten jedoch die Männchen, sobald diese ihr Maximalgewicht erreicht hatten. Rinder und Schweine wurden dagegen später domestiziert, und zwar 6000 vor Christus.

Die Zucht deckt die steigende Nachfrage

Vermutlich wird die Domestizierung von Schafen, Ziegen, Rindern und Schweinen hinreichend

durch die Notwendigkeit erklärt, ständig Fleisch und Häute zur Verfügung zu haben. In Südwestasien hatte man Getreide kultiviert, noch ehe Schafe und Ziegen domestiziert waren. Da die Bauern nun die Jäger und Sammler an Zahl übertrafen, stellte der zunehmende Fleischbedarf die lokalen Wildpopulationen unter starken Druck. Daher dürfte die Zucht gezähmter Tiere die schwindende Zahl jagdbaren Wildes in effektiver Weise kompensiert haben. Vermutlich wurden Sekundärprodukte wie Milch, Blut, Wolle und die Zugkraft — für deren Gewinnung die Tiere nicht getötet werden müssen — erst in späteren Zeiten genutzt.

Wildschafe tragen über einem wollenen Unterfell ein aus längeren Haaren bestehendes äußeres Fell. Die dicke, zum Spinnen und Weben geeignete Wolle ist auf sehr lange Zeiträume selektiver Züchtung zurückzuführen, die nur mit Hausschafen erfolgt sein kann.

Milch und der daraus gewonnene Käse dürfte schon viel früher genutzt worden sein. Melkt man eine Ziege ein Jahr lang, gewinnt man daraus mehr Energie als aus ihrem Kadaver. Und zudem steht diese Energie nicht mit einem Schlag, sondern portionsweise zur Verfügung: zwei gute Gründe, die dafür sprechen, daß Molkereiprodukte unter Umständen schon sehr früh genutzt wurden.

Mit der Ausweitung des Ackerbaus wurden auch andere Tiere domestiziert, doch ist über sie bemerkenswert wenig bekannt. So wurde das Pferd vermutlich in den Grassteppen nördlich und östlich des Schwarzen Meeres domestiziert. Bei Dereivka, einem Fundort in der Ukraine, der auf 3000 vor Christus datiert wurde, fand man mehr als 2000 Pferdeknochen. Viele Jahre lang galten diese Pferde als domestizierte Exemplare, doch widerspricht dieser Vermutung das Alter, in dem die Tiere starben. Die meisten Pferde wurden nämlich im Alter zwischen fünf und acht Jahren getötet, in einem Alter also, in dem sie sowohl für die Zucht als auch für die Arbeit ihren höchsten Wert besessen hätten, wenn es sich um domestizierte Pferde gehandelt hätte. Sie waren vermutlich ihres Fleisches wegen gejagt worden - mit Ausnahme eines einzigen Tieres, dessen Zähne die typische Abschrägung aufwies, das von dem langen Gebrauch eines Zaumes herrührt.

Noch weniger weiß man über die Domestizierung des Kamels. Die frühesten Funde dieser Art stammen aus dem iranischen Sharr-i Sokhta und wurden auf 2100 vor Christus datiert. Als Hinweis darauf gilt verbrannter Kameldung, der in einem gebrannten Tongefäß gefunden wurde. Dieser Zufallsfund liefert aber keine schlüssigen Indizien dafür, daß das Kamel bereits domestiziert war.

Kleintiere

Kornspeicher ziehen immer Nagetiere an. Es überrascht daher kaum, daß die ersten Hinweise auf die Domestizierung der Katze - bei Khirokitia auf Zypern — auf die Zeit um 6000 vor Christus zurückreichen. Da es auf der Insel keine einheimischen Wildkatzen gibt, müssen die Katzen in einer domestizierten Form eingeführt worden sein.

Andere Kleintiere wurden als Nahrungslieferanten domestiziert — so zum Beispiel Meerschweinchen in Peru, Kaninchen in Europa sowie Enten und Goldfische in China. Alle diese Tiere wurden von Gesellschaften gehalten, die auch größere domestizierte Herdentiere nutzten. Da es in Mexiko größere Tiere nicht gab, waren die kleineren domestizierten Arten von besonderer Bedeutung. In diesem Gebiet wurde etwa das Truthuhn domestiziert, und abgesehen

vom Jagdwild bildeten eigens dafür gezüchtete Hunde die andere Fleischquelle.

Schafe, Ziegen, Schweine, Rinder, Lamas und Alpakas sind für die Kulturen, die sie züchten, von lebenswichtiger Bedeutung. Warum also haben die Menschen in den anderen frühen Zentren der Getreidekultivierung, wie Mexiko, China und Westafrika, nicht ebenfalls örtlich ansässige Tierarten domestiziert, wie etwa Hirsche und Antilopen?

Während sich viele Arten zähmen lassen, eignen sich nur wenige für die Herdenhaltung. Bei den meisten Hirsch- und Antilopenarten beanspruchen die Männchen während der Paarungszeit Territorien. Dabei versuchen sie, eine Gruppe von Weibchen in diesem Gebiet zusammenzuhalten, während sie andere Männchen abwehren. Eine Herdenstruktur ist entsprechend gering oder gar nicht ausgebildet, und die Domestizierung solcher Arten stellt den Menschen vor gewaltige Probleme. Bei einigen wenigen Arten existiert je-

doch innerhalb einer Herde eine Reihe von Einheiten, die jeweils aus einem Männchen und mehreren Weibchen bestehen. Derartige Herden verbreiten sich zur Paarungszeit nicht über die Landschaft, sondern halten wesentlich stärker zusammen. Alle größeren domestizierten Herdentiere gehören diesem zweiten Typ an: Natürlich domestizierten die frühen Farmer die Tierarten nicht nach dem Zufallsprinzip, sondern nutzten in effektiver Weise jene Arten mit dem größten Potential.

DAS ALTER DOMESTIZIERTER TIERE

DOMESTIZIERTE FORM	ZEIT	WILDE STAMMFORM	ORT
Hund	>10 000 v.Chr.	Wolf	an mehreren Stellen?
Schaf	7000 v.Chr.	Wildschaf	Irak, Iran, levantinische Küste
Ziege	7000 v.Chr.	Bezoarziege (Wildziege)	Zagros-Gebirge, Irak
Schwein	7000 v.Chr.	Wildschwein	Südwestasien (Anatolien)
Rind	6500 v.Chr.	Auerochs	Südwestasien und möglicherweise Europa
Pferd	3000 v.Chr.	Wildpferd	südliche Ukraine
Dromedar	3000 v.Chr.	Wildkamel	Südarabien
Trampeltier	2500 v.Chr.	Wildkamel	Turkmenistan / Iran
Gayal	?	Gaur	möglicherweise Indien
Bali-Rind	3500 v.Chr.	Banteng	Java oder Indien
Katze	6000 v.Chr.	Wildkatze	Südwestasien
Rentier	?	Wildren	arktisches Eurasien
Esel	3500 v. Chr.	Wildesel	Nordostafrika
Yak	? 6000 v.Chr.	Wildyak	Tibetisches Hochland
Wasserbüffel	>2500 v.Chr.	Indischer Wildbüffel	Indus-Tal (Mesopotamien?)
Lama	4000 v.Chr.	Guanaco	Andenhochland
Alpaka	1000 v.Chr.	Guanaco	Andenhochland
Meerschweinchen	>1000 v.Chr.	Wildmeerschweinchen	Peru?
Kaninchen	1000	Wildkaninchen	Südeuropa
Ente	1000 v.Chr.	Stockente	Südostasien
Gans	3000 v.Chr.	Graugans	Südosteuropa, Nordostafrika
Haushuhn	2000 v.Chr.	Bankivahuhn	Indus-Tal
Pfau	1000 v.Chr.	Wildpfau	Indien
Truthuhn	500 v.Chr.	Wildes Truthuhn	Mexiko
Wellensittich	1840	Wilder Wellensittich	Australien
Kanarienvogel	1500	Wilder Kanarienvogel	Kanarische Inseln
Goldfisch	1000	Karpfen?	China
Seidenraupe	>2000 v.Chr.	Wilde Seidenraupe	China
Honigbiene	>2400 v.Chr.	Wildbiene	Südwestasien, Europa, Afrika?

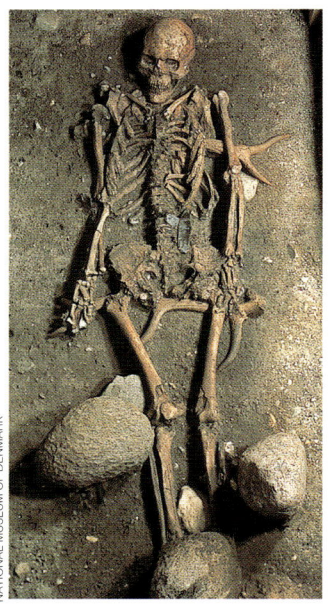

Friedhöfe

Während aus dem Paläolithikum Einzelgräber — und gelegentlich auch Ansammlungen von Gräbern — bekannt sind, haben wir erst seit dem Mesolithikum Hinweise auf eine stärkere Verbreitung von Friedhöfen. Bisher sind aus Europa 20 Friedhöfe bekannt, und einige davon umfaßten mehr als 100 Gräber. Die Bestattung der Toten war von einem Ort zum anderen verschieden und spiegelte regionale kulturelle Unterschiede wider.

In Dänemark und in Südschweden legte man Friedhöfe frei, die mit der Ertebølle-Kultur in Verbindung stehen, und auch unter portugiesischen Muschel-Abfallschichten wurden einige Friedhöfe entdeckt. Dank dieser Muschel-Abfallschichten wissen wir recht viel über die Lebensweise dieser beiden Gruppen. Dagegen weiß man über das Leben der Menschen der Bretagne, Englands, der baltischen Staaten und Rußlands, wo ebenfalls Friedhöfe aus dieser Zeit gefunden wurden, wesentlich weniger.

Ein verblüffender Aspekt dieser Friedhöfe besteht darin, daß die meisten von ihnen in Küstengebieten angelegt wurden. Dies führte einige Archäologen zu der Vermutung, daß die Friedhöfe ein Mittel darstell-

ten, mit deren Hilfe besondere Menschengruppen bestimmte Territorien für sich beanspruchten. Die Gegenwart ihrer toten Vorfahren in einem Friedhof könnte einen solchen Anspruch legitimieren und zugleich den Grad der Verbundenheit mit dem Land verstärken. Natürlich wäre dies mit größerer Wahrscheinlichkeit in Gegenden mit reichem, beständigem Nahrungsangebot geschehen, die die Menschen zu einer seßhafteren Lebensweise animieren — zum Beispiel in den Küstengebieten. Die in Portugal freigelegten Muschel-Abfallschichten sprechen dafür, daß die Küstenbewohner innerhalb engerer Grenzen zwischen Sommer- und Winterlagern pendelten, während sie in Dänemark offenbar Dauersiedlungen unterhielten.

Die Menschen aus dem Landesinneren, die keinen Zugang zu den Ressourcen des Meeres hatten, waren vermutlich gezwungen, weiter, häufiger und unregelmäßiger umzuziehen als die Bewohner der Küste. Bei ihnen dürfte die Wahrscheinlichkeit, zu einem abgegrenzten Gebiet emotionale Bindungen aufzubauen, daher geringer gewesen sein, und daher findet man Friedhöfe nur selten außerhalb der Küstenbereiche. Bezeichnenderweise entdeckte man die wenigen Ausnahmen an Stellen, die damals ein reiches und bere-

△ Friedhöfe aus dem späten Mesolithikum sind in den Küstenregionen Europas recht verbreitet. Manchmal waren die Toten auf Rothirschgeweihen bestattet worden, und man gab ihnen mancherlei Werkzeuge und Schmuck mit ins Grab.

▷ Im Grab einer jungen Frau auf dem Friedhof von Vedbæk (Dänemark) fand man zahlreiche Zähne, – überwiegend vom Rothirsch – die auf der Rückseite ihres Gürtels oder Kleides als Schmuck angenäht oder angebunden waren. Als man ihr Skelett 7000 Jahre später freilegte, lagen die Zähne noch immer unter ihren Beckenknochen.

▷ *Gegenüber:* Ein Grab auf dem Friedhof von Vedbæk (Dänemark) gibt vermutlich Zeugnis für eine Tragödie. Bei dem Skelett des Erwachsenen handelt es sich um das einer etwa 18jährigen Frau, und daneben liegen die Knochen eines neugeborenen Kindes. Man kann vermuten, daß beide bei der Geburt starben. Das Kind wurde mit einer Feuersteinklinge an der Hüfte begraben. Da erwachsene Männer auf diesem Friedhof in ähnlicher Weise ausgestattet wurden, war das Kind möglicherweise ein Junge. (Bei sehr jungen Skeletten läßt sich das Geschlecht nur sehr schwer bestimmen.) Die rote Farbe stammt vom Ocker, das im Grab verstreut worden war. Die Tierzähne neben dem Kopf der Frau waren vermutlich als Dekoration auf ein Stück Tuch genäht. Der Junge lag auf den Knochen eines Schwanenflügels.

△ Lepenski Vir (Serbien) liegt an einer Stelle, an der die Donau durch eine Schlucht fließt. Dieser Teil des Flusses ist besonders reich an Fischen, unter anderem auch an Stören, die damals in diesem Gebiet eine bedeutende Nahrungsquelle bildeten.

△ Die Fundstellen der Dörfer der ältesten Ackerbauern Südosteuropas sind an den sogenannten Tell-Hügel zu erkennen, die durch den wiederholten Neubau von Schlammziegelhäusern entstanden.
MIKE ANDREWS/ANCIENT ART & ARCHITECTURE COLLECTION

chenbares Nahrungsangebot besessen haben müssen, so etwa bei Lepenski Vir, einem bedeutenden Fischerdorf in Serbien an der Donau. Aus dem frühen Mesolithikum und dem Paläolithikum sind nicht so viele Friedhöfe bekannt. Sollten aber auch in diesen Fällen die meisten an den Küsten gelegen haben, sind sie wahrscheinlich zusammen mit den Siedlungen den ansteigenden Fluten zum Opfer gefallen.

Wie immer die Wahrheit aussehen mag, sicher ist, daß man Individuen jener Zeiten nur auf Friedhöfen begegnen kann. Trotz der begrenzten Funde sprechen die Indizien aus Dänemark und Schweden dafür, daß es sich bei diesen Jägern und Sammlern um recht hochgewachsene, robuste Menschen handelte, die den heutigen Europäern vergleichbar waren und ganz anders aussahen als die kleineren Bauern späterer prähistorischer Zeiten und des Mittelalters. Demnach muß das Nahrungsangebot - wenigstens im Mesolithikum — erheblich besser gewesen sein als in späteren Zeiten.

In den Gräbern aller dieser Friedhöfe sind Ausschmückungen häufig zu finden. Da die Zahl der Ornamente von einem Grab zum anderen variiert, hat es den Anschein, daß einige Menschen sozial höher gestellt waren als andere. Allerdings wissen wir über die Sozialstruktur jener Zeit nur wenig. Gelegentlich sind auch Kindergräber reich ausgeschmückt, so daß man davon ausgehen kann, daß Reichtum und sozialer Rang vererbt wurden. Es könnte also auch eine erbliche Häuptlingswürde gegeben haben. Obwohl dies

sicherlich möglich ist, bietet die Deutung von Bestattungsbräuchen so viele Variationen und Schwierigkeiten, daß es beinahe unmöglich ist, die eine oder andere Ansicht zu beweisen.

Die ersten Bauern in Süd- und Osteuropa

Die Jäger und Sammler haben vermutlich ihre Lebensweise in Europa ohne große Veränderungen fortgesetzt, sieht man von einer Ausnahme ab: der Entwicklung des Ackerbaus. Wie diese Entwicklung jedoch zustandekam, ist noch immer heftig umstritten.

Die meisten frühen Anbaupflanzen und domestizierten Tiere (etwa Weizen und Gerste sowie Schafe und Ziegen) kommen wild in Europa nicht vor und müssen daher irgendwann eingeführt worden sein. Dagegen waren Wildrinder und Wildschweine überall im nacheiszeitlichen Europa zu finden. Sie könnten vor Ort domestiziert worden sein, obwohl die archäologischen Indizien gegenwärtig dafür sprechen, daß auch sie von außerhalb Europas kamen. Alle diese Arten leben wild in Südostasien, und aus dieser Gegend stammen auch die frühesten Hinweise auf den Ackerbau.

Die große Frage ist nur, ob fremde Einwanderer die Landwirtschaft mit nach Europa brachten oder ob sich mesolithische Menschengruppen die ausländischen Pflanzen und Tiere lediglich aneigneten und von selbst zu Bauern wurden. Natürlich kann es dafür keine einfache Antwort geben, da an verschiedenen Orten unterschiedliche Konstellationen von Einwanderern und ortsansässigen Leuten vorgelegen haben dürften. Allerdings gehen die Ansichten darüber scharf auseinander, welche von beiden Strömungen die größere Bedeutung besaß.

Einige Gebiete bieten besonders gute Aufschlüsse über die geschichtliche Entwicklung. Im Süden Griechenlands zum Beispiel lieferte die Höhle von Franchti Indizien dafür, daß sie über Jahrtausende von Menschen bewohnt war. Wenn dort also plötzlich Weizen, Gerste, Linsen, Schafe und Ziegen in Schichten auftauchen, deren Alter auf 7000 vor Christus datiert wurde, kann dies zweierlei bedeuten: Entweder wurden diese Dinge von Einwanderern eingeführt, oder die örtlichen Jäger und Sammler eigneten sich rasch die Umgangs- und Nahrungsweisen an, die zwischen den Gemeinschaften entlang bereits bestehender Kontaktrouten ausgetauscht wurden. Dagegen war die Insel Kreta im Mesolithikum unbewohnt, so daß der Ackerbau nur zusammen mit Einwanderern entstanden sein kann.

Überall in Südosteuropa unterschied sich die Lebensweise der ersten Bauern nur kaum von der, die aus Südwestasien bekannt ist. In diesen Gebieten wurden zahlreiche »Tell«-Hügel entdeckt, also Hügel, die sich bildeten, nachdem Häuser aus luftgetrockneten Schlammziegeln zusammengebrochen waren und man neue darüber errichtet hatte. Sie erwiesen sich als Reste von Dörfern, die seinerzeit zwischen 50 und 300 Einwohner besaßen. Diese Gemeinschaften waren zweifellos zu groß, um sich allein durch die Jagd, durch Sammeln und Fischfang zu ernähren, und zudem lebten sie in geringer Entfernung voneinander. Nur durch den Ackerbau war es möglich, eine Bevölkerung solcher Größe und Dichte zu ernähren.

Während die Indizien des östlichen Mittelmeerraumes überwiegend für die Einwanderungstheorie sprechen, bieten diejenigen des westlichen Mittelmeerraums ein ganz anderes Bild. So gab es im westlichen Becken mehr mesolithische Siedlungen als im östlichen, und entsprechend muß das Nahrungsangebot im Westen größer gewesen sein. Vermutlich war auch die Bevölkerung hier umfangreicher. Allerdings hatten die ältesten Bauernsiedlungen noch nicht die Form von Dörfern. Die frühesten Fundstätten befinden sich vielmehr in Höhlen, die zuvor von Jägern und Sammlern bewohnt waren, wie aus den häufig hier gefundenen Fischgräten hervorgeht. Hier sieht es vielmehr so aus, als ob die lokale Bevölkerung zwar Elemente des Ackerbaus in ihre Lebensweise aufgenommen hatte, aber dennoch die Ressourcen der Küste weiterhin nutzte.

Diese Ansicht wird noch durch die Tatsache unterstützt, daß sich nicht alle Elemente der Landwirtschaft gleichzeitig vom östlichen zum westlichen Becken ausgebreitet haben. Vielmehr gelang es nur dem Schaf und dem Weizen, rasch über den Küstenrand des westlichen Mittelmeers vorzudringen. Vielleicht fiel es den mesolithischen Jägern und Sammlern leichter, das Schaf in eine Wirtschaftsform zu integrieren, die teils auf der Landwirtschaft und teils auf dem Fischfang beruht, doch bleiben die Einzelheiten im dunkeln. Die ältesten in Nordwestitalien entdeckten Schafsknochen wurden auf etwa 6000 vor Christus datiert, die aus Südfrankreich und Spanien auf 5500 vor Christus sowie die aus Portugal auf 5200 vor Christus. (Für Südfrankreich und Spanien existieren auch noch frühere Angaben, die jedoch nicht allgemein akzeptiert sind.) Etwa 500 Jahre später folgt

die Ziege im Nordwesten Italiens und noch ein wenig später das Hausschwein. Wann diese Arten im übrigen westlichen Mittelmeerraum eingeführt wurden, ist unterdessen noch umstritten. Jagdwild und Fische wurden im westlichen Mittelmeerraum in wesentlich höherer Zahl erlegt, vermutlich weil sie dort häufiger waren. Die Tatsache, daß sich die frühesten Indizien auf die Landwirtschaft entlang der Küste finden und die Probleme, die ein Überlandtransport zu jenen Zeiten mit sich brachte, sprechen dafür, daß sich der Ackerbau über Boote ausbreitete, unabhängig davon, ob damit mehr oder weniger umfangreiche Wanderungen einhergingen.

frühe Fundstellen von Ackerbauern

● späte Fundstellen von Jägern und Sammlern

ca. 7000 bis 5400 v.Chr.

ca. 7000 bis 4800 v.Chr.

ca. 5400 bis 4800 v.Chr.

nach 4800 v.Chr.

Atlantischer Ozean

Jäger, Fischer und Sammler

Olen

Antrea

Skara Brae

Ostsee

Sārnate

Ertebølle · Barkaer

Nordsee · Skateholm

Troldebjerg

Ballynagill

Brzesc Kujawski

Tripolje

Windmill Hill

Elsloo

Bylany

Teviec

Cucuteni

Chassey · Cortaillod

Starcevo

Lepenski Vir

Arene Candide

Kremikovci

Karanovo

Châteauneuf

Passo di Corvo

Neo Nikomedea

Caldeirao

Muge-Abfallschichten · Sarsa

Uzzo

Sesklo

Franchthi

Knossos

Mittelmeer

Khirokitia

DAS NEOLITHISCHE EUROPA
Der Ackerbau breitete sich über Europa keinswegs langsam und gleichmäßig aus. Manchmal drang er schnell vor, doch kam es zwischen derartigen Phasen zu langen Pausen. Besonders rasch verbreitete sich die Landwirtschaft im südöstlichen und mittleren Europa sowie entlang der Mittelmeerküsten, während die Bauern sich erst nach längerer Zeit vom Küstenbereich lösten.

KARTOGRAPHIE: RAY SIM

▷ Die einfachste Form des Pfluges ist der Hakenpflug, der nur eine flache Furche in den Boden kratzt. Ein von Ochsen gezogener Hakenpflug kann ein Feld wesentlich schneller bebauen als ein Mensch mit einem Grabstock, doch ist die Herstellung dieses Werkzeugs wesentlich aufwendiger, und die Ochsen lassen sich nur unter erheblichem Zeitaufwand abrichten.

HISTORICAL-ARCHAEOLOGICAL RESEARCH CENTRE, DENMARK

Die Waldbauern
Mittel- und Nordwesteuropas

Der Ackerbau hatte sich noch nicht über den nördlichen Rand des Mittelmeeres ausgebreitet, und die meisten Pflanzen und Tiere, aber auch die landwirtschaftlichen Methoden, waren dem Mittelmeerklima angepaßt. So wurde die Saat vermutlich im Herbst ausgebracht. Während des kühlen, feuchten Winters wuchs sie heran, um dann im Mai oder Juni geerntet zu werden, ehe die Sommerdürre einsetzte. Dieser Zyklus entspricht dem natürlichen Wachstumskreislauf wilder Gräser aus diesem Gebiet.

Als nun die Bauern diese Klimazone verließen und nach Mitteleuropa vordrangen, standen sie einer bedeutenden Herausforderung gegenüber; sie mußten nämlich das landwirtschaftliche Jahr auf den Kopf stellen. In den kühleren Regionen ist es ja nicht die Sommerhitze, sondern der Frost im Winter, der die Ernte am stärksten gefährdet. Man mußte die Pflanzen also während des feuchten Sommers wachsen lassen und im Herbst ernten und dabei zugleich neue Zuchtsorten und landwirtschaftliche Techniken entwickeln. Für die Bauern, die alle diese Veränderungen in weniger als tausend Jahren durchmachten, war es schon eine bemerkenswerte Leistung.

Allerdings breitete sich der Ackerbau nicht gleichmäßig über Europa aus. Manchmal erfolgte die Ausbreitung rasch, zu anderen Zeiten dagegen überhaupt nicht. Diese Unregelmäßigkeit ist besonders deutlich in Südosteuropa nachzuweisen. So drang die Landwirtschaft innerhalb weniger Jahrhunderte durch Gebiete vor, die ein mediterranes Klima besaßen — und kam dann in Ungarn zum Stillstand, wo ein anderes Klima herrschte und die feuchten, stark bewaldeten Böden des gemäßigten Europa beginnen. Etwa um 6000 vor Christus hatte die Landwirtschaft im Süden

C.M.DIXON

△ Eine polierte Steinaxt mit rekonstruiertem Griff. Mit Werkzeugen dieser Art wurden Bäume gefällt und Stämme bearbeitet. Sie dürften für die frühen Bauern unverzichtbar gewesen sein, um Wälder für Ackerflächen zu roden, Häuser zu bauen und alle möglichen Holzwerkzeuge herzustellen.

Alle europäischen Bauern stellten Töpfe her, was für die Jäger und Sammler nur in den seltensten Fällen zutraf. So produzierten die frühesten Bauern Griechenlands und Südosteuropas wohlgestaltete Gefäße in unterschiedlichen Formen, häufig mit geometrischen Mustern, die in verschiedenen Farben bemalt waren — überwiegend in rot, braungelb und schwarz. Die Töpfereierzeugnisse des westlichen Mittelmeeres sahen ganz anders aus. Sie waren nicht bemalt, und man hatte Zierlinien in den Lehm gedrückt oder eingeschnitten.

Zwar ist es nicht möglich, aufgrund dieser unterschiedlichen Töpfereistile verschiedene Volksstämme zu unterscheiden, doch kann man wohl davon ausgehen, daß zwischen beiden Regionen bedeutende kulturelle Unterschiede existierten.

▷ Die Langhäuser der ersten mitteleuropäischen Bauern waren Bauwerke von erheblicher Größe. Aufgrund der Pfostenlöcher können Archäologen die tragenden Holzelemente mit großer Genauigkeit rekonstruieren. Reste gebrannten Lehms mit Eindrücken von Stöcken sprechen dafür, daß die Wände und inneren Aufteilungen häufig aus grobem Putz und Flechtwerk hergestellt waren - Wände aus ineinander verflochtenen Stöcken, die mit feuchtem Lehm oder Kuhdung bedeckt wurden, der sich beim Trocknen verhärtete. Auch gespaltene Planken wurden benutzt. Die Dächer waren höchstwahrscheinlich mit Reet gedeckt. Wir wissen nicht, ob es ein oberes Stockwerk gab, wie in dieser Rekonstruktion zu sehen ist, doch dürfte es der Fall gewesen sein. Sicherlich war der Bau stark genug, das Stockwerk zu tragen, und zudem brauchten die Bauern einen Platz, an dem sie ihre Getreideernte und das Viehfutter für den Winter speichern konnten.
ILLUSTRATION: OLIVER RENNERT

Ungarns die Nordgrenze des mediterranen Klimabereiches erreicht. Aber erst um 5300 vor Christus breitete sich die Landwirtschaft weiter in die kühleren und feuchteren Klimabereiche Mitteleuropas aus. In einem weiteren großen Sprung gelangte der Ackerbau in nur wenigen Generationen über Mitteleuropa bis an die Grenzen Skandinaviens und der Nordsee. Dabei mußten die Bauern ihre Wirtschaft grundlegend umstellen: So wurde beinahe nur noch Weizen und Gerste angebaut, vielleicht weil sich Hülsenfrüchte wie Linsen und Erbsen dem kälteren Klima nicht so ohne weiteres anpaßten. Schafe und Ziegen (die häufigsten Haustiere des Mittelmeerraums) kamen nicht gut mit den mitteleuropäischen Wäldern zurecht und verloren so an Bedeutung. Am häufigsten findet man in Siedlungen jener Zeit die Knochen von Schweinen und Rindern. Überhaupt scheinen Tierprodukte damals einen größeren Teil der Ernährung ausgemacht zu haben. Vermutlich kamen nun auch Milchprodukte in Gebrauch.

Mit diesen ökonomischen Umstellungen gingen auch größere soziale Veränderungen einher. Die Siedlungen bestanden nicht mehr aus kompakten Ansammlungen kleiner Häuser. Stattdessen tauchten überall in Europa — von Ungarn bis Polen und von den Niederlanden bis zur Ukraine — massive Blockhäuser auf, die bis zu 50 Meter lang waren. Diese Langhäuser waren nicht zu Dörfern gruppiert, sondern lagen über einige Entfernung verstreut. Wir wissen nicht, wieviele Menschen diese Gebäude bewohnten oder was sie darin taten. Im Gegensatz zu anderen Langhäusern gibt es hier nämlich keine Indizien dafür, ob ein Teil des Gebäudes der Unterbringung von Tieren diente. Dies muß aber nicht unbedingt bedeuten, daß das Innere der Häuser ausschließlich menschlicher Wohnraum war.

Nach der raschen Ausbreitung dieser Langhaus-Waldbauernkultur trat abermals ein Stillstand ein. Und es vergingen wiederum 1000 Jahre, ehe die Landwirtschaft in den Süden Skandinaviens vordringen konnte. Dies war das Areal der spätmesolithischen Muschel-Abfallschichten von Ertebølle, was die Verzögerung erklären könnte. Betrachtet man die reichen Meeresressourcen dieses Gebietes, die durch andere Nahrungsquellen wie Landsäuger und Pflan-

zen ergänzt wurden, war es für diese Küstenbewohner nicht erforderlich, die Lebensweise des Jägers und Sammlers aufzugeben. Ähnlich sah es in Portugal aus, wo Jäger und Sammler an den Stellen, die heute durch Muschel-Abfallschichten markiert sind, ihre traditionelle Lebensweise noch über Jahrhunderte fortsetzten, nachdem sich der Ackerbau bereits überall im Umkreis etabliert hatte. Die Vorzüge, die das Leben an der Küste in diesen Gegenden bot, waren wahrscheinlich die Ursache dafür, daß die Einführung der Landwirtschaft an der europäischen Atlantikküste wesentlich zögernder vonstattenging als im Inneren Europas.

Natürlich entwickelten diese neuen Gruppen von Bauern ganz andere technische Fertigkeiten als die Jäger und Sammler des Mesolithikums. Wie bereits erwähnt, stellten nur wenige Jäger-und-Sammler-Gesellschaften Töpfereiprodukte her (dazu gehören etwa die Menschen von Ertebølle), während dies bei den Bauern durchweg der Fall war. Offenbar mußten die Bauern einige Waldgebiete roden, und nicht selten findet man ihre schweren Steinäxte, die dazu eingesetzt wurden. Über die Werkzeuge, die sie zum Bestellen des Bodens benutzten, ist jedoch weniger bekannt. Nur einige Gebiete lassen sich mit dem Grabstock bearbeiten, und es gibt Hinweise dafür, daß Hakenpflüge (einfache Scharrpflüge ohne Räder) schon kurz nach 3000 vor Christus in Gebrauch waren. Zwar werden diese Pflüge manchmal auch in Mooren gefunden, doch hinterließen sie ihre frühesten Spuren in Gestalt von Furchen, die sich auf der alten Bodenoberfläche unter Grabhügeln als dunkle Linien abzeichnen. Da der Ackerbau schon mehrere Jahrhunderte vorher eingesetzt hatte, ehe man begann, derartige Hügel zu erbauen, sind keine noch älteren Spuren solcher Furchen erhalten geblieben. Hakenpflüge könnten aus diesem Grund sehr alt sein.

Die Entwicklung der Landwirtschaft war eine der gewaltigsten Veränderungen, die in Europa jemals stattgefunden haben. Hierdurch kam es zu einer massiven Zunahme der Bevölkerungsdichte, und diese Tendenz nahm dann weiter zu, als neue Anbaumethoden und -pflanzen eingeführt wurden. Ohne den Ackerbau wären soziale und wirtschaftliche Strukturen, die wir als »Zivilisation« bezeichnen, niemals zustandegekommen, und die industrielle Revolution wäre völlig undenkbar.

△ Experimente haben gezeigt, daß man mit einer Steinaxt in bemerkenswert kurzer Zeit einen Baum fällen kann. Mit Bronzeäxten geht es keineswegs schneller. Erst mit dem Aufkommen eiserner Äxte standen den Bauern effizientere Mittel für die Baumrodung zur Verfügung.

△ Mit Hilfe glatter Mahlsteine wurde Getreide zu Mehl zermahlen. Man legte eine Handvoll Getreide auf einen großen Stein und zermahlte es mit dem kleineren. Vermutlich verarbeiteten Jäger und Sammler einiger Gebiete auch Nüsse auf diese Weise, jedoch erreichten die Mahlsteine erst in den frühen Bauerngesellschaften eine gewisse Verbreitung.
C. M. DIXON

△ Die mumifizierte Leiche war anfangs nur teilweise von der Alpenpolizei freigelegt worden. Sie lag vornüber auf einer großen Steinplatte im Felsspalt.

DER GLETSCHERMANN AUS DEM ÖTZTAL

ANDREAS LIPPERT

Vor mehr als 5000 Jahren überquerte ein Mann einen entlegenen Paß in den Bergen von Tirol. Als ein Sturm aufkam, suchte er allem Anschein nach Schutz in einer Steinhöhle 3200 Meter über dem Meeresspiegel, wo er offensichtlich erfroren ist. Mehrere Wochen lang war seine Leiche dem Wind und der Sonne ausgesetzt. Sie trocknete aus und mumifizierte. Anschließend wurde sein Körper vom Schnee zugedeckt und schließlich im Eis eines Gletschers eingeschlossen, der die Stelle bedeckte. Dort lag die Leiche ungestört bis zum September des Jahres 1991, als sie von Wanderern entdeckt wurde.

Pollenanalysen in den Alpentälern und gelegentlich hoch in den Bergen gefundene Steinäxte geben schon seit langem Grund zu der Annahme, daß Menschen am Ende des Neolithikums die Berge aufsuchten und sich die hochgelegenen Weiden nutzbar machten. Allerdings ermöglichte uns der Fund der bemerkenswert gut erhaltenenen Leiche des »Gletschermanns« am Tisenjoch-Paß in den Ötztaler Alpen, das Leben dieser Zeit so detailliert zu erforschen, wie es auf andere Weise niemals möglich gewesen wäre.

△ Die Fundstelle vom Norden aus gesehen. Im Hintergrund die Ortlergruppe.

Similaun-Gletscher

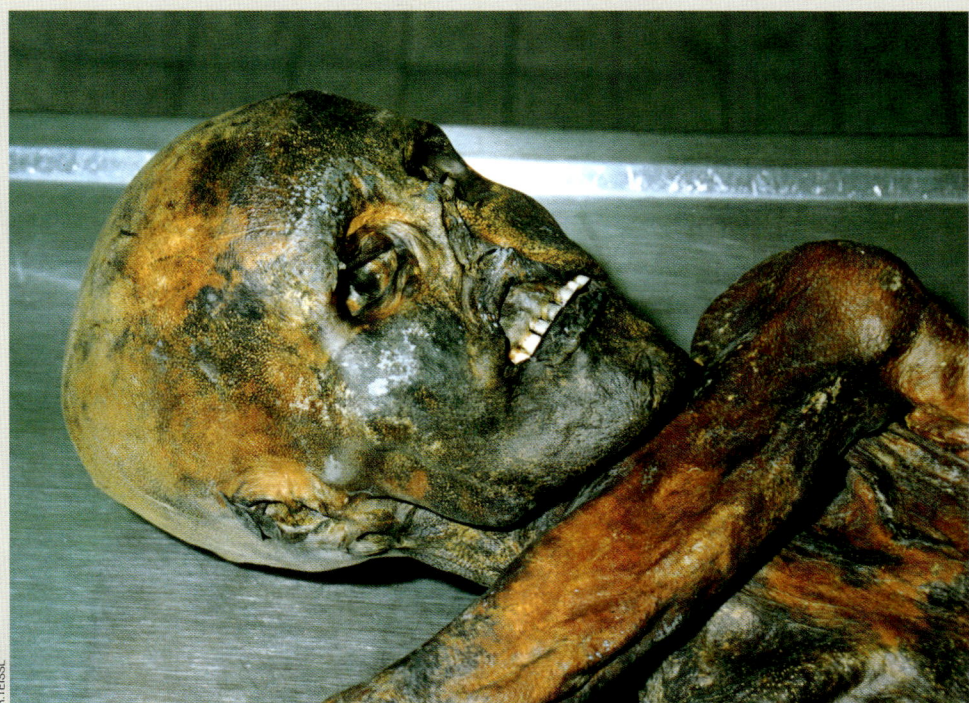

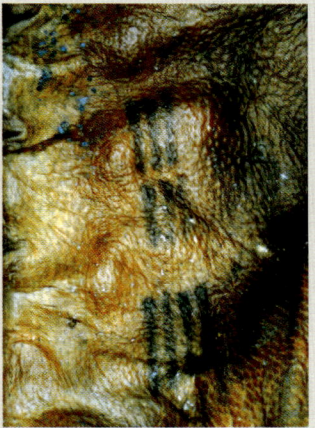

△ Auf der linken Seite seines Rückens waren dem Gletschermann drei Gruppen vertikaler Linien eintätowiert. Vielleicht handelte es sich dabei um Zeichen seiner Stammeszugehörigkeit oder seines gesellschaftlichen Ranges.

◁ Der mumifizierte Kopf. Obwohl er erheblich geschrumpft ist, blieben die Augäpfel und deren Pupillen erhalten.

◁ Noch immer umhüllen die Reste eines Fellschuhs seinen rechten Fuß. Seine grobgeschnittenen Stiefel waren mit Heu ausgestopft – offenbar als Isolierung gegen die Kälte – und mit Riemen aus Gras und Leder zusammengeschnürt.

Der Gletschermann — nach dem Gletscher, in dem er gefunden wurde, auch als Similaun-Mann bezeichnet — war ungefähr 30 Jahre alt. Er war dem Klima entsprechend in Fell und Leder gekleidet, das mit Fäden aus Sehnen zusammengeflickt war. Bei einem großen, mattenähnlichen Gegenstand, der aus langem Gras geflochten war, handelte es sich vielleicht um einen Schal. Seine Fellschuhe waren mit Heu ausgekleidet und mit Schnüren aus Gras und Leder zugebunden. An den Knien, Füßen, Händen und auf seinem Rücken befanden sich Gruppen dunkeltätowierter Linien und Kreuze. Vielleicht bezeichneten sie einst seine Stammeszugehörigkeit oder seinen gesellschaftlichen Rang.

Eine neolithische Werkzeugkiste

Dieser neolithische Wanderer war für seine Reise gut gerüstet. Er führte eine Axt, einen Bogen und Köcher, ein Tragegestell, eine Ledertasche mit verschiedenen Gegenständen, ein Feuerzeug und Zunder sowie einen Dolch mit sich. Ehe er in dem hohlen Stein Zuflucht gesucht hatte, hatte er sorgfältig seinen Köcher und die Axt sowie den Boden und das Tragegestell an zwei verschiedenen Stellen abgelegt.

Der Schaft der Axt war aus dem etwa 80 Zentimeter langen Stück einer Eibe gefertigt und trug an einem Ende eine kurze Gabel, an der ein sehr früher Typ einer mit Kupfer umrandeten Axt von etwa neun Zentimeter Länge befestigt war. Der unvollendete, grob aus Eibenholz gebaute, unpolierte Bogen war ungefähr 1,80 Meter lang. Bei dem Köcher handelte es sich um eine Felltasche, die mit Leder bestickt und mit Haselnußholz versteift war. Sie enthielt 14 Pfeilschäfte, die etwa 85 Zentimeter lang waren und aus Hartriegel und Schneeball bestanden. Zwei davon waren bereits für den Einsatz gekerbt und mit Federn versehen und trugen Pfeilköpfe aus Feuerstein. Zudem enthielt der Köcher einen spitzen Gegenstand aus Knochen oder Geweih, möglicherweise ein Werkzeug zur Abhäutung von Tieren. Schließlich fand man noch eine Tiersehne, das Rohmaterial für Bogensehnen oder Bindfäden.

Der Rahmen des Tragegestells bestand aus einem kleinen, U-förmig gebogenen Stück von Haselnußholz sowie zwei kleineren Brettern aus Lärchenholz mit pflockförmigen Enden. Überreste dicker Grasbänder, die in der Nähe lagen, lassen vermuten, daß der Sack auf diese Weise befestigt wurde. In der länglichen Ledertasche befand sich ein Feuersteinschaber und ein Stück Baumharz. An letzterem entdeckte man winzige Spuren von Pyrit. Gemeinsam dienten diese Gegenstände als Feuerzeug. Im Behälter wurden zudem mit Hilfe von Röntgengeräten zwei Feuersteinspitzen nachgewiesen. Es handelte sich wahrscheinlich um einen Reparatursatz für die Pfeile.

Außerdem trug der Gletschermann ein Werkzeug bei sich, das dazu diente, Gegenstände aus Feuerstein zu schärfen. Es bestand aus einem kleinen Knochenstück, das in einen dicken Holzpflock eingelassen war. Zwei kleine Baumpilze, die an einen Lederriemen gebunden waren, dienten vermutlich als antibiotisches Heilmittel. Bei der dolchähnlichen Feuersteinklinge mit einem hölzernen Griff handelte es sich vermutlich weniger um eine Waffe als um ein Werkzeug, und eine ovale, aus geflochtenem Gras gefertigte Tasche ähnlicher Größe diente wahrscheinlich als Scheide.

Als frühester erhaltener Leichenfund der Vorgeschichte besitzt der Gletschermann für das Verständnis der Vergangenheit eine herausragende Bedeutung. Durch Untersuchung seines Körpers und seiner Ausrüstung war es den Wissenschaftlern möglich, zahlreiche Fragen zum sozialen Status, kulturellen Niveau und Gesundheits- und Ernährungsstand eines spätneolithischen Alpenbewohners zu beantworten.

289

DIE MEGALITHBAUERN WESTEUROPAS

4800 bis 2800 vor Christus

*Steine, Gräber und Tempel
an der Atlantikküste*

GÖRAN BURENHULT

Die gewaltigen Steingräber, die sich entlang der Atlantikküste hinziehen, faszinieren die Menschen seit Jahrhunderten. Wir wissen praktisch nichts über sie, sieht man von ihrem Alter und — in einigen Fällen — von ihren zeremoniellen Funktionen ab. Warum wurden sie gebaut? Welche Rolle spielten sie in der Gesellschaft? Waren sie einfach nur Plätze, an denen die Toten ihre letzte Ruhe fanden, oder symbolisierten sie das zukünftige Leben? Waren sie vielleicht die Häuser der toten Vorfahren? Welche Rolle spielen astronomische Beobachtungen beim Bau der Monumente und bei den Zeremonien, die in ihnen stattfanden? Warum wurden die meisten von ihnen im Küstengebiet Westeuropas errichtet? Markierten sie vielleicht Territorien, die von bestimmten Gemeinschaften besetzt wurden? Die Menschen, die diese Fragen beantworten könnten, sind zwar längst verschwunden, aber Ausgrabungs- und Forschungsarbeiten der letzten Zeit haben uns der Lösung dieses Rätsels ein Stück nähergebracht.

◁ Der Ring von Brogar, ein riesiger Steinzirkel auf den Orkneyinseln nördlich von Schottland, besteht aus gigantischen, aufrechtstehenden Steinbrocken. Zwar ist die Funktion dieses eindrucksvollen Monuments noch ungeklärt, doch dürfte es zahlreichen Siedlungen auf den Orkneyinseln, darunter dem berühmten steinzeitlichen Dorf von Skara Brae, als religiöser Treffpunkt gedient haben.

△ Ein dekorierter Steinbrocken von Antelas bei Oliveira de Frades im Tal von Viseu, Portugal.

REPRODUZIERT MIT ERLAUBNIS DER OXFORD UNIVERSITY PRESS AUS: THE MEGALITH ART OFT WESTERN EUROPE VON ELIZABETH SHEE TWOHIG (1981) (NACH ALBUQUERQUE E. CASTRO ET AL. (1957); COMM SERV. GEOL. 38).

FABRICE ROULAND/RAPHO

△ Für die mesolithischen Jäger und Sammler Westeuropas war das Leben einfach. Reichliche Ressourcen von der Küste, darunter Austern, Miesmuscheln, Fische und Robben sowie gestrandete Wale, ergänzt durch Jagdbeute und ein breites Angebot an Waldfrüchten, erlaubten diesen Menschen, mehr oder weniger seßhaft zu werden.

GÖRAN BURENHULT

△ Die Küsten Westeuropas sind, wie hier bei Culleenamore im Nordwesten Irlands, von großen Haufen prähistorischer Abfälle übersät. Diese sogenannten Küchen-Abfallschichten bestehen in erster Linie aus Austernschalen und zeugen von dem reichen Nahrungsangebot, das den mesolithischen Menschen zur Verfügung stand.

Vor mehr als 6000 Jahren begannen die Steinzeitmenschen Westeuropas über ihren Toten steinerne Monumente zu errichten - als Gräber oder Zeremonienplätze — und gründeten dabei die Megalith-Tradition des Neolithikums. Anfangs galten die Monumente unter den Archäologen lediglich als Ausläufer der Monumente nahöstlicher Zivilisationen, etwa der ägyptischen Pyramiden und der Stufentürme Mesopotamiens. Man glaubte zudem, sie seien von den ersten Bauern eingeführt worden, die sich dann an der Atlantikküste ausbreiteten. Später legte man dem Auftauchen dieser Megalithen einen religiösen Kult zugrunde, den irgendwelche steinzeitliche Missionare auf dem Seeweg zu den Bauern gebracht haben sollen. Schlagwörter dieser Vorstellung waren »Wanderung« und »Ausbreitung von Ideen«.

In den sechziger und siebziger Jahren jedoch widersprachen Ausgrabungen und eine Reihe außerordentlich früher Radiokarbon-Datierungen an westeuropäischen Megalithfunden diesen Theorien. Wie man feststellte, wurden die ältesten aus Frankreich und Irland bekannten Megalithgräber etwa 4700 vor Christus erbaut — also 2000 Jahre vor dem Bau der ägyptischen Pyramiden. Daher kann jeder äußere Einfluß von vornherein ausgeschlossen werden. Heute wissen wir, daß die Idee, Megalithgräber zu bauen und die Notwendigkeit dazu in den steinzeitlichen Gesellschaften Westeuropas während des fünften vorchristlichen Jahrtausends aufkam. Dennoch bleiben Bedeutung und Funktion dieser Monumente noch immer eines der großen Rätsel der Archäologie. Die Megalith-Tradition starb vor 5000 Jahren aus. Es gibt also in Europa keine traditionelle Kontinuität oder »lebenden Bindeglieder«, die unsere Fragen beantworten könnten, und über die sozialen, psychologischen und religiösen Hintergründe wissen wir beinahe gar nichts.

In Europa erreichte die Megalith-Tradition ihren Höhepunkt um 3000 vor Christus. In dieser Zeit entstanden großartige Monumente — etwa Stonehenge in England, Newgrange in Irland und die berühmten, einen Kilometer langen Steinreihen von Carnac in der französischen Bretagne. Was aber führte beinahe 2000 Jahre zuvor zum Entstehen dieser Tradition?

Ein Land des Überflusses

Als nach der letzten Eiszeit eine drastische Klimaverbesserung einsetzte, änderten sich auch die Lebensumstände der Menschen von Grund auf. Mit dem Fortschreiten der Wälder nutzte man andere Jagdtechniken, die auch neue Werkzeuge und Jagdwaffen erforderten. Erstmals kamen die Axt sowie Pfeil und Bogen in Gebrauch. Diese Veränderungen traten überwiegend in einem großen Areal gleichzeitig auf, von Nordafrika im Süden bis nach Skandinavien im Norden. In einer Hinsicht allerdings unterschieden sich die Bewohner der Atlantikküsten Irlands, Frankreichs und Portugals von ihren Verwandten: Sie waren die ersten Menschen, die über ihren Toten Megalithgräber errichteten.

Die Klimaverschiebung beeinflußte auch den Pflanzenwuchs und das Gesicht der Landschaft, und die sogenannte Atlantische Periode begann etwa um 6000 vor Christus. Als die jährlichen Durchschnittstemperaturen anstiegen, wichen die offenen borealen Kiefer- und Haselnußwälder den dunklen, dichten Laubwäldern aus Linden, Eichen und Ulmen, und anstelle des sonnenhungrigen Unterwuchses breiteten sich Farne und Efeu aus. Für weidende Säugetiere erwiesen sich diese Bedingungen vielfach als unvorteilhaft. Sie gingen vielerorts merklich zurück, und einige — wie der Irische Riesenhirsch (*Megaloceros giganteus*) - starben sogar aus. Andere Tierarten, wie das Wildschwein, blühten dagegen auf. Vor 7000 Jahren herrschte in Europa ein wesentlich wärmeres Klima als heute. So lebten Arten wie die Wassernuß und die Europäische Sumpfschildkröte damals noch weit im Norden Skandinaviens, während ihr natürliches Verbreitungsgebiet heute im südlichen Mitteleuropa liegt.

Zugleich schmolz ein großer Teil der Eisdecke, die eine Stärke von mehreren Kilometern erreicht hatte, wodurch sich der Meeresspiegel merklich anhob. Die Nordsee wurde überflutet, der Ärmelkanal und das Irische Meer entstanden, so daß England und Irland zu Inseln wurden. So stand nach 2000 Jahren beinahe die Hälfte Westeuropas unter Wasser. Nun könnte man vermuten, daß die starke Schrumpfung der Landmassen den Menschen das Überleben erschwerte, doch das Gegenteil war der Fall: Die zahllosen neuentstandenen Buchten, Einflüsse und Brackwasserlagunen boten der menschlichen Ernährung eines der reichsten Ökosysteme der Erde.

Entlang der ganzen Atlantikküste zeugen mächtige Abfallhaufen, die überwiegend aus Miesmuschel- und Austernschalen bestehen, von der Bedeutung, die die Nahrung aus dem Meer für die Gesellschaften des Mesolithikums besaß. Diese Haufen, auch als Muschel-Abfallschichten bezeichnet, sind häufig über 50 Meter lang, 20 Meter breit und manchmal über fünf Meter dick.

Die Menschen, die an den Küsten Portugals, Nordspaniens, Frankreichs, Irlands, Westenglands, der Niederlande und Südskandinaviens lebten, paßten sich allesamt den veränderten Bedingungen in gleicher Weise an. Das reiche Nahrungsangebot der Umgebung führte dazu, daß viele dieser Gesellschaften mehr oder weniger seßhaft wurden. Und als die meisten Menschen im Landesinneren Europas ihre gesammelte Pflanzennahrung bald durch angebaute Feldfrüchte ergänzen mußten, vergingen beinahe 1000 Jahre, ehe auch die atlantischen Küstenbewohner dazu gezwungen waren. Dennoch standen beide Gruppen miteinander in engem Kontakt, denn das Auftauchen von Töpfereiprodukten und polierter Steinäxte unter den küstenbewohnenden Jägern und Sammlern belegt deutlich, daß sie von den mitteleuropäischen Bauern beeinflußt waren.

Im Hinblick auf diese Tatsachen müssen wir auch die Entwicklung sehen. Infolge ihrer gesicherten Nahrungsversorgung und seßhaften Lebensweise entwickelten die an der Küste wohnenden Jäger und Sammler bald Gewohnheiten, wie sie für weiterentwickelte Bauerngesellschaften typisch sind. Etwa um 5000 vor Christus tauchten in Südskandinavien die ersten Begräbnisplätze auf. Fundstellen wie Barum und Skateholm in Schweden sowie Bøgebakken nördlich von Kopenhagen haben einen legendären Ruf. Nur wenige Jahrhunderte später wurden an der Westküste Irlands und an der Südküste der französischen Bretagne über den Toten die ersten Findlinge aufgerichtet. Die Megalith-Tradition hatte begonnen.

Die gesellschaftliche Revolution

Wenn eine Gruppe von Menschen seßhaft wird, verändern sich ihre Lebensweise und ihre wechselseitigen Beziehungen schon bald in grundlegender Weise. Die Ursache dafür, daß die steinzeitlichen Gesellschaften der Atlantikküste in zunehmendem Maße seßhaft wurden, liegt vor allem an dem vielfältigen Nahrungsangebot, das mit den Jahreszeiten wechselte und das den Dorfbewohnern in weniger als einer Tagesreise verfügbar war. Im Sommer waren die Laubwälder mit Kräutern, Pilzen, Wurzeln, Knollen und Früchten gefüllt. Zudem gab es Kleinwild, Larven und andere eßbare Insekten im Überfluß. Vögel, Vogeleier und Fische ergänzten dieses vielfältige, nahrhafte Angebot. Im Herbst ernährte man sich von Nüssen und Beeren, im Winter dagegen überwiegend von Großwild und Meerestieren. So bildeten Miesmuscheln, Austern, Fische und Robben die unentbehrliche Nahrungsgrundlage für jene Menschen, die in ihren Siedlungen ganzjährig wohnten.

In den umherziehenden Gesellschaften übten vermutlich alle Mitglieder der Gruppe dieselben Arbeiten aus. Mit Beginn der Seßhaftigkeit jedoch begannen Einzelne, sich auf Fertigkeiten wie die Werkzeugherstellung, Nahrungsproduktion, Jagd oder Fischfang zu spezialisieren. Zugleich wuchs die Notwendigkeit, die Gesellschaft stärker zu organisieren, und die Gruppen fingen an, Gebiete mit ihren Ressouren für sich zu beanspruchen und anderen Gruppen den Zugang dorthin zu verwehren. Anstatt also ohne territoriale Grenzen frei umherzuziehen, besetzten immer mehr Gruppen besondere Gebiete. Damit entstand zum ersten Mal das Risiko von Konflikten, wenn auch vermutlich nur wenige Auseinandersetzungen stattfanden, solange die Bevölkerung klein blieb und reichlich Nahrung vorhanden war. Die ersten archäologisch nachweisbaren Fälle einer Aggression erfolgten unter den frühen, seßhaften Bauerngesellschaften Mitteleuropas. Befestigte Sied-

lungen, Schlachtkeulen und zeremonielle Äxte sprechen für sich.

Der entscheidende Faktor in diesem Veränderungsprozeß war das Bevölkerungswachstum. Bei den heutigen oder wenigstens noch aus historischer Zeit bekannten Nomaden dürfen die Gruppen sich erst dann vergrößern, wenn alle Mitglieder — selbst in schlechten Zeiten — genug zu essen haben. Und es ist in jedem Fall unmöglich, auf langen Wanderungen mehr als ein Kind zu tragen. Dabei tragen lange Stillzeiten (die automatisch die Fruchtbarkeit reduzieren), Abtreibungen und Infantizide (die Ermordung von Kindern) dazu bei, die Bevölkerungszahl zu regulieren. Daher sind der Hungertod und Unterernährung unter den nomadischen Jägern und Sammlern nahezu unbekannt, obwohl sie häufig Gebiete mit unzureichendem Nahrungsangebot bewohnen.

Wenn Jäger und Sammler jedoch seßhaft werden, verändert sich das Gleichgewicht. Die Errichtung von Häusern, Ackerbau und Viehzucht lassen sich leichter von einer größeren Gruppe bewältigen. Auch wenn es um Auseinandersetzungen mit konkurrierenden oder gar feindlichen Gruppen geht, ist eine

△ Diese Infrarot-Fotografie zeigt Ballysadare Bay und den Südteil der Knocknarea-Halbinsel in der Grafschaft Sligo (Nordwestirland). In deren Mitte befindet sich das megalithische Gräberfeld von Carrowmore. Der Pfeil bezeichnet das Gebiet der Abfallschichten bei Culleenamore. Mit Hilfe der Infrarot-Fotografie lassen sich prähistorische Reste lokalisieren, die dem bloßen Auge nicht sichtbar sind.

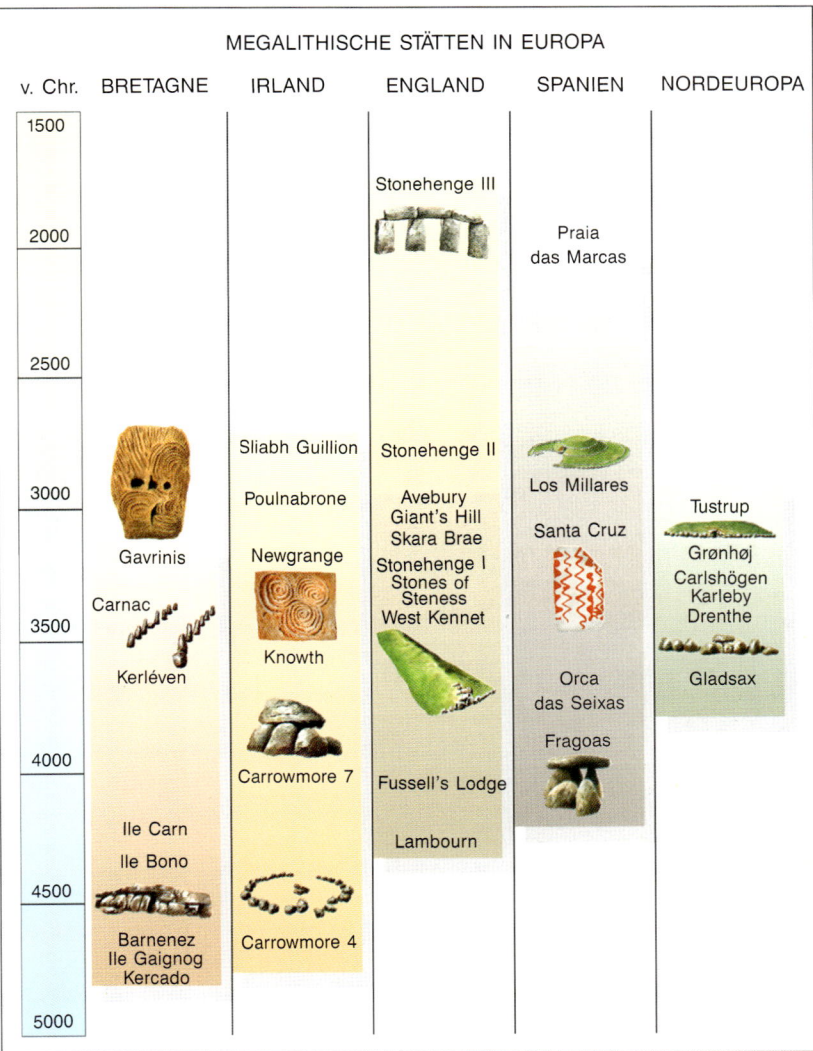

MEGALITHISCHE STÄTTEN IN EUROPA

v. Chr.	BRETAGNE	IRLAND	ENGLAND	SPANIEN	NORDEUROPA
1500					
2000			Stonehenge III	Praia das Marcas	
2500					
3000	Gavrinis	Sliabh Guillion / Poulnabrone / Newgrange	Stonehenge II / Avebury / Giant's Hill / Skara Brae / Stonehenge I / Stones of Steness / West Kennet	Los Millares / Santa Cruz	Tustrup / Grønhøj / Carlshögen / Karleby / Drenthe
3500	Carnac / Kerléven	Knowth	Knowth	Orca das Seixas / Fragoas	Gladsax
4000	Ile Carn / Ile Bono	Carrowmore 7	Fussell's Lodge / Lambourn		
4500	Barnenez / Ile Gaignog / Kercado	Carrowmore 4			
5000					

MEGALITHSTÄTTEN

Skara Brae
Maes Howe
Axvall
Haga · Karleb
Carrowmore · Creevykeel
Carrowkeel · Loughcrew · Jordhøj · Tustrup
Poulnabrone · Newgrange · Gillhög · Gladsax
Barclodiad y Gawres · Carlshögen
Bryn Celli Ddu
Drenthe
West Kennet
Avebury · Stonehenge · Züschen
Barnenez
Carnac
Gavrinis
Pedra Coberta
Santa Cruz
Antela de Portelagem
Viseu
Maturabilla · Filitosa
Alcala · Rafal Rub
Cueva de la Menga · Giovinazzo
Los Millares
Malta

CARTOGRAPHY: COLIN BARDILL

MEGALITHISCHE FUNDSTELLEN IN
WESTEUROPA
Die Verteilung der megalithischen Tradition
in Westeuropa mit den wichtigsten Monumenten und Fundstellen. Ganz ähnliche
Monumente wurden von Portugal im Südwesten bis nach Skandinavien im Nordosten errichtet.

GÖRAN BURENHULT

△ Ein als »Dolmen« bekannter Typ megalithischer Gräber im Gräberfeld von Carrowmore im Nordwesten Irlands. Neben einigen Monumenten in der französischen Bretagne brachte dieses Gebiet einige der ältesten megalithischen Datierungen hervor.

den diese Besetzungen dort statt, wo sich die Gruppe
gerade aufhält. Zudem kommt es nur selten vor, daß
solche Menschen ihre Toten in der Erde vergraben
oder sie in dauerhaften oberirdischen Monumenten
beisetzen. Stattdessen läßt man sie häufig auf Plattformen in der Wildnis zurück, und es bleibt den aasfres-
senden Vögeln überlassen, die Überreste der Erde zu-
rückzugeben.

Es versteht sich von selbst, daß diese Form der Beisetzung nur selten archäologisch nachgewiesen werden kann, und daher sind aus der Zeit der mesolithischen Jäger und Sammler Europas nur wenige Gräber
bekannt. Die ersten Gräberfelder, die um 5000 vor
Christus auftauchten, zeugen also von einer gravie-
renden Umstellung der Siedlungsweise, und die ersten Megalithen sind augenfällige Beispiele für diese
Veränderung.

Die ersten Megalithen

Auf der Halbinsel Knocknarea in der Grafschaft Sligo
im Nordwesten Irlands blicken etwa 40 Steinmonumente über den Atlantischen Ozean: Dolmen, Ganggräber und Steinkreise. Sie wurden alle im Inneren
der Halbinsel zusammengetragen und bestehen aus
rohen Felsbrocken, die während der letzten Vereisung
von den umliegenden Felsen losgesprengt wurden
und sich wie Meteore über die ganze Gegend verteilt
hatten. Der Ort heißt Carrowmore - ein keltischer
Name, der etwa »Feld der vielen Steine« bedeutet.
Ursprünglich mögen hier 200 Gräber gewesen sein,
doch wurden in den letzten 100 Jahren viele davon
durch Plünderung zerstört. Heute ist das Gebiet gegen weitere Zerstörung geschützt.

Zwischen 1977 und 1982 wurden an vier der un-
zerstörten Gräber von Carrowmore sowie an einigen
steinzeitlichen Siedlungen am nahegelegenen Knock-
narea-Gebirge großangelegte Ausgrabungen unternommen. Unter den letzteren fand man vielfach Abfallschichten mit riesigen Mengen von Muschelschalen, überwiegend Austern. Die Daten des Gräberfel-
des waren ganz erstaunlich.

Wie sich herausstellte, gehört Carrowmore zu den
ältesten Megalithgräberfeldern, und die ersten Monumente wurden bereits um 4700 vor Christus erbaut.
Die freigelegten Siedlungen sowie die großen Mengen ungeöffneter Miesmuscheln und Austern, die
großartigen Knochennadeln aus Hirschgeweih und
der aus Pottwalzähnen gefertigte Schmuck, den man
in den Gräbern fand, belegen, daß die Monumente
von Menschen erbaut wurden, die zwar überwiegend
noch das Leben von Jägern und Sammlern führten,
sich zunehmend jedoch der Rinderzucht zuwandten.

Allerdings war Nordwestirland beileibe kein Ein-
zelfall. Im fünften vorchristlichen Jahrtausend traten
vergleichbare soziale Veränderungen gleichzeitig in
Frankreich, Spanien und Portugal auf. Einige Steingräber der Bretagne gehören zu den ältesten Monumenten der Welt.

An der französischen Mittelmeerküste hatte die
mesolithische Tardenoisien-Kultur (benannt nach
dem Fundort La Fère-en-Tardenois) während des
sechsten vorchristlichen Jahrtausends die Landwirtschaft eingeführt. Dagegen tauchten die ältesten neolithischen Siedlungen an der Atlantikküste nicht vor
Beginn des fünften Jahrtausends auf, nämlich um
4850 vor Christus. Diese frühe Datierung geht auf
die Schichten einer bei Curnic in Guisseny ausgegrabenen Siedlung zurück.

größere Bevölkerung von Vorteil. Also ist die Seßhaftigkeit mit einer starken Zunahme des Bevölkerungswachstums eng verbunden.

Paradoxerweise wurden die Jäger und Sammler
durch die reichen Ressourcen der Atlantikküste gezwungen, aktiv Nahrung zu produzieren. Sie wurden
nämlich zunächst dazu verleitet, sich niederzulassen,
und mit der Zeit konnte sich dann die wachsende Bevölkerung nicht mehr allein davon ernähren, was die
Natur in der Umgebung zu bieten hatte. Diese unaus-
weichliche Entwicklung wurde durch eine Abnahme
des Salzgehalts im Meer — die zum Beispiel die Zahl
der Austern verringerte — noch beschleunigt. Etwa
um 4000 vor Christus hatten die meisten Jäger-
und-Sammler-Gesellschaften der Atlantikküste eine
neolithische Lebensweise angenommen und waren zu
Teilzeit-Viehzüchtern geworden. Dennoch blieben
die Ressourcen aus dem Meer noch lange ihre Hauptnahrungsquelle. Während dieser Zeit der Umbildung
zwischen 5000 und 4000 vor Christus wurden die ersten Megalithgräber in Westeuropa errichtet.

Da wandernde Jäger und Sammler nur selten dauerhafte Begräbnisplätze unterhalten, sind Grabfelder,
bei denen alle Toten einer Gesellschaft innerhalb eines
abgegrenzten Bereichs beigesetzt werden, ein sicheres
Zeichen für eine Bevölkerung mit starker Neigung
zur Seßhaftigkeit. Wenn auch alle bekannten Jäger
und Sammler im Zusammenhang mit Beisetzungen
bestimmte Rituale oder Zeremonien vollziehen, fin-

Zwischen den Ressourcen der französischen Gebiete, wo sich die Megalith-Traditionen erstmals etablierten und denen von Carrowmore bestehen große Ähnlichkeiten.

Den Bewohnern der Atlantikküste stand eine Vielfalt offenbar unerschöpflicher Nahrungsressourcen zur Verfügung, insbesondere in Form von Meerestieren. So ist es kein Zufall, daß das Zentrum der französischen Megalith-Tradition, die Bucht von Morbihan, noch heute eines der ergiebigsten Gebiete für Austern und andere Schalentiere ist. Zusätzlich boten die Flüsse reichlich Fische, und die umliegenden Sümpfe wimmelten von Vögeln. Weiter landeinwärts boten die atlantischen Laubwälder tierische und pflanzliche Nahrung im Überfluß.

Sollten sich die Gruppen zum Teil vom Ackerbau ernährt haben, so erfolgte dies jedenfalls in einem so kleinen Gebiet, daß die Entwicklung der Megalith-Tradition möglich war. Vielleicht dienten die Steingräber als Grenzmarkierungen. Es ist jedenfalls nicht auszuschließen, daß die Monumente, abgesehen von ihrer Funktion als Gräber und Kultzentren, auch das Recht einer Gruppe signalisierten, ein besonderes Gebiet zu besetzen.

Ein bedeutender Fund, der belegte, daß eine reine Jäger-und-Sammler-Gesellschaft der mesolithischen Tardenoisien-Tradition noch weit in die megalithische Zeit hinein überlebte, wurde in einem Steingrab bei Dissignac in St. Nazaire freigelegt. Er besteht aus zahlreichen Mikrolithen, kleinen Feuersteinspitzen sowie aus dreieckigen und lanzettförmigen Widerhaken und kleinen Sticheln, die neben etwa 800 Mikrolithen vom Tardenoisien-Typ gefunden wurden. Wie bei Carrowmore wurden auch hier in mehreren Gräbern umfangreiche Schichten von Muschelschalen entdeckt. Während die irischen Leichen stets vor der Beisetzung verbrannt worden waren, sahen die Gemeinschaftsgräber der französischen Ganggräber anders aus. Es handelte sich um Begräbnisse — also unverbrannte Leichen — und die Grabbeigaben bestanden überwiegend aus Halsperlen, Steinäxten und Töpfereiprodukten.

Zu den ältesten Steinmonumenten der Bretagne gehören die Ganggräber of Barnenez, Ile Gaignog und von Kercado, die alle etwa zwischen 4800 und 4500 vor Christus erbaut wurden. Zwar stammt das Material von Kercado von einer älteren Ausgrabung, doch ist dessen Alter dem der anderen beiden sehr ähnlich. Wie die meisten Megalith-Monumente Westeuropas wurden auch die französischen Gräber mehrfach neu erbaut und vergrößert oder wenigstens über längere Zeiträume permanent benutzt.

GÖRAN BURENHULT

△ Das Grab Nr.4 bei Carrowmore während der Ausgrabungen. Es wurde um 4700 vor Christus erbaut und ist damit die früheste bekannte Megalith-Konstruktion in Irland.

▽ Das Portalgrab von Poulnabrone, in der öden Landschaft von Burren in der Grafschaft Claire (Westirland) gelegen, gehört zu den bekanntesten und eindrucksvollsten Megalithgräbern Irlands. Es wurde um 3000 vor Christus errichtet. Ursprünglich war der Dachblock wesentlich größer, doch brach kürzlich ein Teil davon ab, so daß nur noch zwei Drittel erhalten sind.

GÖRAN BURENHULT

BILDER DER ALTEN EUROPÄISCHEN RELIGION

MARIJA GIMBUTAS

Die Periode des Alten Europa — von etwa 6500 bis 3500 vor Christus — zeichnet sich durch eine Fortsetzung der Themen und Stile aus. Das meiste Material stammt vom Südosten und dem Zentrum des heutigen Europa, also dem heutigen Griechenland, Bulgarien, Rumänien, Moldavien, der westlichen Ukraine, Serbien, Bosnien, Kroatien, Ungarn, der Tschechei und der Slowakei.

NATIONAL MUSEUM OF ATHENS

△ Dieser Terracotta-Bär von der griechischen Insel Syros trägt ein Becken, das sich in den hohlen Körper der Figur öffnet. Wahrscheinlich wurde das Gefäß bei Zeremonien eingesetzt, die mit der Verehrung der gebärenden Göttin zusammenhingen.

Zahlreiche Frauenstatuetten wurden in ehemaligen Tempeln, Höfen und Grabstätten gefunden. Die Assoziationen zwischen den Gegenständen und den Symbolen, die auf diese Statuetten, auf Schreinwänden und rituellen Gefäßen gemalt oder eingemeißelt waren, verraten uns viel über die Glaubenswelt der alten Europäer. Viele dieser Symbole, die mit den Naturkreisläufen und dem weiblichen Körper verbunden waren, hatten die Bauerngesellschaften lediglich von denen früherer Jäger- und-Sammler-Kulturen übernommen. Sie deuten auf eine matrilineare, von Gebräuchen bestimmte Form des Dorflebens. Ganz allgemein hingen diese Symbole mit der Geburt und dem Schutz des Lebens, der Fruchtbarkeit, dem Tod und der Regeneration der Natur zusammen.

Lebensspendende und lebensschützende Symbole

Wie schon im oberen Paläolithikum ist eine Fülle von Wassersymbolen mit dem Spenden des Lebens assoziiert, darunter Zickzackmotive, Wellen- oder Schlangenlinien sowie Reihen senkrechter Linien. Es gibt auch Verbindungen zwischen der Göttin und dem Wassergeflügel, und manchmal wird sie sogar in Form eines Schwimmvogels dargestellt.

Als dieser Typ des Symbolismus erstmals aufkam, wußte man ver-

△ Das von Meanderlinien umrahmte Gesicht einer Göttin schaut von einer stilisierten Vulva auf einen ehemaligen Altar oder Thron herab. Dieser Fund aus dem fünften Jahrtausend vor Christus wurde bei Szegvár-Tüzköves in Südostungarn entdeckt.

HUNGARIAN NATIONAL-MUSEUM

mutlich noch nicht um die Zusammenhänge zwischen Zeugung und Schwangerschaft. Daher wurde die gebärende Frau als Lebensspenderin angesehen, und ihre Brüste, das Gesäß und der Bauch waren, wie man glaubte, mit der Fähigkeit zur Fortpflanzung behaftet. Die Feuchtigkeit im Uterus und den inneren Organen der Göttin galt als die Quelle des Lebens, und die Muttermilch war die lebenserhaltende Substanz.

Darstellungen der Göttin in gebärender Pose sind in der paläolithischen und alteuropäischen Kunst verbreitet, und manchmal wird sie gar nur durch eine Vulva symbolisiert. Die Tierformen, die sie manchmal annimmt, sind im wesentlichen der Hirsch, der Elch und der Bär. In ihrer Madonna- oder Ammengestalt trägt sie eine Bärenmaske und trägt eine Tasche für ihr Baby oder hält ein Kind auf ihrem Schoß. Sie kann in einer solchen Pose auch als Schlange oder Vogel auftreten.

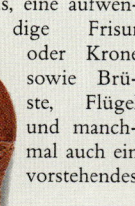

Die Vogel-Göttin erschien — skulpturiert und auf Tongefäße gemalt — schon seit dem frühen Neolithikum, im siebten vorchristlichen Jahrtausend. Man fand Vasen in Gestalt von Vögeln und Vogelfrauen, aber auch Tempelmodelle, die mit dem Bild der Vogelgöttin gekrönt waren. Sie trägt einen Schnabel oder eine hagere Nase, einen langen Hals, eine aufwendige Frisur oder Krone sowie Brüste, Flügel und manchmal auch ein vorstehendes

MARIJA GIMBUTAS

△ Das Lehmmodell eines Tempels aus einem mazedonischen Schrein. An jeder Seite trägt es T-förmige Öffnungen, und oben steht die Maske einer Vogelgöttin auf einem Zylinder im Dach. Die Halskette der Göttin ist im Relief dargestellt.

Eine Statue der thronenden Vogelgottheit, die der Vinca-Kultur zugeordnet wird. Gefunden wurde die Statue in Bariljevo bei Preština in Serbien. Sie trägt eine überdimensionale Maske auf übertrieben dargestellten Augen und ist ohne Mund. Der Status läßt sich an dem Medaillon ablesen, das sie an einer V-förmigen Kette trägt. Die Beine und der Thron der Statue sind zerbrochen.

MIODRAG DJORDJEVIC

Gesäß. Sie wird durch Bäche und Regenwasser symbolisiert, die als horizontal oder vertikal parallel verlaufende Linien dargestellt werden, durch V-förmige Muster, die vermutlich auf das Dreieck der Schamgegend zurückzuführen sind, sowie durch Meanderlinien.

Die Schlangengottheit sitzt in einer Yogi-ähnlichen Position, besitzt gebogene Arme und Beine sowie einen langen Mund. Sie trägt eine Krone, und ihr Emblem ist die zusammengewundene Schlange. Da sie angeblich das Fortbestehen des Lebens

△ Diese gebrannte Lehmfigur einer neolithischen Schlangengöttin stammt aus Kreta. Sie besitzt schlangenähnliche Beine und ein menschliches Gesicht.
C. M. DIXON

garantierte, wurde sie in Hausschreinen verehrt, und ihre Darstellungen sind noch in der Bronze- und Eisenzeit zu finden. In der europäischen Folklore gelten Schlangen und Vögel als Inkarnationen alter Geister, ein Glaube, der bis ins Neolithikum zurückreicht.

Fruchtbarkeitssymbole
Die schwangere Göttin, das Symbol menschlicher und tierischer Fruchtbarkeit, wird als Akt dargestellt, wobei ihre Hände auf dem vergrößerten Bauch ruhen. Sie herrscht im frühen Neolithikum vor, und ihre Bilder werden normalerweise auf Ofenplattformen und Altären gefunden. Sie wird mit Mustern in Gestalt von Rau-

◁ Eine der berühmten Kykladenfigurinen. Diese starre Aktdarstellung, oder weiße Frau, von der Insel Syros wurde aus Marmor gehauen. Ihre Arme sind verschränkt, und sie trägt eine mundlose Maske mit einer großen, schnabelartigen Nase.
NATIONAL MUSEUM OF ATHENS, SCALA

jüngen. Entweder fehlt dieser Göttin das Gesicht, oder letzteres wird allein durch eine Nase repräsentiert. In anderen Fällen ist die Göttin maskiert, und ihre Schamgegend ist übernatürlich groß. Manchmal taucht sie als ein fingerähnliches Objekt auf, das aus Knochen oder einem in der Färbung dem Knochen ähnlichen Material gefertigt ist. Das Objekt ist entweder völlig schlicht oder besitzt runde, eulenähnliche Augen.

Symbole der Erneuerung und der Energie
Die Göttin der Regeneration wird als Biene, als Schmetterling, als Dreieck oder in einer Stundenglasähnlichen Form dargestellt, die einen menschlichen Kopf und Füße oder Hände wie Vogelklauen trägt. Andere Erscheinungsformen sind Fische, Frösche und Igel. Zu den ältesten und häufigsten Symbolen der Regeneration und Energie gehören auch ein Stier mit sichelförmigen Hörnern oder lediglich der Kopf eines Stieres. Das Ei, ein weiteres universelles Symbol der Wiedergeburt, wurde seit dem Paläolithikum mit dem Beginn des Universums assoziiert.

Die Vorstellungswelt, die diese ungewöhnliche Fülle von Symbolen hervorbrachte, scheint schließlich im Zuge der weitreichenden sozialen und ökonomischen Veränderungen verschwunden zu sein, die im vierten und dritten vorchristlichen Jahrtausend eintraten.

ten, Dreiecken, Schlangen und entweder zwei oder vier Linien assoziiert. Mit dem Aufkommen der Landwirtschaft wurde sie auch zu der Göttin, die die Fruchtbarkeit des Bodens garantiert, und die Sau wurde ihr geweiht.

Daneben gibt es zwei männliche Figuren, die mit der Erneuerung der Pflanzen und der Fruchtbarkeit in Verbindung gebracht wurden: Einer davon ist jugendlich, stark und trägt einen erigierten Phallus, der andere dagegen ist alt und friedlich. Beide Männer werden auf Hockern sitzend dargestellt. Der alte Mann sitzt ruhig da, wobei seine Hände auf den Knien ruhen oder sein Kinn stützen. Er ist der Gott der sterbenden Vegetation — eine in Südostasien bedeutende bronzezeitliche Gottheit und in der gesamten europäischen Geschichte bekannt.

Symbole des Todes
Die Todesgöttin wird als ein starrer Akt dargestellt, dessen Arme eng gegen die Brust gedrückt sind und dessen Beine eng zusammenstehen oder sich nach unten ver-

Diese Veränderungen haben, wie von der Autorin vermutet wird, mit mehreren Einwanderungswellen indoeuropäischer Hirtenvölker aus den südrussischen Steppengebieten zu tun. Allmählich veränderte sich das alteuropäische Weltbild, in dessen Mittelpunkt die Mutter stand, und die Betonung verlagerte sich auf den Vater.

MARIJA GIMBUTAS

△ Weiße Frauenstatuetten, wie diese aus dem peloponnesischen Sparta, haben immer mit dem Tod zu tun und werden häufig aus neolithischen Gräbern Südosteuropas geborgen. Die Figur steht starr mit verschränkten Armen da und besitzt ein enorm ausladendes Becken.

▽ Die Froschgöttin ist ein bedeutendes alteuropäisches Sinnbild für das Gebären und die Regeneration. Die Bohrungen durch dieses Amulett sprechen dafür, daß es an einem anderen Gegenstand befestigt werden sollte.
MARIJA GIMBUTAS

△ Der berühmte Hügel von Barmenez in der nördlichen Bretagne (Frankreich) birgt ein Grab mit elf Kammern, die über lange, schmale Gänge zu erreichen sind. Die ältesten Teile des Hügels wurden um 4500 vor Christus erbaut.

▽ Die Rekonstruktion eines Langhügelgrabes bei Fussell's Lodge in Wessex (England). Das Hügelgrab war 51,5 Meter lang und wurde zwischen 3900 und 3800 vor Christus erbaut.

ILLUSTRATION: KEN RINKEL.
NACH PAUL ASHBEE (1970): THE EARTHERN LONG BARROW IN BRITAIN. DENT, LONDON.

Vom Grab zum Tempel

Nahezu alle europäischen Megalith-Monumente wurden im vierten vorchristlichen Jahrtausend von den damals schon gut etablierten Bauerngesellschaften erbaut. Später entwickelte sich eine Handvoll von Gebieten entlang der Atlantikküste zu bedeutenden zeremoniellen Zentren, die vermutlich allen Menschen im weiten Umkreis zu rituellen Zwecken dienten. Diese frühen Bauerngesellschaften zeichneten sich durch ein rasches Bevölkerungswachstum aus, das durch die Produktion und Speicherung von Nahrung möglich wurde. Zugleich brachte die reduzierte Zahl der Nahrungsquellen größere Risiken mit sich, wenn es bei der Nahrungsproduktion zu Schwankungen kam. So konnten Mißernten oder plötzlich auftretende Tierseuchen sich auf die Bevölkerung in verheerender Weise auswirken.

Nachdem auch die unberührten Wälder Europas von den Ackerbauern und Viehzüchtern besetzt worden waren und eine Ausbreitung der Bevölkerung nicht mehr möglich war, nahm der Druck auf die Ressourcen zu und zwang die Menschen, die bestehenden Gebiete besser zu nutzen.

So wurde eine Verbesserung landwirtschaftlicher Techniken erforderlich, die in der Entwicklung des Pfluges, und im späten Neolithikum auch des zweiräderigen Karrens, mündete. Offenbar führte der Druck auf die Ressourcen auch zu Konflikten zwischen benachbarten Völkern. So zeugen zahlreiche archäologische Funde, wie befestige Siedlungen und zeremonielle Streitäxte, von dem zunehmenden Aggressionsniveau.

Häufig war eine einzelne Familie mit der Aufgabe, neues Land zu roden oder Zäune zu bauen, überfordert, und auch zur Errichtung der großen Befestigungen und zeremoniellen Zentren, die schon früh mit den ersten Bauerngesellschaften verbunden waren, dürften viele Menschen nötig gewesen sein.

Während des vierten vorchristlichen Jahrtausends errichtete man überall im Kontinent massive »Henges« und Palisaden. Dies war auch in England (in Gestalt von Wehrsiedlungen mit Dämmen) und bis in den Süden Skandinaviens der Fall. Ein »Henge« ist ein

kreisförmiges, in der Regel von einem Graben umgebenes Monument, das für zeremonielle Zwecke gebaut wurde. Normalerweise waren ganze Gruppen großer Grabmonumente in der Nähe derartiger Konstruktionen angesiedelt.

Häufig bestehen die Gräber aus langgestreckten Hügeln, ein Bautyp, der aus ganz Europa wohl bekannt ist, von den polnischen Kujavia-Gräbern bis zu den englischen Langhügelgräbern.

Häuser für die Toten

In Westeuropa und besonders in den englischen Langhügelgräbern spricht einiges dafür, daß die Toten nach dem Entfernen des Fleisches ein zweites Mal bestattet wurden, so daß die Megalithgräber als Ossuarien dienten. Ähnliche Konstruktionen kennt man aus dem Süden Skandinaviens, und seit etwa 3800 vor Christus wurden in Dänemark Langhügelgräber und manchmal auch Häuser für die Toten errichtet. In jüngster Zeit tauchte allerdings ein völlig neuer Typ skandinavischer Monumente aus dieser Zeit auf:

◁ Das Langhügelgrab von West Kennet im südenglischen Wiltshire ist ein Teil des rituellen Komplexes von Avebury. Dieses 3500 vor Christus entstandene Grab ist ungefähr 100 Meter lang.

▽ Die Steinmauer am Ostteil des Langhügelgrabes von West Kennet versperrt den Zugang zu einer Passage, die zu fünf Grabkammern führt. Hier wurden die Überreste von 46 Menschen entdeckt.
RONALD SHERIDAN / ANCIENT ART & ARCHITECTURE COLLECTIUM

▽ Das östliche Ende des Langhügelgrabes von West Kennet besteht aus einer konkaven Mauer riesiger Sandsteinblöcke, die einen früheren Zugang blockieren.

große, befestigte Konstruktionen mit zeremoniellem Charakter.

Eines dieser eindrucksvollen frühneolithischen Bauwerke liegt bei Sarup auf der dänischen Insel Fünen. Es besteht aus einem System von Gräben oder Gruben, die jeweils 20 Meter lang sind und die zusammen ein mehrere hundert Meter langes Gebilde ergeben. Unweit davon entdeckte man ein System von Schanzen, auf dem ein drei Meter hoher Palisadenzaun aus gewaltigen Eichenstämmen errichtet war. Die ganze Fundstelle bedeckt eine Fläche von ungefähr vier Hektar und datiert aus der Zeit um 3400 vor Christus.

Hohe soziale Organisation

Alle heute bekannten zeremoniellen Zentren Dänemarks befinden sich auf Landzungen in Marschen und Wassersystemen, und in der Nähe entdeckte man Gruppen von Steingräbern. Eine damit vergleichbare Konstruktion wurde auch bei Stävie in Südschweden entdeckt.

ENGLISH HERITAGE

Diese umfangreichen Konstruktionen, wie die zeitgenössischen Megalithgräber und -tempel, erforderten den gesammelten Einsatz vieler Menschen und damit auch ein erhebliches Maß an sozialer Organisation. Vermutlich gab es in den frühen Phasen des europäischen Neolithikums bereits Bauerngesellschaften, die von einem Dorfhäuptling geleitet wurden. Möglicherweise handelte es sich auch bei den Gesellschaften, die hinter den großen Megalithzentren standen, um Häuptlingstümer, womit auch alle Begleitumstände zusammenhängen, die Oberanführer, die Spezialisierung, die gesellschaftliche Differenzierung und die Umverteilung von Gütern und Dienstleistungen betreffen.

Bei Häuptlingstümern, die aus historischer Zeit bekannt sind, gehören die untergeordneten Dorfführer häufig zur königlichen Familie oder sind wenigstens mit dem obersten Häuptling eng verwandt, und daraus entstehen starke Bindungen. Häufig war der oberste Häuptling zugleich das religiöse Oberhaupt — ein Zeremonienmeister oder sogar ein Hoherpriester. In diesen Gesellschaften gibt es Gegenstände oder Insignien, die unmittelbar mit offiziellen Positionen und Pflichten verbunden sind, sowie Tempel

und zeremonielle Zentren. Dies ist der Hintergrund, vor dem wir die Ursachen verstehen können, die damals zur Errichtung dieser bemerkenswerten Megalith-Monumente insbesondere in England, Irland und Frankreich führten.

Die Sonne und die Steine

Im südenglischen Wiltshire — einem der bedeutendsten Gebiete für europäische Steingräber — befinden sich mehrere riesige kreisförmige Monumente. Die frühesten Konstruktionen waren die mit Gängen durchzogenen Wehrsiedlungen, wie etwa diejenige auf Windmill Hill, deren Grundstruktur aus einem System von Gräben und Schanzen mit in Längsrichtung durchziehenden Gängen besteht. Am typischsten sind jedoch die Henges, der am stärksten verbreitete Konstruktionstyp dieser Gegend. Sie weisen häufig einen kreisförmigen Graben auf und besitzen innen einen oder mehrere aus Stein oder Holz erbaute Kreise. Das umfangreichste und bemerkenswerteste dieser kreisförmigen Monumente ist Avebury, in dessen Zentrum heute eine vollständige Siedlung ein-

▽ Stonehenge in Wiltshire gehört zweifellos zu den bekanntesten prähistorischen Stätten überhaupt und ist zudem das eindrucksvollste Megalith-Monument Europas. Lange Zeit war es für das megalithische Westeuropa ein bedeutendes rituelles Zentrum. Die älteste Bauphase wurde auf etwa 3300 vor Christus datiert. Damals bestand der Komplex aus einer kreisförmigen Mauer mit Gräben, an denen entlang eine Reihe von Opfergruben verlief, die sogenannten »Aubrey Holes«. Während der zweiten Phase, 500 Jahre später, wurde der innere Steinzirkel, der »Bluestone Circle« errichtet. Der heute sichtbare, großartige Steinkreis mit seinen Stürzen wurde zu Beginn der Bronzezeit, etwa um 1800 vor Christus, erbaut. Während seiner langen Gebrauchsdauer diente Stonehenge vermutlich als ein Tempel, der die ersten Sonnenstrahlen der Sommersonnenwende am 21. Juni auffing.

ENGLISH HERITAGE

schließlich einer Kirche, eines Pubs und einer Tankstelle liegt. Andere sind zum Beispiel Woodhenge und Stonehenge.

Die eigentlichen Megalithgräber dieser Fundstellen sind zumeist in der Querseite eines prächtigen Langhügelgrabes eingebaut, und in dieser Gegend fehlt den Gräbern und zeremoniellen Monumenten typischerweise jede Art von Dekoration. Eine Ausnahme bildet Stonehenge, das eine Reihe eingravierter Bronzeäxte aus den Anfängen der Metallzeit aufweist, aus der Zeit also, in der das Monument in Gebrauch war.

Moderne Ausgrabungen bei Avebury zeigten, daß man hier bei religiösen Zeremonien polierte Steinäxte deponierte. Anhand der Form dieser Äxte und durch Analyse der Gesteinssorten, aus denen sie hergestellt wurden, läßt sich ihr Ursprung leicht zurückverfolgen. Auf diese Weise stellte sich heraus, daß sie aus praktisch jedem Megalith-Areal im Südwesten Englands stammten — von Cornwall im Süden bis Liverpool im Norden. Interessanterweise wurden keine Äxte gefunden, deren Herkunft sich aus den reichen, weiter östlich gelegenen Bezirken nachweisen ließe. Dies liegt daran, daß in diesen Regionen entsprechende megalithische Begräbnis- und Zeremonien-Traditionen fehlten. Daher deckt sich das Herkunftsgebiet der Äxte von Avebury genau mit dem Verbreitungsgebiet der Megalithgräber im Südwesten Englands. Demnach dürften die zeitgenössischen religiösen und sozialen Systeme bedeutende Dimensionen erreicht haben, denn ihre fortgeschrittene religiöse

△ Die riesige Fundstätte von Avebury in Wiltshire. Mit einem Durchmesser von über 400 Meter – in dessen Mitte ein ganzes Dorf liegt – ist es das größte Henge-Monument der Umgebung. Es war zwischen 3000 und 2000 vor Christus in Gebrauch und bildet einen Teil eines größeren rituellen Komplexes, der auch das Langhügelgrab von West Kennet, Windmill Hill und Silbury Hill umfaßt.

◁ Der Steinzirkel, der Avebury umgibt, bestand ursprünglich aus über 100 Steinen, von denen viele ungefähr 40 Tonnen wiegen.

SIEDLUNGEN MIT ERHÖHTEN GÄNGEN

RICHARD BRADLEY

Die Bauerngesellschaften entstanden in Europa zunächst in zwei Gegenden. Auf dem fruchtbaren Boden Mitteleuropas und des Rheinlandes finden wir Spuren großer Siedlungen mit einer ertragreichen Landwirtschaft, und es erscheint zudem, als wären diese Menschen in eine weitgehend ungenutzte Umgebung vorgedrungen. Im westlichen Mittelmeerraum dagegen, entlang der Atlantikküste und im Süden Skandinaviens wurde der Ackerbau erst schrittweise eingeführt. Stattdessen lebten hier vermutlich stabile Populationen von Jägern und Sammlern. Jedes dieser beiden Gebiete besitzt seine eigene unverwechselbare Art von Monumenten: Entlang der Atlantikküste und in Skandinavien entstanden Megalithgräber, während Wallanlagen zunächst unter den Siedlungen des Rheinlandes und dessen Umgebung entstanden.

Der Gegensatz reicht sogar noch weiter. So haben einige der ältesten Grabmonumente entlang der Küste die Form der Langhäuser des bäuerlichen Kernlandes nachempfunden, und hier sind die Häuser der Lebenden nur selten zu finden. Wo immer in Mitteleuropa große Siedlungen freigelegt wurden, — dies gilt insbesondere für die des Rheinlandes — sind sie manchmal von Schutzsystemen umschlossen, die aus zwei bis drei Wällen und Gräben bestehen. Manchmal bilden sie kontinuierliche Barrieren, während die Gräben in anderen Fällen in regelmäßigen Abständen von engen, erhöhten Gängen unterbrochen sind — daher der Name »Siedlungen mit erhöhten Gängen«.

Über die ältesten Siedlungen ist man sich noch kaum im klaren. Sie stammen aus der Zeit um 4800 vor Christus und wurden gegen Ende der ersten Ausbreitungswelle des Ackerbaus in Mitteleuropa gebaut. Häufig wurden sie neben größeren Siedlungen errichtet. Manchmal belegen sie die Zwischenräume größerer Häusergruppen und beweisen damit die Bedeutung, die dieser Boden bereits seit einiger Zeit besaß. In der Regel baute man sie kurz bevor eine Siedlung aufgegeben wurde, ja manchmal sogar, nachdem die Häuser bereits verlassen waren. Offenbar dienten diese

Umfriedungen verschiedenen gemeinschaftlichen Aktivitäten, unter anderem der Zubereitung von Nahrung und der Herstellung von Feuersteinobjekten. An einigen Stellen wurden neue Siedlungen auf alten errichtet, und in diesen Fällen baute man die Wälle größer wieder auf. Orte, die ursprünglich spezialisierte Siedlungen in einer stark besiedelten Landschaft darstellten, wurden manchmal selbst zu befestigten Siedlungen. Darunter gab es einige, deren Einwohner sich auf die Herstellung kleiner Töpferwaren spezialisiert hatten.

Etwa um 4000 vor Christus mehren sich die Anzeichen dafür, daß die Menschen ihre Häuser zunehmend verstreuter anlegten. So finden sich keine größeren Gruppen von Langhäusern mehr, und auch die Indizien für eine expandierende Landwirtschaft werden spärlicher. Während kaum noch normale Siedlungen auftauchen, werden weiterhin solche mit erhöhten Gängen gebaut. Sie breiteten sich sogar bis nach Frankreich aus. Immer mehr folgen einem extrem stereotypen Grundriß. Zwar finden sich im Inneren dieser Wälle und Gräben noch einige Häuser, aber daneben taucht eine Reihe neuer archäologischer Ablagerungen auf. So enthielten einige der Umfriedungen besondere Arten von Gegenständen, darunter ungewöhnliche Gefäße, die normalerweise nur bei Toten gefunden wer-

den. Schlachtreste oder sogar ganze Tiere lagen entweder in der Füllung der Gräben begraben oder befanden sich in eigens ausgehobenen Gruben innerhalb der Umfriedung. In einigen Fällen handelt es sich offenbar um die Abfälle von Festen, bei anderen um Opfergaben. Ferner gab es hier menschliche Gräber. Obwohl hin und wieder auch ganze Leichen auftauchten, kamen einzelne Knochen häufiger vor. Dies deckt sich mit der Entdeckung abgefleischter menschlicher Überreste, die manchmal im Inneren neolithischer Grabmonumente gefunden wurden. Dabei sind einige Leichenteile in den Monumenten unterrepräsentiert. Sie dürften wohl als Reliquien unter den Lebenden kursiert haben. Menschliche Schädel wurden in den Gräben häufig gefunden.

Siedlungen mit erhöhten Gängen besaßen ihre größte Verbreitung etwa zwischen 3800 und 3200 vor Christus. Ihr Vorkommen reicht im Westen von Mitteleuropa bis an die französische Atlantikküste, im Süden bis Languedoc und im Norden bis nach Britannien, Dänemark und Schweden. Dabei sind zwei größere Entwicklungslinien zu erkennen. So wurden einige Umfriedungen in Gegenden erbaut, wo es kaum Hinweise auf eine intensive Landwirtschaft gibt. Zugleich wurden die Gänge in den Gräben zunehmend

GEORG GERSTER/JOHN HILLELSON AGENCY

◁ Hambledon Hill in England, wo die Schanzen einer späten prähistorischen Hügelfestung einen Komplex mit Wallanlangen und höher gelegten Gängen sowie Hügelgräbern überlagern. Eine Festung war von menschlichen Schädeln umringt. Hier wurden vermutlich die Toten zur Schau gestellt. Bei einer anderen handelt es sich um eine befestigte Siedlung.

zur Ablagerungsstätte für immer ungewöhnlichere Gegenstände sowie für menschliche und tierische Knochen. Immer mehr dieser Objekte stammten nicht aus der näheren Umgebung. Das Zirkulieren menschlicher Überreste nahm an Bedeutung noch zu, und nur in diesem Zeitabschnitt finden wir Wallanlagen in denselben Gegenden wie die Megalithgräber. Es ist also sogar denkbar, daß menschliche Knochen zwischen diesen Monumenten hin und her transportiert wurden. Zwar wurden einige Umfriedungen noch immer im Zentrum der besiedelten Gebiete angelegt, doch erbaute man sie anderenorts bereits an abgelegenen Stellen, manchmal etwa auf kleinen Waldlichtungen. Sie spielten eine wichtige Rolle als gemeinschaftliche Treffpunkte, und noch wahrscheinlicher dienten sie dem Austausch ausländischer Objekte und der Veranstaltung großer Feste.

In Britannien und Westfrankreich wurden schließlich einige dieser Monumente als befestigte Siedlungen rekonstruiert. Ihre Wälle wurden ohne Gänge wieder aufgebaut, und im Inneren finden wir die Reste von Häusern. Manchmal waren diese Verteidigungsmaßnahmen allerdings wirkungslos: Einige von ihnen waren angegriffen und zerstört worden. In Dänemark sieht die Abfolge ähnlich aus, doch ließ man hier die Wälle unvollendet und ersetzte sie durch offene Siedlungen. In gewisser Hinsicht schließt sich der Entwicklungskreis der Umfriedungen wieder. Einige der ältesten Fundstellen waren umfriedete Siedlungen, und zu diesem Typ gehörten auch einige der letzten, die noch gebaut wurden. Dazwischen übernahmen sie eine Reihe mysteriöser Rollen in der prähistorischen Gesellschaft, wozu nicht zuletzt auch Feiern zu Ehren ihrer Toten gehörten.

Organisation reichte offenbar weit über die Grenzen einzelner megalithischer Bauerngesellschaften hinaus, die über dieses gewaltige Gebiet verteilt waren. Zudem bestand damals nachweislich eine ausgeprägte Abgrenzung gegen Gesellschaften, die es aus irgendwelchen Gründen ablehnten, die Tradition des Baues von Megalith-Monumenten zu übernehmen.

Allein die Größe der Megalithbauten von Wiltshire spricht dafür, daß sie von Arbeitskräften erschaffen wurden, die nur aus der unmittelbaren Nachbarschaft nicht hätten bestritten werden können. Der Graben und der große Steinzirkel von Avebury weisen einen Durchmesser von über 400 Meter auf, und ursprünglich bestand der Kreis aus über 100 Steinen, von denen viele mehr als 40 Tonnen wogen. Innerhalb des Zirkels lagen zwei kleinere Steinkreise mit einem Durchmesser von jeweils 100 Meter. Und vom südlichen Teil des Monuments führt eine beinahe zwei Kilometer lange Steinreihe — die Kennet Avenue — auf einen riesigen Hügel zu, der als Silbury Hill bekannt ist.

Silbury ist Europas größter prähistorischer Hügel. Er ist 40 Meter hoch und bedeckt eine Fläche von 2,2 Hektar. Bei dieser riesigen Erhebung handelt es sich vermutlich nicht um einen Grabhügel — die teilweise mit Terrassen angelegte Steigung und der flache Gipfel legen die Vermutung nahe, daß er einst das Fundament eines Tempels bildete. Vermutlich wurde er zu Zeremonien bei Avebury und Kennet Avenue verwendet. Während der siebziger Jahre dieses Jahrhunderts grub man einen Tunnel mitten durch den Hügel. Zwar wurde dabei kein Grab entdeckt, doch zeigte sich, daß der gesamte Hügel von Menschen gemacht war. Radiokarbon-Datierungen von Torfproben aus dem Inneren belegten, daß er in megalithischer Zeit erbaut wurde und teilweise mit Avebury zeitgleich existierte. Man errechnete, daß der Bau mehr als zehn Jahre erfordert hätte, wenn 500 Männer am Bau von Silbury Hill pausenlos beschäftigt gewesen wären.

Eine so langwierige Aufgabe hätte zweifellos einer zentralen Führung oder wenigstens einer Konzentration religiöser Macht bedurft. Zu einem großen Teil gilt dies ebenso für den Bau von Stonehenge, für dessen Kreis aus blauem Tonsandstein das Baumaterial von den südwalisischen Preseli Mountains 400 Kilometer weit herangeschafft wurde.

Wahrscheinlich existierten auch in einer anderen bedeutenden megalithischen Region Westeuropas neben den traditionellen Stammesgesellschaften noch ähnliche religiöse »Überorganisationen«, und zwar im französischen Carnac. Die gewaltigen Bauten, die im Gebiet um Carnac und Locmariaquer in Morbihan (Südbretagne) konzentriert sind, gehören zu den eigenartigsten Megalith-Monumenten Europas. Am auffälligsten sind die Reihen von Menhiren (Steinsäulen), die vor allem an drei Komplexen errichtet wurden: Le Ménec, Kermario und Kerlescan, wo noch heute 3000 Menhire in Reihen angeordnet stehen. Die meisten davon besitzen kolossale Abmessungen, — sie sind bis zu sechs Meter hoch — und gemeinsam besitzen die Reihen eine Länge von beinahe vier Kilometer. Sämtliche Komplexe der aufgestellten Steine bestehen aus parallelen Reihen, — bei Kerlescan sind es nicht weniger als 13 — und jeder Komplex ist ungefähr 100 Meter breit. Mit diesen Steinreihen sind Steinaltäre, Steinkreise und eine lange Reihe von Megalithgräbern verbunden.

Zwar sind bereits zahlreiche Anregungen bekannt, die die zeremonielle Funktion der Reihen deuten sollen, doch war noch keine schlüssige Erklärung dabei. Möglicherweise repräsentierten die einzelnen Steine verstorbene Vorfahren. Le Grand Menhir — ein gewaltiger Menhir bei Locmariaquer, der heute in fünf Stücke zerbrochen ist, ursprünglich jedoch 21 Meter hoch war — mag einst für astronomische Beobachtungen oder einfach als weithin sichtbares Zentrum für den Kult gedient haben. An klaren Tagen dürfte er jedenfalls von vielen Stellen der Bucht von

△ Das Ganggrab von Les Pierres Plates bei Locmariaquer in der französischen Bretagne. Zahlreiche Steine in diesem Monument, insbesondere die Orthostaten, sind mit Gravuren verziert.

▽ Silbury Hill in Wiltshire ist 40 Meter hoch und besitzt einen Durchmesser von 160 Meter. Er ist damit der größte von Menschen gemachte Hügel in Europa. Dieser aus dem dritten vorchristlichen Jahrtausend stammende Bau enthält keine Gräber. Vermutlich diente er einst als Fundament für einen Tempel.

Morbihan zu sehen gewesen sein, einschließlich der Steinreihen von Le Ménec, Kermario und Kerlescan. Le Grand Menhir, der vermutlich größte Menhir der Welt, ist teilweise bearbeitet und besitzt eine ebenmäßige, geglättete Oberfläche. Er besteht aus einer Art von Granit, der in diesem Gebiet nicht vorkommt und daher aus dem Inneren der Bretagne an seinen endgültigen Standort an der Küste transportiert worden sein muß. Angesichts des Gewichtes von 350 Tonnen ist dies eine bemerkenswerte Leistung.

Megalithen, die mit Ornamenten versehen sind, findet man innerhalb Europas insbesondere in Carnac. Zur Zeit kennen wir 250 dekorierte Steine allein aus 75 verschiedenen Fundorten der Bretagne, überwiegend aus Ganggräbern. Die frühesten Ganggräber, wie etwa Ile Gaignog, stammen aus der Zeit zwischen 4800 und 3700 vor Christus. Sie enthalten einfache Abbildungen, wie zum Beispiel Joch-ähnliche Figuren, Sicheln und Axtklingen mit Griffen sowie diverse Arten anthropomorpher Motive, sogenannte »Beschützer«, die vermutlich als göttliche Figuren zu deuten sind.

Die späteren Ganggräber datieren aus der Zeit zwischen 3700 und 3100 vor Christus. Zu jener Zeit hatten die Megalith-Monumente erheblich an Umfang gewonnen. Das Innere der Gräber war vergrößert und die Gänge erweitert. Damals baute man auch deutlich gegliederte innere Unterteilungen ein. Die Verzierungen, die aus der früheren Periode stammten, durchliefen während dieser späteren Phase eine bemerkenswerte Entwicklung. In dieser Zeit entstanden einige der vollkommensten Dekorationen des megalithischen Westeuropa, die nur noch mit der Kunst der Ganggräber im irischen Boyne Valley vergleichbar sind. Einige Verzierungselemente beider Regionen weisen gewisse Ähnlichkeiten auf. Zudem ist ein Kontakt zwischen diesen Stätten künstlerischer Vollkommenheit nicht ganz auszuschließen.

Der Höhepunkt der Megalithenbauten wird durch ein Ganggrab auf Ile de Gavrinis repräsentiert, einer Insel mitten in der Bucht von Morbihan. Hier sind sowohl die Steine in der Grabkammer als auch die des

◁ Die Steinreihen von Le Ménec bei Carnac in der Bretagne (Frankreich) bestehen aus elf parallelen Steinlinien, die sich über einen Kilometer hinziehen. Wir wissen nicht, welche zeremonielle Funktion diese Reihen erfüllt haben könnten. Vielleicht jedoch repräsentierten die einzelnen Steine tote Vorfahren.

△ In Verbindung mit den bemerkenswerten Steinreihen von Carnac fand man zahlreiche Megalithgräber, Steinaltäre und Steinzirkel, wie etwa diesen hier.

▽ Eine historische Zeichnung aus *Archéologie Gaule*, die die Steinreihen bei Carnac zeigt.

▷ Das auf einer Insel in der Bucht von Morbihan bei Carnac gelegene Ganggrab gehört zu den großen Megalith-Monumenten Westeuropas, die dekorierte Steine enthalten. Sowohl in der Kammer als auch im Gang sind die Orthostaten verziert. Zwischen diesem Fundort und dem irischen Newgrange lassen sich deutlich Ähnlichkeiten feststellen.

▽ Die Gravuren von Gavrinis zeichnen sich durch umfangreiche Gruppen U-förmiger Muster aus. Daneben findet man Schlangenfiguren, Zickzacklinien und dreieckige Reliefdarstellungen von Axtklingen.

▽ Das Ganggrab von Antelas bei Oliveira de Frades, unweit von Viseu (Portugal) gelegen. Dieses Grab birgt großartige megalithische Dekorationen in Gestalt schematischer, in Rot und Schwarz gehaltener Bilder.

Ganges dekoriert, und im Inneren sind U-förmige Darstellungen ineinander verschachtelt und in verschiedenen Anordnungen und Größen gruppiert.

Die menschenähnlichen Figuren, die schon zu den ursprünglichen Bildern der frühen Ganggräber der Bretagne gehörten, entwickelten sich von symbolischen Abbildungen zu immer deutlicher sichtbaren Bestandteilen der kultischen Zeremonien. Diese Beschützer, ursprünglich sehr einfache, umrißartige Bilder, wurden nach und nach zu Figuren mit angedeuteten Augen und Brüsten, und trotz ihres kargen Stils stellen sie offenbar eine göttliche Figur dar. In den megalithischen Monumenten, die aus dem Ende der Steinzeit datieren, handelt es sich wahrscheinlich um eine weibliche Gottheit. In den Galeriegräbern, den spätesten megalithischen Gräbern, wird diese Göttin durch ein Paar reliefartiger Brüste dargestellt, über oder unter denen häufig eine Perlenkette plaziert ist. Die Verehrung dieser weiblichen Gottheit wird auch an freistehenden menschenähnlichen Stelen (aufrechten Tafeln) oder Menhir-Statuen Westfrankreichs deutlich, an denen Augen, eine Nase sowie Zeichen deutlich zu erkennen sind, die Brüste darstellen. Ihr Geschlecht steht also außer Zweifel. Einige dieser Figuren, in der Regel diejenigen mit Halsketten, tragen manchmal ebenfalls stilisierte Hände, die zumeist unterhalb der Brüste angeordnet sind.

Neben den prächtigen Steingräbern der Bretagne gehören die irischen Ganggräber zu den imposantesten und großartigsten Monumenten Europas. Die meisten von ihnen sind in Gruppen auf dem nördlichen und insbesondere auf dem östlichen Teil der Insel angeordnet. Zudem wurden sie häufig in dramatischer Höhe auf Bergkämmen errichtet. Loughcrew im County Meath und Carrowkeel im County Sligo gehören zu den bedeutenden Gräberfeldern, und auch bei Tara und Fourknocks im County Meath sowie bei Baltinglass im County Wicklow befinden sich großartige Bauten. Die hervorragendsten jedoch sind Newgrange, Knowth und Dowth im Boyne-Tal (County Meath).

25 Kilometer vor seiner Mündung in die Irische See bei Drogheda macht der Boyne River eine scharfe Biegung, in deren Mitte sich drei gigantische, 5000 Jahre alte Hügel befinden. Zwei davon, Newgrange und Knowth, wurden viele Jahre lang systematisch freigelegt. Newgrange wurde verläßlich auf 3200 bis 3000 vor Christus datiert und repräsentiert so das Ende einer 1500 Jahre alten Megalith-Tradition in Irland. Knowth ist etwas älter. Der Fundort wurde auf den Zeitraum zwischen 3700 und 3500 vor Christus datiert.

Newgrange ist ein gigantischer Komplex. Er umfaßt einen Durchmesser von 85 Meter und bedeckt eine Fläche von nahezu einem halben Hektar. Ein 19 Meter langer Gang führt in die kreuzförmige Kammer mit einem Dach, das durch Balkenköpfe gestützt wurde, und einer sechs Meter hohen Decke. Beinahe jeder Stein im Bordstein-Kreis und im Gang ist mit Verzierungen bedeckt. Ganz sicher besaßen die Erbauer dieses Monumentes fundierte Kenntnisse der Astronomie, denn das ganze Grab ist so angelegt, daß es durch ein eigenes Dachfenster über dem langen Gang die ersten Strahlen der Wintersonnenwende am 21. Dezember einfängt. Newgrange ist ein riesiges Observatorium, das für einen megalithischen Kult erbaut wurde. (Vergleiche den Kasten *Newgrange: Ein Sonnentempel.*)

Kannibalen des Nordens

Die Steingräber Nordeuropas sind für ihre reichen Funde an Grabbeigaben bekannt. Diese bestehen überwiegend aus prächtig dekorierten Töpfereiwaren unterschiedlicher Formen. Außerdem fand man zahlreiche Bernstein-Amulette, etwa in Gestalt winziger Keulen oder Streitäxte. Häufig wurden diese Funde noch vor den Eingängen zu den Kammern entdeckt. Früher vermutete man, daß es sich um Beigaben handelte, die vor späteren Begräbnissen entfernt worden waren. Allerdings wurde in den dreißiger Jahren dieses Jahrhunderts klar, daß sich diese Gegenstände niemals in den Grabkammern befunden hatten. Stattdessen handelte es sich um Speiseopfer, die man in Zusammenhang mit Begräbnissen und anderen wiederkehrenden Zeremonien gebracht hatte.. Diese megalithischen Rituale zeigen deutlich, daß ein vorangehender Kult existiert hat.

Die Beisetzungen fanden immer als Erdbestattungen statt. Zahlreiche Leichen wurden auf den Boden der Grabkammer gelegt, und zwischen ihnen ließ man Raum für weitere Beisetzungen. In der Zeit ihres Gebrauches müssen diese Gräber mit Leichen in verschiedenen Stadien der Verwesung gefüllt gewesen sein. An einigen Stellen waren die Grabkammern durch Steintafeln in kleinere Einheiten unterteilt. Obwohl diese Kammern nicht groß genug waren, um eine auf dem Bauch liegende Leiche aufzunehmen, fand man in ihnen jeweils alle Knochen ganzer Individuen. Möglicherweise wurde das Fleisch vor der Beisetzung durch Kochen oder Verwesung von den Knochen entfernt, wie in den englischen Langhügelgräbern. Da jedoch keinerlei Schnittspuren an den Knochen gefunden wurden und nicht einmal die kleinsten Fußknöchelchen fehlen, ist eher zu vermuten, daß die Leichen mit zusammengebundenen Armen und Beinen sitzend in den Kämmerchen untergebracht und dort der Verwesung überlassen wurden.

Verbrannte menschliche Knochen wurden dagegen oft bei Ausgrabungen von Dolmen und Ganggräbern gefunden, insbesondere außerhalb der Eingänge zu den Kammern. Dies wird als klarer Beweis dafür gewertet, daß bei megalithischen Begräbnisfeiern Menschen geopfert wurden, da die Verbrennung von Toten in Nordeuropa während der Steinzeit nicht praktiziert wurde. Zudem zeigte die Ausgrabung eines Dolmen bei Fosie an der Südspitze Schwedens, daß mehrere verbrannte menschliche Knochen, die alle unter verschiedenen Steintafeln lagen, auf Kannibalismus zurückzuführen waren. Da die Knochenfunde aus absichtlich zerbrochenen Schädelteilen von 22 Menschen bestanden, wurden vermutlich nur die Gehirne gegessen.

Überreste von Menschen, die in megalithischer Zeit geopfert und gegessen worden waren, fand man auch in Torfmooren. Einen derartigen Fund machte man in einem Moor bei Sigersdal auf Seeland (Dänemark). Es handelte sich um die Überreste zweier unbekleideter junger Mädchen (vermutlich Schwestern), die man um 3500 vor Christus erwürgt, erschlagen und ertränkt hatte. Mit ihnen wurde ein Lehmtopf

△ Die megalithischen Dekorationen in der Region von Viseu (Portugal) sowie die von Galizien und Kantabrien (Spanien) bestehen überwiegend aus Malereien, die sich häufig auf Steinen in den Kammern befinden. Glücklicherweise sind viele dieser 5000 Jahre alten Arbeiten außerordentlich gut erhalten – so auch diese aus dem Ganggrab von Antelas.
REPRODUZIERT MIT ERLAUBNIS DER OXFORD UNIVERSITY AUS ELIZABETH SHEE TWOHIG (1981): THE MEGALITH ART OFT WESTERN EUROPE (NACH ALBUQUERQUE E. CASTRO ET. AL. (1957): COMM. SERV. GEOL. 38).

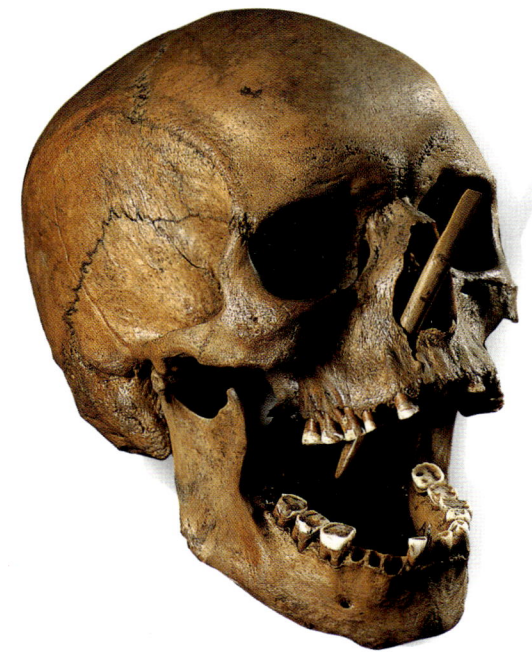

▷ Die ersten Anzeichen für Aggressionen und Kriege tauchten in Nordeuropa auf, als die Menschen begannen, seßhaft zu werden und den Ackerbau aufzunehmen. Dieser 35jährige Mann aus Porsmose bei Naestved in Dänemark wurde von zwei knöchernen Pfeilen durchbohrt. Einer davon war durch sein Brustbein gedrungen, der andere war durch die Nase ins Gehirn gelangt. Der Mann lebte um 3000 vor Christus, also zur Zeit der Megalith-Tradition.
THE NATIONAL MUSEUM OF DENMARK, DEPARTMENT OF ETHNOGRAPHY

NEWGRANGE – EIN SONNENTEMPEL

GÖRAN BURENHULT

Nur einmal in jedem Jahr, am 21. Dezember um 9 Uhr 54, breitet sich in der pechschwarzen Grabkammer allmählich ein zunehmendes Licht aus. Sechs Minuten später hat der Sonnenstrahl seine größte Breite erreicht und überflutet die 22 Meter vom Eingang entfernte Kammer mit strahlendem Licht. Dann geht seine Intensität zurück, und um 10 Uhr 15 ist das Licht vollkommen verschwunden.

Diese faszinierende Szene dauert 21 Minuten, und danach bleibt die Grabkammer für weitere 364 Tage bis zur nächsten Wintersonnenwende in vollkommener Dunkelheit. Es handelt sich um Newgrange im irischen Boyne-Tal, eines der großartigsten Megalith-Monumente Europas, ein Ganggrab mit einer kreuzförmigen Kammer, die tief in einen großen Hügel hineingebaut wurde. Newgrange und die unweit davon gelegenen Hügel von Knowth und Dowth sind große Monumente einer steinzeitlichen Gesellschaft Westeuropas, die von einer erstaunlichen technischen und astronomischen Kenntnis zeugen.

Diese Gräber repräsentieren den Höhepunkt einer nahezu 2000-jährigen Megalith-Tradition in Irland. Sie wurden auf die Zeit um 3200 vor Christus datiert, womit sie über 5000 Jahre älter sind als die ägyptische Cheops-Pyramide. Schon seit einiger Zeit weiß man, daß die Sonne in den steinzeitlichen Kulten eine besondere Rolle spielte. Das beste Beispiel ist das südenglische Stonehenge, das dazu gebaut war, die Sommersonnenwende vorherzusagen. Aber nachdem Michael J. O'Kelly am Ende der sechziger Jahre bei Newgrange mit den Ausgrabungen begonnen hatte, wurde deutlich, daß auch die Wintersonnenwende, die Wiedergeburt des Jahres, in den kultischen Zeremonien und Ritualen der steinzeitlichen Bauern Irlands von großer Bedeutung war.

Die Kammer besitzt ein mit Balkenköpfen gestütztes Dach, wird also von seinem eigenen Gewicht und dem der darüberliegenden Erde zusammengehalten. Jeder Dachstein ist ein wenig mehr hineingeschoben als der untere, so daß der Durchmesser des Daches bei jeder neuen Lage abnimmt. Das an

▷ Einmal in jedem Jahr, am 21. Dezember um 9 Uhr 54, wird die Grabkammer von Newgrange von der aufgehenden Sonne erleuchtet. Um 10 Uhr 15 ruht dieses Totenhaus dann für weitere 364 Tage wieder in völliger Dunkelheit.

▽ Der Grabungsleiter, Michael J. O'Kelly, neben dem Eingangsstein von Newgrange, der bei vielen als das vorzüglichste Beispiel megalithischer Kunst überhaupt gilt. Bei der Steintafel rechts vom Eingang handelt es sich um den Siegelstein, der einst den Zugang versperrte und somit die Welt der Lebenden von der der Toten trennte. Der Kasten auf dem Dach, durch den die ersten Strahlen der Wintersonnenwende eindringen, ist über dem Eingang deutlich zu sehen.

GÖRAN BURENHULT

MICHAEL J. O'KELLY

der Dachspitze verbliebene Loch, das sechs Meter über dem Boden der Kammer liegt, wird von einer Steinplatte verdeckt. Während des Baues muß das Dach von innen mit Pfosten gestützt worden sein. Weder die Kammer selbst noch ihre Gewölbe wurden jemals neu gebaut oder repariert. Die Konstruktion überlebte also die Spuren der Zeit über 5000 Jahre lang.

1963 machte man bei der Ausgrabung des Monuments oberhalb des Durchganges eine bemerkenswerte Entdeckung. Auf dem Dachstein befindet sich eine 90 Zentimeter hohe, rechteckige Öffnung. Dieser Dachkasten verläuft entlang der gesamten Länge des Ganges und führt in die Kammer. Vorn am ersten Steinblock des Daches wurde ein elegantes Dreiecksmuster eingraviert. Am Boden unterhalb der Öffnung fand man zwei Quarzitblöcke, die auf ihrer Unterseite horizontale Schrammen trugen. Diese Blöcke paßten genau in die Öffnung, und zudem wies der erste Dachstein dieselbe Art horizontaler Schrammen auf. Ganz unzweifelhaft wurde die Öffnung des oberen Ganges mit den Quarzitblöcken versiegelt, und den Schrammen nach zu urteilen war dieser Durchgang häufig geöffnet und wieder versiegelt worden.

Als Newgrange am Ende des vierten vorchristlichen Jahrtausends fertiggestellt war, wurden die Kammer und der Durchgang mit einem Steinblock versiegelt, und während der folgenden kultischen Zeremonien durfte niemand das Innere des Monuments betreten. Zweifellos dienten die Öffnung und der schmale Tunnel oberhalb des Ganges als »Kommunikationskanal« zwischen den Lebenden außerhalb und den Toten innerhalb der versiegelten Kammer.

Professor O'Kelly stellte einige Berechnungen über die Funktion des Dachaufsatzes an. Daraus ergab sich, daß die Sommersonnenwende bei Newgrange keine Bedeutung haben konnte, daß aber die Wintersonnenwende am 21. Dezember die komplizierte Konstruktion über dem Gang möglicherweise erklären könnte. Am frühen Morgen des 21. Dezember 1969 machte sich O'Kelly zu der dunklen Kammer auf, um zu sehen, ob seine Berechnungen zutrafen. Er versiegelte den Eingang des Monuments mit schwarzem Tuch, so wie der Siegelstein einst die Öffnung blockiert hatte, und nur der enge Tunnel oberhalb des Ganges blieb offen. Mit auslösebereiter Kamera setzte er sich mitten auf den Boden der Kammer und wartete, auf den Sonnenaufgang. Er schaltete seine Taschenlampe ab, und alles wurde pechschwarz. Der Rest läßt sich am besten mit O'Kellys Worten beschreiben: »Genau um 9.54 Uhr tauchte die Spitze des Sonnenballs über dem Horizont auf, und um 9.58 Uhr drang der erste direkte Sonnen-

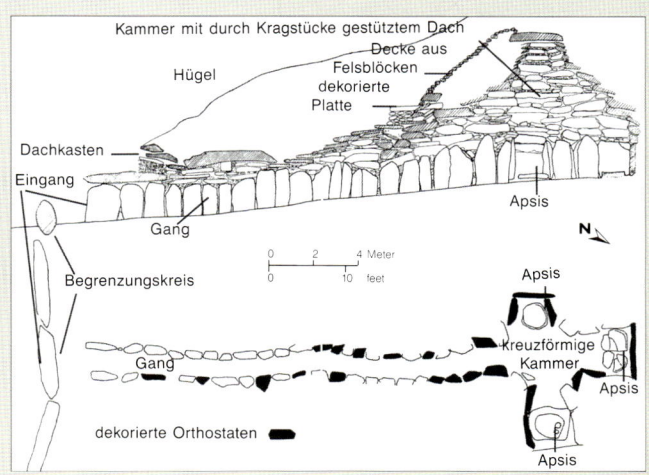

strahl durch den Kasten auf dem Dach und durch den Gang. Er traf an der vorderen Kante des Beckensteins der letzten Kammer auf den Fußboden auf. Als sich der dünne Lichtstrahl auf eine Breite von 17 Zentimeter erweiterte und über den Boden der Kammer ergoß, wurde das Grab in dramatischer Weise erleuchtet, und in dem Licht, das vom Boden reflektiert wurde, waren verschiedene Einzelheiten der Seiten- und Endkammern sowie des mit Balkenköpfen gestützten Daches deutlich sichtbar. Um 10.04 Uhr verschmälerte sich das Lichtband wieder, und genau um 10.15 Uhr wurde der direkte Lichtstrahl vom Grab abgeschnitten. Also kann bei Sonnenaufgang des kürzesten Tages im Jahr direktes Sonnenlicht eindringen, nicht über den Eingang, sondern durch den eigens dafür entworfenen Spalt, der sich unter dem Dachaufsatz am äußeren Ende des Gangdaches befindet.«

Also wurde der Dachaufsatz alljährlich vor Sonnenaufgang des 21. Dezember geöffnet, um die ersten

△ Der Gang und die Kammer von Newgrange im Grundriß und von der Seite gesehen. Die schwarz gezeichneten Steine tragen Dekorationen. Der Gang, der in die Kammer führt, ist 19 Meter lang und wird von mehr als 40 Monolithen gesäumt, von denen 15 mit Gravuren dekoriert sind.
NACH O'KELLY, 1975

△ Newgrange besitzt einen Durchmesser von 79 bis 85 Meter. Das Grab ist von einem Steinzirkel umgeben, dessen 97 Steine jeweils über drei Meter lang und nahezu ausnahmslos mit megalithischen Gravuren reich verziert sind.

△ Die Mehrheit der tragenden Monolithen der Grabkammer und der Apsen sind wunderschön dekoriert, überwiegend mit Spiral- und Zickzackmustern. Das schönste Ornament ist die berühmte Dreifachspirale.

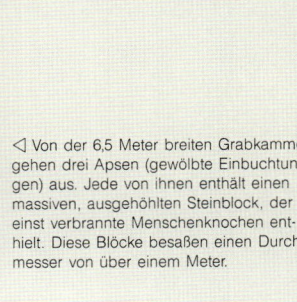

◁ Von der 6,5 Meter breiten Grabkammer gehen drei Apsen (gewölbte Einbuchtungen) aus. Jede von ihnen enthält einen massiven, ausgehöhlten Steinblock, der einst verbrannte Menschenknochen enthielt. Diese Blöcke besaßen einen Durchmesser von über einem Meter.

Sonnenstrahlen des Jahres in die Kammer einzulassen, doch was geschah dann? Wurden die Geister der Toten über das bevorstehende Jahr befragt? Oder berichteten ihnen die Lebenden, was sich während des vergangenen Jahres zugetragen hatte? Wurden Menschen geopfert oder nur Tiere? Welche Mitglieder der Gesellschaft fanden ihre letzte Ruhe in Newgrange? Viele kleine Megalithgräber Irlands bergen die Knochen Hunderter verbrannter Menschen, aber nur wenige wurden in Newgrange gefunden. Bei diesen wenigen dürfte es sich um Häuptlinge gehandelt haben, die zugleich Priester waren, doch ist ebensogut vorstellbar, daß die Knochen zu den Menschen gehören, die bei der Einweihung des Monuments geopfert wurden, so daß Newgrange niemals als Grabkammer genutzt wurde. Ganz fraglos war es in erster Linie ein Kultzentrum und kein Begräbnisort.

Newgrange bietet einen hervorragenden Beleg für die intellektuelle Raffinesse unserer angeblich ungebildeten, steinzeitlichen Vorfahren. Vermutlich existierten in vielen Regionen Europas schon vor 5000 Jahren höher entwickelte Sozialsysteme. Mit Sicherheit gab es mächtige Stämme, die über weite Entfernungen Kontakte pflegten. In Südengland fand man Hinweise dafür, daß die Steinzirkel bei Avebury für kultische Zeremonien genutzt wurden, die im südwestlichen Teil des Landes, von Cornwall im Süden bis zum Norden von Wales, verbreitet waren. Während feststeht, daß die Sonne bei diesen Zeremonien eine zentrale Rolle spielte, ist noch unsicher, welche astronomischen Beobachtungen sonst noch vorgenommen wurden.

GÖRAN BURENHULT

△ Die Steingräber aus dem Distrikt von Drenthe im Norden der Niederlande gehören - sowohl hinsichtlich ihrer Länge als auch wegen der Größe ihrer Steine - zu den eindrucksvollsten ganz Europas. Dieser Dolmen bei Borger an der Straße zwischen Assen und Emmen gehört zu den ungewöhnlichsten Beispielen der Region.

GÖRAN BURENHULT

△ Ein guterhaltenes Steingrab bei Drouwen nördlich von Borger im Distrikt Drenthe.

geborgen, dessen Boden die Abdrücke von Emmer-Körnern trug. Vermutlich hatte der Topf Speiseopfer enthalten, eine Form von Grabbeigaben, die im Neolithikum verbreitet war. Weiter draußen im Moor waren zudem 13 prächtige polierte Feuersteinäxte im Wasser versenkt worden.

Es ist anzunehmen, daß dem Opfer von Sigersdal eine Art Fruchtbarkeitskult zugrunde lag. Die Menschen glaubten, durch ein derartiges Opfer die Bedingungen dafür zu schaffen, daß ihre Ahnenreihe fortbesteht, daß die Jahreszeiten wiederkehren und immer wieder Menschen und Tiere geboren werden. Diese Rituale waren möglicherweise an die Sommer- und Wintersonnenwende gebunden. Hierfür sprechen im monolithischen Europa Monumente wie Newgrange und Stonehenge, deren Hauptfunktion mit diesen bedeutenden, alljährlich wiederkehrenden Ereignissen verbunden war.

Man kennt aus der Zeit um 3500 vor Christus, als die Schwestern von Sigersdal geopfert wurden, mehrere Fälle von Kannibalismus. So fand man bei Troldebjerg im dänischen Langeland die Überreste von mindestens drei Menschen, die zusammen mit Feuerstein- und Streitäxten sowie mit Töpfen geopfert worden waren, in denen sich Nahrungsmittel befunden hatten. Unter den Opfern befanden sich ein 13jähriges Kind und eine 40 Jahre alte Frau, die beide durch starke Schläge auf den Kopf getötet worden waren. Mehrere Opfertiere, darunter fünf junge

Stiere, vier Schweine, eine Ziege und ein Hund wurden, ihren Verletzungen nach zu urteilen, auf dieselbe Weise umgebracht.

Was bis heute erhalten blieb

Megalithische Traditionen haben in vielen Gesellschaften und unterschiedlichen Gebieten der Welt überlebt, und an einigen Orten werden noch immer steinerne Gräber über den Toten errichtet. Eine sorgfältige Betrachtung dieser moderneren Kulturen kann uns dabei helfen, einige der Elemente zu verstehen, die zum Aufkommen megalithischer Traditionen führten, und uns Aufschlüsse über die Glaubenswelt jener Menschen und über die Funktion der Monumente geben. Zu Anfang muß festgehalten werden, daß derartige Gräber niemals von nomadischen Jäger und Sammler-Gesellschaften erbaut wurden. Während sich diese Feststellung beinahe von selbst erklärt, läßt sich der Bau der Gräber selbst auf zahlreiche Faktoren zurückführen, etwa auf eine soziale Rangordnung, die Größe einer Gruppe und auf den Umfang, in dem das umliegende Territorium kontrolliert wurde, was häufig zunehmende Aggressionen nach sich zog.

Bei allen derart untersuchten Völkern wissen die Mitglieder einer Gesellschaft ganz genau, welche Person oder Familie ein bestimmtes Monument erbaut hat und benutzt, und die soziale Stellung eines Individuums entspricht in der Regel der Größe, der äußeren

Erscheinung oder der Plazierung eines Grabes oder aufgestellten Steins. Eine weiteres deutliches Merkmal der meisten dieser Gesellschaften ist, daß viele Menschen oder Familien über ihren Toten gar kein Monument errichten dürfen. In einigen Gesellschaften kann jeder Mann (oder wenigstens die meisten Männer) durch komplizierte und kostenaufwendige Zeremonien einen gesellschaftlichen Rang erreichen, der ihm den Bau eines Grabes dennoch ermöglicht. In anderen Gesellschaften funktioniert dies wieder nicht, weil die traditionellen Erblinien nicht durchbrochen werden dürfen.

Es ist also klar, daß Megalith-Monumente ausschließlich von seßhaften Gesellschaften mit einer relativ hohen Bevölkerungsdichte erbaut werden und daß die Berechtigung dazu mit einem hohen sozialen Rang verbunden ist, sei er ererbt oder nachträglich erworben. Ausnahmslos sind die Anführer solcher Gesellschaften Häuptlinge. Zudem spielten Menschenopfer und manchmal auch das Verspeisen feindlicher Individuen in allen bekannten megalithischen Gesellschaften eine hervorragende Rolle. Dies deckt sich auch mit den archäologischen Funden des europäischen Neolithikums und läßt eine Gesellschaft vermuten, die aggressive Handlungen für ihren eigenen Fortbestand für unverzichtbar hielt und bei der solche Handlungen Teile religiöser Zeremonien waren. Der äußere Druck und die ständigen Kriege forderten mächtige Anführer, und es überrascht vielleicht kaum, daß alle bekannten megalithischen Gesellschaften von Männern geführt werden. Das muß nicht unbedingt bedeuten, daß Frauen einen geringen Rang einnehmen, sondern eher, daß die politische Macht und die Durchführung der Zeremonien den Männern überlassen bleibt.

Bei den megalithischen Gesellschaften, die aus historischer Zeit bekannt sind, dienen die Monumente niemals in erster Linie als territoriale Begrenzer. Auch sind sie völlig vom technologischen Niveau einer Gesellschaft unabhängig, da sie bei Völkern vorkommen, deren Kultur an die Steinzeit, an die Bronzezeit oder an die Eisenzeit erinnert. Allerdings weisen die Kulturen, die für ihre kultischen Zeremonien auf Steingräber angewiesen sind, mehrere gemeinsame Merkmale auf. Beinahe ausnahmslos hängt der Kult mit der Verehrung der Ahnen zusammen. In einigen stark geschichteten Gesellschaften, darunter den meisten polynesischen Häuptlingstümern im pazifischen Raum, hingen einige Megalith-Monumente mit der Verehrung von Göttern zusammen, doch sind dies Ausnahmen, die die Regel nur bestätigen. Im Prinzip repräsentieren die verschiedenen Gräber und Menhire die Vorfahren, deren Geister nach der Überzeugung der Menschen stets anwesend sind und an den Zeremonien teilnehmen. Wenn Opfer gebracht werden, so versöhnt man dadurch die Vorfahren und sichert den Zugang zum Totenreich, wo die endgültige Vereinigung einmal stattfindet. In Gesellschaften, die Gräber mit Eingängen errichten, ähnlich den europäischen Dolmen und Ganggräbern, repräsentiert dieser Eingang zumeist das Tor zum Totenreich. Ganz fraglos wirken die Motive, die die Menschen zum Bau dieser Monumente bewegten, sehr ähnlich, unabhängig von Zeit und Ort.

Noch immer ist nicht ganz klar, was dazu führte, daß die megalithische Tradition im neolithischen Westeuropa unterging. Zwar mag auch ein wirtschaftlicher und sozialer Zusammenbruch beteiligt

gewesen sein, doch spielten vermutlich religiöse Umwälzungen eine bedeutende Rolle in den gesellschaftlichen Veränderungen, die sich um die Mitte des dritten vorchristlichen Jahrtausends über den ganzen Kontinent ausbreiteten. Zum Teil waren diese Veränderungen auch eine Folge des neu aufgekommenen Metalls und anderer Neuerungen, wie sie zum Beispiel in der Erfindung des Rades, des Karrens und vielleicht auch der Nutzung von Pferden als Reittiere vorliegen. Hinter dieser Veränderung der Tradition liegt das Auftauchen der sogenannten Streitaxt-Kulturen, die man einst zum Teil den indo-europäischen Völkerwanderungen zuschrieb. Es läßt sich allerdings nachweisen, daß diese neuen Gesellschaften ihre Wurzeln in den alten megalithischen Völkern hatten. Zum einen wurden nämlich die alten Begräbnisflächen weiterverwendet, und vor allem konnten moderne Ausgrabungen eine ungebrochene Forsetzung der Siedlungsgeschichte aufzeigen.

Seit 2800 vor Christus wurden in Europa keine neuen Steinmonumente mehr errichtet. Die Zeit der megalithischen Priester war vorüber.

△ Der älteste Monumental-Eingang der Welt, der Eingang zum Tempel von Hagar Qim auf der Insel Malta, ist ein großartiges Beispiel früher megalithischer Architektur.

▽ Der Megalith-Tempel von Mnajdra an der Südküste von Malta zeichnet sich durch eine komplizierte Innenkonstruktion aus. Zudem fand man hier hohe und verschiedenartige Altarsteine.

NEUE ANSICHTEN ÜBER DEN TOD IM PRÄHISTORISCHEN MALTA: DER KREIS VON BROCHTORFF

DAVID TRUMP, ANTHONY BONANNO, TANCRED GOUDER, CAROLINE MALONE UND SIMON STODDART

△ Diese große, kopflose, stehende Statuette aus dem Tempel von Hagar Qim wurde aus weichem Kalkstein herausgeritzt. Obwohl diese Steinfiguren von Malta häufig als »Muttergottheiten« tituliert werden, bleibt ihr Geschlecht unbestimmt.
RONALD SHERIDAN / ANCIENT ART & ARCHITECTURE COLLECTION

Die kleinen Mittelmeerinseln des maltesischen Archipels sind für ihre Tempel berühmt, die zwischen 3500 und 2500 vor Christus erbaut wurden und von denen einige zu den ältesten freistehenden Steingebäuden der Welt zählen. Diese komplizierten Strukturen mit Altären, Türen und zahlreichen dekorierten und gravierten Steinen zeugen von den reichen Ritualen und der vielschichtigen Glaubenswelt prähistorischer Menschen.

In einem der eindrucksvollsten aller prähistorischen Fundstätten, dem Hypogeum von Hal Saflieni, wurden Totenrituale durchgeführt. Die ungewöhnliche unterirdische Kammer war einst der Grabtempel für schätzungsweise 6000 bis 7000 Personen. Er ist in den weichen Kalkstein geschlagen und weist zahlreiche Ähnlichkeiten zu anderen Tempeln auf, etwa megalithische Türen. Über Stufen gelangt man in 30 größere Räume, die auf drei Hauptebenen angeordnet sind. Durch Sammelausgrabungen, die man zu Beginn dieses Jahrhunderts durchführte, ging das meiste Skelettmaterial verloren, und selbst von der Anordnung der Funde sind nur wenige Spuren erhalten geblieben.

Ein unterirdisches Grabmonument

In jüngster Zeit wurden jedoch Ausgrabungen auf dem Kreis von Brochtorff durchgeführt, einem Monument auf der Insel Gozo, das dem von Hal Saflieni ähnlich ist. Diese Arbeit liefert wertvolle Informationen über prähistorische Bestattungsbräuche und ermöglicht den Forschern, zahlreiche Lücken zu rekonstruieren, die bei Hal Saflieni verlorengegangen waren. Der Kreis von Brochtorff wurde erstmals in den zwanziger Jahren des letzten Jahrhunderts freigelegt, doch wurden die Ausgrabungen zum Glück für die Nachwelt nicht vollendet. Die einzigen brauchbaren Ergebnisse dieser frühen Arbeit bestehen aus

△ Der innerste freigelegte Bereich des Kreises von Brochtorff. Man erkennt das System von Kalksteinhöhlen, das durch architektonische Zugaben verschönert wurde.
CAROLINE MALONE, SIMON STODDART

▷ Die Einzelheiten dieser Rekonstruktion des Brochtorff-Zirkels basieren auf Indizien, die erst kürzlich ausgegraben wurden. Viele dieser Höhlungen waren ursprünglich überdacht.
NACH STEVEN ASHLEY

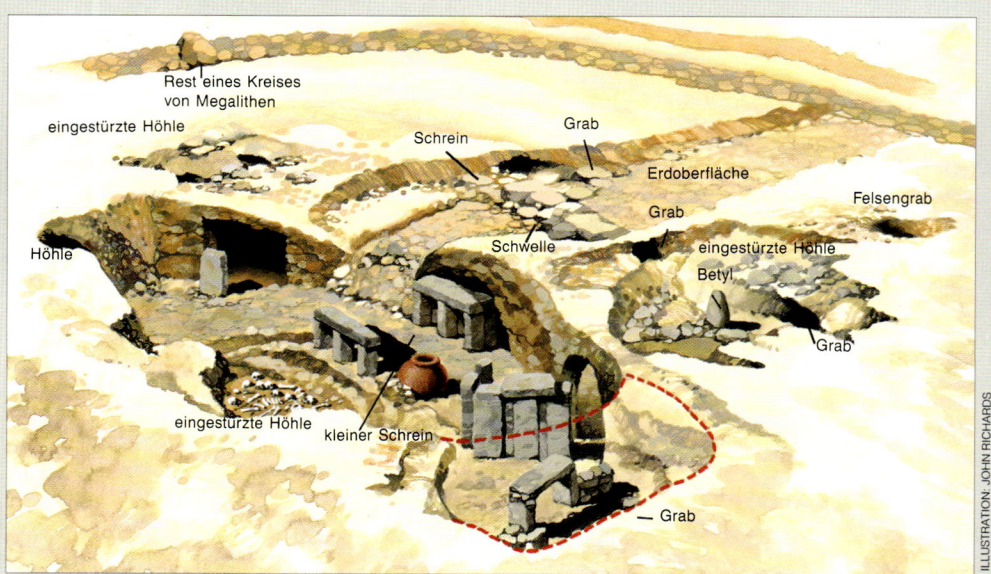

Rest eines Kreises von Megalithen
eingestürzte Höhle
Schrein
Grab
Erdoberfläche
Grab
Felsengrab
Höhle
Schwelle
eingestürzte Höhle
Betyl
eingestürzte Höhle
kleiner Schrein
Grab
Grab

ILLUSTRATION: JOHN RICHARDS

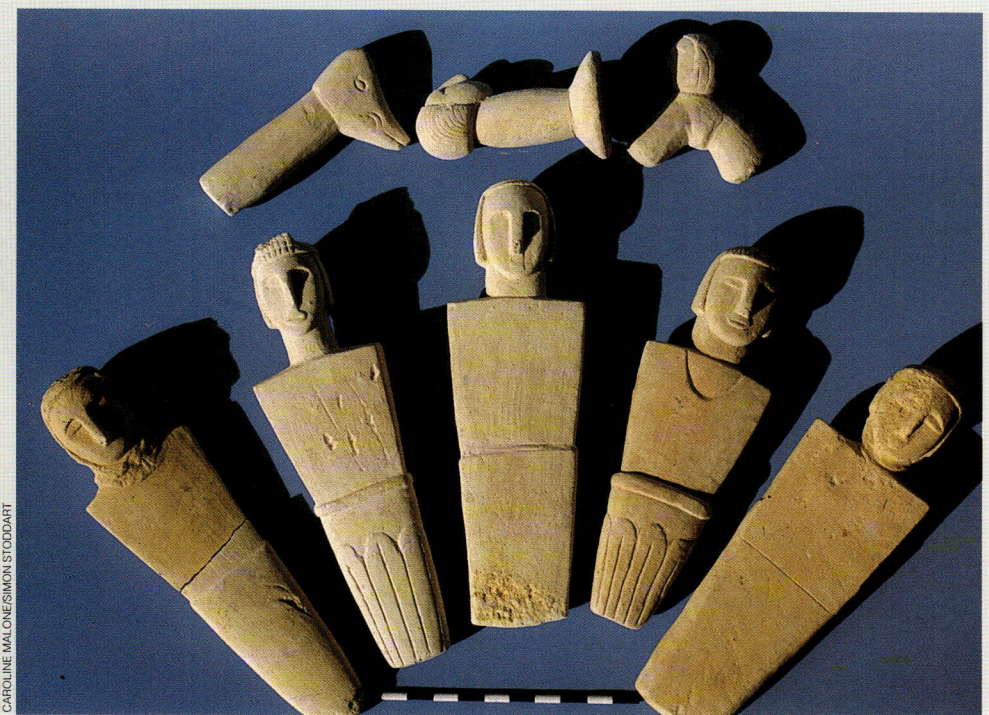

CAROLINE MALONE/SIMON STODDART

◁ Acht Kalksteinfiguren, die im Bündel in einem kleinen Schrein gefunden wurden – vielleicht das Arbeitsmaterial eines Spezialisten für Rituale. Einige befinden sich offenbar in unterschiedlichen Stadien der Fertigstellung.

ren aus dem Mittelmeerraum. Sie haben unterschiedliche Frisuren mit Zöpfen. Der erhaltene Kopf trägt einen aufwendigen Haarknoten mit einem herunterhängenden Zopf. Die eine trägt eine kleinere Darstellung ihrer selbst in der Hand, die andere ein kleines Gefäß. Der honigfarbene Stein war ursprünglich in mehreren Farben angemalt, und Spuren von Schwarz, Rot und Gelb sind auch heute noch zu erkennen. Und was hatten diese beiden Figuren zu bedeuten? Diese Frage werden wir wohl nur dadurch lösen können, daß wir bei weiteren Ausgrabungen den Zusammenhang rekonstruieren, in dem dieser Schrein steht.

Unmittelbar neben diesem Schrein zeigt eine natürliche, mit Knochen gefüllte Grube, daß dieser Ort ursprünglich als Begräbnisplatz diente. Kleine »Muttergottheiten«, Figuren aus gebranntem Lehm, lagen bei den Toten. Die Leichen waren nicht vollständig eingegraben. Sie waren vielmehr verschiedenen Riten unterworfen, die ihre Spuren offenbar über alle Höhlen und Nischen verstreut haben. Man fand neben zusammengebündelten oder teilweise verbrannten Knochen, teilweise zusammenhängenden Leichen und Stapeln von Schädeln auch zahlreiche andere Anordnungen menschlicher Überreste, von denen einige neben Haustiere begraben waren, wie zum Beispiel Schweinen, Schafen und sogar einem kleinen Welpen.

Dieser Begräbnisplatz stand offenbar im Mittelpunkt einer ganzen Gemeinschaft, und eine vorläufige Analyse der menschlichen Knochen spricht dafür, daß hier Menschen aller Altersstufen und beiderlei Geschlechts beigesetzt wurden. Obwohl auf dem Plateau mehrere Tempel stehen, gibt es hier nur einen monumentalen Begräbnisplatz, der auf einem leicht erhöhten Grund zwischen zwei Tempeln angelegt wurde.

zwei Aquarellen eines ortsansässigen Künstlers.

Der Kreis von Brochtorff, auf einem Plateau groben korallinen Kalksteins gelegen, wurde erstmals um 4000 vor Christus benutzt. Ein senkrechter Schacht führte in ein aus dem Fels gehauenes Grab, das aus zwei Kammern bestand, die etwa zwei Meter Durchmesser besaßen. In diesem Grab fand man die unvollständigen Überreste von mindestens 63 Menschen. Dabei waren vielfach die Schädel und langen Röhrenknochen der Toten entfernt worden, um für Neuzugänge Platz zu schaffen. Die Leichen waren in den Kammern zusammen mit Halsketten aus Muschelschalen, Töpfen mit Ockerfarbe sowie kleinen Anhängern aus Stein und Knochen beigesetzt. Am Eingang einer Kammer stand eine merkwürdig geschnitzte Steinfigur, ein sogenannter StatuenMenhir, und in dem der anderen stand eine große Seemuschel in einem Ockergefäß.

Das zeremonielle Zentrum
Mit der Zeit wurden diese relativ kleinen Gräber, die vermutlich von Einzelfamilien benutzt wurden, von wesentlich größeren Gemeinschaftsgräbern überlagert. Dieser neue Friedhof wurde in einem natürlichen Höhlensystem angelegt,

das durch den Einsatz weicherer Steinblöcke in seinem Aussehen verändert und in architektonischer Hinsicht verbessert wurde. Um den Fundort herum wurde ein Kreis von Megalithen aufgestellt. Zwei größere, aufrechte Steine flankierten den Eingang, und eine große Tempelstruktur füllte eine deckenlose Höhle im Zentrum des Kreises. Der Tempel war das zeremonielle und rituelle Zentrum des Komplexes. In letzter Zeit haben die Ausgrabungen einen kleinen Schrein zutage gefördert, der von einer megalithischen Wand flan-

kiert war. Offenbar hat hier ein Mensch, vermutlich ein Schamane, seine Werkzeuge hinterlassen: ein Bündel von Figuren mit flachen, schematischen Körpern, ein Tonsieb, ein kleiner Topf mit gelbem Ocker, ein großes Steingefäß, sowie — am bemerkenswertesten von allem — eine Steinskulptur, die zwei korpulente Menschen darstellt, die auf einem Korbsofa sitzen.

Diese sitzenden Figuren sind auf den Malteser Inseln einzigartig und unterscheiden sich auffällig von anderen Formen von Skulptu-

CAROLINE MALONE/SIMON STODDART

◁ Diese nebeneinander auf einem Sofa sitzenden Kalksteinfiguren (einer davon ist der Kopf abgebrochen) wurden gemeinsam mit den oben gezeigten Figuren entdeckt. Die linke trägt in der Hand eine kleinere Figur, die andere einen kleinen Becher.

HÄUPTLINGSTÜMER DER BRONZEZEIT UND DAS ENDE DER STEINZEIT IN EUROPA

4500 bis 750 vor Christus

Der Aufstieg des Individuums

ANTHONY HARDING

Die europäische Bronzezeit war in Wirklichkeit eine Art goldenes Zeitalter, in dessen Verlauf eine Reihe größerer Fortschritte die neolithische Welt des »Alten Europa« in die Heimat der Kelten, der Italer und Etrusker, der Thraker und Daker sowie all der anderen Völker verwandelte, die wir aus historischer Zeit von diesen Gebieten kennen. Die Jahre zwischen 3000 und 700 vor Christus bilden also einen wichtigen Zeitraum, in dem sich der gesellschaftliche, technologische und wirtschaftliche Übergang vollzog.

Obwohl sich die Kupferlegierungen im Vergleich zu anderen wichtigen Entwicklungen dieser Zeit eher bescheiden ausnehmen, wurde die Metallbearbeitung zur Herstellung von Werkzeugen und Waffen für die Menschen damals zu einer bedeutenden Beschäftigung. Die Veränderungen, denen diese Technologie im Laufe der Zeit unterworfen war, ermöglichten den Archäologen, einen chronologischen Rahmen für diese Periode zu erstellen und sie zwischen der letzten Eiszeit und der Entstehung der griechischen und römischen Zivilisationen in einem breiteren Zusammenhang zu betrachten.

◁ Mit Blattbronze den Konturen eines menschlichen Torsos angepaßte und mit Buckeln verzierte Brustharnische. Diese seltenen Stücke wurden bei Marmesse in Frankreich entdeckt. Sie stammen aus der späten Bronzezeit, aus dem neunten oder achten vorchristlichen Jahrhundert.

△ Dieses gehämmerte Blattgold-Ornament in Gestalt eines Kreuzes mit spiralig aufgewundenen Enden stammt aus dem Schatz von Moigrad (Rumänien). Es stammt aus dem späten Neolithikum (etwa 5000 bis 3000 vor Christus).
C. M. DIXON

BRONZEZEITLICHE FUNDSTÄTTEN
Hier sind die im Text erwähnten bedeutenderen Fundstätten der Bronzezeit und die
Bergbaugebiete verzeichnet. Auch in vielen
anderen Teilen der Welt gab es bedeutende
bronzezeitliche Zentren.
KARTOGRAFIE: RAY SIM

☼ Minen

▽ Zwei goldene Ohrringe von Boltby Scar
(Yorkshire, England). Der Gebrauch des
Goldes als Kopf- und Haarschmuck ist ein
sicheres Zeichen für den Wert, der diesem
Metall beigemessen wurde.
BRITISH MUSEUM

▽ Der Eingang zu einem der bronzezeitlichen Minenschächte am Mount Gabriel
(Grafschaft Cork) im Südwesten Irlands.

Die Suche nach Metall

Schon im Neolithikum war das Metall allgemein in
Gebrauch — in dem Sinne, daß Erze abgebaut und
eingeschmolzen wurden. Um 4000 vor Christus war
diese Technik so weit fortgeschritten, daß zahlreiche
Werkzeuge durch Einschmelzen und Schlagen auf
dem Amboß hergestellt wurden. Und das Gießen von
Kupferwerkzeugen war nach 3000 vor Christus allgemein verbreitet. Nach und nach mengte man dem
Kupfer verschiedene Substanzen bei (in erster Linie
Zinn und Blei), um es damit leichter gießbar zu machen. In einigen Fällen wollte man damit vielleicht
auch nur die verfügbaren Vorräte strecken. Echte
Bronze - also Kupfer mit einem zehnprozentigen Anteil von Zinn — war etwa um 2000 vor Christus überall verbreitet und bildete seitdem die häufigste Legie-
rung des Kupfers. Ähnlich verlief die Nutzung des
Goldes, obwohl hier die Legierungen wesentlich seltener waren. Wesentlich häufiger als massives Gold
wurde Blattgold eingesetzt, um Alltagsgegenstände
— etwa Knöpfe — zu bedecken, ein sicheres Zeichen
dafür, daß dieses Metall wertvoll war und als etwas
Besonderes galt.

Die Suche nach metallischen Erzen muß für die
bronzezeitlichen Handwerker eine bedeutende Beschäftigung gewesen sein. Hatten sie einmal eine
Quelle aufgetan, wurde sie effizient und bis zur Er-
schöpfung genutzt. In den österreichischen Alpen
(etwa im Mitterberg-Gebiet bei Bischofshofen), auf
dem Great Orme's Head (Nordwales) und anderenorts wurden tiefe Gruben und mehrere hundert Meter lange Gänge gegraben, um an die Erzadern heranzukommen. Mit Hilfe von Feuer wurde der Fels auf-
gesprengt, und das Erz wurde mit Keilen und Hacken
gewonnen. Auch am Mount Gabriel in Südirland gibt
es Indizien für Bronzeabbau, obwohl kaum noch
Spuren erkennbar sind, denn die Bergarbeiter nahmen damals alle noch so kleinen Erzstückchen mit.

Diese frühen Minen wurden überwiegend zwischen 3000 und 750 vor Christus betrieben. Obwohl die Methoden zur Datierung dieser Fundstätten nicht unumstritten sind, ist es mit Hilfe naturwissenschaftlicher und archäologischer Methoden möglich, einen konsistenten zeitlichen Rahmen anzugeben.

Der herkömmliche Zugang, dem zufolge die Kulturgegenstände Europas und Griechenlands ebenso Ähnlichkeiten aufweisen wie diejenigen Griechenlands mit Ägypten, liefert eine Chronologie, die — mit gewissen Ausnahmen - allgemein akzeptiert wird. Zudem läßt sich das Bauholz der damaligen Zeit häufig mit Hilfe der Jahresring-Analyse datieren. Es ist schon eine bedeutende Errungenschaft, daß wir imstande sind, den Bau einer uralten Siedlung bis auf das Jahr genau zu datieren: So wurde beispielsweise der Hauptteil einer Siedlung, die an der Mozartstraße neben dem Opernhaus im Zentrum Zürichs (Schweiz) entdeckt wurde, etwa um 1600 vor Christus erbaut. Ein großer Teil des dabei verwendeten Bauholzes stammt von Bäumen, die zwischen 1604 und 1573 vor Christus gefällt worden waren, und besonders viele Bäume wurden im Jahre 1602 sowie zwischen 1599 und 1598 vor Christus gefällt. Nur in seltenen Fällen lassen sich auch Gegenstände so genau datieren. Dagegen ist die Technik der Jahresring-Datierung heute so weit entwickelt, daß sie im Jahre 2000 perfektioniert sein dürfte.

Begräbnisriten und das Individuum

Hätte man im neolithischen Europa eine Grabkammer betreten, wäre man auf ein furchterregendes Durcheinander gestoßen. Knochen lagen lose herum, und frische Leichen häuften sich jeweils seitlich angeordnet in Fächern oder Regalen. Damals praktizierte man das Massenbegräbnis, was heißen soll, daß derselbe Raum immer wieder von neuem gebraucht wurde. War eine Leiche bis auf die Knochen verwest, wurde sie beiseitegeräumt, um für eine andere Platz zu machen. Zu den bemerkenswertesten Veränderungen, die nach 2500 vor Christus das Aufkommen neuer Anschauungen und Praktiken und damit den Beginn der Bronzezeit ankündigten, war der Übergang zum Einzelgrab, der in weiten Bereichen Mittel- und Westeuropas vollzogen wurde. Wie die neue Kultur von einem Ort zum anderen variierte, fiel auch die zeitliche Umstellung der Begräbnispraktiken jeweils unterschiedlich aus.

In weiten Teilen Kontinentaleuropas ist die für Einzelgräber typische Töpferware als Bandkeramik bekannt (man verzierte sie, indem man geflochtene Kordeln in den feuchten Ton drückte). Zumeist handelt es sich um hochgezogene Trinkbecher. Häufig findet man neben diesen Töpfen eine steinerne Streitaxt (diese Äxte besaßen offenbar eine militärische und/oder zeremonielle Funktion). (Siehe Kasten *Die Streitaxt-Menschen: Europas erste Individualisten*.)

△ Der Griff eines mit solidem Heft ausgestatteten spätbronzezeitlichen Schwertes aus der Schweiz. Der metallene Griff wurde auf die Klinge gegossen und mit Nieten befestigt.
SWISS NATIONAL MUSEUM

▽ Ein großer Grabhügel auf dem Overton Hill bei Avebury, Wiltshire, im Süden Englands. Unter derartigen Grabhügeln waren in vielen Teilen Europas Einzelgräber angelegt. Ganz eindeutig zielten die Hügel darauf ab, den Toten weithin sichtbare Monumente zu errichten.

ROGER VLITOS/JANET AND COLIN BORD

DIE STREITAXT-MENSCHEN: EUROPAS ERSTE INDIVIDUALISTEN

MATS P. MALMER

In den ersten Jahrhunderten des dritten vorchristlichen Jahrtausends kam es in Europa zu einer überraschenden Veränderung. Es scheint, daß die meisten Menschen nun einer einzigen Religion folgten, und es entwickelte sich offenbar ein neues Gesellschaftssystem, das dem Einzelnen im persönlichen Besitzrecht eine größere Freiheit und mehr Rechte sicherte. Während der vorangegangenen tausend Jahre dagegen waren die europäischen Völker dem gemeinschaftlichen Ansatz gefolgt. Zugleich war die kulturelle Karte Europas damals extrem vielfältig.

Auf der Iberischen Halbinsel, in Frankreich, auf den britischen Inseln, in den Niederlanden und Skandinavien wurden die verschiedensten Megalithgräber (Hünengräber) aus schweren Findlingen gebaut. Sie dienten als Gemeinschaftsgräber, Opfer- und Anbetungsstätten. In Deutschland, Polen und Ungarn errichteten die ersten Bauern Siedlungen mit Gemeinschaftshäusern, die bis zu 45 Meter lang waren. In der Alpenregion und in Norditalien erbaute man Dörfer und andere umfangreiche Holzbauten auf Mooren oder Seeufern. Auch in Osteuropa lebten die Jäger und Fischer in großen Dörfern. Obwohl die Töpferei über ganz Europa verbreitet war, scheint jede Region ihre eigenen Typen von Töpfen besessen zu haben. Sie waren häufig hervorragend verarbeitet, wiesen unterschiedliche Formen auf und besaßen — jedenfalls nach Ansicht der Archäologen — eine symbolische Bedeutung. Vermutlich bildete eine jede Region mit ihrer eigenen Töpferei, typischen Monumentalgräbern und ihrem jeweils eigenen Dorftyp eine unabhängige soziale Einheit, die vielleicht sogar ihre eigene Sprache hatte.

Im dritten Jahrtausend wandelte sich die Lage schlagartig. Es wurden keine Megalithgräber mehr gebaut. Stattdessen finden wir Einzelgräber, zumeist in Gruben oder einzelnen Särgen, die man entweder als Flachgräber belassen oder mit einem flachen Erdhügel bedeckt hatte. Die Leiche lag, als ob sie schlafe, stets in zusammengekauerter Lage beigesetzt. In vielen Teilen Europas, von Spanien im Westen bis zur Ukraine im

△ Typisch für die Streitaxtkultur sind dieser Bandbecher und die steinerne Streitaxt, die aus dem Grab eines Mannes geborgen wurden.

EUROPA IN DER ÜBERGANGSPHASE VON DER STEINZEIT ZUR BRONZEZEIT
Der Kontinent wurde von zwei untereinander verwandten Kulturen beherrscht, der Glockenbecher-Kultur und der Streitaxt-Kultur. Vermutlich wird man Reste der einen oder beider Kulturen noch in den meisten Gebieten finden, die heute leer erscheinen. Wir wissen jedoch, daß die Kulturen nicht über die Balkanhalbinsel hinaus reichten.

 Glockenbecher-Kultur

 Streitaxt-Völker / Bandkeramik-Kultur

Überlappung der Glockenbecher- und der Bandkeramik-Kulturen.

◁ In den Männergräbern der Glockenbecher-Kultur findet man manchmal einen Glockenbecher neben einem Dolch aus Kupfer. Der hier gezeigte Grabfund umfaßt zudem Bernsteinperlen und den steinernen Handgelenkschutz eines Bogenschützen, der mit Hilfe von Goldzapfen an einem Lederband befestigt wurde.

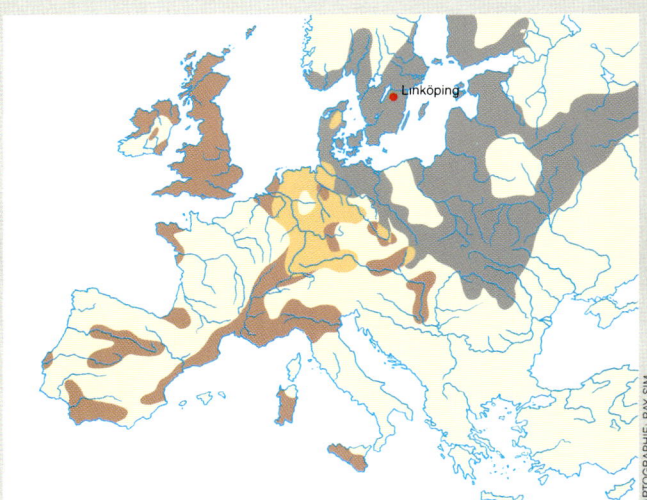

Osten und von Sizilien im Süden bis nach Mittelnorwegen im Norden, wurden Tausende solcher Gräber freigelegt.

Auch die Häuser sahen nun anders aus. Zwar blieb die Breite nach wie vor bei sechs bis sieben Meter, doch waren sie nun wesentlich kürzer, in der Regel zehn bis zwölf Meter lang, so daß sie sich eher für einzelne Familien als für eine Gruppe eigneten.

Becher und Streitäxte

Als Grabbeigaben finden wir nun zumeist nur noch einen Typ von Tongefäßen, einen leicht s-förmig gebogenen Becher, der offenbar als Trinkgefäß vorgesehen war. Dies steht in krassem Gegensatz zu vorangegangenen Zeiten, in denen mehrere Gefäßtypen existierten. Man kann allerdings zwei leicht unterschiedliche Bechertypen unterscheiden, von denen der eine überwiegend im Westen und der andere im Osten Europas vorherrscht. Der erste sieht wie eine Glocke aus und wird im Deut-

schen als Glockenbecher bezeichnet, letzterer wird Bandbecher genannt, weil er häufig mit Hilfe einer Kordel dekoriert wurde. Beide sind gut verarbeitet und mit horizontalen Linien fein verziert. Es mag übertrieben erscheinen, daß sich die Archäologen damit abgegeben haben, zwischen beiden Typen zu unterscheiden, zumal der Hauptunterschied darin besteht, daß der Glockenbecher vom Rand bis zum Boden verziert ist, während sich die Dekoration beim Bandbecher auf den oberen Teil beschränkt. Man vermutet allerdings, daß beide Typen nicht nur von verschiedenen Kulturen, sondern vollständig unterschiedlichen ethnischen Gruppen entstammen.

In einem Männergrab findet man manchmal einen Glockenbecher neben einem Kupferdolch, während ein Bandbecher häufig mit einer steinernen Streitaxt zusammen vorkommt. Daher werden die Menschen, die diejenigen Teile Europas bewohnten, in denen man Bandbecher findet, also das

Gebiet von Zentralrußland und der Ukraine bis zum Rhein, von den Archäologen als die Streitaxt-Menschen bezeichnet. Die Glockenbecher-Menschen kamen überall in Westeuropa vor, und im Grenzgebiet, insbesondere in der Umgebung des Rheins, vermischten sich beide Kulturen. Die Glockenbecher-Kultur tauchte ein wenig später auf als die Bandkeramik-Kultur, aber beide existierten über lange Zeit nebeneinander.

Ein Mann, eine Frau, ein Hund und die aufgehende Sonne

Ein Beispiel für Abertausende von Gräbern aus dieser Zeit wurde in Linköping (Südschweden) entdeckt. Es barg zwei Skelette, ein männliches und ein weibliches, jeweils in zusammengekauerter Position. Doppelgräber wie dieses kommen in den Streitaxt-Kulturen gelegentlich vor, doch gibt es keinerlei Hinweise darauf, daß einer der Personen geopfert worden sein könnte. Vielleicht waren beide an derselben Krankheit gestorben.

Die Frau befindet sich, auf der linken Körperseite liegend, am nordöstlichen Ende des Grabes, der auf seiner rechten Seite liegende Mann dagegen am südwestlichen Ende. Also blicken beide nach Südosten, der aufgehenden Sonne entgegen. Der Mann war zwischen 25 und 30 Jahre alt und etwa 180 Zentimeter groß, die Frau 18 bis 20 Jahre alt und etwa 162 Zentimeter groß.

Vor dem Gesicht des Mannes liegt seine steinerne Streitaxt. Es ist eine sehr schöne, wenn auch recht unpraktische Waffe, denn sie würde am Schaftloch leicht zerbrechen. Ein hölzerner Knüppel wäre wesentlich haltbarer gewesen. Daneben fand man einen schönen Dolch aus Hirschgeweih und eine Knochennadel (Spange), die seine Kleidung zusammenhalten sollte.

Die Grabbeigaben der Frau sind sogar noch reicher. Neben ihrem Kopf befinden sich zwei niedrige Becher — eine typisch schwedische Variante — nach Art der Glockenbecher dekoriert. Also ist in diesem Grab die Streitaxt-Kultur durch die Axt des Mannes und die Glockenbecher-Kultur durch die Becher der Frau vertreten. In der Nähe der Becher liegen Schafsknochen, zweifellos die Überreste eines Hammelstücks. Schafe waren im dritten vorchristlichen Jahrtausend das typische Haustier, so wie die Rinder es im vierten Jahrtausend gewesen waren. Zudem befinden sich neben der Frau drei kleine Äxte. In vielen Frauengräbern wurden Äxte gefunden, so daß kein Zweifel daran bestehen kann, daß Frauen Holz bearbeiteten. Neben den Füßen der Frau liegt ein Haufen brauner Farbe, und hinter ihrem Rücken liegen mehrere kleine Gegenstände, die vielleicht ursprünglich in einem kleinen Beutel aus Tierhaut steckten. Da sie zunächst zwei kleine Kupferspiralen, die höchstwahrscheinlich sehr kostspielig waren. Zwar findet man kupferne Gegenstände gelegentlich auch in der Streitaxt-Kultur, doch kommen sie in der Glockenbecher-Kultur häufiger vor. Der Beutel der Frau enthält außerdem eine Perle aus Bernstein, eine dünne Nadel, um ihre Kleidung zusammenzuhalten sowie einige andere Haushaltsgegenstände. Hinter ihrem Rücken liegt das Skelett eines Hundes, der offenbar zusammen mit Herrchen und Frauchen beigesetzt worden war.

△ Das Doppelgrab von Linköping in Südschweden. Das Skelett des Mannes befindet sich links. Vor seiner Brust liegen seine steinerne Streitaxt und ein Dolch aus Hirschgeweih. Das weibliche Skelett befindet sich rechts. Zu jeder Seite seines Kopfes sieht man einen Topf, sowie hinter dem Rücken der Frau das Gerippe eines Hundes. ÖSTERGÖTLANDS LÄNSMUSEUM

Das Grab von Linköping bietet uns einen kurzen Einblick in das Leben der Streitaxt-Menschen. Vor uns steht ein junges Paar. Sie sind hochgewachsen, von vornehmer Geburt und reich. Da sie in einer der landwirtschaftlich besten Gegenden Skandinaviens lebten, handelt es sich vermutlich um Landeigentümer.

Die Entstehung persönlichen Besitzes

Wie lassen sich nun die massiven Veränderungen erklären, die in Europa zu Beginn des dritten Jahrtausends einsetzten? Nach Ansicht vieler Fachleute entstand die Glockenbecher-Kultur auf der Iberischen Halbinsel und breitete sich von dort nach Britannien, Skandinavien und in die Ukraine aus. Vielleicht waren diese Leute sogar Kundschafter auf der Suche nach Kupfer- und Zinnerz. Dagegen entsprangen die Streitaxt-Kulturen vermutlich in Rußland oder im Osten Deutschlands und breiteten sich bis nach Skandinavien und zum Rhein aus. Allerdings wurden mit Kordeln dekorierte Becher auch in der Glockenbecher-Kultur Englands, Frankreichs und Spaniens nachgewiesen.

Viele Experten sind nach wie vor der ,Meinung, daß die Streitaxt-Menschen die indogermani-

△ Einer der Töpfe aus dem Linköping-Grab mit einer Glockenbecher-Dekoration. ÖSTERGÖTLANDS LÄNSMUSEUM

▷ Seiten- und Frontansicht der Streitaxt aus dem Grab von Linköping. ÖSTERGÖTLANDS LÄNSMUSEUM

schen Sprachen einführten und ganz Europa eroberten. Dazu hätten sie jedoch außer einem kriegerischen Geist auch militärische Fähigkeiten und Technologien benötigt, die die der Römer noch übertroffen hätten, und das war mit Sicherheit nicht der Fall. Als die östlichen Streitaxt-Menschen am Rhein auf die westlichen Glockenbecher-Menschen trafen, dürfte es kaum friedlich zugegangen sein.

Plausibler erscheint dagegen die Erklärung, daß sich der Wechsel in Europa vollzog, als sich die Menschen an das Metall gewöhnt und dessen wirtschaftliche Bedeutung zur Kenntnis genommen hatten. Ehe das Metall in ihr Leben trat, sahen sie keinen Nutzen darin, ein

Stück Land zu besitzen. Das Land war vermutlich Eigentum des Dorfes oder Stammes; die Häuser und auch die Gräber wurden gemeinschaftlich genutzt. Als man aber dann ein Stück Metall in Händen halten konnte, das ebensoviel wert war wie ein großer Acker, war der Moment für den persönlichen Besitz gekommen. Und da in einer primitiven Gesellschaft wirtschaftliche, soziale und religiöse Seiten eng verbunden sind, dürfte der ökonomische Wandel genau die Auswirkungen gehabt haben, die wir bei den Streitaxt- und Glockenbecher-Völkern beobachten können. Sie waren die ersten Individualisten in der Zivilisation des gemäßigten Europa.

▷ Dieser mit Widerhaken und einem Heft-zapfen versehene Feuerstein-Pfeilkopf aus der frühen Bronzezeit ist typisch für die Art, wie man sie in den Gräbern des späten dritten und des zweiten vorchristlichen Jahr-tausends fand. Man kann daraus die Be-deutung ermessen, die Pfeil und Bogen für die Jagd und den Krieg bereits besaßen.
B. WILSON/ANCIENT ART & ARCHITECTURE COLLECTION

▽ Ein früher bronzezeitlicher Trichterbe-chertopf und mehrere Werkzeuge zur Me-tallbearbeitung (zwei Unterlegsteine, eine Ahle und ein Handgelenksschutz) aus Lun-teren in Gelderland (Niederlande). Der Fund umfaßte außerdem sechs Pfeilköpfe aus Feuerstein, eine Feuersteinaxt, einen steinernen Hammer und einen Wetzstein – ein typischer Werkzeugsatz aus den Anfän-gen der Bronzezeit. Der dreieckige flache Kupferdolch stammt von einer anderen Fundstelle.
RIJKSMUSEUM VAN OUDHEDEN, LEIDEN

Im Gegensatz dazu fielen im Westen Europas und Teilen Mittel- und Südeuropas Einzelgräber mit dem Auftauchen von Glockenbechern zusammen — Trinkge-fäßen, die wie eine auf den Kopf gestellte Glocke geformt waren. Häufig findet man mit diesen Be-chern auch Pfeilköpfe oder rechteckige Platten aus Stein oder Knochen, die an den Ecken perforiert sind. Vermutlich handelt es sich bei diesen um Schutzvorrichtungen, die das Handgelenk eines Bo-genschützen gegen die zurückschnellende Sehne schützen.

In Mitteleuropa begrub man die Menschen zumeist in einer einfachen Grube oder in einem Erdgrab, das mit Steinen ausgelegt war. Im Westen war es dagegen üblich, die Toten unter einem großen Erd- oder Stein-hügel beizusetzen, der als Hügelgrab oder Tumulus bekannt ist. Derartige Friedhöfe mit Dutzenden sol-cher Gräber findet man in vielen Teilen Europas, und in einigen Gebieten Südmittelenglands und Däne-marks ist die Landschaft mit diesen gut sichtbaren Grabhügeln übersät. Allerdings stammen nicht alle aus der Zeit, als mit Kordeln verzierte Becher oder Glockenbecher in Gebrauch waren, denn der Trend, sie zu bauen, hielt noch über Jahrhunderte an. Manchmal enthielten die Gräber reiche Beigaben, wie im Falle mehrerer mitteleuropäischer Gräber, darun-ter Leubingen in Sachsen-Anhalt und die Gräber im Umfeld der Wessex-Kultur in England. Manchmal waren auch nur wenige oder gar keine Beigaben. Ent-scheidend bleibt aber die Tatsache, daß ein identifi-zierbares Individuum in seinem eigens dafür gebau-ten Raum begraben wurde.

Allerdings war das Einzelgrab nicht die einzige Veränderung in den Begräbnisbräuchen der Bronze-zeit. Während es noch bis vor 1300 vor Christus in ganz Europa üblich war, die Toten in einer Grube oder unter einem Hügel zu bestatten, kam es an-schließend immer häufiger vor, daß die Toten ver-brannt wurden, um ihre Asche in einer Urne beizu-setzen. Derartige Friedhöfe werden demnach als Ur-nenfelder bezeichnet. Das Zeitalter der Urnenfelder hielt noch bis zum Einsetzen der Eisenzeit um 750 vor Christus an. Der Übergang von der Erd- zur Urnenbestattung gilt als Indiz für eine bedeu-tende religiöse Umorientierung. In den meisten Gesellschaften ist die Behandlung der Toten mit einer symbolischen Bedeutung durchdrungen, wobei auch Ansichten über das Schicksal der Leiche nach dem Tode eine Rolle spielen. Ein modernes Beispiel dafür

ist der verbreitete Widerstand, den man im 19. Jahr-hundert der Wiedereinführung der Urnenbestattung in Britannien entgegenbrachte: Erst nach einer Reihe gut dokumentierter Gerichtsfälle wurde deutlich, daß die Verbrennung keine illegale, aber eine sozial unak-zeptable Lösung darstellte.

Seit der Zeit der Urnenfelder nahmen sowohl die Gräber als auch die Friedhöfe an Zahl zu, und häufig umfaßte ein Friedhof mehrere hundert Gräber. Es ist daher zu vermuten, daß die Bevölkerung Europas während dieser Urnenfeld-Periode, also am Ende der Bronzezeit, rasch anwuchs. Es bleibt allerdings unk-lar, ob die Ursache dafür in einer Fortentwicklung landwirtschaftlicher Methoden zu suchen ist. Aus ar-chäologischer Sicht jedenfalls gelten die Urnenfelder als problematisch, denn durch die Verbrennung der Toten ging ein großer Teil der Indizien verloren, mit deren Hilfe wir imstande gewesen wären, die Lebens-bedingungen der Gesellschaft und Bevölkerung die-ser Zeit zu rekonstruieren.

Dennoch erbrachten detaillierte Untersuchungen einiger Friedhöfe eine Menge an Informationen, so etwa der Friedhof von Przeczyce (Polen), auf dem 874 Gräber entdeckt wurden. In den meisten Fällen han-delte es sich um Erdbestattungen, und nur 15 Prozent der Toten waren verbrannt worden. Daher blieben die Grabbeigaben zumeist unversehrt (während sie bei Verbrennungen häufig zerstört oder beschädigt wer-den), so daß es möglich wurde, das Alter und Ge-schlecht einzelner Leichen mit dem Umfang der Grabbeigaben zu vergleichen. Zwar waren bei Prze-czyce solche Standesunterschiede minimal, doch be-deutet dies nicht, daß es sie in der Gesellschaft von Przeczyce nicht gegeben hätte.

Die Herstellung fein verarbeiteter Metallge-genstände während der späten Bronze-zeit zeigt, daß die Leute in beträchtli-chem Wohlstand gelebt haben müs-sen, doch wurde dieser Tatsache bei den Toten nur selten Ausdruck ver-liehen. Nur in seltenen Fällen kön-nen wir verläßlich das Grab eines Häuptlings oder Thronfolgers identifi-zieren — etwa in dem großen Hügel von Seddin in Mecklenburg, der zudem reiche Bei-gaben aus Gold und Bronze barg. Anderenorts können seitens der Archäologen nur Vermutungen angestellt werden.

Obwohl man also aus den Gräbern umfangreiches Material zutage fördern konnte, boten sie nur wenig Informationen. In solchen Fällen müssen wir auf and-ere Informationsquellen ausweichen, wie etwa Siedlungen, Indizien für Kriege, Warenaustausch, Rituale und Glaubenswelt, wenn wir uns ein Bild jener Zeiten machen wollen.

Siedlungen an Seenufern

Das Leben der Bronzezeit drehte sich, wie in allen traditionellen Gesellschaften, um die allgemeinen Bedürfnisse der Ernährung, Produktion und Unterkunft. Die Menschen arbeiteten, aßen, schliefen, verkehrten miteinander und starben im Umfeld eines einfachen Bauerndorfes. Da die meisten davon mit organischen Materialien erbaut wurden, sind nur wenige Spuren übriggeblieben. Wir wissen daher nicht allzuviel über die Häuser der Bronzezeit, und nur dort, wo regelmäßig Steine verwendet wurden, können wir Form und Funktion dieser Gebäude zuverlässig rekonstruieren. Glücklicherweise blieben in verschiedenen Gebieten Siedlungen mit ungewöhnlich vielen archäologischen Resten erhalten.

Am deutlichsten treten die Spuren solcher Siedlungen an den Alpenseen in Erscheinung. Insbesondere in der Schweiz blieben zahlreiche Dörfer in ihren seichten Gewässern erhalten. Dafür gibt es zwei Gründe. Zunächst einmal sorgten periodische Überflutungen durch starke Niederschläge oder die rasche Schneeschmelze im Frühjahr für einen ständig fluktuierenden Wasserpegel. Also wurden diese Siedlungen in bestimmten zeitlichen Abschnitten immer wieder besetzt und verlassen. Zweitens blieb das Bauholz in dem wasserdurchtränkten Boden gut erhalten. Derartige Siedlungsformen kamen von Beginn des Neolithikums bis zum Ende der Bronzezeit an den Ufern zahlreicher Seen immer wieder vor. Während der Bronzezeit gab es Besiedlungsphasen während der Bandkeramik-Periode (etwa 2700 bis 2500 vor

Christus), während der frühen Bronzezeit (zwischen 1650 und 1500 vor Christus) sowie während zweier Perioden der Spätbronzezeit (1050 bis 950 und etwa 850 vor Christus).

Man trieb Pfähle in den weichen Schlamm der Seeufer und baute darauf eine Plattform, auf der alle weiteren Gebäude errichtet werden konnten. Im einzelnen ging man dabei unterschiedlich vor. So ist etwa umstritten, wie und wo entlang der Seegrenzen die Häuser gebaut wurden. Sicherlich war der Boden feucht und mußte stabilisiert werden. Die tausend und sogar Millionen hölzerner Pflöcke, die dafür gebraucht wurden, lassen stark organisierte Bemühungen vermuten. Da hierfür Bäume in großer Zahl gefällt wurden, müssen die Auswirkungen auf die Umwelt drastisch gewesen sein.

Auvernier am Neuenburger See war eine solche typische Siedlung, in der rechteckige Häuser innerhalb der Palisaden aneinanderreihten. Vermutlich besaßen die Häuser einen hölzernen Rahmen, der mit Flechtwerk und grobem Putz ausgefüllt war. In jedem Haus gab es eine Herdstelle und unzweifelhaft auch andere Standardgegenstände. Allerdings war es in den meisten Fällen nicht mehr möglich, einzelne Möbelstücke zu identifizieren. Ähnliche Häuser dürften auch an Land entlang der Schweizer Alpentäler errichtet worden sein. In diesen Gegenden hatte sich die Bevölkerung eine Reihe von Rundhügeln und kleineren Hügeln (sie waren von Gletschern gebildet worden und befanden sich entweder am Talboden oder — seltener — hoch an den Talseiten) für ihre gedrängten Dauersiedlungen ausgesucht. Eine Siedlung wie Padnal bei Savognin im Engadin wurde von der frühen Bronzezeit bis zum Beginn der späten Bronzezeit mehr oder weniger ununterbrochen bewohnt. Dabei änderte sich die Form der Häuser nur wenig. Durch die Besiedlung dieser Region über Jahrhun-

△ Der Fundort von Padnal bei Savognin im Engadin (Südostschweiz). Der flache Gipfel des Hügels ist darauf zurückzuführen, daß die Menschen jedesmal, wenn sie neue Gebäude errichteten, den angesammelten Schutt entfernten.

▽ Eine Rekonstruktion der spätbronzezeitlichen Siedlung bei Zedau im Osten Deutschlands. Die Häuser sind von senkrechten Pfählen eingefaßt, besitzen Wände aus Flechtwerk und grobem Mörtel sowie reetgedeckte Dächer.
ILLUSTRATION: JOHN RICHARDS

△ Diese Goldscheibe barg man aus einem Grab bei Kirk Andrews auf der Isle of Man (England).
TOWNLEY COLLECTION/BRITISH MUSEUM

▽ Eine Rekonstruktion des bronzezeitlichen Lebens bei Tanum (Bohuslän, Westschweden) mit von Pfählen gerahmten und mit Reet gedeckten Häusern.

derte hatten sich organische Abfälle angehäuft, die die Erdoberfläche bedeutend anhoben, ähnlich den Fundstätten Südwestasiens oder Osteuropas. Zu diesen seltenen stratifizierten Fundstätten gehören auch einige der ungarischen Ebenen. Sie weisen in der Regel einen Durchmesser von 150 bis 200 Meter und eine Höhe bis zu zehn Meter auf. Als man an einer dieser Stellen bei Tószeg in der Nähe von Szolnok (Mittelungarn) Ausgrabungen machte, trat eine dichte Folge rechteckiger Häuser mit hölzernen Rahmen und einer Füllung aus grobem Putz zutage, als man den Hügel abtrug.

Allerdings repräsentieren Fundstätten wie diese nur eine Minderheit der Siedlungen, die im bronzezeitlichen Europa existiert haben müssen. Wesentlich häufiger ist der einfache offene Siedlungstyp. Eine solche Niederlassung wurde zumeist nur ein- oder zweimal bewohnt, und die Pfahlbauten, von denen nur noch Spuren hölzerner Stützpfeiler zeugen, waren lose verstreut. Dies läßt sich besonders gut an der spätbronzezeitlichen Fundstätte bei Zedau (Ostdeutschland) erkennen, die aus der Urnenfeld-Periode stammt. Hier standen einmal mindestens 78 kleine, rechteckige und quadratische Pfahlbauten. Die meisten waren auf sechs oder vier Pfählen errichtet, besaßen Wände aus Flechtwerk und grobem Putz und ein reetgedecktes Dach. Die Herdstellen und Öfen lagen draußen. Offenbar wurde beim Bau wenig geplant. Die Häuser wurden von einzelnen sozialen Gruppen nach den Anforderungen des Alltagslebens gebaut.

Diese Häuser gab es in verschiedenen Formen, die sich jeweils nach den wirtschaftlichen und sozialen Umständen richteten. Im Tiefland Südenglands herrschten zum Beispiel von Pfählen umgebene Rundhäuser vor, die häufig auf Plattformen errichtet waren und in deren Nähe sich Gehege für das Vieh befanden. Die Erdufer, die diese Areale umgaben, verschmelzen mit den Feldern, die sich zwischen einem Fundort und dem nächsten erstrecken. Ein gutes Beispiel dafür ist Black Patch bei Newhaven (Sussex). Hier waren mehrere Hüttenplattformen am Hang eines Hügels angeordnet, und jede von ihnen trug zwei bis fünf Rundhäuser. Aufgrund der Abmessun-

gen dieser Hütten vertritt der Grabungsleiter die Ansicht, daß jede vermutlich nur von einer Person bewohnt war. Man kann daher annehmen, daß eine Gruppe von Hütten von einer Familie einschließlich der Gefolgsleute oder anderer Abhängiger bewohnt wurde.

Bei den meisten dieser Siedlungen handelt es sich um offene, ungeschützte Bauerndörfer. Manchmal jedoch bestand die Notwendigkeit, eine Siedlung zu verteidigen. Derartig geschützte Dörfer kommen nur zu bestimmten Zeiten in bestimmten Gebieten vor.

JENS RYDELL/BRUCE COLEMAN LTD

DUSCHER/BRUCE COLEMAN LTD

Wahrscheinlich sind diese Siedlungen Indizien dafür, daß sich die Menschen in vergleichsweise unzugängliche Gebiete zurückziehen mußten, vielleicht um sich vor organisierten marodierenden Horden eines benachbarten Territoriums zu schützen. Am deutlichsten wird diese Tendenz in der späten Bronzezeit und an einigen Orten sogar noch früher. So wurde etwa Ram's Hill im südenglischen Berkshire zunächst mit Hilfe von Palisaden und später durch einen vollentwickelten hölzernen Festungswall verteidigt. Zahlreiche deutsche Fundstätten aus der späten Bronzezeit

weisen komplizierte Wallanlagen auf, obwohl sie vermutlich nur kurze Zeit bewohnt waren. Über die Inneneinrichtung solcher Hügel-Forts ist kaum etwas bekannt. Beim Wittnauer Horn im Norden der Schweiz fand man jedoch die Reste einer mutmaßlichen Hauptstraße, die zu beiden Seiten von rechteckigen Häusern gesäumt war. Und bei Ram's Hill befanden sich die Reste der Rundhäuser im Inneren von Palisaden. Vermutlich werden noch weitere Befunde dieser Art hinzukommen, wenn die Ausgrabungen anderenorts weiter fortgeschritten sind.

△ An Seeufern wie diesem am Neuenburger See neben dem Jura-Gebirge (westliche Schweiz) wurden zahlreiche Siedlungen errichtet. Ihre Fundamente sicherte man durch hölzerne Pfähle, die in den Schlamm hineingetrieben wurden.

EICHENSARG-GRÄBER IN DÄNEMARK

GÖRAN BURENHULT

Einige sehr frühe bronzezeitliche Hügel in Südjütland (Dänemark) nehmen eine ganz besondere Stellung in der archäologischen Forschungsgeschichte Europas ein. Die bemerkenswert gut erhaltenen Funde dieser Gräber, insbesondere Objekte aus Stoff und Holz, sind für diesen Zeitraum einmalig und geben uns ein detailliertes Bild vom Alltagsleben und vom Tod der Nordeuropäer vor 3500 Jahren. Diese großen Hügel stehen bei Muldbjerg, Egtved, Skrydstrup, Borum Eshøj, Trindhøj und Guldhøj. Sie wurden in der Regel aus Torf errichtet, das über den eigentlichen Gräbern eine massive, feuchte Decke bildete. Eisensalze, die natürlicherweise im Torf vorkommen, sickerten durch und schufen bald eine Schicht aus Eisensandstein. Diese Schutzschicht verhinderte, daß Luft in das Innere des Hügels eindrang. Somit waren die Eichensärge mit ihrem delikaten Inhalt in einer schützenden Umgebung eingeschlossen, die der von Mooren sehr ähnlich ist.

Der Erhaltungszustand der Skelettreste variiert von einem Hügel zum anderen. In einigen Fällen ist das Grab leer, und nichts blieb von den sterblichen Überresten erhalten. In anderen Fällen wurden sogar das Gehirn und das Herz konserviert. Das Haar ist häufig sehr gut erhalten, und manchmal lassen sich sogar Gesichtsmerkmale erkennen.

Aus dem Grab eines Mannes bei Guldhøj wurden einige bemerkenswerte hölzerne Gegenstände geborgen, darunter Schalen und ein Klappstuhl aus Holz und Otterfell. Diese Sitzgelegenheit ist den Stühlen sehr ähnlich, die man in zeitgenössischen ägyptischen Gräbern fand. Im Gürtel des Mannes steckte ein Dolch in einer hölzernen Scheide. Wie in den meisten übrigen Gräbern lag der Leichnam auf einer Rinderhaut.

Männerkleidung vor der Erfindung der Hosen

Besonders die gut erhaltene Kleidung macht die dänischen Eichensarggräber zu den bemerkenswertesten bronzezeitlichen Funden Europas. So lieferten die Gräber zweier Männer bei Muldbjerg und Trindhøj genaue Informationen über Kleidung und Schmuck, die von Männern jener Zeit getragen wurden. Beide waren in lange Lendentücher gekleidet, die mit Lederriemen gehalten wurden. Hosen gab es noch nicht. Diese glattgewebten Stoffe bestehen aus neun Tüchern, die zusammengenäht waren. Beide Männer trugen über der Schulter einen nierenförmigen Umhang und eine runde Kappe. Schwerter, Spangen, Doppelknöpfe und Gürtelschmuck vervollständigten ihre Ausstattung.

Zwei Frauengräber sind insofern interessant, als sie nicht nur über die Kleidung und den Schmuck jener Zeit Auskunft geben, sondern auch über die Gesellschaftsstruktur Nordeuropas vor 3500 Jahren.

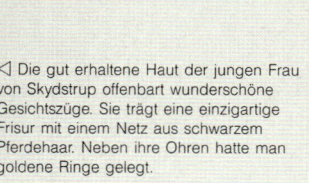

GÖRAN BURENHULT

◁ Die gut erhaltene Haut der jungen Frau von Skydstrup offenbart wunderschöne Gesichtszüge. Sie trägt eine einzigartige Frisur mit einem Netz aus schwarzem Pferdehaar. Neben ihre Ohren hatte man goldene Ringe gelegt.

△ Eine Zeichnung des Grabes eines alten Mannes von Borum Eshøj, wie es bei einer Ausgrabung im Jahre 1875 entdeckt wurde. Dieser riesige Hügel enthielt drei Eichensärge mit den gut erhaltenen Resten eines alten und eines jungen Mannes sowie einer alten Frau. Vermutlich gehörten sie derselben Familie an.

Verheiratete oder ledige Frauen?

Der Hügel von Egtved enthielt die Überreste einer schlanken, 20- bis 25jährigen Frau von etwa 1,60 Meter Größe. Die gut erhaltene Gesichtshaut offenbarte ein schönes Profil. Ihr kurzes Haar war hellblond, ihre Zähne in tadellosem Zustand, und ihre Nägel waren sorgfältig geschnitten. Sie trug einen Poncho-ähnlichen Überhang und ein knielanges Hemd, das mit einem gewebten Gürtel zusammengehalten wurde. Nach den Blüten zu urteilen, die man in ihrem Grab fand, war sie im Sommer beerdigt worden. Ein zu ihren Füßen zusammengerolltes Stück Tuch enthielt die Knochen eines acht- bis neunjährigen Kindes — möglicherweise die Reste eines Menschenopfers. Daneben entdeckte man einen Behälter aus Birkenrinde mit den Resten eines alkoholischen Getränks. Es war aus Weizen und Moosbeeren hergestellt und mit Gagel und Honig aromatisiert.

Das Mädchen von Skrydstrup war mit 18 Jahren gestorben. Die junge Frau war schlank und etwa 1,70 Meter hoch. Ihr Haar war ungefähr 60 Zentimeter lang, aufwendig frisiert und mit Hilfe eines Haarnetzes und eines Stirnbands zusammengehalten. In ihrem Haar nahe den Ohren lagen goldene Ohrringe, und aus ihren Gesichtszügen können wir erraten, daß sie einmal sehr schön gewesen sein muß. Anders als die Frau von Egtved hatte sie ein ungewöhnlich langes (1,45 Meter) Hemd an.

Die Funde von Egtved und Skrydstrup lieferten Anhaltspunkte für zwei verschiedene Formen weiblicher Bekleidung in der Bronzezeit. Vielleicht zeigen die verschiedenen Stile der Bekleidung den Unterschied zwischen verheirateten und ledigen Frauen.

Haarflechten, die man in dänischen Mooren fand, zeigen vielleicht, daß junge Frauen in der Bronzezeit ihre Haare opferten, wenn sie heirateten. Die komplizierte Frisur der Frau von Skrydstrup war vielleicht ein Zeichen ihres sozialen Ranges und ihres unverheirateten Standes. Seiner Größe nach könnte das Tuch, das sie als Hemd trug, eine Mitgift gewesen sein. Das kurze Haar und das elegante Hemd der Frau von Egtved repräsentiert dann die Ausstattung einer verheirateten Frau. Diese Funde von Jütland gewähren uns einen unvergleichlichen, aber leider kurzen Einblick in die bronzezeitliche Gesellschaft.

△ Die gut erhaltenen Mäntel bieten genaue Informationen über die bronzezeitliche Kleidung Nordeuropas vor 3500 Jahren. Hosen waren noch nicht in Gebrauch. Stattdessen trugen die Männer Lendentücher und weite, nierenförmige Umhänge.
NATIONAL MUSEUM OF DENMARK

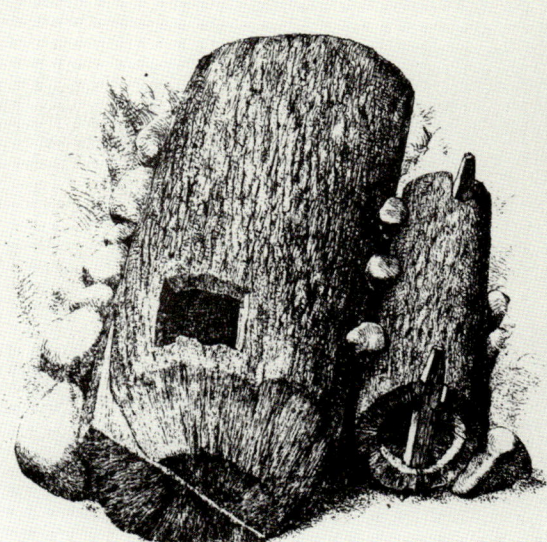

◁ Viele der dänischen Eichensarg-Gräber, wie diese beiden aus Trindhøj, wurden schon bald nach der Beerdigung geplündert - ein interessantes Anzeichen dafür, daß die bronzezeitliche Gesellschaft nicht imstande war, antisoziale Elemente vollständig unter Kontrolle zu bringen.
NATIONAL MUSEUM OF DENMARK

△ Dieser einzigartige, frühbronzezeitliche Umhang aus Blattgold stammt aus Mold im Norden von Wales. Er ist mit verschiedenen, erhabenen Formen versehen.
BRITISH MUSEUM

▷ Der solide, eingearbeitete Griff und die blattförmige Klinge dieses Schwertes aus der Schweiz sind typisch für bestimmte Waffenarten der späten Bronzezeit.
LAUROS GIRAUDON

▽ Dieser aus Südfrankreich stammende, aus Blattbronze hergestellte Helm ist mit großen Applikationen verziert, und ein vorstehender Kamm aus Blattbronze verläuft von einer Seite zur anderen.
MUSEES DE NICE/LAUROS GIRAUDON

▷ Gegenüber: Gold aus einem Grab des Friedhofs von Varna an der bulgarischen Schwarzmeerküste. Unter den zahlreichen Objekten findet man Stiere aus Blattmetall, Hornsymbole, Scheiben, Perlen sowie einen Armreif und eine aus solidem Gold gefertigte Axt mit einem Griff.

Kriege: Schimmernde Rüstungen und tödliche Waffen

Allmählich schält sich das Bild von Menschen heraus, die einer Jahrhunderte alten landwirtschaftlichen Tradition folgen und deren Frieden immer wieder durch Angriffe von Plünderern in Frage gestellt wird. Dieser Eindruck wird durch die Waffenfunde, die in der Bronzezeit so häufig sind, noch verstärkt. Man findet Waffen in allen Stadien dieses Zeitabschnitts, sowohl in Gräbern als auch in Vorratsfunden. In den Anfängen der Bronzezeit war der Bogen die Standardwaffe, und wer es sich leisten konnte, trug zusätzlich einen Dolch. Vermutlich kämpften die Menschen zunächst mit Pfeil und Bogen gegeneinander, und nur wenn es sich nicht umgehen ließ, folgte noch ein Handgemenge.

Über Rüstungen, die der Verteidigung dienten, ist in der frühen Bronzezeit nichts bekannt. In der mittleren Bronzezeit entwickelten sich die Dolche zu Degen und irgendwann zu Schwertern weiter. Auch der Speer wurde in dieser Zeit erfunden und breitete sich rasch aus. Mit gewissen Verfeinerungen waren diese Waffen über die späte Bronzezeit bis in die Eisenzeit hinein in Gebrauch. Die wesentliche Ergänzung bestand in der Rüstung. Um verstehen zu können, wie in der Bronzezeit gekämpft wurde, ist die Geschichte des Schwertes von großer Bedeutung. Anfangs wurde das Schwert offenbar ausschließlich als Stoßwaffe benutzt und war daher schlank und leicht. Als dann die Notwendigkeit aufkam, mit dieser Waffe auch Schnitt- oder Schlagverletzungen beizubringen, wurde sie wesentlich schwerer und bekam eine breite, blattförmige Klinge. Besondere Aufmerksamkeit widmete man dem Verfahren, den Griff an der Klinge zu befestigen. Die frühesten Schwerter hatten hier ihren Schwachpunkt, und so sann man ständig auf Verbesserungen.

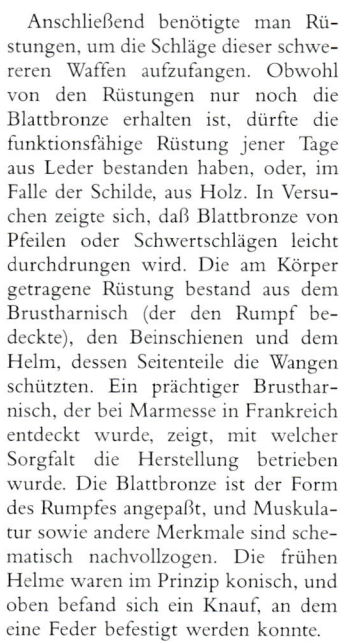

Anschließend benötigte man Rüstungen, um die Schläge dieser schwereren Waffen aufzufangen. Obwohl von den Rüstungen nur noch die Blattbronze erhalten ist, dürfte die funktionsfähige Rüstung jener Tage aus Leder bestanden haben, oder, im Falle der Schilde, aus Holz. In Versuchen zeigte sich, daß Blattbronze von Pfeilen oder Schwertschlägen leicht durchdrungen wird. Die am Körper getragene Rüstung bestand aus dem Brustharnisch (der den Rumpf bedeckte), den Beinschienen und dem Helm, dessen Seitenteile die Wangen schützten. Ein prächtiger Brustharnisch, der bei Marmesse in Frankreich entdeckt wurde, zeigt, mit welcher Sorgfalt die Herstellung betrieben wurde. Die Blattbronze ist der Form des Rumpfes angepaßt, und Muskulatur sowie andere Merkmale sind schematisch nachvollzogen. Die frühen Helme waren im Prinzip konisch, und oben befand sich ein Knauf, an dem eine Feder befestigt werden konnte.

Man kann sich gut vorstellen, daß ein bronzezeitlicher Krieger in einer derart hochwertigen Rüstung einen beeindruckenden, furchterregenden Anblick bot — und das war zweifellos auch der Sinn der Übung. Eine schimmernde Rüstung, schreckliches Kriegsgeschrei und tödliche Waffen hielt man — wie aus der Beschreibung des Achill in der *Ilias* hervorgeht - für eine unwiderstehliche Kombination. Es ist jedoch zweifelhaft, ob solche Krieger jemals befestigte Siedlungen angegriffen haben. Vielleicht forderten sie stattdessen ihre Feinde zum Zweikampf im offenen Gelände heraus.

Industrie und Warenaustausch: Die Welt jenseits der Siedlung

Für die meisten Menschen der Bronzezeit bestand das Leben in der landwirtschaftlichen Arbeit, mit der sie das tägliche Brot erwarben. Aber sie wußten auch von einer ganz anderen Welt. Zu dieser Zeit wurden zahlreiche Waren in Roh- oder Fertigform über mehr oder weniger lange Strecken transportiert, um die Bedürfnisse jener zu decken, die vor Ort keinen Zugang dazu gehabt hätten. Diese Transporte hatten sowohl ökonomische als auch gesellschaftliche Folgen. Wir müssen uns nur vor Augen halten, wie die Rohstoffe in Europa verteilt sind, um uns sofort darüber klarzuwerden, daß ihre Verfügbarkeit erheblich variierte. So gewann man etwa Gold aus wohlbekannten Ablagerungen wie den Wicklow Mountains in Irland oder den Muntii Metalici in den Karpaten (Transsylvanien) und transportierte sie nach Britannien und nach Westeuropa. Bernstein stammte überwiegend aus dem Baltikum und aus dem Westen Jütlands. Zinn kam vielleicht aus Cornwall, der Bretagne, aus Spanien oder gar aus der entfernten Türkei und aus Af-

△ Ein frühbronzezeitlicher Halsschmuck aus schottischer Pechkohle. Er besteht aus sechs in Längsrichtung durchbohrten Distanzhaltern und zahlreichen kleineren, spindelförmigen Perlen. Der Halsschmuck imitiert die Dekoration sichelförmiger Halsornamente aus Blattgold.

△ Halsband aus Fayence-Perlen von einem frühbronzezeitlichen Grab bei Kosice (Ostslovakei). Die bronzezeitliche Fayence ist eine primitive Form des Glases.
ANTHONY HARDING

ghanistan. Das Kupfer selber stammte nicht nur aus größeren Quellen, wie den österreichischen Alpen, aus Zypern und Transsylvanien, sondern auch aus zahlreichen kleineren Minen der Britischen Inseln, der Alpen, Iberiens und des Balkan.

Durch verfeinerte Analysetechniken, mit denen sich die Zusammensetzung aus Kupfer und anderen Metallen, aus Bernstein sowie anderern künstlich hergestellten Stoffen wie Glas oder seiner primitven Form, der Fayence, bestimmen ließ, konnten die Archäologen die Gütertransporte in Europa über lange Strecken nachvollziehen. Dennoch wurden natürlich viele Güter nur über kurze Strecken bewegt. (Das Wort »Handel« dürfte für eine Periode, von deren ökonomischer Organisation wir nur wenig oder gar nichts wissen, unangemessen sein.) Um nun ein zutreffendes Bild zu erhalten, muß dieser analytische Ansatz mit typologischen Untersuchungen kombiniert werden, die Form und Funktion der Gegenstände berücksichtigen. Wenn Gegenstände eine spezifische, unverwechselbare Form aufweisen, können solche Methoden hilfreich sein. Wenn wir zum Beispiel näher betrachten, wie Gegenstände aus Bronze hergestellt und verbreitet wurden, können wir die Arbeitsweise der bronzezeitlichen Schmiede daraus rekonstruieren, wie die Gußformen geformt und wiederverwendet wurden. Zudem vermittelt die Verbreitung der Objekte von deren mutmaßlichem Entstehungsort eine Vorstellung darüber, wo sich die Schmieden damals befanden. So können wir mit einiger Genauigkeit feststellen, wie und wann die Güter bewegt wurden und plausiblen Erklärungen darüber näherkommen, warum das so war.

Eine der Substanzen, die uns besonders verblüffende Indizien für Handelsbeziehungen über große Entfernungen zur Verfügung stellt, ist der Bernstein. Es handelt sich um das Harz fossiler Kiefern. Obwohl Bernstein überall auf der Welt vorkommt, findet man die bei weitem größten Mengen in den sogenannten baltischen Quellen.

Allerdings stammt nicht aller baltischer Bernstein wirklich von den Küsten der Ostsee. Der baltische Bernstein läßt sich durch Analyse identifizieren. Es gab ihn im bronzezeitlichen Griechenland, Italien, Ungarn und auf dem Balkan sowie in den Ländern nördlich der Alpen. Hinzu kommt, daß der in Griechenland gefundene Bernstein, der nahezu ausnahmslos aus Gräbern hochgestellter Persönlichkeiten stammt, unter anderem in Gestalt flacher, rechteckiger Perlen, sogenannter »Distanzplatten« vorkommt. (Diese Stücke dienten dazu, die Stränge einer mehrreihigen Halskette in Position zu halten.) Diese in merkwürdiger Weise V-förmigen Gebilde werden mit dem Bernstein Mittel-, Nord- und Nordwesteuropas gefunden. Höchstwahrscheinlich waren sie in Britannien oder Deutschland hergestellt und nach Griechenland transportiert worden — über eine Entfernung von mehreren tausend Kilometern.

Dies ist nicht so weit hergeholt, wie es zunächst scheinen mag. Wir haben nämlich in der bronzezeitlichen Töpferei Griechenlands ein anderes Beispiel dafür, daß Produkte vielfach nach Italien, Sardinien und (wie man nach einem Einzelfund vermutet) auch nach Spanien gebracht wurden. Zwar war der Warenaus-

tausch noch nicht bis nördlich der Alpen nach Frankreich oder an die Küste des Schwarzen Meeres vorgedrungen, doch hätte auch dies nur wenig Verwunderung ausgelöst, zumal sich im Mittelmeer ein großer Teil des internationalen Warenaustauschs zwischen Ost und West abspielte.

Eine Reihe spektakulärer Funde, darunter mehrere Schiffswracks, zeigt deutlich, wie weit nicht verderbliche Waren gelangt sind. Unter allen diesen Gütern waren es sicherlich die Metalle, die während der Bronzezeit über das Mittelmeer trasportiert wurden, und dabei spielten die Bewohner Zyperns eine herausragende Rolle. Zwar blieb es den Wissenschaftlern in den meisten Fällen versagt, die Güterbewegungen Kontinentaleuropas mit analytischen Methoden nachzuvollziehen, doch läßt die Verbreitung der sogenannten Ringbarren—Halsreifen aus Kupferlegierung, vermutlich eine Methode, Kupfer zu transportieren — vermuten, daß alpines Kupfer über große Bereiche Mitteleuropas gebracht wurde. Wahrscheinlich kursierten auch Kupfer und Gold aus Irland recht weiträumig.

Wenn man nur die Herkunft derartiger Waren nachweist, vergißt man allerdings einen weiteren kritischen Faktor, nämlich wie erstrebenswert besondere Artikel für den Gebrauch bestimmter Gemeinschaften waren. Obwohl als sicher gelten kann, daß Gold ein begehrter Rohstoff war, war dies nicht immer schon der Fall. Erst als sich die Notwendigkeit ergab, mit Hilfe eigens geschaffener Wohlstandsgrenzen Standesunterschiede deutlich zu machen und man dafür Gegenstände und Waren brauchte, wurde Gold zum Prestigeobjekt. Während das Gold zunächst nicht als sonderlich wertvoll gegolten hat, dürfte sich diese Ansicht etwa in der Mitte des fünften vorchristlichen Jahrtausends geändert haben. Aus dieser Zeit stammt der kupferzeitliche Friedhof von Varna (Bulgarien). Insbesondere diejenigen Körperteile der Leichen, die als Zeichen der Kraft galten, waren bevorzugt mit Gold geschmückt: der Kopf, die Hände und die Genitalien. Mit Sicherheit stand das Gold hoch im Kurs, als der große, als Lunulae bezeichnete Halsschmuck und die Gorgets genannten Halsketten geschaffen wurden, die man etwas später in Irland entdeckte. Es gibt auch Gründe dafür anzunehmen, daß alle Arten mit fremden Materialien — etwa Muschelschalen, Wildschweinhauer sowie Perlen aus Glas und Fayence — in den Augen der bronzezeitlichen Handwerker und deren Arbeitgeber besonders begehrt waren.

Natürlich wurden nicht alle Güter über große Entfernungen ausgetauscht. Höchstwahrscheinlich beschränkte sich der Tauschhandel auf die vor Ort verfügbaren Rohstoffe und fand nur zwischen benachbarten Gemeinschaften statt. Diesem Muster folgt etwa die Verbreitung der Metall- und Töpfereiobjekte, doch geht nicht immer klar hervor, was diese Güterbewegungen bedeuten.

Eine jüngst abgeschlossene Forschungsarbeit zeigte, wie bestimmte Typen weiblicher Schmuckstücke sich in einem Radius von einhundert Kilometer in jede Richtung von ihrer Quelle ausbreiteten. Vermutlich gab es also mehrere Gemeinschaften, die Objekte dieser Art zu schätzen wußten. Dabei fällt auf, daß Gegenstände, die außerhalb ihres unmittelbaren Verbreitungsgebietes gefunden wurden, nur in Nachbargemeinschaften auftauchten. Wahrscheinlich gehörten sie Frauen, die in diese Gemeinschaften eingeheiratet hatten.

MICK SHARP

Ritual und Glaube: Steinringe und geschnitzte Schiffe

Welche Vorstellungen besaßen die Menschen der Bronzezeit über Leben und Tod, das Übernatürliche und die Stellung des Menschen in der natürlichen Welt?

Wenn wir diese Fragen auch nicht direkt beantworten können, stehen uns mehrere Fundstellen zur Verfügung, die den Einfluß ihres Glaubens deutlich machen. Stonehenge etwa gewann seine vollendete Form während dieser Zeit, obwohl der Bau bereits viele Jahre zuvor, im Neolithikum, begonnen worden war. Während der Bronzezeit schafften die Menschen aus großen Entfernungen gewaltige Steine heran — sowohl die vor Ort liegenden Sandsteinblöcke als auch die (möglicherweise aus dem südwestwalisischen Preseli-Gebirge) importierten blauen Tonsandsteine — und richteten sie zu verschiedenen Formen und Mustern auf. Der Höhepunkt dieser Entwicklung steht uns in der heutigen ring- und hufeisenförmigen Anordnung vor Augen.

Der Zahl und Fülle der Gruppen von Hügelgräbern nach zu urteilen, die das Monument umgeben, war Stonehenge ein größeres Zentrum und blieb in seiner Art unvergleichlich, obwohl seine grundlegenden Elemente (eine kreisförmiger Wall und Graben)

vielfach in ganz Britannien kopiert wurden. Unabhängig davon, was Stonehenge im einzelnen darstellte, handelte es sich zweifellos um ein bedeutendes Zentrum ritueller und zeremonieller Aktivität. Obwohl man Stonehenge gemeinhin mit den Druiden in Zusammenhang bringt, wissen wir über die dort vollzogenen Praktiken nichts Genaues, geschweige denn über den ethnischen Hintergrund seiner Erbauer.

Dies gilt ebenso für die Becher- und Ringmarkierungen, die in verschiedenen Teilen Britanniens, insbesondere im Norden und im Westen, in exponierte Felsen eingeritzt wurden.

Nicht minder bemerkenswert, aber hinsichtlich des rituellen Lebens in der Bronzezeit wesentlich informativer, sind die vielen Gravuren, mit denen die Gesteinsoberflächen in Teilen Skandinaviens und der südlichen Alpen verziert wurden. Anders als bei den britischen Exemplaren sind hier viele Figuren wiederzuerkennen — etwa Menschen, Tiere und Schiffe, aber auch Gegenstände wie Pflüge, Äxte und Vorläufer der Trompeten. Daneben findet man allerdings auch hier zahlreiche Symbole, die sich nicht unmittelbar deuten lassen.

Bisher wurden umfangreiche Gesteinsflächen entdeckt, die mit einer derartigen Gravurkunst verziert waren, besonders im Westen von Schweden. Da diese Gravuren keinen einsichtigen Nutzen haben, dürften

△ Das Felsenpaneel bei Ormaig bei Kilmartin (Argyll, Schottland). Neben zahlreichen Becherdarstellungen ist hier das seltene Rosettenmuster abgebildet, das auch von Galloway (im Südwesten Schottlands) und von Irland bekannt ist.

MICK SHARP

△ Felsenkunst in Argyll im Westen Schottlands: Ein Teil der Paneele bei Achnabreck nahe Lochgilphead. Auf der linken Seite ist ein Becher mit zwei Ringen dargestellt, auf der rechten Seite ein seltenes Beispiel für eine Horn- oder doppeltendende Spirale.

sie wohl lokale Glaubensansichten und vielleicht sogar die Vorurteile der Menschen widerspiegeln, die sie den Aufgaben des Alltags oder dem Kontakt anderen Gruppen gegenüber hatten, die sie auf dem Wasserwege erreichten.

Häufig findet man Gravuren von Schiffen, aber auch oft an Stellen, die heute weit vom Meer entfernt liegen. Dies ist eine Folge geologischer Prozesse, die Skandinavien aus dem Meer emporhoben. Ursprünglich dürften diese Kunstwerke noch im Blickfeld kleiner Flüsse und Buchten entstanden sein. Sie gehören in diesem Gebiet zum Alltagsleben der Bronzezeit und sind wahrscheinlich entstanden, ehe sich Menschen auf eine Reise begaben. Da die Kommunikation benachbarter Gemeinschaften überwiegend über das Meer erfolgte, führten diese Reisen vermutlich nicht sehr weit. Die Bilder werfen die interessante Frage auf, wem diese Schiffe wohl gehört haben, denn es dürfte viel wertvolle Arbeitskraft nötig gewesen sein, um sie zu bauen. Vielleicht waren diese Boote, als Menschen danach trachteten, andere zu beherrschen, ein sichtbarer Ausdruck ihrer Macht.

Das Individuum wird mündig

Bisher haben wir nur das nackte Gerüst der Epoche betrachtet, die wir als die Bronzezeit bezeichnen. Welche Schlüsse können wir nun über die Gesellschaft jener Zeit ziehen? Um die Veränderungen verstehen zu können, müssen wir uns daran erinnern, daß einem Toten im fortgeschrittenen Neolithikum kaum jemals besondere Gaben mit ins Grab gelegt wurden, auch wenn der Ruheplatz selbst häufig umfangreich und aufwendig war. Im Neolithikum Westeuropas entstanden zahlreiche derartige Konstruktionen mit großem Arbeitsaufwand und mit Hilfe großer architektonischer Kenntnisse. Es ist also äußerst unwahrscheinlich, daß sie ohne einen Anführer, etwa in Gestalt eines Häuptlings, erbaut wurden. Da direkte Hinweise auf einzelne Häuptlinge fehlen, wählte man für die Häuptlingstümer den Begriff »gruppenorientiert«, was etwa bedeutet, daß sie auf die Fähigkeiten einer ganzen Gruppe angewiesen waren und diese auch widerspiegelten. Im Gegensatz dazu treten in der Bronzezeit die Leistungen Einzelner in den Vordergrund, so daß die Anführer dieser Zeit »individualisierend« genannt werden. In der Eisenzeit traten dann extrem mächtige und reiche Führer auf, die über

△ Steinerne Gußformen aus dem Osten der Schweiz. Darin wurden zweiflügelige Bronzenadeln gegossen.
SWISS NATIONAL MUSEUM

enorme Mengen materiellen Reichtums und über befestigte Machtzentren verfügten und mit eigenen Armeen große Landstriche unter politischer Kontrolle hatten.

Chronologisch und vermutlich auch in gesellschaftlicher Hinsicht fällt die Bronzezeit zwischen die Extreme des Neolithikums und der Eisenzeit. Leider geben uns die erhaltenen Funde keine bessere Vorstellung von den Lebensbedingungen, die die Häuptlinge der Bronzezeit übernahmen und entwickelten. Es spricht allerdings einiges dafür, daß selbst in den frühesten Phasen dieser Periode einfache, aber deutliche soziale Grenzen existierten. Die bemerkenswerten

Fortschritte in der Agrikultur-Technologie und die massive Zunahme handwerklicher Produktion ermöglichten den Mächtigen, ihre Position zu halten und auszubauen, indem sie Menschen ausbeuteten, die auf diese Arbeiten für ihren Lebensunterhalt angewiesen waren. Ein derartiges System konnte sich aus eigener Kraft erhalten, und es überrascht daher kaum, daß es noch um 500 vor Christus Bestand hatte. Wir dürfen dabei jedoch nicht außer acht lassen, daß auch die Verschlechterung des Klimas und der Umweltbedingungen einen größeren Einfluß auf die wirtschaftlichen und sozialen Veränderungen hatte.

Die Bronzezeit war eine Periode bemerkenswerter technischer Leistungen und Fortschritte — in dieser Zeit wurde das Fundament für die Welt der Eisenzeit gelegt, die wiederum die großen Zivilisationen der klassischen Antike hervorbrachte. Die Bronzezeit verewigte sich auf der westlichen Landkarte Europas, und ihre Monumente sind dort auch heute noch zu sehen.

Obwohl diese Zeit manchmal düster wirken mag, weichen die Schatten zeitweilig den Strahlen des Sonnenlichtes, die vom Gold und Bronze der Rüstungen reflektiert werden, ein Vorbote der aufsehenerregenden Entwicklungen, die in Europa nach 800 vor Christus stattfanden.

△ Diese Felskunst aus dem ersten Jahrtausend vor Christus wurde in einen Fels bei Emilieburg in der Nähe von Tanum (Bohuslän, Westschweden) eingraviert. Neben Tieren sind auch Figuren mit gehörnten Helmen dargestellt, die vermutlich einen rituellen Kampf ausfechten.

VALCAMONICA: EIN ZENTRUM DER KREATIVITÄT

EMMANUEL ANATI

Das in den italienischen Alpen gelegene Valcamonica ist eine enges Tal, das sich 70 Kilometer lang zwischen der Schweiz und dem Lago d'Iseo, nördlich von Brescia, hinstreckt. Mehr als 300 000 Felsgravuren wurden hier bis heute entdeckt, wodurch dieser Ort die dichteste Konzentration der Felsenkunst in Europa aufweist. Die Stellen, an denen die Darstellungen vorkommen, sind über eine Strecke von 25 Kilometer über das Tal verteilt und liegen zwischen einer Höhe von 20 bis etwa 1400 Meter über dem Meeresspiegel.

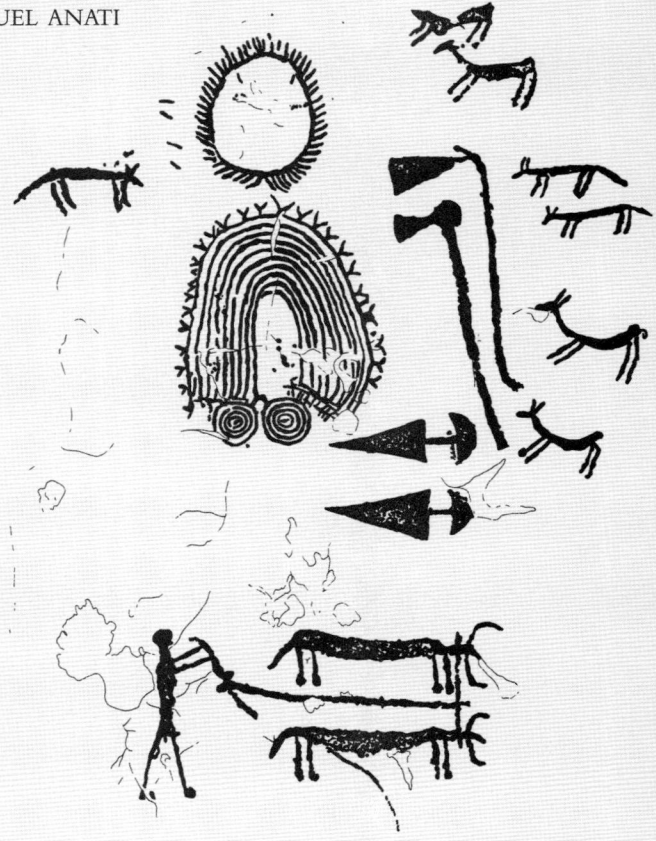

△ Diese Zeichnung von Gravuren aus Bagnolo II (Valcamonica) zeigt dreieckige Dolche vom Remedello-Typ, außerdem Äxte, Tiere, eine Sonnenscheibe und Brillenspiralen unter einer Halsketten-ähnlichen, aus parallelen Linien zusammengesetzten Struktur. Ganz unten ist eine Pflugszene zu sehen. Die Gravur läßt sich auf die chalcolithische Periode zwischen 3200 und 2500 vor Christus datieren.

Die früheste Felsenkunst Valcamonicas geht auf die Jäger der proto-camunischen Zeit, vor 12 000 Jahren, zurück. Diese Kunst zeichnet sich durch die umrißhafte Darstellung großer Tiere sowie von Speeren, Fischfallen und mehreren Symbolen aus. Der Elch, der in dieser Region zu Beginn des Holozäns ausstarb, ist das am häufigsten abgebildete Tier. Die Kunst war mit Jagdritualen und -praktiken verbunden und beweist, daß unter den Völkern Eurasiens verbreitete Traditionen existierten.

Im sechsten vorchristlichen Jahrtausend veränderten sich der Stil der Felsenkunst und die Vorstellungswelt, und proto-camunische Kompositionen wurden nicht mehr hergestellt. Dagegen wurden im Neolithikum (5500 bis 3300 vor Christus) stilisierte menschliche Figuren mit erhobenen Armen in einer betenden Position dargestellt, und häufig waren sie mit Symbolen und Objekten kombiniert, etwa mit Sonnenscheiben, Äxten und Hunden. Darstellungen von Pflügen, Hacken und Götzenbildern, die offenbar von Prototypen der Donau-Kulturen abstammen, zeugen von den Kontakten, die die jetzt stabile camunische Gemeinschaft beeinflußten. Gegen Mitte des vierten vorchristlichen Jahrtausends tauchte eine neue Ikonographie auf, die stark abstrahierte Symbole verwendete (wie konzentrische Kreise, Zickzackmuster und maskierte Bilder). Sie kündigte umfangreiche soziale und ideologische Veränderungen an.

In den neolithischen Perioden I und II traten mehrere Veränderungen in den Kompositionen auf. So wurde in der Periode I das Bild des betenden Menschen überwiegend mit Darstellungen einzelner Objekte kombiniert, etwa mit einer Sonnenscheibe, einer Axt, einem Tier oder einem zweiten Menschen. Das erste dargestellte Haustier war der Hund. In Periode II kamen Rinder und Ziegen hinzu, und die Zahl der in einem Bild gemeinsam auftretenden Objekte nahm zu. Es wurden nun Symbole und Darstellungen von Zeremonien sowie sozialer, ökonomischer und kultischer Aktivitäten geschaffen. Unter den abgebildeten Waffen findet man Speere, Bumerangs, Pfeil und Bogen sowie landwirtschaftliche Gegenstände.

Typisch für die Perioden I und II sind Bilder technischer Errungenschaften, etwa des Pfluges, des Bogens, der Tierfalle und des Webstuhls. Die wichtigsten Verfahren der Jagd und des Fischfangs werden dargestellt, einschließlich des Ackerbaus, der Tierzucht und der Anfänge eines organisierten Handels. In den religiösen Anschauungen herrschten eine Sonnen- und ein Totenkult vor, aber es wurden auch Hunde und andere Tiere verehrt. Gegen Ende der Periode tauchten anthropomorphe »Götzenbilder« auf. Die Symbole und Muster, etwa maskierte Gesichter, Zickzackmuster, konzentrische Kreise, Meander und Äxte, die während dieser Zeit in den Stein graviert wurden, ähneln den Dekorationen der Megalith-Kulturen.

Während des Chalcolithikums (am Anfang der Periode III) tauchten in Valcamonica vom Ende des Neolithikums bis zum Beginn der Bronzezeit (3200 bis 2500 vor Christus) neue Figurenmuster auf. Sie wurden auf Menhir-Statuen und monumentalen Anlagen gefunden und umfaßten Anhänger mit Doppelspiralen (Brillenspiralen), Sonnenscheiben, dreieckige Kupferdolche sowie durchbohrte Äxte und Helebarden. Daneben waren auch menschliche und tierische Figuren zu finden. Die Sonne wird mit dem Kopf eines kosmischen Wesens identifiziert, und der Fluß ist dessen Gürtel. Solche über 5000 Jahre alten Kompositionen sind die ältesten, die sich einer typischen indo-europäischen Weltsicht zuordnen lassen.

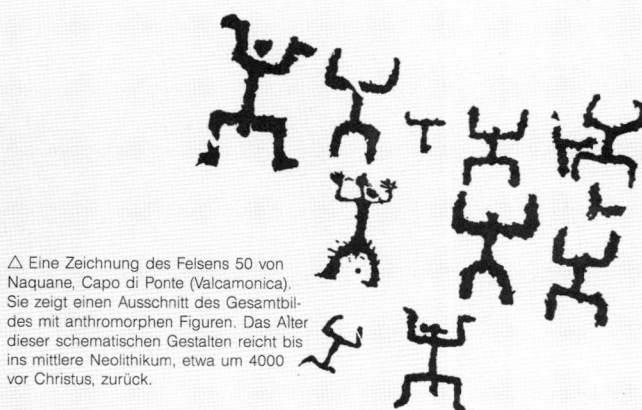

△ Eine Zeichnung des Felsens 50 von Naquane, Capo di Ponte (Valcamonica). Sie zeigt einen Ausschnitt des Gesamtbildes mit anthromorphen Figuren. Das Alter dieser schematischen Gestalten reicht bis ins mittlere Neolithikum, etwa um 4000 vor Christus, zurück.

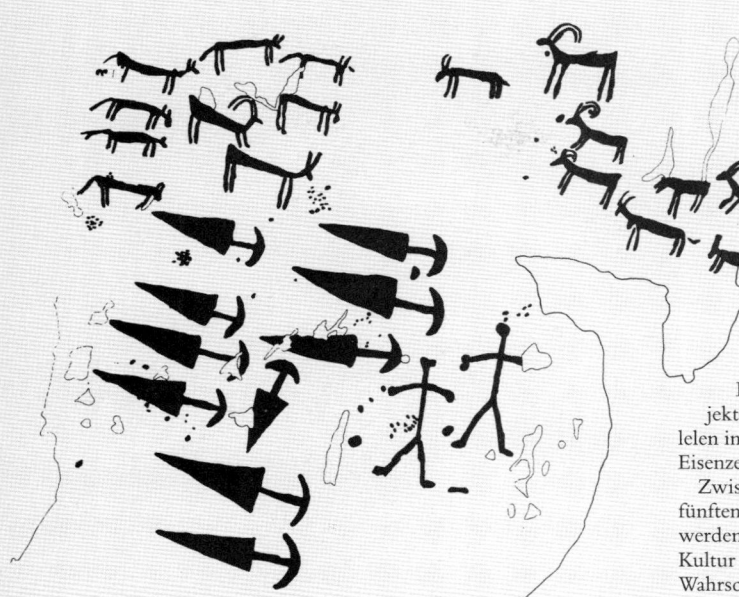

△ Dieser Ausschnitt der chalcolithischen Gravuren bei Massi di Cemmo Nr. II, Capo di Ponte (Valcamonica), zeigt dreieckige Kupferdolche, Tiere und menschliche Figuren.

Diese symbolisch-religiösen Elemente waren offenbar in Osteuropa entstanden und hatten die europäischen Alpen zusammen mit wirtschaftlichen und technischen Innovationen erreicht, die einen tiefgreifenden kulturellen Wandel auslösten. Zu den bedeutsamsten Erneuerungen gehörte die Metallverarbeitung (mit den ersten kupfernen Werkzeugen), die Einführung des Rades und der Gebrauch von Karren. In den europäischen Alpen finden sich Hinweise auf den Gebrauch metallener Werkzeuge und Karren in Felsbildern und auf Menhir-Statuen aus der Zeit um 3200 vor Christus. Zu dieser Zeit tauchen Indizien für sozioökonomische Veränderungen auf: etwa eine Hierarchie mit Häuptlingen und Priestern und eine aufwendigere, kommerzielle Produktion durch spezialisierte Handwerker.

Während der frühen und mittleren Bronzezeit (2500 bis 1200 vor Christus) festigte sich die chalcolithische Revolution. Es entwickelten sich Bergbau, Metallverarbeitung und spezialisierte Produktionszentren, die in ein kommerzielles Handesnetz integriert wurden, das große Teile Europas und des Mittelmeerraumes abdeckte. Diese Veränderungen sind in den Felsgravuren von Valcamonica nachzuweisen: neue, kompliziertere Zusammenstellun-

gen, die eine auf ökonomischer Produktion basierende Lebensweise zeigen. Die lange vorherrschenden Äxte und Dolche wurden in den letzten Zeitabschnitten von Szenen abgelöst, in denen Krieger Zweikämpfe oder andere unfriedliche Aktivitäten ausführen.

Waffen, andere Objekte und topographische Karten waren für die frühe und mittlere Bronzezeit (Mitte und Ende der Periode III) typisch. In der mittleren Bronzezeit nahm die Zahl der mythologischen Szenen und der anthropomorphen Figuren zu, und zu den anderen Haustieren gesellte sich das Pferd. Es wurden die Metallverarbeitung und die Weberei dargestellt, und religiöse Anschauungen waren offenbar mit einer Verehrung von Gegenständen und Waffen verbunden. In der späten Bronzezeit mehren sich in den Gravuren die Anzeichen für eine Verehrung von Geistern und Helden.

Im zweiten und ersten vorchristlichen Jahrtausend erwuchsen aus den Stammesgemeinschaften politische Einheiten, was schließlich zu der Bildung von Nationen führte. Die Gesellschaft wurde komplizierter, und die unterschiedlichen Gruppen nahmen zueinander Beziehungen auf. Gegen Ende des zweiten vorchristlichen Jahrtausends am Ende der Bronzezeit (zu Beginn der Periode IV) stellten die

Camunier schon Figuren und Objekte dar, die denen der Urnenfeld-Kulturen Mitteleuropas ähnlich waren. In der ersten Hälfte des ersten vorchristlichen Jahrtausends treten die wirtschaftlichen und kulturellen Kontakte zum Umfeld der Hallstatt-Kultur immer stärker hervor. Die Motive und Figurinen aus Bronze- und Keramikobjekten finden zahlreiche Parallelen in der Felsenkunst der frühen Eisenzeit.

Zwischen dem siebten und dem fünften Jahrhundert vor Christus werden Einflüsse der Villanova-Kultur und der Etrusker deutlich. Wahrscheinlich gelangten damals etruskische Händler nach Valcamonica und führten einen neuen Stil der Felsenkunst ein: muskelbe-

packte Krieger mit etruskischen Dolchen, Schilden und Helmen. Sie führten auch das Alphabet ein: Mehr als 100 nordetruskische Inschriften waren in den Felsen der mittleren Periode IV eingraviert. Später, im späten fünften und im vierten vorchristlichen Jahrhundert, tauchten keltische Merkmale auf, und Periode IV endete mit der römischen Besetzung Valcamonicas im Jahre 16 vor Christus.

Die Periode IV zeichnet sich durch realistische Szenen des Alltagslebens und die Darstellung magisch-mythologischer Figuren aus. So zeigen mehrere, chronologisch außerordentlich wertvolle Gravuren Menschen, die Schilde, Helme, Speere, Äxte und persönliche Schmuckgegenstände tragen, und zahlreiche Gravuren von Bauwerken, Hütten und Tempeln verraten etwas über die Architekturgeschichte der Umgebung. Es werden auch landwirtschaftliche Gegenstände dargestellt, etwa Pflüge, Sensen und Hacken, und man findet Szenen der Metallverarbeitung und der Herstellung von Wagenrädern. Die hier abgebildeten Haustiere könnten von einem Hof unserer Zeit stammen: Schweine, Ziegen, Enten, Hühner und Gänse.

In der nachcamunischen Periode, nachdem das Territorium der Camunier einer römischen Provinz einverleibt worden war, wurde nur noch vereinzelt Felsenkunst geschaffen. Es gibt allerdings mehrere römische Gravuren mit einigen lateinischen Inschriften sowie zahlreiche Notizen aus dem Mittelalter und aus späterer Zeit. Im Gegensatz zu den prähistorischen Gravuren waren diese jedoch nicht religiös motiviert, sondern es dürfte sich eher um einen Zeitvertreib der Hirten gehandelt haben.

Die Felsenkunst von Valcamonica zeichnet sich im Laufe von 10 000 Jahren durch einen ständigen Wandel der Stile und Motive aus. Sie bilden eines der umfangreichsten Archive europäischer Geschichte, die sich vom Ende der Eiszeit bis zur römischen Eroberung und danach erstreckt.

◁ Einige der jüngsten Beispiele der Felsenkunst in Valcamonica zeigen einen etruskischen Einfluß, der vermutlich von Händlern aus dem Süden ausgeübt wurde. In dieser Gravur von Naquane sind die Krieger mit etruskischen Helmen bekleidet. Sie läßt sich auf die Zeit zwischen 550 vor Christus und dem Jahr 450 datieren.

STEINZEITLICHE BAUERN IN SÜD- UND OSTASIEN

6000 vor Christus bis 1000 nach Christus

Bauern, Töpfer, Fischer und Seefahrer

PETER BELLWOOD UND GINA BARNES

Heute lebt in Süd- und Ostasien mehr als die Hälfte der Weltbevölkerung. Die biologischen und kulturellen Voraussetzungen, die aus dieser Region ein ethnisches Kaleidoskop machten, sind zum großen Teil ein Verdienst ihrer frühesten Landbevölkerung, deren erste größere Siedlungen noch auf die Zeit vor 5000 vor Christus zurückreichen. Die Vorgeschichte der verschiedenen Regionen Süd- und Ostasiens folgte unterschiedlichen Richtungen, die einander jedoch zum Teil überschnitten. So war zum Beispiel ein großer Teil der kulturellen Entwicklung Südostasiens, Japans und Koreas China zu verdanken. Andererseits entwickelte sich die indische Kultur zum Teil unter dem Einfluß West- und Zentralasiens. Dennoch bestand ein wechselseitiger Austausch zwischen dem Nordosten Indiens und dem südostasiatischen Festland, und daher besitzen Indien und Südostasien zahlreiche sprachliche und kulturelle Gemeinsamkeiten.

◁ Reisterrassen auf Bali (Indonesien). In zahlreichen südostasiatischen Einflußgebieten des Monsuns wird der Reis in Tieflandfeldern angebaut, die häufig nur vom Sommerregen gespeist werden. Bewässerte Terrassenfelder wie diese findet man besonders auf Java, Bali und den nördlichen Philippinen.

△ Ein Jade-Ohrring aus einem Grab in Peinan in Gestalt einer menschlichen Figur. Gemeinsam mit vielen anderen fein verarbeiteten Gegenständen wurden zahlreiche Ohrringe aus Jade in den verschiedensten Stilen aus den Gräbern geborgen.
LIEN CHAO-MEI

MONGOLISCHES HOCHLAND

MANDSCHURISCHES BECKEN

• Xinle

HALBINSEL LIAODONG

Bucht von Bohai

• Chitam-ri

• Hunam-ri

JAPAN

Honshu

KOREA Iki • Torihama

Tsushima • Ubuka

Kyushu *Binnenmeer*

• Cishan

Gelber Fluß

Wei

Taisee

Bucht von Hangzhou

• Sidun

• Xiaomeiling

Yaoshan

• Hemudu

Pengdoushan • Fanshan

Yangtse

• Shixia

Tapengkeng

• Mehrgarh

• Atranjikhera

Yamuna • Saipai

• Sohagaura

Yuanshan TAIWAN

Pazifischer Ozean

• Ahar • Mahagara • Chirand

• Peinan

Indus • Khairadih

Ganges • Kenting

• Kayatha Koldihwa

• Navdatoli

HOCHLAND VON CHOTA-NAGPUR

• Shixia

• Daimabad

• Rodji

Satudeon

• Phung Nguyen

Irawadi

Äquatoriale Klimazone (ohne ausgedehnte Trockenzeiten, außer in Regenschattengebieten)

• Inamgaon

• Spirit Cave

Indischer Ozean

• Ulnur

• Tekkalakota

• Ramapuram

• Hallur

• Ban Chiang

• Non Nok Tha

Andarayan • Lal-lo

• Dimolit

Ban Kao • Khao Wong Prachan

PHILIPPINEN

• Khok Phanom Di

Mekong

• Bagumbayan

Höhlen von Tabon • Edjek

• Gua Cha

• Mädai

• Bukit Tengkorak

• Leang Tuwo Mane'e

• Höhle von Niah

• Tanjong Pinang

Sumatra

• Gua Sireh

Borneo

• Uattamdi

Sulawesi

• Kalumpang

• Ulu Leang

• Cipari

Java

• Bui Ceri Uato

Timor • Lie Siri

PETER BELLWOOD

△ Geerntete Reisrispen auf Bali (Indonesien) vor dem Dreschen. Bei den Indizien für einen prähistorischen Reisanbau handelt es sich um Eindrücke oder Spelzen auf Töpfen und Ziegeln, um Körner, die an Herdstellen verkohlten, sowie gelegentlich um mit Wasser vollgesogene Ablagerungen.

Indien und Südostasien umfassen sowohl die äquatorialen als auch die Monsungebiete Asiens. In den äquatorialen Zonen fallen ganzjährig Niederschläge, während es in den Monsungebieten, darunter einem großen Teil Chinas, nur im Sommer regnet. Die landwirtschaftliche Vorgeschichte dieses riesigen, vielfältigen Gebietes wurde von Sommergetreide wie Reis und verschiedenen Hirsearten bestimmt. Im Gegensatz dazu standen die Sorten des Wintergetreides und der Leguminosen (Hülsenfrüchtler), die damals in Westasien und in Pakistan angebaut wurden. Zudem boten Südostasien und das angrenzende Melanesien den frühen Bauern mehrere bedeutende tropische Knollen, Früchte und andere genießbare Pflanzen, insbesondere Bananen, Zuckerrohr, Yams, Taro, Kokosnüsse und Brotfrüchte.

Trotz dieses reichen Angebots an pflanzlichen Nahrungsmitteln gibt es weder archäologische noch linguistische Hinweise dafür, daß die frühen Jäger- und Sammlergesellschaften Indiens und Südostasiens un-

abhängig davon begonnen hätten, diese Pflanzen in einem gewissen Umfang zu domestizieren. Es spricht jedoch einiges dafür, daß genau dies in zwei benachbarten Regionen, Westasien und China, geschehen ist. Beide Gebiete sollten auf Indien und Südostasien einen erheblichen Einfluß ausüben.

Um 7000 vor Christus war die westasiatische Landwirtschaft — sie stützte sich auf Winterweizen, Gerste, sowie auf domestizierte Rinder, Schafe und Ziegen — bereits bis Westpakistan vorgedrungen, wo sie bei Mehrgarh besonders gut nachgewiesen werden kann. Um 2500 vor Christus war aus diesem

Komplex auf den Ebenen des Indus sowie im benachbarten Gujarat, Rajasthan und Haryana die Harappa-Zivilisation hervorgegangen.

Weit im Osten hatten sich die Bauerngemeinschaften darauf spezialisiert, im Yangtse-Tal Reis anzubauen, und auch der Hirseanbau im Tal des Gelben Flusses war um 6000 vor Christus schon gut etabliert. Diese Menschen hielten domestizierte Schweine, Hunde, Hühner und vielleicht (entlang des Yangtse) auch Wasserbüffel. Zur gleichen Zeit regelten andere Gemeinschaften, über die man wesentlich weniger weiß, den Wasserstand in den Sümpfen der Hochländer Neuguineas, vermutlich um Taro und andere Nichtgetreidepflanzen anzubauen. Diese drei Regionen — Westasien, Zentralchina und Neuguinea - kann man als primäre einheimische Zentren früher Agrikultur ansehen.

Bis 4000 vor Christus war der größte Teil Indiens und Südostasiens, möglicherweise mit Ausnahme einiger Gebiete im Norden Südostasiens, die nahe der chinesischen Grenze lagen, noch immer von Jägern und Sammlern bewohnt. Über weite Teile Indiens und Sri Lankas entwickelten diese Völker Steinwerkzeug-Industrien mit kleinen Klingen und Mikrolithen. Ähnliche Industrien entwickelten sich in Teilen Mittelindonesiens (insbesondere auf Java und dem südlichen Sulawesi) und auf den Philippinen, während auf dem südostasiatischen Festland Kiesel- und andere Abschlagwerkzeuge verbreitet waren, die insgesamt als die Hoabinia-Industrie bekannt ist. Es gibt keine gesicherten Hinweise darauf, daß irgendwelche Menschen dieser Region vor 4000 vor Christus in seßhaften Gemeinschaften lebten und daß sie in systematischer Weise Landwirtschaft betrieben oder Keramik herstellten.

◁ Das Alter dieses neolithischen Steinmessers aus dem Flußtal des Tembeling in Pahang (Malaiische Halbinsel) ist nur unklar.

▽ Ein steinerner Armreif von der Malaiischen Halbinsel. Er stammt vermutlich aus den letzten zwei vorchristlichen Jahrtausenden.
ZALEHA TASVIB/KUALA LUMPUR MUSEUM

◁ Ein beidseitig bearbeitetes Werkzeug der Hoabinia-Kultur von der Malaiischen Halbinsel. Derartige Werkzeuge wurden von den Jägern und Sammlern dieser Region zwischen 8000 und 2000 vor Christus eingesetzt.
ZALEHA TASVIB/KUALA LUMPUR MUSEUM

△ Diese polierte, rechteckige Steinaxt der Malaiischen Halbinsel stammt wahrscheinlich aus den letzten beiden Jahrtausenden vor Christus.
ZALEHA TASVIB/KUALA LUMPUR MUSEUM

BRUNO BARBEY/MAGNUM

△ Eine mit Wellenschliff versehene Steinaxt aus Gunung Ceroh, in Ipoh (Malaysia). Ähnliche Werkzeuge tauchten im Norden Australiens und in Japan schon vor mehr als 20 000 Jahren auf.
ZALEHA TASVIB/KUALA LUMPUR MUSEUM

◁ In der feuchten Landschaft des Yangtse-Beckens in Südchina wurden Versuche zur Domestikation von Reis und anderen Wasserpflanzen durchgeführt.

△ Ein Malwa-Topf aus der chalcolithischen Siedlung Inamgaon (Maharashtra), der auf etwa 1500 vor Christus datiert wurde. Die Malwa-Gefäße gehören zu den schönsten der frühen bemalten Keramikstile, die man aus dem Nordwesten Indiens kennt.
DECCAN COLLEGE, INDIA

▽ Dieser bei Inamgaon ausgegrabene Brennofen besitzt eine Heizkammer, ein »Lehmkissen«, um die Töpfe zu stützen, sowie ein äußeres Ofenloch. Er stammt aus der frühen Jorwe-Kultur um 1300 vor Christus. Der Einsatz von Töpferöfen ist von nordirakischen Fundstellen schon aus der Zeit um 6000 vor Christus bekannt, und die Harappa-Kultur verbreitete diese Technologie nach Indien.

INDIEN

Zwischen 4000 und 2000 vor Christus kam es zu mehreren bedeutenden Entwicklungen, die entscheidende kulturelle Veränderungen auf dem indischen Subkontinent ankündigten. Um 3000 vor Christus tauchten Indizien dafür auf, daß Rinderhirten von Rajasthan aus bis ins westliche und zentrale Deccan vordrangen. So barg zum Beispiel der Fundort von Utnur im nördlichen Karnataka eine ovale Umfriedung aus Palmenstämmen, die groß genug war, um vielleicht 500 Rinder aufzunehmen. Zwischen der Koppel und einer separaten äußeren Umzäunung waren Hütten angelegt worden. Die Bewohner stellten Keramik her, die zum Teil bemalt war. In gewissen zeitlichen Abständen verbrannte man den angefallenen Rindermist, und die daraus entstandenen großen Aschehaufen sind auch heute noch sichtbar. Nach gegenwärtiger Kenntnis scheint dieses bäuerliche Leben auf nur wenige Regionen West- und Zentralsüdindiens begrenzt gewesen zu sein.

Die Anfänge der Landwirtschaft

Unmittelbar im Gefolge dieser frühen Hirtenvölker tauchten die ersten Bauerngesellschaften Nordwestindiens und des Deccan auf. Als sich dann die Landwirtschaft um 2500 vor Christus von der Indus-Region nach Gujarat ausbreitete, war eine bedeutende Veränderung eingetreten. Die hier lebende Harappa-Kultur war dazu übergegangen, anstelle von Winterpflanzen, wie Weizen, Gerste und Leguminosen, Sommergetreide anzubauen, zum Beispiel Hirse und Sorghum. Besonders gut ist dieser Wechsel an der

△ Geernteter Sorghum, eine Hirseform, die neben anderen Monsunfeldfrüchten von den frühen Bauern der Deccan-Halbinsel angebaut wurde. Vermutlich war die Pflanze aus dem Bereich südlich der afrikanischen Sahara vor etwa 4000 Jahren über Südarabien nach Indien gelangt.

mittleren und späten Harappa-Fundstelle von Rojdi im zentralen Gujarat dokumentiert. Und obwohl einige weit südlich von Rojdi entdeckte Fundorte belegen, daß die Bewohner hier noch bis 1000 vor Christus ihre westasiatischen Feldfrüchte weiterhin anbauten, hat der teilweise vollzogene Übergang zu Hirse und Sorghum die landwirtschaftliche Kolonisierung des Deccan zweifellos beschleunigt.

Zwei der hier beteiligten Pflanzen — Korakan (*Eleusine coracana*) und Sorghum (*Sorghum bicolor*) dürften nach Ansicht einiger Archäologen ihren Ursprung in Afrika haben, wenngleich dies im Falle des Korakan umstritten ist. Beide Getreidesorten könnten durch Handelskontakte verbreitet worden sein — vielleicht durch Erweiterungen des Handels zwischen der Zivilisation des Indus und den Bewohnern des Gebietes um den Persischen Golf, die während des späten dritten vorchristlichen Jahrtausends historisch dokumentiert sind. Auch zwei weitere Hirsesorten — *Panicum miliaceum* (die gemeine Hirse, die vielleicht in Nordindien domestiziert wurde) und *Setaria italica* (Borstenhirse, die vermutlich erstmals in Osteuropa oder in Zentralchina domestiziert wurde) — spielten bei der Ausbreitung der Landwirtschaft eine bedeutende Rolle.

Niemals erlangte die Hirse auf den Ganges-Ebenen eine ähnliche Bedeutung wie im Deccan. Auf den Ganges-Ebenen finden wir nach 3000 vor Christus eine Mischung von Weizen und Gerste, und an vielen Stellen wurde Reis angebaut. Bereits um 4500 vor Christus könnte der Reis bei Koldihwa in Uttar Pradesh kultiviert worden sein, doch wurden die Indizien dafür noch nicht bestätigt. Die ältesten gesicherten Daten für den indischen Reisanbau stammen aus der Zeit um 2500 vor Christus von Chirand und Khairadih in Bihar, und auch den Harappa war der Reis schon lange vor 2000 vor Christus bekannt.

Die mit den ältesten indischen Bauernsiedlungen verbundenen kulturellen Funde sind außerordentlich vielfältig — es existiert mit Sicherheit keine einzelne kulturelle Quelle. Von Anfang an ging die Ausbreitung der Landwirtschaft aus dem Nordwesten in Richtung Maharahtras und des Deccan mit einer Reihe von Gegenständen und Aktivitäten einher, die vielleicht auf eine Vorstufe der Harappa-Kultur verweisen. So stellten diese Menschen zum Beispiel Keramik her, die auf Töpferscheiben geformt und in

DECCAN COLLEGE, INDIA

richtigen Brennöfen gehärtet wurden, und sie produzierten Äxte aus Kupfer und Bronze. Sie führten eine Steinklingenindustrie fort und formten Lehmfigurinen von Menschen und Tieren, insbesondere von Rindern. Ihre Ökonomie basierte auf verschiedenen Kombinationen von Sommer- und Wintergetreide, sowie auf der Haltung von Rindern und — in geringerem Maße — von Schafen, Ziegen, Büffeln und Geflügel. Aus Baumwolle und Flachs wurden Tücher und Bänder gewoben. Ihre rechteckigen Häuser besaßen Wände aus Lehm, in denen Stroh, Steine oder grober Putz verarbeitet waren. Zudem hatten die Häuser kalkbestrichene Böden, Lehmöfen, Vorratsgruben und Speicherplattformen. Auch einige kreisförmige Bauten wurden entdeckt, die vermutlich als Speicher dienten.

Ausgezeichnete Beispiele derartiger Fundstellen aus der Zeit um 2600 vor Christus und später wurden bei Ahar in Rajasthan, bei Kayatha und Navdatoli in der Region von Madhya Pradesh sowie bei Inamgaon und Daimabad in Maharashtra entdeckt. Bei Inamgaon (um 1400 vor Christus) war eine Fläche von etwa fünf Hektar mit Hilfe eines Walls aus Steinen und Erde teilweise befestigt. Die Häuser waren an einem etwa rechteckigen Netz ausgerichtet und von Gassen getrennt. Und ein Teil der Fundstelle wurde von einem Bewässerungsgraben durchschnitten, was dafür spricht, daß die Feldfrüchte (in diesem Fall hauptsächlich Gerste und Leguminosen) möglicherweise ganzjährig kultiviert wurden.

Weiter im Süden, bei Karnataka und Andhra, bergen die ältesten landwirtschaftlichen Fundstätten — sie stammen aus dem späten dritten vorchristlichen Jahrtausend — kreisförmige Häuser, von denen einige steinerne Fundamente und mit getrocknetem Schlamm bedeckte Fußböden aufwiesen. Während von Beginn der frühesten Ausbreitung der Landwirtschaft Kupferwerkzeuge benutzt wurden, stellte man noch immer Steinäxte und Klingenwerkzeuge her. An Fundstellen, wie Hallur und Tekkalakota in Karnataka und Ramapuram in Andhra Pradesh, gründete sich die Ökonomie auf die Rinderhaltung und den Anbau von Hirsesorten (einschließlich des Federborstengrases, *Pennisetum typhoides*, der wahrscheinlich ebenfalls aus Afrika stammt). Erstaunlicherweise weiß man kaum etwas über die Anfänge der landwirtschaftlichen Entwicklung im äußersten Süden Indiens. Es scheint jedenfalls, daß die ersten Ackerbauern Sri Lankas nicht vor der Eisenzeit, zwischen 1000 und 500 vor Christus, auftauchten.

Die Ganges-Ebenen

Am Ende des dritten vorchristlichen Jahrtausends ist ein nordwestlicher Einfluß (der vermutlich von der Harappa-Kultur ausging) in den Ganges-Ebenen nachweisbar. Er äußert sich in Form der rotgrundierten und schwarz auf rot bemalten Keramik. Diese Gefäße fand man vom Yamuna-Fluß ostwärts bis nach Bihar und sogar nach Bengalen. Etwa zeitgleich mit diesen roten Gefäßen sind bei Saipai in Uttar Pradesh und seit 1822 am Zusammenfluß des Ganges und des Yamuna sowie in Chota Nagpur mehrere Kupfergegenstände — Äxte, Schwerter, Harpunen, Speerköpfe und menschenförmige Schmuckplatten (sogenannte Anthropomorphe) - ausgegraben worden. Zudem entdeckte man ockergefärbte Töpfe bei Atranjikhera in Uttar Pradesh sowohl mit Resten von Gerste als auch mit Reis; aber um 1000 vor Christus hatte sich

der Reis zu der dominierenden Nutzpflanze des Gangesbeckens entwickelt.

Die Bedeutung, die der Reis hier besaß, spricht dafür, daß die frühen Bauern mit ihrer aus dem Nordwesten stammenden Tradition nicht die einzigen Siedler dieser Gegend waren. An vielen Fundstätten in Uttar Pradesh und Bihar gibt es Anzeichen für eine frühere Besiedlung durch Völker, die Reis anbauten, die kordelverzierte und mit Reishülsen vermischte Tontöpfe herstellten, wie sie für Südostasien typisch waren, und auch kreisförmige Hütten mit Wänden aus Stroh und grobem Putz erbauten. Schon vor 2 000 vor Christus hatten sie die Ebenen kolonisiert, und sie hinterließen ihre Spuren, in der Regel im Zusammenhang mit westlichen Feldfrüchten und Haustieren, bei Koldihwa, Mahagara, Sohagaura und Chirand.

Vermutlich markieren viele dieser frühen Bauernsiedlungen im Ganges-Tal, insbesondere diejenigen, die vom Nordwesten beeinflußt waren, einen Zeitpunkt, an dem indoeuropäische Völker eintrafen, deren sprachliche Heimat im westlichen oder mittleren Asien lag. In ähnlicher Weise dürften die neolithischen Funde im Deccan mit den frühen dravidischen Sprachen verbunden sein und sich mit der elamitischen Sprache bis in ein gemeinsames Ursprungsland, etwa Iran oder Pakistan, zurückverfolgen lassen. Allerdings breiteten sich diese beiden Sprachenfamilien innerhalb Indiens wohl nicht vollkommen unabhängig voneinander aus. So dürften Elemente beider Richtungen in der mittleren oder späten Harappa-Kultur vertreten gewesen sein, ebenso wie die zeitgenössische mesopotamische Zivilisation mindestens drei ethnolinguistische Elemente in sich aufnahm — das sumerische, das akkadische und das elamitische Element. Beide Gruppen, insbesondere die Draviden, heirateten in die zahlreichen Jäger-und-Sammler-Gesellschaften ein, die vor ihnen den Subkontinent erreicht hatten, so daß sie mit diesen letztlich verschmolzen.

Allerdings bestimmten die Indo-Europäer und die Draviden keineswegs den ganzen Verlauf der indischen Vorgeschichte, nachdem sich der Ackerbau entwickelt hatte. Wie bereits bemerkt, waren daran ebenso Völker beteiligt, die kulturelle und linguistische Verbindungen mit dem südostasiatischen Festland aufwiesen.

Peter Bellwood

△ Diese anthropomorphe, aus Kupfer gegossene Figur stammt aus Shahabad (Bihar) und wurde vermutlich im zweiten Jahrtausend vor Christus hergestellt. Häufig werden derartige Figuren in Massen zusammen mit kupfernen Gegenständen entdeckt. Vielleicht dienten sie als rituelle Äxte, da einige von ihnen an der Kopf- und Schulterregion Schärfspuren aufweisen.

▽ Ein gekielter Topf aus dem Neolithikum Malaysias, das etwa von 2000 bis 500 vor Christus andauerte. Er wurde aus dem neolithischen Friedhof der Höhle von Gua Cha in Kelantan (Malaysia) geborgen.
ZALEHA TASUIB/KUALA LUMPUR MUSEUM

NEOLITHISCHE JADE DER LIANGZHU-KULTUR

TSUI-MEI HUANG

In den siebziger und achtziger Jahren wurden im Gebiet des Lake Tai im unteren Yangtse-Tal (China) zahlreiche spätneolithische Fundstätten entdeckt, die heute unter dem Sammelnamen der Liangzhu-Kultur bekannt sind. Man datierte sie auf 3400 bis 2000 vor Christus. In den Gräbern dieser Kultur fand man mehr als 5000 Jadestücke, darunter zahlreich perforierte Scheiben, sogenannte *Bi*, und Röhren, die als *Cong* bezeichnet werden.

Aus dem alten chinesischen Text *Zhou* (*Die Riten von Zhou*), die aus der Zeit zwischen 400 und 300 vor Christus stammen, geht hervor, daß *Bi* und *Cong* am Hofe der Zhou-Dynastie (sie dauerte etwa von 1000 bis 221 vor Christus) weithin Verwendung fanden. Zwar weiß man über die Art ihrer Verwendung nur wenig, doch wurden sie als rituelle Objekte bezeichnet, die der König seinen Untertanen verlieh. Sie hingen mit der Verehrung zusammen, die man Himmel und Erde entgegenbrachte und auf die sich das Herrschaftsmandat des Königs berief.

Grabbeigaben aus Jade

Im Oktober 1982 legte man das Grab eines etwa 20jährigen Mannes frei. Es lag in einem Feld östlich eines Erdhügels mit dem Namen Sidun in Wujin (Jiangsu-Provinz). Das Grab war verschwenderisch ausgestattet: Es enthielt vier Töpfe, 14 Gegenstände aus Stein und Jade, 49 Jade-Schmuckstücke, 24 *Bi*, 33 *Cong* sowie drei *Yue*-Äxte aus Jade, die keinerlei Gebrauchsspuren zeigten. (*Yue*-Äxte besitzen eine breite Klinge und wurden normalerweise als Waffen eingesetzt.) Die beiden größten und am besten polierten *Bi* ruhten auf dem Unterleib und der Brust des Toten; die übrigen hatte man oberhalb und unterhalb seines Kopfes sowie unter dem Körper und den Füßen deponiert. Um den Körper herum lagen sieben große *Cong*, und weitere ruhten auf dem Kopf des Mannes und neben seinen Füßen. Eine solche Anordnung der *Bi* und *Cong* entspricht den Beschreibungen im *Zhou Li* darüber, wie diese Jadesteine auf und um den Körper einer hervorragenden Persönlichkeit angeordnet wurden.

1986 fand man in elf Grabhügeln, die in zwei Reihen auf einem künstlich angelegten Hügel bei Fanshan im Fürstentum Yuhang (Zhejiang-Provinz) angelegt waren, mehr als 3200 Jadestücke. Sie bildeten über 90 Prozent der Grab-

beigaben. Im folgenden Jahr barg man weitere 1000 Jade-Objekte aus zwölf Gräbern, die innerhalb einer rechteckigen Erdenplattform auf der Spitze des Yaoshan (Mount Yao), fünf Kilometer nordöstlich der Fundstätte von Fanshan über zwei Linien verstreut lagen. Die über 400 Meter messende Plattform bestand aus drei Schichten. Die innere, am östlichen Ende gelegene Schicht bildete einen Altar und war aus roter Erde erbaut. Die zweite war ein mit grauer Erde gefüllter Graben, der den Altar umgab. Die dritte Schicht (das Fundament), die sich westlich, nördlich und südlich des Grabens ausbreitete, bestand aus gelblich-brauner Erde, die mit Kieseln durchsetzt war. Die Beigaben der Gräber, die man zum Teil in den roten Boden des Altars hineingebaut hatte, wa-

ren reicher als die der weiter entfernt liegenden Gräber.

Der Aufbau der Plattform und die Anordnung der Gräber zeigen, daß Yaoshan nicht nur ein Friedhof war, sondern auch für zeremonielle Zwecke genutzt wurde. Die Lage der Gräber, und die Art, in der sie sich unterscheiden, beweist, daß es in dieser Kultur privilegierte soziale Gruppen gab.

Monsterähnliche Kreaturen

Die meisten der Jadesteine von Liangzhu bestehen aus Nephrit, einer besonders harten und widerstandsfähigen Art der Jade. Alle *Cong* und verschiedene andere Jade-Objekte sind mit Darstellungen monsterähnlicher Kreaturen geschmückt. Zusätzlich tragen einige andere Bilder von Menschen und Tieren in Form von Gravierungen, Reliefs und durchbrochener Arbeit und meisterhaft eingeschnittene Spiralmuster. Da es keine Hinweise darauf gibt, daß man damals Metall kannte, wurden die Bilder vermutlich mit Haifischzähnen geschnitzt.

Die Jadesteine waren rituelle

△ Ein *Bi* ist eine flache Scheibe aus Jade mit einem Durchmesser zwischen zehn und 30 Zentimeter sowie einem kleinen Loch in der Mitte. Vermutlich diente ein *Bi* dazu, den Himmel zu symbolisieren.
WENWU PUBLISHING

Symbole und auch Symbole zur Legitimierung sozialer Unterschiede und politischer Bindungen. Dennoch weiß man nicht, wie sie verbreitet wurden. Das monsterähnliche Motiv bestärkte die Sozialstruktur, indem es die mutmaßlich göttliche Botschaft von der sozialen und politischen Ungleichheit vor Augen führte.

Die Herstellung technisch so ausgefeilter Jade-Objekte spricht dafür, daß es eine soziale Rangordnung gab, deren Herrscher das Monopol über die Jade-Vorräte besaßen und eine Gruppe spezialisierter Handwerker kontrollierte. Vor kurzem entdeckte man im Dorf von Xiaomeiling im Fürstentum Liyang unweit vom Lake Tai eine Tremolit-Ablagerung — ein Stein, der dem Nephrit ähnlich ist. Vielleicht befanden sich in dieser Gegend also Nephrit-Minen.

Die Ausgrabungen von Liangzhu sind bedeutsam. Sie zeigen die Bedeutung, die die Jade entlang der Südostküste Chinas im späten Neolithikum besaß, und damit widersprechen sie der orthodoxen Ansicht, daß sich die Zivilisation im Norden des Landes entwickelt habe.

◁ Die aus Jade geschnitzten *Cong* sind innen kreisförmig, außen dagegen quadratisch und von variabler Länge. Es handelt sich vermutlich um rituelle Objekte, die vom Hof dazu benutzt wurden, die Erde zu symbolisieren.
WENWU PUBLISHING

Zeit erkundet, obgleich die Behauptungen schon wieder in Frage gestellt werden, nach denen schon um 7000 vor Christus bei Spirit Cave, weit im Nordwesten des Landes, Ackerbau betrieben wurde. Mit Sicherheit war der Reisanbau bei Ban Chiang im Nordosten Thailands um 3000 vor Christus bereits üblich, und man hielt zudem Hausformen von Schweinen, Hunden, Geflügel und Rindern. In den Gräbern dieser Kultur fand man kordelverzierte, polierte und mit Gravuren versehene Tongefäße. Ähnliche Ansammlungen von Objekten, an deren Deutung allerdings noch gearbeitet wird, wurden in Vietnam entdeckt.

Thai-Gräber

Anders als in Indien existieren anderenorts in Südostasien leider keine detaillierten Grundrisse früher Bauernsiedlungen. Dafür legte man in dieser Region zahlreiche Gräber frei, die erhebliche Mengen von Opfergaben bargen, so zum Beispiel bei Ban Chiang und Non Nok Tha im Norden Thailands und bei Khok Phanom Di östlich von Bangkok. An der letzteren Fundstelle wurde ein Friedhof innerhalb eines massiven, fünf Hektar großen Siedlungshügels freigelegt und auf 2000 bis 1500 vor Christus datiert. Die Leichen waren zumeist in Basttuch eingehüllt, das aus der inneren Rinde von Bäumen gewonnen wurde (damals war die Webkunst so weit im Süden vermutlich unbekannt). Anschließend wurden die Toten mit rotem Ocker bestäubt und mit zahlreichen Gegenständen beigesetzt, darunter Töpfen, Muschelschmuck, steinerne Adzes und möglicherweise auch Speiseopfern aus Reis. Eine wohlhabende Frau, vermutlich eine Töpferin, war unter einem großen Stapel von Tonzylindern begraben worden. Außerdem fand man über 120 000 Perlen aus Molluskenschalen, die man wahrscheinlich auf eine Jacke aus Rindenbast gestreut hatte. Daneben enthielt ihr Grab zahlreiche fein gravierte und polierte Töpfe. Unweit davon hatte man ein 15 Monate altes Kind mit ähnlichen Grabgaben beigesetzt, was für eine hierarchische Gesellschaftsform spricht, in der Wohlstand vererbt

◁ Das Skelett einer jungen Frau, die um 1200 vor Christus bei Gua Cha auf der zentralen Malaiischen Halbinsel begraben wurde. Oberhalb ihres Kopfes hatte man einen einzelnen Topf abgestellt, sowie weitere fünf Töpfe auf ihren Beinen (einer davon enthielt den Schädel einer Ratte). Sie trug einen Armreif aus poliertem Nephrit, und mit ihr zusammen waren zwei Steinäxte bestattet worden.

△ Das Oberflächenmuster dieses vierbeinigen Gefäßes aus der frühen Ban-Chiang-Periode (drittes vorchristliches Jahrtausend) wurde in einer Technik hergestellt, bei der gekrümmte Stempel verwendet wurden.

▽ Töpfe aus der später Ban-Chiang-Periode (etwa 200 vor bis 200 nach Christus), die mit roter Farbe auf braungelbem Hintergrund bemalt waren. Aufgrund ihres komplizierten Linienmusters sind diese Gefäße auf der ganzen Welt bekannt.

SÜDOSTASIEN

Die landwirtschaftliche Vorgeschichte Südostasiens ist untrennbar mit der Chinas verbunden. Tatsächlich bestand, ehe die Chinesen nach 1000 vor Christus ihre südlichen Eroberungs- und Besiedlungszüge unternahmen, zwischen Südostasien und dem heutigen China keine deutliche kulturelle Trennung. Beide Regionen waren die Heimat kulturell verwandter Völker, die Tai-, austroasiatische und austronesische Sprachen benutzten. Der Yangtse-Fluß bildete die Nordgrenze Südostasiens.

Etwa im sechsten vorchristlichen Jahrtausend lebten im chinesischen Yangtse-Becken bereits Gesellschaften, die sich vom Reisanbau ernährten und domestizierte Schweine, Hunde und Hühner hielten (zusätzlich möglicherweise auch Hausrinder und Wasserbüffel). Um 3000 vor Christus hatte sich diese Lebensweise über die Küstenregionen Südchinas nach Vietnam und Thailand ausgeweitet, und fünfhundert Jahre später hatte sie auch den Nordosten Indiens erreicht.

Am besten sind die Fundorte Thailands aus dieser

▷ Dieser Glasschmuck aus Ban Chiang ist noch undatiert, doch dürfte er jünger als 400 vor Christus sein. Erst nach dieser Zeit taucht das Glas in Südostasien auf.

△ Das zwischen 2000 und 1500 vor Christus datierte Grab einer 35jährigen Frau bei Khok Phanom Di (Mittelthailand). Um ihren Oberkörper herum wurden mehr als 120 000 Perlen aus Molluskenschalen entdeckt, die vermutlich auf eine Jacke genäht waren. An ihren Schultern befanden sich Muschelscheiben, und um ihr linkes Handgelenk trug sie einen Schmuck aus Muschelschalen. Auf ihre Beine hatte man zehn Tontöpfe gestellt. Zweifellos nahm diese offensichtliche Töpferin seinerzeit einen hohen gesellschaftlichen Rang ein.

wurde. Die von Zäunen umgebenen Gräber waren jeweils für eine Familiengruppe reserviert und wurden über viele Generationen benutzt.

Khok Phanom Di barg keinerlei Gegenstände aus Metall, obwohl die Bewohner des Tals von Khao Wong Prachan bei Lopburi (Zentralthailand) sich schon um 1500 vor Christus darauf verstanden, gesockelte Äxte und Armbänder aus Bronze zu gießen. Im Zentrum Thailands, aber auch in weiten Teilen In-

diens, tauchte die Verarbeitungstechnik für Kupfer und Bronze bald nach den Anfängen des Ackerbaues auf. Merkwürdigerweise sollte es noch weitere tausend Jahre dauern, bis die Metallverarbeitung auch nach Indonesien vordrang.

Etwa nach 2500 vor Christus breiteten sich die Bauern entlang der Halbinsel von Südthailand nach Malaysia aus, doch gibt es in der Region keine Anzeichen für Metallverarbeitung bis ungefähr 500 vor Christus. Diese Bauern stellten einen ganz eigenständigen Typ polierter oder mit Kordeln verzierter Tontöpfe her, die häufig mit Sockeln oder hohlen Dreibeinständern versehen waren. Eine derartige Keramik war von Ban Kao (Thailand) weithin bis nach Malaysia verbreitet.

Die Wanderung nach Süden

Auf den südostasiatischen Inseln (Indonesien, den Philippinen, Ostmalaysia), wie auf dem Festland, sind die Anfänge der Bauerngesellschaften umso später anzusiedeln, je weiter man sich nach Süden bewegt. Zwischen 3000 und 2000 vor Christus kamen frühe Ackerbauern aus dem Süden Chinas nach Taiwan. Und um 2000 vor Christus entwickelten sich Kontakte zwischen einigen ihrer Nachfahren im östlichen Indonesien und den westlichen Gartenbauern von Melanesien, und mit der Zeit glichen sich beide Kulturen an. Um 1500 vor Christus waren deren Nachfahren ihrerseits in der Lage, die pazifischen Inseln jenseits der Salomonen zu kolonisieren.

Auf den Inseln Südostasiens beschränkten sich die frühen Funde landwirtschaftlicher Kulturen überwiegend auf kleine Sammlungen von Keramik und Steinwerkzeugen, die man in Felsüberhängen und Höhlen entdeckte. Die dichte Vegetation und erhebliche Erosion dieser Gegend machten die Suche nach landwirtschaftlichen Fundstellen unter freiem Himmel außerordentlich schwierig. In einigen Hochlandregionen konnte man den Beginn der Agrikultur dennoch durch Pollenanalyse und die Bestimmung der Holzkohle in den Bohrkernen, die man aus den Sedimenten von Seen und Sümpfen zog, zeitlich eingrenzen.

▷ Ein auf etwa 1800 vor Christus datiertes dreibeiniges Gefäß aus Ban Kao. Die Beine waren in Bändertechnik dekoriert und zudem durchbohrt, damit die Luft während des Brennvorgangs entweichen konnte.
LUCA INVERNUZZI TETTONI/PHOTOBANK

Die Ergebnisse zeigen, daß Wälder in Taiwan mindestens um 3000 vor Christus gerodet wurden, und in Java war dies wenigstens weit vor 2000 vor Christus der Fall. Soweit archäologische, linguistische und ethnographische Befunde vorliegen, wurden hier in prähistorischer Zeit unter anderem Reis, Yams, Taro, Zuckerrohr, Bananen, Kokosnüsse sowie andere Früchte und Knollen und — in seltenen Fällen — auch Hirse angebaut. Vermutlich hatte der Reisanbau in den äquatorialen Regionen nur eine untergeordnete Bedeutung und ist niemals über die pazifischen Inseln jenseits Westmikronesiens vorgedrungen.

Der Übergang in Taiwan

In der frühen landwirtschaftlichen Archäologie Taiwans wird eine Übergangsphase deutlich, die sich zwischen Südchina auf der einen und den Inseln der Philippinen und Indonesiens auf der anderen vollzog. Die frühen mit Hilfe von Kordeln dekorierten Tontöpfe waren zum Teil bald von den glatten oder rotgrundierten Gefäßen der Yuanshan- oder Peinan-Kulturen verdrängt. Unter den übrigen Gegenständen, die man an den neolithischen Fundstätten Taiwans entdeckte, befanden sich steinerne Adzes und Basttuchklopfer, Sichelklingen aus Schiefer (mit denen vermutlich Reis und Hirse geerntet wurden) sowie ebenfalls aus Schiefer gefertigte Speer- und Pfeilspitzen. Mit Sicherheit wurde Reis angebaut. Bei Peinan in der Nähe von Taitung im südöstlichen Taiwan fand man in letzter Zeit bei Ausgrabungen mehr als 1500 Gräber, die mit Schiefertafeln begrenzt waren und dazu eine Siedlung mit Häusern, deren Wände ohne Mörtel errichtet wurden und deren Vorratsgruben in einer Reihe ausgerichtet waren. Die Grabbeigaben aus Jade, die man hier fand und von denen die meisten aus der Zeit um 1000 vor Christus stammen, zeugen von einer erstaunlichen Fertigkeit der Steinbearbeitung. (Vergleiche den Kasten *Peinan: Ein neolithisches Dorf.*)

Südlich von Taiwan in Richtung der äquatorialen Zone entdeckte man mehrere Siedlungen auf den Philippinen sowie im mittleren und östlichen Indonesien (Lal-lo, Andarayan, Dimolit, Leang Tuwo Mane'e, Uattamdi). Diese auf die Zeit zwischen 2500 und 1500 vor Christus datierten Stätten bargen ganze Sammlungen rot grundierter Keramik, die vielleicht sogar von der taiwanesischen abstammte, sowie gelegentlich auch Schaber aus Muschelschalen oder Stein. Im Felsüberhang von Bukit Tengkorak in Sabah wurden rot grundierte Töpfe aus der Zeit um 1000 vor Christus zusammen mit Obsidian aus Neubritannien ausgegraben, das ganz im Osten der Lapita-Heimat Westmelanesiens liegt. Leider blieben in dieser Gegend nicht viele unmittelbare Indizien für den Ackerbau erhalten, da die Konservierungsbedingungen hier ungünstig sind und auch kaum brauchbare Stellen für Siedlungen existieren. Allerdings dürfte die Einführung von Schweinen nach Timor um 2500 vor Christus bezeichnend sein.

Anderenorts auf den südostasiatischen Inseln unterscheidet sich die älteste Keramik von Sarawak, die in den Niah Caves und bei Gua Sireh ebenfalls auf 2500 vor Christus datiert wurde, ganz erheblich von den rot grundierten Töpfen des östlichen Indonesien. Sie wurde manchmal mit Hilfe eines geschnitzten hölzernen Spachtels graviert und der Ton manchmal mit Reishülsen vermischt, ähnlich wie bei der Keramik Malayas und Thailands. Leider ist über die frühe landwirtschaftliche Archäologie Kalimantans (Südborneos), Javas, Balis oder Sumatras kaum etwas bekannt, jedoch dürfte der Ackerbau zur gleichen Zeit wie bei etwa den übrigen indonesischen Inseln in diese Region gelangt sein.

Die Besiedlungswanderungen

Wie schon im Falle Indiens lassen sich anhand der frühen landwirtschaftlichen Befunde Südostasiens weniger die einfache Verbreitung landwirtschaftlicher Techniken unter den seßhaften Gemeinschaften von Jägern und Sammlern verfolgen, als vielmehr die Besiedlungwanderungen der Bauernvölker und die damit einhergehende Verbreitung ihrer unterschiedlichen Sprachen. (Vergleiche den Kasten *Die austronesische Ausbreitung und der Ursprung der Sprachfamilien.*) Wahrscheinlich gehörten vor 2000 vor Christus die meisten Sprachen des südostasiatischen Festlandes zur austroasiatischen Gruppe und breiteten sich in den Nordosten Indiens und in die Ganges-Ebene, vielleicht sogar bis nach Borneo und Sumatra, aus. Vermutlich gingen diese Sprachen mit den Anfängen des Reisanbaues von einem Gebiet aus, das einen großen Teil Südchinas und des nördlichen Südostasien umfaßte: von Burma bis nach Vietnam. Seit 2000 vor Christus haben andere Vertreter der Tai- und tibetoburmesischen Sprachen einige dieser austroasiatischen Völker verdrängt, als sie von ihrer linguistischen Heimat im Süden Chinas aufbrachen.

In den südostasiatischen Inseln drangen die austronesisch sprechenden Siedler nach 3000 vor Christus von Taiwan aus nach Süden vor. Schließlich hatten sie die gesamten Philippinen und ganz Indonesien besiedelt und die Menschen, die in den Gebieten westlich Timors und der Molukken lebten, in ihre Kultur aufgenommen. In der Nähe Neuguineas kam diese Expansion zum Stillstand, setzte sich jedoch nach 1500 vor Christus in den vormals unbewohnten Gebieten des Pazifik fort. Schließlich weitete sich diese Besiedlungswanderung im ersten Jahrtausend unserer Zeitrechnung bis nach Madagaskar und zur Osterinsel aus.

Peter Bellwood

△ Diese aufwendig gravierte und rotgrundierte Keramik aus Bukit Tengkorak in Sabah (Nordborneo) stammt aus der Zeit um 1000 vor Christus. Man fand sie zusammen mit Obsidian, der von der 4000 Kilometer weiter östlich gelegenen Pazifikinsel Neubritannien importiert worden war.
PETER BELLWOOD/SABAH MUSEUM, KOTA KINABALU

▽ Ein Steintruhengrab am Megalith-Friedhof von Cipari. Er liegt an den Osthängen des Mount Ceremai bei Kuningan (Westjava, Indonesien). Obwohl die frühesten Bauwerke dieser Fundstelle mit 4000 Jahren dem Neolithikum zugeschrieben werden, dürften die Megalith-Traditionen der südostasiatischen Inselwelt im allgemeinen viel später, während der Eisenzeit, entstanden sein.

GÖRAN BURENHULT

PEINAN: EIN NEOLITHISCHES DORF

CHAO-MEI LIEN

Der Fundort von Peinan (Taiwan) ist in zweifacher Hinsicht bedeutungsvoll. Zunächst trägt er dazu bei, die neolithische Kultur der Insel besser zu verstehen. Zweitens könnte er die Verbindungen zwischen dieser Kultur und den Vorfahren heutiger austronesischer Völker aufdecken. Der Fundort von Peinan liegt im Südosten Taiwans. Zwar wurde seine archäologische Bedeutung schon am Ende des 19. Jahrhunderts erkannt, doch begann man mit einer eingehenden Untersuchung erst 1980, als Schotter für eine neue Eisenbahnstrecke bei Peinan aufgeschichtet wurde. Es folgte von 1980 bis 1989 eine Reihe intensiver archäologischer Probegrabungen. Dabei stellte sich heraus, daß Peinan mit einer Fläche von über 80 000 Quadratmeter die umfangreichste prähistorische Fundstätte des Landes ist.

◁ Ein geschnitzter Jade-Ohrring aus Peinan im südöstlichen Taiwan. Er trägt die Form zweier menschlicher Figuren und eines Tieres. Aus den Gräbern dieses neolithischen Dorfes wurden mehr als 13 000 fein verarbeitete Objekte geborgen.
CHAO-MEI LIEN

Die archäologischen Funde, die innerhalb eines Gebietes von 10 000 Quadratmeter geborgen wurden, umfaßten eine enorme Zahl von Objekten, mindestens 50 Einheiten architektonischer Fundamente, 1530 Gräber sowie über 13 000 wunderschön verarbeiteter Grabbeigaben. Diese Objekte vermitteln uns eine deutliche Vorstellung davon, wie das ländliche Leben vor 5000 bis 2000 Jahren in Thailand aussah. Diese Fundsammlung ist unter der Bezeichnung Peinan-Kultur bekannt.

Ein Leben im Dorf

Die Menschen der Peinan-Kultur führten ein seßhaftes Dorfleben. Den Steinwerkzeugen nach zu urteilen, die aus den ehemals bewohnten Gebieten geborgen wurden, bauten sie für ihre Ernährung

△ Diese Frau wurde mit Jade-Ohrringen und Armreifen aus Schiefer bestattet. Eine Untersuchung ihres Oberkiefers ergab, daß ihre seitlichen Schneide- und die Eckzähne fehlten. Sie waren, einem damaligen Brauch entsprechend, schon in der Pubertät gezogen worden.

◁ Links im Vordergrund befindet sich die Bedeckung eines der schiefergesäumten Gräber. Der umliegende Boden ist mit Schiefertafeln gepflastert und zeigt, daß das Grab 20 bis 30 Zentimeter tiefer liegt.

überwiegend Bergreis und Hirse an. Zudem zeigen die Steinwerkzeuge und tierischen Überreste, daß sie recht intensiv Wildschweine und Hirsche jagten. Der Ort wurde, vielleicht aufgrund einer nicht seßhaften Anbauweise, mehrfach besiedelt. Sie hatten gewisse Fertigkeiten entwickelt, sich mit Schiefertafeln zu versorgen, mit denen sie Häuser und Gräber bauten und Werkzeuge herstellten.

Die Gestaltung des Dorfes

Das Dorf lag am Fuße der Peinan-Hügel an der südlichen Terrasse des Peinan River. Innerhalb des Dorfes waren die Häuser nebeneinander in einer Linie angelegt, die der Richtung des Hügels folgte. Die rechteckigen Häuser standen unmittelbar auf dem Boden, und ihre Größe maß durchschnittlich 11,5 mal 5,5 Meter. Zwar konnten Türen nicht mit Sicherheit identifiziert werden, doch waren sie höchstwahrscheinlich nach Osten zum Delta des Peinan River ausgerichtet. Die Vorhöfe und die meisten Innenräume waren mit Schiefertafeln oder gespalten Felsen ausgelegt. Ein jedes Haus grenzte an einen oder zwei äußere Speichergebäude, die sich zu den Nachbarhäusern hin fortsetzten. Die Gräber befanden sich im Inneren der Häuser unter den Fußböden, und sie waren ebenso ausgerichtet wie die Gebäude.

Die Gräber

In dem freigelegten Gebiet fand man 1530 Gräber. Sie waren von Schiefertafeln gesäumt, und man fand in ihnen alle Altersstufen, vom Säugling bis zum Greis. In den meisten Fällen handelte es sich um Einzelgräber, und nur 21 Prozent davon bargen mehr als ein Skelett, zumeist deshalb, weil man diese Gräber nochmals benutzt hatte. Die Leichen meist in ausgestreckter Haltung mit dem Kopf nach Südwesten gerichtet. Es konnte eine hohe Kindersterblichkeit nachgewiesen werden.

Die Analyse der Skelette ergab Hinweise für verschiedene damals praktizierte Bräuche. So wurden zum Beispiel Betelnüsse gekaut, Zähne gezogen, und man praktizierte auch die Kopfjagd. Diese Praktiken findet man ebenso bei nahezu allen anderen neolithischen Kulturen dieses Gebietes.

Etwa 75 Prozent der Erwachsenengräber und 23 Prozent der Kindergräber enthielten hervorragend verarbeitete Grabbeigaben. Die zahlreichsten und schönsten bestanden aus Nephrit, einer dort vorkommenden Form von Jade. Unter den Objekten entdeckte man Halsketten, die aus röhrenförmigen Stücken unterschiedlicher Länge gefertigt waren, aber auch andere Schmuckgegenstände wie Ohrringe, Haarschmuck und Armreifen. Zudem bargen die Gräber einige zerbrechliche Exemplare von Klingen und Äxte. Einige Schmuckstücke waren mit einzigartigen zooanthropomorphen oder geometrischen Mustern dekoriert, darunter Ohrringe, die jeden Jade-Kenner beeindrucken.

◁ 15 Gefäße wurden in diesem Grab gefunden, was darauf hindeutet, daß mindestens ebenso viele Menschen hier bestattet worden waren. Bei den meisten Gräbern von Peinan handelt es sich um Einzelgräber, jedoch waren etwa 21 Prozent der freigelegten Gräber wieder geöffnet und mehrfach benutzt worden.

△ Werkzeuge wie dieser taiwanesische, aus Jade gefertigte Pfeilkopf wurden mit großem Geschick hergestellt. In den Gräbern wurden auch schöne Exemplare von Klingen und Streitäxte aus demselben Material gefunden.
CHAO-MEI LIEN

CHAO-MEI LIEN

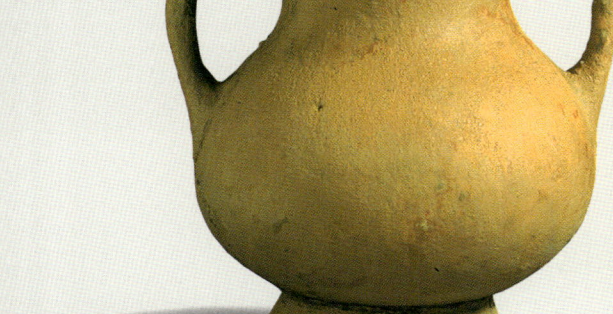

▷ Ein Beispiel für die Keramik der Peinan-Gräber.
CHAO-MEI LIEN

CHAO-MEI LIEN

▷ Die Gräber von Peinan lagen dicht beieinander und waren mit Schiefertafeln ausgekleidet. Die Toten wurden zumeist mit dem Kopf in südwestlicher Richtung beigesetzt.

CHINA

△ Terrassenfelder, die im gelben Boden des Lößplateaus von Nordchina angelegt wurden. Die Eichenwälder, die hier einst wuchsen, wurden für den Hirseanbau gerodet.

Im Schutze der beiden großen chinesischen Flußbecken entwickelten sich zwei ganz verschiedene Formen des Ackerbaues. Im Norden pflanzte man im Becken des Gelben Flusses Hirse an, während im Süden, im Becken des Yangtse, Reis kultiviert wurde. Diese beiden Sorten bildeten über Jahrtausende die Grundnahrungsmittel Chinas, obgleich Reis heute eine größere Bedeutung besitzt. Diese Aufteilung der agrikulturellen Landschaft war weniger eine Folge von Brauchtum und Kultur, sondern vielmehr auf das Klima und die Geographie des Landes und die Beschränkungen durch eine primitive Ackerbautechnik zurückzuführen.

△ Im Süden Chinas steht reichlich Wasser zur Verfügung, um Felder für den Reisanbau zu bewässern. Dieses Bild, aufgenommen in der Jiangsu-Provinz im Yangtse-Becken, zeigt die skulpturierte Landschaft, wie sie für Reisanbau-Regionen typisch ist.

Landwirtschaftliche Gegensätze

Das nördliche Festland besteht aus Löss, feinen Bodenpartikeln, die während der Eiszeit aus den zentralasiatischen Wüsten herangeweht worden waren. Dieser Boden legte sich wie ein Mantel, stellenweise Hunderte von Metern dick, über die Region, die von den oberen Bereichen des Gelben Flusses entwässert wurde. Obwohl im Norden nur wenig Regen fällt, durchzog die Erosion das Löss-Plateau im Laufe der Zeit mit Rinnen und Schluchten. Die Sedimente wurden nach Osten transportiert und über den großen Ebenen Nordchinas abgelagert. Diesem Sediment verdankt der Gelbe Fluß seinen Namen. Pollenanalysen verraten, daß das Hochland einst bewaldet war, überwiegend mit Eichen. Allerdings wurden die Ebenen zu bestimmten Jahreszeiten in starkem Umfang überflutet, wodurch immer wieder neue Schichten abgelagert wurden. Einerseits erschwerten diese Überflutungen alle Versuche, das Gebiet zu besiedeln, und außerdem begrub der Schlamm alle eventuellen Überreste einer Besiedlung unter sich.

Da die jährlichen Niederschläge sich auf 250 bis 500 Millimeter beschränkten und auch nur im Sommer fielen und da zudem keine Bewässerungstechnik existierte, mit der man das Flußwasser auf das Niveau der Felder hätte heben können, waren die frühesten Ackerbaumethoden im Lössgebiet darauf ausgerichtet, die Feuchtigkeit zu erhalten. Die trockenheitsresistente Hirse erwies sich als die ideale Pflanze, und Borstenhirse (*Setaria italica*) und Rispenhirse (*Panicum miliaceum*) wurden im Neolithikum angebaut. Möglicherweise rodete man Wälder, um Ackerflächen zu gewinnen. Glaubt man jedoch frühen Schriften über Ackerbaumethoden, dürfte die typische Brandrodung, bei der die Asche als Dünger genutzt wird, und auch das lange Brachliegen, um die Fruchtbarkeit der Flächen wiederherzustellen, überflüssig gewesen sein. Die Kapillarwirkung der Lössböden trug sowohl Feuchtigkeit als auch Nährstoffe aus den Tiefen an die Oberfläche. Dieser Vorgang wurde noch dadurch gefördert, daß man ganze Felder untergrub und die Gebiete dann ein Jahr lang brachliegen ließ, so daß die Pflanzen verwesten und eine Deckschicht bildeten,

◁ Der Gelbe Fluß nimmt seine Ladung gelber Sedimente in den Lößgebieten Nordchinas auf. Später werden diese Sedimente vom Hochwasser wieder abgelagert, das bei den frühen Bauern der großen zentralen Ebenen mehr gefürchtet als ersehnt war.

▽ Die frühesten Hinweise auf die Landwirtschaft in China zeigen schon, daß es domestizierte Tiere gab. Schon in früher Zeit mußten Rinder auf den Feldern arbeiten. Vermutlich handelte es sich bei V-förmigen Steingegenständen aus dem mittleren Neolithikum um Pflugscharen. Seit dieser Zeit waren Zugtiere im Norden und im Süden des Landes für den Ackerbau unverzichtbar.

▽ In historischer Zeit wurden Terrassen in der Landschaft angelegt, um Hirse und Reis anzubauen. Als die wachsende Bevölkerung die Ressourcen des Landes immer weiter bedrängte, erbrachte die Terrassierung eine Zunahme des Kulturlandes. Allerdings erforderte sie einen größeren Arbeitsaufwand, sowohl bei der Konstruktion als auch bei der Erhaltung der Terrassen.

unter der sich die Feuchtigkeit sammeln konnte. Feldfrüchte wurden nur in jedem zweiten und dritten Jahr des dreijährigen Zyklus angebaut.

Im Gegensatz dazu stand dem Ackerbau der südlichen Gebiete Wasser im Überfluß zur Verfügung. Der untere Lauf des Yangtse windet sich durch flache Schwemmebenen hinter zahlreichen Marschen und Seen. In dieser feuchten Landschaft war der Reis zu Hause, der während seiner Wachstumsphase mehrere Monate lang überspült sein muß. Da der Reis zum Reifen jedoch auch trockene Phasen benötigt, entwässerten die frühen Bauern ihre Reisfelder durch entsprechende Gräben.

Die Konstruktion dieser Entwässerungsgräben bildete vermutlich den ersten Schritt zur Veränderung der Umwelt, und später erst grub man Kanäle, um die Felder zu bewässern. Dadurch schuf man spezielle Anbausysteme, in denen der Reis außerhalb seines natürlichen saisonalen Feuchtgebietslebensraumes wachsen konnte. Da die erforderliche Wassertiefe konstant gehalten werden mußte, was zumindest auf großen Flächen Schwierigkeiten bereitete, waren Reis-

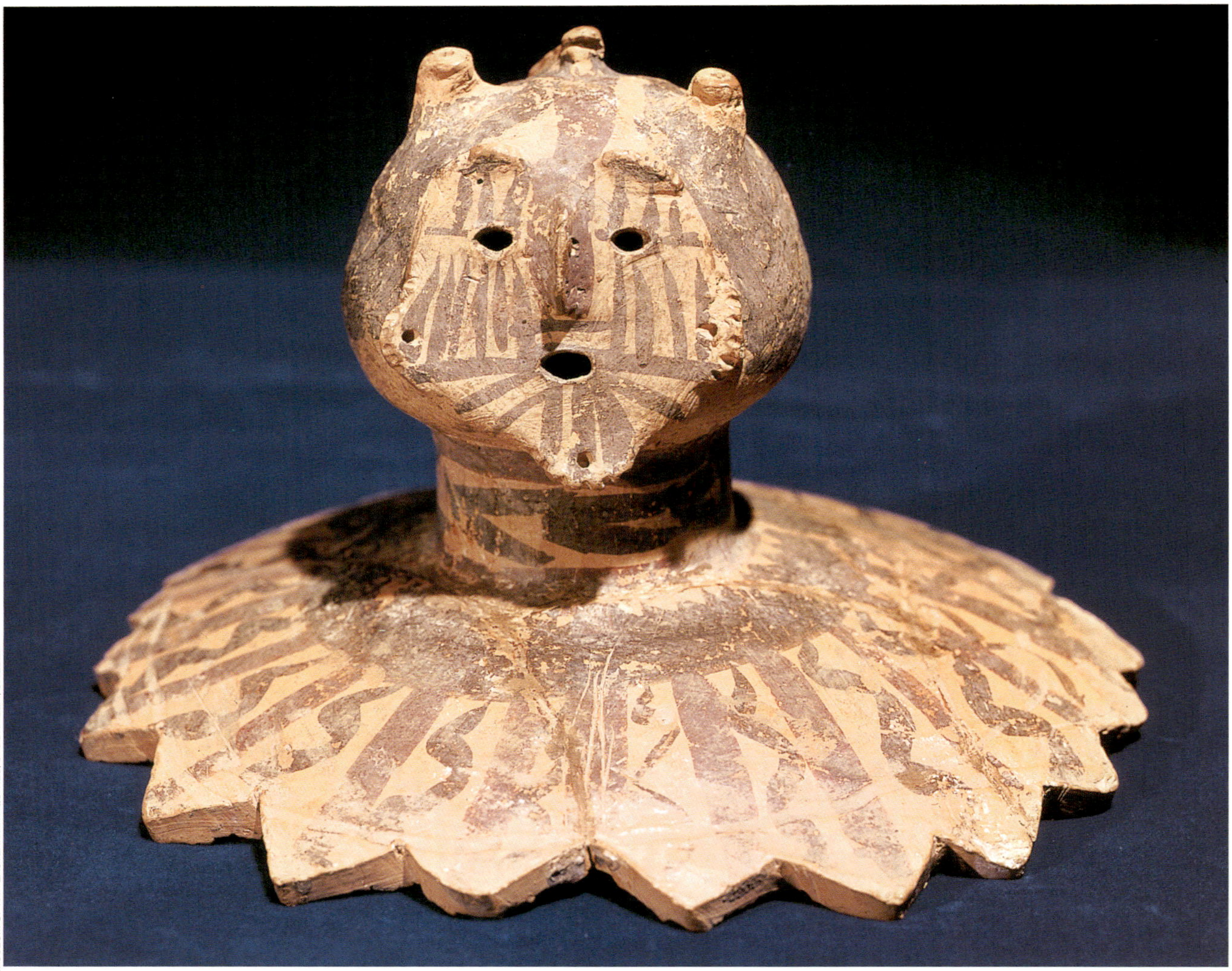

MUSEUM OF FAR EASTERN ANTIQUITIES, STOCKHOLM, SWEDEN

△ Dieser seltene anthropomorphe Deckel aus Banshan in der Gansu-Provinz wurde um 2500 vor Christus hergestellt. Er mißt nur etwa 20 Zentimeter.

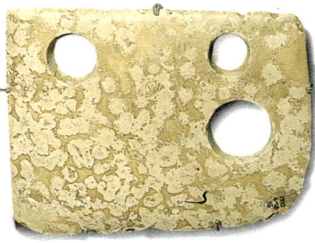

△ Diese spätneolithische Steinklinge diente vermutlich als Hacke, die sowohl horizontal als auch vertikal eingesetzt wurde, wie aus der Perforation ersichtlich ist, mit der verschiedene Griffe befestigt wurden.

RONALD SHERIDAN/ANCIENT ART & ARCHITECTURE COLLECTION

felder bis in unsere Zeit notgedrungen nur klein — etwa 40 Quadratmeter oder sogar weniger. Mit der Entwicklung von Terrassen, die die natürliche Landschaft auf radikale Weise veränderten, konnten wesentlich größere Flächen für den Reisanbau zur Verfügung gestellt werden.

Also waren die bunt zusammengewürfelten kleinen Reisfelder im Süden und die umfangreichen, umstrukturierten Felder des Nordens, auf denen Hirse angebaut wurde, jeweils darauf ausgelegt, die für den Anbau verfügbare Wassermenge möglichst groß zu halten.

Jedes System beeinflußte auch die örtliche Kultur. So erforderte zum Beispiel der Reisanbau erhebliche Investitionen in das Anbausystem und zudem eine gewisse Zusammenarbeit zwischen den verschiedenen Gruppen, die entlang der Bewässerungskanäle wohnten, um eine ausreichende Überflutung des Reises zu gewährleisten. Kleine, weit verstreut liegende Bauernhöfe minderten das Risiko. Wie eine Volkszählung während der Han-Periode (206 vor Christus bis 220 nach Christus) zeigte, nahm die Bevölkerung des reisanbauenden Südens wesentlich schneller zu als die Bevölkerung des Nordens.

Das frühe chinesische Neolithikum

Im Gegensatz zu anderen Gebieten auf der Welt hat China die Geheimnisse seines Übergangs in eine Bauerngesellschaft noch nicht preisgegeben. Ausgrabungen aus jüngster Zeit haben die frühesten Datierungen von Feldfrüchten weit jenseits der traditionellen Yangshao-Periode (etwa 4200 bis 2900 vor Christus, verschoben, die heute nur für den Norden Chinas den Status des mittleren Neolithikums besitzt. Die ältesten bisher bekannten landwirtschaftlichen Fundstätten gehören zu voll entwickelten Bauerngesellschaften. Allerdings gelang es bisher nicht, Spuren der Domestizierung von Tieren zu finden, mit Ausnahme vielleicht des Haushuhns.

Der älteste Hirseanbau im Norden wird in der Regel der Peiligang-Kultur zugeschrieben. Deren Siedlungen findet man gruppenweise entlang der östlichen Vorgebirge der Löss-Hochländer, nördlich und südlich des Gelben Flusses und auf den Terrassen des Wei-Flusses, der vom Westen in den Gelben Fluß mündet. Die auf den Zeitraum zwischen 6500 und 5000 vor Christus datierten Fundstätten bestehen aus Siedlungen mit Friedhöfen und Vorratsgruben. Sowohl aus diesen Gruben als auch aus Vorratsgefäßen wurden Hirsereste geborgen. Die Überreste eines Wildhuhns, die bei Cishan entdeckt wurden, sprechen dafür, daß es ein Vorfahr des Haushuhns ist. Auch Schweine und Hunde wurden domestiziert, aber die zahlreichen Knochenfunde mehrerer Hirscharten zeigen, daß die Menschen weiterhin auf die Jagd gingen. Die Objekte dieser frühen Siedlungen verraten eine extrem fortschrittliche Technologie. So fand man etwa gut verarbeitete, polierte steinerne Handmühlen mit Beinen, gesägte Steinsicheln, verschiedene Gebrauchsgegenstände aus Keramik und zahlreiche knöcherne Objekte, von denen einige eingeritzte Dekorationen trugen. Zweifellos gehörten diese zu einer vollständig entwickelten bäuerlichen Dorfgemeinschaft. Es bleibt lediglich noch zu klären, wie sich diese Kultur aus den mikrolithischen, nichtkeramischen Kulturen entwickelte, die man aus der frühen Nacheiszeit Nordchinas kennt und woher vermutlich die wildwachsenden Hirseformen stammen.

Im Süden Chinas wurden bisher weniger Siedlungen entdeckt. Die bedeutendste davon ist Hemudu, die auf etwa 5000 vor Christus datiert wurde. Über dieser Fundstelle wurde eine mysteriöse, 50 Zentimeter starke Schicht von Reisüberresten entdeckt, die aus Halmen, Blättern, Körnern und Spelzen besteht. Den architektonischen Überresten nach zu urteilen, könnten diese pflanzlichen Reste aus zusammengestürzten Kornkammern stammen. Hemudu stand am Rande eines Feuchtgebietes an der Küste von Hangzhou Bay, und durch Aufsaugen von Wasser blieben sowohl die Reisreste als auch die Spuren mehrerer Holzbauten erhalten. Diese Gebäude waren mit Hilfe relativ fortschrittlicher Techniken erbaut, etwa mit Zapfen und Zapfenlöchern, und sie standen auf Pfählen über dem feuchten Untergrund.

Dieses Gelände eignete sich in idealer Weise für den Reisanbau. Zudem entdeckte man Reste von Wasserpflanzen, die ebenfalls gegessen wurden. Vielleicht waren dies frühe Experimente der Aquakultur.

Wie schon an den Fundstätten von Peiligang aus dem Norden zeugen Knochen von wildlebenden Tieren sowohl aus dem Wald als auch vom Flußufer, daß die Menschen nach wie vor auf die Jagd gingen. Man fand bei Hemudu auch ein umfangreiches Sortiment von Gegenständen, darunter geschnitzte und gravierte Objekte aus Knochen, guterhaltene hölzerne Gegenstände für die unterschiedlichsten Zwecke und unverwechselbar geformte Keramik, in die häufig Dekorationen eingeritzt waren. Das jedenfalls wichtigste landwirtschaftliche Werkzeug war ein knöcherner Spaten, der aus dem Schulterblatt eines Wasserbüffels hergestellt wurde. Diese Rinder waren örtlich zusammen mit Hunden und Schweinen domestiziert worden.

Die Entdeckung und Ausgrabung von Hemudu in den siebziger Jahren versetzte der Vorstellung den Todesstoß, nach der die Bauerngesellschaften im Norden entstanden sein und sich dann nach Süden ausgebreitet haben sollen (die sogenannte »Kern-Hypothese«).

In letzter Zeit wurden Reste von Reis im Süden bei Pengdoushan in der Huan-Provinz auf 7000 bis 8000 vor Christus datiert. Sowohl Hemudu als auch Pengdoushan liegen in einem Gebiet, in dem die wilden Vorfahren des Reises gewachsen sein dürften. Heute vermutet man, daß der Reis möglicherweise an mehreren Stellen dieser Region mehrfach im frühen Holozän (vor etwa 8000 Jahren) domestiziert wurde.

Die Ausbreitung des Reisanbaues

Da der Reis also aus dem Süden stammt, kann man Abdrücke von Reiskörnern, die man erstmals um 1920 in der nördlichen Yangshao-Keramik entdeckte, als Hinweis dafür deuten, daß der Reis in diese Region eingeführt wurde. Es ist indessen immer noch unklar, wie weit die Kultivierung des Reises im Neolithikum bis in den Norden reichte. Reiskörner sind kompakt, nahrhaft und lassen sich gut speichern. Trotz ihres relativ großen Gewichtes lassen sie sich auch gut transportieren, und sie wurden in historischer Zeit häufig als Zahlungsmittel eingesetzt. Daher kann man nicht davon ausgehen, daß Reis, der aus einer archäologischen Ablagerung stammt, auch hier angebaut wurde. Obwohl Ackerbausysteme die besten Belege für den Reisanbau darstellen, wurden bisher noch keine in Nordchina ausgegraben. Dennoch legt die historische Literatur den Gedanken nahe, daß der Reis in der Han-Periode von ethnisch unterschiedlichen Gruppen im sumpfigen Küstentiefland der Bohai Bay angebaut wurde. Ein bedeutendes Forschungsproblem besteht heute darin, zu ermitteln, wie und wann die Praxis des Reisanbaues weiter nach Osten auf die koreanische Halbinsel übertragen wurde, während die Ausbreitung zu den japanischen Inseln wiederum recht gut dokumentiert ist.

Gina Barnes

△ Selbst innerhalb der Yangshao-Tradition waren bemalte Gefäße weniger zahlreich als unbemalte, deren Oberfläche nur mit Kordeln, Sticheln oder Stempeln behandelt wurde. Die Bemalung dieses Topfes verläuft in senkrechten Abschnitten, die die Oberfläche nicht vollständig bedecken.
RONALD SHERIDAN/ANCIENT ART & ARCHITECTURE COLLECTION

▽ Ein Strichmännchen bildet einen Teil des Musters dieser kurzhalsigen Yangshao-Urne. Sowohl kurz- als auch langhalsige Urnen, die überwiegend aus Gräbern geborgen wurden, wiesen Muster auf, die jeweils für verschiedene Regionen typisch waren.
WERNER PORMAN ARCHIVE/ART & HISTORY MUSEUM, SHANGHAI, CHINA

DIE AUSTRONESISCHE AUSBREITUNG UND DER URSPRUNG DER SPRACHFAMILIEN

PETER BELLWOOD

Vergleichende Linguisten unterteilen die Mehrheit der Sprachen auf der Welt in Familien, von denen sich einige über gewaltige geographische Gebiete erstrecken. So haben sich zum Beispiel in der Alten Welt die indo-europäische, die afro-asiatische, die niger-kordofanische, die sino-tibetische, die elamo-dravidische, die austroasiatische und die austronesische Sprachfamilie über große Entfernungen ausgebreitet — der Einfluß der austronesischen Sprachfamilie reicht zum Beispiel weiter als halb um den Erdball. Seit die Ausbreitung und Verdrängung von Sprachen bekannt ist, wurde deutlich, daß Gesellschaften ihre Nachbarn manchmal zu einer sprachlichen Angleichung bringen können, besonders dann, wenn sie expansive Tendenzen zeigten, nach Eroberung strebten oder durch eine Eliteschicht Kontrolle ausüben wollten.

ALTWELTLICHE SPRACHFAMILIEN
Gebiete der frühen Agrikultur sind schwarz umrandet. Die umrissene afrikanische Region repräsentiert das mutmaßliche Herkunftsgebiet der niger-kordofanischen und nilo-saharischen Sprachfamilien. Die Bereiche Westasiens bezeichnen die Ursprungsgebiete der indo-europäischen, kaukasischen, sumerischen, elamitischen, dravidischen und möglicherweise auch der afro-asiatischen Sprachen. In den bezeichneten Gebieten Ostasiens entstanden vermutlich die austroasiatischen, Tai-, austronesischen, Hmong-Mien- und vielleicht die sino-tibetischen Sprachen. Neuguinea war die Heimat verschiedener Papua-Sprachfamilien.

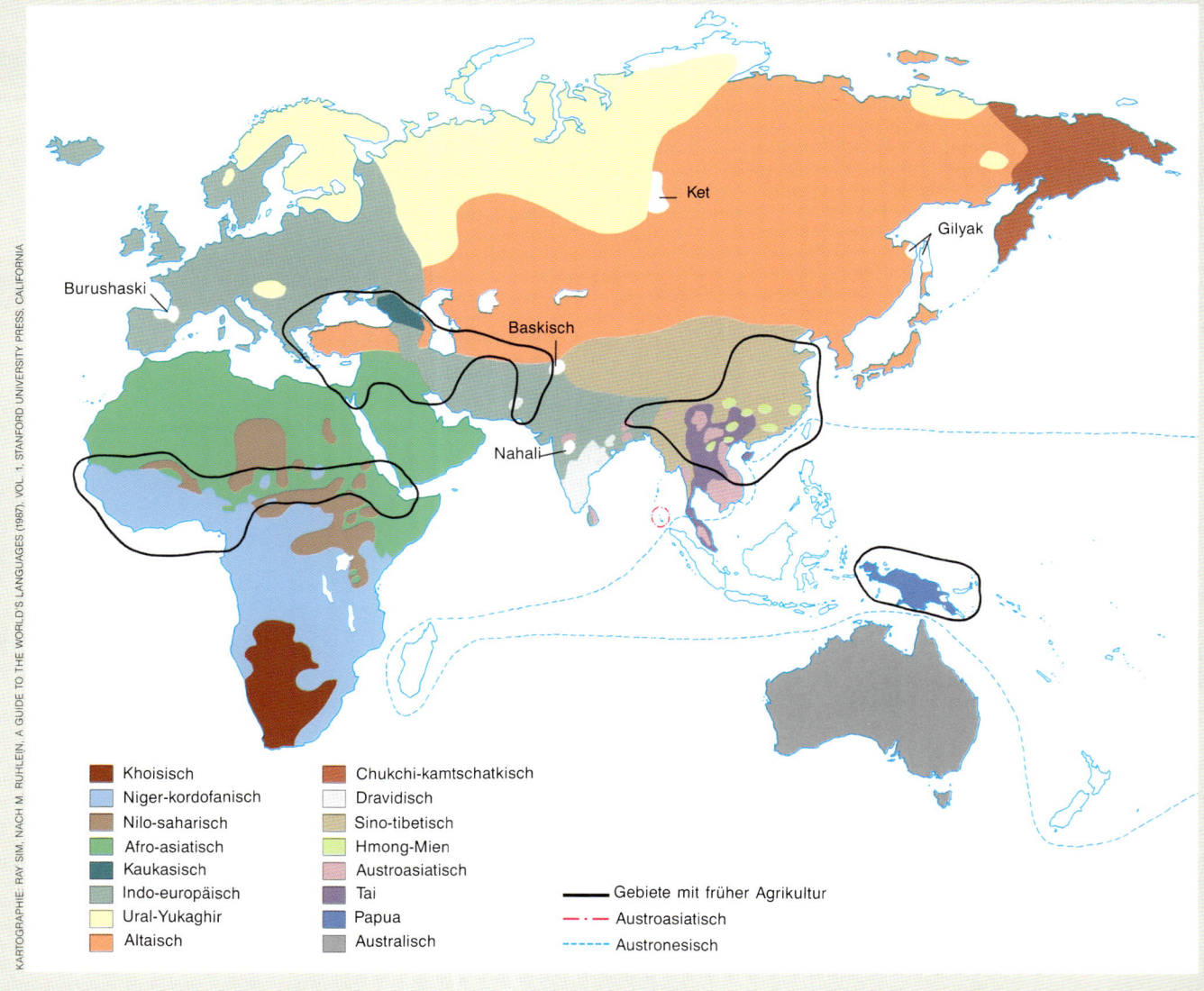

Ket

Gilyak

Burushaski

Baskisch

Nahali

■ Khoisisch	■ Chukchi-kamtschatkisch
■ Niger-kordofanisch	□ Dravidisch
■ Nilo-saharisch	■ Sino-tibetisch
■ Afro-asiatisch	■ Hmong-Mien
■ Kaukasisch	■ Austroasiatisch
■ Indo-europäisch	■ Tai
■ Ural-Yukaghir	■ Papua
■ Altaisch	■ Australisch

—— Gebiete mit früher Agrikultur
– · – Austroasiatisch
- - - - Austronesisch

Die sprachlichen Ursprungsgebiete

Da die einzelnen Komponenten, etwa der indo-europäischen oder austronesischen Sprachfamilien, so viele Gemeinsamkeiten der Grammatik, des Vokabulars und der Phonetik aufweisen, geht man davon aus, daß sie von einer ancestralen Form jener Sprachen, einer sogenannten »Protosprache« abstammen müssen, die sich in einem bestimmten, relativ fest umschriebenen Ursprungsgebiet entwickelte. Auf der Grundlage vergleichender Untersuchungen können Linguisten Gebiete einkreisen, die dafür in Frage kommen.

Eines der entscheidenden Merkmale derartiger Ursprungsgebiete ist, daß sich hier die betreffende Sprachfamilie über einen längeren Zeitraum entwickelt hat, als es in den Nachbarregionen der Fall war. Grundsätzlich wird eine Sprachfamilie mit der Zeit vielfältiger. Je größer das Ausmaß der Diversität einer Sprachfamilie ist, das man in einer bestimmten Region antrifft, desto länger ist die Zeit, in der sich die Sprachfamilie in diesem Gebiet entwickelt hat.

Die von den Linguisten für viele größere Sprachfamilien gegenwärtig favorisierten Ursprungsregionen fallen mit Gebieten zusammen, die nach archäologischen Befunden frühe landwirtschaftliche Zentren waren. Dazu gehören beispielsweise Neuguinea, Zentral- und Südchina, das westliche Asien, die südlichen Grenzbereiche der Sahara, Zentralmexiko sowie die nördlichen Anden in Südamerika. In diesen Gebieten spürten die Linguisten nicht nur das größte Ausmaß innerer Vielfalt innerhalb

der großen Sprachfamilien auf, sondern auch ungewöhnlich zahlreiche, dicht nebeneinander vorkommende Sprachfamilien.

Eine derartige Bewegung und die Gesamtausbreitung dieser größeren Sprachfamilien läßt sich nicht dadurch erklären, daß es durch den Kontakt zwischen unterschiedlichen Bevölkerungen zu einem sprachlichen Austausch kam oder daß Menschen — aus welchen Gründen auch immer — eine zweite Sprache annahmen und dann mit der Zeit ihre eigene aufgaben. Es bleibt nur eine plausible Schlußfolgerung: Die frühen Völker müssen die »Protosprachen« verbreitet haben, und der dafür wahrscheinlichste Zeitraum der Vorgeschichte liegt in der Übergangsphase von Jägern und Sammlern zu den frühen Bauern. Das soll nicht bedeuten, daß alle Ausbreitungen von Sprachen auf diese Weise erfolgten — dies würde sich über die Geschichte hinwegsetzen. Allerdings scheint das Ausmaß, mit dem sich Sprachen in den frühen Phasen der landwirtschaftlichen Entwicklung ausbreiteten, bis zur Zeit des europäischen Kolonialismus um 1500 nicht seinesgleichen gehabt zu haben.

Selbst in seinen frühesten Phasen war der Ackerbau stets imstande, erheblich höhere Bevölkerungsdichten zu ernähren als das Jagen und Sammeln. Zudem versuchten Bauern bei jeder sich bietenden Gelegenheit, neues Land zu kultivieren. Als die Welt in späterer Zeit dichter mit Menschen »zugepackt« war, war, wie die Geschichte zeigt, eine solche pankontinentale Verbreitung von Sprachen und Völkern schwieriger geworden. Nicht einmal die mächtigsten Reiche der Geschichte konnten ihre Sprachen auf Dauer über weite Gebiete ausbreiten und dabei alle bereits existierenden Sprachen verdrängen, wenn sie nicht erhebliche Teile dieser Gebiete kolonisierten. Bester Beweis dafür ist die Geschichte der lateinischen, mongolischen, spanischen, holländischen und englischen Sprache.

Die Verbreitung der austronesischen Sprachen

Wenden wir nun diese Erkenntnis auf die austronesische Sprachfamilie an und halten wir uns dabei ein Beispiel vor Augen, das für die Geschichte Südostasiens von großer Bedeutung war: Die linguistischen und archäologischen Indizien sprechen dafür, daß die austronesischen Sprachen im wesentlichen vor 3000 vor Christus im südlichen China entstanden, und zwar in einer Zone der frühen Reisanbaues, die zugleich das Ursprungsgebiet der austroasiatischen und Tai-Sprachen war. Dagegen entwickelten sich die frühen

sino-tibetischen Sprachen vermutlich weiter nördlich im Becken des Gelben Flusses, in einer angrenzenden Hirseanbau-Region.

Während der beiden Jahrtausende nach 3000 vor Christus besiedelten die austronesisch sprechenden Menschen ständig Gebiete, die weit von den Regionen des asiatischen Festlandes entfernt lagen. (Hier lebten nämlich die frühen Vertreter der austroasiatischen, sino-tibetischen und Tai-Sprachen, die sich in ähnlicher Weise ausbreiteten.) Diese Verbreitung — nach archäologischen Befunden verlief sie durch Regionen, die nur von kleinen Sammlergruppen bewohnt waren — führte sie zunächst nach Taiwan, dann auf die Philippinen, nach Indonesien und schließlich über Melanesien auf die damals unbewohnten pazifischen Inseln. Lediglich auf Neuguinea kam es zu einer erheblichen Besiedlungslücke, wo bereits unterschiedliche Bauernvölker (die ursprünglichen Vertreter der Papua-Sprachfamilien) Fuß gefaßt hatten, ehe die Austronesier eintrafen.

Um das Jahr 1000 hatten sich die austronesischen Sprachen schließlich über die Inselwelt von Madagaskar bis zu Osterinsel ausgebreitet — mehr als halb um den Globus. Dies wurde durch Menschen möglich, die in neue Gebiete einwanderten und sie besiedelten.

DIE ANFÄNGE DER AUSTRONESISCHEN AUSBREITUNG
Archäologische und linguistische Indizien zeigen, daß sich die frühen austronesisch sprechenden Menschen vom Süden Chinas und Taiwan aus in Richtung auf die große Insel Neuguinea ausbreiteten, dessen Hinterland bereits von Bauernvölkern besiedelt war. Obwohl nach gegenwärtiger Kenntnis zwischen dem Erreichen Westpolynesiens und der anschließenden Ausbreitung nach Zentralpolynesien eine zeitliche Lücke von 1000 Jahren klafft, glauben einige Archäologen zuversichtlich, daß sich diese Lücke im Laufe der weiteren Forschung schließen werde. Die hier nicht gezeigte Insel Madagaskar wurde im ersten Jahrtausend der Zeitrechnung besiedelt.

▪ Papua-Sprachen

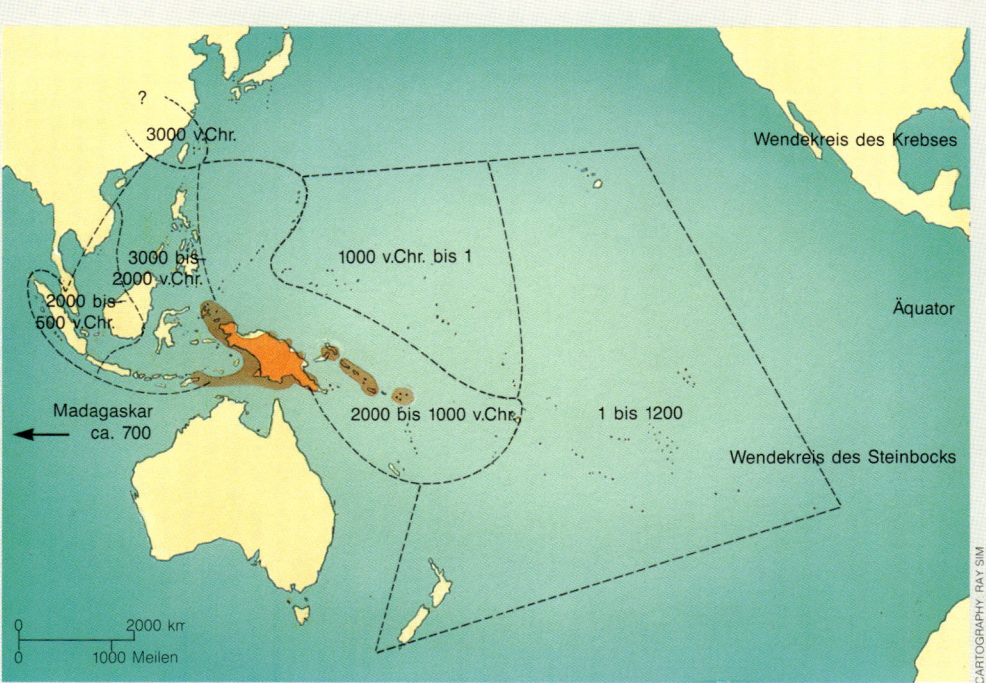

351

KOREA UND JAPAN

△ In Japan werden Ausgrabungen über das ganze Jahr durchgeführt. Dabei gewinnt man neue Erkenntnisse über Ernährungspraktiken, die vor Einführung des Ackerbaus üblich waren, wie über das Sammeln von Krustentieren, aber auch über frühe Methoden des Reisanbaues.

▷ Die Fischer der Jomon-Kultur, die die felsige Nordostküste von Honshu bewohnten, begannen mit dem Reisanbau erst zwei Jahrhunderte, nachdem diese Pflanze im Jahre 500 in Japan eingeführt worden war.

D ie frühen Ackerbauern der koreanischen Halbinsel und der japanischen Inseln kultivierten Hirse, Gerste, Weizen und Reis. Von diesen Sorten war nur die Hirse ursprünglich in der Region heimisch. Die Gerste und der Weizen waren dagegen aus dem Westen über das chinesische Festland eingeführt worden, und der Reis hatte sich aus dem Yangtse-Delta in nordöstlicher Richtung verbreitet. Mit der Einführung des feuchten Reisanbaues etwa um 1000 vor Christus verzichteten die Bauern auf andere Methoden des Lebenserwerbs. Der Anbau einer bewässerten Feldfrucht erfordert neben einer Planung auch regelmäßige Pflege und eine durchdachte Technologie, was insgesamt auch in sozialer Hinsicht nicht ohne Folgen blieb. Wie aber wurde diese Technologie übertragen, und wie hat ihre Einführung die Gesellschaft verändert?

Chulmun und Jomon

Während man sich über die in Korea und Japan verwendeten Methoden des eingeführten Reisanbaues einig ist, bleiben hinsichtlich der Hirse und einer Reihe von Gemüsearten noch Fragen offen. So besteht etwa noch Unklarheit darüber, wie die Gemeinschaften dieser Region die Pflanzen domestizierten und wie dieser Vorgang mit der Jagd und dem Sammeln wilder Nahrungsressourcen vereinbart wurde, ehe man den Feuchtanbau des Reises übernahm. Sowohl bei den Menschen der nacheiszeitlichen Chul-

mun-Kultur, die die koreanische Halbinsel zwischen 6000 und 1500 vor Christus bewohnten, als auch bei den Vertretern der Jomon-Kultur, die von 10 000 bis 300 vor Christus auf den japanischen Inseln lebten, handelte es sich um Jäger und Sammler. Ihre wichtigsten Nahrungsobjekte waren Rothirsche, Wildschweine, Lachse, Krustentiere und Nüsse. Einerseits war ihre Umgebung grundsätzlich reich an Ressourcen, zum anderen hatten sie aber verläßliche Speichermöglichkeiten entwickelt (etwa in Form unterirdischer Gruben und Keramikbehälter), die ihnen eine seßhafte Lebensweise ermöglichten. Für beide Gesellschaften waren umfangreiche Grubenhäuser typisch. Allerdings wurden bisher kaum Gräber dieser Kulturen gefunden.

Vielleicht liegt es an dem reichen Nahrungsangebot der Wälder, der Lachsgebiete und der Küstenbereiche im Nordosten Honshus, wo es reichlich Muscheln gab, daß die ersten Spuren domestizierter Gemüsearten aus dem Westen Honshus stammen, einem Gebiet, das weniger Ressourcen zu bieten hatte. So wurden rote Bohnen und Flaschenkürbisse bei Torihama (zwischen 5000 und 3500 vor Christus) geborgen, und im Ubuka-Moor wurde Buchweizen aus der Zeit um 6500 vor Christus gefunden. Bei Jomon-Ausgrabungen im Westen entdeckte man verkohlte Schichten. Diese unveröffentlichten Befunde führten zu der Vorstellung, daß hier Brandrodung praktiziert wurde. Allerdings geht man davon aus, daß die entscheidende Kulturpflanze im Zusammenhang mit der Brandrodung nicht der Buchweizen, sondern die Hirse war, und leider wurden bisher an keiner Jomon-Fundstätte gesicherte Reste irgendeiner dieser beiden Pflanzen nachgewiesen.

Ähnlich sieht es bei den Fundstätten der Chulmun-

▷ Die Jomon-Menschen, die zu keiner Zeit Bauern waren, stellten die verschiedensten Keramikgegenstände her, angefangen von Räuchergefäßen bis zu »Teekannen«. Hohe, reich dekorierte Töpfe wie dieser wurden zum Kochen verwendet.

Kultur aus, die es auf der koreanischen Halbinsel gibt. Die meisten dieser Siedlungen befinden sich an Flußufern oder an der Meeresküste. Den Befunden zufolge müssen die Bewohner Fische gefangen und Muscheln gesammelt haben. Zudem jagten sie Hirsche und suchten Nüsse. Lediglich bei dem nördlich gelegenen Chitam-ri wurde ein Korn, das vorläufig als Hirse identifiziert wurde, in unzweifelhaftem Zusammenhang mit Chulmun-Keramik gefunden. Dadurch erhebt sich die Frage, wie die Beziehungen zwischen der nördlichen Chulmun-Gesellschaften und den Hirsebauern des chinesischen Festlandes aussahen. Ein wichtiges Verbindungsglied bildet die Xinle-Kultur der Halbinsel Liaodong im südlichen Mandschurbecken.

Die Xinle-Kultur

Die zeitlichen Angaben für die Xinle-Kultur bewegen sich zwischen 5500 und 2500 vor Christus, und die Fundstätte von Xinle selbst war zwischen 5500 und 4500 vor Christus bewohnt. Obwohl verbrannte Hirse bei Xinle gefunden wurde, sprechen die Indizien in benachbarten Fundstätten dafür, daß die Menschen dort vom Fischfang lebten. Also war die Xinle-Kultur nicht nur vielfältig organisiert, sondern repräsentiert auch eine Zwischenstufe zwischen den vollentwickelten Bauerngesellschaften der nordchinesischen Ebenen und den Gesellschaften der Jäger und Sammler, die in Korea und Japan lebten. Diese Beschreibung trifft auch deshalb zu, weil Xinle eine oberflächenstrukturierte Keramik aufweist, die der von Chulmun und Jomon sehr ähnlich ist und ganz anders aussieht als die bemalten Töpfe der Hirsebauern von Yangshao auf dem chinesischen Festland. Ähnlich den Menschen der nacheiszeitlichen Kulturen der mandschurischen und mongolischen Regionen benutzen die Vertreter der Xinle-Kultur Werkzeuge aus Feuerstein. Das Sortiment der polierten Steinwerkzeuge der Xinle-Kultur umfaßt zum Beispiel Mörser und Stößel sowie einige Äxte und erinnert in dieser Hinsicht an die Verhältnisse der Chulmun- und Jomon-Kultur.

Wer kam zuerst?

Seit 1500 vor Christus nehmen die Indizien zu, daß in Korea und Japan landwirtschaftliche Produkte verwendet wurden. Die früheste Datierung für den Reis liegt bei 1300 vor Christus und stammt aus dem heu-

tigen Nordkorea. Hirse wurde aus verschiedenen koreanischen Fundstätten geborgen, unter anderem auch in Hunam-ri im Süden des Landes, das auf 1500 bis 250 vor Christus datiert wurde. Die Borstenhirse wurde zusammen mit Reis, Sorghum und Gerste in Behältern verwahrt. Wo alle diese Getreidearten an einer einzigen Fundstelle vorkommen, läßt sich nicht immer mit Sicherheit sagen, ob sie in der Nähe angebaut oder durch eine Art Tauschhandel eingeführt wurden. Die koreanischen Funde sind mit der Mimun-Keramik verbunden, die der Chulmun-Kultur folgte und seit der Zeit um 1000 vor Christus bis in die Bronze- und die Eisenzeit hineinreichte.

Auf den japanischen Inseln entdeckte man sporadisch verschiedene Körner an Siedlungen der Jomon-Kultur, die aus der Zeit um 3500 vor Christus stammen. Wir wissen daher, daß den Völkern der späten Jomon-Kulturen gewisse Getreidearten bekannt waren und daß sie vielleicht sogar selbst welche anbauten. Dennoch spricht unter den archäologischen Befunden nur wenig dafür, daß sie bis zum Einsetzen des feuchten Reisanbaues um 1000 vor Christus von Getreide lebten. Obwohl auch in Korea durchaus noch Indizien auftauchen könnten, findet man die

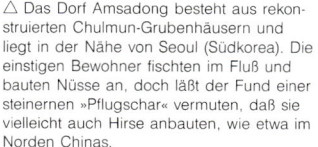

△ Das Dorf Amsadong besteht aus rekonstruierten Chulmun-Grubenhäusern und liegt in der Nähe von Seoul (Südkorea). Die einstigen Bewohner fischten im Fluß und bauten Nüsse an, doch läßt der Fund einer steinernen »Pflugschar« vermuten, daß sie vielleicht auch Hirse anbauten, wie etwa im Norden Chinas.

◁ Die Fischer der Chulmun-Kultur pflegten ihre Netze mit durchbohrten Kieseln zu beschweren. Allerdings wurden seit der Zeit der Mumun-Kultur in der koreanischen Bronzezeit eigens für diesen Zweck Tonzylinder hergestellt. Sie sind auch heute noch im Einsatz.

◁ In Korea wird das erste vorchristliche Jahrtausend als Bronzezeit bezeichnet, wofür Dolmengräber wie dieses typisch sind. Vermutlich begann die Dolmen-Tradition unter den nördlichen Völkern der Chulmun-Kultur, als sie anfingen, Hirse anzubauen.

△ Früher galten die japanischen Yayoi als friedfertige Reisbauern. Dagegen weiß man heute, daß der Krieg traditionell eine große Bedeutung in ihrem Leben besaß. Innerhalb der sechs Jahrhunderte, während der sie den Ackerbau begannen, entwickelten die Yayoi etwa im Jahre 300 eine Elite. Sie kontrollierte die Ressourcen, aus denen sich so aufwendige Objekte wie dieser vergoldete Schwertknauf herstellen ließen.
MIT ERLAUBNIS DER FREER GALLERY OF ART, SMITHSONIAN INSTITUTION, WASHINGTON, DC

▽ Da Bronze und Eisen Japan zusammen mit der Technik des Reisanbaues erreichten, waren die Yayoi keineswegs nur einfache steinzeitliche Bauern. Vermutlich waren aufwendig verzierte Bronzeglocken wie diese nicht im Besitz Einzelner, sondern spielten bei saisonalen Ernteritualen die von der ganzen Gemeinschaft vollzogen wurden, eine Rolle.
MIT ERLAUBNIS DER FREER GALLERY OFT ART, SMITHSONIAN INSTITUTION, WASHINGTON, DC

meisten — in Gestalt von Reisfeldern — in Japan. (Siehe den Kasten *Der Reisanbau.*)

Die ersten Menschen, die sich in Korea und Japan dem Ackerbau zuwandten, waren also Vertreter der Chulmun- und Jomon-Kulturen, die den Umgang mit Getreide möglicherweise durch Handel und Tausch mit ihren Nachbarn auf dem chinesischen Festland oder gar durch Wanderung erlernt hatten. Allerdings wurde der Ackerbau als entscheidende Ernährungsgrundlage erst unter den eisenverarbeitenden Kulturen eingeführt, die den Chulmun- und Jomon-Kulturen auf der koreanischen Halbinsel zwischen 700 und 300 vor Christus beziehungsweise zwischen 300 vor Christus und 300 nach Christus (in der Yapoi-Periode) auf den japanischen Inseln folgten. Über die landwirtschaftlichen Praktiken der koreanischen Völker ist kaum etwas bekannt. So zeigt eine Gravierung auf einem Bronze-Objekt, wie ein Mann einen gegabelten Fußpflug handhabt, und in einigen historischen Dokumenten werden Feldfrüchte und Haustiere erwähnt. Überreste alter Ackerbausysteme findet man überwiegend auf den japanischen Inseln, wo die Menschen der Yayoi-Kultur im westlichen Küstentiefland umfangreiche Reisfelder anlegten.

Über die Inseln nach Japan

Die nordwestliche Hälfte der Insel Kyushu im äußersten Westen Japans ist von Gebirgsgruppen bedeckt, die durch große Abschnitte von Schwemmebenen unterbrochen werden. Von der nördlichsten Küste aus kann man die Insel Iki sehen, dann die Tsushima-Inseln, und an klaren Tagen ist von dort aus sogar die Südküste Koreas sichtbar. Vermutlich erreichte die Technologie des Feuchtreis-Anbaues die Insel Kyushu, indem die aufgezählten Inseln als Zwischenpunkte angesteuert wurden. Vielleicht brachten sie wandernde Reisbauern aus dem chinesischen Yangtse-Delta zu den Jomon-Völkern, oder Seefahrer der Jomon-Kultur besuchten die Südküste der koreanischen Halbinsel und brachten von dort die entsprechenden Kenntnisse mit.

Es besteht kein Zweifel daran, daß die Reis-Technologie direkt von der Halbinsel stammt, denn mit ihr kamen typische Objekte jener Gegend: abgeschrägte Adzes aus koreanischem Gestein, polierte Steindolche und Pfeilköpfe sowie zylindrische Perlen — Gegenstände, die bis dahin auf den japanischen Inseln vollkommen unbekannt waren. In diesem neuen technologischen »Paket« waren auch steinerne Ernteklingen und hölzerne Rechen enthalten, um die Felder zu bearbeiten.

Im nördlichen Kyushu begannen die dort ansässigen Jomon-Menschen, Reis anzubauen. Sie benutzten dazu Keramik des Yamanotera- und Yusu-Stils. Tiefe, weit geöffnete Schalen, wie sie für diese Art der Töpferei typisch sind, wurden bei Ausgrabungen von Reisfeldern und Kanälen gefunden. Die Schwemmebenen haben die Reisfelder gut erhalten. Neben dem Reisanbau sammelten die Menschen weiterhin Pflanzen und Krustentiere auf traditionelle Weise, jagten und fingen Fische. Das eingebrachte Getreide wurde in Vorratsgefäßen aufbewahrt, deren Form von koreanischen Keramiktraditionen inspiriert war. Nach und nach paßten sich die Gegenstände der letzten Jomon-Bauern im nördlichen Kyushu den Erfordernis-

△ Die Dörfer der Yayoi bestanden aus reetgedeckten Grubenhäusern und Kornspeichern, die auf Pfählen standen. Häufig verlief ein Schutzgraben um die Siedlungen herum, während die unweit davon gelegenen Friedhöfe Urnen- und Sarggräber enthielten. Zudem waren für bedeutende Familie eigene Bezirke mit Erdwällen abgegrenzt.

sen der Getreideproduktion an. Zudem nahm die Bevölkerung erheblich zu. Um 300 vor Christus hatte die »Inkubationsphase« im nördlichen Kyushu ein Ende. Ein neuer Keramikstil tauchte auf — der Yayoi-Stil, der örtliche und koreanische Merkmale miteinander verband, und die Massen strömten in das inländische Meeresgebiet aus.

Innerhalb von hundert Jahren breitete sich der Reisanbau mit der dazugehörigen Yayoi-Kultur über den gesamten Westen der japanischen Inseln aus, und die Wanderer unternahmen sogar »Stippvisiten« auf der nördliche Küste von Honshu. Diese rasche Umwandlung ist der Ausbreitung der frühen neolithischen Bauern der europäischen Bandkeramik-Kultur sehr ähnlich.

In beiden Fällen weiß man nicht genau, wie diese Wanderung erfolgte und was mit den dort bereits lebenden Jägern und Sammlern geschah. Paßten sie sich dem bäuerlichen Leben an oder wurden sie durch Kriege und Seuchen dahingerafft? Wieviele Menschen sind tatsächlich aus Kyushu ausgewandert und besaßen sie durch ihren langen Kontakt mit der koreanischen Halbinsel vielleicht eine unterschiedliche ethnische Zusammensetzung?

Diese Fragen stehen im Mittelpunkt der gegenwärtigen Fachgespräche über die frühesten Bauern des östlichen eurasischen Randes. Die Ergebnisse dieser Auseinandersetzungen werden mit Sicherheit klären helfen, wie die Asiaten diesen plötzlichen Übergang vom wandernden Jäger zum seßhaften Bauern vollzogen.

Gina Barnes

MARK J HUDSON

DER REISANBAU

MARK J. HUDSON

Japan ist bisher das einzige Land, in dem Reisfelder archäologisch identifiziert wurden. Etwa 500 solcher Fundstätten hat man bisher ausgegraben, und ein Fünftel davon wurde auf die Yayoi-Periode (300 vor Christus bis 300 nach Christus) datiert, in der Japans erste vollständig entwickelte Bauernkultur auftauchte. Da der Feuchtanbau von Reis bis zu dieser Zeit in Japan nicht praktiziert wurde, können wir nicht mit Sicherheit sagen, wann sich die Technologie dieser Anbausysteme erstmals entwickelt hat. Allerdings sind die Probleme, die sich beim Reisanbau ergeben, heute im wesentlichen dieselben, wie sie auch im frühen ostasiatischen Neolithikum aufgetreten sein dürften. Die japanischen Fundstätten bieten uns einen einzigartigen Einblick, wie diese Probleme gelöst wurden.

Beim Feuchtanbau des Reises spielt die Wasserversorgung eine größere Rolle als der Bodentyp oder das Klima. Solange das Feld überschwemmt bleibt, läßt sich der Reis bis kurz vor der Ernte kontinuierlich abschöpfen. Das Wasser wird zumeist durch eine sorgfältig vorgenommene Einebnung und Aufhäufung der Felder zurückgehalten. Die Wasserversorgung erfolgt entweder durch Überflutung, durch Grund- oder Regenwasser oder über Bewässerungskanäle. Obgleich die Ursprünge unklar bleiben, existiert diese grundlegende Reisanbautechnik in Ostasien schon seit Jahrtausenden. Die Fotos zeigen einen Jahresüberblick im modernen Japan.

△ Reissetzlinge werden in überflutete Felder gepflanzt. In Japan reicht dieses Verfahren, das gegenüber der direkten Aussaat verschiedene Vorteile besitzt, vielleicht bis in die Yayoi-Zeit zurück.

△ Nach dem Einpflanzen im Mai oder Juni läßt man den Reis reifen. Sorgfältig werden alle Unkräuter während der Sommermonate gejätet.

△ Die Ernte im Spätherbst wird heute mit Maschinen erledigt, jedoch werden in einigen Teilen Asiens noch immer traditionellere Eisenwerkzeuge verwendet.

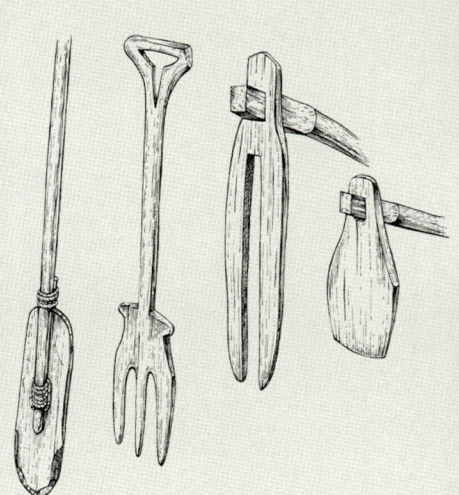

△ Hölzerne Anbauwerkzeuge aus Fundstätten der Yayoi. Obwohl einige Werkzeuge in späteren Jahrhunderten mit eisernen Spitzen versehen wurden, blieb die grundlegende Form vieler Geräte bis zum Anfang dieses Jahrhunderts weitgehend unverändert.
ILLUSTRATION: DAVID WOOD

▷ Nach der Ernte bleiben Reisgarben auf den Feldern zum Trocknen liegen.

DIE PAZIFISCHEN ENTDECKER

Von 10 000 vor Christus bis zum Jahre 0

Hochlandbewohner und Insulaner

J. PETER WHITE

Vor zwölftausend Jahren waren nur die größeren Inseln des Westpazifik jemals von Menschen betreten worden. So waren der Bismarck-Archipel und die Salomonen-Inseln bewohnt, ebenso die große Insel Neuguineas, von wo man noch immer über die Torres-Straße nach Australien und schließlich nach Tasmanien gehen konnte.

Mindestens 30 000 Jahre lang hatten Menschen auf diesen Inseln gelebt und dabei alle Klimaveränderungen der letzten Eiszeit miterlebt. (Am stärksten machte sich die Vereisung hier durch den Abfall des Meeresspiegels bemerkbar, da das Wasser in der Eisdecke der Nordhemisphäre gebunden war.) Und auch nach dem Ende der Eiszeit blieben sie bis etwa 2000 Jahre vor Christus mit diesen größeren Inseln verbunden, die wir heute als Westozeanien bezeichnen. Die kleineren Pazifikinseln Ostozeaniens — vom heutigen Vanuatu, Neukaledonien und Kiribati ostwärts — wurden dagegen erst später entdeckt.

In diesem Bereich des Pazifik sind drei Aspekte der Menschheitsgeschichte immerhin soweit bekannt, daß wir ihre Abfolge und die damit verbundenen Probleme wenigstens in groben Zügen darstellen können: Es sind die Entwicklung der Landwirtschaft, die Herstellung steinerner Axtköpfe im Hochland von Neuguinea und die Ausbreitung der Lapita-Töpferei auf den Inseln. Die übrige Vorgeschichte des Pazifik läßt sich zumeist durch die Funde einiger weniger Ausgrabungen höchstens schlaglichtartig beleuchten. Dies gilt besonders für Irian Jaya und die Salomoneninseln. Papua-Neuguinea ist zum Teil besser erforscht, doch arbeitet man noch immer daran, einzelne Aspekte zu einer Gesamtübersicht zusammenzufügen. So weiß man zum Beispiel noch immer nichts über die Herkunft, das Alter und die Funktion der Steinfigurinen, der Mörser und Stößel, die man sowohl im Hochland als auch im Flachland entdeckte.

◁ In einem großen Bereich des zentralen Hochlands von Papua-Neuguinea sind intensiv bewirtschaftete Felder mit Wurzeln und Baumfrüchten mit Bereichen beforsteten Waldes durchmischt.

△ Die Randscherbe eines Lapita-Gefäßes. Die typische geometrische Verzierung wurde mit gezähnten Stempeln – wie Kämme mit kurzen Zähnen – in horizontalen Streifen aufgebracht.
R. BOLZAN/AUSTRALIAN MUSEUM

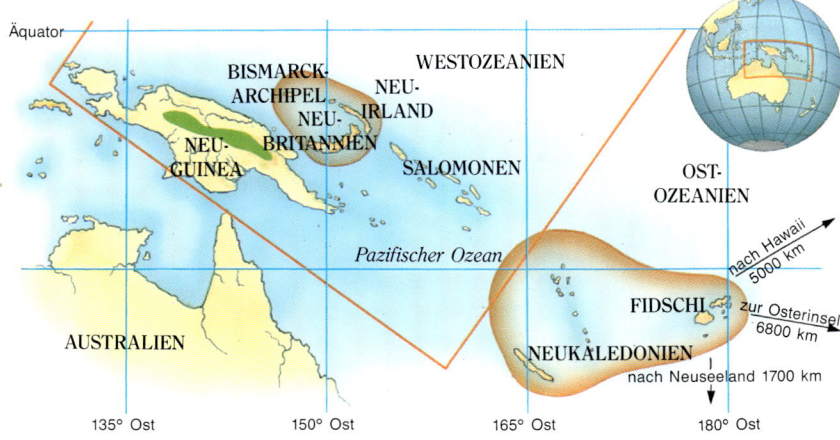

KARTOGRAPHIE: RAY SIM

WEST- UND OSTOZEANIEN
Westozeanien umfaßt die vergleichsweise
großen Inseln des Südwestpazifik, die eng
beieinander liegen. Die meisten bestehen
aus kontinentalem Gestein und sind Heimat
für eine Fülle von Pflanzen und Tieren. Die
Inseln Ostozeaniens sind dagegen zumeist
kleiner, liegen weiter auseinander und weisen eine ärmere Tier- und Pflanzenwelt auf.
KARTOGRAPHIE: RAY SIM

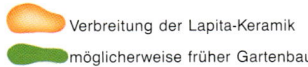

Verbreitung der Lapita-Keramik

möglicherweise früher Gartenbau

Ein größeres Thema ergibt sich aus der Forschungsarbeit, die in diesem Kapitel vorgestellt
wird. Es handelt sich darum, daß Veränderungen und
Entwicklungen in diesem Teil der Welt nicht auf Innovationen zurückzuführen sind, die von Einwande-
rerwellen hervorgebracht wurden. Obwohl Kontakte
mit Südostasien durchaus einige Neuheiten in dieses
Gebiet brachten, haben sich die meisten Veränderungen intern entwickelt. Die Kulturen des heutigen
West- und Ostozeaniens wurden von den Menschen
entwickelt, deren Vorfahren bereits vor Zehntausenden von Jahren dort zu Hause waren.

Das Hochland Neuguineas
Das zentrale Gebirgsmassiv Neuguineas verdankt
seine Entstehung der Tatsache, daß der Rand der Pazifischen Platte durch die Indo-Australische Platte auf-
geworfen wird, die sich in nördlicher Richtung unter
die erstere schiebt. Das von Nordwesten nach Südosten verlaufende Gebirge erreicht eine Höhe von
5000 Meter, so daß die höchsten Gipfel von Eis und
Schnee bedeckt sind. Sowohl im zentralen Hochland
Papua-Neuguineas als auch in Teilen Irian Jayas er-

strecken sich zwischen den Bergen weite, flache Täler
in einer Höhe von etwa 1500 Meter. Hier leben mehr
als eine Million Hochlandbewohner, von deren Existenz die westliche Welt vor Beginn der dreißiger
Jahre keine Ahnung hatte.

Alle diese Hochlandbewohner, die erstmals den
Europäern begegneten, waren Bauern. Ihre wichtigste Feldfrucht war die Süßkartoffel, die sie in sorgfältig angelegten, häufig mit Wassergräben umgebenen
Gartenhügeln anbauten. Wenn auch die Form der
Gärten von einem Gebiet zum anderen variierte (dies
gilt insbesondere für die Form und Größe der Hügel),
blieb doch die grundlegende Struktur immer gleich,
und ihre Ernten ernährten eine große Anzahl von
Menschen und Schweinen. Die Werkzeuge dieser
Hochlandbewohner waren einfach — hölzerne Grabstöcke, Spaten, die wie Kanupaddel geformt waren,
und Steinäxte. Dennoch konnten sie mit diesen Mitteln ihre Umwelt - insbesondere an steilen, sumpfigen oder frostgefährdeten Stellen - in erheblichem
Umfang nach ihren Vorstellungen gestalten. Mit
Hilfe von Entwässerungsgräben entfernten sie überschüssiges Wasser oder kalte Luft (beides fließt
bergab). Durch Anlage von Terrassen verhinderten sie
Bergrutsche, und in einigen Gegenden leiteten sie
Wasser über Bewässerungsrohre in trockene Gebiete.

Im Prinzip waren diese Hochlandgärten mit ihren
Wurzeln, Gemüsesorten und Baumfrüchten den Gärten ähnlich, die es damals überall im pazifischen
Raum und in zahlreichen Gebieten des tropischen
Südostasien gab — und derartige Gärten sind auch
heute noch verbreitet. Getreide wird nicht angebaut,
und weil die Menschen über das ganze Jahr ihre Felder bestellen, wurde die Ernte nur selten gespeichert.
Viele Theoretiker sehen darin eine »einfachere« und
daher frühere Form des Ackerbaus. Es ist durchaus
möglich, daß diese Form eine längere Geschichte besitzt, doch haben neuere Untersuchungen bewiesen,
daß sie alles andere als einfach ist. In den Hochlän-
dern Neuguineas und in vielen anderen Gebieten des
pazifischen Raumes ist die Süßkartoffel (*Ipomoea bata-
tas*) heute die bedeutendste Feldfrucht, eine Pflanze,

NEUGUINEA
Die Insel Neuguinea besteht aus Papua-
Neuguinea und Irian Jaya (Indonesien). Sie
liegt an der Grenze der pazifischen und der
australischen Platte, und darauf ist auch
ihre hohe, steile Topographie zurückzuführen. Beinahe alle Erkenntnisse, die wir über
die Vorgeschichte dieser Region haben,
stammt von Forschungsarbeiten, die auf
der Osthälfte der Insel durchgeführt
wurden.
KARTOGRAPHIE: RAY SIM

◁ Das Waghi-Tal ist das größte Tal im Hochland von Neuguinea. Sowohl der Boden als auch die Hänge sind sehr fruchtbar. In einer Höhe von 1600 Meter kommt kaum noch Malaria vor, weshalb das Tal auch dicht besiedelt ist.

die zweifellos aus Amerika stammt und erst innerhalb der letzten 1200 Jahre hierher gelangte. Bei den meisten anderen handelt es sich um domestizierte Formen örtlich vorkommender Wildpflanzen — darunter Taro, Bananen und Zuckerrohr. Zudem werden andere Produkte gelegentlich eingeführt, wie etwa der Yams aus Südostasien.

Frühe Formen der Landwirtschaft bei Kuk

Der Fundort, der uns am meisten über die Geschichte des Hochland-Ackerbaus verraten hat, befindet sich im Waghi-Tal. Dieser unter dem Namen Kuk bekannte Ort ist Teil eines sehr umfangreichen Sumpfes, in dem Spuren einer 9000 Jahre alten Tradition von Gartenbau- und Entwässerungssystemen erhalten blieben. Zudem fand man hier Hinweise auf Vegetationsveränderungen, die während dieser Zeit erfolgten. Dabei erbrachte die langfristige Forschungsarbeit Jack Golsons von der australischen Nationaluniversität einige interessante Ergebnisse.

Zunächst war hier — obwohl der Sumpf sehr produktiv sein kann — eine gewisse Steuerung des Wasserstandes zu allen Zeiten notwendig, um Ackerbau treiben zu können. Man erreichte dies mit Hilfe von bis zu zwei Kilometer langen und drei Meter tiefen Gräben, in denen das Wasser von seinem Einlaß über den Sumpf zu einem Flußablaß geleitet wurde. Nach Radiokarbon-Datierungen wurden die ersten dieser Gräben etwa um 7000 vor Christus angelegt.

Zweitens besaßen die Gärten nicht immer schon die Form, wie sie von Michael Leahy in den dreißiger Jahren beschrieben wurde (siehe gegenüber). Golson konnte sechs größere Perioden unterscheiden, in denen Sümpfe für den Ackerbau benutzt wurden. Und erst seit etwa 2000 Jahren werden quadratische Gärten angelegt. Vorher sah das Muster aus Gartenhügeln und kleinen Gräben wesentlich ungleichmäßiger aus, was vermuten läßt, daß das Gebiet weniger intensiv genutzt wurde.

Drittens war gegen Ende des Pleistozäns vor 12 000 Jahren ein großer Teil des Talbodens bewaldet. Heute wächst hier nur noch Gras. Die Umweltveränderung, die sich im Laufe der Zeit allmählich vollzog, ist auf Generationen von Menschen zurückzuführen, die das Land zugunsten ihrer Gärten rodeten und das Holz der Bäume zu Zäunen, Häusern und Brennma-

Gemeinsam mit seinen Brüdern und Jim Taylor war Michael Leahy der erste Weiße, der im Jahre 1931 das Waghi-Tal besuchte. Das Foto wurde bei einem der ersten Besuche aufgenommen.

Die Gärten, die wir westlich des Chimbu sahen, waren sorgfältig in quadratischer Form angelegt. Jedes Beet maß acht bis zehn Fuß im Quadrat und war von ein bis zwei Fuß tiefen Entwässerungsgräben umgeben. Der aus den Gräben stammende Boden war auf die Beete gehäuft worden, um sie über die normale Höhe hinaus anzuheben. Die Gärten waren überwiegend durch Holztafeln eingezäunt. Einen davon entdeckten wir auf einem steilen Hügel. Er zeigte Spuren intensiver Terrassierung, wobei man ganze Reihen von Tafeln in den Boden getrieben hatte, um zu verhindern, daß die Krume fortgespült wird. ... Der ebene Talboden zwischen den Abflüssen war intensiv bebaut und das ganze Land von säuberlich umzäunten Gärten bedeckt, oder es war tief von den Entwässerungsgräben früherer Jahre durchschnitten.

Die grünen Gartenflächen waren eine Wohltat für das Auge. In sauber angelegten, quadratischen Beeten wuchsen in diesem reichen Boden üppige Süßkartoffeln, und daneben gediehen abwechselnd Parzellen mit Bohnen, Kürbissen und Zuckerrohr. Einige dieser Gärten besaßen einen Lattenzaun, deren Latten aus gerade gewachsenen, zwei Zoll dicken Ästen bestanden, die säuberlich auf dieselbe Höhe zugeschnitten waren. Andere waren mit gedrungenen Querhölzern umzäunt, wobei sich jeder Zaunabschnitt aus acht bis zehn Querstangen zusammensetzte, die man waagerecht zwischen in den Boden getriebene Stangen gelegt hatte.

Es gab dort keine Dörfer. Vielmehr bildete das gesamte Tal, so weit wir sehen konnten, eine einzige Siedlung mit länglichen Häusern, die im Abstand von einigen hundert Yards errichtet waren. Jede Häusergruppe besaß eine Gruppe des wunderschönen, gefiederten Bambus, einige Bananenbäume und einen Kasuarinenhain sowie verschiedenste Blumen und Ziersträucher.

Aus M. Leahy und M. Crain: *The Land That Time Forgot*, Hurst & Blackett, London, 1937.

△ Taro ist eine eßbare Wurzel, die in Südostasien, Westozeanien und vielleicht auch
im Norden Australiens heimisch ist. Man
muß sie sorgfältig kochen, um ihren bitteren
Geschmack zu entfernen. Dennoch wird sie
schon seit mindestens 25 000 Jahren gegessen.

▽ Die ursprünglich in Amerika heimische
Süßkartoffel wird in Westozeanien seit möglicherweise 1200 Jahren angebaut. Heute
bildet sie das Grundnahrungsmittel für Millionen von Menschen in dieser Region.

terial verarbeiteten. Die von Leahy erwähnten Kasua-
rinen werden noch immer regelmäßig angepflanzt,
um Holz zu gewinnen, und diese Praxis reicht mindestens 1200 Jahre zurück.

Viertens finden sich Indizien dafür, daß schon um
4000 vor Christus eine Frucht angebaut wurde, die
man auch heute noch anpflanzt. Man entdeckte nämlich in den Gräben Phytolithen einer Bananenart.
(Phytolithen sind pflanzliche Zellen, die mit vom
Grundwasser abgelagerter schillernder Kieselerde gefüllt sind und so im Boden über Jahrtausende erhalten
bleiben.) Reste anderer Feldfrüchte ließen sich bisher
nicht nachweisen. Dies ist aber nicht weiter erstaunlich, denn die im Hochland angebauten Wurzeln -
darunter Süßkartoffeln, Taro und Yams — bringen
keine harten Formen wie Phytolithen, Pollen, Samen
oder Schalen hervor, die sich archäologisch nachweisen ließen. Wir können aber davon ausgehen, daß in
der Hauptsache Taro angebaut wurde, eine Wurzel,
die im westlichen pazifischen Raum und in Südostasien heimisch ist.

Die Geschichte des Ackerbaus von Kuk hat zum
Teil auch anderenorts auf Neuguinea Parallelen. So
wurden noch weitere Sümpfe derselben Gegend in
ähnlicher Weise kultiviert, allerdings, wie wir bis
heute wissen, erst seit etwa 3500 vor Christus. Am
Ostrand des Hochlandes, wo die Jahreszeiten stärker
ausgeprägt sind, legten die Menschen bei Arona ihre
Gärten an den flachen Ufern sehr alter, heute ausge-

trockneter Seen an. Mit Hilfe von Gräben hielten sie
dabei Wasser während der Trockenzeit zurück. Diese
Technik wurde vor über 3000 Jahren, vermutlich zum
Taro-Anbau, eingesetzt. Heute wächst hier die Süßkartoffel. Und weil diese Pflanze auch Trockenheit
toleriert, werden die alten Systeme von diesen Gärten
einfach überlagert, und die Gräben haben keine
Funktion mehr. In dem nur 500 Meter hoch gelegenen Yeni-Sumpf im oberen Sepik Valley belegte eine
relative Zunahme von Gräserpollen gegenüber
Baumpollen, daß die Abholzung des Waldes mindestens um 3000 vor Christus begonnen hatte. Zugleich
gruben die Tieflandbewohner kleine Becken aus und
errichteten niedrige Wälle, die sich für den Anbau von
Sumpf- und Trockenpflanzen eigneten. Heute bildet
dieses Gebiet ein unkultiviertes Grasland. Vielleicht
wurde es im letzten Jahrhundert wegen einer Epide-
mie oder eines Krieges aufgegeben, zwei häufige Ursachen für eine örtliche Entvölkerung.

Vom Waldanbau zu Gärten
Jede Diskussion über die Vorgeschichte des Hochlands von Neuguinea muß die Möglichkeit in Betracht ziehen, daß die hier lebenden Menschen wilde
Nahrungspflanzen schon über Zehntausende von Jahren kultiviert hatten. Wenigstens solange *Homo sapiens*
existiert, haben sich die Menschen der Tropengebiete
um besondere Nahrungspflanzen gekümmert, die
sich zu Nahrungsmitteln, Werkzeugen, Heilmitteln

oder Dekorationen verarbeiten ließen, anstatt nach
dem Zufallsprinzip auf die Suche zu gehen. Was wir
bei Kuk vor Augen haben, ist also nicht das Produkt
wandernder Jäger und Sammler, die plötzlich erkannt
hätten, daß sich Pflanzen kultivieren ließen (dies wird
manchmal als die »Aha!«-Theorie über die Ursprünge
der Landwirtschaft bezeichnet). Stattdessen finden
wir hier einen Übergang, bei dem zunächst Pflanzen
gehalten wurden, wo sie natürlicherweise vorkamen
oder bunt verstreut über die Landschaft gepflanzt waren. Später dann wurden sie an einer geeigneten Stelle
zusammengefaßt und der Boden für sie vorbereitet.
Hinweise dafür tauchen aus der Zeit um 7000 vor
Christus etwa zur gleichen Zeit auf, in der auch anderenorts vergleichbare Entwicklungen stattfanden.
Wahrscheinlich haben diese Hochland-Gärtner ihre
Flächen sogar eingezäunt.

Ähnlich vielen heutigen Gärten, die dort im Hochland angelegt werden, wo die Bevölkerungsdichte geringer ist, dürften auch diese frühen Gärten die Vielfalt der örtlichen Umgebung nachgestellt haben, so
daß eine Reihe verschiedener Arten dicht nebeneinander wuchs. In dieser Hinsicht unterscheiden sie sich
von den Gärten, wie Leahy sie beschreibt, von denen
die meisten Monokulturen waren und zudem in
dichtbesiedelten Gebieten lagen. Diese Veränderung
trat erst später innerhalb der letzten 5000 Jahre ein, als
die Bevölkerung zunahm und größere Ernten erforderlich wurden.

Bedenkt man, warum die Menschen anfingen, ihre
Feldfrüchte in Gärten anzubauen, muß man von der
Tatsache ausgehen, daß die Menschen die Pflanzen
zusammen gruppierten, die sie umsorgten. Eine einleuchtende Erklärung besteht darin, daß die Pflanzen,
von denen das Überleben der Menschen abhing, geschützt werden mußten. Eine Bedrohung ging etwa
von anderen Menschen aus, von Tieren, wie zum Beispiel Schweinen, aber auch von natürlichen Einflüssen, wie Überflutungen und kalter Witterung.
Schweine sind ursprünglich nicht auf Neuguinea,
sondern in Südostasien heimisch und wurden vermutlich mit Booten auf die Insel gebracht. Es gibt
außerordentlich eingeschränkte archäologische Hinweise, — nämlich gerade eine Handvoll Zähne aus datierten Fundstellen — die dafür sprechen, daß sie bereits um 8000 vor Christus eingeführt wurden. Allerdings geht aus den Radiokarbon-Daten der Zähne
selbst hervor, daß sie vielleicht wesentlich jünger
sind. Sollte es damals jedenfalls Schweine gegeben
haben, hätten die Menschen in ihnen ernstzuneh-
mende Nahrungskonkurrenten gehabt, die ihnen die
Früchte und Wurzeln streitig gemacht hätten. Dies
dürfte auch ein Anreiz dafür gewesen sein, die Felder
einzuzäunen.

Alternativ kann man vermuten, daß die Veränderungen auf positivere Ursachen zurückgingen, etwa
um regelmäßige Nahrungsüberschüsse zu produzieren, die bei Zeremonien eingesetzt oder mit Nachbarn gegen andere Güter eingetauscht wurden. Auch
der Bevölkerungszuwachs und die Klimaveränderungen, etwa eine Zunahme der Niederschlagsmengen,
werden eine Rolle gespielt haben.

Es ist jedoch schwierig, diese Ansichten zu bewerten. Einige davon, etwa ob es Schweine gab oder ob
sich das Klima veränderte, lassen sich überprüfen.
Andere wiederum stützen sich stärker auf vergleichende Untersuchungen mit ähnlichen Gesellschaften
aus der jüngeren Vergangenheit.

CLAIRE LEIMBACH

◁ Steinäxte waren die entscheidenden
Werkzeuge, mit denen der Wald für Felder
gerodet und das Holz für Zäune und Häuser zugeschlagen wurde. In dem umfangreichen Baliem-Tal (im Hochland von Irian
Jaya) wurden die Äxte mit einem Griff versehen, indem man sie in ein Loch steckte,
das zuvor sorgfältig in einen hölzernen Stil
gebohrt worden war. Anderenorts waren die
Griffe komplizierter gebaut, und die Axtköpfe wurden mit biegsamem Zuckerrohr
angebunden.

J PETER WHITE

△ Felder am Rande des Kuk-Sumpfes. Die
quadratisch angelegten Betten, auf denen
Süßkartoffeln wachsen, befinden sich in verschiedenen Produktionsstadien. Auch Bananen und hochgewachsene Kasuarina-
Bäume werden angebaut (letztere für die
Holzgewinnung).

PETER FOX/THE QUALITY IMAGE

◁ Ehe Felder angelegt werden können,
muß der Wald gerodet werden. Aus dem
Holz der Bäume werden häufig Zäune gebaut, die die Felder vor verwilderten
Schweinen schützen. Einige nützliche
Bäume läßt man jedoch stehen, zum Beispiel der Pandanus, mit dessen Blättern
Häuser gedeckt werden. Der restliche Blät-
terabfall wird verbrannt, um dem Boden
rasch wieder Nährstoffe zuzuführen.

DER LAPITA-FUNDORT VON NENUMBO AUF DEN SALOMONEN-INSELN

ROGER C. GREEN

Bis heute wurden mehr als 100 Fundorte mit Bruchstücken der unverwechselbaren Lapita-Töpferei untersucht. Diese Töpfe aus der Zeit um 1300 vor Christus stammen von den ersten Menschen, die die kleineren Inseln Ostozeaniens besiedelten. Allerdings wurde nicht einmal die Hälfte davon durch Ausgrabungen analysiert. Von einem Dutzend Fundstellen, an denen größere Forschungsarbeiten begonnen wurden, ist Nenumbo auf der niedrigen Koralleninsel Ngaua am östlichsten Rand der Salomoneninseln bisher am eingehendsten untersucht.

Die Verteilung der Topfscherben an 36 Lapita-Fundstellen zeigt, daß die Größe der dorfgroßen Siedlungen zwischen 500 und 4500 Quadratmeter variierte. Mit etwa 1000 Quadratmeter gehört Nenumbo zu den kleineren dieser Dörfer.

Bei Nenumbo wurde die Verteilung der Topfscherben analysiert, und wo die Scherben am stärksten konzentriert waren, begann man zu graben. Die Entdeckung großer Pfostenlöcher bestätigte, daß im Zentrum des Dorfes eine großes, sieben mal zehn Meter umfassendes Bauwerk gestanden haben muß. Kleinere Pfostenlöcher zeigten, daß sich in der Nähe noch weitere Pfosten- und Strohdach-Strukturen befanden.

Als man die Holzkohle mehrerer Feuerstellen der Radiokarbon-Analyse unterzog, stellte sich heraus, daß das Dorf nur relativ kurz um 1100 vor Christus bewohnt war. Dafür sprechen auch die Befunde mehrerer Untersuchungen von Gegenständen aus Obsidian. Anschließend wurde der Ort durch den nahegelegenen (und immer noch aktiven) Vulkan von Tinakula mit einer etwa 30 Zentimeter dicken Ascheschicht bedeckt und dann zum Ackerbau benutzt.

Die Einwohner von Nenumbo fischten und sammelten Krustentiere an den vor der Küste gelegenen Riffen und in der Lagune. Hin und wieder fingen sie Vögel sowie zwei Rattenarten, von denen eine auf Polynesien heimisch war. Zudem wurden domestizierte Schweine und Hühner gehalten. Angesichts dieser Haustierhaltung, der zum Kochen benutzten Töpfe und Erdöfen, Vorratsgruben und Küchenwerkzeuge sowie relativ wenigen Resten aus dem Verzehr von Fleisch und Krustentieren ist es wahrscheinlich, daß sie auch Wurzeln und Baumfrüchte anbauten.

Importierte Gegenstände

Die hohe Entwicklungsstufe, die Wirtschaft und Reisefähigkeit der Bewohner von Nenumbo besaßen, zeigt sich auch in zahlreichen importierten Gegenständen. Sie führten Obsidian aus Lapita im Bismarck-Archipel ein, das 2000 Kilometer weiter nordwestlich liegt. Einige Stücke glitzernden Glimmergesteins, ein Stück Obsidian und mehrere Sandsteinsedimente stammten von den D'Entrecasteaux-Inseln, die in westlicher Richtung ähnlich weit entfernt waren. Zahlreiche Hornstein-Stücke, fertige Adzes und gelegentlich auch Töpfe kamen von den südlichen Inseln der Zentralsalomonen, die einige Tagesreisen in nordwestlicher Richtung entfernt lagen. Die meisten Töpfe jedoch sowie weitere Hornstein-Stücke und eine Reihe vulkanischer Ofensteine stammten von Inseln, die mit dem Segelboot in verschiedenen Richtungen innerhalb einer Tagesreise zu erreichen waren. Und einige Obsidian-Objekte wurden von den Bank-Inseln importiert, die in südlicher Richtung mehrere Tagesreisen entfernt lagen.

An dem großen Gebäude fand man neben Spezialwerkzeugen aus Hornstein und Obsidian eine erhebliche Menge an dekorierten Scherben, von denen viele zu flachen Tellern oder offenen und gekielten Gefäßen zusammengesetzt werden konnten. In der Nähe der Konstruktionen aus Pfosten und Stroh förderten die Ausgrabungen auch Küchenöfen und Vorratsgruben sowie Töpfe mit verkürzten Hälsen zutage.

Unter den Dekorationen der komplizierter geschmückten Töpfe fand man Masken, aber auch rechteckige oder gebogene Muster in Paneelen, die sich im oberen Bereich der gekielten Gefäße mehrfach wiederholten. Mehr als 100 Motive kommen auf diesen Töpfen vor, ähnlich denen, die man auf Töpfen weiter westlich und, in geringerem Umfang, auch auf Töpfen aus dem Osten gefunden hatte. So erwies sich Nenumbo als ein entscheidender Fund zum Verständnis der Lapita-Kultur.

△ Mehrere Topfscherben fügen sich zu einem Fragment mit anthropomorphem Gesichtsmuster zusammen. Die Stücke stammen von der Siedlung Nenumbo auf der Koralleninsel Ngaua (Salomonen).
MATTHEW SPRIGGS

◁ Eine Rekonstruktion des komplizierten Gesichtsmusters, das einige der Töpfe von Nenumbo verziert. Man betrachte zum Vergleich das oben abgebildete Fragment.
MATTHEW SPRIGGS

Gewaltige Äxte

Ein weiterer ausführlich erforschter Aspekt der Hochland-Archäologie ist die Herstellung und Verbreitung steinerner Axtklingen. Steinäxte kennt man seit dem späten Pleistozän. Ihre Größe liegt zwischen vier und etwa 35 Zentimeter, wobei die kleineren in der Regel das Resultat von häufigem Nachschärfen sind. Im Querschnitt sind diese Axtköpfe oval oder rechteckig, und sie wurden an kurzen Holzgriffen befestigt. Die meisten prähistorischen Axtköpfe des pazifischen Raumes wurden aus derben Flußkieseln hergestellt, denen man mit Schlagen und Schmirgeln die passende Form gab. Während der letzten 3000 Jahre betrieb man Steinbrüche, in denen hochwertiges Material abgebaut wurde, und mit Hilfe der Äxte aus diesen Quellen lassen sich Handelsrouten und andere Verbindungen zwischen Menschen rekonstruieren. Allein die Entwicklung von Steinbrüchen verweist darauf, daß damals Veränderungen der sozialen Organisation eingetreten sind.

Zu Beginn des 20. Jahrhunderts besaß beinahe jeder Hochlandbewohner eine Steinaxt, einige von ihnen sogar mehrere. Auch Frauen benutzten dieses Werkzeug und hatten Zugang dazu, doch ist nicht sicher, ob sie auch Besitzrechte daran hatten. Mit Hilfe der Äxte wurden Bäume gefällt und andere Gartenarbeiten erledigt. Man baute damit hölzerne Werkzeuge, Zäune und Häuser und spaltete Feuerholz. Einige galten jedoch als Wertobjekte, die nur im Tauschhandel eine Rolle gespielt haben können, etwa wenn es darum ging, begehrte Objekte wie Frauen, Schweine und importierte Molluskenschalen zu erwerben. In einigen Gegenden fertigte jeder Mann seinen eigenen Axtkopf aus den Flußsteinen der Umgebung an, in anderen dagegen wurde das fertige Produkt importiert. Am Lake Kopiago am Strickland River zum Beispiel stammten die Axtköpfe aus einem Steinbruch, der meherere Tagesmärsche entfernt lag. Dabei ging jeder Axtkopf durch mehrere Hände und kostete schließlich ein Schwein oder einen großen Behälter voll Salz. Da sie mit dem Herstellungsprozeß nichts zu tun hatten, wußten die Duna-Menschen nicht, wie man sie herstellte oder woher sie kamen.

Im zentralen Hochland in der Umgebung des Waghi-Tals wurden zahlreiche Axtköpfe in wenigen Steinbrüchen gewonnen, die sich entlang des Tuman River befanden. Dabei zeigte John Burtons umfangreiche Studie der Praktiken des frühen 20. Jahrhunderts, daß diese Steinbrüche für die Clans, die sie besaßen, besonders wichtig waren. Hier gewann man nämlich große, etwa 20 bis 30 Zentimeter lange Axtköpfe, die als Prestigeobjekte begehrt waren und zumeist einen Teil des sogenannten Brautpreises bildeten. Während die Männer die Rohlinge aus einem zwei Meter dicken Steinband herausschlugen, das acht bis 15 Meter unter der Erde lag, förderten sie auch große Mengen kleinerer Steinstücke. Im Gegensatz zu den größeren Axtköpfen, die von den Bergleuten selbst durch Schmirgeln in Form gebracht wurden, wurden diese kleineren Steinstücke an die Nachbarn weiterverkauft, die sie dann zu Arbeitsäxten für den täglichen Bedarf weiterverarbeiteten.

Wie Burton vermutet, wurden durchschnittlich alle drei bis fünf Jahre Expeditionen zum Abbau von Steinen ausgerüstet. Damit waren bis zu 200 Männer über mehrere Monate beschäftigt. Bei jeder Expedition mögen pro Mann zwischen zehn und 25 Äxten entstanden sein, insgesamt also 2000 bis 5000 Stück.

M.J. LEAHY COLLECTION/NATIONAL LIBRARY OF AUSTRALIA

Wenn dies auch als ein geringer Lohn für die Zeit und Mühen erscheinen mag, zumal nur wenige Äxte wirklich groß gewesen sein dürften, muß man Folgendes bedenken: Zunächst einmal ragte der Fels tief in den Berg hinein, so daß viel Material entfernt werden mußte, bis die Gesteinsoberfläche freilag, an der dann nur wenige Menschen gleichzeitig arbeiten konnten. Dann wurden die Axtköpfe gewonnen, indem die Gesteinsoberfläche mit Feuer erhitzt und mit in der Hand gehaltenen Hämmern bearbeitet wurde, bis sie aufbrach und einzelne Bruchstücke herausgehebelt werden konnten. Auf diese Weise wurden in einem Jahrhundert zwischen 40 000 und 100 000 Axtköpfen gewonnen, die man dann im weiteren Umfeld der Gemeinschaft eintauschte. (Vermutlich wurde dieses Produktionsmaß jedoch erst in den letzten paar Jahrhunderten erreicht.)

Einige wenige Axtköpfe aus diesen Steinbrüchen — es handelte sich zumeist um kleinere Exemplare, die aus den größeren durch Zerbrechen oder häufiges Nachschärfen entstanden waren — gelangten noch bis an die Südküste Neuguineas und weit in das Hochland hinein. Die Mehrzahl von ihnen wurde allerdings innerhalb eines Umkreises von 50 Kilometer verwendet.

Die Axtköpfe aus den Steinbrüchen des Wahgi-Tals oder Bruchstücke davon tauchen bei archäologischen Ausgrabungen selbst an nahegelegenen Fundorten nicht eher als um 500 vor Christus auf. Der Abbau von Steinen begann tatsächlich etwa zu der Zeit, als

△ In vielen Bereichen des Hochlands von Neuguinea befestigte man große Steinäxte mit dekorativen Bindungen sorgfältig an Holzgriffen. Derartige Äxte waren keine Schlagwerkzeuge, sondern man stellte sie zur Schau oder nutzte sie als sogenannte Brautpreise – wie man in diesem Bild sieht, das in den dreißiger Jahren bei einem Sing-Sing aufgenommen wurde. (Ein Sing-Sing ist eine Feier, bei der gesungen und getanzt wird.)

◁ Der Kopf dieser Axt aus der Provinz Simbu ist 30 Zentimeter lang. Das ganze Werkzeug ist als Wertgegenstand konzipiert und wurde nur zum Betrachten zusammengebaut.
C. BENTO/
AUSTRALIAN MUSEUM

▷ Keulenköpfe gibt es in der Form von Scheiben, Sternen, Dreiecken und sogar der »Ananas«. Sie wurden durch Sägen und Schleifen in Form gebracht und dann auf einem geraden Griff befestigt. Sorgfältig geflochtene Faserbindungen hielten sie in Position. Sie waren noch im letzten Jahrhundert, wenn auch nicht häufig, so in weitem Umkreis in Gebrauch, und noch in den dreißiger Jahren wurden einige hergestellt.
C. BENTO/AUSTRALIAN MUSEUM

▷ *Gegenüber:* Diese Schnitzerei einer weiblichen Figur ist insofern ungewöhnlich, als die ganze menschliche Gestalt abgebildet wurde. Die Hände und Beine sind gekreuzt, und sie trägt offenbar eine Kopfbedeckung. Die etwa 40 Zentimeter hohe Figur wurde im Ramu-Tal im Tiefland Papua-Neuguineas gefunden.
R. BOLZANI/AUSTRALIAN MUSEUM

▽ Einige Stößel besitzen eine aufwendige Form. Was dargestellt wird, ist jedoch für jede Deutung offen. Dieser hier aus dem Südwesten Papua-Neuguineas wurde schon als Vogel, Reptil, Penis und Frau interpretiert!
R. BOLZANI/AUSTRALIAN MUSEUM

quadratische Gärten – ein Zeichen intensiverer Bodennutzung und vermutlich auch für eine wachsende Bevölkerung – bei Kuk in Gebrauch kamen. Archäologische Hinweise von Felsüberhängen lassen darauf schließen, daß Menschen erst im Anschluß an diese Veränderungen anfingen, Schweine zu züchten und zu essen. Die Gewinnung von Äxten läßt sich als ein Aspekt zunehmender wirtschaftlicher Intensivierung innerhalb der Hochlandgesellschaften ansehen. Wahrscheinlich waren diese Umbrüche auch von anderen, gesellschaftlichen Veränderungen begleitet. Die soziale Dominanz »großer Männer« etwa, die ihren Rang nicht ihrer Herkunft, sondern harter Arbeit, zahlreichen Eheschließungen und der Fähigkeit verdanken, mit dem umfangreicher werdenden Tauschhandel umzugehen, stammt vermutlich aus dieser Zeit. Größer angelegte Gesellschaften entwickeln normalerweise eine deutlichere Form der Hierarchie.

Steingravuren von Neuguinea

Nur vier Typen von Steingravuren sind auf Neuguinea zu finden, und es handelt sich um kleine Objekte: Mörser, Stößel, Figurinen und Keulenköpfe. Auf der Hauptinsel wurden die ersten drei in Bereichen des Hochlandes nachgewiesen. Dagegen waren die Keulenköpfe stärker verbreitet und wurden auf den meisten Inseln Papua-Neuguineas gefunden.

Auch im letzten Jahrhundert waren steinerne Keulenköpfe in einigen Gebieten noch in Gebrauch. Ihre Form variiert stark: von einer flachen Scheibe über eine flache Sternform mit zumeist vier bis fünf Spitzen bis zu einer Struktur, die wie eine mit Ausbuchtungen bedeckte Handgranate aussieht. Sie sind alle in der Mitte durchlöchert, so daß sie an einen langen Griff gebunden werden können. Die meisten wurden aus widerstandsfähigem Gestein, wie Basalt, hergestellt, und im Laufe mehrerer Wochen wurden sie mit einem Steinhammer zurechtgeschlagen, geschliffen und mit einem Loch versehen.

Weniger eindeutig sind die drei anderen Arten von Objekten, deren Gebrauch niemals mit ihrer Form zusammenzupassen schien – Mörser und Stößel zum Zermahlen von

▷ Mörser werden normalerweise aus einem widerstandsfähigen vulkanischen oder metamorphen Gestein, wie Basalt oder Hornfels, hergestellt. Es handelt sich entweder um flache Schalen, oder sie besitzen eine gekielte Form, wie diese hier aus Siane im Hochland von Papua-Neuguinea. Manchmal sind sie sogar auf einem Sockel montiert.
JENNY MILLS

Nahrungsmitteln, Farbe oder magische Substanzen, Figurinen für rituelle Aktivitäten. Viele Figurinen sind wie Vögel geformt oder tragen ein menschliches Gesicht. Während man den Gebrauch der Figurinen in letzter Zeit noch niemals beobachtete, wurde gelegentlich durchaus deutlich, wie die Mörser und Stößel benutzt wurden. Sie dienen offenbar magischen Zwecken, häufig in Verbindung mit Zaubersprüchen, die angeblich ein gutes Wachstum und den Schutz der Pflanzungen garantierten. Die meisten wurden in Gärten entdeckt, zumeist dann, wenn alte Pflanzungen im Busch gerodet wurden.

Diese Objekte wurden nicht mehr hergestellt, nachdem die Europäer mit Neuguinea Kontakt hatten. Die Einheimischen glauben eher an einen natürlichen Ursprung als an eine Herstellung durch Menschen. Einige wenige Bruchstücke wurden an Fundstellen entdeckt, die auf ein Alter zwischen 5000 und 3000 Jahren datiert wurden. Es ist aber unsicher, ob die meisten davon ebenso alt sind. In vielen Fällen könnte dies zutreffen.

Die Archäologie der Tieflandgebiete

Über die Vorgeschichte der Küstengebiete Neuguineas wissen wir wesentlich weniger. An der Nordseite der Insel zeigten neuere Ausgrabungen in Höhlen und Muschelhügeln erwartungsgemäß, daß die Besiedlung bis in das späte Pleistozän zurückreicht. Die Herstellung von Keramik begann mindestens um 3000 vor Christus. Als das Flußbett des Sepik River vor 6000 Jahren vom Meer überflutet und anschließend mit Sedimenten wieder angefüllt wurde, die vom Hochland heruntergespült wurden, blieben die Menschen in diesem Gebiet wohnen. Auf der Südseite der Insel ist kein Fundort vergleichbaren Alters bekannt, nicht weil das Gebiet unbewohnt war, sondern weil diese frühen Fundstätten höchstwahrscheinlich durch Erosion der Hügel zerstört oder tief unter dem Boden der Flußtäler begraben wurden.

In der jüngerer Vergangenheit wurden Tonwaren im Tiefland Neuguineas, insbesondere entlang der Küsten, hergestellt und getauscht, der größte Teil wurde in den letzten 3300 Jahren hergestellt. Dagegen fand man ältere Keramiken an Teilen der Nordküste, wobei sich die Herkunft dieser Stücke stilistisch manchmal auf die Lapita-Töpferkunst zurückführen ließ.

DIE MENSCHEN VOM SEPIK RIVER AUF PAPUA-NEUGUINEA: KULTUR INMITTEN VON KATASTROPHEN

PAUL GORECKI

Das Sepik-Becken gehört zu den in kultureller Hinsicht vielfältigsten Gebieten der Erde. Seit dem Jahre 1887, als der gewaltige Sepik River erstmals von Europäern erforscht wurde, zogen weltweit sowohl die künstlerische als auch die materielle Kultur der Sepik-Bewohner das Interesse der Museen und Privatsammler auf sich. Viele fragten sich, wie alt diese »primitive« Kunst sei, doch kann zur Zeit niemand diese Frage endgültig beantworten. Die ernsthafte archäologische Arbeit im Sepik-Gebiet begann erst in den achtziger Jahren dieses Jahrhunderts, und bisher lassen die Ergebnisse vermuten, daß die Region während der letzten 10 000 Jahre weitreichenden Umweltveränderungen unterworfen war, die auf die dortige Bevölkerung einen erheblichen Einfluß ausgeübt haben müssen.

Erdbeben, Überflutungen und Vulkane

Der Sepik und die Nordküste der Insel von Neuguinea lassen sich zutreffend als Katastrophengebiete beschreiben. Die prähistorischen Küstenbewohner hatten sicherlich mit größeren, plötzlichen Veränderungen in ihrer unmittelbaren Umgebung fertigzuwerden, und dies gilt für die Menschen dieser Gebiete auch heute noch. Wir wissen, daß die Küste durch tektonische Aktivitäten permanent angehoben wird, so daß Korallenriffe mit ihren Beständen an Fischen und Krustentieren in bestimmten

Abständen immer wieder zerstört werden. In der Region von Vanimo kam es um 1600 und 500 vor Christus sowie im Jahre 700 zu erheblichen Anhebungen — durchschnittlich um 1,5 Meter in tausend Jahren. Die Küsten- und Inlandgebiete werden zudem immer wieder von schweren Erdbeben heimgesucht. So veränderte sich zum Beispiel nach einem Erdbeben, das 1907 registriert wurde, die Sissano-Lagune von einem Süßwasser- in einen Salzwasserlebensraum. Ein weiteres Erdbeben führte 1935 im Torricelli-Gebirge zu großflächigen Erdrutschen, und es wurden zahlreiche Felder und Wälder zerstört. Zusätzlich wurde

△ Diese mit parallelen Wellenlinien dekorierte Topfscherbe aus der Seraba-Höhle wurde auf 700 vor Christus datiert.
PAUL GORECKI

△ Hinter dem (hier gezeigten) Dorf von Fichin befindet sich im äquatorialen Regenwald die Höhle von Lachitu. Hier fand man Indizien für eine menschliche Besiedlung, die 35 000 Jahre zurückreicht.

◁ Das Korallensaumriff an der Nordküste Neuguineas wird durch tektonische Aktivität ständig emporgeschoben. Der hier gezeigte Küstenabschnitt liegt beim Dorf Musu.

die Küste von den Nachwirkungen vulkanischer Ausbrüche betroffen. Viele Vulkane sind auch heute noch aktiv.

Auch die prähistorischen Bewohner des Sepik River Beckens hatten unter größeren Katastrophen zu leiden. Offenbar hat sich das Becken selbst erst in jüngster Zeit gebildet. Obwohl bisher nur vorläufige Ergebnisse existieren, spricht immer mehr dafür, daß das heutige Becken des Sepik River einst ein riesiger Priel war. Gemeinden wie Angoram und Pagwi dürften vor 6000 Jahren an der Küste gelegen haben. Dagegen lagen das heutige Ambunti und Amboin auf Inseln, die vom Meer umgeben waren, und alle heutigen Flußdörfer, einschließlich Timbunke, befanden sich unter dem Meer. Durch die tektonische Anhebung bildete sich das Becken vermutlich schrittweise nach dem letzten Anstieg des Meeresniveaus um 4000 vor Christus. Am Anfang war es ein Brackwasserlebensraum, in dem Mangroven vorherrschten, bis es dann vor weniger als 2000 Jahren zu einem riesigen Süßwasser-Sumpfgebiet wurde. Selbst heute noch suchen der Sepik River und alle seine südlichen Zuflüsse nach einem permanenten Bett und verursachen dabei regelmäßig großflächige Überflutungen — eine weitere Katastro-

GERRY ELLIS

◁ Bewohner des Sepik befahren den gewaltigen Sepik River. Kanus sind das einzige Transportmittel zwischen den Dörfern des Sepik-Beckens, und die Flußfischerei bildet die Haupteinkommensquelle dieser Menschen.

▷ Prähistorische Topfscherben mit eingeritzten und applizierten Dekorationen. Man fand sie an der Oberfläche der Insel Koil. Seit langem bestanden Kontakte zwischen der in den Schouten-Inseln gelegenen Insel Koil und der Insel Manus, die 350 Kilometer weiter nördlich liegt.
PAUL GORECKI

phenform, die das Leben der Menschen beeinträchtigt.

Alte Sepik-Kulturen
Ungeachtet dieser zweifellos lebensfeindlichen Bedingungen, die entlang der Küste und im Becken herrschten, leben in diesem Gebiet seit über 35 000 Jahren Menschen. Sie entwickelten dabei eine Reihe von Kulturen. In der Lachitu-Höhle bei Vanimo (an der Nordküste nahe der Grenze zu Indonesien) fand man Indizien für eine menschliche Besiedlung, die 35 000 Jahre zurückreicht. Aus den Ablagerungen dieser Höhle geht hervor, daß sich die Menschen vor 14 000 Jahren weitgehend von den Krustentieren der Riffe ernährten. Die wichtigste Art war *Turbo argyrostoma*.

Offenbar wurden um 4000 vor Christus bereits umfangreichere Gebiete der Vanimo-Küste bewohnt. Die aus dieser Zeit stammenden Ablagerungen von Lachitu und der benachbarten Taora-Höhle beweisen, daß die Menschen sich überwiegend aus dem Meer ernährten, hin und wieder

aber schon Landsäugetiere verzehrten. Zu dieser Zeit taucht ein besonderer gekerbter Werkzeugtyp in diesen Höhlen auf, der, wie die Analyse der Abnutzungsspuren und der organischen Reste vermuten läßt, speziell der Herstellung von Pfeil und Bogen gedient hat. Zudem fand man in den Höhlen merkwürdige Gegenstände aus Schiefer, die auf etwa 3400 vor Christus datiert wurden. Obwohl man ihre Funktion noch nicht kennt, handelt es sich wohl eher um zeremonielle als um Gebrauchsgegenstände. Ähnliche Objekte, die allerdings noch nicht datiert wurden, fand man auch an-

derenorts auf Neuguinea, unter anderem im Becken des Sepik River.

Die ersten Töpfer Melanesiens
Etwa zur gleichen Zeit tauchten Tongefäße erstmals nicht nur entlang der Küste von Vanimo, sondern auch in den Becken des unteren Ramu und des mittleren Sepik auf. In den Höhlen von Lachitu und Taora bei Vanimo tauchen Tonwaren erstmals um 3600 bis 3400 vor Christus auf. Es handelt sich um unverzierte Gefäße, deren Ton Korallensand beigefügt war, um ein Zerbrechen beim Brennen zu verhindern. Im unteren Lauf des Ramu entdeckte man die ältesten Gefäße an den offenen Fundstellen von Beri und Akari, die ebenfalls 5600 Jahre alt sind. Einige der hier gefundenen Gefäße tragen Verzierungen, die seitlich eingeritzt oder am Rand eingekerbt sind. Im mittleren Bereich des Sepik fand man 6000 Jahre alte Töpfe in der Höhle von Seraba. Um 700 vor Christus schließlich florierte die Töpferei in diesem Bereich des Sepik River. Die unter den Seraba-Gefäßen vorherrschende Verzierung be-

stand aus zwei parallelen Wellenlinien, die an der breitesten Stelle eingeritzt waren. Also hat die Töpferei — eine der traditionellen Künste, für die die Menschen von Sepik weltberühmt sind — auf Neuguinea eine wesentlich längere Vergangenheit als in irgendeinem anderen Teil Melanesiens.

Ein frühes Tauschhandelsnetz
Ein weiterer bemerkenswerter Aspekt der Vorgeschichte von Sepik ist das komplizierte Tauschhandelsnetz, das von diesen Menschen entwickelt wurde. Es scheint, daß die Menschen des Sepik-Gebietes dieses Netz während der letzten 10 000 Jahre nicht nur in ihrer eigenen Region ins Leben riefen, sondern noch weit darüber hinaus. So wurde zum Beispiel die winzige Insel Koil vor Wewak an der Mündung des Sepik River innerhalb der letzten 1000 Jahre von Fernreisenden von der Insel Manus besucht. Diese Händler führten das als Obsidian bekannte vulkanische Glas in den örtlichen Tauschhandel ein. Wie wir wissen, galt dieser Rohstoff bei den Menschen, die an der Küste von Vanimo mehr als 700 Kilometer von seinem Ursprungsort entfernt wohnten, als wertvolle Ware. Alle Obsidianstücke, die zwischen der Mündung des Sepik River und der Grenze zu Irian Jaya gefunden wurden, stammen ausschließlich von Manus.

Die archäologische Forschung im Sepik-Gebiet hat gerade erst begonnen, aber schon jetzt liefert sie faszinierende Ergebnisse, die bedeutsame Auswirkungen auf die allgemeine Vorgeschichte Melanesiens haben. Es besteht kein Zweifel, daß die Sepik-Gesellschaften mit aller ihrer Vielschichtigkeit und ihrem bemerkenswerten Spektrum traditioneller Kunst über Wurzeln verfügen, die tief in die Vergangenheit zurückreichen.

DIE SEPIK-REGION
Das Sepik-Becken wird regelmäßig überflutet, während die Nordküste mit den anliegenden Inseln periodischen Erdbeben und Vulkanausbrüchen ausgesetzt sind.

CARTOGRAPHY · RAY SIM

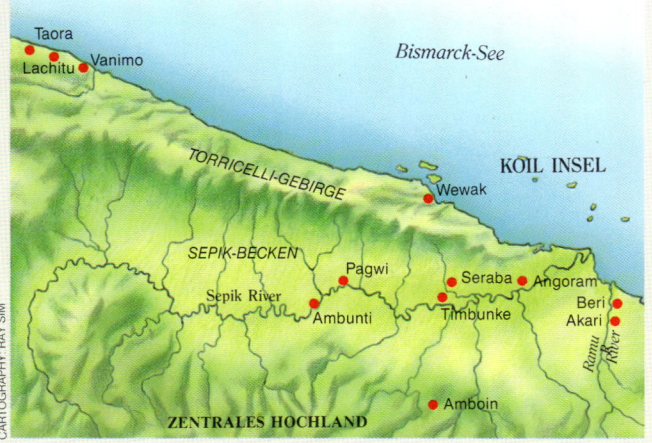

Taora
Lachitu
Vanimo
Bismarck-See
TORRICELLI-GEBIRGE
KOIL INSEL
Wewak
SEPIK-BECKEN
Pagwi
Sepik River
Seraba
Angoram
Ambunti
Timbunke
Beri
Akari
Ramu River
Amboin
ZENTRALES HOCHLAND

△ Die Genauigkeit der für die Lapita-Töpferei typischen geometrischen Muster wurde häufig noch durch eine Beigabe zermahlenen Kalksteins betont.
H. GALLASCH/JIM SPECHT

△ Die Künstler, die Kapitän Cook und andere europäische Forscher begleiteten, erweckten mit ihren Bildern den Eindruck, die Inseln Ozeaniens seien wunderschön und das Leben dort sorgenfrei. Einige der hier gezeigten Boote der pazifischen Inseln waren schneller und wendiger als die der Europäer. Dieser Blick auf Tahiti wurde von William Hodges 1773 auf Cooks zweiter Reise gemalt.

Die Töpferkunst von Lapita

Die Lapita-Töpferei steht weitgehend im Mittelpunkt der Forschung, die bisher auf den pazifischen Inseln durchgeführt wurde und die im Osten mindestens noch Tonga und Samoa umfaßt. Sie ist aus verschiedenen Gründen von Bedeutung.

Zunächst waren die Hersteller dieser Töpfe eindeutig die ersten Siedler, die sich auf den kleineren Inseln Ostozeaniens niederließen sowie vermutlich auch die ersten Bewohner der Pazifikinseln östlich der Salomonen. Mit großer Wahrscheinlichkeit reisten sie sogar bis nach Südamerika, wofür jedoch die Existenz der Süßkartoffel der einzige Hinweis ist. Ihre Nachkommen erreichten irgendwann Hawaii, die Osterinsel und Neuseeland, während andere nach Norden und nach Westen in die östlichen und zentralen Bereiche des heutigen Mikronesien einwanderten.

Zum zweiten wurde ein umfangreiches Gebiet in relativ kurzer Zeit besiedelt. Dies bedeutet einerseits, daß die Reisen nicht zufällig, sondern geplant erfolgten, und andererseits, daß diese Menschen über brauchbare Segelkanus und entsprechende seefahrerische Kenntnisse verfügten. Die Besiedlung Ostozeaniens ist die früheste großflächige Besiedlungswelle, die auf dem Meer jemals stattgefunden hat.

Drittens sind die Experten trotz intensiver Forschungsarbeit während der letzten beiden Jahrzehnte noch immer uneinig über die Herkunft der Lapita-Töpferei und der damit zusammenhängenden Gegen-

stände wie etwa des Muschelschmucks. Die entscheidende Frage lautet, ob sie an Ort und Stelle entstand oder auf asiatische Einwanderer zurückgeht.

Die Geschichte dieser Forschungsarbeit verrät uns letztlich, wie die Menschen westlicher Kulturen, und zwar sowohl Fachleute als auch Laien, im Laufe der Jahre die Geschichte der pazifischen Insulaner beurteilten.

Erstmals wurde die Lapita-Töpferei im Jahre 1909 auf Watom Island, unmittelbar vor Neubritannien, entdeckt. Wie es dazu kam, daß sie nach einem einzigen Fundort an der Westküste Neukaledoniens benannt wurde, weiß offenbar niemand. Seitdem wurden diese Gefäße in einem Gebiet gefunden, das im Westen von der Grenze Irian Jayas bis nach Samoa und vielleicht sogar zu den Marquesas im Osten reicht (die wenigen hier gefundenen Scherben sind allerdings nur klein und nicht besonders typisch) — im-

merhin über eine Entfernung von 8000 Kilometer.

Die Lapita-Gefäße zeichnen sich durch grobe Handarbeit und eine unzureichende Feuerhärtung aus. Dafür sind sie jedoch mit Bändern geometrischer Muster außerordentlich fein verziert. Diese Muster wurden durch Stempel mit einer einzigen Zahnreihe in den Ton eingepreßt — man kann sie sich vielleicht als kurze Kämme mit kurzen Zähnen vorstellen (es wurde allerdings niemals solch ein Gerät gefunden). Diese Dekoration kann sehr aufwendig sein. Manchmal wurden stilisierte Gesichter und Zierpflöcke in die Ohrläppchen eingepaßt. Geometrische Verzierungen finden sich auf verschiedenen Gefäßformen, darunter runden, enghalsigen Schalen und flachen Platten. Bei anderen Gefäßen sind ähnliche geometrische Muster nicht in den Ton gedrückt, sondern gestempelt. Allerdings fällt diese Form der Verzierung weniger fein aus.

Die Bedeutung, die man der Verbreitung der Lapita-Keramik zusprach, muß man im Zusammenhang mit der allgemeinen Geschichte des pazifischen Raumes sehen. Die frühen nordeuropäischen Seefahrer, wie Kapitän James Cook, die im 18. Jahrhundert die Kunde von den pazifischen Inselbewohnern nach Europa brachten, beschrieben Ostozeanien mit glühenden Worten - das wundervolle Klima, die unbeschwerte Lebensweise und schöngewachsene, freundliche Menschen — ein Bild, dem viele Europäer, Amerikaner und Australier auch heute noch huldigen. Diese Forschungsreisenden stellten den Gegensatz zwischen den hochgewachsenen, schönen und freundlichen Polynesier und den Bewohnern der größeren, weiter im Westen gelegenen Inseln heraus, die kleiner, dunkelhäutiger und Unbekannten gegenüber wesentlich unfreundlicher waren. Sie waren auch von der Ähnlichkeit überrascht, die innerhalb der Sprachen und Gebräuche vieler Inseln zwischen Hawaii und Neuseeland herrschte, und sie schrieben dies der Fähigkeit der Insulaner zu, zwischen diesen Inseln hin und her zu fahren. Aufgrund dieser und anderer Beobachtungen setzte sich die Vorstellung unter den Europäern fest, daß diese Inselbewohner unmöglich Nachkommen von Insulanern sein könnten, die weiter westlich lebten und daher von anderswo in den Pazifik eingewandert sein müssen. Wo dieses »Anderswo« jedoch lag, war niemals vollständig klar. Man tippte auf Indien, China, Südamerika und nahezu jede Möglichkeit in Südostasien; auch einer der verlorenen Stämme Israels wurde in Erwägung gezogen. Während der letzten Jahrzehnte wurde jedoch Südostasien zum favorisierten Gebiet, im wesentlichen, weil Sprachstudien in diese Richtung wiesen.

Alle ostozeanischen Sprachen stammen aus dem austronesischen Umfeld. Weitere austronesische Sprachen findet man in Taiwan, auf den Philippinen, überall in Indonesien, in einigen Küstengebieten Neuguineas sowie auf den kleineren Inseln Westozeaniens und sogar — weit jenseits des Indischen Ozeans - auf Madagaskar. Die austronesischen Sprachen sind einander recht ähnlich, und die Linguisten stimmen darin überein, daß sie sich vor relativ kurzer Zeit in einem Teil dieses Gebietes entwickelt haben müssen (sonst würden sie sich stärker unterscheiden). Sie breiteten sich dann mit den Menschen in andere Gebiete aus. Es ist schwer, diese Wanderungen zu datieren, da es einerseits keine schriftlichen Belege gibt und da sich zum anderen die Fachleute bisher nicht über die grundlegenden linguistischen Methoden ei-

PAUL GORECKI

nigen konnten, die dafür geeignet wären. Man stimmt jedoch allgemein darin überein, daß die ursprüngliche austronesische Sprache (proto-austronesisch) zwischen 6000 und 3000 vor Christus entstanden ist — möglicherweise, wie die meisten Linguisten annehmen, in Taiwan.

Innerhalb Ostozeaniens selbst wurden in den letzten Jahrzehnten parallel zu der Verwandtschaft der Sprachen verschiedener Inseln ähnliche Beziehungen auch durch die Archäologie nachgewiesen. So zeigen beispielsweise Radiokarbon-Datierungen, daß Hawaii schon lange vor Neuseeland besiedelt war, und wir wissen, daß sich die Sprache von Hawaii von der des zentralpazifischen Raumes stärker entfernt hat als die Sprache der Maori. Diese nachweisliche Verbindung zwischen der Archäologie und der Sprachgeschichte wurde zu einem Modell für die übrige pazifische Geschichte. Die Lapita-Töpferei, so wurde häufig argumentiert, liefert greifbare Indizien dafür, daß austronesisch sprechende Menschen von Südostasien aus über die Inseln Westozeaniens weiter in den pazifischen Raum vordrangen.

Diese Ansicht ist natürlich nicht unproblematisch. Die bedeutendste Schwierigkeit besteht vielleicht darin, daß man keine Lapita-Gefäße in nennenswerten Mengen westlich der Inseln Westozeaniens gefunden hat. Zum Beispiel wurde nur eine Handvoll

Scherben auf der Hauptinsel von Neuguinea entdeckt. Auch ist keine Töpferei bekannt, die sich eindeutig als Vorläufer identifizieren ließe.

Aber mehr noch: Obwohl man Lapita lange für die älteste Form der Töpferei in Westozeanien hielt, wurden Gefäße, die man jüngst an der Nordküste Neuguineas fand, auf ein Alter von 5000 Jahren datiert — sie sind damit um 1700 Jahre älter als die früheste Lapita-Töpferei. Im Gegensatz zu den reichverzierten Lapita-Objekten sind diese frühen Gefäße von Neuguinea nahezu schmucklos. Zudem gelangen die Forscher zunehmend zu der Ansicht, daß die für Lapita typischen geometrischen Muster von Motiven abstammen könnten, die bereits auf zeitgenössischem Basttuch (es wurde als Bekleidung benutzt) und zum Beispiel für Tätowierungen verwendet wurden. Ferner entspricht die grundsätzlich rohe Qualität der Lapita-Töpferei, die häufig mit einem hohen Anteil grober Muschelschalen hergestellt und unzureichend gehärtet wurde, nicht dem Niveau, das man erwarten könnte, wenn sie sich von der südostasiatischen Töpferei abgeleitet hätte. Wenn auch das Töpfereihandwerk ursprünglich aus Asien stammen mag, gilt dies für die Lapita-Töpferei im besonderen wahrscheinlich nicht, so daß ihre Verbreitung den Wanderrouten der frühen austronesisch sprechenden Menschen wohl nicht entspricht.

△ Beinahe die Hälfte dieses (später rekonstruierten) Topfes wurde 1985 bei Lamau an der Westküste Neuirlands ausgegraben. Auch hier liegt ein geometrisches Muster vor, aber die Verzierung ist weniger fein oder aufwendig als die mit feinen Zähnen gestempelte Form der Lapita-Töpferei.

△ Die Dekoration auf dem Lamau-Topf ist nicht in den Ton hineingestempelt, sondern wurde mit einer scharfen Muschel oder einem Stein in den feuchten Ton eingeschnitten.

△ Der erste belegte Fund von Lapita-Gefäßen wurde 1907 von Pater Otto Meyer auf der Insel Watom bei Rabaul gemacht. Seine Stücke, darunter auch diese vier Scherben, wurden an das Schweizer Museum in Basel geschickt. Die nächsten beiden Funde entdeckte man 1920 in Tonga sowie in den fünfziger Jahren in Neukaledonien.
MUSEUM FÜR VÖLKERKUNDE/U. SPECHT

▽ Ringe, Perlen und Armreifen von der Fundstelle Talepakemalai (Papua-Neuguinea). Sie wurden aus den Schalen von *Conus* und *Spondylus* angefertigt. Man fand sie am Boden einer alten Lagune, wo sie zusammen mit zerbrochenen Lapita-Töpfen, Molluskenschalen und Tierknochen von Häusern heruntergeworfen wurden, die auf Pfählen über dem Wasser errichtet waren.

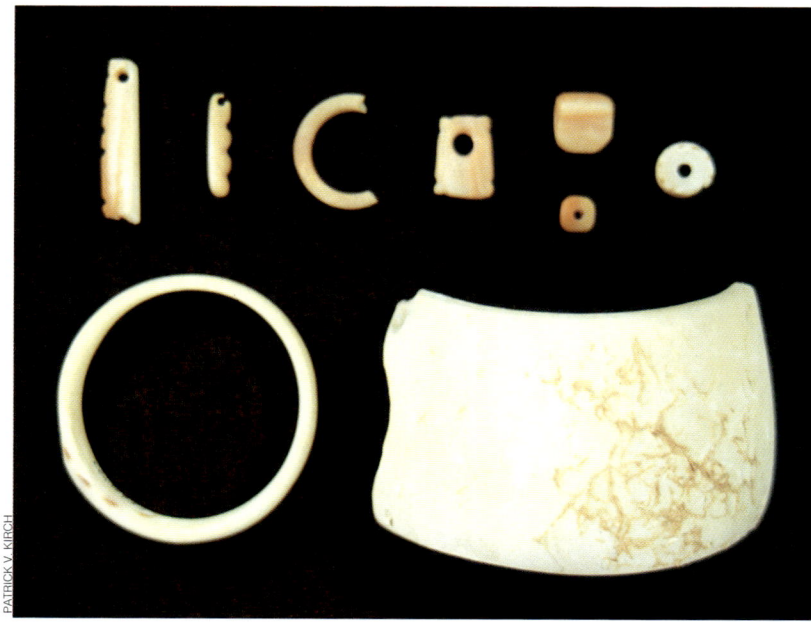

Lapita-Fundstätten und frühe Tauschhandelssysteme

Während der letzten zehn Jahre förderten Ausgrabungen in Westozeanien kleine Mengen von Lapita-Gefäßen an den meisten Fundstätten Neubritanniens und Neuirlands zutage, Gebiete, die zwischen 1300 vor Christus und der Zeitenwende bewohnt waren. An einigen Orten dagegen, etwa auf den kleinen, der Küste vorgelagerten Inseln Eloaua, Watom und Ambitle sowie mehreren Inseln der Arawe-Gruppe, wurden sie in erheblich größeren Mengen entdeckt. Insbesondere bei Talepakemalai auf Eloaua blieben nicht nur zahlreiche Gefäße erhalten, sondern auch die verschiedensten Gegenstände aus Steinen und Molluskenschalen. Unter den letzteren waren Angelhaken, Armreifen, Ringe, Armbänder, Perlen und Anhänger. Zudem fanden sich Hinweise dafür, daß die Hersteller dieser Töpfe gewohnheitsmäßig in Lagunen Fische fingen und Krustentiere sammelten. Sie betrieben

aber auch Landwirtschaft und hielten domestizierte Schweine, Hunde und Hühner. Zudem fand man die Basis mehrerer Hauspfeiler. Offenbar stand hier ein Dorf, das man auf Pfeilern über einer Gezeitenlagune angelegt hatte, und den Radiokarbon-Daten zufolge lebten hier Menschen ohne Unterbrechung einige hundert Jahre lang (dies gilt ebenso für einige andere Fundstellen). Analysen des Tons, der Beimischungen und der Dekorationsmotive sprechen dafür, daß die Gefäße oder wenigstens der Ton zwischen einigen Fundstellen hin und her bewegt wurde, in welchem Umfang bleibt jedoch noch zu untersuchen. Der eindeutigste Hinweis auf den Transport von Materialien stammt von dem dort gefundenen Obsidian. (Siehe den Kasten: *Obsidian-Werkzeuge: Eine Studie des vorgeschichtlichen Handels in Melanesien.*)

Obsidian ist ein normalerweise schwarzes vulkanisches Glas. Es ist nur aus drei Gebieten Westozeaniens bekannt — von den Inseln Lou und Fergusson sowie von der Halbinsel Willaumez auf Neubritannien, und in jedem dieser Gebiete kommen mehrere Quellen in Frage. Heute ist es leichter möglich, den Obsidian verschiedener Herkunft zu unterscheiden, und in den Lapita-Fundstellen wurde Material aus den Steinbrüchen von Willaumez und Lou gefunden. Es wurde nicht nur in Westozeanien, sondern im Osten sogar bis nach Fidschi nachgewiesen, wenn auch an diesen ostozeanischen Fundstellen nur in kleinen Mengen. Willaumez-Obsidian wurde zudem noch weit im Westen identifiziert, so zum Beispiel auf den kleinen indonesischen Talaud-Inseln und an der Nordostküste von Sabah. Die Funde von den östlichen Inseln Ostozeaniens und aus dem Westen sind zeitlich der Lapita-Periode zuzuordnen, allerdings nicht — wie wir erwarten können, wenn der Handel mit Obsidian von südostasiatischen Einwanderern ins Leben gerufen wurde — in ihren frühesten Stadien.

Für die Hersteller der Lapita-Gefäße war der Obsidian zweifellos von großer Bedeutung. Der Grund dafür ist jedoch weitgehend unbekannt, zumal an seiner Stelle auch andere Steine vor Ort oder scharfe Muschelschalen hätten verwendet werden können. Jedenfalls war der Obsidian heiß begehrt. Er wurde in kleine Stücke zerschlagen, mit denen man Gemüse zerschnitt und schabte, und aus einigen anderen fertigten die Leute Spitzen und Gravurwerkzeuge an.

Möglicherweise waren die Fundstellen, an denen größere Mengen von Lapita-Töpfen freigelegt wurden, Knotenpunkte eines Verteilungssystems. Sie lagen häufig an tiefen Buchten, die einen guten Zugang zum Meer, aber auch einen gewissen Schutz boten. Allerdings bezogen die Bewohner dieser Dörfer den größten Teil ihrer Nahrung aus dem umliegenden Land. In einiger Hinsicht sind sie den Siedlungen traditioneller Händler dieser Gegend sehr ähnlich, die noch bis zu Beginn dieses Jahrhunderts ihren Lebensunterhalt mit der Bewegung der verschiedensten Güter - Töpfereiprodukte, Federn, Schweine und Äxte — im örtlichen Umkreis bestritten. Das Besondere der Lapita-Periode ist jedoch, daß ähnliche Töpfereiprodukte über so weite Entfernungen gefunden wurden. Vielleicht ist dies der physische Ausdruck einer bisher unbekannten Ideologie. Wie der Obsidian verbreitet wurde, etwa durch ein großflächiges Handelsnetz, das die Lapita-Töpfer untereinander verband, durch mehrere solcher Netze oder durch andere Mechanismen, vielleicht den Kleinhandel zwischen einzelnen Individuen, bleibt noch zu klären.

PATRICK V. KIRCH

Die Menschen, die Ostozeanien besiedelten

Um die Identität der ersten Menschen aufzudecken, die Ostozeanien besiedelten, stehen uns auch biologische Indizien aus neuer und alter Zeit zur Verfügung. Zu den modernen Methoden gehören Untersuchungen der Finger- und Handflächenabdrücke, der Größe und Form der Zähne, die Genetik verschiedener Blutgruppen und die Analyse der mitochondrialen DNA. Da alle diese Merkmale erblich sind, lassen sie sich zur Bestimmung verwandtschaftlicher Beziehungen heranziehen. Die Indizien aus der Vergangenheit stammen aus Gräbern. Hier sind es in erster Linie die Form und Größe verschiedener Knochen und Zähne, die man untereinander und mit denen diverser moderner Gruppen vergleichen kann.

Die modernen Methoden sind mit der Schwierigkeit behaftet, unter anderem daß die Entwicklungsgeschichte (zufällige biologische Veränderungen, die von Selektionskräften beeinflußt werden), die genetische Drift (zufällige Veränderungen, die sich bei Gelegenheit etablieren) und die Vermischung verschiedener Bevölkerungen analysiert und deren Auswirkungen ausgeschlossen werden müssen, ehe man anfangen kann, Verbindungen zur Vergangenheit zu bestimmen. Das Hauptproblem der vorgeschichtlichen Indizien besteht einfach darin, daß so wenige davon erhalten blieben. So kennt man zum Beispiel von den Fundstellen, die nennenswerte Mengen der Lapita-Töpferei bargen, lediglich die fragmentarischen Überreste von nur 15 Menschen. Das ist entschieden zu wenig, um gesicherte Schlußfolgerungen ziehen zu können.

Zwar haben diese Schwierigkeiten die Forscher nicht davon abhalten können, sorgfältig abgewogene Interpretationen zu liefern, doch dürfte kaum überraschen, daß die Spezialisten beider Bereiche unterschiedliche Ergebnisse lieferten. So kam eine Bestandsaufnahme der beiden Genetiker Sue Serjeantson und Ron Hill zu dem Schluß, daß — obwohl die pazifischen Inselbewohner unübersehbare Anzeichen für westozeanische Vorfahren aufweisen, — einige genetische Merkmale sie zugleich eng mit Vorfahren aus Asien verbinden. Andererseits stellt der Anatom Phil Houghton heraus, daß der große, muskulöse Körper vieler Polynesier in physiologischer Hinsicht gut den Seereisen über das offene Meer angepaßt ist, und Menschen von vergleichbarem Körperwuchs wurden in Gräbern neben Lapita-Gefäßen gefunden. Ferner behauptet Houghton, daß dieser physiologischer Typ dafür ungeeignet sei, auf tropischen Landmassen wie Südostasien oder Neuguinea zu leben, daß er sich daher dort nicht entwickelt haben kann und zudem dort auch nicht vorkommt. Seiner Meinung nach, können sich solche Menschen nur im Inselreich Westozeaniens entwickelt haben. Zum Teil erwachsen so verschiedene Ansichten aus unterschiedlichen Methoden und theoretischen Gebäuden, deren Richtigkeit sich erst nach weiterer Forschungsarbeit erweisen muß.

Ein neues Geschichtsbewußtsein

Nach dem Stand der Geschichte und der Vorgeschichte des pazifischen Raumes wird zweierlei deutlich. Das erste ist, daß umfangreiche Veränderungen in der pazifischen Welt eintraten, und zwar überwiegend unabhängig davon, was anderorts in der Welt geschah. Bis vor kurzem noch galt die Geschichte der Pazifikbewohner als eine Geschichte von Einwanderungswellen. Mit jeder dieser Wellen wurde angeblich ein heute noch dort nachweisbares Kulturgut importiert, etwa die Landwirtschaft, die Töpferei oder die Äxte. Heute dagegen zeigt die Forschungsarbeit der pazifischen Vorgeschichte, daß viele Entwicklungen vor Ort entstanden. So beruht beispielsweise der Ackerbau des Hochlandes auf Techniken, die an Ort und Stelle entwickelt wurden und überwiegend auf einheimischen Feldfrüchten. Dennoch ernährte der Ackerbau eine ebenso dichte Bevölkerung wie in je-

◁ Eine Frau und ein Kind von der Insel Tanna (Vanuatu), gemalt von William Hodges im Jahre 1774. Die Frau trägt vermutlich aus Molluskenschalen gefertigte Ohrringe und eine Halskette aus Schalenscheiben sowie einer ganzen Muschelschale. Ihre Kopfbedeckung besteht aus Bast, und sie trägt ihr Kind in einer Art Umhängetasche, die aus demselben Material gemacht ist.

der anderen ländlichen Gesellschaft jener Zeit. Die Lapita-Töpferei entstand auf den Inseln Westozeaniens. Ihre Hersteller trugen sie weit in den pazifischen Raum hinein und schufen dabei eine Besiedlungsaktivität, die bis zu den Reisen der Europäer während der letzten 500 Jahre unerreicht blieb. Die Einwohner der neuerdings unabhängigen Länder Westozeaniens können auf eine lange, bewegte Geschichte kultureller Unabhängigkeit zurückblicken.

Allerdings ist die Erkenntnis, daß Westozeanien eine unabhängige Geschichte besitzt, auch für die übrige Welt von Bedeutung. So überwog zum Beispiel in westlichen Darstellungen die Tendenz, in den traditionellen Kulturen West-Ozeaniens »lebende Fossilien« zu sehen, also Beipiele dafür, wie die Welt ausgesehen haben muß, ehe sich Städte und Industriegesellschaften entwickelten. Diese Sicht ist fraglos falsch. Es hat niemals eine statische Gesellschaft gegeben. Die Vergangenheit ist nicht wie die Gegenwart: Überall ist sie Neuland, das durch die Geschichte und Archäologie erforscht werden muß.

OBSIDIAN-WERKZEUGE: EINE STUDIE
DES VORGESCHICHTLICHEN HANDELS IN MELANESIEN

ROBIN TORRENCE

Als europäische Reisende vor etwa 200 Jahren die pazifischen Inseln erreichten, fanden sie in ganz Melanesien umfangreiche Handelsnetze vor. An einigen Stellen vertrieben spezialisierte Händler zwischen weitverstreuten Siedlungen ein breites Angebot an Nutzgütern und Nahrungsmitteln, aber auch zeremonielle Gegenstände, wie Halsketten aus Muschelschalen und verschiedene Armbänder. In anderen Gebieten verließen große Gruppen von Menschen ihre Dörfer für Monate, um langwierige Handelsreisen zu unternehmen.

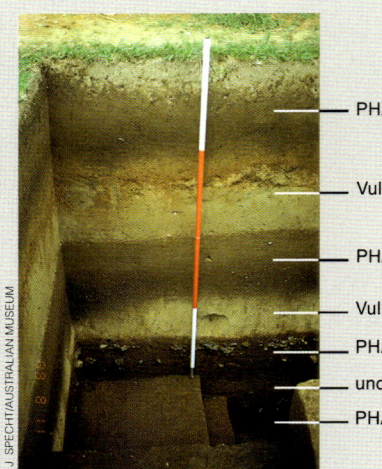

PHASE 4

Vulkanausbruch vor etwa 1100 Jahren

PHASE 3

Vulkanausbruch vor etwa 3500 Jahren

PHASE 2

undatierte vulkanische Asche

PHASE 1

Eine nichtkommerzielle Wirtschaft

Der melanesische Handel unterscheidet sich sehr von den kommerziellen und marktorientierten Wirtschaftsformen moderner Zeiten. In Melanesien gab es weder »Geld« noch irgendein anderes universelles Zahlungsmittel: Zwar variierten die Tauschraten von einem Ort zum anderen, doch blieben sie jeweils an einem Ort gleich. Der Wert wurde nicht von der Seltenheit eines Objekts oder der Arbeit, die investiert worden war, bestimmt, sondern durch willkürliche kulturelle Regeln festgelegt. Ein wichtiges Ziel der pazifischen Archäologie besteht darin, die Geschichte der Handelssysteme zurückzuverfolgen, um die Entwicklung dieser nichtkommerziellen Wirtschaftsform besser zu verstehen, die sich so stark von der unseren unterscheidet.

Die Aufgabe ist keineswegs einfach. Viele der vermutlich gehandelten Objekte — Fische, Feldfrüchte, Federn und Körbe - sind vergänglich und haben für die Archäologen kaum Spuren hinterlassen. Glücklicherweise wurden jedoch häufig Werkzeuge aus einem schwarzen, glasähnlichen Vulkangestein, dem Obsidian, an den prähistorischen Fundstätten Melanesiens gefunden. Der Obsidian kommt unter natürlichen Umständen nur an wenigen Stellen vor, wurde jedoch weithin verstreut auch an Orten entdeckt, die weit von seiner Quelle entfernt liegen. Der Handel dürfte diese Verbreitung mit einer gewissen Wahrscheinlichkeit erklären. Mit Sicherheit jedoch haben in der verzeichneten Geschichte spezialisierte Händler Obsidian-Rohlinge und -werkzeuge entlang etablierter Handelsrouten transportiert.

Der vorgeschichtliche Handel

Die Archäologen untersuchen den prähistorischen Handel, indem sie sowohl der Verbreitung als auch der Produktion von Gegenständen ihre Aufmerksamkeit widmen. Da sich der Obsidian aus jeder der fünf in Melanesien bekannten Quellen in seiner chemischen Zusammensetzung geringfügig unterscheidet, lassen sich Gegenstände aus diesem Material leicht bis zu ihrer geologischen Herkunft zurückverfolgen. Die Verbreitung wird mit Hilfe von Landkarten untersucht, die zeigen, welche Obsidian-Werkzeuge von welchen Quellen stammen. Vor ungefähr 18 000 Jahren hatte der Obsidian aus den auf Neubritannien liegenden Fundstellen bei Talasea und Mopir seinen Weg bis zur Höhle von Matembek auf Neuirland gefunden. Und zwischen 1500 vor Christus bis ins Jahr 500 wurde Obsidian aus Talasea noch an Orten nachgewiesen, die sich von Malaysia im Westen bis nach Fidschi im Osten erstrecken. Dies ist die bislang umfangreichste Verbreitung eines Gutes in der prähistorischen Welt.

Der zweite Ansatz zur Erforschung des Handels besteht darin, die Produktion näher zu betrachten, also wie die Obsidian-Gegenstände hergestellt wurden. Eine brauchbare Fallstudie dieser Form der Analyse bringt die Forschungsarbeit, die von Archäologen des Australian Museum in der Provinz West-Neubritannien durchgeführt wurde. Im ersten Schritt konzentrierte sich die Forschung auf die Obsidianquellen selbst. Eine Untersuchung der Umgebung von Talasea ergab, daß die Obsidianquellen über ein Gebiet von mindestens 100 Quadratkilometern verstreut liegen. Damit

△ Stratigraphische Schichten, die bei der Mission von Bitokara freigelegt wurden. Die dunkleren Schichten repräsentieren verschiedene Phasen der Herstellung und des Gebrauchs von Obsidian-Werkzeugen. Sie sind durch gelbe Schichten getrennt, die aus der Vulkanasche zweier größerer Ausbrüche bestehen.

waren sie für jeden Bewohner der Umgebung leicht erreichbar, und einer einzelnen Gruppe wäre es unmöglich gewesen, daß Monopol für diesen Rohstoff in Anspruch zu nehmen. Aber nicht alle potentiell brauchbaren Quellen wurden auch genutzt. Stets bevorzugten die Menschen Stellen, an denen große Klumpen von Obsidian mit geringem Einsatz zu holen waren, jedoch suchten sie — wenigstens während der letzten 5000 Jahre — zu verschiedenen Zeiten auch unterschiedliche Orte auf. Die Auswahl der Quellen läßt sich also nicht vollständig mit wirtschaftlichen Gründen erklären, wie es bei einer kommerziell orientierten Wirtschaft der Fall wäre. Wahrscheinlich wurden die Zugriffsrechte auf die Obsidianquellen lange Zeit über soziale Faktoren geregelt.

Die Anwendungen ändern sich

Der zweite Schritt des Museumsprojektes konzentrierte sich auf die Frage, wie Gegenstände aus Obsidian in der Zeit vor 1500 vor Christus bis heute hergestellt und eingesetzt wurden. So entdeckte man 1981 einen interessanten Fundort in der Nähe Bitokara Mission bei

Talasea, als ein Archäologe an der Basis einer frisch ausgehobenen Grube zahlreiche Gegenstände aus Obsidian entdeckte. Die obsidianhaltige Mission befindet sich auf dem Gipfel eines Kliffs und blickt auf den nahegelegenen Hafen. Die Landschaft entstand durch eine sehr dickflüssige Lava, die langsam die Hänge eines Vulkans hinunterfloß und an dieser Stelle zum Stehen kam. 1988 kehrte eine Mannschaft hierher zurück und begann systematische Ausgrabungen. Die Ausgrabungen von Bitokara enthüllten eine Folge von Schichten, die mit zahlreichen Abfallprodukten der Herstellung von Objekten sowie etlichen gebrauchten und fortgeworfenen Werkzeugen gefüllt waren. Es waren Schichten, die vier Zeiträume der Manufaktur repräsentierten, durch vulkanische Ascheschichten sauber getrennt,

△ Ein Obsidian-Werkzeug von Bitokara. Bei sehr starker Vergrößerung kann man an den Kanten noch immer pflanzliche Fragmente erkennen, die vor 3500 Jahren durch Schneiden oder Schaben entstanden.

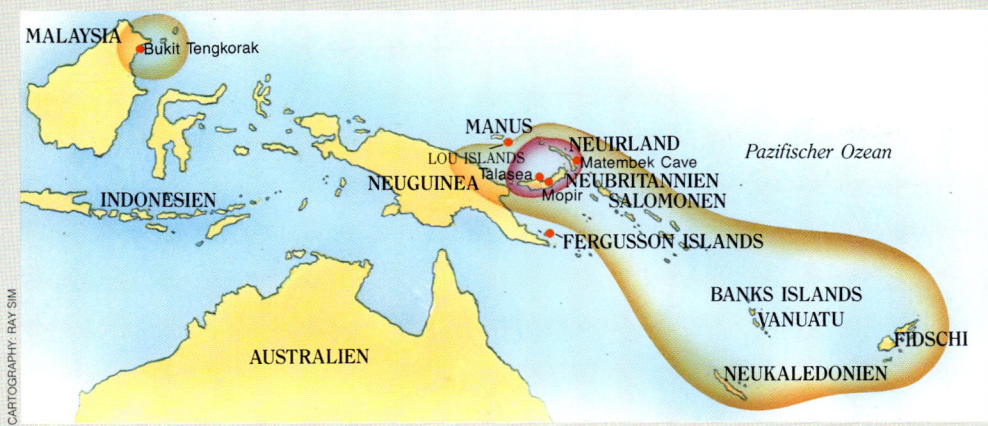

CARTOGRAPHY: RAY SIM

PRÄHISTORISCHER OBSIDIAN
Die weite Verbreitung des Obsidian von Talasea und Mopir verweist auf regelmäßige Kontakte unter den seefahrenden Völkern. Die unterschiedlichen Muster entsprechen verschiedenen Handelssystemen während dieser beiden Perioden.

Bekannte Verbreitung

etwa 1000 v. Chr.

etwa 8000 v. Chr.

HISTORISCHE HANDELSWEGE
Der Obsidian wurde unter Handelspartnern benachbarter Dörfer über Land und durch spezialisierte Händler über das Meer transportiert.

die das Material unter ihnen versiegelten.

In den beiden ältesten Schichten, die bisher noch nicht genau datiert wurden, aber sicher älter sind als 3500 Jahre, wurden Blöcke aus Obsidianvorkommen ausgegraben und gesammelt, die sich an Hängen oberhalb der Mission befunden hatten. Große Splitter waren abgeschlagen und bergab getragen worden, wo die endgültige Verarbeitung erfolgte. Die Objekte von Bitokara variierten erheblich in Form und Größe, doch trugen viele von ihnen einen Fortsatz, der vermutlich mit pflanzlichem Material umwickelt war und als Griff diente. Die mikroskopische Analyse der Abnutzungsspuren und der an den Kanten erhaltenen organischen Reste zeigen, daß die gestielten Werkzeuge überwiegend zum Schneiden diverser Pflanzen, vielleicht eßbarer Wurzeln, eingesetzt wurden.

Im zweiten Zeitraum wurden neben gestielten Werkzeugen auch zahlreiche kleinere Splitter erzeugt, indem ein Obsidian-Rohling geschlagen und dabei mehrfach umgedreht wurde. Der daraus resultierende »gedrehte Kern« hat eine unverwechselbare Gestalt. Die Analyse ergab, daß die meisten dieser Stücke zum Zerschneiden und Schaben von Pflanzen eingesetzt wurden, und mit anderen wurde tierisches Gewebe bearbeitet. Bei den Kernen handelte es sich dagegen nicht um Werkzeuge, sondern nur um Abfallprodukte.

Die Arbeitsteilung zwischen den Steinbrucharbeiten am Hügel oberhalb der Bitokara-Mission und der Werkzeugherstellung weiter unten am Hang und dazu die Tatsache, daß große Mengen gestielter Werkzeuge produziert wurden, lassen vermuten, daß die

Produktion in diesen beiden frühesten Perioden wenigstens teilweise auf den Export ausgerichtet war.

Um 1500 vor Christus wurde die ganze Gegend durch einen größeren Vulkanausbruch vollständig zerstört. Vermutlich war sie anschließend für mindestens eine Generation verlassen. Als die Menschen dann in der dritten Periode wieder anfingen, an der Bitokara-Mission Obsidian abzubauen, gewannen sie diesen nicht mehr am Hügel und stellten auch keine gestielten Werkzeuge mehr her. Mit Hilfe der Technik der »gedrehten Kerne« aus der vorangehenden Periode wurden nur noch kleine Bruchstücke hergestellt.

Die Ergebnisse sind recht rätselhaft, denn gerade während dieser dritten Periode von Bitokara war der Obsidian von Talasea am weitesten verbreitet. Vielleicht hatte man die Vorkommen am Hügel von Bitokara aufgegeben, weil sie unter Asche begraben lagen, und die Menschen beschlossen, stattdessen die Klumpen einzusammeln, die durch Erosion freigekommen und in Flußbetten oder am Strand zu finden waren. Im derzeitigen Stand der Forschung wissen wir jedoch nicht, warum keine gestielten Objekte für den Export mehr hergestellt wurden. Wahrscheinlich handelte man in dieser Zeit mit unbearbeiteten Obsidian-Stücken. Die Veränderungen in den Exporten von Talasea sprechen dafür, daß sich auch die Art des Handels während der dritten Periode von der früherer Zeiten unterschied.

Etwa im Jahre 900 kam es erneut zu einem Vulkanausbruch. Aus der folgenden vierten Besiedlungsperiode sind gedrehte Kerne nicht mehr nachweisbar. Die stark reduzierte Zahl der gefundenen Ob-

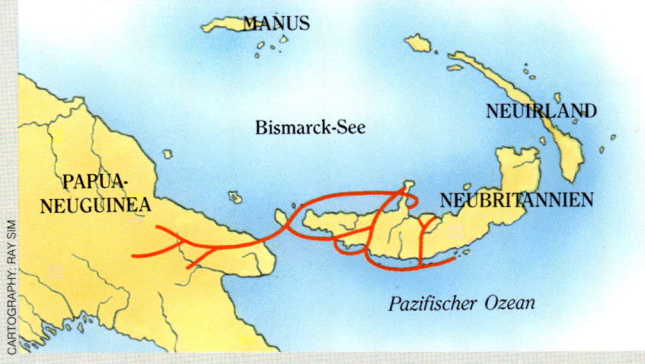

CARTOGRAPHY: RAY SIM

jekte weist darauf hin, daß die Produktion an dieser Stelle erheblich zurückgegangen war, und wiederum fehlt jeder Hinweis auf Bergbau an diesem Hügel. Es scheint, daß der Ort an der Bitokara-Mission in der vierten Periode nur gelegentlich benutzt wurde. Da man durch europäische Beobachtungen aus den vergangenen 100 Jahren weiß, daß unbearbeitete Obsidianstücke aus Talasea im gesamten Bereich West-Neubritanniens bis hin zum Festland Neuguineas systematisch gehandelt wurden, ist zu vermuten, daß damals auch andere Obsidian-Quellen in diesem Gebiet genutzt wurden. Alte Bewohner dieser Region können sich nicht mehr daran erinnern, daß Obsidian von Bitokara gehandelt wurde, doch wissen sie von anderen Plätzen, wo dieses Gestein für den Handel angeblich gesammelt wurde.

Ein Schlüssel zur Vergangenheit
Das Talasea-Projekt des Australian Museum zeigt, daß die Verarbeitung von Obsidian in einem Herkunftsgebiet in der Vergangenheit mehrfach Veränderungen unterworfen war. Die verschiedenen bei

Bitokara beobachteten Methoden der Obsidiangewinnung (Abbau oder Sammeln) und des Exports (als Werkzeug oder Rohmaterial) lassen vermuten, daß die vorgeschichtlichen Wirtschaftssysteme anders funktionierten als die Handelssysteme, die die Europäer viel später zu Gesicht bekamen. Schon diese ersten Ergebnisse sind aufregend, doch müssen die Archäologen noch wesentlich mehr in Erfahrung bringen, ehe sie die Arbeitsweise dieser frühen Handelssysteme rekonstruieren können.

Inzwischen wurden weitere Ausgrabungen in anderen Herkunftsgebieten der Talasea-Region begonnen. Sie sollen herausfinden, ob die Muster von Bitokara sich in weiterem Umkreis wiederfinden. Zudem laufen Untersuchungen darüber, wie der Obsidian an Stellen verwendet wurde, wo er importiert werden mußte. Und schließlich analysieren Archäologen das Handelssystem der letzten 100 Jahre. Dabei werten sie Gespräche mit Menschen aus, die sich an dessen Funktionsweise noch erinnern können und vergleichen diese Aussagen mit zeitgenössischen archäologischen Funden.

DIE BAUERN
DER NEUEN WELT

10 000 vor Christus bis 1492

Ein fortwährendes Geschenk
der amerikanischen Urbevölkerung an die Welt

DAVID HURST THOMAS

Als die Europäer begannen, Amerika zu erforschen, ernährten sich — von einer Handvoll einheimischer Gesellschaften abgesehen — alle Völker in gewissem Umfang von domestizierten Pflanzen. Die Liste der neuweltlichen domestizierten Gewächse umfaßt die verschiedensten Getreidearten, Wurzeln, Gemüse, Gewürze, Nüsse und Früchte. Trotz ihres anfänglichen Argwohns neuen Nahrungsmitteln gegenüber lernten die europäischen Eindringlinge die Möglichkeiten der einheimischen amerikanischen Agrarprodukte rasch zu schätzen. Sehr bald wurden die neuen Feldfrüchte in europäische Häfen exportiert, und von dort aus in die ganze Welt. Heute sieht das Ergebnis erstaunlich aus. Sechzig Prozent aller Feldfrüchte, die heute die Weltbevölkerung ernähren, wurden ursprünglich von amerikanischen Ureinwohnern domestiziert — Mais, Kartoffeln, Maniok, verschiedene Arten von Bohnen, Kürbisse, Süßkartoffeln, Vanille, Tomaten, Chili-Pfeffer, Ananas, Avocados, Flaschenkürbisse, Sonnenblumen und Amaranthen. Die amerikanische Baumwolle ebnete den Weg für alle modernen kommerziellen Verwendungszwecke. Schließlich waren die amerikanischen Eingeborenen auch für die Domestikation der noch immer begehrten Stimulanzien Tabak und Coca (die Basis für Kokain) verantwortlich.

◁ Eine Anasazi-Ruine im Inneren eines Felsüberhanges. Von hier aus blickt man auf den Green River und den Canyonlands-Nationalpark in Utah. Die Wände der Canyons boten den prähistorischen Künstlern unzählige glatte Oberflächen, an denen sie ihre Bilder verewigen oder ihre Petroglyphen einsticheln konnten. Ein großer Teil dieser Kunstwerke ist bis heute erhalten geblieben.

△ Mais (Indian Corn) entstand über Jahrtausende des Experimentierens. Die genetische Manipulation ging so weit, daß Mais in der heutigen Form auf das Zutun des Menschen angewiesen ist, um seine Samen zu verbreiten.

D. DONNE BRYANT STOCK

MITTELAMERIKA
Das unter der Bezeichnung Mesoamerika bekannte Gebiet gehörte zu den ersten Regionen, in denen Pflanzen domestiziert wurden. Auf der Basis ihrer frühen Landwirtschaft gründeten die mittelamerikanischen Völker eine der beiden großen Zivilisationen der Neuen Welt.

△ Die frühesten Bewohner des mexikanischen Tehuacán Tales kochten aus den Schoten des Tornillo (*Prosopis pubscens*) einen nahrhaften Sirup. Später stutzten die kalifornischen Cahuilla-Indianer sorgfältig die wilden, dornigen Mesquite-Bäume zurecht, um leichter an die Schoten heranzukommen.

▷ Der Chili-Pfeffer besitzt einen hohen Tryptophan-Gehalt. Dieses Gewürz ergänzt den Mais, der nur wenig von dieser wichtigen Aminosäure enthält, in hervorragender Weise.

Hinweise aus dem Tal von Tehuacán

Unser modernes Verständnis für die amerikanische Agrikultur basiert im wesentlichen auf der innovativen archäologischen Forschungsarbeit, die Richard »Scotty« MacNeish in den sechziger Jahren unternahm. Nachdem er an Orten, wie der mexikanischen Sierra de Tamaulipas, nach frühen Spuren des Mais gesucht hatte, setzte MacNeish seine Arbeit in den Höhlen und Felsüberhängen des trockenen, gebirgigen Tals von Tehuacán im Zentrum Mexikos fort. Nachdem er schon 38 der Tehuacán-Höhlen untersucht hatte, führte MacNeish in den Ablagerungen der Höhle von Coxcatlán mehrere Testgrabungen durch und entdeckte dabei die Reste sechs winziger Maiskolben, die primitiver waren als alle bisher gefundenen. Die Radiokarbon-Methode datierte sie auf etwa 3600 vor Christus. Damit waren sie älter als jedes bisher bekannte Getreide. Inzwischen wurden sogar noch ältere Stücke gefunden.

Von seinen Ergebnissen ermutigt, rief MacNeish im Tehuacán-Tal ein größeres interdisplizinäres Projekt ins Leben. Als er dann an neun Fundstellen intensiv und an 18 weiteren versuchsweise gegraben hatte, war er in der Lage, eine Folge kultureller Entwicklungen von etwa 9500 vor Christus bis zur Ankunft der Europäer im Jahre 1531 zurückzuverfolgen. Diese aufwendige Forschungsarbeit bildet noch heute die Grundlage unseres Verständnisses für die frühe amerikanische Landwirtschaft. Zudem haben neuere Ausgrabungen Kent Flannerys und seiner Mitarbeiter bei Guilá Naquitz im Mitla-Areal des Oaxaca-Tales (Mexiko) den frühen Teil der Tehuacán-Sequenz untermauert.

Die frühesten Bewohner des Tehuacán-Tales lebten in kleinen, nomadischen Familiengruppen, die vermutlich aus vier bis acht Menschen bestanden. Sie waren mit der Umwelt ihrer Umgebung ebenso vertraut wie mit dem Nahrungsangebot in jedem Gebiet

zu bestimmten Jahreszeiten. Sie jagten die einheimischen Pferde, Antilopen und Hirsche und sammelten die Früchte, Samen und Nüsse der Pflanzen, die um sie herum wuchsen. Sie rösteten hundertjährige Aloepflanzen, kochten Sirup aus Mesquite-Schoten und laugten die Gerbsäure aus den bitteren Eicheln heraus, um sie genießbar zu machen. Manchmal lebten diese frühen Sammler in Höhlen, und manchmal lagerten sie unter freiem Himmel. Wenn die Nahrung knapp wurde, verteilten sie sich, und in besseren Zeiten sammelten sie sich an bevorzugten Lagerplätzen.

Als diese ersten Tehuacanos am Ende des Pleistozäns das Gebiet erreichten, war das Land kälter und trockener als heute. Als sich jedoch das Zentrum Mexikos erwärmte, gingen sowohl die Grasflächen als auch die Wasserversorgung zurück, so daß schließlich einige Tiere, darunter Pferde und Antilopen, ausstarben. Im Laufe der Zeit nahm das kleinere Jagdwild, wie Hirsche und Baumwollschwanz-Kaninchen, Taschenratten und sogar Ratten, für die Ernährung an Bedeutung zu.

Um 7000 vor Christus zogen die Indianer Zentralmexikos auf der Suche nach Nahrung und anderer Ressourcen weiterhin im Lande umher, begannen jedoch intensiver, Pflanzen zu sammeln, insbesondere jene Arten, die später einmal domestiziert wurden - etwa Kürbisse, Bohnen und den wilden Vorfahren des Mais (vermutlich Teosinte).

Schon lange vor 5000 vor Christus hatten die Menschen des Tehuacán-Tales angefangen, den Umfang der von ihnen genutzten Pflanzenarten erheblich zu erweitern. Vielleicht war der Flaschenkürbis die erste in der Neuen Welt domestizierte Pflanze, doch wurden bald auch Kürbisse, Amaranthen, Chili-Pfeffer und vielleicht Avocados angepflanzt. Diese frühen Felder erforderten nur wenig Pflege und trugen auch kaum zur Ernährung bei, so daß sich weder die jahreszeitlichen Ausflüge zur Nahrungssuche noch die Siedlungsformen in nennenswerter Weise veränderten.

Der Ackerbau dürfte als Reaktion auf die Klimaveränderungen im späten Pleistozän aufgekommen sein und die am Ende der letzten Eiszeit und am Anfang des Holozäns ihren Höhepunkt fanden. Aufgrund der veränderten Vegetationsbedingungen war das Angebot wichtiger Nahrungspflanzen nun weniger berechenbar als früher.

Als die Bevölkerung später zunahm, wurden die Jäger und Sammler zunehmend seßhaft. Der Anbau von Pflanzen erwies sich als eine geeignete Möglichkeit, die Nahrungsversorgung zu erhöhen, und mit

Hilfe von Vorratsspeichern konnte man die Unterschiede zwischen guten und schlechten Jahren ausgleichen.

Auf den Feldern des Tales von Tehuacán tauchten winzige Maiskolben auf, ähnlich denjenigen, die MacNeish in der Coxcatlán-Höhle entdeckt hatte, schon lange vor 3400 vor Christus, und zwar gemeinsam mit Bohnen, Chili-Pfeffer, Kürbissen, Flaschenkürbissen und Amaranten.

Um 2500 vor Christus bestritten die Tehuacán-Bauern mit diesen angebauten Pflanzen vielleicht schon 25 Prozent ihres Nahrungsbedarfes, und 1000 Jahre später war dieser Anteil auf etwa 40 Prozent angestiegen.

Die Funde von Tehuacán und Oaxaca sprechen dafür, daß um 2500 vor Christus vermutlich schon permanente Siedlungen existierten. MacNeish ist der Ansicht, daß die Menschen zu dieser Zeit schon ganzjährig in Dörfern gelebt haben, während andere Archäologen vermuten, daß die frühesten Dauersiedlungen in Mittelamerika erst um 1700 vor Christus aufkamen.

Die Debatte um den Mais

Auch wie der Mais nach Südamerika gelangte, ist unter den Fachleuten heftig umstritten. (Vergleiche den Kasten mit dem Titel »*Dem Mais auf der Spur: Die Mutter des Getreides*«.) Obwohl sich in Südamerika gelegentlich Spuren des Maises finden, die auf die Zeit vor 4000 vor Christus zurückreichen, bleiben derartige Funde aus den folgenden zweieinhalb Jahrtausenden bis etwa 1500 vor Christus nur spärlich und schwer nachweisbar.

Robert McC. Bird, der die meisten prähistorischen Maisfunde Südamerikas untersucht hat, vermutet, daß die Pflanze um 3000 vor Christus Mittelamerika erreichte. Es wurden zahlreiche Zuchtformen entwickelt, die allmählich nach Süden vordrangen. Aufgrund des extremen Umfangs verschiedener Maistypen jener Zeit nahmen sowohl deren Entwicklung als auch deren Verbreitung um 1000 vor Christus rasch zu. Man züchtete bald darauf auch Hybridformen, wodurch der Mais noch anpassungsfähiger und ertragreicher wurde. Zudem liegt hierin das vielfältige Mosaik der Mais-Arten begründet, die in Südamerika vorkommen.

Bird betont, daß nach einer gewissen Zeit, in der Zuchtformen vor Ort entwickelt wurden, bestimmte Maisarten nach Norden in den mittelamerikanischen Raum zurückgebracht worden sind. Vermutlich kam dies mehr als einmal vor, so daß mit immer neuen genetischen Varianten Maissorten entstanden, die den örtlichen Bedingungen jeweils gut angepaßt waren.

Die Wissenschaftlerin Deborah Pearsall ist der An-

△ Der Amarant gehörte zu den ersten Wildpflanzen, die in Amerika domestiziert wurden.

▽ Diese drei großen Keramikfiguren aus Nayarit (Westmexiko) stellen eingeborene amerikanische Frauen dar, die gemahlenen Mais zu Tortillas verarbeiten. Sie stammen aus der Zeit zwischen 200 vor Christus und dem Jahre 600.

sicht, daß Mais wegen seiner schon früh vorhandenen Vielfalt mindestens um 5000 vor Christus nach Südamerika eingeführt worden sein muß. Sie stützt sich dabei auf Befunde von Phytolithen (mikroskopischer Partikel von Kieselerde, die sich in Pflanzen angesammelt haben). Zu dieser Zeit war der Mais jedoch weder sehr verbreitet, noch spielte er eine größere Rolle bei der Ernährung. Funde aus Peru sprechen dafür, daß der Mais erst um 1500 vor Christus oder ein wenig später eine weite Verbreitung erlangte.

Viele Archäologen, so auch Frau Pearsall, stützen sich in letzter Zeit auf Indizien, die sie in der Verbreitung und Analyse mikroskopisch kleiner Phytolithen finden. Eindeutig nachweisbare Phytolithen aus Kieselerde kommen in der Gräserfamilie und in anderen Gruppen vor, etwa bei Binsen, Seggen, Palmen, Ko-

niferen und Laubbäumen.

Obwohl Phytolithen an archäologischen Fundstätten schon seit Jahrzehnten identifiziert werden, wurde vor 1970 nur selten einmal an einem Fundort systematisch nach diesen Gebilden untersucht. Seitdem hat das Interesse an diesem ungewöhnlichen Verfahren zugenommen, und heute verspricht die Identifizierung und Analyse von Phytolithen aus archäologischen Fundstätten große Möglichkeiten, vorgeschichtliche Umweltbedingungen zu rekonstruieren oder den Prozeß der Domestikation von Pflanzen zurückzuverfolgen.

Da die Bestimmung von Pflanzen allein aufgrund ihrer Phytolithen problematisch ist, wird dieses Verfahren nicht allgemein als eine archäologische Methode anerkannt. Dennoch konnte man bei der Bestimmungsarbeit erhebliche Fortschritte erzielen — insbesondere gilt dies für Pearsalls Durchbruch bei der Identifikation von Mais-Phytolithen, wodurch die Einführung des Maises nach Ecuador um mehrere tausend Jahre vordatiert werden konnte. Im nächsten Schritt sollte man verläßliche Verfahren entwickeln, um Teosinte-Phytolithen zu identifizieren. Dies würde unsere Erkenntnisse über die Domestizierung des Maises erheblich voranbringen.

Abgesehen von diesen systematischen Problemen bleiben einige Archäologen skeptisch, wenn die Befunde der Phytolithen mit traditionelleren Indizien nicht vereinbar sind, etwa mit Abdrücken von Kernen, Maismotiven auf antiker Keramik (zum Beispiel bei Valdivia in Ecuador), echten Überresten dieser Pflanzen und Mahlscheiben.

Die Domestikation von Pflanzen: Der Anfang des Ackerbaus

Pflanzen wurden in ganz Südamerika zu vielen verschiedenen Zeiten und in zahlreichen Gegenden domestiziert. Obwohl noch viele Fragen offen sind, scheint jedenfalls klar zu sein, daß die Fülle der unterschiedlichen kultivierten Pflanzen nicht ohne Kontakt zu Nachbarvölkern zustandekam. Schon bald nach ihrer Entstehung wurden die Kulturpflanzen — Pflanzenrassen, die aus einer natürlich vorkommenden Art gezüchtet wurden — über große Entfernungen ausgetauscht.

Unabhängig davon, wann sie Südamerika erreichten, sicherlich jedoch um einiges vor 14 000 Jahren, gingen die frühen Bewohner einer paläoindianischen Lebensweise nach: Sie jagten pleistozäne Säugetiere, die heute ausgestorben sind, sowie kleineres Jagdwild und sammelten Wildpflanzen. Dann, etwa um 8000 vor Christus, trat eine Wende ein. In mehreren Fundstätten in den Anden fand man Hinweise darauf, daß die Menschen nun eine neue Lebensweise verfolgten. Diese als »archaische Anpassung« bezeichnete Veränderung äußerte sich vor allem darin, daß nun Lamas, Alpakas und Hirsche gejagt und eine Fülle verschiedener Pflanzen gesammelt wurden.

In diese Zeit fallen auch die Anfänge der Pflanzendomestikation in Südamerika. Um 8000 vor Christus gab es in Bolivien bereits domestizierte Kartoffeln; Bohnen und Chili-Pfeffer wurde in den Tälern des peruanischen Hochlandes um 8500 vor Christus angebaut. Um 6000 vor Christus umfaßte die Reihe der domestizierten Pflanzen bereits den Kürbis, den Fla-

▽ Dieses Wandbild des renommierten Künstlers Diego Rivera im Palacio National (Mexiko City) beweist die Bedeutung, die Mais in den alten mexikanischen Gesellschaften besaß.

schenkürbis und Guaven. Allerdings sind diese frühen Funde, nicht zuletzt wegen der Art ihrer archäologischen Fundstätten, noch umstritten. Die meisten der frühen Kulturpflanzen wurden aus trockenen Höhlen geborgen, von denen viele leider durch spätere Begräbnisse zerstört wurden. Zudem ziehen die Ablagerungen derartiger Höhlen auch Nagetiere an, die häufig Nahrungsreste wahllos verstreuen und mit anderem Material vermischen.

In den Fundstellen der zentralen Sierra tauchen zwischen 4200 und 2500 vor Christus Kulturpflanzen der Küste und des Tieflandes auf, darunter beispielsweise Baumwolle und Kürbisse. Von etwa 4000 vor Christus bis zum Ende der präkeramischen Periode (1800 bis 1200 vor Christus) gibt es an Fundstellen wie Huaca Prieta immer mehr Indizien dafür, daß hier Pflanzen extensiv angebaut wurden, darunter viele, die vorher domestiziert worden waren (etwa Bohnen, Flaschenkürbisse, Kürbisse, Chili-Pfeffer und natürlich Guaven). Auch neue Feldfrüchte tauchen um diese Zeit auf, insbesondere Baumwolle, Avocados, Süßkartoffeln, Erdnüsse und Maniok. Trotz all dieser Vielfalt bestritten die Menschen ihren Bedarf an Kohlehydraten in erster Linie aus Wurzeln, bis der Mais auch in die mittleren und niedrigen Höhenlagen vorgedrungen war.

Wie Pflanzen domestiziert wurden

Dies ist es also, was wir über die Anfänge der Pflanzendomestikation in Mittel- und Südamerika wissen. Wie aber lassen sich die Vorgänge erklären, die daran beteiligt waren?

SCHULTE/D. DONNE BRYANT STOCK

△ Ecuadorianer bei der Kartoffelernte. Diese Feldfrüchte wurden erstmals um 8000 vor Christus domestiziert.

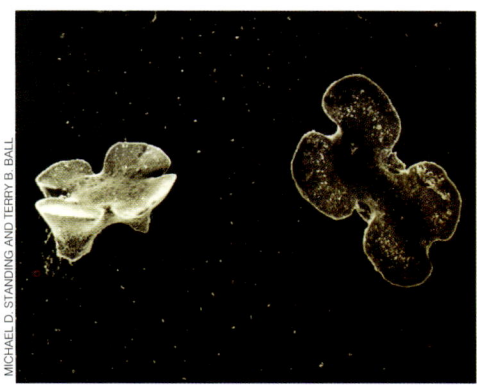

MICHAEL D. STANDING AND TERRY B. BALL

◁ Die Identifizierung und Analyse von Phytolithen - mikroskopisch kleinen Silikatpartikeln, die in Pflanzen vorkommen - ermöglichen neue Erkenntnisse über die Anfänge der Domestikation von Pflanzen. Dieses rasterelektronenoptische Foto zeigt die Morphologie der für den Mais typischen Phytolithen.

Eine überzeugende Erklärung wurde von dem Archäologen Kent Flannery vorgelegt. Demnach waren die frühesten menschlichen Gemeinschaften im Hochland Mexikos bezüglich ihrer Ernährung auf bestimmte Nahrungsressourcen angewiesen — mexikanische Agave, Opuntienfrüchte, Mesquitstrauch, Wildgräser (wie zum Beispiel *Zea*), Weißwedelhirsche und Baumwollschwanz-Kaninchen. Viele dieser Pflanzen und Tiere waren im Jahr nur über wenige Monate verfügbar, und wenn zu einer Zeit mehr als eine Ressource zur Verfügung stand, mußten die Jäger und Sammler entscheiden, welcher davon sie Priorität gaben. Aufgrund dieser beiden Faktoren - der jahreszeitlichen Verfügbarkeit und dem häufig als Planung bezeichneten Verhalten — wurde keine der Ressourcen prinzipiell vorrangig behandelt. Diese Lebens-

weise erwies sich also als anpassungsfähig und relativ resistent gegen Veränderungen.

Flannery ist der Ansicht, daß sich der Ursprung des Ackerbaus nur bei einer oder zwei der vielen vom Menschen genutzten Pflanzen auf genetische Veränderungen zurückführen läßt. So dürfte zum Beispiel der wilde Vorfahr des Maises durch natürliche Bastardisierung und anschließende Entwicklungsgeschichte, die vom Menschen in gewissem Grade beeinflußt wurde, einer genetischen Veränderung unterworfen worden sein. Das Ergebnis jedenfalls war, daß die Maiskolben größer und zahlreicher wurden. Die Kolben trugen mehr Kernreihen, und die äußeren Hüllblätter, — die sogenannten Spelzen — die die einzelnen Kerne umschlossen, gingen verloren.

Andererseits haben sich Bohnen wohl unabhängig vom Mais entwickelt. Sie wurden größer und wasserdurchlässiger, so daß man sie leichter zu Nahrungsmitteln verarbeiten konnte. Zudem entwickelten sie wahrscheinlich schlaffere, weniger spröde Schoten, die sich beim Reifwerden nicht auflösten, so daß die Ernte erleichtert wurde. Wahrscheinlich lösten diese geringfügigen genetischen Abweichungen dann weitere Veränderungen aus, denn diese Pflanzen dürften, als sie bessere Erträge brachten, bald zur bevorzugten Nahrungsquelle geworden sein. Dies förderte wiederum das Fortschreiten genetischer Veränderungen, und die Menschen begannen, ihre Lebensweise umzustellen, um diese Kulturpflanzen nutzen zu können.

Eine weitere Erklärung stammt von dem Biologen David Rindos. Sie legt den Schwerpunkt auf den Evolutionsprozeß, der unabhängig von menschlicher Unternehmung und Initiative ablief. Seine Theorie, der sogenannte koevolutive Ansatz, erklärt jede lineare Beziehung von Ursache und Auswirkung für unbedeutend. Stattdessen betrachtet er die Domestikation

GREG OCHOCKI/PHOTO RESEARCHERS

△ Die Hopi-Indianer Ostarizonas sammelten die eßbaren Früchte des Feigenkaktus mit hölzernen Pinzetten. Dann wälzten sie die Früchte im Sand, um die Stacheln zu entfernen. Sie sammelten auch Sproßglieder der Opuntien. Die großen Stacheln wurde abgebrannt, dann wurden die Sproßglieder gekocht, in einen schweren Sirup getaucht, der aus gebackenem, gesüßtem Mais hergestellt war, und dann gegessen.

DEM MAIS AUF DER SPUR: DIE MUTTER DES GETREIDES

DAVID HURST THOMAS

Wildwachsende
mehrjährige
Teosinthe

Rispen

Stachel

Stützwurzeln

Der moderne Mais (*Zea mays*, unten) ist mit der wilden Teosinte (oben) eng verwandt. Sie besitzen die gleiche Chromosomenzahl und lassen sich mühelos miteinander kreuzen. Der wesentliche Unterschied zwischen diesen Pflanzen besteht in den samentragenden weiblichen Organen: Während die Teosinte zahlreiche kleine, spröde Ähren besitzt, die nach der Reifung zerbrechen, verfügt der Mais über zwei oder drei große Ähren, die von Hülsen umschlossen sind. Zudem findet man bei der Teosinte zahlreiche Seitenhalme (Schößlinge). Die Narbenfäden sind die männlichen Blütenstände.

Moderner Mais

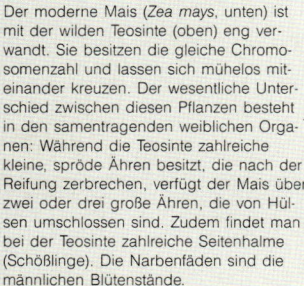

Ähre

Stützwurzeln

96. 97. 98.

△ Diese Darstellungen verschiedener Methoden der Azteken, Mais zu pflanzen, zu umsorgen und zu ernten, werden Künstlern aus dem 16. Jahrhundert zugeschrieben. Sie wurden im Codex Florentino publiziert.

Von den über 100 Pflanzenarten, die von den Eingeborenen Amerikas domestiziert wurden, ist keine bekannter oder weiter verbreitet als der Mais (*Zea mays*), der auch als das indianische Getreide bezeichnet wird. Mais war Lebensgrundlage großer Teile des präkolumbianischen Amerika, von Argentinien bis Kanada, von der Höhe des Meeres bis zu den Hängen der Anden. Über 7000 Jahre lang bauten die Bewohner beider amerikanischer Kontinente Hunderte von Maissorten an, von den früheren, daumennagelgroßen Wildkolben bis zu den gewaltigen Kolben, wie sie heute überall im Handel sind. Die Kombination von Mais, Bohnen (*Phaseolus*) und Kürbis (*Curcurbita*) gilt allgemein als das Triumvirat des amerikanischen Ackerbaus. Dabei lassen sich nicht nur alle drei Sorten auf demselben Feld anbauen, sondern sie ergänzen einander sogar in ernährungsphysiologischer Hinsicht. Obwohl der Mais sehr stärkehaltig ist, fehlt ihm im Gegensatz zu Bohnen das Lysin, eine essentielle Aminosäure (essentielle Aminosäuren können vom menschlichen Körper nicht selbst hergestellt werden).

▷ Bedeutende Stadien in der Entwicklungsgeschichte von der Teosinte zum Mais auf der Basis von Übergangsstadien der Teosinte, die selektiv angepflanzt wurden.

Stadium 1: Bei der wilden Teosinthe sitzen lange Schäfte nahe der Basis, die in einer Rispe vollständig männlicher Narbenfäden enden. Die oberen Ähren sind überwiegend männlich, während sich die unteren auf einen weiblichen Zustand hin entwickeln.

Stadium 2: Während die Verzweigungen kürzer werden, nimmt der weibliche Anteil zu.

Stadium 3: Die Verzweigungen verdichten sich weiter. (Diese ersten drei Stadien findet man noch immer in wildwachsenden Populationen von Guerrero, Mexiko).

Stadium 4: Eine Hülle beginnt die Fruchtkörper zu umschließen.

Stadium 5: Die Hülle umschließt die Ähre nun ganz und gar. Die hier gezeigte Form der Teosinte war die Ahnform des Soft-Cob-Maises von Tehuacán.

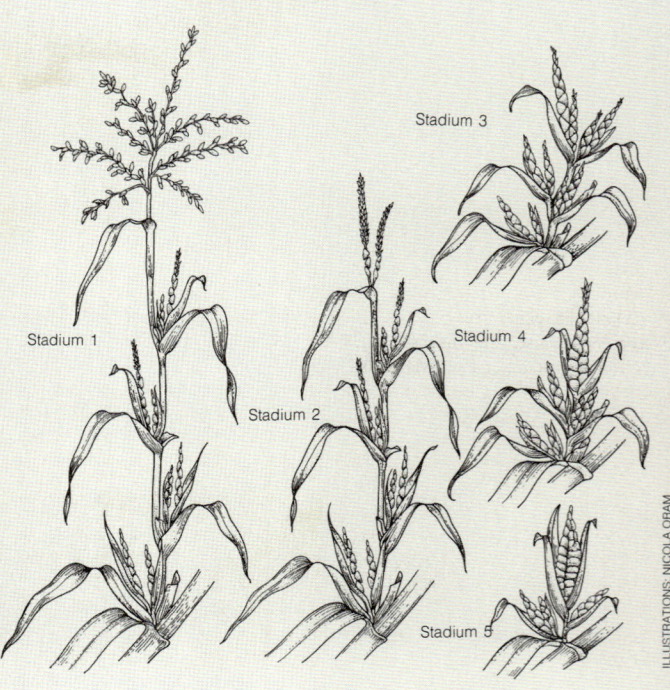

Stadium 3

Stadium 1

Stadium 4

Stadium 2

Stadium 5

▷ Moderne Maiskolben zeigen eine erstaunliche Vielfalt an Größe, Farbe und Form, die auf jahrhundertelange, selektive Zucht und Kreuzungen zurückgehen. Weil sich der domestizierte Mais auch mit der wilden Teosinte kreuzte, stand den eingeborenen amerikanischen Bauern ein gewaltiger Genpool zur Verfügung. Bei dem Kolben unten rechts handelt es sich um »US Corn Belt Dent«, die produktivste Maisform der Welt. Links davon liegt ein Kolben des Cuzco Gigante, einer peruanischen Rasse mit den größten Kernen. Über der Cuzco sehen wir einen winzigen Lady Finger Popcorn, darüber den weißlichen Kolben einer brasilianischen Art, deren Kerne von einem Hüllblatt umgeben sind.

D ie genaue Herkunft von Mais ist noch umstritten: Die Literatur darüber ist sehr umfangreich und manchmal widersprüchlich. Nach vorherrschender Meinung entwickelte sich der moderne Mais durch natürliche Mutation und Hybridisierung (oder Kreuzung) sowie durch häufige Rückkreuzung mit seinem nächsten wildlebenden Verwandten, der Teosinte (*Zea mexicana*). Diese Deutung wird von verschiedenen Indizien gestützt. So kommt es beispielsweise unter natürlichen Umständen häufig zu Bastarden zwischen Mais und Teosinte; beide Formen besitzen die gleiche Zahl von Chromosomen und verfügen über entscheidende gemeinsame anatomische Merkmale. Schließlich überlappt die Variationsbreite der Pollengröße beider Arten. Die Teosinte leitet sich von dem Nahuatl-Wort *Teocintli* ab, was etwa »Gottes Ohr des Maises« bedeutet. In vielen Teilen Mexikos wird die Teosinte noch immer *Madre de maiz*, »Mutter des Maises«, genannt.

Daneben existiert eine alternative Sichtweise, die insbesondere von dem Botaniker Paul Mangelsdorf und seinen Mitarbeitern favorisiert wird. Demnach stammt der Mais von einer heute ausgestorbenen wilden Form (dem Wild Pod Popcorn) ab, die einzelne Körner trug, die noch von einzelnen Getreidehülsen geschützt waren. Nach Ansicht dieser Botaniker entstand auch die wilde Teosinte durch eine Kreuzung zwischen Mais und dem *Tripsacum*, einem Wildgras.

△ Der Flaschenkürbis (*Curcuribita*) gehört zu den ersten Pflanzen, die in der Neuen Welt domestiziert wurden. Aus der Höhle von Guilá Naquitz in Oaxaca (Mexiko) wurden Exemplare geborgen, die man auf ein Alter zwischen 8800 und 7250 vor Christus datierte.

nicht nur als ein Evolutionsstadium, sondern als einen Vorgang, der aus dem koevolutiven Wechselspiel zwischen Menschen und Pflanzen resultiert.

Der Prozeß der Domestikation begann zu dem Zeitpunkt, als Menschen anfingen, wildwachsende pflanzliche Ressourcen zu verbreiten und zu schützen. Indem sie zum Beispiel größere Samen den kleineren vorzogen, verursachten die Menschen im Laufe der Jahrhunderte bedeutende genetische Veränderungen. Setzt man voraus, daß auch diese größeren Samen gepflanzt wurden, führte dies zu einer Begünstigung der begehrten Merkmale, wie etwa der Größenzunahme und damit zu einer vollständigen Domestikation der Art. Mit anderen Worten förderte und bewahrte diese Beziehung zwischen Pflanzen und Menschen eine »konservative« ökologische Verbindung.

Als sich dann neue Beziehungen zwischen Pflanzen und Menschen entwickelten, wurde die Domestikation spezialisiert. Auf diese Weise wurden Nahrungspflanzen in bewohnten Gebieten immer häufiger, und wenn Menschen auf Wanderung gingen, profitierten davon auch indirekt die domestizierten Pflanzen.

Im Laufe der Zeit entwickelte sich zwischen Pflanzen und Menschen eine gegenseitige Abhängigkeit.

Zudem rotteten die Menschen zahlreiche Pflanzen selektiv aus, die in der Umgebung ihrer Siedlungen wuchsen und schufen damit die Grundlagen für kompliziertere Agrikultur-Systeme. Diese nahmen ihren Anfang, als Praktiken wie das Unkrautjäten, die künstliche Bewässerung und das Pflügen des Bodens neue Möglichkeiten für die Evolution der Pflanzen eröffneten und zugleich die Geschwindigkeit erhöhten, mit der sich die domestizierten Pflanzen entwickelten.

Aber nicht alle Archäologen sind mit dem Rindos-Modell zufrieden. Der Darwinschen Evolutionstheo-

△ Bohnen (*Phaseolus*), eine wichtige Proteinquelle, im Angebot auf einem modernen ecuadorianischen Markt. Die amerikanischen Bohnen werden seit mindestens 8000 Jahren in den peruanischen Anden angebaut. Sie erreichten die Alte Welt bei der zweiten Reise des Kolumbus im Jahre 1493 und breiteten sich dann rasch über Europa, Afrika, das Mittelmeerbecken und über Asien aus.

rie zufolge entwickeln sich die lebenden Organismen mit Hilfe der natürlichen Auslese. Obwohl Darwins Ansätze von Genetikern, Pflanzenökologen und - in letzter Zeit — auch von botanisch orientierten Molekularbiologen weiterentwickelt wurden, schließt Rindos eine Beteiligung des Menschen als irrelevant aus. Viele andere, darunter auch Flannery, können sich nicht mit dem Gedanken abfinden, daß die frühe Agrikultur ohne Absicht des Menschen zustandegekommen sein soll. Verständlicherweise suchen anthropologisch orientierte Fachleute bei kulturellen Verhaltensweisen auch nach kulturellen Erklärungen und betrachten es als bedenklich, wenn das menschliche Verhalten auf die reine Biologie beschränkt wird. Flannery formuliert es so: » ... zwar weiß ein Anthropologe, daß menschliche Jäger und Sammler zugleich Säugetiere, Primaten und Beutegreifer sind, doch ist es nicht dies, was ihn an ihnen am meisten interessiert.«

Der Ackerbau im Hochland und im Tiefland Südamerikas

Der Ackerbau der Hochanden — von knapp unterhalb 3000 Meter bis etwas oberhalb 3500 Meter — ist sehr alt. Überreste domestizierter Kartoffeln, der einzigen in Hochlagen angebauten Feldfrucht, die auch im Tiefland in nennenswerten Mengen vorkommt, wurden aus archäologischen Schichten geborgen, die

Orinoko

Valdivia

Amazonas

Huaca Prieta
Höhle von Guitarrero
Höhle von Panaulauca
Ayacucho

Pazifischer
Ozean

ANDEN

Atlantischer
Ozean

SÜDAMERIKA
Die wichtigsten archäologischen Fundstätten, die Indizien auf die frühe Domestikation von Pflanzen in Südamerika ergaben. Botanische Überreste aus den Höhlen von Ayacucho und Guitarrero sprechen dafür, daß Mais, Bohnen, Flaschenkürbisse, Kürbisse und Kartoffeln schon im fünften vorchristlichen Jahrtausend angebaut wurden.
KARTOGRAPHIE: RAY SIM

auf die Zeit von 8000 vor Christus zurückgehen.

In den mittleren Höhenlagen der Anden, zwischen 1500 und 3000 Metern, sind die paläobotanischen Indizien gar noch spärlicher. Sicher ist nur, daß die Anfänge des Ackerbaues an der Höhle von Guitarrero auf die Zeit zwischen 8000 und 7500 vor Christus zurückreichen, wo die Menschen den Chili-Pfeffer und zwei Sorten von Bohnen anbauten. Schon damals pflegten diese mittleren Hochlandbewohner Kontakte mit Bauern anderer Regionen.

Außerdem fand man in der Höhle von Guitarrero mehrere Leguminosen, darunter Erdnüsse, gewöhnliche und Lima-Bohnen. Ganz eindeutig haben sich diese Pflanzen nicht dort entwickelt, sondern wurden vermutlich aus geringeren Höhlenlagen zusammen mit Kürbissen und Flaschenkürbissen eingeführt. Auch früchtetragende Bäume, wie etwa Guaven, waren in den mittleren Höhen von Bedeutung. Der Gebrauch von Coca läßt sich archäologisch auf eine Stammform zurückführen, die wild an den Osthängen der Anden wächst. Vermutlich wurde diese Pflanze zunächst auf der peruanischen Montana angebaut und breitete sich dann in das Amazonasgebiet aus.

Die landwirtschaftlichen Anlagen des südamerikanischen Tieflandes stellen die Archäologen vor zahlreiche Rätsel. Die meisten der betroffenen Pflanzen wurden anfangs im Tropenwald domestiziert, wo das Auffinden und noch mehr das Freilegen entsprechender Fundorte extrem schwierig ist. Zudem sind pflanzliche Reste meistens schlecht erhalten. Also stammen die meisten archäologischen Indizien von anderen Stellen, etwa aus den Wüstengebieten der peruanischen Küste, wo die früher im Tiefland angebauten Pflanzen in überfluteten (und später in bewässerten) Feldern kultiviert wurden.

Zur Zeit der ersten europäischen Kontakte war das stärkehaltige Grundnahrungsmittel der meisten Stämme Amazoniens und der Karibik der Maniok oder Cassava (*Manihot esculenta*). Diese Pflanze ist die Herstellungsgrundlage für Tapioka und gehört heute zweifellos zu den zwölf wichtigsten Nahrungspflanzen der Welt. Sowohl die bitteren als auch die süßen Formen des Maniok enthalten verschiedene Anteile von Blausäure, der Grundlage von Zyanidverbindungen. Zwar ist die Entfernung des Giftes mit erheblichem Aufwand verbunden, — man muß die Pflanzen abschälen, zermahlen, waschen, ausquetschen und rösten — doch läßt sich das Mehl des bitteren Maniok über Monate hinweg aufbewahren, und das Mehl kann zu Brot verarbeitet werden.

Nach dem heutigen Stand der Forschung dürfte der Maniok als domestizierte Pflanze im Nordosten Brasiliens entstanden und von Südamerika aus nach Mittelamerika eingeführt worden sein. Da der Maniok jedoch mit Hilfe von Ablegern angebaut wird, sind den Archäologen nur wenige direkte Hinweise auf den ursprünglichen Anbau erhalten geblieben, und die Daten seiner ersten Domestizierung und späteren Verbreitung über den Kontinent bleiben nach wie vor strittig.

Einige Fachleute sind der Ansicht, daß sich die ersten Spuren der Domestikation des Manioks archäologisch in kleinen Steinklingen wiederfinden, die in größere Tafeln eingesetzt waren und mit denen die Maniokknollen zu Brei verarbeitet wurden. Auch einige aus Ton gebrannte Pfannen (*Budares*), in denen der verarbeitete Maniok geröstet wurde, unterstützen diese Ansicht. Diese entlang des mittleren Orinoko-Flusses entdeckten Pfannen wurden vorläufig auf ein Alter von 2100 vor Christus datiert, und nach der Zeit um 1000 vor Christus wurden sie geradezu häufig. Nach Aussagen anderer Archäologen wurde der Maniok wesentlich früher — vielleicht um 5000 vor Christus — in den tropischen Tieflandwäldern Kolumbiens, Venezuelas und Ecuadors domestiziert.

So alt und bedeutend der Maniok sein mag, gibt es archäologische Hinweise dafür, daß Süßkartoffeln sogar noch früher angebaut wurden, jedenfalls in Peru. Offensichtlich wurden diese beiden Knollenpflanzen nicht gemeinsam an der Küste eingeführt, was vermutlich auch bedeutet, daß sie ursprünglich an verschiedenen Orten domestiziert wurden.

Besonders selten stößt man auf die Spuren der Do-

AMERICAN MUSEUM OF NATURAL HISTORY

△ Anbauterrassen an der Inka-Zitadelle von Machu Picchu (Peru), 2400 über dem Meeresspiegel. Diese erstaunlichen Steinterrassen waren gekonnt und offenbar für die Ewigkeit konstruiert. Zunächst schichteten Arbeiter Steine und Lehm als Untergrund auf und bedeckten diesen mit nährstoffreichem Schwemmboden aus dem weit unten gelegenen Fluß, den sie über steile, 800 Meter tiefe Uferböschungen heranschleppten. Zur Zeit der spanischen Eroberer produzierten die eingeborenen amerikanischen Bauern 3000 Kartoffelarten in den Anden.

◁ Eine Maniok-Plantage (*Manihot esculenta*) bei Loreto (Peru). Der auch als Cassava bekannte Maniok ist die Herstellungsgrundlage von Tapioka.

JOE CAVANAUGH/D. DONNE BRYANT STOCK

△ Baumwoll-Samenkapseln öffnen sich im San Joaquin Valley (Kalifornien). Vermutlich wurde die Baumwolle erstmals um 3100 vor Christus im westlichen Südamerika domestiziert. Ein zweites Domestikationszentrum entstand in Amazonien.

mestikation der zahlreichen Baumfrüchte, die für die Landwirtschaft des Tieflandes von Bedeutung waren. So lassen sich Avocados bis zur späten präkeramischen Phase oder zur Anfangsphase Perus zurückverfolgen, und die saure Sobbe, Ananas und Papayas tauchten etwas später auf. Die Baumwolle wurde vermutlich im Westen Südamerikas domestiziert, entweder in der nördlichen Küstenregion oder im Südwesten Ecuadors. Amazonien war ein sekundäres Domestikationszentrum. Die ältesten Baumwollreste, die auf die Zeit zwischen 3100 und 1750 vor Christus datiert wurden, entdeckte man in den Höhlen von Ayacucho, und Funde aus der Zeit nach 2000 vor Christus sind keine Seltenheit.

Bereits einige Zeit vor 4000 vor Christus, als die Bauern sich nach Amazonien ausbreiteten, an den Osthängen der Anden hinunterwanderten und dann nach Westen über die Anden vordrangen, hat der aus den Tropen kommende Mais Mexiko erreicht.

Die Domestikation von Tieren

Obwohl eine Fülle verschiedener Nahrungspflanzen in den amerikanischen Kontinenten domestiziert wurde, waren domestizierte Tiere kaum von Bedeutung. Eine Ausnahme bilden lediglich die zentralen Andengebiete, wo die Domestizierung der Cameliden — Lamas und Alpakas — besonders interessant ist. Die Häute dieser Tiere wurden zu Kleidung und Seilen verarbeitet; das Fleisch wurde entweder gleich gegessen oder zuvor in der Sonne getrocknet (es wurde dann als *Charki* bezeichnet). Die Innereien und die Knochen wurden gedünstet, und aus dem Talg stellte man Kerzen her.

Die frühesten Spuren der Domestizierung von Tieren stammen von Fundstätten oberhalb einer Höhe von 4000 Meter, wo Feldfrüchte nicht mehr gut wachsen. Dies wirft hinsichtlich des Verhältnisses zwischen der Domestikation von Pflanzen und Tieren in den Hochanden eine faszinierende These auf. Bei der Höhle von Panaulauca entdeckte Pearsall Befunde, die ins zweite vorchristliche Jahrtausend zurückreichen: Seitdem man nämlich die Cameliden in Korrals hielt, wurde eine zunehmende Verwendung der *Chenopodium*- und *Lepidium*-Pflanzen festgestellt,

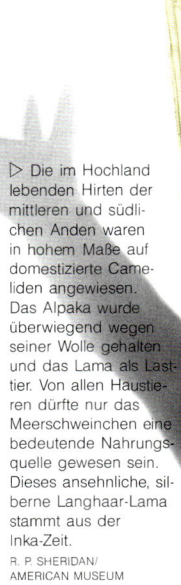

▷ Die im Hochland lebenden Hirten der mittleren und südlichen Anden waren in hohem Maße auf domestizierte Cameliden angewiesen. Das Alpaka wurde überwiegend wegen seiner Wolle gehalten und das Lama als Lasttier. Von allen Haustieren dürfte nur das Meerschweinchen eine bedeutende Nahrungsquelle gewesen sein. Dieses ansehnliche, silberne Langhaar-Lama stammt aus der Inka-Zeit.

die auch auf aufgewühlter Erde, wie den Gruben, Hügeln und Abfallhaufen, wachsen können, die die Lager der Indianer umgaben. Die Nachbarschaft domestizierter Pflanzen und Tiere mag diese Anfänge der Landwirtschaft verstärkt haben, die später in eine umfassende Kultivierung einmündeten.

An anderen Stellen Amerikas, etwa in den Höhlen der Junín-Region in den peruanischen Anden, entdeckte man die Knochen von Hunden, die aus der Zeit um 6000 vor Christus stammten. Es ist tatsächlich denkbar, daß schon die ersten Amerikaner beim Überqueren der Beringstraße von zahmen Hunden begleitet wurden. Zudem sprechen archäologische und überlieferte Indizien dafür, daß Hunde manchmal auch als eine wertvolle Proteinquelle angesehen und gegessen wurden.

Eine weitere Nahrungsquelle bildete das Meerschweinchen, das aus seinen wilden, andenbewohnenden Vorfahren gezüchtet worden war. Und in Mittelamerika ergänzten die Bewohner ihre überwiegend vegetarische Nahrung mit Moschusenten und Truthühnern.

△ Diese frisch geernteten Kakaoschoten sind die Früchte des Kakaobaumes (*Theobroma cacao*). Aus den Bohnen wird Schokolade hergestellt.

ein Verfahren, saisonale und dauerhafte Feuchtgebiete zu kultivieren. Bei dieser Methode handelte es sich um eine hochentwickelte Form intensiver Feuchtlandbewirtschaftung, die auf speziell darauf zugeschnittenen Feldern durchgeführt wurde. Die Konstruktion dieser Felder variierte erheblich, angefangen von den überschwemmten Feldern und Kanälen in den Trockengebieten entlang der peruanischen Küste bis zu den (zu Unrecht als »Schwimmende Gärten« bezeichneten) *Chinampas*, die in den flachen Seen bei Mexico City angelegt wurden. Das erstrebte Ziel war, gut bewässerte und belüftete, wohlstrukturierte und fruchtbare Bodenparzellen zu bauen, die imstande waren, hohe Ernteerträge über lange Zeit zu gewährleisten. In der Tat werden einige der Felder des mexikanischen Hochlandes, die schon zur Zeit der spanischen Eroberer genutzt wurden, auch heute noch bestellt.

Die frühesten Beispiele derartiger Felder dürften aus der Zeit um 1000 vor Christus stammen, obwohl die meisten aus der Zeit zwischen den Jahren 300 und 1000 datieren, als ein größerer Bevölkerungsschub eintrat. Zu dieser Zeit, in der Nahrungsmittel sehr begehrt waren, wurden auch die meisten Terrassenfelder und überschwemmten Felder gleichzeitig genutzt.

Die einfachste und offensichtlich auch älteste Methode bestand darin, einfach Kanäle aus einem Feuchtgebiet in einen naheliegenden Sumpf zu führen, wobei das dazwischenliegende Feld nur wenig höher lag. Später modifizierte man dieses Verfahren derart, daß der nährstoffreiche Schlick aus den Kanalbetten auf die Felder gehäuft wurde und dadurch ein extrem fruchtbarer Boden zustandekam, von dem alljährlich mehrere Ernten eingebracht werden konnten. Und da sich die Felder über die Wasserebene erhoben, wurden die Pflanzen während der Regenzeit nicht überflutet.

Der mit Entwässerungskanälen arbeitende Ackerbau gewann in der Landwirtschaft der Neuen Welt eine entscheidende Bedeutung, da er dicht bevölkerte Gebiete wie das Tiefland der Maya mit genügend Nahrung versorgen konnte. Auf der Grundlage archäologischer Funde aus dem Pullrouser Swamp in Belize (Mittelamerika) schätzt B. L. Turner, daß die

◁ Ein frühes Ausgrabungsstadium bei der Höhle von Coxatián im mexikanischen Tehuacán Tal. Dieser ungewöhnliche Fundort umfaßte 28 Schichten mit 42 verschiedenen Kulturresten. Man fand hier zahlreiche Objekte, tierische Überreste und Pflanzen aus der Zeit von 10 000 vor Christus bis zur Gegenwart.

▽ Eine Luftaufnahme der präkolumbianischen Felder am Titicaca-See. Etwa 80 000 Hektar der Marschen um den See waren für den Ackerbau reserviert. Zwischen 400 vor Christus und 1000 nach Christus ernährten die Kartoffel und andere Feldfrüchte, die in diesen künstlich bewässerten Feldern angebaut wurden, 20 000 bis 40 000 Bewohner der nahegelegenen Stadt Tiahuanaco.

Die Feldwirtschaft der Maya: Wie sie ihre Felder bebauten

Während Pflanzen an einigen Orten, wie dem Tal von Tehuacán, über Jahrtausende domestiziert wurden, traten Veränderungen im Ackerbau anderenorts unter ganz anderen Umständen wesentlich abrupter ein.

Schon lange vor 2000 vor Christus begannen die Maya, Mais anzubauen. Vermutlich taten sie dies auf trockenem Brachland (das zuvor einmal umgepflügt worden war) und in Obstgärten. Unter den frühen landwirtschaftlichen Praktiken gab es rotierenden Wald- und Buschanbau, zum Teil mit Brandrodung, aber auch den jährlich wechselnden Anbau, der möglicherweise auch die Entfernung von Unkräutern, das Bestellen der Felder, den Mischanbau, das Abdecken mit Stroh und anderes mehr einschloß. Derartige Trockenbrachflächen erforderten nur 19 bis 25 Arbeitstage pro Hektar und Jahr.

Wie viele andere Ureinwohner Amerikas entwickelten auch die klassischen Maya der mexikanischen Yucatán-Halbinsel (300 bis 900 nach Christus)

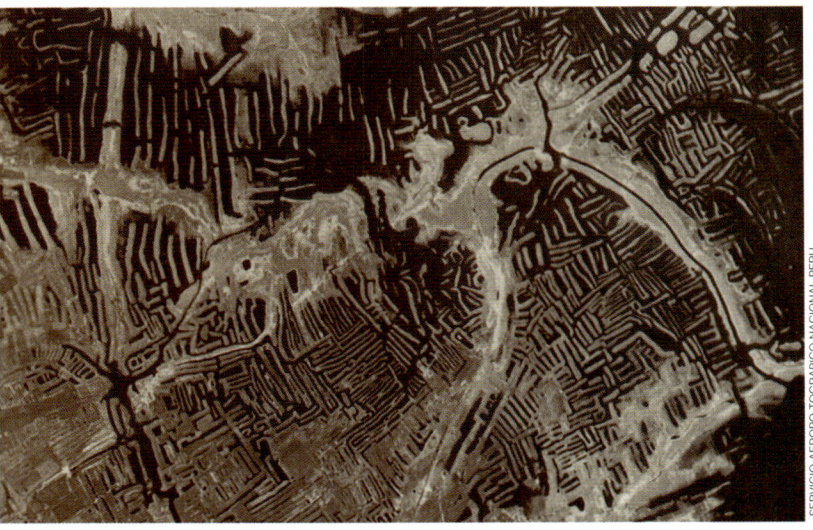

▷ Einer der Bewässerungskanäle von Hohokam, die bei der Fundstätte von Snaketown (Arizona) gefunden wurden. Derartige Hauptkanäle waren durch ein gewaltiges Netz seitlicher Gräben und Verzweigungen verbunden. Obwohl in den meisten Fällen Getreide bewässert wurde, zeigten archäologische Ausgrabungen, daß auch Bohnen, Kürbisse, Flaschenkürbisse, Baumwolle, möglicherweise auch Gerste und Amarant weitgehend auf diese Weise angebaut wurden.

ARIZONA STATE MUSEUM

▽ Eine Luftansicht der Felder und Gärten der Anasazi im mittleren Tal des Rio Grande (Neumexiko). Es handelte sich um Sonnengärten mit einem durchdachten Design. Die Linien und Grate bestanden aus aneinandergereihten Steinen unterschiedlicher Größe. Die dunklen Steine speicherten die Sonnenwärme bis in die Nacht, wärmten die umliegenden Pflanzen und verlängerten damit deren Wachstumszeit. Die Quadrate waren zumeist mit Schotter gefüllt, der das ablaufende Regenwasser auffing. Die dazwischenliegenden »Waffelgärten« waren normalerweise von ungebrannten Lehmwänden umgeben und wurden dann bewässert.

Anlage derart erhöht liegender Felder einen Arbeitsaufwand zwischen 833 und 3116 Stunden pro Hektar erforderte. Natürlich müssen die Erträge dieser Felder den erheblichen Aufwand gerechtfertigt haben.

Auf diesem alten System intensiver, ganzjähriger Anbautätigkeit wurden ergiebige Nutzpflanzen wie Mais, Bohnen, Kürbisse, Kakao und Baumwolle geerntet. Im heutigen Mexiko wachsen darauf so unterschiedliche Arten wie Maniok, Kohl, Kürbisse, Reis, Getreide, Wassermelonen, Luzerne, Chili-Pfeffer, Karotten, Steckrüben und Kopfsalat. Zudem wird ein neuerrichtetes Kanalsystem bei Villahermosa in Mexiko für eine intensive Fischzucht genutzt, und wahrscheinlich dienten auch die alten Bewässerungs-

kanäle Mittelamerikas in ähnlicher Weise dem Zweck, den Speisezettel der präkolumbianischen Kulturen um lebenswichtige Proteine zu ergänzen.

Nach 900 kam es unter den Maya zu sozialen Umwälzungen, wodurch die Bevölkerung in weiten Teilen ihrer Gebiete abnahm. Als damit die Nachfrage nach Anbauprodukten nachließ, wandte man sich von den aufwendigeren Systemen ab, und abermals traten trockene Brachlandflächen in den Vordergrund.

Der Ackerbau erreicht Nordamerika

Wie schon im Hochland von Mexiko, sprechen auch die Indizien aus Nordamerika deutlich dafür, daß sich die Domestikation von Pflanzen über einen langen Zeitraum hinzog. Über Jahrtausende war der Einfluß der Ureinwohner Amerikas, die noch keinen Ackerbau betrieben, auf die wildwachsenden Pflanzen mehr oder weniger groß, ohne daß diese jedoch domestiziert wurden. So haben zum Beispiel die kalifornischen Sammler ihre natürliche Umwelt vor der Ankunft der Europäer in mancherlei Hinsicht verändert. Die Menschen des Landesinneren setzten häufig das Unterholz in Brand und verbesserten dadurch unmittelbar den Lebensraum für die wertvollen Eichen, von denen sie lebten. Weiter südlich beschnitten die Cahuilla, eine weitere kalifornische Gruppe, die dornigen Mesquit-Bäume sorgfältig, um die Ernte der eßbaren Schoten zu erleichtern. Die Paiute schließlich, die im Owens Valley lebten, bewässerten große Flächen indianischen Reisgrases und anderer Wildpflanzen, obwohl die meisten ihrer Nahrungspflanzen vollkommen wild wuchsen. Wenn auch die Eiche, der Mesquit und das indianische Reisgras in Kalifornien niemals domestiziert wurden, schufen derartige Praktiken die Voraussetzungen für die komplizierten Agrikultursysteme, die sich anderenorts in Amerika entwickeln sollten.

Aus verschiedenen Felsüberhängen barg man pflanzliche Makrofossilien, was viele Archäologen zu der Ansicht führte, daß Mais erstmals um 1000 vor Christus im Westen Nordamerikas aufgetaucht sei. Andere, die sich auf Maispollen berufen, der in den Sedimenten des Chaco Canyon gefunden wurde, vermuten, daß die Kulturpflanzen den Südwesten bereits tausend Jahre zuvor erreicht haben.

Trotz der enormen Forschungsarbeit, die bisher in die Nachweise derartiger »Erstdatierungen« investiert wurden, ist diese Frage weniger bedeutend als sie zunächst erscheinen mag. Unabhängig davon, welche Datierung sich als zutreffend erweisen sollte, steht doch fest, daß sich der organisierte Ackerbau im amerikanischen Südwesten nicht über Nacht entwickelt hat. Mindestens tausend Jahre lang wurde der Anbau von Mais und anderer Pflanzen mit der traditionellen Lebensweise der Jäger und Sammler kombiniert.

Am besten zeigt sich dies vielleicht zum Beispiel am Stamm der Westlichen Apachen im östlichen Mittelarizona, wo einige der frühesten Belege für den Pflanzenanbau im amerikanischen Südwesten zu finden sind. Die Westlichen Apachen verfügten über eine ausgeglichene Wirtschaftsform. Zwar waren die Männer Großwildjäger, doch wurde nicht soviel Fleisch verzehrt, daß das Wild aus seinem Gebiet vollkommen vertrieben worden wäre. Sie betrieben auch den Ackerbau, aber nicht so intensiv, daß sie für ihre Ernährung von diesen Ernteerzeugnissen abhän-

TOM BAKER

GEORGE H.H. HUEY

TOM TILL

△ Die Anasazi-Bauern des amerikanischen Südwestens errichteten beeindruckende Bergwohnungen und umfangreiche, mehrräumige Häuser, sogenannte Pueblos. Hier bei Spruce Tree House im Mesa Verde Nationalpark (Colorado), führen zwei Eingänge, aus denen Leitern hervorragen, in zwei unterirdische Kivas (Zermonienräume).

◁ Ein erst in jüngster Zeit erbauter Weg führt Besucher durch die kreisförmigen Ruinen von Tyuonyi (Bandelier National Monument, Neumexiko), eines der eindrucksvollsten Anasazi-Pueblos im Auslaufgebiet des Rio Grande. Die Jahresring-Datierung der hölzernen Strukturen zeigte, daß die 400 Räume zwischen 1383 und 1466 erbaut worden waren. Zur Blütezeit der Bevölkerung erhob sich Tyuonyi drei Stockwerke hoch.

▷ Diese Original Anasazi-Leiter steht noch immer an ihrem Platz, wo sie in Utah in einen Kiva führt.

TOM TILL

J.J. BRODY

△ Ein Petroglyph der Anasazi aus dem südöstlichen Utah. Diese Abbildung einer prähistorischen Bärenjagd wurde auf die Zeit zwischen 700 und 800 datiert.

GEORGE H.H. HUEY

△ Mit Hilfe von Handsteinen und Mahlscheiben wurde in diesen Mahlkästen Mais verarbeitet. Die Anlage steht bei Betatakin im Navajo National Monument, Arizona.

▷ Ein fröstelnd kalter Wintermorgen bei Spruce Tree House, einer guterhaltenen Felssiedlung der Anasazi im Mesa Verde Nationalpark (Colorado).

gig gewesen wären. Sie sammelten wildwachsende Pflanzen und Kleinwild, aber nicht genug, um die Großwildjagd überflüssig zu machen.

Die Westlichen Apachen zogen regelmäßig umher. Ihre Winterlager befanden sich im Süden, und im Frühjahr zogen sie in nördlicher Richtung höher in die Berge hinauf, um dort Pflanzungen anzulegen und Nahrung aus der Wildnis zu erjagen und zu sammeln. Von Ende August bis zum Oktober sammelten sie zudem Piniennüsse, Eicheln und Wacholderbeeren, ehe sie ihre Winterquartiere wieder aufsuchten.

Für die Westlichen Apachen bedeutete der Ackerbau eine Möglichkeit, eine etwaige Verknappung des natürlichen Nahrungsangebots zu kompensieren. Da sie den Mais lagern konnten, war er in kargen Zeiten stets verfügbar. Die frühesten Getreidesorten waren nicht besonders ergiebig, und ihre Kultivierung erforderte nur einen geringen Aufwand, so daß die traditionellen Aktivitäten des Jagens und Sammelns kaum beeinträchtigt wurden. Vielleicht 25 Prozent ihrer Nahrung bezogen die Westlichen Apachen von domestizierten Pflanzen, und weitere 35 bis 40 Prozent kamen durch die Jagd hinzu.

Gegen Ende des 19. Jahrhunderts zeichnete sich die soziale Struktur dieser Ackerbau treibenden Westlichen Apachen dadurch aus, daß sie sich aus relativ autonomen Haushalten zusammensetzten. Die einzelnen Haushalte konnten nach Belieben von einer Gruppe zur anderen ziehen, wenn sich auch eine Gruppe vorzugsweise aus Mitgliedern desselben Clans zusammensetzte. Einige Jahre lang lebten solche Gruppen ausschließlich vom Jagen und Sammeln, während sie zu anderen Zeiten beinahe ausschließlich auf den Ackerbau angewiesen waren. Dasselbe galt für die Hopi des östlichen Arizona. Bei Mißernten, die von Zeit zu Zeit vorkamen, brachen die Pueblo-Gemeinschaften in kleinere Familiengruppen auseinander, denen es leichter fiel, sich mit dem natürlichen Nahrungsangebot über Wasser zu halten.

Der Ackerbau im Südwesten nimmt Gestalt an

Um 1000 vor Christus war der zwanglose Ackerbau in den Mongollon Highlands des amerikanischen Südwestens bereits gut entwickelt. Aus Fundstätten wie Bat Cave wird ersichtlich, daß die Menschen bereits einen bedeutenden Teil ihrer Ernährung durch den Ackerbau bestritten. Zwischen den Jahren 200 und 700 hatte sich die Ökologie des Südwestens für Bauern und Nichtbauern für immer verändert.

In den Trockenzonen benötigten die Menschen vermutlich einen starken Anreiz dafür, weiterhin Mais anzubauen. Die Übernahme des Ackerbaues war bei weitem kein unausweichlicher Vorgang, und die archäologischen Funde zeigen, daß die Bevölkerung über einen Zeitraum von 2000 Jahren immer wieder zunahm und zurückging. Wenn eine Population für ihr Territorium zu groß wurde, wanderten die Menschen in andere Gebiete aus, und manchmal gelang es diesen Auswanderern, stabile Bauerngesellschaften zu gründen, die sich über Jahrhunderte hielten. Bei anderer Gelegenheit blieben sie erfolglos, und das Land war vorübergehend unbewohnt. Nachdem aber die Landwirtschaft im Südwesten erst einmal festen Fuß gefaßt hatte, verlor das Jagen und Sammeln an Bedeutung.

Während man früher vermutete, daß der Mais mit der seßhaften Dorfexistenz und der Keramik prak-

△ Die Menschen der Zuni haben ihre Heimat, unmittelbar westlich der Kontinentalscheide im Westen Neumexikos, seit Jahrhunderten bebaut. Hier kümmern sich Zuni-Bauern um ihre »Waffelgärten«, kleine Ackerflächen, auf denen sie zum Beispiel Melonen, Kräuter, Chili-Pfeffer und Zwiebeln anbauen. Die einzelnen rechteckigen Felder werden durch ringsum aufgehäuften Lehm begrenzt und halten das Wasser zurück, das ihnen aus dem nahegelegenen Fluß zugeleitet wird.
THE BETTMANN ARCHIVE

▽ Obwohl sich Übergänge zwischen archäologischen Komplexen und heutigen Pueblo-Völkern nur schwer nachweisen lassen, glauben einige Archäologen, die alten Anasazi des Chaco Canyon mit dem modernen Volk der Zuni in Verbindung bringen zu können. Dieser große Zuni-Krug aus dem späten 19. Jahrhundert ist mit zahlreichen stilisierten Pflanzen-, Vogel- und Hirschmotiven verziert und zeigt zudem mehrfach vorkommende geometrische Einheiten, die auf einem weiß geschlämmten Hintergrund aufgetragen wurden. Die »Lebenslinie«, die das Maul des Hirsches mit seinem Herzen verbindet, ist ein Motiv, das nur bei den Zuni vorkommt.
AMERICAN MUSEUM OF NATURAL HISTORY

tisch als ein »Paket« aus Mexiko kam, ist heute bekannt, daß sich diese typischen Merkmale der lokalen Kultur unabhängig voneinander entwickelten. Zusammengenommen bereicherten sie das ohnedies schon reiche Erbe der amerikanischen Eingeborenen im Südwesten. Im allgemeinen unterteilen die Archäologen diese voreuropäische Periode in drei größere Kulturen: die der Mogollon, die der Hohokam und die der Anasazi. Jede von ihnen übernahm in dem Mosaik der südwestlichen Landschaften eine eigene ökologische Rolle.

Die hochlandbewohnenden Mogollon bebauten die Wälder und Hochlandwiesen entlang der Grenze zwischen Arizona und Neumexiko. Am besten sind sie als die Urheber der legendären Mimbres-Keramik bekannt, die mit komplizierten geometrischen Mustern sowie mit Figuren von Menschen, Vögeln, Fledermäusen, Dickhornschafen, Kaninchen und Insekten bemalt war. Die frühesten Töpfe der Mimbres-Kultur in der klassischen Schwarz-auf-Weiß-Tradition datieren aus der Zeit zwischen 750 und 1000 nach Christus. Dann, etwa zwischen 1050 und 1200, begannen die Töpfer farbigere Muster anzulegen, in denen insbesondere verschiedene Schwarz- und Rotschattierungen vorkamen.

Die frühen Mogollon lebten in Dörfern, deren Grubenhäuser (Häuser, deren Fußböden etwa einen halben Meter in den Boden versenkt wurden, um die Wände wirkungsvoller gegen Wind und Regen isolieren zu können) zufällig im Raum verteilt lagen. Nach einiger Zeit bewohnten sie dann Appartement-ähnliche Bauten, die über der Erde errichtet wurden, mit Vorrats- und Wohnräumen, die untereinander verbunden waren, ähnlich den Pueblos der Anasazi. Um 1100 begann der Untergang der Mogollon-Kultur, und im Jahre 1250 war sie verschwunden.

Die brennend heiße Sonora-Wüste im Westen war die Heimat der Hohokam. Ursprünglich vermuteten die Archäologen, daß die Hohokam um 300 vor

Christus aus Mexiko eingewandert seien, doch neigt man heute zu der Ansicht, daß sie schon immer hier lebten. Die Hohokam waren Bauern, die gut dem Leben in der Wüste angepaßt waren und die über Hunderte von Kilometer das Zentrum Arizonas mit Bewässerungsgräben durchzogen. Heute, mehr als 2000 Jahre später, lenkt ein Kanalsystem, das dem frühen Plan der Hohokam künstlich überlagert wurde, einen Teil des Wassers des Salt River in die Stadt Phoenix (Arizona) um.

Etwa um das Jahr 1450 war die klassische Hohokam-Kultur, vielleicht infolge einer Dürreperiode oder zunehmender Versalzung des Bodens, in der Versenkung verschwunden. Viele Wissenschaftler sind der Ansicht, daß die modernen O'Odham-Völker (Pima und Papago) von den Pionieren der Hohokam abstammen.

Die Heimat der Anasazi lag weiter nördlich in den hochgelegenen Wüsten des Colorado-Plateaus. Zwar lebten die frühen Anasazi noch in Grubenhäusern, doch begannen ihre Nachkommen zwischen 700 und 1000 nach Christus, die unverwechselbaren, mehrräumigen Pueblos zu bauen, die ihren Nachkommen, den Pueblo-Indianern, ihren Namen verleihen sollten. Etwa um das Jahr 900 kam es unter den Anasazi des nordwestlichen Neumexiko zu einer anhaltenden Entwicklung kultureller Energie, die das sogenannte Chaco-Phänomen hervorrief. (Siehe den Kasten *Das Chaco-Phänomen*.)

Die Bauern der nordamerikanischen Ebenen und Waldgebiete

In herkömmlichen Büchern über die Geschichte westlicher Zivilisationen kann man häufig lesen, daß die grundlegenden Erfindungen der Landwirtschaft unabhängig voneinander an drei Stellen entstanden — in dem sogenannten fruchtbaren Halbmond Südwestasiens, in Südostasien und im Hochland Mexikos. Heute wissen die Archäologen, daß Pflanzen mehrmals und an verschiedenen Orten domestiziert wurden — darunter auch in einem bedeutenden, erst kürzlich entdeckten Zentrum im Nordosten Amerikas. Obwohl die frühen Forschungsreisenden überall im Osten Nordamerikas bereits einen extensiven Maisanbau vorfanden, geht aus neuen archäologischen Indizien hervor, daß die Kultivierung des Mais in größerem Umfang nur fünf Jahrhunderte vor der Ankunft der Europäer begonnen hatte.

Der Übergang vom Sammeln zum Ackerbau, der entlang der Flüsse der östlichen Waldgebiete praktiziert wurde, vollzog sich in drei entscheidenden Schritten: Erstens wurden in Nordamerika heimische Samenpflanzen um 2000 vor Christus domestiziert; zweitens begann der Ackerbau auf der Basis dieser vor Ort wachsenden Feldfrüchte zwischen 250 vor Christus und 100 nach Christus (der Mais tauchte etwa um das Jahr 100 auf); und drittens schließlich wurde der Mais zwischen 800 und 1100 nach Christus zu einer bedeutenden Anbaupflanze.

Von 6000 bis 700 vor Christus folgten die nahrungssammelnden Völker des östlichen Nordamerika demselben jahreszeitlichen Grundmuster: Sie zogen von einem Teil ihres Streifgebietes in den nächsten und sammelten dabei Gräser, Früchte, Nüsse, Fische. Wo es möglich war, jagten sie Wild. Sie zogen in kleinen Gruppen umher, die ihnen die nötige Anpassungsfähigkeit verliehen, um auf die Schwankungen des örtlichen Nahrungsangebotes zu reagieren.

Ungefähr nach 4000 vor Christus veränderte sich das Klima, was die Lebensgemeinschaften vieler Flußtäler reicher machte. Es bildeten sich Untiefen und Seen, und die im Überfluß vorhandenen wilden Samenpflanzen, Krustentiere, Fische und Säugetiere, wie Hirsche und Waschbären, veranlaßten die Menschen, dauerhafte Siedlungen zu gründen. Während die Männer auf der Jagd waren, sammelten die Frauen Wildpflanzen. Und die in den seichten Gewässern so zahlreichen Krustentiere waren für alle erreichbar.

Über unzählige Generationen hatten sich die Menschen mit den Lebenszyklen der Nußbäume und Samenpflanzen vertraut gemacht, die für sie so wichtig waren, und in der fruchtbaren Erde ihrer Siedlungen begannen die Frauen das große Experiment, aus dem schließlich domestizierte Pflanzen hervorgehen sollten. Vermutlich testeten sie zahlreiche Pflanzentypen, doch waren es schließlich die Kräuter der Schwemmebenen, die zu Ergebnissen führten. Sonnenblumen und ihre entfernten Verwandten, Sumpfholunder, Gänsefuß und ein wilder Flaschenkürbis (der Vorfahr des Gartenkürbis) gehörten zu den erfolgreichen Arten. Alle aggressiven, krautigen Pflanzen, die die Flächen besiedelten, die von der Frühjahrsschwemme freigespült waren, brachten extrem nahrhafte Samen hervor und waren bedeutende Nahrungsgrundlagen. Ohne Probleme eroberten sie die fetten Böden in der Umgebung menschlicher Siedlungen, und schon bald wurden Versuche durchgeführt, ihre Erträge und die Verläßlichkeit zu erhöhen. Es gibt Indizien dafür, daß diese Pflanzen schon um 2000 vor Christus absichtlich angebaut wurden. Zu dieser Zeit bildeten sie eine berechenbare und geplante Nahrungsversorgung, die für den Gebrauch im späten Winter und selbst bis zum Frühjahrsanfang aufbewahrt werden konnte.

Menschen und Pflanzen wurden voneinander in einem Maße abhängig, daß menschliche Gruppen anfingen, gewisse Gebiete neu zu besiedeln, nur weil sie dort günstige Bedingungen für den Ackerbau vorfanden. Dennoch sprechen die gegenwärtigen archäologischen Befunde dafür, daß sich domestizierte Pflanzen erst nach 500 vor Christus zu einer bedeutenden Nahrungsgrundlage entwickelten. Zudem war die Bedeutung des Ackerbaues vor dem Jahre 100 kaum der Rede wert, immerhin 1000 Jahre, nachdem die ersten Pflanzen domestiziert worden waren.

Die ersten Bauern im Osten Nordamerikas

So kam es, daß die amerikanischen Ureinwohner im amerikanischen Osten begannen, Pflanzen zu domestizieren. Die einheimischen Feldfrüchte gewannen in der sogenannten Hopewell-Periode an Bedeutung, die sich vom Jahre 100 vor Christus bis 400 nach Christus hinzog. Dieser Zeitabschnitt wurde nach einem gewaltigen Ohio-Hügel benannt, den man im 19. Jahrhundert freilegte. Diese Menschen — sie gehörten zu den frühesten Hügelbauern Nordamerikas — errichteten große, eindrucksvolle, geometrische Erdwälle und konische Grabhügel, die wahrscheinlich im Zusammenhang mit umfangreichen Begräbniszeremonien benutzt wurden. Hopewell wurde zum übergreifenden Namen für eine panindianische Religion und sollte zum Ausdruck bringen, daß Menschen unterschiedlicher Sprache und Kulturen grundlegende Glaubensinhalte und Symbole teilten. Über Jahrhunderte bildete Hopewell im gesamten Osten Nordamerikas eine dominierende Kraft.

Da sowohl Grabhügel als auch domestizierte Pflanzen in Mexiko früher auftauchen als im Südosten Nordamerikas, vermuteten die Archäologen früher, daß die Kultur des Hügelbaues und des Ackerbaues gemeinsam aus Mittelamerika gekommen sein müssen. Allerdings fehlt, wie schon im amerikanischen Südwesten, jeder direkte Hinweis darauf, daß irgendeine Gruppe jemals von Mexiko nach Norden gezogen sei. Der Mais und die Bohne erreichten den Osten aus dem amerikanischen Südwesten und zudem zu unterschiedlicher Zeit. Es ist also unwahrscheinlich, daß sie unmittelbar aus Mexiko eingeführt wurden.

Jahrelang waren die meisten Archäologen der Ansicht, daß das Leben der Hopewell-Kultur ausschließlich auf Mais gegründet war. Heute, da genauere Datierungsmethoden zur Verfügung stehen, weiß man, daß die ältesten Maisfunde aus dem Osten Nordamerikas höchstens aus der Zeit um 100 nach Christus stammen. Die neuen Erkenntnisse sind insofern von Bedeutung, als sie klarstellen, daß weder die Entwicklung der Hopewell-Gesellschaft noch die rasche Hinwendung zum Ackerbau, die im östlichen Nordamerika eintrat, die Einführung des Getreides aus Mexiko zuzuschreiben war. Jahrhundertelang bildete der Mais nichts weiter als eine unbedeutende Zutat zu den bereits gut etablierten Nahrungsressourcen. Die ungewöhnlichen Errungenschaften der Hopewell-Kultur auf den Gebieten des Ackerbaues, der Religion und der Kultur muß allein das Ergebnis lokalen Erfindungsreichtums gewesen sein — der Höhepunkt jahrtausendelanger menschlicher Versuche.

Wie konnte sich nun ein so bemerkenswertes land-

△ Die Sonnenblume (*Helianthus annuus*) wurde im östlichen Nordamerika um 2000 vor Christus domestiziert.

△ Der vollständig modellierte Serpent Mound, ein irdenes religiöses Bildnis, das sich in Adams County (Ohio) über 210 Meter weit erstreckt. Die Schlange windet sich nordwärts und versucht, ein massives Ei zu verschlingen.

▷ Ein aus Stein gehauenes Tierbildnis aus der Hopewell-Periode in Ohio.
HILLEL BURGER/ROBERT S. PEABODY MUSEUM OF ARCHAEOLOGY

▽ Ein aus Muskovit hergestelltes Schlangenbildnis aus der Hopewell-Zeit. Es stammt aus Hamilton County, Ohio.
HILLEL BURGER/ROBERT S. PEABODY MUSEUM OF ARCHAEOLOGY

200 blieben die Hopewell-Siedlungen klein. Sie umfaßten grundsätzlich nur einen bis drei Haushalte, die entlang eines Baches oder Flußtals angelegt waren. In einigen Gebieten der fruchtbaren Schwemmgebiete, wie denen im Umfeld des unteren Illinois River, bildeten kleine Siedlungen miteinander lose verknüpfte Dörfer.

Allerdings bildete der Anbau von Nahrungspflanzen, deren Samen man speichern konnte, lediglich einen Puffer gegen schlechte Zeiten. Die Lebensweise der Jäger und Sammler blieb nach wie vor wichtig und wurde keineswegs vom Ackerbau verdrängt.

Als die Hopewell-Gesellschaften anfingen, die Grenzen ihrer Felder in den Flußtälern auszudehnen, erweiterte sich ihr Horizont auch in anderer Hinsicht erheblich. Überall in den östlichen Waldgebieten wurden kleine Bauernsiedlungen in der Umgebung zentral angeordneter Zeremonienplätze angelegt, in denen zu gewissen Jahreszeiten verschiedene Riten vollzogen wurden. Diese Plätze besaßen häufig ganz unterschiedliche Formen. Das einzige, was den Archäologen heute noch ermöglicht, diese Stellen zu lo-

kalisieren, sind die niedrigen Erddome, die über den Gräbern angesehener Personen aufgehäuft worden waren.

Aber dies waren nicht nur Stätten des Todes. Hier fanden auch rauschende Feste und andere Aktivitäten statt, die die übers Land verstreuten Familien zusammenführten. Entlang der Ufer des nördlichen Mississippi und im Norden Alabamas bauten und pflegten die Menschen abgeflachte Erdhügel, die das Zeremoniell über das Alltägliche emporhoben. In diesen Hügel warfen die späteren, wesentlich größeren Mississippi-Pyramiden ihre Schatten voraus. Anderenorts waren solche zeremonielle Plattformen von Erdwällen umgeben. Diese oft sehr großen Anlagen, die die Plattformen voneinander isolieren, zeugen von den technischen Fähigkeiten ihrer Erbauer. Im südlichen Zentrum Ohios fand man aufwendige Erdwälle, die sich in Form von Oktagonen, Kreisen und Quadraten über Hunderte von Metern erstreckten und diese geheiligten Bezirke zugleich abgrenzten und schützten.

Der Aufstieg des Maises

Zwischen den Jahren 800 und 1100 trat in der amerikanischen Landwirtschaft ein dramatischer Wandel ein. Die Bewohner des Mississippigebietes begannen, ihren Blick über den traditionellen Anbau einheimischer Pflanzensorten hinaus auf eine fremdländische Art zu lenken: den Mais. Bald sollte das Getreide ihre Felder und ihr Leben bestimmen, zum Beispiel an Orten wie Etowah, Moundville, Angel, Hiwassee Island, Spiro und Cahokia.

wirtschaftliches System entwickeln? Die Nutzung bestimmter Pflanzengruppen war jeweils auf engen Raum begrenzt, je nach der Ökologie der Umgebung. An einigen Stellen spielten kultivierte Pflanzen nur eine untergeordnete Rolle, im allgemeinen jedoch wurde die breite, in mittlerer Höhe gelegene Flußzone, die sich vom Rand der Appalachen nach Westen bis zur Grenze der Prärie hinzieht, eine Heimat für diese frühen Nahrungsproduzenten, die hier mehrere ergiebige einheimische Pflanzen mit hohem Nährwert anbauten. Diese Menschen bauten Kürbis, Sumpfholunder, Sonnenblumen und Gänsefuß sowie Knöterich und ein wenig Gerste an. In modernen Versuchen konnte das wirtschaftliche Potential dieser aus dem Osten Nordamerikas stammenden Pflanzen nachgewiesen werden.

Von Anfang des ersten Jahrhunderts bis zum Jahre

Überall im Osten Nordamerikas führte diese Konzentration des Getreideanbaues zur Ausbildung komplizierterer soziopolitischer Strukturen. Der Mais ernährte die aufkommenden Oneota-Völker der Großen Seen, die Irokesenvölker des Nordostens, die von Fort Ancient und die Siedlungen, die sich entlang des mittleren Ohio-Tales erstreckten, aber auch die verschiedenartigen Häuptlingstümer des Mississippi, die entlang der Flußtäler des Südostens und des mittleren Westens aufkamen. Später sollte sich der Mais auch zur Lebensgrundlage der Creek und Choctaw im Süden sowie der präriebewohnenden Mandan und Pawnee entwickeln.

Im Südwesten hatte der Mais die Landwirtschaft von dem Augenblick an beherrscht, als er über Mexiko eingeführt worden war. Dagegen verstrichen im Osten mehr als sechs Jahrhunderte nach seiner beiläufigen Einführung, bis diese Pflanze eine größere Bedeutung erlangte. Dies läßt sich zum Teil durch genetische Veränderungen erklären, die an der Pflanze vorgenommen wurden. Etwa im Jahre 1000 wurde eine neue Getreideart, der sogenannte achtzeilige Mais, im östlichen Nordamerika entwickelt. Diese neue Zuchtform war frostresistent und in besonderer Weise der kurzen Wachtumssaison angepaßt. Daher drang sie rasch in die nördlichen Breiten vor, und als die ersten Europäer eintrafen, beherrschte sie den Ackerbau der nordamerikanischen Ureinwohner im Nordosten, im Ohio-Tal und bei den Großen Seen.

Importiert oder einheimisch?

Es bleibt noch eine schwer zu beantwortende Frage: Wurde der Ackerbau in der Neuen Welt vollständig unabhängig erfunden, oder wurde die Idee dazu irgendwie aus der Alten Welt importiert?

Die meisten Archäologen würden darin übereinstimmen, daß sich die neuweltlichen Bauern weitgehend von altweltlichen Einflüssen isoliert entwickelt haben. Von zwei Ausnahmen abgesehen wurden alle neuweltlichen Kulturpflanzen aus einheimischen, amerikanischen Arten domestiziert, was stark dafür spricht, daß sich die amerikanische Landwirtschaft unabhängig entwickelt hat. Die beiden Ausnahmen — Flaschenkürbis und Baumwolle — sind bedeutend

Der Flaschenkürbis gehört zu den ältesten Kulturpflanzen der Neuen Welt, möglicherweise, weil er in der präkeramischen Zeit als Behälter für Lebensmittel und Wasser nützlich war. Das Problem besteht darin, den wildwachsenden Vorfahren des Flaschenkürbis zu finden. Nach Ansicht vieler Botaniker war der Flaschenkürbis ursprünglich nur in Afrika heimisch. An sehr frühen mexikanischen und peruanischen Fundstätten entdeckte man Exemplare, die entweder aus der Wildnis gesammelt oder angebaut worden waren. Der Flaschenkürbis könnte also schon vor sehr langer Zeit mit afrikanischen Entdeckern aus Afrika den südamerikanischen Kontinent erreicht haben. Da diese Pflanze jedoch beinahe ein Jahr lang unbeschadet im Meer treiben kann, könnte sie auch auf diese Weise von Afrika nach Südamerika gelangt sein.

Alle archäologischen Indizien sprechen dafür, daß die Baumwolle in Mexiko schon lange vor 3000 vor Christus domestiziert wurde, und Baumwolltextilien wurden um 2500 vor Christus entlang der peruanischen Küste hergestellt. Bei der mexikanischen und peruanischen Baumwolle handelt es sich um verschiedene Arten, die vermutlich unabhängig von lokalen Verschiedenheiten domestiziert wurden. Allerdings tritt dabei eine Schwierigkeit auf: Sowohl die mexikanische als auch die peruanische Baumwolle läßt sich genetisch nur als Hybrid zwischen lokalen Sorten und afrikanischer Baumwolle erklären. Für einige Forscher ergeben sich daraus deutliche Indizien für einen absichtlich aufrechterhaltenen transatlantischen Kontakt. Andere versuchen, den Ackerbau der Alten und der Neuen Welt auf eine »unabhängigere« Weise zu erklären. Sie betonen, daß die afrikanische Wildform der Baumwolle über den Atlantik getrieben und sich dann ohne Zutun des Menschen mit neuweltlichen Arten gekreuzt haben könnte, und dies vielleicht sogar, ehe der erste Mensch Südamerika erreichte.

Läßt man also vorläufig den Flaschenkürbis und Baumwolle als mögliche Ausnahmeerscheinungen außer acht, sprechen die gegenwärtigen Forschungsergebnisse dafür, daß der Ackerbau der nordamerikanischen Indianer eine Errungenschaft der Neuen Welt war, bei der äußere Einflüsse praktisch bedeutungslos blieben.

△ Ein herbstliches Sortiment von Kürbissen und Flaschenkürbissen aus Neuengland. Die neuere Forschung hat ergeben, daß einige der heutigen Kürbissorten in Mexiko domestiziert wurden. Andere, darunter praktisch alle Gartenkürbisse, waren erstmals vor 2000 Jahren im östlichen Nordamerika domestiziert worden.

▽ Blick über die prähistorische Landschaft beim Mount City Group National Monument bei Chillicothe (Ohio). Dies ist die berühmteste Fundstätte der Hopewell-Kultur. Hier begruben die Menschen vor langer Zeit ihre Toten unter diesen Erdhügeln, häufig zusammen mit anspruchsvoller Keramik, elegant geschnitzten Steinflöten und reichem Schmuck. Die fünf Hektar umfassende Anlage ist von einem rechteckigen Erdwall umgeben.

DAS CHACO-PHÄNOMEN

DAVID HURST THOMAS

△ Schwarzweiß bemalte Schöpfkellen aus dem Pueblo Bonito.
P. HOLLENBEAK, U. BECKETT/ AMERICAN MUSEUM OF NATURAL HISTORY

Vor beinahe 1000 Jahren entwickelten die Anasazi, die den Chaco Canyon im Nordwesten Neumexikos bewohnten, eines der fortschrittlichsten und blühendsten Sozialsysteme im prähistorischen Nordamerika. Unter der einigenden Wirkung eines komplizierten Netzes ritueller und wirtschaftlicher Strukturen schlossen sich Dutzende ehemals autonomer Gemeinschaften zusammen.

Heute schätzen Archäologen, daß Chaco im Jahre 1100 von vielleicht 6000 Anasazi-Menschen bewohnt wurde. Sechs Generationen lang bildete diese heute abgelegene Region den Mittelpunkt der Anasazi-Welt. Um 1130 beherrschten neun Städte - eine jede davon mit Hunderten von Räumen — einen 15 Kilometer langen Abschnitt des Chaco Canyon. Die größte unter ihnen, Pueblo Bonito (schönes Haus), erhob sich einst über fünf Stockwerke und war das

▷ Seit dem 12. Jahrhundert hatten die Architekten versucht, das Kliff hinter Pueblo Bonito abzustützen. Am 21. Januar 1941 stürzte jedoch eine massive Kalksteintafel, der sogeannte Threatening Rock, herunter. Die Trümmer zerstörten 65 Räume, die im nordöstlichen Bereich der Fundstelle ausgegraben worden waren.

DER SÜDWESTEN
Bedeutende archäologische Fundstellen und Kulturgebiete der südwestlichen Vereinigten Staaten. Jede der drei großen Kulturtraditionen, Anasazi, Hohokam und Mogollon, läßt sich in zahlreiche Perioden unterteilen. Zudem kennt man mehrere lokale Varianten.
KARTOGRAPHIE: RAY SIM

▷ Dieser schwarzweiße, etwa 18 Zentimeter große Henkelkrug wurde in Pueblo Bonito entdeckt. Krüge wie dieser wurden zwischen 1075 und 1200 hergestellt.
P. HOLLENBEAK, U. BECKETT/ AMERICAN MUSEUM OF NATURAL HISTORY

△ Die Errichtung dieses ungewöhnlichen kreisförmigen Baues mit einer dreifachen Wand wurde mit Hilfe der Jahresringtechnik auf das Jahr 1109 datiert. Nach Ansicht einiger Archäologen könnte er von Einwanderern aus dem Norden erbaut worden sein, die eine der Mesa Verde ähnliche Form der Architektur nach Chaco Canyon brachten.

GEORGE H. H. HUEY

TOM TILL

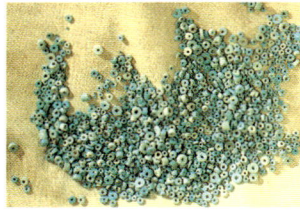

△ Obgleich Geld in der Chaco-Gesellschaft unbekannt war, dienten Perlen aus Türkis vermutlich als Statussymbole und tragbare Reichtümer. Hier sieht man einige der 2300 Perlen und kleinen Anhänger, die in einem einzigen Raum in Pueblo Bonito gefunden wurden.
P. HOLLENBEAK, U. BECKETT/AMERICAN MUSEUM OF NATURAL HISTORY

▷ Einer der zwölf Kivas (Zeremonienräume) bei Chetro Ketl, unmittelbar unterhalb der Straße von Pueblo Bonito. In der großen Rundung befanden sich besondere Nischen, die jeweils mit Ketten aus Steinen oder Muscheln gefüllt und dann mit Mauerwerk versiegelt waren. Im Zentrum des Fußbodens befindet sich eine erhabene quadratische Herdstelle, die von einem Paar rechteckiger gemauerter Gewölbe flankiert wird. Cheto Ketl wurde zwischen dem frühen 11. und Anfang des 12. Jahrhunderts erbaut. Auf ihrem Höhepunkt besaß diese Gemeinschaft mehrere Stockwerke mit insgesamt 500 Räumen, von denen 200 bis 225 zu ebener Erde lagen.

STEVE MULLIGAN

AMERICAN MUSEUM OF NATURAL HISTORY

◁ Das Alter dieser schwarzweißen Becher, die alle aus einem einzigen Raum von Pueblo Bonito stammen, variiert erheblich.

Zuhause für 1000 Menschen. Bis zur industriellen Revolution im 19. Jahrhundert sollte dies das größte Haus in Nordamerika bleiben.

Die Bewohner von Chaco bauten schnurgerade Straßen, die sich über Hunderte von Kilometer in die umgebende Wüste erstreckten. Die längsten und aufwendigsten — sie wurden vermutlich zwischen 1075 und 1140 angelegt — sind über 80 Kilometer lang. An einigen Stellen wurden Fußwege konstruiert, und anderenorts schlug man Treppen in steile Kliffe. Weil alle diese Konstruktionen wie aus einem Guß wirken, wurde ihr Bau wahrscheinlich sorgfältig geplant.

Da die Anasazi von Chaco weder Karren noch Zugtiere kannten, fragt man sich, warum die Straßen dann so breit und gerade waren und welchem Zweck sie dienten. Obwohl einige der kürzeren Straßen den Chaco Canyon mit Steinbrüchen und Wasserquellen verbindet, bleibt die Funktion der längeren Straßen unklar. Vielleicht

Die Bauern der Neuen Welt

dienten sie dem Handel, Prozessionen, der Beschaffung von Baumaterial, der Verteidigung, dem Nahrungstransport oder einfach zur Erleichterung eines offenbar umfangreichen Verkehrs.

Über 600 Kilometer gut ausgebauter Straßen verbanden Chaco mit den umliegenden Siedlungen, vielleicht entsprechend ausgedehnter regionaler Bündnisse. Außer den Straßen entdeckte man mehrere Tafelberge, die untereinander in Sichtkontakt standen und über die man sich mit Hilfe von Rauchzeichen, Feuer oder ge-

spiegelten Lichtes verständigte.

Nach Ansicht der Archäologen packten die Anasazi um 1150 ihren Besitz systematisch zusammen, um den Chaco Canyon zu verlassen. Häufig wurde schon versucht, diese Abwanderung zu erklären. Vermutlich lagen die Ursachen in einem komplizierten Zusammenspiel solcher Faktoren wie Dürrekatastrophen, Bodenerosion, Mißernten, Überbevölkerung, Seuchen und kleineren Kriegen.

Die modernen Pueblobewohner glauben, daß die Anasazi Chaco deswegen verließen, weil sich ihre

Schlangengottheit, die für Regen und Fruchtbarkeit zuständig war, auf mysteriöse Weise zurückgezogen hatte. Da sie ohne ihren Gott hilflos waren, folgten die Menschen der Spur der Schlange bis zu einem Fluß, wo sie neue Häuser bauten.

Als 400 Jahre später die Spanier einfielen, lebten hier 50 000 Pueblobewohner in über 100 Städten entlang der Ränder des San Juan Beckens und im Ablaufgebiet des Rio Grande. Diese Pueblobewohner waren die Nachkommen der Anasazi von Chaco.

△ Der Frosch war in der Anasazi-Kultur ein Symbol des Wassers. Dieses Pechkohle-Bildnis ist etwa 8,5 Zentimeter lang.
AMERICAN MUSEUM OF NATURAL HISTORY

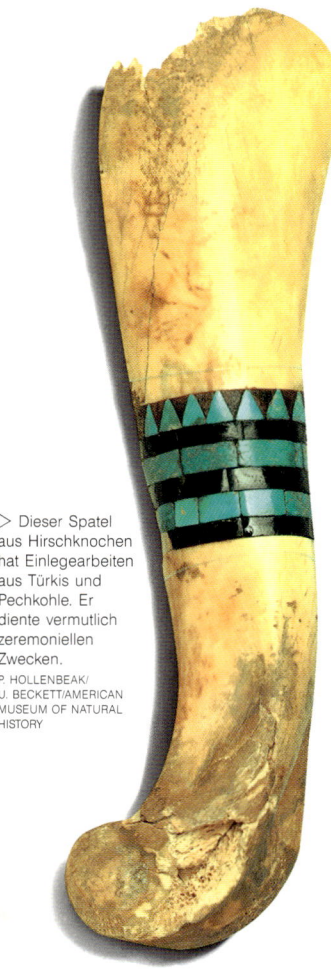

▷ Dieser Spatel aus Hirschknochen hat Einlegearbeiten aus Türkis und Pechkohle. Er diente vermutlich zeremoniellen Zwecken.
P. HOLLENBEAK/ U. BECKETT/AMERICAN MUSEUM OF NATURAL HISTORY

◁ Tore in Pueblo Bonito; die urspünglichen Dachbalken befinden sich noch an Ort und Stelle. Mehr als 200 000 dieser Stützhölzer wurden in den Häusern von Chaco Canyon verbaut. Jeder einzelne Balken mußte zu Fuß über eine Entfernung von wenigstens 65 Kilometer von den Bergen herangeschafft werden.

GEORGE H.H. HUEY

WARUM NUR EINIGE BAUERN WURDEN

11 000 vor Christus bis 1500

Ein globaler Überblick

NOEL D. BROADBENT, GÖRAN BURENHULT
und MOREAU MAXWELL

Der Übergang vom Jäger und Sammler zum Bauern war eines der gravierendsten Ereignisse der Menschheitsgeschichte. Die meisten Experten sind sich heute darüber einig, daß der Anstoß zu diesem Übergang weniger vom Verlangen der Menschen als von der Notwendigkeit diktiert wurde. Eine so grundlegende Umstellung der Lebensweise zog auch größere Veränderungen der sozialen Strukturen nach sich, und es entwickelten sich neue religiöse Systeme — die Götter der Bauern waren ganz anders als die der Jäger und Sammler. Die zunehmende Seßhaftigkeit schuf vollkommen neue Siedlungsformen, und zugleich nahm das Bevölkerungswachstum zu. Wandernde Jäger und Sammler müssen die Größe ihrer Gruppen einschränken, sowohl aus praktischen Erwägungen (man kann auf langen Reisen nicht mehr als ein Kind zur gleichen Zeit tragen) als auch, um in schlechten Zeiten überleben zu können. Dagegen können in einer Bauerngesellschaft, solange unverbrauchtes Land zur Verfügung steht, umso mehr Getreide angebaut und Rinder aufgezogen werden, je mehr Arbeitskräfte zur Verfügung stehen. Damit begann der niemals endende Kreislauf des Bevölkerungswachstums, das nach immer mehr Nahrung verlangte.

◁ Die Menschen, die entlang des gewaltigen Sepik River auf Papua-Neuguinea leben, gehören zu den wenigen Völkern Neuguineas, die nicht vom Ackerbau abhängig sind. Stattdessen ernähren sich diese seßhaften Flußbewohner, indem sie Pflanzen sammeln, Fische fangen und Landtiere jagen. Ihre Hauptnahrung ist der Sago.

△ Ein subneolithischer Feuerstein-Pfeilkopf aus Finnland.
NATIONAL BOARD OF ANTIQUITIES, FINNLAND

△ Dieser mesolithische Eispickel aus Elchknochen stammt aus Kirkkonummi in Südfinnland.
NATIONAL BOARD OF ANTIQUITIES, FINLAND

▽ Noch immer leben traditionelle Jäger-und-Sammler-Gesellschaften auf den entlegenen Andamanen-Inseln in der Bucht von Bengalen. Hier stellt ein Angehöriger des Onge-Stammes auf Little Andaman Island mit Pfeil und Bogen Fischen nach. Die Ockerfarbe auf seinem Gesicht dient gleichzeitig zur Zierde und als Schutz gegen Insekten. Zur Jahrhundertwende gab es noch 672 Onge. Heute sind es nur noch etwa 100.

Die entstehende Bauerntradition wurde von mehreren neuen Phänomenen begleitet. Mit zunehmendem Bevölkerungsdruck entstand die Notwendigkeit, persönliche Territorien zu kontrollieren, und dies schuf das Risiko von Konflikten. Zum ersten Mal sind aggressive Verhaltensweisen in Gestalt befestigter Siedlungen und zeremonieller Waffen nachweisbar, Symbole der Macht und Dominanz. Mit dieser neuen Akzentuierung der Stärke und Aggression ging die Stellung der Frau zurück. Vielerorts hatte die Ungleichstellung der Geschlechter ihre Wurzeln in der sozialen Organisation der etablierten Bauerngesellschaften.

Da Menschen nun in größeren Zahlen über längere Zeit dasselbe Gebiet bewohnten, kamen hygienische Probleme auf, die den mobilen Jägern und Sammlern unbekannt waren. Im Laufe der Zeit führte die bäuerliche Lebensweise zudem zu einer bei weitem weniger ausgewogenen und nahrhaften Ernährung, als es unter den Jägern und Sammlern der Fall gewesen war. Und schließlich verminderten Invasionen von Ratten und anderen Schädlingen die Qualität gespeicherter Nahrungsmittel und schufen einen Brutstätte für neue, tödliche Belastungen durch Bakterien. Zum ersten Mal in der Geschichte gab es epidemische Krankheiten.

Am Scheideweg

Bauerngesellschaften waren Klimaveränderungen gegenüber wesentlich empfindlicher als Jäger und Sammler. Die Möglichkeit, Getreide zu speichern und Haustiere zu halten, erweckte in ihnen ein falsches Gefühl der Sicherheit. Natürlich konnte man bei Mißernten auf Reserven zurückgreifen, doch mußte man in diesem Fall das Saatgetreide des folgenden Jahres angreifen, so daß die Vorräte geschmälert wurden und der Weg für zukünftige Katastrophen bereits geebnet war. Da sie von einer begrenz-

ten Zahl von Nahrungsobjekten abhängig waren, fiel es Bauerngesellschaften immer schwer, widrige Zeiten auszuhalten. Zudem waren Ackerbau und Viehzucht wesentlich arbeitsaufwendiger als das Jagen und Sammeln. Warum wurden Menschen dann überhaupt zu Bauern? Und warum haben viele Volksgruppen unserer Erde niemals irgendeine Form der Landwirtschaft praktiziert? Nur wenn man verstanden hat, warum Menschen in bestimmten Teilen der Welt Bauern wurden, kann man einsehen, warum dies bei anderen nicht der Fall war.

Unterschiedliche Hypothesen

Am Ende des 19. Jahrhunderts war man der Ansicht, der Ackerbau sei im Neolithikum aus dem einfachen Grund entstanden, weil er eine in jeder Hinsicht dem Jagen und Sammeln überlegene Lebensweise repräsentiere. Irgendein Individuum, so vermutete man, kam auf die brillante Idee, Samen einzupflanzen, um nicht mehr auf Nahrungssuche gehen zu müssen. In den dreißiger Jahren eröffnete der australische Archäologe V. Gordon Childe eine glaubwürdigere Erklärung in seiner sogenannten Oasen-Hypothese, die ein Ereignis von einer solchen Tragweite postulierte, daß er es als die »Neolithische Revolution« bezeichnete. Seiner Ansicht nach zwang eine Zeit extremer Trockenheit die Menschen Südwestasiens am Ende der letzten Eiszeit, sich an den wenigen noch verbliebenen Oasen und Flußtälern zu konzentrieren, wo ihr enger Kontakt zu den Pflanzen und Tieren den Prozeß der Domestizierung auslöste. So entstand die Landwirtschaft.

Allerdings wurde Childes Hypothese von späteren Untersuchungen neolithischer Siedlungen, die unter ganz unterschiedlichen klimatischen und Umweltbedingungen begründet worden waren, nicht gestützt. In den vierziger Jahren ebnete die Arbeit Robert Braidwoods den Weg für einen weniger starren Ansatz. Wie er vermutete, war der Ackerbau in erster Linie als Antwort auf die stetig zunehmende kulturelle Differenzierung und Spezialisierung innerhalb verschiedener Bevölkerungskreise entstanden — mit einem Wort: Die Menschen paßten sich den örtlichen Bedingungen an. Die ältesten bekannten Bauerngesellschaften stammen aus dem sogenannten fruchtbaren Halbmond Südwestasiens, der Region, die sich von der Levante, über das heutige Syrien und den Irak bis zum Zagros-Gebirge erstreckt. In den frühen Stadien dieser Siedlungen fand Braidwood deutliche Anzeichen dafür, daß sich die Bewohner noch in der Eiszeit auf die Jagd des Auerochsen und des Wildschafs spezialisiert hatten und Wildgräser sammelten, die Stammformen späterer Getreideformen.

Dagegen vermutet Barbara Bender, daß überwiegend soziale Faktoren den für das Neolithikum typischen Veränderungen zugrundeliegen. Dazu gehört etwa die Entwicklung komplizierterer hierarchischer Gesellschaften mit einem umfangreichen Tauschhandelsnetz zwischen verschiedenen Regionen. Neben dem Aufkommen der Nahrungsproduktion kamen allmählich in diesen Gesellschaften auch Statussymbolen und anderen Gegenständen eine erhebliche Bedeutung zu.

An verschiedenen Orten der ganzen Welt entwickelte sich eine Reihe von Bauerngesellschaften unabhängig voneinander, je nach den örtlichen Voraussetzungen. So bildeten zum Beispiel in Südwestasien wilde Stammformen von Gerste und Weizen die

RACHUBIR SINGH/JOHN HILLELSON AGENCY

ANTHONY BANNISTER/NHPA

Grundlage für eine aufkommende Bauernökonomie. In Nordafrika basierten ähnliche Entwicklungen auf der Hirse, in Süd- und Ostasien auf Reis und in Mittelamerika auf Mais. In entsprechender Weise wurden unterschiedliche Tierformen in den verschiedenen Gegenden der Welt domestiziert.

Die Krise, die es niemals gab

Die Tatsache, daß der Übergang vom Jagen und Sammeln zur Landwirtschaft in vielen Teilen der Welt ungefähr gleichzeitig einsetzte, spricht dafür, daß diesem Vorgang ähnliche Faktoren zugrundeliegen. Eines ist jedoch sicher: Die späteiszeitlichen und mesolithischen Jäger und Sammler verfügten über ein wesentlich komplizierteres Sozialsystem (es hatte seine Ursprünge im oberen Paläolithikum) als man zuvor vermutete. Zudem waren die Aktivitäten, die man für den Lebensunterhalt entwickelt hatte, hochspezialisiert. Gerade in diesen mesolithischen Jäger-und-Sammler-Gesellschaften mit ihren relativ begrenzten Stammesterritorien waren die Bedingungen, ein System für die Nahrungsproduktion zu entwickeln, am günstigsten. Diese Menschen besaßen ein umfangreiches Wissen über die lokalen Nahrungsressourcen. So gibt es zum Beispiel Indizien dafür, daß die mesolithischen Jäger und Sammler Westeuropas schon um 6000 vor Christus Wälder rode-

ten, um die Hirschjagd zu erleichtern. Zur gleichen Zeit wurde der Hund domestiziert, und vielleicht wurden sogar verschiedene Hirscharten als Haustiere gehalten.

Es ist ein weitverbreitetes Mißverständnis, daß Jäger und Sammler immer unter eingeschränkten Lebensverhältnissen am Rande des Hungertodes und der Unterernährung ihr Dasein fristen. Man darf dabei nicht vergessen, daß die heute noch lebenden Jäger und Sammler auf Gebiete wie Halbwüsten und Polarregionen beschränkt sind, also auf die unwirtlichsten Areale unserer Erde. Moderne Untersuchungen an solchen Gesellschaften ergaben, daß eher das Gegenteil der Fall ist. Diese Menschen verfügen nicht nur über eine sehr zuverlässige Nahrungsversorgung, sondern haben nicht selten Überschüsse. Die !Kung-Buschmänner der Kalahari-Wüste in Botswana, deren Technologie der mesolithischer Jäger und Sammler aus Europa sehr nahe kommt, bieten ein gutes Beispiel. Sie können sich in diesem trockenen Wüstengebiet nicht nur erfolgreich mit Nahrung versorgen, sondern können sich auch leisten, bei der Auswahl genießbarer Pflanzen sehr wählerisch vorzugehen. Nach Schätzungen sammeln und verzehren die !Kung nur etwa ein Viertel der verfügbaren Nahrungspflanzen und wenden zum Sammeln nur zwei bis drei Stunden am Tag auf — das sind weniger als 20 Stunden in der Woche.

△ Dieser Buschmann hat im Trockengrasgebiet der südafrikanischen Kalahari-Wüste soeben einen vergifteten Pfeil auf ein Tier abgeschossen. Die manchmal auch als San bezeichneten Buschmänner leben verstreut in kleinen, beweglichen Gruppen. Ihre häufigste Beute sind Antilopen, darunter Gemsantilopen, Springböcke, Wildebeest und Elen-Antilopen.

JOHN DOWNER/PLANET EARTH PICTURES

△ Vor einer kuppelförmigen Grashütte sammelt ein Kalahari-Buschmann Pflanzen. Die Gruppen der Buschmänner umfassen 30 bis 60 Mitglieder.

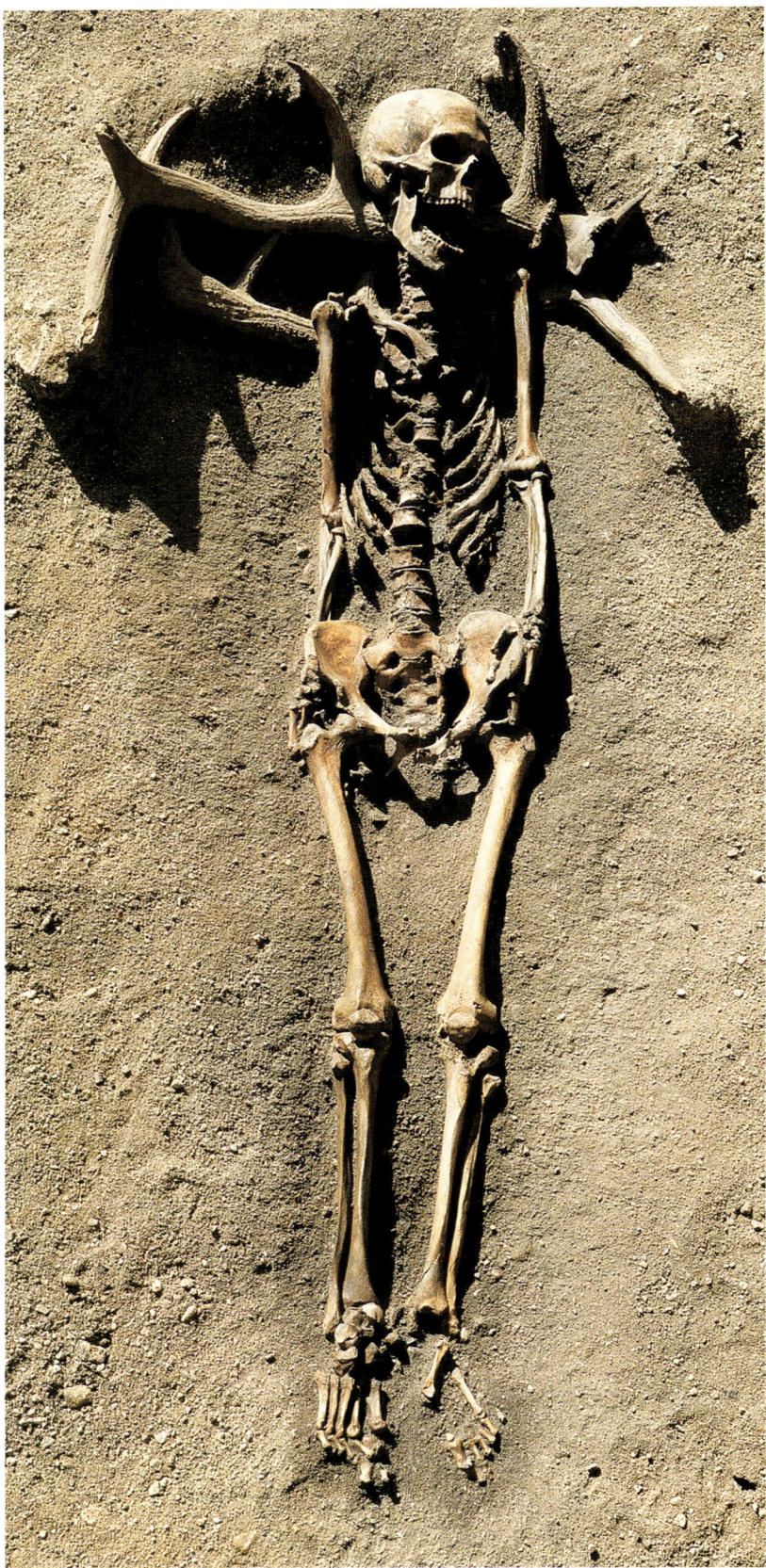

Ganz eindeutig gehörten die veränderten Klima- und Umweltbedingungen am Ende der letzten Eiszeit zu den entscheidenen Ursachen dafür, daß sich neue ökonomische Systeme so rasch auf der ganzen Welt entwickelten. In den meisten Fällen dürfte dieser Prozeß nicht freiwillig eingetreten sein. Vielmehr nötigte eine Kombination vieler unterschiedlicher Faktoren die Menschen nach und nach, aktiv Nahrung zu produzieren, um den Anforderungen einer ständig wachsenden Bevölkerung zu entsprechen. Insbesondere die mesolithischen Jäger und Sammler, die entlang der Küsten Nordwesteuropas lebten, können uns einen Hinweis darauf geben, warum Menschen nicht mehr jagten, Fische fingen und Pflanzen sammelten und stattdessen Bauern wurden.

Vom Mesolithikum zum Neolithikum

Um 6000 vor Christus begann in Westeuropa die sogenannte Atlantische Periode. Es war der wärmste Abschnitt der letzten Eiszeit, und die Durchschnittstemperaturen lagen um einige Grad höher als heute. Dichte Laubwälder bedeckten das Land, und es lebte dort reichlich Großwild (etwa Wildschein, Hirsch und Bär), aber auch kleinere Tiere. Die Seen und Flüsse wimmelten von Fischen und an den Küstenregionen gab es Fische, Robben und Krustentiere im Überfluß. Diese Bereiche gehörten zu den reichsten Ressourcengebieten der Erde. Angesichts einer so reichhaltigen und vielfältigen Nahrungsversorgung machte es diesen Menschen kaum etwas aus, wenn eine der Nahrungsquellen hin und wieder unregelmäßig zur Verfügung stand.

Sobald diese mesolithischen Gesellschaften nicht mehr darauf angewiesen waren, Großwild über lange Strecken zu verfolgen, ging auch die Größe des von ihnen bewohnten Gebiets zurück. Nach Schätzungen verdichtete sich die Bevökerung damals von einem auf 20 Individuen pro Quadratkilometer. Im Gegensatz zu früheren Ansichten bildete der Übergang zur Landwirtschaft dann allerdings keine Verbesserung ihrer Lebensbedingungen. Anstatt wenige Stunden am Tag Nahrung zu sammeln, mußten sie sich vielleicht zehn Stunden lang mit dem harten Boden abplagen. Zusätzlich bedeutete das Sammeln von Nahrung für die domestizierten Tiere viel Arbeit. Und als die Nahrungsversorgung unberechenbar wurde, begannen die Menschen erstmals, an Hunger und Krankheit zu leiden. So waren sie innerhalb von 2000 Jahren zu Bauern geworden.

◁ Eines der spektakulären mesolithischen Gräber von Vedbæk bei Kopenhagen (Dänemark), das auf ein Alter von 7000 Jahren datiert wurde. Eine etwa 50jährige Frau war auf dem Rücken liegend begraben worden. Kopf und Schultern ruhten auf zwei Geweihstangen des Rothirschs – vielleicht eine Anspielung auf eine Verbindung zwischen dem Alter und einem hohen gesellschaftlichen Rang in den mesolithischen Gesellschaften Nordeuropas.

DAVID BEATTY/COMSTOCK

Paradoxerweise entwickelten sich Bauerngesellschaften überwiegend in Gebieten mit reichen Nahrungsressourcen. Dagegen waren arktische Regionen ebenso wie Wüstengebiete und tropische Regenwälder aus naheliegenden Gründen für Ackerbau und Viehzucht ungeeignet. Die einzige Möglichkeit, in diesen Gebieten zu überleben, bestand darin, sich der bestehenden Umwelt anzupassen. Grundsätzlich müssen die Menschen dazu in kleinen Gruppen leben und lange Wanderungen auf sich nehmen.

Das reiche Nahrungsangebot der mesolithischen Gemeinschaften Europas verleitete sie dazu, eine vollständig seßhafte Lebensweise anzunehmen, eine Kombination, die immer zum Bevölkerungswachstum führt. Etwa um 5000 vor Christus hatten sich die ersten Bauerngesellschaften über ganz Mitteleuropa etabliert, nur nicht an der westeuropäischen Küste. Trotz enger Kontakte zwischen den Bauern des Hinterlandes und den Jägern und Sammlern an der Küste (diese Kontakte sind zum Beispiel dadurch nachzuweisen, daß letztere die Töpferei und polierte Steinäxte übernahmen) dauerte es beinahe noch weitere 1000 Jahre, ehe diese Küstenvölker anfingen, ihr Land zu bebauen und Tiere zu halten. Bis zu dieser Zeit

PETER JOHNSON/NHPA

△ Ein Lager der Mbuti-Pygmäen im Nordwesten Zaires. Die zwischen 150 000 und 200 000 Individuen zählenden Pygmäen leben in kleinen Gruppen, die über die Regenwaldgebiete des äquatorialen Afrika verstreut sind. Sie leben vom Jagen und Sammeln, haben jedoch mit ihren Ackerbau treibenden Nachbarn einen engen Tauschhandel entwickelt.

◁ Mitglieder einer Buschmann-Gruppe auf der Wanderung durch die Kalahari-Wüste. Sie tragen alle ihre Habe mit sich.

403

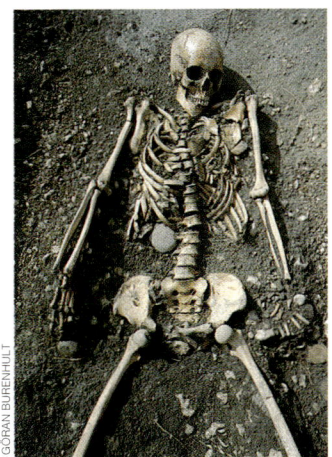

△ Dieses Grab der Stichkeramik-Kultur aus der Zeit um 2800 vor Christus stammt aus der Siedlung Ajvide auf der schwedischen Insel Gotland. Es enthielt die Überreste einer 20jährigen Frau. Sie war in ein Hemd gekleidet, das mit Robbenzähnen verziert war. Auf ihrer Brust fand man fünf linke Unterkieferhälften von Igeln sowie die Beinknochen von Kormoranen.

hatten sie es zweifellos noch nicht nötig, sich mit dem zeitaufwendigen Ackerbau abzumühen. Um etwa 4300 vor Christus war jedoch das Neolithikum fest eingewurzelt und beendete so das angenehme Leben des Mesolithikums.

Derselbe Ablauf wiederholte sich in vielen anderen Teilen der Welt. Die ökologische Erklärung wird dadurch unterstützt, daß zahlreiche Bauerngesellschaften aus ökologischen Gründen tatsächlich wieder zur Jäger-und-Sammler-Gesellschaft zurückkehrten. So hatte sich zum Beispiel die erste Bauerngesellschaft im Osten Schwedens, die sogenannte Vra-Kultur, kurz nach 4000 vor Christus etabliert. Um 3000 vor Christus führte dann ein feuchteres und kühleres Klima (die sogenannte subboreale Periode) zu einem bemerkenswerten Anstieg der marinen Nahrungsversorgung — insbesondere an Robben — in der Ostsee. Die frühen Bauerngesellschaften dieser Region verschwanden wieder, und die Menschen gründeten stattdessen wieder eine reiche Gesellschaft von Jägern und Sammlern, die nach ihrer unverwechselbaren Keramik benannte Stichkeramik-Kultur. Zwar lebten die Menschen überwiegend vom Fischfang und der Robbenjagd, doch behielten sie einige Elemente der früheren Landwirtschaft bei, insbesondere das Hausschwein.

Dieses eindeutige Beispiel aus Skandinavien zeigt, wie schnell Menschen sich den wechselnden Umweltbedingungen anpaßten, um ihre Nahrungsversorgung zu gewährleisten. Wir können daher nicht nur den komplizierten und vielfältigen neolithischen Prozeß verstehen, der auf der ganzen Welt einsetzte.

△ Robben, insbesondere Seehunde und Kegelrobben, bildeten die Nahrungsgrundlage der Stichkeramik-Ökonomie. In den Siedlungen wurden enorme Mengen von Robbenknochen geborgen, daneben auch zahlreiche Knochen von Schweinen, Fischen und Wildgeflügel.

△ Wie der Name schon sagt, zeichnet sich die Stichkeramik durch tiefe Kerben in der Oberfläche aus. Nach Ansicht einiger Fachleute dienten diese Kerben einem praktischen Zweck, während andere sie lediglich für Dekoration halten.

▷ Die Kalksteinhöhle von Stora Förvar (»Der große Speicher«) auf der Insel Stora Karlsö vor der Küste der Ostsee-Insel Gotland. Zur Zeit der Stichkeramik-Kultur vor 5000 Jahren wurde die Höhle zu gewissen Jahreszeiten bewohnt. Damals bildeten Robben, Fische und Vogeleier die Hauptnahrung.

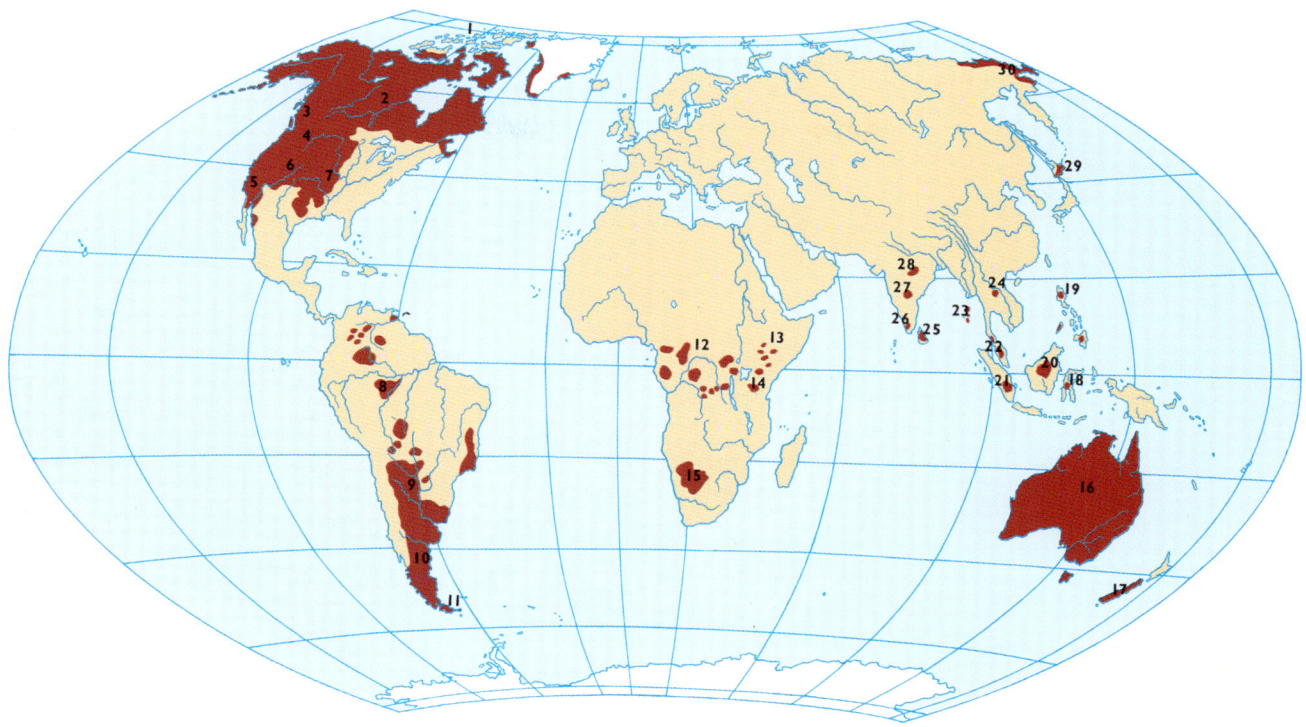

Wir wissen nun auch, wie jene Jäger-und-Sammler-Gesellschaften überleben konnten, die einen Zustand ökologischen Gleichgewichts anstrebten, die Möglichkeiten des Landes mit ihrer traditionellen Lebensweise also nicht überforderten — eine Situation, die damals die gesellschaftliche Stabilität förderte.

Die meisten Jäger-und-Sammler-Völker, die ihre ursprüngliche Lebensweise beibehielten, findet man in isolierten Randgebieten mit extremen klimatischen Bedingungen. Allen diesen Gesellschaften ist gemeinsam, daß sie sich ihrer Umwelt in hochspezialisierter und häufig raffinierter Weise angepaßt haben. Dazu gehören die südafrikanischen Buschmänner ebenso wie die Pygmäen der mittelafrikanischen Regenwälder, aber auch etliche Völker Südostasiens und Melanesiens, wie etwa die Andamesen, die Semang und die Bewohner der Sepik-Region Neuguineas.

Allerdings bilden zwei Regionen, in denen Jäger und Sammler mit einer vielfältigen Nahrungsbasis bis in historische Zeit überlebt haben, eine Ausnahme in diesem weitverstreuten Bild: Australien und Nordamerika. Über Jahrtausende haben sich die australischen Aborigines sowohl einigen der trockensten Wüstengebiete der Welt als auch den ressourcenreichen Küstengebiete angepaßt, insbesondere im Norden des Kontinents. In ähnlicher Weise zeigten auch die nordamerikanischen Indianer und die Inuit (Eskimos) eine bemerkenswerte Fähigkeit, sich unterschiedlichsten Lebensräumen anzupassen, von den Küstengebieten des nordwestlichen Pazifik bis zu den Wäldern, Wüsten und arktischen Tundren.

GÖRAN BURENHULT

△ Zu den Urvölkern der Malaiischen Halbinsel gehören die Semang, die Senoi und die Jakun. Sie leben noch immer vom Jagen und Sammeln, doch haben in letzter Zeit insbesondere die Jakun den Ackerbau übernommen. Die wichtigste Jagdwaffe ist ein hölzernes Blasrohr, wie dieses hier, das ein Jakun-Jäger bei Tasek Chini (Malaiische Halbinsel) einsetzt.

JÄGER UND SAMMLER
In den markierten Gebieten haben Jäger-und-Sammler-Völker in moderner Zeit gelebt – grundsätzlich unter extremen Umweltbedingungen.
KARTOGRAPHIE: RAY SIM

1 Eskimos
2 subarktische Indianer
3 Indianer der Nordwestküste
4 Hochlandindianer
5 kalifornische Indianer
6 Indianer des Großen Beckens
7 Prärieindianer
8 Jäger und Sammler des Amazonasbeckens
9 Gran Chaco Indianer
10 Tehuelche
11 Feuerländer
12 Pygmäen
13 Okiek
14 Hadza
15 Buschmänner
16 australische Aborigines
17 Maori
18 Toala
19 Agta
20 Punan
21 Kubu
22 Semang
23 Andamanen
24 Mlabri
25 Vedda
26 Kadar
27 Chenchu
28 Birhor
29 Ainu
30 Chukchi

POPPERFOTO/SPORTING PIX

△ Ainu-Männer vor ihrem Dorf auf Hok-kaido (Japan). Die immer stärker zurückge-henden Ainu gingen ihrer traditionellen Le-bensweise des Jagens und Sammelns noch in letzter Zeit nach. Nach Ansicht einiger Anthropologen sind sie Nachkommen der Jomon-Völker, die auf Hokkaido und im Norden von Honshu lebten. Andere dage-gen halten sie für eine eigene paläoasiati-sche ethnische Gruppe.

Die Jomon: Fischer und Töpfer

Das vergleichsweise späte Auftreten der Landwirt-schaft entlang der europäischen Atlantikküste, wo die Klimaveränderungen am Ende der letzten Eiszeit für ein reiches Nahrungsangebot sorgten, besitzt auch in vielen anderen Gebieten der Welt Parallelen. So ent-wickelten die Lachs fischenden Indianer der nord-amerikanischen Nordwestküsten ein kompliziertes System von Häuptlingstümern (was für die zumeist nicht hierarchischen Jäger-und-Sammler-Gesell-schaften untypisch ist) und betrieben niemals irgend-eine Form des Ackerbaus oder der Viehzucht. Und in Nordjapan führte die Fülle der Meeresressourcen zu einer der frühesten und eigenständigsten Fischerkul-turen.

Die Menschen, die während der letzten Eiszeit das Land von Beringia überquerten und sich in der Neuen Welt niederließen, stammten von den Gesell-schaften der ostsibirischen Jäger und Sammler ab, die in den unwirtlichen Tundren um das Tal des Aldan-Flusses umherstreiften. Vor 18 000 bis 12 000 Jahren entwickelte sich hier die sogenannte Dyukhtai-Tradi-tion. Aber nicht alle Sibirier gelangten in nordöstli-cher Richtung zur Chukchi-Halbinsel und nach Alaska. Als vor ungefähr 13 000 Jahren das schmel-zende Eis den Meeresspiegel anhob und viele Küsten-gebiete überflutete, ließen sich mehrere Völker ent-lang der weiter südlich gelegenen Küsten und Seen Ostasiens nieder. Als die Landflächen schrumpften,

▷ Diese aufwendig verzierte Lehmmaske aus der späten Jomon-Periode hatte viel-leicht eine gewisse rituelle Bedeutung.
UNIVERSITY MUSEUM/UNIVERSITY OF TOKIO

nahm die Bedeutung der Küstenregionen zu. Das wärmere Klima ermöglichte den Laubbäumen sich auszubreiten, wodurch zusätzliche Nahrungsquellen geschaffen wurden. Wie in Europa, so siedelten auch hier die Menschen innerhalb von Gebieten mit reichem Nahrungsangebot relativ dicht beieinander. Eines dieser Völker waren die Jomon.

Die Gemeinschaften der Jomon, einschließlich derer der Insel Honshu, lebten überwiegend von den reichlichen örtlichen Vorkommen der Krustentiere und Lachse. Zudem ergänzten sie ihren Speisezettel durch Rothirsche und Wildschweine sowie durch pflanzliche Nahrung, etwa Nüsse, Eicheln und eßbare Samen. Diese günstige Umgebung hatte sie schon vor 13 000 Jahren zu einer seßhaften Lebensweise verleitet. Dadurch kam es dazu, daß die Jomon als erstes Volk Töpfe (und etwas später, vor 11 000 Jahren, auch Figurinen und Masken) aus gebranntem Ton herstellten. Die winzigen Tonfiguren stellen vermutlich Frauen, sogenannte Dogu, dar und wurden wahrscheinlich in einer Art Fruchtbarkeitskult eingesetzt.

Bis heute wurden mehr als 10 000 Jomon-Siedlungen entdeckt. Die meisten befinden sich auf Honshu, und aus Fundstätten wie Fukui, Kamikuroiwa und Sampukuji wurden einige der ältesten Keramikfunde geborgen. Zwar zeugen alle diese Siedlungen von ähnlichen Kulturtraditionen, doch findet man auch ein bemerkenswertes Ausmaß regionaler Anpassungen an unterschiedliche Umweltbedingungen. Der Lebensunterhalt war eng mit den wechselnden Jahreszeiten verbunden. Die frühesten Siedlungen befinden sich unter Felsüberhängen oder bestehen einfach aus Grubenhäusern. Diese wurden nach 5000 vor Christus durch größere, sorgfältig erbaute Holzhäuser ersetzt, die über aufwendige Feuerstellen verfügten.

Im Laufe der langlebigen Jomon-Tradition wurden in einigen Gebieten in bescheidenem Umfang Pflanzen angebaut, in erster Linie verschiedene Arten von Echinochloa und Perilla. Andere domestizierte Pflanzen, wie Flaschenkürbisse und Mungo-Bohnen, wurden vermutlich aus dem Süden eingeführt. Diese neolithischen Importe erfolgten in erster Linie im westlichen Honshu, während die Gemeinschaften der reicheren Küstenregionen des Nordwestens ihre ursprüngliche Lebensweise beibehielten.

Um 3000 vor Christus begann das kalte Klima der subborealen Periode auch Japan zu beeinflussen. Noch einmal erlangten die Ressourcen der Küsten eine erhebliche Bedeutung, und der Ackerbau ging im westlichen Honshu zurück. Um 1500 vor Christus begannen die Jomon-Vertreter Kyushus im Süden, Reis und Buchweizen anzubauen, während sich die ursprüngliche Jomon-Tradition im nördlichen Honshu und auf Hokkaido noch bis um 300 vor Christus hielt. Auf Hokkaido setzten einige Bevölkerungsgruppen ihre 14 000 Jahre alte Lebensweise gar noch bis ins Jahr 800 fort.

Göran Burenhult

◁ Diese sogenannte *Dogu*, eine Lehmfigurine der Jomon-Kultur, stammt aus dem dritten oder vierten Jahrhundert vor Christus. Die meisten dieser *Dogu* stellen weibliche Figuren dar. Vermutlich spielten sie bei Fruchtbarkeitskulten eine Rolle.
WERNER FORMAN ARCHIVE

▷ Eine rituelle Fundstätte der späten Jomon-Kultur bei Tabara in der Nähe von Tokio, Japan .

MARK J. HUDSON/AUSTRALIAN NATIONAL UNIVERSITY

△ Diese Zeichnung einer Felsgravur bei Zalavruga in der Nähe von Belomorsk (Karelia, Rußland) zeigt drei Männer auf Skiern. Siedlungen in der Umgebung dieses Fundorts wurden auf 2000 bis 1500 vor Christus datiert.
GÖRAN BURENHULT

FENNOSCANDIA,
etwa 8500 bis 3500 vor Christus
Die Pfeile weisen auf die frühesten Migrationsrouten, die in das nördliche Norwegen, Schweden und Finnland hineinführten. Die im Text erwähnten frühen Fundstätten sind eingezeichnet, und die überschatteten Gebiete bezeichnen Kulturen.
KARTOGRAPHIE: RAY SIM

▽ Frühe Siedler bevorzugten Orte, wie diesen flachen See im finnischen Lappland, wo das sauerstoff- und nährstoffreiche Wasser eine verläßliche Versorgung mit Fischen garantiert, eine der wichtigsten Nahrungsquellen der Arktis.

DIE ARKTISCHEN JÄGER UND FISCHER EURASIENS

Die Anpassung des Menschen an die Lebensbedingungen der Arktis reichen bis in das Paläolithikum vor über 20 000 Jahren zurück. Riesige Zahlen pleistozäner (eiszeitlicher) Tiere ernährten die Völker, die an den südlichen Rändern der kontinentalen Eismassen Europas lebten. Von Sibirien aus führte eine offene Straße über die Beringbrücke nach Nordamerika — der Durchgang in die Neue Welt.

Die arktische Umwelt

Was das Überleben in der Arktis so schwierig machte, war nicht nur das Problem, Nahrung zu beschaffen, sondern auch Temperaturen zu widerstehen, die manchmal wochenlang bis zu 46 Grad Celsius unter dem Gefrierpunkt bleiben. Ohne eine sorgfältig zusammengenähte, wasserdichte und isolierende Kleidung aus Tierfellen wäre dies dem Menschen niemals möglich gewesen. Diese Art der Kleidung konnte mit Hilfe der knöchernen Nähnadel, die im Paläolithikum erfunden worden war, hergestellt werden. Überhaupt mußte die gesamte Technik (Wohnen, Transport, Heizung und so weiter) der baumlosen Umgebung angepaßt werden, die über den größten Teil des Jahres von Eis und Schnee bedeckt war. Die Arktis ist eigentlich eine riesige Wüste, die einen gefrorenen Ozean umgibt, und daher gehören die arktischen Kulturen zu den spezialisiertesten, die sich jemals entwickelt haben.

In den arktischen Regionen herrschen das ganze Jahr über niedrige Temperaturen, die auch im Sommer durchschnittlich zehn Grad Celsius nicht übersteigen. Unter derartigen Bedingungen besitzt das Ökosystem nur eine geringe Produktivität, und es leben dort nur wenige Pflanzen- und Tierarten. Die Menschen siedelten, wo Fische und Wild reichlich

vorkamen, nahe an den sauerstoff- und nährstoffreichen Flüssen und Ästuaren sowie entlang der Küsten, die über einen Teil des Jahres eisfrei waren. Zu den wichtigsten Nahrungsquellen der Arktisbewohner gehörten Fische, Robben, Wale und Rentiere (die in Nordamerika Karibus heißen). In der Subarktis waren Elche, Biber und Vögel von größerer Bedeutung, obwohl man auch das Rentier jagte, das, nachdem es den Sommer über in der Tundra oder im Gebirge Nahrung gesucht hatte, in die Wälder wanderte.

Es ist bemerkenswert, daß die Landwirtschaft schon um 2500 vor Christus in beschränktem Maße in Gebieten mit Meeresklima Einzug hielt, so zum Beispiel an der Nordküste Norwegens, Schwedens und Finnlands. Dennoch bleiben die Jagd, der Fischfang, die Fallenstellerei und das Sammeln von Beeren die wirtschaftlichen Grundpfeiler dieser Regionen bis weit ins 20. Jahrhundert hinein.

Frühe Siedlungen in Skandinavien und Finnland

Skandinavien und Finnland, die vor weniger als 10000 Jahren von den Gletschern befreit wurden, waren die letzten Bastionen europäischer Jäger, die von arktischen und subarktischen Ressourcen lebten. Obwohl diese Jägergesellschaften in mancherlei Hinsicht denen ähnelten, die Jahrtausende früher in Europa verschwunden waren, darf man nicht vergessen, daß diese nördlichen Kulturen mit den neolithischen, bronze- und eisenzeitlichen sowie mittelalterlichen Kulturen, die sich damals in Westeuropa und im europäischen Rußland entwickelten, koexistierten und auch beeinflußt wurden.

Die frühesten skandinavischen Siedlungen findet man entlang der Westküsten Schwedens und Norwegens. Diese Kulturen — sie sind in Schweden als Hensbacka und in Norwegen als Fosna und Komsa

△ Mesolithische Speerköpfe oder Messer aus Finnland. Sie wurden aus poliertem Schiefer gefertigt. Im nördlichen Skandinavien
und in Finnland kommt unter natürlichen Umständen kein Feuerstein vor. Daher wurden stattdessen Quarz und Schiefer verwendet.

bekannt — reichen bis 9000 oder 8000 vor Christus
zurück. Obwohl sie das Rentier im Hochland des
südlichen und des nördlichsten Norwegen jagten,
lebten die Bewohner dieser Siedlungen überwiegend
von Ressourcen aus dem Meer, etwa von Robben,
Walen, Fischen und Seevögeln. In dieser Hinsicht ähnelten sie den Paläoeskimo-Gesellschaften, die sich
3000 Jahre später über die arktischen Gebiete Nordamerikas ausbreiteten.

Um 6000 vor Christus waren die Jäger im Inneren
der skandinavischen Halbinsel nach Norden bis zum
Polarkreis vorgedrungen. Ihre archäologischen Reste
sind denen der mesolithischen Völker Nordwesteuropas vergleichbar. Sie produzierten Mikrolithen und
kleine Äxte aus Feuerstein und ähnlichem Gestein sowie größere Werkzeuge aus Knochen und Elchgewei-
hen, darunter Harpunen und Angelhaken für den
Fischfang. Daneben stellten sie Gegenstände aus Holz
und Baumrinde her, etwa Netzschwimmer, Bogen,
Fallen und Einbäume.

Außerdem wurde die nordische Region vom Osten
und Südosten aus besiedelt. Wie in Norwegen befinden sich die ältesten Fundstellen Finnlands an alten
Küstenverläufen. Im Süden Finnlands lebten die
Askola- und Suomusjärvi-Kulturen in erster Linie
von der Robbenjagd, die für die Küstenbewohner der
gesamten Ostseeregion zur wirtschaftlichen Grundlage wurde.

In Nordschweden entwickelten sich einheimischen
Inland- und Küstenkulturen zwischen 5500 und 2000
vor Christus. An den Küsten lebten das ganze Jahr
über Gemeinschaften von etwa 60 Menschen. Sie jagten Robben, fingen Fische und stellten dem Elch und
dem Biber nach. An der Fundstelle von Lunfors am
Ästuar des Skellefteå sprechen verbrannte Knochen
und Tausende von Netzgewichten dafür, daß Eismeer-Ringelrobben mit Hilfe aufwendiger Netzfallen
gefangen wurden. Bei einer guterhaltenen Siedlung
bei Vuollerim wurden die Reste von vier Grubenhäusern freigelegt, die elf Meter lang und vier Meter breit
waren. Es handelte sich um Winterhäuser, die in jeder

△ Ein großer Teil der Ausrüstung, die zur
Jagd und zum Fischfang eingesetzt wurde,
etwa Harpunen, Spitzen und Angelhaken,
wurde aus Holz oder Knochen hergestellt.
Allerdings bleiben diese Materialien an archäologischen Fundstätten nur selten erhalten. Am besten erhalten sie sich in Mooren,
in lehm- oder kalksteinhaltigen Böden. Hier
wurde eine der Spitzen zu einem Harpunenkopf rekonstruiert.

◁ Diese subneolithischen Netzsenker aus
Kangasala (Südfinnland) bestehen aus
Stein, Wacholder und Birkenrinde. Mit Netzen wurden sowohl Fische als auch Robben gefangen.

△ Dieses Messer aus poliertem schwarzem Schiefer stammt aus der Fundstätte von Lundfors an der Nordküste Schwedens. Es wurde auf etwa 3500 vor Christus datiert.
NOEL D. BROADBENT

NATIONAL BOARD OF ANTIQUITIES, FINLAND

△ Steinsenker und Schwimmer aus Baumrinde von einem geflochtenen Fischernetz. Es stammt aus der Zeit um 9000 vor Christus und blieb bei Antrea in Finnland im Lehmboden erhalten.

▽ Feuerstein-Pfeilköpfe aus Finnland. Sie datieren von etwa 3000 vor Christus.

Saison drei oder mehr Familien Schutz gaben.

In den Inlandgebieten wurden die Häuser teilweise aus Hügeln verbrannter und zerbrochener Steine errichtet und in Gruppen von jeweils zwei bis vier Stück angeordnet. Vermutlich wurde jede Häusergruppe von einer einzigen Jagdgesellschaft bewohnt. Im Winter bildete der Elch, der mit Fallgruben gefangen wurde, die Hauptnahrung.

Die Schneidewerkzeuge dieser Menschen bestanden aus poliertem Schiefer und abgeschlagenem Quarz. Örtlich wurde das gleiche Material auch in Finnland eingesetzt, obgleich ungewöhnlich schöne Werkzeuge aus rotem und grünem Schiefer aus Schweden und Norwegen weithin kursierten.

Die Küstenfunde im nördlichen Norwegen von etwa 4000 vor Christus bis zum ersten nachchristlichen Jahrhundert zeichnen sich durch Reihen von Eindrücken aus, die einst die Böden von Grubenhäusern bildeten — bis zu 80 an einer einzigen Fundstelle. An denselben Orten wurden später permanente Siedlungen errichtet. Spätere Dörfer wurden an den Stränden niedrigerer Höhenlagen und zudem näher an der wechselnden Küstenlinie erbaut. Diese Höhenunterschiede halfen den Archäologen, die prähistorischen Siedlungen im ganzen nördlichen Bereich zu datieren. Da der nördliche Küstenverlauf am Ende der letzten Eiszeit sich verlagerte, als das entgletscherte Land zurückwich, wissen wir, daß das Alter einer Siedlung mit der Höhe einer küstennahen Fundstätte zunimmt.

Auf diese Weise wurden Felsengravuren datiert, die man vor kurzem in nördlichen Norwegen entdeckt hatte. Diese Darstellungen zeigen die Tierwelt, die von den damaligen Menschen geschätzt wurde und die mit ihnen verbundenen Rituale. Die Objekte dieser Felsenkunst sind denen der paläolithischen Höhlenmaler, die vor 32 000 bis 12 000 Jahren in Frankreich und Spanien arbeiteten, bemerkenswert ähnlich. Der Schamanismus - die Kommunikation mit der Natur und den Tiergeistern durch bestimmte Individuen, den sogenannten Schamanen — ist die typischste Glaubensform der nördlichen Völker, angefangen von den skandinavischen Saami bis zu den Grönländern.

N. BURENHULT

Die Domestikation des Rentiers

Die Bauernkulturen haben die nördlichen Jäger und Fischer auf verschiedene Weise beeinflußt. So begannen etwa die finnischen Gruppen schon um 4200 vor Christus mit der Herstellung von Keramik. Sie benutzten große Gefäße, um ihre Nahrung darin zuzubereiten und aufzubewahren. Allerdings züchteten und hielten sie keine Tiere und werden daher als subneolithisch angesehen. Um etwa 2500 vor Christus waren richtige Bauern an der skandinavischen Küste bis über den Polarkreis hinaus gewandert. Obwohl sie als Ackerbauern vermutlich nur bescheidene Erfolge erzielten, führten sie das Prinzip und die Techniken der Tierdomestikation ein. Ähnliche Kontakte gab es damals zwischen den Hirten und nördlichen Jägern Sibiriens. Vermutlich führte diese Begegnung zur Domestikation des Rentiers, das ein ganz typischer Anblick der nördlichen eurasischen Kulturen werden sollte. Es ist interessant, daß auch die ältesten Ski der Welt, die aus dem nordschwedischen Kalvträsk stammen, aus der Zeit um 2500 vor Christus datieren. Ohne Ski dürfte die Haltung von Rentieren praktisch unmöglich gewesen sein.

Das Rentier läßt sich zähmen und wie Schafe und Ziegen züchten. Allerdings wurden zahme Rentiere

NATIONAL BOARD OF ANTIQUITIES, FINLAND

◁ Diese Hirschbilder von der isolierten Fundstätte von Vingen in Sogn og Fjordane (Westnorwegen) stammen nach allgemeiner Ansicht aus der Zeit um 1000 vor Christus, jedoch könnten sie auch viel älter sein. In diesen nordischen Regionen gingen die Menschen einer auf der Jagd basierenden, mesolithischen Lebensweise noch weit bis in die Bronzezeit hinein nach.

△ Die Felsgravuren von Alta (Nordnorwegen) zeigen sowohl die Tiere, die für die Menschen damals wichtig waren, als auch die Rituale, die mit ihnen verbunden waren. Die Motive waren denen der paläolithischen Höhlenkunst Frankreichs und Spaniens erstaunlich ähnlich.

▽ Ein Lappen-Hirte führt seine Herde in Norwegen. Das Rentier wurde vermutlich um 2500 vor Christus gezähmt, möglicherweise unter dem Einfluß skandinavischer Hirten, die damals bis über den Polarkreis gewandert waren.

überwiegend dazu eingesetzt, wilde Exemplare anzulocken, um Schlitten zu ziehen und Milch zu spenden. Große, halbdomestizierte Rentierherden wurden erst im späten Mittelalter als Fleischlieferanten gehalten. Bis zu dieser Zeit waren die Saami, die einheimische Bevölkerung Lapplands, noch immer Jäger und Fischer, ähnlich ihren steinzeitlichen Vorfahren. Auch sibirische Völker, etwa die Nenet, die Evenki, die Yakuten und Chukchi, kombinierten die traditionelle Jagd und den Fischfang mit den Segnungen domestizierter Rentiere.

Bis heute ist das Rentier eine der produktivsten Landressourcen der Arktis. In ähnlicher Weise gehören die nördlichen Meere zu den fischreichsten Gewässern der Erde. Es überrascht daher kaum, daß die einheimischen Völker, die den zirkumpolaren Norden bewohnen, mit Nachdruck darauf bestehen, diese Ressourcen weiterhin nutzen zu dürfen, die über Jahrtausende eine Grundlage ihrer Lebensweise bildeten.

Noel D. Broadbent

△ Diese Thule-Gegenstände wurden unter anderen von der Ostküste von Ellesmere Island, nordwestlich von Grönland, geborgen. In der Mitte befinden sich zwei kleine, aus Elfenbein geschnitzte weibliche Fetische, auf der linken Seite ein Harpunenkopf.

DIE THULE-KULTUR

Die unter dem Namen »Thule« bekannte Kultur erwuchs um das Jahr 900 aus der Birnirk-Kultur des nördlichen Alaska. Diese Menschen hatten sich auf die Jagd nach den riesigen Grönlandwalen spezialisiert, die zwischen 30 und 40 Tonnen wiegen. Offenbar drangen sie rasch nach Osten vor und erreichten etwa im 15. Jahrhundert die Küstengebiete der kanadischen Arktis, Grönlands und Labradors.

Diese Wanderung erfolgte während einer Warmzeit, während der nordische Siedler auch durch eisfreie Gewässer nach Island und zu den Siedlungen im Süden Grönlands vordrangen. Wahrscheinlich reduzierten die wärmeren Temperaturen die Eismassen der Beaufort-See und öffneten Golfe und Wasserstraßen zum Osten hin, so daß die Wale wandern konnten. Allerdings führten die wärmeren Winter auch dazu, daß den Ringelrobben, von denen die Birnirk-Jäger lebten, im Westen weniger Wurfhöhlen aus Schnee zur Verfügung standen. Aus den Fundstätten der Birnirk-Kultur sind keine Indizien für den Walfang bekannt. Diese Technik dürfte von den Punuk-Inseln im Beringmeer eingeführt worden sein, deren Bewohner damals schon beinahe tausend Jahre lang den Walfang betrieben hatten.

Das erste Auftauchen der Thule-Kultur in den östlichen Küstenregionen gegen Mitte bis Ende des elften Jahrhunderts überschnitt wahrscheinlich mit der Besetzung der Region durch Vertreter der einheimischen Dorset-Kultur. Weil letztere plötzlich verschwand, vermutete man, sie sei von der Thule-Kultur verdrängt worden. Erkenntnisse aus jüngerer Zeit sprechen jedoch dafür, daß diese Kultur aus unbekannten Ursachen etwa ein bis zwei Jahrhunderte vor der Ankunft der Thule-Jäger zusammenbrach.

Wie sich herausstellte, war das wirkungsvollste Hilfsmittel zur relativen Altersbestimmung der Thule-Siedlungen die Untersuchung der fortschreitenden Herstellungsstile von Harpunenköpfen. Der in unverwechselbarer Weise dekorierte, als »Sicco« bezeichnete Typ kommt häufig an Punuk-Fundstellen vor, an denen der Birnirk-Kultur dagegen seltener. Er wurde auch an einigen östlichen Fundorten nachgewiesen, was vielleicht für eine Route der frühesten östlichen Migration spricht. Die Walfänger zogen durch westliche Gewässer in die Barrow-Straße und den Lancaster Sound und dann nach Norden über Smith Sound zur Ostküste von Ellesmere Island und Nordwestgrönland. Es scheint, daß Funde von der mittleren und östlichen Küste von Ellesmere Island aus der sogenannten Ruin-Island-Phase diese Hypothese stützen. Diese nach einer kleinen Insel benannten Fundstätten, die zwischen Nordgrönland und dem östlichen Ellesmere Island liegt und die überwiegend der Thule-Kultur angehörten, bargen Sicco-Harpunenköpfe und einige andere Gegenstände mit Merkmalen der Punuk-Kultur. Zudem fand man Wollstoffe, Bootsnieten und Verbindungsstücke von Kettenpanzern. Gerade letztere sprechen dafür, daß Wikinger-Expeditionen dort gewesen sein müssen. Die Radiokarbon-Datierung ordnet diese Funde dem zwölften und frühen dreizehnten Jahrhundert zu, in eine Zeit also, aus der es auch Berichte der Wikinger über Reisen nach Südgrönland gibt.

Zum Süden hin entsprechen die Funde früher Thule-Stätten schon eher der von den Birnirk-Jägern geerbten Thule-Kultur. Dies spricht für eine Wanderung von der Point-Barrow-Region Nordalaskas um das elfte Jahrhundert sowie für eine zweite Wanderungswelle, die ein Jahrhundert später von Westalaska aus erfolgte. Die Objekte der zweiten Welle sind

△ Dieser Steinring beschwerte ein aus Häuten gefertigtes Zelt bei Cape Copeland auf Shannon Island (Nordwestgrönland). An der rechten Rückseite des Ringes erkennt man eine Schlafplattform.

▷ Dieses kleine Thule-Grubenhaus, das man an der Südküste von Baffin Island freilegte, wurde teilweise dadurch rekonstruiert, daß man zehn Rippenpaare des Grönlandwals wieder zusammenband, die einst die Dachsparren bildeten.

durch die Ruin-Island-Phase charakterisiert und stark von der Punuk-Kultur beeinflußt.

Eine typische Thule-Behausung war ein Grubenhaus von drei mal 3,5 Meter, das am Hang eines Hügels zwei Meter tief in die Erde gegraben war. In der Regel war es nicht, wie es im Westen häufig vorkam, mit Treibholz ausgekleidet, sondern mit großen Steinen, Walschädeln und Knochen. Dachbalken aus Walkiefern wurden mit Walroß-Häuten, Erdsoden und Steinen bedeckt. Eine Schlafplattform aus flachen Steintafeln erhob sich etwa 46 Zentimeter über dem Boden, um gegen die Kälte zu isolieren. Da kalte Luft nach unten fließt, führte ein drei bis sechs Meter langer Tunnel, der hangaufwärts führte und in einer tieferen Kältekammer endete, durch den Fußboden in den Wohnraum. Große Specksteinlampen, die mit Dochten aus Wollgras versehen und mit Robbenfett gespeist wurden, sorgten für Licht, spendeten aber auch Hitze zum Kochen in Specksteinschalen.

Einigen Darstellungen zufolge, die man auf Elfenbein-Werkzeugen eingeritzt fand, bestanden die Walfang-Teams vermutlich aus drei bis vier Kajaks sowie einem Harpunier und Ruderern, die in einem großen, fellbespannten Umiak fuhren. Sobald eine ablösbare Harpunenspitze in den Wal gestochen worden war, warf man Leinen an aufgeblasenen Robbenhäuten ins Wasser, um zu verhindern, daß der Wal abtauchte. Anschließend tötete man das Tier mit Lanzenstichen in die lebenswichtigen Organe.

Allerdings wurden Wale vermutlich selten erlegt. Eine häufigere Beute waren Robben, Walrosse, Karibus sowie praktisch alle übrigen Säuger, Vögel und Fische der Region. Die Thule bedienten sich vieler verschiedener Jagdwaffen, so etwa gewisser Harpunen, die mit der Hand oder einem Wurfbrett geschleudert wurden, sich selbst zerlegten und deren Kopf und Leine an treibenden Gegenständen befestigt waren. Den Karibus lauerte man mit schwachen Bögen auf, die mit Tiersehnen bespannt waren, oder man trieb sie zwischen konvergierende Steinhaufen (sogenannte Inuksuit), die wie menschliche Figuren geformt waren. Mit Hilfe von Schlitten, die durch vier bis sechs Hunde gezogen wurden, erweiterten die Thule ihre Jagdgründe bis auf das schneebedeckte Eis des Meeres. Zur Orientierung halfen ihnen vertraute Landvorsprünge und Berggipfel.

Die Thule-Jäger produzierten eine Fülle von Werkzeugen und Gebrauchsgegenständen mit besonderen Funktionen. So kannte man Messer zum Schlachten, zum Schnitzen und um Blöcke aus dem Schnee herauszuschneiden, ferner das typische, sichelförmige Frauenmesser (Ulu) sowie Nadeln, Fingerhüte und Nähkästen. Am nützlichsten war der Bogenbohrer, ein Werkzeug, das noch weit in historischer Zeit benutzt wurde.

Als es im 13. Jahrhundert kühler wurde, reduzierte das Meereseis die Möglichkeiten der großen Wale, Luft zu holen. Die Thule-Jäger gaben ihre tiefen Winter-Grubenhäuser zugunsten von Schneehäusern, die sie auf dem Eis errichteten, auf. Hier konnten sie die Robben direkt an deren Atemlöchern jagen. Die einheitliche Walfangtradition der Thule-Kultur wurde durch spezialisiertere regionale Varianten ersetzt, aus denen die traditionellen »Stämme« der Inuit (oder Eskimos) der historischen Zeit hervorgingen.

Moreau Maxwell

△ Die Thule-Jäger pflegten Karibus in sogenannte Inuksuit zu treiben, Einzäunungen, die aus aufgehäuften Steinen erbaut wurden. Der hier gezeigte Inuksuk (Singular) befindet sich auf Kulusuk Island im Südosten Grönlands.

△ Der Bogenbohrer war ein bogenförmiges Stück Elfenbein oder Geweih, an dessen Ende jeweils ein Riemen gebunden war. Letzterer war um eine hölzerne Spindel gewunden, die eine steinerne Spitze trug. Das gegenüberliegende Ende der Spindel wurde in eine Muffe gesteckt, die mit den Zähnen festgehalten wurde. Durch sägende Bewegungen wurde die Spindel zur Rotation gebracht. Auf hartem Walroß-Elfenbein bohrte man mehrere Löcher nebeneinander, um einzelne Teile abzubrechen und zu Harpunenköpfen oder Vorderschäften zu verarbeiten.

MOREAU MAXWELL

◁ Eine Expeditionsmannschaft der Calgary-Universität (Alberta, Kanada) legt auf Ellesmere Island einen Fundort der Thule-Kultur frei.

DIE INUIT-MUMIEN VON QILAKITSOQ

C. ANDREASEN UND J. P. HART HANSEN

Nahe der alten, verlassenen Siedlung von Qilakitsoq im Nordwesten Grönlands machte man 1972 eine erstaunliche Entdeckung: Man fand zwei Gräber mit acht mumifizierten Ibnit, die in Tierhäute gekleidet waren. Man hatte sie um das Jahr 1475 begraben, und sie sind damit die ältesten und besterhaltenen Menschen- und Kleidungsfunde der Thule-Kultur, der unmittelbaren Vorfahren der heutigen Inuit-Bevölkerung der östlichen Arktis.

Es handelt sich um zwei Kinder — ein Säugling von sechs Monaten und ein etwa vierjähriger Junge — sowie um sechs Frauen in einem Alter zwischen 18 und 50 Jahren. Alle trugen eine im Zuschnitt und Material ähnliche, in zwei Schichten angelegte Kleidung: Jacke, Hose und Stiefel bestanden aus Robbenfell, während die warme Innenjacke aus der Haut fünf verschiedener Vogelarten gefertigt war. Die Strümpfe bestanden aus der Haut des Karibu. Die Fähigkeit der Inuit, in dem unwirtlichen arktischen Klima zu überleben, gründet sich in erster Linie auf ihrer Fähigkeit, Tierfelle in geschickter Weise zu Kleidung zu verarbeiten. Tierfelle sind ein Material, das ausgezeichnet isoliert, indem es in der Kälte den Verlust der Körperwärme verhindert, während sich überschüssige Körperwärme, die durch physische Aktivität entsteht, verteilen kann.

Die meisten Individuen scheinen gesund gewesen zu sein. Die Erwachsenen besaßen eine Durchschnittsgröße von 151 Zentimeter. Man fand jedoch auch einige Erkrankungen, so etwa einen ausgeprägten Krebs des Nasenrachenraumes, einen Nierenstein, einige Frakturen, Parasiten, einen Fall von Hüftmißbildung und vielleicht sogar einen Fall von Mongolismus. Die Todesursache ließ sich nicht in allen Fällen ermitteln, und es war auch unmöglich zu sagen, ob alle Leichen gleichzeitig begraben worden waren. Eine Analyse der Gewebe ergab jedoch, daß die Gruppe vermutlich eng verwandt war und aus drei Generationen bestand.

Die Gesichter der Erwachsenen waren mit geschwungenen Linien an Stirn, Wangen und Kinn tätowiert. Diese Tätowierungen erinnern an die 2000 Jahre alten Figurinen Nordalaskas — und gewähren damit einen kurzen Einblick in eine Jahrtausende alte, spirituelle Tradition, die allein durch die Objektfunde der Thule-Kultur nicht offenbar geworden wäre.

△ Dieses sechs Monate alte Baby und ein etwa vierjähriger Junge wurden auf dem Bauch ihrer mutmaßlichen Mutter liegend gefunden, die etwa 25 Jahre alt war. Jacke und Hose aus Robbenfell sind an der Hüfte zusammengenäht. Die Haube läßt sich mit der Schnur zusammenziehen, die oben am Kopf endet und so verhindert, daß das Kind sich versehentlich stranguliert.
JOHN LEE, NATIONAL MUSEUM OF DENMARK

◁ In der Nähe dieses Fundorts wurden auf dem Muttergestein etwa 40 Steingräber errichtet. Nur die beiden Mumiengräber waren auf einem Hang loser Steine unter einem überhängenden Fels errichtet worden, so daß sie vor Sonne, Regen und Schnee geschützt blieben und das Wasser gut ablaufen konnte. Zusammen mit dem trockenen, kalten und hocharktischen Klima hielten diese Faktoren die Leichen trocken und in gutem Zustand. Ein Grab enthielt drei Erwachsene und zwei Kinder. In den übrigen lagen drei Erwachsene. Sie lagen übereinander in Robbenhäute eingehüllt. Abgesehen von 26 Kleidungsstücken und Robbenhäuten wurden keine weiteren Grabbeigaben gefunden.

△ Der Sandstrand der geschützten Bucht bot den empfindlichen Fellbooten der Thule-Kultur ideale Landungsbedingungen. Mehrere Häuserruinen aus lokalem Torf und Steinen zeigen, daß der Ort überwiegend im Winter bewohnt wurde. Zu dieser Jahreszeit fing man Ringelrobben an ihren Atemlöchern im Eis. Im Sommer stellten die Menschen den in diesem Gebiet häufigen Robben, Walen und Vögeln nach. In den Gebirgen südlich der Siedlung jagte man Karibus.

▽ Diese in Robbenfelle eingehüllte, 25jährige Frau – vermutlich die Mutter des Babys – trägt eine innere Jacke aus Vogelhaut mit einem Saum aus Karibu-Fell sowie eine äußere Jacke, kurze Hosen, Stiefel aus Robbenfell und Strümpfe aus der Haut von Karibus. Ihre Schenkel sind unbekleidet. Der Karibu-Saum der inneren Jacke bedeckt das entblößte Fleisch zwischen den sehr tief sitzenden Shorts und der äußeren Jacke.
THE GREENLAND NATIONAL MUSEUM AND ARCHIVES

△ Die Vorderansicht einer kurzen Hose. Sie wurde aus zwei symmetrischen Hälften mit einer zentralen Naht hergestellt, und jede Hälfte besteht aus 20 Einzelstücken. Im Gegensatz zu den Karibu-Shorts zeigen diese keine Gebrauchsspuren. Die Beinöffnungen sind ungewöhnlich eng.
THE GREENLAND NATIONAL MUSEUM AND ARCHIVES

▽ Die Vorderansicht einer kurzen Hose, die in mühevoller Kleinarbeit aus 48 Teilen von Karibu-Haut symmetrisch zusammengenäht wurde. Diese Hose ist auf der Rückseite, oberhalb des Gesäßes, stark abgetragen. Wie auch andere Inuit-Hosen wird diese mittels eines Bandes zusammengeschnürt, das in einem Saum hinten an der Hüfte verläuft.
THE GREENLAND NATIONAL MUSEUM AND ARCHIVES

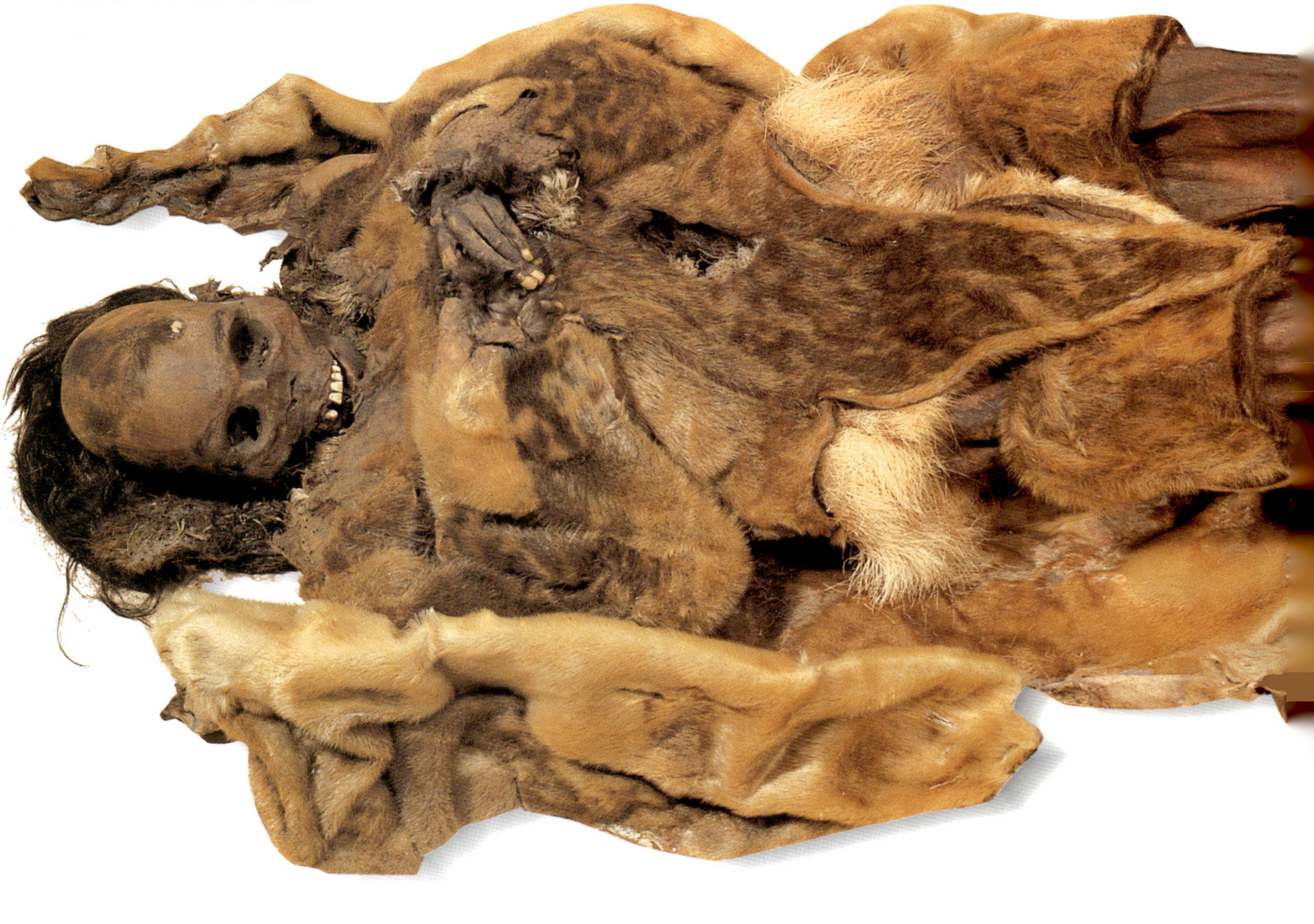

◁ Ein Inuit-Stiefel oder Kamik besteht aus zwei Teilen: einem knielangen Stiefel aus unbehaarter Robbenhaut und einem inneren Strumpf. Diese Stiefel sind mit weißem Robbenfell gesäumt und vorn mit einer einzigen Naht mit Steppstich zusammengenäht. Außen am Fuß wurde ein doppelter Steppstich verwendet. Die Strümpfe aus Robbenhaut wurden bis über das Knie verlängert, damit sie den Aufschlag der Hosen erreichten.

◁ Vorderansicht einer Jacke, eines sogenannten Anoraks, die von einer der Frauen getragen wurde. Sie besteht aus der Haut der Ringelrobbe und trägt unten zwei weiße Hautstreifen. Die Jacke reicht bis zur Hüfte und verjüngt sich zu zwei schmalen, spitz zulaufenden Streifen, wovon der hintere Teil eine Schlaufe aus geflochtenen Sehnen trägt, in der ein kleines Knochenstück steckt, vermutlich ein Amulett. Die hohe, außerordentlich schmale Haube läßt mindestens die Hälfte des Halses frei.
THE GREENLAND NATIONAL MUSEUM AND ARCHIVES

▷ Der vierjährige Junge trug Strümpfe, die aus zwei behaarten Robbenhäuten zusammengenäht waren. Am oberen Ende befindet sich ein Fellstreifen, mit dessen Hilfe die Strümpfe am Bein festgebunden werden konnten, damit sie nicht herunterrutschten. Warme Strümpfe waren in den kalten, unbehaarten Stiefeln unverzichtbar. Als zusätzliche Isolierung stopfen die Inuit trockenes Gras zwischen die Strümpfe und die Sohle des Kamik.
THE GREENLAND NATIONAL MUSEUM AND ARCHIVES

AUSTRALIEN: DER GANZ ANDERE KONTINENT

10 000 vor Christus bis 1800

Die Geschichte der Aborigines

J. PETER WHITE

In vielen Teilen der Welt empfiehlt sich eine scharfe Unterscheidung zwischen dem Pleistozän und dem Holozän. So ging zum Beispiel in Nordeuropa die letzte Eiszeit vor 10 000 bis 12 000 Jahren rasch zu Ende, und die damaligen Umweltveränderungen beeinflußten das Leben der Menschen auf entscheidende Weise.

Im größten Teil Australiens läßt sich diese Grenze nicht so scharf ziehen, und die Auswirkungen, die die Umweltveränderungen auf die menschlichen Verhaltensweisen ausübten, lassen sich nur über längere Zeiträume erkennen. Lediglich in Tasmanien und im Hochland Neuguineas wurden die umfangreichen Kältesteppen und Buschlandschaften von Wäldern verdrängt. Der Anstieg des Meeresspiegels war eine Veränderung, von der die meisten Menschen betroffen waren. Allerdings stieg das Meer an den meisten Orten über Jahrtausende stetig an, und nur selten traten dramatische Ereignisse ein, wie die Bildung der Bass- und Torres-Straßen, die zunächst Tasmanien und dann Neuguinea von Australien trennten. Erst vor 6000 Jahren hatte das Meer seinen gegenwärtigen Stand erreicht und dabei zahlreiche Fundstellen früher Küstensiedlungen überflutet. Selbst nach dem »Ende« der Eiszeit, das um 8000 vor Christus eintrat, gingen die Klimaveränderungen weiter. So waren zum Beispiel einige Gebiete Südaustraliens vor 8000 bis 5000 Jahren ein wenig wärmer und feuchter als sie es heute sind, so daß damals noch mehr Menschen in den Seegebieten des Hinterlandes wohnten.

◁ Natürliche Brände sind in vielen Bereichen Australiens verbreitet. Zahlreiche Pflanzen sind sogar darauf angewiesen, um sich zu regenerieren. Die Aborigines machen sich dies zunutze, indem sie seit Jahrtausenden das Feuer einsetzen, um »die Landschaft aufzuräumen«, gefährliche Tiere zu töten und die genießbaren in ihren Gängen oder Nestern zu kochen.

△ In vielen trockeneren Bereichen Australiens benutzte man Mahlsteine, um die Samen von Wildgräsern zu Mehl zu verarbeiten.

A. FARR/AUSTRALIAN MUSEUM

South Alligator River

Blyth River

Torres-Straße

Kimberley Küste

ARNHEM LAND

Widgingarry
Koolan Island
High Cliffy Island

KIMBERLEY
HOCHLAND

Princess
Charlotte Bay

Pazifischer Ozean

Georgina River   Hamilton River
■ Alice Springs

Diamantina River

SIMPSON-
WÜSTE

Lake Eyre
■ Kilapanina

Große
Australische Bucht

Mangrove Creek
Sydney

King George
Sound

Wyrie-Sumpf
Discovery Bay

Bass-Straße

DAS MODERNE AUSTRALIEN
Erst nachdem das Meer vor 6000 Jahren
seine gegenwärtige Höhe erreicht hatte, besitzt Australien seine heutige Form. Die meisten Aborigines lebten entlang der gut bewässerten östlichen und nördlichen Ränder,
wie es die Europäer heute noch tun.
KARTOGRAPHIE: RAY SIM

▷ *Gegenüber*: Normalerweise spiegeln die
Molluskenschalen einer Abfallschicht ihre
unmittelbare Umgebung wider, da Menschen ihre Krustentiere beinahe immer
nahe der Stelle verzehren, an der sie sie
gefangen haben. Die Abfallschichten von
Lizard Island am Großen Barriereriff bestehen aus den Schalen von Krustentieren, die
auf Felsen und in Spalten zwischen den Ko-
rallen leben.

D as in diesem Kapitel behandelte Gebiet umfaßt
eine Fülle klimatisch unterschiedlicher Landschaftstypen, von subtropischen bis subtemperierten
Gebieten (10 bis 44 Grad Süd) und vom Regenwald
bis zur Wüste. Wie wir wissen, kannten die Gesellschaften, die vor kurzem diese 7,6 Millionen Quadratkilometer bewohnten, eine Fülle verschiedener
Sprachen und lebten in einer sehr vielfältigen Welt
wirtschaftlicher, politischer und sozialer Strukturen.
Eigentlich müßte man daher die australische Vorgeschichte der letzten 12 000 Jahre auf einer regionalen oder gar lokalen Ebene behandeln, um dieser Vielfalt
gerecht zu werden, doch fehlt hier dafür der Raum. Es
gilt zudem, daß wir uns einen Überblick verschaffen
und uns dazu auf besondere Aspekte der australischen
Vergangenheit und einige ihrer Rätsel konzentrieren.

Gegenwart und Vergangenheit
Während der letzten 400 Jahre, seitdem der erste Europäer, Willem Jansz, an der australischen Westküste
gelandet war, haben die weißen Menschen immer
wieder darauf hingewiesen, daß es unter den Aborigines offenbar weder Ackerbauern noch Gärtner oder
Hirten gibt. Da die Europäer weder abgegrenzte Felder noch eßbare Haustiere oder bewohnte Dörfer
vorfanden, betrachteten sie das Land der Aborigines
als unbebaut und herrenlos und scheuten sich daher
nicht, es für sich zu beanspruchen und zu besiedeln.
Noch immer ist die Ansicht der Europäer, daß Australien ein Kontinent nomadischer Jäger und Sammler war, ein Land unterentwickelter Menschen, die
keinen Besitz und keine Nutzung kannten, weit verbreitet. Das ist ganz einfach falsch. Es gibt eindeutige
Hinweise dafür, daß die unterschiedlichen Territorien
durchaus Eigentümer hatten, die sich auf verschiedene Weise und in unterschiedlichem Ausmaß um die
dort lebenden Pflanzen und Tiere kümmerten. Die

falsche Einschätzung gründet sich vor allem darauf,
daß die Aborigines dabei andere Methoden anwand-
ten als die Europäer. Viele Verfahren der Aborigines,
mit denen sie ihr Land und dessen Erzeugnisse nutzten, sind nur von relativ modernen Berichten bekannt
— etwa durch frühe europäische Besucher, Anthropologen und die Aborigines selbst — da sie nicht zu der
Art von Aktivitäten gehören, die ihre Spuren für die
Archäologen hinterlassen.

Ein gutes Beispiel dafür ist der Gebrauch des Feuers. Im Jahre 1788 (zur Zeit der ersten europäischen
Siedlungen) beobachtete man die Aborigines dabei,
wie sie vielerorts das Land mit Feuer »aufräumten«,
Schneisen öffneten, die vertrocknete Vegetation ab-
brannten, um den anschließenden Pflanzenwuchs zu
fördern, Nahrungstiere oder Schädlinge mit Feuer töteten oder auf diese Weise noch schlimmere Brandka-
tastrophen verhinderten. Ihre umfangreichen Kenntnisse der örtlichen Umwelt ermöglichten den Aborigines, den Umfang, die Richtung und die Auswirkungen dieser Brände zu berechnen und zu
kontrollieren. Mit der Zeit entstand mit Hilfe dieser
Brände ein Mosaik unterschiedlicher pflanzlicher Lebensräume, in denen sich eine gewisse tierische und
pflanzliche Artenfülle entwickelte. Der Gebrauch des
Feuers, wie er bei den Aborigines vorkam, war — und
ist auch heute noch stellenweise — verbreitet und häufig
genug, daß man von einem Landbewirtschaftungs-
programm sprechen kann. Dieses Programm unterschied sich erheblich von dem europäischer Australier,
von denen die meisten alle Brände als gefährlich und be-
drohlich für Leben und Landschaft ansehen.

Zudem kannten die Aborigines verschiedene Methoden, Nutzpflanzen zu pflegen, die stellenweise in
einer solchen Fülle vorkamen, daß sie an Obstplanta-
gen oder Gärten erinnerten. Man kann zum Beispiel
die Aussagen des Forschungsreisenden George Grey
kaum verstehen, der über die australische Westküste
1841 schrieb, er habe hier »gut ausgebildete Straßen,
tiefe Brunnen und umfangreiche Yamsfelder« vorgefunden, wenn man nicht daraus schließt, daß die Aborigines ihre Felder nicht mit Zäunen umgaben.
Außerdem pflanzten sie nützliche Bäume, lenkten kleine
Bäche zur Bewässerung eßbarer Gräser um und gruben im Boden, um Wurzeln die Ausbreitung zu erleichtern. Diese Aktivitäten verleiteten viele Fachleute
zu der Aussage, daß die Aborigines — wenigstens in
einigen Teilen des Landes — vom Ackerbau lebten.

Wie weit reichen diese Verhaltensweisen zurück?
Die Frage ist schon deswegen nicht leicht zu beantworten, weil nur wenige archäologisch nachweisbare
Reste hinterlassen wurden. Es ist zum Beispiel
schwierig, den Gebrauch des Feuers über längere Zeit
zurückzuverfolgen. Wie könnten wir etwa von den
Aborigines entzündete Feuer von den natürlichen
Bränden unterscheiden, die häufig durch Blitzschlag
entstehen? Zur Zeit gibt es keine überzeugenden Beweise dafür, daß Lebensräume langfristig oder in größerem Umfang durch den Einsatz des Feuers verändert wurden. Das heißt jedoch nicht, daß diese Veränderungen niemals stattgefunden hätten, insbesondere
dort nicht, wo die Brände der Aborigines die natürliche, mitunter weit verbreitete Neigung einiger Gebiete in Südaustralien, sich durch Feuersbrünste zu
regenerieren, unterstützt hätten. Und geht man davon
aus, daß die Aborigines wußten, wie man Feuer
macht und daß sie schon seit sehr langer Zeit eine besondere Beziehung mit bestimmten Landschaften un-

GRAHAME L. WALSH

terhielten, ist mit hoher Wahrscheinlichkeit anzunehmen, daß sie schon vor vielen Jahrtausenden begannen, ihre Umwelt zu manipulieren, vielleicht sogar seit der Zeit ihrer Ankunft. Allerdings dürften sich ihre Methoden im Laufe der Jahre verfeinert haben.

Ähnliche Probleme tauchen auf, wenn man versucht, die Geschichte der Nutzung von Pflanzen zurückzuverfolgen. Die Methoden der Aborigines, mit denen sie genießbare oder anderweitig nützliche Pflanzen behandelten, verändern nämlich die Umwelt auf längere Sicht kaum. Wie schon beim Gebrauch des Feuers kann man wohl eine lange Vorgeschichte immer weiter verfeinerter Kultivierungstechniken erwarten, doch läßt sich dies kaum beweisen.

Besonders in bezug auf die Vorgeschichte Australiens muß man sich diese Schwierigkeiten vor Augen halten. Weil keine größeren technischen Veränderungen nachweisbar sind, werden wir leicht zu der Ansicht verleitet, daß die Aborigines ihr Land gar nicht in Besitz genommen oder in irgendeiner Weise beeinflußt hätten. Diese Ansicht ist jedoch unzutreffend.

KATHIE ATKINSON/AUSCAPE

Die Nutzung des Meeres

Als das Meer auf sein heutiges Niveau anstieg, nahm der australische Kontinent allmählich seine gegenwärtige Form an. Dabei überflutete das Meer die Bass-Straße und trennte das tasmanische Volk von seinen nahen australischen Verwandten durch viele Kilometer stürmischen Ozeans. Die Tasmanier blieben mehr als 8000 Jahre lang vom Rest der Welt isoliert. Das ansteigende Meer hatte aber auch noch andere Auswirkungen. Am deutlichsten wird dies in der Überschwemmung häufig genutzter Ressourcen in bestimmten Gegenden. Ganz im Südwesten zum Beispiel wurden Objekte, die aus einem unverwechselbaren fossilienhaltigen Gestein, dem Hornstein, hergestellt waren, vielfach an Fundstätten entdeckt, die aus der Zeit um 4000 vor Christus stammen, nach dieser Zeit dagegen nur in einer überarbeiteten Form. Bohrkerne, die man bei der Suche nach Öl aus dem Meeresboden vor der australischen Westküste geborgen hatte, zeigten, daß sich dort eine Hornsteinader befand, die im früheren Holozän noch frei zugänglich war.

Nachdem sich das Meeresniveau vor 6000 Jahren stabilisiert hatte, blieben Spuren früher Küstenbewohner in Form von Muschel-Abfallschichten erhalten, die vielfach an der Küste gefunden werden. Ganz sicher haben die Menschen früher Krustentiere gegessen, doch fielen die meisten Indizien dafür der steigenden See zum Opfer. Mehrere Fundstellen in Australien und auf Neuguinea beweisen, daß die Menschen im Pleistozän, also schon vor 30 000 Jahren, Krustentiere aus dem Meer sammelten und aßen. Alle diese Fundstätten liegen heute nahe am Meer und zudem an Stellen, an denen tiefes Wasser neben der heutigen Küste liegt. Demnach dürften die Veränderungen des Meeresniveaus ihre Entfernung von den Gründen der Krustentiere nur unwesentlich beein-

△ Muschel-Abfallschichten säumen die Küsten Australiens und sind häufig der deutlichste Beweis dafür, daß Aborigines hier gelebt haben. Diese hier in der Princess Charlotte Bay im Norden Queenslands befindet sich auf einer großen Gezeitenfläche.

GRAHAME L. WALSH

△ Dieser 20 Meter hohe Haufen aus Molluskenschalen bei der Princess Charlotte Bay liegt 20 Meter hoch. Er entstand durch Menschen, die in der Nähe eines Gezeitenflusses viele tausend Male eine Sammelstelle für Krustentiere aufsuchten. Radiokarbon-Datierungen beweisen, daß derartige Hügel in weniger als 1000 Jahren entstehen können.

ARCHÄOLOGIE IN DEN SELWYN RANGES

IAIN DAVIDSON

Beim Versuch, 1861 den australischen Kontinent vom Süden zum Norden zu durchqueren, schlugen sich die Forschungsreisenden Robert O'Hara Burke und William John Wills südlich der Selwyn Ranges durch die Sommerhitze. Wills stellte fest, daß »wir zwar zahlreiche Hinweise darauf fanden, daß Eingeborene hier gewesen sein müssen, doch sahen wir niemanden.« Dies war die erste aufgezeichnete archäologische Beobachtung der Menschen dieser Region. Einige Monate später waren die Forscher verhungert, weil sie nicht wußten, wie man dort überlebt.

Die Suchexpeditionen, die man den Vermißten Burke und Wills hinterhergesandt hatte, brachten gute Nachrichten von diesem Gebiet im Nordwesten Queenslands, und die ersten Viehzüchter und Goldsucher ließen sich nicht lange bitten, dorthin zu ziehen. 20 Jahre später hatten diese Pionierhirten soviele Aborigines umgebracht, daß deren Stammesstrukturen beinahe untergegangen waren. Am Ende des vergangenen Jahrhunderts gelang es jedoch dem Schutzbeauftragten der Aborigines in Queensland, Dr. Walter Roth, einen Teil der erhaltenen Informationen über das Sozialleben der verschiedenen Stämme dieser Region zu sammeln, zum Beispiel über die Kalkadoons. Trotz ihres großen Detailreichtums repräsentieren seine Untersuchungen zwangsläufig ein verarmtes Abbild des reichen Lebens, das im Nordwesten Queenslands herrschte, ehe die Europäer kamen.

Roth beschreibt einen großen Teil der Gegenstände des täglichen Lebens: Stein- und Holzwerkzeuge, Taschen und Netze, Muschelschalen und Halsketten und vieles mehr — Objekte, die nur selten an Fundstellen erhalten bleiben. Er beschreibt auch das Handels- und Tauschnetz, das sich kreuz und quer über die Region erstreckte, damals noch immer funktionierte, aber dann innerhalb von 20 Jahren vollständig zusammenbrach. Unter den vielen Tausch- oder Handelsobjekten sind vier besonders erwähnenswert: Äxte, von denen vermutlich nur die Köpfe gehandelt wurden, die auf Nikotin basierende Droge Pituri, Ockerfarben und Zeremonien.

VERBREITUNG DER HANDELSGÜTER IM NORDWESTLICHEN QUEENSLAND DES 19. JAHRHUNDERTS

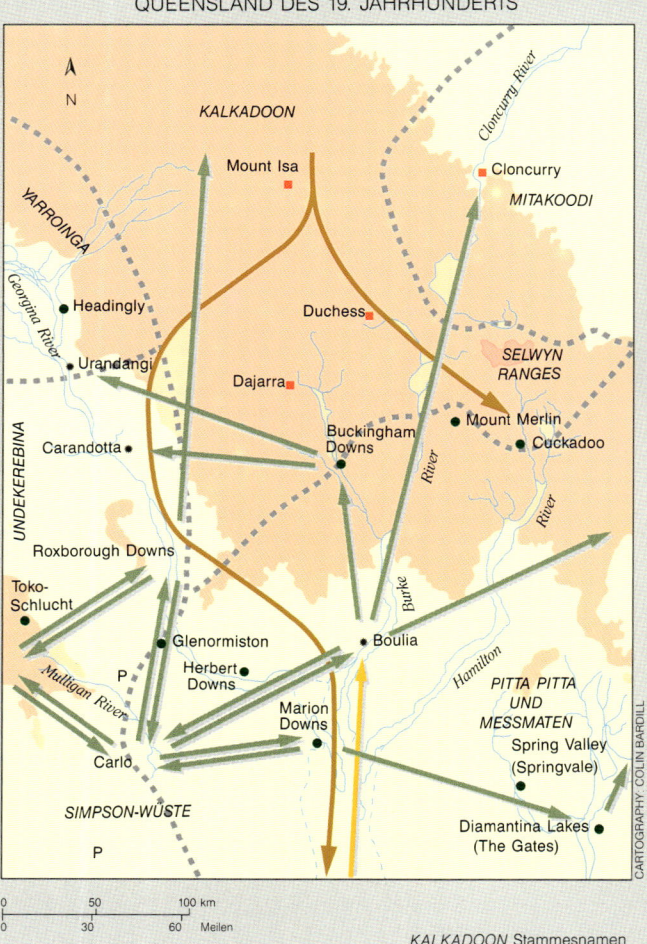

△ Eine fein gewobene Tasche, mit der man Pituri vom Rande der Simpson-Wüste zu seinem Bestimmungsort transportierte. Derartige Taschen waren häufig mit Ocker dekoriert.

△ Ein Pituri-Baum (*Duboisia hopwoodii*) auf einer Düne am Nordrand der Simpson-Wüste.

Diese Handelssysteme bildeten die Lebensgrundlage der Aborigines jener Region, ehe ihre Gesellschaft von den Viehzüchtern vernichtet wurde. Die Herausforderung für die Archäologen besteht darin, herauszufinden, wie sich diese Handelssysteme im Laufe der Vorgeschichte entwickelten und wie die früheren Bewohner dieses Gebietes ohne das Handelssystem überleben konnten.

Äxte, deren Rohstoffe aus den Steinbrüchen unweit der heutigen Fundstelle von Mount Isa stammen, gelangten über den Handel in ein Gebiet, das sich vom Golf von Carpentaria bis zur Großen Australischen Bucht erstreckte.

Pituri wurde aus den Blättern und Zweigen des Busches *Duboisia hopwoodii* hergestellt, der in den Hainen und Sanddünen am

△ Männer, die sich mit Federn und Farbe für die Molonga-Zeremonie bei Boulia im Jahre 1895 geschmückt haben.

Ostrand der Simpson-Wüste wächst, insbesondere in der Umgebung des Mulligan River. Diese Droge wurde in allen Richtungen eines Gebietes von 500 000 Quadratkilometer gehandelt. Dieser Handel wurde sorgfältig reguliert. Das kostbare Narkotikum transportierte man in besonderen, fein gewobenen Pituri-Taschen, die häufig noch aufwendig mit Ockerfarben dekoriert waren.

Wie Roth berichtet, bezogen die Kalkadoons ihren Ocker von Märkten, die entlang des Georgina River abgehalten wurden. Wir können seinen Aufzeichnungen nicht entnehmen, ob der wechselseitige Handel deswegen stattfand, weil der Ocker in verschiedenen Gebieten unterschiedliche Eigenschaften aufweist, oder weil der soziale Akt des Handels wichtiger war als die gehandelten Objekte. Roth beschreibt auch, wie gelbe Ockerfarben (Goethit) geröstet wurden, um sie rot zu machen. Seinem Bericht zufolge wurden die Farben überwiegend zur Körperbemalung und zur Dekoration tragbarer Gegenstände eingesetzt. Dagegen läßt er die Felsmalereien und Gravuren, die heute am deutlichsten erhaltenen Spuren der Aborigines in dieser Region, die lange vor das Jahr 1861 zurückreichen, weitgehend unberücksichtigt.

Roth verzeichnet auch eine Zeremonie, die aus dem Nordwesten der Selwyn Ranges stammende Molonga, die Jahr um Jahr weitergereicht wurde, bis sie schließlich im Süden Adelaide und im Norden Alice Springs im Zentrum Australiens erreichte. Seine Berichte bieten viel mehr Einzelheiten als Archäologen jemals aufgrund von Ausgrabungen rekonstruieren könnten. Sie zeigen aber auch, daß ein Archäologe seinen Blick über den reinen Nutzen eines Gegenstandes hinaus richten muß, wenn er die Vorgeschichte des Handels und des Tausches verstehen will,

Die archäologischen Indizien

Die Selwyn Ranges markieren die Wasserscheide zwischen den Bächen und Flüssen, die sich in den Golf von Carpentaria ergießen und denen, die nach Süden in den Lake Eyre einmünden (wenn auch nur ein Teil ihrer Gewässer den See erreicht). Lange Zeit wurden die Felsüberhänge dieser alten, verwitterten Kliffe von Menschen genutzt. Viele Jahrtausende vor den Kalkadoons, die Roth besuchte, lebten hier schon Aborigines. Und erst allmählich decken die Archäologen das Alter und den Aufbau der prähistorischen Handelssysteme der Aborigines auf und klären die Assoziationen ihrer Felsmalereien und -gravuren.

Cuckadoo 1 ist ein Felsüberhang in einem isoliert stehenden, stark verwitterten Granitblock. 14 Radiokarbon-Datierungen verweisen auf verschiedene Zeiträume, während der hier Menschen wohnten. Diesen Berechnungen zufolge wurde dieser Ort erstmals vor 15 000 Jahren bewohnt, etwa zu der Zeit, als die Region ihre größte Trockenheit erreicht hatte. Vor ungefähr 12 000 Jahren und anschließend zwischen 4000 und 1000 vor Christus wurde der Ort in Abständen abermals wiederholt genutzt. Auch während der letzten 2000 Jahre lebten hier mehrfach Menschen. Die Befunde verraten aber auch, daß es vier jeweils mehr als tausendjährige Zeiträume gab, in denen der Ort unbewohnt war. Dies verwundert kaum, wenn man sich das unberechenbare Klima Australiens vor Augen hält, in dem Dürre und Überflutung rasch miteinander abwechseln.

In Cuckadoo 1 waren keinerlei Bilder zu finden. Wohl aber entdeckte man in den untersten Schichten Fragmente gelben Ockers (Goethit), und es wurde eine auf 2300 vor Christus datierte Grube freigelegt, die der Hitzebehandlung von Steingegenständen gedient hatte deren darin enthaltenen Reste roten Ockers vermutlich auf geröstetes Goethit zurückzuführen waren. Abgesehen von der Farbveränderung wurde durch die Erhitzung auch die Brauchbarkeit des Ockers als Farbbestandteil erhöht, weil sich so die Mineralstruktur des Rohockers auflöst.

Der einzige Hinweis auf alte Handelsnetze, die üblicherweise in archäologischen Schichten erhalten bleiben, ist die Wanderung der Axtköpfe. Da diese aus einem Rohmaterial bestehen, das geologisch leicht zu identifizieren ist, lassen sie sich bis zu bestimmten Quellen zurückverfolgen. So wurden Axtköpfe aus dem Metabasalt von Mount Isa auf dem Boden einer Höhle bei Cuckadoo 1 verborgen entdeckt, die 250 Kilometer von Mount Isa entfernt war. Allerdings gibt es keine Möglichkeit, sie zu datieren. Bruchstücke der Äxte von Mount Isa fand man bei Cuckadoo 1 in Schichten, die nicht einmal 1000 Jahre alt waren. Damit war belegt, daß die Äxte von Mount Isa in den Selwyn Ranges nicht nur gehandelt, sondern auch benutzt wurden.. Die Datierung dieser Fragmente deckt sich mit anderen Indizien, die nahelegen, daß die Handelssysteme erst kürzlich entstanden.

Felsmalereien und -gravuren

Nur wenige Gravuren in den Selwyn Ranges stellen Menschen oder andere spezifische Objekte dar. Zumeist handelt es sich um geometrische Motive, häufig auf der Grundlage von Kreisen und Spiralen, obwohl einige Zeichen durchaus Tierspuren darstellen könnten. Unter den Malereien findet man dagegen mehr von dem, was wir unter »bildlicher Darstellung« verstehen. Dennoch würde es zu Mißverständnissen führen, wenn hier einige davon stellvertretend vorgestellt würden.

Überall in der Region stößt man auf weitverbreitete Motive. So kommen Tierspuren, einschließlich derer von Macropoden (Känguruhs und Wallabies) und Vögeln (letztere in Gestalt von Dreizacken) sowohl auf Bildern als auch auf Gravuren häufig vor. Selbstverständlich kann man nicht alle Vogelspuren, die häufig Emu-Spuren genannt werden, dieser Bezeichnung entsprechend deuten. Tom Sullivan, einer der Aborigines, der das traditionelle Wissen der Selwyns noch besitzt, hat einige dieser Spuren dem Schwalm, andere dem Brolgakranich zugeordnet.

Die eindeutigsten Motive werden als »Kalkadoon«-Figuren bezeichnet. Einige repräsentieren offenbar vorzeitliche Wesen, bei anderen ist dies eher unwahrscheinlich. Bei den meisten ist ein Paar breiter »Schultern« sowie ein merkmalsloser »Kopf« zu erkennen. An einigen Fundstätten sind dies die einzigen Charakteristika der Figuren, während man an anderen auch Gestalten mit Kopfschmuck fand.

Walter Roth fotografierte Menschen, die sich Federn auf den Körper gemalt hatten und eine Federkopfschmuck trugen. Vielleicht hatten sie an der Molonga-Zeremonie teilgenommen, die 1895 bei Boulia stattfand. Sie besitzen jedenfalls eine gewisse Ähnlichkeit mit den mutmaßlich bildlichen Felsmalereien.

△ Eine typische »Kalkadoon«-Figur aus dem Süden der Selwyn Ranges.

△ Krustentiere des Süßwassers, insbesondere die Muschel Velesunio ambiguus, gedeihen in den Seen und Flüssen des südöstlichen Australien. Mindestens 30 000 Jahre lang wurden sie von Menschen gesammelt.

▷ *Gegenüber:* Die East-Alligator-Schwemmebene im Kakadu-Nationalpark (Arnhem Land, Nordaustralien). Pflanzen waren die Grundnahrung der meisten Aborigines-Gemeinschaften. In den Süßwasserlagunen, die sich während der Regenzeit bildeten, bauten sie zahlreiche Pflanzensorten mit eßbaren Wurzeln an.

▽ Eine Abfallschicht auf der Wudbud-Schwemmebene in Arnhem Land. Die heutigen Schwemmebenen von Arnhem Land haben sich während der letzten 1000 Jahre entwickelt. Die darauf liegenden Abfallschichten entstanden durch die seitdem gesammelten Krustentiere.

flußt haben. (Nur selten tragen Menschen Krustentiere über weitere Strecken mit sich, ehe sie sie verspeisen.) In allen Fällen wurden die empfindlichen Schalen in Höhlen gefunden, wo sie bis zu ihrer Freilegung geschützt waren. Auch Krustentiere des Süßwassers wurden früher häufig gesammelt, und man findet ihre Reste an den Ufern ehemaliger Seen und Bäche.

Obwohl Abfallschichten mit Muschelschalen seit der Zeit um 4000 vor Christus häufiger vorkommen, findet man sie keineswegs an allen Küstengebieten: An einigen Stellen waren sie niemals vorhanden, an anderen wurden sie zerstört. In einigen Gegenden aßen die Aborigines gar überhaupt keine Krustentiere (was den Forschungsreisenden Nicholas Baudin in seinem Bericht aus dem Jahre 1803 zu einer verwunderten Anmerkung veranlaßte). Vielleicht waren Krustentiere für die Bewohner des Umfeldes von King George Sound daher ohne Bedeutung, weil andere Ressourcen, darunter auch Fische, leichter zu nutzen waren.

In einigen Teilen Australiens wurden Krustentiere von den Menschen nur zu bestimmten Zeiten gesammelt. Ein eindeutiges Beispiel dafür finden wir an der Princess Charlotte Bay im Norden Queenslands. Diese seichte Bucht hat sich während der letzten 6000 Jahre langsam mit Schlamm und Sand angefüllt. Und um 2000 vor Christus reichten die Schlammflächen dann aus, um vergleichsweise großen Populationen der Muschel *Anadara granosa* das Überleben zu ermöglichen. Von Zeit zu Zeit wurden einige von ihnen

durch heftige Sturmwellen an der Südküste zu Hügeln aufgeschoben. Zuerst bildeten sich die größten Hügel, und später folgten längere und schmalere, die zum Teil unterbrochen waren. Vor etwa 500 Jahren ging dieses Phänomen zurück, nicht weil es weniger Stürme gab, sondern weil die Bestände der Krustentiere abgenommen hatten. Die Aborigines haben *Anadara* mindestens seit 2500 vor Christus bis heute gesammelt, und dennoch datieren die großen Abfallschichten auf den Spitzen dieser Hügel nur aus der Zeit vor 2000 bis 500 Jahren, wobei die umfangreichsten vor 1000 Jahren entstanden.

Die größten Abfallschichten entstanden nicht, wie man erwarten könnte, gleichzeitig mit den größten Muschelhügeln, sondern später. Die Umweltbedingungen an der Princess Charlotte Bay, die den Aborigines den Muschelfang so leicht machten, sind ja nicht genau mit denen identisch, die die Entstehung der Hügel begünstigen. Der Fall der Princess Charlotte Bay zeigt jedoch, daß die Ressourcen nicht permanent verfügbar waren und daß die Aborigines immer das nutzten, was gerade zur Verfügung stand.

In anderen Gebieten kann man mit gutem Grund annehmen, daß Abfallschichten, die über längere Zeit existierten, heute verschwunden sind. So besitzt zum Beispiel Discovery Bay an der Südwestküste Victorias einen 80 Kilometer langen Sandstrand, hinter dem sich umfangreiche Sümpfe und Dünen erstrecken. Die heutige Küste verläuft jedoch ein ganzes Stück landeinwärts von der Küstenlinie vor 6000 Jahren entfernt. Aufgrund paläoökologischer Untersuchungen weiß man, daß sich die Dünen mit ihren dazwischengelegenen Sümpfen vor 6000 bis 4000 Jahren gebildet haben. Anschließend setzte — vermutlich aufgrund eines trockeneren Klimas — die Erosion ein, wobei die Dünen landeinwärts wanderten und eine Sumpfkette vom Meer zerstört wurde. Bei Niedrigwasser liegt am heutigen Strand der Torf frei, der in diesen ehemaligen Sümpfen entstanden war.

Bezüglich ihrer Datierung zerfallen beinahe alle Muschel-Abfallschichten bei Discovery Bay in zwei Gruppen. Die kleinere davon umfaßt jene Abfallschichten, die auf Böden gefunden wurden, die sich vor mehr als 6000 Jahren gebildet hatten, und nahezu sämtliche Abfallschichten dieser Böden fallen auch in diese Zeit. Die größere Gruppe besteht dagegen aus jüngeren Abfallschichten, die vor weniger als 2000 Jahren entstanden waren. Sie liegen auf den Dünen und Sümpfen ganz nahe am Meer. Aus dem dazwischenliegenden Zeitraum sind offensichtlich kaum Abfallschichten erhalten geblieben. Daher können Abfallschichten zweifellos keine verläßlichen Hinweise darauf geben, wie diese Gebiete zu verschiedenen Zeiten bewohnt waren.

In Arnhem Land dagegen zieht sich die Küste gegenwärtig nicht zurück, sondern weitet sich aus. Die hier entdeckten Abfallschichten, einschließlich derer, die an der Mündung des Blyth River gefunden wurden, sind höchstens 1500 Jahre alt. Etliche Hektar Landes, darunter bevorzugte Campingplätze der heutigen Bewohner von Anbara, liegen erst seit dieser Zeit oberhalb des Meeresniveaus.

Eine ähnliche, wenn auch kompliziertere Geschichte, die größere Auswirkungen auf die Vergangenheit örtlicher Aborigines-Gruppen besitzt, konnte man in den Schwemmebenen des westlichen Arnhem Land zurückverfolgen, insbesondere entlang des South Alligator River. Wie schon bei der Princess

▷ *Gegenüber: Kanus waren auf den Flüssen, Billabongs und Seen des Landesinneren häufig zu sehen. Die kleineren stellte man aus einem einzigen Stück Baumrinde her, das mit steinernen Beilen und Keilen herausgeschlagen und dann an den Enden zusammengebunden wurde. Die Verletzung dieses Baumes aus dem nordwestlichen Neusüdwales ist zum Teil wieder zugewachsen.*

▽ *Lager und Siedlungen waren niemals von Dauer. Gegen die kalten Nächte des australischen Landesinneren boten hölzerne Rahmen, die mit Baumrinde oder Gras bedeckt waren, genügend Schutz. Dieser Rahmen ist möglicherweise 150 Jahre alt.*

Charlotte Bay, wurde hier zunächst ein Flußtal vom steigenden Meer gefüllt und anschließend vom Schlamm des Schwemmgebietes zurückerobert. Über den gesamten Zeitraum findet man Abfallschichten, die sich aus unterschiedlichen Arten von Krustentieren zusammensetzen. Allerdings kam es in diesem Gebiet erst seit 2000 vor Christus oder gar später zu größeren Veränderungen, als sich erstmals ausgedehnte Süßwasser-Feuchtgebiete bildeten. Bald konzentrierten sich zahlreiche Aborigines-Gemeinschaften auf die Ressourcen dieser Feuchtgebiete, einschließlich der Wasservögel und der Wurzeln von Sumpfpflanzen. Immer wieder schlugen sie in der Trockenzeit ihre Lager an den Grenzen der Feuchtgebiete auf und fertigten zahlreiche Stein- und Holzwerkzeuge an, die zum Teil für die Jagd gebraucht wurden. Es spricht einiges dafür, daß diese Menschen innerhalb der letzten 1000 Jahre immer mehr ihrer Aktivitäten von den nahegelegenen Felsüberhängen auf die reicheren, offenen Ebenen verlegten.

In den archäologischen Funden, die man während der letzten 2000 Jahre entlang der Küste von Neusüdwales gemacht hatte, trat ein weiteres Beispiel dafür zutage, wie sich Ressourcen, die dem Menschen zugänglich sind, verändern können. So wird die Miesmuschel (*Mytilus planulatus*) in den Muschel-Abfallschichten Südaustraliens und Tasmaniens, die aus den letzten 6000 Jahren stammen, häufig gefunden. Dagegen bildet sie nur einen sehr geringen Bestandteil jener Abfallschichten nördlich von 37 Grad Süd, sieht man einmal von den letzten 1200 Jahren ab. Zur Zeit der europäischen Siedler kann man sie in nennenswerten Mengen im Norden sogar bis nach Sydney (34 Grad Süd) nachweisen.

Miesmuscheln gehören zu jenen Krustentieren, die in ihrer Entwicklung ein freitreibendes Larvenstadium aufweisen. Daher dürfte die zufällige Verbreitung der Jungen durch das Meer bei der Gründung neuer Populationen eine gewisse Rolle spielen. Es scheint jedenfalls, daß sich diese Muscheln während der letzten 2000 Jahre entlang der Küste von Neusüdwales durch Zufall angesiedelt haben. Da sie dichte Gruppen bilden und sich bei Niedrigwasser leicht sammeln lassen, waren sie bei einigen Aborigines als Nahrung bald sehr beliebt. Die alternative Erklärung besteht darin, daß dort zwar überall Muscheln lebten, sie jedoch einfach unbeachtet blieben, obwohl man viele andere Sorten von Krustentieren, von denen einige sogar schwerer zu finden waren, durchaus sammelte. Es ist schwer zu glauben, daß alle Bewohner dieser Küste über einen Zeitraum von 1200 Jahren dasselbe Verhalten gezeigt haben sollen. Es gibt natürlich eine Möglichkeit, die Antwort zu finden: Kommen diese Muscheln in natürlichen Ablagerungen dieses Gebietes, etwa in fossilen Stränden vor, die älter als 2000 Jahre sind? Wir wissen es nicht, weil noch niemand diese mühsame und teure Forschungsarbeit auf sich genommen hat.

Das letzte und zugleich verwirrendste Beispiel des Verhältnisses zum Meer und dessen Ressourcen stammt aus Tasmanien. Schon die frühen Europäer hatten bemerkt, daß die Tasmanier keinen Fisch aßen, obwohl sie durchaus Muscheln und Krebse verzehrten. Mehrere Aufzeichnungen von der dritten Reise Kapitän Cooks (1777) haben festgehalten, wie die Tasmanier mit »Abscheu« reagierten oder gar davonliefen, wenn die Europäer ihnen einen gefangenen Fisch anboten. Allerdings hatten diese Menschen

noch bis vor 3500 Jahren Fische gegessen: In entsprechenden Ablagerungen früherer Zeiten wurden Hunderte von Fischknochen gefunden. Wenigstens 31 Arten wurden damals gefangen, einschließlich solcher, die an Felsenriffen und in der offenen Bucht zu Hause waren. Allerdings waren erstere stärker vertreten. Die meisten von ihnen, wenn nicht alle, wurden vermutlich in köderbestückten Kästen oder in steinernen Becken gefangen, die von der Flut gefüllt wurden.

Diese Veränderung in der Ernährungsweise der Tasmanier trat überall auf der Insel innerhalb weniger Jahrhunderte ein, vielleicht sogar in noch kürzerer Zeit. Jedenfalls war diese schlagartige Umstellung plötzlich in allen Fundstellen nachweisbar. Ganz eindeutig lag die Ursache nicht in einer Verknappung des Fisches, denn ganze Kolonien fischfressender Vögel und Robben überlebten und wurden weiterhin von den Tasmaniern gejagt. Bislang hat kein Wissenschaftler eine überzeugende ökologische Erklärung liefern können.

Wieviele Menschen?

Natürlich lebten nicht alle Menschen an der Küste, wenn auch der Reichtum und die Konzentration mariner Ressourcen dazu führten, daß die Bevölkerungsdichte in diesen Gebieten besonders hoch war. Anderenorts hing die Bevölkerungsdichte — jedenfalls zur Zeit der ersten europäischen Kontakte und vielleicht auch in prähistorischer Zeit — gewöhnlich mit dem Umfang der Niederschläge zusammen. Ausnahmen bildeten nur die Uferbereiche einiger größerer Flüsse, etwa des Murray. Wie der Nil fließt dieser Strom über den größten Teil seiner Länge in einem fruchtbaren Graben durch eine außerordentlich desolate Umgebung. Und die Menschen, die entlang seiner Ufer wohnten, benötigten den Regen nicht dort, wo sie lebten, sondern im Quellbereich des Flusses.

Es ist schwierig, Bevölkerungszahlen vergangener Zeiten zu schätzen, insbesondere unter Gesellschaften, die nicht an einem Ort siedeln und auch keine permanenten Häuser errichten. Rein archäologische Indizien sind nur begrenzt brauchbar. Zwar lassen sie Rückschlüsse auf die Zahl der Menschen zu, die eine bestimmte Fundstelle für eine gewisse Zeit bewohnten, doch können sie grundsätzlich nichts darüber verraten, ob diese Menschen dort alle gleichzeitig wohnten. Auch besitzt weder die Zahl noch die Verbreitung steinerner oder anderer Objekte eine große Aussagekraft, da ihr Auftauchen in jeder beliebigen Gegend weniger mit der Bevölkerungszahl zusammenhängt als mit der Zugänglichkeit des Rohmaterials, der Bestimmung und der Wahrscheinlichkeit der Werkzeuge, im Boden erhalten zu bleiben. Hilfreicher sind schon die Überreste der Menschen, obwohl diese Indizien manchmal noch schwerer zu deuten sind. So konnte zum Beispiel Steve Webb kürzlich zeigen, daß Menschenknochen, die aus Gräbern des Murray River Gebietes stammten, eine wesentlich höhere Häufigkeit von potentiellen Bruchstellen und anderen mit Unterernährung verbundenen Knochenerkrankungen aufweisen als die anderer Fundstellen. Anderenorts auf der Welt findet man dieses Merkmal dann, wenn frühe Stadien menschlicher Gemeinschaften ein besonderes Gebiet übermäßig bevölkert hatten. in gewisser Hinsicht wird diese Annahme dadurch gestützt, daß Friedhöfe nur entlang des Murray River häufig sind und — wenn auch nicht permanent — während der letzten 13 000 Jahre in Gebrauch waren.

Häufig dienen die Friedhöfe den Menschengruppen dazu, langfristige Besitzansprüche an ein Gebiet zu dokumentieren, und solche deutlichen Zeichen des Besitzes gewinnen mit zunehmender Bevölkerungsdichte noch an Bedeutung.

Auf anderer Ebene könnten wir den Umfang der australischen Bevölkerung zur Zeit der europäischen Siedler schätzen. Die Schwierigkeit besteht in diesem Fall darin, daß die Gesellschaften der Aborigines schon während der ersten Jahre des Kontaktes zerstört wurden, sei es mutwillig oder durch Epidemien wie Kuhpocken, gegen die diese Menschen keine Abwehrkräfte besaßen. Nach Schätzungen betrug die Gesamtbevölkerung der Aborigines unmittelbar vor Eintreffen der ersten europäischen Siedler — etwa im Jahre 1780 — 300 000 bis über eine Million, wobei die Zahl 600 000 den neuesten Erkenntnissen vermutlich am nächsten kommt. Haben nun soviele Menschen schon über Jahrtausende dort gelebt, oder war die Zahl erst in der letzten Zeit so stark angestiegen? Wie wir diese Frage beantworten, hängt von unserer Sichtweise ab, wie eine menschliche Bevölkerung im allgemeinen wächst und ob in der australischen Vorgeschichte irgendwelche Ereignisse zu umfangreicheren Veränderungen der Bevölkerungszahlen führten.

Werkzeuge aus der Vergangenheit

Obwohl sie nichts über die Bevölkerungsdichte aussagen können, verraten uns die Eigenschaften und die Verbreitung von Steinwerkzeugen einiges über die Vorgeschichte Australiens. Sie ermöglichen uns zum Beispiel, Fundstätten chronologisch zu ordnen, verraten uns etwas über die Verbreitung des Rohmaterials, zeigen Verbindungen zwischen verschiedenen Gebieten auf und belegen, wie sich die Technologie verän-

△ Ein Axtkopf aus Gunbalunya (ehemals Oenpelli) in Arnhem Land (Nordaustralien). Mit Ausnahme Tasmaniens wurden in den meisten Gebieten des Kontinents Äxte mit Steinklingen hergestellt, deren eine Kante scharf geschliffen war. Manchmal schuf man die Klinge aus einem Flußkiesel von geeigneer Form, doch wurde der Stein dazu auch abgebaut, und Axtköpfe wurden über Hunderte von Kilometer gehandelt.
C. BENTO/AUSTRALIEN MUSEUM

△ Eine Zeitlang wurden steinerne Spitzen in weiten Bereichen des nördlichen und mittleren Australien als Speerköpfe verwendet. Viele bestehen aus einem Gestein mit zahlreichen winzigen Quarzkristallen.
A. FARR/AUSTRALIAN MUSEUM

derte. Viele Wissenschaftler glauben, daß sie außerdem dazu beitragen können, größere Veränderungen der australischen Gesellschaft während der letzten 5000 Jahre aufzudecken.

Während der gesamten australischen Vorgeschichte bestanden die meisten Werkzeuge aus scharfkantigen Abschlägen und anderen Stücken von Steinen, die für verschiedene Aufgaben geeignet waren. Diese Werkzeuge bekamen keine reguläre Form. Eine Ausnahme bildeten lediglich die Beilköpfe, deren Kanten zugeschliffen waren, doch kennt man diese nur aus dem tropischen Norden und der Zeit vor mindestens 25 000 Jahren.

Im Holozän kam es mindestens drei Mal zu größeren Veränderungen unter den Steinwerkzeugen. Zunächst kamen überall auf dem australischen Kontinent Äxte mit geschliffenen Köpfen in Gebrauch. Diese Köpfe — nur sie sind erhalten geblieben — findet man nur in Verbindung mit den beiden anderen Veränderungen, die weiter unten beschrieben werden, und sie werden daher auf den Zeitraum der letzten

◁ Solche mit einem Rücken versehene Klingen, die wie Taschenmesserklingen aussehen, wurden vermutlich als Spitzen und Widerhaken in Speeren verwendet. An einigen wenigen Fundstellen wurden sie zu Tausenden nachgewiesen, was dafür spricht, daß sie häufig wiederverwendet wurden.
A. FARR/AUSTRALIAN MUSEUM

5000 Jahre datiert. Warum sie sich überhaupt ausbreiteten und erst zu diesem späten Zeitpunkt, bleibt ein Rätsel. Offenbar wurden diese Äxte im ganzen Land immer für die gleichen Aufgaben eingesetzt, nämlich für die Holzbearbeitung und Herstellung hölzerner Gegenstände, um Honig und Kuskusse zu sammeln, ndem die Leute Baumhöhlungen erweiterten, und für ähnliche leichtere Aufgaben. Für schwerere Arbeit, etwa um Bäume zu fällen, waren sie nicht geeignet, auch wenn die Menschen sie gern dafür genutzt hätten. Da es unwahrscheinlich ist, daß diese Aktivitäten nicht schon früher als 3000 vor Christus unternommen wurden, muß es andere Ursachen für die Verbreitung der Äxte geben. In der jüngsten Vergangenheit waren sie häufig bemalt und wurden unter Nachbarn getauscht. Zudem bestanden viele aus einem Gestein, das nur an wenigen Steinbrüchen gewonnen werden konnte. Es ist also zu vermuten, daß diese Objekte nach und nach mit der Aura von Prestige, Macht und eines hohen Wertes umgeben waren.

Die zweite Veränderung besteht darin, daß die Bewohner des nördlichen Arnhem Land vor etwa 5000 Jahren begannen, präzise geformte Speerspitzen herzustellen. Schon die ersten von ihnen waren auf einer oder beiden Seiten zugeschlagen, manchmal nicht mit Schlagwerkzeugen, sondern mit dem Druckverfahren, das sich besser kontrollieren läßt und ein flacheres Werkstück hervorbringt. Ähnliche Steinspitzen wurden noch im 19. Jahrhundert auf Speeren angebracht und erst im 20. Jahrhundert durch Metall ersetzt, als man auch gläserne Spitzen an Touristen und Sammler verkaufte. Wiederum ist es schwer, eine funktionelle Erklärung für diese Werzeuge zu finden, zumal es sicherlich schon wirkungsvolle Speere gab, ehe diese Steinspitzen hergestellt wurden. Es ist schwierig festzustellen, ob sich diese neuen Spitzen auf der Jagd vorteilhaft auswirkten, und auch die Vorstellung, daß sie Bestandteile einer neuen, präziser ausbalancierten Generation von Speeren gewesen sein sollen, die sich mit Hilfe eines sogenannten Woomera weiter und genauer werfen ließen, ist schlecht zu beweisen. (Der Woomera ist die Speerschleuder der Aborigines, eine unter Jägern und Sammlern verbreitete Waffe, die die Länge des Wurfarms und damit auch die Wurfkraft vergrößert.) An einigen Fundstellen von Arnhem Land tauchten verschiedene Rohmaterialien, insbesondere Quarzfels, etwa gleichzeitig mit dem Aufkommen der Spitzen häufiger auf. Einige dieser neuen Steine stammten aus besonderen Steinbrüchen. Vermutlich entwickelte sich ein Tauschhandelsnetz, und entsprechende Vorstellungen von Prestige- und Tauschwert dürften die Herstellung und Verbreitung dieser Spitzen noch gefördert haben.

Überall im Nordwesten Australiens wurden diese Steinspitzen nachgewiesen, und auch etliche hundert Kilometer landeinwärts waren sie noch häufig. In kleineren Mengen kommen sie sogar noch im Zen-

trum des Kontinents beinahe bis zur Südküste vor, allerdings nur aus der Zeit zwischen 2000 und 1000 vor Christus. Es sieht ganz so aus, als seien sie anfangs sehr beliebt gewesen und über weite Gebiete verbreitet und kopiert worden, sie später jedoch wieder auf ihr Ursprungsgebiet beschränkt wurden. Man hatte sie also höchstwahrscheinlich nicht eigens für den Gebrauch mit Speerschleudern konzipiert, da letztere weit verbreitet waren.

gedeutet — einige von ihnen waren entsprechend montiert vorgefunden worden - doch zur Zeit der ersten europäischen Siedler waren Pfeil und Bogen nirgendwo in Australien in Gebrauch. Zwar wußten die Bewohner der Halbinsel Cape York sehr wohl, daß ihre Verwandten auf den Inseln der Torres-Straße und auf Neuguinea diese Waffen benutzten, doch haben sie sie selbst niemals eingeführt. In Australien wurden die mit einem Rücken versehenen Klingen vermutlich als Spitzen und Widerhaken auf Speeren montiert. Dafür sprechen in gewissem Umfang Reste von Baumharz, die man an der Basis oder am Rücken einiger dieser Werkzeuge entdeckte und mit denen sie offenbar am Holz befestigt wurden, aber auch zahlreiche weggeworfene Klingen mit gebrochener Spitze, die man an einigen Fundorten entdeckte, weisen in die gleiche Richtung.

◁ In weiten Teilen des australischen Landesinneren bilden Steinwerkzeuge, deren Herstellungsabfälle und aus der Umgebung gesammelte Herdsteine einen großen Teil der archäologischen Funde von Aborigines-Gesellschaften. Von Knochen und Muschelschalen bleibt in solch einer Umgebung nur selten etwas erhalten. Dieser Fundort liegt bei Mootwingee im westlichen Neusüdwales.

▽ Mahlsteine, mit denen Samen verarbeitet wurden, scharfkantige Steinsplitter und die Kerne, von denen sie abgeschlagen wurden, Axtstücke und einige wenige Spitzen bilden die Auswahl steinerner Gegenstände, die man im Zentrum Australiens findet. Die hier gezeigten Objekte stammen aus dem Amadeus-Becken bei Uluru (ehemals Ayreres Rock) im Nordterritorium.

Die dritte große Veränderung bestand in der Entwicklung von Klingen, die mit einem Rücken versehen waren (lange, dünne Abschlagstücke, deren eine Kante abgestumpft war), wie man sie heute in den südlichen zwei Dritteln Australiens antrifft. Es handelt sich um kleine, unter fünf Zentimeter lange Werkzeuge, deren älteste Exemplare im südlichen Mittelqueensland vor 4000 bis 4500 Jahren in Gebrauch waren. Ähnlich den Spitzen haben auch sie sich innerhalb kurzer Zeit über den Kontinent ausgebreitet, doch kommen sie — anders als jene — an einigen Fundstellen zu Tausenden vor.

Diese mit stumpfem Rücken versehenen Klingen gibt es in den verschiedensten Formen, etwa in Gestalt langer, dünner Spitzen oder gedrungener geometrischer Figuren. Vergleichbare Werkzeuge wurden in vielen Gebieten der Welt gefunden, und einige von ihnen sind 30 000 Jahre alt. Anderenorts wurden diese Klingen als Spitzen und Widerhaken von Pfeilen

DIE KUNST DER STEILABBRÜCHE: BILDER IM WESTLICHEN ARNHEM LAND

PAUL TACON

Die Aborigines sind der Ansicht, daß die Herstellung von Bildern schon immer im Zentrum ihres Lebens stand. Sei es mit Hilfe der Felsmalerei, Körperbemalung oder Dekorierung tragbarer Objekte — der Vorgang des Malens ermöglichte diesen Menschen, an der Macht ihrer überlieferten Vergangenheit teilzuhaben. Zudem bestätigte dieser künstlerische Vorgang ihre Verbindungen und Beziehungen zur Landschaft und — durch den Gebrauch besonderer Clan-Zeichen — auch untereinander. Das resultierende »Daseinsgefühl« erleichterte es ihnen, Entscheidungen zu fällen und Pläne zu schmieden. Was aber wichtiger ist: Mit Hilfe der Bilder konnten diese Menschen ihre komplizierten kulturellen Vermächtnisse von einer Generation zur nächsten.

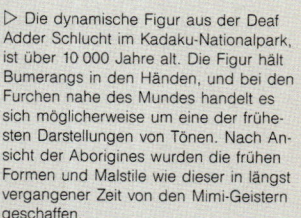

△ Im westlichen Arnhem Land wurden Handschablonen bedeutender Menschen nach deren Tod häufig mit Clanabzeichen ausgefüllt, um sie zu ehren. Diese hier stammt aus dem Kakadu-Nationalpark.

Das Alter der Herstellung von Bildern

Die Aborigines des westlichen Arnhem Land sind davon überzeugt, daß ihre Vorfahren, die ersten Menschen, von den Mimi-Geistern in der Kunst unterrichtet worden waren, auf Felsen zu malen. Angeblich stammen auch die älteren, einfarbigen Felsbilder von den Mimi-Geistern, einschließlich der dynamischen Figuren. Diese Bilder unterscheiden sich stark von den komplizierteren, mehrfarbigen Formen, die in den letzten paar Jahrhunderten produziert wurden. Wie Archäologen beweisen konnten, waren die grundlegenden Farbstoffe, die zum Malen benutzt wurden, schon seit vielleicht 50 000 Jahren in Gebrauch. In jeder Schicht unter großen Felsüberhängen wurden zermahlene Stücke roten Ockers (Hematit) gefunden. Das bedeutet aber nicht, daß die Praxis der Felsmalerei aus so früher Zeit stammt oder daß Bilder ständig hergestellt wurden. Allerdings zeigen die Funde, daß Ockerfarben ständig gebraucht und daß, solange Menschen hier lebten, auch Bilder hergestellt wurden, die sich jedoch nicht erhalten haben.

Nach Schätzungen vieler Archäologen sind die frühesten Felsmalereien im westlichen Arnhem Land mindestens 18 000 Jahre alt, doch wird darüber noch gestritten. Der überwiegende Teil der Kunst läßt sich jedoch mit einiger Zuversicht dem Holozän zuordnen. Heute versucht man, die Bilder genauer zu datieren, was innerhalb weniger Jahre auch möglich sein dürfte. Bedeutsam ist, daß die Felsmalerei mit der Zeit hinsicht-

△ »Röntgen«-Fische, wie dieser Saratoga vom Nourlangie Rock, sind die häufigsten Objekte der neueren Felsenkunst des westlichen Arnhem Land, die während der letzten 3000 Jahre entstand.

▷ Die dynamische Figur aus der Deaf Adder Schlucht im Kadaku-Nationalpark, ist über 10 000 Jahre alt. Die Figur hält Bumerangs in den Händen, und bei den Furchen nahe des Mundes handelt es sich möglicherweise um eine der frühesten Darstellungen von Tönen. Nach Ansicht der Aborigines wurden die frühen Formen und Malstile wie dieser in längst vergangener Zeit von den Mimi-Geistern geschaffen.

lich der Formen, Stile und Objekte vielen Veränderungen unterworfen war, in wesentlich höherem Maße als etwa die Felsbilder an anderen Stellen der Welt.

„Röntgen-Bilder"

Die bei weitem bekannteste Felsmalerei des Holozäns wird als »Röntgen«-Malerei bezeichnet, da sie häufig innere Merkmale der Menschen und Tiere abbildet. Die Kunstform begann vor mehreren Jahrtausenden und wurde bis heute praktiziert, ein großer Teil davon in diesem Jahrhundert. Aufgrund ihres Detailreichtums und ihrer Komplexität wirkt sie auf Europäer weitgehend anziehend, besitzt aber auch für verschiedene Gruppen der Aborigines eine gewisse Bedeutung.

Da die Bilder mit inneren Merkmalen einem wesentlich umfangreicheren regionalen Stil sowie einer Reihe untergeordneter Stile angehören, die bestimmten Sprachgruppen zugeordnet werden, sollte man den Ausdruck »Röntgen«-Stil möglichst vermeiden. So wurden etwa solide ausgefüllte Figuren ebenso abgebildet wie verschiedene Formen von Strichfiguren, Schablonen, Drucken und Kompositionen aus Bienenwachs. Auch die Zahl der Objekte ist groß und vielfältig, und immer wieder werden neue Motive entdeckt. Obwohl Menschen, Tiere und mythische Wesen vorherrschen, sind außerdem verschiedene Gegenstände, Aktivitäten und abstrakte Muster zu finden. Aufgrund dieser Vielfalt gilt Arnhem Land unter anderen Gebieten mit Felsenbildern als etwas Besonderes.

Zeitgenössische Praktiken

Der letzte aktive Künster und Felsmaler der Region, Najombolmi, starb im Jahre 1964. Dennoch entstanden auch in den achtziger Jahren weitere Felsmalereien, und ein großer Teil der Tradition wird auf Baumrinde oder, häufiger noch, auf Stoffen und großen Papierbögen fortgeführt. Noch immer stehen die Felsmalereien bei den Ältesten der Aborigines in hohem Ansehen, und sie dienen ihnen auf verschiedene Weise dazu, ihre Kenntnisse weiterzugeben. Besonders wichtig sind in dieser Hinsicht die »Röntgen«-Bilder, da ihre zusammengesetzten Schichten es besonders leicht machen, die unterschiedlichen Bedeutungsebenen zu vermitteln, die einem jeden Aspekt der Existenz innewohnen. Die Bewohner des westlichen Arnhem Land legen Wert auf die lebendige Tradition, die sich mit den Umständen verändert. Wir sollten daher nicht überrascht oder darüber besorgt sein, daß während der letzten Jahre Objekte und Medien europäischer Traditionen in die Bilder der Aborigines Eingang fanden. Entscheidend ist nur, daß die Tradition der Ureinwohner Australiens fortgesetzt wird.

PAUL TACON

△ Häufig findet man Zusätze aus Bienenwachs auf Felsbildern, die während der letzten paar Jahrhunderte entstanden, wie etwa im Kakadu-Nationalpark im westlichen Arnhem Land..

▽ Große mehrfarbige »Röntgen«-Bilder wurden im westlichen Arnhem Land während der letzten 2000 bis 3000 Jahre häufig auf Felswänden und -decken angebracht. Dieses Bild stammt aus dem Kakadu-Nationalpark.

PAUL TACON

Über viele Jahre hatte sich die Vorstellung gehalten, sowohl die Spitzen als auch die einschneidigen Klingen seien von außerhalb nach Australien eingeführt worden, wenn auch niemals geäußert wurde, woher sie kamen. So sind etwa grundsätzlich ähnliche Werkzeuge aus Indonesien nicht alt genug, um als Vorläufer gelten zu können, und in anderen Gebieten Südostasiens sind solche Werkzeuge selten. Es gibt jedoch zwei wahrscheinlichere Erklärungsversuche für diese Werkzeuge. Der eine geht davon aus, daß sie wirkungsvollere Jagdwaffen bildeten, mit denen sich vielleicht ganz unterschiedliches Wild erlegen ließ. Der andere Ansatz geht davon aus, — und dies würde auch auf die Äxte zutreffen — daß sie als ein Bestandteil des wachsenden Tauschhandelsnetzes entwickelt wurden, wobei man vielleicht eigens ausgesuchte und abgebaute Steine einsetzte, eine Verhaltensweise, die ebenfalls ungefähr um 3000 vor Christus aufkam. Die erste Möglichkeit läßt sich theoretisch anhand der tierischen Überreste in den archäologischen Fundstätten prüfen. Es hat sich allerdings als schwierig erwiesen, genügend Fundorte aufzutun. Die zweite Möglichkeit könnte man dadurch prüfen, daß man die Quellen des Rohmaterials dieser Werkzeuge eingehender zurückverfolgt. Es ist interessant, daß obwohl Tasmanien vom Festland getrennt war und seine Bewohner keines dieser neuen Werkzeuge herstellten, auch hier das Rohmaterial etwa während der letzten 3000 Jahre stärker verbreitet war.

Bilder und Gravuren

Bei den übrigen prähistorischen Überresten, die über den australischen Kontinent verbreitet sind, handelt es sich im allgemeinen um Kunst. Zwar wurden einige wenige Bilder und Gravuren auf das Pleistozän zurückdatiert, doch steht fest, daß sie beinahe alle nicht einmal 5000 Jahre alt sind. Man findet unterschiedliche Stile, etwa die hochnaturalistischen Röntgen-Bilder von Arnhem Land, aber auch stilisierte Figuren, wie sie im westlichen Neusüdwales vorkommen sowie Schablonendarstellungen von Bumerangs, Händen und anderen Objekte, wie man sie im Gebiet der Carnarvon Ranges in Queensland oder, weniger häufig, auch in anderen Gegenden antrifft. Bilder, die im Laufe der letzten 200 Jahre entstanden, hatten, wie man weiß, eine Fülle sozialer Funktionen. So waren sie etwa Bestandteile heiliger, geheimer Zeremonien oder stellten einfach Alltagsereignisse oder bekannte Geschichten dar. Wenn sich auch die prähistorische Kunst nicht unmittelbar vergleichen läßt, dürfte wenigstens ein Teil davon ähnliche Aufgaben erfüllt haben.

Wenn man die Kunst der Aborigines deuten möchte, darf man nicht vergessen, daß sich Gebiete, in denen ähnliche Kunstformen angetroffen werden, in anderer Hinsicht häufig erheblich unterscheiden. Dies gilt etwa für die Technologie (zum Beispiel die Art der Waffen und Behausungen), die soziale Organisation (etwa die Praxis der Eheschließung, die bei

▽ Im westlichen Neusüdwales sind weiße Bilder häufig die jüngsten. Hier (bei Gundabooka) wurde möglicherweise eine - offenbar vollständig männliche - Tanzgruppe dargestellt, deren Anführer bezeichnende Objekte trägt.

KATHIE ATKINSON

COLIN KERR

den Aborigines normalerweise sehr komplizierten Gesetzen unterliegt, sowie die Frage, ob eine Beschneidung erfolgt oder nicht) oder die Sprache. In wenigen Fällen lassen sich örtliche Varianten nachweisen. Dies hängt manchmal mit der natürlichen Umgebung zusammen (so findet man beispielsweise unter den Gravuren im Sandstein der Umgebung von Sydney Darstellungen von Fischen häufiger in der Nähe des Meeres), ist manchmal aber auch auf kleine soziale oder sprachliche Barrieren zurückzuführen, die man aus der jüngsten Vergangenheit kennt. So kann man etwa menschliche Figuren unterschiedlicher Größe oder geringfügige Unterschiede in der Darstellungsweise von Känguruhs durchaus bestimmten Gruppen der Aborigines zuordnen.

Die Forschungsarbeit an der Kunst der Aborigines hat sich überwiegend darauf konzentriert, eine Chronologie der verschiedenen Stile zu erstellen. So steht etwa für das Umfeld von Arnhem Land fest, daß der Röntgen-Malstil erst während der letzten 2000 Jahre ausgeübt wurde. In demselben Gebiet wurden noch mehrere weitere Malstile identifiziert, von denen einige eindeutig älter sind als andere, weil sie stets unter den anderen gefunden wurden. Mit Hilfe eines neuen Radiokarbon-Verfahrens, der sogenannten Massenbeschleunigungs-Spektrometrie (AMS), dürfte es bald möglich sein, ihr genaues Alter und ihre Beziehungen zueinander aufzudecken. Dieses Verfahren nutzt ein Zyklotron, um die radioaktiven Kohlenstoffatome zu isolieren und dann zu zählen. Es eignet sich selbst für noch so kleine organische Proben, ist jedoch noch

ziemlich teuer und daher kaum verbreitet. Da viele Bilder mit Hilfe organischen Materials hergestellt wurden (zum Beispiel Speichel, Blut, Urin oder Holzkohle), sollten viele von ihnen durch diese Methode datierbar sein.

Bis es soweit ist, läßt sich eine zeitliche Abfolge am besten dadurch erstellen, daß man herausfindet, in welcher Weise die Bilder einander überlagern. In einer umfangreichen Studie, die in den Carnarvon Ranges durchgeführt wurde, konnte Mike Morwood eine aus drei Stadien bestehende Bilderfolge nachweisen. Zunächst hatte man Darstellungen — vermutlich ohne Farbe — punktweise in den Fels geschlagen. In einem zweiten Schritt hatte man mehrfarbige Figuren gemalt oder mit Schablonen aufgetragen, und die dritte Schicht aus Darstellungen mit weißer Farbe war vermutlich erst während der letzten Jahrhunderte dazugekommen.

Zur Zeit versuchen einige Wissenschaftler, die Bilder dadurch zu datieren, daß sie sie mit verschiedenen Farbmaterialien in Verbindung bringen, die unter den archäologischen Funden derselben Stelle ausgegraben wurden. Dieser Ansatz war immer dann erfolgreich, wenn eine bestimmte Farbe nicht vorhanden war. So konnte man zum Beispiel zeigen, daß die sogenannten »Lightning Brothers« (große, paarige, gestreifte menschliche Figuren) in einem Felsüberhang bei Delemere im Nordterritorium mit großer Sicherheit innerhalb der letzten 200 Jahre entstanden sind, weil in den unmittelbar darunter liegenden Ablagerungen keine älteren Ockerfarben vorkommen.

△ Die männliche und die weibliche menschenähnliche Figur bei Ubirr Rock (ehemals Obiri) in Arnhem Land repräsentieren Wesen, die mit der ständigen Neuschöpfung des Landes einschließlich seiner Tiere, Pflanzen und Menschen zu tun haben. Bilder wie dieses besitzen normalerweise viele Bedeutungen, von denen jedem Individuum nur einige bekannt sind.

GRAHAME L. WALSH

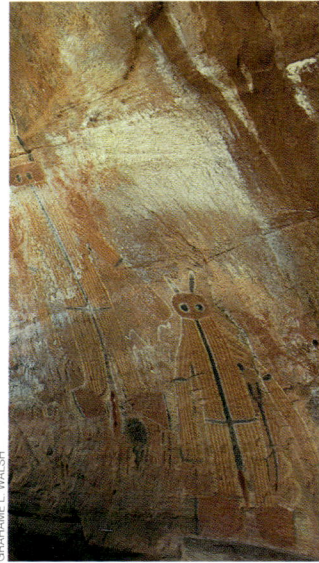

△ Diese »Lightning Brothers« von Yiwarlarlay im Nordwesten Australiens waren dort in den vierziger Jahren einem Ältesten der Wardaman im Traum erschienen und bald darauf dort gemalt worden, als europäische Siedler die Wardaman daran hinderten, die von den Brüdern ursprünglich bewohnte Höhle zu besuchen.

WAYNE LAWLER/AUSCAPE

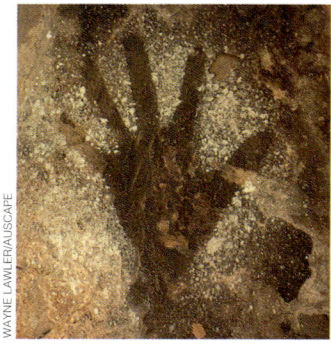

△ Viele australische Felsüberhänge tragen Handschablonen an den Wänden. Diese hier bei Wuttagoona bei Cobar (im nordwestlichen Neusüdwales) entstand, indem Farbe über eine linke, an den Fels gedrückte Hand gesprüht oder geblasen wurde. Manchmal findet man auch Hände von Frauen und Kindern.

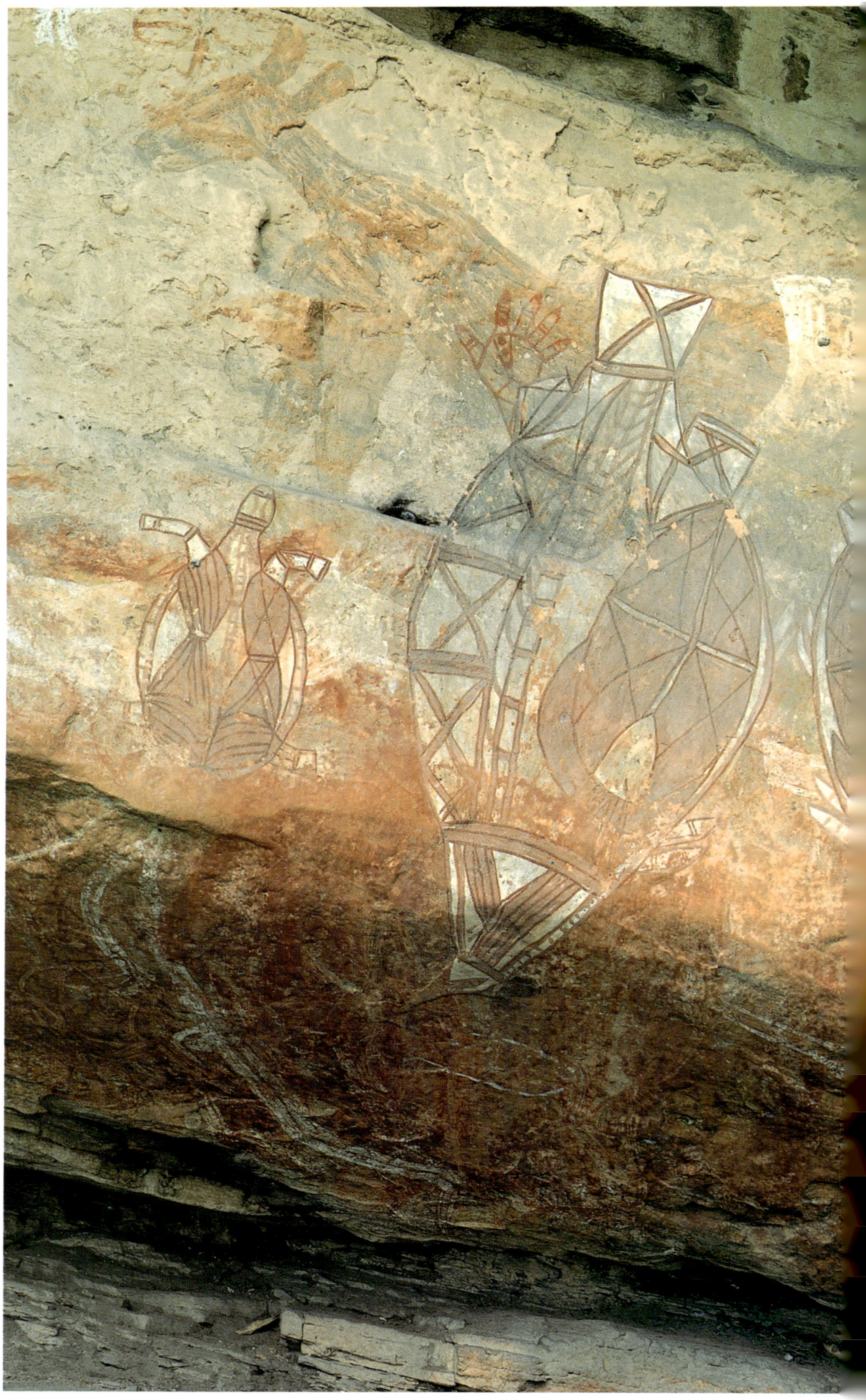

▷ Die Flüsse und Sümpfe von Arnhem Land bieten den Aborigines zahlreiche bedeutende Nahrungsressourcen, darunter auch den Barramundi-Fisch, der – wie hier bei Nourlangie Rock – an den Wänden vieler Felshöhlen immer wieder dargestellt wurde.

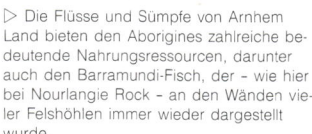

GRAHAME L WALSH

△ Fischfallen, wie diese auf Goold Island
am Großen Barriereriff (Queensland), werden gewöhnlich in den seichten Gezeiten-
zonen der australischen Tropen aufgestellt.
Bei Flut schwimmen die Fische über die
aufgehäuften Steinwände, und sobald die
Ebbe einsetzt, sind sie gefangen.

△ Überall an der Ostküste wurden Angelhaken ohne Widerhaken aus Muschelschalen geschnitten und herausgeschliffen. Sie
wurden ohne Köder eingesetzt und galten
normalerweise als Werkzeug der Frauen.
A. FARR/AUSTRALIAN MUSEUM

Die Verfeinerung des sozialen und wirtschaftlichen Lebens

In den achtziger Jahren äußerten mehrere Forscher die
Ansicht, daß die im Verlauf der letzten 4000 Jahre bei
Steinwerkzeugen und Felsmalereien eingetretenen
Veränderungen — neben anderen Umwandlungen —
darauf hinweisen, daß die Gesellschaften der Aborigines in vielen Teilen Australiens während dieser Zeit
»komplizierter« geworden seien. Zwar sind die Argu-
mente, die dafür und dagegen ins Feld geführt werden, ihrerseits zu schwierig, um hier im einzelnen
vorgestellt zu werden, doch geben sie ein interessantes Beispiel dafür, wie archäologische Funde interpretiert werden, und wie diese Deutungen unser Verständnis für vorgeschichtliche Gesellschaften beeinflussen.

Erstmals äußerte Harry Lourandos vor 15 Jahren
die Vorstellung, daß sowohl das Produktivitätsniveau
insgesamt als auch die Produktion von Gütern und
Dienstleistungen erheblich zugenommen habe. Seine
Arbeit gründete auf eine anthropologische Sichtweise, nach der traditionelle Gesellschaften organisiert waren. Vor diesem Hintergrund untersuchte er
noch einmal die archäologischen Funde aus dem Südwesten Victorias und kam zu dem Ergebnis, daß die
meisten der dortigen Indizien nicht einmal 5000 Jahre
alt waren. Seiner Meinung nach waren es die Anforderungen einer im Wandel stehenden Gesellschaft,
unter anderem mit einem zunehmenden Wettbewerb
in der wachsenden Bevölkerung, die diese Veränderungen hervorriefen. Insbesondere verwies er auf drei
neue Merkmale der archäologischen Funde aus dieser
Zeit: künstlich erbaute Wohnhügel, sechs Meter im
Durchmesser und einen Meter hoch, große Fischfallen und die starke Verbreitung von Axtköpfen, deren
Rohmaterial, ein Grünstein, nur in wenigen Steinbrü-

chen verfügbar war. Zudem verwies er auf eine hohe
Bevölkerungsdichte, die zur Zeit der ersten europäischen Siedler herrschte, sowie auf Hinweise sozialer
Gruppen in großem Maßstab, die von den frühen Europäern als »Nations« bezeichnet wurden. Lournados
erkannte mit Recht, daß, falls man eine Erhöhung der
Produktion und der Produktivität nachweisen
konnte, dieses Phänomen mit klimatischen, umwelt-
bedingten oder technologischen Veränderungen nicht
zu erklären war.

Später wurden ähnliche, wenn auch weniger weitreichende, Indizien von anderen Forschern aus anderen Teilen Australiens erbracht. Insbesondere sind
Fundstellen, die etwa aus der Zeit um 3000 vor Christus stammen und an denen einschneidige Klingen gefunden wurden, etwa zehnmal häufiger als ältere
Fundorte. Und, pro tausend Jahre gerechnet, über-
wiegt die Zahl der einschneidigen Klingen bei weitem
die Menge aller übrigen Objekte aus den älteren
Fundstätten. Dies wurde zunächst als ein Hinweis auf
eine Bevölkerungszunahme gedeutet, doch blieb man
die Erklärung schuldig, wie (ob durch niedrigere
Sterberaten, höhere Geburtsraten oder beides) und
warum sie zustandekam. Aufgrund der Tauschhan-
delssysteme, die während der letzten Jahrtausende
existierten, schloß man auf eine zunehmende Komplexität der sozialen Vernetzung. Durch diesen
Tauschhandel wanderten etwa Axtköpfe, Mahlsteine
aus Sandstein, Pituri (ein Narkotikum), Muschelschalen von den Nordküsten, Gesänge, Zeremonien und
andere soziale Phänomene über Hunderte von Kilometern, ja manchmal sogar über das ganze Land. So
wurden etwa Muschelschalen von der Nordküste an
Fundstätten in unmittelbarer Nähe des Südlichen
Ozeans entdeckt. In ähnlicher Weise wurde auch die
Entwicklung regionaler künstlerischer Traditionen als
Hinweis dafür gedeutet, daß die Gesellschaften komplizierter wurden.

Insgesamt betrachtet, spricht all dies in der Tat dafür, daß in Australien vor 4000 Jahren »etwas passiert sein muß«. Sobald man jedoch jedes dieser Indizien für sich untersucht, verschwimmt das Gesamtbild wieder, das eben noch so klar vor Augen stand. So führte zum Beispiel Val Attenbrow in Mangrove Creek bei Sydney, einem Gebiet, in dem zahlreiche Fundstellen unter Felsüberhängen freigelegt wurden, eine detaillierte Untersuchung durch. Dabei konnte er zeigen, daß während der letzten 11 000 Jahre, jeweils auf 1000 Jahre berechnet, zwischen der Zunahme der benutzten Felsüberhänge, der Zahl der neu hinzukommenden Fundstellen unter Felsüberhängen und der Zahl der Steingegenstände keine Abhängigkeit festgestellt werden konnte, die an allen diesen Fundstätten ausgegraben wurden. Dies wäre auch zu erwarten, wenn eine Bevölkerung zunimmt und dabei verfeinerte Formen der gesellschaftlichen Organisation entwickelt, unter anderem den Tauschhandel.

In ähnlicher Weise haben andere Wissenschaftler Spuren sozialer Weiterentwicklung früherer Zeiträume herausgestellt, zum Beispiel die Einrichtung 13 000 Jahre alter Friedhöfe entlang des Murray River Valley (der heutigen Grenze zwischen Victoria·und Neusüdwales). Zudem behaupten sie, daß einige offensichtliche Produktionsveränderungen während der letzten 4000 Jahre — etwa Varianten der Muschelfischerei, wie man aus den Abfallschichten bei Princess Charlotte Bay folgern kann — einfach durch den Wandel der natürlichen Umwelt zu erklären sind, wie er in gewissen Zeitabständen vorkommt.

Es besteht kein Zweifel darüber, daß im späten Holozän Australiens wirklich Veränderungen eintraten, doch verweisen diese nicht so deutlich auf die Entwicklung komplizierter Gesellschaftsformen hin, wie bisher vermutet wurde. Man darf nicht vergessen, daß nur die Tatsache, daß wir heute über mehr Indizien aus jüngerer Zeit verfügen, nicht von sich aus ein Beweis für soziale Veränderungen sein kann. Es ist völlig normal, daß Funde der jüngeren Vergangenheit überdurchschnittlich repräsentiert sind, da mit jedem weiteren Jahr die Gefahr einer möglichen Zerstörung zunimmt.

◁ Eine Bumerangschablone, die auf einer Felswand im Carnarvon-Gebirge (Queensland) aufgetragen wurde. Zwar wurden wiederkehrende Bumerangs in dieser Gegend verwendet, doch handelt es sich hier um einen Wurfstock, der vermutlich, sich um sich selbst drehend, am Boden entlang der Beute entgegensprang.

zwischen diesen beiden Gebieten nachweisen konnte, doch ist er sicherlich nicht von selbst nach Australien ausgewandert. Wie also kam er dorthin, und wer hatte ihn begleitet?

Angelhaken wurden seit 1200 Jahren an der Küste von Neusüdwales hergestellt. Waren sie denen von Neuguinea nachempfunden? Und sollte es sich so verhalten, wie kam es dann zu dieser Übernahme, zumal in weiten Teilen der Küste von Queensland, die Neuguinea wesentlich näher liegt, keine Spur von ihnen gefunden wurde? Die besten Indizien für einen Kontakt nach außen haben wir in den Macassan, die nach Berichten der Macassan und der Niederländer seit der Zeit um 1700 Trepangs (Seewalzen), Perlmuscheln und andere wertvolle Dinge an der Nordküste sammelten. Ganz vage archäologische Hinweise in Gestalt von Angelhaken aus Muschelschalen, die solchen aus Metall nachempfunden waren, reichen mindestens auf das Jahr 1000 zurück. Ob es jedoch noch frühere Kontakte gegeben hat, bleibt offen.

Als die Europäer Australien erreichten, trafen sie auf Gesellschaften, die der ihren so unähnlich waren wie keine andere auf der Welt. Durch Rekonstruktion der Vergangenheit mit Hilfe der Archäologie können wir nachvollziehen, wie die Aborigines ihre Lebensweise in einmaliger Weise der einzigartigen Umwelt Australiens angepaßt haben.

Die Aufdeckung der Vergangenheit

Dieses Kapitel hat nur einige Aspekte der modernen australischen Archäologie angeschnitten, und viele weitere sind noch von Interesse. So ist zum Beispiel der zu seinem Werfer zurückkehrende Bumerang der bekannteste Gegenstand Australiens, und doch wurde er nur in bestimmten Gegenden des Ostens hergestellt. Der Bumerang war nur einer von vielen Abarten gebogener Wurfstöcke, von denen viele nicht dazu bestimmt waren, zu ihrem Werfer zurückzukehren. Alle Arten der Bumerangs wurden für die Jagd gebraucht, die zurückkehrenden, aber auch zum Spielen. Man fand Bumerang-Bruchstücke (vermutlich von der wiederkehrenden Form) im südaustralischen Wyrie Swamp. Sie wurden auf etwa 8000 vor Christus datiert, doch dürfte diese Technologie wesentlich älter sein.

Ein weiteres interessantes Thema ist der Kontakt mit der Außenwelt. Der in Australien lebende Wildhund, der Dingo, lebt erst seit etwa 4000 Jahren auf dem Kontinent, und seine engsten bisher bekannten Verwandten sind in Indien zu Hause. Der Dingo bildet die einzige direkte Verbindung, die man bisher

▽ Dingos gehören zu derselben Art wie der moderne Hund und sind – mit Ausnahme Tasmaniens – über ganz Australien verbreitet. Häufig ziehen die Aborigines Welpen auf und halten sie als Haustiere. Manchmal werden die Tiere auch bei der Jagd eingesetzt.

DIE SALZWASSER-MENSCHEN DER SÜDWESTKÜSTE VON KIMBERLEY

SUE O'CONNOR

Die Vorgeschichte der Kimberley-Küste ist seit 10 000 vor Christus nicht weniger reichhaltig und vielfältig als die Landschaft dieser ganz im Norden liegenden Ecke Australiens. Heute reicht die Vegetation der Küstenregion vom üppigen Dickicht des Regenwaldes bis zur offenen Savanne. Dichte Mangroven bevölkern die Ästuare, deren Gezeitenwirkungen bis zu 70 Kilometer landeinwärts reichen. Die Menschen, die dieses Gebiet seit langer Zeit bewohnen, nennen sich selbst »Salzwassermenschen«. An diesem Teil der australischen Küste kann die Springtide höher als zehn Meter eintreten, und reißende Strömungen und Wirbel sind nicht ungewöhnlich. Dennoch waren die Boote der Bewohner von Kimberley bis zum Anfang dieses Jahrhunderts nichts weiter als Doppelflöße, die aus Mangrovenstangen zusammengebunden und -gesteckt wurden. Trotz ihrer Zerbrechlichkeit waren diese Flöße in den gefährlichen Gewässern nicht leicht umzustoßen. Sie besaßen keinen Antrieb. Stattdessen verließen sich die Menschen auf ihre Kenntnisse der Gezeitenströmungen. Daher bezeichnet man die Kimberley-Menschen manchmal als »Gezeitenfahrer«.

Einige der kleinen vorgelagerten Inseln waren zur Zeit der ersten eruopäischen Kontakte bewohnt. Die meisten sind zu klein, als daß Landwirbeltiere darauf leben könnten, und die Menschen nutzten die reichen Riffe, um dort Krustentiere, Fische, Dugongs und Meeresschildkröten zu fangen.

Lange haben sich die australischen Archäologen gefragt, wie weit diese Lebensweise zurückreicht. In vielen Gebieten Australiens wurden Muschelabfallschichten auf etwa 2000 bis 1000 vor Christus datiert, während das heutige Meeresniveau ungefähr um 4000 vor Christus erreicht wurde. Daraus schlossen einige Forscher, daß die Aborigines die marinen Ressourcen erst lange, nachdem das Meer seinen gegenwärtigen Stand erreicht hatte, nutzten.

Eine gewisse Klärung brachten Indizien aus zwei Felsüberhängen von Kimberley, von Widgingarri und Koolan. Diese Fundstellen beweisen, daß Menschen dort schon vor mindestens 28 000 Jahren gelebt hatten, als das Meer noch 20 bis 50 Kilometer entfernt lag. Während einer Trockenzeit vor 25 000 bis 13 000 Jahren wurden diese Stätten aufgegeben, als sich das Meer vielleicht um 200 Kilometer von seiner gegenwärtigen Position zurückgezogen hatte und eine riesige Küstenebene freilag. Als sich das globale Klima am Ende der Eiszeit wieder erwärmte, stieg der Meeresspiegel an und überflutete diese Küstenebene. Damals lag der Felsüberhang von Koolan hoch auf einem felsi-

gen Vorgebirge des Festlandes und besaß einen steil zur Küste abfallenden Hang. Daher wurde dieser Ort von den steigenden Fluten schon früh erreicht, und Radiokarbon-Datierung seiner oberen Muschelabfallschicht zeigt, daß die Menschen vor etwa 11 000 Jahren hierher zurückkehrten. Am Überhang von Widgingarri zeigt die Küstenkontur dagegen eine leichte Neigung, was bedeutet, daß die steigenden Wassermassen diesen Ort erst kurz vor dem Zeitpunkt erreichten, als sie um 4000 vor Christus ihren heutigen Stand erreichten. Die frühesten Schichten dieser Abfallhaufen datieren auf etwa 5000 vor Christus.

Die Ressourcen des Meeres und des Landes

Bei Koolan bei Widgingarri zeigen tierische Überreste aus dem frühen Holozän, daß die Bewohner von Kimberley ihre Nahrung aus dem Meer vom Land gewannen. Sie aßen Fische, Dugongs, Meeresschildkröten, Krustentiere, aber auch Landsäugetiere wie Kängurruhs, Felsenkänguruhs und Nasenbeutler. Außerhalb der Felsüberhänge findet man Muschelabfallschichten in dieser Region nur selten.

Werkzeuge und Gegenstände

In den Fundstätten der Felsüberhänge wurden zahlreiche Gegen-

△ Die Kimberly-Küste birgt ganz verschiedene Vegetationsformen, angefangen vom hochgelegenen Regenwald bis zur offenen Savanne. Die Springtiden können zehn Meter hoch werden, und die ästuarinen Gezeiten wirken sich noch bis zu 70 Kilometer landeinwärts aus.

▽ Ein Blick aus dem Inneren des Felsüberhangs von Koolan auf die Bucht. Dieser Ort wurde erstmals vor 28 000 Jahren bewohnt und in der Zeit von 25 000 bis 13 000 Jahren wieder aufgegeben, als das Klima trocken wurde. Am Ende der Eiszeit zogen wieder Menschen ein.

△ Diese Frauen benutzen Metall»drähte«, moderne Gegenstücke des traditionellen Grabstocks, um Krustentiere zu sammeln.

△ Die Bewohner von Kimberley Island ernährten sich überwiegend von den Ressourcen der Küste. Hier zerlegt ein Mann eine Meeresschildkröte auf High Cliffy Island.

▽ Stachelkopfgras wird auf High Cliffy Island abgebrannt. Noch immer üben die Aborigines diese traditionellen Aktivitäten auf vorgelagerten Inseln aus.

stände entdeckt, darunter Werkzeuge aus Muschelschalen, Knochen und Stein. In den frühen Abfallschichten sind die Steinwerkzeuge denen der pleistozänen Schichten sehr ähnlich. Am häufigsten findet man retouchierte Abschlagstücke. In der Abfallschicht bei Koolan wurden Werkzeuge identifiziert, die aus den Schalen großer Schlammuscheln (*Geloina coaxans*) hergestellt waren. Die Beschädigungen und die Reste, die man an den Kanten dieser Werkzeuge fand, sprechen eindeutig dafür, daß sie als Handschaber der Bearbeitung von Pflanzen dienten.

Aus der Zeit zwischen 3000 und 2000 vor Christus wurden recht unterschiedliche Gegenstände geborgen. So tauchen hier erstmals Spitzen auf, die ältesten etwa um 2500 vor Christus. Die meisten wurden offenbar am Ende hölzerner Speere befestigt. Man fand auch knöcherne Gegenstände, jedoch nur in den oberen, jüngeren Abfallschichten. Vielleicht wurden sie als Druckwerkzeuge eingesetzt, um fein ausgekehlte Steinspitzen herzustellen. Bis vor kurzem benutzten die Menschen dieser Region im Feuer gehärtete Speere für den Fischfang. Es gibt keine gesicherte Hinweise auf den Gebrauch von Fischnetzen oder Angelhaken. Offenbar erforderte die Küstenfischerei in diesem Gebiet nur eine außerordentlich simple Technologie.

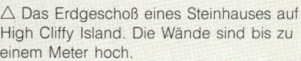

△ Das Erdgeschoß eines Steinhauses auf High Cliffy Island. Die Wände sind bis zu einem Meter hoch.

Die frühe Nutzung vorgelagerter Inseln

Die ersten Hinweise auf eine regelmäßige Nutzung vorgelagerter Inseln dieser Region stammen aus der Zeit um 4000 vor Christus. Da die Regenzeit sehr heftig ausfällt, blieben auf den meisten Inseln nur wenige Indizien prähistorischer Besiedlung erhalten. Es gibt jedoch mehrere auffällige Ausnahmen.

Eine davon ist High Cliffy Land. Diese acht Kilometer vor der Küste gelegene Insel wurde um 6000 vor Christus durch die steigenden Fluten vom Festland abgeschnitten. Hier wurden zahlreiche Steinkonstruktionen gefunden, von denen einige zeremonielle Funktionen erfüllt haben dürften, während andere als unterste Hausgeschosse dienten. Die Wände dieser Einrichtungen erheben sich einen Meter hoch und besitzen einen kleinen Eingang. Nach Aussagen der Ältesten der Aborigines, die diese Region heute bewohnen, waren diese Bauten mit Stachelkopfgras und Weißbaum gedeckt, wobei letzteres mit einem Floß vom Festland herangeschafft wurde. Obwohl diese Steinbauten noch nicht datiert wurden, sprechen Hinweise eines auf der Insel stehenden, bereits datierten Felsüberhangs dafür, daß High Cliffy Island seit 1000 vor Christus sehr intensiv genutzt wird. Vermutlich ist die Insel erst seit dieser Zeit permanent bewohnt.

439

A N H A N G

◁ Ein überdachtes Grab in den Ox Mountains in der Grafschaft Sligo (Nordwestirland). Diese Art von Gräbern ist eine der vielen für Irland typischen Formen von Megalith-Monumenten.

Abfallschichten

Eine umfangreiche Ablagerung von Siedlungsabfällen, etwa Reste von Muschelschalen, Knochen, Asche und fortgeworfene Gegenstände. Abfallschichten bilden sich normalerweise im Laufe vieler Jahre und markieren die Standorte ehemaliger menschlicher Wohnungen.

Abri

Französisches Wort für »Unterstand«. Man bezeichnet damit die natürlich entstandenen paläolithischen Felsüberhänge, die so typisch für die Kalksteinregion Südfrankreichs sind.

Abschlagwerkzeug

Ein Werkzeug, das aus dem dünnen, scharfkantigen Bruchstück eines größeren Steins (des Rohlings) gefertigt wurde.

Absolute Datierung

Eine Datierung, die sich in Kalenderjahren ausdrücken lässt. Sie basiert auf messbaren physikalischen und chemischen Konstanten oder auf geschichtlichen Hinweisen wie Münzen oder schriftlichen Dokumenten. *Siehe auch* Relative Datierung.

Acheuléen

Eine Werkzeugindustrie des unteren Paläolithikum. Sie ist mit den Erectinen verbunden, die erstmals Werkzeuge beidseitig bearbeiteten und Splitterwerkzeuge und Faustkeile herstellten. Der Name leitet sich von dem französischen Dorf St. Acheul ab, wo die ersten Objekte dieser Art gefunden wurden.

Adze

Ein schweres Schneidewerkzeug mit breiter Klinge, das rechtwinklig an einem Holzgriff befestigt ist. Man glättete damit Baumstämme und höhlte Einbäume aus.

Anasazi

Eine Kultur des südwestlichen Nordamerika aus der späten prähistorischen Zeit (ca. 200–1600). Die Anasazi waren Bauern, deren Pueblo-Bauten und bemerkenswert bemalte Keramik bekannt wurden. Obwohl man sich über die genauen Beziehungen noch unklar ist, stammen die modernen Pueblo-Indianer mit Sicherheit von Anasazi-Vorfahren ab. Der Name »Anasazi« leitet sich von einem Navajo-Wort ab, das so viel bedeutet wie »feindliche Vorfahren«.

Antropomorphe Figur

Eine Figur oder ein Objekt mit einer menschlichen Form oder mit menschlichen Zügen.

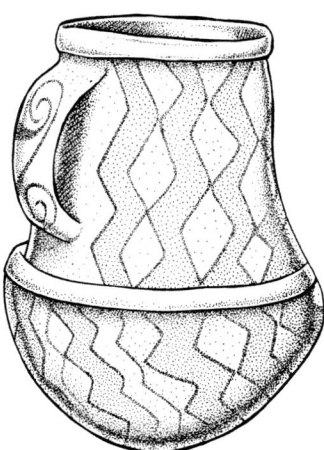

Anasazi-Krug

Anthropomorphe Figur

Archaische Adaption

Überall in Amerika bezeichnen die Archäologen mit dem Begriff »archaisch« die postpaläoindianischen Völker, die sich durch Jagen, Sammeln und Fischen ernährten. Anfangs stand dieser Begriff für eine nicht sesshafte Lebensweise, der die Keramik und der Ackerbau noch unbekannt waren. Allerdings wissen die Archäologen heute, dass Keramik, Ackerbau und Sesshaftigkeit in besonderen Zusammenhängen auftauchen, die eindeutig als archaisch gelten. Im östlichen Nordamerika bezeichnet der Begriff »archaisch« einen besonderen Zeitabschnitt zwischen den früheren paläoindianischen und den späteren Waldkulturen. Wo keine Anpassungen an die Waldgebiete entwickelt wurden, bezieht sich das Wort auf eine im wesentlichen unspezialisierte Lebensweise ohne Ackerbau, die in einigen Gebieten rund 10.000 Jahre anhielt.

Arche–Noah–Modell

Die Theorie, nach der der moderne Mensch in einem einzigen afrikanischen Gebiet entstand und sich über die ganze Welt ausbreitete, wobei er andere, ursprünglichere Menschentypen verdrängte. Sie ist auch als »Verdrängungshypothese« bekannt. Diese Ansicht wird von der sogenannten »Eva«-Theorie gestützt, die postuliert, dass alle modernen Menschen von einer gemeinsamen Mutter abstammen. Die Gegenhypothese wird häufig als »Kandelaber«-Modell bezeichnet.

Arktische Kleinwerkzeug-Tradition

Eine unverwechselbare Gruppe von Steinwerkzeugen und Waffenspitzen aus der frühen arktischen Denbigh-Kultur, die an der Küste Alaskas und in östlicher Richtung bis Grönland verbreitet war. Mit Ausnahme der Adzes waren alle Gegenstände winzig klein – daher der Name.

Arroyo

Ein steilwandiges, ausgetrocknetes Flussbett. Die Paläoindianer nutzten diese Landschaftsteile als natürliche Fallen, in denen sie Mammute und Bisons fingen.

Atlantische Periode

Die europäische Klimaperiode, die sich unmittelbar an die letzte Eiszeit anschloss und etwa 6000 v. Chr. begann, als die Durchschnittstemperaturen anstiegen. Die schmelzende Eisdecke überflutete schließlich beinahe die Hälfte Westeuropas. Dabei entstanden entlang der Atlantikküste Buchten und Meeresarme, reiche Ökosysteme, die den Menschen

eine günstige Ernährungs-
grundlage schufen. Der atlantischen Periode folgte die subboreale Periode.

Atlatl

Eine neuweltliche Ausgabe der
Speerschleuder. Ein am äußersten Ende sitzender Haken
greift in eine Vertiefung am
proximalen Ende des Speers
und verlängert auf diese Weise
den Wurfarm.

Aurignacien

Die früheste technologische
Phase des oberen Paläolithikums in Westeuropa. Dieser
Abschnitt fiel in die Zeit von
vor 38.000 bis 22.000 Jahren.
Typisch waren der Gebrauch
von Knochenwerkzeugen und
eine Klingensteintechnologie
mit Schabern und Meißeln. Die
Menschen dieser Zeit waren
die ersten Künstler. Man findet
Aurignacien-Industrien überall
in Europa und Westasien, und
die Fundstellen liegen häufig
in tiefen, geschützten Tälern.
Ihren Namen verdankt diese
Kultur dem südfranzösischen
Dorf Aurignac, in dessen benachbarten Höhlen die ersten
dieser Objekte entdeckt wurden.

Ausgekehlte Projektilspitze

Eine steinerne Projektilspitze,
die für die nordamerikanischen
Clovis- und Folsom-Kulturen
typisch war. Die Auskehlungen
entstanden dadurch, dass man
durch Schlag oder Druck Steinsplitter von der Basis zur Spitze
hin entfernte. An der Basis der
Spitze waren die scharfen
Kanten der Auskehlung glatt
geschmirgelt. So konnten die
Bindungen, mit denen die
Spitze an einem gekerbten
Vorderschaft befestigt wurde,
nicht beschädigt werden.

Australopithecinen

Ein Entwicklungsstadium ausgestorbener Hominiden (dazu
gehört auch *Australopithecus*
selber) mit geringem Hirnvolumen, gewaltigen, vorstehenden Kiefern und aufrechtem
Gang. Die Australopithecinen
lebten vor vier bis einer Million
Jahren in Afrika. Das Wort
Ausralopithecus bedeutet so
viel wie »Südaffe«. Die ersten
Fossilien stammen nämlich
aus Südafrika.

Austroasiatische Sprachfamilie

Eine der größeren Sprach-
familien Nordostindiens und
des südostasiatischen Festlands.
Sie umfasst etwa 150 Sprachen,
die von ungefähr 60 Millionen
Menschen gesprochen werden.
Dabei unterscheidet man zwei
Gruppen: Die Munda-Sprachen
der nordöstlichen indischen
Halbinsel und die Mon-Khmer-
Sprachen des südostasiatischen
Festlands. Zu den letzteren gehören das moderne Vietname-
sisch und Khmer (Kambodscha-
nisch) sowie zahlreiche weitgehend isolierte Sprachen aus
dem südlichen China und weiter
südlich bis nach Malaysia und
zu den Nikobaren. Offenbar ist
die austroasiatische Sprachfamilie die älteste dieser Gegend
und wurde stellenweise von
indoeuropäischen und austronesischen Sprachen überlagert.

Austronesische Sprachfamilie

Das Austronesische ist eine
große Sprachfamilie, der die
Sprachen Taiwans, der südostasiatischen Inseln, des pazifischen Raums (ausschließlich
eines großen Teils von Neuguinea), Madagaskars und Teilen
des südostasiatischen Festlands
angehören. Obwohl alle austronesischen Sprachen miteinander

verwandt sind, können sich die
Sprecher der verschiedenen
Sprachen nicht unbedingt
untereinander verständigen.

Azilien

Die erste oberpaläolithische
Kultur Südwestfrankreichs und
Nordspaniens. Sie hielt sich von
9000–8000 v. Chr. Typisch sind
flache Harpunen, aus Hirschgeweih geschnitzte Speerschleudern und mit geometrischen
Mustern bemalte Kieselsteine.
Die Kultur erhielt ihren Namen
von der Höhle von Le Mas
d'Azil in den französischen
Pyrenäen, wo die Werkzeuge
erstmals entdeckt wurden.

Bandbecher-Kultur

Eine spätneolithische mitteleu-
ropäische Kultur aus dem
3. Jahrhundert v. Chr. Sie
wurde nach einer typischen,
mit Bändern erzeugten
Dekoration benannt, die auf
ihren Töpferwaren gefunden
wurde. Die Bandbecher-Kultur
gehört zu den so genannten
Streitaxt-Kulturen Europas.

Baumgrenze

Eine in der Arktis gedachte
Linie, nördlich derer kein
Baum wächst, weil der Boden
ständig gefroren ist. *Siehe
auch* Permafrost-Linie.

Beidseitige Bearbeitung

Die beidseitige Bearbeitung von
Steinwerkzeugen war typisch
für die Faustkeil-Tradition des
unteren Paläolithikums.

Beinschiene

Der Teil einer Rüstung, der den
Unterschenkel schützte.

Beringia

Der Teil des Kontinental-
schelfs, der Nordostasien mit

dem heutigen Alaska verbindet.
Als dieses Gebiet am Höhepunkt der letzten Eiszeit, vor
18.000 Jahren, frei lag, war
es eine große, ebene, bewach-
sene Landmasse.

Betelnuss

Die Frucht der Betelpalme
(*Areca catechu*), die auf
Neuguinea und in vielen Gebieten des tropischen Afrika
gekaut wird.

Betyl

Ein heiliger, häufig stehender
Stein in konischer Form.

Billabong

In Australien steht dieser Begriff für einen Wasserkörper,
etwa einen versickernden
Flussarm oder ein Wasserloch
in einem Flusslauf, der sich
während der Regenzeit mit
Wasser füllt und während der
Trockenzeit austrocknet.

Bipedie

Aufrechter Gang auf zwei
Beinen. Die frühen Menschen
hatten dadurch den Vorteil, die
Hände frei zu haben.

Bi-Scheiben

Flache Jadescheiben mit einem
kleinen Loch in der Mitte, die
im alten China für zeremonielle Zwecke angefertigt wurden.
Sie werden in alten chinesischen Texten als Rangab-
zeichen beschrieben und
wurden in der Liangzhu-Kultur
des neolithischen China als
rituelle Objekte verwendet.
Man fand sie in Gräbern
hochrangiger Verstorbener
zusammmen mit Cong-Röhren.
Vermutlich symbolisierten die
Bi-Scheiben den Himmel.

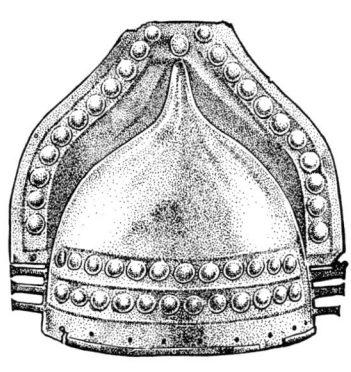

bronzezeitlicher Helm

BP

Abkürzung für »before present« (vor unserer Zeit). Dieser Begriff aus der Radiokarbon-Datierung bedeutet »vor dem Jahre 1950«, dem standardisierten Bezugsjahr für diese Datierungsmethode.

Brandrodungsackerbau

Eine Methode des Ackerbaus, bei der die Vegetation gefällt wird, dem Trocknen überlassen bleibt und dann angezündet wird. Später sticht man Löcher in die Asche und pflanzt Samen hinein.

Bronzezeit

Ein prähistorischer Zeitraum der Alten Welt, der durch den Gebrauch der Bronze als neues Material für Werkzeuge, Waffen und Schmuck definiert wird. In Europa umfasst die eigentliche Bronzezeit das 2. und den Beginn des 1. Jahrtausends v. Chr.

Brustharnisch

Ein Stück Rüstung, mit dem der Torso von beiden Seiten geschützt wird. Häufig ist er den Konturen des Körpers nachgeformt. Obwohl die aus der Bronzezeit erhaltenen Harnische aus Blattbronze

bestehen, lässt sich diese Material leicht von einem Pfeil oder Schwert durchbohren. Wahrscheinlich wurde die eigentliche Schutzwirkung jener Tage durch Leder bewirkt.

Bubalus-Periode

Die früheste Phase der nordafrikanischen Felsenkunst. Typisch sind großflächige Tiergravuren, die zwischen 12.000 und 8000 v. Chr. auftauchten. Die Periode wurde nach dem ausgestorbenen Riesenbüffel (*Bubalus antiquus*) benannt, der häufig als Motiv verwendet wurde.

C 14

Das Radioisotop Kohlenstoff 14. Seine bekannte Zerfallsrate bildet die Grundlage der Radiokarbon-Datierung.

Chalcolithische Periode

Wörtlich »Kupfersteinzeit«. Es handelt sich um die Übergangsphase zwischen Stein- und Bronzezeit, in der Kupfer für die Herstellung von Werkzeugen und Schmuck in Kulturen eingesetzt wurde, die sonst neolithische Züge aufwiesen.

Chatelperronien

Ein Kulturabschnitt des oberen Paläolithikum, der in die Zeit vor 36.000 bis 32.000 Jahren fiel. Typisch waren Knochenwerkzeuge und Waffen aus Elfenbein oder Rentiergeweih sowie Feuersteinmesser. Die Kultur wurde nach dem französischen Fundort Châtelperron benannt.

Chinampas

Ein System der Kultivierung, bei dem in flachen Süßwasserseen künstliche Inseln aus Vegetation und Schlamm

gebaut wurden. Diese bemerkenswert fruchtbaren Felder wurden von den Azteken im Rahmen massiver Urbarmachungsprojekte im Tal von Mexiko angelegt.

Cong-Röhre

Eine röhrenförmiges Objekt aus Jade, das außen quadratisch und innen kreisförmig ist. Es wurde im alten China in unterschiedlichen Größen für rituelle Zwecke hergestellt. *Cong* wurden in alten chinesischen Texten als Rangabzeichen beschrieben und in der Liangzhu-Kultur des neolithischen China als rituelle Objekte eingesetzt. Man fand sie in Gräbern hochrangiger Verstorbener zusammen mit *Bi*-Scheiben. Vermutlich symbolisierten die *Cong*-Röhren die Erde.

Cro–Magnon

Die frühesten bekannten modernen Menschen in Europa. Sie zeichneten sich durch eine hohe Schädelform, eine große, aufrechte Figur und durch den Gebrauch von Stein- und Knochenwerkzeugen aus. Sie gehörten zur Kultur des Aurignacien, die die Anfänge der europäischen Kunst hervorbrachte. Der Name stammt von einem Felsüberhang im Südwesten Frankreichs, wo man zum ersten Mal im Jahre 1868 Überreste von *Homo sapiens* zusammen mit Werkzeugen des oberen Paläolithikums entdeckte.

Dach, durch Balkenköpfe gestützt

Eine einfache Form des Dachdeckens, bei der einander überlappende Steine sich in der Mitte treffen und ein »Trug-

gewölbe« bilden, wenn oben eine Schlussstein aufgelegt wird. Diese Technik wurde in der megalithischen Tradition Europas eingesetzt.

Dendrochronologie

Die Schaffung von Chronologien mit Hilfe von Jahresringen. Dabei werden die Jahresringe der Bäume eines Fundorts mit einer anerkannten Folge von Jahresringen verglichen, die bis zu 9000 BP zurückreicht.

Diaspora

Die erzwungene oder freiwillige Verstreuung von Menschen aus einem zentralen Ursprungsgebiet in zahlreiche entlegene Regionen.

Diprotodon

Ein großes, pflanzenfressendes australisches Beuteltier. Dieses heute ausgestorbene Tier gehört zu der gleichen Gruppe wie Kängurus, Koalas und Wombats. Es zeichnete sich durch zwei vorstehende Schneidezähne im Unterkiefer aus.

DNA

Die Grundbausteine der Chromosomen und der Gene. Durch die DNA-Analyse verschiedener Primatengruppen wurde versucht, die Entwicklungslinie des modernen Menschen nachzuvollziehen. Zudem dienten DNA-Techniken dazu, aufzuzeigen, wie lange die verschiedenen regionalen Populationen voneinander getrennt waren. Die DNA-Analyse von menschlichen und tierischen Blutresten auf prähistorischen Werkzeugen und Waffen kann uns eines Tages auch verraten, wie bestimmte Tierarten und Menschen entwicklungsgeschichtlich zusammenhängen.

Dogu

Der Typ einer – zumeist weiblichen – Lehmfigur, der in Japan während der Jormon-Periode hergestellt wurde. Obwohl die Funktion dieser Figurinen unbekannt ist, geht man allgemein davon aus, dass es sich um Fruchtbarkeitssymbole handelte.

Dolmen

Der französische Ausdruck für ein Megalithgrab mit einem einzigen Schlussstein, der auf Orthostaten (stehenden Steinen) ruhte.

Druckbearbeitung

Die Technik, Steinsplitter durch Druck zu entfernen, den man mit einem steinernen oder knöchernen Werkzeug auf einen bestimmten Punkt des Rohlings ausübt.

Dyukhtai-Tradition

Eine sibirische Kulturgruppe des oberen Paläolithikums. Sie existierte entlang der Flüsse Lena und Aldan vor etwa 18.000 bis 12.000 Jahren. Vermutlich stammten die ersten Menschen, die nach Nordamerika einwanderten, aus dieser Kulturgruppe.

Einkorn

Eine Weizenart (*Triticum monococcum*) mit blassroten Körnern, die im Neolithikum kultiviert wurde. Vermutlich entstand der Einkorn-Weizen in Südosteuropa und Südwestasien. In den gebirgigen Regionen Südeuropas wird er noch heute als Pferdefutter angebaut.

Eisenzeit

Eine späte Periode der altweltlichen Vorgeschichte, während derer sich die Verwendung von Eisen zur Herstellung von Werkzeugen verbreitete.

Eiszeit, Höhepunkt der

Derjenige Zeitabschnitt einer Eiszeit, in der die Eisdecken ihre größte Ausdehnung besitzen und die Temperaturen am niedrigsten sind. Der letzte derartige Höhepunkt ereignete sich vor 22.000 bis 18.000 Jahren.

Emmer-Weizen

Eine Weizenart (*Triticum dioccum*), die im Mittelmeergebiet seit dem Neolithikum kultiviert wird. Auch heute noch wird sie in den gebirgigen Regionen Südeuropas als Nahrung für Mensch und Tier angebaut. Vermutlich ist der Emmer-Weizen der Vorfahr zahlreicher anderer Weizenarten.

Endklinge

Ein kleines Klingenwerkzeug. Zwei spitze Endklingen bildeten die Spitzen von Pfeilköpfen, die aus Knochen oder Geweih gefertigt waren. Dreieckige Endklingen saßen vermutlich als Spitzen auf Harpunenköpfen.

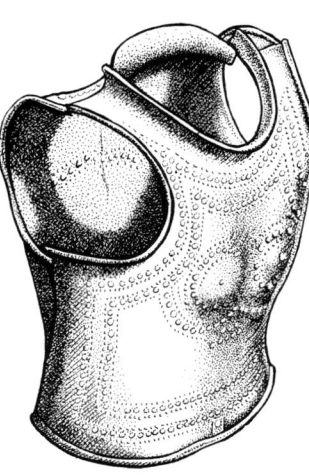

Brustharnisch

Endschaber

Ein Klingenwerkzeug mit einer Kante, die am Ende der Klinge mit einem steilen Winkel gefertigt war. Man brauchte sie, um harte Materialien zu bearbeiten und Häute zu gerben. Sie kamen im oberen Paläozän Europas auf.

Eozän

Die geologische Epoche vor 55 bis 38 Millionen Jahren. Sie lag im Tertiär zwischen Paläozän und Oligozän. Während dieser Zeit festigten die Säugetiere ihren Status als führende Landwirbeltiere.

Erectinen

Heute ausgestorbene Vertreter der Gattung *Homo*, einschließlich des *Homo erectus*, der im unteren und mittleren Pleistozän Afrika, Asien und Europa bewohnte. Die Erectinen gingen aufrecht, benutzten möglicherweise das Feuer und werden häufig mit Werkzeugindustrien des Acheuléen, insbesondere den Faustkeilen assoziiert.

Ethnographie

Das Sammeln und Analysieren von Grundlagenforschungsmaterial, wie künstlich hergestellten Objekten, zur Erforschung sozialer und kultureller Strukturen und Vorgänge.

Eva-Theorie

Die Hypothese, nach der sämtliche Menschen von einer gemeinsamen Urmutter abstammen, die vor 200.000 Jahren in Südafrika lebte. Sie ist dem Arche-Noah-Modell ähnlich und basiert auf dem genetischen Befund, dass sich moderne Menschen, als sie sich über die Erde ausbreiteten, nur selten, wenn überhaupt, mit ursprünglicheren Menschen, wie den Neandertalern, vermischten. Die »Eva«-Theorie hat nichts mit einer kreationistischen Sichtweise zu tun, sieht man einmal davon ab, dass zufällig eine einzige Entwicklungslinie mitochondrialer DNA überlebt hat.

Faustkeil

Der Typ eines Steinwerkzeugs, das für die Tradition des Acheuléen charakteristisch ist. Im Wesentlichen fand man es bei den Erectinen Afrikas, Europas, Indiens und Südwestasiens. Ein Faustkeil besteht aus einem beidseitig bearbeiteten Stein. Zwar sind Größe und Form durchaus uneinheitlich, doch läuft ein Ende zumeist spitz zu. Der Faustkeil wurde vermutlich für zahlreiche Aufgaben eingesetzt, etwa zum Schneiden, Graben und Schaben.

Fayence

Die bronzezeitliche Fayence ist eine primitive Form des Glases. Sie entsteht, indem man eine Mischung aus Sand und Ton so stark erhitzt, dass die Oberfläche zu bläulichem oder grünem Glas verschmilzt. Fayence-Perlen aus der Ägäis und Südwestasien wurden während des 2. Jahrtausends v. Chr. in Ost- und Mitteleuropa, in Italien und auf den britischen Inseln in großem Umfang gehandelt.

Foramen magnum

Die Öffnung an der Schädelunterseite, durch die das Rückenmark eindringt. Seine Lage verrät etwas über die Körperhaltung. Befindet sich das *Foramen magnum* weit vorn an der Schädelunterseite, weist dies auf eine aufrechte Körperhaltung, wie beim Menschen, hin.

Ganggrab
Ein Megalithgrab, dessen Kammer durch einen Gang zu erreichen ist.

Genom
Der vollständige Satz des genetischen Materials – dazu gehören alle enthaltenen Chromosomen und Gene – das jede Zelle bildet und erbliche Merkmale festlegt.

Geschlechtsdimorphismus
Unterschiede in Form, Größe oder Farbe, die in jeder Population zwischen Männchen und Weibchen vorkommen. Obwohl die Männchen gewöhnlich größer sind, trifft manchmal auch das Gegenteil zu.

Glockenbecherkultur
Eine spätneolithische Kultur, die im 3. Jahrtausend v. Chr. im Zentrum und im Westen Europas verbreitet war. Der Name stammt von der charakteristischen Gefäßform, die an eine Glocke erinnert.

Gravettien
Eine Kulturtradition des oberen Paläolithikum vor 29.000 bis 22.000 Jahren. Sie schloss sich an das Aurignacien an und zeichnete sich durch das Auftauchen von Venus-Figurinen, kleinen Klingenspitzen, Meißeln und knöchernen Speerspitzen aus. Die Industrien des Gravettien wurden in Frankreich und Spanien und über Mitteleuropa bis Südrussland nachgewiesen. Ihren Namen verdankt diese Kultur dem südfranzösischen Fundort La Gravette.

Grubenhaus
Eine Behausung, deren Boden unter dem Erdniveau angelegt wurde, um sie gegen den Wind leichter sichern zu können. An archäologischen Fundstätten bleibt davon häufig nichts weiter als eine große, flache Grube erhalten.

Habilinen
Frühe Vertreter der Gattung *Homo*, einschließlich *Homo habilis*. Sie sind aus der Zeit vor 2,4 bis 1,5 Millionen Jahren fossil aus Afrika bekannt. Die Habilinen stellten einfache Steinwerkzeuge her und sind die Vorläufer von *Homo erectus* und der Erectinen.

Hakenpflug
Ein pflugähnliches Werkzeug, das von Tieren gezogen wurde und eine Rinne in den Boden scharrte, diesen dabei jedoch nicht umdrehte.

Halsberge
Der Teil einer Rüstung, mit dem die Kehle geschützt wurde.

Handschablone
Der Abdruck einer Hand, der dadurch entstand, dass man eine gegen den Fels gepresste Hand durch ein Blasrohr mit dickflüssiger Farbe (aus weißem Ton, aus rotem oder gelbem Ocker) besprühte.

Harpune
Ein speerähnliches Wurfgeschoss mit rückwärts ausgerichteten Widerhaken. Ihr Heft ist nur lose befestigt, doch ist die Spitze mit einer Leine verbunden. Wird mit der Harpune ein Meeressäuger – etwa eine Robbe – getroffen, löst sie sich vom Schaft, und die Widerhaken verhindern, dass sie wieder herausgezogen wird. Mit der Leine wird die Beute eingeholt. Die Entwicklung der Harpune hängt besonders mit der Kultur des Magdalénien zusammen. Diese Menschen stellten sorgfältig aus Geweih oder Knochen geschnitzte Harpunenköpfe mit einfachem oder doppeltem Widerhaken her.

Heft
Der zum Griff gehörende Teil einer Axt oder eines Messers.

Heftzapfen
Die schmale Verlängerung eines Werkzeugs, die häufig in einen Griff oder Schaft eingefügt wird.

Henge-Monument
Ein kreisförmiger, prähistorischer, religiöser Bau, der aus Holz oder Steinen errichtet und von Gräben und Wällen umschlossen war. Henge-Monumente sind für das Megalithikum insbesondere Südenglands charakteristisch.

Handschablone

Hirnabguss
Ein Kunststoff-Ausguss der Hirnschädelinnenseite.

Hohlkehle
Die Längsrinne, die nach der Entfernung einer Kanalklinge an einer Projektilspitze entsteht.

Hohokam
Eine prähistorische Kulturtradition des südwestlichen Nordamerika aus der Zeit von der Zeitenwende bis zum Jahre 1450. Sie hängt grundsätzlich mit der biotischen Provinz der Sonora-Wüste zusammen und hatte ihr Zentrum in den gut bewässerten Flusstälern des mittleren und südlichen Arizona. Hohokam-Fundorte zeichnen sich durch umfangreiche Netze von Bewässerungskanälen aus.

Holozän
Die gegenwärtige erdgeschichtliche Epoche, die vor etwa 10.000 Jahren begann. Sie liegt im Quartär und folgt auf das Pleistozän. Das Holozän zeichnet sich durch steigende Temperaturen und den Rückgang der Eisdecken aus. Während dieser Zeit wurde die Landwirtschaft zur gängigen Ernährungsweise des Menschen.

Hominiden
Vertreter der Hominidae, der Familie, die sowohl ausgestorbene als auch moderne Menschenformen sowie – jedenfalls in den meisten modernen Klassifikationen – auch die großen Menschenaffen umfasst.

Hominoiden
Vertreter der Primatenfamilie, die Menschen, Menschenaffen und deren ausgestorbene entwicklungsgeschichtliche Vorläufer umfasst.

Hügelgrab
Ein großer Hügel oberhalb einer prähistorischen Begräbnisstätte. Runde Hügelgräber sind als Tumulus bekannt, lang gestreckte als Langhügelgräber.

Hypogeum
Eine in den Fels gehauene Grabkammer.

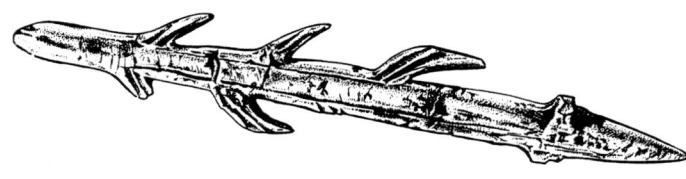

Harpune

Ikonographie
Die Kunst der Darstellung oder Illustration mit Hilfe von Bildern oder Figuren.

Intaglio
Eine versenkte Schnitzerei (im Gegensatz zum heraustretenden Relief), die sich unterhalb des Oberflächenniveaus des umgebenden Materials befindet.

Isotherme
Eine Linie auf einer Landkarte, die zu einer bestimmten Zeit oder in einem bestimmten Zeitabschnitt Orte gleicher Temperaturen verbindet.

Kanalklinge
Eine lange, dünne Steinklinge, die durch Schlag oder Druck von der vorderen oder hinteren Mittellinie einer Projektilspitze entfernt wurde. Die dabei entstandene flache Rinne ist als Kehlung bekannt.

Kandelaber-Modell
Eine der drei wichtigsten Hypothesen über die Entwicklung des Menschen, auch als »Theorie der regionalen Kontinuität« bekannt. Danach stammt der moderne Mensch von *Homo erectus* ab, der in Afrika, Europa und Asien lebte. Die unter dem Namen »Arche-Noah-Theorie« bekannte Gegenhypothese geht davon aus, dass der moderne Mensch aus einem einzigen Gebiet Afrikas stammt.

Kiva
ein großer, ganz oder teilweise unterirdischer, kreisförmiger oder rechteckiger Raum in einem Pueblo-Indianerdorf. Hier wurden unter anderem religiöse Zeremonien durchgeführt.

Klinge
Ein langer, schmaler Steinsplitter, häufig aus Feuerstein, der wegen seiner Brucheigenschaften ausgewählt wurde. Entweder diente die Klinge selbst als Werkzeug oder sie war das Ausgangsmaterial für die Herstellung weiterer Werkzeuge. In Europa tauchen Klingen und Klingenwerkzeuge zu Beginn des oberen Paläolithikums auf. Sie fallen mit der Kultur des Aurignacien und der Ankunft moderner Menschen zusammen.

Klinge, mit einem Rücken versehen
Ein kleines, klingenförmig abgeschlagenes Steinstück, dessen eine Seite stumpf geschlagen wurde, so dass es in ein Heft eingesetzt oder mit der Hand benutzt werden konnte, ohne dass man sich in die Finger schnitt.

Koevolutive Sicht
Eine relativ neue Theorie der kulturellen Evolution, nach der sich Veränderungen in sozialen Systemen am besten durch eine wechselseitige Auswahl von Komponenten erklären lassen, anstatt durch eine lineare Folge von Ursache und Wirkung. Dementsprechend versteht man die vielfältigen Ursprünge der Landwirtschaft am besten durch eine Analyse der entwicklungsgeschichtlichen Kräfte, die die Entwicklung von Domestikationssystemen beeinflussten. Auf diese Weise betrachtet, ist die Domestikation kein Evolutionsstadium, sondern ein Prozess, und zwar das Ergebnis koevolutiver Interaktionen zwischen Menschen und Pflanzen.

Kordilleren-Eisdecke
Die Eismassen, die die Küstengebirge entlang der nordamerikanischen Pazifikküste vom Norden des Staates Washington bis nach Südalaska bedeckten. Zur Zeit ihrer größten Ausdehnung, vor 20.000 Jahren, hing sie im Osten mit der Laurentischen Eisdecke und im Westen mit dem Pazifischen Ozean zusammen. Das Eis erreichte eine Stärke von drei Kilometern.

Kreuzförmige Kammer
Ein für die Ganggräber-Tradition Irlands typisches Megalithgrab, bei dem ein Gang, eine Kammer und drei Apsen ein kreuzförmiges Bauwerk bilden.

Kulturkomplex
Ein Sortiment von Gegenständen und anderer Indizien, die in einem begrenzten Gebiet regelmäßig zusammen vorkommen und die wahrscheinlich die Hinterlassenschaften einer besonderen Menschengruppe, möglicherweise über mehrere Generationen, repräsentieren.

Kulturschicht
Materialablagerungen aus Siedlungen oder anderen prähistorischen Lebensbereichen, die sich über einen relativ kontinuierlichen Zeitraum angesammelt haben. Mehrere solcher Lager bilden eine stratigraphische und chronologische Folge.

Langhaus
Ein längliches hölzernes Pfahlhaus, das in Mitteleuropa mit den ersten Bauerngesellschaften der frühen neolithischen Bandkeramik-Kultur, etwa um 4500 v. Chr., auftauchte.

Langhügelgrab
Ein länglicher Grabhügel mit Grabkammer, der für das frühe und mittlere Neolithikum Europas typisch war. In Südengland wird die Grabkammer durch ein Megalithgrab repräsentiert.

Lanzenkopf
Eine große, flache Geschossspitze aus Stein, Knochen oder Elfenbein. Der Lanzenkopf wurde auf einem langen Schaft befestigt und bildete so eine leichte Wurflanze, die im Krieg oder bei der Jagd gebraucht wurde. Ein Lanzenkopf ist größer als ein Pfeilkopf, aber kleiner als ein Speerkopf.

Lapita
Ein eigener Keramiktyp mit feinen, in geometrischen Mustern angelegten Zierbändern, der vor 3000 Jahren vielfach im westpazifischen Raum auftauchte. An einigen Fundstellen ist die Lapita-Töpferei mit sorgfältig gefertigten Werkzeugen und Schmuckstücken aus Muschelschalen sowie mit Obsidian verbunden. Zudem gab es einen Handel über weite Entfernungen, so dass es sich bei Lapita vermutlich um eine Kultur handelt, obwohl dies noch unklar ist.

Laurentische Eisdecke

Die Eismasse, die einst den größten Teil Kanadas und Teile der Vereinigten Staaten, einschließlich des Gebiets der Großen Seen und des nördlichen Neuengland, bedeckte. Zur Zeit ihrer größten Ausdehnung, vor 20.000 Jahren, ging sie im Westen in die Kordillieren-Eisdecke über.

Levallois-Steinschlagtechnik

Eine Technik, mit der Steinsplitter in einer berechneten Form geschlagen werden konnten. Dabei gab man dem Rohling eine bestimmte Form, ehe die Splitter abgehauen wurden. Anschließend wurde der Rohling fortgeworfen. Ein Splitter des Levalloisien zeigt auf der einen Seite noch Spuren der vorbereitenden Arbeit, ist auf der anderen jedoch vollkommen flach. Diese Technik kam im mittleren Paläolithikum Europas auf.

Lippenschmuck

Ein dekorativer Stöpsel aus Molluskenschalen, Knochen, Elfenbein, Metall oder gebranntem Ton, der durch ein Loch in die Lippe eingesetzt wird.

Löß

Ein feines, aus Trocken- oder Kältewüsten ausgewehtes Sediment, das während der Eiszeit entstand. Löß bildet einen fruchtbaren, leicht zu bearbeitenden Boden.

Lunula

Ein halbmondförmiger Halsschmuck aus Blattgold, der für die frühe europäische Bronzezeit typisch war.

Macropode

Ein weidendes australisches Beuteltier mit kurzen Armen, langen, zum Springen geeigneten Beinen und einem langen, muskulösen Schwanz. Beispiele für Macropoden sind Kängurus, Wallabies und Baumkängurus.

Magdalénien

Die letzte große Kultur im oberen Paläolithikum Europas. Sie hatte sich dem harten Klima der letzten Eiszeit angepasst und auf die Jagd von Hirschen spezialisiert. Typisch für die Kultur des Magdalénien sind Harpunen mit Widerhaken und Speerschleudern, die aus Rentierknochen und Geweihen geschnitzt und mit naturgetreuen Gravierungen von Jagdwild verziert waren. Zu dieser Zeit erreichte auch die Höhlenmalerei ihren Höhepunkt. Die Kultur, die vor 18.000 bis 12.000 Jahren existierte, trägt ihren Namen nach dem Felsüberhang von La Madeleine in Südwestfrankreich, wo derartige Gegenstände erstmals gefunden wurden.

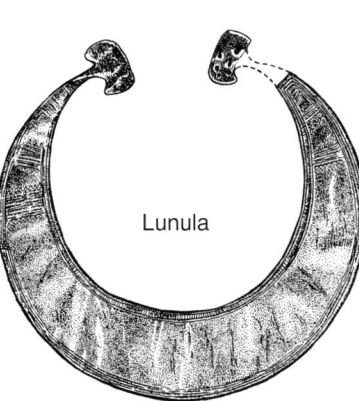

Lunula

Maguey

Die fleischblättrige Agavenpflanze des tropischen Amerika. Die amerikanischen Indianer aßen sowohl den Blütenkopf, den sie nach der Blüte sammelten, als auch das Mark der Pflanze. Dazu gruben sie die ganze Pflanze aus und rösteten sie 24–72 Stunden lang in Erdöfen.

Mahlstein

Ein Stein zum Zermahlen von Nahrungsmitteln (etwa Getreide), Arzneimitteln und Farbstoffen zur Körperbemalung und zur Dekoration von Felswänden.

Makrofossilien

Größere pflanzliche oder tierische Überreste, die bei archäologischen Ausgrabungen zutage gefördert werden. Im Gegensatz dazu kann man Mikrofossilien nicht mit bloßem Auge erkennen.

Maniok

Der auch als »Cassava« bezeichnete Maniok (*Manihot esculenta*) ist eine stärkehaltige Wurzel, die zu Nahrungsmitteln verarbeitet wird. Sie bildete in den meisten Gebieten Amazoniens und der Karibik die Nahrungsgrundlage zur Zeit der ersten Kontakte mit den Europäern. Aus Maniok wird Tapioka hergestellt.

Mano

Der spanische Ausdruck, der von amerikanischen Archäologen häufig für den geglätteten, in der Hand gehaltenen Mahlstein benutzt wird. Mit diesem Stein rieb man Samen, Farbstoffe oder andere vergleichsweise weiche Materialien gegen einen größeren, normalerweise unbeweglichen unteren Mahlstein oder »Metate«. Der Mano ist auch als oberer Mahlstein bekannt.

Mastodon

Eine von mehreren, heute ausgestorbenen großen elefantenähnlichen Säugetierarten. Das Amerikanische Mastodon (*Mammut americanum*), eine ausgestorbene Form der Familie Mammutidae, zeichnet sich durch die niedrigen Kronen seiner Zähne als Blattfresser aus. Dagegen wird das Kältesteppenmammut (*Mammuthus primigenius*) aus der Familie Elephantidae wegen seiner hochkronigen Zähne als Grasfresser eingeordnet.

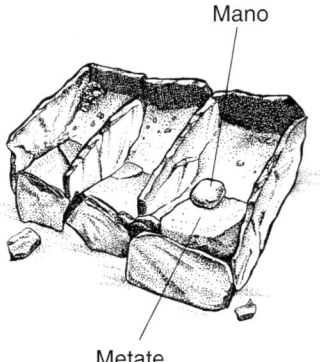

Mano

Metate

Megafauna

Die großen, heute ausgestorbenen Säugetiere des späten Pleistozäns. Dazu gehören Mammut, Mastodon, Riesenformen von Bison, Faultier und Kamel sowie das Diprotodon. Unter diesem Begriff werden aber auch ausgestorbene größere Formen relativ kleinerer Arten zusammengefasst.

Megalithgrab

Ein in Kammern unterteiltes und aus großen Steinen errichtetes Grab. Der Name leitet sich vom griechischen *megas* (groß) und *lithos* (Stein) ab.

Menhir

Ein stehender Stein, der zumeist in Verbindung mit Megalithkulturen vorkommt.

Mesolithikum

Wörtlich »Mittlere Steinzeit«. Eine Übergangsperiode zwischen Paläo- und Neolithikum, die durch den Rückgang der pleistozänen Gletscher und das Auftauchen moderner Tier- und Pflanzenarten gekennzeichnet ist. Die Menschen jener Zeit waren Jäger und Sammler und die typischen Feuersteinwerkzeuge waren Mikrolithen. Der Begriff »Mesolithikum« ist auf Europa beschränkt.

Mesquiteschote

Der essbare, bohnenähnliche Samenschutz des Mesquitebaums (Gattung *Prosopis*) aus den Trockengebieten Mittelamerikas. Die amerikanischen Eingeborenen kochten die zuckerhaltigen Schoten zu Sirup ein. Auch die Samen ließen sich rösten und essen.

Mestize

Ein Mensch mit europäischen und indianischen Vorfahren.

Metate

Der spanische Ausdruck, der von amerikanischen Archäologen häufig für einen geglätteten, in der Regel unbeweglichen Stein mit einer konkaven oberen Oberfläche verwendet wird. Auf diesem Stein rieb man Samen, Farbstoffe oder andere vergleichsweise weiche Materialien gegen einen oberen Mahlstein oder »Mano«.

Mikroklinge

Eine sehr kleine, schmale Klinge von unter 10 mm Breite, die durch Abpressen von einem präparierten Kernstein erzeugt wird. Häufig wurden Mikroklingen in verschiedenen Formen von Mikrolithen verarbeitet.

Mikrolith

Ein sehr kleiner Pfeilkopf, Widerhaken oder anderer Gegenstand, zumeist aus Feuerstein, der durch Entfernen eines dreieckigen, trapez- oder parallelogrammförmigen Teils aus einer Mikroklinge hergestellt wird. Mikroklingen wurden auf hölzernen oder knöchernen Schäften als Pfeilspitzen befestigt. In anderen Fällen setzte man sie auf einer oder beiden Seiten eines Schaftes ein und erhielt so einen mit Widerhaken besetzten Speer oder sie wurden in Reihen an Sicheln eingesetzt. Mikrolithen waren typisch für das Mesolithikum der Alten Welt.

Miozän

Die geologische Epoche des Tertiärs vor sieben bis 2,6 Millionen Jahren, die auf das Oligozän folgte und dem Pliozän voranging. Während dieser Zeit entwickelten sich zahlreiche moderne Säugetierformen wie Hunde, Pferde und die Menschenaffen.

Mitochondriale DNA

Eine besondere Form der DNA, die nur über die mütterliche Linie vererbt wird und dadurch ermöglicht, genetische Verbindungen genau zu verfolgen.

Megalithgrab

Menhire

Mittleres Paläolithikum

Der mittlere Abschnitt des Paläolithikums, der vor 150.000 Jahren begann und mit dem Aussterben des Neandertalers vor etwa 33.000 Jahren endete. Es war das Zeitalter der Neandertaler und der Abschlagwerkzeuge. Das mittlere Paläolithikum entspricht der mittleren Steinzeit in der afrikanischen Region unterhalb der Sahara.

mobil

Die Siedlungsart sozialer Gruppen, die innerhalb eines bestimmten Territoriums von Ort zu Ort reisen und an jeder Stelle ein Lager errichten.

Mogollon

Eine prähistorische Kultur des südwestlichen Nordamerika. Im Gegensatz zur Anasazi-Kultur hat die Mogollon-Kultur nicht als eine erkennbare Gruppe moderner eingeborener Amerikaner überlebt. Möglicherweise sind Restbestände der Mogollon-Kultur mit Angehörigen der Anasazi-Völker zum westlichen Pueblo-Volk verschmolzen.

Molekulare Uhr

Eine Methode zur Analyse entwicklungsgeschichtlicher Linien. Sie basiert auf langfristigen Veränderungen der Eiweißstruktur und der DNA lebender Organismen. Indem man den Umfang der Unterschiede zwischen den Proteinen zweier Arten bestimmt, kann man errechnen, wie lange es zurückliegt, dass sie einen gemeinsamen Vorfahren besaßen.

Moustérien

Eine über ganz Europa verbreitete Kultur des mittleren Paläolithikums, die in der letzten Zwischeneiszeit begann und vor etwa 33.000 Jahren endete. Typisch für diese mit den Neandertalern verbundene Kultur ist das Auftauchen von Feuerstein-Schabern und -Spitzen. Die Menschen des Moustérien lebten in Höhleneingängen und Felsüberhängen und schützten sich mit Tierhäuten gegen die Kälte. Ihren Namen verdankt diese Kultur Le Mousier, einem Felsüberhang im Südwesten Frankreichs, wo erstmals Gegenstände dieses Typs gefunden wurden.

nasser Reisanbau

Eine Form des Ackerbaus, bei der Reis in eigens vorbereiteten, überfluteten Feldern angepflanzt wird. Zwar kann der Reis auch trocken wachsen, doch sind die überfluteten Felder wesentlich produktiver und haben in Asien eine lange Geschichte. Die Felder werden von niedrigen Wällen umrahmt und müssen ständig eben gehalten werden, um eine konstante Wasserhöhe (normalerweise zehn Zentimeter) zu gewährleisten. Die Felder werden auf natürliche Weise oder mit Hilfe von Bewässerungskanälen überschwemmt und bleiben während der Wachstumszeit unter Wasser. Etwa einen Monat vor der Ernte lässt man das Wasser ablaufen und das Feld trocknen.

Neandertaler
Eine ausgestorbene Form früher Menschen, die vor 100.000 Jahren während des oberen Pleistozäns auftauchte. Sie existierte im gesamten unvereisten Bereich Europas, im Osten sogar bis nach Usbekistan. Die Neandertaler hatten vorstehende Überaugenwülste, eine fliehende Stirn und ein Gehirn, dessen Volumen dem des heutigen Menschen ähnlich war. Sie stellten Abschlagwerkzeuge in Form von Schabern und Spitzen her. In Europa sind sie mit der Moustérien-Kultur verbunden. Die Neandertaler überlebten bis in das obere Paläolithikum vor 33.000 Jahren. Ihren Namen verdanken diese Menschen dem Neandertal bei Düsseldorf, wo man im Jahre 1856 erstmals auf ihre Knochenreste stieß.

Neolithikum
Wörtlich die »Neusteinzeit«. Der Begriff bezeichnet den letzten Abschnitt der Steinzeit, in der der Ackerbau an Bedeutung zunahm.

Neutronenaktivierungsanalyse
Eine Methode zur Herkunftsbestimmung von Gegenständen aus Feuerstein. Dabei vergleicht man die Konzentration der Spurenelemente mit der verschiedener bekannter Rohstoffquellen.

nomadisch
Ein Begriff, mit dem die Ethnographen die Bewegungen ganzer Hirtengruppen beschreiben, die zu unterschiedlichen Jahreszeiten verschiedene Teile eines bestimmten Territoriums – zumeist Sommer- und Winterweiden – nutzten und während dieser Zeit Lager errichteten.

Oberes Paläolithikum
Der letzte Abschnitt des Paläolithikums, der vor 40.000 Jahren begann und im Verlaufe dessen der moderne Mensch die Neandertaler verdrängte. Typische Erscheinungsformen sind die Klingentechnologie, menschliche Gräber und die Kunst.

Obsidian
Ein schwarzes, glasähnliches Vulkangestein, das häufig zur Herstellung scharfkantiger Werkzeuge verwendet wurde.

Oldowan
Ein Begriff, mit dem die ältesten bekannten paläolithischen Gegenstände Süd- und Ostafrikas bezeichnet werden, die aus einfachen, behauenen Steinen bestehen. Das Wort leitet sich von der Olduvai-Schlucht ab, jenem bedeutenden paläolithischen Fundort in Tansania, wo man fossile Überreste früher Menschen gemeinsam mit derartigen Gegenständen entdeckt hatte.

Oligozän
Die geologische Epoche des Tertiärs vor 38–28 Millionen Jahren, die dem Eozän folgte und dem Miozän voranging. Während dieser Zeit starben viele Säugetierformen aus und die ersten Menschenaffen tauchten auf.

Orthostat
Ein stehender Stein eines Megalithgrabs, der einen oder mehrere Schlusssteine stützt.

Ossuarium
ein Haus, in dem die Knochen zahlreicher menschlicher Skelette gelagert werden.

Ostozeanien
Jene kleinen Inseln im Pazifik, die nur außer Sichtweite des Landes erreicht werden können. Ostozeanien umfasst sämtliche Inseln östlich einer Linie, die sich von den Philippinen bis zu den Salomoneninseln erstreckt.

Östrus
Der regelmäßig wiederkehrende Fortpflanzungszyklus weiblicher Säugetiere. Er zeichnet sich durch eine Reihe physiologischer Veränderungen der Genitalien und anderer Organe aus, die signalisieren, dass das Tier für eine bestimmte Zeit paarungsbereit ist.

Paläoanthropologie
Die Wissenschaft vom prähistorischen Menschen anhand fossiler Überreste.

Paläobotanik
Die Wissenschaft alter Pflanzen aufgrund fossiler Überreste und anderer Indizien, wie etwa pflanzlicher Stoffe, die durch Verkohlung, Austrocknung oder in wasserdichten Ablagerungen konserviert wurden. Die Paläobotanik liefert Informationen über Klima und Umwelt vergangener Zeiten sowie über das Material, das damals als Nahrungsmittel, als Brennstoff, für Werkzeuge und den Hüttenbau zur Verfügung stand.

Paläoeskimo
Die frühesten prähistorischen Eskimos, die noch keine Wale jagten. Die späteren Eskimos, die Walfang betrieben, werden als Neoeskimos bezeichnet.

Paläoindianer
Die amerikanischen Großwildjäger von den frühesten Anfängen um etwa 12.000 v. Chr. bis zu der Zeit um 6000 v. Chr. Einige Forscher beziehen diesen Ausdruck auf alle Jägergruppen, die von heute ausgestorbenen Säugetieren lebten. In diesem Fall wären auch die Völker, die den vor etwa 6500 Jahren ausgestorbenen Riesenbison jagten, zu den Paläoindianern zu zählen.

Paläoklimatologie
Die Wissenschaft vergangener Klimaverhältnisse. Sie nutzt Informationen aus Belegen früherer Vegetationen und Ablagerungen, aus der Geomorphologie und der Verbreitung von Tieren.

Paläolithikum
Wörtliche »Altsteinzeit«. Es begann vor zwei bis drei Millionen Jahren mit dem Auftauchen des Menschen und der frühesten Formen geschlagener Steinwerkzeuge und dauerte während der pleistozänen Eiszeit an, bis sich die Gletscher vor 12.000 Jahren zurückzogen. Das Paläolithikum entspricht der Steinzeit im afrikanischen Bereich südlich der Sahara.

Paläontologie
Die Wissenschaft von den Lebensformen früherer geologischer Epochen, die als pflanzliche oder tierische Fossilien vorliegen.

Paläozän

Die geologische Epoche des Tertiärs vor 65 bis 55 Millionen Jahren, die dem Eozän voranging. Während dieser Zeit setzte eine starke Entwicklung primitiver Säugetiere ein. Auch die frühesten bekannten Primaten stammen aus dem Paläozän.

Palynologie

Die Analyse alter Pollenkörner und Sporen von Moosen und Flechten. Man erhält dadurch ein Bild von der Umwelt vergangener Zeiten.

Panaramitee-Stil

Felsengravuren mit Kreisen und dreizackigen Gebilden (möglicherweise Spuren von Kängurus und Emus), die man in vielen Teilen Australiens findet. Viele davon stammen vermutlich aus dem Pleistozän.

Pastorales Neolithikum

Ein Komplex von Kulturen, die im Süden Kenias und im Norden Tansanias um 3500 v. Chr. auftauchten. Der Begriff »pastoral« bezieht sich auf die Fülle der Indizien, nach denen die Menschen dieser Zeit Haustiere weideten. Es bleibt dagegen ungeklärt, ob sie auch Pflanzen kultivierten. Vor ungefähr 1300 Jahren wurden sie von Hirtenvölkern und Mischfarmern, die mit Eisen umgehen konnten, absorbiert oder verdrängt.

Permafrost-Linie

Eine Linie, die die Gebiete abgrenzt, deren unterer Boden permanent gefroren ist. Sie hängt mit der Baumgrenze zusammen, denn der gefrorene Boden verhindert einerseits, dass die Baumwurzeln tief in den Boden eindringen und

andererseits, dass das unter der Oberfläche geschmolzene Wasser abfließen kann.

Petroglyph

Ein Bild oder Symbol, das in einen Stein eingraviert oder eingemeißelt wurde.

Phytolith

Winzige Silikat-Partikel, die in Pflanzen enthalten sind. Manchmal können Archäologen diese Fragmente bergen, nachdem die Pflanzen selbst schon verschwunden sind.

Plattform-Begräbnis

Die Praxis, Leichen auf einem künstlich über dem Boden errichteten Gestell abzulegen. Manchmal holte man die Leichen später wieder herunter, um sie beizusetzen.

Playa

Der sandige, salzige oder mit einer Schlammkruste bedeckte Wüstenboden mit einer inneren Entwässerung. Normalerweise befindet sich hier in der niederschlagsreichen Zeit oder nach ausgedehnten, schweren Regenfällen ein flacher See. Das Wort bezeichnet auch diesen See.

Pleistozän

Die erste geologische Epoche des Quartärs, die dem Holozän (der Jetztzeit) voranging und vor zwei Millionen Jahren begann. Sie grenzt sich durch das Vordringen der Eismassen über Nordeuropa und Nordamerika ab. Während dieser Epoche lebten riesige Säugtiere und im späten Pleistozän tauchte der moderne Mensch auf.

Pliozän

Die geologische Epoche des Tertiärs vor sieben bis zwei

Millionen Jahren, die dem Miozän voranging. Während dieser Zeit erreichten die modernen Säugetiere eine dominierende Stellung, und in Afrika tauchten menschenaffenähnliche Menschen auf.

Polygynie

Die Paarung eines Männchens mit mehr als einem Weibchen.

primäres Begräbnis

Das erste Begräbnis eines Verstorbenen.

Projektilspitze

Eine Waffenspitze aus Feuerstein, Geweih oder Knochen.

Proteinsequenzierung

Analyse der Aminosäure-Sequenzen, die ein Protein bilden. Der Vergleich von Sequenzen verschiedener Arten bietet die Möglichkeit, deren Verwandtschaftsverhältnisse zu bestimmen.

Protowelt-Sprache

Eine einzige, hypothetische Ursprache, die den ersten modernen Menschen Afrikas unterstellt wird und von der alle modernen Sprachen abstammen sollen. Nach Ansicht einiger Fachleute haben sich Spuren dieser Sprache bis in die Gegenwart erhalten.

Pueblo

Ein spanischer Ausdruck, der »Stadt« oder »Dorf« bedeutet. Damit bezeichneten die Forscher des 17. Jahrhunderts die Dorfhäuser des amerikanischen Südwestens. Zudem bezieht sich dieser Begriff allgemein auf eine besondere Gruppe, Kultur oder einen archäologischen Fundort der amerikanischen Ureinwohner.

Quartär

Die jüngste geologische Epoche, die vor zwei Millionen Jahren begann. Sie wird in Paläozän und Holozän unterteilt.

Randsteinkreis

Ein Steinkreis, der einen Grabhügel begrenzt.

Relative Datierung

Eine Datierungsfolge, die das relative Alter verschiedener Proben zueinander bestimmt, Dabei berücksichtigt man entweder bei Ausgrabungen ihre Lage in einer Schichtenfolge, oder man vergleicht ihre relativen Anteile an zeitempfindlichen Materialien. Die relative Datierung gibt keine exakten Angaben in Kalenderjahren.

Sagittalkamm

Der Knochenkamm, der über den Scheitel eines Schädels verläuft, wo die Kaumuskeln ansetzen. Man findet ihn nur bei Arten mit sehr großem Unterkiefer, etwa bei Gorilla- und Orang-Utan-Männchen sowie bei der Australopithecinengattung *Paranthropus*.

Schaber

Ein Kernstein, ein Splitter oder eine Klinge mit einer steil bearbeiteten Kante, die entweder seitlich (Seitenschaber) oder endständig (Endschaber) angelegt ist. Schaber wurden benutzt, um Felle zu bearbeiten und Gegenstände aus Holz, Knochen und Elfenbein zu formen.

Schamane

Eine Person, der übernatürliche Kräfte zugeschrieben werden. Bei Krankheit, Verknappung des Jagdwildes oder irgendeiner anderen Bedrohung der Gemeinschaft wird der

Schamane beauftragt, im Namen der Gemeinschaft mit der Geisterwelt in Kontakt zu treten. Der Schamane führt den Vorsitz bei Ritualen und ist manchmal auch für die Einhaltung von Gesetzen und die Fortführung von Traditionen verantwortlich. In der Religion der meisten bekannten Jäger-und-Sammler-Gesellschaften des arktischen und subarktischen Bereichs sowie der nordasiatischen Rentierjäger ist der Schamanismus das beherrschende Element. Schamanen sind meistens männlich.

Seitenklinge
eine scharfe Klinge mit einer scharfen Kante an einer Seite. Häufig wurden solche Seitenklingen in knöcherne Pfeil- und Speerköpfe eingesetzt, um den Blutverlust einer getroffenen Beute zu vergrößern und sie so rascher niederzubringen.

Seitenschaber
Ein Abschlagwerkzeug, dessen eine Seite zu einer steilen Kante verarbeitet wurde. Er diente zur Bearbeitung harter Materialien und von Tierhäuten, aus denen Kleidung hergestellt wurde.

sekundäres Begräbnis
Die Praxis, die Überreste eines Toten vom Ort der Erstbestattung in ein Grab oder Ossuarium zu überführen.

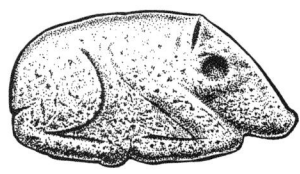

Stempelsiegel

Solutréen
Eine oberpaläolithische Kultur, die dem Magdalénien Westeuropas voranging. Sie hatte ihre Blütezeit vor 22.000 bis 18.000 Jahren. Typisch ist der Einsatz der Druckbearbeitung von Steinen, um große, dünne, blattförmige Spitzen herzustellen, die beidseitig bearbeitet waren. Besonders verbreitet war die Lorbeerblatt-Spitze, die als Lanzenkopf Verwendung fand. Einige wurden jedoch so fein verarbeitet, dass sie vermutlich eher als Schmuckstücke dienten. Auch mit Ösen versehene Knochennadeln tauchten zu dieser Zeit auf. Die Kultur verdankt ihren Namen der Fundstätte von Solutré im Südosten Frankreichs.

Speerschleuder
Ein Stock mit einer Kerbe an einem Ende, in die das Ende eines Speers hineinfasste. Damit erreichte der Jäger beim Wurf eine bessere Hebelwirkung und konnte Tiere aus größerer Entfernung erlegen. Speerschleudern aus Geweihen waren typisch für das europäische Magdalénien. Ähnliche Waffen waren auch in der Arktis und in der Neuen Welt bekannt, wo sie als »Atlatls« bezeichnet werden. In Australien nennt man sie häufig »Wumeras«.

Steinschlagtechnik
Die Technik, Splitter oder Klingen von einem größeren Stein (dem Rohling) loszuschlagen und diesen mit Splittern zu Steinschlagwerkzeugen zu verarbeiten. Am häufigsten wurde Feuerstein oder Hornstein verwendet. Es handelt sich um harte, spröde Steine, die mit einem conchoidalen Verlauf zerbrechen und nicht entlang

berechenbarer Bruchebenen. Auch Obsidian, Basalt oder Quarz wurden verarbeitet. Das Steinschlagen begann damit, dass man einfach zwei Steine gegeneinander schlug. Später wurden auch Hammer aus Holz und Geweih eingesetzt.

Steinzeit
Der früheste Technologieabschnitt menschlicher Kultur. Damals wurden Werkzeuge und Waffen aus Steinen, Knochen und Holz hergestellt. Die Steinzeit umfasst das Paläolithikum, das Mesolithikum und das Neolithikum. Im Bereich Afrikas unterhalb der Sahara entspricht die Steinzeit dem Paläolithikum.

Stele
Eine aufrechte Tafel oder Säule aus Stein, die häufig mit Schnitzereien dekoriert ist oder Inschriften trägt.

Stempelsiegel
Ein kleiner, harter Block mit flacher Oberfläche, in die ein Muster eingraviert wurde, das sich als Zeichen des Eigentums oder der Urheberschaft auf weichen Ton oder Wachs übertragen lässt. Stempelsiegel tauchten in Mesopotamien erstmals in der Halaf-Kultur im 5. Jahrtausend v. Chr. auf. Man benutzte sie, um die Zeichen der Eigentümer auf Tonstücke zu prägen. Diese wurden dann an den Waren befestigt.

Streitaxtkultur
Dieser Begriff umfasst mehrere spätneolithische Kulturgruppen Europas, die zwischen 2800 und 2300 v. Chr. auftauchten. Die Streitaxtkultur verdankt ihren Namen einer typischen Art polierter Streitäxte.

Stele

Subboreale Periode
Eine Klimaperiode, die zwischen etwa 300 v. Chr. und der Zeitenwende einzuordnen ist. In Nordeuropa zeichnete sie sich durch ein kühleres und feuchteres Klima aus als das der vorangegangenen atlantischen Periode.

Tell-Hügel
Ein Hügel, der sich durch den wiederholten Bau von Schlammziegelhäusern an derselben Stelle bildete. Als die älteren Häuser zusammenfielen, bildeten ihre Überreste eine erhobene Basis für spätere Häuser. Derartige Hügel schließen auch andere Abfälle sowie Gräber ein und erreichen manchmal eine erhebliche Höhe.

Tertiär
Die dem Quartär vorangehende geologische Periode, die die Epochen des Paläozäns, des

Eozäns, des Oligozäns, des Miozäns und des Pliozäns umfasst. Sie begann vor ungefähr 65 Millionen Jahren und endete vor ungefähr zwei Millionen Jahren.

Totem

Ein Objekt der natürlichen Welt, in der Regel ein Tier, mit dem ein besonderer Clan oder Stamm aus eigener Überzeugung in besonderer Weise verwandt ist.

Tournette

Eine Drehscheibe, die mit der Hand gedreht und mit der Hilfe Töpfe hergestellt wurden. Sie war eine Vorläuferin der Töpferscheibe. Seit 5000 v. Chr. wurden in Mesopotamien einige manuell geformte Töpfe auf Tournetten angefertigt. Die schnell drehende Töpferscheibe war dann um 3400 v. Chr. in Gebrauch.

Umiak

Umiak

Ein großes, offenes Boot der arktischen Völker. Es besteht aus einem Holzrahmen, der mit Fellen überspannt wurde.

Unteres Paläolithikum

Der erste Abschnitt des Paläolithikums, der vor etwa zwei Millionen Jahren begann. Es ist die Zeit der frühesten Menschen Formen und der ersten Herstellung von Werkzeug.

Urnenfeld-Periode

Eine Gruppe miteinander verwandter, spätbronzezeitlicher Kulturen in Europa, die typischerweise die verbrannten Überreste ihrer Toten in Tonurnen überführten, die wiederum auf Urnenfriedhöfen bestattet wurden. Diese Praxis stammt aus der Zeit um etwa

1300 v. Chr. und wurde zunächst v. a. im östlichen Mitteleuropa gepflegt. Von dort aus breitete sich der Begräbnisbrauch westlich nach Italien und Spanien aus, gelangte in nördlicher Richtung über den Rhein nach Deutschland sowie nach Osten bis in die Steppen Russlands. Andere Merkmale der Urnenfeld-Periode waren der Abbau von Kupfer und die Verarbeitung von Blattbronze. Die Urnenfeld-Periode setzte sich bis zum Beginn der Eisenzeit um 750 v. Chr. fort, als die Erdbestattung in vielen Gebieten zur gängigen Begräbnisform wurde.

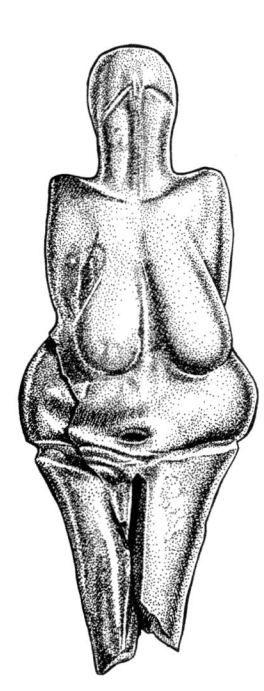

Venus-Figurine

Venus–Figurinen

Kleine geschnitzte oder geformte Figurinen nackter Frauen, in der Regel mit übersteigerten Merkmalen wie einem großen Gesäß, schwellenden Brüsten und Hüften und deutlichen Genitalien. Diese Figurinen, die im Gravettien vor 29.000 Jahren auftauchten, wurden aus verschiedenen Materialien hergestellt, etwa aus Geweihen, Knochen, Stein und Ton. Figurinen mit einer standardisierten Erscheinungsform wurden über mehr als 2000 Kilometer Entfernung gefunden, von der Atlantikküste im Westen bis nach Russland im Osten.

Wächterfigur

Ein schematisches Motiv, das man überwiegend in den Megalithgräbern der Bretagne (Frankreich) findet. Es wird als Schutzsymbol gedeutet.

Wallacea

Das mit Inseln übersäte Meeresgebiet, das vor 70 Millionen Jahren Australien von Südostasien trennte. Es bezeichnet die Grenze zweier bedeutender Faunengebiete: der orientalischen Tierwelt mit Elefanten, Tigern und Menschenaffen und der australischen Tierwelt mit Kängurus, Wombats und den Kloakentieren. Es wurde nach dem britischen Naturforscher A. R. Wallace benannt.

Westozeanien

Jene Inseln des Pazifik, die mit dem Boot erreicht werden können, ohne das Land aus der Sicht zu verlieren. Im Prinzip umfasst Westozeanien den indonesischen Archipel, die Philippinen, Neuguinea und die Salomoneninseln.

Yue-Axt

Yue-Axt

Eine mit einer breiten Klinge versehene Axt, die im alten China als Waffe verwendet wurde. Yue-Äxte aus Jade wurden in Gräbern der spätneolithischen Liangzhu-Kultur Chinas entdeckt.

Zwischeneiszeit

Ein zwischen den Vereisungen liegender Zeitabschnitt, der sich durch mildere Temperaturen und einen vorübergehenden Rückgang der Gletscher auszeichnet. Die letzten 10.000 Jahre (das Holozän) sind möglicherweise eine Zwischeneiszeit.

ILLUSTRATIONEN: KEN RINKEL